临 高 县 志

（1986—2010）

临高县地方志编纂委员会 编

方志出版社

图书在版编目（CIP）数据

临高县志：1986—2010 / 临高县地方志编纂委员会编.
-- 北京：方志出版社，2020.8
ISBN 978-7-5144-4293-9

Ⅰ. ①临… Ⅱ. ①临… Ⅲ. ①临高县－地方志－1986—2010 Ⅳ. ①K296.64

中国版本图书馆CIP数据核字(2020)第168439号

临高县志（1986—2010）

编　　者：临高县地方志编纂委员会
责任编辑：王　娜
出 版 者：方志出版社
地　址　北京市朝阳区潘家园东里9号（国家方志馆4层）
邮　编　100021
网　址　http://www.zgfzcb.cn
发　　行：方志出版社图书经销中心
电　话（010）67110500
经　　销：各地新华书店
印　　刷：海南鑫汇亚印务有限公司
开　　本：889×1194　1/16
印　　张：68.2
字　　数：1647千字
版　　次：2020年8月第1版　2020年8月第1次印刷
印　　数：0001～3000册
ISBN 978-7-5144-4293-9　定价：528.00元

《临高县志（1986—2010）》编纂委员会成员

（以任职先后为序）

顾　　　问：李江华　文　斌
主　　　任：郑柏安
常务副主任：欧阳颂东　陈　芬　洪　峰　符明辉
副　主　任：王大辉　王国宙　吴秋霞　林建刚　黄族光　王义坚　王　琳
谢慧亮　张壮省
成　　　员：王　琦　黄族光　李亚钙　许　峰　王柏萌　麦朝政　符兰政
陈达华　王　儒　符龙勤　符　克　黄金碧　钟书文　王学启
文　峰　黄小苹　许　森　王锦盛　林开杰　王宗豪　许　评
吕大雁　符定杰　梁　斌　杨大校　王福义　符　浪　刘红星
王　军　谢坚志　陈杰科　王　图　桂若松　吴川平　庞名前
王小兵　符乐平　黄伟良　符友钧　符巍瀚　符绩亚　廖福华
林道威　吴春阳　韩得献　陈再广

《临高县志（1986—2010）》编纂委员会办公室

（以任职先后为序）

主　　　任：王　琳　谢慧亮　张壮省
副　主　任：谢坚志
成　　　员：王朝坚　黄海珍　符建明　王　宽　王欣欣

《临高县志（1986—2010）》编辑部

主　　编：王　琳　谢慧亮　张壮省

副 主 编：谢坚志

特邀编辑：符建明　王法庭　吴扬才　谭本尧　蔡国红　陈　曼

校　　对：张壮省　谭本尧　符建明　王　宽　牟美霞

工作人员：王朝坚　黄海珍　王　宽　王欣欣　叶金龙　黄心欣

提供图片单位与个人：县档案局　县委新闻办　县委党史研究中心

李　新　王宝中　李寿南

《临高县志（1986—2010）》承编单位撰稿、审稿人员

县委办公室
撰稿人：林廷东　王　铮
审稿人：陈杰科
县人大办公室
撰稿人：陈志慧　张余森
审稿人：王　图
县政府办公室
撰稿人：符啸晶
审稿人：桂若松
县政协办公室
撰稿人：罗国州　谢家广
审稿人：吴川平
临城镇
撰稿人：符小黄
审稿人：王光磊　李　晓
博厚镇
撰稿人：符雪怡　陈晓冰
审稿人：王小山
皇桐镇
撰稿人：焦　德　李　逸　陈雯艳
审稿人：王开博
多文镇
撰稿人：王　敏　吴陈平
审稿人：王运昌
和舍镇
撰稿人：李春民　江道成
审稿人：黄　振
波莲镇
撰稿人：陈东凯　谢建成　严明胜
审稿人：王林明
南宝镇
撰稿人：周俊先　王　勇
审稿人：陈振波
新盈镇
撰稿人：陈　洲　赵玉琳　虞绩辰
审稿人：王健魁
调楼镇
撰稿人：王聪敏　李华南
审稿人：符传江
东英镇
撰稿人：符智博　谢宪谕
审稿人：谢宗志
加来农场
撰稿人：谢健新
审稿人：曾贵堂
红华农场
撰稿人：郑睿鸿
审稿人：周少波
县纪委监委
撰稿人：吴小敏　翁贤军
审稿人：麦朝政
县委组织部
撰稿人：周上富　曾　涛
审稿人：符乐平
县委宣传部
撰稿人：赵秀君
审稿人：王小兵
县委统战部
撰稿人：陈小君
审稿人：李赛美
县委政法委
撰稿人：符秋雪　洪德华
审稿人：陈青云
县编委办
撰稿人：王　军　曾　强
审稿人：符乐平

县直机关工委
撰稿人：方小阳
审稿人：王敬桥
县委党校
撰稿人：柯日兵　王今利
审稿人：李亚钙
县委老干部局
撰稿人：钟娇丽
审稿人：钟吉小
县精神文明建设指导中心
撰稿人：张吉亮　冯志军
审稿人：王小兵
县委党史研究中心
撰稿人：王　宽　符建明
审稿人：张壮省
县发展和改革委员会
撰稿人：王小虎　陈庆光
审稿人：许　峰
县物价局
撰稿人：符朝登
审稿人：许　峰
县财政局
撰稿人：周树华　王　伟　符　光
审稿人：王义坚
县公安局
撰稿人：王思念
审稿人：武献志
县教育局
撰稿人：焦松灵
审稿人：黄族光
县农业农村局
撰稿人：陈元才
审稿人：符巍瀚
县海洋与渔业局
撰稿人：林家群
审稿人：王良器
县自然资源与规划局
撰稿人：黄　专
审稿人：王良器
县民政局
撰稿人：柯　刚　李　晶　程学元
审稿人：陈达华
县退役军人事务局
撰稿人：钟徽山
审稿人：王青术
县民族宗教事务局
撰稿人：陈小君
审稿人：李赛美
县人力资源和社会保障局
撰稿人：黄族荣　谭圣毅
审稿人：廖福华
县社会保险事业局
撰稿人：冼圣富
审稿人：王　靖
县就业局
撰稿人：林　华　许　斌
审稿人：林鸿刚
县旅游和文化广电体育局
撰稿人：符少晨　全德亮　谢祖革
　　　　吕武达　王竹山　孙大华
审稿人：黄小苹
县卫生健康委员会
撰稿人：钱尚松　林家盛　陈小君
审稿人：黄　友
县司法局
撰稿人：陈让兴　钟易江
审稿人：符龙勤
县住房和城乡建设局
撰稿人：王海星
县交通运输局
撰稿人：王燕羽　王雪如　苏志深　许绩晓
县商务局
撰稿人：陈　泽　罗子藤
审稿人：王　儒
县审计局
撰稿人：王义新
审稿人：符绩亚

县水务局
撰稿人：辛启家　陈之训
县统计局
撰稿人：陈聪晓
审稿人：文　锋
县生态环境局
撰稿人：位玲玲
审稿人：曾红流
县林业局
撰稿人：林显刚
审稿人：王焕光
县科技局
撰稿人：邓良能　陈干游
审稿人：符秋台
县行政审批服务局
撰稿人：陈丽竹
审稿人：刁良琼
县机关事务管理局
撰稿人：王明红　陈开祥
审稿人：吕大雁
县粮食局
撰稿人：钟　城
审稿人：符维生
县工信局
撰稿人：王阳江
审稿人：张余森
县应急管理局
撰稿人：邱王坚　秦向宇
审稿人：陈　根
县综合行政执法局
撰稿人：黄定础
审稿人：麦贤峰
县扶贫办
撰稿人：王鸿敏　刘晓霞
审稿人：王赵未
县人民法院
撰稿人：黄　颖　黄　颖
审稿人：李华敏
县检察院
撰稿人：陈天吉
审稿人：王定国
县档案局
撰稿人：蔡兴锋　罗国州
审稿人：许　评
县政府法制办
撰稿人：罗　漂　容　丽
审稿人：王招平
县外事侨务办
撰稿人：严　勇　王炳光
审稿人：桂若松
县信访局
撰稿人：洪　勉
审稿人：陈冠宏
县农技推广服务中心
撰稿人：陈海健　谢圣高
审稿人：王宗豪
县农机服务中心
撰稿人：王学美　王　祥　谢国辉　王若橙
审稿人：秦华雄
县热作技术服务中心
撰稿人：黄红苗
审稿人：孙健杯
县畜牧兽医局
撰稿人：王高圣　陈志远
审稿人：符承荣
县市政园林管理局
撰稿人：唐　军　王启松
审稿人：叶树茂
县房产局
撰稿人：王　地　翁小敏
审稿人：罗国彪
县地震局
撰稿人：王庆安
审稿人：王　晖
金牌港经济开发区
撰稿人：伍庆平
审稿人：李祥生

临高角旅游度假区
撰稿人：符必语
审稿人：林开杰
县供销联社
撰稿人：谢茂生
审稿人：王　贤
县人武部
撰稿人：王怀强
审稿人：朱群海
民革临高县支部委员会
撰稿人：符志成
审稿人：符建新
民盟临高县支部委员会
撰稿人：谢少师　黄　华
审稿人：谢少师
民建临高县支部委员会
撰稿人：洪炜昊　李巨骅
审稿人：洪炜昊
台湾民主自治同盟临高县支部委员会
撰稿人：范才福　谭安源
审稿人：赖李明
县工商联
撰稿人：王红灵　欧丽妹
审稿人：符英研
县总工会
撰稿人：陈小猛
审稿人：王朝阳
团县委
撰稿人：王　銮
审稿人：陈圣灵
县妇联
撰稿人：王景仙
审稿人：陈　英
县科协
撰稿人：林志彪　曾海玲
审稿人：罗梅娟
县文联
撰稿人：符东临
审稿人：林　表
县残联
撰稿人：黄月惠　秦大豪
审稿人：王朝留
县关工委
撰稿人：陈舒婷
审稿人：刘春花
县信用协会
撰稿人：许现新
审稿人：曾　生
县工商行政管理局
撰稿人：王小伟
审稿人：谢海林
县质量技术监督局
撰稿人：王小伟
审稿人：谢佐芝
县食品药品监督管理局
撰稿人：符丰桥　王小伟　黄春妹
审稿人：麦廷海
国家税务总局临高县税务局
撰稿人：谢　俊　符史松　徐金强　孙海燕
审稿人：涂春刚
县烟草专卖局
撰稿人：廖志武
审稿人：吕　林
临高盐业分公司
撰稿人：谢　世　曾　潇　王荣全
审稿人：何俊山
临高公路分局
撰稿人：张达聪　符永青
审稿人：王晓辉
县气象局
撰稿人：王　莹　王帝莲
审稿人：符晓云
县供电局
撰稿人：冼茂林　王　晓
审稿人：王　睿
县武警中队
撰稿人：潘　杰　潘宇翔
审稿人：章　浩

武警临高边防支队
撰稿人：段先源　林　春
审稿人：王　敏
县公安消防支队
撰稿人：罗承和
审稿人：阮大良
中国邮政临高分公司
撰稿人：王广道　甘运统
审稿人：陈少华
中国电信临高分公司
撰稿人：王海波
审稿人：庞家才
中国移动临高分公司
撰稿人：刘　博　陈学明
审稿人：方良君
中国联通临高分公司
撰稿人：符正兴　严春瑾
审稿人：郑青龙
中石化临高县石油分公司
撰稿人：黄俊铭　李国炳
审稿人：黄高雄
中国人民银行临高县支行
撰稿人：林家茂
审稿人：韩保献
中国工商银行临高支行
撰稿人：李　胜　王圣海
审稿人：王广兴
中国农业发展银行临高县支行
撰稿人：王盛刚
审稿人：符尚平
中国建设银行临高支行
撰稿人：庞乔高
审稿人：邢　雄
中国农业银行临高县支行
撰稿人：许永鹏　陈开省
审稿人：杨　波
县农村信用社（县农商行）
撰稿人：王南潮　陈志奇
审稿人：岑选华
中国邮政储蓄银行临高县支行
撰稿人：李　浩
审稿人：黎小锋
中国人民财产保险临高支公司
撰稿人：谢　道　张文杰
审稿人：刘亚阁
中国人寿保险临高县支公司
撰稿人：谢凤丹　黄德尧
审稿人：王广京

《临高县志（1986—2010）》审查验收机构和成员名单

评审机构和成员

《临高县志（1986—2010）》专家评审小组

组　　长：符和积

成　　员：陈家传　符思权　李养国　邢维雄　谢越华　周文奇　张壮省　谭本尧　王法庭

复审成员

主　　任：欧阳颂东

副 主 任：符明辉

成　　员：武献志　李赛美　黄族光　王义坚　陈杰科　王　图　桂若松　吴川平　张壮省　麦朝政　符乐平　王小兵　许　峰　王良器　黄小苹　符巍瀚　廖福华　黄　友　陈达华　文　锋　许　评

《临高县志（1986—2010）》终审验收单位和审稿人员

审定单位：海南省地方志办公室

审稿人员：秦武军　陈家传　符思权　覃　偲

2000年临高县地图

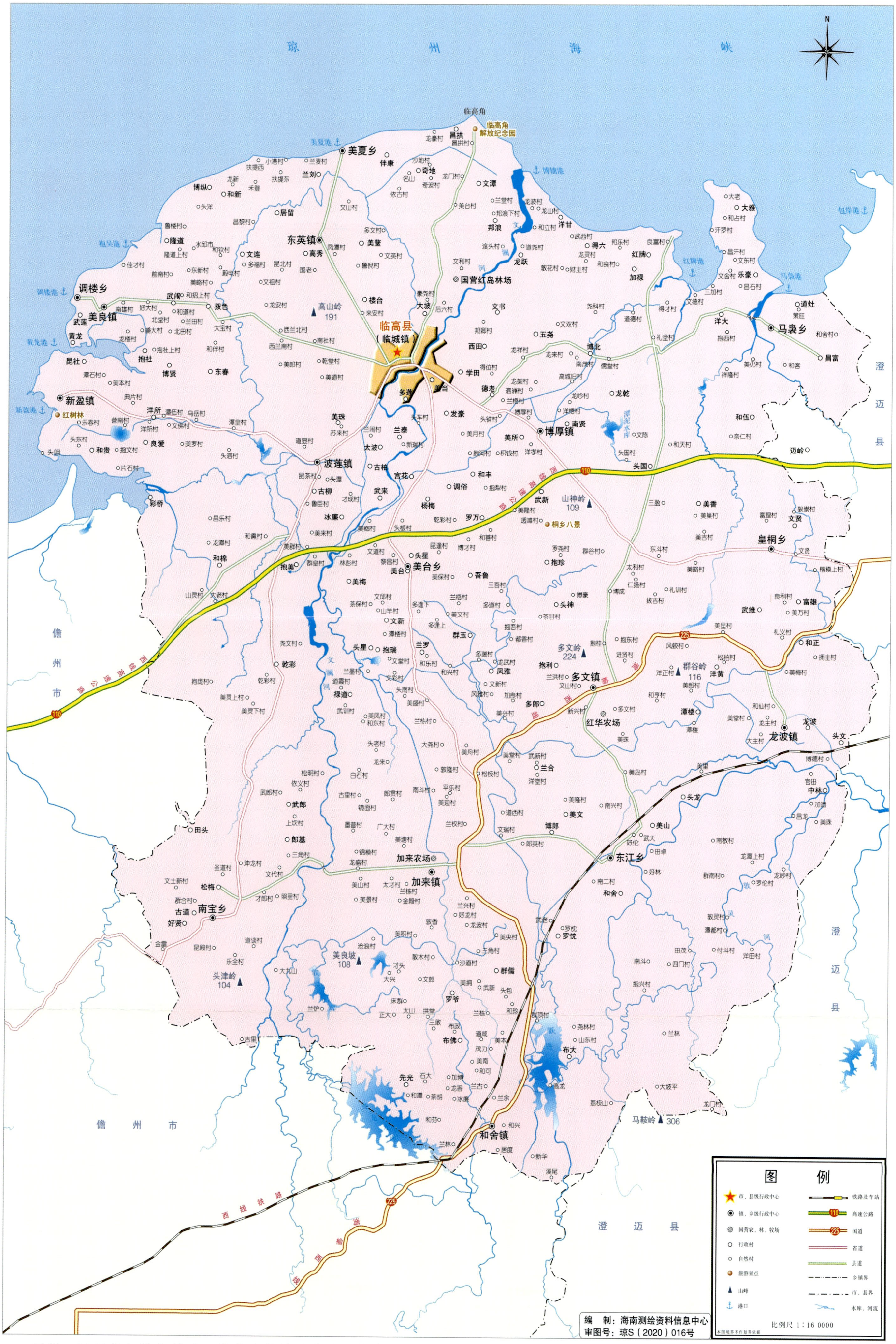

说明：2002年乡镇合并时，原属东英镇的奇地、邦浪、文潭3个村委会划入临城镇；原博厚镇的德老、文书、龙跃、洋甘、西田5个村委会划入临城镇

2000年临高县城区地图

临高角解放海南岛纪念雕像——热血丰碑

（王宝中 摄于2010年）

1996年的临高县城风貌

（王宝中 摄）

2010年的临高县城新貌

（王宝中 摄）

历史印记

加来基督教堂
(李新 摄于1986年)

加来日本炮楼
(李新 摄于1986年)

民宅
(李新 摄于1986年)

临城民宅
(李新 摄于1987年)

临高老干部参观中国共产党临高县第一次党员会议旧址

（李新 摄于1987年）

1996年4月，举行临高县人民武装部收归军队建制交接仪式
（县档案馆 供）

1996年4月，举行临高县人民医院门诊大楼建成落成典礼
(县档案馆 供)

1996年12月，县领导和干部群众参加冬修水利劳动

（县档案馆 供）

临高县人民法院旧貌

（李寿南 摄于2002年）

2005年9月的临高县档案局

（县档案馆 供）

中荷友好扶提小学新教室落成剪彩典礼

（李寿南 摄于2005年）

重 大 活 动

临高角解放海南岛纪念雕像奠基大会

(李新 摄于1995年)

政 府 工 作

1986年，司法系统开展打击刑事犯罪教育展
（李新 摄）

1998年，国税系统举办学习李向群“国税杯”演讲比赛 （李新 摄）

纳税人在国税办税大厅纳税
（李新 摄于1998年）

城 乡 建 设

1988年的临城1号桥景

（县档案馆 供）

临城城区

（李新 摄于1995年）

临城解放路
(李新 摄于1996年)

临高人民医院门诊大楼
(李新 摄于2000年)

文明西路道路改造
(李寿南 摄于2001年)

临城镇文澜江防护堤旧貌(兰河村段)
(李寿南 摄于2006年)

春节年货一条街
（李寿南 摄于2006年）

临高县临城镇1号桥
（李寿南 摄于2006年）

临高县汽车站
（李寿南 摄于2006年）

2010年2月，江北东路街区开工建设
（县档案馆 供）

2010年2月，临昌路开工建设
（县档案馆 供）

2010年2月，临城市政大道开工建设
（县档案馆 供）

新建成的市政大道
（县委党史研究室 摄于2010年12月）

西门农贸市场
（县委党史研究室 摄于2010年8月）

建设中的百仞滩大桥
（县委党史研究室 摄于2010年11月）

新建成的金澜大道
（县委党史研究室
摄于2010年）

文澜江畔新貌
（县委党史研究室 摄于2010年）

文澜江畔
（县委党史研究室
摄于2010年）

2010年12月2日，临高县举行20兆瓦光伏并网示范工程奠基典礼

（王宝中 摄）

调楼黄龙港

（县委党史研究室 摄于2010年）

农 业 生 产

多文头神空心菜
（李新 摄于1988年）

圣女果

（李新 摄于1993年）

芦荟种植园

(李新 摄于1993年)

胡椒种植园

(李新 摄于1994年)

1995年7月，临高县香蕉生产

（县档案馆 供）

1997年5月，临高县瓜菜生产

（县档案馆 供）

东江玉兔养殖
(李新 摄于1998年)

红心柚子
(县委党史研究室 摄于2010年)

香蕉
(县委党史研究室 摄于2010年)

水稻制种
（王宝中 摄于2010年）

瓜菜
（王宝中 摄于2010年）

长寿五粮之一番薯
（王宝中 摄于2010年）

临城镇瓜菜基地。图为科技人员到基地进行技术指导
（王宝中 摄于2010年）

东英长寿五粮之一山药
（王宝中 摄于2010年）

瓜菜育苗
（王宝中 摄于2010年）

南瓜
（王宝中 摄于2010年）

渔民晒制鱼干
(李新 摄于1987年)

渔民晒制鱿鱼干
(李新 摄于1987年)

调楼渔港桅帆渔船
(李新 摄于1989年)

新盈渔家女补网
(李新 摄于1990年)

新盈渔家女晒网
(李新 摄于1990年)

新盈渔家女织网
(李新 摄于1990年)

新盈海边鱼市
(李新 摄于1990年)

新盈回港渔船
(李新 摄于1990年)

新盈回港渔船晒网
(李新 摄于1990年)

新盈海水网箱养殖
(李新 摄于1995年)

新盈深海网箱养殖鱼产品

（县委党史研究室 供）

新盈深海网箱养殖捕捞场景

（县委党史研究室 供）

新盈深海网箱养殖基地

（县委党史研究室 供）

新盈深海网箱养殖

(李新 摄于1995年)

海上党组织

渔村港湾
（王宝中 摄）

2006年7月，临高县调楼镇第一个海上党支部成立
（王宝中 摄）

工业生产

美良盐田

（李新 摄于1987年）

调楼船厂建造木质渔船

(李新 摄于1989年)

临高威隆造船厂建造的钢质渔船

（王宝中 摄）

临高威隆造船厂

（王宝中 摄）

海溪化纤厂生产车间

(李新 摄于1989年)

海溪化纤厂生产车间

(李新 摄于1989年)

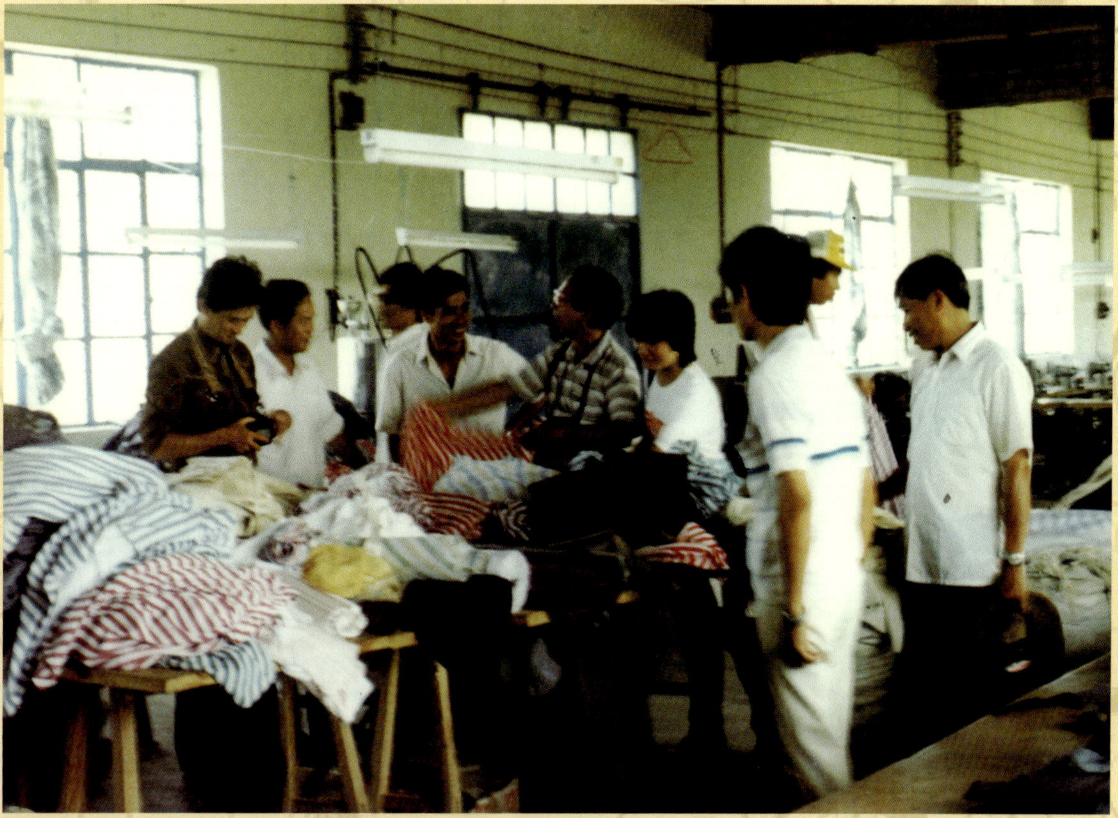

临高高润服装厂生产车间

(李新 摄于1989年)

砍收甘蔗

丰收时节采蔗忙。图为运往糖厂的甘蔗

(李新 摄于1990年)

博厚陶瓷厂生产的陶瓷产品

（李新 摄于1991年）

橡胶厂生产车间

（李新 摄于1993年）

1995年7月的临高县新盈镇建造渔船场景

(县档案馆 供)

临高海马酒

(李新 摄于1996年)

临高地瓜酒

(李新 摄于1996年)

旅游景观

古银瀑布景区

（李新 摄于1990年）

白切滩景区

（李新 摄于1991年）

尧龙水库景区

(李新 摄于1998年)

高山岭景区

(李新 摄于1999年)

临高文庙

（李新 摄于1999年）

2000年的临高角滨海浴场

（县档案馆 供）

高山岭景区

(王宝中 摄于2008年6月)

临高县皇桐古银瀑布景区

(县委党史研究室 摄于2010年)

教育事业

临高县第一小学

（李寿南 摄于2006年）

临高县第二中学

（县委党史研究室 摄于2008年）

2009年5月，文澜江中心学校举行揭牌仪式

（县委党史研究室 供）

2010年12月的临高县中小学运动会开幕式现场

（县委党史研究室 摄于2010年）

2010年9月，临高县召开奖优助学大会

（县委新闻办 供）

临高中学

（县档案馆 摄于2010年2月）

加来中学

（县委党史研究室 摄于2010年）

加来高级中学

（县委党史研究室 摄于2010年）

临城镇中心学校
（县委党史研究室 摄于2010年）

和舍中学文化公园一角
（县委党史研究室 摄于2010年）

新盈端午赛龙舟
(李新 摄于1989年)

新盈端午赛龙舟
(李新 摄于1991年)

新盈端午赛龙舟
(李新 摄于1993年)

1996年3月，临高县举行全民健身长跑活动
(县档案馆 供)

1996年10月，临高县在临高角举行纪念中国工农红军长征胜利60周年活动
(县档案馆 供)

1996年10月，举行临高角解放公园雕像——热血丰碑落成典礼

（县档案馆 供）

临高举重运动员

（李新 摄于1997年）

临高获奖体育项目奖品

（李新 摄于1997年）

1998年，加来中学举行建校50周年校庆活动

（李寿南 摄）

临城喜闹元宵

(李新 摄于1998年)

1999年的临高县多文冼太夫人公期民间活动

（李寿南 摄）

2000年6月的临高角端午节活动

(县档案馆 供)

2003年，县老体协组织离退休老干部慰问博厚镇头桥村革命老区

（李寿南 摄）

2005年春节前夕，县文体局组织开展下乡送春联活动

（李寿南 摄）

2005年7月，举办临高县第三届渔民节开幕式文艺晚会

（王宝中 摄）

2005年的中秋节群众巡游活动
（王宝中 摄）

2005年的中秋节群众巡游活动
（王宝中 摄）

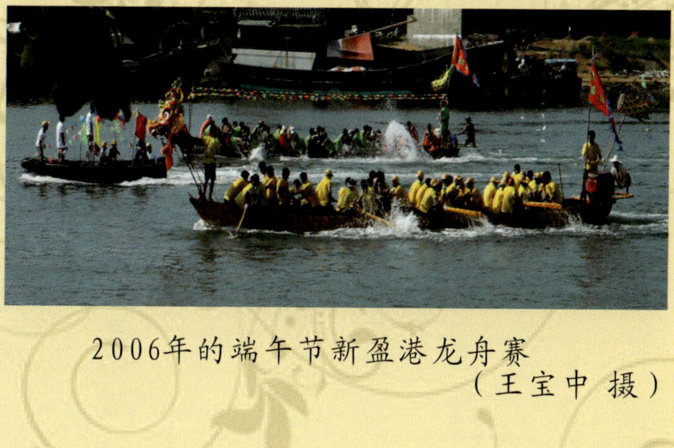

2006年的端午节新盈港龙舟赛
（王宝中 摄）

2007年1月14日的
临高“八音盅盘”舞
（县档案馆 供）

2007年3月，
临高县举办首届
民间文化节
（县档案馆 供）

2007年6月5日，
临高县举办首届民
间文化节“哩哩美”
渔歌擂台赛
（县档案馆 供）

2010年2月11日，临高县举办第三届民间文化节
（县档案馆 供）

2010年的海南环岛自行车赛途经临高
（县新闻办 供）

临高县中学生排球赛
（县委党史研究室 摄于2010年）

新盈赛龙舟
（王宝中 摄于2007年）

临高县首届民间文化节文艺演出活动
（王宝中 摄于2007年）

群众文艺巡游
（王宝中 摄于2007年）

2008年，临高县举办庆祝海南建省办经济特区20周年文艺演出
（李寿南 摄）

渔歌“哩哩美”对唱
（王宝中 摄于2010年）

临高县“哩哩美”形象小姐选拔大赛
（王宝中 摄于2010年）

（王宝中 摄于2010年）

渔歌“哩哩美”对唱

（王宝中 摄于2010年）

渔歌“哩哩美”对唱

（王宝中 摄于2010年）

文化遗产

2005年的八音舞表演

（李寿南 摄）

旧版《临高县志》

(县档案馆 供 摄于2007年5月)

临高渔歌“哩哩美”传承人——黄金奎(新盈镇隆安村人)

（王宝中 摄于2010年）

明朝临高才子王佐《鸡肋集》旧本

（县档案馆 供）

民间习俗

多文冼太夫人公期民间活动

（李新 摄于1989年）

农村作斋活动

（李新 摄于2002年）

特色文艺 人偶戏

人偶戏演出
(李新 摄于1988年)

临高人偶戏
(李新 摄于1988年)

人偶戏文化传承人——陈忠浩（皇桐镇金波村人）
(李新 摄于1989年)

临高人偶戏演出场景

（王宝中 摄于2010年）

临高人偶戏演出场景

（王宝中 摄于2010年）

文物古迹

临高景点
（王宝中 摄于2007年）

临高百年灯塔
（李新 摄于1996年）

亭山神庙
（王宝中 摄于2007年）

临高县博厚镇三省村“寿门坊”
（县档案馆 摄于2007年8月）

康熙年间木偶戏头像
（县档案馆 摄于2007年8月）

高山岭景观塔
（王宝中 摄于2008年6月）

王佐故居——节孝、礼魁坊
（县委党史研究室 摄于2010年）

王佐故居——王佐文化园
（县委党史研究室 摄于2010年）

2002年的临高文庙旧貌

(李寿南 摄)

临高文庙灵星门

(王宝中 摄于2010年)

临高文庙大成殿
（王宝中 摄于2009年）

西天庙
（王宝中 摄于2009年）

高山神庙

（王宝中 摄于2009年）

临高大寮盐灶
（王宝中 摄于2009年）

寿坊
（王宝中 摄于2009年）

台风灾害

省、县领导考察灾情

（县档案馆 供）

2005年9月28日，临高县受龙卷风袭击，连降大暴雨，临高文澜江的水位急速上涨，江水湍急，当地居民的人身和财产安全受到严重威胁。当天下午，省、县领导冒雨到现场查看灾情，慰问群众，动员干部、群众开展抗灾救灾，帮助灾民恢复生产，重建家园。

被台风刮倒的树木

（县档案馆 供）

救灾行动

（县档案馆 供）

被水淹的临城街道

（县档案馆 供）

救灾行动

（县档案馆 供）

1996年9月的临高县临城大水灾场景

（县档案馆 供）

1996年9月，省领导到临高考察灾情

（县档案馆 供）

临高美食

临高乳猪

（李新 摄于1988年）

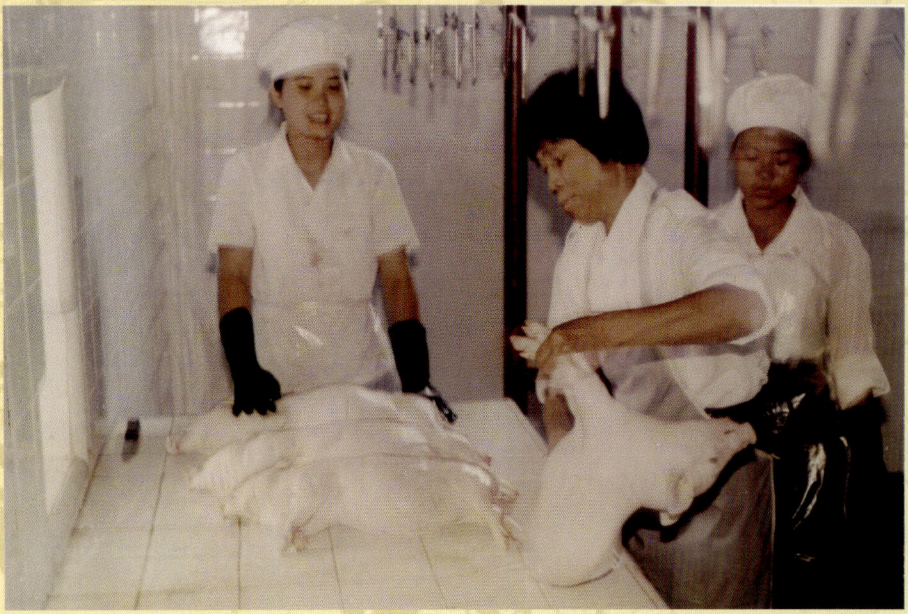

临高乳猪加工出口

（李新 摄于1989年）

炭烤临高乳猪

（李新 摄于1989年）

临高乳猪及烤制过程

（王宝中 摄于2010年）

指甲螺
（王宝中 摄于2010年）

临高新盈鱿鱼
（王宝中 摄于2010年）

临高海虾
（王宝中 摄于2010年）

猪肠血
（王宝中 摄于2010年）

马袅沙虫
（王宝中 摄于2010年）

临高酸菜
（王宝中 摄于2010年）

富硒地瓜
（王宝中 摄于2010年）

淮山排骨汤
（王宝中 摄于2010年）

芋头
（王宝中 摄于2010年）

毛薯
（王宝中 摄于2010年）

东英玉米
（王宝中 摄于2010年）

韭菜饼
（王宝中 摄于2010年）

煎堆
（王宝中 摄于2010年）

蒸糕
（王宝中 摄于2010年）

甜糯糕
（王宝中 摄于2010年）

鸡屎藤糕
（王宝中 摄于2010年）

临高捕捞海虾
（王宝中 摄于2010年）

临高产膏蟹
（王宝中 摄于2010年）

多文空心菜
（王宝中 摄于2010年）

海鲜
（王宝中 摄于2010年）

牛眼螺
（王宝中 摄于2010年）

序

编史修志，是新时代中国特色社会主义文化建设和精神文明建设的一项重要工作。盛世修志，由来已久。1986—2010年，临高县以经济建设为中心，转变政府职能，实施农村联产承包责任制，深化工商企业体制改革，加快社会主义市场经济建设，全县在经济、政治、文化、教育、社会事业等各方面都发生了巨大的变化，经济建设和文化建设取得了新成就。在习近平新时代中国特色社会主义思想指引下，临高和全国一样掀起第二轮编修地方志的新高潮。编修地方志，记载本地区的人文地理、风土人情、旅游地产、城乡建设、工业、农业、渔业、教育科技、文化、卫生等各行各业的发展变化，记述历史，展示现状，发挥地方志“存史、资政、教化”作用。

临高县历史悠久，汉代在海南岛设立珠崖、儋耳二郡，临高地区隶属儋耳郡。隋朝始设毗善县，唐朝时改为富罗县，并于县境内的东部增设临机县，之后临机县改为临高县。南汉时富罗县并入临高县。宋、元、明、清时期，仍称临高县。民国时期，临高县先后隶属琼崖道、广东省南区善后公署、广东省第九区行政督察专员公署、海南特别行政区行政长官公署。1950年5月海南解放后，临高县隶属海南军政委员会。1951年4月，隶属广东省人民政府海南行政公署。1958年，临高县与澄迈县合并，称澄迈县。1961年，恢复临高县。1988年，海南建省，临高县隶属海南省。

临高县濒临北部湾，临江靠海，土地肥沃，生产以农业为主，渔业发达，地方经济和社会文化都得到迅速发展，人民生活得到提高。临高方言、哩哩美渔歌、人偶戏（木偶剧），具有浓厚的地方特色。2010年，临高县有10个镇，境内有2个国有农场，全县人口从1986年的33.33万人增长到49.12万人。

1985年，临高县编修解放后第一部《临高县志》，于1990年出版，这部县志记载到1985年。2010年，在海南省地方志办公室的指导和县委、县政府的高度重视下，临高县启动第二轮编修《临高县志（1986—2010）》工作。《临高县志（1986—2010）》客观记述了25年来临高县的自然、地理、政治、经济、军事、文化、教育、科技、卫生等各方面的发展变化，展现了临高县的自然资源保护、旅游资源开发、工业和农畜渔业的发展、文化遗产传承、扶贫救助、人民生活不断提高等内容，对于全面了解临高、建设临高具有一定的借鉴作用。全书内容翔实、语言精练、图文并茂，保存了许多宝贵的历史资料，为全县人民提供了丰富的热爱家乡、建设家乡的生动教材。《临高县志（1986—2010）》是了解临高县自然地理、风土人情、经济建设、社会发展的重要窗口。本书的正式出版，为建设临高、发展临高提供了宝贵的历史借鉴，为广大人民群众、外来投资者和游客了解临高历史文化提供了丰富的信息。《临高县志（1986—2010）》的编成来之不易，从制定方案、篇目设计、查找档案、资料收集、编纂整理、审核验收，调动了全县各个部门的人力物力，上百人为之付出了心血和汗水。在此，谨向为本书编纂出版付出辛勤劳动的编修人员和关心、支持修志工作的海南省地方志办公室和社会各界人士表示衷心感谢！

以史为鉴，鉴古知今，继往开来。修志之意，旨在告慰前人、激励当代、启迪后世、造福桑梓。当前，全县上下正处在全面贯彻落实党的十九大和十九届二中、三中、四中全会精神，高举习近平新时代中国特色社会主义思想伟大旗帜，不忘初心、牢记使命，全力推动海南自由贸易港建设关键时期，希望全县上下潜心阅读志书、广泛宣传志书，全面汲取志书精髓，为建设富裕、文明、美丽新临高而努力奋斗、再立新功！

临高县地方志编纂委员会

2020年8月

凡 例

一、本志以马克思列宁主义、毛泽东思想、邓小平理论、“三个代表”重要思想、科学发展观、习近平新时代中国特色社会主义思想为指导，运用辩证唯物主义和历史唯物主义观点，实事求是、全面系统地记述临高县自然、经济、政治、文化、社会等方面的历史与现状。

二、本志系第一轮《临高县志》的续志，上限起自1986年，下限止于2010年。为叙事完整起见，部分内容适当上溯到1986年以前。

三、本志使用语体文，记述体。除引用历史著述原文外，力戒文言文或半文半白、文白间杂的语体。做到“述而不论”，详略得当。

四、本志以科学分类与社会分工相结合，遵循“事以类聚”的原则，进行篇目设置。全志除志首设概述、大事记，志末设附录外，正文共设建置区划、环境资源、人口与计划生育、城镇建设与环境保护、宏观经济、农业、工业交通邮电、商贸旅游、财税金融、经济综合管理、中共地方组织、政权政协、民主党派社会团体、军事政法、综合政务、教育科技、文化体育、医疗卫生、人物，共19编。

五、本志横排门类，纵述史实，采用“述、记、志、传、图、表、录”等形式，以志为主。事记以编年体为主。

六、本志中较长的组织机构名称，在同一章节中第一次出现时用全称，后文再出现时用简称。如中国共产党临高县委员会简称“县委”，其他组织机构名称依此类推。

七、记载地名均用当时的通称，部分古旧地名第一次出现时，加注今名；较长的地名、机构名第一次出现时用全称（附简称），后文再出现时用简称。志中凡直书省、县者，1988年5月前，皆指广东省、临高县；1988年5月后，皆指海南省、临高县。

八、本志中所有缩略语首次出现都加括注，以方便后人阅读。如“三讲”（讲学习、讲政治、讲正气），“参公”（参照公务员管理法管理），“4050”人员（女40周岁、男50周岁以上的无业人员），等等。

九、计量单位，以1984年2月27日国务院公布的《中华人民共和国法定计量单位》为准。

十、数字书写，以中华人民共和国国家质量监督检验检疫总局、中国国家标准化管理委员会2011年7月29日发布，2011年11月1日实施的中华人民共和国国家标准《出版物上数字用法》（GB/T 15835—2011）为准。所用各种数据，以县统计部门数据为准，统计部门没有的，采用相关单位数据。

十一、本志按生不立传原则收录本籍（含在外地活动的）人物，兼收在本地活动时间较长的客籍人物。收录范围按人物编纂方案执行，以人物生平先后为序，分别记入人物传和人物表。

十二、本志资料大部分来源于省、县档案馆、图书馆、旧志及各单位内部档案资料、新编专业志等，入志时不一一注录出处。

目 录

第一编 建置区划

第二编 环境 资源

第三编　人口与计划生育

第四编 城镇建设与环境保护

第五编 宏观经济

第六编　农　业

第七编 工业 交通 邮电

第八编 商贸 旅游

第九编 财税 金融

第十编 经济综合管理

第十一编　中共地方组织

第十二编 政权 政协

第十三编　民主党派　社会团体

第十四编　军事　政法

第十五编 综合政务

第十六编 教育 科技

第十七编 文化 体育

第十八编 医疗 卫生

第十九编 人 物

概 述

一

临高县，位于海南岛西北部，东邻澄迈县，西南接儋州市，北濒北部湾，地理坐标在北纬 19º34′ 、20º02′ ，东经 109º30′ ～109º53′ 之间，东西宽 34 千米，南北长 47 千米，形状呈椭圆形，横亘在琼州海峡之滨。境内整个地势南高北低，由南向北倾斜。最高峰马鞍岭，海拔 306 米；一般台地均在海拔 50～150 米之间，相对高度为 50 米以下，地面坡度多在 5～15 度之间，地势较为平缓。主要河流有文澜江、加来河、尧龙河、东江河、马袅河、文科河和博厚水，河流多由南向北流入海；海边有头咀、安全、新盈、昆社、调楼、黄龙、抱才、马袅、博铺、美夏、金牌等 11 个港口。全县可分为北部沿海，中部平原及南部和东部丘陵 3 个地区。陆地面积 1317 平方千米，海岸线长 114.7 千米，海域面积 675.66 平方千米。全县土地总面积 134333.33 公顷，境内主要有煤矿、铁矿、钨矿、泥炭土和石灰石矿等矿产。

临高，地处北半球低纬度和海南岛西北部沿海，属热带海洋性气候。四季常青，热量充足，雨量充沛，终年无霜。冬春季少雨，为干旱季节；夏秋多风雨，为湿润季节。年平均气温为 23℃～25℃之间。气温最高的是 7 月，月平均气温为 28.3℃；气温最低的是 1 月份，月平均气温为 16.9℃。年平均降雨量 1432 毫米，多集中于 5—10 月。年平均日照时数为 2175 小时，年平均蒸发量 1813.7 毫米。年平均相对湿度为 85%。

全县旅游资源丰富，著名的自然资源有素称“南海秋涛”的临高角、“毗耶灵石”的高山岭、“百仞滩声”的百仞滩、“三潭九曲”的居仁瀑布、新盈彩桥的海上红树林和国家湿地公园后水湾、滨海莽原带的邻昌岛、马袅湾，以及临高文庙等。2010 年，实施海南省国际旅游岛建设，全县有规模以上的宾馆、酒店、家庭旅馆共 57 家，其中三星级以上的有 1 家，接待房间达 740 间，床位 1270 个；接待旅游人数 8.30 万人次，旅游总收入 3376 万元。

西汉元封元年（前 110 年）立珠崖、儋耳二郡，临高县地属儋耳郡。隋大业三年（607 年），始设毗善县，属珠崖郡。唐武德五年（622 年），改毗善县为富罗县，并于县境内的东部增设临机县，属崖州[唐贞观七年（633 年）改属琼州]。唐开元元年（713 年），临机县改为临高县。南汉乾和十五年（957 年），废富罗县，并入临高县。1950 年 5 月海南解放后，临高县隶属海南军政委员会。1958 年 11 月，临高县和澄迈县合并，成立金江县（后改为澄迈县）。1961 年 5 月，恢复临高县，隶属广东省海南行政公署。

1986 年，全县有 16 个区公所、2 个国营农场、1 个镇人民政府、110 个农业乡、10 个渔业乡、8 个盐业乡、749 个村民委员会。全县总户数 72048 户，总人口 333256 人。1988 年海南建省办经济特区，临高县隶属海南省。2010 年，临高县辖临城、波莲、博厚、新盈、调楼、东英、多文、皇桐、南宝、和舍等 10 个镇、17 个居委会、154 个村委会、726 个自然村，境内有加来、红华 2 个国有农场。世居汉族、黎族、苗族等民族，全县总户数 136748 户，总人口 491240 人，其中少数民族 627 人。

全县通讲“临高话”。临高方言只有口头语，用临高方言演唱的临高木偶戏、哭词、山歌、民谣、顺口溜等，都比较集中地表现出具有生命力的地方特色。人文资源有临高人偶戏（木偶戏）、哩哩美渔歌对唱、民间“八音舞”“舞狮”等。美食资源有临高乳猪、东江玉兔、博厚牛肉干、南宝鸭、新盈鱿鱼、马袅沙虫、多文头神空心菜、和舍豆豉、波莲狗肉米粉、牛眼螺、螃蟹、牛腩肉、萝卜干、波罗蜜、临高红荔枝、香蕉、反季节龙眼等。

临城镇是中共临高县委员会、临高县人民政府驻地，临高政治、经济、文化的中心，位于临高县西北部，文澜河畔，高山岭麓，距离省会海口市 83 公里、洋浦经济开发区 50 公里，到三亚市 384 公里。古代称“莫村”。民国年间，镇上仅有 1 条 700 米长的石街。解放后，新建临高大桥，开辟解放路、跃进路和东镇路。1986 年，县城有 5 条主要街道，面积为 3 平方公里，全镇 57779 人，其中城镇 6334 人。1993 年 1 月，县委、县政府将文澜江乡的 7 个管理区 52 个村并入临城镇。2002 年 6 月，将美台乡并入临城镇。2010 年，临高县城有解放路、跃进路、文明路、行政路、江南路、江北路、二环路、临海路、临美路、临昌路、新桥路、高山路等 12 条大道，县城文澜江两岸建有 4 条大桥。还有文化公园、滨江公园、易经文化广场、临高一中、临高二中、临城中学及 6 个公立小学、3 个私办学校，还有县人民医院、县中医院。临高县城实施“沿江靠海、城市扩张、中心北移”发展战略，推动澜江新城建设，打造公园化城区，澜江新城规划建设包括金澜大道、市政大道、富罗大道、临盛大道、临兴大道、银澜路、德澜路、政澜路、武澜路、广场路、临昌路等道路，并建有行政、商贸、星级酒店、旅游休闲、学校、公共服务设施等 33 个项目。通过政府投资、金融机构贷款、社会融资等方式，加大招商引资力度，建设体育广场、综合体育馆、歌剧院、图书馆、城市规划馆、文澜公园等设施。2010 年，全镇 127831 人，其中城镇 54226 人。

二

1986—2010 年，临高县委、县政府以邓小平理论和“三个代表”重要思想为指导，贯彻落实科学发展观、习近平新时代中国特色社会主义思想，进行改革开放，不断深化政治、经济体制改革，全面建设有中国特色的社会主义，开展精神文明建设和物质文明建设，努力实现小康社会的宏伟目标，推动临高政治、经济、文化和社会全面发展。1986 年 8 月初，县委召开体制改革工作会议，要求各部门，各单位将改革放在首位，开展经济体制改革，发展社会生产力。1987 年，撤销区建制，各区公所改为乡、镇人民政府，各小乡改为管理区。1 月，县政府作出各乡、镇实行财政包干的决定。7 月，全县职称改革工作全面展开。当年，粮食系统实行粮食购销“双轨制”（粮食定购和市场定价相结合，粮食统销和议销相结合），供销系统全面推行各种形式的经营承包责任制，基本完成国营工商业的整顿工作。1991 年，全面推行领导干部任期目标责任制，全县 110 个党政机关，企事业单位负责人向县委、县政府签订该年度目标责任书。1992 年，建立金牌经济开发区、临高角旅游度假区。1993 年，粮食价格全部放开，随行就市，议购议销。1993 年，《国家公务员暂行条例》施行，标志着人事制度改革进入新的阶段。1994 年，县政府实行城镇住房制度改革，实现住房商品化、社会化。7 月，县委、县政府出台《关于进一步抓好党政机关纪律整顿五个问题的通知》，加强党政机关纪律整顿工作。1998 年，开展农村土地登记发证工作。1999 年，县委开展领导干部“三讲”（讲学习、讲政治、讲正气）活动。2001 年，县委开展学习“三个代表”（中国共产党始终代表中国先进生产力的发展要求，始终代表中国先进文化的前进方向，始终代表中国最广大人民的根本利益）、机关作风整顿和创建“文明高效机关”活动。县委出台《关于加强农业和农村工作的意见》，把解决好“三农”（农业、农村和农民）问题作为全县工作重点。2003 年，全县实施农村税费改革，取消农业税、乡村统筹、农村教育集资、屠宰税等。2008 年，全县党员干部开展深入学习实践科学发展观活动，组织党员领导干部集中观看“加强领导干部作风建设弘扬八个方面良好风气”专题教育片。2010 年，县委、县政府实施海南国际旅游岛战略，建设金牌港、临高角、龙波湾、马袅湾、碧桂圆、新盈渔港、黄龙渔港、澜江新城等经济开发项目，促进临高经济社会的发展。

临高县人民代表大会（简称“县人大”）由直接选举产生的本级人民代表大会代表组成。1986 年以来，县人大召开第七、第八、第九、第十、第十一、第十二、第十三届共 7 届人民代表大会。第七、八、九届任期 3 年，第十届起任期 5 年（第十二届因实行县乡人大同步换届，实际为 4 年）。人民代表大会会议每年至少举行一次，行使宪法和法律赋予的各项职权。1987年、1990年、1993年、2007年进行4次县乡（镇）两级人大同步换届选举；1998年、2003年进行2次县级人大换届选举；1996年、1999年、2002年进行3次乡（镇）人大换届选举；2002年10月，临城、博厚、调楼、东英、多文、皇桐进行乡镇撤并后举行人大选举。县人大常委会从临高县的实际出发，贯彻实事求是和依法办事的原则，讨论和决定改革开放和经济建设中涉及国计民生、带全局性、根本性的重大事项，并适时作出决议决定，推进民主决策、科学决策的进程。1986年，县人大常委会作出《关于在全县范围内深入开展社会治安综合治理的决议》，通过《临高县十一个自然保护区规划》和《临城镇总体规划（1986—2000年）》。1987年作出《关于切实做好审判、检察工作，积极为改革开放服务的决议》；1991年作出《关于加强临高县中小学基础教育工作决议》；1992审议年通过临城镇、临高角风景名胜区、金牌开发区总体规划和《关于积极开展行政审判工作的决议》和《关于努力发展教育事业的决议》；1993年作出《关于批准临高县金牌港石油化工城总体规划的决议》；1996年作出《关于加强临高县预算外资金管理的决议》；2000年通过《关于进一步改善临高县投资环境的决议》；2001年作出《关于加强县人民法院执行工作的决定》；2003年对社会治安、禁毒工作、公共卫生管理作出决议；2004年作出《关于加强预防职务犯罪工作的决议》；2005年作出《关于财政专项资金管理使用情况的决议》；2006年作出《关于加强教育工作的决定》和《加强临城镇三个主要路口规划建设管理的决定》；2007年作出《关于放胆利用开行贷款资金建设临高的决议》和《关于进一步加强教育工作的决定》；2008年作出《加强政府投资项目管理的决定》和批准文澜江沿线基础设施项目等；2009年作出批准回购临城市政大道工程项目、临城污水处理厂项目等决定；2010年作出增加3500万元投入职业教育、批准注资5000万元作为临高渔业发展资金等决定。

1986—2010年，中国人民政治协商会议临高县委员会（简称“县政协”）召开第三、第四、第五、第六、第七、第八届共6次全体会议。县政协充分发挥政治协商、民主监督、参政议政的三大职能。1987年，县政协第四届共收到提案114件，已办复解决107件，占93.9%。1993年，县政协第五届共收到提案271件，经审查立案255件，承办单位办复253件，占99.2%。1998年，县政协第六届共收到提案138件，经审查立136件，承办单位办复121件，占87.7%。2003年，县政协第七届共收到提案200件，立案189件，承办单位全部办复，办复率100%。2007年，县政协第八届共收集提案264件，经审查立案200件，承办提案落实率为44.8%，委员满意和基本满意率95.5%。2008年，征集并立案提案44件，提案落实率为43.2%，委员满意和基本满意率96%。2009年，征集并立案提案44件，提案落实率为45%，委员满意和基本满意率96%。参政议政。1988年，县政协科技组对多文、东江、博厚、皇桐4个乡镇的咖啡生长情况进行考察，形成《关于政协科技工作组考察咖啡管理的报告》。1990年12月，县政协国营企业现状调查组进行调查，并向县委、县政府提交《关于认真整顿，深化改革，扭转临高县国营企业严重亏损状况的建议案》报告。1991年7月，县政协组织开展考察乡镇卫生工作，向县政府提交《要重视和加强农村医疗卫生工作的建议案》。2001年，以“增加农民收入，加快城镇建设”为调研重点，形成《关于农业结构调整和增加农民收入的调查报告》。2007年以来，县政协组织开展8次考察活动，有163人次参加，形成书面考察报告8份，呈送县委县政府决策参考。2007—2009年形成《国家13个重点新增项目的情况视察报告》等6份，2010年形成《关于临高县重点项目建设情况的视察报告》和《关于临高县文明生态村创建情况的视察报告》。

三

1986—2010年，临高县经济建设取得显著成绩。1986年，全县生产总值14709万元，人均生产总值453元，全社会固定资产投资2785万元。1997年，生产总值13.12亿元，农民人均纯收入1598元，全社会固定资产投资28978万元。2005年，生产总值37.05亿元，人均生产总值10120元，农民人均纯收入2823元，全社会固定资产投资1.8亿元。2010年，全县生产总值69.6亿元，是2005年的1.9倍，年均增长13.7%；全社会固定资产投资21.6亿元，是2005年3.18亿元的6.8倍，增长119.3%；地方财政一般预算收入2.18亿元，增长133.9%，是2005年的4.6倍，年均增长35.7%，增幅排名全省第三位；城镇居民人均可支配收入12887元，是2005年的2.3倍，年均增长18.1%，增幅排在全省前三名；农民人均纯收入5047元，是2005年的1.8倍，年均增长13.9%；社会消费品零售总额是2005年的2.1倍，年均增长16.3%；万元GDP能耗同比下降5.12%。

临高县具有发展农业的优越地理气候条件，土地肥沃，水利灌溉条件好，一年四季温暖如春，是适宜种植各种作物的天然温室，素有“鱼米之乡”美称，是海南商品粮食生产基地。盛产粮食、瓜菜、糖蔗、花生、芝麻等。主要热带作物有橡胶、胡椒、香茅、咖啡；主要丰产林为小叶桉、木麻黄。主要水果有香蕉、杧果、荔枝、龙眼、阳桃、波罗蜜等。1986年，全县农业总产值12408万元，其中农业5512万元，林业997万元，畜牧业2739万元，渔业2186万元，其他974万元。1997年，全县农业总产值14.85亿元，其中农业45515万元，林业3520万元，畜牧业22542万元，渔业76931万元。2005年，全县实有耕地2.51万公顷，农业总产值47.30亿元（当年价）。种植业、畜牧业等产业蓬勃发展。糖蔗工业产量49.61万吨；粮食总产量11万吨，水稻制种面积1200公顷；畜牧业肉类总产量2.94万吨，水产品总产量40.10万吨，产值29.80亿元（现行价）。香蕉种植面积2666.67公顷，收获面积2000公顷，香蕉总产量达9.10万吨，产值达13130万元，主要销往黑龙江、北京、山东等各大城市市场。农田水利建设共投入资金3850万元，重点建设松涛波莲灌区续建配套与节水改造工程，以及新盈土地平整、冰廉洋农田整治等项目。共维修大小水利渠道1351条，全县新增灌溉面积1800公顷，恢复和改善灌溉面积4600公顷；完成农村沼气池1823个。2010年，全县实有耕地2.47万公顷，比2005年减少0.04公顷；全县农业总产值67.68亿元，增长11.6%。粮食总产量11.1万吨，增长3.8%；投入2527万元，创建333.33公顷瓜菜生产示范基地，带动瓜菜种植1万公顷，增长7.14%；水稻制种2033.33公顷，增长71.3%，成为全省水稻制种大县；橡胶种植9333.33公顷，增长10%；香蕉种植4000公顷，总产量16.5万吨，增长10%；糖蔗种植9600公顷，总产量75.8万吨；畜牧业产值4.9亿元，增长20%；肉类总产量3.9万吨，增长8.3%。林业产值2.52亿元，义务植树65万株，造林200公顷，森林覆盖率为44%。

临高县濒临北部湾渔场，鱼种类多，可捕捞量大，经济价值高，海洋捕捞产量约占全省1/3。盛产马鲛鱼、白鲳鱼、石斑鱼、墨鱼、红鱼、鱿鱼、海带等600多种海产品，尤其是临高玻璃鱿鱼，以其透明、肉厚、味美而闻名中外。近海海域适于鲍鱼等贝类养殖，海湾滩涂适宜养殖对虾、珍珠贝、文科哈、螃蟹、石斑鱼和黄花鱼等。内陆河塘水库适宜鳗鱼、鲤鱼、福寿鱼、鲢鱼、埃及塘虱鱼等养殖。1986年，全县渔业生产总值2186万元。1997年，全县渔业生产总值76931万元。2010年，全县渔业生产总值38.94亿元，渔业总产量44.9万吨，占全省渔业产量的1/3强，连续13年稳居全省第一，其中海洋捕捞产量达40.9万吨，增长12.2%；拥有渔船4396艘，其中80吨位以上渔船1286艘。深海网箱养殖3042口，增长50%，成为亚洲最大的深海网箱养殖基地；海洋底播养殖发展到2000公顷，增长33.3%；罗非鱼精养面积1666.67公顷，增长50%；成立渔业专业合作社48家，更新改造大中型渔船35艘，组织3个大船队赴西沙海域开展外海捕捞生产，取得较好的经济效益。海洋渔业经济占全县GDP的50%，渔民人均收入8441元。

工业逐渐发展。1986年，临高县独立核算工业企业有31家，总产值4078万元（当年价），其中：国有工业产值2903万元，集体工业产值542万元。1989年，全县工业总产值5363万元，工业增加值2489元。1997年。全县工业总产值27771万元。2005年，工业总产值47290万元。其中糖业、制药、炼油、复混肥等工业生产不断发展。制糖工业完成工业总产值13418.1万元，占28.4%；炼钢业完成工业总产值4090.1万元，占8.7%；炼油工业总产值9292.10万元，占19.7%。全年用电量10602万千瓦时，增长20.3%。2010年，全县工业总产值146789万元，比1986年增长35倍，年均增长率15.4%；工业增加值 58571 万元（现价），占全县生产总值的 8.41%。全县有工业企业 1187 家，其中规模以上企业 7 家。主要工业产品产量：成品糖 4.31 万吨，钢材 8.63 万吨。化工、水产品加工和饲料加工、船舶修造、光伏发电等新兴产业，构成临高县工业新体系。

1998 年，临高邮电完成业务总量 1818.50 万元，其中电信业务收入为 1201 万元。1999 年，完成电信业务总量 1355 万元，超年计划的 12.18%。2000 年，完成业务总量 1772 万元。2005 年完成业务收入 2700 万元，固定电话用户 36050 户，移动电话用户 66050 户，国际互联网用户 1518 户，小灵通用户 1.5 万户。2010 年，有临高电信、临高移动、临高联通 3 个电信企业，全县电信业务收入 3495 万元，增长 4.29%，固定电话 3.61 万户，移动用户 2.35 万户，宽带用户 7456 户。

临高县交通运输四通八达，陆、海交通便利。粤海铁路西环线、环岛高速公路和 225 国道（海榆西线）穿过境内，县城距海口市 86 公里、洋浦港 50 公里。县内公路 84 条，总里程 634 公里，县城通往各乡镇、主要港口和各经济开发区的道路全部实现柏油路面。新盈、头咀、调楼、黄龙等港口可通航货轮直达广州、湛江、海安、北海、海口、三亚等港口。1994 年，金牌 3000 吨级车客轮渡码头建成，和邦 3.50 万吨级杂货码头主体工程完工并可停靠船舶。2005 年，全年交通运输邮电仓储业完成增加值 9000 万元，比上年增长 5.4%；货物运输量 570 万吨，比上年增长 7.5%；旅客运输量 611 万人公里，比上年增长 3.9%。2010 年，全县投资 14.98 亿元进行县级重点工程交通基础设施建设 78.6 公里，投资 9475 万元建设农村公路通畅工程项目 32 个，总长 236.8 公里。公路运输安全运送旅客 672 万人次，旅客周转量 42332 万人公里，公路运输货运量 682 万吨，货物周转量 43393 万吨公里。海上运输船舶货运量 262 万吨，货物周转量 76823 万吨公里。全县有班车 143 辆，城镇公交车 52 辆，出租车 30 辆，货运汽车 763 辆，农用拖拉机 826 辆，三轮车 1069 辆。

电力供应与全省联网运行，实现村村户户通电。1986 年，全县电网主要由 35 千伏临城变电站、新盈变电站形成 35 千伏网架，对县域北部供电。电网拥有 35 千伏变电站 2 座，容量 6000 千伏安，35 千伏线路 39.4 公里，10 千伏线路 328 公里。2010 年，全县拥有 10 千伏变电站 4 座，主变 7 台容量 17.30 万千伏安，110 千伏线路 3 条 109.5 公里（其中双回路 15 公里）；35 千伏变电站 6 座，主变 10 台容量 6.30 万千伏安，35 千伏线路 7 条 81.97 公里；10 千伏 52 条 1295 公里；公用变压器 847 台，容量 8.426 万千伏安；用电户 11.40 万户。500 千瓦以上水电站 8 个，500 千瓦以下水电站 13 个，总装机容量 1.54 万千瓦，年发电量 6500 万千瓦时。

1986 年，全县有金融机构 6 家，网点 51 家，即人民银行临高县支行 1 家，工商银行

7家，农业银行23家，建设银行1家，保险公司1家，农村信用社18家。1988年，全县银行业各项存款余额为9201.4万元，其中企业存款1790.7万元，财政性存款160.7万元，城镇储蓄存款5199.7万元，农村存款783.4万元，信托存款736.5万元，其他存款530.4万元。国家银行各项贷款余额26314.1万元，其中流动资金贷款17017.2万元，固定资产贷款4294.1万元，农业贷款4523.4万元，信托贷款388.1万元，其他贷款91.3万元。2010年，全县有6家金融机构（人民银行、工商银行、建设银行、农业发展银行、邮政储蓄银行、农村信用合作联社），金融机构网点46个，其中农行7个，工行1个，建行1个，农发行1个，邮政储蓄银行16个，农村信用社20个。全县银行业各项存款余额为514394万元，比1988年增加505751万元，增长58.5倍，其中企业存款107042万元，储蓄存款301946万元，其他存款105406万元；各项贷款余额111779万元，比1988年增加80249万元，增长2.55倍，其中短期贷款17423万元，中长期贷款94356万元。

市场经济繁荣。1986年，全县社会消费品零售总额9134万元。1997年，全县社会消费品零售总额30317万元。2005年，城乡消费环境明显改善，消费市场日渐趋旺。全县社会消费品零售总额56877万元，农村消费品零售总额27618万元，批发零售贸易业零售总额48617万元，住宿餐饮业零售总额7124万元。2010年，社会消费品零售总额12.08亿元，是1986年的13倍，按城乡分，城镇消费品零售额9.38亿元，农村消费品零售额2.70亿元；按行业分，批发零售贸易业零售额10.13亿元，住宿餐饮业零售额1.95亿元。全县农贸市场19个，合计建筑面积4.36万平方米，经营摊位2780个，年交易额5.18亿元。县城建有临城西门、南门、北门3个市场，有万家惠、宝真2家平价超市，平价专店2家，农资配送中心、农资加盟店、连锁店6家，农副产品购销点3个。实现销售家电下乡产品5247件（台），销售金额1272万元，发放补贴金额165.62万元。

财税收入不断增加。1986年，全县财政收入644万元。2003年，财税收入2716万元，但随着国家取消农业特产税等强农惠农政策的实施，2004年，农业“四税”（农业税、农林特产税、耕地占用税和契税）收入401万元。2005年，财政总收入38758万元，其中地方一般预算收入4936万元，增值税、营业税、个人所得税、城市维护建设税等均实现增长；地方财政一般预算支出3.17亿元，其中农业支出2158万元，教育事业费支出7608万元，农业、教育、科学、社保等项目支出实现增长。2007年起，临高县注重于调整产业结构，大力推进项目建设，同时推进财政增收，当年地方财政收入完成10892万元，比2006年增加5003万元，增长84.96%，历史上首次突破亿元大关，成为海南省第11个地方财政收入超亿元的市县。2010年，财政总收入175987万元，其中地方财政收入61292万元；财政总支出171082万元，一般预算支出140213万元，其中公共服务支出23053万元，文体教育科技卫生经费支出53431万元，社会保障和就业支出18744万元，其他支出44985万元。

四

社会保障全面推进，人民生活得到改善。1986年，全县行政事业单位从业人员平均劳动报酬为1105元，农民人均纯收入453元。2005年，全县城镇居民人均可支配收入5604元。2008年，全县在岗职工人均年工资收入17889元，比上年增长14%；城镇居民人均可支配收入9277元，比上年增长13.1%；农民人均纯收入3898元，比上年增长14.1%。城乡居民储蓄存款余额18.2亿元，比上年增长15.5%。全县参加农村合作医疗保险27.4万人，参合率86.5%；参加城镇居民医疗保险61154人，参加率96.9%；城镇医疗保险待遇支出257万元。参加养老保险2.1万人，比上年增长8.9%。享受最低生活保障23336人，发放低保金1680万元，其中城镇居民享受最低生活保障9273人，农村居民享受最低生活保障14063人。城镇新增就业岗位1860个，转移农村富余劳动力就业6013人。2010年，在岗职工年人均工资26399万元，比上年增长27.1%；城镇居民年人均可支配收入12887万元，比上年增长24%；农民年人均纯收入4767元，比上年增长14.1%。城乡居民储蓄存款余额26.34亿元，全县参加农村合作医疗保险29.71万人，参合率96.93%;参加城镇居民医疗保险43718万人，参加率96.9%。城镇医疗保险待遇支出359万元。城镇从业人员参加基本养老保险2.24万人，参加工伤保险1.83万人，参加医疗保险2.16万人（在职）；全年发放城乡低保金3789.34万元，医疗救助金477.53万元。新增就业岗位1963个，开发公益性岗位250个，下岗失业人员再就业613人，转移农村富余劳动力5700人。完成残疾人、特困户、五保户危房改造596户。社会保障支出2184万元，其中：就业补助561万元，抚恤金及老党员生活补助686万元，退役及军队移交地方安置离退休人员经费132万元，百岁老人长寿补助39万元，城市居民最低生活补助189万元，农村最低生活补助159万元，新型农村养老保险418万元。全县投资5.16亿元，建设保障性住房3380套(户)，其中经济适用房2320套，廉租房400套，棚户区改造300户，农村危房改造360户。新建乡村公路248.3公里；新修水利渠道40.7公里；完成中低产田改造2600公顷；整合各类涉农资金3000万元，创建文明生态村80个、示范村20个，全县文明生态村占全县自然村比率达到56%，完成农村宅基地确权登记工作任务的72%；建成农村沼气2000个，改厕2700户，农村饮水安全工程11宗；实施“万村千乡”工程，完成46家农家店建设。

教育事业蓬勃发展，教育质量不断提高。1986年，全县有小学350所，在校生42657

人，专任教师1328人，学龄儿童入学率98%。有初中学校14所，在校生11205人，专任教师464人；高中学校4所，在校生1954人，专任教师99人。2008年，全县有公办学校193所（个），其中完全中学3所，初级中学15所，中等职业技术学校1所，完全小学73所，特殊学校1所，教学点100个；民办学校7所。全县在校生72946人（含民办学校），其中：高中生5027人，初中生22348人，小学生45571人。适龄儿童入学率99.7%。投入资金1754万元改造校舍，消除D级危房面积9620平方米，改造校园面积2500平方米。向社会公开招聘344名大中专师范毕业生充实教师队伍;全年培训教师1248人次;全县高考700分以上的考生有17人，中考满分的考生有49人。2010年，全县公办学校229所，其中完全中3所，初级中学17所，中等职业技术学校1所，完全小学89所，特殊学校1所，教育点118个；民办学校7所，幼儿园39所。全县公办教师4061人（不含农场700人），其中小学教师2565人、初中教师1097人、高中教师351人、中职教师48人；民办教师170人。全县在校生77302人，其中小学生46303人，初中生24488人，高中生5461人，中职生1050人。适龄儿童入学率99.8%、适龄少年入学率98.3%。

实施“科技兴县、科技强县”战略，科学技术水平有所提高。2008年加强农业科技推广应用工作，开展送科技下乡活动85场，举办各类实用技术培训班88期，受训农民1万人；推进农业科技“110”标准化建设，提高科技成果转化能力，建立盛丰、多文、宝路等三家技术服务站和6个甘蔗良种示范基地，推广应用良种甘蔗面积覆盖率达85%。新创建农业科技“110”香蕉示范基地、甘蔗示范基地和省级龙头服务站各1个，改造升级农业科技“110”服务站9个。推广农作物栽培新技术8项、新品种12个，举办农业技术培训班185期，发放科技资料3万册，受益群众5.30万人次。

文化事业发展迅速。临高文化具有地方特色，临高人偶戏（木偶戏）是中国人偶同演的稀有戏种，已有800年的历史。渔歌对唱“哩哩美”婉转动听，富于抒情，已流行千年。1991年，临高县文学艺术界联合会成立，同时成立县文学工作者协会，县音乐家协会，县戏剧家协会，县书法家协会，县美术、摄影工作者协会，县舞蹈工作者协会，县诗词楹联学会等7个下属协会。2006年，临高人偶戏被定为首批国家非物质文化遗产保护项目。2008年，有县文化馆、图书馆、博物馆各1个，广播电台、电视台、有线电视台各1座，报社1家，艺术表演团体11个，镇文化站10个。组织文化下乡活动，送电影下乡1100场，进入村庄320个，观众达16万人次。成功举办第二届民间文化节和第二届渔民节和庆祝海南建省办经济特区20周年文艺晚会。举行县级体育比赛和全民健身活动5次，组织运动员参加第三届省体育运动会和省第十四届中学生田径锦标赛，分别获得16枚金牌和2枚银牌的好成绩。2010年，举办第三届民间文化节和第四届渔民节；“哩哩美”渔歌被定为国家非物质文化遗产保护项目；成功引进黑龙江体育冬训基地项目；投入120万元完善文化公园文体设施和建设县木偶剧团；完成农村文化信息共享工程基层服务点70个，建成农家书屋47家；开展送戏下乡2200场，送电影下乡1870场；完成安装农村卫星直播电视852户。

医疗卫生事业发展较快，医疗技术水平不断提高。1986年，全县有县级医疗卫生单位8个，乡镇卫生院17个，村卫生室98个，个体诊所68个。2002年，为完善乡镇急救服务网络，县人民医院开通“120”急救电话。2008年，有医疗卫生机构23个（不含诊所），病床750张，卫生技术人员1357人。2010年，全县医疗卫生机构132个，其中县级机构7个，镇级卫生院17个，农场医院2个，村卫生室106个。全县有卫生人员1036人，其中：卫生专业技术人员716人，管理人员120人，工勤人员163人，其他技术人员37人。执业医师和执业助理医师39人，全县卫生专业人员中，具有高级职称26人，中级职称135人，初级职称555人。同年，临高县投入资金1.20亿元，新建县人民医院；投入352万元，建设80个村卫生室。招聘医务人员130人充实到医疗卫生队伍。实施“亮睛工程”，免费治疗白内障患者1921人。

实行计划生育，有效控制人口增长。1991年，实行计划生育目标管理责任制，县委、县政府同各乡镇政府和各行政事业单位签订工作责任书，把完成计划生育指标情况纳入年度考核内容，同年临高县被评为海南省计划生育达标县。1995年，全县总人口37.65万人，已婚育龄妇女58145人；全县出生人数8838人，出生率22.21‰；死亡2363人，死亡率5.93‰，人口自然增长率16.23‰。2010年，据第六次全国人口普查结果，临高县有总人口42.78万人；已婚育龄妇女75797人，全县出生6320人，出生率15.47‰；出生人口性别比118；死亡1551人，死亡率3.43‰，人口自然增长率12.04‰。

临高，具有得天独厚的自然资源，有经济腾飞的巨大潜力和比较坚实的物质基础，临高县的经济发展总体上缓慢，是国家级贫困县之一，全面实现小康社会任务艰巨，全县人民在县委、县政府的领导下，坚持实践科学发展观、秉承发展至上理念，坚持以民为本，大力实施生态立县、产业兴县、富民强县和城乡一体化战略，按照沿江靠海、城市扩张、中心北移、协调发展的思路，着力优化发展布局，着力优化发展环境，着力优化产业结构，建设富裕临高、美丽临高、活力临高、宜居临高、和谐临高、文明临高，努力把临高建设成为最具魅力、最具自豪、最具生态、最具安全、最具幸福的南国新渔都，在全面建成小康社会的道路上奋勇前进。

大 事 记

1986 年

3 月 1 日，中共临高县委员会（简称“县委”）、临高县人民政府（简称“县政府”）举办全县性长跑接力活动，参加单位 20 个，共 1487 人，全程 150 千米，为中华人民共和国成立后临高县组织的第一次大型群众体育活动。

3 月 7 日，联合国驻北京代表杜列斯和农业部代表一行 22 人到临高县检查“2719”（联合国资助临高县农业开发项目）工程和农业综合开发松涛灌区情况。

3 月 16 日，林业部副部长董智勇、技术司司长吴传到临高县检查造林工作。

3 月 27 日，县人大第八届常委会决定，李茂忠任县人民政府副县长、代县长。

同月，龙力糖厂生产出一级酒精，填补海南区空白。

6 月 15 日，县人武部正式移交给地方建制并交接办公。

6 月 24—25 日，中央档案馆副馆长阎希文到临高县检查档案工作。

同月，经贸部，海南区外经委、海南区对外发展总公司决定投资 600 万元，在临高县红牌港建立海水养虾基地。

8 月初，县委召开体制改革工作会议，要求各部门、各单位将改革放在首位，开展经济体制改革。

8 月 15 日，县人大常委会审议通过建立临高县 11 个自然保护区，即高山岭、临高角、古银瀑布、澹庵泉迹、桐乡夏荫、多文岭、百仞滩、龙潭神雨、文澜江、珊瑚礁、彩桥红树林。

同月，新盈区昆社乡渔民林宗财三兄弟 4 天捕获门鳝鱼 2700 千克，门鳝鱼肚 18 千克，产值 12280 元，创单船捕捞历史纪录。

同月，临高县田径运动员杨平代表广东省中学生田径队队员到郑州参加全国中学生田径运动会，荣获 4×100 米接力赛第一名、200 米赛第二名，并打破全国中学生 200 米跑的纪录。

9 月 5 日，因遭受第 16 号强台风，全县被台风刮倒房屋 620 间，损坏 18537 间，有 10 所中小学校房屋全部被毁，课桌被砸坏 1686 套，学生不能正常上课。

10 月 28—30 日，海南区公路养护现场经验交流会在临高县召开，区政府负责人孟庆平、陈求熙出席会议并讲话。

11 月 17 日，巴西林业专家埃德加·坎品一行 4 人到临高县考察美台区头榔坡中央速生丰产林。

11 月 19 日，林业部、广东省林业厅、海南行政区林业局以及联合国粮农组织专家到临高县考察林业工作。

同月底，全县整党工作基本结束。此次整党工作共分 3 批进行。全县参加整党的党员 7999 人，占党员总数的 98.9%。全县共处分党员 50 人，其中警告 12 人，严重警告 11 人，撤销党内职务 8 人，留党察看 6 人，开除党籍 13 人。

12 月，临高县公路工区被评为 1986 年广东省好路工区。

同年，县人民医院眼科主治医师、院长吴多才被评为广东省卫生系统“文明建设先进工作者”、卫生部“全国卫生文明先进工作者”。

1987 年

1 月 17 日，临城至和乐出口公路改建工程竣工。1985 年 3 月动工，总长 24 千米，宽 7~8 米，达到二级路基标准、三级柏油路面要求。

同月，县政府作出各乡、镇实行财政包干的决定。

同月，联合国世界粮食计划署驻北京代表处执行主任斐琪及项目官员龚建英检查“2719”工程临高县头国、凤蛟二支渠。

2 月 2—4 日，广东省医学病毒学会在临高县召开登革热专题研讨会。广东省和海南区岛内各地市县的科研机构，医学院校的领导、专家参加会议。

同月，海南行政区人民政府原则批准临城镇总体规划的决定。

3 月，临高县撤销区建制，各区公所改为乡、镇人民政府。全县设临城镇、新盈镇、东英镇、美良镇、波莲镇、博厚镇、多文镇、和舍镇、龙波镇、加来镇（归国营加来农场管辖）10 个镇和文澜江乡、皇桐乡、美台乡、南宝乡、东江乡、马袅乡、调楼乡、美夏乡 8 个乡，以及红华、加来 2 个国营农场，管辖 123 个管理区，890 个村庄。

3 月下旬至 4 月初，加来农场发生 2 起火烧橡胶林火灾，烧毁胶树 1847 株，经济损失 6900 元。

4 月 10 日，经中央农业广播电视学校考测，临高县有 46 名农民被录取为该校学员。截至 4 月上旬，全县完成农村人才普查工作，各种农村人才共有 3928 人。

4 月 15 日，中共临高县委召开第六次党代会，选出新的县委领导成员。大会选举何焕昭为县委书记。

5 月 1 日，海南地区第六届小学生田径运动会在临高县美台乡头星小学举行，临高县学生王思破省混合组男子 800 米跑纪录。

5 月 8 日，全县供销社系统全面推行各种形式的经营承包责任制。

5 月 14—16 日，县政协第三届一次会议在临城召开。大会选举陈大雄为县政协主席。

同月，临高县广州智力支乡理事会成立，钟正书（广东教育学院党委书记）任理事长、王谦（交通部第四航运局党委书记）、秦赞光（广东省群众艺术馆画家）任副理事长。

6 月 20 日，第一届临高县教育学会暨临高县教育学会学校管理研究会成立。

7 月 25—26 日，共青团临高县第十次代表大会在临城召开。

同月，加来镇人民政府成立。

8 月 15—17 日，县人大第八届一次会议在临城召开。大会选举王明鼎为县人大常委会主任，选举李茂忠为县人民政府县长。

8 月 29 日，临高县第一个旅游景点——临高角游泳场开张营业，县四套班子成员出席开业典礼。

9 月 8 日，县政府在临城召开第三届教师节大会。大会表彰 141 名先进教师，同时给 142 名从事教育工作 25 年以上的老教师颁发荣誉证书。

同月，全县完成撤销原小乡，改设村委会建制工作。全县共设 146 个村委会、15 个居委会。

10 月 17—18 日，临高县第七届中学生田径运动会在县人民广场举行。

11 月 14—16 日，广东省粮食储运工作会议在临高县召开。

12 月 30—31 日，临高县第六次妇女代表大会在临城召开。会议选举黄月飞为县妇联主任，李惠贞为副主任。

同月，南宝、头咀、龙波、美夏 4 个乡镇电影放映队被评为“全国首届农村科教影片汇映月先进单位”，陈汉沛被评为“全国首届农村科教影片汇映月先进个人”。

同年，国营加来农场割胶工陈琼梅，连续 3 年（1985—1987 年）被评为“全国优秀割胶工”，荣获农业部表彰。

同年，临高县地方公路养护连续 5 年（1983—1987 年）荣获海南行政区公路养护第一名，暨广东省地方公路养护“好路站”光荣称号。

1988 年

1 月 11—12 日，国家渔政渔监局局长朱祖鼓到临高县考察。

1月25日，临高县海水养殖开发公司成立。

2月3—4日，县政协科技组对多文、东江、博厚、皇桐4个乡镇的咖啡生长情况进行考察，形成《关于政协科技工作组考察咖啡管理的报告》。

2月5日，台湾同胞回乡探亲团一行5人回到临高。

2月10日，临高县电视差转台第二套节目开播。

3月3日，中央民族学院教授王恒杰到临高县进行文物鉴定和考察工作，并作专业学术报告。

4月1—25日，临高籍海南画家符福生在全国人大常委会海南厅分别以五指山、万泉河和大东海为背景绘作《碧翠润南岛》《佳果累累甜琼州》《无限风光数天涯》3幅大型壁画。

4月11—12日，县政协科技组先后对县海溪化纤厂、服装厂、酒厂、铸锅厂、粉丝厂、加来综合厂等进行考察。

4月22—23日，县政协组织农村政协委员对皇桐、多文、和舍等乡镇的农业生产基地（企业）进行考察。

6月24日，县总工会第九次代表大会在临城召开。大会选举产生县总工会第九届委员会主席1人，第一副主席1人，副主席2人。

6月27—30日，县政协第三届二次会议在临城召开。会议审议县政协常委会工作报告，讨论临高县经济发展战略设想，学习海南建省有关文件。委员列席县人大八届二次会议，讨论县政府工作报告等。

同月，中国蔬菜经济研究会与临高县达成协议，建立临高角海蜇皮加工基地。

同月，国家计划委员会拨款200万元，支持临高县计划委员会在马袅乡兴建海水养虾基地。

同月，临高县岭东帽纤厂与韶关市化工研究所联营创办的临高复合肥厂试产成功。

7月1日，执行国家粮油购销价格：三级稻谷结算价从18.10元提高到25元（每50公斤，下同），三级标二米由27.89元提高到36元；花生果收购价由1987年的56.84元（后调为68元）提高到78元，销售价由185元提高到205元；芝麻收购价由1987年的81.50元（后调为95.50元）提高到97.50元，销售价由190元提高到210元。

7月30日，湖北、广东、海南三省男女排球队到临高县参加排球表演赛。

同月，临高县举重运动队到通什参加海南青少年举重锦标赛，夺得金牌6枚，银牌3枚，荣获全省团体总分第一名。

8月4日，县人大第八届三次会议在临城召开。大会选举何焕昭、王明鼎、李茂忠、邓超武、吴杜鲁、汤复华、符群容（女）、苏镜波（女）、李华生、王志生等10人为海南省人大代表。

8月8—9日，中共海南省工委书记许士杰到临高县考察。

8月18日，临高县召开党员代表会议，选举何焕昭、李茂忠、张治平，张天忠、林严波、王春花、符桂娥为临高县出席海南省党代会代表。

8月29日，县委常委、妇联会主任黄月飞赴京参加全国第六次妇代会。

9月8日，县委召开副局以上、公司经理、厂长会议，传达并贯彻中共海南省第一次党代会会议和省人代会一次会议精神。

10月27日，由县海盈化工厂、山东黄海海藻工业公司、青岛海洋大学水产学院合资联营的股份制企业——双岛海洋开发有限公司褐藻胶厂，在临城动工兴建。

同月，县总工会主席王开兴当选为全国总工会大会代表。

同月，临高角旅游区，高山岭自然保护区，被省政府列为省级旅游资源保护区。

同月，县农业局推广“水稻低产变高产开发”科技成果，获农业部“丰收奖”三等奖。

同月底，日产块冰0.8吨的9个制冰厂投产。

11月2日，临高县交通战备办公室成立。

同月，新盈中学工会主席秦王佑获全国总工会授予的“优秀工会积极分子”称号。

同月，因遭受第21、23、24号强台风袭击，临高县经济损失达240万元，其中粮食减产2800万公斤，波莲镇房屋倒塌67间，调楼乡25艘船损坏。

12月22—23日，县政协教育组在政协主席陈大雄的带领下对和舍、多文和调楼等乡镇的中小学校、学区进行考察。

同年，中外合资的临高县高美胸围内衣厂生产的“仙女”牌内衣，6月获全国首届妇女儿童用品展销会的“妇女康乐奖”，7月获上海1988年夏最佳商品“金棕榈奖”。

1989年

1月24日，临城镇首届小学生田径运动会在县人民广场举行。

同月，海南省委、省政府确定临高县以及博厚、皇桐、波莲、东英、美台、东江、南宝、马袅8个乡（镇）为省商品粮基地。

同月，心脑检查治疗仪和胆结石治疗仪在县人民医院投入使用。

2月22日，临高县口岸管理办公室成立。

2月23日，临高县海洋管理局成立。

2月29日，县政府作出整顿畜牧屠宰和肉食市场管理的决定。

3月10日，省委副书记姚文绪、副省长邹尔康到临高县参观“富强一号”水稻试验生产情况。

3月15日，临高县举行民主考评县级领导干部会，省委工作组参加并主持大会。

3月27日，县长李茂忠主持召开盐业工作会议。

同月，中外合资的临高县高腾乳胶制品厂建成投产。

4月10日，临高县新盈镇抱蛟村农民郑永忠被中国科学技术协会授予“全国农村科技致富能手”称号。

4月17—19日，县政协第三届三次会议在临城召开。

4月22—23日，县政协科技组在政协主席陈大雄的带领下到龙力、和兴种植点实地考察台胞刘兴武从台湾引进的水稻良种种植工作情况。

同月，省政府批准临高县12艘渔船可直接到香港售鱼。

同月，县环保局副局长许邦裕被授予“全国环境保护事业先进工作者”称号。

5月11日，临高县残疾人联合会成立。

6月18日，临高县王佐研究会在红华农场举行成立大会，省委书记许士杰为研究会赋诗题词。

6月20日，由水利部投资25万元兴建的热作喷灌点在临高县美香咖啡农场建成，主要用于喷灌16.53公顷咖啡及雾灌3公顷胡椒。

7月10日，临高县残疾人联合会成立暨临高县残疾人联合会首届代表大会在临城召开。出席大会的正式代表79人，特邀代表20人。

7月13日，临高县交通警察大队成立。

8月7日，海南省临高县烟草专卖局、海南省烟草公司临高县公司成立。

8月16日，县八届人大常委会第十五次会议决定，符孟彪任临高县人民政府副县长、代县长。

9月29日，县委召开颁发50年党龄荣誉证纪念章大会，全县有12人荣获证书。

同月，县委组织部部长张德智被中央组织部授予“全国优秀党务工作者”称号。

10月1日，县影剧院经理王宜富被授予“全国电影发行放映先进工作者”称号。

10月4日，临高县保密局成立。

同日，日本东京铜锣木偶戏团到临高县进行艺术交流。

同月，县文化馆举办“临高角”书画作品展览，参展作品130件。

同月，临高中学校长郑庭进、县实验小学教师王明儒、临高师范学校校长李昌滋、文澜江教育办主任刘道达分别被国家教委、全国教育工会授予“全国优秀教师”和“全国先进教育工作者”称号。

同月，临高县广州智力支乡理事会委派华南工学院讲师周有训到临高县龙力糖厂改造安装地磅电脑管理系统，龙力糖厂成为全省第一个实现面积估产、派砍运输、过磅、付款一条龙的厂家。

11月9日，临高县金牌经济开发区规划签字仪式在金牌举行。常务副省长鲍克明、省交通厅、省建设厅、省合作厅、省环境厅和临高县四套班子领导成员及海南金岛集团领导出席签字仪式。

11月26日，中央财政、税务、物价大检查工作组来临高县检查工作。

11月30日，由全国人大代表组成的《中华人民共和国森林法》执行情况视察组到临高县检查。

同月，国家计生委将临高县定为海南省推广药物节育试点县，并派专家到临高县进行技术指导。

同月，临高中学美术教师陈明理设计的运动会会徽，被定为海南省第二届中学生运动会会徽。

同月，县人民法院法官陈正高的3幅书法入选首届国际书画大赛展，1幅入选“洞山杯”全国书法大展。

12月28—30日，海南省第二届中学生田径运动会在临高中学举行。临高中学获团体总分第二名。

同月，临高中学初三学生许智成的书法作品入选《中国硬笔书法家辞典》一书。

1990年

1月17日，海南琼北中级人民法院、临高县人民法院在县人民广场召开宣判大会，判处27名刑事犯罪分子。

1月30日，县政府作出适当压销平价口粮供应量和放开食油购销价的通知。平价口粮一般压销20%。

同月，临高县获海南省冬修水利第一名。

2月16日，国务委员陈俊生、农业部副部长刘江、副省长陈苏厚考察临高县农业综合开发重点项目工程——调俗洋水利渠道。

同月，县人大常委会第九次会议任命朱堂生为临高县人民政府副县长、代县长。

同月，县保险公司经理李彦获“全国金融系统劳动模范”称号。

同月，临高县海溪化纤厂租赁给香港宝狮龙塑料有限公司经营。

4月12日，县、乡（镇）二级人大换届工作结束。共选出县人大代表229人，乡（镇）人大代表793人。

4月17日，临高县公安局临城治安巡逻队、临高县保安公司成立。

4月18—19日，县委第七次党代会在临城召开。会议选举符孟彪为县委书记，朱堂生、张治平为副书记，陈文笃、文积超、符玉统、曾庆钊、张永金、林严波为县委常委，张永金为县纪委书记。

4月27—28日，县政协第四届一次会议在临城召开。大会选举孙瑞端为县政协主席。

4月28—29日，临高县召开第九届第一次人民代表大会。大会选举许忠泰为县人大常委会主任，选举朱堂生为县人民政府县长。

6月，博厚镇武新管区主任李俊明获“全国农业劳动模范”称号。

同月，县科技成果“推广杂交水稻新组合‘博优64’获大面积增产”和“大规模农田灭鼠技术推广应用”分别获省科技进步三、四等奖。

7月1日0时，进行第四次全国人口普查，普查项目共21项，比第三次人口普查增加3项。普查结果统计出全县共有74146户，其中家庭户73679户；全县总人口347535人，其中男性182645人，女性164890人。

同月，临高县绿化委员会、临高县森林防火指挥部成立。

8月24日，第七届亚运会南端点火火炬传递仪式在临高县举行。

9月10日，临高县畜牧局成立。

9月15日，县委召开“清房”工作会议，传达省委清房工作会议精神。

9月24日，临高县召开共青团临高县委第十一次代表大会，出席代表183人。会议选举王如琨为书记，王义坚为副书记。

同月，省财税厅将爱岛公共建设基金100万元赠送给临高县，用于兴建县中医院及县人民医院外科门诊大楼。

同月，县政府作出进一步整顿经济市场的通知。在治理经济秩序中，撤销25家由行政、企事业单位开办的公司。

同月，美良镇龙道管区妇女主任谢莲花被中央组织部老干局等10家单位授予“全国敬老好儿女金榜奖”称号。

11月28日，临高县经济合作局成立。

同月，尧龙水库管理所所长刘汉勇、新盈镇渔民林忠才被评为“海南省劳动模范”，美良农科站陈才安被评为“海南省先进工作者”。

同月，县实验小学教师王明儒、县一小教师陈迹东获团中央授予“全国学赖宁活动优秀指导者”称号。

同月，县政协委员王根元创作的电视剧《血色生灵》由中央电视台播出。

12月18日，临高县文学艺术工作者第一次代表大会在临城召开，会议正式代表100人，特邀代表8人，列席代表15人。临高县文学艺术界联合会正式成立。

同月，县环保局谢圣诗被评为“全国环保宣传教育优秀工作者”。

同月，新盈镇人口普查办公室被评为“全国第四次人口普查先进单位”和“海南省第四次人口普查先进单位”，新盈镇人口普查办公室主任林华被评为“全国颁发居民身份证先进工作者”。

1991年

1月1日，县政府进行粮食购销体制改革，实行“保留购销定量，放开价格”的政策。

1月9日，临高县计划生育协会成立。

1月18日，临高县首届文学艺术工作者代表大会在临城召开，宣布临高县文学艺术界联合会成立。同时成立7个下属协会，即县文学工作者协会、县音乐家协会、县戏剧家协会、县书法家协会、县美术与摄影工作者协会、县舞蹈工作者协会和县诗词楹联学会。

1月25日，省人大常委会副主任潘琼雄率领省老区春节慰问团到临高慰问。

同月，中国人民银行海南省分行贷款50万元支持临高发展糖蔗生产。

同月，临高中学学生王运科获中华硬笔书法家协会等主办的“珠峰杯”海内外书法大赛优秀奖。

2月24—26日，古巴糖业专家一行7人到临高考察糖蔗种植和制造情况。

3月1日，临高县举行新编《临高县志》发行仪式。省委常委、副省长王越丰，省方志办主任李养国、副主任胡茂松及县四套班子领导，离休老干部等出席大会，副省长王越丰在会上讲话。

3月8日，县妇联在县总工会露天舞场举行规模盛大的妇女太极拳比赛。参加比赛的代表队有县委、商业、供销、财政、税务、物资、农行、邮电、教育、农委、二中、老干等12支代表队，共210人参赛。

3月12日，县委、县人大、县政府和县政协领导带领县直机关干部职工2000多人到高山岭保护区进行植树造林活动。

3月19日，县公安局在皇桐乡破获一宗蒙面持刀抢劫案。

3月25日，在海南省少年举重锦标赛中，临高县获团体总分第二名，并破一项抓举省纪录。

同日，县水电局许越获中华硬笔书法家协会主办的第三届“文明杯”全国写字段位圆珠笔楷体字大赛优秀奖。

同月，临高县荣获全国绿化委员会和林业部授予的“造林先进单位”称号。

同月，县生产资料供应公司被评为“海南省农资供应先进单位”。

4月1—2日，临高县全面推行领导干部任期目标责任制。全县110个党政机关、企事业单位负责人向县委、县政府签订1991年度目标责任书。

4月4日，县人大第九届二次会议在县影剧院召开。会议通过县十年规划和“八五”计划。

4月9—11日，临高县召开政协第四届二次会议。

4月10日，临高县香港海外联谊会会长赖武祥和副会长郭华率领香港考察团一行22人到临高进行为期3天的观光考察活动。

4月11—12日，海南省农业综合开发“9024”（1990年海南省选择24项具有一定规模、增产潜力大的工程）工程现场会在临高县召开。副省长陈苏厚到会讲话。

4月26日，全省盐政会议在临高县召开。轻工业部、省工业厅、省盐业局、省财税厅、省公安厅、省环资厅、省工商局、省国土局及各县分管领导出席会议，副省长陈苏厚到会讲话。

同月，县工商银行北门储蓄所主任王莲英被授予“全国工商银行文明优质服务标兵”称号。

同月，临高县成立社会治安综合治理委员会。

同月，由县政府和省金岛集团公司联合开发的红牌港被列入交通部陆岛运输“八五”计划。

同月，临高县企业整顿领导小组成立。抽调206名干部对全县47个国营企业进行清产核资等相关方面大整顿。

5月3日，临高中学举行建校60周年校庆。

5月15日，新盈镇安全管区王安光获“全国自强模范”称号，杨琼莲获“全国助残先进个人”称号。

5月28日，在海南省少年田径锦标赛中，临高县代表队夺得7枚金牌，荣获男子团体总分第三名和女子团体总分第七名。

同月，临高县干部工人培训委员会成立。

同月，多文镇被中宣部、民政部、人事部、解放军总部、全国总工会、团中央、全国妇联、中国残联联合授予“残疾人之家”光荣称号。

6月5日，临高县外事侨务办公室成立。

6月12日，临高县召开农村妇女“双学双比”（学文化、学技术，比成绩、比贡献）表彰大会。

6月17日，临高县精神文明建设领导小组办公室成立。

6月20日，县水电局、东英镇获“海南省老区建设先进单位”称号。

6月24日，和舍镇跃新小学10名学生不幸落水身亡。事后，全县中小学生纷纷解囊资助遇难者家属，共捐款8400元。

6月25日，是全国第一个土地日，县政府发出《致全县人民一封公开信》，县国土局首次在临城街道巡回宣传。

6月24—25日，全省甘蔗贷款管理会在临高县召开。副省长陈苏厚出席会议并讲话。

6月26日，临高中学被省文体厅和教育厅命名为“海南第一批田径传统学校”。

同月，县政府拨款4.30万元修建的中共临高县第一个党支部旧址落成。

同月，临高中学教师王成兴被国家体委和国家教委联合评为“全国千名农村优秀体育教师”。

同月，临高县农村社会主义思想教育领导小组成立。

7月29日，台湾民主自治同盟临高县支部委员会成立。

8月2日，首批农村社会主义教育动员大会暨工作队员培训班在县影剧院召开。

8月16日，第十一号强台风袭击临高，造成1万公顷水稻被淹，损坏渔船50艘，倒塌民房572间，17873间房屋破掀顶，5人死亡，经济损失6700万元。

8月20—23日，临高县学生符玲梅以15秒成绩获女子乙组100米栏全国中学生田径赛第一名。

同月，县档案局被评为“全国档案系统先进单位”。

9月，县供镇社在抗击第十一号强台风袭击战斗中成绩显著，被商业部授予“全国商业抗灾救灾先进集体”称号。

10月11日，省政协主席姚文绪、副省长陈苏厚和省水利局局长黄强到临高县考察“2719”（联合国资助临高县农业开发项目）工程头国坡水利工程段。

10月20日，临城镇政府投资250万元兴建的临城商场投入使用。商场占地面积6000平方米，设有398个固定摊位。

同月，国营加来农场被省农垦总局评为“抗风救灾先进单位”。

同月，东英中心小学校长王时云被国家教委、全国教育工会授予“全国优秀教师”称号。

11月25日，县人民广播电台发射功率由原100瓦增加到1000瓦。

同月，新盈镇法律服务所被评为“海南省一级法律服务所”。

12月20日，新盈镇、多文镇分别被省委、省政府、省军区授予“双拥模范镇”“双拥模范单位”称号，同时授予王安光“双拥工作先进个人”称号。

12月30日，临城镇被评为“海南省社会治安综合治理先进单位”。

同月，临高县被农业部评为“全国渔业生产先进县”。

同月，县纪委纪律检查科被评为“全省先进纪检组织”。

同年，临高县年度财政收入突破1474万元，创历史最高水平。

1992年

1月13日，国务院副总理田纪云在省长刘剑锋、副省长陈苏厚陪同下考察临高县南宝乡水利设施。

1月13—14日，县委、县政府对全县副科级以上单位1991年度工作责任目标进行考核。

1月17日，临高县社会保障局成立。

1月20日，临城镇被评为全省“信访工作先进单位”。

1月20日，临高县开始执行“海南省全国通用粮票购粮证明”代替转粮指标，不再持有国票转定量口粮购粮。

同月，临高县被评为1991年度“计划生育达标县”。

3月7日，县妇联与县农行在县影剧院联合举办主题为“宝岛女子储蓄杯”歌咏大赛，共组织92支队伍参赛。

3月14日，县政府批准设立昆社青龙渡口和头咀渡口。

3月17日，临高县经济信息中心和临高县地震局成立。

3月18—20日，县政协第四届三次会议在临城召开。

3月20日，县城文澜江第二号大桥建成通车。该桥长111米、宽15米、高6.3米，总造价138.3万元。

同月，副省长陈苏厚在香港尖沙咀粤海酒家会见31位香港临高籍海外联谊会成员。

同月，临高籍台、港同胞陈镇亚、刘奉书、陈奇等48人捐款5.4万港元，支持临高县修建中山纪念馆。

同月底，临高县供销联社和湖北省荆州化工厂合资兴办的高荆复合肥厂投产。

4月24日，临高县成立经济动物研究所。

5月3日，临高县标准计量管理局更名为临高县技术监督局。

5月4日，临高县关心下一代协会成立大会在临城召开，县委书记符孟彪、县人大常委会主任许忠泰、沈阳空一军原副参谋长符志行等出席大会。

5月5日，全国农业综合开发工作会议在海口举行。参加会议的有来自全国29个省、直辖市、自治区和财政部、农业部等的100多名代表，他们到临高参观农业综合开发项目工程，国家农业综合开发办常务副主任周清泉、副省长陈苏厚到现场指导。

5月11日，省委书记邓鸿勋、省长刘剑锋到临高考察，并对金牌经济区、临高角旅游区的开发建设、全县工农业生产及城市建设作了指示。

5月31日，临高县第一次少年先锋队代表大会召开。

同月，临高县23位从事政法工作30年以上的干部被省高级人民法院、省检察院、省公安厅授予荣誉证书和奖章。

6月8—9日，省委书记邓鸿勋、香港桥福公司董事长黄周旋考察临高金牌经济区。

6月12日，县残疾人联合会第二次代表大会在县政府会议室举行。出席大会代表86人，特邀代表21人。大会选举主席1人，副主席2人，理事长1人，副理事长2人。

6月27—28日，临高县第一次科学技术会议召开。会议评选出县科技进步奖15项，其中一等奖2项，二等奖4项，三等奖9项。大会并表彰35名科技致富能手和科普先进工作者。

同月，县政府颁布临高县外引内联工作的“三个规定”和“一个办法”（《关于鼓励投资的若干规定》《关于改善投资环境的暂行规定》《关于开发项目与活动经费挂钩的规定》《关于引进项目资金的奖励办法》）。

7月1日，临高县有线电视在县城正式开播。

7月5日，由县长朱堂生带领的临高县经济考察团到越南进行为期7天的经济考察，并与越南海防市进出口总公司签订边贸协议书。

7月13日，第5号强台风在琼海县北部沿海地区登陆，经过临高县时风力达8～9级，阵风10～12级。因灾死亡1人，损坏县辖房屋8548间，倒塌466间。

7月22日，第7号台风在广东省湛江沿海登陆，受其影响，全县普降大暴雨，3个乡镇27个村庄5.54万人受灾。死亡1人。直接经济损失1330万元。

8月11日，县政府出台《临高县海域使用管理暂行办法》。

8月24日，县二轻局与山东鲁南搪瓷厂联合兴办的高鲁搪瓷厂投产。

8月26日，总投资525万元、占地面积20396平方米的临城西门农贸市场动工兴建。

8月31日，在全国少年田径分龄区赛中，临高县黄晓花获13岁女子中长跑四项全能、300米、800米3枚金牌；王梦娇获13岁组跨栏四项全能亚军；陈翠丽获14岁组200米亚军、300米季军。

同月，省建设厅、水产局、港粤实业公司派员到临高县开展扶贫工作。

同月，临高县被省爱国卫生运动委员会授予“农村改水达标县”称号。

9月7日，中国人民解放军总参谋部、广州军区、海南军区联合工作组到临高县武装部了解民兵预备役组建情况。

9月16日，省政府批准临高县补录23个村庄，补划143个村庄为革命老区根据地村庄。

9月24—26日，全省老区工作会议在临高县召开。

同月，国营红华农场撤销管理区，成立红专、红华、红旗、红桥、红星5个分场（科级单位）。

同月，临高考生谢杰成以654分获得全省理科第一名，荣录清华大学。

10月4日，临高角滨海游览区野营度假村开业暨旅游公路竣工通车典礼在临高角旅游区举行。省委常委刘学斌，省人大常委会副主任潘琼雄、黄宗道，副省长陈苏厚等出席典礼。

10月20日，临高县中医院成立。

同月，龙波糖厂获二轻部颁发的“产品质量优良奖”奖牌。

同月，县木偶戏团赴京参加全国木偶皮影会演，荣获“全国木偶皮影会演音乐奖和演出奖”。

11月5日，县委、县政府批准成立临高文庙修建筹备委员会。

11月28日，临高县召开第九届四次人民代表大会。大会选举陈苏厚、陈英豪、郭幼莹（女）、潘琼雄、王立成、王秀花（女）、邓超武、王国辉、朱堂生、严亚剑、李强、陈少金（女）、苻孟彪、范康平、柯兰玉（女）、符群容（女）为海南省第一届人民代表大会代表。

同月，县委书记符孟彪获“全国重视老年工作领导者功勋章”奖励。

同年，全县公开发行“万字号”公益彩票。公益彩票的发行工作由县财政局综合股具体负责。

1993 年

1月，县委、县政府将文澜江乡的大波、美当、学田、多琏、兰秦、楼台、金龙等7个管理区52个村并入临城镇。

2月21日，具有700多年历史的临高大成殿大修工程启动。该项目总投资200万元。

3月7日，县妇联举办县城机关单位妇女“三八”文艺晚会。“三八”国际妇女节期间，县妇联还举办主题为“弘扬庆龄革命精神，展示特区女性风采”演讲比赛。

3月25—26日，召开中共临高县委第八次代表大会，选举产生新一届县委委员和县纪委委员。符孟彪当选为县委书记，张鸿兴为县纪委书记。

同月，调楼乡被评为“全省民政工作全优乡镇”。

4月12日，临高县城江南农贸市场破土动工。项目总投资580万元，占地面积9800平方米。

4月14—16日，县政协五届一次会议在临城召开，大会选举县政协第五届常委、主席、副主席。戴俊生当选为县政协主席，黄月飞（女）、王贻安、安美霞（女）等为副主席。

4月15—17日，召开临高县人大第十届第一次人民代表大会。大会选举第十届人大常委会组成人员、县长、副县长、人民法院院长、人民检察院检察长。王日光当选为县人大常委会主任，朱堂生当选为县第十届人民政府县长。

5月27日，临高县房改办公室成立。

同月，昌富灌区水利工程动工兴建。项目计划总投资1230万元，其中国家及省投资509万元，县配套资金509万元，群众自筹212万元。改造风蛟分干渠11.5千米，改造风蛟第一支渠1.8千米，兴建昌富支渠倒虹吸管3.92千米，及灌区配套1320.33公顷，其中水田340公顷，水浇地发展经济作物980公顷。

同月，重建宝来大桥。大桥全长139米、宽7.5米、高307米，桥墩7排14个，桥拱跨度20米。

6月1日，临高县粮食购销价格全部放开，随行就市，议购议销。

6月16日，县纪律检查委员会和县监察局合署办公。

同月，金牌港石化工业城开工建设。项目规划范围40平方千米，分东港区和西港区。东港区由海南和邦国际石油化工有限公司投资11.80亿美元兴建炼油厂。西港区由海南海台地产有限公司组建的金牌港股份有限公司承包开发建设。

7月13日，临高县中医院正式开诊营业。

8月12日，共青团临高县委第十二次代表大会在临城召开，出席代表133人。会议选举共青团临高县委书记、副书记。

8月20日，第9号强台风袭击临高，文澜江水猛涨，县城南北两岸沿江居民住宅、五条大街内的机关、企业、学校、医院等42个单位被水淹没。全县受灾乡镇16个，村庄623个，受灾人口24万人，受伤13人，倒塌房屋443间，损坏房屋3393间，高压电房1间。农作物受灾面积1万公顷，其中绝收面积 1333.3公顷，损坏粮食3500吨，死亡牲畜1.25万头，冲毁公路16千米，损坏水电站9库，损坏堤防1.1千米，直接经济损失5247.90万元。

9月10日，临高中学副校长王铁中被评为“全国优秀教师”。

9月14日，县总工会第十次代表大会在临城召开。大会选举产生临高县总工会第十届委员会主席1人，副主席2人。

9月20日，县委召开反腐败斗争动员大会，传达贯彻落实中央、省委关于近期内反腐败斗争的部署。

9月23日，由县政府与新加坡皇龙农业发展私营有限公司在龙波联合开发的“临高666.67公顷热带水果基地”项目协议签字仪式在海口琼苑宾馆举行。副省长毛志君出席签字仪式。项目总投资4000万元，引进国外良种香蕉、荔枝、龙眼和西瓜等进行种植，产品以外销为主。

10月7日，全县各乡镇成立纪律检查委员会。

10月30日，县残联会被评为“全国残疾人二项康复工作先进单位”，县残联副主席符广财被评为“全国残疾人三项康复工作先进个人”。

11月8日，中国地方志指导小组办公室在北京举行全国首次地方志评选活动，《临高县志》获二等奖。

11月25—27日，县妇联第七次妇女代表大会在临城召开，参加会议代表195人。会议选举县妇联主席、副主席。

12月7日，县残联、县人民医院被评为“海南省残疾人三项康复工作先进单位”。

12月10日，临高县交通规费征稽所成立。

1994年

3月25—27日，县政协第五届二次会议在临城召开。省政协副秘书长范基民、县委书记符孟彪在会上讲话。此次会议增补8名政协委员、2名政协常委。

3月27—28日，召开临高县第十届二次人民代表大会。

6月10日，全县开始执行粮食购销价格改革，各国有粮食企业根据“购得进，销得出”的原则自行制定收购价格。

6月20日，县政府发布实施《临高县关于投资优惠的若干规定》。

7月，县委、县政府出台《关于进一步抓好党政机关纪律整顿五个问题的通知》，加强党政机关纪律整顿工作力度。

8月17日，县政府实施《海南经济特区城镇从业人员失业保险条例实施细则》。

8月28日，受第19号热带风暴影响，临高全县普降大暴雨，洪水暴涨，沿江两岸的博厚、临城、波莲、东英4个乡镇44个村庄及县城被淹，受困群众8263人；水稻受灾面积6666.67公顷，经济作物受灾2400公顷，淡水养殖损失1067.1吨；冲毁桥涵21座，毁坏路面48千米，3条公路交通中断，供水、供电中断17小时；毁坏水闸30个、水利桥涵215座、塘坝8座，渠道决口38.9千米，损坏机电泵站3个。直接经济损失1865万元。

9月16日，县政府同意将临高县海溪化学纤维厂租赁给海南凯立文化纤工业公司。

11月底，全县整党工作基本结束。全县参加整党的党员7909人，占党员总数的98.9%。

12月9日，临高县召开第十届三次人民代表大会，大会选举黄良胜为临高县人民政府县长。

12月，临高县成立海南省临高县建筑工程质量监督站检测室。

1995年

1月，县气象局建成县级业务系统计算机网络终端，气象传真图、卫星云图、雷达回波图等各种气象信息可以网上查看。

1月23日，分设临高县国家税务局和地方税务局。

2月20日，临高县成立经济适用房开发中心。

3月20—23日，临高县召开第十届四次人民代表大会。

3月20—22日，临高县召开政协第五届三次会议。大会补选文积超为县政协主席。

3月24日，县政府同意征用1.33公顷土地给县公安局消防大队，作为营房建设。

4月11日，纪念海南解放45周年“百万营造行动”动员会在海口召开。广泛发动社会和个人捐资，在临高角建造“解放海南纪念雕像——热血丰碑”和景观雕塑。

5月2日，县政府颁布《临高县城镇住房制度改革实施方案》。

同月，市话7000门程控电话开通。

同月，临高县农电管理总站划归海南电业股份有限公司管理，成立海南电业股份有限公司临高电业公司。

6月18日，县政府办批复《关于同意海南和邦石化工程一、二期工程总图》。

6月22日，县政府出台《临高县出售公有住房实施办法》与《临高县公有住房租金改革实施细则》。

9月23日，临高县在临高角动工兴建解放军登陆雕像。次年11月落成。

10月，县卫生局和县计生委合并组建为临高县卫生与计划生育局。

12月，成立临高县建设与环境资源局。

同月，县老区办并入县民政局，县粮食局划入县贸易局管理，县党史办和县志办合并为临高县史志办公室。

同年，临高县文化局改名为临高县文化广电体育局。

同年，成立临高县防风防汛防旱总指挥部办公室（简称“县三防办”），挂靠在临高县水务局办公。

同年，县委组织部选派青年干部到乡镇、村委会挂职锻炼，机关选派到乡镇挂职的18人，到村任职的有5人，乡镇选派到村任职的有38人。

同年，临高双龙保健品厂生产的地瓜酒荣获“全国食品饮料博览会金奖”。

1996年

4月26—29日，临高县召开第十届五次人民代表大会。

4月26—27日，临高县召开政协第五届四次会议。会议增补2名政协委员。

同月，省农垦总局批准加来中心小学为示范学校。

7月3日，县图书馆大楼由海南省建设项目规划设计院申海工程设计有限公司设计，临高县建筑工程总公司开工建设。

7月10日起，县政府决定各乡镇按照《临高县城镇住房制度改革实施方案》组织实施，全面推进住房制度改革，逐步实现住房商品化、社会化。

同月，临高县开展第一届村（居）委会换届选举工作。

同月，县卫生局和县计生局分设，分别成立临高县卫生局、临高县人口与计划生育局。

9月20日，第18号强热带风暴袭击临高，阵风达到12级，全县普降特大暴雨，文澜江洪水泛滥，县城及沿江两岸85个村庄受淹，全县16个乡镇30.30万人口受灾，损坏房屋1.09万间，倒塌房屋1600间，直接经济损失2亿元。

10 月，临高角解放军登陆纪念雕像——热血丰碑落成。

11 月，临高县防雷技术所成立，开展防雷装置检测和防雷工程设计安装工作。

12 月 9 日，临高县召开共青团临高县委第十三次代表大会，出席代表 134 人。会议选举符江生为书记，许建海、吉小妹为副书记。

12 月，临高县贸易局成立。

同年，临高县国有资产管理局成立。

同年，海南临高师范学校被指定为全国教育科学重点研究课题《尝试教学理论研究》实验基地。

同年，国营红华农场普及九年义务教育，扫除青壮年文盲，被海南省人民政府授予“两基教育先进单位”称号。

1997 年

1 月，中国农业发展银行临高县支行成立。

3 月 17—19 日，临高县召开第十届六次人民代表大会。

同月，国营红华农场团委被省农垦总局团委授予“1996 年度海南农垦团工作一等奖”荣誉称号。

4 月 17 日，县政府制定《临高县破坏性地震应急反应预案》。

同月，临高县成立住房公积金管理所。

5 月 23—24 日，临高县第四届小学田径运动会在博厚中心小学举行。

同月，国有红华农场召开建场 43 周年暨知青来场 30 周年庆祝大会。

6 月 4 日，撤销县史志办，成立临高县委党史研究室。

同月，临高县公安局林业分局成立。

7 月 1 日，临高县停止使用粮票（军粮供应证除外）。

10 月，临高县邮电局撤销，分别成立临高县邮政局、临高县电信局。

11 月 20 日，县残疾人联合会第三次代表大会在县委招待所举行。出席大会正式代表 76 人，特邀代表 19 人。大会选举主席 1 人、副主席 2 人、理事长 1 人、副理事长 2 人。

12 月 25 日，经海南省农垦总局批准，国有红华农场与香港和邦投资有限公司签订红华糖厂委托运营合同，将国有资产 6000 万元由港澳方承包经营。

同年，全县中小学实行教职工岗位责任制和聘任制。

同年，经国务院批准，海南省开始实施“23.33 万公顷浆纸林工程”。全县完成造林面积 768 公顷。

同年，西线高速公路建成通车，该线通过临高县境内 32 千米。

同年，临高县完成邮电“九七工程”，电话业务办理、派工、查询、计费、收费等都可以在计算机上完成。

1998 年

2 月 11 日 0 时 34 分，北部湾发生 3.9 级地震，县地震局成功作唯一短临地震预报，受到省地震局的表彰。

3 月 7 日，中共临高县委第八届九次全会在临城召开。

3 月 9 日，全省首批农村集体土地所有证颁发大会在临高县召开，标志着海南省农村土地登记发证工作开始。全省计划 3 年内完成这项工作。

3 月 13 日，中共临高县委第九届一次全会在临城召开。大会选举黄良胜为临高县委书记，欧阳顺林、吴井光、庄光严为副书记。

3 月 16—19 日，临高县召开第十一届一次人民代表大会。选举林严波为县人大常委会主任；选举欧阳顺林为临高县第十一届人民政府县长。

3 月 19 日，县人大第十一届一次会议选出陈苏厚、张鑫真、郭幼莹（女）、潘琼雄、王永茂、王学启、王捍红、王燕秋（女）、许芝竹（女）、安美霞（女）、严亚剑、林严波、欧阳顺林、黄庆书、黄良胜、符莲梅（女）、龚敬柔（女）等 17 人为海南省第二届人民代表大会代表。

3 月 16—18 日，县政协第六届一次会议在临城召开。会议选举产生 24 名县政协常委，曾庆钊当选为县政协主席，安美霞（女）、林道祖为副主席。

3 月，国有红华农场团委被省农垦总局团委授予“1997 年度海南农垦团工作一等奖”。

4 月 17 日，撤销临高县机关事务服务中心，成立临高县直属机关事务管理局。

6 月 29 日，民建临高县支部委员会成立。

同月，临高县成立体育舞蹈协会。

9 月，县工商局设立“12315”申诉举报指挥中心，设立消费者申诉举报热线电话（“28286315”），各工商所先后设立申诉举报电话。

同月，临高石油公司正式划转中国石化集团公司，改名为中国石油化工股份有限公司海南石油分公司临高经营部。

同年，临高县第一批 415 名干部通过考试过渡为国家公务员。

同年，县政府对关于浆纸林规划造林用地进行调查。

同年，由县政府担保，向世界银行贷款建设第四期农村供水与环境卫生项目，简称改Ⅳ项目，临高县成为海南省6个项目实施县之一。

1999年

2月14日，县委、县政府召开全县“再造一个海上临高”动员大会，出台《再造一个海上临高，建设海洋经济强县》决定。

3月12日，中共临高县委九届二次全会在临城召开。

3月15—17日，临高县召开第十一届二次人民代表大会。

3月15—16日，临高县召开政协第六届二次会议。

4月，县海洋管理局组织有关部门对全县7个沿海乡镇、38个沿海自然村开展为期一个多月的珊瑚礁保护工作情况大检查。

同月，海南电业股份有限公司临高电业公司改称海南省电力有限公司临高供电公司。

5月4日，县政府印发《临高县城镇居民最低生活保障制度实施办法》，规定城镇居民最低生活保障标准为每人每月60元。

5月7日，国有红华农场所属红华中心小学被命名为“海南省一级学校”“海南省农垦一级学校”。

6月8日，海南省清理整顿二类口岸，临高县新盈港、昌江县昌化港、乐东县岭头港、文昌市铺前港和琼山市曲口港等5个口岸被撤销，部分口岸进行合并和功能调整。

6月28日，县委副书记、县长欧阳顺林主持召开县委办公会议，研究加强美夏海水养殖基础设施建设，改善投资环境的有关问题。

7月8日，临高县开通“148”法律服务电话热线和普法小分队成立典礼仪式在县司法局大门口举行。

7月16日，海南移动通信公司临高分公司成立。

10月，临高县水利电力局更名为临高县水利局。

11月28—29日，县妇联召开第八次妇女代表大会，参加会议代表170人。会议选举新一届县妇联主席、副主席。

同年，县广播电视局在东江乡博朗村、南宝镇朗基村等新建12个卫星地面接收点，实现“村村通”广播电视目标。

同年，临高县政府下发关于实施文澜江河下游防御洪水和防台风防汛工作预案。

同年，临高县政府对关于兴建浆纸林、菜牛养殖、兴办果园、乳猪生产加工、紫花苜蓿草、芦荟节水灌溉、兔鸽种场、观光农业、香蕉生产基地等问题给予批复。

2000 年

3 月 8 日，县委从党政机关、企事业单位、群众团体及各乡镇抽调 504 名干部组成 16 个工作队进驻全县 16 个乡镇 80 个村委会。主要抓农业产业结构调整、基础设施建设、加强党的组织建设等工作。

3 月 21 日，《今日临高》报创刊。早期名称《临高报》，内部发行，对 4 开 4 版，每周出版 1 期。

3 月 31 日，中共临高县委第九届三次全会在临城召开。

4 月 4—6 日，临高县召开第十一届三次会议人民代表大会。

4 月 5—6 日，县政协第六届三次会议在临城召开。

4 月 10 日，中国民主同盟临高县支部委员会成立，盟员 5 人。

6 月 7—8 日，红华糖厂部分职工到国有红华农场场部和农垦总局集体上访。

6 月 15 日，临高县成立会计管理中心。

同月，国务院、文化部批准临高县木偶戏（临高人偶戏）为“国家级非物质文化遗产”。

同月，因香港和邦投资有限公司占用红华糖厂国有资产，不缴纳承包费，增加糖厂债务，国有红华农场决定解除与香港和邦投资有限公司签订的红华糖厂委托运营合同。

8 月 30 日，县委书记黄良胜主持召开全县思想政治工作会议，部署贯彻中央和省委召开的思想政治工作会议精神。

同日，临高县在县委办公大楼召开机构改革工作大会。机构编制设置：党委 6 个部门，政府 14 个部门，乡镇 16 个。

同月，临高县从县直机关、事业单位、重点从科研单位和专业人才集中的农、渔、科技等单位选派 16 名在职年轻干部下基层挂职任科技副乡镇长。

9 月 9—10 日，第 16 号台风袭击临高，全县 16 个乡镇 11 万人受灾。农作物受灾面积 1773 公顷，房屋倒塌 24 间，损坏房屋 112 间；损坏渔船 1 艘，损坏航标 2 座，刮倒输电线路 2 千米，损坏水库 19 座，毁坏堤防 1.5 千米，毁坏水闸 8 个、渡槽 8 座、桥涵 13 座，损坏水利管理设施 3 处。直接经济损失 1018 万元。

同月，临高县政府与海南临高现代实业开发有限公司正式签订临城江北西路防洪工程和旧城改造及新区开发建设合同书。设计工程总投资 1305 万元，修建长 800 米，宽 25 米的北西路沿江建筑防护堤，改造旧房8110平方米，开发新区44000平方米。

10月11—16日，受热带低压和南下冷空气的共同影响，临高境内连降大雨或暴雨，临城地区降水量达520毫米，造成严重洪涝灾害。全县23.40万人受灾，成灾16万人。被洪水围困的村庄53个，人口1.60万人。一些村庄和县城部分街道浸水，最深处达2.8米。毁坏民房636间，冲走和损坏粮食1200吨；粮食作物受灾面积5300公顷，瓜菜面积270公顷，其他经济作物3100公顷，淡水养殖损失面积100公顷，毁坏公路桥涵25座，冲毁路基78千米，毁坏水利涵闸43座，损坏水库塘坝12个，渠道决堤19处。全县直接损失1.17亿元。

11月1日0时，进行第五次全国人口普查。普查登记结果统计出全县共有86540户，其中家庭户84999户。全县总人数389734人，其中男性207943人，女性181791人，比第四次人口普查增长42199人。

12月22日，中共临高县委第九届四次全会在临城召开。

2001年

1月，临高县南宝乡松梅村建成全县第一个乡村公园。

1月10日，临高县举行临城江北西路市政基础设施工程建设开工典礼，工程投资1305.52万元，全长818米，宽25米。

2月1日，县委、县政府在调楼镇召开全县渔业工作会议，表彰7个渔业先进单位、3个养殖明星企业、30艘明星渔船和9名养殖能手。

2月6日，副省长韩至中在省农业厅副厅长张新扬陪同下到临高县加来瓜菜收购点、加来农副产品综合批发新建市场，检查冬季瓜菜收购工作。

2月13日，县委在县影剧院召开全县“三个代表”重要思想学习教育活动动员大会。

2月14日，临高县在县城举行焰火晚会和万梓良大型演唱会。

同月，临高县第一所中等职业技术学校在临城中学正式挂牌成立。

3月7日，县妇联在县八通娱乐广场举行庆“三八”千名妇女健身操大赛。

3月15—30日，县残联配合“视觉第一中国行动”在县人民医院施行白内障复明手术170例，脱盲成功率达100%。

3月16日，中共临高县委第九届五次全会在临城召开。

3月19—22日，临高县召开第十一届四次人民代表大会。

3月19—21日，临高县召开政协第六届四次会议。

3月29日，临高质量技术监督局挂牌成立。

同月，临高县机构改革方案出台，设县委工作部门6个，县政府工作部门17个，副科级以上事业单位56个。

4月9日，县委在县委4号会议室召开传达贯彻江泽民总书记考察海南重要讲话和省委扩大会议精神。

4月16日，全县政法工作会议在县委大院召开，县委书记、县长、政法委书记与各乡镇党委书记、乡镇长和分管政法领导签订2001年综治目标管理责任书。

5月11日，全省海洋渔业现场会在临高县召开。省委书记杜青林、副省长韩至中、省人大常委会副主任陈苏厚、省政协副主席符气浩，沿海13个市县委书记、市县长参加会议。会议强调推进海南省海洋渔业产业化进程。

5月15日，海南省妇幼保健院临高县妇幼保健所保健中心成立。

6月6日,省人大常委会副主任陈苏厚带领省人大农村工委一行7人到临高县开展《中华人民共和国土地管理法》执法检查。

6月8日，县政府出台《关于“十五”期间加快全县造林绿化步伐， 提高森林覆盖率的实施方案》。

6月25日，临高后水湾“隆安杯”首届龙舟锦标赛在新盈港举行。

6月27日，撤销临高县水产局和海洋管理局，成立临高县海洋与渔业局。

7月1日，受台风影响，全县普降大到暴雨，农作物受灾面积2352公顷，其中水稻面积2070公顷；房屋损坏和倒塌63间，毁坏渡槽2座、桥涵3座。

7月13日，临高县派出由200多人组成的合唱团参加中共海南省委宣传部主办的“好歌献给党”庆祝中国共产党成立80周年歌咏比赛，荣获第二名。

同月，临高县成立地方税务社会保险费征稽局。

8月1日起，临高县取消城镇居民粮食供应证。

8月17日，县委、县政府在临高中学举行高考庆功大会，表彰奖励考取北京大学、清华大学的学生以及做出突出贡献的临高中学。

8月29日至9月1日，受南海热带低压影响，临高县普降暴雨到大暴雨，文澜江洪水暴涨，造成农作物受灾面积2970.7公顷，其中水稻面积1977公顷，瓜菜面积135.7公顷，其他经济作物678公顷；房屋倒塌33间，损坏桥涵4座、渡槽2座，损坏水库涵管4座。2次灾害造成直接经济损失2689.9万元。

9月3日，临高汽车新站正式开业营运。

9月11日，省委书记白克明到临高县考察，对临高县高效农业给予高度评价，对于部作风、发展高效农业的势头、做海洋文章的力度极为赞赏，并提出宝贵意见。

9月26—27日，临高县召开第十一届五次人民代表大会。大会选举江华安为临高县人民政府县长。

同月，临高县水利局更名为临高县水务局。

9月29日，县委在县委办公大楼召开大会，学习贯彻中共十五届六中全会精神，县委书记吴光华主持会议并讲话，强调坚持实践"三个代表"重要思想，加强和改进党的作风。

10月26日，全县"双冬"（冬种、冬修）工作会议在县委办公大楼召开。会议强调，振作精神，加强领导，采取措施，迅速掀起"双冬"高潮，力争"双冬"工作跃上新台阶。

11月2日，临高县召开党风廉政建设责任暨政务村务公开工作会议，会议由县委常委、组织部部长韦章运主持，会议强调加强党风廉政建设，实行政务村务公开。

11月9日，召开中共临高县委第九届六次全会。

11月16日，第二届中国海南岛欢乐节在海口市隆重开幕。全县代表队由100人组成，共分为哩哩美、人偶、唢呐锣鼓三个小方队。临高县代表队在大游演中，以浓郁的地方特色吸引了众多游客，展现了人偶特色，尽显渔家风情，受到观众热烈欢迎。

11月23日，县委召开第二批农村"三个代表"重要思想学教活动总结大会。会议由县委常委、组织部部长韦章运主持，会议强调全面落实整改措施，巩固扩大学教成果。

12月1日，临高县第五届中学生、第六届小学生田径运动会在调楼中学运动场上隆重举行。

12月27日，县政府印发《临高县农村村民最低生活保障线实施办法》，规定农村村民最低生活保障标准为每人每月78元。

同月，省长汪啸风到国有加来农场考察冬季瓜菜生产。

同月，经农垦总局批准，加来中学被评定为农垦一级学校。

2002年

1月9—10日，全县经济工作会议在县委办公大楼召开。会议提出2002年临高县经济发展的预期目标：确保GDP增长值不低于13%；确保地方财政收入增长率不低于9%；确保农民年收入增长率不低于6%；确保全社会固定资产投资增长率不低于13%。

2月22日，副省长吴昌元带领省政府办公厅、省商务厅等单位领导到临高县调研。副省长吴昌元调研时强调要提高农业生产效益，发展农副产品加工业。

3月8日，县妇联在县城举行“求健、求美、求乐”秧歌舞大赛。

3月11日，中共临高县委员会召开全体代表会议，会议选举出席海南省第四次党代表大会代表，大会采取无记名投票方式选举罗保铭、丁伯东、吴光华、江华安、吴井光、周经易、刘志强、许起鹏、韦章运、陈益鸿、刘春花、罗中意为出席海南省第四次党代表大会代表。

3月14日，省委副书记罗保铭到临高县考察，县长江华安等领导陪同。

3月24—27日，临高县召开第十一届六次人民代表大会。

3月25—27日，政协临高县第六届委员会第五次会议在临城召开。

3月28日，临高县成立药品监督管理局。

同月，国营红华农场团委被农垦总局团委授予“2001年度海南农垦‘五四红旗团委’”称号。

5月18日，“临高灯塔”特种邮票首发式暨临高县旅游推介会在临高角临高灯塔举行。

6月10日，省委副书记罗保铭到临高县视察创建文明生态村等工作。

同月，国有加来农场被省农业厅评为“无公害瓜菜生产示范基地”。

同月，临高县行政区划调整，撤乡并镇。全县设临城、新盈、皇桐、博厚、多文、和舍、南宝、调楼、波莲、东英、加来（归国有加来农场管辖）11个镇，以及红华、加来2个国有农场，管辖123个村委会，890个村庄。

7月25日，县残疾人联合会第四次代表大会在县城明珠酒店举行。出席大会的代表83人，特邀代表21人。会议选举主席1人，副主席2人，理事长1人，副理事长2人。

8月6日，临高县在县委办公大楼召开农村“三个代表”重要思想学习教育活动总结表彰大会，大会表彰43个农村“三个代表”重要思想学习教育活动先进集体、58名农村“三个代表”重要思想学习教育活动先进个人。

9月25日，第20号热带风暴从三亚市沿海登陆，临高县普降大到暴雨，出现洪涝灾害，农作物受灾面积3600公顷，其中水稻面积2100公顷，经济作物1500公顷；房屋损坏和倒塌56间，水产养殖面积受损30公顷，毁坏水利工程桥涵15处、防渗渠道5处150米，直接经济损失1800万元。

10月18日，临高县在县委办公室召开全县教育暨“两基”迎检动员大会。大会强调，要组织力量，全力冲刺，抓好“两基”，迎接国家督导团的督查。

10月29日，省委常委、副省长吴昌元到临高县调研时指出，临高产品资源丰富，要充分利用优势，发展加工产业，达到农业带出工业，工业推动农业，提高农业科技含量。

12月2日，海南岛第三届欢乐节“欢乐临高”活动隆重举行，活动中特色美食尽情享用，文艺奇葩竞相绽放。

12月4—6日，临高县召开第十一届七次人民代表大会。大会选举罗保铭、陈苏厚、王琼瑛（女）、李应济、陈辞、罗时祥、朱选成、吴光华、林严波、江华安、吴井光、王学启、许芝竹（女）、钟书宏、桂蕃、黄文平、吴秋霞（女）、李岳坚、庞明雄等19人为海南省第三届人民代表大会代表。

12月26日，县政府出台《关于印发临高县预防与控制艾滋病中长期规划2001—2010年的通知》。

同月，海南省临高地方税务局社会保险费征稽局从临高地方税务局分出，为隶属于临高县财政局管理的副科级全额事业单位。

同年，临高县城市最低生活保障标准提高至每人每月100元。

同年，临高县被海南省文体厅和文化部分别命名为“海南省民间艺术之乡”和“中国民间艺术之乡”。

2003年

1月1日，临高县正式实施《中华人民共和国政府采购法》。

1月27日，中共临高县委第九届委员会八次全体委员会议在临城召开。

3月22日，中共临高县第九届委员会第九次全体委员会议在县委招待所会议室召开。

3月28日，中共临高县委第十届一次会议在临城召开。大会选举吴光华为县委书记，江华安、周经易、郑朝阳为副书记。

4月1日，政府非税收入征缴改革正式启动，县政府决定于4月1日起对政府非税收入实行“单位开票，银行代收、财政统管”的征缴办法。

4月9—12日，临高县召开第十二届一次人民代表大会。大会选举符玉统为县人大常委会主任；选举江华安为县人民政府县长。

4月9—11日，临高县召开政协第七届一次会议。大会选举刘志强为县政协主席。

5月10日，临高县开始进行农村税费改革工作。同年9月，全面完成各项农村税费改革。

5月23日，省政协主席王广宪、省政协副秘书长周庆民等到临高县对三农工作进行调研。王广宪对临高县的三农工作给予高度赞扬。

5月29日，县长江华安主持常务会议，研究“非典”对临高县经济的影响和对策等问题。

7月3日，县委理论中心组在县委办公大楼举行学习研讨会，强调认真学习中共中央总书记、国家主席胡锦涛在“三个代表”重要思想理论研讨会上的重要讲话。

7月16日，临高县机构编制委员会决定撤销县直属机关幼儿园。

7月21—22日，受“天鹅”强热带风暴的影响，临高县4个乡镇、51个村庄、2.5万人受灾，损坏房屋39间，倒塌房屋7间，农作物成灾面积76公顷，直接经济损失123万元。

7月24日，受“伊布都”台风影响，临高普降大暴雨，全县10个乡镇、129个村庄的7.27万人受灾；全县农作物受灾面积1079公顷，成灾面积658.3公顷；损坏房屋22间，倒塌房屋13间；冲毁灌溉设施13处，渠道长400米；损坏小型水库9座；损坏农村输电线路540米。造成直接经济损失430.6万元。

8月20日，中共临高县委第十届二次全会在临城召开。

8月22日，国有红华农场召开部分小学校长竞争上岗大会。17名小学校长、教师报名参加竞聘，经过激烈角逐，原中心小学教导主任吴怡、中心小学副校长林秀英、一小教师吴惠丹、二小教师王祖育分别竞聘为中心小学、一小、抱桂小学、五小校长岗位。

8月23日，临高县成立房产管理局。

8月24日，受第12号台风的影响，临高县普降大暴雨到特大暴雨，致使10个镇、638个村庄的24万人受灾。农作物受灾面积6510公顷；损坏房屋1674间，倒塌房屋91间；冲毁灌溉设施78处，渠道长1430米，损坏小型水库8宗，损坏堤防5处；损坏农村输电线路1.80万米，损坏渔船13艘，沉船32艘（其中失踪船只5艘）；水产养殖损失185公顷，产品1654吨；全县供电中断14小时。造成直接经济损失10027.4万元。

同月，县委出台《关于加强农业和农村工作的意见》。

10月23日，临高县召开共青团县委第十四次代表大会。会议选举陈俊肖为书记，许峰、陈英为副书记。

10月27日，国有红华农场成立“三项改革”（国有开割胶园长期承包经营、内部政企分开和二级企业改革）领导小组。

同年，国有加来农场荣获海南省“最佳企业创新奖”。

2004年

1月1日，海南省烟草公司海口公司临高营销部成立。

1 月，临高县第一家设有电梯的明珠酒店开张营业。

2—5 月，全县出现大面积旱情。水库蓄水下降，文澜江水位降低，东英、博厚等地出现人畜饮水困难。

3 月 15—17 日，临高县召开第十二届二次人民代表大会。

3 月 15—16 日，临高县召开政协第七届二次会议。

4 月，投资 30 万元兴建的香蕉采收轨道体系项目在南宝香蕉基地建成。

6 月 1 日，临高县开展全县房产验证换证工作。

6 月 2 日，县气象局遭雷击，致使部分气象设备损坏。

6 月 7 日，海南省电信公司临高县电信局更名为中国电信股份有限公司临高分公司。

7 月 8 日，临高县发生因雷击致县境内 1 人死亡事件。

同月，临高县开始全面实行国税、地税联合办理税务登记。

8 月 3 日，临高县食品安全协调委员会成立，办公室设在临高食品药品监督管理局。

8 月 27—29 日，受第 18 号台风影响，临高县普降大到暴雨。全县 10 个镇 87 个村庄 5.60 万人受灾，作物受灾面积 2980 公顷，成灾面积 2300 公顷，损坏房屋 16 间，倒塌房屋 9 间，冲毁灌溉设施 16 处，损坏小型水库 3 座，沉船 1 艘。直接经济损失 818 万元。

同月，县海洋渔业局组织“赴西南沙探捕金枪鱼先遣队”向西南沙进军，开发西南沙新渔场，向北部湾划界后的渔场大转移迈开重要一步。

9 月 1 日，临高县进行第四届村（居）委会换届选举工作。

11 月 4 日，中共临高县委第十届四次全会在临城召开。

同年，全县开始实施农村公路“通达工程”建设和实施美临线公路路面改造。

同年，执收执罚单位全部统一使用《海南省政府非税收入一般缴款书》，规范政府非税收入“征缴分离”和“收支分离”的“收支两条线”管理。

同年，全县 8 家国企的处置资产偿还债务及企业改革工作基本完成。

同年，海南省进行税务改革后，临高县取消生猪屠宰税。

2005 年

1 月 1 日，临高县取消农业税和农业特产税。

2—5 月，全县 10 个镇出现严重旱情。5 月，全县水库、塘坝干涸 49 座（处），农作物受旱面积 1.05 万公顷，成灾面积 5380 公顷（其中水稻 4420 公顷），因旱饮水困难达 3.9 万人。全县因旱灾损失粮食 5600 吨，经济作物损失 1000 万元。

3月23—25日，临高县召开第十二届三次人民代表大会。

3月23—24日，临高县召开政协第七届三次会议。

同月，国有加来农场体制重组改制，成立海南天然橡胶集团股份有限公司加来基地分公司。

5月18—19日，马袅、南宝两地分别遭雷击，造成3人死亡、2人受伤。

7月29日，受第8号热带风暴的影响，临城镇头星村遭受龙卷风的袭击，卷风风带宽约为200米。卷风过处，树林折断，房屋受损。造成42户51间房屋损坏，其中有12户受损严重，直接经济损失约为10万元。

8月4日，临高县城镇建设投资有限公司成立。

8月8—11日，省长卫留成率领省财政厅等13个厅局长到临高县渔港、深海网箱养殖基地、学校、工厂、镇、卫生院等地进行调研，深层次了解临高县社会经济发展现状，广泛交换意见。

8月18—19日，临高县召开第十二届四次人民代表大会。会议听取和审议代县长符永作《2005年上半年政府工作报告》，选举符永为县人民政府县长。

9月17—18日，受第16号热带风暴“韦森特”的影响，临高县10个镇2.8万人受灾，12间房屋损坏，7间房屋倒塌，受灾农作物面积380公顷，成灾农作物面积200公顷，水产养殖受灾面积60公顷，直接经济600万元。

9月25—26日，第18号台风“达维”袭击全省。“达维”台风是1974年以来登陆风速最强、影响范围最广的台风。全县11个镇177个村（居）委会729个自然村受灾，受灾人口达21.60万人，成灾人口7.80万人；民房倒塌985间，损坏13910间；农作物受灾面积7270公顷，绝收面积3460公顷；道路设施毁坏10.5千米。台风造成全县直接经济损失6.18亿元，其中农业直接损失3.72亿元。

9月27日，新盈镇潭皇、昌合两村遭遇龙卷风袭击，因灾死亡6人，受伤15人，35幢共85间房屋倒塌或出现严重裂缝、倾斜，67幢共130间房屋被掀顶。

11月1日，临高县行政服务中心成立。

11月24日，临高县召开政协第七届四次会议。会议听取和审议县政协第七届常委会工作报告，增选县政协第七届委员会副主席和常务委员。

同日，县委办、政府办印发《临高县进一步加强政务公开工作方案》。

12月15日，新加坡PRM公司董事、经理罗汝松一行到临高洽谈投资兴建造船项目。

12月14日，县信用协会成立。

12月26日，县委县政府办公大楼整修工程和机关大院南大门等附属工程竣工并交付使用。

12 月 30 日，临高电视台《每日新闻》正式开播。

12 月 31 日，中共临高县委第十届六次全会在临城召开。

同月，县委出台《关于建立健全党管武装工作机制的意见》。

同年，县政府出台《关于将建设工程抗震设防要求及地震安全性评价工作纳入基本建设管理的决定》。

同年，临高县政府出台关于临高角旅游体育文化休闲公园项目建设的相关文件。

2006 年

1 月 24 日，省委副书记罗保铭到临高调研。他先后深入波莲东车干渠、江南小区、二环路、南宝镇松梅村等地进行考察。

同月，县委、县政府出台《关于深化林权制度改革发展高效浆纸林产业的若干意见》。

3 月 6—9 日，临高县召开第十二届五次人民代表大会。

3 月 6—8 日，临高县召开政协第七届五次会议。

4 月 18 日，县政府启动临高乳猪繁育基地建设项目。

4 月 29 日，县科技局在南宝镇松梅村举行“海南省科技走进文明生态村系列活动暨临高县第二届科技活动月”开幕式。

5 月，临高县成立市政园林管理局。

同月，临高县新型农村合作医疗管理委员会办公室成立。

5 月 10 日，县政府在临高中学中山纪念堂举行海南省农村十大科技致富能人巡回报告会。

5 月 17 日，临高县召开建设社会主义新农村工作会议。

5 月 20 日，国务院发布《关于公布第一批国家级非物质文化遗产名录的通知（临高人偶戏）》。

同月，临高角解放公园动工兴建，总投资 2600 万元。2007 年 1 月 19 日建成验收。

6 月 7—8 日，省委常委、统战部部长王守初到临高县调研时强调，学校危改工作抓紧抓实，质量要好，进度要快，力争 9 月底前竣工一批项目。

6 月 20 日，波莲镇发生一起因雷击致 1 人死亡事件。

6 月 21 日，省委常委、宣传部部长周文彰到临高县进行文明生态村和文化设施考察时强调，城乡绿化要突出营造树荫。

6月30日，省委书记、省人大常委会主任汪啸风在临高县调研时强调，用党的先进性建设来推动加快发展。

同月，县委、县政府出台《关于加快金牌港经济开发区建设的决定》，加快把开发区建设成为临高县工业产业的龙头和基地、对外开放的窗口和招商引资的基地。

7月1日，临高县实施新型农村合作医疗制度。

7月6日，临高县庆祝中国共产党建党85周年大型文艺晚会《在灿烂阳光下》暨先进党组织、优秀党员表彰大会在县人民广场举行。

7月14日，香港理文造纸有限公司董事长李运强捐助200万元，兴建临高县文澜江中心学校教学大楼。

7月19日，为了推进电子政务建设，提高机关服务水平，县人民政府网站正式运行。

7月24日，中共海南省委决定，符永任中共临高县委书记，羊经位提名为县长候选人。省委副书记罗保铭率领省委组织部有关人员到临高县宣读省委有关临高县领导干部任免决定并作重要讲话。

7月27日，省委常委、副省长于迅到临高县就发展特色产业进行调研。

8月3日，受第6号台风"派比安"影响，临高县普降大到暴雨，局部降特大暴雨。全县5个镇26个村庄2.8万人受灾，内涝浸淹村庄3个，1800公顷水稻被淹，120公顷经济作物和266.67公顷瓜菜受灾，倒塌房屋5间，损坏房屋12间，毁坏水利设施9处，水产养殖损失1.2公顷。全县直接经济损失260万元。

8月23日，县人大第十二届六次会议选举羊经位为临高县人民政府县长。

9月14—15日，省人大常委会副主任王琼瑛到临高县就义务教育实施情况进行调研。

9月27日，临高县召开建设全国渔业强县动员大会。

9月，县委、县政府出台《关于建设全国渔业强县的决定》。

10月25—29日，临高县代表队在全国中老年人太极拳（剑）中荣获集体42式太极剑优胜奖。

11月21—23日，省危改验收评估小组对临高县学校危改工程进行历时四天的现场验收，全县的学校危改工程验收评估工作已完成。

11月22日，和舍镇突然遭受龙卷风袭击，造成7间房屋倒塌，损坏房屋85间，刮毁胶林26.67公顷，受灾农作物6.67公顷，直接经济损失61万元。

同月，县委、县政府出台《关于全面推进科技进步的实施意见》，实施科技兴县战略。

12月5日，临高县举行首批远海捕捞补给船开航仪式。

12月6—7日，长海县组团到临高县考察，共谋友好县渔业发展之路。

12月15日，临高县第十二届人大代表法定投票选举日，全县25万名选民投下选票，选出自己心目中的代表。

12月21日，临高县召开全县工业经济暨招商引资工作会议。

12月26日，临高县召开科技大会，会议提出坚持科技兴县战略，推进临高和谐发展。

2007年

1月1日，临高县停止使用军用粮票，改为刷卡购粮。

1月11日，新盈渔港开工建设，总投资1.2亿元。

1月17日，县委书记符永、县长羊经位分别带县农村信用联社有关人员深入南宝镇加来村和临城镇龙力村，用自己的5万元现金作为担保向县信用社贷款，帮助农民种植甘蔗，发展生产。

1月19日，临高角解放公园建成验收。临高角解放公园占地面积17.3公顷，拥有解放海南热血丰碑瞻仰区、解放海南陈列馆和纪念馆区、解放海南集会广场、观海亭、会议中心、休闲度假区等六大区域。其中陈列馆和纪念馆配备多媒体影视机，再现当年中国人民解放军千帆竞发渡海作战解放海南的情景。

1月27日，中共临高县委第十一届一次全会在临城召开。会议选举符永为县委书记，羊经位、成来之为副书记。

1月30日至2月2日，临高县召开第十三届一次人民代表大会。大会选举许起鹏为县人大常委会主任；选举羊经位为县人民政府县长。

1月29日至2月1日，县政协第八届一次会议在临城召开。会议选举陈雄为县政协主席。

同月，《今日临高》报扩版为对4开8版，每周出版2期。

同月，全县实现村村通电话。全县农村已安装有线固定电话2.8万部。

2月12日，由副省长陈成率领的省委、省政府2007年春节慰问城乡困难群众工作组一行8人到临高县慰问看望困难群众。

3月2日，临高招商引资初见成效，签下19个项目，总投资10亿元。

3月12日，临高县首届民间文化节隆重举行，省委宣传部部长周文彰，省人大常委会副主任王法仁，省军区副政委刘鼎新，老干部符志行、陈苏厚等出席开幕式。

3月13日，省委常委、海南军区政委贺贤书少将到临高调研。

3月19日，县委书记符永、县人大常委会主任许起鹏、县长羊经位、县政协主席陈雄等县四套班子领导到金牌开发区现场办公，解决开发商在金牌开发区的道路、码头、办公大楼等基础设施的建设规划方面所涉及的相关问题。

同月，总投资2000万元兴建的加来农副产品批发市场落成。

4月6日，临高中油渔业合作社在新盈后水湾渔排上成立，是全省第一家渔业合作社。

4月25日，县长羊经位主持召开县长办公会议，专题研究县政府与广东烨龙集团、广州凯创投资有限公司合作开发马袅湾建设项目问题。

5月16日，省发改厅厅长林回福一行6人，在县委书记符永、县长羊经位等的陪同下，到金牌港开发区就临高重点项目包装、开发建设等课题进行调研。

5月27日，投资4.5亿元的金牌港精细化工项目全面动工。

5月27日，海南临高金牌港经济开发区、海南静远投资有限公司项目部揭牌。

5月29日，县长羊经位代表临高县政府与海南泯华投资有限公司董事长何昱锋在县长办公室签订由该公司投资兴建四星级酒店的项目合同。

6月5日，省文体厅将临高渔歌“哩哩美”申报国家级非物质文化遗产保护项目。

6月18日，投资1500万元的临高欧盛水产加工厂在新盈头咀后水湾码头举行落成典礼。

6月22日，全省《中华人民共和国农民专业合作法》知识竞赛总决赛在海南广播电视台演播大厅举行。临高县代表队荣获第一名。

6月26日，县委、县政府召开临高县改善投资环境动员大会。

同月，海南渝安临城水业有限公司投资3977.71万元兴建临城地表水厂。

7月3日，海南省国家开发银行行长刘春生与县长羊经位在临高签订《开发性金融合作协议》。

7月6日，临高赴广州招商团与广东理文造纸公司达成协议，由理文公司捐赠3500万元帮助建立一所职业学院，总投资4000万元，并于7月16日动工兴建。

7月7日，县长羊经位代表县政府与广东烨龙集团签署整体开发马袅湾框架性协议，烨龙集团计划在5年内向马袅湾注资3亿元开发旅游休闲度假、渔产品加工、养老房地产项目。

7月12日，县长羊经位主持召开常务会议，专题研究临高县城镇投资公司与海南义丰投资有限公司合作开发建设武莲渔港等问题。

7月22日，省政府发布《关于公布第二批省级非物质文化遗产名录的通知（海南临高“哩哩美”渔歌）》。

7月30日，举办临高县首届渔民节，重点推介34个渔业项目，总额20多亿元。

7月31日，临高县首届渔民节暨全省沙滩排球邀请赛在调楼镇举行。

8月17日，海南良源集团投资10亿元，动工扩建调楼渔港。

9月13日，县政府颁布《临高县廉租住房管理办法》。

9月24日，受第14号热带风暴“范斯高”影响，全县普降大暴雨。全县10个镇，76个村庄，9万人受灾，330公顷水稻被淹，400公顷经济作物和200公顷瓜菜受灾，倒塌房屋18间，损坏房屋26间，冲毁防波堤3处150米，冲毁水利渠道9处98米，冲毁路桥2座，毁坏水库涵管2宗，水产养殖受损面积15.33公顷，损坏渔船49艘，损坏渔排1个，全县直接经济损失650万元。

10月1—3日，受第15号台风“利奇马”影响，临高县普降大雨，全县10个镇78个村庄9.60万人受灾，1030公顷水稻被淹，1250公顷经济作物和210公顷瓜菜受灾，倒塌房屋18间，损坏房屋69间，毁坏防潮（波）堤3处150米，冲毁水利渠道9处127米，冲毁路涵4处，毁坏水库涵管1处，水产养殖受损面积28.67公顷，损坏渔船11艘，损坏渔排1个，全县直接经济损失760万元。

10月8日，临高县行政服务中心正式成立。

10月17日，中国联通临高分公司130手机IP长话全面开通。

11月27—28日，临高县召开第十三届二次人民代表大会。大会选举王法仁、龙田仲、孙喆、罗时祥、罗保铭、王小花、吉小妹、羊经位、许起鹏、许镇忠、吴杰、吴秋霞、陈学育、陈锦昌、罗麟、黄肖柏、曹文、符永等18人为海南省第四届人民代表大会代表。

同月，临高县人力资源开发局成立。

12月8日，临高县残疾人联合会第五次代表大会在县城明珠酒店举行。

12月15日，临高县畜牧兽医技术服务中心更名为临高县畜牧兽医局。

12月15日，临高县机关事务管理局成立。

2008年

1月24日至2月16日，临高县出现重度低温阴雨天气，2月12日最低气温8.1℃。全县农作物受灾面积4200公顷；鱼排养殖的老虎斑死亡80万尾，约12万公斤；对虾受损面积40公顷，死亡对虾6万公斤；东风螺受损面积1万平方米，损失产量2.5万公斤，东风螺苗损失20万粒；罗非鱼死亡1万尾；池塘养殖龙胆石斑6.67公顷，死亡6000尾。直接经济损失15408万元。

3月31日至4月2日，临高县召开政协第七届三次会议。

5月16日，中国邮政储蓄银行临高县支行成立，并在全县设16个网点。

5月26—27日，县妇联召开第九次妇女代表大会。会议选举李赛美为县妇联主席，陈晓宇为副主席。

8月5—6日，第9号热带风暴“北冕”影响临高，全县普降大暴雨，多文、皇桐、博厚等镇降特大暴雨。临高县有6个镇，9.60万人受灾，6间房屋倒塌，32间房屋损坏，2070公顷农作物受灾，水产养殖损失20公顷，毁坏路基0.32千米，损坏小型水库3座，损坏水闸1座，损坏堤防3处，损坏灌溉设施9处。全县直接经济损失610万元。

同月，县委、县政府出台《关于加快临高角旅游度假区建设的决定》，以加快推进全县旅游经济发展。

9月19日，县委召开会议，传达省委关于调整临高县委主要领导职务的决定：陈创福任中共临高县委书记；符永不再担任中共临高县委书记、常委、委员职务。

9月22—24日，受第14号台风“黑格比”的影响，全县普降暴雨，局部特大暴雨，多个镇降雨量达250毫米以上，最大为调楼镇300毫米，造成调楼镇龙田村委会的龙田、盛大及僚道等3个村庄被淹，受淹水深达1.3米，634名群众受困，造成一定的经济损失。

同月，临高县委机关大院住宅楼（建筑面积2496.4 平方米）和2幢干部职工经济适用房（建筑面积5052平方米）竣工。

10月12—14日，受热带低压和冷空气的共同影响，临高境内普降大暴雨，东英、波莲、皇桐、多文、和舍等镇，全程降雨量达200毫米以上。全县有6个镇3.60万人受灾，受灾农作物2200公顷，倒塌房屋15间，冲毁塘坝1座，损毁防浪护岸1处，损坏灌溉设施5处，造成直接经济损失672万元。

2009年

1月，国有加来农场职工社会养老保险关系移交地方管理。

2月5日，县委第十一届四次全体会议在临高人民会堂召开。

2月15—17日，县政协第七届三次会议在临城召开。

2月17—18日，临高县召开第十三届五次人民代表大会。

2月27日，临高县召开全县执行文化大讨论活动动员大会。

3月3日，省委常委、宣传部部长周文彰率领省委“共建西部生态文明”活动调研组一行到临高调研。

3月24日，县委召开深入学习实践科学发展观活动动员大会。

4月18日，中共中央政治局常委、国务院总理温家宝在博鳌亚洲论坛2009年年会开幕式发表主旨演讲并会见有关来宾后，在海南省澄迈县、临高县、儋州市和海口市进行城乡调查研究。

4月23日，县委、县政府联合省发展控股有限公司邀请来自中国造船工业协会、中石化石油和化学工业规划院、海南大学理工学院等国内10家机构的专家、教授，深入临高金牌港经济开发区进行实地考察，并在海口寰岛泰得大酒店共同举行金牌港经济开发区产业发展研讨会，听取他们对开发区开发建设的意见和建议。

4月24日，县政府与省发展控股有限公司在海口寰岛泰得大酒店举行合作框架协议签约仪式，决定共同合作开发建设金牌港经济开发区。

5月14日，省委副书记、省委深入学习实践活动领导小组副组长于迅到临高县进行调研。

5月19日，省政协主席钟文到临高县调研水稻制种产业发展情况。

6月19日，省委常委、组织部部长楼阳生率领调研组一行到临高县调研。

7月2日，省人大《海南经济特区限制生产运输销售储存使用一次性塑料制品规定》执法检查组在临高县检查贯彻落实《海南省经济特区限制生产运输销售储存使用一次性塑料制品规定》执行情况。

同日，临高县沼气技术服务中心成立揭牌暨乡村服务网点设施赠送仪式在县农业局办公楼前举行。

7月3日，临高县召开第十三届六次人民代表大会。会议选举吴聿名为县人民检察院检察长。

7月6日，副省长李国梁率领省政府调研组先后到金牌港经济开发区威隆船舶修造基地、思远水产品加工厂、临城污水处理厂等地进行调研。

7月7日，省委常委、纪委书记王为璐先后到思远水产品加工厂、临城三号桥周边基础设施及市政建设工地、临高思源实验学校、临高角旅游度假区、调楼镇黄龙造船厂、调楼镇抱才村、博厚镇三省村文明生态村片区创建工地、金牌港经济开发区威隆船舶修造基地与和邦码头等地进行调研。

同日，中国台湾地区渔会理事长黄一成、台湾地区新港区渔会理事长李隆荣等组成渔会代表团及省台办陈衍顺副主任等有关人员到临高县考察渔业。

7月8日，中国残联维权部主任薄绍晔率领中国残联调研组到临高县调研督导农村残疾情况。

7月9日，临高县林改工作现场会在和舍镇召开。

7月28日，临高县举办第三届渔民节“哩哩美”小姐选秀大赛，林雅慧荣获冠军，陈晶晶得亚军，王蔚得季军。

7月30日，临高县第三届渔民节在县体育广场开幕，并举行文艺晚会。

同月，根据省政府的部署，将加来农场所属的17所普通中小学校一次性成建制整体移交临高县地方管理。

8月6—7日，受第7号热带风暴“天鹅”的影响，临高境内普降大到特大暴雨，全县10个镇12.65万人受灾。调楼、东英、新盈、临城、波莲、博厚等6个镇受灾较为严重，有41个村庄不同程度受淹，受困人口8200人，其中东英镇兰刘村委会扶堤东村、调楼镇龙田村委会以及群道村委会，受淹水深达1.5米。

8月8日，临高县首个“全民健身日”活动启动。

8月15日，副省长符跃兰到临高县检查灾后重建工作，看望慰问受灾群众。

8月24日，召开县委常委会，研究机构设置等问题。会议同意县综治办为县政法委的正科级挂牌机构；同意县委政法委加挂“临高县维护社会稳定办公室”牌子；同意设置临高县公安局出入境管理大队，规格为副科级，下设办证中队和外管中队2个股级机构，人员配备从县公安局原有编内人员调剂，原属公安局国内安全保卫大队的入境外国人管理、办理出入境职能划转到该大队。

8月25日，临高县开始发放第二代残疾人证，残疾人证核发工作实现系统化、规范化管理。

8月27日，全省新农合门诊统筹工作会议代表专程到临高县参观新农合门诊统筹工作现场。

9月1日，省委组织部决定郑柏安任中共临高县委副书记，并提名为临高县人民政府县长人选。

9月5日，副省长陈成回到母校新盈中学出席教育发展座谈会。

9月10—11日，省政府卫生督导组到临高县对甲型H1N1流感和手足口病防控工作进行督导。

9月12日，省农业厅组织全省农民增收新机制巡回报告团到临高县作巡回报告。

9月10—13日，省委省政府西部开发建设调研组到临高县调研。

9月22日，临高县召开全县维稳和文明生态村创建工作汇报会，全面部署全县维稳和文明生态村创建工作。

9月25日，临高县新盈中学举行建校60周年校庆。

9月26日，临高县举行县政府综合办公楼、就业培训中心大楼和档案馆大楼工程竣工暨乔迁典礼。

同月，台风“彩虹”袭击加来农场，造成农作物受灾792.26公顷，冲毁农田658公顷，损毁倒塌民房168间，造成直接经济损失1904万元。

同月，金牌港西港区疏港公路项目开工建设。

10月4日，临高二中举行30周年校庆活动。

10月16日，省农业厅农业科技指导组到临高县检查指导水稻创建示范工作。

10月20日，卫生部李素梅率领卫生部专家调研组到临高县就群众食用合格碘盐的总体情况进行专题调研。

10月27日，省委财经办（农办）主任李世珍带领省委财经办调研组到金牌开发区进行专题调研。

11月3日，省政府教督导评估组到临高县检查教育工作。

11月4—5日，国家传染病网络直报质量督查组到临高县，对临高县传染病疫情网络直报管理及存在问题进行督导检查。

11月18日，省委副书记、省长罗保铭到临高金牌港经济开发区及城区建设进行调研。

12月8日，省政府调研组到临高县深入农村调研人口与计划生育工作。

12月30日，省人力资源和社会保障厅厅长王应际、副厅长李万一带领调研组到临高县对就业和社会保障工作进行调研。

2010年

1月1日，县会计管理中心率先在省内把村财委托代理服务工作纳入GFMIS账务系统中进行网络电算化管理。

1月12日，省海洋与渔业厅副厅长孙金文带领省安全生产考核组到临高县检查、考核渔业安全生产工作。

1月13日，民革海南省委专职副主任委员周群杰一行到临高县对临高民革支部筹备组工作情况进行检查指导。

1月18日，省纪委副书记、省监察厅厅长丁伯东率省惩防腐败体系建设考核组到临高县检查党风廉政建设责任制执行情况。

2月2—4日，县政协第八届四次会议在临城召开。

2月2日，中共临高县委十一届五次全体会议在临城召开。

2月4—5日，临高县召开第十三届八次人民代表大会。

2月23日，省卫生厅厅长白志勤一行到临高县医院、县医院建设新址进行实地考察。

3月4日，临高县召开第十三届九次人民代表大会。

3月8日，由县妇联组织的庆“三八”国际妇女节100周年健美操大赛在县人民会堂举行，共有17支代表队340名队员参赛。

3月25—26日，全省新农合暨农村卫生服务工作现场会在临高县召开。

3月30日，首届全省渔网编织技能大赛在临高举行。来自全省13个市县的38名织网高手参赛。

4月7日，省委组织部副部长梁飞实地考察马袅湾规划建设、洋大村党支部党建工作、金牌港经济开发区规划建设以及临城新城区。

4月9日，武警部队副政委崔景龙、省武警总队政委詹海观一行到临高角解放公园，重温当年解放军渡海作战解放海南岛的峥嵘岁月，缅怀革命先烈的丰功伟绩。

4月22日，省委书记卫留成到临高县调研。

4月23日，临高县举行向青海玉树地震灾区捐赠仪式。

4月24日，县政府与省发展控股有限公司在海口签署合作框架协议，决定合作开发建设金牌港经济开发区，把金牌港经济开发区建设成为以能源化工业、船舶修造业等临海工业为主，并向油气储备产业、物流中转业和高新技术产业适度扩展的现代化港口新区。

5月14日，国有红华、加来农场民政职能工作移交临高县政府管理交接仪式在县机关大院四楼一号会议室举行。

5月15日，临高县在全省范围内公开选拔科级领导干部笔试在县中等职业技术学校举行，33名来自县内外的考生参加考试。

5月24日，省政协副主席赵莉莎率领省政协专题调研组一行到临高县，就临高县贯彻落实《中共海南省委关于加快海南西部地区开发建设的若干意见》情况和临高县经济社会发展等情况进行调研。

5月26日，临高县巡视回访督查情况汇报会在县机关办公大楼四楼会议召开，县委书记向省委巡视组汇报临高县深入贯彻落实科学发展观、党风廉政建设和反腐败工作、干部队伍建设、社会管理、解决历史遗留问题以及第一轮巡视整改等情况。省委巡视一组组长陈川民，省委巡视办公室专职副主任吴杰，省委巡视一组副组长何中次以及省委巡视组成员出席汇报会。

6月4日，全国政协常委、省政协副主席、省九三学社主委王宇田率领省政协委员专题调研组到临高县开展专题调研。

6月17日，省委“强核心工程”第五督查组到临高县就“强核心工程”工作进行督导检查。

6月25日，临高县集体林权制度改革档案建设工作现场会在波莲镇召开。

6月29日，省政协副主席张海国率领省政协考察团到临高考察。

7月6日，副省长李国梁率领省政府调研组到临高调研。

7月14日，民革临高县支部成立。

7月22日，临高县“哩哩美”形象小姐选拔大赛总决赛在临高举行。

7月28日，临高县第四届渔民节在县体育广场开幕。

8月5日，省委宣传部组织资深专家和广播电视、报纸及网络13家媒体20多名记者组成的琼岛海岸线采访报道组到临高县就海岸线的开发建设、利用保护等进行采访。

8月17日，省政协副主席史贻云率领省政协文史资料委员会一行到临高县就琼剧在临高的发展影响进行调研，并对琼剧史料的征集撰稿工作提出指导意见。

8月25日，临高县举办奖优助学大会。奖励优秀师生和资助贫困学生917人，共45万元。

8月26日，省财政厅副厅长麦正华率领调研组到临高县调研惠农“一卡通”工作进展、财政收支及科学化精细化管理工作情况。

9月15日，由省委统战部、省工商联引导的非公有制经济人士回报社会感恩行动“革命老区行”捐赠活动在南宝镇和波莲镇举行。

9月26日，省老促会名誉会长、省人大常委会原常务副主任王信田，省老促会副会长、省政协民宗委原主任王桂兰率领省老区建设促进工作调研组到临高县调研老区建设发展情况。

9月30日，临高角项目合作框架协议签订仪式在县机关办公大楼会议室举行。根据协议，县政府与广州富地产股份有限公司合作开发临高角房地产与旅游项目，打造成一个功能齐全、配套完善、生态环境优美，并具有热带海岛风情特色的旅游接洽、休闲度假目的地。

10月18日，省经济和社会发展考核组到临高县，就临高县2009年经济和社会发展考核指标完成情况以及临高县第六次人口普查工作情况进行检查考核。

10月21—22日，省委巡视组到临高县就保障性住房建设进行第二轮巡视。

10月25日，由县委、县政府和省农业广播电视学校联合举办的“阳光工程”——养鸡实用技术培训仪式在临城启动。

10月26日，临高县召开新农村社会养老保险工作动员大会。

11月1日0时，进行第六次全国人口普查，普查登记结果统计全县总人口为427873

人，比2000年增长38139人，增长率为9.79%；平均每年增加3814人，年平均增长率为0.94%。全县共有家庭户110638户，家庭户人口为417008人，平均每个家庭户的人口为3.77人，比2000年第五次人口普查的4.41人减少0.64人。全县总人口中，男性为227902人，占总人口的53.26%；女性为199971人，占总人口的46.74%。

11月1日，全县10个镇“农业服务中心”与“社会事业服务中心”挂牌成立。

11月15日，临高新盈中心渔港在北京召开评审会议，国家发改委、国家农业部渔业局等专家评审并同意通过新盈中心渔港建设工程规划。

11月18日，黑龙江省临高体育训练基地在临高临城开工建设。该基地占地7万多平方米，由综合训练馆、行政楼、室外训练场地、室外网球场等构成，计划总投资2亿元。

12月2日，临高20兆瓦光伏并网示范工程开工奠基仪式在金牌经济开发区举行。

12月3日，南宝镇被命名为“海南省文明生态集镇”。

12月24日，金牌威隆承建的海南首艘万吨级船舶1.38万吨散货船下水试船。省人大常委会副主任吴昌元，县长郑柏安出席宏鑫6号下水仪式。

12月28日，中共临高县委十一届六次全会在临城召开。会议通过《中共临高县委关于制定第十二个五年规划的建议》《中国共产党临高县第十一届委员会第六次全体会议决议》。

第一编　建置区划

临高县地处海南岛西北部，东邻澄迈县，西南接儋州市，北濒北部湾，形状呈U形，陆地面积1317平方千米，海岸线长114.7千米，海域面积675.66平方千米。2010年，全县总人口491240人，汉族人口占99.9%。

隋大业三年（607年），设毗善县（今临高县最早称谓），属珠崖郡。隋大业六年（607年）属儋耳郡。唐武德五年（622年），改毗善县为富罗县。同年，析富罗县，增设临机县。唐开元元年（713年），改临机县为临高县，至今1200多年县名未变。

1986年，临高县有16个区公所；2个国营农场；1个镇；128个乡（含居委会、墟及区办农场），其中农业乡110个，渔业乡10个，盐业乡8个；749个村民委员会。2010年，临高县辖临城、波莲、博厚、新盈、调楼、东英、多文、皇桐、南宝、和舍10个镇和加来、红华2个国有农场。

第一章　建　置

第一节　地理位置与建置沿革

临高县，位于北纬19°34′～20°02′，东经109°30′～109°53′，东西宽34千米，南北长47千米。地处海南岛西北部，东邻澄迈县，西南接儋州市，北濒北部湾。陆地面积1317平方千米，海岸线长114.7千米，海域面积675.66平方千米。

汉元封元年（前110年），海南立珠崖、儋耳二郡，临高地属儋耳郡。隋大业三年（607年），始设毗善县，县治所在今临高县西北的东英墟那在村，属珠崖郡。隋大业六年（610年），毗善县属儋耳郡。唐武德五年（622年），改毗善县为富罗县，隶儋州，治所在富罗乡东塘都。同年，析富罗县，增设临机县，属崖州，县治所在马袅。唐贞观五年（631年），临机县属琼州。唐贞观十三年（639年），废琼州，临机县属崖州。唐开元元年（713年），临机县改为临高县，县名自始于此。唐贞元五年（789年），临高县属琼州。南汉乾和十五年（957年），废富罗县，并入临高县。

宋朝时期，临高县隶属琼州。元朝时期，临高县隶属隶琼州路安抚司，后改为琼州路军民安抚司。明、清时期，临高县隶属琼州府。

民国元年（1912年）7月，临高县隶属琼崖绥靖处（为广东省派出机关）。民国3年（1914年），复置琼崖道，临高县隶属琼崖道。1949年4月，临高县隶属海南特别行政区。

1949年7月12日，临高县民主政府改称临高县人民政府，隶属琼崖临时人民政府。1950年5月1日，临高县人民政府隶属海南军政委员会。1951年4月，隶属广东省人民政府海南行政公署。1958年12月1日，临高县与澄迈县合并，称金江县。同月21日，中国共产党广东省委员会书记处会议决定，县名定为澄迈县，但1959年1月1日的《南方日报》发表县名为金江县。1959年3月22日，国务院决定，县名定为澄迈县，县城设在金江镇。1961年5月，从澄迈县分出临高县，恢复临高县行政建置。临高县人民政府驻在临城镇。1968年4月，隶属广东省海南行政区革命委员会。1970年10月，隶属广东省海南地区革命委员会。1972年10月，隶属广东省海南行政区革命委员会。1980年1月，隶属广东省海南行政区公署。1984年5月，隶属海南行政区。

1988年4月，临高县隶属海南省管辖。

第二节　行政区划调整

1986年，全县有16个区公所；2个国营农场；1个镇人民政府；128个乡（含居委会、墟及区办农场），其中农业乡110个，渔业乡10个，盐业乡8个；749个村民委员会。全县总户数72048户，总人口333256人。

1987年3月，临高县撤区公所设乡镇，各区公所改为乡、镇人民政府。全县设临城、新盈、东英、美良、波莲、博厚、多文、和舍、龙波、加来（归国营加来农场管辖）10个镇和文澜江、皇桐、美台、南宝、东江、马袅、调楼、美夏8个乡，以及红华、加来2个国营农场，管辖123个管理区，890个村庄。

1987年临高县各乡镇、村委会、自然村名称一览表

表1-1-1

乡镇	村委会	自然村
文澜江乡	大波	县二、大波、厚禄、兰琴、豪尧、龙力、仓米、龙湾、敦礼
	美当	头桥、吉利、三福、美当、昆仙、发豪、太丰街

续表 1-1-1

乡镇	村委会	自然村
文澜江乡	学田	贯郎、贯仓、贯新、学田、兰栋、田军、周礼
	多琏	南江、龙头、官位、多琏、美迎、美仁、锡祥、兰堂
	兰秦	兰颜、兰秦、新瑞
	楼台	楼台、美山、来安、湃星
	金龙	金龙、龙门、锦乐、龙波、头车、龙堂、昆尼、仙还、文德、国昆、龙兴、博雅、官花、湃溪
波莲镇	波莲	南斗、头潭、龙堂、昆茶、波莲、波莲墟、带笏、才星、南朝、美鳌
	古柳	古柳、兰社、仓盈、鲁臣、和盛、美来
	冰廉	冰廉、古椰上村、古椰下村、鲁来、六龙、博椰
	武莱	武莱、文书、武老、龙老、头龙、才成上村、才成下村
	古柏	古柏村
	太坡	太坡、武庵、恩惠、多瑞、兰闹
	美珠	美珠、苏来
	多贤	南社、乾堂、美郎、美道、多贤上村、多贤下村、头松
	和棉	和薰、和绵、昌乐、大老、龙潭、文昆、和郎
	抱美	抱才、美群、群皇、群福
	乾彩	乾彩、敦贯、抱庞、尧文、美灵上村、美灵下村
	红星农场	红旗、红卫、红色、红岛、红新、红英、砖瓦作业队
东英镇	东英	东英墟、高秀、国老、昆北、钦山、兰李、兰庄、兰麦、兰刘、罗堂、小港、武松
	美鳌	鲁倪、鱼池、黎安、文英、灵台、多文、凤潭、美鳌
	灵山	西兰南、西兰北、兰社、文大、龙文、龙安、灵山、文祖
	文连	水邱市、水邱、殿当、上好、多福、和钦、文连
	和新	和新、龙新、头洋上村、头洋下村
	居留	居留、昌黎、禾登、扶提西村、扶提东村
	伴康	伴康东村、伴康西村
	波浪	波浪、依古、兰吴、名山
	奇地	奇地、林银、沙池、当产

续表 1-1-1

乡镇	村委会	自然村
东英镇	文潭	文潭、邦浪上村、邦浪下村、兰堂、美台、龙门、渡头
	高定农场	高定
博厚镇	文书	上舍、多雀、文书、文新、龙岭、邦卿、五尧、昌南、和合、文窗、龙祥
	得禄	财主、敦花、龙灵、武西、德禄
	头稍	敦泰、国追、美月、过都、美调、头稍、抱河、积钱
	博厚	六包、美雅、南贤、抱生、绿梅、洋孝、美所、美萝、洋梧、龙吟、博厚、博厚墟
	德老	德老、头铺、兰梧、德位、龙老、德位上、美览、德位下、书邑、西田、星主、潭连、兰成、理伦、颜威、文芳北村、文芳南村
	龙乾	头国、美畔、和天、文林、文陈、文山、南和、文宏、龙乾、抱西、三盈
	博北	亨城、朝阳、龙来、南茂、美山、又合、魁斗、儒堂、高城新村、高城老村
	加禄	尧科、加禄、道德、美略、得才、礼堂
	红牌	和良、龙模、帮乐、良富、太朗、和罗、昌盛
	洋甘	洋甘、和立、平港、龙山、现瑞、道尧、龙跃、龙波
	泗洲	泗洲、龙架、端用、武教
	和丰	头桥、文乾、和丰、抱犁、抱道
	武新	武新、美隆、抱钱、抱章、昆珍，罗尧、透滩、抱堂、抱珍
皇桐乡	金波	金波、古风、美略
	武维	武维、洋龙、江蓝、美本、美星
	富雄	富雄、楷模南村、菊林、头松、美万、良民、良利
	居仁	居仁、训道、富里、美锐、和伍、亲仁
	皇桐	文贤、皇桐、楷模下村、楷模上村、敦崇
	美香	美香、美仓、美巢、美吉
美台乡	美台	头星、罗文、黎昌、文道、龙茶、富霞、美台墟
	美梅	头椰、林彭、美梅、美椰、茶保、昆峰、山竿、文邱
	抱瑞	抱瑞、头杨、田新、好心、兰墨、抱甲、文堂、龙汉、文彩、头星、潭楼、荣奇、文昌

续表 1-1-1

乡镇	村委会	自然村
美台乡	禄道	禄道、武训、多郎、道霞、兰逢
	吾鲁	吾鲁、美保、群逢、龙栋、罗万、和善、博才
	兰罗	美盛、头南、兰罗、抱文、和乐、兰芳、和兴、和新、群玉、美文、多逢、兰梧、多逢下、多逢中
	调俗	调俗、乾彩
	杨梅	龙昆、杨梅、美里、头板、新兴
多文镇	兰合	洋堂、松枝、潭龙、美堂、龙湾、兰合、武新、美隆
	美巢	美巢、多道、多畲、三吾、德大、多灵、抱吾、都香
	抱利	抱利、兰林、兰洪、文山、头神、茶甘、抱道、博豪
	凤雅	凤雅、斗拱、文新、美还、龙武、多瑞
	多郎	多郎、文潭、加良、美兴
	多文	多文墟
	新兴农场	新兴、南兴、美岛
龙波镇	谭楼	谭楼、龙青、六勺、美郎、美廉
	龙波	龙波墟、龙波、美堂、大主、龙主、和仙、群新、美里、加地、群成、光朗
	多文	皇桐、博得、头文、美梅、和道、拥主
	中林	加遗、官田、昌龙、美珠、中林上、中林下
	洋黄	洋黄、武城、松柏、清朗、凤蛟
	和正	和正、礼义、洋德
东江乡	美山	好伦、武大、美山、文明、头龙
	东江	汉兴、头南、新村、南二、和舍、东江墟
	博郎	博郎东村、博郎西村、博郎中村
	美文	美文
	罗枕	兰堂、武老、罗枕、南卓
马袅乡	马袅	道灶、策旺、博堂、马袅墟、敦门、头劝
	昌富	昌富、和舍、和客

续表 1-1-1

乡镇	村委会	自然村
马袅乡	新贤	美仍、亲贤、祥隆
	洋大	洋大、文朝、文德、三加、三省、抱西、抱堂
	大雅	大雅、美览、和占、大老、拥武、汉罗
	乐豪	乐豪、新安、和焕、昌石、文舍、龙灵、汗流、石堂、乐文、昌汗、文东
美夏乡	美夏	美夏、博纵、文山
	昌拱	昌拱、海边、龙豪
和舍镇	和舍	和舍墟、加龙井、波藏、居度、溪尾
	新风	加利、和兴、新丰、洋通、高龙、新华、群朝、拱和、兰古、兰余、美术、武客、洋新、学田
	布大	布大、龙田、群友、跃新、尧林、头干、加帝、兰文、比头、东新、荔枝山、槟榔山
	铺子	和珍、跃锦、铺仔、布化、兰栋、好贤、美本、群顶、头包、从滩
	群儒	美丰、潭龙、群儒、雅训、武新、美拥、沙道、布尧、三角
	布佛	布佛下、布佛上、美南、和可、茂力、道咸、雄才、南雅上、南雅下
	罗爷	布政、美巢上、美巢下、三敢、兰胡、玉司、罗爷、武西、拱堂、央同、新龙
	茶胡	和芬、海岸、坎苏、坎丹、茶胡、马良、石大、兰堂、马南、敦化、美文
	先光	半边、和潭、群佛、美育、美尧、先光
	抱堂	抱堂、美胡、多子上村、多子下村、兰林、和舍、加博、皇桐、冰廉、龙香、南朝、新村
	和尧农场	和尧
南宝乡	南宝	南宝墟、南宝、乐全、昆殿、美郎
	博廉	博廉、大吉、文士新村、文士老村、古道、群合、主令、地灵、好贤
	松明	道谈、松明、照里、才郎、武吉
	松梅	南朝、松梅、劝来、五屋、文南、甘郎、圣道、松楹、坤龙
	郎基	郎基、三角、文代
	武郎	加来、上坎、武郎、金南，依义、松明
	光吉农场	光朝、吉里

续表 1-1-1

乡镇	村委会	自然村
美良镇	拔色	拔色、大宝、兰田、月彩
	沙潭	沙潭、博贤、抱补、东春、潭吉、和伴、北田、道奄、北道
	武闹	武闹、皇伴、北堂、好大、莲堂、和道
	东里	东里、东新、前南、洋林、美略、隆道上、隆道下、鲁楼、和招上、和招下
	抱社	抱社、抱补寮
	龙田	盛大、龙田
	美良	罗堂、美良、美良墟、昆殿
	群道	寮道、新龙、群道、南雄、龙楼
新盈镇	头咀	头咀
	安全	安全
	新盈	新盈、泮泗、龙湾、道寮
	昆社	昆社
	龙昆	龙昆
	抱蛟	抱蛟、南堂、南堂下村、美本、潭石
	龙蓝	龙蓝、头泗、昌合、抱东、乌岳、潭皇、美罗
	洋所	良爱、洋所、万和、谭伍、彩桥、新红、文佛
	和贵	和贵、头东、片石、抱协、抱文、乐村、文川、山宋
	仓郎	郎英、兰林、尚书、博岸、青雅、新兴、仓米、新市、营南、吉春、典片
	新兴墟	新兴墟
调楼乡	调楼	调楼
	黄龙	黄龙上村、黄龙、武莲、青龙
	抱才	佳才、抱吴
临城镇	兰河	兰河
	城内	城内、红进、红风、红南
	跃进居委会	跃进东街、红卫东街、红旗东街
	胜利居委会	跃进西街、红卫西街、西镇东街、西镇西街、中进街
	东风居委会	新镇街、东镇街、长堤街、泰东街

续表 1-1-1

乡镇	村委会	自然村
国营加来农场	加来作业区	加来墟、潭芬、龙坤、美塘、广大、龙灵、贤郎、美汉、美巢
	平乐作业区	平乐、敦香、兰权、南斗、美迎
	大尧作业区	大尧、兰栋、知县、美舟、武轩、敦隆
	和浪作业区	和浪、兰兴、好龙、龙波、美央
	美积作业区	美积、群令、敦木、美贤、敦香、敦香上、敦香中、敦香下
	雅正作业区	雅正、正大、太山、马廉、床群、翰墨、文郎、才兴
	沧浪作业区	沧浪、美良、大兴
	太才作业区	兰栋、太才、神还、兰刘、礼伦、金殿、文士、龙江
	兰奇作业区	兰奇、美山、加才、龙盛、美景
	古里作业区	古里、镜面、白石、墨营、锦模、宁贯、郎贯、武贯
	山凤作业区	罗岩、多貌、头老、兰扶、山凤、龙来、和东、武新、敦厚、文客、美凤
	兰联作业区	兰炉
国营红华农场	红华、红梅、红专、红胡、红桥、红岩、红旗、红岛、红星 生产大队：头滩、好林、龙潭、兰脉、进贤、抱桂	美珠、群谷、雅训、博成、仁杨、太利、拔吉、礼训、东斗、多文、和亨、抱桂、马路、抱东、进贤、洋正、新兴、透滩、美隆、美隆新村、武新、三盈、美略、光榔、吾龙、荔枝、龙门、红峰、郎英、文瑞、道谢、道西、敦灵、潭都、富斗、田茂、南白、兰麦、抱换、群合、洋田、龙沙、龙潭上、龙潭下、罗伦、群南、南教、和西、兰脉、南林、南斗、四门、抱兴、才源、兰脉信宜队，博豪、东梅、抱西、抱珍、抱联、南星、兰林、群南、兰枝、武老、群贯、大田、田卓、抱堂、罗尧、三营、好林

1988 年 4 月，海南建省，办经济特区，临高县隶属海南省。全县辖 18 个乡镇，162 个村（居）民委员会，890 个自然村，境内有红华、加来国营农场和红岛林场。全县总人口 341750 人，其中农业人口 289813 人，占总人口的 84.8%。1989 年，村委会改称管理区。

1993 年 1 月，原文澜江乡的大波、美当、学田、多琏、兰秦、楼台、金龙等 7 个管理区 52 个村并入临城镇。1995 年，管理区复称村委会。

2002 年 10 月，原美台乡管辖的文新、禄道、兰罗、群玉、吾鲁、罗万、调俗、杨梅、头星、抱瑞、美台、美梅12个村（居）委会，博厚镇的德老、文书、龙跃、洋甘、西田5个村委会，东英镇的奇地、文潭、邦浪3个村委会和原美夏乡的昌拱村委会并入临城镇。原马袅乡管辖的昌富、新贤、道灶、大雅、乐豪、洋大6个村委会和1个居委会划入博厚镇。原龙波镇的谭楼、龙波、多文、中林、洋黄5个村委会与皇桐乡合并，改称皇桐镇。原东江乡的博郎、美文、和舍、头龙、美山、东江6个村委会并入多文镇。原美良镇的拔色、沙潭、武閙、东里、抱社、龙田、美良7个村委会与调楼镇合并。原美夏乡的美厦、博纵2个村委会并入东英镇。全县由原来的17个乡镇调整为临城、新盈、波莲、皇桐、博厚、调楼、东英、多文、南宝、和舍10个镇，管辖18个居民委员会，152个村民委员会，820个村民小组，红华、加来2个国有农场。

2010年，临高县辖临城、波莲、博厚、新盈、调楼、东英、多文、皇桐、南宝、和舍等10个镇、17个居委会、154个村委会、726个自然村；境内有加来、红华2个国有农场。世居汉族、黎族、苗族等民族。全县总户数136748户，户籍总人口491240人，其中少数民族627人。各镇和2个国有农场所辖自然村（街道）见1–1–2表。

2010年临高县临城镇行政区划表

表1–1–2

村（居）委会	所辖自然村（街道）
跃进	红民后巷、红旗街、新镇街、红卫街、跃进街
城内	文明路、红旗街、红民街、新市三街、新市四街、工镇街、红卫街、洋通路
东风	长堤街、新镇街、工镇街、解放路、跃进街、解放里、东风巷
胜利	跃进路、红卫街、解放路、长堤街
临山	临新路、干部新村第一街道、第二街道、第三街道、第四街道、第五街道、第六街道、第七街道
美台	美台老街、美台中街、美台东街
多莲	多莲、兰堂
美当	美当、昆仙、三福、吉利、头桥
兰秦	新瑞、兰颜、兰秦
学田	周礼、田军、兰栋、学田
兰河	兰中、兰东、兰南、兰西、兰北
金龙	龙波、锦乐、龙门、金龙、头车
大坡	龙湾、敦礼、大坡一村、大坡二村、兰琴、厚禄、头尧、县二

续表 1-1-2

村（居）委会	所辖自然村（街道）
宫花	宫东、宫西、湃溪、博雅
南江	南江、龙头、官位、美迎新村、锡祥、美迎老村
楼台	楼台、来安、美山、拜星
仙还	文德、美仁、龙兴、仙还、龙堂、昆尼、国昆
发豪	发豪
龙贯	贯郎、贯仓、贯东、龙力、贯新
禄道	武训、禄道、兰逢、多郎、道霞
美梅	美榔上、美榔下、林彭、美梅、头榔、茶保、昆逢
罗万	罗万、和善、博才
头星	头星、龙茶、富霞、黎昌、文道、罗文、美台
兰罗	和兴、抱文、兰芳、和乐、兰罗、头南、美盛
文新	文邱、龙汉、山干、文昌、潭楼、文山、荣奇
调俗	调俗、乾彩
吾鲁	吾鲁、龙栋、群逢、美保、兰梧、和晓
杨梅	龙昆、杨梅、新兴、美里、头板
抱瑞	抱瑞村、头扬、好心、头星、文彩、文堂、田新、抱甲、兰墨
群玉	来利、群玉、美文、多逢上、多逢中、多逢下
文潭	文潭、龙门、美台
邦浪	渡头、邦浪上、邦浪下、兰堂
奇地	奇地、沙地、林银
昌拱	昌拱、龙豪
德老	兰梧、头铺、德老、得位、龙老、邦活
西田	潭莲、星主、文北、文南、里伦、美览、书邑、西田、兰威
洋甘	洋甘、龙波、和立、平港
龙跃	龙跃、道尧
文书	上舍、文书、多雀上、多雀下、龙岭、邦卿、文新

2010年临高县博厚镇行政区划表

表 1-1-3

村（居）委会	所辖自然村（街道）
抱珍	抱钱、抱章、抱章
龙干	抱西、龙干、南和
博北	朝阳、斗陈、斗符、高城、龙来、美山、南茂、儒堂、堂美、文合
美所	博厚、六包、美所、美雅、荣贵、洋孝
南贤	抱生、六梅、龙吟、南贤、洋梧
博西	端用、龙架、泗洲、武教
头国	和盛、和天、美伴、头国、文陈、文林、文星
头稍	抱河、敦太、国迫、过都、积钱、美调、美月、头稍
得六	财主、得六、敦化、龙灵、美锦、武西
五尧	昌南、和合、龙浪、文双、五尧
武新	美隆、武新
和丰	抱道、抱犁、和丰、头桥、文乾
红牌	邦乐、昌盛、和良、和罗、龙富、龙模、太郎
加六	道德老、道德新、得才、加六、礼堂、美略、尧科
乐豪	昌汉、昌汉、汉流、和焕、和焕、乐文、石堂、文东、文舍村、新安
洋大	抱堂、抱西、和洋、三加、三省、文朝、文德、洋大
新贤	美仍、祥龙、亲贤
道灶	策旺、敦门
大雅	大老、大雅、汉罗、和珍、美览、拥武
昌富	昌富、和客、和舍、庠东
博厚	供销街、解放路、金龙大道、立新街、临海路、露天后街、农贸巷、小学路、新村一街、新村二街、新村三街、中山街
马袅居委	博堂村、华西街、华新北路、华新路、华新南路、利龙路、新华街

2010年临高县皇桐镇行政区划表

表 1-1-4

村（居）委会	所辖自然村（街道）
文贤	楷模上、楷模下、敦崇、文贤
富雄	良民、良利、美万、富雄、头松、楷模南
和伍	和伍、亲仁
美本	美本、美星
金波	金波
武维	武维、江蓝、洋龙
美香	美香、美吉、美巢、密仓
古风	古风村
居仁	训道、富理、居仁、美偶、美锐
皇桐	皇桐墟、皇桐
头文	美梅、卜德、头文、拥主、和道、潭才、皇桐
潭楼	潭楼村、龙青、六勺、美朗、美连
中林	官田、中林、美珠、昌龙、加遗
洋黄	凤蛟、洋黄、松柏、武城、清朗
龙波（居）	龙波墟
群城	群新、群城、美里、加地
和正	和正、洋德、曾三、礼义
龙波	美堂、龙主、大主、龙波、文兴

2010年临高县多文镇行政区划表

表 1-1-5

村（居）委会	所辖自然村（街道）
多文	中平街、振兴街、东江街、永安街、南和街、东城街、东升街、美台街
抱利	抱利、文山、兰林、兰洪
头神	头神、抱道、茶甘
新兴	美图、南兴、美龙
兰合	兰合、洋堂、松枝、武新、美堂、龙湾、潭龙

续表 1-1-5

村（居）委会	所辖自然村（街道）
多郎	兰庞、加良、文谭、兰王、兰林、美兴
风雅	头拱、美还、龙武、风雅、文新、承发、昌裔、多瑞
美巢	美东、美西、三吾、多奋、多灵、多道、抱吾、德大、都香
东江	新村、头南、好伦、南二、汉兴
美山	武老、武大、文明
头龙	头龙
和舍	和舍
美文	美文
博郎	博郎

2010 年临高县和舍镇行政区划表

表 1-1-6

村（居）委会	所辖自然村（街道）
和舍（居）	波臧、溪尾、加龙井、居度、永新街、和南街、群乐巷
抱堂	抱堂、多子上、多子下、和舍、兰林、南朝、皇桐、加卜、龙香、美胡
茶胡	海岸、坎苏、坎丹、和芬、茶胡、马南、敦化、兰堂、马良、石大、美文
先光	美尧、美育、群佛、和潭、半边
布佛	美南、布佛上、布佛下、道咸、南雅上、南雅下、茂力、和可
罗爷	布政、美巢上、美巢下、兰胡、兰堂、玉司、罗爷、武西、供堂、三敢
新风	加利、群朝、兰古、新华、福龙、高龙、新丰、洋通、和兴
铺仔	美本、群顶、丛潭、布化、铺仔、和珍、跃锦、好贤、兰栋、群新
群儒	潭龙、雅训、美丰、美拥、布尧、沙道、三角、群儒、武新
罗忱	武老、武下、兰堂、南卓
布大	头干、兰文、东新、跃新、布大、比头、武良、群友、龙贤、加帝、山东、尧林

2010 年临高县波莲镇行政区划表

表 1–1–7

村（居）委会	所辖自然村（街道）
古柳	古柳、鲁臣、和盛、兰社、仓仍、美来
多贤	多贤上、多贤下、美郎、头松、南社、美道、乾堂
带昆	带笏、才成、昆茶、头潭、龙堂、道显、美鳌、南朝、南斗
美珠	美南、美北、美中、美棉、新村、苏来
太坡	太坡、恩惠、武奄、兰闹、多瑞
冰廉	冰廉、古槲上、古槲下、六龙、鲁来
居委	波一、波二、波三、波四
武来	武西、武老、头龙、龙楼、才成上、才成下
和棉	和勋、和郎、昌乐、和棉、大佬
抱美	抱才、美国、群皇、群白
乾彩	乾彩、敦贯、抱庞、美灵上、美灵下
古柏	钟村、余村
红星	直属队、红专、砖瓦、山灵村

2010 年临高县南宝镇行政区划表

表 1–1–8

村（居）委会	所辖自然村（街道）
南宝	南宝、群殿、乐全、美郎、南宝墟
好贤	好贤
博廉	博廉、大吉、文土新村、文土老村
古道	古道、主令、地灵、群合
松梅	南朝、劝来、松梅、五屋、文南、圣道、乾龙、松仍
松明	松明、道谈、才郎、武吉、照理
郎基	郎基、文代、三角
武郎	武郎村、加来村、上坎村、依义村、金南村、松明村
光吉农场	吉里、光秀

2010年临高县新盈镇行政区划表

表 1-1-9

村（居）委会	所辖自然村（街道）
新盈	泮泗、永隆、清雅、正村、隆安村五队、隆安村六队、龙湾村、道辽
头咀	第一组、第二组、第三组、第四组、第五组、农业组
安全	存车、北村、中村、佼依、南村、农业
昆社	昆社
龙昆	龙昆
龙兰	龙兰、头泗、昌合、潭皇、抱东、乌岳
南堂	南堂
抱蛟	抱蛟、美本、潭石
洋所	洋所、万和、潭伍、文佛、山龙、新红、美罗、龙青
和贵	和贵、抱文、头东、抱协、山宋、片石、乐春、文川
新兴	第一队、第二队、兰林、清雅村、古春
仓米	仓米、营南、新市、典片
良爱	良爱村
朗英	朗英、尚书、博岸
彩桥	彩桥

2010年临高县调楼镇行政区划表

表 1-1-10

村（居）委会	所辖自然村（街道）
调楼	调楼
黄龙	黄龙
抱才	抱才
青龙	青龙
武莲	武莲
黄龙上	黄龙上
美良	美良墟、昆殿
群道	美良、群道、寮道、南雄、新龙

续表 1-1-10

村（居）委会	所辖自然村（街道）
龙楼	龙楼
抱社	抱社、抱社上
龙田	龙田、盛大
罗堂	罗堂
东里	东里、和招上、和招下、前南、洋林上、洋林下、美略、东新
武闹	武闹、北堂、莲堂、皇伴、和道
东春	东春、和伴
博贤	博贤、抱补
沙潭	沙潭、北田、潭吉、道奄
拔色	拔色、大宝、兰田、月彩
隆道	隆道上、隆道下、鲁楼

2010 年临高县东英镇行政区划表

表 1-1-11

村（居）委会	所辖自然村（街道）
东英	东英墟
美鳌	凤潭、黎安、美鳌、鲁倪、文英、鱼池、灵台、多文
灵山	文祖、灵山、龙安、龙文、文大、西北、西南、兰社
文连	文连、上好、多福、殿当、和钦、水邱、水邱墟
和新	和新、龙新、头洋、头洋下
高秀	高秀、国老、昆北、钦山、兰李、兰庄
高定	高定
居留	居留、昌黎、禾登、扶提西
波浪	波浪、依古、兰梧
伴康	伴康
兰刘	兰刘、罗堂、兰麦、扶提东
美夏	美夏
博纵	博纵

2010年临高县国有加来农场行政区划表

表1-1-12

区、镇	村（居）委会	所辖自然村（街道）	备注
加来镇政府	加来居委	前进路、园丁路、中远路、镇东路、新市路、沿河路、科技路、祥兴路	
	美龙	美塘、广大、谭芬、龙坤加来四队	
	贤龙	贤朗、龙灵、美巢、美汉、16街坊、宝来路、机场路	
	向前	1小队、2小队、3小队、4小队、5小队、镇规划新区	
兰联作业区（一区）		1生产队、2生产队、3生产队、4生产队、5生产队、6生产队、7生产队、8生产队、9生产队、10生产队、12生产队、古里热作队、敦隆热作队	2009年4月划归海胶红华分公司管辖
沧浪作业区（二区）		沧浪、美良、大兴、兰炉	
美积作业区（三区）		美积、群令、美贤、敦木、太山、正大、雅正、马木、马林、床群、才头、文浪、敦香上、敦香中、敦香下	
和浪作业区（四区）		和浪、兰兴、美央、龙波、好龙	
平乐作业区（五区）		平乐、敦香、南斗、兰权	
山凤作业区（六区）		山凤、兰扶、多毛、和东、敦厚、罗岩、头老、武新	
古里作业区（七区）		古里、白石、锦模、墨荣、武贯、镜面	
兰奇作业区（八区）		兰奇、文四、金殿、礼伦、龙江、美山、龙盛、美景、太才、加才、兰栋、兰刘、仙还	
大尧作业区（九区）		大尧、兰栋、知县、美舟、敦隆、武轩	

2010 年临高县国有红华农场行政区划表

表 1-1-13

分场名称	生产片名称	生产队（自然村）名称
红专分场	红海片	红专一队、二队、三队、四队、五队、六队、七队、红海二十二队、二十三队、二十四队、三盈、美略
	红湖片	拔吉、雅训、太利、礼训、东斗、仁杨、群谷、博成、红湖橡胶队
	透滩片	透滩、透滩橡胶队
	抱堂片	抱堂、博豪、罗尧、抱堂橡胶队
	抱桂片	抱桂、马路、抱东、抱西、抱珍、抱联、抱桂橡胶队
红华分场	红岩片	红华六队、七队、八队、科研所、多文、和亨、美珠、多助、新兴、红岩橡胶队
	进贤片	进贤、洋正、进贤企业队
红旗分场	红岛片	九队、十队、三十队、二十五队、造田队、红旗新点、红岛十一队、十二队、二十九队
红旗分场	好林片	好林、文龙、大田、武老、群贯、好林企业队
	龙潭片	龙潭上、龙潭下、龙妙、罗伦、光郎、吾龙、群南、南教、龙潭企业队
	敦灵片	敦灵、富斗、田茂、南白
红星分场	兰脉片	红星十三队、十四队、十五队、十六队、十七队、三十一队、二十七队、红峰队、兰新队、兰脉、南兴、兰林、群南、四门
红侨分场	多招片	红侨十八队、十九队、二十队、二十一队、三十二队、多招、郎英、文瑞、道西、道塝、多招企业队

第二章　乡　镇

第一节　临　城　镇

一、位置与政区

临城镇是中共临高县委员会、临高县人民政府驻地，临高政治、经济、文化的中心。临城镇位于临高县中北部，北濒北部湾，南至加来农场，东接博厚镇，西邻波莲镇，总面积为164.4平方千米。海岸线长10千米。文澜江贯穿临城镇南北，地处平原，盛产水稻、番薯、糖蔗、瓜菜等农产品，是临高县的重要粮食基地。镇政府驻临城，是临高县政治、经济、文化中心。

全镇海拔低于200米，其中位于海拔50米以下的区域占全镇土地总面积的66.37%。地貌类型主要有平原、台地、河流低阶地和海积砂堤，其中平原面积占33.61%，台地面积占57.99%。全镇地势起伏和缓，97.27%的土地位于0～5度的坡度区。土壤类型主要有暗红湿润铁铝土、简育湿润铁铝土、铁渗水耕人为土、淡色潮湿雏形土、潮湿砂质新成土和简育水耕人为土，其中，暗红湿润铁铝土占全镇土地总面积的59.86%，其次是铁渗水耕人为土，为27.09%。境内有临高文庙、临高角、高山岭、百仞滩等旅游景点；拥有东红和吾尔2个小（1）型水库，和文、头星、和兴3个小（2）型水库，常年蓄水量300万立方米。

1986年，全镇辖兰河、城内、跃进、胜利、东风5个居（村）委会，总户数4460户，总人口22659人。1993年1月，原文澜江乡的大波、美当、学田、多莲、兰秦、楼台、金龙、龙贯、南江、发豪、仙还、官花等12个管理区56个自然村并入临城镇，全镇总户数11026户，总人口50182人，其中城镇人口22794人，农业人口27388人。1996年，临城镇成立临山居委会。2002年10月，原美台乡管辖的文新、禄道、兰罗、群玉、吾鲁、罗万、调俗、杨梅、头星、抱瑞、美台、美梅12个村（居）委会，博厚镇的德老、文书、龙跃、洋甘、西田5个村委会，东英乡的昌拱、奇地、文潭、邦浪4个村委会并入临城镇。2005年，全镇总人口107744人，其中城镇人口41727人，农村人口66017人。2010年，临城镇管辖6个居委会，33个村委会，167个自然村。全镇总人口127831人，其中农业人口77254人，城镇人口50577人，有60个中共党支部，党员1470人，在职干部职工

186人。

二、经济发展

1986年，全镇地区生产总值为2081万元，农民人均纯收入353元。1994年，全镇地区生产总值4460万元，农业总产值1891万元，乡镇企业总产值3750万元，工业总产值505万元；农民人均纯收入757元。2003年，全镇地区生产总值7691.8万元，其中农业总产值1168.20万元，农村工业总产值1591.20万元，第三产业总产值4932.40万元；农民人均纯收入1745元。2005年，全年地区生产总值9142万元，其中农业总产值1520万元，农村工业总产值1350万元，第三产业总产值6272万元；农民人均纯收入2018元。2010年，全镇地区生产总值15.99亿元，农民人均纯收入5030元，城镇居民可支配收入14821元，财政预算总收入1884.20万元。

（一）农业

1986年，临城镇有粮食种植面积4478公顷，产量12369吨。1989年，临城镇有耕地面积49.79公顷，其中旱地2.73公顷，水田47.06公顷；粮食种植面积114.9公顷，总产量470吨。1993年文澜江乡并入临城镇后，全镇有耕地面积1208.4公顷，其中旱地771.3公顷，水田819公顷；全年粮食种植面积1516.93公顷，产量6632吨。1994年，开展科技推广普及工作，实施种养结合的立体经营和庭院种养立体经营，其中农田养殖经营创庭院放养产值1万元。2007年开始大力发展糖蔗产业，年内甘蔗种植面积达2326.66公顷，其中下水田780公顷。2008年，榨季甘蔗产量10万吨，蔗糖产业成为临城镇经济发展的新亮点，形成官让洋、调俗洋、星浪洋三大糖蔗种植基地，培育出文书、龙跃、邦浪等糖蔗种植专业村。2009年，扩大水稻制种规模，采取“公司+农民”的生产经营模式，水稻制种面积达333.3公顷。甘蔗种植面积1240公顷，产量9.6万吨；香蕉种植面积473.3公顷。全镇形成四大瓜菜生产基地，即城东洋尖椒、南瓜生产基地200公顷，调俗洋罗万村南瓜生产基地133.3公顷，抱沙洋头南村尖椒生产基地133.3公顷，头板村葱基地33.3公顷。全镇有37个自然村一年四季种植瓜菜，107个自然村种植反季节冬季瓜菜。瓜菜总面积达2133公顷，产量235万吨，总产值3785万元。全镇生猪出栏量12.15万头，三鸟出栏量119.09万只，肉类总量5130吨，水产品总量4030吨。2010年，全镇有耕地面积4481公顷，其中水田1944公顷，旱田422公顷，旱地2115公顷；粮食种植面积5163.46公顷，总产量21366吨；水稻播种面积3482.6公顷，产量15861吨；番薯种植面积1657.53公顷，产量5422吨；甘蔗种植面积1347.86公顷，产量90362吨；香蕉种植面积354公顷。“一村一品”特色产业逐步形成，实现“头板葱”“头南尖椒”“罗万南瓜”“多逢苦瓜”“文新白菜”“金龙萝卜”“和兴酸菜”“上舍萝卜干”等品牌。畜牧业以养殖为主，形成三大片养殖布局：昌拱、文潭、洋甘等沿海村庄圈养沙地鸡，文澜江沿岸村庄养殖鸭鹅，美台地区养猪和养牛；重点打造临高乳猪，鼓励农民家家户户养殖能繁母猪。全年生猪出栏量2.44万头，鸡、鸭、鹅出栏量97.50万只。渔业盛产墨鱼、鱿鱼、螃蟹等水产品，年总产量4300吨。

（二）林业

1993年，原文澜江乡并入临城镇后，全镇有林地面积403.33公顷。2003年，全镇有林地面积5666.67公顷。2010年，全镇林地面积5687.2公顷。同年投入林改工作经费45万元，完成外业测量、内业制图工作，111个村民小组全部通过资料录入并打证完毕，完成集体林权制度改革的目标。

（三）建筑 服务业

2006年开始，临城镇有效整合农村劳动力，调整产业结构，积极引导失地农民、城中村农民、城镇周边农民向建筑业、服务业发展。至2009年，全镇有农村建筑队123支，从业人员600人，建筑劳务总价值3358万元，涌现出多莲、金龙、发豪等建筑专业村，成为农村经济增长、农民增收的一个新亮点。2010年，全镇有农村建筑队123支，从业人员2500人，建筑劳务总产值6000万元。全镇商业、餐饮业、服务业、交通业、美容业等第三产业总产值8218万元。出外打工成为临城镇农民增收的重要途径之一，全镇输送农民到广州、深圳、海口等经济发达地区打工达7000多人，创年产值近1.5亿元。

三、社会事业

（一）教育 文化

1986年，全镇有小学2所，教职员工130人，在校生3350人。1994年，镇政府投入1万元兴建临城镇第五小学。2001年，集资70万元整修校舍，全镇各中小学的校容校貌有较大改观。2003年，全镇有3所中心校，1所中学，教职员工467人，在校生9377人。2006年，创建文澜江中心小学校。2007年9月，临城镇第五小学更名为临城镇中心学校。2009年，镇投入20万元美化绿化文澜江中心校，教学硬件得到优化。2010年，全镇有中学1所，教职员工47人，在校学生716人；中心校3所，教职员工423人，在校生6554人。

1986年，临城镇有文化站1个，配制管理人员1人。1993年，文澜江乡和临城镇文化站合并，配制管理人员2人。2002年，原美台乡和临城镇文化站合并，配制管理人员3人。2010年，全镇有文化站1个，村文化活动室13个，农家书屋10个，藏书2万册。

（二）医疗 计生

1986年，全镇有卫生院1所，医务人员18人，门诊服务点2个。1994年，有卫生院2所，医务人员62人，门诊服务点8个。2003年，有卫生院3所，门诊服务点10个，医务人员111人。2010年，有临城、文澜江、美台3所卫生院，门诊服务点10个，医务人员113人。全镇城镇居民医疗保险资金入库52万元，参保5773人，新型农村合作医疗参合金额191.65万元，参合63883人，发放城乡居民医疗救助金29.23万元。

1994年，全镇完成县下达的计划生育任务，人口出生率控制在国家制定的指标内。2003年，全镇落实各种节育措施1448例，征收社会抚养费47.21万元。2005年，实行计划生育分片包干工作制度，投入计划生育经费44.60万元，落实各种节育措施427例。2010年，全镇落实各种节育措施1033例。

（三）社会保障

1986年，全镇通信主要靠广播来传播信息。2003年，全镇有27个村（居）委会116个自然村通广播。个别居民农户的家庭有了有线电视，并安装上固定电话。2010年，全镇村村建起调频广播室，有线电视节目覆盖率达87%；实现电话“村村通”，固定电话总装机达到20148部，实现移动电话全覆盖。

1986年，临城镇通过多渠道筹集资金，做好五保户和困难户的帮扶救济工作。1994年，临城镇筹集资金11.80万元、粮食5吨支援灾区；同时确保五保户、困难户等对象资金发放到户。2003年，加强社会保障工作，做好五保户、军烈属优抚等低收入者的基本生活保障。2009年，做好农村低保工作，协助县征地组做好失地农民的生活保障。全镇低保人数3416人，五保户945人，共发放资金620万元、大米75吨、衣物1500件。投入80万元扩建临城镇敬老院规模，占地达0.67公顷，有床位40张。2010年，全镇有1420户享受最低生活保障，五保户926户。发放抚养金74.05万元，社会困难救助金14.14万元，新型农村养老保险参保人数达28045人，入保总资金270.16万元。

四、基础设施建设

（一）道路建设

1993年以前，临城城区基本没有硬化道路，大多是泥沙路，特别是在农村，道路几乎全部都是泥土路，群众出行十分不便。1994年，镇投入资金1300万元用于城内街道改造和江北护堤建筑工程。2009年，县政府扩大临城城区、“两桥四路三小区”（文澜江三号桥和四号桥，二环东路、礼贯路、江北东路和市政大道，礼贯小区、教育小区和医务小区）、江北东路商住街区和城市广场建设，镇政府成立8个工作组，全面支持、服务、推动县重点工程建设，完成市政大道、金澜大道、礼贯南北路、临昌路等重点项目的土地征用、坟墓搬迁和“三通一平”（水通、电通、路通和场地平整）等工作，完成征地165.2公顷，搬迁坟墓1360个。2010年，投入400万元资金进行南江、多莲等18个被征地村庄道路硬化建设76千米，争取上级资金改造老城区街道11条6.5千米，争取交通部门资金，完成村级公路硬化 34 千米，村级主干道维修 31 千米，实现全镇村村通公路，群众出行得到较大的改善。

（二）农田水利建设

1986—1993 年，农田水利建设项目主要是土方工程，只有零星地段水利进行防渗。水利维修时都是用土方进行填补整平。1994 年，投入农田水利基本建设资金 13 万元，完成城东洋的灌渠硬化，以加快灌水速度，节约水源，提高农业效益。2005 年后，镇政府加快农田水利设施建设步伐。至 2010 年，全镇投入 675 万元全面维修各种大小渠道、水库防洪工程；投入 25 万元，完善甘蔗下水田配套设施；投入 50 万元，全面维修城东洋大小水利渠道，解决 166.67 公顷农用水问题；投入 320 万元整治抱沙洋田；投入 300 万元维修文书村委会至德老村委会的水利灌水渠，农业生产条件得到改善。

（三）文明生态村建设

2005 年，临城镇开始创建文明生态村，扎实推进新农村建设，整治农村卫生环境，引导群众净化、美化自己的家园。2009 年，投入资金 13 万元，硬化道路 25 千米，建设沼气 20 个，完善昆逢村饮水配套工程，解决昆逢、茶保村 90 户村民饮水安全问题。至 2010 年，建农村沼气池 380 个，改水改厕 780 个，建垃圾池 102 个，在城乡区域兴建农村垃圾屋 7 个。兰河等城中村施行门前“三包”（包环境卫生、包公共秩序、包绿化美化）卫生制度，南江、龙贯、临山等村实现袋装垃圾清运。先后建成文明生态村 9 个。

附 1：原文澜江乡简况

1986 年，文澜江乡管辖大波、美当、学田、多莲、兰秦、楼台、金龙、龙贯、南江、发豪、仙还、官花等 12 个村委会、56 个自然村，全乡总户数 3643 户，总人口 1.63 万人。有耕地面积 1082 公顷，粮食播种总面积 1706.47 公顷，粮食总产量 5167.2 吨，农业总产值 529.66 万元。1988 年，全乡总户数为 4224 户，总人口 16937 万人。有耕地面积 1079 公顷，粮食播种总面积 1675 公顷，粮食总产量 4970.96 吨，农业总产值 940.12 万元。1990 年，全乡总户数 4335 户，总人口 16755 人，农村劳动力 7228 人。1992 年，全乡总户数 4453 户，总人口 17606 人，农村劳动力 8608 人。有耕地面积 1474.3 公顷，其中旱地 714.3 公顷，水田 760 公顷。粮食播种总面积 1926.8 公顷，粮食总产量 7581 吨。社会生产总值 2474 万元。

1993 年 1 月，文澜江乡并入临城镇。

附 2：原美台乡简况

1986 年，美台乡管辖美台、头星、美梅、杨梅、调俗、罗万、吾鲁、群玉、兰罗、抱瑞、文新、禄道 12 个村委会、56 个自然村，总户数 4334 户，总人口 18820 人。粮食播种总面积 2652.4 公顷，粮食总产量 6713.95 吨，农业总产值 838.47 万元。1990 年，全乡总户数 4868 户，总人口 19377 人，其中城镇人口 1309 人，农村人口 18068 人，农村劳动力 8402 人。有耕地面积 2825.53 公顷，其中旱地 1339.8 公顷，水田 1485.73 公顷。粮食播种总面积 2694.6 公顷，粮食总产量 9222 吨。社会生产总值 2282 万元。1995 年，总户数 4863 户，总人口 20180 人，其中城镇人口 1021 人，农村人口 19159 人，农村劳动力 10482 人。有耕地面积 2689.06 公顷，其中旱地 1191.53 公顷，水田面积 1497.53 公顷。粮食播种总面积 3066 公顷，粮食总产量 13362 吨。社会生产总值 7769 万元。2000 年，全乡总户数 4661 户，总人口 20781 人。粮食播种总面积 2916 公顷，粮食总产量 13477 吨，农业总产值 8701 万元。

2002 年 10 月，美台乡管辖的美台、头星、美梅、杨梅、调俗、罗万、吾鲁、群玉、兰罗、抱瑞、文新、禄道等 12 个村（居）委会并入临城镇。

第二节 博 厚 镇

一、位置与政区

博厚镇位于临高县东北部，东邻澄迈县和皇桐镇，南接多文镇，西接临城镇，北临琼州海峡。陆地总面积为 174.4 平方千米，海岸线长 31 千米，是全县土地面积较大和海岸线较长的镇。辖区内有金牌港经济开发区和马袅湾、龙波湾。博厚墟是镇政府驻地，距县城 7 千米。西线高速公路从东西方向穿过，城镇水陆交通发达。

全镇地势十分平缓，94.42%的土地位于 0～5 度的坡度区；镇域地势低平，海拔低于 200 米，其中位于海拔 50 米以下的区域占 79.62%。镇域的地貌类型主要有冲积平原、侵蚀剥蚀低丘、熔岩台地、河流低阶地和海积砂堤，其中平原面积约占 8.56%，台地面积占 75.92%。镇域范围内的土壤类型主要有暗红湿润铁铝土、简育湿润铁铝土和铁渗水耕人为土，其中，暗红湿润铁铝土约占全镇土地总面积的 77.71%。境内有澶龙河、和天河、美隆河、马袅河、洋龙河等河流。尧龙东干渠横灌南北，松涛渠道凤蛟支渠、送支支渠纵灌东西。凤蛟分渠倒虹吸管道 10 千米直灌五尧。有澶泥、武新、和皇、罗堂、龙灵、敦顶、六包、美隆 8 个小型水库，水库常年蓄水量为 1500 万立方米，灌溉面积为 1133 公顷。

境内有林道玖故居、罗公著牌坊、三省“寿门”坊、五尧窑址遗址等旅游资源。

1986年，博厚区公所辖文书、得禄、头稍、博厚、德老、龙乾、博北、加禄、红牌、洋甘、泗洲、和丰、武新12个小乡、1个居委会和1个镇办林场；总人口27500人，其中城镇人口2251人，农村人口25249人；有28个中共党支部，党员430人；在职干部职工64人。1987年3月撤销区公所，重设乡、镇，博厚区公所改为博厚镇。1998年，全镇总户数7495户，总人口31670人，其中城镇人口1879人，农村人口29791人。2002年，原马袅乡管辖的昌富、新贤、道灶、大雅、乐豪、洋大6个村民委员会，1个居民委员会并入博厚镇，总人口增到3.30万人。2005年，全镇总人口35449人，其中城镇人口2598人，农村人口32851人。2010年，全镇辖抱珍、龙干、博北、美所、南贤、博西、博厚、头国、头稍、得禄、五尧、武新、和丰、红牌、加禄、马袅、昌富、新贤、道灶、大雅、乐豪、洋大22个村（居）委会、1个林场、113个自然村、146个村民小组；全镇总人口41606人，其中非农业人口3618人，农业人口37988人；全镇有31个中共党支部，党员988人；在职干部职工为95人。

二、经济发展

1986年，博厚区的国民生产总值为1000万元，农民人均纯收入786元。1989年，全镇有企业90个。2005年，海南雅新花卉有限公司进驻。2007年，海南何佳泰公司、海南养猪场进驻。2008年，海南威隆造船厂进驻金牌港经济开发区。2010年，詹尼游艇造船厂、太阳能20瓦兆发电厂、海南思远饲料厂、海南新棕榈公司进驻，年内，全镇国民生产总值61201万元，农民人均纯收入3186元，财政总收入973.08万元。

（一）农业

1986年，博厚区有耕地面积3060公顷，其中水田面积1275公顷，旱田面积257公顷，旱地面积1528公顷。农业生产主要是种植水稻、番薯、甘蔗等，品种单一，产值较低。1989年，全镇粮食种植面积5251.26公顷，总产量17770吨，其中水稻播种面积3785.06公顷，总产量13525吨；番薯面积1268.2公顷，产量1908吨；甘蔗种植面积198公顷，产量2337吨。农业总产值2699万元。

1992年，镇政府充分发挥资源优势，调整产业结构，打造特色产业，优先发展水稻制种。1994年，在龙干村试点种植圣女果。1997年，在抱珍等村种植橡胶。1998年，全镇粮食种植面积5148.06公顷，总产量23359吨，其中水稻播种面积3747.8公顷，总产量17519吨；番薯面积1370.13公顷，产量5821吨；甘蔗种植面积816.73公顷，产量30090吨。农业总产值8992万元。

2001年，发展甘蔗下水田。2004年，冬季瓜菜种植面积达1133.3公顷，66.6公顷以上规模的瓜菜种植基地5个，杂交水稻制种面积168公顷，甘蔗生产8万吨，热带经济作物种植面积200公顷，农业总产值8300万元。2009年，全镇大力发展冬季瓜菜生产，种植椒类234.6公顷、圣女果20公顷、南瓜196公顷、西瓜120公顷，其他瓜类224公顷。2010年，水稻播种面积2879.4公顷，总产量14953吨；番薯种植1011.46公顷，总产量4428吨；甘蔗种植2422.13公顷，总产量210725吨；橡胶种植面积340公顷，年产值400万元；瓜菜种植面积1321公顷，年产值1200万元；农业生产总值22403万元，农民人均纯收入3186元，城镇居民收入3500元。

（二）林业

1986年，博厚区办林场有职工150人，年产值8万元；林业生产以海防林为主，共造海防林620公顷。1997年，全镇种植橡胶林666.67公顷。1999年，响应省政府号召种植纸浆林800公顷。2005年，全镇有林地面积4345.78公顷，占全镇土地总面积的21.5%。2010年，完成集体林权制度改革，林改总面积为4289.46公顷，其中公益林391.69公顷，商品林3897.77公顷。同年，镇办林场有职工130人，年产值57万元。

（三）养殖业

1986年，畜牧业以散户牲畜养殖为主，年产值不足500万元。1989年，生猪年存栏7441头，出栏5964头；山羊年存栏2384只，出栏622只；牛年存栏8589头，出栏464头。三鸟饲养量12.26万只，禽肉产量126吨，蛋品产量35吨。全年畜牧业产值842万元。1995年，生猪年存栏13992头，出栏12914头；山羊年存栏3923只，出栏2578只；牛年存栏10492头，出栏801头。三鸟饲养量43万只，禽肉产量470吨。全年畜牧业产值2493万元。2000年，生猪年存栏14969头，出栏9814头；山羊年存栏2892只，出栏1207只；牛年存栏11795头，出栏920头。三鸟饲养量38.74万只，禽肉产量244吨，蛋品产量46吨。全年畜牧业产值万1574元。2009年，全镇生猪出栏量6800头，乳猪出栏量2.21万头，禽类出栏量9.2万只。至2010年，博厚镇专业养猪场发展到10家，年产生猪2万头，乳猪6万头；养禽厂发展到5家，年产禽类12万只。牲畜养殖年均总产值达4000万元。

1990年，全镇淡水养殖42公顷，产量13吨。1996年，海水养殖产值800万元。2000年，淡水养殖194公顷，产量560吨。2007年，在金牌港发展深水网箱1000口，依托公司带动，年产值达1亿元。2010年，海水养殖年产值达到2亿元。

三、社会事业

（一）教育　文化

1986年，全区有幼儿园1所，在园幼儿85人；有中学1所，小学20所，教师246

人，在校学生2912人，其中小学在校生1658人，初中在校生1254人。1993年9月，马袅中心小学和马袅中学合并称马袅学校。2002年，马袅乡并入博厚镇，全镇有22所小学，2所中学，小学在校生1958人，中学在校生1515人，教师335人。2007年，博厚中心小学升格为博厚中心学校。2010年，全镇有小学13所，中学2所，小学在校生3743人，中学在校生1845人。

1986年，设文化站、广播站各1个，管理人员3人；木偶剧团2个，演员40人；有村级文化活动中心2处，各类图书室3个，藏书3500册，省、县级文物保护1处。2000年，镇有电影放映队3个，工作人员9人；文化站1个，管理人员1人。2002年，开始建镇文化宣传室。至2010年，镇文化宣传室活动场地4000平方米，农村文化宣传室4个，农家书屋19个，藏书3.5万册，篮排球场7个，农村健身舞蹈队20个。

（二）医疗 计生

1986年，博厚区有1个卫生院，执业医师3人，卫生人员20人。1990年，博厚卫生院有医务人员40人，病床40张。原马袅卫生院有医务人员14人，病床20张。1995年，博厚卫生院有医务人员44人，病床32张。原马袅卫生院有医务人员20人，病床20张。2002年，原马袅乡并入博厚镇，全镇有2个卫生院，执业医师5人，护士15人。2010年，全镇有博厚、马袅卫生院2个，医疗门诊服务所22个；有床位65张，每万人拥有病床17张，固定资产总值700万元。有医疗技术人员66人，其中执业医师6人，执业助理医师7人，护士23人，完成诊疗9.3万人次。全镇有22个村委会3.41万人参加新型农村合作医疗，交纳医疗保险金68.24万元。

1986年，全区人口2.75万人，出生人数412人，出生率为15‰。1990年，全镇人口2.87万人，出生人数449人，出生率为15.6‰。2000年，全镇人口3.26万人，出生人数408人，出生率为12.5‰。2010年，全镇出生率为13.2‰，自然增长率为15‰。

四、基础设施

（一）镇墟建设

博厚墟范围面积6平方千米。1986年，区墟有一个露天农贸市场，街道都是土路，“脏、乱、差”现象严重。1999年始，政府投入500万元，建设博厚农贸市场，整治铺面摊位，大搞街道卫生，主要街道安装路灯，镇墟面貌有所改观。2009年，镇政府筹措资金59万元，改造博厚新农贸市场，修建铁皮交易大厅，方便农产品交易。

（二）交通道路

1986年，博厚境内有306省道穿过，是临高县城通往海口的主要道路，还有一条县道公路过境通往马袅乡，通往各行政村的路都是土路，群众出行不方便。2009年，完成金牌西港公路征地 4.82 公顷，金澜大道征地 9.31 公顷和改线征地 5.25 公顷。2010 年，境内交通有金澜大道、疏港大道、金龙大道、东港大道 4 条主干道，全镇 22 个村（居）委会、113 个自然村，村村通公路，全部实现硬化，群众行路难问题得到解决。

（三）邮政通信

1986 年，全区有 1 家博厚邮政所。1997 年后，电话机逐步进入普通农村家庭。2010 年，全镇有邮政代办所 2 处，邮政业务年总值 456 万元，报纸、杂志年发行 17.03 万份。有电信企业 2 家，服务网点 2 个，电话交换机总量 2 万门。固定电话用户 1400 户，移动电话 1.20 万户，互联网用户 300 户。电信业务年总值 620 万元。

附：马袅乡简况

1986 年，马袅乡辖昌富、新贤、道灶、大雅、乐豪、洋大 6 个村委会、1 个居委会，有 1781 户，总人口 8336 人。有耕地面积 1131 公顷，粮食总产量 3465 吨，农业总产值 389.84 万元。1990 年，全乡总户数 2235 户，总人口 8678 人，其中城镇人口 787 人，农村人口 7891 人；有耕地面积 1109.66 公顷，其中旱地 545.86 公顷，水田面积 563.8 公顷。粮食播种总面积 1268.06 公顷，粮食总产量 4034 吨，农业总产值 916 万元；海洋捕捞 141 吨，渔业产值 58 万元。1995 年，总户数 2390 户，总人口 9753 人，其中城镇人口 1368 人，农村人口 8385 人；有耕地面积 1023.06 公顷，其中旱地 459.2 公顷，水田面积 563.86 公顷；粮食播种总面积 1188 公顷，粮食总产量 5116 吨，农业总产值 2667 万元。海洋捕捞 267 吨，渔业产值 375 万元。2000 年，全乡有 2557 户，总人口 10279 人；有耕地面积 1069 公顷，粮食总产量 5483 吨，农业总产值 4244 万元；海洋捕捞 687 吨，渔业产值 1584 万元。

2002 年，马袅乡的 6 个村委会，1 个居委会，25 个自然村并入博厚镇。

第三节　皇桐镇

一、位置与政区

皇桐镇地处临高县东部。东面与澄迈县福山镇和红光农场交界，东南与澄迈县中兴镇接壤，西面与多文镇和红华农场相连，北面与博厚镇毗邻。镇政府驻皇桐墟，距临高县城 21 千米。西线高速公路、国道海榆西线 G225、省道临海路横穿其中，粤海铁路从皇桐镇龙波墟南部经过，交通便利。全镇南北长 21 千米，东西宽 10 千米，土地总面积为 127.62

平方千米。

全镇地势低平，海拔不足200米，位于50～100米的区域占70.67%，91.91%的土地位于0～5度的坡度区。地貌类型主要为平原和台地，其中平原面积占13.13%，台地面积占86.87%。土壤类型主要为暗红湿润铁铝土、简育湿润铁铝土、富铝湿润富铁土和淡色潮湿雏形土，其中，暗红湿润铁铝土占全镇土地总面积的73.64%。境内有古银瀑布、冼太夫人庙等旅游资源；有潭牛、和伍、文贤、楷模、美锐、都保、美万、阶上8个小（2）型水库，水库常年蓄水量为600万立方米，灌溉面积为1768.33公顷；有居仁水电站，年发电量为66350千瓦时；有大塘河、好林河、美龙河、池海河，松涛西分干渠贯穿而过。

1987年11月，撤销皇桐区公所，成立皇桐乡人民政府，管辖6个村民委员会，26个自然村，全乡总人口5400人，其中非农业人口为370人，农业人口5030人；全年生产总值600万元，农民人均纯收入653元；有中共党支部19个，党员200人；在职干部职工75人。1990年，全乡总户数2087户，总人口9334人，其中城镇人口605人，农村人口8729人。2002年，龙波镇的潭楼、龙波、头文、中林、洋黄等村委会33个自然村与皇桐乡合并，改称皇桐镇人民政府，全镇辖18个村民委员会，总人口为16558人，其中非农业人口为1098人，农业人口15460人；全年生产总值为8450万元，农民人均纯收入1833元；全镇有党支部35个，党员300人；在职干部职工65人。2010年，全镇辖居委会2个、村委会18个，有自然村66个，总人口为22381人，其中非农业人口1558人，农业人口20823人；全年生产总值为2.20亿元，农民人均纯收入3138元；全年财政预算总收入2.08亿元；全镇有中共党支部35个，党员450人。

二、经济发展

（一）农业

1986年，皇桐乡粮食播种面积1633公顷，产量4568.7吨，农业总产值338.71万元。1990年，全乡粮食播种面积1635公顷，产量5563吨，农业总产值1267万元。1999年，全乡粮食播种面积1984公顷，产量8669吨，农业总产值4899万元。2000年，镇政府转变工作思路，把调整产业结构当作加快农村经济发展的主要出路，因村制宜，合理配置，宜蔗则蔗，宜果则果，宜林则林，努力把资源优势转化为经济优势。2005年，皇桐农业以水稻、瓜菜、甘蔗、水果、橡胶等为主，以市场为导向，大力调整产业结构，农村经济发展“以稻薯持家、蔗胶助家、瓜菜起家、香蕉发家”，出现拥有“香蕉村”、良利“瓜菜村”等一批特色村庄。2009年，皇桐镇农业发展以水果、瓜菜、甘蔗、水稻、橡胶和畜牧为六大支柱产业的多种经营模式。香蕉种植面积达1333.33公顷，其他水果200公顷。香蕉种植坚持规模生产，采取“公司+农民和公司带动农户、协会管理”的生产方式，形成"头文一和正一富雄"666.67公顷香蕉产业带；"潭楼一龙波一洋黄"133.33公顷产业带和"居仁一金波一美香"200公顷产业带；甘蔗种植面积2600公顷，其中农户种植1733.33公顷，产量达13万吨，产值3250万元。瓜菜种植面积1133.33公顷，产量2万吨，产值3800万元。大量优质辣椒、冬瓜、南瓜吸引内陆商贩慕名前来进行设点收购，有效带动各项经济发展，增加农民收入，出现很多"瓜菜楼""香蕉楼"，成为远近闻名的"小轿车镇"。2010年，全镇粮食种植面积2533公顷，总产量11315吨；水稻播种面积2102.66公顷，产量9747吨；番薯种植面积412.33公顷，产量1514吨；甘蔗种植面积1384.66公顷，产量120466吨。

（二）林业

1986年，全乡林地面积为1.20万公顷。2009年，全镇林地面积1.40万公顷。2010年，皇桐镇全面实行集体林权制度改革，林改总面积为319公顷，投入林改工作经费110万元。林业以橡胶业为主。橡胶是皇桐发展速度最快的一大产业，全镇橡胶种植面积达1200公顷，开割面积666.67公顷。林业总产量为820吨，总产值为34万元。

（三）畜牧业

1986年，全区生猪出栏量1086头，禽类1.80万只。1989年，全乡生猪年存栏5441头，出栏1806头；山羊年存栏746只，出栏124只；牛年存栏3349头，出栏96头。三鸟饲养量44368只，禽肉产量61吨，蛋品产量27吨。全年畜牧业产值385万元。1995年，全乡生猪年存栏6130头，出栏2790头；山羊年存栏2079只，出栏1505只；牛年存栏5089头，出栏700头。三鸟饲养量30.5万只，禽肉产量293吨，蛋品产量8吨。全年畜牧业产值1064万元。2000年，全乡生猪年存栏4010头，出栏3965头；山羊年存栏2396只，出栏1916只；牛年存栏5442头，出栏989头。三鸟饲养量51万只，禽肉产量525吨，蛋品产量19吨。全年畜牧业产值1347万元。2002年起，镇政府做好禽类饲养业的发展布局，做到专业化禽类产品供应基地与发展农业畜禽饲养专业户、群众性饲养相结合，确立养猪业为畜禽生产主体方向，充分依托罗牛山临高猪场和福临猪场，全面发展家庭养殖业。2010年，生猪出栏量3.60万头，乳猪9.8万头，禽类34.7万只，畜牧业总产值7000万元。

三、社会事业

（一）教育　文化

1986年，全区有1所初级中学，皇桐中心、金波、武维3所完全小学，美香、古风、富雄、美本4个教学点。2002年，龙波镇和皇桐乡合并，全镇有初级中学2所，完全小学4所，教学点5个。2010年，全镇有皇桐、龙波2所初级中学，皇桐中心、龙波中心、金波、武维、中林5所完全小学，美香、古风、富雄、美本、潭楼、洋黄6个教学点。

1986年，有区文化站2个。2002年，全镇有镇文化站1个，文化室1处，各类图书室18间，藏书（含音像制品）1万册。2010年，全镇有镇文化站1个，文化室1处，各类图书室18间，藏书（含音像制品）3.60万册。

（二）医疗 计生

1986年，有卫生院2所，卫生室10间，床位17张，医务专业人员5人。2002年，有卫生院2所，卫生室15间，床位25张，医务专业人员10人。2009年，全镇有1.84万人参加新型农村合作医疗保险，参合率98%；有387人参加城镇医疗保险，参合率41%。2010年，有卫生院2所，卫生室8间，床位10张，固定资产61万元。有医务技术卫生人员24人，其中助理医师5人，护士10人。

1986年，全区人口出生率为15.9‰，计划生育率为20%。2002年，全镇人口18090人，出生率12.4‰，计划生育率为53%。2010年，皇桐镇计生工作荣获县一等奖。

（三）社会保障

1997年，皇桐乡开始实施城镇最低生活保障制度。1998年，全乡开始实施农村最低生活保障制度。2002年，全镇城镇最低生活保障户数为20户35人，救助10240元。农村最低生活保障户数为420户1530人，救助89.80万元。2010年，全镇城镇最低生活保障户数为11户28人，救助6110元，月人均220元；医疗救助101人次，民政部门资助参加合作医疗101人。全镇农村最低生活保障户数为398户1190人，支出103.20万元，月人均110元。国家抚恤、补助各类优抚对象117人；有敬老院1个，床位38张，收养农村五保人员14人。新建农村住房121户，223间，7322平方米，农村人均住房面积15.6平方米。

四、基础设施

（一）墟镇建设

1986年，皇桐墟路面以沙土为主，雨天道路泥泞，排水不畅，晴天尘土飞扬。2002年，开始对镇内路面的硬化和排水设施的建设。2005年、2006年，皇桐镇连续两年被县评为“小城镇建设先进单位”。2008年10月，镇投资20万元，重点整治皇桐墟的排水沟，并硬化公路两边人行道，在镇院内建设一个休闲场地。2010年，皇桐镇完成市政总体规划编制。并加大投入力度，对镇容镇貌进行整治，搞“绿化、亮化、硬化”，绿化面积达到80%，亮化灯具32个，硬化街道421米，改变以往“脏、乱、差”的面貌。

（二）交通道路

1986年，全区共有6个管理区，农村公路以土路为主，硬化程度低。1997年，开始硬化农村公路。2002年，全镇农村公路硬化10条。2010年，镇政府争取到国家“通达工程”和“畅通工程”的专项资金，对6条长26千米的乡村公路进行专项改造。皇桐至美香、皇桐至龙波路口、龙波墟至中林、龙波墟至群城的“畅通工程”完成水泥硬化。全镇18个（居）村委会，66个自然村，村村通公路，群众出行方便。

（三）邮政通信和广播电视

1986年，区政府有1部电话、4台黑白电视机、1个广播站。1994年，开通程控电话。1995年，开通有线电视。1996年，开通移动电话。2002年，全镇各项邮政通信和广播电视设施基本完善，逐渐走上通信化时代。2010年，全镇有线电视覆盖率达80%，村村建起调频广播室，移动电话8020部，移动电话覆盖面98%。

附：龙波镇简况

龙波镇位于临高县东部，驻地龙波墟，距县城26.5千米。1987年3月，龙波区公所改称龙波镇人民政府，辖龙波、潭楼、和正、洋黄、头文、中林、群城7个村委会，33个自然村，有1725户，总人口7936人。有耕地面积1677公顷，粮食总产量3610.9吨，农业总产值457.28万元。1990年，全镇总户数1911户，总人口8165人，其中城镇人口602人，农村人口7563人。有耕地面积1685.06公顷，其中旱地1085.93公顷，水田面积599.13公顷。粮食播种总面积1360.86公顷，粮食总产量3752吨。社会生产总值1100万元。1995年，总户数1859户，总人口8347人，其中城镇人口624人，农村人口7723人。有耕地面积1646.6公顷，其中旱地536.93公顷，水田面积605.53公顷，其他耕地504.14公顷。粮食播种总面积1454公顷，粮食总产量4843吨。社会生产总值3705万元。2000年，全镇有1911户，总人口8640人。有耕地面积1460公顷，粮食总产量5634吨，农业总产值4222万元。龙波镇筹资40万元实施860米长的镇中大道沥青化；投资3万元对墟镇建设进行规划；引进40万元资金改造食品站，修建14间平房；引进80万元资金，改造市场硬化市场地板，兴建市场门牌和商品平楼32间。2001年，全镇引进“16号新台糖”蔗苗783吨，“22号新台糖”蔗苗274吨，新种甘蔗面积201.33公顷。

2002年，龙波镇的龙波、潭楼、和正、洋黄、头文、中林、群城7个村委会与皇桐乡合并，改称皇桐镇。

第四节　多文镇

一、位置与政区

多文镇位于临高县东南部。东邻皇桐镇，南与红华农场、加来镇、和舍镇接壤，西接临城镇，北接博厚镇，距临高县城 22 千米，距省会海口市 88 千米。海榆西线贯穿而过，交通中转衔接作用突出。全镇土地面积 235.14 平方千米。

全镇地势低平，位于海拔 50～100 米的区域占 68.50%，100～200 米的区域占 30.56%，92.32%的土地位于 0～5 度的坡度区。地貌类型主要有平原、台地和丘陵，其中平原面积占全镇土地总面积的 22.26%，台地面积占 77.68%。土壤类型主要为富铝湿润富铁土、强育湿润富铁土、暗红湿润铁铝土、淡色潮湿雏形土和黏化湿润富铁土，其中，暗红湿润铁铝土占全区土地总面积的 43.32%，其次是富铝湿润富铁土，为 37.24%。主要经济作物有甘蔗、橡胶、香蕉、瓜菜等。主要粮食作物有水稻、红薯等。境内多文头神空心菜远近闻名，有软、嫩、脆的上佳口感和丰富的蛋白质、粗纤维、胡萝卜素及钙、铁、钾、钠、维生素 C 等营养成分，炒熟后仍保持翠绿色、入口清脆，色、香、味俱全，是海南特色名菜。

1986 年，全区总人口 10999 人，其中农业人口 9489 人，非农业人口 1510 人；全年生产总值 1644.70 万元。1987 年 3 月，多文区公所更名为多文镇，辖美巢、头神、多郎、兰合、风雅、抱利村委会和多文居委会，新兴农场。2002 年 9 月，东江乡的博郎、美文、和舍、头龙、美山、东江 6 个村委会并入多文镇，全镇共有 13 个村（居）委会和 1 个镇办的新兴农场，总人口 19669 人，其中农业人口 17534 人，非农业人口 2135 人，全年生产总值 1.06 亿元。2010 年，全镇总人口为 21803 人，其中农业人口 18626 人，非农业人口 3177 人；有中共党支部 25 个，党员 780 人。地区生产总值 2.51 亿元，农民人均纯收入 2871 元。

二、经济发展

（一）农业

1986 年，多文区农业总产值 513.4 万元。1989 年，全镇耕地面积 1459.13 公顷，其中旱地 1074.53 公顷，水田 384.6 公顷。全镇粮食种植面积 1078.26 公顷，总产量 3726 吨。水稻播种面 787.26 公顷，总产量 3472 吨；番薯面积 487.2 公顷，产量 989 吨；甘蔗种植面积 466 公顷，产量 20164 吨。1995 年，农业总产值 4085 万元。2000 年，农业总产值 5446 万元。2006 年起，多文镇通过调整农业产业结构，形成橡胶、甘蔗、冬季瓜菜、畜牧等农业产业发展格局。2009 年，水稻种植面积 1260 公顷，产量 707 万千克；种植橡胶

1540公顷，甘蔗1333.33公顷。农业生产总值1.67亿元。2010年，粮食种植面积1927.86公顷，总产量8768吨；水稻播种面积1434.66公顷，产量7101吨；番薯种植面积493.2公顷，产量1667吨；甘蔗种植面积1320.73公顷，产量96835吨；橡胶种植面积为1800公顷，冬季瓜菜种植面积为880公顷。多文青瓜种植33公顷，抱利村和头南村萝卜种植20公顷，头神村水芹6公顷，“风雅酸菜”20公顷，“头神空心菜”等形成“一村一品”的农业特色产业。

（二）畜牧业

1989年，生猪年存栏2493头，出栏1657头；山羊年存栏1189只，出栏388只；牛年存栏2815头，出栏209头。三鸟饲养量38540只，禽肉产量24吨，蛋品产量6吨。全年畜牧业产值289万元。1995年，生猪年存栏6956头，出栏2902头；山羊年存栏2616只，出栏2210只；牛年存栏4015头，出栏270头。三鸟饲养量15.8万只，禽肉产量107吨，蛋品产量48吨。全年畜牧业产值712万元。2000年，生猪年存栏48156头，出栏3810头；山羊年存栏5170只，出栏3168只；牛年存栏7029头，出栏392头。三鸟饲养量24.4万只，禽肉产量173吨，蛋品产量16吨。全年畜牧业产值1135万元。2006年，牛存栏量7922头，羊存栏量7352头。2009年，肉猪出栏量9383头，能繁母猪存栏量6971头，牛1422头，羊1142头，肉鸡出栏10.6万只，肉鸭8.6万只。2010年，全镇肉猪出栏6168头，乳猪3.5万头，三鸟出栏28.9万只，羊出栏3870只。

（三）林业

2005年，林地面积9814.94公顷，占全镇土地总面积的48.46%。2009年，开始集体林权制度改革，林地规划面积为3682.73公顷，其中商品林面积3222.67公顷；生态公益林面积175.47公顷。2010年，完成全镇林地面积为3682.73公顷、8557个小斑块的外业测量和内业制图的林改工作任务。

三、社会事业

（一）教育 文化

1986年，多文区有中小学校8所，在校学生2850人，教职员工113人。2002年8月（东江并入前），多文镇有中小学校8所，学生2180人，教职员工117人。2010年，全镇有中小学校3所，即多文中学、多文中心学校、东江学校，在校学生1568人，教职工152人。初中生入学率为99%。多文中学有教师46人，11个教学班，在校生668人，初中生入学率为99%。多文中心学校有教师95人，43个教学班，在校生12208人，小学适龄儿童入学率为100%。东江学校有教职工62人，在校生406人，其中小学247人，初中学生159人。

1986—1997年，文化建设相对滞后。1998—2002年，举办“生态杯”排球邀请赛以及“新世纪、新多文”文艺晚会等大小活动共256场，开展“安全文明小区（村）”和“无毒社区”创建活动。投入353万元加强多文居委会、多文中学、抱利村委会、兰合村委会等37个文明小区（村）的基础设施建设和文化阵地建设。2003—2010年，多文镇建起宣传文化站1个，农家书屋11间，藏书1.50万册。大力发展群众文化事业，重点打造传统特色“军坡节”“重阳登山节”等文化品牌，每年有序开展2万多人游玩观看的“军坡节”重要游演活动。同时，精心培育和发展1支镇级民间舞蹈队伍，各村（居）委会也先后成立各自的民间舞蹈分队，民间乐队、老人太极拳、中老年健身舞等活动，丰富群众的文化生活；多次组织中老年人舞蹈健身队成员参加全县“全民健身日”太极拳大展示。

（二）医疗 计生

1986年，多文区有卫生院1所，医务人员38人。2002年9月，东江乡并入多文后，全镇有多文、东江2所卫生院，医务人员有38人。2003年，抓“非典”防治工作，组织68名干部组成14个宣传队下到各个村（居）委会、中小学校宣传“非典”防治知识，出版“非典”宣传栏23期，张贴标语1300条，散发传单9800张，海报167份，悬挂横幅23条。在各村委会、街道设立18个非典咨询点，接受群众咨询2600人次，受教育群众1.90万人。2009年，全镇参加新型农村合作医疗保险1.69万人，城镇居民医疗保险1165人。2010年，在美文、抱利等村建设4个农村医疗卫生服务室。实施“亮晴工程”，180名白内障老人通过康复手术重新看到光明。组织实施“男性健康万里行”“女性健康”免费体检活动，为124名育龄妇女、102名男性进行免费健康体检。

2003年，全镇出生率为16.64‰，多胎率3.7%，计划生育率为74.5%。2007年，全镇人口出生率15‰，符合法定生育率95%，人口自然增长率8.4‰，出生婴儿性别比为105。2009年，全镇人口出生153人，出生率7.59‰，符合法定生育率96.7%，人口自然增长率6‰，出生婴儿性别比为115，成绩均列全县前茅。

（三）社会保障

2006年，多文镇成立新型农村合作医疗管理委员会和新型农村合作医疗管理工作站，全镇参合农民13820人，完成任务98.7%。农村低保对象320人，88名五保户，危房改造面积2547平方米，新建校舍面积2390平方米，共投入资金179.20万元。2009年，全镇有低保对象301户，五保户287人，发放医疗救助4.4万元，改造特困户、五保户危房22间。2010年，全镇新农合参合人员1.65万人，征缴资金49.54万元，完成工作任务95.6%。城镇医疗参合人员1175人，征缴资金5.90万元，完成工作任务91.5%。参加新型农村养老保险7056人，征缴资金80.79万元，完成工作任务90.4%。

四、基础设施

1986年，全区有土沙公路55千米。1998年，投资2500万元对多文墟进行墟镇楼房化建设，海榆西线公路两旁基本实现楼房化。2000年1月，投资12万元在永安街两旁安装路灯，筹集资金80万元修建从居委会到抱利村委会全长2千米的柏油路。2003年，从整治城市“脏、乱、差”，完善城市功能为突破口，按照彻底整治、美化城市、完善功能的工作思路，重点整治多文墟的永安街、中平街、振兴街。实行门前“三包”与垃圾袋装制度，购置1辆手扶拖拉机与6辆手推车对街道卫生进行2次/日打扫及清送垃圾。投入25万元亮化路灯，修整排水沟。投入11.7万元绿化美化镇大院，拆迁改造危房。2006年，硬化建设乡村道路38千米，基本实现道路“村村通”，农村路网初步形成。村村建起调频广播室，实现电话“村村通”，移动电话全覆盖面；改水改厕621户，修建水塔5个，解决群众饮水难问题；9个村委会基本实现办公楼房化；头神村和抱吾村已建成文明生态村。以镇墟建设为中心，加大小城镇建设力度，硬化、亮化多文墟永安街1.6千米，硬化南华街、东城街、中平街和市场道路1.3千米；投入38万元升级改造新农贸市场。2010年，海榆西线多文墟南华街、东城街、中平街、市场道路以及东江乡道等镇中心区主干道相继动工改造建设，镇中心道路网不断完善，旧农贸市场逐步搬迁与升级改造。完善镇政府后院硬化1200平方米，安装5个杆灯，绿化160平方米，建设后院围墙50米和自来水井1个。扩建永安街1600米，投入30万元，配套永安街路灯亮化建设。筹集10万元，建设多文墟中平街标志彩门1个。完成乡村道路硬化9.9千米，其中博郎村至居委会路2.2千米，抱吾村至居委会路4.5千米，头龙村至美山路2千米，头龙环村路1.2千米。头神村至抱吾村铺设沙石路1.6千米。创建文件明村7个，重点是头神村和抱利村，硬化环村道路1.3千米。

附：东江乡简况

东江乡位于临高县多文地区南部。1986年，辖东江1个居委会，罗忱、博郎、和舍、美山、美文、头龙6个村委会，总户数1406户，总人口6493人。有耕地面积1157公顷，粮食总产量2611.31吨，农业总产值390.43万元。1990年，全乡总户数1518户，总人口6584人，其中非农业人口617人，农业人口5967人。有耕地面积1162.93公顷，其中旱地477公顷，水田面积685.67公顷。粮食播种总面积962公顷，粮食总产量2651吨。社会生产总值811万元。1995年，总户数1630户，总人口6815人，其中非农业人口584人，农业人口6231人。有耕地面积1292.73公顷，其中旱地438.67公顷，水田面积854.06

公顷。粮食播种总面积1109.3公顷，粮食总产量3647吨。社会生产总值3204万元。2000年，全镇有1593户，总人口6799人。有耕地面积1165公顷，粮食总产量3712吨，农业总产值4077万元。

2002年，东江乡并入多文镇，东江居委会随之改设为东江村委会。

第五节　和舍镇

一、位置与政区

和舍镇位于临高县的最南端，东南与澄迈县接壤、西南与儋州市交界，北与多文、加来镇相邻，素有“临高南大门”“岛西金三角”之称。全镇有土地面积139.1平方千米。镇政府驻地和舍墟，距离临高县城46千米；距省会海口市115千米、儋州市那大镇21千米。镇内交通便捷，海榆西线公路（国道225）过境11千米，每日有前往省城海口班车，儋州、白沙、昌江、乐东等海南西部市县由和舍通往海口。

镇域地势相对临高县其他乡镇来说，地势有些偏高，但其海拔均在350米以下，50米以上。位于100～200米高程级的土地面积占全镇总土地面积的71.13%。地貌类型有平原、台地和丘陵，其中平原面积占39.80%，台地面积占54.95%。82.31%的土地位于0～5度的坡度区。土壤类型有富铝湿润富铁土、强育湿润富铁土、简育湿润铁铝土和黏化湿润富铁土，其中，强育湿润富铁土占全区土地总面积的65.20%。境内水利资源丰富，海南松涛水库东干渠道贯穿全境；尧龙水库储水量为6550万立方米；跃进水库储水量为5600万立方米。两座水库有鲤鱼、草鱼、鲫鱼、青鱼等多种野生鱼类和放养的鳙鱼、福寿鱼等。境内有大寒山风光、大寒山“仙人洞”探险、跃进水库垂钓、尧龙水库泛舟、龙贤村鹭鸟天堂、自行车乡村游等旅游景点和被临高县人民政府列为重点文物保护单位的海岸岭战斗烈士纪念碑。“波臧水芹”“红烧鲤鱼”“清蒸福寿鱼”“鳙鱼头煲”“和舍烤乳猪”“和舍酸腌粉”“和舍豆豉”等为和舍的特产特色，经常有客人慕名前来品尝。

1987年5月，和舍区公所改为和舍镇人民政府，管辖抱堂、新风、先光、茶胡、布佛、罗爷、铺仔、布大、群儒9个村民委员会、和舍居委会及和尧农场，96个自然村。有基层党支部21个，党员220人。1990年，总户数3576户，总人口17874人，其中非农业人口2095人，农业人口15779人。1995年，总户数3983户，总人口19237人，其中非农业人口1976人，农业人口17261人。2000年，总户数4171户，总人口20506人，其中非农业人口2166人，农业人口18340人。2002年，东江乡管辖的罗忧村委会划归和舍镇。2005年，全镇总人口22951人，其中城镇人口2343人，农村人口20608人。2010

年，全镇有 11 个村（居）委会和 1 个镇办农场，104 个自然村，有 6837 户，总人口 25509 人，其中农业人口 22165 人，非农业人口 3344 人。有中共基层支部 19 个，党员 630 人。

二、经济发展

1986 年，全区地区总产值 1319.54 万元。有乡镇企业 6 家，从业人员 540 人，企业产值 450 万元。1992 年，社会生产总值为 3600 万元，农村人均收入 1800 元。2010 年，地区总产值 1.8 亿元，固定资产投资 2863 万元，农村人均收入 3648 元。乡镇企业 12 家（其中橡胶产品加工厂 8 家），从业人员 1200 人，企业总产值 2420 万元。

（一）农业

1986 年，耕地面积 1380.73 公顷，其中水田 863.67 公顷，旱地面积 517.07 公顷。1989 年，有耕地面积 1543.73 公顷，其中旱地 540.6 公顷，水田 1003.13 公顷。全年粮食播种面积 2031.53 公顷，总产量 6283 吨。农业总产值 1916 万元。1995 年，有耕地面积 1792.06 公顷，其中旱地 738 公顷，水田 1054.06 公顷。全年粮食播种面积 2178.86 公顷，总产量 9096 吨。农业总产值 6004 万元。2000 年，有耕地面积 1529.19 公顷，其中旱地 678.73 公顷，水田 850.46 公顷。全年粮食播种面积 2212.2 公顷，总产量 9150 吨。农业总产值 7332 万元。2009 年，全镇粮食种植面积 1340 公顷，产量 6767 吨；瓜菜种植面积 833.33 公顷，产量 1.49 万吨。2010 年，大力发展瓜菜、南药、养殖等优势产业，粮食种植面积 1573.26 公顷，总产量 7324 吨，其中水稻播种面积 1341.26 公顷，产量 6764 吨；番薯种植面积 232 公顷，产量 560 吨。种植甘蔗面积 196.66 公顷，产量 15638 吨；种植瓜菜面积达 413.33 公顷，产值 1860 万元；种植南药 53.33 公顷，产值 360 万元。

（二）养殖业

1986 年，生猪存栏量 17020 头。1989 年，生猪年存栏 16498 头，出栏 3860 头；山羊年存栏 565 只，出栏 112 只；牛年存栏 6372 头，出栏 338 头。三鸟饲养量 17.62 万只，禽肉产量 115 吨，蛋品产量 64 吨。全年畜牧业产值 855 万元。1995 年，生猪年存栏 3.4 万头，出栏 7000 头；山羊年存栏 1820 只，出栏 1500 只；牛年存栏 8770 头，出栏 1310 头。三鸟饲养量 29.5 万只，禽肉产量 240 吨，蛋品产量 27 吨。全年畜牧业产值 1726 万元。2000 年，生猪年存栏 3.9 万头，出栏 10026 头；山羊年存栏 955 只，出栏 2900 只；牛年存栏 6580 头，出栏 320 头。三鸟饲养量 44.7 万只，禽肉产量 594 吨，蛋品产量 60 吨。全年畜牧业产值 2279 万元。2010 年，全镇生猪出栏量 1.35 万头，能繁母猪存栏量 9617 头，乳猪存栏量 12.70 万头，肉鸡出栏量 17.65 万只，肉鸭出栏量 12 万只，牛出栏量 860 头，羊出栏量 2637 头。

1986 年，淡水养殖面积 20 公顷。1989 年，淡水养殖面积 20 公顷，产量 9 吨。2000

年，淡水养殖面积560公顷，产量960吨。2010年，淡水养殖，尧龙水库5010网箱，跃进水库6700网箱，总产值3600万元。

（三）橡胶产业

1986年，橡胶种植面积764公顷。1989年，橡胶种植面积1027.53公顷，开割面积291.33公顷，干胶产量226.1吨。1995年，橡胶种植面积954.53公顷，开割面积710.26公顷，干胶产量470吨。2000年，橡胶种植面积968.46公顷，开割面积771.33公顷，干胶产量740吨。2009年，橡胶种植面积2440公顷，已开割面积2060公顷，年产干胶2314吨。2010年，以橡胶生产为龙头，做大做强橡胶产业，实行综合开发，打造“临高橡胶第一大镇”品牌，全年种植橡胶面积2654公顷，开割2466.67公顷，产干胶2590吨，产值5600万元；抓好招商引资工作，促进橡胶加工业的发展。镇政府引进项目资金7199万元，其中沪巨联橡胶加工厂1700万元、茶胡橡胶加工厂300万元，扩大橡胶加工规模，提高企业效益。

三、社会事业

（一）教育 文化

1986年，全区有中学1所、小学10所。和舍中学位于抱堂村委会美胡村，有初中3个年级8个班。1987年，和舍镇自筹资金，同时发动社会各界、旅美华侨赖中祥和赖武祥捐款修建和舍中学教学大楼。同年8月，和舍中学搬迁至和舍墟和南街，占地面积3.8公顷，建筑面积4500平方米，是一所全日制初级中学。2007年，临高县进行学校布局调整，和舍小学校更名为和舍镇中心学校，管辖区内有公办小学12所，民办小学1所，幼儿园8所。2010年，和舍中学有初中3个年级16个班，学生1080人，教职员工68人，其中本科学历41人，专科学历21人，中学高级教师6人。和舍中心学校位于和舍墟中心地段，占地面积4.9公顷，建筑面积3825平方米，中心学校在校生938人，教职工40人，其中小学高级教师15人。全镇小学在校学生1950人，教职工137人，其中本科学历8人，专科学历67人，中师学历62人，小学高级教师44人。

1986年8月，和舍文化站成立。为满足群众文化生活，文化站每年举办各种文化、体育活动。2006年，改造旧戏场，建成文化广场。2008年，在文化广场内建成宣传文化站大楼，建筑面积300平方米，内设全国信息共享室、农家书屋等多功能综合文化站；2010年，全镇建成3个村级文化室，8个农家书屋，成立11个健身舞蹈队，举行文艺会演6场，观众达3万人次。全镇建有4个标准篮排球场，配置全民健身器材2套24件。

（二）医疗 计生

1986年，和舍区有1所卫生院，3个村级医疗点，医务人员26人。2009年，投入72

万元新建农村卫生室 6 个。2010 年，和舍镇有 1 所卫生院，10 个村级医疗点，医务人员 46 人。城镇居民医疗保险参保人数为 1188 人，参保率为 99%；新型农村合作医疗参合人数 19985 人，参合率为 95%。

1986 年，落实区村干部计划生育工作包点责任制，使得各项工作指标落到实处。人口出生率 40.05‰，人口自然增长率 20.02‰。2000 年，人口出生率 32‰，人口自然增长率 15.8‰。2009 年，全镇出生 401 人，完成各种节育措施 184 例，征收社会抚养费 12.3 万元。2010 年，人口出生率 15.9‰，符合法定生育率 92.1%，人口自然增长率 8.4‰，出生婴儿性别比为 114，综合避孕节育率 93.5%，家庭信息录入排名全县第一，历年清库对象完成率全县第二。2009—2010 年连续两年被县委、县政府评为“人口和计划生育工作目标管理先进单位”。

（三）社会保障

1986 年，创建和舍区敬老院，设有 26 个床位，各种设施功能齐全，接纳孤寡老人 12 人。2009 年，全镇办理低保 556 户 1563 人，五保户 304 人，发放金额 172.8 万元。2010 年，和舍镇社会事务服务中心成立，服务文化宣传、广播体育、劳动保障、社区文明建设等，编制 13 人。同年，全镇新型农村养老保险参保人数为 8278 人，全镇 60 周岁以上领取基础养老金的老人为 2625 人。

四、基础设施建设

和舍墟，经过历届镇委镇政府的规划整治，变成市容整洁的特色风情小镇。1993 年，建设粮食街、波藏街、和舍街共 2.4 千米道路，修建长 0.4 米、宽 0.5 米的水泥排水沟 4 千米，硬化 9620 平方米公路两旁的水泥路面，种上 525 株风景树。投资 187.4 万元将原来 1570 平方米的小市场扩建成 13500 平方米的 2 个综合性新市场。1995 年，建设粮所路路面水泥硬化和邮电宿舍。通过群众募捐、社会筹资等方式，投入 9.8 万元，建起中心街道 28 盏花灯，投入 1.6 成元修建 42 盏路灯基座；淘汰参差不齐的树种，投入 1.68 万元种植 215 株榕树；投入 1.68 万元硬化光明街 800 米路段。2001 年，投资 30 余万元，完成中心街道的硬化工程，安装 3 杆高柱灯，电话扩容到 300 个；高质量维修先光、罗爷两条长 13.1 千米乡村道路。2002 年，加强市政设施建设，投入 150 余万元，硬化中心街道 800 米，全面硬化中学路段，种植绿化树 160 棵，新增设路灯 196 盏，新建占地面积 26 公顷农贸市场 1 个。2003 年，先后完善布佛村委会南雅上村、茂力村和抱堂村委会南朝村、皇桐村及茶胡村委会马南村、敦化村的农村电网改造；修筑跃迁渠道 1000 米挡土墙防渗透渠道，缓解先光、马南、敦化等村庄生产、生活用水；绿化镇政府大院，种花植草 1500 平方米；建设镇卫生院妇产楼 200 平方米，建设镇教办幼儿园楼。2004 年，建成和舍墟农贸市场，占地面积6.20公顷，市场功能齐全，是全镇的综合型农贸市场。2010年，筹集资金36万元，硬化洋通村环村路和村巷路1.5千米，建设排水沟14条；投入186万元硬化罗忱村庄道路8千米；投入840万元硬化铺仔、罗爷、布大、布佛4个村的村庄道路。投入22万元硬化镇政府大院道路110米，安装永新路灯42盏，维修排水沟218米，购置“金鹿牌”卫生车3辆。全镇乡村道路全长68千米，全部实现水泥硬化。农村新建住房608间。建成复龙、新丰、洋通、龙贤、罗忱、布佛等6个文明生态村。

第六节　波莲镇

一、位置与政区

波莲镇位于临高县城西南部，东邻临城镇，南与南宝镇相连，西南与儋州市的光村镇、新盈农场接壤，西北与新盈镇、调楼镇相接，北与东英镇相连。全镇的土地总面积为118.87平方千米。镇政府驻波莲墟，距离县城7千米，省会海口市89千米。

全镇地处文澜江中下游，中部为平原，南北高、中间低，东北部为洋田，西南部为丘陵地。镇域海拔低于200米，其中位于海拔50米以下的区域占46.98%。地貌类型主要为冲积平原、海积冲积平原、熔岩台地和熔岩丘陵，其中平原面积占25.50%，台地面积占62.32%。94.26%的土地位于0～5度的坡度区，地势十分平缓。根据调查和土壤诊断学分类法，镇域范围内的土壤类型主要为暗红湿润铁铝土、简育湿润铁铝土和铁渗水耕人为土，其中，暗红湿润铁铝土占全区土地总面积的86.24%，其次是铁渗水耕人为土，为13.65%。全镇水利资源丰富，两条中型西分二干渠和美南渠道横贯全镇，渠道总长10千米。境内有“炖狗肉”、“红星鸡”、“波莲鹅”、“临高红荔枝”和反季节“龙眼”等名优特产。

1986年，波莲区公所辖波莲、古柳、冰廉、武来、古柏、太坡、美珠、多贤、和棉、抱美、乾彩11个小乡和红星农场。1987年3月撤区，改设乡、镇，波莲区公所改为波莲镇人民政府。下辖11个村委会，1个居委会，1个镇办农场，58个自然村。全镇总人口为25081人。1990年，总户数5783户，总人口25601人，其中非农业人口1992人，农业人口23609人。1995年，总户数5942户，总人口28320人，其中非农业人口2554人，农业人口25766人。2000年，总户数6019户，总人口29421人，其中非农业人口2547人，农业人口26874人。2005年，全镇总人口29195人，其中城镇人口2690人，农村人口26505人。2010年，全镇共有11个村委会，1个居委会，1个镇办农场，56个自然村，70个村民小组。总人口33512人，其中农业人口31042人，非农业人口2470人。社会生产总值2.1亿元，地方财政收入750.5万元，农民人均纯收入3100元，城镇居民收入6120

元，固定资产投资 2630 万元。全镇基层党支部 21 个，其中镇属机关党支部 8 个，农村党支部 13 个，党员人数发展到 721 人。

二、经济发展

（一）农业

1986 年起，区政府以经济建设为中心，大力发展水稻制种、冬季瓜菜、热作水果、糖蔗生产、畜牧产业等五大产业。1989 年，全镇有耕地面积 2753.06 公顷，其中旱地 1297.46 公顷，水田 1455.6 公顷。全年粮食播种 3090.06 公顷，总产量 10711 吨。农业总产值 1935 万元。1995 年，有耕地面积 2365.33 公顷，其中旱地 1092 公顷，水田 1273.33 公顷。全年粮食播种面积 3624.4 公顷，总产量 15868 吨；农业总产值 7816 万元。2000 年，有耕地面 2529.59 公顷，其中旱地 1264.66 公顷，水田 1264.93 公顷。全年粮食播种面积 3853 公顷，总产量 16506 吨。农业总产值 7960 万元。2009 年，积极引导和扶持农民、专业户与公司进行联营搞水稻制种，采用“公司+农民+技术（政府）”等模式，引进广西、广东、神农大丰等 10 家公司参与制种，全镇水稻制种面积 766.6 公顷。2010 年，耕地面积 3036.73 公顷，其中水旱田 1220.13 公顷，旱坡地 1816.6 公顷；全镇水稻制种面积达 733.33 公顷，创产值 2000 万元，成为全县“制种之镇”，产品畅销岛内外。瓜菜种植面积 893.33 公顷，创产值 2800 万元。粮食种植面积 3320.66 公顷，总产量 16273 吨；水稻播种面积 2073.33 公顷，产量 11615 吨；番薯种植面积 694 公顷，产量 4210 吨；甘蔗种植面积 793.33 公顷，产量 65650 吨，创产值 1755 万元；荔枝、龙眼、香蕉等热带水果种植面积 226.67 公顷，创产值 1500 多万元。发放粮食补贴面积 1316.49 公顷，补贴款 68.94 万元；良种面积 1210.4 公顷，补贴款 13.97 万元。全镇生产总值为 1.90 亿元，财税收入完成 750.54 万元，农民人均纯收入达到 3160 元。

（二）畜牧业

1986 年，全镇生猪存栏 15156 头，出栏 3625 头；山羊年存栏 646 只，出栏 130 只；牛年存栏 5859 头，出栏 263 头。三鸟饲养量 54763 只，禽肉产量 52 吨，蛋品产量 8.9 吨。全年畜牧业产值 522 万元。1989 年，全镇生猪年存栏 8006 头，出栏 4120 头；山羊年存栏 691 只，出栏 81 只；牛年存栏 6001 头，出栏 171 头。三鸟饲养量 82065 只，禽肉产量 58 吨，蛋品产量 13 吨。全年畜牧业产值 561 万元。1995 年，生猪年存栏 16801 头，出栏 9300 头；山羊年存栏 5200 只，出栏 3666 只；牛年存栏 9800 头，出栏 587 头。三鸟饲养量 27.5 万只，禽肉产量 260 吨，蛋品产量 54 吨。全年畜牧业产值 1838 万元。2000 年，生猪年存栏 17255 头，出栏 10688 头；山羊年存栏 3452 只，出栏 4003 只；牛年存栏 10388 头，出栏 864 头。三鸟饲养量 39.56 万只，禽肉产量 390 吨，蛋品产量 15 吨。全年畜牧业产值2024万元。2010年，肉猪、能繁母猪3.67万头、三鸟存栏15万只，创产值260万元。向农民发放能繁母猪补贴6877户12445头，补助金70.7万元；年内，湖北鑫源养殖有限公司又在红星农场落户，投资400万元兴建年产万头养猪场。

（三）林业

1986年，全镇林地面积4889.1公顷，橡胶种植面积383.7公顷。同年，造林320.5公顷。2005年，全镇林地面积4680.6公顷。2010年，全镇共测量林地面积4142.86公顷，发放林权证1306个，惠及群众2933户。向农户发放退耕还林补贴309.2公顷，补助资金397.67万元。橡胶林木种植面积1133.33公顷，创产值7000万元。

三、社会事业

（一）教育 文化

1986年，全区有初级中学1所，小学22所。波莲中学占地面积2.67公顷，有初中3个年级12个班，学生850人。2007年，波莲小学更名为波莲镇中心学校，占地面积0.87公顷，管辖区内有完小3个，民办学校1个，幼儿园7所。2008年，波莲中学利用资金58万元，兴建一幢三层18间女生宿舍，解决女生住宿难问题。2010年，全镇有初级中学1所，小学中心学校1所，完全小学3所，教学点11个。波莲镇中学有初中3个年级13个班，学生956人。教职工62人，其中高级教师6人，中级教师20人。

1986年8月，波莲文化站成立，为丰富群众文化生活，满足群众精神文化需要，每年举办各种文化、体育活动。2006年，镇文艺队在全县腰鼓舞表演比赛中获得一等奖；2008年，在全县民间艺术表演比赛中获得一等奖；在“喜迎奥运”特色表演比赛中获二等奖。2010年，全镇有水泥标准戏台12个，水泥标准硬化灯光篮排球场6个，宣传文化室7个，文化书室9个，有舞蹈队2支。

（二）医疗 计生

1986年，区有1所波莲卫生院，1个医疗点，医务人员38人。2006年，开始实行新型农村合作医疗。2010年，全镇有1所卫生院，10个农村卫生室，医务人员31人。国家投入150万元在镇卫生院改造和扩建医疗室9间，解决产房、X光室、B超室及办公用房，添置X光机1台，B超2台，电脑2台，改善医疗条件，方便群众就医。全镇参加新型农村合作医疗保险人数为26009人，参合率达97%；城镇居民医疗保险参保人数为958人，参保率98%；群众医疗报销105万元，受益群众达2.50万人。

1986年，人口出生率为25.5‰，自然增长率为12‰，法定生育率为75‰。2010年，人口出生率17.7‰，自然增长率为8‰，法定生育率83‰，稳定低生育水平。

（三）社会保障

2010 年，波莲镇成立社会服务中心，服务文化宣传、广播体育、劳动保障、精神文明建设，编制 14 人。全镇新型农村养老保险参保人数 11118 人，参保率达 86%。60 周岁以上领取基础养老金的老人有 3463 人，有五保户 342 人，低保对象 680 人。同年 6 月，在波莲圩兴建波莲敬老院，投资 380 万元，占地 0.06 公顷，有 50 名五保老人居住。

（四）招商引资

红星农场是镇办农场，土地面积为 1066.67 公顷。1991 年起，农场凭借土地资源优势，多方招商引资，先后引进波闽、维贤、瑞丰、红宇、腾达、琼文 6 家公司落户，从事香蕉、花卉、瓜菜、菠萝、荔枝、龙眼等产业的开发与生产。2010 年，神农大丰制种公司落户波莲，每年制种面积达 666.6 公顷；湖北鑫源养殖有限公司又在红星农场落户，投资 400 万元兴建年万头养猪场。通过招商引资，共引进福建、湖北、广东、广西等地客商在波莲落户 25 家，总投资达 26400 万元。

四、基础设施建设

1986 年开始，政府逐步加大农田水利基本建设的投入，已硬化大小排灌渠道 67 条。共有水库 7 座，其中小（1）型水库 1 座，即抱美水库；小（2）型水库 6 座，即和勋水库、和朗水库、抱才水库、抱庞水库、干校水库、大佬水库。水库年蓄水总量为 850 万立方米。有 3 个电站，即龙精电站、古柏电站、才成电站。2005 年，3 个电站改制并网。2010 年，国家投入资金 660 万元，改造加固抱才水库、抱庞水库和大佬水库。投入 7.8 万元，维修涵洞 13 座，田间大小排灌水渠道 103 条。

2009 年，全镇共投入 300 万元创建文明生态村，先后修建环村路 5 条总长 7820 米，水泥硬化村巷道 32 条总长 6750 米，新建沼气池 100 个。13 个村（居）委会乡村道路完成水泥硬化 67 千米，实现村村通。2010 年，通过抓示范、树典型、因地制宜，按照“政府引导、群众参与、部门协助”的办法，抓好文明生态村建设。先后把红星农场、冰廉、美灵、古柳、美珠等村建成文明生态村。

第七节　南 宝 镇

一、位置与政区

南宝镇位于临高县的西南部。距县城 30 千米，东邻加来农场，正西、西南毗邻儋州市，北接临城镇和波莲镇，是革命老区。全镇土地总面积为 80 平方千米。镇政府驻地南宝墟。

全镇海拔均不足350米，但相对于临高县其他乡镇来说，地势偏高。位于海拔50～100米的区域占87.92%。地貌类型有冲积平原、河谷平原、台地、丘陵等类型，平原面积占全镇土地面积的27.38%；台地面积共占全镇土地总面积的67.27%。全镇95.05%的土地位于0～5度的平坡区。土壤类型有富铝湿润富铁土、强育湿润富铁土、暗红湿润铁铝土、简育水耕人为土、简育湿润铁铝土、粘化湿润富铁土和铁质湿润雏形土。其中，所占面积最大的为简育湿润铁铝土，占全镇土地面积的69.85%，其次是暗红湿润铁铝土，占全镇土地面积的13.51%。境内水利资源丰富，文澜江穿越东部地区，海南松涛水库西干渠道的南宝第四、五支渠贯穿全境。兰文水库坝顶长度485.8米，坝高12米，储水量为221万立方米。境内有南宝洛基山风光、兰文水库垂钓、道谈水库泛舟、南滚龙尾、南滚温泉冷热河、松梅白鹭天堂等旅游景点。境内的南宝鸭是出名的土特产，南宝鸭无论是清煮的还是红烧，味道都极其鲜美，肥而不腻，是宴席上难得的佳肴，而且具有很高的营养价值。

1987年5月，南宝区公所改为南宝乡，辖南宝、博廉、松明、松梅、郎基、武郎6个管理区和光吉农场，38个自然村，全乡总人口12300人。1990年，总户数3020户，总人口12383人，其中非农业人口879人，农业人口11504人。1995年，总户数3016户，总人口12515人，其中非农业人口710人，农业人口11805人。2000年，总户数2731户，总人口12665人，其中非农业人口708人，农业人口11957人。2002年6月，南宝乡改为南宝镇，辖8个村委会，1个镇办农场，38个自然村。2010年，南宝镇辖南宝、好贤、博廉、古道、松梅、松明、郎基、武郎等8个村民委员会和1个光吉农场，38个自然村。有中共党支部17个，党员456人。全镇有3436户，总人口为16122人，其中农村人口15018人，城镇人口1104人。党支部18个，党员473人。

二、经济发展

南宝镇是以农业为主，养殖业为辅的农业镇。1986年，地区总产值498万元。1992年，地区总产值1592万元，农民人均收入1700元。2000年，地区总产值为3608万元，农民人均收入3450元。2009年，全镇社会生产总值11189万元，固定资产投资1572万元，农民人均纯收入3014元。2010年，全镇实现社会生产总值12830万元，农民人均收入3881元。

（一）农业

1986年，南宝区农业基本上是传统作业，水稻一年两熟，其间种植番薯等经济作物。1990年，全乡有耕地面积2016公顷，其中水田1450公顷，旱地566公顷。全年粮食种植面积2340公顷，总产量6108吨。橡胶种植面积831.26公顷，开割面积167.66公顷，干胶产量66.8吨。农业生产总值1759万元。1996年，全乡有耕地面积2337.86公顷，其中水田1447.26公顷，旱地890.6公顷。全年粮食种植面积2488.73公顷，总产量8816吨。橡胶种植面积136.6公顷，开割面积161.06公顷，干胶产量95吨。农业生产总值2246万元。2000年起，南宝乡大力调整产业结构，冬季瓜菜、橡胶、香蕉逐步成为全乡三大主导产业。2009年，全镇耕地面积2130.66公顷，其中水田760公顷，旱地1370.66公顷；农业生产总值16520万元；糖蔗种植面积836.66公顷，产量62750吨；瓜菜种植面积783.4公顷，产量18358吨。2010年，全镇粮食种植面积1449.53公顷，总产量8155吨；水稻播种面积1155.2公顷，产量7094吨；番薯种植面积294.33公顷，产量1061吨；甘蔗种植面积208公顷，产量17470吨；橡胶种植面积1793.33公顷，香蕉种植面积733.33公顷，瓜菜种植面积813.33公顷，水果面积80公顷，造林860公顷。

（二）畜牧业

"南宝乳猪""南宝鸭"闻名县内外。1986年，生猪存栏17229头。1989年，生猪年存栏20979头，出栏2158头；山羊年存栏124只，出栏80只；牛年存栏4999头，出栏65头。三鸟饲养量89572只，禽肉产量31吨，蛋品产量12吨。全年畜牧业产值693万元。1995年，生猪年存栏2.9万头，出栏4000头；山羊年存栏565只，出栏220只；牛年存栏6083头，出栏534头。三鸟饲养量12.6万只，禽肉产量145吨，蛋品产量14吨。全年畜牧业产值1386万元。2000年，生猪年存栏32714头，出栏5897头；山羊年存栏804只，出栏714只；牛年存栏7192头，出栏587头。三鸟饲养量18.8万只，禽肉产量176吨，蛋品产量15吨。全年畜牧业产值1484万元。2005年，乳猪出栏10万头，三鸟出栏20万只。2009年，生猪出栏量10478头，三鸟出栏量26万只，肉类总产量26112吨。2010年，乳猪出栏达13.7万头，家禽出栏量27.56万只，肉品总量达2.8万吨。

（三）水利水电建设

境内水利资源丰富，文澜江穿越东部地区，海南松涛水库西干渠道的南宝第四、五支渠贯穿全境。兰文水库坝顶长度485.8米，坝高12米，储水量为221万立方米，2009年4月除险加固完工。水库内放养有草鱼、福寿鱼等多种鱼类。道谈电站始建于2004年3月，2008年5月竣工，年发电量3000千瓦。

三、社会事业

（一）教育 文化

1986年，南宝区有中学1所（南宝中学），初中3个年级10个班，在校学生620人。小学8所。2007年，临高县进行学校布局调整，南宝中心小学更名为南宝镇中心学校，辖内有公办小学7所，幼儿园5所。2008年，县委、县政府决定在其旧校址旁边规划2.93

公顷土地，由县教育局牵头通过各种渠道筹集300万元，广州富力地产控股有限公司与合景泰富地产控股有限公司捐资380万元。南宝镇动员村民投入大量人力参与建设松梅小学新校址。新校址于2009年5月开工，设有教学楼、师生宿舍、学生食堂等。松梅小学开设1~6年级8个班，配备25名教师，其覆盖面由本村扩大到附近几个村委会，在校生达350名。学校实行半封闭式管理，并为边远村庄的学生提供了宿舍。学校成为南宝镇中心小学的一个分校。与新校址一墙之隔的旧校址被改造为南宝镇中心幼儿园。2009年，全镇有公办学校2所，其中初级中学1所，完全小学1所，教学点7个。全镇在校生1938人，其中初中生676人，小学生1262人。2010年，南宝中学有初中3个年级10个班，在校学生625人。有教职员工34人，其中本科学历29人，专科学历3人；有中学高级职称教师3人。南宝镇中心学校有小学6个年级40个班，在校学生1245人，教职员工106人，其中本科学历3人，专科学历73人，中师学历30人；有小学高级职称教师24人。

1986年，南宝区文化站成立，编制2人，负责全镇文化宣传、广播工作。2002年，建成乡村文化活动中心，该中心占地面积4.53公顷、四周高墙环绕，内建宣传文化站大楼——龙华楼。龙华楼建筑面积1728平方米，内设文化、休闲、娱乐、培训中心等重要场所。2008年，活动中心内续建“宣传文化站”大楼，续建面积352平方米，楼内设全国信息共享室，农家书屋等多功能综合文化站。2010年，龙华楼续建硅化木保护站，还续建1个大型戏台，1个标准的排球场和篮球场。全镇建成9个农村文化室，9个农家书屋，成立10个健身舞蹈队，举办文艺会演5场，观众达2万人次；年内建成2个标准篮球场和6个排球场。

（二）医疗 计生

1986年，有南宝卫生院，村级医疗点5个，医务人员23人。2009年，全镇参加医疗保险农民1.33万人，城镇居民337人。2010年，有南宝卫生院，农村卫生室3个，医务人员31人。城镇居民医疗保险参保人数为1045人，参保率达98%；新型农村合作医疗参合人数13750人，参合率达96%。

1986年，实行计划生育工作责任制，使各项工作指标都落到实处，人口出生率为22.86‰，人口自然增长率为20.1‰。1992年，人口出生率为20.43‰，人口自然增长率为18.62‰。1999年，人口出生率为16.52‰，人口自然增长率为12.46‰，同年被省政府评为“计划生育先进乡镇”。2010年，人口出生率为14.98‰，人口自然增长率为11.82%，征收社会抚养费7.14万元。

（三）社会保障

1987年，南宝乡敬老院建成，有13个床位，接纳孤寡老人13人。2009年，全镇享受最低生活保障375人，其中农村居民366人，城镇居民9人，发放低保金30万元。2010年，南宝镇社会事务中心成立，编制10人，内设文化宣传、广播体育、劳动保障、社区文明建设等职能部门。全镇新型农村养老保险参保人数为5795人，参保率达97%。全镇60周年以上领取基本养老金的老人有1685人。同年，敬老院得到修缮和扩建，有24个床位，各种设施功能齐全。累计接纳孤寡老人37人。

四、基础设施

1986—1993年，公路基本上是土沙路。1994年，增修公路30千米。1995年6月，宝来大桥建成通车。1995年，南宝墟常住人口2540人，市场面积450平方米。1996年10月，市场搬迁到南宝松梅路农贸市场，面积4800平方米，经乡政府的规划整治，市容整洁。2002年，开始创建文明生态村，实施“硬化”工程，先后投资5000万元，解决农村“行路难”问题。至2010年，海南省委党史研究室投入5万元，用于古道村建设，省药监局支持5.8万元，用于博廉村委会办公室改造；通过多方投资，镇政府投入5万元，建设坤龙村水泥路160米；投入8万元，建设松盈村水泥路270米；投入103万元，建设2.5千米文士村水泥路等。建成古道村中排水沟170米。新建猪圈106个，卫生间72间，沼气29个。农村固定资产投资1572万元。全镇61千米土沙公路全部实现硬化。已把松梅、南朝、主令、古道、群合等村连片建设，硬化乡村道路30千米。建设户用沼气池600户，猪栏700户。文明生态村中家家户户砌上围墙、形成“矮围墙、宽院子、瓜菜地”的优良人居环境。

第八节　新 盈 镇

一、位置与政区

新盈镇位于临高县西部，东邻波莲镇，西濒北部湾，北与调楼镇毗邻，南与儋州市光村交界。镇政府驻新兴墟，距县城22千米。全镇土地总面积58.56平方千米，海岸线长7千米，港湾5个，是临高县经济较为发达的渔业镇。

全镇域地势非常低，海拔均在100米以下。地貌类型主要有海积冲积平原和熔岩台地两大类型，平原面积约占全镇面积的23.52%，台地面积约占76.48%。全镇坡度起伏和缓，93.59%的土地位于0～5度的坡度区。土壤类型主要为暗红湿润铁铝土和潮湿砂质新成土，其中，暗红湿润铁铝土约占全镇土地总面积的77.73%。全镇有1个小型水库——新市水库，灌溉周边8个村，总灌溉面积为541.33公顷。境内有澹庵泉迹、庙宇、红树林、民间音乐等旅游资源；境内的“哩哩美”渔歌是海南传统优秀文化的代表，是中华民族民间艺术瑰宝之一，于2008年被列入省级非物质文化遗产，并于同年上报国家级非物质文化遗产。

1986年，新盈区有11个村（居）委会、47个自然村，总人口38754人，其中城镇人口2514人，渔业人口22401人，农业人口13839人。有中共党支部20个，党员374人；在职干部职工38人。1987年3月，临高县撤区建镇成立新盈镇。1989年，各村委会改称管理区。1990年，全镇总户数6625户，总人口37400人，其中城镇人口6715人，农村人口30685人。1995年，各管理区复称村委会，全镇有8170户41735人，其中城镇人口7917人，农村人口33818人。2000年，总户数8240户，总人口44860人，其中城镇人口8240人，农村人口36620人。2005年，全镇总人口46387人，其中城镇人口9284人，农村人口37103人。2010年，全镇有新盈、头咀、安全、昆社、龙昆、龙兰、南堂、抱蛟、洋所、和贵、良爱、新兴、仓米、朗英、彩桥等15个村（居）委会，1个镇办农场。全镇总人口为55439人，其中渔业人口31870人，农业人口15313人，城镇人口8256人。全镇有中共党支部28个，党员864人。

二、经济发展

1986年，全年生产总值3142万元，农民人均纯收入310元。2002年，全年生产总值88145万元，农民人均纯收入1785元。2007年，全镇海洋渔业产量达21.6万吨，总产值15.8亿；海淡水养殖产量1.8万吨，产值3亿元；全镇第二产业总产值完成3850万元，其中增加值252万元；第三产业总产值完成2200万元，其中增加值350万元。地方财政总收入456万元，农民人均收入3760元。2010年，全年生产总值19.8亿元，农民人均纯收入4870元。居民的主要收入来源由捕捞、养殖、种养、畜牧、外出务工、餐饮服务构成，支出主要有日常生活、教育、医疗保健及渔业、农业投入等。

（一）渔业

新盈镇是临高县最大的海洋渔业镇，以海洋捕捞生产为主。1986年，全区有渔船660艘，总载重量3868吨，总功率837.9万瓦，渔业产值1076万元。1990年，有渔船946艘，总载重量8111吨，总功率2925万瓦，海洋捕捞15587吨，渔业产值6375万元。1995年，有渔船891艘，总载重量14300吨，总功率4271万瓦，海洋捕捞47534吨，渔业产值30482万元。2000年开始，镇政府转变工作思路，积极响应县委、县政府号召，造大船，闯深海，新造新型渔船1000艘并配齐新渔具、新网具、新设备，大大提高捕捞能力，促进捕捞产量大幅提升。鼓励渔业合作社和渔业公司组成远洋捕捞队伍，开发西沙、中沙、南沙新渔场。发展深水网箱养殖，头咀海丰养殖公司发展规模成为亚洲较大的深海网箱养殖基地。全年海洋捕捞87518吨，渔业产值56673万元，完成捕捞特产税304.9万元。2005

年，镇政府调整渔业产业结构，大中小渔船一起造，浅中深海分别闯，拖围刺网同作业，捕捞养殖两头抓。第一产业实现增加值3.27亿元，同比增长5.8%。实现养殖产量2793吨，增长23%；产值2821万元，增长25%。2009年，投入4495万元，新造73艘渔船投入生产，其中100吨以上的有40艘。全年渔业总产量15万吨，总产值12亿元。后水湾海水网箱养殖145组580口，渔产品远销日本、澳大利亚等国和中国香港。2010年，全镇渔业总产量19.50万吨，增长76%。新盈港有5个渔港群，渔船1693艘，总吨位33913吨。有渔需品加工厂18个，其中织网厂5个，铅子厂2个，浮标厂2个，冰厂4个，力士厂5个。镇内有外驻企业3个。全镇有海滩涂233.33公顷，海水养殖场12个，渔排48个，深海网箱580口。

（二）农业

1986年，全区有农业耕地面积939.66公顷，其中水田428.8公顷，旱地510.86公顷，3条水利主渠道及64条小型水渠道共61千米。农业生产主要以水稻、番薯、甘蔗为主要经济来源，仓米、文川、博岸、龙蓝等村以农业生产为主。1990年，有耕地面积990.39公顷，其中旱地350.53公顷，水田639.86公顷。粮食播种总面积1276.53公顷，粮食总产量4174吨。农业总产值7583万元。1995年，有耕地面积987.46公顷，其中旱地442.13公顷，水田545.33公顷。粮食播种总面积1357.33公顷，粮食总产量5629吨。农业总产值34044万元。2000年，有耕地面积954.6公顷，其中旱地436公顷，水田518.6公顷。粮食播种总面积1092公顷，粮食总产量5382吨。农业总产值60185万元。2009年，全镇水稻种植面积364.53公顷，其中制种165.2公顷，瓜菜种植面积228.13公顷。2010年，全镇粮食种植面积909公顷，总产量4061吨；水稻播种面积708.86公顷，产量3457吨；番薯种植面积196.13公顷，产量582吨；甘蔗种植面积498.33公顷，产量44850吨；水稻制种150.5公顷，瓜菜种植面积81.2公顷。抱蛟村大部分水田已种植甘蔗。无公害常年大棚瓜菜实现基地化和规模化，形成仓米、文川、博岸三村瓜菜生产基地，总面积达100公顷。

（三）畜牧业

1986年，全区饲养各类牲畜（主要是生猪）4086头，各种禽类2.80万只。1989年，生猪年存栏4032头，出栏3711头；山羊年存栏981只，出栏636只；牛年存栏3489头，出栏306头。三鸟饲养量56567只，禽肉产量23吨，蛋品产量249吨。全年畜牧业产值482万元。1995年，生猪年存栏4193头，出栏7210头；山羊年存栏1870只，出栏309只；牛年存栏3900头，出栏235头。三鸟饲养量18.9万只，禽肉产量136吨，蛋品产量961吨。全年畜牧业产值1178万元。2000年，生猪年存栏20502头，出栏11054头；山羊年存栏 1850 只，出栏 422 只；牛年存栏 4041 头，出栏 370 头。三鸟饲养量 20.5 万只，禽肉产量 200 吨，蛋品产量 976 吨。全年畜牧业产值 1709 万元。2002 年，认真做好禽畜饲养业的发展布局，加大南堂鹅、彩桥鸭、洋所羊等禽畜饲养，打造“一村一品”品牌，全面发展家庭养殖业。2010 年，全镇生猪出栏量 3.60 万头，乳猪 9 万头，禽类 20 万只，畜牧业总产值达 6000 万元。

三、社会事业

（一）教育 文化

1986 年，有新盈中学 1 所，新兴（中心）、区二小、新盈、安全、昆社、龙昆、龙蓝、头咀、洋所 9 所完全小学，仓米、南堂、抱蛟、文川、彩桥、良爱、头泗 7 个教学点。2007 年 9 月，新盈镇第二小学更名新盈镇中心学校，在校学生 1338 人，教职工 71 人，其中中学高级教师 1 人、小学高级教师 32 人。2009 年，有教职工 138 人，在校学生 2500 人。2010 年，全镇有新盈中学 1 所，中心学校、新兴、新盈、安全、头咀、昆社、龙昆、龙蓝等完全小学 8 所；抱蛟、南堂、洋所教学点 3 个。新盈中学有教职工 135 人，在校生 2345 人；新盈中心学校有教职工 63 人，在校生 1192 人；全镇小学教职工 259 人，小学在校生 3732 人。

1986 年，有文化站 1 个。2002 年，有文化站 1 处，文化室 1 处（图书室 1 间，幼儿园 1 间，俱乐部 1 间），藏书（含音像制品）1.50 万册。2010 年，有文化站 1 处，村级文化活动室 13 个，农家书屋 15 个，藏书 3 万册。

（二）医疗 计生

1986 年，有新盈卫生院 1 所，床位 25 张，固定资产 267.88 万元，专业卫生人员 34 人，其中医生 16 人，护士 18 人。至 2010 年，有新盈卫生院 1 所，床位 45 张，固定资产 357.99 万元。有医务人员 52 人，其中医生 24 人，护士 28 人，村卫生室 15 间。

新盈镇认真贯彻执行党的计划生育政策，对计划生育工作实行规范化管理，使全镇总人口得到合理控制。1986 年，全区人口为 38754 人，出生率为 17.9‰，计划生育率为 20%。2002 年，全镇人口 42255 人，出生率 16.4‰，计划生育率为 53%。2010 年，全镇人口为 55439 人，已婚育龄妇女 9352 人，全年人口出生 839 人，男 435 人，女 404 人，出生率为 15.8‰，出生人口性别比 108。全镇计划生育率为 90.8%，自然增长率为 9.1‰，多孩率为 10.2%。

（三）社会保障

1997 年，新盈镇开始实施城镇最低生活保障制度。1998 年，新盈镇开始实施农村最低生活保障制度。2010 年，全镇农村居民缴纳新型农村养老保险 15332 人，其中 60 周岁以上农村老人养老金发放 3834 人；参加新型农村合作医疗保险 39653 人，参合率达 73.6%。全镇有低保户 485 户、五保户 275 户，发放救济资金 255 万元。重建民房 7 户，投入资金 9 万元。

四、基础设施

（一）镇墟建设

1986 年，新盈墟内路面以沙土为主，雨天道路泥泞，排水不畅，晴天尘土飞扬，各项公共基础设施不完善。2002 年，开始对镇内各项基础设施进行改造。完成路面的硬化和排水设施建设。2009 年，投入 16 万元，实施 140 米的新兴墟文明北路硬化和排水工程；投资 50 万元，建设新兴墟人民路人行道工程。2010 年，完成市政总体规划编制，投入 280 万元，建成群众文化活动中心大楼和墟街大门前的整修和硬化建设。镇政府加大投入力度，对镇容镇貌进行整治，搞"绿化、亮化、硬化"，绿化率达到 80%。

（二）交通道路

1986 年，全区交通不便，农村公路以土路为主，硬化程度低，群众行路难。1997 年，开始硬化农村公路。2002 年，硬化 33 条农村公路。2007 年，交通运输业迅速发展，新盈车站和城镇道路不断优化，交通运输市场活跃，每天从新盈车站进出的人流量达 3000 人次。2009 年，投资 305 万元，完成 7.2 千米的通村公路建设。2010 年，全镇有三轮车 350 辆，中巴 12 辆，大巴 13 辆，特别是源丰实业有限公司投入 180 万元引进 15 辆的士，活跃交通运输市场，带动人流物流，促进城镇经济发展。

（三）邮政通信和广播电视

1986 年，区公所有 1 部电话，通信不畅，广播电视不普及，有 4 台黑白电视，1 个广播站。1994 年开通程控电话，1995 年开通有线电视，1996 年开通移动电话。2002 年，新盈邮政通信和广播电视设施基本完善，逐渐走上通信化时代。2010 年，全镇有线电视节目覆盖率达 95.5%，村村建起调频广播室，电话总机量达到 8020 部，移动电话覆盖面达 98%。

第九节　调 楼 镇

一、位置与政区

调楼镇位于临高县西北部，东邻波莲镇，北连东英镇，南与新盈镇接壤，西濒北部湾，镇政府驻地在武莲开发区。全镇土地总面积 57.84 平方千米，海岸线长 11 千米，海滩涂面积 20 公顷，沿海珊瑚礁面积 358.2 公顷，有调楼、抱才、黄龙、武莲 4 个渔港，是海南省重点建设乡镇之一。

全镇地处滨海平原，地势自西向东渐高，地势低平，位于海拔50米以下的区域占99.10%。镇域的地貌类型主要有熔岸台地（一级至三级）和海积砂堤两大类型，其中台地面积约占86.58%。全镇99.05%的土地位于0～5度的坡度区。镇域范围内的土壤类型主要有暗红湿润铁铝土和潮湿砂质新成土2种，其中，暗红湿润铁铝土约占全区土地总面积的67.19%，潮湿砂质新成土占32.81%。有东春、美略2个小（2）型水库，常年蓄水量为10.28万立方米，灌溉面积为1066公顷。调楼自古就有特色的地方文化，优美动听的“哩哩美”渔歌源远流长。古迹有汉代伏波将军开凿的沣潦水井、砚井。坐落在隆道村委会的隆道风水塔，历史悠久，是列入临高县的第二批非物质文化保护遗产之一。此外，调楼、黄龙、武莲等渔村的民间庙宇文化十分丰富。龙田村青年从1994年起，坚持自筹资金，自编、自练、自演文艺节目连续16年举行村春节文艺联欢晚会。

1986年，调楼区公所管辖调楼、青龙、抱才、武莲、黄龙、黄龙上村6个管理区，全区有2868户，总人口15546人，干部职工35人。1987年撤区建乡，称调楼乡。1999年9月，改称调楼镇。2000年，全镇有4411户，总人口22609人。2002年8月，调楼镇、美良镇合并，设立调楼镇。2005年，全镇总人口44826人，其中城镇人口2999人，农渔业人口41827人。2010年，调楼镇辖调楼、黄龙、抱才、青龙、武莲、黄龙上、美良、群道、龙楼、抱社、龙田、罗堂、东里、武闹、东春、博贤、沙潭、拔色、隆道19个村（居）委会，47个自然村。全镇总人口为52980人，其中渔业人口27900万人，农业人口21627人，城镇人口3453人。

二、经济发展

（一）渔业

调楼镇是临高县仅次于新盈镇的第二大渔业镇。1986年，全区有渔船437艘，总载重量3565吨，总功率520.73万瓦，渔业总产值903.5万元。1990年，有渔船555艘，总载重量7636吨，总功率1887万瓦，海洋捕捞12567吨，渔业产值3847万元。1994年，调楼乡组织一批大渔船到东海捕鱼，实行远洋捕捞作业，开创造大船、闯深海，发展渔业生产的局面。1995年，有渔船415艘，总载重量20211吨，总功率4550万瓦，海洋捕捞41826吨，渔业产值24978万元。2000年，有渔船593艘，总载重量25932吨，总功率4938万瓦，海洋捕捞87609吨，渔业产值56074万元。全镇投入资金8000万元造船80吨以上的103艘。全年全镇财政收入361万元，完成捕捞特产税329.2万元。2003年，有渔船649艘，渔业总产值91534.6万元。2004年，开始调整渔业生产作业结构，通过业主自筹、产销挂钩、股份投资、民间借贷等方式多元化集资，改造更新大批高吨位渔船，海洋捕捞业有了质的发展。出海渔船进行设备改造与更新，安装卫星导航、北斗星定位系统，渔民可以到西沙、粤东等深海渔场作业；渔民出海捕捞也多以拖网、高目流刺网为主，捕捞鱼类也多为带鱼、甲鱼、大红线鱼。2010年，全镇渔业劳力14608人，大小渔船1292艘，80吨以上渔船占70%，最大的渔船有120吨，海洋捕捞产量22.24万吨，年总产值15.08亿元，比2003年翻了15倍，初步形成“多海域、多作业、多品种”的捕捞生产新格局。水产养殖面积86.66公顷，年产值1601万元。

（二）农业

1986年，全区有耕地面积1348.93公顷，其中水田643.60公顷，旱田104.40公顷，旱地600.93公顷。农业总产值1000.95万元。1990年，农业产值4005万元。1995年，农业产值25363万元。1998年，实行二轮土地承包，改革完善土地承包制度，进一步调动农民的生产积极性。2000年，全镇农业总产值达到56350万元。2003年，实行农村税费改革。2005年，实行第二轮土地承包整改。2006年，全镇农村经济总收入143612万元，农民人均纯收入2580元。2008年起，在稳定粮油生产的基础上，整合当地资源，调整产业结构，大力发展特色农业，加快农业产业化进程，逐步建立以甘蔗、香蕉、瓜菜、畜牧等为特色的区域主导产业，取得一定成效。2009年，全镇农村经济总收入160940万元，农民人均纯收入7086元。2010年，全镇粮食种植面积1717.06公顷，总产量8219吨；水稻播种面积1071.2公顷，产量5748吨；番薯种植面积632公顷，产量2433吨；甘蔗种植面积466.46公顷，产量34635吨；瓜菜种植面积472.93公顷，产量7452吨；香蕉种植面积173.33公顷，产量6900吨，产值1656万元。全镇农村经济总收入183648万元，农民人均纯收入7236元。全镇肉牛出栏172头，生猪出栏23750头，禽类出栏29.2万只，全年肉类总产量2706吨。全年农业总收入5859万元。

（三）林业

1986年，全区有集体山林834.9公顷。2005年，林地面积520.55公顷，占全镇土地总面积的10.4%。2009年，实行林业产权制度改革。至2010年，完成林改确权面积539.28公顷，占林改总面积的95.06%，完成林权证发放83本，发证率为90.13%。

三、社会事业

（一）教育 文化

1986年，调楼区有1所中学，4所小学。2006年，创办武联小学。2010年，有调楼、美良2所初级中学，5所完全小学，8个教学点。中学教职工114人，小学教职工282人。中学在校生1873人，小学在校生4296人，学龄儿童入学率达99.78%。当年投入资金213.7万元，改造学校危房面积435平方米，新建校舍2300平方米。

1986 年，全区有调楼、美良 2 个文化站，工作人员 2 人。2009 年，镇政府投资建设镇文化站，完善图书阅览室、活动室，建筑面积达 300 平方米，配备乐器、音响、电脑、摄影机等器材，藏书 2500 册。镇文化站每逢春节“三八”国际妇女节、“五四”青年节、“十一”国庆节等重大节日，组织各村开展形式多样的文体活动。2010 年，调楼、黄龙、美良、和伴、大宝、拔色、武闹、洋林上、前南、东新、博贤等村委会都建起农家书屋，共藏图书 1.65 万册。美良、抱才、调楼等 12 个村都有自己的舞蹈、健身队，每天定时活动。全镇有八音队 10 支。调楼村成立临高县诗词楹联学会调楼分会，立足本地，深入生活，深入群众，常年活跃在农家大院，大大丰富群众的精神文化生活。

（二）医疗 计生

1986 年，调楼区卫生院有医护人员 15 人，病床 10 张。2003 年，全镇有调楼、美良卫生院 2 所，医护人员 51 人，病床 49 张。2006 年，实施新型医疗保险制度。2010 年，有调楼、美良卫生院 2 所，医务人员 66 人，病床 49 张。农村卫生室 19 个，农村医务技术人员 19 人。全镇参加新型合作医疗 45040 人，上缴参合资金 90.08 万元，参合率达 94%。

1986 年，全区总人口 15546 人。2000 年，人口自然增长率为 27.11‰。2003 年被列为“省计生重点管理乡镇”。2007 年，全镇计生工作排名全县第 2 名；重点人群“三查”（查病、查环、查孕）率达到 90%以上，流动人口已婚育龄妇女查验证率达到 100%。2009 年，征收社会抚养费 32.4 万元。2010 年，征收社会抚养费 32.2 万元。

（三）社会保障

1997 年，实施城镇最低生活保障制度。1998 年，实施农村最低生活保障制度。2010 年，农村新型养老保险纳入保障体系。2010 年，调楼镇发放五保金 45 万元、抚恤金 11.22 万元，落实 54 吨救济粮、1140 件救济物资的发放工作。为 120 名贫困白内障患者免费做复明手术。

四、基础设施建设

（一）交通 通信

2007 年以前，农村道路基本上是沙土路面。2010 年，全镇共完成村级道路建设 11 条，硬化总里程 70.63 千米；争取上级资金改造墟镇街道 8 条，总长 11 千米。

1986 年，调楼区有 1 部电话。1994 年底，乡墟程控电话开通，随后发展到农村。1996 年开始有移动电话。至 2010 年，全镇有邮政所 1 处，中国联通营业部 2 处，中国电信营业部 2 处，中国移动专营店 3 处；建有移动、联通信号塔 5 座，有程控电话 5012 部，宽带网、移动通信、程控电话与全国相连。有线电视节目覆盖率达 87%；村村建起调频广播室。

（二）小城镇建设

1986年，调楼集镇是一个小小的十字街，面积0.4平方千米。1999年，乡改镇后，对集镇进行合理规划，拓宽2条街道，新开辟1条街道。街两侧多平房和楼房，有少量瓦房。个体商户、饭馆、药店等分布四街。2002年，乡镇合并后，调楼镇整体搬迁原调楼镇人民政府、美良镇人民政府办公旧址，引进投资600万元修建新的调楼、美良农贸市场。重新修编调楼镇小城镇建设总体规划，投资330万元对调楼村的通海路、北五路、西五路、西七路，美良村的主街道等进行硬化改造，对美新路、调青路、博兴路进行亮化、硬化，整修美新街、博兴路排水道2500米。建临街门面房300间。先后建成镇文化站、镇财政办公楼、工商办公楼、美良卫生院病房楼等镇区硬件设施，使城镇基础设施得到明显改善。2007年，海南后水湾投资管理公司投资1.20亿元建设武莲渔港国际物流中心。调楼村民间投资250万元在罗堂村后建起一个占地0.33公顷年产8400吨的水产品饲料加工厂。2010年，投入资金3000万元，实施农田整治和土地平整，改造和维修东春渠道及第二、三废水渠道，修建防渗盛大废水渠道，改善灌溉面积95.6公顷，农业抗御自然灾害能力得到提高。投入1000万元加固大潦防潮坝，确保4个盐业村委会村民的生命财产安全；投入220万元修建沼气池1100个，农村沼气池建设工作走在全县的前列，被县政府定为“沼气建设示范镇”。

（三）文明生态村建设

2004年，调楼镇开始创建文明生态村。2009年，全镇配合农村公路畅通工程，建成调青水泥硬化道路长1500米，黄龙村水泥硬化道路长2000米，大宝至东春水泥硬化道路长8000米，和伴村建设村庄道路，在全镇范围内基本实现行政村“村村通”工程建设。2010年调楼镇先后创建和伴、洋林、和道等文明生态村。在创建活动中，总投入资金286万元，完成村道建设17.8千米。帮助950户农民进行改水改厕，推广沼气池建设2053个，建设灯光排球场7个。

附：美良镇简况

原美良镇位于县境西部，距县城15千米，土地总面积42平方千米。1987年3月，美良区公所改为美良镇。管辖美良、罗堂、武闹、拔色、东春、沙潭、博贤、抱社、龙田、群道、隆道、东里12个村委会和龙楼1个居委会，全镇有3887户，总人口17994人。农业总产值1449.62万元。1990年，全镇总户数4362户，总人口18644人，其中城镇人口1339人，农村人口17305人。有耕地面积1270.06公顷，其中旱地431公顷，水田839.06

公顷。粮食播种总面积1953.6公顷，粮食总产量7672吨。农业总产值1411万元。1995年，总户数4623户，总人口20251人，其中城镇人口1368人，农村人口18883人。有耕地面积1504.32公顷，其中旱地707.86公顷，水田796.46公顷。粮食播种总面积2247.13公顷，粮食总产量10292吨。农业总产值6328万元。2000年，总户数4116户，总人口21442人，其中城镇人口1449人，农村人口19993人。有耕地面积1208.09公顷，其中旱地412.56公顷，水田795.53公顷。粮食播种总面积2473.73公顷，粮食总产量11566吨，农业总产值6624万元。

2002年，美良镇并入调楼镇。

第十节　东英镇

一、位置与政区

东英镇地处临高县西北部，东邻临城镇，西与调楼镇接壤，西南与波连镇毗邻，北濒琼州海峡。全镇土地总面积为83.3平方千米，占全县总面积的8.04%。镇政府驻东英墟，距县城7千米。

全镇地势低平，海拔50米以下的区域占全镇土地面积的79.24%。镇域内的地貌类型主要有海积平原、海积砂堤、熔岸台地、熔岩丘陵，其中平原面积约占12%，台地面积占69.62%。全镇坡度和缓，96.09%的土地位于0～5度的坡度区。土壤类型主要为暗红湿润铁铝土和潮湿砂质新成土，其中，暗红湿润铁铝土约占全区土地总面积的88.35%。全镇有多招、文连、居留、龙新4个水库，常年蓄水量为20万立方米，灌溉面积340公顷。有14千米长的纯天然海岸线，水路交通方便，地势平坦，自然资源丰富，经济主要以农业和渔业为主，生产水稻，优势产业为甘蔗、畜牧业。境内有美夏湾、高山岭和14千米纯天然海岸线等旅游资源。美夏湾分布着珊瑚礁、海藻群和红树林，称作“海底森林”。其中珊瑚礁群分布最为广泛，长达51千米，最为集中的是东英镇美夏村至和新村一带，近海分布着长10千米、宽5千米的珊瑚礁群，并在此建立临高县“珊瑚礁县级自然保护区”。

1986年，东英区公所辖东英、美鳌、灵山、文连、和新、居留、伴康、波浪、奇地、文潭10个管理区，总人口21587人，其中农业人口20109人，非农业人口1478人。全年生产总值1795万元，农民人均年纯收入886元。1987年3月，东英区公所改名为东英镇人民政府。1990年，总户数4759户，总人口22199人，其中非农业人口1473人，农业人口20726人。2000年，总户数4792户，总人口24931人，其中非农业人口1406人，农业人口23525人。2002年6月，美夏乡并入东英镇。全镇辖13个村（居）委会，总人口24864人，其中农业人口22482人，非农业人口2382人。全年生产总值6372万元，农民人均年纯收入2016元。2010年，全镇辖美鳌、灵山、文连、和新、居留、伴康、波浪、高定、高秀、兰刘、美夏、博纵12个村委会（其中有2个渔业村委会）和东英居委会，49个自然村，总人口28446人。经济主要以农业和渔业为主，全年生产总值9387万元，农民人均年纯收入3152元。有中共党支部23个，党员778人。

二、经济发展

（一）农业

1986年，全区有耕地面积3041公顷，粮食总产量8244吨，农业总产值950.84万元。1990年，有耕地面积3047公顷，粮食总产量9769吨，农业总产值1874万元。2000年，全镇有耕地面积3034公顷，粮食总产量14084吨，农业总产值7352万元。2001年起，镇政府转变工作思路，把调整产业结构当作加快农村经济发展的主要出路，因地制宜，合理规划，进行规模化种植生产，为农民提供技术经验等支持，转变农村的生产模式，农业生产有较大发展。2010年，东英镇建立以水稻、甘蔗、冬季瓜菜（葱、小南瓜、辣椒）、水果、橡胶、畜牧为六大支柱产业的多元化生产模式。全镇优质水稻种植面积973公顷，年产量4500吨。甘蔗种植面积1330公顷，年产量7万吨，创值2030万元，糖蔗生产成为全镇经济发展的支柱产业地位。冬季瓜菜种植面积663公顷，年产量1.08万吨。农业总产值23282万元。

（二）渔业 林业

1986年，东英区公所有大小渔船11艘，捕捞设备落后，只限于近海捕捞，水产养殖规模小。2002年，全镇大小渔船186艘，其中能闯深海的大船27艘，海水养殖业逐渐发展。2010年，政府投入资金185万元改造渔船，积极稳妥优化渔业结构，加快海洋捕捞发展步伐。积极鼓励渔民通过股份合作等形式，造大船，闯深海，加快渔船、渔具更新改造进程。年内，全镇有渔船477艘，86艘大船深海作业；海水养殖产量2925吨，海洋捕捞量9986吨。

1986年，全区林地面积为2952公顷，森林覆盖率为36%。2002年，全镇林地面积为3445公顷，森林覆盖率达42%。2010年，东英镇森林覆盖率达到45%，林业生产主要有纸浆林、橡胶林和果树。全镇纸浆林种植面积2041公顷；橡胶种植面积达483公顷。

（三）畜牧业

1986年，全区饲养各类牲畜主要是家养猪、牛、羊等，年出栏总量1.21万头，各类禽类9万只。1989年，生猪年存栏19894头，出栏5110头；山羊年存栏2744只，出栏1073只；牛年存栏6886头，出栏389头。三鸟饲养量10.06万只，禽肉产量69吨，蛋品产量 71 吨。全年畜牧业产值 682 万元。1995 年，生猪年存栏 27577 头，出栏 6494 头；山羊年存栏 5292 只，出栏 3645 只；牛年存栏 8681 头，出栏 757 头。三鸟饲养量 47 万只，禽肉产量 357 吨，蛋品产量 60 吨。全年畜牧业产值 1592 万元。2002 年，生猪年存栏 17137 头，禽类 16.70 万只。2010 年，全镇畜牧业发展较快，高山羊品牌和生猪品牌初具规模，全年高山羊存栏 5100 只，出栏 7600 只，创值 179 万元，山羊养殖覆盖 5 个村委会，31 个自然村；生猪存栏 1.89 万头，出栏 1.67 万头，生猪年产值 2464 万元。

三、社会事业

（一）教育 文化

1986 年，全区有小学 1 所，中学 1 所，乡村教学点 8 个。2002 年，全镇有东英、美夏 2 所中心学校，4 所完全小学，15 个乡村教学点，教职工 121 人，在校生 1921 人；东英、美夏 2 所初级中学，教职工 31 人。2010 年，全镇有中心小学 2 所，完全小学 4 所，初级中学 2 所，乡村教学点 15 个。其中小学有教职工 136 人，在校生 1848 人；2 个初级中学有教职工 28 人，在校生 625 人。东英中心学校占地面积 4.13 公顷，有教职工 60 人，20 个教学班，在校学生 1048 人，其中寄宿生 480 人。

1986 年，全区有文化站 1 处。2002 年，全镇有文化站 2 处，文化室 1 处，藏书 8000 册。2010 年，全镇有文化站 2 处，文化室 1 处，图书室 2 间，藏书 2.5 万册。

（二）医疗 计生

1986 年，有东英卫生院 1 所，医务人员 6 人。2002 年，有东英、美夏卫生院 2 所，医疗室 15 间，床位 30 张，医务人员 26 人。2009 年，全镇参加新型农村合作医疗保险 2.11 万人，城镇居民医疗保险 1405 人。2010 年，有东英、美夏卫生院 2 所，医疗室 15 间，床位 41 张，医务人员 33 人，其中执业医师 8 人，护士 25 人。当年实施医疗救助 5.15 万元。

1986 年，全区人口 21578 人，出生率为 18.2‰，计划生育率为 82.4%。2002 年，全镇人口 24864 人，出生率为 16‰，计划生育率为 92.1%。2010 年，全镇人口 25784 人，出生率为 16.4‰，计划生育率为 91.5%，多孩率控制在 8.5%，自然增长率为 8.5‰。

（三）社会保障

1997 年，东英镇开始实施城镇最低生活保障制度。2002 年，城镇最低生活保障户数为 8 户 13 人，年救助金 2.14 万元。农村最低生活保障户数为 108 户 526 人，年救助金 31.90 万元。2010 年，农村低保 1277 人，每月发放低保金 8.62 万元，共补助 103 万元；城镇低保 69 人，每月发放低保金 1.18 万元，共补助 14.40 万元；五保户 263 人，每月补助 3287 元，共补助 47.30 万元；孤儿 25 人，每月补助 3125 元；医疗救助 5.15 万元，困难救助 7.08 万元，危房改造 13.7 万元，救济粮 120 吨。

四、基础设施建设

（一）交通

1986年，东英区内路面以沙土路为主，乡道路面小，杂草丛生，下雨天交通不便。2002年，开始硬化农村公路，镇墟至临城镇一段实现沥青硬化，部分农村公路开始硬化，普及范围逐渐扩大，基本交通问题得到改善。2009年，投入899万元硬化农村道路22千米。2010年，投入900万元进行“通畅工程”建设，硬化农村公路22.86千米。

（二）通信

1986年，区政府有电话座机1部，电视、广播等信息传媒普及率低，主要靠镇里广播站进行广播宣传。2002年，全镇有线电视普及率达35%，移动电话逐渐走进每家每户，邮政、电信、移动等通信设施基本完善。2010年，全镇电视节目覆盖率达83%，每家都装电视无线信号接收器，村村都建起调频广播室，移动电话普及率达98%，通信信号覆盖整个地区。

附：美夏乡简况

美夏乡位于临高县北部，北濒琼州海峡，距县城11千米，面积11平方千米。1986年，称美夏区公所，1987年3月，改为美夏乡，辖美厦、博纵、昌拱3个村委会，有总户数1169户，总人口5352人，社会生产总值225.79万元。1990年，全乡总户数1220户，总人口5474人，其中非农业人口667人，农业人口4807人。有耕地面积59.79公顷，其中旱地44.46公顷，水田15.33公顷。粮食播种总面积44.3公顷，粮食总产量87吨，农业总产值367万元。海洋捕捞820吨，渔业产值248万元。1995年，总户数1356户，总人口5767人，其中非农业人口1209人，农业人口4558人。有耕地面积69.86公顷，其中旱地49.86公顷，水田20公顷。粮食播种总面积30.8公顷，粮食总产量67吨，农业总产值1626万元。海洋捕捞2120吨，渔业产值1362万元。1999年，引进的香港万方养殖有限公司，扩大养鲍面积2.04公顷。2000年，总户数1355户，总人口6312人，其中非农业人口1265人，农业人口5047人。有耕地面积52.46公顷，粮食播种总面积32.3公顷，粮食总产量102吨，农业总产值2986万元。海洋捕捞3530吨，渔业产值2378万元。2001年，美夏乡投入资金104万元，投放沉箱养鲍1300箱，搞沉箱养鲍的渔民有50户。

2002年6月，美夏乡与东英镇合并。

第三章 农 场

第一节 农垦临高县办事处

1988年，撤销县农场工作部，成立省农垦总局驻临高县办事处，人员编制4人，其中正处级1人，主任科员2人，工勤人员1人。2010年，有工作人员4人。

1988—2010年，农垦办共接受信访信件50件，接访辖区农垦单位信访人员60批次，来访人员200人次，主要涉及土地纠纷、教育移交、加来农场移交、社保、医保、五保户、低保等问题。农垦办将相关问题交与上级主管部门和对口部门，积极沟通协调，并根据总局指示，指导农场解决好信访问题，将矛盾纠纷解决在萌芽状态。2010年，农垦办和红华农场处置红华农场第二管理区部分农村和澄迈县山口地区部分农村的土地纠纷，控制村民情绪，并及时报告农垦总局，争取省国土厅和临高县、澄迈县地方政府的支持，使双方村民协商解决矛盾，事态得到控制。

第二节 国营（有）加来农场

一、位置与政区

国营（有）加来农场位于临高县南部，北纬19° 37′ 42″ ～19° 46′ 54″ ，东经109° 37′ 16″ ～109° 44′ 16″ 。东邻多文镇、国营（有）红华农场，南接和舍镇和儋州境内的国营（有）西流农场，西与南宝镇相邻，北连临城镇。场部驻于加来镇，距省会海口市100千米，距临高县城23千米。全场有土地面积121.47平方千米，其中有生产用地面积4846.67公顷。

国营（有）加来农场地势南高北低，北部和中部为加来洋田，海拔60～80米，洋田东西两侧均为沉积物形成的台地所环绕；南部为花岗岩低丘台地，海拔一般为70～140米，坡度多在3～5度之间。全场地势最高的正大村田头岭，海拔148米。年平均气温23.6℃，最高月平均气温7月为28.2℃，最低的1月平均气温为17.4℃。年降雨量1624.2毫米，全年干湿季各占半年，5—10月为雨季，降水量占全年的86%。水田以潴育型水稻土为主，耕性较好，土质多偏砂，肥力较低，还有少量理化性质不良的潜育性水稻土和沼泽型水稻土。坡地土壤主要有两种：一是由花岗岩发育的砖红壤，主要分布在农场南部，土层较厚，多为砾质黏壤，发生层次明显，pH 酸碱度 4.5～5.5，有机质含量中下，一般富钾而缺磷，保水性较好；二是由沉积物发育的砖红壤，主要分布在农场西北部。土质较深厚，质地较砂，pH 酸碱度 5.5 左右，有机质含量低，养分比较缺乏。

1986 年 1 月，国营加来农场被广东省农业委员会定为正处级企业单位，总人口 26041 人，农场职工 815 人，有中共党支部 25 个，党员 532 人，社会生产总值 814.03 万元。1988 年海南建省后，改为海南省国营加来农场，是胶粮兼种的国营中型企业。全场实行三级管理，二级核算，所属的农村队为集体所有制单位。全场总人口 25704 人，社会生产总值 683.34 万元。1990 年，总户数 7247 户，总人口 26709 人。1995 年，总户数 7490 户，总人口 27152 人。2000 年，全场有总人口 27215 人，职工 1156 人，社会生产总值 3760 万元。2005 年 3 月，海南农垦实行政企分开、社企分离改革，将优良的橡胶资产从农场剥离，在保留加来农场的同时，设立海南天然橡胶集团股份有限公司加来基地分公司，实行两块牌子、一套班子管理。有中共党支部 45 个，党员 867 人。2008 年 12 月，国有加来农场深化农垦管理体制改革，保证存续农场与基地分公司在资产结构上的独立，建立现代企业制度，全面实现农垦体制融入地方、管理融入社会、经济融入市场的目标，将农场分为农场社区管理委员会和加来基地分公司，实行一个党委、两个实体。2009 年 3 月，海胶加来分公司与红华分公司重组合并为新的海胶红华分公司。加来农场（社区）单独设置，农场名称继续沿用。2010 年，全场总人口 33606 人，职工 1279 人，离退休人员 1853 人，中共党支部 27 个，党员人数 891 人，社会生产总值 9568 万元。场部机关设置 11 个科室，下辖 8 个农业作业区和 1 个镇（加来镇人民政府）。有 4 个村（居）委会，68 个自然村庄，4 个直属单位和 5 个场办二级企业。同年 6 月底，由海南农垦总公司和加来农场共同出资以股份制的形式成立临高嘉来实业有限公司。

二、经济发展

（一）橡胶生产

1986 年，农场橡胶种植面积 894.18 公顷，干胶总产量 135 吨。1990 年，橡胶面积种植 973.29 公顷，干胶总产量 296 吨。1995 年，橡胶种植面积 943.14 公顷，干胶总产量 697 吨。2000 年，橡胶种植面积 1027.11 公顷，干胶总产量 1144 吨，突破 1000 吨大关。2005 年 3 月，海南农垦实行政企分开、社企分离改革，将优良的橡胶资产从农场分离，在保留加来农场的同时，设立海南天然橡胶集团股份有限公司加来基地分公司。2007 年，橡胶种植面积 1643.42 公顷，产量 1146 吨。2008 年，橡胶生产正式与加来农场分离。2009 年 3 月，海胶加来分公司与红华分公司重组合并为新的海胶红华分公司，橡胶经营生产全部由新红华分公司管理，与加来农场脱离生产管理关系。

（二）粮食生产

加来农场是海南垦区水稻种植面积较大的农场，1986年，农场加大对农业基础设施的投入，改善农业生产条件。水稻种植面积3945.71公顷，粮食产量11436吨。1990年，全场水稻种植面积4249.26公顷，粮食产量17235吨。1995年，全场水稻种植3979.99公顷，粮食产量18514吨。2000年，水稻种植3782.42公顷，粮食产量16255吨。2005年，全场种植水稻3238.95公顷，粮食产量11825吨。2006—2010年，农场共种植水稻15501.08公顷，产量达54800吨，平均每公顷产3540千克。2009年，发放粮食补贴253万元，受益农民5000户。至2010年，农垦总局对加来农场农业基础设施建设累计投资1000万元，主要修建有尧龙干渠及二分渠、三分渠、古里水闸、加来水闸、美贤水闸等水利工程设施并对部分水利渠道进行硬化防渗。实施科学种田，改良土壤，推广优良品种，粮食产量也逐年稳步提高。

（三）冬季瓜菜生产

1986—1994年，职工自营经济大多停留在水稻和番薯的种植上。自1995年起，农场充分利用自然资源，积极调整产业结构和优化产业结构，引导职工发展冬季瓜菜产业，由原来“稻、稻、薯”的传统耕作模式改为“稻、稻、菜”耕作方式，很快取得明显的经济和社会效益。冬季瓜菜生产位于各乡镇前列，并带动农场第二、三产业的蓬勃发展，加快农场小城镇建设。冬季瓜菜生产成为全场广大职工增收的一个重要途径。2010年，冬季瓜菜种植面积1534.1公顷，年产量达4.60万吨，产值近亿元，年人均收入4991元。瓜菜主要品种有尖椒、圆椒、泡椒、螺纹椒及南瓜，日上市出岛量200吨，日产值80万元，主要销往北京、上海、广东、西安、郑州等国内20个大中城市。加来农场建有1个瓜菜批发市场及3个瓜菜冷藏库，一次性储存量达8000吨，成为海南西部一个重要的农副产品集散地，辐射临高、澄迈、儋州三市县等10个乡镇、农场。

（四）发展种养业

1986—2005年，在大力发展冬季瓜菜的同时还积极发展种养业，第二、三产业迅速发展，取得较好的成绩。2006—2010年，全场累计养鸭出栏36万只，鸡出栏26万只，猪出栏1.70万头，牛出栏0.70万头，养鱼123.39公顷。乳猪出栏量8万头，所产临高种乳猪具有皮薄、骨小、瘦肉多等特点。每年职工自营经济纯收入达6000万元，自营经济成为农场新的经济增长点。2010年，全场猪年存栏量3万头，牛年存栏量1.1万头，羊年存栏0.98万只，鸡年存栏20万只，鸭存栏量60万只。水产品年产量1362吨。

1986—2010年国营（有）加来农场经济生产情况表

表 1-3-1

年份	总人口（人）	工农业总产值（万元）	水稻面积（公顷）	粮食产量（吨）	橡胶面积（公顷）	干胶总产量（吨）
1986 年	26041	814.03	3945.71	11436	894.18	135
1987 年	26681	810.30	4005.60	12023	946.94	177
1988 年	25704	683.34	4071.03	10923	841.62	172
1989 年	25700	1027.40	4203.37	12862	887.11	230
1990 年	26193	2157.50	4249.26	17235	973.29	296
1991 年	24496	2543.70	4016.41	18468	973.29	355
1992 年	24132	2793.00	4160.15	18563	973.29	386
1993 年	22328	2891.00	4142.94	14285	981.29	420
1994 年	25911	3417.00	3735.20	14027	993.29	485
1995 年	22582	3389.00	3979.99	18514	943.14	697
1996 年	26644	3522.00	3890.74	18770	931.99	838
1997 年	27532	3861.00	3875.07	18963	950.67	976
1998 年	25854	3997.00	3796.56	17477	959.95	1112
1999 年	27437	3489.00	3801.90	15837	959.95	1159
2000 年	27215	3760.00	3782.42	16255	1027.11	1144
2001 年	27128	6632.00	3794.09	11767	1093.81	1148
2002 年	27454	7441.00	3698.05	11809	1160.51	1286
2003 年	27768	8433.00	3707.92	11703	1260.56	1275
2004 年	28557	8761.00	3723.33	11834	1360.61	1332
2005 年	30285	9015.60	3238.95	11825	1430.85	1135
2006 年	30506	9280.00	2927.33	11802	1576.65	1045
2007 年	33287	10461.00	3207.34	12310	1643.42	1146
2008 年	32420	11518.00	3234.02	11879	—	—
2009 年	33620	9091.00	3234.02	10386	—	—
2010 年	33606	9568.00	3234.02	10837	—	—

说明：2005 年 3 月，农垦实行政企分开，设立海胶集团股份有限公司加来基地分公司。橡胶资产

从农场分离出来

三、社会事业

（一）教育

1986年，加来农场有中学1所，小学15所，教学点7个，场办幼儿园1所。加来中学初中部有学生1050人，高中部有学生260人。1995年后，加来中学由于生源不足，高中部停办，初中部有学生1100人。1996年和1997年，中心学校与加来中学分别被海南省农垦总局授予“海南农垦示范学校”称号。1997年，中心学校被海南省农垦总局授予“海南省农垦一级学校”称号，同年被海南省授予“海南省一级学校”称号。1999年，农场投资900万元（农垦总局拨款300万元，农场自筹500万元，学校自筹100万元），兴建中学新教学大楼、科学馆、教师宿舍楼和食堂，中心学校科学馆等一批教学设施，同时对各学校环境进行整体美化和绿化。2002年秋，海南农垦加来师范学校转型办高中学校，经海南省教育厅批准创办海南省农垦加来高级中学，为海南农垦总局直属重点中学。2007年，加来高级中学被省教育厅确认为“现代技术教育实验学校”优秀校，同年被省授予“数字化校园示范基地”称号。2009年8月，农场中小学校全部移交地方管理。2010年，有中学2所（加来中学、加来高级中学），小学11所，教学点3个，私立幼儿园7所，私立小学1所。共有在校中小学生3855人，幼儿园在园儿童1433人。中小学有教职工299人，其中，中学教师78人，小学教师190人，职工31人。同年，农垦加来高级中学移交海南省教育厅直属管理。

1986年，农场文艺活动比较活跃，有文艺队及业余歌舞团体，经常到周边农场开展联欢活动。每年都积极开展丰富多彩的文体活动，丰富职工文化生活。2006年，国庆节期间举行男子排球邀请赛活动2场，开展女子拔河赛及主题文艺晚会活动3场。农场工会建有职工文化活动中心。

（二）卫生

1986年，加来农场有卫生院1所，门诊科室设置及病房设置基本齐全。1992年，农场建起一幢580平方米的综合楼。2008年，投资45万元，新建门诊病房1幢、改造病房1幢，总建筑面积650平方米。2010年，有卫生院1所，卫生防疫站1所。全场有医疗服务人员137人，其中防疫站12人，医疗技术人员51人，执业医师32人，其他管理服务人员42人。医疗机构占地面积1.7万平方米，建筑面积4728平方米。同年，农场医院有医务人员51人，其中医师12人，护理师10人，护士10人，检验师2人，药剂师（士）3人，其他人员14人。医院占地面积8122平方米，医院有床位35张，固定资产193万元；年门诊量30065次，住院量1092人次，全年实现业务收入120万元。农场防疫站有工作人员12人，其中医生6人，护士3人，防疫员3人。防疫站在抓好治病救人工作的同时，主要抓好卫生防疫工作，重点加强对手足口病、甲型HINI流感等各种传染病的控制和防范，落实计划免疫工作，确保“六苗”（卡介苗、乙肝疫苗、麻疹疫苗、脊髓灰质炎疫苗、百白破疫苗、乙脑疫苗）免疫接种达到95%以上。参加新型农村合作医疗人数2220人，参保率91%。参加城镇居民医疗保险人数1.57万人，参保率95%。为全场86位白内障患者提供一年两次的免费复明康复手术。

（三）计划生育

1986年以来，加来农场计划生育工作已形成制度化、常态化。1996—2000年，农场计生工作形成一个高潮，成为农场每年的一项中心工作。2009年，征收社会抚养费14.1万元。2010年，年出生率15.5‰，多孩控制率9%。落实长效避孕节育措施3934人，综合节育率81%，发放独生子女费10080元。

（四）社会保障

1986年，全场有五保户68人。农场配备民政事务管理员，负责做好五保户、孤寡老人的救济工作。2007年开始实行城镇最低生活保障制度。2009年，全场有五保户119户，低保对象1000人。发放优抚金人员95人。2010年，全场有城镇低保户880户1249人，年发放低保金400万元；医疗救助23人次，发放救济粮5000千克，发放冬季棉被150件，棉衣180件；补助各类优抚对象86人，同年12月，农场民政职能移交地方管理。

（五）邮政通信

1986年，农场科室部门之间联系只能靠总机房电话转，所有的信件报刊由邮递员投送。1993年，机关个别科室开始使用程控固定电话。2000年，电话通信设备在单位、家庭已经普及。至2010年，加来镇有邮政所1家，移动通信大厅6家，电信营业大厅1家，有线电视转播站1家。场部机关各科室都配有程控固定电话、互联网电脑，镇上职工也安装家庭程控电话及有线电视，各作业区、生产队干部及部分职工还购置移动电话及安装户户通卫星接收电视。电讯通信已覆盖全场各区、镇、村庄。

四、社会治安综合治理

1986年后，开展严厉打击各类刑事犯罪活动，主要是维护农场的社会治安和职工生命财产安全，做好护林保胶工作。1998年，农场成立社会治安综合治理办公室。2001年12月，临高县公安局加来农场派出所改称临高县公安局加来派出所。至2006年，先后依法立案侦查刑事案件206宗，破获189宗，查处各种治安案件278起，处罚违法人员183人；依法收缴被盗摩托车16辆，摧毁各种犯罪团伙13个。从重从快打击刑事犯罪分子

512人。2010年，全场发生刑事案件34宗，破22宗，刑事拘留14人，网上追逃抓获刑事拘留人员4人；治安案件发151起，行政拘留68人，破获贩毒案件4宗，抓获吸毒违法人员102人，强制戒毒55人，刑事拘留4人，行政拘留47人。调解处理各类矛盾纠纷105起，调处成功103起，开展普法宣传3场次，发放普法资料2000余份。

五、生态文明建设

2003年起，农场按照省农垦总局的部署开始推进文明生态村建设，以修路为主。2009年，进行农村公路改造42千米，职工危房改造345户。投资45万元，进行卫生基础设施建设，项目规模650平方米。2010年，建成大兴村、兰联三队、兰联五队、兰联七队、美塘村、兰扶村等文明生态村队。

附：加来镇简介

1987年7月，加来镇人民政府成立，属临高县乡镇建制。农场将加来作业区管辖的加来墟及周边村庄划归加来镇管理，土地属于国有土地性质，有城镇居民、集体所有制职工和全民所有制职工，均属非农业人口。镇政府工作人员由加来农场党委配备任命，镇党委、镇人大和镇政府领导由农场党委推荐或选民联名提名，再依照有关法律规定选举产生。加来镇没有独立的财政收入，也没有纳入县财政计划拨款，职工工资及办公经费均由加来农场支付。加来镇人民政府的职能与农场其他农业作业区没有差别。加来镇归属于国营加来农场和临高县人民政府双重领导。

1987年7月，加来镇机构设镇政府、镇人大、镇纪委。至1999年4月，加来镇的党组织只设党总支。1999年5月，经上级批准设立中共临高县加来镇委员会，是受加来农场党委管理的二级党委（科级）。2005年，根据省农垦总局社区分离改革方案，下达给加来镇政府和居委会干部（职工）编制25人，其中干部编制22人，工勤人员3人。全镇总人口6092人。境内有省国有加来农场机关、省农垦加来师范学校、省农垦加来高级中学、加来飞机场等单位。225国道（海榆西线）从镇境内穿越，西环铁路与西线高速公路分别从东西两侧通过，交通方便。2010年，全镇总人口1.2万人，镇政府有干部22人，工勤人员2人，辖有美龙、贤龙、向前3个村委会和加来居委会、8个自然村庄及加来墟。

第三节 国营（有）红华农场

一、位置与政区

国营（有）红华农场位于临高县东南部，北纬 19° 35′ 55″ ~19° 55′ 32″ ，东经 109° 42′ 12″ ~109° 52′ 22″ 。场部距临高县城 21 千米，距省会海口市 86 千米，距西环高速公路金牌出入口 13 千米，海榆西线 225 国道从农场门前穿过，是西部市县前往海口的必经之路，场内公路纵横交错，通村通队公路总里程 161.56 千米。

农场属琼北台地，地势南高北低，中北部凸起。南部最高的马鞍岭，海拔 306 米；其次为中部的多文岭，海拔 244 米；大部分台地均在海拔 30~150 米之间，台面平缓开阔，坡度多在 5 度以下，土层深厚，适宜机械化作业。气候属热带海洋性季风气候区，阳光充足，雨量充沛。年平均日照时数 2174.5 小时，年平均气温 23.5℃，气温最高的 6 月、7 月平均气温为 28℃，气温最低的 1 月月平均气温为 17℃。年降雨量为 1600~1800 毫米，多集中于 5—10 月。松涛水利工程东干渠穿经场区；南部有博浪河、田茂河、敦灵河，在中部汇集成东江河（大塘河的中游）后向东出境，注入南渡江；北部有池海河，向北流经马袅港入海。农场自建的东斗、拔吉、雅训、博成、群谷、进贤、龙潭、好林、凤蛟等小型水库，总蓄水面积 4.70 万平方米，有效容量达 5 万立方米；场内还有可以利用的山塘、池塘，面积 117.56 公顷。全场有土地面积 18558 公顷。农垦改革后，海南橡胶红华分公司有土地面积 4202.7 公顷，红华农场还有土地面积 14355.3 公顷。

1986 年，称广东省国营红华农场，有中共基层党支部 76 个，党员 890 人。1988 年，海南建省，改称海南省国营红华农场。1989 年，全场总户数 7232 户，总人口 27412 人。1995 年，总户数 7463 户，总人口 28610 人。2000 年，总户数 7136 户，总人口 29825 人。2003 年，农场职工农业户口全部转为非农业户口。2005 年 3 月，农场政企分开，分设海南橡胶红华分公司，隶属海南天然橡胶产业集团股份有限公司管辖，主要负责橡胶生产经营管理；保留国营红华农场，隶属农垦总局管辖，主要负责承办社会公共职能。2009 年，根据农场政企分开改革需要，国有红华农场与红华分公司分设两个党委。2010 年，农场机关有 20 个科室，下设红华投资有限公司，红华、红专、红旗、红侨、红星 5 个分场，红华医院、基建队、公路站、红华糖厂 4 个直属单位、10 个农村片、60 个农村队，总户数 6184 户，常住人口 32078 人（含海胶红华分公司人员）。有干部职工 4986 人，其中在岗职工 707 人，离退休职工 4600 人。有中共基层党总支 2 个，党支部 25 个，党员 486 人。

特色名菜有多文水芹，由多文村南丽潭温泉泉水种植的水芹口感香脆、嫩滑。因为土地肥沃，农民施用化肥相对少，且水芹属于野生类蔬菜，抗性好，村民很少用药，深受消费者欢迎。

二、经济发展

（一）橡胶生产

1986年后，农场每年计划种植橡胶66.67～133.33公顷。至2003年，全场种植橡胶面积到达4672.73公顷，共177.70万株，年产干胶5650吨。2009年，全场有土地面积18534公顷，已开垦利用12400公顷，其中种植橡胶4800公顷，橡胶开割面积3534公顷；其他种植面积7600公顷。

1986—2003年红华农场橡胶种植面积统计

表1-3-2

年份	总计		芽接		年份	总计		芽接	
	面积（公顷）	株数（万株）	面积（公顷）	株数（万株）		面积（公顷）	株数（万株）	面积（公顷）	株数（万株）
1986年	3868	153.00	3868	153.00	1995年	4299	167.80	4299	167.80
1987年	4005	161.05	4005	161.05	1996年	4452	170.50	4452	170.50
1988年	4119	167.71	4119	167.71	1997年	4492	173.40	4492	173.40
1989年	4249	168.55	4249	168.55	1998年	4537	177.00	4537	177.00
1990年	4269	167.97	4269	167.97	1999年	4568	180.20	4568	180.20
1991年	4436	164.10	4436	164.10	2000年	4719	186.80	4719	186.80
1992年	4351	161.40	4351	161.40	2001年	4790	191.20	4790	191.20
1993年	4326	162.10	4326	162.10	2002年	4674	185.30	4674	185.30
1994年	4348	165.00	4348	165.00	2003年	4672	177.70	4672	177.70

说明：2003年以后，由于农场体制改革和产业结构调整，橡胶面积未作统计

（二）自营经济

1986年起，职工开始办起家庭农场，自营经济迅速兴起。1990年，全场职工自营经济总收入1162.20万元。1992年后，农场提出“一业为主，多业并举”的经济发展方针，在抓好橡胶主业生产的同时，成立职工自营经济办公室，对职工发展自营经济进行积极引

导和大力扶持，促进自营经济的多元化发展。2010 年，农场职工自营橡胶面积 3481.2 公顷，其中开割面积 1218.4 公顷，年产干胶 1279 吨，平均每公顷产胶 1050 千克；农作物播种面积 3800 公顷，其中水稻播种面积 600 公顷，年产量 7385 吨，平均每公顷产 1.23 万吨；水果面积 266.67 公顷，年产量 4295 吨，平均每公顷产 1.61 万吨；糖蔗面积 1533.33 公顷，年产量 1.10 万吨，平均每公顷产 72 吨；年末猪牛羊存栏量 21997 头，肉类总产量 908 吨；家禽 15 万只，禽肉总产量 613 吨。全年职工自营经济总收入 14090 万元，职工人均收入 2.03 万元。

（三）科学研究

1986 年，农场科研所有所长 1 人，技术员和职工 36 人。各生产队也相应成立科研小组，配有技术员、辅导员、育种员和植保员。1992 年，撤销科研所，科研工作归由生产技术科管理。至 2010 年，农场科技人员开展 28 个农业科研项目研究，有 8 个项目获得成功，其中获得省、部级、国家级奖励项目 5 个。

三、社会事业

（一）教育

1986 年，红华农场有中学 2 所，小学 18 所，在校学生 4808 人。1993 年，农场将红旗二小、红星四小、红专一小附设的初中班并入红华中学。2009 年，农场教育系统全部移交临高县政府管理。2010 年，全场有红华中学 1 所，中心学校 1 所，完全小学 4 所，教学点 8 个，在校学生 3943 人。红华中学占地面积 12.13 公顷，有教学班 24 个，在校学生 1370 人，配备教职员工 123 人，红华中心学校有教学班 28 个，在校学生 1468 人，教职工 80 人。

（二）文化

1986 年起，农场重视文化阵地建设，提出农场、生产队要建有“一校”（职工夜校）、“两场”（篮球场、排球场）、“三室”（电视室、图书室、乒乓球室）的目标。至 1989 年底，全场建起篮球场 26 个，连队（生产队）文化室 32 个，购买图书 1300 册，露天电影场 1 个，公用彩电 35 台，公用录放机 42 台，录像机 1 台。1991 年起，加快总场、分场、生产队三级的文化设施建设。至 2010 年，场部建起文化中心、体育广场、老干活动中心、影剧院、电视转差台等一批文化设施，分场也有自己的文化活动中心，生产队办起文化室、阅览室、篮球场，部分生产队还办起卡拉 OK 歌舞厅。农场组织有一支业余文艺队，适时开展文艺进队（村）活动，每逢重大节日，农场都举行文艺活动，农场老年人活动中心日日开放，灯光球场夜夜亮灯，广场舞在农场已蔚然成风，职工文化生活丰富多彩。

（三）医疗卫生

1986年，红华医院有床位41张。1995年，医院建成一座面积2060平方米的门诊大楼。2010年，医院占地面积3.2公顷，总建筑面积7585平方米，其中业务用房3589平方米。全院床位64张，设有临床行政、药剂、内儿科、外科、妇产科、门诊部等6个科室。基层有6个中心卫生所、66个卫生室，职工151人，其中医疗专业技术人员131人，中级职称9人。

（四）计划生育

1986年，农场设有计划生育委员会、计划生育办公室，所属各作业区（分场）、直属单位、生产队有计划生育领导小组；全场有计划生育专职工作人员9人，兼职1人，形成三级管理网络。2009年，计划生育落实各项节育措施202例。2010年，全场计划生育落实各种节育措施251例，征收社会抚养费8.23万元。

（五）社会保障

农场有职工医疗保障制度，可享受不同比例的公费医疗报销。2000年起，实行危重、绝症病人医疗费封顶制度，即离休干部13000元/年，退休或30年以上工龄者11000元/年，20年工龄以上者9000元/年，10年工龄以上者7000元/年，10年工龄以下者5000元/年；其他病人的医疗费，则按工龄30年、20年、10年和10年以下4个档次，在原劳保医疗制度的基础上，分别调整为按80%～85%、75%～80%、70%～75%、65%～70%报销医疗费用。2008年实行城镇居民基本医疗保险制度。2009年，农场社保移交临高县政府管理，农场内部医疗保障制度停止。2010年全场城镇居民基本医疗保险参保率达1.20万人。

四、精神文明建设

1991年起，按照“三室一场一栏”（办公室、文化室、阅览室，球场，阅报栏）要求，每年创建2～3个文明生产队，逐步推进基层生产队的文明建设。2009年，完成职工住房改造250套。投入资金988万元，铺设24.7千米的水泥硬化道路，解决职工行路难问题；投入38万元，为透滩村铺设水泥硬板道路；投入16.5万元，帮助好林村开挖农田水渠；投入8.9万元，为敦灵新点修建水塔，解决群众饮水难问题；投入3.6万元修建排水沟，为拔吉村解决闲置的（6公顷）洋田水淹问题；投入2.3万元，为红湖橡胶队铺设水管，解决群众饮水难问题。2006—2010年，铺设水泥道路96.89千米。2010年，全场创建文明生产队28个，农场被评为“海南省2003—2006年度文明建设先进单位”。

第二编 环境 资源

临高县地处海南岛西北部，东邻澄迈县，西南接儋州市，北濒北部湾，形状呈U形，陆地面积1317平方千米，海岸线长114.7千米，海域面积675.66平方千米。2010年，全县总人口491240人，汉族人口占99.9%。

临高县属琼北台地，地势平缓，自南向北逐渐倾斜，海拔20～70米，南与东南部为丘陵，中部为文澜河沿岸冲积平原，西部为沙滩平原，北部为滨海平原。境内主要山岭为高山岭，海拔190米。气候高温多雨，阳光充足，为典型的热带海洋性气候，年平均气温23.4℃；年平均降雨量为1733毫米，年平均风速为每秒3.5米。水源丰富，土地肥沃，海域辽阔，濒临北部湾渔场，是全省农业和渔业大县。

第一章 自然环境

第一节 地质 地貌 土壤

一、地质

临高县地质基底主要有橄榄玄武岩、玻基辉橄岩、辉斑玄武岩熔岩流地层，其次地层沉积有河流冲积和海边冲积。更新世第二期橄榄玄武岩、辉斑玄武岩、玻基辉橄岩和晚更新第一期橄榄玄武岩、辉斑玄武岩分布于临高县广大地区，占全县北部大部分，并形成高山岭和多文岭两大火山区，土壤质地为红壤土。在文澜江和东江河两岸的河流洪积层是形成于更新世老冲积物，土壤质地为砂质黏土、黏土质砂、沙砾。在北部沿海一带有沉积岩形成的新老冲积层，形成海湾一级阶地沉积、海成一级阶地砂堤沉积、冲洪积一级阶地沉积。土壤质地为砂质黏土、泥炭、贝壳碎硝砂、沙砾等。

南部为五指山区和琼州海峡分界的东西断裂带，在断裂带中沉积了第三纪砂页岩系，形成低丘地形，为花岗岩丘陵区。还有古生代石炭纪丘陵。南部地下含水层的岩性为砂石卵石、含砾中粗砂、砾卵石亚砾土、砾质亚砾土、中细沙。北部地下含水层的岩性为糖饼状贝壳碎硝岩、贝壳沙砾岩，孔隙发育，局部呈蜂窝状结构，多为钙质胶结，含丰富的地下水。

二、地貌

临高县地域属琼北熔岩台地的一部分，整个地势较为平缓，南高北低，由南向北倾斜，由低丘陵、台地、平原、滨海沙滩逐级递降，呈不对称的新月形层状结构。台地上高出部分为火山区。河流多由南向北流入海。全县可分为北部沿海、中部平原、南部和东部丘陵3个地区。北部沿海地区有新盈、调楼、东英、博厚等村镇，海岸线长114.7千米，有头咀、安全、新盈、昆社、调楼、黄龙、抱才、博铺、美夏、马袅、金牌11个港口。新盈地区东高西低，东南为台地显半丘陵状，西部为沙滩平原，近海是后水湾。调楼地处沿海沙滩地带，调楼港是天然避风港湾。有一突入琼州海海峡的岬角称临高角，是临高旅游胜地。博厚镇的马袅湾是马袅河入海口，湾口向北，东南是马袅盐场。东北为金牌港经济开发区。高山岭是临高县北部的最高点。文澜江中下游的南宝、加来、波莲、临城处于中部平原，万亩洋田有六片是临高主要粮食生产基地。南宝镇四周偏高，中间平坦，形似盆地。加来农场除兰脉、雅正地区有坡地外，其余都是洋田地带。波莲镇南北高、中间低，东北部为平原、西南部为丘陵。南部的和舍、多文地区为丘陵区，地面高低不平，坡地多，大部分属红壤土，大寒岭是南部最高点，多文岭是东南部最高点。

三、土壤

临高的土壤大部分属玄武岩风化发育而成的砖红壤土，其次是浅海沿积和河流冲积发育成的沙砾土，以及长期耕作形成的水稻土。全县土壤分为潮沙泥土、砖红壤土、水稻土、滨海盐土、滨海沙土及石质土等6个土类、10个亚类、31个土属、88个土种。土壤类型主要有暗红湿润铁铝土、简育湿润铁铝土、铁渗水耕人为土、淡色潮湿雏形土、潮湿砂质新成土和简育水耕人为土。其中水稻土有5个亚类、18个土属、48个土种。成土母质有滨海沉积物、玄武岩、花岗岩、沙页岩和河流冲积物。潮沙泥土主要分布在文澜江两岸，母质为河流冲积物，由于河水的分选作用有明显的层次性，离河床越近土粒越粗。砖红壤土主要分布在多文、皇桐、红华、东英等地区，它是由玄武岩、花岗岩、滨海沉积物等母质发育而成，土壤暗棕红色或暗红棕色，质地多为重壤或轻黏土。水稻土有潴育性水稻土、潜育性水稻土和淹育性水稻土，主要分布在文澜江、好林河两岸的水田。滨海盐土主要分布在马袅、金牌、调楼、新盈等港湾，土层深厚，地质疏松，含盐分高，石灰反应强。滨海沙土分布于滨海沿岸，形成一条沿海沙带。石质土分布在新盈镇的片石村一带。

四、植被

临高县人工植被主要是水稻、小叶桉、大叶桉、木麻黄、苦楝树、橡胶、牧草等。天然植被有红树林、禾本科杂草、小灌木、飞机草等。2010年，全县植被面积117941公顷，覆盖率 89.55%。

水稻，以一年两造（早、晚两造）种植于临高县 18307 公顷的水稻田上，占土地总面积的 13.9%。大多分布在文澜河两岸的洋田地区，零星分布在其他丘陵地区有水灌溉的地方。

林木，主要为热带速生树种，如小叶桉、大叶桉、木麻黄、台湾相思、苦楝树等。全县林地面积 43054.68 公顷，占全县土地总面积 32.33%，主要分布在县域西南部和南部，其中以南宝镇、和舍镇、多文镇、加来镇、红华农场等地区较多。其中临城镇 4695.46 公顷，占该镇面积的 27.80%；博厚镇 4345.78 公顷，占 21.50%；皇桐镇 3585.53 公顷，占 25.58%；多文镇 9814.94 公顷，占 29.82 %；和舍镇 4861.72 公顷，占 45.27%；波莲镇 4686.60 公顷，占 38.71%；南宝镇 3207.97 公顷，占 38.93%；新盈镇 1723.62 公顷，占 29.41%；调楼镇 520.55 公顷，占 10.4%；东英镇 2350.59 公顷，占 24.1%；加来镇 3261.91 公顷。

橡胶，面积 8000 公顷，占土地总面积的 6.09%。主要分布于红华农场、加来农场西南部、和舍镇、南宝光吉农场、波莲西南部，以及东英、皇桐、新盈、博厚等地区。

红树林，面积 2602 公顷，分布在彩桥村、头咀港、红牌港、昆社港和马袅港等海湾。种类有桐花树、木榄、角果木、海李、红海兰、海漆等，生长在静风少浪的港湾泥滩上。

牧草，全县面积 7600 公顷，占土地总面积的 5.77%。主要分布于南宝、和舍、东江、多文、皇桐、马袅等地区。

灌木和杂草，不均匀地分布在临高县未开垦的荒地上，有如下 3 种植被：

刺灌丛植被，是由多种具有刺的灌木或藤状灌木组成。分布在沿海沙滩上，为滨海沙地植被。种类有刺葵、刺篱木、变叶罗实、仙人掌、露兜荆、蔓荆、老虎刺等。

灌木、草丛植被，分布在临高县中部台阶地、平原地区。草丛以禾本科为主，如大芒、茅草、马唐草等；并混杂散生有灌木种类，如黑面神、变叶罗实、了哥王、马缨丹、银紫、厚皮树。分布广，面积大，在休间地、轮耕地和表荒地等均有分布。

稀疏灌丛植被，主要分布在临高县南部地区。乔木树种秋香、鸭脚木、厚皮树、樟树等，分布于低丘陵坡地、台地，灌木主要有岗松、野牡丹、桃金娘、九节木、坡柳等。

第二节　山岭 河流

一、山岭

山岭，南部有马鞍岭、大寒山、美郎岭、黑岭；中部偏东有多文岭，北部有高山岭。

马鞍岭，古代称秋阳岭，海拔 306 米，位于县境南部，离县城 40 千米。形似马鞍，故称马鞍岭，是境内最高的丘陵。从马鞍岭的顶峰折向西南伸入和舍镇有大寒山（284米）、美郎岭（268米）、黑岭（211米），形成县境南部丘陵地带。

多文岭，高耸而圆，状如覆盆，又名那盆岭。是一火山锥，位于县境中部偏东南，海拔244米，离县城15千米。中间突起一峰，向四周伸延，形成县境东南部火山丘陵。

高山岭，古时叫毗耶山，海拔191米，位于县境北部，在县城西北面4千米处。顶峰椭圆形，地势向四面倾斜，是一火山锥，形成县境北部火山丘陵地带。

二、河流

临高县河流主要有文澜江、加来河、尧龙河、东江河、马袅河、文科河和博厚水。河溪大都呈南北流向。

文澜江：又称文澜河、临江，旧名抱甲。文澜江发源于儋州市兰洋镇北的马鞍岭，由南向北流，纵贯全县，经县城向东北出百仞滩至博铺港，汇入琼州海峡，为境内主要河流，也是海南岛大河之一。全程流长86.5千米，流域面积776.78平方千米。河道平均坡降为0.00147，总落差为254.3米。

加来河：是文澜江最大支流，发源于白石岭，流经加来、美台地区，于美梅村西面与文澜江干流汇合。河长34.5千米，流域面积152.57平方千米，河道平均坡降为0.00212。

尧龙河：是文澜江另一支流，为暴流性山溪，发源于儋峰岭，在南宝光吉农场与文澜河汇合，全长25千米，流域面积106.5平方千米。

东江河：又名好林河、美山河，系南渡江支流大塘河上游河段，全长40千米，流域面积494.2平方千米，河道坡降为0.00183。

文科河：是一条小溪，发源于波莲区乾彩乡抱庞村和美灵上村之间的沟下水田，注入琼州海峡的后水湾。全长26.5千米，流域面积96.3平方千米。

马袅河：又名池海河，是一条小溪。发源于多文岭，流经多文、皇桐，于马袅港入海。全长23.4千米，流域面积101.01平方千米，河道平均坡降0.004，为暴流性河川。

博厚水：发源于博厚镇洋梧村附近，在太郎村南面注入大海。全长10千米，为暴流性河川。

三、水库

全县集雨面积达100平方千米以上的河流有4条，水力蕴藏量达2万千瓦。平均水资源总量为13.40亿立方米，其中地表水资源为7.40亿立方米，地下水资源为6亿立方米。2010年，全县有水库96座，其中中型水库2座，小（1）型水库7座，小（2）型水库38座，山塘49座，总库容8897万立方米，兴利库容5821立方米。有干、支、斗、农、毛各级渠道共1351条，长2460千米，其中1立方米/秒以上干支水利渠道28条，总长335.1千米，设计灌溉面积

33726.67公顷，其中水田15733.33公顷。

四、地下水

临高县地下水有松散岩类孔隙潜水，松散、固结岩类孔隙承压水，火山岩类裂隙洞水和基岩裂隙水4种类型。全县地下水分布最广的是松散、固结岩类承压水，面积1072.5平方千米，占总面积的81.44%。分布较少的是基岩裂隙水，面积173.8平方千米，占总面积的13.2%。分布于新盈农场至多文一带以北地区的地下水，含水层顶板埋深一般在70～130米。临高角最深为214.65米，厚度一般20～50米，最大厚度95.26米。火山口附近水位埋藏较深，一般大于30米。滨海平原区一般高出地面5～7.5米，最高12.9米，富水性较强，单位出水量小于2升/秒米，自流量为800～1200立方米/天，最大为2353立方米/天。分布于临高县南部南宝、加来、东江等地的地下水，一般有2～4个含水层，岩组含水层厚度25～100米。加来以南地区水位埋藏深3～7米，最深为13米，单位出水量小于0.5升/秒米。加来以北地区的水位埋深小于1米，单位出水量为1.5～3.71升/秒米。

全县地下水总量为6.01亿立方米，可采量为1.239亿立方米。具体见表2-1-1。

2010年临高县地下水类型、面积和资源表

表2-1-1

类型	地下水种类	分布面积（平方千米）	占总面积（%）	地下水资源（万吨/日）	
				天然资源	开采资源
Ⅰ	松散岩类孔隙潜水	453.2	34.41	55.610	—
Ⅱ	松散、固结岩类孔隙承压水	1072.5	81.44	—	28.413
Ⅲ	火山类裂隙洞水	668.2	50.70	99.178	2.157
Ⅴ	基岩裂隙水	173.8	13.20	9.792	3.373

第三节 海 域

一、海洋水文

（一）潮汐

潮汐类型，根据潮汐公式计算，临高西部海域比值大于5，东部海域比值为7.3，均属于比较典型的正规日潮海区。只有在月球赤纬趋近零时，西部海域约有1～2天时间出现半日潮，东部海域则有4天时间。

最大潮差，西部海域年平均为347厘米，其中12月最大，为394厘米，5月最小，252厘

米；东部海域年平均为283厘米，其中12月亦最大，318厘米，4月最小，257厘米；西部海域最大潮差大于东部海域。

（二）潮流

根据金牌港口门实测最大涨落潮流速：表层夏季涨潮流速为79厘米/秒，流向305度，落潮流速96厘米/秒，流向180度；冬季涨潮流速为86厘米/秒，流向290度，落潮流速94 厘米/秒，流向288度。

底层夏季涨潮流速56厘米/秒，流向263度，落潮流速64厘米/秒，流向95度；冬季涨潮流速为74厘米/秒，流向295度，落潮流速69厘米/秒，流向121度。

（三）波浪

临高东部海域：海湾全年以风浪为主，涌浪为副，风浪频率为76×10^{-2}～85×10^{-2}赫兹，涌浪频率为14×10^{-2}～23×10^{-2}赫兹。

波向，海湾波浪常浪向，次常浪向为NE和ENE，出现频率分别是30×101赫兹和26×10^{-2}赫兹，SSW方向最少，仅为0.1×10^{-2}赫兹；强浪向为NE，次强浪向NNE。

平均波高，最大波高的年变化，多年月平均波高为0.61米。9月至翌年2月平均波高的月平均值较大，0.7～0.9米。3—9月较小，为0.5～0.7米。

（四）海水温度

东西部海域水温年平均值分别为24.26℃、24.40℃；春季东西部平均水温完全一致，为23℃～24℃；夏季为全年水温最高季节，分别为30.74℃和30.60℃；秋季平均水温为25℃～26℃；冬季为全年水温最低季节，东部为17.37℃，西部17.8℃。水温年变化差值都在12.8℃。

（五）海水盐度

临高东部海域（金牌咀外及马袅附近海域）和西部海域（后水湾部分）的年平均盐度均为32.33。季节变化规律，夏季盐度最低，东部为31.75，西部为31.30；冬季最高盐度东西都为33.44。海上盐度32%～34%，氢离子浓度6～7，呈中性状况。

二、港湾资源

临高县所辖海域海岸线北起马袅湾，南至后水湾，海岸曲折，地势平坦，港湾较多，海岸线长114.7千米，海域面积675.66平方千米，滩涂面积大，浅海滩涂面积5333公顷，海水含盐度适中，其中有多半的滩涂适于浅海养殖海底地形以珊瑚礁和玄武岩为主，其次是泥沙砾的夹长地带。海边有头咀、安全、新盈、昆社、黄龙、调楼、抱才、博铺、美夏、马袅、金牌11个港口，其中适宜开发养殖的港湾有6个。港湾滩涂资源主要有：

（一）头咀湾

位于临高县西部，与儋州市交界，港口向南偏西，东南为泊潮村（儋州市），港内东面为头东村，东南为彩桥村。港口为临高县与儋州市渡口，两岸红树林丛生，有长1千米的沙滩，滩涂面积813.33公顷。海水比重1012～1018之间，宜养殖珍珠贝、胎贝等。近彩桥村处因陆地溪水直接流入，海水比重稍低，一般在1.000～1.012之间，有一条长400米的拦海堤坝，坝内面积133.33公顷，适宜养殖鱼虾、文蛤贝类。

（二）后水湾

位于临高县西部新盈镇海边，南接儋州市，西临越南、广西，是海南岛海产品丰富的港湾之一。港湾海洋生态资源丰富，有“海底森林”的红树林、珊瑚礁和洁白的沙滩，还有世界稀有的供观赏原生态自然景观。尤其是邻昌岛，涨潮时，整个岛屿被淹没；退潮时，整个礁盘露出水面，面积约有3～4平方千米。礁盘上有个将军脚印。这里蕴藏着丰富的鱼、虾、蟹、沙虫、螺及牡蛎等，是适合人们赶海、垂钓、观光的好去处。渔业发展较快，船只机械化程度和科技含量较高，作业有灯光围网、拖网捕虾、刺网捕蟹等。

（三）马袅湾

位于临高县东北沿海，西起马袅半岛，东接澄迈县，是马袅河入海口，湾口向北，东南是马袅盐场，西面是新安村。整个海湾呈U字形，十几千米海岸线环抱河口，地形地貌丰富多变，地势高低错落，蜿蜒别致，海滩、河床、孤岛、陡坡完美融为一体。滩涂面积253.33公顷。湾内红树林丛生，水深2～5米，在新安村附近深沟水深7米。南面是道灶村，东南是道辽村，北面有一小口通海，水深3～5米，潮差28米，海水比重1000～1010之间。湾心有一个面积6.67公顷的岛屿，岛上水草丰茂，鱼游浅滩，白鸥点点。海洋生态资源丰富，有红树林、沙滩、天然草坪、热带林木、蕴藏丰富的海洋产品。

（四）头洋湾

位于临高县沿海中部，湾口向北，口内形成东北走向大肚湾，东面是头洋村，南面是隆道村，西北隔一条小沙丘，有尤会泉水长年流入，海水比重1004～1010之间，涨潮时水深2～2.5米。

（五）博铺湾

位于文澜江出海口，属于外海性港湾，滩涂面积333.33公顷。有文澜江长年流入，带来大量有机质，形成鱼虾繁殖的场所，海水比重1010左右，水色呈淡黄，潮差25～28米，退潮时水深4米。

（六）金牌湾

属于外海性港湾，港口外是红牌礁盘，湾内与两旁滩涂面积120公顷。红树林面积33.33

公顷，海水比重1012，潮差2.5～3米。

第四节　气　候

临高县地处低纬度，在北回归线以南，阳光充足，季风明显，温度高且多雨，属热带季风海洋性气候，终年无霜冻，有利于农作物生长。

一、气温

临高县年平均气温为23℃～25℃之间。气温最高的是7月，月平均气温为28.3℃；气温最低的是1月，月平均气温为16.9℃。除了2月和12月月平均气温在17℃～18℃之间外，其余各月月平均气温在21℃以上。

日平均气温大于或等于10℃的年积温为8562℃。在季节分配上，夏季（6—8月）积温最多，占年积温的32%。春季（3—5月）和秋季（9—11月）积温基本相同，各占年积温的26%。冬季（12—2月）积温最少，占年积温的16%。

1986—2010年，极端最高气温为40.3℃，出现在2003年5月7日；极端最低气温为2.6℃，出现在1999年12月24日。

1986—2010年临高县各月平均气温表

表2-1-2　　单位：℃

月份	1月	2月	3月	4月	5月	6月	7月	8月	9月	10月	11月	12月	全年
平均气温	17.8	18.8	21.5	25.1	27.3	28.6	28.7	28.1	27.0	25.1	22.1	18.9	24.1

二、日照

临高县地处低纬度，终年太阳投射角度大，日照时间长，昼长夜短。一年中有半年以上时间日照时数在12小时以上。夏至日，太阳直射北回归线，全县每日可照时数I3.3小时；冬至日，太阳直射南回归线，全县仍可获10小时以上可照时间。年平均日照时数为2175小时左右，占可日照数的49%。日照时数在年中分配情况是夏季多于冬季，7月最多，平均245小时；2月最少，平均只有112小时。年最大日照时数为1987年的2395.5小时，年最小日照时数为2006年的1773.4小时。

1986—2010 年临高县各月平均日照时数表

表 2-1-3

月 份	1 月	2 月	3 月	4 月	5 月	6 月	7 月	8 月	9 月	10 月	11 月	12 月	全年
日照时数（小时）	132.3	111.8	144	191.7	242.1	211.7	245	213.6	192.9	194.7	154.4	45	2174.5
百分率（%）	39	35	39	51	60	53	60	53	53	54	47	42	49

三、太阳辐射量

临高县日照时间长，太阳辐射角度大，光照充足，地面获得太阳辐射能量较多，热能丰富。年太阳辐射量平均为119.5千卡/平方厘米。其年际变化在110.4～126.6千卡/平方厘米之间，最多年和最少年相差16.2千卡/平方厘米。年内辐射量最多的月份是5月和7月，辐射量为13.4千卡/平方厘米，各占年辐射总量的11%。辐射量最少的月份是2月，辐射量为6.5千卡/平方厘米，仅占年辐射总量的5%。

1986—2010 年临高县各月太阳辐射量表

表 2-1-4　　单位：千卡/平方厘米

月 份	1 月	2 月	3 月	4 月	5 月	6 月	7 月	8 月	9 月	10 月	11 月	12 月	全年
太阳辐射	6.7	6.5	8.7	11.3	13.4	12	13.4	12.1	10.9	10.2	7.6	6.8	119.5

四、蒸发量

临高县气温高，冬春两季盛吹东北季风，蒸发量大，年平均蒸发量1813.7毫米。全年蒸发量最大的为夏季高温期5—7月，月蒸发量均在200毫米似上。蒸发量最少的为低温期冬季（12月、1月、2月），月蒸发量在100毫米以下。全年有8个月的蒸发量大于降雨量。月蒸发量最大的为5月，蒸发量高达202.9毫米。月蒸发量最小的为2月，蒸发量99毫米。4—10月，各月蒸发量均大于或等于150毫米，占年蒸发量的68%。

五、湿度

临高县虽在高温多雨的热带季风区，但雨量分配不均，历年平均相对湿度为85%。各月平均相对湿度为82%。

1986—2010 年临高县各月相对湿度表

表 2-1-5　　单位：%

月份	1 月	2 月	3 月	4 月	5 月	6 月	7 月	8 月	9 月	10 月	11 月	12 月
平均	84	88	87	83	81	83	81	85	87	84	84	84

六、常风

临高县属于热带季风海洋性气候区，历年常风平均风力为3级，冬半年3～4级，夏半年2～3级。风向因季节而异。1—5月，东北风最多；6—9月，以东南风为主；10—12月，多吹偏北风。

1986—2010 年临高县各月风速风向表

表 2-1-6　　单位：米/秒

项目＼月份	1 月	2 月	3 月	4 月	5 月	6 月	7 月	8 月	9 月	10 月	11 月	12 月	全年
平均风速	3.9	4.3	3.9	3.5	3	2.6	3.3	3	3.7	3.8	4.1	3.6	3.5
风向	东北	东北	东北	东	东	南	南	南	偏东	偏北	偏北	偏北	—

七、雨量

临高县为中国多雨地区之一，雨量充沛，全县各地平均年降雨量在1100～1800毫米之间，其规律是自南部内陆向北部沿海地区递减，但位于多文岭东侧的国营（有）红华农场则是境内多雨中心，其年平均降雨量为1804.5毫米，为全县之冠。年内月雨量最多的是8月份（平均为311.1毫米），占年总雨量的22%；月雨量最少的是1月（平均为15.3毫米），只占年雨量的1%。全县雨量分配不均匀，干湿季明显。雨季（5—10月）雨量占全年雨量的87%，干季（11月至次年4月）雨量占全年雨量的13%，因而冬季春季常常出现干旱，北部沿海的干旱比较严重。南部平均年雨日为172天，县城136天，而东北部沿海的马袅地区只有91天，只及南部地区的52.9%，为县城的66.9%。年最大降雨量为2009年的2568.8毫米，年最小降雨量为1987年的822.2毫米。

1986—2010 年临高县各月平均降雨量表

表 2-1-7　　单位：毫米

月份	1 月	2 月	3 月	4 月	5 月	6 月	7 月	8 月	9 月	10 月	11 月	12 月	全年
平均降雨量	16.0	27.2	37.5	54.5	127.8	167.7	210.3	272.3	253.0	231.0	55.4	30.0	123.6

第二章　自然资源

第一节　土地资源

根据2005年土地利用现状变更调查成果统计，全县土地总面积133181.53公顷，其中农用地面积109480.55公顷，占全县土地总面积的82.20%；建设用地面积11541.13公顷，占全县土地总面积8.67%；未利用地面积12159.89公顷，占全县土地总面积9.13%。全县耕地面积48383.01公顷，占全县土地总面积36.33%。沿海平原分布多于南部丘陵台地，其中水田、旱地面积46095.20公顷，占耕地面积的95.27%，全县各地均有分布，以中部各镇旱地面积分布较广，连片性较好，南部的旱地相对较少；水田主要分布在中部平原台地区和北部沿海平原。全县园地面积14401.57公顷，占全县土地总面积10.81%，主要分布在南部丘陵台地区，其中橡胶园面积11739.27公顷，占园地面积的81.51%，以国有农场及南宝、和舍、多文等镇的种植面积较大。全县林地面积43054.68公顷，占全县土地总面积32.33%，主要分布在县域西南部和南部，其中以南宝镇、和舍镇、多文镇、加来镇、红华农场等地区较多。全县其他农用地面积3641.29公顷，占全县土地总面积2.73%，包括养殖水面、农村道路、沟渠及坑塘水面等，遍布于全县各地区。全县城乡建设用地面积8447.43公顷，占全县土地总面积6.34%，其中城镇用地面积1450.81公顷，占全县土地总面积1.09%，分布于全县各镇及农场，以经济相对发达，人口稠密的临城镇、调楼镇、新盈镇以及多文镇分布最多；工矿用地面积1083.81公顷，占全县土地总面积0.81%，主要分布在临城、新盈、博厚等镇；农村居民点用地面积5912.81公顷，占全县土地总面积4.44%，在全县各镇均有分布，但各镇间人均用地分布不均匀且布局较散乱。全县交通运输水利设施用地1362.15公顷，占全县土地总面积1.02%，主要分布在加来镇、和舍、博厚等镇。其他建设用地面积1108.35公顷，占全县土地总面积0.83%，分布于全县各镇及农场。全县未利用地面积12159.85公顷，其中未利用土地面积6791.44公顷（包括荒草地面积6655.15公顷），占全县土地总面积5.10%；其他土地面积5368.41公顷（包括水域面积1482.27公顷，滩涂面积3886.14公顷），占全县土地总面积4.03%。

根据2008年土地修测，临高县陆地面积1317平方千米，海岸线长114.7千米，海域面积675.66平方千米。

根据2009年二调结果，全县土地总面积134333.33公顷。全县土地总面积中，水田23904.13公顷，水浇地15.10公顷，旱地24556.46公顷；园地31145.81公顷，其中果园3666.04公顷，其他园地27479.77公顷；有林地29220.37公顷，灌木林地2193.98公顷，其他林地2311.31公顷，草地1782.46公顷，铁路用地72.63公顷，公路用地698.13公顷，农村道路2579.89公顷，港口码头3.25公顷，河流水面954.25公顷，水库水面1526.02公顷，坑塘水面1101.16公顷，沿海滩涂3631.82公顷，内陆滩涂457.27公顷，沟渠1231.90公顷，水工建筑用地13.27公顷，设施农用地552.02公顷，田坎9.10公顷，沼泽地0.76公顷，裸地8.43公顷，建制镇2728.67公顷，村庄6267.58公顷，采矿用地767.91公顷，风景名胜及特殊用地1105.11公顷。

第二节　野生动植物资源

一、野生植物资源

临高县植物资源非常丰富，县域东南部为常绿季雨林和常绿阔叶林分布区，由于人类生产经营活动的影响，原始森林已不复存在，多为次生林、人工林或稀树矮草群落所替代。

落叶季雨林和常绿季雨林的乔木主要树种有黑格、白格、厚皮、花梨木、枫香、海南黄檀、白乌桕、黄牛木、石梓、麻栎、旱毛栎、乌墨、黄杞等；热带雨林主要树种有加卜、青皮、科礼等；山地雨林主要树种有长叶打铁树、金荣、陆均松等；灌木主要有叶被木、圆叶刺桑、光叶巴豆、坡柳等；沿海泥滩有部分红树林，遭人为破坏后，仅存在于新盈、博厚和调楼的部分沿海地区，树种有桐花树、白骨壤和其他红树等。

热带草地分布草本有班芒、石珍芒、红裂孵草、假高粱、白茅、野香茅、紫金泽兰、南知风草、鸭嘴草等；沿海沙荒草地有麓刺、海香附、海马草、露兜、海刀豆和仙人掌等。

本地树种有苦楝、油桐、油茶、海棠、海南胭脂、大小叶榕和竹类；栽培树种主要有木麻黄、窿缘桉、白木香、非洲楝、花梨、南亚松等。

二、野生动物资源

由于境内地势平坦，人类经营活动频繁，野生动物栖息地面积减少，已较难见到大型野生动物。能见到的兽类有穿山甲、海南兔、鼠类等；鸟类有毛鸡、斑鸠、猫头鹰、山鹧鸪、白鹭、八哥、翠鸟、乌鸦、麻雀、家燕等；爬行类有蜥蜴、菜花蛇、水蛇等；龟类有山龟、金钱龟等；两栖类有蟾蜍、青蛙等。2003年1月，中国林科院专家在临高新盈红树林自然保护区后水湾一带曾发现国家二级保护野生动物黑脸琵鹭，还有绿翅鸭、白眉鸭等禽类在此觅食。

第三节　水产资源

海水鱼类有棘头梅鱼、大黄鱼、点蓝子鱼、石斑鱼、鲨鱼、鲤鱼、宝刀鱼、中华青鳞鱼、金色少沙丁鱼、脂眼鲱鱼、马鲛鱼、大甲鱼、水公鱼、黄鲫鱼、马鲳鱼、黄绸鱼、金钱鱼、斑石鲈鱼、刺鱼、带鱼、速针鱼、胡椒绸鱼、头鲈鱼、比目鱼、鲈鱼、红鱼等。著名海产有石斑鱼、马鲛鱼、黄花鱼、比目鱼、鱿鱼、海参等。本地的鱿鱼干是“海南八珍”之一。

虾类有墨吉对虾、斑节对虾、龙虾、花虾等。贝类有珍珠贝、牡蛎、扇贝、毛蜡、鲍鱼、文蛤等。软体动物类有鱿鱼、墨鱼、章鱼、海蜇等。棘体动物类有海参、海星等。蟹类有青蟹、花蟹等。此外， 还有海龙、海马、海胆等。

淡水鱼类有华南鲤鱼、鲫鱼、须鲫鱼、黄尾鲴鱼、刺鲍鱼、泥鳅、鲶鱼、 胡子鲶鱼、花鳗鱼、青鱼、草鱼、鲴鱼、广东鲂鱼等。

淡水养殖资源十分丰富，全县有山塘水库96座，总库容量9245万立方米。可利用养鱼面积2008.13公顷，其中鱼塘72公顷，苗塘4.8公顷，山塘221.93公顷，水库1709.4公顷。可饲养的鱼类主要有鲢鱼、鲫鱼、鲭鱼、草鱼、鳊鱼、鲶鱼、娃娃鱼等50多种。

第四节　矿产资源

临高县属琼北石油开发区，蕴藏大量的原盐、陶瓷土、玄武岩、石灰石、石英砂、矿泉水，还有钨、钛、钪等稀有矿物。矿泉水水质好，含二氧化碳适度。

临高县境内矿产主要有煤矿、铁矿、钨矿和泥炭土矿。

南宝加来一带有煤矿，即南宝、加来、兰奇、武松4个煤矿点，沉积在东南断裂带中的第三纪地层中。

铁矿形成于广大玄武岩山地上，由于强裂风化富集铁质，在地下水面上形成褐铁阶层。铁矿分布是：临高同澄迈交界的硝铁矿、博厚钴铁矿、武郎褐铁矿。

境内南部和舍镇有钨矿分布。为侵入于古生化地层和花岗岩的钨矿，矿脉有9条。

境内还有少量的泥炭土矿分布。有位于加来墟北2千米处的龙灵泥炭土，和浪村东1千米处的和浪泥炭土，美台墟北2千米处的南放泥炭土，临高城市购物公园的临高泥煤。

临高县矿产资源颇为丰富，陆上福山油气田的美台、朝阳、永安油气构造已查明一部分地质储量，其本身及向海一侧尚有一定资源潜力。加来煤矿（油碳质页岩）及其上盘的耐火黏土（砖瓦用黏土）矿区仍具有综合开发价值。东江地区的高岭土（耐火黏土）及其下部可能赋存的褐煤、油页岩（油碳质页岩），以及临高县中北部蕴藏的地下水和饮用矿泉水，有待进一步勘查查明可采资源储量。中北部地区广泛分布的贫薄褐铁矿和铁质黏土矿可予研发利用和开辟新工业用途。东南部的钨、锡、铅、锌等有色金属矿产具有一定的找矿前景。建筑用砂石黏土矿资源储量丰富，能够满足建筑市场需求。

临高县辖范围已发现能源矿产、金属矿产、非金属矿产和水气矿产共17种，有比较主要的矿床（点）和水源地47处，包括大型地下水源地1处、中型矿床与水源地3处、小型矿床和水源地32处、矿点11处。

2005年，临高县共有各类矿山（开采点）38个，采出原油1000吨、建筑用玄武岩和花岗岩矿石13.0万立方米、砖瓦用黏土矿石19.0万立方米、铁质黏土5.0万吨、高岭土2.0万吨、建筑用砂14.0万立方米、地下水150万立方米，矿产采掘（含初步加工）业总产值为4470万元，约占全县同年工业总产值4.73亿元的9.5%，约占国内生产总值36.58亿元的1.22%。

至 2010 年，查明普通建筑用砂石黏土矿资源储量 600 万立方米，包括玄武岩 200 万立方米、花岗岩 50 万立方米、河砂矿 150 万立方米、砖瓦用黏土矿 200 万立方米。

第三章　自然灾害

第一节　雷电灾害

1986—1994年，无雷灾记录。

1995年6月4日，临城镇仙环小学遭雷击，1人死亡。

1996年5月26日，临高县中学遭雷击，1人死亡，1人受伤。

1999年8月5日，临城镇宫花村遭雷击，1人死亡。

2003年8月20日，博厚镇敦太村遭雷击，1人受伤。

2004年6月2日，临高县气象局遭雷击，致使自动站部分气象设备、计算机、ADSL、

MODEM、HUB接线器等设备损坏。6月21日，东英镇黎安村遭雷击，1人死亡。6月24日，临城镇美台中学遭雷击，2人受伤。7月8日、9月3日，临高县境内遭雷击，造成1人死亡，2头大猪被击死，1个电表和5台电视被击坏，部分瓦房被震松。

2005年5月18—19日，马袅、南宝两地分别遭雷击，造成3人死亡、2人受伤。

2006年6月20日、8月2日，波莲镇遭雷击，1人死亡、4人昏迷。

2007年5月28日，多文镇博郎村，7月6日，临城镇美台吾尔村罗万坡分别遭雷击，3人死亡、3人受伤、1台电视被击坏。8月4日，临高县气象局遭雷击，自动站采集器、风向风速器、EN型风数字处理仪、1台电脑被击坏。

2008年5月10日，东英镇伴康村遭雷击，2人受伤。7月26日，加来镇和东村遭雷击，1人死亡。

2009年3月25日、5月11日，博厚镇堂美村、南宝镇古道村遭雷击，2人死亡，1人受伤。

第二节　地震灾害

1994年12月31日10时57分和1995年1月10日18时，北部湾分别发生6.1级和6.2级地震，烈度Ⅶ度，无人员伤亡，造成境内临城、博厚、东英、调楼、新盈等乡镇沿海地区部分民房瓦片掉落，墙壁裂开宽2～10厘米、长1.5～6米，南北向断裂较多、东西向断裂较少，合计经济损失达8000万元。

第三节　旱　灾

1987年秋至1988年4月，临高县遭遇严重干旱，对农业生产带来不利影响。

1993年12月至1994年4月，降水量比历年同期偏少68%，全县受旱面积4.7万亩，其中受影响较严重的2万多亩，坡地作物普遍受寒，其中甘蔗受旱较严重。

1995年3月上旬至5月下旬，全县受旱面积9.69万亩，其中水稻3.8万亩，其他作物5.89万亩，水井干枯7个，水库干枯9座，全县5个村庄1900人饮水困难。东英、博厚、波莲和美良受旱严重。

1996年4月至8月上旬，连续干旱5个月，全县农作物受旱面积8.25万亩，其中水稻面积3.9万亩，受旱严重1.9万亩，稻苗枯萎0.393万亩。

1999年3月，临高县出现高温天气，最高气温39.3℃，造成全县严重干旱。

2002年春季，临高县出现严重干旱高温天气，受旱乡镇14个，受旱村庄334个。农作物、经济作物等其他作物受旱严重，全县人畜饮水困难村庄116个8026人，其中饮水严重困难村庄17个5924人。

2003年2月、4月降水异常偏少，5月、6月降水明显偏少，全县受旱乡镇7个，受旱村庄28个，农作物受旱严重，全县人畜饮水困难村庄13个。

2004年2—5月，全县大面积出现旱情，水库蓄水下降，文澜江水位降低，东英、博厚等地出现人畜饮水困难。

2005年2—5月，全县10个镇出现严重旱情。5月，全县水库、塘坝干涸49座（处），作物受旱面积1.05万公顷，成灾面积5380公顷（其中水稻4420公顷），因旱饮水困难达3.90万人。全县旱灾粮食损失5600吨，经济作物损失1000万元。

2006年11月20日至2007年3月4日、2007年10月21日至2008年2月1日、2008年10月19日至12月26日、2009年1月1日至3月5日、2009年11月4日至2010年3月15日、2010年4月25日至5月25日、2010年6月2日至7月12日、2010年11月22日至12月31日，全县范围内发生不同程度的旱情。

第四节　台风洪涝

1986—2010年，临高县受10级以上台风影响23次，年均0.92次。

1986年，第16号强台风于9月5日上午11时在文昌县铺前地区沿海一带登陆，下午4时前后进入北部湾，风力10～11级，阵风12级以上，全县被台风刮倒房屋620间，损坏18537间，有10所中小学校房屋全部被毁，课桌被砸坏1686套，学生不能正常上课。

1992年7月13日，第5号台风在琼海市北部沿海地区登陆，经过临高县，风力达8～9级，阵风10～12级，损坏房屋8548间，倒塌466间，死亡1人。

1992年7月22日夜间，第7号台风在广东省湛江沿海登陆，受其影响，全县普降大暴雨，县城降雨量170毫米，尧龙水库198.5毫米。3个乡镇27个村庄5.54万人受灾，死亡1人，直接经济损失1330万元。

1993年8月21日零时至22日8时，受第9号台风影响，全县普降特大暴雨，降雨量399 毫米，山洪暴发，文澜江洪水泛滥，临高县城沿江街道被淹水深达2.5米，42个机关事业单位被水浸淹，沿岸受淹村庄53个，被洪水围困的群众有1.83万人；淹没农田1万公顷，粮食作物6666.67公顷。全县16个乡镇，623个村庄24万人受灾，造成直接经济损失5247.90万元。

1994年8月27日、28日两天，受第19号热带风暴影响，全县普降大暴雨，局部特大暴雨。临城地区24小时降雨量253.5 毫米，尧龙水库地区409毫米，山洪暴发，沿江两岸的博厚、临城、波莲、东英4个乡镇44个村庄及临高县城受淹被洪水围困的群众有8263人；农作物受灾面积9266.67公顷，其中水稻面积6666.67公顷，经济作物2400公顷，淡水养殖损失1067.1吨；冲毁桥涵21座，毁坏路面48千米，3条公路交通中断，供水、供电中断17小时；毁坏水闸30个、水利桥涵215宗、塘坝8座，渠道决口38.9千米，损坏机电泵站3个。直接经济损失1865万元。

1996年8月下旬，受第12号台风袭击，全县受灾乡镇16个、村庄630个、人口15人；房屋损坏1050间，面积16800平方米；农作物受灾面积2986公顷；供电线路中断12条，输电线路损坏37杆，长度2590米；水闸损坏5座，塘坝冲毁2座，决口渠道2.3千米。造成直接经济损失3671.5万元。1996年9月20日，受第18号强热带风暴袭击，境内阵风达到12级，全县普降特大暴雨，全程降雨量405.7毫米以上，造成文澜江洪水泛滥，临高县城及沿江两岸85个村庄受淹，县城淹没最深处达3.8米，被洪水围困的群众有5.82万人；全县16个乡镇，30.30万人口受灾；损坏房屋1.09万间，倒塌房屋1600间；农作物受灾面积2.75万公顷，其中粮食作物1.20万公顷；淡水养殖损失面积223公顷，数量258.7吨；全停产工矿企业4个，损失价值2300多万元；公路中断16条次，冲毁路基路面330千米，冲毁桥涵73座，供电中断63小时，损坏输电线路525杆，长度51.2千米；损坏通信线路210杆，长度11.4千米；损坏堤防5.15千米，决口81处，长度2.3千米；渠道决口120千米；损坏护岸6处；损坏桥涵270座；损坏度槽7座；损坏泵站4座；装机160千瓦；损坏水电站11个；装机3020千瓦。造成直接经济损失2亿元。

2000年9月9—10日，第16号台风袭击临高，县内陆地风力8级，沿海阵风10级。全县16个乡镇，11万人受灾。农作物受灾面积1773公顷，房屋倒塌24间，损坏房屋112间，损坏渔船1艘，损坏航标2座，刮倒输电线路2千米，损坏水库19座，毁坏堤防1.5千米，毁坏水闸8个、渡槽8座、桥涵13座，损坏水利管理设施3处。直接损失1018万元。

2000年10月11日傍晚至16日早上，受热带低压和南下冷空气的共同影响，境内连降大或暴雨，昼夜不停。临城地区降水量达520毫米，造成严重的洪涝灾害。这次洪灾，全县23.40万人受灾，成灾16万人。被洪水围困的村庄53个，人口1.60万人，860户4300人无家可归。部分村庄和部分县城街道浸水，最深处达2.8米。毁坏民房636间，冲走和损坏粮食1200吨；受灾粮食作物面积7070公顷，成灾面积5300公顷，绝收面积1000公顷，损失秋种瓜菜面积270公顷，其他经济作物3100公顷；淡水养殖损失面积100公顷；毁坏公路桥涵25宗，冲毁路基78千米；毁坏水利涵闸43宗，损坏水库塘坝12宗，渠道决堤19处。全县直接损失1.17亿元。

2001年7月1日，受台风影响，全县普降大到暴雨，农作物受灾面积2352公顷，其中水稻面积2070公顷；房屋损坏和倒塌63间，毁坏渡槽2座、桥涵3座。

2001年8月29日至9月1日，受南海热带低压影响，全县普降暴雨到大暴雨，局部特大暴雨，境内风力6～7级。临城地区全程降雨量176.7毫米，尧龙水库地区383.3毫米。文澜江洪水暴涨，造成农作物受灾面积2970.7公顷，其中水稻面积1977公顷，瓜菜面积135.7公顷，其他经济作物678公顷；房屋倒塌33间，损坏桥涵4座、渡槽2座，损坏水库涵管4条。2次灾害直接经济损失2689.9万元。

2002年9月25日下午，第20号热带风暴从三亚市沿海登陆，受其影响，全县普降大雨到大暴雨，出现洪涝灾害，造成一定的灾害损失。据统计，农作物受灾面积3600公顷，其中水稻2100公顷，经济作物1500公顷；房屋损坏和倒塌56间，水产养殖面积30公顷，水利工程桥涵15处，毁坏防渗渠道5处150米，直接经济损失1800万元。

2003年7月21日至22日，受“天鹅”强热带风暴的影响，境内普降中到大雨，风力7级，阵风8级。全县4个乡镇、51个村庄、2.5万人受灾，损坏房屋39间，倒塌房屋7间，农作物成灾面积76公顷，直接经济损失123万元。

2003年7月24日，受“伊布都”台风的影响，全县普降暴雨到大暴雨，局部特大暴雨，临城地区从24日8—16时，降雨量达143.1毫米，风力7～8级，阵风9级。全县普遍受灾，出现灾情。全县10个乡镇、129个村庄、7.27万人受灾：全县农作物受灾面积1079公顷，成灾面积658.3公顷；损坏房屋22间，倒塌房屋13间；冲毁灌溉设施13处，渠道长400米，损坏小型水库9宗；损坏农村输电线路540米。造成直接经济损失430.60万元。

2003年8月24日，受第12号台风的影响，全县普降大暴雨到特大暴雨，临城地区从24日8时至25日17时降雨量298毫米，其中从25日8时至17时，降雨量达189.6毫米，风力9～10级，阵风11级。全县10个镇、638个村庄、24万人受灾，农作物受灾面积9800公顷，成灾面积6510公顷，损坏房屋1674间，倒塌房屋91间，冲毁灌溉设施78处，渠道长1430米，损坏小型水库8宗，损坏堤防5处，损坏农村输电线路1.80万米，损坏渔船13艘，沉船32艘（其中失踪船只5艘），水产养殖损失185公顷，产品1654吨，全县供电中断14个小时。造成直接经济损失10027.40万元。

2004年8月下旬，受第18号台风低压环流的影响，全县普降暴雨到大暴雨，临城地区从27日8时至29日8时降雨量414.2毫米，尤其在28日夜间，降雨量达148.7 毫米。降雨强度大，持续时间长，全县普遍受灾。10个镇、87个村庄、5.6万人受灾，作物受灾面积2980公顷，成灾面积2300公顷，损坏房屋16间，倒塌房屋9间，冲毁灌溉设施16处，损坏小型水库3座，沉船1艘。直接经济损失818万元。

2005年7月29日受第8号热带风暴的影响，临城镇头星村遭受龙卷风的袭击，卷风风带宽约为200米，卷风过处，树林折断，房屋受损，造成42户51间房屋损坏，其中有12户受损严重，直接经济损失约为10多万元。

2005年9月17日至9月18日，受第16号热带风暴“韦森特”的影响，10个镇、2.80万人受灾，12间房屋损坏，7间房屋倒塌，受灾农作物面积380公顷，成灾农作物面积200公顷，水产养殖受灾面积60公顷，直接经济600万元。

2005年9月25—26日，第18号台风“达维”袭击全省。“达维”台风是1974年以来登陆风速最强、影响范围最大的台风，进入临高县境内后，中心位移慢，持续时间长。台风所及，房屋倒塌，树木折断，农作物被毁，水电设施受损，给全县造成重大财产损失。台风造成全县直接经济损失6.18亿元，其中农业直接损失3.72亿元。全县11个镇177个村（居）委会729个自然村受灾，受灾人口21.6万人，成灾人口7.8万人；民房倒塌985间，损坏13910间；农作物受灾7270公顷，绝收面积3460公顷；道路设施毁坏10.5千米。

2005年9月27日凌晨，新盈镇潭皇、昌合两村遭遇龙卷风，35幢共85间房屋倒塌或出现严重裂缝、倾斜，67幢共130间房屋被掀顶，6人因灾死亡，15人受伤。

2006年8月3日，第6号台风“派比安”来势汹汹，一天多内从热带低压加强为台风，受“派比安”的影响，境内最大风力8～9级，全县普降暴雨至大暴雨，局部降特大暴雨。本次台风，全县5个镇、26个村庄、2.80万人受灾，内涝浸淹村庄3个，1800公顷水稻被淹，120公顷经济作物和266.67公顷瓜菜受灾，房屋倒塌5间，损坏房屋12间，毁坏水利设施9处，水产养殖损失1.2公顷。全县直接经济损失260万元。

2006年11月22日凌晨，和舍镇突然遭受龙卷风袭击，造成7间房屋倒塌，损坏房屋85间，括毁胶林26.67公顷，受灾农作物6.67公顷，直接经济损失61万元。

2007年9月24日，第14号热带风暴“范斯高”从境内穿过，受其影响，全县普降大暴雨，局部地区24小时降雨量达170多毫米，阵风风力达9级。全县10个镇，76个村庄，9万人受灾，330公顷水稻被淹，400公顷经济作物和200公顷瓜菜受灾，倒塌房屋18间，损坏房屋26间，冲毁防波堤3处150米，冲毁水利渠道9处98米，冲毁路桥2座，毁坏水库涵管2处，水产养殖损失15.33公顷，损坏渔船49艘，损坏渔排1个，全县直接经济损失650万元。

2007年10月1—3日，受第15号台风“利奇马”影响，全县普降大雨，部分镇降暴雨，陆地风力7～8级，阵风9级，附近海面风力8～9级，阵风10级。全县10个镇，78个村庄，9.6万人受灾，1030公顷水稻被淹，1250公顷经济作物和210公顷瓜菜受灾，倒塌房屋18间，损坏房屋69间，毁坏防潮（波）堤3处150米，冲毁水利渠道9处127米，冲毁路涵4处，毁坏水库涵管1处，水产养殖损失28.67公顷，损坏渔船11艘，损坏渔排1个，全县直接经济损失760万元。

2008年8月5—6日，第9号热带风暴“北冕”来势汹汹，受其影响，境内最大风力7级，阵风9级，全县普降大暴雨，多文、皇桐、博厚等镇降特大暴雨，全程降雨量达300毫米以上，给全县造成较大的灾害损失。全县有6个镇、9.60万人受灾，6间房屋倒塌，32间房屋损坏，2070公顷农作物受灾，330公顷农作物成灾，水产养殖损失20公顷，毁坏路基0.32千米，损坏小型水库3座，损坏水闸1座，损坏堤防3处，损坏灌溉设施9处。全县直接经济损失610万元。

2008年9月22—24日，受第14号台风“黑格比”的影响，全县普降暴雨，局部特大暴雨，多个镇降雨量达250毫米以上，最大为调楼镇300毫米，造成调楼镇龙田村委会的龙田、盛大及僚道等3个村庄被淹，受淹水深达1.3米，634名群众受困，造成一定的灾害损失。

2008年10月12—14日，受热带低压和冷空气的共同影响，境内普降大暴雨，东英、波莲、皇桐、多文、和舍等镇，全程降雨量达200毫米以上。全县有6个镇，3.60万人受灾，受灾农作物2200公顷，倒塌房屋15间，冲毁塘坝1座，损毁防浪护岸1处，损坏灌溉设施5处，造成直接经济损失672万元。

2009年8月9日，受第7号热带风暴“天鹅”的影响，境内普降大暴雨，陆地风力8级，沿海风力达11级以上。全县大部分村庄和农田受淹，龙新、龙灵和抱庞3座小（2）型水库出现险情，多处水利设施损坏。全县10个镇受灾，受灾人口12.65万人，受灾农作物面积7310公顷，其中水稻4900公顷，瓜菜400公顷；经济作物2010公顷；房屋倒塌90间，损坏房屋113间；损坏水利设施27处（座），水毁桥涵4座；毁坏通畅道路10千米；渔船沉没12艘，渔船不同程度损坏260艘，水产养殖损失面积348.67公顷，网箱养殖损失1107个，损坏渔排1个，渔排严重损失9个。直接经济损失1.75亿元，其中水利设施损失520万元，渔业损失9000万元。

2010年10月2—6日，全县10个镇中，和舍镇降雨量为321毫米，博厚镇马袅地区降雨量为301毫米，皇桐镇降雨量为285毫米，南宝、临城、多文等3个镇降雨量在210～260毫米之间，东英、波莲、新盈、调楼等5个镇降雨量都在200毫米以下。全县受灾涉及10个镇，受灾人口3.10万人，农作物受灾面积1910公顷，其中粮食作物面积1330公顷，民房倒塌105间，民房损坏81间，水利设施损坏8处，损坏水闸1个，机电泵站1座，水闸1个，山塘2座，桥梁10座，路涵6座，大小渠道配套建筑物137座，水毁农村道路15千米，水产养殖157公顷，损失水产养殖数量810吨。受损渔船17艘，失踪17艘，沉没22艘。全县直接经济损失5220万元，其中渔业直接经济损失3030万元，农业损失459.70万元，民房受损倒塌损失211.50万元，水利设施损失340.40万元，公共交通运输设施损失1140万元，其他损失41万元。

2010年10月15—18日，全县10个镇中，皇桐镇龙波地区降雨量为381毫米，多文镇东江地区降雨量为339毫米，和舍镇降雨量为326毫米，临城地区降雨量为325毫米，东英镇降雨量为305毫米。南宝、新盈、调楼、波莲等4个镇降雨量在195～210毫米之间。经进一步核实，2010年10月19日20时，全县受灾涉及9个镇，受灾人口约5.40万人，全县农作物受灾面积4540公顷，其中粮食作物受灾面积3040公顷，农作物成灾面积2400公顷，其中粮食作物成灾面积1580公顷，农作物绝收面积690公顷，其中粮食作物绝收面积360公顷；民房倒塌239间，民房损坏136间，水利渠道4条，渠道配套建筑物92座，损坏水闸1个，拦水坝1座，水毁农村道路21千米。全县直接经济损失2104万元，其中农业损失1171万元，民房受损倒塌损失423万元，水设施损失172万元，渔业养殖损失36万元，工交设施损失60万元。

第五节 冷 害

1997年1月上旬至中旬，临高县出现较长时间的低温阴雨天气，对春耕生产和冬季瓜菜造成一定影响。

1999年12月，临高县出现低温、霜冻天气过程。12月24日最低气温2.6℃，12月24—26日出现霜冻。全县受灾面积7.5万亩，受灾特别严重3.1万亩，经济损失7550.4万元。

2008年2月12日，出现重度低温阴雨天气，最低气温8.1℃。全县农作物受灾面积7400公顷，成灾面积4200公顷，绝收面积330公顷；水产养殖影响严重，尤其是鱼排养殖的老虎斑、龙胆石斑、东风螺和对虾死亡惨重，老虎斑死亡约80万尾，产量约12万千克；对虾受损面积40公顷，死亡对虾6万千克；东风螺受损面积1万平方米，损失产量2.5万千克。东风螺苗损失200万粒；罗非鱼损失1万尾；池塘养殖龙胆石斑6.67公顷，死亡6000尾。以上直接经济总损失15408万元。

2010年10月1—18日，受第一、二轮弱冷空气和南海辐合带共同影响，全县遭遇两轮次的强降雨，损失严重，全县直接经济损失7324万元。

第三编　人口与计划生育

1986－2010年，临高县人口自然增长呈低增长趋势，流动人口量增大，本地人口外出就业多，男性多于女性。2010年，全县总户数136748户，户籍总人口491240人，其中少数民族627人，汉族人口占99.9%，男女性别比为113.97。人的自然寿命不断延长，65岁以上的老年人数比1990年上升5.21个百分点，人口的文化素质呈高学历逐步增加，人口基本构成进一步优化，婚姻状况比较稳定，家庭小型化趋势越来越明显。

第一章　人口状况

第一节　人口增长与分布

一、总人口

1986年，全县总户数72048户，总人口333256人，其中农业人口285429人，非农业人口47827人。1988年，海南建省办经济特区，全县总人口341750人，其中农业人口289813人，非农业人口51937人。1990年，全县总户数80166户，总人口349206人，其中农业人口293008人，非农业人口56198人。总人口比1986年增加15950人，人口增长4.56%，平均每年增长0.91%。农业人口占总人口的83.91%，非农业人口占总人口的16.09%。2000年，全县总户数88126户，总人口406548人，其中农业人口337943人，非农业人口68605人，总人口比1990年增加57342人，人口增长14.10%，平均每年增长1.41%。农业人口占总人口的83.12%，非农业人口占总人口的16.88%。

1986—2010年临高县户籍人口统计表

表3-1-1

年份	总户数（户）	总人口（人）		
		合计	农业	非农业
1986年	72048	333256	285429	47827

续表 3–1–1

年份	总户数（户）	总人口（人）		
		合计	农业	非农业
1987 年	74475	337226	286790	50436
1988 年	78246	341750	289813	51937
1989 年	80889	345263	290770	54493
1990 年	80166	349206	293008	56198
1991 年	82946	353552	296514	57038
1992 年	84747	358988	301120	57868
1993 年	84993	364118	304906	59212
1994 年	85371	368398	308246	60152
1995 年	86316	376581	314823	61758
1996 年	86447	382399	319719	62680
1997 年	87778	388403	324701	63702
1998 年	88102	393352	329106	64246
1999 年	87833	399057	334592	64465
2000 年	88126	406548	337943	68605
2001 年	89491	409301	339066	70235
2002 年	91160	411830	340147	71683
2003 年	92097	415760	342095	73665
2004 年	96582	428526	296745	131781
2005 年	100357	437520	302693	133557
2006 年	107456	445848	318456	127392
2007 年	115558	467448	335996	131452
2008 年	118877	473358	335885	137473
2009 年	124697	484044	343873	140171
2010 年	136748	491240	347343	143897

2010 年，全县总户数 136748 户，总人口 491240 人，其中农业人口 347343 人，非农业人口 143897 人。总人口比 2000 年增加 84692 人，人口增长 17.24%，平均每年增长 1.72%。

农业人口占总人口的70.7%，非农业人口占总人口的29.93%。由于改革开放，农民进城打工居住，建房，农转非，城镇人口增多，非农业人口比2000年增加75292人，增长13.05%。第六次人口普查显示，按户口状况分，全县总人口427873人中，持农业户口的307485人，占总人口的71.86%；持非农业户口的111273人，占总人口的26.01%；常住户口待定的9115人，占总人口的2.13%。全县总户数112807户，其中家庭户为110638户，占总户数98.08%；集体户为2169户，占总户数1.92%。

二、人口增长

人口增长受人口出生、人口死亡、人口迁出和迁入等因素的影响，有自然变动和机械变动的制约。1986年，全县总人口为333256人。

1990年，全县总人口为349206人，同1986年相比，4年共增加15950人，平均每年增加3987人，年平均增长率为0.91%。

1993年，临高县建立人口统计分析体系。

2000年，全县总人口为389734人。同1990年的347539人相比，十年共增加41895人，增长12.05%。平均每年增加4190人，年平均增长率为1.15%。

2003年，启用海南省人口基础信息系统（pis系统），定期监测、摸查、统计、分析人口发展的数量、结构、自增速度等情况。

2010年，全国第六次人口普查显示，全县常住人口427873人，其中男性227902人，女性为199971人，比2000年增加了38139人，增长9.79%，平均每年增加3814人，年平均增长0.94%。全县登记出生人口7663人，死亡人口2025人，出生率为18.1‰，死亡率4.76‰，自然增长率为13.25‰。与2000年相比，出生率上升了6.78个千分点，死亡率上升了0.57个千分点，自然增长率上升6.21个千分点。

1993—2010年临高县人口自然增长状况表

表3-1-2

年份	年末总人口数（人）	出生人数（人）	出生率（‰）	死亡人数（人）	死亡率（‰）	自然增长率（‰）	计划生育率（%）	女性初婚（人）	一孩率（%）	二孩率（%）	多孩率（%）
1993年	390163	8567	21.85	2130	5.45	16.50	80.0	2826	29.60	28.16	42.44
1994年	393974	8656	21.97	2341	5.94	16.03	80.1	2773	29.22	28.36	42.42
1995年	397815	8838	22.21	2363	5.93	16.23	79.9	2888	30.83	28.14	41.03
1996年	401669	8393	20.89	2403	5.98	14.91	81.7	3192	33.62	27.61	38.76

续表 3-1-2

年份	年末总人口数（人）	出生人数（人）	出生率（‰）	死亡人数（人）	死亡率（‰）	自然增长率（‰）	计划生育率（%）	女性初婚（人）	一孩率（%）	二孩率（%）	多孩率（%）
1997 年	405489	7294	17.98	2431	5.99	11.99	82.6	3241	37.52	28.30	34.18
1998 年	409354	7530	18.39	2489	6.08	12.31	81.6	3678	42.39	30.12	27.49
1999 年	413215	7176	17.36	2135	5.16	12.20	85.6	3351	45.47	31.34	23.19
2000 年	417028	7020	16.83	2480	5.94	10.89	86.1	3598	47.12	32.48	20.34
2001 年	420847	7330	17.43	2356	5.59	11.84	86.5	3422	48.94	33.52	17.54
2002 年	424658	7095	16.70	2300	5.42	11.28	86.3	3576	49.10	34.67	16.22
2003 年	428485	7360	17.17	2566	5.98	11.19	87.3	3674	48.78	36.65	14.56
2004 年	432338	7047	16.29	2543	5.88	10.41	86.5	3809	50.18	35.14	14.69
2005 年	436198	7311	16.76	2553	5.85	10.91	88.9	3707	48.90	36.80	14.28
2006 年	440040	7433	16.89	2133	4.84	12.05	90.2	3662	48.50	37.18	13.96
2007 年	443857	7507	16.91	2515	5.66	11.25	90.1	3840	46.99	38.48	14.49
2008 年	449083	7905	17.60	2232	4.97	12.63	90.3	3956	45.15	39.07	15.78
2009 年	454491	7900	17.38	2151	4.73	12.65	90.1	3967	45.76	36.91	17.31
2010 年	459512	7820	17.01	2147	4.67	12.34	90.0	4400	48.30	37.91	13.77

说明：按常住人口统计

三、家庭户人口

1990 年，全县共有家庭户 73672 户，家庭户人口为 339474 人，平均每个家庭户的人口为 4.61 人。2000 年，全县共有家庭户 8.50 万户，家庭户人口为 37.53 万人，平均每个家庭户的人口为 4.42 人，比 1990 年的 4.61 人减少 0.19 人。2010 年，全县共有家庭户 110638 户，家庭户人口为 417008 人，平均每个家庭户的人口为 3.77 人，比 2000 年的 4.42 人减少 0.65 人。

2010年临高县各镇、农场家庭户人口情况表

表3-1-3

地区	合计（户）	家庭户（户）	集体户（户）	平均家庭户规模（人/户）
总计	112807	110638	2169	3.77
临城镇	28374	27240	1134	3.88
波莲镇	7216	7194	22	3.70
东英镇	5856	5807	49	3.89
博厚镇	9636	9579	57	3.52
皇桐镇	5470	5328	142	3.62
多文镇	5505	5499	6	3.58
和舍镇	6367	6329	38	3.67
南宝镇	4025	3971	54	3.29
新盈镇	11619	11576	43	4.47
调楼镇	12170	11802	368	4.11
国有红华农场	8004	7918	86	3.09
国有加来农场	8565	8395	170	3.38

（临高县2010年第六次人口普查资料）

四、人口地区分布

1990年，临城镇常住人口占全县总人口的8.25%，其他乡镇常住人口占91.75%。2000年，临城常住人口占全县总人口的14.40%，其他乡镇常住人口占85.60%。2010年，临城常住人口占全县总人口的26.33%，其他乡镇常住人口占73.67%。

部分年份临高县人口地区分布情况表

表3-1-4　　单位：人

乡镇　年份	1990年	2000年	2010年
临城镇	28677	56113	112640
波莲镇	25265	29220	26712
东英镇	21754	24052	22804

续表 3-1-4

乡镇＼年份	1990 年	2000 年	2010 年
博厚镇	29173	32516	34487
皇桐（乡）镇	9211	10352	19753
多文镇	11241	13073	19733
和舍镇	17855	20635	23366
南宝（乡）镇	12618	13031	13157
新盈镇	38900	42852	52016
调楼（乡）镇	16809	22457	48992
龙波镇	8748	9131	—
东江乡	6435	6563	—
马袅乡	8766	10202	—
美夏乡	5328	6035	—
美良镇	18580	21299	—
文澜江乡	17235	—	—
美台乡	18945	20111	—
红华农场	26170	24476	24768
加来农场	25829	27616	29445
合计	347539	389734	427873

说明：按全国人口普查时人数

1987—1994 年临高县乡镇人口分布统计表

表 3-1-5　　单位：人

乡镇农场＼年份	1987 年	1988 年	1989 年	1990 年	1991 年	1992 年	1993 年	1994 年
临城	59663	61497	63574	65185	66248	68395	69937	71089
波莲	25081	25421	25542	25601	25985	26834	27274	27732
东英	26923	27247	27524	27673	28268	28110	28546	28848
博厚	36241	37556	37187	37465	37847	38426	39012	39352

续表 3-1-5

年份 / 乡镇农场	1987 年	1988 年	1989 年	1990 年	1991 年	1992 年	1993 年	1994 年
皇桐	16907	16934	17151	17499	17583	17645	17764	17911
多文	17580	17589	17909	17950	18112	18287	18453	18611
和舍	17486	17505	17677	17874	18243	18486	18700	18860
南宝	12300	12486	12414	12382	12217	12129	12171	12221
新盈	36475	36531	36856	37400	38162	39068	39996	40683
调楼	33880	34285	34833	35710	36618	37213	37800	38382
红华农场	26978	27429	27412	27511	27303	27464	27520	27671
加来农场	27512	27270	27184	26956	26966	26931	26945	27038
合计	337026	341750	345263	349206	353552	358988	364118	368398

1995—2002 年临高县乡镇人口分布统计表

表 3-1-6　　单位：人

年份 / 乡镇农场	1995 年	1996 年	1997 年	1998 年	1999 年	2000 年	2001 年	2002 年
临城	73048	73782	75716	77534	78270	83079	84224	85464
波莲	28320	28519	28904	27876	29106	29421	29538	28288
东英	29510	30348	30786	30606	30714	31243	31215	31285
博厚	40235	40932	41501	41896	42443	42948	43569	43955
皇桐	18286	18440	18598	18787	18990	19074	19214	19648
多文	19027	19278	19575	19615	19501	19613	19630	19669
和舍	19237	19423	19704	19983	20225	20506	20620	20567
南宝	12515	12691	12775	12855	12934	12665	12680	12740
新盈	41735	42757	43617	43956	45592	44860	45287	46045
调楼	39198	40200	40857	42521	43110	44051	44505	44939
红华农场	28061	28401	28604	28773	28978	29825	29928	29994
加来农场	27409	27628	27766	28950	29194	29263	28891	29236
合计	376581	382399	388403	393352	399057	406548	409301	411830

2003—2010年临高县乡镇人口分布统计表

表3-1-7　　单位：人

乡镇农场＼年份	2003年	2004年	2005年	2006年	2007年	2008年	2009年	2010年
临城	95509	98886	107744	113448	119199	122519	125645	127831
波莲	28413	28299	29195	30956	32702	33093	33580	33512
东英	25090	25601	24727	26061	27245	27251	27791	28446
博厚	42009	42584	35449	38041	40904	40130	41325	41606
皇桐	18386	19441	19726	20447	21062	20954	21702	22381
多文	19681	19618	19294	19823	20480	20894	21396	21803
和舍	20886	21911	22951	23740	24177	24462	25050	25509
南宝	12816	12826	14884	15223	16041	15436	15788	16122
新盈	48670	49058	46387	48577	51226	52335	53272	55439
调楼	45115	46051	44826	47297	50214	51251	52397	52980
红华农场	30058	31833	29885	30067	30616	31479	31880	32078
加来农场	29127	32418	32506	32168	33582	33554	34218	33606
合计	415760	428526	427574	445848	467448	473358	484044	491313

说明：1986年全县共有17个乡镇和2个农场，其人口数分布为临城镇24150人、文澜江乡16937人、波莲镇25421人、东英镇21847人、博厚镇29107人、美台乡19109人、多文镇11064人、龙波镇7984人、皇桐乡8950人、东江乡6525人、和舍镇17505人、南宝乡12486人、新盈镇35544人、美良镇18164人、马袅乡8449人、调楼乡16121人、美夏乡5400人、红华农场27429人、加来农场26998人

第二节　人口结构

一、性别构成

1990年，全县总人口中，男性为182645人，占总人口的52.55%；女性为164894人，占总人口的47.45%。总人口性别比（以女性为100，男性对女性的比例）为110.77。

2000年，全县总人口中，男性为20.79万人，占总人口的53.35%；女性为18.18万人，占总人口的46.65%。总人口性别比由2000年第五次人口普查的114.39比1990年第四次

人口普查 110.77 增加 3.62。

2010 年，全县总人口中，男性为 227902 人，占总人口的 53.26%；女性为 199971 人，占总人口的 46.74%。总人口性别比由 2000 年第五次人口普查的 114.39 下降为 113.97。

2010 年临高县各镇、农场人口性别构成情况表

表 3-1-8

地区	合计	男	女	性别比（女=100）
总计	427873	227902	199971	113.97
临城镇	112640	59811	52829	113.22
波莲镇	26712	14109	12603	111.95
东英镇	22804	12143	10661	113.90
博厚镇	34487	18706	15781	118.53
皇桐镇	19753	10686	9067	117.86
多文镇	19733	10698	9035	118.41
和舍镇	23366	12614	10752	117.32
南宝镇	13157	7146	6011	118.88
新盈镇	52016	27077	24939	108.57
调楼镇	48992	25746	23246	110.75
国有红华农场	24768	13487	11281	119.56
国有加来农场	29445	15679	13766	113.90

（临高县 2010 年第六次人口普查资料）

二、年龄构成

1990 年，全县总人口中，0～14 周岁人口 121404 人，占总人口 34.93%；15～64 周岁人口 203414 人，占总人口 58.53%；65 周岁以上人口 22721 人，占总人口 6.54%。

2000 年，全县总人口中，0～14 周岁人口 116763 人，占总人口 29.96%；15～64 周岁人口 245441 人，占总人口 62.07%；65 周岁及以上人口 27530 人，占总人口 7.06%。同 1990 年第四次人口普查相比，0～14 周岁人口的比重下降 4.97 个百分点，65 周岁以上人口的比重上升 0.52 个百分点。

2010 年，全县总人口中，0～14 周岁人口 106863 人，占总人口 24.98%；15～64 周岁

人口 284234 人，占总人口 63.27%；65 周岁以上人口 36776 人，占总人口 11.75%。同 2000 年第五次人口普查相比，0～14 周岁人口的比重下降 4.98 个百分点，15～64 周岁人口的比重上升 0.29 个百分点，65 周岁以上人口的比重上升 4.69 个百分点。

临高县 2000 年与 2010 年各特定年龄组人口及占总人口比重情况对比表

表 3-1-9

人口 / 年龄类别	人数（人）		占总人口比重（%）		
	2000 年	2010 年	2000 年	2010 年	增减
总人口	389734	427873	100.00	100.00	—
婴儿（0 岁）	6235	7598	1.60	1.78	0.18
幼儿（1～3 岁）	17022	21747	4.37	5.08	0.71
学龄前儿童（4～6 岁）	23613	21391	6.06	5.00	1.06
少年儿童（7～14 岁）	69893	56127	17.93	13.12	4.81
劳动年龄人口	221173	253402	56.75	59.22	2.47
其中：男（16～59 岁）	120156	139834	30.83	32.68	1.85
女（16～54 岁）	101017	113568	25.92	26.54	0.62
老年人口（65 岁及以上）	27530	36776	7.06	8.60	1.54

（临高县 2010 年第六次人口普查资料）

三、文化构成

1990 年，全县总人口中，具有大学（指大专以上）程度的 1924 人，具有高中（含中专）程度的 31177 人，具有初中程度的 65006 人，具有小学程度的 123377 人（以上各种受教育程度的人包括各类学校的毕业生、肄业生和在校生）。15 周岁及以上不识字或识字很少的人 226155 人。

2000 年，全县总人口中，具有大学（指大专以上）程度的 4710 人，具有高中（含中专）程度的 37994 人，具有初中程度的 120854 人，具有小学程度的 148102 人（以上各种受教育程度的人包括各类学校的毕业生、肄业生和在校生）。同 1990 年第四次人口普查相比，每 10 万人中具有大学程度的由 554 人上升为 1209 人，具有高中程度的由 8971 人上升为 9749 人，具有初中程度的由 18705 人上升为 31009 人，具有小学程度的由 35500 人上升为 38001 人。全县总人口中，文盲人口（15 岁及以上不识字或识字很少的人）为

32315人，同1990年第四次人口普查相比，文盲率由29.1%下降为11.84%，下降17.26个百分点。

2010年，全县总人口中，具有大学（指大专以上）程度的12438人，具有高中（含中专）程度的43306人，具有初中程度的183022人，具有小学程度的118169人（以上各种受教育程度的人包括各类学校的毕业生、肄业生和在校生）。同2000年第五次人口普查相比，每10万人中具有大学程度的由1209人上升为2907人，具有高中程度的由9749人上升为10121人，具有初中程度的由31009人上升为42775人，具有小学程度的由38001人下降为27618人。全县总人口中，文盲人口（15岁及以上不识字的人）为25666人，同2000年第五次人口普查相比，文盲人口减少6649人，文盲率由11.84%下降为8.0%，下降3.84个百分点。

临高县2000年与2010年各种受教育程度人口状况对比表

表3-1-10

受教育程度	2000年		2010年	
	人数（人）	占总人口比重（%）	人数（人）	占总人口比重（%）
大专以上	4710	1.34	12348	2.90
中专、高中	37994	10.83	43306	10.12
初中	120854	34.46	183022	42.77
小学	148102	42.22	118169	27.60

（临高县2010年第六次人口普查资料）

四、职业构成

1990年，全县国营单位从业总人数为15664人，其中工业占24.17%，教育、文化、电视业占20.95%，国家机关、党群组织占20.12%，商业、饮食、物资业占17.94%，农、林、牧、渔、水利业占5.79%，交通、运输、邮电业占4.21%，金融、保险业占2.88%，卫生、体育、社会福利业占2.58%，房产公共服务业占1.06%，科研技术服务业占0.3%。

2000年，全县国有单位从业总人数为11568人，其中教育、文化、电视业占34.25%，国家机关、党群组织占20.16%，商业、饮食、物资业占10.02%，工业占9.77%，农、林、牧、渔、水利业占9.55%，交通、运输、邮电业占5.35%，卫生、体育社会福利业占4.26%，金融、保险业占3.34%，房产公共服务业占2.79%，科研技术服务业占0.51%。

2010年，全县国有单位从业总人数为21046人，其中农、林、牧、渔、水利业占75.8%，商业服务业务11.7%，生产设备操作及有关人员占7.0%，专业技术人员占3.0%，办事人员及有关人员占2.0%，国家机关、党群组织、企业、事业单位负责人占0.5%。

临高县2000年与2010年各职业人口数及构成对照表

表3-1-11

职业	人数（人）		比重（%）		
	2010年	2000年	2010年	2000年	增减
国家机关、党群组织、企业、事业单位人员	114	122	0.54	0.62	-0.08
专业技术人员	634	723	3.02	3.67	-0.65
办事人员及有关人员	414	352	1.97	1.79	0.19
商业服务人员	2466	1308	11.75	6.63	5.12
农林牧渔水利业生产人员	15904	15378	75.76	77.06	-2.20
生产运输设备操作人员及有关人员	1400	1814	6.95	9.20	-2.25
不便分类的其他人员	1	28	0.01	0.14	0.13

（临高县2010年第六次人口普查资料）

五、民族构成

临高县历来以汉族为主，同其他民族共居。1986年，临高全县有14个民族，分别为汉族、蒙古族、回族、苗族、壮族、布依族、满族、侗族、瑶族、土家族、黎族、土族、怒族、彝族，另有1个未识别的民族。

1990年，全县总人口中，汉族人口为346550人，占总人口的99.72%；各少数民族人口为989人，占总人口的0.28%。

2000年，全县总人口中，汉族人口为388611人，占总人口的99.71%；各少数民族人口为1123人，占总人口的0.29%。同1990年第四次人口普查相比，汉族人口增加42061人，增长12.14%，占总人口比重下降0.01个百分点；各少数民族人口增加134人，增长13.55%，占总人口比重上升0.01个百分点。

2010年，全县总人口中，汉族人口为427445人，占总人口的99.90%；各少数民族人口为428人，占总人口的0.10%。同2000年第五次人口普查相比，汉族人口增加38834人，增长9.99%，占总人口比重上升0.19个百分点；各少数民族人口减少695人，减少

61.89%，占总人口比重下降0.19个百分点。在全县各个少数民族中，黎族人口最多，有154人，占全县少数民族人口的35.98%；其次是壮族，有126人，占少数民族人口的29.44%；再次是苗族，有64人。占少数民族人口的14.95%；其他11个少数民族人口共84人，占19.63%。

2010年临高县少数民族人口构成状况表

表3-1-12

民族	人口数（人）	占少数民族人口比重（%）	民族	人口数（人）	占少数民族人口比重（%）
黎族	154	35.98	满族	6	1.40
壮族	126	29.44	侗族	5	1.17
苗族	64	14.95	瑶族	4	0.93
布依族	22	5.14	回族	4	0.93
土家族	18	4.21	土族	2	0.47
其他未识别民族	13	3.04	蒙古族	1	0.23
彝族	8	1.87	怒族	1	0.23

（临高县2010年第六次人口普查资料）

六、姓氏

据1990年统计，全县姓氏有138个，其中以王、陈、符、林4个姓氏人口最多，分别是王、陈、符、林、李、吴、张、黄、谢、刘、罗、曾、钟、许、郑、周、冯、邱、徐、叶、赖、陆、桂、朱、崔、梁、黎、孙、郭、蔡、秦、洪、温、吕、劳、方、毛、冼、傅、苏、何、杨、韩、邓、唐、余、单、倪、云、赵、卢、龙、程、戴、谭、辛、高、沈、柯、韦、蒋、麦、邹、董、魏、莫、戚、姚、颜、范、蒙、桑、潘、向、翁、钱、廖、岱、关、齐、羊、江、车、邢、岑、毕、丁、辞、欧、侯、孔、袁、肖、薛、严、庞、邝、曹、胡、甘、万、辜、纪、宗、宋、安、连、虞、吉、古、姜、邬、焦、招、全、庄、简、金、宁、马、乔、文、白、阮、詹、汤、费、邵、任、尹、伍、彭、卓、殷、霍、覃、牛、杜。

第三节　人口普查

一、第四次人口普查

第四次人口普查在全国统一部署和海南省人口普查办公室的具体安排下，成立临高县第四次人口普查领导小组，下设办公室，对普查指导员和普查员进行办班培训，标准登记时间为1990年7月1日0时。普查项目共21项，比第三次人口普查增加3项。普查结果，统计出全县共有74146户，其中家庭户73679户，全县总人数347535人。

二、第五次人口普查

第五次人口普查登记标准时间为2000年11月1日0时，在全国统一部署和省人口普查办公室的具体安排下，成立人口普查领导小组，办公室设在县统计局。按规定的标准，划分普查小区203个，调查小区1083个。此次普查主要对象跟第四次人口普查基本相同。第五次人口普查根据要求，按时按质按量完成任务。普查登记结果，统计出全县共有86540户，总人数389734人，比第四次人口普查增加42199人。

三、第六次人口普查

第六次人口普查登记的标准时间为2010年11月1日0时，在全国统一部署和海南省人口普查办公室的具体安排下，从各部、委、办、局抽调20名领导干部组成人口普查领导小组，由一名副县长任组长。小组下设办公室，内设业务指导、宣传、编码和后勤保障四个组，各乡镇、农场相应成立普查办公室。全县共划分普查区195个，共聘请2366人参加第六次人口普查工作。此次普查主要内容是人口和住户基本情况。包括姓名、性别、年龄、民族、户口登记状况、受教育程度、行业、职业、迁移流动、社会保障、婚姻、生育、死亡、住房情况等。此次普查对象与以往的普查不同，首次纳入了外籍人口。普查登记结果，统计出全县总户数为110638户，总人数427873人，比第五次人口普查增加38139人。

第四节　人口管理

1988年，临高县开始颁发居民身份证，并着手对流动人口进行登记管理。1989年全县暂住人口为5427人，1995年全县暂住人口为3368人，2000年全县暂住人口为2670人，2005年全县暂住人口为3334人，2010年全县暂住人口为725人。

1989—2010年，平均每年流入临高县2565人，主要是来自广东、江西、广西、福建、湖南等地的经商、务工人员。

进入21世纪后，临高县外出经商务工人员逐年增多。据县统计部门不完全记载，2005

年全县外出经商务工人员为1368人，2006年全县外出经商务工人员为10238人，2008年全县外出经商务工人员为15534人，2009年全县外出经商务工人员为16518人，2010年全县外出经商务工人员为18070人，主要流向广东省（深圳、东莞）、江西省、广西壮族自治区、海南省（海口、三亚）等地。

人口调查中，把离开户口所在地已有半年以上人口统称为流动人口。2010年，临高县外出半年以上的人口有75444人，外来流入人口26770人，流出人口大于流入人口，净流出人口48674人。全县迁移人口共计26770人，其中男性13165人，女性13605人，其中务工经商占19.79%，工作调动占6.19%，学习培训占9.17%，随迁家属占26.43%，投亲靠友占2.08%，拆迁搬家占13.57%，寄挂户口占1.08%，婚姻嫁娶占13.18%，其他占8.52%。

1989—2010年临高县暂住人口统计表

表3-1-13　　单位：人

年份	1989年	1990年	1991年	1992年	1993年	1994年	1995年	1996年	1997年	1998年	1999年
暂住人口	5427	3270	2971	2194	2533	3270	3368	3067	3162	910	1237
年份	2000年	2001年	2002年	2003年	2004年	2005年	2006年	2007年	2008年	2009年	2010年
暂住人口	2670	1634	2163	2556	1969	3334	3317	2981	2971	697	725

第五节　居民生活

1986年，全县单位从业人员年平均劳动报酬为1105元，农村居民人均纯收入453元；城乡居民储蓄存款余额4866万元。城镇职工、干部住宅面积达9.18平方米。

1988年，全县职工年平均工资1481元，农民年人均纯收入688元（其中农业546元，渔业1180元）。城乡居民投资新建、改建住房面积达119749平方米。

1992年，全县农村、乡镇居民新建住房3065间，面积124411平方米，农村人均收入817元，职工人均工资2831元。

1994年，职工人均工资收入3717元，增长21.48%；农民人均收入1203元，增长12.6%；农村新建住房面积94488平方米。

1995年，单位从业人员平均劳动报酬为4205元，农村居民人均纯收入1261元。1999年，农村居民人均收入2506元，增长10.6%。2000年，单位从业人员平均工资5550元，农村居民人均纯收入2098元。

2002年，农民人均纯收入2431元，城乡居民储蓄存款余额达83748万元，城镇居民人均居住面积14.8平方米，城镇建筑面积增加39.7万平方米，其中单位集资房改面积达18.4万平方米，投资2.5亿元。2003年，城镇居民最低生活保障有所加强，全县农民人均收入2616元，增长7.6%，新增城镇就业人数900人，失业率控制在4%以内。

2005年，全县城镇居民人均可支配收入5604元。2007年，临高经济的发展，促进城乡居民收入增加，人民群众生活水平进一步得到改善和提高。全县城镇居民人均可支配收入8206万元，增长22%；农村居民人均纯收入3416元，增长15.81%。

2010年，全县单位从业人员平均劳动报酬达26399元，农村居民人均纯收入达4767元，城镇居民人均可支配收入达12887元。全县家庭人均住房建筑面积达22.11平方米，平均每户住房为2.2间，与2000年相比人均住房建筑面积（15.15平方米）扩大6.96平方米。人均住房建筑面在40平方米以上的家庭户有24657户，占总家庭户（110638户）的22.29%。随着家庭收入的增长，全县城乡居民生活达到历史相对较好水平。

1986—2010年临高县劳动工资情况表

表3-1-14

年份	年均工资（元）	比上年增长	
		绝对数（元）	增长率（%）
1986年	1105	38	3.6
1987年	1284	179	16.2
1988年	1406	122	9.5
1989年	1634	229	16.3
1990年	2141	507	31.0
1991年	2331	190	8.9
1992年	2634	303	13.0
1993年	2915	281	10.7
1994年	3631	715	24.5
1995年	4205	574	15.8
1996年	3740	–465	–11
1997年	3768	28	0.7
1998年	4209	441	11.7

续表 3-1-14

年份	年均工资（元）	比上年增长	
		绝对数（元）	增长率（%）
1999 年	5129	920	21.9
2000 年	5550	421	8.2
2001 年	6497	947	17.1
2002 年	7861	1364	21.0
2003 年	8523	662	8.4
2004 年	10434	1911	22.4
2005 年	12076	1642	15.7
2006 年	12303	227	1.9
2007 年	15046	2743	22.3
2008 年	17371	2325	15.5
2009 年	20778	3407	19.6
2010 年	26399	5621	27.1

1986—2010 年临高农村居民人均纯收入情况表

表 3-1-15

年份	人均纯收入（元）	比上年增长	
		绝对数（元）	增长率（%）
1986 年	453	38	9.16
1987 年	497	44	9.71
1988 年	552	55	11.07
1989 年	626	74	13.41
1990 年	717	91	14.54
1991 年	806	89	12.41
1992 年	893	87	10.79
1993 年	1007	114	12.77
1994 年	1126	119	11.82

续表 3-1-15

年份	人均纯收入（元）	比上年增长	
		绝对数（元）	增长率（%）
1995 年	1261	135	11.99
1996 年	1415	154	12.21
1997 年	1598	183	12.93
1998 年	1784	186	11.60
1999 年	1958	174	9.80
2000 年	2098	140	7.20
2001 年	2257	159	7.60
2002 年	2431	174	7.70
2003 年	2616	185	7.60
2004 年	2768	152	5.80
2005 年	2823	55	2.00
2006 年	2950	127	4.50
2007 年	3416	466	15.80
2008 年	3898	482	14.10
2009 年	4253	355	9.10
2010 年	4767	514	12.10

2005—2010 年临高城镇居民人均可支配收入情况表

表 3-1-16

年份	人均可支配收入（元）	比上年增长	
		绝对数（元）	增长率（%）
2005 年	5604	—	—
2006 年	6489	885	15.8
2007 年	8206	1717	22.0
2008 年	9277	1071	13.1
2009 年	10393	1116	12.0

续表 3-1-16

年份	人均可支配收入（元）	比上年增长	
		绝对数（元）	增长率（%）
2010 年	12887	2494	24.0

说明：临高县从 2005 年起对城镇居民人均可支配收入指标进行调查

第二章 人口控制

第一节 机 构

一、临高县人口和计划生育委员会

1986 年，临高县计划生育委员会（简称“县计生委”）内设行政股、计划统计股、宣传股、机关股，下辖临高县计划生育技术指导站。1995 年 11 月与县卫生局合并，成立临高县卫生与计划生育局，下设临高县计划生育服务中心。2001 年分离后更名为临高县计划生育局。2010 年，更名为临高县人口和计划生育委员会，设有办公室、政法股、宣教股、流管股、科技股和法规信息股，下辖临高县计划生育服务站，共有人员 34 人。全县 10 个镇均设有人口和计划生育办公室、人口和计划生育技术服务站。全县从事人口计生工作专职人员共 124 人。同年，新招聘 66 名村级计生员，其中具有大专文化程度 6 人，高中文化程度 60 名。全县有 202 名村级计生员，做到每个村（居）委会配备 1 名计生员，全县共配备镇计生办和计生服务所的工作人员 114 人，其中每个镇均配备 2 名专职电脑员，具有大专以上学历的 80 人。

二、临高县计划生育协会

1991 年 1 月 9 日，临高县计划生育协会成立。后相继成立临城、文澜江、波莲、博厚、东英、美台、多文、和舍、新盈、调楼、美良、美夏、南宝、皇桐、龙波、东江、马袅等 17 个乡镇和加来、红华 2 个国营农场的计划生育协会。2008 年 11 月 26 日，经县编委同意，临高县计划生育协会列入群众团体序列，纳入机构编制管理。至 2010 年未变。

第二节　计划生育管理

1986年以来，临高县计划生育工作坚持以控制人口增长、提高人口素质为宗旨，把人口与计划生育工作列入各级党委、政府工作的议事日程。1986年，全县已婚育龄妇女40107人，已落实综合避孕节育措施33110例，综合节育率为80.74%。出生人数4684人，人口出生率14.13‰，自然增长率9.44‰。

1991年起，临高县加强计划生育工作的领导，全面实行计划生育工作目标管理责任制，县委、县政府主要领导和分管领导每年都与全县各乡镇的党政主要领导和分管领导签订年度计划生育工作目标管理责任书，实行计划生育工作“一票否决权”，对当年不达标的单位领导不得提拔、不得领取年终奖。对违反计划生育政策超计划生育子女的个人，除按《海南省计划生育条例》以及有关政策、法规给予处罚外，五年内不能提拔晋升，不能从下级单位调到上级单位。计划生育“一票否决权”，就是指在评选先进单位或个人、招工、招干、转干、提拔晋升、农转非、入党入团以及企事业升级等方面，把执行计划生育政策列为一项重要考核标准，凡计划生育不合格的，予以否决。计划生育管理主要内容：一是加强已婚育龄妇女管理，对全县17个乡镇、2个国营农场和县直机关单位育龄妇女（18～49岁的已婚妇女）逐户调查摸底，建立已婚育龄妇女档案，做到底子清，情况明，便于管理。1991年，全县已婚育龄妇女51584人。1998年，全县已婚育龄妇女有63967人，增加12383人。二是加强人口出生计划管理，县计生委每年根据省下达的人口出生率、自然增长率、已婚育龄妇女节育率的指标，给全县各乡镇、农场下达出生人数、生理节育等计划生育指标。三是为计划生育对象提供技术服务。1991年1月，临高县被评为“计划生育达标县”。

2000年后，实行孕情管理和服务，对农村计划生育对象进行逐户核查落实；对机关企事业单位对象进行备案。实行孕情管理月回查、月通报制度和孕检实名登记制度，建立镇、村两级孕情跟踪责任制。实行出生人口实名登记管理，落实人口出生实名登记项制度，强化责任追究工作机制，严厉查处冒名顶替行为。各镇、农场指派专人负责对全县22个助产单位登记的出生人口信息进行核对，发现可疑的或与信息有误的，及时核对，形成工作常态化管理。认真查验每位住院分娩产妇的户口簿和身份证，完善产妇信息档案，杜绝冒名分娩现象。加强信息化建设，打造“数据计生”人口计生信息网络平台。先后投入10.9万元配置13台手提电脑和16台数码相机。各镇、农场积极落实“月月清”工作制度，对人口计生基础信息进行清理核查，力求档案记录、数据库信息与本人实际情况“三统一”。

2008年，全县总人口449083人，已婚育龄妇女73254人，占总人口的16.31%，其中无孩的2754人，一孩的16291人，二孩的28619人，多孩的25590人。全年出生6548人，其中男孩 3569 人，女孩 2979 人，符合法定出生 5914 人；一孩 3025 人，符合法定出生 3024 人，二孩 2947 人，符合法定出生 2846 人，多孩 576 人，符合法定出生 26 人；人口出生率 15.09‰，出生人口性别比 120。

2010 年，临高县的人口计生工作，坚持党政“一把手”亲自抓、负总责，坚持“一票否决权”。坚决遏制冒名分娩现象，遏制公职人员超生势头。加大人口计生宣传，提升信息质量，提高孕情管理水平。加强出生实名登记管理，提高计生干部队伍的整体素质，增强群众自觉实行计划生育的观念。全县共投入人口计生事业经费 1151.58 万元，人均投入 26.3 元。全县有已婚育龄妇女 76657 人，其中无孩 3517 人，一孩 17150 人，二孩 29869 人，多孩 26121 人。全年共出生 6899 人，其中男孩 3735 人，女孩 3164 人；一孩 3496 人，二孩 2845 人，多孩 558 人；法定内出生 6320 人。出生率为 15.47‰，法定内生育率为 91.60%，出生人口性别比为 118。三项指标均达到省的要求。

第三节　宣传教育

1986 年以来，县计生部门主要围绕“计划生育基本国策”、《海南省计划生育条例》、“世界人口日”等内容，大力宣传晚婚晚育、少生优生、男女平等和计划生育丈夫有责等新型婚育观念。发放相关书籍 5 万本、资料 7 万份、公开信 6 万封；安装和悬挂不锈钢架计生宣传牌、标语牌 1.45 万块；编排计生文艺节目 8 个，在全县镇、村巡回演出 36 回；组织各类业务知识培训班 74 次，受训人员 6000 人次。

1991—2000 年，计划生育宣传主要围绕中共十四大、十五大人口和计划生育精神，《中国计划生育工作纲要（1995—2000 年）》等内容，宣传科学、文明、进步的婚育观念，建设社会主义生育文化，增强广大群众实行计划生育的自觉性。发放各种相关书籍 9 万本、资料 15 万份、公开信 4 万封；安装和悬挂不锈钢架计生宣传牌、标语牌 2 万块；编排计生文艺节目 14 个，在全县镇、村巡回演出 71 回；邀请专家举办讲座 10 次。

2001 年后，主要围绕中共十六大、中共十七大人口和计划生育精神，国务院《社会抚养费征收管理办法》，“婚育新风进万家活动”“关爱女孩”“生男生女一样好、女儿也是传后人”等内容，普及计划生育和生殖保健知识，进一步宣传科学文明进步的婚育观念，倡导家庭美德和社会公德，稳定低生育水平，提高出生人口素质。发放各种相关书籍 11 万本、资料 14 万份；安装和悬挂不锈钢架计生宣传牌、标语牌 3 万块，大型电脑喷画广告牌 720 块；编排计生文艺节目 14 个，在全县镇、村巡回演出 69 回；邀请专家举办讲座 10 次；在县城和中心镇共建立计生宣传长廊 32 个；在各镇、村共设立计生宣传“三栏”

（宣传栏、墙报栏、公开栏）185 处；为临高县广播电视电台、《今日临高》报社等各类媒体撰写稿件 1980 篇。

2009 年，加大宣传力度，通过广播、电视、报纸和张贴宣传标语等形式，宣传打击“两非”（非医学需要的胎儿性别鉴定和选择性别人工终止妊娠）的法律法规，设立举报电话，并公开承诺对举报属实者给予重奖。按照省关于创建婚育新风进万家示范基地和计划生育新农村建设的要求，在建设文明生态村的同时，创建婚育新风示范基地和人口文化宣传长廊。全县新创建 1 个婚育新风示范镇、36 个农村婚育新风示范点和 36 个计划生育新农村，丰富县人口文化建设内容。发挥乡土文化特色，把人口计生文化宣传融入乡土文化建设中，用临高方言编排创作具有特色的文化小品、相声、快板、渔家哩哩美、临高木偶戏等文艺节目，组织文艺演出队深入到农村基层进行巡回演出。开展“关爱女孩”宣传教育活动和“关爱妇女生殖健康”活动，深化关爱女孩进机关、进校园、进社区活动，在临高中学办 2 期青春期卫生保健知识专栏。县人口计生、县妇联、团县委通力合作，开展“关爱女孩行动、共创美好未来生活”为主题的大型活动，帮助广大妇女解决生活、生产、技术和资金等方式的问题。在世界人口日、世界艾滋病日等节日期间，在县城主要街道设立咨询服务点，发放宣传品、宣传资料，宣传青春期女性健康知识和已婚育龄妇女生殖保健知识、避孕节育、优生优育等，同时免费发放避孕药具，免费为已婚育龄妇女提供服务。

2010 年，县委、县政府加大对人口计生宣传教育的投入，采取广播、电视、报纸、宣传车、人偶剧等形式，开展宣传教育活动。临高县的人口计生专题片《抢滩》在海南电视台《人口与健康》栏目播出后，社会反响良好。投入 107 万元，开展以推动婚育新风进万家为主线，以“关爱女孩”为主题的一系列宣传教育活动及宣传设施建设等；投入 30 万元，为 5000 户农村计生家庭制作“全家福”。各中学及中等职业学校均开设青春期性健康知识教育的课程。组织县木偶剧团、老干部文艺队下乡演出开展人口计生宣传，受到群众的好评。在县广播电视台、《今日临高》开设人口计生宣传栏，开展“12356”阳光计生服务热线进万家活动，滚动播放人口计生宣传标语及刊登《公开信》。以纪念世界人口日、《公开信》发表 30 周年活动为契机，召开纪念座谈会，开展计生慰问宣传活动，慰问老计生专干和计生贫困户。各镇、农场积极开展形式多样、内容丰富的人口计生宣传教育活动。投入 68 万元，制作 24 个大型宣传牌，创建 12 条宣传一条街，完善村级人口计生专栏。共张贴墙报 1.2 万张，喷制宣传标语 5000 条，发放宣传小折页 2 万份、小册子 8000 本，切实做到计生宣传街道见、路口见、村庄见、家里见。

第四节 政策措施

临高县的计划生育工作坚持“以宣传教育为主、避孕为主、经常性工作为主”的方针。进行人口和计划生育工作与发展经济相结合，与帮助群众劳动致富相结合、与建设文明幸福家庭相结合，实行依法管理、村（居）民自治、优质服务、政策推动、综合治理。

1986年，执行《广东省计划生育条例》，鼓励公民晚婚、晚育，提倡一对夫妻生育一个子女，对女性特别晚婚者，优先安排生育第一胎。自愿终身只生育一个子女的夫妻，由县政府发给“独生子女父母光荣证”，属国家干部、职工的，从发证之日起至子女14周岁止，每月发给独生子女保健费10元，在入托、入学、招生、招工、就医、住房等方面给独生子女优先照顾。

2002年9月1日，结合《海南省计划生育条例》有关规定，对超生子女费问题作出明确规定，改称为社会抚养费，并对社会抚养费进行严格管理，实行收支两条线，全额上缴国库。

2004年起，实行二女采取生理节育的农村居民，县政府给予4000元奖励，同时该夫妻年龄达到国家规定的农村部分计划生育家庭奖励年龄（即年满60周岁）还可享受每年不低于900元的奖励。

2010年，县政府出台《关于对部分计划生育家庭实行奖励扶助的补充规定》，实行计生奖励帮扶政策，独生子女奖励费由每月50元提高到60元。29名农村独生子女获得小考、中考加分加星奖励；5名考取高等院校的计生困难户学生每人获得资助2000元；49名计生贫困户女生被选送到省经济技术学校学习；951户计生贫困家庭享受低保补助；85户计生困难家庭得到救助；17户计生特困户危房得到修缮改造；慰问115户计生家庭，发放慰问金3.45万元。

第五节 技术服务

1986年以来，临高县的计划生育工作执行“以宣传教育为主、避孕节育为主、经常性工作为主”的方针，以稳定低生育水平为目标，在明确工作重点的基础上，深入开展孕情跟踪管理工作，为全县居民和流动人口提供安全、有效、适宜、优质的计生技术服务。为了有效控制人口增长，每年春秋两季都开展计划生育集中服务活动，各机关单位指派人员组成工作队，深入到基层配合各乡镇和计划生育技术服务站开展活动。对农村实行计划生育的育龄夫妻免费提供避孕、节育技术服务，免费发放避孕药具。1987年，计划生育率比上年提高 2.36%，人口自然增长率比上年下降 0.13‰。全县征收超生费 25.34 万元。

2001 年起，免费查环查孕查病服务得到更全面的实施。实行每年定期向已婚育龄妇女提供查环查孕服务。规定农村居民一年接受四次查环查孕服务，城镇居民一年接受两次查环查孕服务；干部、职工一年查一次。每两年免费为全县 80%以上已婚育龄妇女提供一次以上妇科病检查。全县参加查环查孕单位共有 108 个，查环查孕共 2466 人次。县计划生育技术服务站和各镇计生办设立药具管理室，负责宣传管理和发放避孕节育药具，向全县居民和流动人口免费发放药具。

2005 年，各镇结合实际创造性地开展查环查孕工作。2009 年，县政府拨出专款 51 万元，对县计生服务站进行升级改造和配备设备。拨出专款 25 万元，用于县计生服务站墙体装修；拨出专款 20 万元，配备数字 B 超仪、手术床、无影灯、血液分析仪、尿液分析仪、半自动生化分析仪、血凝仪等常规诊疗设备。县计生服务站的标准化建设和规范化管理得到提高。

2010 年，把未落实长效避孕节育措施的历年对象分为近期类和远期类，对同年和历年的对象采取以生理节育为主；对历年远期的则采取放置宫内节育器，并与对象签订服务协议书，由镇计生办做好登记，镇村干部负责落实跟踪服务。调楼镇、新盈镇、和舍镇等在县工作队的支持配合下，组织人员赴三亚、儋州、陵水、东方、海口等市县，与当地人口计生部门联手，开展外出计生对象落实节育措施的服务工作。

第六节 行政执法

1986 年 6 月 1 日起，贯彻执行《广东省计划生育条例》，提倡一对夫妇只生一个孩子，控制第二胎，刹住第三胎，安排生育指标。生第二个子女和第一个子女间隔不足 4 年者，从第二个子女怀孕第 4 个月起至第一个子女满 4 周岁期间征收计划外生育费。对在计划生育中弄虚作假，伪造准生证、生理节育证，搞假病残儿证、搞假生理节育证，擅自取环，特别是搞贿赂、营私舞弊，卖假准生证者和对隐瞒、包庇、窝藏、纵容亲友、流动人员不执行计划生育者，都要严肃查处。属党员、干部的应给予适当的党纪、政纪处分。对扰乱、破坏、打击报复以及阻碍计划生育工作人员执行公务、侵犯计划生育工作人员的人身安全者，从严惩处。

1989 年 10 月 9 日起，贯彻执行《海南省计划生育条例》规定，国家干部、职工超计划生育二胎的，行政上给予撤职、降级直到开除留用的处分。超计划生育第三胎者，行政上给予双方开除公职处分，开除后返回农村的，按当地规定征收超生费，开除后成为城镇行业居民或个体经营户的，按城镇同类人员处罚标准征收超生费。共产党员、共青团员超计划生育二胎者，给予严重警告或留党、留团察看处分；超计划生育第三胎者，给予开除党籍、团籍处分。临时工、合同工、费用工超计划生育二胎或多胎者一律辞退，3 年内不得复招工。辞退后由户籍所在地按规定征收超生费。城镇居民（含个体经营户）超计划生育二胎者，一次性征收超生费 800 元；超计划生育三胎者，一次性征收超生费 1500 元，以后再超的加重处罚。超生费由所在街道居民委员会负责征收。对拒交超生费的个体经营户，由工商行政管理部门吊销其营业执照令其停业，待缴清超生费后才发回营业执照。农民超计划生育二胎者，一次性征收超生费不低于 500 元，超计划生育第三胎者，一次性征收超生费 1000 元。

2002 年 9 月 1 日起，贯彻执行《中华人民共和国人口与计划生育法》。2003 年 12 月 1 日起，贯彻执行《海南省人口与计划生育条例》。对不符合法律规定生育的，按照临高县上一年度城镇居民人均可支配收入或者农村居民人均纯收入的下列倍数或比例向男女双方分别征收社会抚养费：超生一个子女的，按三倍至四倍征收；超生两个以上子女的，每个子女按五倍至六倍征收；婚外生育子女的，每个子女按五倍至六倍征收；未履行婚姻登记手续生育子女的，按 10%～20%征收；符合再生育条件需经批准但未经批准生育子女的，按 5%～10%征收；农村居民未经申请、核定安排生育第二个子女的，按 5%征收。征收社会抚养费必须向当事人出具由省财政部门统一印制的非税收入缴款书。机关、社会团体、企业事业单位人员违反规定生育子女的，生育费自理，产假不发工资，男女双方 3 年内不得提职（含技术职称）、晋级和领取奖金，并给予行政处分或者纪律处分；属超生的，给予开除处分或者予以辞退。其他人员超生的，男女双方均不得录用为国家工作人员。属农村居民的，分配征用土地安置补助费和集体经济收入、享受集体福利、划分宅基地时不增加份额。

2009 年，县政府加大打击“两非”工作力度，采取集中打击、专项整治、明察暗访等措施对出生人口性别比偏高问题进行综合治理。由县政府牵头，卫生、计生、药监、工商、公安等部门组成联合执法检查组，先后组织 4 次执法检查活动和突击检查活动，共检查医疗机构 154 个、各种药品 530 种，依法取缔非法“黑诊所”46 家，没收违法医疗器械和违禁药品 64 箱，立案查处虚假药品广告 2 宗，罚款 4000 元；对严重违反有关规定、擅自使用 B 超机违法从医的 1 家个体诊所进行严厉惩处，罚款 6000 元，责令其立即停业整顿，并进行全县通报批评。县卫生局加强对医疗单位 B 超机使用管理，建立院领导、医务人员工作责任制和责任追究制，并与 8 家 B 超机的医疗机构和 B 超管理人员签订责任书。县完善和落实凭证终止妊娠工作制度，坚决防止和杜绝非法终止妊娠、遏制出生人口性别比升高势头。

2010年，县委、县政府召开出生人口性别比偏高问题综合治理联席会议，发挥各部门协调联动作用，形成齐抓共管的合力。出台《关于进一步加强人口和计划生育工作部门联动服务实施意见》和《临高县开展打击“两非”工作实施方案》等文件，严格把好审批关，实行责任倒查机制，杜绝医务工作人员实施“两非”行为。加大打击“两非”工作力度，并通过新闻媒体对“两非”典型案例给予曝光，以震慑不法分子。建立举报有奖制度，奖金高达2万元。组织开展医疗机构销售药品市场和打击“两非”的专项治理活动，严厉查处1名医务人员私设的黑诊所，并将其开除，有效遏制“两非”行为。

第七节　流动人口计生管理

1988年，临高县开始颁发居民身份证，并着手对流动人口进行登记管理。1989年，全县暂住人口为5427人，1995年3368人，2000年2670人，2005年3334人，2010年725人。1989—2010年，每年平均流入临高县2565人，主要是来自广东、江西、广西、福建、湖南等地的经商、务工人员。

1991年，临高县将流动人口的计划生育管理纳入人口和计划生育目标管理责任制。流动人口的生育服务证由镇或县计生部门审核批准。公安、工商、劳动、卫生、交通、建设等部门结合各自职责，配合计生部门开展流动人口计生管理工作。有关部门在审批流动人口暂住证、营业执照、务工许可证等证件时，核查县计生部门出具的计划生育查验证明，没有则不予审批。用工单位负责对招用的流动人口的计划生育进行管理，并接受镇政府或县计生部门监督检查。

2001年，临高县外出经商务工人员逐年增多。据县统计部门不完全记载，2005年全县外出经商务工人员为1368人，2006年10238人，2008年15534人，2009年16518人，2010年18070人。主要流向广东省（深圳、东莞）、江西省、广西壮族自治区、海南省（海口、三亚）等地。

2003年，流动人口计划生育工作由其户籍所在地和现居住地的人民政府共同负责管理，以现居住地为主，纳入现居住地的日常管理。临高县成年流动人口外出务工前，凭合法的婚姻、身份证件，到县人口和计生委或乡镇政府、街道办事处办理婚育证明。用人单位和个人聘（雇）用成年流动人口，或者房屋业主向成年流动人口出租出借房屋时，要查看其有无合格的婚育证明。外省户籍的流动人口不符合规定生育子女的，按照城镇居民的标准征收社会抚养费。

2009 年，贯彻全省流动人口“一盘棋”工作会议精神，成立领导小组，制定工作方案，开展全县流动人口调查摸底、造册登记和建档立卡工作。建立流动人口信息共享机制，强化区域协作、沟通和交流联系，与全省 17 个市县签订流动人口管理服务协议书。组织专门队伍，赴海口、三亚、东方、陵水等市县开展集中服务活动，与该地区人口计生部门一道为流入该地的临高县流动人口提供便捷的计生服务。强化机关部门的工作联系，共同抓好流动人口的管理和服务。县人口计生部门将流动人口计划生育纳入经常性工作范畴，与常住人口一样同管理、同服务、同监督。县公安、工商、人劳等部门密切配合，发挥职能作用，各负其责，在为流动人口办理相关证件时，严格查验流动人口婚育证明。

2010 年，为切实做好流动人口计划生育服务管理工作，县政府制定《临高县流动人口“一盘棋”工作方案》，进一步强化流动人口专人专管的工作责任。同时加强区域协作，组织队伍到三亚、海口、陵水等地，做好外出务工流动人口的服务管理工作。全县流动人口建档率达 95%，持证率达 75%，登记率达 96%，办证率达 71%，人口信息反馈率达 100%。

第三章　社会风俗

第一节　临高方言

临高除了通用普通话外，还有其独特的方言——临高话。临高话又名村话，是汉藏语系中的一种汉语方言。

讲临高话族群主要聚居于海南岛西北部，所分布的地区连成一片，使用人口 100 多万人，包括临高全境，海口市琼山区龙塘、十字路、龙桥、石山、铁桥等乡镇及海口市郊海榆中线以西，澄迈县沿海的福山、桥头、老城、白莲、马村等乡镇，儋州市那大、南丰、和庆等乡镇。此外，岛西的昌江、东方和岛南部三亚有一些海边的村落也讲临高话。临高话内部依语音之间的差异，可分为临高、澄迈、琼山和儋州 4 个片区。4 个片区在词汇与口音上有小差别。

2010 年，临高全县通行方言“临高话”。临高方言只有口语，没有反应本语言相对应的文字。长期以来，一直用汉字。临高方言长期受海南古代汉方言官话（史称“正语”“中州正音”，属汉语北方方言）的影响，形成临高话中的汉文字读书音。临高人读书（汉文字），其读书音跟普通话差不多，如普通话的“你去哪里”，临高方言改为“ni ki na li”，所以从外地到临高工作的人说临高话，一半是本地话，一半是普通话。

临高方言不是黎话，不是“黎、秦和汉的混合物”，而是具有“古越的成分”，属于汉藏语系侗傣语、壮傣语支的一种语言，与壮语十分相近。据史料记载，秦汉以来，大量来自全国各地的汉民陆续迁入包括临高地区在内的海南省西北各县，他们与当地的其他民族长期杂居在一起，分化融合。到明清之际，随着汉族不断迁入，民族融合更快。到嘉靖时，“临高县诸黎村峒凡二十多处”（载景《广东通志》初稿）。而到清道光年间，临高县只有“熟黎凡峒二十村”（明谊《琼州府志》）。临高地区的汉族与长期杂居的黎族和疍民，在清末民国初期时基本上都汉化。从临高人的族谱看，也可以找到证据。为了弄清临高人祖先的来历，1980—1981年，临高县委偕同广东省民委等部门组成调查组，前往福建、广西等地调查。据调查组报告，全县有19个姓（苏、叶、秦、符、李、刘、方、吴、黄、郑、钟、王、林、陈、谢、许、张、曾、唐）的祖宗，在福建找到了族源。而占全县人口70%以上（约21万人）的这19个姓氏的祖先，按所迁来的地区来说，他们是不讲临高方言的，但后来也被临高方言同化。

岭南一带南方人的语言是属于古越语系，历史称“结发、鸟语”。即是女人结发，用小网包头发，说话像鸟叫一样。这三方面都符合临高人的习惯，因此可以断定临高最早的居民来自岭南一带。这些在临高定居的居民，汉武帝时称之为“骆越之人”，但从东汉至隋唐， 这些居民史书一般称为“峒俚”、“峒僚”或“俚泰”。这些原先的少数民族和跟汉代将领伏波的部队来海南后在临高一带落户的一些广西士兵，应说是临高方言的祖先，临高方言应该是俚（即越语）、壮语的混合物。

临高方言中，从语调看，在临高县范围内至少还可以划分为三种：新盈港一带的临高方言，皇桐一带的临高方言（马伏波的队伍驻扎过的地方）和其他地方的临高方言。这说明临高方言是经过漫长的岁月，由于外来人的不断加入，而逐步演变而成的。比如解放初期到临高工作的外地干部，他们的子女都能说临高话。此外，还通行儋州话、军话、客家话、白话（即广州话或高州话）、黎话、苗话、海南话等八种。在公共场合，一般多用普通话交流。

临高话作为汉藏语系中的一种汉语方言，它的一个音节也分成声母和韵母两部分，再加上一个贯通整个音节的声调。声母指音节开头的辅音。有的音节不以辅音开头，就是没有声母，也可以说它的声母等于零，习惯叫作“零声母”。韵母指音节中声母后面的部分。对于零声母音节来说，整个音节由韵母构成。声调是音高的变化，指音节的高低升降曲直长短的变化形式。临高县在隋置毗善县时，已使用汉语官话，作为官府、学校、商业活动等公共交际用语。宋代谢渥、胡铨来临高，传授中原文化，人才辈出。临高人普遍使用汉语，经过演变，成为临高语的“口头语”，这就是临高人读书的读书音。临高的“口头语”，由于长期受外来语的影响，许多词汇是借用过来的。

作为汉语的一种方言，临高话与汉语一样，是按主、谓、宾结构顺序组成句子的，只是有些语句的结构与汉语不同，特别是偏正结构的复合名词属于下列情况时，在口语中一般都颠倒过来说：由形容词+名词而构成的偏正结构的复合名词，如“红花”说成“花红”；由名词+名词构成的偏正结构的复合名词，如“猪肉”说成“肉猪”，“皮鞋”说成“鞋皮”；由序数词（或功能相当的形容词）+名词而构成的偏正结构的复合词，如“大哥”说成“哥大”，“二嫂”说成“嫂二”。在书面语音中，临高方言与汉语相同。从语言结构看，一般把形容词、副词置于名词、动词之后，构成倒装的语法形式。临高方言中，常用比喻、夸张、比拟、借代、对比等修辞手法，语言深入浅出，形象生动。用临高方言演唱的临高木偶戏、哭词、山歌、民谣、顺口溜等，都比较集中地表现出这种方言具有生命力的特色。临高方言的山歌多是对歌，在野外进行，男女双方各站一边，一边唱一边和，互相对答比输赢，很像《刘三姐》那种对歌形式。临高方言和谐、含蓄、风趣、容易引起共鸣。这种通俗朴实的方言，扎根于群众中，有强大的生命力。它对思想交流，沟通感情，传播信息都起着积极的作用。

第二节　习　俗

一、崇拜龙凤

临高人具有崇拜龙和凤的习俗。在民间，龙和凤崇拜极为普遍，几乎村村都有“龙林”，不仅有各种形式的祭奠活动，而且在日常生活中成为吉祥的征兆被广泛运用，还特别发展为独特的龙凤艺术。在广阔的临高大地上，龙和凤的神威、壮美形象随处可见，临高人民将其作为吉利祥瑞的征兆加以信仰、崇拜和赞美。

海边的新盈、调楼地区，每逢农历八月十五中秋节，都有赛龙舟的习惯。龙船的设计是将龙船粉饰一新，涂上油漆，增加划船工具，分别在船头和船尾特别安装 2 个牢固的木架子，龙舟安装上 4 个把橹，12～14 个把楫桨。赛龙舟，先拜“海公”，然后进行龙舟竞赛。竞赛时，参赛龙船船头齐平，彼此就开始敲鼓吹哨子摇旗开赛，岸上观众呐喊助威，先登滩抢“标”者为赢家。

二、生活习俗

（一）饮食习俗

临高菜肴以清淡、生脆、爽口见长，烤乳猪、炒鱿鱼干、白切鸡、白斩鹅、炒沙虫等菜最为有名。临高人以大米为主食，肉、鱼、鸡蛋、蔬菜是主要副食，普遍一日三餐，习惯用筷子吃饭。临高人的早饭一般都比较简单，常常只是吃稀饭或馒头、大饼、油条、豆浆、粉条之类食品。午餐吃饭一般以米饭、肉、鱼、炒菜为主要食品。临高人热情好客，请客吃饭时往往都准备充足的饭菜。主人请客人入座后，先陪客人喝酒。临高地瓜酒、临高米酒、临高海马酒等都是招待贵客嘉宾的常用佳酿。下酒菜常是临高烤乳猪、蒸乳猪、炒鱿鱼干、炒沙虫、白切鸡、白斩鹅、牛排、炒蛋、炖羊肉、鱼、蟹、虾、洋白菜、炸花生等。最后常用鲜美的混合汤结束宴席。宴席上，主人总要劝客人多吃一些，不断给客人斟酒、搛菜、添饭，在客人吃饱之前，主人即使吃饱了，也要陪着客人吃，不能放下筷子，更不能离开饭桌。饭后常常还要泡茶品尝。客人走时，主人送一瓶临高地瓜酒，以表谢意。

（二）婚姻习俗

20 世纪 80 年代以后，用小汽车到女方家迎亲。进入 21 世纪后，婚嫁时请客送礼大摆宴席的现象，被亲朋好友之间相互在广播电台或电视台上点歌点戏表示祝贺的形式取代。结婚时，亲朋好友揍出几十元钱在广播电台或电视台上点歌点戏，让大家收听收看共享其乐，祝新郎新娘幸福美满，婚事办得俭朴大方，且又异常热闹，高雅文明，格外新鲜，亲朋好友皆大欢喜。

（三）生育

1986—2010 年，临高农村依然存在“入篮”和“对岁”习俗。“入篮”是指婴儿出生 13 天时，举办将婴儿抱入摇篮仪式。“对岁”是指幼儿 1 周岁时，举办仪式庆贺。举办“入篮”“对岁”时，均请娘家亲戚参加，一般以女眷居多。

（四）寿辰

1. 生日

小孩过生日一般杀鸡或煮鸡蛋吃。成年人过生日，全家设宴庆贺。20 世纪 80 年代后，小孩过生日，一般吃生日蛋糕，在蛋糕上点燃蜡烛，让小孩吹灭。

2. 寿诞

子孙齐全的老人，年满 60 周岁（虚岁 61 岁）时举行寿诞，大排宴席。出嫁的女儿要买全副猪肝、肺、心、糕点以及一套崭新的衣服前来敬贺。多是祝 60 周岁（虚岁 61 岁）、70 周岁（虚岁 71 岁）、80 周岁（虚岁 81 岁）、90 周岁（虚岁 91 岁）、100 周岁（虚岁 101 岁）寿辰。祝寿时，请文人做寿序，写寿联，亲友送寿镜、寿糕来祝贺。唱赞礼贺酒，以示长命百岁之意。

（五）交际时尚

临高人处世立身，讲究以善为根，以仁为本。临高人性情淳朴，诚挚好客。有客人时，必拿出最好的酒菜招待嘉宾。熟人亲朋在路上相遇，常常互打招呼，敬问“您好”“您早”。如同路，则让长辈先行；如逢喜事，亲朋好友间互送红包，喝喜酒，以示祝贺；学生在路上遇见老师，自觉肃立，敬学生礼，等老师答礼后才离开；干部职工相见或告别时，相互握手道“欢迎”或“再见”；冲撞人家或做错了事，常说“对不起”或“请原谅”，对方则说“没关系”；得到别人帮助时，常常说“谢谢”或“感谢您的帮助”，对方则说“不用谢”或“这是我应该做的”。助人为乐在临高已经蔚然成风。如有外地人陷入困境，临高人必伸出友谊之手，为他排忧解难，使他产生在他乡遇亲人之感。

三、传统节日

（一）春节

农历正月初一是春节，又叫阴历年，是临高及其他大多数地区最盛大、最热闹的一个古老节日。

临高人把过春节叫作“过年”。剪窗花、贴年画、贴春联、贴“福”字、点蜡烛、吃团圆饭、放爆竹、拜年、给小孩压岁钱是临高人欢度春节的主要活动内容。剪窗花即是用彩色纸剪成各种花草动物或人物贴在窗户、门上，以增添节日的喜庆气氛。临高人贴“福”字的习俗形成于宋代。除夕这天，人们总是故意将写有“福”字的大小方块红纸倒贴在门、窗、墙壁或家具物品上。点蜡烛是为了增添节日喜庆色彩。除夕晚餐叫作“团圆饭”，通常皆为全家团聚，显示举家平安、团圆、和睦。除夕晚上，灯光通宵达旦，大家穿着新衣服，给小孩压岁钱。大年初一零时，千家万户燃放爆竹，热闹非凡。初一早上，人们总是先给家族中的长者拜年，然后相互道贺。拜年的方式各种各样，有的是同族家长带领人们逐家祝贺，也有的是大家相互聚在一起相互祝贺，表示辞旧迎新。春节期间还开展丰富多彩的文体活动。

（二）元宵节

农历正月十五日称元宵节，也叫“小年”。元宵节夜晚，千家万户张灯结彩，所以又称“灯节”。灯有照亮人间、破除黑暗之喻。千百年来，灯节一直受到人们的喜好，风俗至2010年犹然。元宵节临高人民除有扎灯、放灯、赏灯、舞龙灯等习俗外，还开展舞狮子、游园等各种闹元宵文体活动。此外，吃元宵也是临高人民元宵节的传统食俗。元宵是用糯米粉团裹上果仁、糖馅的圆形食品。吃元宵象征着家人团圆、和睦、吉利、蒸蒸日上。

（三）清明节

清明节，是表明气候变化和农事季节的二十四节气中的第五个节气，通常在每年4月5日前后。临高人扫墓时，先铲除杂草，添上新土，插上小纸旗或压上红纸，摆上饭团、猪肉、鱼、糕果点心等供品，墓前摆上三支酒杯，点燃三支香，两支蜡烛，斟三次酒，燃烧纸钱金锭，或献上一束鲜花，以寄托对先人的怀念，并祈求先人庇佑后代身体健康、事业辉煌、代代出英才。临高人清明节祭祖分两种，一是祭“己祖”，二是祭“众祖”。祭“己祖”是以一户或几户为单位，带上供品到先人坟墓祭拜；祭“众祖”是以几十户或几百户为单位，同姓氏的宗族均参加，将备好的祭品带到先人坟墓祭拜，清除杂草、添上新土，插上小纸旗或压上红纸。清明时节春光最好，适合人们到郊外亲近自然，拥抱春天。临高民间长期保持着清明节到野外踏青的习俗。

（四）端阳节

农历五月初五日是端阳节，又称“端午节”“重午节”。家家户户包粽子、吃粽子，沿海地区还要开展赛龙舟活动。每到端阳节，临高人民搞清洁卫生活动，比如用艾叶、苦楝叶和水冲洗身体，谓之洗“苦水”，还用草药水喷洒庭院等，以驱除污秽邪恶，净化环境。

（五）七夕节

农历七月初七为七夕节，又称“乞巧节”“女儿节”“爱情节”。在这天，临高年轻女子向心灵手巧的织女乞求一双巧手和一副巧艺，求她给自己传授纺纱、织布、缝衣的手艺。未婚女青年还乞求能嫁个如意郎君。

（六）中秋节

农历八月十五日是中秋节，又称“仲秋节”“秋节”“八月节”“团圆节”“月节”“月夕”等。中秋之月，皎洁如玉，历来被视为团圆、幸福、美满的象征。每逢中秋之夜，一家大小选取月照最佳处，先摆上月饼、时令瓜果等供品，焚香祭拜月神。求月神帮助自己实现心愿。男则愿蟾宫折桂，女则愿貌似嫦娥。继而，长辈指着明月向儿孙讲述嫦娥奔月、吴刚伐桂、玉兔捣药等神话故事。其间，大家边吃边聊，穿插吟诗作对，制谜猜谜等活动，其乐融融，以示家庭团圆，美满幸福。逗月亦是临高中秋节特有的风俗。各家的小孩子们都会点起香插在月饼上，唱着儿歌比谁的饼大，谁的饼香，跑到祠堂前去请月老，赶天狗。

（七）重阳节

农历九月初九日称重阳节。《易经》中把“六”定为阴数，把“九”定为阳数，九月初九日，日月并阳，两九相重，故而叫“重阳”，也叫“重九”。重阳节当天，临高民间有很多活动，一般包括出游赏景、登高远眺、观常菊花、遍插茱萸、吃重阳糕、饮菊花酒等。在临城周边地区，成千上万人登上高山岭，极目远眺，饱览临高的壮丽风景。

第三节 谚 语

临高话在漫长的历史长河中，产生独具特色的民间谚语。这些谚语浅显易懂，字字珠玑，多含哲理，临高人在日常生活中常常引用。临高谚语众多，这里仅举数例（后附大意）。

一、生活谚语

养鸟鸟溜飞，养狗狗摇尾。（做无益之事就像养鸟一样，到头来它还是要飞回树林，离你而去；而养狗就不同，它会永远追随在你的身边为你效力。）

锅仔凉凉大家搬，锅仔烫烫众人散。（在没有什么利害冲突的时候，所谓的朋友都好像相处得很好；在有困难有利害冲突的时候所谓的朋友就要作鸟兽散了。）

一次移萝一次黄。（野菠萝移植的时候，移的次数越多越难存活。）

驾车不要碾萝。（开车的时候不要碾上路边的菠萝，指人做事时，要想到跟此事有联系的人，不要连累其他。）

雷劈椰子，连累风槁。（椰子被雷劈了，风槁也同时受到连累，风槁是一种藤本植物，爱攀爬在椰子的枝干上。）

鸡肥爪子香。（鸡子肥了鸡爪也香，与“一人得道，鸡犬升天”近义。）

白天抓鸟雀，夜晚赶牛耕。（白天不耕地，抓鸟玩，结果就只好晚上耕了。指不要把本应该先做的事情留到后面做。）

家事在手头，人情在口头。（成事靠你的双手，与人打交道要发挥你的口才。）

嘴甜甜，心勾勾。（跟“口蜜腹剑”近义。）

屁股皮作脸皮。（形容一个人脸皮很厚，不知羞耻。）

试着响，吹不响。（一个人在试着吹哨子的时候，哨子是响的，但是到真正用的时候却吹不响了。）

媳妇干活给婆婆看。（刚过门的媳妇，老爱在婆婆面前表现得很积极，指一个人做事在人前总是表现积极，但是在没有人的时候，惰性就出来了。）

簸箕盛饭婆要骂，簸箕装粪婆也骂。（刚进门的媳妇不知道怎么干农活，用簸箕来打饭盛饭要受到婆婆的责骂，用簸箕来装粪也遭到婆婆的谩骂。指一个人不管做什么事情，总是受到别人无端的指责；也指辈分大的人老爱找晚辈的茬。）

胆小鬼，遇到鬼。（明明是胆小的人，却偏偏遇上了鬼。与“雪上加霜”“屋漏偏遭连夜雨”近义。）

路多黑都有人走。（指不管有什么样的困难，都有人去尝试。）

小时偷针，长大偷马。（指孩子在小时候若有小偷小摸的习惯，如不及时纠正，长大后就会变成小偷。）

裁缝穿破衣，木匠无门关。（指一个人能管别人的事，却管不好自己的事。）

屎壳郎还嫌弃木炭黑。（与“五十步笑百步”同义。）

大鱼尾不如小鱼头香。（与“宁做鸡头，不做凤尾”同义。）

二、气象谚语

过春分，赤肩膀，过霜降，剩个笠。

冬至头，冷抖抖；冬至尾，冷到膝盖肿；冬霜也无冻。

春雾日，夏雾雨，秋雾狂风，冬雾霜。

旱久蛙叫天下雨，蚂蚁搬家雨倾盆。

南风不过午，西风不过酉，西风过夜水过埂。

霓虹折断非雨即风，赤云爽日非风即雨。

三月电闪快走船，北风到岸天又晴。

久旱闻滩（百仞滩）声必雨，久雨闻滩声必晴。

春寒雨起，冬寒雨止。

早虹风，晚虹雨。

水浸中秋月，雨打元宵灯。

三月东风旱死草，四月东风刮船桅。

三月雾旱，八月雾雨。

日落云连天，必有大雨来。

云自东北起，必定有风雨。

惊蛰不寒，寒到芒种。

四月台风无人知。

第四编　城镇建设与环境保护

1992年，临高编制《临高县临城镇总体规划》。2009年，制定临城镇控制性详细规划，为临城镇的城区北移建设目标提供布局合理、交通便捷、设施齐全、生态优化的蓝图。25年来，临城镇建设发生翻天覆地的变化，城区面积由1986年的3平方千米，扩大至2010年的5平方千米。以文澜江为轴心的新城区基本形成，原来低矮的平房被楼房取代，出现十多二十层的高层建筑群，文澜江两岸展现城镇新姿。原来狭窄坑洼的街道变成宽阔畅通的大马路，平展畅通，连接县内外。

贯彻省提出的生态建设战略目标，以水源保护为工作重点，加强环保建设，优化环保服务，加大执法水平，全县环境质量保持优良水平，对经济协调发展起到积极保护作用。

第一章　城镇建设

第一节　机构设置

1986年，临高县基本建设委员会为主管城镇建设的部门。1995年，撤销临高县建设委员会，成立临高县建设与环境资源局。2005年，撤销临高县建设与国土环境资源局，成立临高县建设局，内设规划股、施工股、房产股、办公室、人防办。2010年，撤销临高县建设局，成立临高县住房和城乡建设局（简称“县住建局”），内设机构有规划股、施工股、房产股、办公室、人防办。

第二节　城镇总体规划

一、城区建设总体规划

1992年，临高县人民政府于通过《临高县临城镇总体规划》。临城镇总体规划分为近期、远期两个阶段：近期至2010年，远期至2020年。在规划期内，随着小康社会的全面实现，把临城镇建设成为与省内、省外、国外三个市场密切相连，一、二、三产业协调发展，经济繁荣、人民富裕，社会文明；城镇布局合理、交通便捷、设施齐全、生态环境良好的县城。随着经济的不断发展，旧版的规划已经不能满足临高县城市建设发展需要。2006年，县规划建设以县城为重点，完成临城镇总体规划修编，并开始对重点建设区域的控制性详细规划。省政府于2007年8月批准临高县启动修编《临高县城乡总体规划（2013—2030）》。2010年12月30日，海南华都城市设计有限公司编制《临高县总体规划评估报告（2005—2020）》和《临高县城市总体规划修编（2010—2030）》。

二、控制性详细规划

2009年，县建设局重点开展县城城区的控制性详细规划。县城的控制性详细规划委托海南华都规划有限公司负责，整个县城以文澜江为界限分南、北片区同时进行；建设局委托海南雅克设计公司设计县城5条街（二环东路、二环路江南段、文明东路、礼贯路和江北东路）和临美路临街建筑立面图，同时结合临高县深入学习实践科学发展观活动第二阶段分析检查出来的私人报建管理问题，加强私人住房规划报建、放线和验收，加强批后管理，保证县街景的统一性。

第三节 城市建设

一、旧城改造及新城区建设

1986年，县城区面积3平方千米，有5条主要街道；临城镇人口57779人，其中城镇人口6334人。1988年，县城城区规划建设项目扩大到12平方千米，城镇人口发展到10150人，新建楼房15万平方米，铺设4条大街道，水泥路面长5千米，柏油路面5.5千米，两旁构筑花坛，绿树成荫；供水、供电、公厕、排沟等公共设施逐步完善。

1996年，全年投入4500万元，完成临城江南、江北、跃进、行政路的改造扩建工程，完成临城至新盈、美良、东英、高山岭4个出口路和临新公路的路面改造，加强县城建设。

2000年9月，县政府与海南临高现代实业开发有限公司签订临城江北西路防洪工程和旧城改造及新区开发建设合同书，工程总投资1305万元，修建长800米、宽25米的北西路沿江建筑防护堤，改造旧房8110平方米，开发新区44000平方米。

2001年，全县小城镇建设完成总投资9618万元，其中建房投入6180万元，市政设施投入3438万元，硬化市政道8.3千米，新增设路灯760盏，新建、扩建农贸综合市场4个，占地面积360亩，新增设商业网点202个，为国家创税400万元。

2003年，县政府筹措287万元建设资金，硬化临城旧城区32条街（巷）道，铺设水泥路面总长6435米，修建排水沟总长2390米，受益人口1.8万人；投资900万元，完成临城镇文明东路填土工程。2006年，城镇化水平不断提高，完成城区文明东路、江北西路、二环路一期工程、临美路路灯、县委大楼装修、绿化等工程建设。进行临城城区综合整治，72个单位安装霓虹灯。

2008年，临城城区小街小巷全部硬化，建设金牌大酒店侧楼空地、三小校门前空地、二号桥旁空地、东英路口空地等4个街心花园，安装改造沿江东路一号桥至三号桥路段路灯。出台在临城购房建房的优惠政策，大力鼓励外出干部、农民、渔民等社会各界人士到县城购房建房。高标准建设“一条街”，即以红旗中街改造工程为示范点的“五个统一”（灯光统一、路面统一、立面统一、广告统一、门面统一）的“四个一条街”（就业一条街、文明示范一条街、商业一条街、步行一条街）。建设春晖园住宅小区和二环路小区。整治临美路口、临新路口、临调路口和临昌路口。在车站门前转盘路口、文明路与行政路交叉路口建第一批交通红绿灯。盘活县人武部、财政局、国土局、水务局、民政局等几个部门的办公大楼。推动临城商业广场、江北东路、二环路续建工程和西门市场改造建设。

2009年，基础设施项目扎实推进。文澜江四号桥、百仞滩大桥、临城二环路东西段、临高角老路、市政大道、金澜大道、江北东路街区、政法小区、党校小区、礼贯小区等建设，总投资将近9亿元。随着一批基础设施项目的顺利实施，县城新城区初现雏形。

2010年，以文澜江为轴心的新城区的架构基本成形。文澜江两岸整治工程顺利推进；建成临城二环路东西段、临昌路；市政大道、金澜大道、江北东路等项目的主体工程基本完成；动工建设民生路、江南东路及临美路、临海路部分路段改造等项目。金龙大道开展招投标，福马大道、黄龙大道开展前期工作。临城二环路包括二环东路、二环西路和三号桥，总投资16558万元，全长3973米、宽30米，起点于临昌路，终点与文澜江四号桥相连接。至年底，临高县城有解放路、跃进路、文明路、行政路、江南路、江北路、二环路、临海路、临美路、临昌路、新桥路、高山路等12条大道，县城文澜江两岸建有4座大桥。澜江新城的建设，将县城打造成公园化城区，临高县城“沿江靠海、城市扩张、中心北移”发展战略在实施中。

二、市政建设

（一）道路建设

1986年，临城主城区的建设和城市的发展较为缓慢，市政道路规划不科学，路网布局和道路状况差，建设投入不足，市政基础设施建设滞后。当时，临城主城区主要建设有解放路、跃进路、行政路、沿江南路及新镇街、红卫街、红旗街约15千米水泥硬化市政道路，沿江北路、解放南路为老石板路，沿江南（中西段）及兰河东路均为泥土路；临海路、临美路、新路及东英路仅有各约2千米沥青混凝土道路。

1991年，全县市政建设共投资100万元。年内，文澜江第二大桥建成通车，金牌区港外二级公路（21千米）全部开通。全县城镇道路总长10.5千米，其中当年新建道路2条，长1.5千米。

1992年，全县市政、公共建设投资204万元。城镇道路总长42.7千米，其中，当年新建道路3条长2千米，扩建道路2条长3千米。

2004年，投资1180万元建设临城至美台高速路口8.3千米和投资895万元建设临城至美夏11.2千米公路。投资2100万元建设加来至新盈26千米公路。完成文明东路工程和江北西路工程建设，完成干部新村纵北和五小3条道路硬化及两边排水沟的修建，完成临美路区域规划和县委县政府大院、礼贯北路小区、文化公园、体育广场详细规划。

2010年，有金龙大道、福马大道、黄龙大道、金牌疏港大道、临昌路、金澜大道、市政大道等7条主道建成通车。金龙大道位于临高县博厚镇境内，南起环岛高速公路北侧，北至金澜大道。道路全长8.876千米，按城市道路主干道II级标准设计，设计速度为50千米/时，主线双向四车道，中央分隔带宽4米，主线行车道宽度16米。金龙大道总投资2.6亿元。行车道两侧设6米宽的路侧绿化带，路基宽度为32米，道路红线宽度43～52米。福马大道是马袅湾滨海国际旅游区总体规划中的一条对外交通干道，是该度假区的交通骨架，也是联系度假区各个功能片区的主要通道。福马大道道路起点与金牌港东港公路衔接，终点位于马袅区，连接着金牌港开发区和马袅湾滨海国际旅游区。福马大道道路全长12.4千米，路基宽12米，路面宽10.5米，沥青混凝土路面，计划总投资1.54亿元。黄龙大道位于临高县西部，连接波莲、新盈、调楼3个镇，项目包括黄龙大道和疏港公路。黄龙大道起点于波莲至南宝公路与西线高速公路相交处，终点于临调线公路；疏港公路从新盈中心渔港连接黄龙大道，道路全长21.34千米，路基宽12米，项目总投资2.9998亿元，主要建设道路、桥涵、交通、排水、绿化等工程。金牌疏港大道起点于海南省环岛高速公路的金牌出口，终点在金牌港开发区西港区的金牌港船舶修造厂西侧，全长12.023千米，宽12米，项目总投资7180万元。金牌东港大道起点位于金澜大道与西港区疏港公路交叉口，线路向东至东港区洋大村折向北，终点至金牌港东港区北端威隆造船厂，道路全长8.22千米，项目总投资约1.6亿元，道路建设等级为公路二级，设计速度80千米/时，路基宽度21米，路面宽度16米，两边绿化带各2.5米，路面结构为沥青混凝土路面。临昌路起点于县城文明东路，终点于临高角，全长10.8千米，其中市政路段长1.7千米，宽12米；公路段路长9.1千米，宽7米，工程总造价6000万元。金澜大道是连接临高角和金牌港的主要交通干线，道路长7997.9米，控制红线宽34米，路基宽24米，路面宽度16米，双向四车道，道路等级为城市主干道III级，沥青混凝土路面，项目总投资约1.83

亿元。市政大道是申请国家开发银行贷款建设项目之一。道路起点于临城三号桥，终点至临高角旅游度假区。全长 9.56 千米，宽 33 米，道路设计等级为城市主干道 III 级、沥青混凝土路面。项目总投资为 22500 万元，其中开行贷款 18000 万元，配套资金 4500 万元。

（二）供排水

1. 供水

1986 年，县自来水公司负责县城供水，归县建设委员会管理，有员工 110 人。2007 年，县自来水公司归县水务局管理，内设办公室、财务部、生产部、安装维修队、收费站，有员工 248 人。至 2010 年，公司名称、内设机构未变，在岗职工 243 人。

文澜江是临城镇区的主要地表供水水源。文澜江全长 86.5 千米，流域面积 77.7 平方千米，河床平均坡降 1.47‰，河流落差 311.8 毫米；径流深度 782.5 毫米。文澜江水量主要靠降水补给，是海南省重要工程水利之一。文澜江临高段平均流量 13.5 立方米/秒，水深 3.61 米；常水期平均流量 7.6 立方米/秒，水深 3.39 米；最小流量 2.3 立方米/秒，水深 3.21 米；年平均径流量为 2.4 亿立方米，文澜江常年水量充沛，水质未受到污染。

2007 年 6 月，由海南渝安临城水业有限公司投资 3977.71 万元兴建临城地表水厂（县政府于 2010 年 12 月回购），建设规模为 5 万立方米/天，分三期建设，第一期建设规模为 1.50 万立方米/天供水量，2010 年 2 月已完成第一期建设。水厂取水源点位于临城镇多莲村，以文澜江为水源，厂区位于临城镇临新路临城糖厂内，厂区占地总面积 3.31 万平方米，构筑物占地面积 1.89 万平方米。至 2010 年，临高县自来水公司已铺设直径 75 毫米以上的供水管网 35.9 千米，全镇供水户 9861 户，占总户数的 75%，全年供水量 438.4 万立方米；全镇分散开采地下深井 15 口（其中 5 口井已报废），总出水量约为 1 万立方米/天，直接由井向城镇管网供水。

1986—1995 年，通过两次调价，水价从每吨 0.25 元调到 0.80 元。1995 年，县自来水公司用水户达到 6000 多户，年售水量 90 多万吨，年产值 70 多万元。1996 年，水价调整为居民生活用水 1.20 元/吨，经营用水及特种用水为 1.50 元/吨。是年，县自来水公司用水户为 8174 户，年售水量 150.58 万吨，年产值 180.70 万元。2004 年，居民生活用水调整为 1.40 元/吨，经营用水为 1.70 元/吨，特种用水为 2.0 元/吨。2010 年，县自来水公司用水户达 9861 户，年售水量 182.63 万吨，年产值 255.68 万元。

2001—2010 年临高县用水情况表

表 4-1-1

年　份	用水户（户）	用水量（吨）	水　价（元/吨）	供水产值（万元）
2001 年	7624	1048442	1.2	125.81
2002 年	7908	1318194	1.2	155.18
2003 年	8174	1505826	1.2	180.70
2004 年	8499	1525952	1.4	185.63
2005 年	8672	1543255	1.4	202.06
2006 年	8800	1546021	1.4	216.44
2007 年	9035	1637956	1.4	229.31
2008 年	9310	1667533	1.4	233.45
2009 年	9637	1747672	1.4	244.67
2010 年	9861	1826320	1.4	255.68

说明：1986—2000 年的用水户、用水量、供水产值无档案记载

2. 排水

1986 年后，随着城区街道和住宅小区规模的不断扩大，排水网络系统逐年增加，临高县每年投资约 100 万元用于兴建和改造排水沟。临城城区排水沟总长度达 174.8 千米。2008 年 11 月，投入资金 2.5 万元，改造城区高山路口排水沟 80 米。2010 年，投入资金 3.8 万元，改造城区临海路绿建花园至临高中学路段北侧排水沟 400 米。对城区公园路、文明西路两条街道的路面和排水沟，实施重新建设，总长度约 700 米，共投入资金约 320 万元。加强对市政公共设施的管理维护，市政设施管理站工作人员对城区内的市政设施保持经常性的巡视检查，发现有损坏或被盗现象及时修补。投入资金 1.62 万元，在二环、解放、新镇、跃进、龙力、江南等路段排水井盖因被盗和损坏，全新更换 90 个。

（三）路灯

1986 年后，县政府每年拨款约 300 万元，用于公共路灯的新建和改造。路灯管理工作人员深入街道公路及公共场所检查公共路灯的照明情况，发现有暗灯及时维修更换，保持明亮率达 98%。

2005 年，县政府投入 80 万元，对临城镇跃进路、文明路、新镇路等路段的路灯杆维修、更换 80 杆，新装路灯 100 盏，解放路改造灯杆 110 杆，新装路灯 120 盏，其他街道

小巷更换灯杆170杆，新装路灯200盏。

2009年，投资4.6万元，在临调路三岔路口至临城中学路段新安装公共路灯30盏。

2010年，投入资金44.8万元，在城区公园路、文明西路2个路段，新安装公共路灯32盏。投入资金8.65万元，维修更换公共路灯460盏。至年底，临城城区共有公共路灯6128盏。

（四）城区公厕建设

1986—2008年，随着城区人口增长，根据城区人口的分布和政府的建设计划，临城主城区范围内先后建设县一小、供销、党校、水厂、临师、医院、外经、外贸、露天、城内、澜江、兰河、临中、龙湾、粮所等15座公共厕所，公厕的布局及密度欠合规。

2009年，临城城区共有各种不同类型公厕14座，标准较低。为推进海南国际旅游岛建设，提高环境卫生水平，营造良好的人居旅游环境，按照省住建厅的要求和分配的任务，在临城城区建设9座公厕，其中新建6座、重建2座、改造1座，共计投入资金152万元。所有公厕严格按照星级标准进行建设，并设置无障碍设施。每座公厕实行专人管理，24小时免费对外开放。

2010年，根据《海南省建设国际旅游岛卫生环境综合整治工作方案》和《海南省公共厕所专项整治工作方案》的要求，对全县公厕进行专项全面整治。对全县32座公厕进行调研排查，并制定《临高县公共厕所专项整治工作方案》，按照省的整治方案，用3年时间，在全县范围内新建一批、重建一批、改造一批公厕。全县公厕建设投资256万元，新建10座，重建2座，改造5座。

三、房屋建设

1995年2月20日，县政府成立临高县经济适用房开发中心，是隶属县住房制度改革办公室管辖的企业单位。1995—2000年，全县共建设经济适用房618套，建筑面积6.4万平方米。2003年8月7日，国务院颁布《关于解决城市低收入家庭住房困难的若干意见》，2004年8月4日，海南省建设厅印发《经济适用住房管理办法》。从2007年9月13日开始，县政府相继出台《临高县廉租住房管理办法》《临高县城镇最低收入家庭廉租住房配租及租金核减实施细则》《临高县城镇最低收入家庭租赁住房补贴实施细则》，为城镇住房保障工作提供政策依据。2007年，县房产局制定廉租住房租赁补贴申请、调查、审核、复核、公示、核发、统计、档案管理等相关制度。2010年12月8日，县房产局在海南农村信用联社开设廉租住房租赁补贴代发账户，规范廉租住房租赁补贴业务工作操作程序。2007—2010年，新增发放廉租住房租赁补贴737户，保障面积113705平方米，核发租赁补贴金262.7万元。

2008 年，全县共建设廉租住房 380 套，总建筑面积 1.87 万平方米，总投资 2850 万元。临城糖厂廉租房小区：共建设 332 套廉租住房，总建筑面积 1.6 万平方米，总投资 2400 万元。粮食车队廉租房：共建设 48 套廉租住房，总建筑面积 0.27 万平方米，总投资 450 万元。新增廉租住房项目（第一期）建设工程，新建 4 幢 6 层框架结构板式住宅及相关配套设施，共建 332 套，建筑面积 1.62 万平方米。全年完成建安工程量投资额为 1786.86 万元，占建安工程量 95%。

2009 年，廉租住房项目推进工作全面快速实施，廉租住房项目（第二期）建设工程，新建三幢六层框架结构板式住宅及相关配套设施，共建 240 套，建筑面积 1154.8 平方米。建安工程量投资为 1272.77 万元，完成建安工程量投资额为 167.3 万元，占建安工程量完成 13.14%。政法小区已完成拆迁拆除建筑 1.02 万平方米，安置干部职工 88 户；党校小区已完成拆迁拆除建筑 1872 平方米，搬迁安置干部职工 3 户和 4 户民房。

2010 年，全县的保障性住房建设 2948 套，开工面积达 31.5 万平方米，总投资约 54150 万元。其中：廉租房 412 套 2.08 万平方米；经济适用房 2044 套 24.12 万平方米；限价商品房 192 套 2.9 万平方米；棚户区改造 300 套 2.4 万平方米，已竣工 2202 套，竣工面积 22.97 万平方米。

2010 年各类型保障性住房建设情况如下：

1. 廉租房建设情况

2010 年，廉住房小区项目用地面积 1.54 公顷，建设 412 套廉租房。共建 13 栋住宅楼，为 6 层框架住宅楼，建筑面积为 2.28 万平方米，总投资 5066.9 万元，其中建安工程费 4406 万元，到位 3000 万元。

2. 经济适用房建设情况

（1）政法小区用地面积 2.18 公顷，建设 334 套经济适用房。共建 8 栋住宅楼，其中 11 层电梯房 2 栋，6 层框架住宅 6 栋，总建筑面积 38265 平方米，总投资为 6022.6 万元，其中建安工程费 5237 万元。

（2）党校小区用地面积 2.07 公顷，建设 322 套经济适用房。共建 12 栋住宅楼，其中 11 层电梯房 4 栋，6 层框架住宅 8 栋。总建筑面积 3.9 万平方米，总投资为 5843.2 万元，其中建安工程费 5081 万元。

（3）公务员小区用地面积 0.72 公顷，建设 228 套经济适用房。共建 4 栋住宅楼，其中 18 层电梯房 3 栋，6 层框架住宅 1 栋。建筑面积为 2.82 万平方米，总投资为 5594 万元，其中建安工程费 4367 万元。

（4）教育小区用地面积 2.91 公顷，建设 414 套经济适用房。共建 15 栋住宅楼，其中

11层电梯房9栋，6层框架住宅6栋。建筑面积为4.88万平方米，工程总投资约8698万元，其中建安工程费6878万元。

（5）医务小区用地面积2.67公顷，建设340套经济适用房。完成投资6819万元，共建11栋各类型住宅楼，其中11层电梯房3栋，6层框架住宅8栋。建筑面积为3.79万平方米，工程总投资7333万元，其中建安工程费5175万元。

（6）厚禄住宅小区用地面积3.48公顷，建设556套［其中经济适用房406套，公共租赁住房150套（属于2011年建设任务）］。共建9栋住宅楼，其中12层电梯房3栋，6层框架住宅9栋，建筑面积为55764.05平方米。工程总投资10493万元，其中建安工程费7785万元。完成投资7162万元。

3. 限价商品房建设情况

礼贯住宅小区用地面积1.58公顷，建设192套限价商品房。共建4栋各类型住宅楼，其中11层、12层电梯房各2栋，工程总建筑面积27746平方米，其中住宅面积2.47万平方米，商业建筑面积3046平方米。总投资5330万元。

4. 城市棚户区改造情况

全县实施城市棚户区改造300户（套），总投资3600万元，用地面积36.9亩，分别对临城糖厂、机械厂、外经公司、临昌路、头桥村等区域实施改造。外经公司、临昌路、头桥村正在实施改造中；临城糖厂改造方案正在制定中，机械厂已制定改造方案。

四、园林绿化建设

1988年以来，县政府按照《海南省城镇园林绿化条例》，高起点规划临城城区绿化系统，构建城市整体绿色空间骨架，提高城区的绿化覆盖率，大幅度增加城市公园面积。以《城市绿地分类标准》，将城区绿地分成6个大类、11个中类、17个小类。积极发展热带滨河生态公园、中心综合休闲公园、滨河休闲及娱乐公园、生态植物公园和文化纪念公园。临城地区有3个私营企业苗圃场，占地面积30.67公顷，育有各种花卉及风景树苗木。2000年，临城城区街道公路绿化率为32.6%。

2006年，投入资金78万元，在城区临美路全路段8000米长道路两旁种植5000棵垂叶榕树，形成绿化带。对县城城区主要街道公路进行绿化，共种植风景树1.66万株，主要树种有杨子茎、白玉兰、樟树、柳树、小叶榕、垂叶榕、椰子树等。解放路、跃进路、文明路、江北中路、江南中路、江南东路等街道绿化密度较高，达到标准要求；新镇路、平安巷、红旗中西街、红卫街、红民街等街道及小巷则因街面狭窄绿化密度较低。

2010年，在二环路新种风景树200株，投入资金40万元；在临昌路、市政大道立体式绿化种植各种风景树4850株，共投入资金1250万元。

五、广场公园

2004年，建成县文化公园，位于文明中路北侧，占地面积0.27公顷。公园内除戏台、篮球场、座席、舞池等建筑场地外，剩余场地均种植草皮、花卉、风景树等，实现多种类立体式绿化。

2010年，开始建设滨江公园，位于3号桥北边，占地面积20.04公顷，其中一期工程占地面积10.93公顷。整个公园地面都种植草皮植被、各种花卉及各种风景树。临城有单位小区10个，均不同程度的实施绿化。其中绿化规模较好的有县委县政府、县公安局、县边防大队、县地税局、中国移动临高分公司、临高中学、临高二中、临城中学、英才学校、创新学校等单位小区，其绿化率达到36.4%。县园林绿化队按照国家标准要求，对城区街道公路、公园、广场和花坛等公共场所的风景树、绿化带、花草等进行维护管理，做好培土、施肥、除草、灭虫和修剪等项工作。全年补植补种风景树55棵，施肥3次，喷药灭病虫17次。投资2.24万元，在县委大门两侧种植3棵中东海枣树，美化大门两侧公用休闲绿地。在县城江北中路、江南中路、江南东路，沿江绿化长度约1千米，种植各种风景树2000株。

第四节 村镇规划与建设

一、村镇规划

1986年，临高县村镇建设管理机构配备管理人员5人，其中专业技术干部3人。16个乡（镇）成立建设委员会，主任由镇（乡）领导兼任，配备助理员16人，从事村镇建设的工作人员有267人。建立2个县级规划建设试点，21个集镇、233个村庄制定村镇建设规划，并进行修订提高。农民自筹建房资金526.55万元，投入钢材199吨、水泥1.19万吨、玻璃19箱，修建住宅建筑面积11.98万平方米。

1988年，县政府制定开发临高角总体规划。规划由陕西省设计院绘制，经县四套班子审查通过。

1989年，全县村镇投资1846.5万元建设住宅建筑面积10.85万平方米。全县村镇住宅共有面积614.98万平方米；乡村建房3136间，面积11.48万平方米，价值1376万元。

1990年，全县18个墟镇的大多数街道已得到平整拓建和改建，增设排水设施。全县有乡村道路260.5公里，桥梁3座，路灯287盏，下水道48.2千米，污水排放量2077吨/日，其中生活污水排放量1008吨/日。建成16个自来水厂，用水人口4.35万人。全县18个集镇有住宅建筑面积101.39万平方米，其中楼房3.66万平方米。农村个人投入建房资金 2732 万元，竣工房屋建筑面积 9.6 万平方米，其中住宅建筑面积 9.6 万平方米。有公共建筑 51.34 万平方米，其中混合结构的房屋 19.26 万平方米。生产建筑 5.59 万平方米，其中混合结构的房屋 0.67 万平方米。

2006 年，做好金牌工业园和临高角风景名胜区总体规划修编。启动新盈、调楼两镇规划，以黄龙避风港为中心，新规划渔业中心集镇，并纳入省建设厅村镇建设规划范围。

2007 年，先后修编《临高县域城镇体系规划》等 6 个城镇建设规划，抓好《临高金牌港经济开发区总体规划》等 3 个区域性规划。重点抓好金牌港开发区内道路、电网、供水、供气、排污、通信等基础设施建设。改造临城至临高角老路，扩建多文至金牌港公路，规划建设马袅至新盈沿海公路，实现行政村村村通柏油路。抓好规划发展区域经济，重点抓好金牌港经济开发区、临高角滨海旅游区、临美工业走廊、双龙工业园区、临城至临高角市政大道、临城新区和石油工业区的规划。规划各个镇的产业发展方向，依托各镇资源、区位优势，培育一批特色经济强镇：临城镇要发展成为综合中心镇；新盈镇、调楼镇要依托港口优势建设渔业强镇；博厚镇要依托金牌港经济开发区打造工业强镇；多文镇、东英镇要发展成为甘蔗强镇；南宝镇、皇桐镇要成为香蕉强镇；波莲镇要成为水稻制种大镇，和舍镇要成为橡胶大镇；加来镇要依托铁路和国道发展成为农副产品集散镇。

2008 年，城镇建设，规划先行。争取《临高金牌港经济开发区总体规划》《临高角滨海旅游度假区总体规划》《金牌・文澜社区规划》早日通过省规划委员会批准；编制《黄龙中心渔港总体规划》《马袅湾国际旅游社区总体规划》《双龙工业园区产业布局规划》，规划设计文澜江并抓好项目包装。抓好小城镇建设，强化各镇对镇域经济和商贸业发展的主导作用。

2009 年，实施农村民生工程、农村通畅工程、医疗卫生、教育文化和生态建设工程等 13 个政府投资项目。启动马袅湾生态旅游社区基础设施和多文钢厂、污水处理厂等项目。依托高速公路策划创建美台农产品工业园区，招商引资建设若干个农产品加工厂；依托新盈、武莲渔港，规划建设水产品交易市场及物流中心；依托文澜江畔和沿海岸线，做好市政大道、沿海公路等项目规划设计及施工建设。争取美国 ESI 公司钻井平台生产基地、10 万吨聚丙烯、丙烷脱氢及重质油冶炼等项目落户金牌港经济开发区。制定《临高县政府投资项目管理办法》，把好项目设计概算审核、招投标、工程监理、结算审计关。全县新增中央投资项目共 4 批 32 个，投资总额 6.97 亿元。农村沼气工程、农村饮水安全工程、海堤建设工程、乡镇兽医站等 13 个项目已完工，完成投资 1.4 亿元。动工建设保障性安居工程、农村民生工程和农村基础设施等方面共 19 个项目，完成投资 2.2 亿元。

2010 年，投入经费 2000 万元，高起点、高品位完成临城镇（镇区）总体规划修编、临高角旅游度假区控制性详细规划等 7 个规划的编制工作，着手 10 个镇的控制性详细规划、全县新农村建设总体规划、文澜江四号桥至百仞滩大桥两岸修建性详细规划、农产品加工园区建设规划、金牌游艇产业园区规划以及渔业大道等 5 条沿海岸带路网以及文澜江县城段两岸、龙波湾、马袅湾、临澜湾等旅游房地产重点发展区域编制规划。根据大道通海、快线连区、干线连片的原则，规划建设福马、金牌东西港大道、金龙大道、临美路、市政大道、黄龙大道 6 条通海大道。

2010 年，已经完成的规划编制有临城江北片区规划编制，临高角控制性详细规划，保障性住房小区修建性详细规划，吉利、大坡 2 个安置区规划道路规划设计，新盈黄金海岸修建性详细规划（原海南玉州厚水湾休闲渔业度假村修建性详细规划），马袅湾 31 平方公里总体规划编制，临高县临城镇（镇区）总体规划修编及各镇总规修编和控规修编（除加来镇外，9 个镇的地形测绘已经完成）。

二、农村危房改造

1997—2002 年，临高县实施农村校舍危房改造计划，全县共改造危房 68308 平方米。2004 年，全县城镇完成旧房改造 1820 户，新增楼房面积 53.3 万平方米。2005 年，改造危房面积 20780 平方米。2010 年，全县农村危房改造 100 户，其中五保户 18 户，低保户 20 户，其他困难户为 62 户。总建筑面积 8135 平方米，其中砖混结构 20 户，建筑面积 770 平方米；砖木结构 80 户，建筑面积 7365 平方米。每户由政府补助 1 万元，补助资金通过“一卡通”直接发放到农户手中。

第五节　城区综合管理

一、环卫管理

（一）机构

1986 年，临高县城区环卫管理归口临城镇人民政府。1988 年 4 月，城区环卫管理工作划归县住建局，为县住建局内设股级单位。2002 年 5 月，成立县建设与环境卫生监察大队。2004 年 3 月，成立临高县市政局，下设建设与环境卫生监察大队。

2006 年 5 月，成立临高县市政园林管理局，属于公益性事业单位。内设办公室、环境卫生管理站、市政设施管理站、园林绿化管理站、生活垃圾处理场和市容监察队（含卫生收费队），共有员工 255 人。2007 年，全局有干部职工 312 人，临时职工 231 人。2010 年，全局有干部职工 345 人。共有大小环卫车辆 57 辆，其中高空作业车 2 辆、洒水车 2 辆、8 吨垃圾压缩车 5 辆、5 吨垃圾压缩车 4 辆、金鹿车 23 辆、电瓶车 8 辆、皮卡车 3 辆、勾臂车3辆、挖掘车1辆、推土车1辆、吸粪车1辆、电动工具车2辆、路面清扫车2辆。

（二）生活垃圾处理

1986年以来，临高县临城区曾使用过两个生活垃圾处理场。一个位于临城镇美台村，另一个位于临城镇楼台村。这两个生活垃圾处理场均采用部分焚烧、部分填埋的生活垃圾处理方法。

2002年，临城城区设置不锈钢果皮箱100个。2006年，城区增设置塑料纤维的果皮箱130个。同年8月，新购置5吨和8吨生活垃圾压缩车各1辆，购置资金共计61万元；购置新果皮箱150个，金额7.5万元。

2008年12月，投资46万元购置清洗扫路车1辆。2009年7月，购置新垃圾箱200个，金额20万元。同年9月，为建设国际旅游岛，做好卫生环境综合整治工作，购置金鹿牌小型环卫清运车41辆，其中各镇、县机关事务局31辆，县市政管理局10辆，购置资金92.76万元。在通往临城城区各大路口建设生活垃圾屋12个，投入资金20.4万元。

2009年3月，开工建设新的生活垃圾处理场，位于距县城以东11千米的博厚镇五尧村军部坡，占地面积8.59公顷。该项目建设总投资4074万元，其中中央财政拨款800万元，省财政配套700万元，县财政配套1074万元，国家开发银行贷款1500万元。项目建设分一、二期，一期工程投资2974万元。军部坡生活垃圾处理场使用年限共计11年，其中一期工程使用5.5年，填埋垃圾库容量46万立方米，于2010年9月正式投入运营，服务于临城镇和运距较近的博厚镇，日吸纳处理生活垃圾100吨，全部采用填埋方式进行无害化处理。

2010年4月，新购置8吨生活垃圾压缩车1辆，购置资金42万元。8月，购置新垃圾箱250个，金额35.1万元。对生活垃圾处理服务费和建筑垃圾处置费的收费，针对个别单位与个人收费难的问题，采取发放《催缴通知书》的办法，拒缴则实行暂扣财物待缴款程序，从而杜绝漏收少收现象。对建筑垃圾处置费的征收，则采取拆迁户自报和登门征收办法。全年共征收生活垃圾处理服务费45万元，建筑垃圾处置费0.55万元，其中非居民户37万元，居民户8.55万元。

（三）城区街道清扫

2006年8月，临高县市政园林管理局新购置5吨和8吨生活垃圾压缩车各1辆。2008年12月，新购置清洗扫路车1辆。2009年9月，为建设国际旅游岛，做好卫生环境综合整治工作，新购置“金鹿”牌小型环卫清运车41辆，其中各镇、县机关事务局31辆，县市政园林管理局10辆。在通往临城城区各大路口建设生活垃圾屋12个。2010年4月，新购置8吨生活垃圾压缩车1辆。

至2010年底，环境卫生管理站共有环卫工人、清运司机、车辆机械修理工等各种工作人员226人。下设6个清扫保洁班组、1个生活垃圾清运队、1个车辆机械修理班。截至2010年12月，县城区有40多条街道、公路和公园、广场等地面清扫保洁面积共计113.2万平方米，保洁率达75%以上。生活垃圾日产生量100吨，通过环卫清运车辆每天2次的收集，运往五尧军部坡生活垃圾处理场实施无害化填埋处理。

二、城管执法

（一）机构

1986—1989年，临高县城市管理工作由临城镇卫生监察中队负责。1990年，临城镇成立城管中队。1992年，临城镇城管中队更名为临城镇市容监察中队。1993年，县建设局成立城建监察中队，吸收临城镇市容监察中队部分队员。1997年，临城镇市容监察中队合并到县城建监察大队。2001年11月，撤销县城建监察大队和县市容环境卫生管理站，成立临高县城市建设与环境卫生监察大队（正科级单位）。2004年4月，县城市建设与环境卫生监察大队升格并更名为临高县市政管理局。2006年，从县市政管理局划分出县城建与环卫监察大队（为副科级单位）。2007年12月，县城建与环卫监察大队更名为县城建监察大队（为正科级单位），隶属于临高县建设局，内设办公室、法规宣传股、一中队、二中队及三中队5个机构。2010年，县城建监察大队机构及隶属关系未变。

（二）户外广告管理

1986—2005年，户外广告管理只限于对城区横幅广告及店铺牌匾的管理，对大型户外广告的管理较少，横幅广告乱挂现象较多，影响市容市貌。台风天易造成电线杆、路灯杆拉倒，树枝拉断，对道路交通造成影响，给行人、行车构成安全隐患。2006年，县城建监察大队根据临城实际，经县建设局、县城建大队和益群广告公司协商，由益群广告公司全额垫资建起广告悬挂杆，城区范围内的横幅广告管理逐步走向规范。2009年，先后出台《临高县城户外广告管理暂行办法》《关于进一步加强县城户外广告宣传管理的方案》等规范性文件，开展户外广告专项整治行动，户外广告管理实现从无到有、从无序到规范。全年拆除或处罚不规范户外广告近100起。截至2010年底，累计拆除不规范户外广告达1000块，户外广告发布秩序更加规范，设计制作水平和品位不断提升。

（三）市容整治

1986年以来，对县城解放路、跃进路、文明路等主次干道乱设市场、乱摆摊点、乱停放车辆、乱贴广告、乱倒垃圾等问题开展突击整治，取缔占道经营摊点，查处流动占道经营三轮车，对沿街门市出店经营进行治理，清除墙面、建筑物和电线杆上的乱贴广告，拆除乱搭摊篷。

2001年春节前夕，县城监大队开展临城街道综合整治活动，先后组织150人次，共拆除违章建设27宗，查乱挖路面5宗，乱摆摊154宗、乱占道作业86宗、乱倒垃圾124宗、乱挂广告13幅、无证经营燃气5宗。

2009年，加强对市容市貌整治，重点整治城区乱搭乱建行为，拆除东门市场前铁皮棚和沿江南西路乱搭建建筑物及构筑物。拆除临城商场内乱搭建的蔽阳篷，查处占道摆摊行为，使商场经营秩序走向规范，使车辆能够有序地通行。拆除乱搭建的报刊亭、铁皮屋30个。县建设局重点整治临城“脏、乱、差”和县城“八大路口”环境卫生。全县投入环境综合整治资金1180万元，改造建筑立面7.55万平方米，拆除乱搭乱建建（构）筑物2.37万平方米，清理卫生死角5927处，清理拆除各类广告、条幅6247块，维修道路38.31万平方米，检修路灯3923盏，种植树木花草5.57万株，铺设草坪23782平方米。

2010年，县城建监察大队共出动整治车辆1200辆次，执法队员8000人次，拆除各类违法违章建筑428宗（其中拆除违法建筑98宗，违章搭棚265处，下达责令限期整改通知书65份）。整治流动摊贩在市场周边、主要街道等人流密集地段及城郊接合部占道经营行为，大队共组织100次的突查，共捣毁水果摊位150处，流动蔬菜摊点180个，流动猪肉摊位250个。依法取缔违规设摊点586个，依法拆除影响市容观瞻的户外广告牌90个。查处自行车乱停乱放点20个，纠正查处乱停乱放车辆608辆次。查处乱堆杂物822起，依法暂扣违规违章物760件，纠正教育违规者800人次。清理乱挂横幅500条。查处带泥撒漏运营车72辆1次。强制拆除“报刊亭”25个。拆除影响重点项目推进的烧烤园、洗车场、私宅等建筑物30家（处）。

（四）门前“三包”

2001年9月，临高县城市容管理开始实行门前“三包”区域路段包干责任制，执法模式由集中整治向长效管理转变。对县城流动摊点疏堵结合，以疏为主，设置夜市排档4处、临时摊位疏导点16处。

2010年，县市容监察大队坚持全天候对城区大街小巷、各个路口及公共场所巡逻监察，发现卫生死角及时反映清除，发现违反门前“三包”规定和乱丢乱放、乱写乱画乱贴等不良现象，及时制止批评，并给予经济处罚。全年共处罚违规违章行为701宗，处罚金额2.17万元。

（五）城市规划监察

1986—1992年，临高县城市建设报建工作由县建设委员会管理。1993年，临高县建设局成立城建监察中队后，开始进行城市规划报建监察工作。1998年，临高县城市规划报建监察工作有一定的模型，其后几年，城市规划报建监察工作基本处于停顿状态。2005

年，县政府成立城建监察中队，专门管理规划报建工作。2006 年，临高县城市规划报建监察工作开始步入正常轨道。2009 年，临高县进入大开发、大建设时期，县城监大队坚决将在已征、拟征、已规划等区域的违法建筑予以拆除。全年查处各种违建 428 宗，其中拆除违法建筑 98 宗，拆除违章搭棚 265 宗，处罚 65 宗。2010 年，查处各种违建 370 宗，其中拆除非法占用农田、抢建行为违建 125 宗，督促报建 40 宗，处罚未报先建 205 宗，保障临高城乡建设顺利进行。

第二章　建筑业与房地产业

第一节　建筑业

一、建筑设计单位

1987 年 4 月 8 日，临高县建筑设计室从原临高县建设委员会分离，为自收自支副科级事业单位，隶属临高县住建局（原临高县建设委员会），编制 6 人，其中有助理工程师 4 人，乙级资质。2010 年，有员工 7 人，其中退休人员 1 人，返聘 1 名工程师，实有在职人员 6 人，其中工程师 3 人，助理工程师 2 人，丁级资质。

二、建筑企业

2005 年 8 月 4 日，临高县城镇建设投资有限公司（简称“县城投公司”）经临高县人民政府批准挂牌成立，属政府独资设立，是县政府重要的投融资平台和城镇基础设施项目建设主体，注册资本 1.40 亿元。县城投公司由董事会、监理会、经理层构成管理体制，内设办公室、工程部和财务部。至 2010 年，公司有职工 15 人，其中领导班子成员 3 人（总经理 1 人，副经理 2 人）。

2005—2010 年，完成的建设项目有临海路路口改造，礼贯南路，二环西路及四号桥、三号桥，中镇街，文明西路，一号桥至昌乐酒家旧路改造，临昌路及市政大道一期等，完成总投资约 7 亿元，道路总长约 10 千米。此外，还建成礼贯小区保障性住房，完成总投资 7457 万元，总建筑面积 2.90 万平方米。至 2010 年底，在建项目有临调路、高山路一期、高山路二期、东英路路口改造、二环北路市政工程、文澜路等，计划总投资约 3 亿元，道路总长约 10 千米。

三、建筑业管理

（一）建筑业市场

2006年以来，临城镇委镇政府有效整合农村劳动力，调整产业结构，积极引导失地农民、城中村农民、城镇周边农民向建筑业、服务业发展。2009年，全镇有农村建筑队123支，从业人员600人，建筑劳务总价值3358万元，涌现出多莲、金龙、发豪等建筑专业村，成为农村经济增长、农民增收的一个新亮点。2010年，全镇有农村建筑队123支，从业人员2500人，建筑劳务总产值6000万元。

（二）工程质量监督与施工安全管理

临高县建设工程质量安全监督站（原临高县建筑工程质量监督站）成立于1985年，为自收自支事业单位，隶属临高县建设局（原临高县建设委员会）编制10人。1994年12月，增设检测室。1996年，县建筑工程质量监督站升为副科级自筹事业单位。1998年，县建筑工程质量监督站从县建设局分出，财务独立核算。2008年，县建筑工程质量监督站更名为临高县建设工程质量安全监督站（简称“县建设质量安监站”）。2010年，内设办公室、质量安全监督股、材料检测室、备案股等4个股室；共有员工20人，其中工程师2人、助理工程师15人、办事员3人。

1986—1991年，县建设质量安监站监管的工程有123宗，建筑面积为6.30万平方米，发出质量整改通知书11份，其中临高县建行宿舍楼工程的基础、农机公司综合楼的柱、地税局办公楼的梁、外经厂房的大梁等四宗工程被停工整改。

1992—1997年，县建设质量安监站监管的建筑工程有133宗，建筑面积为12.9万平方米，市政工程2.4千米。共发出质量安全整改通知书46份。

1998—2003年，县建设质量安监站监管的建筑工程有152宗，建筑面积为17.60万平方米。期间，联合建设局施工股有关技术人员每个季度组织一次全县质量安全大检查，特别对县委集资楼等住宅工程、公共项目进行质量安全检查，共发出质量安全整改通知书31份。

2009年，成立由建设局和县建设工程质量安全监督站人员组成违章工程排查治理检查组，对全县违章建设工程进行全面大检查。共检查建设单位12家，施工单位3家。县政府对违章建筑进行处罚。

2004—2010年，县建设质量安监站监管的建筑工程有230宗，建筑面积为69.80万平方米，市政工程约25千米。办理备案手续15宗，组织质量安全大检查6次，共发出质量安全隐患整改通知143份。

第二节　房地产业

一、机构

1993年5月27日，县委、县政府成立临高县住房制度改革领导小组，由县建设委员会牵头设置临高县住房制度改革办公室。1997年4月，临高县住房制度改革办公室升格为正科级事业常设机构。同年，临高县住房公积金管理所成立，和县住房制度改革办公室实行一套人员、两块牌子管理。2003年8月23日，成立临高县房产管理局，隶属临高县建设与环境资源局，为正科级全民所有制事业单位，原县住房制度改革办公室和原县房产管理所的职能和人员划归县房产管理局。内设办公室、经济适用住房开发股、住房基金管理股、房产管理股，均为股级建制，下辖临高县房地产交易测绘中心。2008年，县房产管理局更名为临高县住房保障与房产管理局，属县政府直属部门正科级事业单位。内设办公室、住房保障股、房产管理股，均为股级建制，下辖临高县房地产交易测绘中心。至2010年，县房产局机构设置、隶属关系及人员编制未变。

二、住房制度改革

（一）出售公房

1993年，为贯彻海南省《城镇住房改革实施方案》，县政府制定《临高县城镇住房制度改革实施方案》，在临城地区进行提租出售公房试点，培训320名房改工作骨干，开展房改工作。1995年5月2日，县政府颁布《临高县城镇住房制度改革实施方案》。同年6月22日，县政府出台《临高县出售公有住房实施办法》与《临高县公有住房租金改革实施细则》。从1996年7月10日起，各乡镇按照《临高县城镇住房制度改革实施方案》组织实施，全面推进住房制度改革，逐步实现住房商品化、社会化。

1993年，贯彻海南省《城镇住房改革实施方案》，制定《临高县城镇住房制度改革实施方案》，在临城地区进行提租出售公房试点，培训320名房改工作骨干，开展房改工作。

1995—1997年，深化住房制度改革，加快安居工程建设，投资6000万元新建套间宿舍63栋、1243套，建筑面积达99900平方米，相当于1990—1994年全县原有套间宿舍面积的3倍。

1993—2003年，结合临高县实际，因地制宜，加大改革宣传的力度，提高公有住房资金，稳步出售公房，停止住房实物分配，以个人出资为主，加快经济适用住房建设，建立住房公积金制度等各项工作。县政府相继颁布《临高县城镇住房制度改革实施细则》《临高县公有住房租金改革实施方案》《临高县住房公积金暂行办法》《临高县经济适用住房建设管理意见》等改革方案和配套细则，稳步推进全县房改工作步伐。

（二）住房公积金交缴与管理

1995 年 3 月，成立临高县住房公积金管理小组，隶属于临高县住房制度改革办公室（简称“县房改办”，为临时机构）。1997 年 6 月，县房改办正式成立并挂牌办公，为正科级单位。同年 7 月成立临高县住房基金管理中心，负责办理住房公积金有关业务，与县房改办实行两块招牌、一套人员，合署办公。2003 年 8 月，县房改办与房产所合并成立临高县房产管理局（简称“县房管局”），内设办公室、资金管理股、经济适用房开发股、房产管理股，临高县住房基金管理中心也隶属于县房管局管理，原住房公积金运营划归资金管理股负责实施。2009 年 6 月，成立海南住房公积金管理中心临高管理所。同年 6 月，根据《海南省人民政府办公厅关于做好市县原住房公积金管理机构移交工作的通知》，原县住房公积金所有业务，资金及人员移交海南住房公积金管理中心临高管理所统一管理。

1995 年至 2007 年 10 月，全县有 23 个单位（含省驻县单位和一些企业）建立住房公积金制度，交缴人员 1325 人。2008—2010 年，有 198 个单位建立住房公积金制度，交缴人员达 11275 人，覆盖率为 82.35%。截至 2010 年底，为满足干部职工的住房需求，在自建房、购房和装修方面，各类住房公积金提取额达 1532 万元。

随着社会的发展和进步，住房公积金的归集量不断增长，资金存量分布在本地有关专业银行。海南住房公积金管理中心临高管理所跟专业银行签订委托金融业务；同时，监督银行的管理行为。1999—2001 年，办理审批县委大院和临高建行等单位集资建房的个人贷款 27 人，贷款资金 216 万元。2009 年，办理县委大院新建两栋大楼和临高车站经济适用住房建设 59 户，审批个人贷款 521 万元；各类自建房、购商品房和二手房个人贷款 23 人，放款资金 345 万元。2010 年，住房公积金归集余额为 1.50 亿元，自建房、购商品房和二手房个人贷款 686 万元，保障性住房贷款 7650 万元。

1999—2010 年，全县住房公积金贷款人数累计近 1500 人，贷款金额近 2 亿元。

2007 年以来，全县参加住房公积金的单位仅限于省驻县单位，参加人员少，覆盖面小，为打破此种不利局面，成立县房产局以来，通过种种的努力，向县政府呈报告，预算参加的人数，拟定缴交比例等，终于经多方努力，县政府出台《临高县行政事业单位住房公积金制度实施方案的通知》，实行在全县行政事业单位在职财政全额拨付人员建立起住房公积金制度，2007 年 10 月起实施，个人缴交按工资 5%开始普及，从而掀开临高行政事业单位干部职工建立公积金制度新的一页。

全县行政事业单位干部职工住房公积金覆盖面、缴存额逐年提高，截至 2009 年 6 月，全县住房公积金覆盖率比“十五”末增长 23%，覆盖面达到 59%，缴存人数比“十五”期末增加 135 个单位共 6685 人，全县累计达到 8441 人，累计缴存住房公积金总额比“十五”

期末增长2896万元，达到3786万元。“十一五”期间共向住房困难职工69人核发住房公积金贷款443万元。

三、房地产开发与销售

（一）开发

临高县城居住的大部分是本地人口，可利用建房的土地有限，主要是以私人利用自有土地自建私房。20世纪80年代，临高县的房地产开发主要由政府主导，各机关、企事业单位根据各单位干部职工的需求兴建宿舍。临城地区的商品房开发从1990年初开始，主要是个别房地产商利用国有企业改制后的单位土地，开发建设商铺及商住一体的房地产，规模小。至2010年，累计建设商品房建筑面积2.20万平方米。

20世纪90年代中期，随市场经济体制改革的不断深入，中央出台一系列房改政策，由各级财政或单位补贴建房后，面向本单位人员出售，住户和单位产权各占一定比例。1993—2002年，临高县73个单位集资合作建房，建成105栋房改大楼，共1873套，建筑面积15.9万平方米；出售公有住房单位50个，出售户数为1250户，出售总面积为94487平方米。1996—2003年，全县共有77个单位集资合作建房123栋，共2087套，建筑面积19.40万平方米。2004—2005年，全县共有3个单位建造集资合作建房53套，建筑面积4546平方米。2006—2007年，全县建造集资合作建房524套，建筑面积4.73万平方米。2008—2010年，全县开工建设经济适用房2654套，建筑面积29.39万平方米；开工建设廉租住房1032套，建筑面积4.87万平方米；开工建设限价商品房192套，建筑面积2.50万平方米。至2010年底，有2家房地产开发企业进驻临高县开发商品房。

（二）销售

临高县房地产业发展滞后、房价较低、房地产交易量少。1986—2002年，房屋私买私卖占大部分。2003年，成立县房地产交易中心。2004年，住宅平均成交价格为520元/平方米，商业营业用房平均成交价格1016元/平方米。2005年，住宅平均成交价格551元/平方米，商业营业用房平均成交价格1048元/平方米。2006年，住宅平均成交价格586元/平方米，商业营业用房平均成交价格1102元/平方米。2007年，临街综合集资楼978元/平方米，同地段普通集资楼825元/平方米，临城区域中心地段的绿健花园商品住房出售价格1200元/平方米。2010年，旧城区的商铺价格达到3000～4000元/平方米。

（三）房地产管理

1. 产权产籍管理

临高县于1984开始开展房屋权属登记工作，当时群众房产办证意识淡薄，部分房屋产权不清、产籍不明的历史遗留问题。2003年成立县房产局后，为规范全县房产登记，经申报县人民政府批准，从2004年6月1日开始，按照建设部《城市房屋登记管理规定》的有关要求进行权属登记，开展全县房产验证换证工作。2003—2007年，办理房屋产权初始登记1007宗，面积19.10万平方米；他项权利登记317宗，抵押权值10217万元；房地产转移登记853宗，面积15.10万平方米，换证登记447本。2008—2010年，办理房屋产权初始登记1208宗，面积30.10万平方米；换证登记341宗，面积9.50万平方米；抵押登记405宗，面积15.70万平方米；转移登记756宗，面积10.50万平方米。

2010年，临高县房地产商品房开发项目实现零的突破，海南美好房地产开发有限公司在临高角临澜湾国际海岸水城的海豚花园项目，房地产高档别墅及商品房开发开工面积8006.89平方米，投入建设资金7000万元，占项目总投资的35%，核发商品房租售面积3.74万平方米。海南腾丰源房地产开发有限公司在临城北门市场开发的福临广场商品房项目，年底核发商品房预售面积2.1万平方米。

2. 房地产市场管理

临高县房地产建设总量较少，主要是人们经济收入水平低、地方风俗等原因造成房地产业发展不成熟。1990—2010年，全县建设房地产建筑面积仅2.2万平方米，并已全部上市交易，主要是利用企业改制后购买的土地开发建设商铺及商住一体的房地产。截至2010年，仅有2家房地产公司进驻临高县开发房地产，开盘并办理140套商品房预售。

3. 物业管理

自1993起，各单位集资建设住宅小区和经济适用房建设住宅小区的逐步形成，推动小区物业管理的步伐。至2010年，由于小区规模小等原因，实施的物业管理模式仍停留在业主单位的后勤管理旧模式上，住宅小区实施规范化物业管理尚未形成；走企业化的物业管理、通过召开业主大会，推进成立业主委员会，选聘注册登记的物业管理公司实施管理，有待于逐步完善。

四、房地产企业

（一）海南美好房地产开发有限公司

2007年，海南美好房地产开发有限公司（简称“美好地产”）成立，注册资金2000万元，主要业务为房地产综合开发、经营、物业管理等。计划建设的“临澜湾·国际海岸水城海豚花园”项目位于临高县临高角旅游度假区，占地3.47公顷，共4.30万平方米，其中独栋别墅5200平方米，联排叠拼别墅8100平方米，高层公寓楼3万平方米。

（二）海南临高方圆房地产开发有限公司

2010年，海南临高方圆房地产开发有限公司（简称“方圆地产”）成立，注册资金1亿元，主要业务为房地产投资与开发、经营，土地成片开发、建设、经营等。方圆地产计划投资建设小城之春、龙波湾2个项目。其中的龙波湾项目是临高县开发面积最大的滨海地产项目，该项目位于临高县龙波湾滨海旅游开发区内，计划开发总面积约900公顷，计划开发总建筑面积约200万平方米，产品包括五星级酒店、高层洋房、多层公寓及低层住宅，并建设疗养中心、商业街、综合会所、温泉会馆等高端度假配套设施。

第三章　环境保护

第一节　环境监测

1985年，临高县环境监测站成立。2005年，机构改革后核编6人。2010年，共有人员9人，其中专业技术人员4人，占总人数44.4%。有实验室用房254平方米，各类监测仪器64台（套），环境空气自动监测一套，总价值约380万元。

2002年，县环境监测站通过省质检部门资质认定，能正常开展水、环境空气、噪声等常规监测。辖区内企业污染源监督监测包括排污收费监测、排污申报监测、重点污染源监测、环保设施竣工验收监测、限期治理项目竣工验收监测、突发性环境污染事故应急监测和污染事故仲裁监测及社会服务监测。

县环境监测站对境内文澜江河流、尧龙水库、近岸海域海水、环境空气、环境区域噪声、交通噪声等进行监测。1986—2010年，共上报数据5438个，开展污染源监测出具数据820个，污染事故和污染纠纷监测提供监测数据62个，服务性监测数据766个。

第二节　环境质量

1986—2010年，临高县环境质量总体良好，文澜江河流、尧龙水库监测断面水质符合国家地表水Ⅲ类标准；近岸海域海水符合国家海水Ⅰ类或Ⅱ类标准；环境空气国家Ⅰ级标准；县城环境区域噪声、交通噪声符合临高县城功能区要求。

一、水质监测

根据《海南省监测要点和方案》，临高县水质监测包括地表水（湖库）、集中式饮用水、城镇内河、近岸海域和农村环境质量等。

（一）地表水

1986—2002年，开展3个地表水监测点位（临城糖厂上3千米处、城内1号人民桥、龙力糖厂下2千米处）水质达到Ⅲ类标准。

2003—2010年，开展7个地表水监测点位（宫花村、多莲取水口、光吉村、白切滩电站、尧龙水库、龙兴村、临高二中）水质整体基本达到Ⅲ类标准，少部分项目（化学需氧量、总氮或总磷）水质未稳定达标。

（二）近岸海域

2003—2010年，开展3个海水监测点位（马袅区、美夏区、临高角），水质总体为优，水质为一类。

二、噪声监测

根据临高县环保目标责任制的要求，2002年11月，县环境监测站技术人员对县城的区域环境噪声进行新设监测布点。2003年开始开展噪声监测，主要是区域噪声和道路交通噪声，区域噪声共有103个点位，道路交通噪声设14条主干道。

2003—2010年，道路交通声环境质量噪声和区域声环境噪声总体良好。

三、空气监测

2002年，临高县开始开展空气监测，采用手工监测，主要项目为二氧化硫、二氧化氮和PM10。

监测地点位于县委环保楼和博厚中学，采样仪器为TH-1000CⅡ大流量总悬浮微粒采样器。采样时，采样器入口距地面高度不得低于1.5米，采样在风速小于8米/秒等天气下进行。采样器以恒定采样流量抽取环境空气，使环境空气截留在滤膜或玻璃吸收瓶中，根据采样前后含量变化和累计采样体积，计算出环境空气各监测指标的量。2008年，二氧化氮平均浓度0.009毫克/立方米、PM10平均浓度0.038毫克/立方米。2009年，二氧化氮平均浓度0.010毫克/立方米、PM10平均浓度0.038毫克/立方米。2010年，二氧化氮平均浓度0.011毫克/立方米、PM10平均浓度0.035毫克/立方米。

2008—2010年，监测到县域内环境空气指数均为优级。

第三节　生态环境保护

一、临高白蝶贝自然保护区

1983年，临高白蝶贝县级自然保护区成立。1984年，晋升为省级自然保护区。2006年3—6月，临高县渔业行政主管部门对保护区内非法捕捞活动进行专项整治，共查处非法捕捞白蝶贝案件30多起。2010年，30万粒白蝶贝贝苗放流保护区，全区保护状态良好。

二、临高新盈湿地县级自然保护区

2000年5月，临高县人民政府批准建立彩桥红树林自然保护区。2008年8月，县人民政府批准将新盈彩桥红树林自然保护区更名为临高新盈湿地县级自然保护区，保护区扩大，原保护区周边的部分人工湿地、文科河口湿地、红树林海岸湿地及珊瑚礁湿地，纳入到保护区的保护范围，规划保护区面积3437公顷。其中，核心区面积1098公顷，缓冲区面积1071公顷，实验区面积1268公顷。保护对象为沿海红树林、珊瑚礁生态系统，黑脸琵鹭等冬候鸟及其栖息地生态系统，以及保护区内分布的珍稀濒危野生动植物及其栖息地。至2010年，保护区面积中陆地面积达1586.3公顷，占保护区总面积的46.2%，其中还将新盈镇附近达700公顷人口密集区（陆地）划为保护区的实验区。

第四节　环保管理

一、机构

1988年，临高县环境保护局更名为临高县环境资源局，内设4股（行政股、宣教股、科技监测股、矿产管理股）2站（环境保护监测站、排污监测收费站）。共有职工21人。2005年，机构改革，与县国土局合并，成立临高县国土环境资源局，人员编制19人。至2010年未变。

二、环保宣传

1998年，临高县投入1.90万元作为环境保护宣传工作经费，特别是在6月5日的世界环境日活动期间，以县政府名义下发《关于纪念世界环境日26周年活动的通知》，印发5000份宣传资料，发至各机关、各乡镇和各中小学，开展“青少年科技传播行动”纪念世界环境日活动。全县共悬挂宣传横额43条，张贴标语1500张，出版墙报、简报、黑板报47期，开展环境保护知识讲座5场，参加人数共1.70万人次；利用广播电视等宣传媒介进行宣传教育，开展19场环境保护知识宣传活动，参加观看和收听广播的人数达13万人次。

2010年，开展卫生环境宣传活动，提高城区广大市民的卫生环境意识。利用2辆市容监察车和8辆生活垃圾清运车，巡回在城区各大街小巷、公路、公共活动场所和在街道收集生活垃圾时，通过车上的喇叭向市民宣传卫生环境管理规定和具体要求；其次是通过广播电台、电视台、报刊等新闻媒体进行宣传及暴光；再次是通过在城区主要街道显著位置悬挂横幅进行宣传，使卫生环境综合整治工作家喻户晓，男女老少积极参与整治活动。全年利用各种车辆宣传2880次；利用广播电台、电视台、报刊宣传及暴光32次；利用印制横幅宣传5次，共计150条。

三、环境治理

1998年，对全县限期治理的排污单位进行检查督促，现场监督检查总数为83项，其中污染海洋检查23次，建设项目检查16次，限期治理检查23次，检查排污许可证18户次。全年检查并通过符合验收的单位30家，发放排污许可证30家。

2005年，全县所有工业企业配套建设治理设施，以及新建企业全部执行“三同时”（新建、扩建、改建项目和技术改造项目，以及一切可能对环境造成污染和破坏的工程建设和自然开发项目，都必须严格执行防治污染和生态破坏的措施与主体工程同时设计、施工、投产的规定）制度，生产废水、废气达标排放。

2008年，南宝人工湿地建设竣工运行，日处理360吨生活污水。2009年临高县生活垃圾处理场竣工投入运行，日处理垃圾约80吨，渗滤液经处理达标后排放。同年，临高县污染减排目标被省政府评为达标。

2010年，临高县污水处理厂建设竣工运行，设计日处理能力1.50万吨生活污水，实际平均日处理6000吨生活污水。同年，全面启动污染源普查动态更新调查工作，完成对工作人员的培训、入户调查、电脑录入等工作任务。继续深入开展整治排污企业保障群众健康环保专项行动，对全县污染源进行现场监督检查，特别是对挂牌督办后督察的工业企业进行定期或不定期的执法检查，确保稳定达标排放污染物，同时重点对文澜江饮用水源地和新建项目进行监控检查，为县污染物减排工作夯实基础。继续开展噪声污染整治和“绿色护考”行动，解决噪声扰民问题；开展甲型H1N1流感医疗废水和医疗废物处置防控工作，防治医疗废物交叉感染和二次污染环境，保障人民群众生命健康，同时做好放射性使用的环境安全工作；抓好县城污水处理厂和垃圾处理场的环保管理工作，为县污染减排目标实现提供保障。

第五编 宏观经济

1986—2010年，临高县经历了全方位、深层次的改革。经济体制改革从农业扩展到工业、流通领域，成为推动全县经济社会发展的动力。农村通过土地确权发证、流转管理，理顺了土地承包关系，初步形成农产品规模经营格局。全县工商企业全部实行产权制度改革，民营企业、个体企业等迅速发展。

25年来，经过深化经济体制改革和招商引资，临高县经济发展取得了长足进步。1986年全县生产总值（当年价，下同）17019万元，农业总产值12408万元，工业总产值3704万元，社会消费品零售总额9134万元，财政收入643万元。2010年，全县生产总值684589万元，农业总产值659541万元，工业总产值146789万元，社会消费品零售总额120808万元，财政收入61292万元，分别比1986年增长39.22倍、52.15倍、38.63倍、12.23倍、94.17倍。临高县属农业大县，在国民经济中，第一产业仍然占主导地位，2010年占国内生产总值的67.3%。

21世纪开始，加大招商力度，制定招商制度，招商项目，招商方法等一系列文件，走出去请进来，多次参与全国地区性的招商推介会，主要成果表现在农业开发、海洋捕捞、淡水养殖和房地产开发等方面。

第一章 经济发展

第一节 国民经济发展

1986年，临高县生产总值（当年价，下同）17019万元，农业总产值12408万元，工业总产值3704万元，固定资产投资1994万元，社会消费品零售总额9134万元，财政收入644万元，职工平均工资1087元，农民人均纯收入453元。

1988年，海南建省办经济特区，全县城乡经济得到全面增长，人民生活水平有所提高，全县经济综合实力有所增强。1993年，围绕建设社会主义市场经济目标，深化改革开放，国民经济较快发展。全县生产总值77440万元，农业总产值80599万元，工业总产值17090

万元，社会消费品零售总额 17034 万元，财政收入 2819 万元，职工平均工资 2915 元，农民人均纯收入 1007 元。

1995 年，全县生产总值 118213 万元，农业总产值 133148 万元，工业总产值 21894 万元，社会消费品零售总额 28869 万元，财政收入 3437 万元，职工平均工资 4205 元，农民人均纯收入 1261 元。

1997 年，全县生产总值 131168 万元，其中第一产业增加值完成 99189 万元，第二产业增加值完成 12855 万元，第三产业增加值完成 19124 万元。农业总产值 148508 万元，乡镇企业总产值 40397 万元，工业总产值 27771 万元，社会消费品零售总额 30317 万元，财政收入 4657 万元，金融机构存款余额 66857 万元，贷款余额 97431 万元。

2000 年，全县生产总值 180081 万元，农业总产值 206533 万元，工业总产值 23534 万元，社会消费品零售总额 38690 万元，财政收入 6493 万元，职工平均工资 5550 元，农民人均纯收入 2098 元。

2005 年，全县生产总值 366803 万元，其中第一产业增加值 279624 万元，第二产业增加值 22401 万元，农林牧渔业增加值 271716 万元，其中种植业增加值 51626 万元，林业增加值 5901 万元，牧业增加值 22047 万元，渔业增加值 192142 万元。工业总产值 47290 万元，实现工业增加值 16281 万元。固定资产投资 30510 万元，其中城镇固定资产投资 16337 万元，城镇私人投资 3640 万元；农村固定资产投资 1326 万元；农村建房投资 5495 万元，完成农村建房面积 14.7 万平方米；城镇建房投资 3712 万元，完成建房面积 6.1 万平方米。社会消费品零售总额 56877 万元，其中城镇消费品零售总额 29259 万元，农村消费品零售总额 27618 万元；批发零售贸易业零售总额 48617 万元；住宿餐饮业零售总额 7124 万元。限额以下及个体户营业额 48617 万元。全县地方财政收入 4918 万元，地方财政支出 33272 万元。金融机构各项存款余额 147116 万元，金融机构各项贷款余额 77750 万元。

2008 年，全县生产总值 497104 万元，其中第一产业增加值 353055 万元（渔业增加值 221189 万元），第二产业增加值 35837 万元，第三产业增加值 108212 万元。全县农林牧渔业增加值 353055 万元，其中种植业增加值 84070 万元，林业增加值 7697 万元，牧业增加值 36468 万元，渔业增加值 221189 万元。工业总产值 78026 万元；工业增加值 22569 万元，其中规模以上工业增加值达 17335 万元。社会消费品零售总额 89084 万元，其中城镇消费品零售总额 47494 万元，农村消费品零售额 41590 万元。批发零售贸易业零售额 75828 万元。住宿餐饮业营业额 11629 万元，限额以下及个体户营业额 26750 万元。地方财政收入 9040 万元。金融机构各项存款余额 256912 万元，贷款余额 39012 万元。

2010 年，全县生产总值 684589 万元，比 1986 年增长 39.22 倍，年均增长率 16.64%；

农业总产值659541万元，比1986年增长52.15倍；工业总产值146789万元，比1986年增长38.63倍，年均增长率16.57%；固定资产投资176906万元，比1986年增长62.52倍，年均增长率18.88%；社会消费品零售总额120808万元，比1986年增长12.23倍，年均增长率11.36%；财政收入61292万元，比1986年增长94.17倍，年均增长率20.90%；职工平均工资26399元，比1986年增长22.89倍；农民人均纯收入4767元，比1986年增长9.52倍，年均增长率10.30%。

1986—2010年临高县经济发展基本情况统计表

表5-1-1

年 份	生产总值（万元）	农业总产值（万元）	工业总产值（万元）	社会消费品零售总额（万元）	财政收入（万元）	职工平均工资（元）	农民人均纯收入（元）
1986年	17019	12408	3704	9134	643	1105	453
1987年	17455	16323	31110	10250	718	1284	497
1988年	25008	21796	3357	10766	662	1406	552
1989年	30566	30939	5363	12343	729	1634	626
1990年	35656	33606	8484	12479	1111	2141	717
1991年	43199	40021	11047	14326	1474	2331	806
1992年	50569	51812	13223	15920	1737	2634	893
1993年	77440	80599	17090	17034	2819	2915	1007
1994年	98106	109180	22157	22097	2743	3631	1126
1995年	118213	133148	21894	28869	3437	4205	1261
1996年	125284	140783	30060	29292	4502	3740	1415
1997年	131168	148508	27771	30317	4657	3768	1598
1998年	146599	160718	27661	32818	5375	4209	1784
1999年	155254	169951	27194	35774	5898	5129	1958
2000年	180081	206533	23534	38690	6493	5550	2098
2001年	211346	255591	32731	42638	8703	6497	2257
2002年	252539	295155	32576	46403	7951	7861	2431

续表 5-1-1

年 份	生产总值（万元）	农业总产值（万元）	工业总产值（万元）	社会消费品零售总额（万元）	财政收入（万元）	职工平均工资（元）	农民人均纯收入（元）
2003 年	294295	346165	33295	50765	9746	8523	2616
2004 年	333295	400021	43230	55638	7497	10434	2768
2005 年	366803	446667	47290	56877	4918	12076	2823
2006 年	359878	418037	55587	62906	5930	12303	2950
2007 年	423712	444018	66736	73688	11044	15046	3416
2008 年	497104	585851	78026	89084	9040	17371	3898
2009 年	548829	566240	69953	104649	12402	20778	4253
2010 年	684589	659541	146789	120808	61292	26399	4767

第二节　国内生产总值及其构成

1986 年，全县国内生产总值为 17019 万元，其中第一产业增加值 10476 万元，占总值的 61.6%；第二产业增加值 2365 万元，占总值的 13.9%；第三产业增加值 4178 万元，占总值的 24.5%。人均生产总值 513 元。

1995 年，全县国内生产总值为 118213 万元，其中第一产业增加值 89923 万元，占总值的 76.1%；第二产业增加值 11047 万元，占总值的 9.3%；第三产业增加值 17243 万元，占总值的 14.6%。人均生产总值 3681 元。

2000 年，全县国内生产总值为 180081 万元，其中第一产业增加值 124508 万元，占总值的 69.1%；第二产业增加值 19515 万元，占总值的 10.8%；第三产业增加值 36058 万元，占总值的 20.0%。人均生产总值 5232 元。

2006 年，全县国内生产总值 359878 万元，其中第一产业增加值 261611 万元，增长 7.6%（渔业 212785 万元，增长 7.1%）；第二产业增加值 25542 万元，增长 10.3%；第三产业增加值 72725 万元，增长 8.2%。从三次产业对经济增长的贡献率来看。在全县生产总值中，第一产业对经济增长的贡献率为 73.2%，拉动 GDP 增长 5.8 个百分点，第二产业比重达 6.4%，对经济增长的贡献率为 9%；第三产业比重达 17.5%，对经济增长的贡献率为 17.8%，拉动 GDP 增长 1.4 个百分点。

2007 年，全县国内生产总值 423712 万元，人均生产总值 11664 元。其中第一产业增加值 306887 万元，第二产业增加值 29988 万元，第三产业增加值 86837 万元。从三次产业对经济增长的贡献率来看，在全县生产总值中，第一产业对经济增长的贡献率为 77.3%，拉动 GDP 增长 11.5 个百分点；第二产业比重达 6.3%，对经济增长的贡献率为 6.3%；第三产业比重达 17.6%，对经济增长的贡献率为 16.4%，拉动 GDP 增长 2.4 个百分点。

2010 年，全县国内生产总值为 684589 万元，其中第一产业增加值 460650 万元，占总值的 67.3%；第二产业增加值 81601 万元，占总值的 11.9%；第三产业增加值 142338 万元，占总值的 20.8%。

1986—2010 年全县国内生产总值及其构成情况表

表 5-1-2

年份	国内生产总值（万元）	第一产业		第二产业		第三产业		人均生产总值（元）
		增加值（万元）	占总值比例（%）	增加值（万元）	占总值比例（%）	增加值（万元）	占总值比例（%）	
1986 年	17019	10476	61.6	2365	13.9	4178	24.5	513
1987 年	17455	10954	62.8	2053	11.8	4448	25.5	523
1988 年	25008	14987	59.9	2830	11.3	7191	28.8	739
1989 年	30566	21617	70.7	3301	10.8	5648	18.5	890
1990 年	35656	24004	67.3	3586	10.1	8066	22.6	1027
1991 年	43199	27483	63.6	5393	12.5	10323	23.9	1229
1992 年	50569	31888	63.1	5902	11.7	12779	25.3	1419
1993 年	77440	54105	69.9	8020	10.4	15315	19.8	2127
1994 年	98106	73733	75.2	10112	10.3	14261	14.5	3128
1995 年	118213	89923	76.1	11047	9.3	17243	14.6	3681
1996 年	125284	95318	76.1	12465	9.9	17501	14.0	3833
1997 年	131168	99189	75.6	12855	9.8	19124	14.6	3981
1998 年	146599	107316	73.2	17309	11.8	21974	15.0	4381
1999 年	155254	113855	73.3	16672	10.7	24727	15.9	4588
2000 年	180081	124508	69.1	19515	10.8	36058	20.0	5232

续表 5-1-2

年份	国内生产总值（万元）	第一产业		第二产业		第三产业		人均生产总值（元）
		增加值（万元）	占总值比例（%）	增加值（万元）	占总值比例（%）	增加值（万元）	占总值比例（%）	
2001 年	211346	150539	71.2	20486	9.7	40321	19.1	6028
2002 年	252539	185280	73.4	21392	8.5	45867	18.2	7111
2003 年	294295	222071	75.5	21222	7.2	51002	17.3	8296
2004 年	333295	252311	75.7	22460	6.7	58524	17.6	9248
2005 年	366803	279624	76.2	22401	6.1	64778	17.7	10038
2006 年	359878	261611	72.7	25542	7.1	72725	20.2	10573
2007 年	423712	306887	72.4	29988	7.1	86837	20.5	11664
2008 年	497104	349424	71.0	35837	7.2	108212	21.8	12250
2009 年	548829	386700	70.5	37384	6.8	124745	22.7	13286
2010 年	684589	460650	67.3	81601	11.9	142338	20.8	15780

第三节　投资结构

一、投资规模

1986 年，全县完成固定资产投资 1994 万元（当年价），其中：基本建设部分完成 839 万元，更新改造部分完成 931 万元，城乡集体所有制部分完成 224 万元。

1993 年，全社会固定资产投资总额达 43397 万元，全县国有单位完成基本建设投资 33801 万元，资金投入主要向第二、第三产业倾斜，基础设施投资比重增大。

1995 年，完成固定资产投资 74459 万元，其中基本建设部分完成 64116 万元。

2000 年，完成固定资产投资 37225 万元，其中基本建设部分完成 13238 万元，更新改造部分完成 180 万元，城乡集体所有制部分完成 430 万元，其他投资 23377 万元。

2003 年，全社会固定资产投资 45061 万元，其中基本建设投资 11926 万元；更新改造完成投资 6627 万元；完成城乡私人投资 12976 万元，其中新建较大的项目是农村电网建设工程 3080 万元；全县融资 5852 万元进行造大船和渔具渔法改革；水利工程投资 1222 万元，造林投资 982 万元；海南宏益达钢材公司车间扩建 1600 万元；龙力、龙津、宏益达等工业企业投入技改资金 1.22 亿元。其他投资 8966 万元，新造渔船投资有所减少。

2006 年，全县完成固定资产投资 35189 万元，其中城镇固定资产投资 22104 万元，农村固定资产投资 3596 万元，农村建房投资 5020 万元，完成农村建房面积 13.1 万平方米。分行业看，一产投资 5477 万元，减少 42.9%，二产投资 1769 万元，减少 65.6%，三产投资 18454 万元，增长 5.3 倍。总体来看，投资增长主要原因是当年大项目投资的拉动，如各中小学危改投资 5622 万元，二环路江南小区投资 5600 万元，新盈深海网箱养殖场投资 2230 万元，临高角解放公园投资 1765 万元，水利灌溉工程投资 1448 万元，农网改造投资 1197 万元，新造渔船投资 1010 万元等。

2007 年，全县完成固定资产投资 63709 万元。投资增长主要是大项目投资的拉动，如波莲制种基地投资 3000 万元、新盈深海网箱养殖场（水产加工）投资 2260 万元，水利灌溉工程投资 1520 万元、新造渔船投资 9130 万元等。投资重点项目，如大僚防潮堤加固工程、潭牛水库加固工程、波莲西灌区续建配套工程、农田整治工程、武莲渔港、水产品冰冻加工厂、公路建设、社会事业项目等项目建设推进固定资产稳定增长。

2008 年，全县固定资产投资 73966 万元，其中城镇固定资产投资 36809 万元，农村固定资产投资 37157 万元。农村建房 13284 万元，完成建房面积 16.5 万平方米。分行业看，第一产业投资 12377 万元，第二产业投资 26200 万元，第三产业投资 17063 万元。投资运行的主要特点：一是一些重点项目顺利推进，如大僚防潮堤加固工程、潭牛水库加固工程、波莲西灌区续建配套工程、农田整治工程、武莲渔港、水产品冰冻加工厂、公路建设、社会事业项目等的项目建设有力地推进固定资产投资的稳定增长。二是资金到位高，确保建设项目能够顺利进行。

2009 年，先后创建临高县城镇建设投资有限公司、临高县基础设施建设控股有限公司、临高县渔业发展控股有限公司和临高县金牌经济开发区投资控股有限公司等融资平台，以政府储备地作为资本进行融资。全县固定资产投资 98686 万元，其中城镇固定资产投资 59157 万元，农村固定资产投资 15489 万元。农村建房 14002 万元，完成建房面积 16 万平方米。分行业看，一产投资 21744 万元，二产业投资 33761 万元，三产投资 19141 万元。固定资产投资主要集中在威隆船舶工程投资 10590 万元，二环路礼贯南路投资 6664 万元，水利基建工程投资 5901 万元，调楼新造渔船投资 8000 万元，新盈造船投资 5570 万元，农村公路工程投资 6618 万元。

2010 年，全县完成固定资产投资 176906 万元，比 2000 年增加 139681 万元，增长 3.75 倍。

二、投资类型

1986 年，全县固定资产投资额 1994 万元，其中基本建设 839 万元，更新改造 931 万元，城乡集体 224 万元。1990 年，全县固定资产投资额 4983 万元，较 1986 年增加 2989 万元，增长 149.90%。2010 年，金牌开发区建设全面提速，项目建设初显成效。海南威隆船舶修造厂项目首期工程已基本完工，累计完成投资 2.2 亿元，2010 年产值达 4.7 亿元，承建的海南首艘万吨集装箱船已下水试航。总投资 1.2 亿元的金牌船舶修造厂一期工程已建成投产。投资 4.6 亿元的 20 兆瓦太阳能光伏发电项目正式启动。游艇产业园区完成规划，仍在招商引资。以政府储备土地和政府信用作担保，共融资 3.35 亿元，保障基础设施建设资金来源。投入 6.99 亿元建设道路 10 条，总里程 49.2 千米；将再投入 8.85 亿元动工建设道路 9 条，总里程 43.7 千米。以文澜江为轴心的新城区的架构基本成形。文澜江两岸整治工程顺利推进；临城二环路东西段、临昌路已建成；市政大道、金澜大道、江北东路等项目加紧建设，年底基本完成主体工程；民生路、江南东路及临美路、临海路部分路段改造等项目已动工。金牌开发区基础设施建设全面铺开，金牌港 110 千伏变电站项目已建成，金牌西港大道将于年内基本完工；金牌东港大道即将动工；洋隆水库及引水工程、原和邦码头等一批基础设施已着手规划建设。金龙大道已着手招投标，福马大道、黄龙大道仍在开展前期工作。武莲渔港建设进展顺利，新盈中心渔港项目已获得国家发改委评审通过，核定支持资金 9138 万元。重点项目建设推进顺利。总投资 6.95 亿元的 32 个中央新增投资项目，已有 27 个项目完工，其余 5 个项目正在抓紧推进中，累计完成投资 4.54 亿元；总投资 1.38 亿元的 11 个中央预算内投资项目，已有 1 个项目完工，其余 10 个项目进展顺利，累计完成投资 4755 万元。

1986—2010 年全县固定资产投资情况表

表 5-1-3

年份	固定资产投资额（万元）	其中				比上年增长	
		基本建设（万元）	更新改造（万元）	城乡集体（万元）	其他（万元）	绝对数（万元）	增长率（%）
1986年	1994	839	931	224	—	–780	–28.1
1987年	1849	875	229	745	—	–145	–7.3
1988年	2086	1270	438	378	—	237	12.8
1989年	4586	1618	303	274	2391	2500	119.8
1990年	4983	1048	288	370	3277	397	8.7
1991年	5571	1658	200	109	3604	588	11.8

续表 5-1-3

年份	固定资产投资额（万元）	其中				比上年增长	
		基本建设（万元）	更新改造（万元）	城乡集体（万元）	其他（万元）	绝对数（万元）	增长率（%）
1992年	11253	2397	717	61	8078	5682	102.0
1993年	43397	33801	330	228	9038	32144	285.6
1994年	42618	36731	731	110	5046	–779	–1.8
1995年	74459	64116	443	472	9428	31841	74.7
1996年	72180	62928	—	560	8692	–2279	–3.1
1997年	28978	22532	110	100	6236	–43202	–59.9
1998年	42137	33146	750	81	8160	13159	45.4
1999年	34732	19513	306	539	14374	–7405	–17.6
2000年	37225	13238	180	430	23377	2493	7.2
2001年	41535	11703	253	155	29424	4310	11.6
2002年	44926	11750	356	725	32095	3391	8.2
2003年	45061	11926	6627	776	25732	135	0.3
2004年	37853	11746	—	—	26107	–7208	–16.0
2005年	30510	—	—	—	—	–7543	–19.9
2006年	35189	—	—	—	—	4679	15.3
2007年	63709	—	—	—	—	28520	81.0
2008年	73966	—	—	—	—	10257	16.1
2009年	98686	—	—	—	—	24720	33.4
2010年	176906	—	—	—	—	78220	79.3

说明：1986—1988年城乡私人建房投资未统计在内。1989年起，其他固定资产投资包括城乡私人建房。2005年以后，表中固定资产投资统计没有按“基本建设、更新改造、城乡集体、其他”分类；表中数据不含农垦系统

第二章　经济体制改革

第一节　计划管理体制改革

计划管理体制改革的主要内容是转变自身职能。1988 年，海南建省办经济特区，实行一系列改革，全省建立适应特区经济市场调节为主的计划管理体制，计划部门把“研究战略，制定规划，总量平衡，产业政策，培育市场，重点建设，宏观调控，协调服务”作为主要职责。

一、改变管理内容，从微观管理向宏观管理转变

县计划部门编制新的计划、规划把重点放在对发展战略的研究上。加强经济预测、信息和咨询工作，加强对重大产业政策和经济规划的研究。计划指标逐步由指令性变为指导性。1992 年以前，关系国计民生的重要生产资料和重要产品，一般均实行指令性计划，计划一旦下达，生产企业必须完成。1993 年开始，不再下达工农业生产指令性指标，供求平衡不再由计划来调控，而是通过市场来调节。

二、改变管理方式，由直接管理向间接管理转变

1993 年起，在生产领域，农产品生产全面放开，农产品收购和调拨指令性计划以及工业生产的指令性计划全部取消。物资流通方面，由计划部门负责平衡的分配物资也基本取消。投资方面，逐步扩大市场投资决策权，国有投资逐渐退出竞争性领域，重点投向基础设施和关系国计民生的基本建设。外贸方面，完全取消指令性计划，扩大企业外贸自主权。1999 年后，年度计划指标不再分解到乡镇和企业，其实施重点放在经济运行中出现的突出矛盾和问题的分析研究上，以发挥年度计划的指导作用。基本取消社会事业方面的指令性计划，取消大中专毕业生分配派遣计划，实行双向选择、自主择业。同时，在户籍管理制度方面，取消农转非计划。2004 年后，在项目管理上，对于企业不使用政府投资建设的项目，一律不再实行审批制，区别不同情况实行核准制和备案制，发改部门只对政府投资项目进行审批，把主要精力转到抓项目开发、筛选上，建立项目库、供企业选用，变支配为服务。另外，积极争取新上项目和上级发改部门对临高的投资项目补助。

三、转变管理手段

由过去主要依靠行政命令逐步向以经济手段的综合运用转变管理手段，建立适应市场

经济的投资体制。其要点是建立投资项目资本金制度；正确发挥市场优化投资配置的作用；强化投资风险约束机制；规范政府投资行为；改进投资计划管理方式；培育为投资服务的工程咨询、设计、施工、监理、审计的市场体系，全面推行招标投标制；运用税收杠杆调节投资方向等。通过国家投资体制改革的进一步深化和完善，至 2010 年，临高县投资结构不断优化，投资效益不断提高，重点建设得到加强，国民经济和各项社会事业得到持续、稳定、协调发展。

第二节　农村经济体制改革

1988 年海南建省成立经济特区以来，临高县各乡镇在抓好农业的同时，积极发展乡镇企业。1993 年，农村进一步完善以联产承包责任制为主的双层经营机制，强化农村社会服务体系建设，加快集体经济和农业综合开发的步伐，提高全民的商品观念，提高农产品的商品率。清理农民各种不合理收费，减轻农民负担。县政府成立减轻农民负担领导小组，废止 31 项农民不合理收费项目，刹住农副产品收购“打白条”现象，保护农民利益。

1994 年，全县开展农民负担登记工作，向农户发放农民负担登记卡 4.10 万张，农户有权拒绝卡外的负担。农民负担包括公粮（农业税）、村提留、乡统筹以及积累工。集体的收益分配“缴够国家的（农业税），留足集体的（村提留乡统筹），剩下的都是自己的”，简化收益分配。

1998 年，第一轮土地承包 15 年到期，根据中共海南省委办公厅、海南省人民政府办公厅《关于开展第二轮土地承包工作有关政策问题的通知》，在全县范围内组织开展第二轮土地承包工作。在第二轮土地承包工作中，临高县按照“大稳定、小调整”“增人不增地”“减人不减地”的政策要求，组织发包集体经济住址所有的土地。

1999 年，各镇政府向家庭承包农户颁发农村土地承包经营权证书。

2001 年，开展农村税费改革，取消公粮（农业税）、村提留、乡统筹，减轻农民负担。

2003 年，临高县实施农村税费改革。改革的主要内容是取消乡村统筹、农村教育集资和屠宰税，降低农业税（公粮）税率等。对取消乡村统筹、农村教育集资和屠宰税，降低农业税税率等造成减少的收入实行上级财政转移支付补助。当年，临高县农村税费改革实施方案经省政府批准，新的农业税和农村税费转移支付正式实施，乡村统筹、农村教育集资、屠宰税等全部取消。据统计，改革后全县农民的年负担比改革前减少 1277.20 万元，降幅 52.7%。改革后农民人均的年负担比改革前减少 47.2 元，降幅 52.7%。

2005 年 9 月，根据海南省人民政府办公厅转发省农业厅《关于全省农村土地承包经营权证新证发放方案的通知》的要求，全面开展农村土地承包经营权证新证发放工作。全县向4.40万农户换发4.40万本农村土地承包经营权证新证，农户承包耕地面积15733公顷，其中水田8800公顷，其他方式承包615宗，承包耕地面积7666.67公顷。同年，国家鼓励农民种粮，对种粮农户实行粮食直补和良种补贴，大大地调动农民种粮的积极性。

2007年，《中华人民共和国农民专业合作社法》颁布实施后，各类农民专业合作社应运而生。至2010年，全县各类农民专业合作社发展到116家，其中农业产业化省重点龙头企业发展到8家。

2005—2010年，6年内国家财政下拨临高县农民种粮各种补贴累计6868.03万元。

第三节　工业企业体制改革

从1986年起，县政府狠抓企业深化改革、搞活经济，推行厂长（经理）责任制，完善经营承包责任制，简政放权，转变企业管理职能，加强经营管理，促进技术进步。

1987年，深化企业各项改革，全县8家国营工厂及二轻企业全部落实厂长（经理）任期目标责任制，实行承包、租赁经营。经营较好的企业，采取利润递增包干或实行税利目标承包，超收多留或全留的做法；经营不正常或微利企业，采取上缴利润包干超收分成（企业留大头）或定死基数、利润全留的做法；对亏损企业实行计划亏损包干，逐年递减，增亏不补，减亏或盈利全留，亏损大户适当给予定额补贴；对新建或转产改建的企业，实行定期定额还贷包干，超定额实行提取一定比例资金的做法。在企业内部实行全额承包、个人计件、浮动或半浮动工资制等，逐步改革企业内部的经营机制，取得一定效果。全县国营（集体）工商企业，除食糖、酒精、水泥、化纤等因原料和电力供应不足停产外，二轻、烟草、物资、供销、粮食等获得盈利或减亏。全年工业企业总产值达988.5万元。

1988年，县经委成立18个经济实体（公司），活跃工业生产和搞活流通领域，将濒临倒闭的县水泥厂承包经贵阳市科协咨询中心经营，全年生产水泥2050吨，实现产值11.2万元，扭转连年亏损局面。对13个全民所有制公司实行利润包干上缴责任制，各公司利润上缴县财政140万元。

1993年，深化企业内部改革，根据《全民所有制大中型企业转换经营机制条例》的要求，给企业松绑、放权，加强企业内部的劳动、人事、分配制度改革，推行以综合承包为主的多种形式的承包责任制，提高在市场中的竞争力，对县供电公司和自来水厂进行领导体制改革试点，实行企业领导聘用制。

1994年，工业生产形势严峻，因天旱导致三家糖厂原料供应不足，加上国家紧缩银根，企业流动资金短缺，县政府转换企业经营机制，3家工厂全面推行配套改革，3家工厂实行承包经营，大部分国有企业进行清算核资，9个企业推行全员劳动合同制。对长期亏损的工业企业实行关、停、并、转，开发新产品11个，新增产值6100万元。

1997年，县政府以建立现代企业制度为目标，以转换企业经营机制为主线，按照“多兼并，少破产”的原则和“抓大放小”的方针，租赁、委托运营、股份合作制形式，建立适应市场经济体制的经营机制。对临城糖厂、临高机械厂、临高印刷厂等进行技术改造，对海藻酸钠厂、上元塑胶厂、塑料渔具浮子厂进行租赁经营。白仞滩水电站、地表水厂、乳猪加工项目、糖业集团公司等进行股份制改革。双龙保健品厂、麦芽糊精粉厂扩大生产规模。把龙力糖厂委托广东省丰顺糖烟酒集团有限公司经营。全县工业总产值21490万元。

1999年，全县开始国有商贸企业的改革工作。按照“抓大放小”的指导方针，妥善处理国有商贸企业债务与职工利益的关系，最大限度地维护国有商贸企业职工的切身利益。采取产权转让、租赁（承包）经营、股份合作、兼并等办法实施改革，其中龙力糖厂、白燕滩水电站实行产权转让，龙波糖厂进行股份制改制。海藻酸钠厂、机械厂、化纤厂等分别以租赁方式，将厂房、生产车间、综合办公楼等租赁给生产厂家，分别兴建纸品厂、拖拉机厂、私立学校等。烟花香炮厂将生产厂区及机械设备租赁给私营老板进行生产经营，企业又重新走上正轨，并取得良好的经济效益，原厂的下岗职工也得到再就业机会。原二轻机械厂被海南报社下属的报业公司兼并后，利用二轻机械厂的厂房，报业公司出资金、技术等，兴建双龙保健品厂。该厂努力开拓市场，生产的“椰妹”牌海马酒系列形成了品牌，畅销岛内外。

2000年，坚持“抓大放小”的方针，放开搞活中小企业，对没有资金或经济效益差的企业，加快改制，采取出售、租赁、委托运营、破产、兼并、承包、股份改造等方式放开搞活。加快临城糖厂、龙波糖厂、化纤厂等企业的改制。改进厂长（经理）任用制度，建立健全厂长（经理）目标责任制。

2004年，按照“依法公开、分步推进、一企一策、妥善安置、确保稳定”的工作思路，稳步推进国有企业改革。全县8家国企的处置资产偿还债务及企业改革工作基本完成。做好县五金公司、纺织品公司、糖烟酒公司的职工安置工作。波莲粮所、信托投资公司、物资总公司等4宗资产委托海南产权交易所挂牌拍卖。全县共举行6次拍卖会，处置资产16宗，处置所得资金1455.9万元，比评估价高出385万元，增值率达36.6%，上缴税金367万元。

2003—2010年，主要是通过公开处置国有商贸企业的国有资产，利用处置资产所得资金妥善安置职工，盘活国有存量资产，实现国有资产效益的最大化，促进经济协调健康发展，确保社会稳定。

第四节 商业体制改革

1986年，实行开放搞活政策，打破长期的封闭局面，在实行宏观调控的基础上，逐步对商品统派统购制度和定价制度进行改革，取消肉、禽、蛋的派购，对二、三类农副产品实行放开经营；商品流通的渠道由1条发展到6条，即国营商业、集体商业、个体商业、私营商业、工业自销、农民运销，突破原有二级、三级批发商品渠道，减少中间环节，加快商品流通的速度。生产资料流通由单轨制逐步演变为双轨制。商业结构由独家经营向多元化转变，商品购销由统购包销向多种购销形式转变，生产资料流通由计划调拨向双轨制转变，经营方式由封闭型向开放型转变，商品流通由单一渠道多环节向多渠道少环节转变。全县有商业销售机构2447个，从业人员4450人，其中个体商业经营机构1996个，占总机构的81.57%；从业人员2372人，占总人数的53.3%。全县商业零售总额7604万元，其中个体商业企业零售额3230万元，占总额的42.48%。

1988年，临高县率先在全省第一个提出“商业局转变职能，办经济实体的实施方案”，商业系统实现利润309万元，增长25.8%。

1992年，全县共有商业销售机构4945个，从业人员9182人，其中个体商业经营机构4080个，占总机构的82.51%；从业人员5484人，占总人数的59.73%。全县商业零售总额12512万元，其中个体商业企业零售额7400万元，占总额的59.14%。1993年后，个体经济发展很快，县统计部门对全县的商业企业机构、人员情况不再列入统计。

1994年，深化国有商业企业改革，商业、供销、粮食等国有企业全面放开，全县有51个企业实行优化组合，全部实行全员劳动合同制；全县427个门店中有116个实行租赁经营，302个实行承包经营。同时，大力发展个体私营经济，简化个体户、私营企业的办证、换证手续，全县新增个体户866个，新增私营企业32户。

1999年，全县开始国有商贸企业改革，按照“抓大放小”的指导方针，妥善处理国有商贸企业债务与职工利益的关系，最大限度地维护国有商贸企业职工的切身利益。至2002年，先后采取产权转让、租赁（承包）经营、股份合作、兼并等办法实施改革，使下岗职工得到再就业机会。

2003年，按照依法公开处置、确保国有资产不流失、妥善安置职工的原则，推行国有商业体制改革。商业系统的百货、纺织品、五金、糖烟酒等8家企业改革进入资产拍卖和职工安置阶段。全县完成85家企业共3.39亿元的债务核销工作。

2010 年，通过公开处置国有商贸企业的国有资产，利用处置资产所得资金妥善安置职工，盘活国有存量资产，实现国有资产效益的最大化，促进经济协调健康发展。

第五节　粮油体制改革

一、粮食购销体制改革

1986 年，适当减少合同定购数量，扩大市场议价收购比重，保护和鼓励农民交售粮食的积极性。1987 年 1 月，实行粮食购销双轨制，即现行的粮食合同定购（国家定购）与市场议价相结合，粮食统销与议销相结合的粮食购销体制。实行双轨制是粮食流通体制改革史上的一个重要里程碑。

1988 年，推行和完善粮所主任、公司经理任期目标责任制，提高经济效益。只保留城镇居民基本口粮和军粮，供应灾区、水库移民需要外，工商行业用粮都改为议价供应，其余逐步放开。1991 年 1 月 1 日起对粮食购销体制进行改革，实行“保留购销定量，放开价格”的政策。

1993 年 6 月 1 日起，全县粮食的购销价格全部放开，随行就市，议购议销。保留粮食定购数量，价格随行就市；继续实行和改进粮食定购“三挂钩”（每 50 千克大米奖售化肥 15 千克，柴油 1.5 千克，由实物奖售改为平议价差价补贴，付给出售定购粮食的农民）政策；制定粮食收购最低保护价或销售最高限价；销售价格放开后，继续保留城镇定量人口的粮食供应关系。

1997 年，粮食购销政策是差价保底，敞开收购（农民自产余粮），适当补贴（对国有粮食企业实行直接收 1 千克生产稻谷财政补贴 0.1 元），亏损自负，市县运作。

1998 年，按照“四分开一完善”（政企分开、储备与经营分开、中央与地方责任分开、新老粮食财务挂账分开，完善粮食价格形成机制）的改革原则，认真落实粮食储备制度，风险基金制度，坚持按保护价收购粮食，加强对粮食市场的管理。消化粮食挂账，严格执行“敞开收购，顺价销售，资金封闭运行”的粮食购销政策，做好粮食系统的人员、财产、财务的分离工作，粮食企业自身改革初见成效。

2001 年，国有粮食购销企业要按照“购得进，销得出”原则进行收购。2002—2010 年，推进粮食购销市场化改革，放开粮食收购，放开粮食市场，放开粮食价格。

二、粮食购销价格改革

1987—1990 年，临高县提高粮食定购和平价销售价格。1991 年 1 月 1 日起对粮食购销体制进行改革，实行“保留购销定量，放开价格”的政策。同年 5 月 1 日，临高县实行粮食价格改革，粮食定购价格和城镇居民口粮销售价格执行国家指导价，实行全县城乡一个价，购销同价。粮食定购价格从1991年4月1日起执行，销售价格从同年5月1日起执行。1992年实行粮食购销价格后，粮食购销国家指导价格以现行购销价格为基础，在10%的幅度内上下浮动。1993年6月1日起，在全省范围内放开粮食价格和经营。放开粮食购销价格，随行就市，议购议销。1994年6月10日起全县执行粮食购销价格改革，各个国有粮食企业根据“购得进，销得出”的原则自行确定收购价格。1995年，粮食购销实行差价管理。粮食销售价格实行差率和利润率控制管理。1997年，粮食购销实行差价保底的价格政策。2004年，根据《海南省人民政府关于进一步深化我省粮食购销市场化改革的意见》，加强粮食市场监管，维护粮食流通正常秩序；建立粮情监测预警应急机制，保证全县粮食供给安全和市场稳定。2010年，根据《海南省人民政府办公厅关于进一步做好粮油市场供应和价格稳定工作的通知》精神，协助县政府制定《临高县粮油保供稳价工作方案》，有序开展粮油保供稳价工作。

三、粮食管理体制改革

1986年至1993年5月，粮食行政管理机构的职能是为国家代政府按高度集中的计划经济搞好粮食的管理和分配，保证军需民食，保证社会稳定。1993年5月放开后，粮食行政管理机构仍承担着安排市场，定购粮食，救灾抢险，军粮供应，粮食储备和宏观调控等重要职能。

1995年，粮食管理体制的重大改革是实行地区粮食平衡和“米袋子”县长负责制。1996年粮食系统实行政企分开，两线运行，这是粮食管理体制上的一次重大变革。1998年在粮食管理体制上实行“四分开一完善”。在粮食购销市场化改革新的历史条件下，负责对全社会粮食流通的管理，搞好粮食调控和行业指导。

2002年，在粮食购销平均化的新形势下，粮食行政管理的对象由企业变成市场，管理的重点由过去的直接管理转变为间接管理。粮食行政管理部门的职能是：协助政府制定相关政策，调控粮食市场，实施行业指导，做好政策督查和协调服务等工作。2007—2010年，县粮食局主要开展了全县粮食流通综合管理、行业指导和储备粮管理及军粮供应管理等工作。

四、国有（营）粮食企业改革

1988年，全县在稳定和完善以承包租制为主要形式的经营体制改革的基础上，继续完善承包经营责任制。1992年，全县实行粮食企业转换经营机制。一是实行改革人事用工制度；二是改变分配形式，实行按劳取酬的分配原则；三是分流人员。1994年，粮食系统进行深化改革，一是推进产权制度放开；二是建立现代企业制度；三是划小核算单位，分账管理。

1995 年，全县粮食部门实行政策性业务和商业性经营两条线运行机制。1996 年，全县粮食部门推行统一领导，划小核算单位，分账管理，在搞活经营改革的基础上，进行两条线运行：政策性业务和商业性经营。在实施两条线运行的基础上，进一步深化和完善劳动、人事、用工和分配制度的改革。

2002 年,积极推进国有粮食购销企业进行战略性调整和改组,促使企业真正走向市场,成为自主经营、自负盈亏、自我约束、自我发展的经济实体。

2007 年，全县依法公开处置国有粮食企业资产 23 宗，处置资产收入 2099.65 万元。保留 2 家（临高县军粮供应站和临高临城省粮食储备库）企业承担粮食政策性经营业务，关闭 31 家国有粮食企业，退出国有粮食企业行列。全县国有粮食企业应解除劳动合同关系职工有 1090 人，实际解除劳动合同关系有 1085 人。全县粮食企业支付各项安置费用 2415.17 万元，其中：支付经济补偿金 1024.80 万元；一次性生活费 394.68 万元；社保费 895.55 万元;支付拖欠全县国有粮食企业职工各种费用 100.14 万元(其中补发退休金 36.47 万元，安家费 13.08 万元，垫付养老金 8.94 万元，住院医疗费 40.20 万元，抚恤金 1.45 万元）。此外，还为解除劳动合同关系的职工补缴医疗保障金 126.80 万元。

2010 年，继续做好各粮所职工安置工作，县政府在县粮食局车队宿舍建造了 48 套廉租房，供困难职工居住。

第六节　供销体制改革

1987 年 5 月 8 日，临高县供销合作联社（简称“县联社”）发出《关于下一步经营承包责任制意见》的通知。全县供销社系统全面推行以定额上缴为内容的经营承包责任制。计有定额包干上缴门店 246 个，承包人数 547 人，实际门店经营人员 75 人。

1989 年 4 月，县社理事会决定推行抵押承包和责任出资经营工作。5 月，抵押承包和责任出资经营工作在全县铺开。全县供销社系统全部完成责任出资和抵押承包经营资金 70 万元。9 月，临高县政府同意成立临高县烟花爆竹归口经营安全管理办公室，办公室设在县土产日杂公司。

1991 年 2 月，县联社印发海南省供销社《关于 1991 年供销社系统深化改革，完善经营承包责任制的通知》，要求各下属单位付诸实施。5 月，县联社发展总公司与湖北荆州地区化工总厂共同投资 350 万元，在临城地区兴建高荆复合肥厂。

1992 年，临高县供销社系统引入企业管理竞争机制，公开招聘管理人员。抓重点亏损企业整顿,进行“四清两查一整顿”（清财产、清账目、清资金、清商品，查经营管理漏洞、查违法违纪行为，整顿基础管理制度）。全县因拖欠公款被解雇除名的试用工、临时工共12人，被开除出队的固定职工26人，报司法部门追究法律责任的8人。由于手段单一，经营观念陈旧，经营管理混乱等原因，至12月底，全县供销系统累计亏损172.4万元。

1993年，县联社按照“精简、统一、高效”原则进行精简，由11个股室压缩到9个，人员由31人精简到20人。

1994年,全系统实行“换血”（也称“抽资”）承包经营，实施抽资承包经营门店有72个，抽回资金30万元。但经营化肥、农药门店暂不实行抽资承包经营。6月，工商部门对符合条件的个体户颁发化肥经营许可证。8月，全系统完成清产核资工作。清查结果，商品资金共1516万元，流动负债4913万元，长期负债770万元。

1995年2月，中共中央、国务院文件明确规定：农资经营的主渠道是农资公司和各级供销社，其他单位和个人不得经营。

1998年，全县系统部分基层社出现变卖社有资产现象，同时，企业内部职工挪用、侵占公款问题突出，基层企业领导普遍滥用企业财物，资金管理失控，资产严重流失，经营连年亏损。东江社、美夏社、马袅社、美台社等基层单位已无法维持正常经营。

1999年，国务院文件明确供销社的办社宗旨为“为农服务”。随后，国务院办公厅转发国家计委《关于清理核查供销合作社财务挂账意见的通知》，决定对各级供销社及其所属企业的亏损挂账进行全面清理核查，并上报国务院，按照“分清性质、分清责任、逐级负担”的原则，实行挂账处理。

2000年，海南省人民政府颁布《关于加快供销合作社体制改革的决定》。临高县供销联社开展主题为“经营项目年”活动，通过开办沉箱养鲍鱼、饲养“东江玉兔”等社办实业，实现利润7万元。

2002年，全县供销系统盈亏相抵，汇总实现利润6.90万元。全县20个核算单位，有16个实现盈利。同年，县供销联社通过职工房改和筹资，投资95万元在临城镇解放路兴建一幢四层7间，建筑面积为1190多平方米的综合办公大楼。多文供销社向职工集资25万元，将8间破旧平房改建为平楼铺面。博厚供销社处置部分闲置房产，投入10万元装修改造30间临街楼房铺面。新一轮门店承包经营工作在“稳定队伍、解决就业、逐步完善、促进发展”的原则下全面铺开。

2004年，临高县供销联社出台《关于处置资产偿还债务的有关规定》，严格要求各企业的资产转让必须按规定上报县联社审批。

2005年，全县供销社系统全部还清长城资产管理公司9000多万元债务。

2008年，多文供销社采取门店及土地所有权、使用权归单位，职工全额投资建设并承包经营10年的方式，重建临街13间铺面，总计投资72万元，建筑面积达676平方米。

2010年，大胆创新，灵活机制，明晰产权，维护权益。县联社广泛征求意见，多方论证，召开全社职工代表大会，对和舍供销社进行资产重组和产权制度改革，利用供销社的危楼和旧场地，将其改造为和舍供销社商住综合大楼。改造后的综合大楼集办公、贸易、超市、生活为一体，解决单位职工住房60户，增加岗位就业26个。支持土产日杂公司的改制建设，高度关注其仓储改造工程后期工作，由土产公司投资300万元建设的烟花爆竹仓库主体工程基本完工。土产日杂公司在保留企业名称、职工所有权益不变的前提下，以企业内部职工个人增加投资承包经营方式进行改组，经营效益大幅增加，至12月底，烟花爆竹商品销售达400万元。

第七节　财政体制改革

1986年，临高县对乡镇实行定收定支、收入上缴、支出下拨、超收部分县乡（镇）3∶7分成、超支不补、结余留用、一定两年的县乡（镇）财政管理体制。在收入划分上：农业税及附加5%、工商各税及附加、盐税、罚没收入等为定收上缴；乡镇的农贸市场税收收入7%、市场租收入10%、教育附加收入、农业税收入5%、镇办企业的定额上缴或税后利润收入等为乡镇固定收入。在支出划分上：乡镇政府行政管理费、广播事业费、文教卫生科学事业费、财税工商经费等作为定额支出由县按月下拨；农田水利、支援老区、抚恤救济等经费根据实际需要作为专款安排，不列入定收定支范围。

1987年，全县实行乡镇财政收支大包干、超收分成、短收扣支公用经费和个人资金的财政管理体制改革，并根据各乡镇的实际情况核定超收分成的比例：临城、波莲、南宝、博厚、多文、和舍、马袅、加来等8个乡镇按3∶7比例分成（县级3成、乡镇7成）；东英、皇桐等2个乡镇按2∶8比例分成（县级2成、乡镇8成）；龙波、美台、文澜江、美夏、东江、调楼等6个乡镇按1∶9比例分成（县级1成、乡镇9成）。以后年度根据乡镇财政收支情况进行适当调整。此乡镇财政管理体制延伸至2006年，共进行6期乡镇财政包干管理。

1989年，对长期经营亏损的企业，财政不再补贴。对国营企业经营所得实行税利分流，即企业先缴纳所得税，然后再分配利润。完善乡镇一级财政，发展财政信用，运用财政周转金，以低息周转的方式支持重点行业的发展。制定财政体制改革方案，解决财政包干问题。

1994年，推行财税管理体制改革，全面实行乡镇财税包干，并相应设立12个乡镇国库代办处，有10个乡镇定完成或超额完成财政收入任务。财政体制改革后，由“一灶吃饭”改为“分灶吃饭”，实行责、权、利结合，基本上打破了过去下级财政吃上级财政“大锅饭”的局面，由“供给型”财政向“经营型、开拓型、管理型”财政转化，在生财、聚财、用财诸方面，都有开拓和创新，有力地促进了财政“收支平衡，略有结余”目标的实现。

2000年，在乡镇财政收支大包干的基础上，临高县制定“乡镇经济工作一票否决”制度，对乡镇的财政工作目标进行量化管理。同时，县委还对县四套班子领导实行乡镇包点挂钩工作制度。为加强乡镇对财政工作的领导，即年起，将原由县财政局直接管理的乡镇财政所的人、财、物权全部下放乡镇管理，并于同年由财政局移交乡镇。

2002年，在实行财政收支大包干管理体制下，县、镇两级各自负责本级财政供养人员的工资发放。但由于临高县地方财力收入难以支撑干部教师工资支出，工资不能按时发放现象时有发生，特别是镇级出现了拖欠工资现象。同年，在省级财政支持下，制定《临高县财政统一发放工资管理办法》，并首先在县级135个单位进行财政统一委托银行（县工行、农行）代发。

2003年3月，制定和发布《临高县政府非税收入征管工作方案》，决定对全县近200个执收执罚单位实行“单位开票、银行代收、财政统管”的政府非税收入征缴管理方式的改革，并委托县工行、县农行为代收银行。2004年，执收执罚单位全部统一使用《海南省政府非税收入一般缴款书》。此项改革，进一步规范政府非税收入“征缴分离”和“收支分离”的“收支两条线”管理。至2005年，全县政府非税收入达7648万元，年平均增长69.7%。

2006年，逐步建立和完善覆盖农村的公共财政体制，缓解镇级财政困难，遏制镇级债务，同时解决好县级与镇级之间在财政收入分配上的矛盾和问题，在保证乡镇资金所有权、使用权和财务审批权不变的前提下，结合国家和省关于农村综合改革的有关要求，临高县对现行的乡镇财政管理体制进行试点改革。2007年全面铺开。改革的核心是县级财政部门参与管理并监督乡镇收支，建立规范的乡镇财政业务程序，减少财政资金使用的随意性，增强乡镇财政预算的严肃性。改革的基本原则：一是预算管理权保持不变。按照《中华人民共和国预算法》规定，继续实行一级政府、一级预算，预算管理权保持不变，县级财政参与乡镇共同编制汇总编制乡镇财政预算草案；二是资金所有权和使用权保持不变。乡镇财政资金的所有权和使用权归乡镇，资金结余归乡镇所有，乡镇原有的各项债权债务仍由乡镇承担；三是财务审批权保持不变。属于乡镇财权和事权范围的支出，仍由乡镇按规定程序审批。此外，还将原划分为乡镇的税收收入全部上解县级库，非税收入由乡镇自行支配统一纳入改革的内容之中。其改革的目的是进一步完善县镇两级财政激励机制，尽可能增强县可支配财力的能力，利于集中财力办大事。此"乡财县管乡用"的乡镇财政管理体制保持至2010年未变。

2007年，全县试行国库集中支付，主要内容是建立起以财政国库单一账户为基础、政府财政管理信息系统（GFMIS）为支撑的国库集中支付体系。这一国库单一账户体系，是撤并预算单位原有的财政账户，并将各预算单位的财政性资金全部纳入国库单一账户体系管理，以形成预算、执行和监督相互制约的"三线运行"管理机制，财政拨款方式实现根本性转变。当年，临高县以县委办等8个单位作为试点开始试行国库集中支付。

2008年，全县实施国库集中支付改革。临高县的试点工作受到省财政厅的关注，并组织进行实地调研。调研认为临高县的试点工作不但体现省厅的改革思路，而且还结合实际给国库支付改革增添新的内容、注入新的活力，将对各市县的推广起到积极的示范作用。当年，省财政厅在临高县召开全省国库工作会议暨国库集中支付现场会，将临高县的试点工作经验向全省推广。同年，利用财政"金财工程"的工资网络管理平台，实现网络系统、管理模式、发放方式、工作流程、发放范围等"五个统一"，实现全县近200个县级、镇级及各中小学校预算单位（各镇小学以中心学校为预算单位）的财政供养人员通过该系统统一运行，确保了干部教师工资按时足额发放。

2010年，根据《海南省财政惠民补贴资金"一卡通"改革实施方案》要求，临高县"一卡通"改革实施工作从当年6月开始，至12月底，全县完成基础信息采集、录入的对象达62540户，占应享受补贴项目对象的99.3%；已在农村信用社开折设户并发放卡折的对象53230户，占已完成基础信息采集、录入对象的85.1%；全县纳入财政惠民补贴资金项目有20种；应享受补贴项目的对象有6.30万户。共通过"一卡通"发放各项补贴资金5558.10万元（渔业成品油价格补贴5436万元、库区移民危房改造53.60万元、农村危房改造40万元、重度残疾人生活补贴28.50万元）。

第八节　税务体制改革

1986年，实行国营企业的利改税改革。

1993—1994年，临高县进行第二次税制改革（1984—1985年进行第一次税制改革，之后至1992年末进行税制改革）。主要内容包括流转税改革、所得税改革、财产税改革、开征土地增值税及其他税制改革，对国有、集体、私营、个体、外资等企业所得税实行内外有别的税收政策，不断调整征收范围和税率。并在1994年进行分税制改革，分国税和地税，分别由国税局和地税局操作执行。

2001年，全县开展农村税费改革，取消向农民征收的乡村两级办学、计划生育、优抚、民兵训练、修建乡村道路等5项乡统筹费。取消农村教育集资和政府性基金、集资。取消屠宰税，并取消统一规定的劳动积累工和义务工；调整农业税和农业特产税政策；改革村提留征收和使用办法。

2003年10月，中共十六届三中全会作出完善社会主义市场经济体制的决定，要求按照“简税制、宽税基、低税率、严征管”的原则，分步实施税收制度改革，建立更加公平、科学和法制化的税制体系。明确提出，改革出口退税制度。统一各类企业税收制度。增值税由生产型改为消费型，将设备投资纳入增值税抵扣范围。完善消费税，适当扩大税基。改进个人所得税，实行综合和分类相结合的个人所得税制。实施城镇建设税费改革，条件具备时对不动产开征统一规范的物业税，相应取消有关收费。在统一税政前提下，赋予地方适当的税政管理权。创造条件逐步实现城乡税制统一。

2004年，正式启动第三次税制改革。2005年，全县实行有利于经济增长方式转变、科技进步和能源资源节约的税收制度，巩固农村税费改革成果，实行支持自主创新的税收政策，继续实施和改善鼓励企业增加就业岗位、加强就业培训的税收优惠政策，加大调节收入分配的力度。

2007年，全县实行有利于科学发展的财税制度，建立健全资源有偿使用制度和生态环境补偿机制；完善有利于节约能源资源和保护生态环境的法律和政策，加快形成可持续发展体制机制；深化财税、金融等体制改革，完善宏观调控体系；深化收入分配制度改革，创造条件让更多群众拥有财产性收入；强化税收调节，打破经营垄断，创造机会公平，整顿分配秩序，逐步扭转收入分配差距扩大趋势。

2008年，全县国税工作会议明确要求积极稳妥地推进税制改革和税收政策调整，逐步建立有利于科学发展和公平分配的税收制度，并分别就全县的具体税制改革作出部署。

2009年4月，全国税务系统政策法规工作会议提出，把握适应科学发展的税制建设规律，重点做好税制改革和政策调整的前瞻性研究工作。在全面分析宏观经济形势变化的基础上，深入了解全县社会各界对税制改革和政策调整的利益诉求，逐步理清税制改革的总体思路，研究制定中长期税制改革规划，提高税制改革工作的计划性、协调性和主动性。至2010年，第三次重大税制改革工作尚在进行中。

2010年，进行第三次重大税制改革，完善税务制度，促进税收工作的顺利进行。

第九节　银行体制改革

1986年7月，中国人民银行临高县支行（简称“人行临高县支行”）与中国工商银行临高县支行（简称“工行临高县支行”）从一套人员、两块牌子中正式分离。工行临高县支行不再代理人民银行业务。人行临高县支行履行基层央行职能。

1986年，临高县邮政局被批准办理个人储蓄业务。2008年5月，成立邮政储蓄银行临高县支行，与临高邮政局脱钩。

1988年下半年，中国银行临高支行在临高县临城镇挂牌开业，并设立新镇分理处、临城分理处，因业务量少，于2001年撤销。

1990年，国家外汇管理局临高分局成立，与人行临高县支行合署办公，负责临高县内的外汇管理工作。

1993年8月，临高金牌城市信用合作社成立。该社因经营管理不善，支付困难。2002年6月，中国人民银行海口中心支行通知该社停业整顿（至2010年尚在整顿中）。

1995年，按照精简、高效的原则，中国农业发展银行（简称“农发行”）临高县支行挂牌办公。

1996年，农村信用社与中国农业银行（简称“农行”）脱离行政隶属关系。临高县农村信用社各基层社的业务、行政管理由临高县农村信用合作社联合社承担。人行临高县支行设立农村合作金融管理股，作为内设职能部门，强化对农村信用社的服务方向、利率、风险、有关人员的任职资格等方面进行监督和管理。

1999年起，工行临高县支行、建设银行（简称“建行”）临高县支行、农行临高县支行进行股份制改革，将符合政策的不良资产进行剥离，解决过去国有商业银行商业性和政策性混合经营的问题。股份制改革完成后，此3个县支行分别更名为中国工商银行股份有限公司临高支行（隶属海南省洋浦分行）、中国农业银行股份有限公司临高县支行、中国建设银行股份有限公司临高支行。

2003年底，由于中国银监会担负银行业金融机构的大部分监管职能，银监委海南监管局临高办事处挂牌办公。2008年5月，该办事处并入海南监管局儋州分局。

2008年，全面深化全国农村信用社的体制改革。临高县农村信用合作社联合社，利用专项央行票据9282万元，并注入股金，实行自主经营、自负盈亏，行政、业务隶属新成立的海南省农村信用合作联社，更名为临高县农村信用合作联社。

2010年，实行适度宽松的货币政策，全县有人行、农发行、农行、工行、建行、农信社、邮政储蓄银行7家，金融机构网点46个。

第十节　物价体制改革

1986年以来，商品价格开始由单一的计划价格转变为“逐步放开”。1987年，国务院发布《中华人民共和国价格管理条例》，规定国家现行的3种价格形式，即政府定价、政府指导价和市场调节价，赋予企业对部分产品自行定价的权利。随着工业产品供给能力的提高，放开自行车、黑白电视机、电冰箱等7种工业消费品的价格；全面放开包括日用杂品等24个大类749种小商品，以及百货、文化类商品的价格。

1990年以后，商品价格由“逐步放开”逐渐转为“以放为主”。其主要特征是在完善政府宏观调控手段的同时，有计划地放开政府各部门管制的物价。政府有关部门管理的生产资料、交通运输等737种价格中，放开648种。机械、轻工产品中除食盐和部分药品等个别品种外，价格全部放开。农副产品中，除粮食、糖料等少数品种实行政府收购指导价与购销价格联动外，其他如生猪、油料、蔬菜等价格全部放开。

1997—2010年，全县的商品价格已基本转到“调、放、管”相结合，政府定价品种所剩不多。在这种情况下，政府对不同商品采取不同的价格政策。对生活必需品，例如粮食，采取建立最低收购保护价、建立国家粮食储备系统的政策，以稳定国内粮食生产和粮价。对于非生活必需品，例如汽油，则采取根据国际市场价格定期调整的政策，让民众根据价格信号来调节自己的消费。物价部门围绕企业和群众反应比较强烈的有关价格收费问题，进行及时处理，进行不定期价格执法检查，及时查处哄抬物价违法案件；并根据市场变化特点，规范经营者的价格行为，防止价格欺诈和价格垄断现象的发生。

第三章　招商引资

第一节　招商活动与成果

1988年，全县洽谈外引内联的项目62个，其中经批准签订合同的有16个项目，总投资额为3728万元，美金926万元。已动工或建成投产的有14个项目，如伊高羊绒衫厂和高鲁搪瓷厂动工建厂，高京电子厂建成投产，浙海编织袋厂、与湖南安乡合作的艺术蜡烛厂，与香港腾马公司合作的乳胶手套厂建成试产。

1993年，全县批准的外引内联项目29个，其中外商投资项目7个，内地投资项目22

个，合同项目投资达 11.3 亿美元和 8.3 亿元人民币，实际引资 4504.1 万美元和 1600 万元人民币。

1996 年，采取走出去请进来和多渠道穿针引线的办法，开展外引内联工作，全县共审批外引内联项目 25 个，其中外商投资企业 1 个，内联项目 24 个，利用外资 500 万美元，利用内资 38588 万元。

1997 年，县政府采取走出去请进来的办法，开展外引内联工作，全县共审批外引内联项目 26 个，其中外资企业 1 个，内资企业 25 个，协议利用外资 500 万美元和利用国内资金 39260 万元，项目平均投资 1669 万元。

1999 年，全县批准的外引内联项目 20 个，协议利用外资 120 万美元，内资 11930 万元；实际利用外资 1300 万美元（包括和邦炼油厂），内资 11200 万元。

2000 年，全县共引进项目 82 个，项目投资总额 5.84 亿元，实际利用资金 1.33 亿元，项目动工占总数的 77.8%。

2003 年全县共引进项目 68 个，项目协议投资总额 88882 万元，实际利用资金 19355 万元。

2005 年，招商引资取得新进展。积极参与“大特区与大都市合作计划”，加强与泛珠三角、长三角等区域经济合作，组织有关部门领导分别到上海、江苏、浙江、广州、福建等发达地区参观学习。县领导亲自带队参加珠海、深圳的临高同乡会联谊活动，特别是加强与创维集团的密切联系。一批有实力的外商先后与临高县签订协议和意向，投资开发旅游房地产项目、造船项目等。全县共引进项目 16 个，项目协议投资约 3.7 亿元，实际利用资金 8676 万元。新加坡客商拟投资 12 亿美元在金牌工业园建一造船厂；韩国客商拟投资 4000 万美元在金牌兴建合成油项目；金马集团拟兴建的临高长岛蓝湾项目已进入规划设计阶段，该开发商拟先垫资 4000 万元建设解放公园和滨海公园，2 个公园建成后 3～5 年内再投重资建设一座具备国际水准的度假式花园居住小镇；荷兰一公司拟在临高角出海口兴建的大型旅游项目已进入谈判阶段。闽琼炼钢厂 30 万吨技改项目、福临轧钢厂、废污油综合利用加工厂、热带水果罐头饮料综合加工厂等正在扩建、新建，每个轧钢厂年税金达 100 万元，成为地方主要税源。投资 200 万元的临高解放纪念园维修工程完工,景区焕然一新。

2007 年，出台《临高县招商引资优惠政策》和《临高县招商引资奖励办法》，成立县政务服务中心，组织首届民间文化节招商推介、广州联谊招商、首届渔民节招商推介、山西临汾招商、甘肃兰州招商等 5 次大型招商活动，充分利用各种方式，大力宣传临高，推介项目，引起国内外客商的关注。思远水产品加工厂等一批项目已动工，临高角解放公园等一批项目建成。省开行贷款到位资金 1.3 亿元。当年共批准引进项目 39 个。项目协议总投资28亿元，实际利用资金2.6亿元。在引进的39个项目中，第二、三产业31个，占79%；签署连片开发框架协议3个（马袅湾旅游休闲度假区项目、文澜社区老年人休闲度假区项目、金牌港经济开发区建设项目），协议总投资30亿元。正式签约投资项目61个，计划总投资85.4亿元。在建项目21个，总投资40.6亿元。完工发挥效益项目6个（天然橡胶加工厂项目、海南南庄瓜果分拣预冷基地、中油加油加气站项目、欧盛水产品加工厂、加来农产品交易市场项目、公安电子摄像监控项目），完成投资8900万元。

2008年，招商引资是临高发展的主旋律，全县再掀起招商引资新高潮。做好在建项目的服务，抓好洽谈项目的推动工作。充分利用民间文化节、渔民节等招商平台，做好招商项目策划包装推介。组织赴深圳市招商推介活动，组团随海南省代表团参加"珠洽会""香港海南周"活动，组成小分队主动上门招商。加大与开行开发性金融合作力度，做好中心学校危改增贷项目、县医院内科综合大楼、临城大街小巷改造工程、西城区公共设施配套工程、江南中路道路工程、临昌路改造工程、市政大道、沿海公路、金牌港基础设施项目、国际渔业物流中心等10个项目的申贷工作。鼓励各部门、各单位上京进省跑项目要资金，动员社会各界人士积极参与招商引资，成功引进项目的，县政府将按照有关规定给予奖励。搭建招商平台，组织第二届民间文化节招商推介，组团赴浙江、河南、广东等地招商和参加"香港海南周"活动，大力宣传临高，推介项目。引进招商项目19个，实际利用资金约2.8亿元。思远水产品加工厂已竣工投产，威隆造船厂、金牌修造船厂、西部再生资源塑料加工厂等一批项目动工在建，金牌港经济开发区首次实现项目产出（金牌修造船厂建造4艘千吨级钢质船）；海南建兴基废旧金属综合利用钢厂、马袅湾国际休闲社区等项目、市政大道、底播贝类养殖陆上配套基地及一批石油化工项目于2008年开展前期准备工作。

2009年，编制《临高县2009年重点招商目录》，做好招商项目储备。组团参加"珠洽会""香港海南周""海南旅游产品交易会""海交会"等招商推介活动，宣传临高资源优势和政策优惠。制定《临高县招商项目准入评审制度》《临高县重点项目联审办法》，严把招商项目质量关。落实招商引资优惠政策和奖励办法，对招商引资有功人员进行奖励。同年，重点推进的22个项目是威隆船舶修造厂，金牌港船舶修造厂，西部再生资源塑料加工厂，海南建兴基废旧金属综合利用钢厂，美国ESI公司钻井平台，年产300万吨重质油制烯烃，马袅湾国际休闲社区，美好房地产，临高角滨海公园，武莲渔港，新盈中心渔港，金牌港疏港公路和东港区大道，临城至临高角老路，农村通畅工程，市政大道，临城西门市场改造，临城商业广场，临城二环路贯通工程，生活垃圾处理场，城市污水处理厂，文澜江防洪堤加固，4个小区（机关大院小区、临城糖厂小区、政法大院小区、滨江小区）。招商引资有所突破。与省发展控股有限公司联手开发建设金牌港经济开发区。金牌疏港大道一期（西港大道）和110千伏变电站已开工建设，二期（东港大道）已完成施工设计并着手征地；2010年，洋隆水库、金牌港公共码头改扩建等一批基础设施项目仍在规划中。威隆船舶工程项目一期完成投资1.7亿元，实现边建设边生产，在海南本土建造首艘万吨级轮船；金牌港船舶修造厂一期完成投资4619万元；西部再生资源项目完成投资3053万元；太阳能光伏发电项目前期工作进展顺利。临高角旅游度假区建设有新进展。临高角35千伏变电站已经动工兴建；2010年，临澜湾·国际海岸水城项目控制性详细规划仍在编制中；推进马袅湾国际旅游社区项目，开发龙波湾房地产项目。

第二节　管理与服务

一、招商引资组织机构

1986年，县对外贸易经济委员会下辖外贸总公司、信托投资公司，以及珍珠养殖场、高昌海水养殖场、高润服装厂、高美胸围内衣厂、高汕化纤针织品厂、高吉电子有限公司（年底停产）等8个单位，共有干部职工483人。

1991年11月24日，成立临高县经济合作局，为县科级行政单位。负责拟定对外经济合作管理办法，审批国内外经济技术合作项目和国内外投资者在临高设立的企业。

1995年7月7日，临高县经济合作局改称临高县招商服务中心，为外来投资者提供更为优质的服务。

1999年8月3日，为适应经济发展需要，临高县招商服务中心改称为临高县招商局。

2009年12月25日，将临高县招商局更名为临高县招商办公室，隶属县商务局管理，为参照公务员管理副科级事业单位。至2010年未变。

二、监督管理与服务

1991年，县政府制定《鼓励投资优惠办法》《改善投资环境责任制》，对投资者给予优惠政策，建立临高角滨海游览区、金牌经济开发区。编印《临高投资指南》小册子，对外宣传临高县的优惠政策和资源优势。全年引入项目16个，签订投资意向书55份，意向投入资金22亿元，实际引入资金8650万元。

1993年6月20日，为进一步改善临高县的投资软环境，促进对外开放和外引内联，临高县投资促进委员会出台《关于外引内联项目联合审批和管理的暂行办法》。

1994年4月13日，临高县成立招商引资专项治理领导小组，由副县长为组长，副组长为县政府办主任和县纪委副书记、监察局局长，成员有经济合作局第一副局长（兼领导小组办公室主任）、县建委主任、县国土局局长、县公安局局长、县工商局局长、县计委副主任、县环保局副局长。

为改善投资环境，加大对外招商力度。1995 年 6 月 28 日，成立临高县招商领导小组，由县长任组长，政府办、县计委、建委、国土、人行、经合局、环资局等单位主要负责人为成员。

1997 年 7 月 14 日，为全方位开展外引内联活动，调动各界人士引荐项目的积极性，鼓励引荐项目的有功人员，县政府出台《关于对引荐项目有功人员的奖励办法》。

2003 年 12 月 8 日，县政府出台《关于鼓励投资工业项目优惠办法》《关于鼓励投资渔港和道路等基础设施项目优惠办法》《关于鼓励投资旅游项目优惠办法》。

2006 年 11 月 29 日，出台《临高县招商引资奖励办法》和《临高县招商引资优惠政策》，专门制定招商引资奖励办法和具体的优惠政策。

2008 年 8 月 27 日，临高县委、县政府下发《临高金牌港经济开发区土地优惠暂行办法》。

第六编 农 业

1986年，按中共中央国务院《关于一九八六年农村工作的部署》文件要求，完善家庭联产承包责任制。1993年，强化农村的社会服务体系建设，加快集体经济和农业开发步伐，减轻农民负担，全县废止31项农民不合理收费项目，发放负担登记卡4.10万张。2003年实施《中华人民共和国土地承包法》，对第二轮土地承包依法进行规范和完善，同农户签订土地承包合同并颁发农村土地承包经营权证书4.4万本。2010年，实施农村土地流转政策后，各类农民专业合作社发展到116家，其中省重点农业企业8家。

从20世纪90年代开始，临高县加大农业综合开发力度，调整农业产业结构，以市场为导向，发展经济农业，建立热作、水果、水产养殖、高产水稻等基地，同时进行农田整理配套工程，使全县继续保持全省农渔大县的地位。1986年，全县农业总产值12408万元，其中种植业5521万元，林业977万元，畜牧业2739万元，渔业2186万元，农业服务业985万元，农民人均年收入453元。2010年，农业总产值、种植业产值、林业产值、畜牧业产值、渔业产值、农业服务业产值分别上升至659451万元、176220万元、25222万元、58331万元、389408万元、10270万元、4767元。

第一章 农业产业化

第一节 农业产业结构调整与农业区划

一、农业产业结构调整

1986年，临高县基本普及杂交水稻。同年，种植水稻22016公顷，产量70925吨。农业总产值12408万元，其中农业5521万元，渔业2186万元，畜牧业2739万元，林业977万元。

1999年，县委、县政府本着面向市场、因地制宜、尊重农民意愿三条原则，实施农业产业结构调整，提出“511”（10万亩优质稻、10万亩商品瓜菜、10万亩热带水果、10万亩糖蔗、10万头临高母猪，再造1个海上临高）富民强县经济发展战略，充分发挥本地资源优势，因地制宜，推广良种良苗，促进产业升级，使传统粗放型农业向集约高效型商品大农业转化，出现种植业、海洋渔业、畜牧业三足鼎立的局面。

2001年后，全县农业结构得到进一步优化，粮食生产基本稳定，瓜菜种植成为支柱产业之一；全县拥有33～67公顷田洋35个，67～200公顷田洋42个，200～333公顷田洋5个，333～667公顷田洋4个，主要分布在临城镇、博厚镇、波莲镇、新盈镇、东英镇、南宝镇、皇桐镇、多文镇、和舍镇、调楼镇。

2003年，临高县进行农业产业结构调整，提出要因地制宜，充分发挥资源优势和区域优势，按照土地产出效益最大化原则，确定区域主导产业，巩固发展甘蔗、橡胶、海洋捕捞等产业，扩大冬季瓜菜、香蕉、水稻制种生产规模。建设调俗洋、美珠洋、城东洋、抱沙洋、抱伦洋、南宝洋等10个无公害瓜菜基地，建设松支支干、东英支干、皇桐支干等6个香蕉产业带，建设波莲、博厚、临城等5个水稻制种基地，建设东江、和舍、南宝等3个橡胶产业区，使产业布局更趋合理。巩固发展三大传统产业，做强做大三大优势产业，即巩固发展糖蔗产业、巩固发展海洋捕捞业、巩固发展橡胶产业，做强做大冬季瓜菜产业、做强做大香蕉产业、做强做大水稻制种业。

2005年，临高县全力推进农业结构战略性调整，大力发展展特色优势产业。在18号台风的严重影响下，粮食生产略有减产。全县粮食种植面积25627.87公顷，同比减少8.7%；总产量110089吨，同比减少15.3%。冬季瓜菜生产持续增长，全县瓜菜种植面积达到0.84万公顷，比2004年增加66.67公顷，增长8.6%。全县香蕉收获面积达到2333.33公顷，总产量达9.1万吨，总产值达13130万元。

2006年，优质稻生产得到稳步发展。全县水稻种植面积1.8万公顷，其中推广优质稻1.07万公顷，粮食总产量12万吨，同比增长9%。其中推广超级稻400公顷，平均每公顷产量达7800千克。全县瓜菜种植面积达到8666.67公顷，同比增加266.67公顷，增长3.1%；总产量22万吨，同比增长4.7%。全县香蕉种植面积达到0.33万公顷，同比增长28.2%，其中推广香蕉下水田面积300公顷。全县橡胶种植面积达到0.63万公顷，开割面积0.29万公顷，其中新种面积391.87公顷，完成干胶产量1461吨，同比增长11%。

2007年，围绕县委十一届一次会议和县人大十三届一次会议提出的农业发展目标，围绕中心，突出重点，全力推进农业结构战略性调整，大力发展特色优势产业，优质稻生产得到稳步发展。全县水稻种植面积1.8万公顷，其中推广优质稻1.2万公顷，粮食总产量11.13万吨，同比增长6%。杂交水稻制种1733.33公顷，由于受干热风影响，产量大幅度减产，总产量仅325万千克。冬季瓜菜生产持续增长，全县瓜菜种植面积达到0.8万公顷，同比增加600公顷，增长8.1%；总产量21万吨，同比增长18%。全县香蕉种植面积达到

3466.67 公顷，同比增长 4%，其中推广香蕉下水田面积 300 公顷。全县橡胶种植面积达到 6933.33 公顷，开割面积 3600 公顷，其中新种面积 666.67 公顷，完成干胶产量 9626 吨，同比增长 29%。全县水果种植面积达到 2333.33 公顷，总产量达到 2600 吨。

2008 年，由于受不良天气影响，全县水稻制种面积仅 1066.67 公顷，总产量 160 万千克，种子价格成倍增加，涨幅 50%，全县水稻制种业增收 1440 万元，尤其是“博优”系列每公顷产量达 3375 千克，每公顷产值达 33750 元，比常规稻增加 2 倍多。冬季瓜菜生产较长时间受低温阴雨影响，全县种植面积达 0.8 万公顷，总产量达 21 万吨，总产值达 2300 万元，同比增长 8%，农民人均从冬季瓜菜产业获得收入 821 元。全县 6.67 公顷以上香蕉生产基地有 83 个，香蕉种植面积达 3666.67 公顷。全县民营橡胶种植面积 8666.67 公顷，开割面积 4666.67 公顷，干胶产量 4169 吨，同比增加 162 吨，产值 8746 万元，同比增长 4%。

2009 年，优质稻生产得到稳步发展。全县完成水稻种植面积 1.8 万公顷，粮食总产量 10 万吨，同比减少 3%。全县完成水稻制种面积 1733.33 公顷，同比增加 666.67 公顷，增长 62.5%，产量达 325 万千克，同比增加 165 万千克，增长 103%。冬季瓜菜种植面积 6666.67 公顷，全县香蕉种植面积 0.4 万公顷，同比增加 866.67 公顷，其中新种 1200 公顷，总产量 15 万吨，同比增长 8%，产值 42500 万元，同比增长 13%。香蕉产值增幅较大，主要是入春以来香蕉价格不断上涨，收购价高达 4.5 元/千克。

2010 年，临高县抓住海南省建设国际旅游岛和加快西部大开发的战略机遇，大力发展现代特色农业，优质稻生产得到稳步发展。全县完成水稻种植面积 1.8 万公顷，粮食总产量 11.5 万吨，同比增长 15%。全县完成水稻制种面积 2033.33 公顷，同比增长 71.3%，主要推广博优系列，产量达 355 万千克，同比增加 30 万千克，增加 9.2%。瓜菜生产持续增长，全县完成瓜菜种植面积 1 万公顷，同比增长 7.14%；总产量 25 万吨，同比增长 13.6%，步入全省瓜菜生产大县行列。香蕉产业保持强劲发展势头，全县香蕉种植面积 0.4 万公顷，总产量 16.5 万吨，同比增长 10%，产值 47600 万元，同比增长 12%。热作水果发展势头良好，全县完成橡胶种植面积 9333.33 公顷，开割 5333.33 公顷，产干胶 1.15 万吨。全县完成糖蔗种植面积 11820 公顷，产量 80 万吨。

二、农业区划

农业区划的原则是确定区域主导产业，巩固发展甘蔗、橡胶、海洋捕捞等产业，扩大冬季瓜菜、香蕉、水稻制种生产规模。1986 年，根据临高县地貌、土壤、气候地域性差异和农作物的生长特点，将全县划为 4 个农业区。

（一）北部沿海平原渔、农业休闲、花卉、林、农业区

该区位于临高县北部沿海一带，包括调楼、原美夏、原马袅，以及新盈、东英、博厚、临城的一部分，海岸线长71千米，水产资源丰富，为临高县渔业产区。重点发展海洋捕捞，深海网箱养殖，底播养殖，建设全国渔业强县。发展林业、花卉、休闲农业，逐步形成休闲农业观光区。

（二）中部平原台地香蕉、冬季瓜菜、甘蔗、畜牧农业区

该区属县境内腹地，包括临城、波莲以及新盈、东英、调楼、博厚一部分，该区旱坡地以玄武岩发育形成的红色砖红壤为主，稻田以海相沉积物发育而成的黄赤沙泥田为主，土层深厚，水利条件较好。临城、博厚、波莲重点发展香蕉、冬季瓜菜、水稻制种和甘蔗，调楼重点发展甘蔗、水稻制种，形成规模化、产业化、标准化经营。东英镇重点打造东英“长寿五粮”（淮山、大薯、毛薯、番薯、芋头）、“扶提大蒜”等品牌，临城镇重点打造“富罗乡地瓜”“头板葱”“哩哩美南瓜”品牌，波莲镇重点打造“临高红荔枝”品牌，并逐步形成规模化生产。

（三）东部台地胶、糖、果、畜农业区

该区位于县境东部，毗邻澄迈县，包括多文、皇桐、博厚一部分。该区土壤以玄武岩发育形成的红色砖红壤为主，土层深厚，土地肥力较高，有机质含量3.99%。重点发展香蕉、冬季瓜菜、木瓜、甘蔗，多文重点创建“多文空心菜”“凤雅酸菜”等农业品牌基地，博厚重点创建“博厚木瓜”等农业品牌基地。

（四）南部低丘台地胶、林、南药、冬季瓜菜农业区

该区位于县境南部包括和舍、原东江、原龙波、南宝、加来等地区。该区多为低丘陵台地，土壤多为花岗岩、砂页岩发育而成的砖红壤，水利条件较好。和舍、南宝、东江重点规划发展橡胶和南药，兼养畜牧业，形成立体农业。加来、南宝重点建设标准化冬季瓜菜基地和香蕉产业基地。

第二节　农业开发项目

一、机构

1989年，成立临高县农业综合开发办公室（简称“县农综办”），属县政府临时机构，办公人员从农业、水利、林业、农机和财政等部门抽调组成。1996年，县农综办定为正科级事业单位，是县政府主管全县农业综合开发工作的职能部门，挂靠县财政局。2010年，县农综办机构未变。

二、项目规划

1989年，县农业综合开发计划项目经国家农业综合开发办公室批准立项实施。农业综合开发项目规划，坚持以改善中低产田为重点，大搞农田整治配套工程建设，加大灌区节水改造力度，为高标准农田提供灌排系统保障；抓土壤改良，增肥土质，提高地力；抓良种基地建设，确保良种良苗的需求；扶持辐射面广，带动力强的龙头企业和农民专业合作社发展产业化经营；加强科技培训，增长农民知识；提高粮、糖、油、蔬菜等主要农产品的产量，增强农业后劲。

1995年，产业化经营项目先后扶持抱美农场龙眼苗圃基地、南宝兰文开发基地、北洋农场胡椒基地、农丰实业有限公司香蕉种植基地、椰丰海洋开发有限公司渔需品加工基地、泉杰实业有限公司波罗蜜种植基地、海丰养殖发展有限公司深海网箱养殖基地、昌盛水产养殖有限公司龙胆石斑鱼鱼苗场项目、金棕榈现代农业有限公司无核荔枝示范基地、南宝松梅香蕉专业合作社香蕉种植基地、临高思远水产加工厂水产品加工基地、海南椰城投资有限公司天然橡胶标准化示范基地等重点龙头企业和农民专业合作社建设，推进临高重点龙头企业和农民专业合作社的规模化、标准化、产业化的快速健康发展。农业综合开发项目建设计划投入资金14853万元，其中国家和省级财政投资9878万元，县级财政配套投资989万元，乡镇群众自筹资金3986万元。

1996年，利用临高县丰富的热带资源和海洋资源，全县引进农业开发项目20个，资金投入5550万元，并且建立一批热带水果、瓜菜及水产养殖、禽畜养殖基地。

2006—2010年，完成“十一五”规划农业综合开发土地治理项目和产业化经营项目的各项建设任务和投资计划，累计实际完成投资10444万元，占计划总投资的72.99%，其中中央财政资金4309万元，占计划投资72.94%；省级财政资金1504万元，占计划的74.6%；县级财政配套资金356万元，占计划的71.6%；项目区乡镇群众自筹4155万元，企业自筹资金1623万元，占计划的81.6%。5年累计完成改造中低产田面积8066.67公顷。重点整治田洋面积4173.33公顷。开挖疏浚渠道360.48千米，排水沟224.8千米，兴建桥、涵、闸、斗门等各类建筑物5320宗，修建机耕路201千米，土壤改良面积1400公顷，创办优质水稻基地400公顷，创办香蕉基地26.6公顷，创办甘蔗良种基地20公顷，补助项目区农民购置农用动力机械100台（套），兴建橡胶苗圃基地5.3公顷，培育优质橡胶苗3.5万株，农民实用技术培训2.5万人次，创办1千吨海产品粗加工项目，创办765吨网箱养殖基地，创办33.3公顷波罗蜜良种基地，占计划任务的82.6%。

第三节　基本农田建设

1989—1998年，项目实施分布全县各个乡镇，由项目区各个乡镇政府组织实施，以基本农田建设为主。骨干工程如六勺干斗、南宝第四支渠、南宝第五支渠（美灵隧洞）、城镇分渠、昌富支渠（倒虹吸管）等水利灌区工程由县政府成立工程指挥部组织实施。期间，1989年11月，全县冬修水利，群众集资共67万元投入水利建设，投入105万个劳动日，维修大小渠道700条，长2962千米，完成土方52.63立方米，石方6590立方米，可增加灌溉面积466.7公顷，改善灌溉面积3333.3公顷，恢复灌溉面积15333公顷。

1999年，开始连片开发农田整治配套工程建设，整治的农田有城东洋、抱伦洋、南宝洋、调俗洋、波莲洋、博厚洋、奇波洋、头发洋、冰廉洋、大前洋、德禄洋、大主洋、群芳洋、兰合洋、松古洋、东兰洋、马浪洋、博郎洋、美丰洋、抱沙洋、昆殿洋、龙干洋、和客洋等。23个重点田洋，整治农田面积达8393.31公顷，共开挖防渗渠道1388条，长806.66千米；开挖衬砌防崩排水沟1141条，长650.07千米；修建机耕路500条，长451.59千米；兴建桥、涵、闸、斗门等各类大小建筑物42929宗（个）。完成土方428.4万立方米，石方89186立方米，混凝土82559立方米。

2005年，全县投入资金3890万元，重点建设松涛波莲灌区续建配套与节水改造工程、新盈土地平整、头发洋和冰廉洋农田综合整治、文澜江防洪工程等项目。其中，松涛波莲灌区续建配套与节水改造工程投资1209万元，防渗加固渠道25千米，恢复和改善灌溉面积4000公顷，增加灌溉面积1040公顷；头发洋、冰廉洋农田整治投资1290万元，开挖灌溉渠道168条，长71.1千米，开挖排水沟150条，长70.78千米，修建机耕路27条，长31.02千米，兴建各类建筑物4468宗；新盈土地平整项目投资1273万元，平整土地面积633公顷，新增耕地面积100公顷；文澜江临城河段左岸堤防洪工程，筑堤长105米，工程投资40万元。在抓好重点项目建设的同时，全党动员，全民动手，大搞冬修水利，共维修大小渠道1351条，全县新增灌溉面积1800公顷，恢复和改善灌溉面积4600公顷。

2007年，农田整治配套工程建设，经过整治、加固、防渗、配套的灌区和田洋，都达到路相通、渠相连、排灌分家的要求，实现田、林、路、沟、渠综合治理，灌溉面积扩大。新增灌溉面积3500公顷，改善恢复灌溉面积9466公顷；项目区14.57万人受益。农业措施的土壤改良、良种基地项目，林业措施的防护林、水土保持林、橡胶苗圃项目，农机措施的购机补贴，科技措施的良种示范推广、农民科技培训等项目都配合农田整治配套工程建设。改良土壤面积4200公顷，创办水稻、甘蔗、西瓜、南瓜、香蕉等新品种基地2400公顷，创办橡胶苗圃6.66公顷，50万株，种植防护林、水土保持林面积573公顷，购买农机具补贴 286 台（套），创办水稻良种示范推广面积 3466 公顷，农民科技培训举办 605 期，接受培训和得到咨询指导的农民达 12.10 万人次。同时，积极推进农业产业化经营，加大对全县农业产业化重点龙头企业和农民专业合作社的扶持力度，完善企业与农民的利益联结机制，显著带动农民增收。

2009 年，做好多文博郎洋、和舍美丰洋、临城抱沙洋农田配套工程的工作，整治面积 932 公顷，其中多文镇博郎洋 333 公顷，和舍镇美丰洋 333 公顷，临城镇抱沙洋 266 公顷。完成投资 1900 万元，其中中央和省财政资金 1270 万元，县财政配套资金 60 万元，乡镇群众自筹资金 570 万元。开挖疏浚防渗渠道 86 条，长 78 千米；排水沟 75 条，长 52 千米；修建机耕路 60 条，长 57 千米。兴建各类建筑物 3000 宗，完成土石方 49 万立方米，使用劳动工日 19 万个。

至 2010 年，“十一五”期间经过整治、防渗、加固、配套后的 14 个田洋灌区，新增灌溉面积 240 公顷，改善灌溉面积 2746.6 公顷，改善除涝面积 373.3 公顷，新增节水灌溉面积 546.6 公顷，年节约水量达 1380 万立方米。全县项目区累计增加粮食 610 万千克，新增糖料 320 万千克，新增瓜菜 800 万千克，新增农业总产值 2320 万元。

1999—2010 年临高县农业综合开发农田整治配套工程完成情况统计表（一）

表 6-1-1

年份	项目名称	整治面积（公顷）	完成资金				完成工程		
			合计（万元）	其中			土方（万立方米）	石方（立方米）	混凝土（立方米）
				中央及省资金（万元）	县配套资金（万元）	乡镇群众自筹资金（万元）			
1999 年	城东洋	533.33	375	210	40	125	15.90	853	1990
2000 年	抱伦洋	466.67	643	465	55	123	20.60	5285	3928
2001 年	南宝洋	333.33	672	430	76	166	15.90	5140	3970
2002 年	调俗洋	533.33	1123	730	193	200	35.24	9858	6185
2003 年	波莲洋	633.33	1139	749	125	265	29.95	9289	8143
2004 年	博厚洋 奇波洋	720.00	1323	890	78	355	41.8	11388	7286

续表 6-1-1

年份	项目名称	整治面积（公顷）	完成资金				完成工程		
			合计（万元）	其中			土方（万立方米）	石方（立方米）	混凝土（立方米）
				中央及省资金（万元）	县配套资金（万元）	乡镇群众自筹资金（万元）			
2005年	头发洋 冰廉洋	680.00	1290	798	72	420	44.2	6125	10550
2006年	大前洋 德禄洋	733.33	1180	825	53	302	49.46	9218	7115
2007年	大主洋 群芳洋 兰合洋	733.33	1248	827	52	369	34.28	7111	8032
2008年	松古洋 东兰洋 马浪洋	800.00	1458	1010	60	388	44.86	8333	7469
2009年	博郎洋 美丰洋 抱沙洋	933.33	1983	1270	79	634	49.28	6751	8900
2010年	昆殿洋 龙干洋 和客洋	1293.33	2419	1674	106	639	46.93	9835	8991
合　计	23个田洋	8393.31	14853	9878	989	3986	428.40	89186	82559

1999—2010年临高县农业综合开发农田整治配套工程完成情况统计表（二）

表 6-1-2

年份	项目名称	完成工程主要任务						
		灌溉渠道		排水沟		机耕路		建筑物
		数量（条）	长度（千米）	数量（条）	长度（千米）	数量（条）	长度（千米）	（宗）
1999年	城东洋	13	56.00	2	3.80	21	12.40	603

续表 6-1-2

年份	项目名称	完成工程主要任务						
		灌溉渠道		排水沟		机耕路		建筑物
		数量（条）	长度（千米）	数量（条）	长度（千米）	数量（条）	长度（千米）	（宗）
2000 年	抱伦洋	31	45.68	30	26.17	32	34.00	1391
2001 年	南宝洋	103	33.45	63	26.99	34	19.40	1920
2002 年	调俗洋	122	68.40	132	76.10	12	25.40	6963
2003 年	波莲洋	120	66.81	125	98.84	45	35.14	4703
2004 年	博厚洋 奇波洋	107	61.00	98	55.90	35	37.02	4136
2005 年	头发洋 冰廉洋	170	70.04	171	73.55	25	30.08	4314
2006 年	大前洋 德禄洋	145	68.00	45	46.66	35	44.28	3200
2007 年	大主洋 群芳洋 兰合洋	167	83.19	153	62.05	59	47.00	3340
2008 年	松古洋 东兰洋 马浪洋	144	74.13	130	59.60	55	42.60	3140
2009 年	博郎洋 美丰洋 抱沙洋	86	78.60	75	53.73	60	57.77	3626
2010 年	昆殿洋 龙干洋 和客洋	180	101.36	117	66.68	87	66.50	5593
合计	23 个田洋	1388	806.66	1141	650.07	500	451.59	42929

1999—2010 年临高县农业综合开发办公室获省级表彰情况表

表 6-1-3

年 份	获奖名称	颁奖单位
1999 年	农业综合开发农田整治表扬奖	海南省人民政府
2000 年	农业综合开发农田整治表扬奖	海南省人民政府

续表 6-1-3

年 份	获奖名称	颁奖单位
2001 年	农业综合开发农田整治二等奖	海南省人民政府
2002 年	农业综合开发农田整治二等奖	海南省人民政府
2003 年	农业综合开发农田整治三等奖	海南省人民政府
2004 年	农业综合开发农田整治三等奖	海南省人民政府
2005 年	农业综合开发农田整治二等奖	海南省人民政府
2007 年	农业综合开发农田整治三等奖	海南省人民政府
2008 年	农业综合开发农田整治三等奖	海南省人民政府
2010 年	农业综合开发农田整治三等奖	海南省人民政府

第四节　农业发展

临高县是海南省的农业大县之一，具有发展农业的优越地理、气候条件。土地平坦肥沃，雨量充沛，光热条件好，有利于发展种植业，四季可以耕种。海岸线长，有利于发展渔业和海水养殖业。

1986年，全县耕地面积27058公顷，其中水田12013公顷，旱田2006公顷，旱地13039公顷。农业人口28.54万人，劳动力9.71万人。粮食总产量80490吨，糖蔗生产173209吨，花生总产113.94吨。全县基本普及杂交水稻。同年，种植水稻22016公顷，产量70925吨。农业总产值12408万元，其中农业5521万元，渔业2186万元，畜牧业2739万元，林业977万元，农业服务业产值985万元。

1990年起，临高县加大农业基础设施投资力度，加强农业种植基地建设。1992年，农业生产在稳定农产品总量的基础上，走农业产业化道路，大力发展热带高效商品农业，水果种植面积达2723公顷，瓜菜生产从零星种植发展到成片大规模生产。1993年，临高县高度重视热带水果生产，采取多种经营模式，实施标准化生产，有效促进热带水果产业的发展。同年，全县农业总产值80599万元。全年水稻总产量101744吨，糖蔗总产量282436吨，花生总产量1179吨，瓜菜总产量40363吨，水果类总产量6016吨；家禽出栏量1114900只，肉类产品总产量10056吨，水产品总产量7.7万吨。乡镇企业总产值16246万元。1999年，县委、县政府本着面向市场、因地制宜、尊重农民意愿三条原则，实施农业产业结构调整，提出“511”富民强县经济发展战略，充分发挥本地资源优势，因地制宜，推广良种良苗，促进产业升级，使传统粗放型农业向集约高效型商品大农业转化，出现种植业、海洋渔业、畜牧业三足鼎立的局面。

2000年，全县耕地面积26581公顷，其中水田10682公顷，旱田2463公顷，旱地13436公顷。农业人口33.79万人，劳动力11.53万人。水稻种植面积21745公顷，产量21745吨。全县农业总产值206533万元。2001年后，全县农业结构得到进一步优化，粮食生产基本稳定，瓜菜种植成为支柱产业之一；全县拥有33～67公顷田洋35个，67～200公顷田洋42个，200～333公顷田洋5个，333～667公顷田洋4个，主要分布在临城镇、博厚镇、波莲镇、新盈镇、东英镇、南宝镇、皇桐镇、多文镇、和舍镇、调楼镇。“十五”期间平均每年递增10.7%。其中种植业增加值51626万元，林业增加值5901万元，牧业增加值22047万元，渔业增加值196814万元。2005年，全县农业总产值446667万元。粮食种植面积28086.66公顷，总产量13万吨。瓜菜种植面积5666公顷，总产量17万吨。糖蔗种植面积9133公顷，产量49.6万吨。水果总面积5666公顷，产量4.9万吨，其中香蕉面积2733公顷，收获面积1800公顷。橡胶种植面积5933公顷，收割面积2866公顷，干胶产量0.3万吨，产值4006万元。全年生猪出栏量17.7万头，肉类总产量2.9万吨，猪、牛、羊出栏量分别为17.7万头、1.3万头、4.6万头，家禽出栏量431万只。水产品产量40.1万吨，产值307022万元，其中海洋捕捞产量37.3吨。全年完成造林面积4733公顷，全县水利有效灌溉面积达9000公顷。2008年，全县农林牧渔业增加值401650万元，其中种植业增加值84070万元，林业增加值7697万元，牧业增加值36468万元，渔业增加值273415万元。糖蔗种植面积13126公顷，产量105.61万吨。粮食种植面积23333公顷，总产量107万吨。瓜菜种植面积9880公顷，总产量19.1万吨，产值35698万元。水果总面积6666公顷，总产量20.73万吨，其中香蕉2800公顷，收获面积2592公顷，新种面积1133公顷，总产量18.26万吨，产值27384万元。橡胶种植面积9200公顷，收获面积4866公顷，干胶总产量0.53万吨，产值8247万元。全年完成造林面积2333公顷。肉类总产量2.76万吨。水产品总产量38.9万吨，产值319765万元。其中海洋捕捞产量35.37万吨，水产养殖29189吨。2010年，全县耕地面积24678公顷，其中水田8588公顷、旱田1441公顷、旱地14649公顷。农业人口36.25万人，劳动力13.5万人。全县水稻种植面积16839公顷，产量85866吨。农业总产值659541万元，其中农业176220万元，渔业389408万元，畜牧业58331万元，林业25222万元，农业服务业产值10270万元。全县热带水果种植面积7400公顷，其中规模化基地25个。投入2527万元创建333公顷瓜菜生产示范基地，带动瓜菜种植1万公顷。水稻制种2033公顷，成为全省水稻制种大县。橡胶种植9333公顷。香蕉种植公顷，总产值16.5万元。糖蔗种植9600公顷，总产量75.8万吨。新修水利渠道40.7千米，完成低产田改造2600公顷，整合各类涉农资金3000万元，创建80个文明生态村。

1986—2010年全县农业产值情况表

表 6-1-4 单位：万元

年份	农业总产值	农业	林业	牧业	渔业	农业服务业
1986年	12408	5521	977	2739	2186	985
1987年	16324	6814	1001	3655	3427	1427
1988年	21796	7387	843	6048	5979	1539
1989年	30938	11480	902	8100	9475	981
1990年	33601	12353	1438	7488	11083	1239
1991年	40021	14274	1694	8194	14352	1507
1992年	51812	16293	2164	9615	21402	2338
1993年	80599	27264	3181	13467	36687	—
1994年	109180	40608	5809	17353	45410	—
1995年	133148	46678	4660	19742	62068	—
1996年	140782	46976	3136	20966	69704	—
1997年	148508	45515	3520	22542	76931	—
1998年	160718	50305	2543	23264	84606	—
1999年	169952	52828	3459	17351	96314	—
2000年	206533	55700	3729	22557	124547	—
2001年	255591	58916	3158	27528	165989	—
2002年	295155	57230	2864	28288	205803	970
2003年	346165	70046	4158	32824	238113	1024
2004年	403472	81939	7294	42751	270388	1100
2005年	440454	83292	8970	44177	297909	6105
2006年	418037	91486	11432	37300	272295	5524
2007年	444018	108781	12571	51494	263580	7592
2008年	511466	126389	15027	55586	306402	8062
2009年	551993	141541	15898	51393	334641	8520
2010年	659451	176220	25222	58331	389408	10270

第二章 农业管理

第一节 机 构

1986年，临高县农业委员会内设办公室、计财组、生产组、经营管理组、调研组、会计辅导站。1995年，临高县农业委员会更名为临高县农业局，内设办公室（政工股）、经管股、法规股、糖蔗股、粮作股。下属单位有县畜牧服务中心、县农机推广服务中心、县农业技术推广服务中心、县热作推广服务中心。1998年，撤销县热作企业管理局，其乡镇企业管理职能划入县农业局，县农业局增设乡镇企业办。2004年，成立临高县农业综合执法大队，为事业全额拨款单位，隶属县农业局。2010年，县农业局内设办公室（政工股）、乡镇企业办、糖蔗股、瓜菜和粮作股、农村经营管理股、法规股、会计辅导站、种子站。下属单位有县畜牧局、县农机推广服务中心、县农业技术推广服务中心、县热作推广服务中心、县农业综合执法大队。

第二节 强农惠农政策

1992年，全县开展农民负担登记工作，向全县农民发放农民负担登记卡和农民负担登记手册，按照不超过人均纯收入5%的比例向农民收取乡统筹和村提留。2001年，全县开展农村税费体制改革，取消乡统筹和村提留等农民负担费用，农民只负担农业税（公粮）。2004年，强农惠农政策得到有效落实，全县取消农业税（公粮），农民种粮没有任何负担，调动了农民的种粮积极性。至2010年，执行的惠农政策有良种补贴、购渔船补贴、购买农机补贴、能繁母猪补贴、建沼气化肥池补贴、危房改造补贴、购买家电补贴等。

第三节 种子 化肥 农药管理

2004年，农业部指定临高县为全国农业综合执法试点市县之一。同年，临高县农业综合执法大队成立，隶属县农业局，为副科级事业单位。至2010年，在全县农业综合执法的案件中，调解水稻杂交制种纠纷8宗，瓜菜种子种植纠纷3宗，肥料种植纠纷6宗；立案处理销售假冒农药20宗，行政处罚金额5.3万元。2009年，加大对农业投入品的监管力度，确保农产品质量安全。严格执行国家关于农业投入品限用和禁用规定，以公告形式在各农资经销点张贴，并推荐一些低毒、低残留的替代农药。全年出动执法人员862人次，抽检155家农资店，共查获违法违规农业投入品6种、58包，立案查处违规经营案件4件。建立无公害农产品农药残留快速检测系统，农药残留速测中心和镇农药残留速测，全县配备检测仪10台，抽样检查1650件。2010年，全县出动执法人员530人次，车辆39台次，深入32个生产基地，检查农业投入品记录和检查农药的使用。在农资市场整治中，出动执法人员192人次，车辆45台次，整治全县农资门店107家，农资市场18个，查获冒证过期农药25件。开展种子市场整治，出动执法人员78人次，车辆15台次，整治全县种子销售点30个，查获证件不全门市部1家。

第四节　农产品质量建设

1986—2004年，临高县农业委员会、临高县农业局没有内设农产品质量监管机构。2004年，成立临高县农业综合执法大队，为副科级事业单位。2005—2010年，农产品质量安全由农业综合执法大队负责。负责全县种植业类农作物种子、农药、肥料、天然橡胶、农村环保能源的执法检查和违法案件的行政处罚工作；负责全县农产品管理的执法检查和违法案件的行政处罚工作；负责受理农业种植业类违法行为的投诉，举报和纠纷的调解工作。

第五节　农机管理

1986年，临高县农机局属县政府正科级行政机构。1995年，改为县农机服务中心（简称“县农机中心”），为正科级全额事业单位。下设人秘股、机务股、农机安全监督管理站、农机推广站和农机学校5个股级机构。2010年，县农机中心编制15人。

1986年，全县拥有耕整机械241台，排灌机械15034台，农产品加工机械148台，农用运输机械30台。

1989年，全县有大中型拖拉机79台，手扶拖拉机1920台，农业机械总动力7458千瓦。

1995年，“3·15”国际消费者权益日，由县农机中心会同县工商、质检部门，开展农机产品打假活动，以整顿查处农机销售、维修网点为重点进行产品质量监督检查。全县有大中型拖拉机166台，手扶拖拉机1809台，农业机械总动力16092千万瓦。

2000年，全县有大中型拖拉机545台，排灌机械19576台，农产品加工机械274台，农用运输机械593台，收获机械58台。全县有手扶拖拉机1664台，农业机械总动力19880千瓦。

2005年，全面贯彻落实国家农机购置补贴政策，补贴资金20万元，只限于耕整、收割、插秧机械。

2009年，全县农业机械总动力190986千瓦，农业机械原值34409万元，其中拖拉机拥有量3227台，农用排灌机械动力75889千瓦，水稻联合收割机260台，大中型配套农机具2559台（套），小型配套农机具（包括微型耕整机）5286台（套）。全县机耕面积36757公顷，水稻机械收割面积6876公顷。全县出动执法人员104人，开展流动安全生产教育活动9场，与农机手签订《安全生产责任书》2400份，检查农业机械1360台次，机手1472人次，查处各种违章216起，纠正不规范驾驶和操作438台次。全县举办短期培训班6期，254人考取驾驶执照，举办农机技术讲座5场，培训机手1100人，发放农机科技资料2600份。同年，补贴购机补贴购机农户562户，补贴机具729台（套），其中大中型拖拉机25台，联合收割机38台，中型拖拉机253台，微耕机及大中配套农机具413套。全县投入跨区作业的联合收割机48台，其中引进外省外县联合收割机18台，组建跨区机收服务队8个，签订跨区作业合同16份，培训参加跨区机收的机手、修理工50人，成立跨区作业收割机零配件流动供应站1个。

2010年，全县农业机械总动力20.48万千瓦，其中拖拉机拥有量3466台，农用排灌机械动力7.69万千瓦，水稻联合收割机280台，大中型配套农机具2622台（套），小型配套农机具（包括微型耕整机）6458台（套）。农机作业机械化水平明显提高，机械耕整、水稻机械收割、机械排灌、农产品加工、运输较为普及，机械插秧也得到推广。全县农业机械化总体水平达35%。其中机耕面积3.70万公顷，机耕水平达77.98%，水稻机械收割面积6948公顷，机收水平达80%。在农机质量监督检查中，查处没收假冒伪劣农机配件286件。全县核发拖拉机行驶证366本，拖拉机驾驶证496本，年检拖拉机1680台，占75%。共出动执法人员108人次，检查农业机械1420台次，驾驶操作人员1482人次，共查各种违章313起，纠正不规范驾驶操作398台次，举办拖拉机驾驶员培训班7期，496人考取驾驶执照；下乡举办农机技术讲座6场，受教机手1260人，发放农机科技资料2870份。全县享受购机补贴机手1206人（户），补贴机具1386台（套），其中大中型拖拉机25台，联合收割机40台，小型拖拉机127台，柴油机80台，微耕机230台，配套农机具884套，设施农业机械面积170.67公顷。推动社会资金1250万元投入购置农业机械，有效促进全县农业机械化的发展。

1986—2010年，农业机械迅速发展壮大，总动力增量149375千瓦，平均年增长9958千瓦。农机管理、安全监理、购机补贴、农机化作业等各项工作步入新台阶。

1986—2010 年临高县主要农业机械购置情况表

表 6-2-1 单位：台

年份	耕整机械	收获机械	排灌机械	农产品加工机械	农用运输机械
1986 年	241	0	15034	148	30
1987 年	258	0	15267	156	33
1988 年	269	0	15466	161	36
1989 年	280	0	15792	162	42
1990 年	289	0	16107	184	48
1991 年	303	0	16314	192	36
1992 年	321	0	16562	206	33
1993 年	344	0	16822	217	30
1994 年	368	0	17103	221	38
1995 年	394	2	17417	232	52
1996 年	429	4	17757	240	72
1997 年	460	18	18162	244	98
1998 年	488	28	18697	254	118
1999 年	526	39	19118	267	162
2000 年	545	58	19576	274	593
2001 年	559	72	20057	282	723
2002 年	580	68	20638	291	1073
2003 年	593	83	21318	306	1202
2004 年	611	92	21806	314	1304
2005 年	630	112	22013	319	1654
2006 年	655	140	22192	320	1801
2007 年	686	181	22702	320	1907
2008 年	711	216	23242	321	2201
2009 年	789	260	23826	326	2438
2010 年	890	280	24156	326	2576

第三章 种植业

第一节 耕作制度

1986—1992年，水稻、番薯、玉米、木薯等农作物生产是当时农民家庭经济收入的主要来源之一。水旱田主要种植水稻、番薯、花生等，旱坡地主要种植番薯、木薯、毛薯、玉米等。东英、美良、博厚、美夏、皇桐、新盈、临城、美台、多文等镇实行“稻—稻”“稻—稻—薯”耕作制度；南宝、东江等镇实行“稻—稻”“稻—稻—花生”耕作制度；波莲、和舍等镇实行“稻—稻”耕作制度。

1993—1999年，波莲、南宝、多文、临城、美台、博厚、东英、美良等镇开始实行“稻—稻—菜”耕作制度，瓜菜生产是农业生产的重要一造，并列入各级政府年终考核主要指标。自2000年起，海南冬季瓜菜生产优势不断显现，成为全国冬季瓜菜供应的重要产地。临高县冬季瓜菜种植已初具规模，从每年10月中旬至次年5月底，全县10个镇瓜菜生产已实行“稻—稻—菜”“稻—菜”耕作制度。至2010年，此耕作制度未变。

第二节 粮食生产

临高县是海南省粮食主产区之一，粮食作物历来以水稻为主，种植面积也较大，还有旱稻、薯类、豆类等。

1986年起，全县基本普及杂交水稻，主要品种是“汕优64”“博优64”“博优903”“博优961”“博Ⅱ优15”“博亚优938”“特优009”“特优128”“红泰优996”。全县水稻种植面积22016公顷，产量70925吨；种植旱稻163公顷，产量82吨；番薯种植面积6501公顷，产量9482吨；豆类种植面积131公顷，产量98吨。

1992年，水稻种植面积23221公顷，产量99374吨；种植旱稻565公顷，产量1179吨；番薯种植面积8279公顷，产量17652吨；豆类种植面积203公顷，产量131吨。

1994年，全县粮食种植面积32113.53公顷，粮食总产129219吨，其中水稻总产量104219吨。

1999年，采用以“科研机构+农民”“公司+农民”等形式，引进高新农业技术，推广

“巨星海香1号”等9种优质稻，不断扩大优质稻面积和水稻杂交制种面积。

进入21世纪后，由于农业产业结构调整，全县水稻种植相对减少。临高开始发展番薯种植，采用“稻—稻—薯”耕作制度，主要在坡地和冬闲的水旱田种植，品种有红心、沙涝越、小叶紫、紫心薯等。

2005年，水稻种植面积17318公顷，产量85386吨。种植旱粮132公顷，产量2297吨；番薯种植面积8035公顷，产量23937吨；豆类种植面积180公顷。

2007—2010年，全县番薯种植面积年均6680公顷，产量年均22414吨。

2010年，全县水稻种植总面积16768公顷，总产量85555吨；旱粮种植面积90公顷，产量403吨；番薯种植面积6755公顷，产量24284吨；豆类种植面积60公顷，产量212吨。

1986—2010年临高县粮食生产情况表

表6-3-1

年份	水稻		旱粮		番薯		豆类	
	面积（公顷）	产量（吨）	面积（公顷）	产量（吨）	面积（公顷）	产量（吨）	面积（公顷）	产量（吨）
1986年	22016	70925	163	82	6501	9482	131	98
1987年	22057	76627	172	76	6427	10652	114	109
1988年	20760	61826	123	48	6362	9236	105	127
1989年	22934	83270	158	110	6453	8800	212	164
1990年	23018	87827	175	162	6596	9730	218	190
1991年	23206	95942	264	374	7368	12592	190	131
1992年	23221	99374	565	1179	8279	17652	203	131
1993年	23067	101588	278	771	8800	20723	289	185
1994年	22784	104219	160	562	9169	24586	332	362
1995年	22886	108072	207	534	9570	27234	303	389
1996年	22673	103507	240	645	9729	28563	277	392
1997年	22698	108873	228	552	9864	29091	135	237
1998年	22649	112227	235	622	10278	32537	204	313
1999年	22504	112662	252	718	10422	33386	215	341
2000年	21745	107601	271	815	9866	31818	161	228

续表 6-3-1

年份	水稻		旱粮		番薯		豆类	
	面积（公顷）	产量（吨）	面积（公顷）	产量（吨）	面积（公顷）	产量（吨）	面积（公顷）	产量（吨）
2001 年	19229	98581	241	779	9949	31419	242	—
2002 年	19259	99694	213	701	9579	30835	236	—
2003 年	17855	93472	—	383	8986	29303	303	—
2004 年	18300	99347	200	671	9146	28869	446	—
2005 年	17318	85386	132	2297	8035	23937	180	—
2006 年	17489	87768	78	255	7106	23169	111	—
2007 年	16256	85799	89	314	6899	21072	130	—
2008 年	15925	82653	57	268	6336	21490	78	—
2009 年	16372	82951	67	317	6732	22810	89	—
2010 年	16768	85555	90	403	6755	24284	60	212

第三节　经济作物

一、木薯

临高县具有发展木薯的优越条件，农民对木薯生产积极性不高，主要原因是木薯的生产时间长，经济效益低。1986 年，全县种植木薯 125 公顷，产量 1394 吨。之后有所增加，2000 年木薯种植面积 620 公顷，产量 8346 吨。2010 年，木薯种植面积 1132 公顷，产量 14284 吨。

二、甘蔗

甘蔗是临高县的主要经济作物之一。1986 年，全县种植甘蔗 5836 公顷，产量 179179 吨。1988 年，全县种植甘蔗 3249 公顷，产量 98977 吨，食糖产量 9111 吨。1989 年，全县甘蔗种植 3157 公顷，产量 106100 吨。1992 年，甘蔗种植面积为 6740 公顷。1994 年，甘蔗种植面积 4507 公顷，产量 192439 吨。1999 年，大力引进“新台糖 22 号、25 号”等优良蔗糖品种并逐步推广。2000 年，全县良种甘蔗的种植面积达 3953 公顷，良种率达 95%，产量大幅度增长，达 349174 吨。10 月，临高县被农业部确认为“国家糖料生产基地县”。2001 年，全县种植甘蔗 5555 公顷，大力推广“新台糖 16 号、22 号”等系列良种。2004

年，全县甘蔗种植面积11612公顷，产量896677吨。2007—2008年，临高县建起良种甘蔗种植示范推广基地，面积56.67公顷。2010年，全县种植甘蔗19731公顷，产量773705吨，面积和产量均创历史最高。

三、花生

花生是临高县主要的油料作物之一，春、秋两季种植，种植面积不大，相对比较稳定。1986年，全县种植花生1025公顷，产量1389吨。1988—1994年，年均面积降为850公顷左右，年均产量维持在1000吨左右。1995—2000年，年均面积回升到900公顷左右，年均产量回升到1600吨左右。2010年，种植花生761公顷，产量2191吨。

四、芝麻

芝麻是临高县仅次于花生的重要油料作物。1986年，全县芝麻种植面积566公顷，产量154吨。2000年，全县芝麻种植面积733公顷，产量478吨。2010年，全县芝麻种植面积197公顷，产量123吨。

1986—2010年临高县经济作物生产情况表

表6-3-2

年份	木薯		甘蔗		花生		芝麻	
	面积（公顷）	产量（吨）	面积（公顷）	产量（吨）	面积（公顷）	产量（吨）	面积（公顷）	产量（吨）
1986年	125	1394	5836	179179	1025	1389	566	154
1987年	298	4087	4616	149561	1093	1440	593	228
1988年	317	4600	3249	98977	833	1018	473	178
1989年	434	6014	3157	106100	845	1081	478	155
1990年	397	4565	4779	199420	793	869	448	144
1991年	340	4310	6604	261869	819	338	638	338
1992年	440	4637	6740	310769	849	1026	706	342
1993年	376	4127	6638	303661	884	1179	725	309
1994年	306	3404	4507	192439	953	1559	576	347
1995年	296	3641	4416	202348	1049	1623	581	348
1996年	408	4173	5188	217556	1081	1703	542	307
1997年	445	5890	5039	229315	1011	1763	484	289

续表 6-3-2

年份	木薯		甘蔗		花生		芝麻	
	面积（公顷）	产量（吨）	面积（公顷）	产量（吨）	面积（公顷）	产量（吨）	面积（公顷）	产量（吨）
1998 年	545	6558	5738	286957	1078	1987	444	293
1999 年	564	7347	5894	335690	1037	2144	528	352
2000 年	620	8346	3953	349174	1108	2411	733	478
2001 年	645	8419	5555	368322	1193	2655	685	480
2002 年	683	8835	7211	486863	1258	2824	668	479
2003 年	795	9303	10546	740031	1078	2339	453	314
2004 年	797	8869	11612	896677	1291	2812	432	284
2005 年	718	8937	9180	500658	1024	2430	217	213
2006 年	690	9169	8162	548881	689	1385	223	113
2007 年	785	9172	11423	986211	712	1844	203	105
2008 年	845	10490	13205	1062871	734	1874	168	95
2009 年	957	12810	11523	928630	799	2143	178	105
2010 年	1132	14284	19731	773705	761	2191	197	123

五、其他

临高的经济作物除木薯、甘蔗、花生、芝麻外，还有毛薯、甘薯、黑豆、黄豆、绿豆、芋头等，均为农户家庭零星种植。

第四节 瓜菜水果生产

一、瓜菜

临高县瓜菜生产起步较早，1985 年前多由农户作为副业生产，零星种植。1986 年，形成较大的生产规模，当年瓜菜种植总面积 2422 公顷，总产量 24523 吨。1998 年起，县政府瞄准市场，做好服务，大力发展订单农业。1999—2000 年，共签订 4 万吨的瓜菜订单，极大地促进农民种植瓜菜的热情，全县种植瓜菜面积成倍增长。2000 年，瓜菜种植总面积 7851 公顷，比 1986 年增加 5429 公顷，增长 2.24 倍，年均增长 8.76%；瓜菜总产量 98843

吨，比 1986 年增加 74320 吨，增长 3.03 倍，年均增长 10.47%。

瓜菜种植形成大规模后，农业部门严格执行无公害瓜菜生产技术规程，确保产品质量安全。2009 年，实施农产品质量安全检测 3506 个，合格率 89.95%。2010 年，引进广东台山丰田蔬菜专业合作社，在城东洋、美所洋、调俗洋、龙干洋等田洋共同创建万亩瓜菜生产示范基地，采取“合作社+农户”经营模式，计划用 3 年时间建设标准化瓜菜示范基地 1333.33 公顷。年内该示范基地建成育苗大棚 3.33 公顷，种植面积达到 327.87 公顷，其中苦瓜 46.67 公顷、有棱丝瓜 20.73 公顷、椒类 28.87 公顷、青瓜 24.47 公顷、节瓜 53.53 公顷、番茄 36.13 公顷、豆角 71.07 公顷、茄子 46.4 公顷。示范基地总投入 2527.15 万元，其中县财政 1000 万元，中央扶持项目资金 460 万元，整合涉农资金 299.4 万元，丰田蔬菜专业合作社出资 431.75 万元，农民自筹 336 万元。该基地瓜菜产量达到 9800 吨，产值 3535.48 万元，户均可增收 1.24 万元。同年，全县（含农场）已通过海南省农业厅审定的无公害瓜菜产地认证基地 14 个，即万莉庄园、皇桐镇大主洋、抱伦洋、美万洋、临城镇城城东洋、调俗洋、波莲镇波莲美珠洋、南宝镇松古洋、南宝洋、多文镇兰合洋、美的洋、博厚镇博西洋、国有加来农场、国有红华农场等无公害瓜果生产基地。

冬季瓜菜种植在进入 21 世纪后，成为临高县农业经济支柱产业之一。2003—2004 年，全县冬春瓜菜种植面积 7733.33 公顷，总产量 15.20 万吨。2005 年，临高县拨款 25 万元，扶持当年冬季瓜菜生产。2005—2006 年，全县冬春瓜菜种植面积 8400 公顷，总产量 20.50 万吨。2007—2008 年，全县冬春瓜菜种植面积 8333.33 公顷，总产量 20.20 万吨。2009—2010 年，全县冬春瓜菜种植面积 8400 公顷，总产量 19.60 万吨。全县有 667 公顷以上瓜菜基地 3 个。主要产品为椒类、小南瓜、豆角、青皮冬瓜、苦瓜、茄子等。拥有冷库 6 座，日冷藏量 1.5 万吨，已形成以加来农副产品批发市场为中心的农副产品集散地。

1986—2010 年临高县瓜菜生产情况表

表 6-3-3

年份	蔬菜		瓜类		毛薯、芋头	
	面积（公顷）	产量（吨）	面积（公顷）	产量（吨）	面积（公顷）	产量（吨）
1986 年	1257	13514	672	7952	493	3057
1987 年	1137	12380	707	8413	298	1537
1988 年	1264	14191	367	3453	511	2545
1989 年	1437	14737	419	4412	427	2733
1990 年	1587	15703	358	3884	363	1967

续表 6-3-3

年份	蔬菜		瓜类		毛薯、芋头	
	面积（公顷）	产量（吨）	面积（公顷）	产量（吨）	面积（公顷）	产量（吨）
1991 年	2230	24399	368	4048	334	2440
1992 年	2761	31138	471	5670	434	3131
1993 年	3204	34213	461	6150	498	3655
1994 年	3531	41477	604	6742	466	3610
1995 年	4177	52674	321	3625	472	3672
1996 年	4713	57524	346	4137	514	3980
1997 年	4647	54630	363	4096	488	4093
1998 年	5100	64094	330	3788	492	3734
1999 年	6192	79190	522	6450	314	2557
2000 年	7107	91740	207	2770	537	4333
2001 年	7111	101454	489	5543	596	4591
2002 年	8090	132320	339	5907	552	8625
2003 年	8492	153998	286	5748	561	8766
2004 年	9162	165414	223	4149	459	6746
2005 年	8896	145686	244	3638	269	3964
2006 年	9452	172802	268	2801	237	3778
2007 年	9716	210785	270	3056	224	3545
2008 年	9458	179022	443	16844	188	3215
2009 年	9680	187780	479	14355	379	3065
2010 年	10026	202254	728	28906	319	1267

二、水果

热带水果主要有香蕉、柑橘橙、荔枝、菠萝、龙眼等，以及杧果、柚、阳桃、石榴、波罗蜜、蜜枣、黄皮等其他杂果。具有生产规模并形成商品生产的水果主要有香蕉、荔枝、龙眼等。

1986—2010年临高县热带水果生产情况表（一）

表6-3-4

年份	合计		香蕉		荔枝	
	面积（公顷）	产量（吨）	面积（公顷）	产量（吨）	面积（公顷）	产量（吨）
1986年	557	1981	324	1689	62	215
1987年	480	1351	265	1201	57	4
1988年	406	1774	216	1147	53	182
1989年	350	1584	180	1108	43	70
1990年	377	1879	258	1458	45	123
1991年	525	3533	367	2972	72	217
1992年	822	4372	604	3586	123	250
1993年	1262	6016	942	5244	193	236
1994年	1972	10460	1197	9400	268	259
1995年	2880	12582	1310	11953	607	118
1996年	2308	7295	703	6850	625	143
1997年	2686	7403	727	7036	783	140
1998年	2752	6871	679	6477	800	135
1999年	2915	8724	712	7615	901	330
2000年	3569	11161	1153	9388	938	323
2001年	3382	19119	845	13770	1034	454
2002年	3931	22567	968	16476	1424	934
2003年	4302	37507	1116	19899	1524	882
2004年	5646	49116	2254	30322	1563	2706
2005年	5648	74367	2723	56653	1419	3227
2006年	5778	108608	3381	87246	1125	3338
2007年	6795	201200	4503	175428	1101	4319
2008年	6919	207399	4699	182563	1056	3589
2009年	7136	216793	5156	192469	916	3843
2010年	7446	236583	5569	211434	846	3984

1986年，全县热带水果总面积为557公顷，总产量1981吨。1993年起，县委、县政府高度重视热带水果生产，采取多种经营模式，实施标准化生产，有效促进热带水果产业的发展。

2000年，全县热带水果种植面积3569公顷，产量11161吨。香蕉种植面积1153公顷，产量9388吨；荔枝面积938公顷，产量323吨。

2010年，全县有规模化基地25个，主要基地有南庄水果园、瑞丰水果公司基地、博厚头国水果园、加来苏乐荔枝园、临高金棕榈荔枝园、临高美吾荔枝园等，主要种植品种有妃子笑、临高红、储良龙眼、石硖龙眼等品种。全县年产荔枝、龙眼2600吨，主要上市期为4月10日至8月30日，鲜果主要销往杭州、深圳、郑州、北京、重庆等市场。全县热带水果产量21.73万吨，其中香蕉种植面积5569公顷，产量211434吨；荔枝种植面积846公顷，产量3984吨；龙眼种植面积426公顷，产量1915吨；其他类水果产量11993吨。

1986—2010年临高县热带水果生产情况表（二）

表6-3-5

年份	菠萝		龙眼		其他杂果	
	面积（公顷）	产量（吨）	面积（公顷）	产量（吨）	面积（公顷）	产量（吨）
1986年	111	23	30	5.0	14	49
1987年	107	62	3	—	15	82
1988年	85	320	3	6.0	25	119
1989年	78	256	2	6.0	27	129
1990年	19	47	2	6.0	39	222
1991年	5	34	2	3.0	60	267
1992年	1	5	7	3.0	35	424
1993年	193	236	9	10.0	40	399
1994年	3	42	152	1.3	71	585
1995年	—	50	648	2.0	24	364
1996年	2	50	635	2.0	20	162
1997年	1	270	832	4.0	22	—
1998年	3	313	931	3.0	23	125

续表 6-3-5

年份	菠萝		龙眼		其他杂果	
	面积（公顷）	产量（吨）	面积（公顷）	产量（吨）	面积（公顷）	产量（吨）
1999 年	1.0	—	986	102	16	89
2000 年	—	—	1042	84	38	295
2001 年	31.6	835	992	76	448	3984
2002 年	10.2	223	1034	449	444	4485
2003 年	10.2	494	1148	564	503	15668
2004 年	18.3	495	1150	997	659	14596
2005 年	24.0	480	789	1457	693	12550
2006 年	24.0	520	623	1597	624	16375
2007 年	25.0	683	550	2362	625	18408
2008 年	10.0	596	523	2841	556	17810
2009 年	21.0	466	438	1944	604	18071
2010 年	11.4	292	426	1915	546	17993

第五节　热带作物生产

一、机构

1986 年，县热带作物企业管理局为热带作物生产管理部门。

1988 年，撤销县热作企业管理局，设热带作物服务总公司，内设人事秘书、热作生产、贸易 3 个部。热作生产部有科技人员 9 人，其中农艺师 6 人、助理农艺师 2 人、技术员 1 人。

1989 年，设立县热带作物局，与热带作物服务总公司实行两块牌子、一套人员合署办公，编制 13 人。

1990 年 6 月，政企分开撤销热带作物服务总公司，保留县热带作物局。

1995 年 7 月，撤销热带作物局，设立临高县热作技术服务中心（简称“县热作中心”），编制 16 人。至 2010 年，机构名称及编制未变。

二、热带作物

（一）橡胶

1987年起，县热作局派科技人员到南木、光吉、红星等农场抓橡胶割制改革试点与推广普及工作，贯彻执行割制改革的科学管、养、割的各项技术规程，取得显著成效。1988年，橡胶种植面积3725公顷，产干胶329吨。1994年，干胶产量821吨，较1993年增长15.96%。2000年，橡胶种植面积3309公顷，产干胶1403吨。与1986年相比，种植面积增加101公顷，由于采用先进的管、养、割技术，干胶产量增加970吨，增长2.24倍，年均增长8.76%。单产从1986年的每株产干胶1千克提高到2000年的每株产干胶1.7千克。自2001年起，全县橡胶生产进入快速发展阶段。至2010年底，全县橡胶总面达9333公顷，年总产干胶1.15万吨，年均每公顷产干胶1232.19千克，种植面积比2000年增加6025公顷，增长0.82倍。

（二）椰子

临高县的椰子生产方式主要是以农村村庄房前屋后庭院经济种植与园林观赏的零星种植为主。1986年，全县椰子种植面积仅有10公顷。1998年，面积11公顷。1999年，面积增为80公顷。2000年，增为116公顷，种植面积不稳定，一直未形成规模化生产，至2009年，全县椰子种植面积仅有42公顷。

（三）胡椒

1986—1991年，临高县胡椒种植面积年均131公顷。受市场价格波动下跌的影响，1992—2000年，全县胡椒种植面积降为年均65公顷。2001—2009年，年平均种植面积为114公顷。

（四）咖啡

1986年，全县掀起大种咖啡热潮，在金融部门贷款扶持下，同年咖啡面积达到513公顷（其中新种498.6公顷）。1987年，新种57公顷，总面积达到570公顷。由于咖啡销路问题未解决，全县咖啡生产急剧下滑，至1997年咖啡生产自然消失。

（五）槟榔

临高县槟榔种植史较长，属少数农户零星种植。1986年，全县槟榔种植面积15公顷，1987年增为51公顷，之后急剧下降，2000年仅有0.7公顷，2009年有6.9公顷。

（六）香茅

1986年，香茅生产发展迅速，规模较大，全县香茅种植面积1636公顷，年产香茅油182吨。1988年，香茅种植面积2867公顷，年产香茅油2867吨。由于市场行情疲软，香茅生产迅速下滑，1998年全县香茅种植面积下滑到14公顷，产量下滑到10吨。2001年，全县香茅种植面积306公顷，产量7吨。2004年，香茅种植面积215公顷，产量19吨。2005年后无统计。

1992年，县热作局荣获省农业厅“海南省农牧渔业丰收三等奖”。1995年，荣获省政府“全省科普工作先进单位”。1996年，荣获农业部“全国橡胶割制改革工作先进单位”。

1986—2010年临高县热带作物生产情况表

表 6-3-6

年份	橡胶				椰子		胡椒		咖啡		槟榔		香茅	
	年末面积（公顷）	其中当年新种（公顷）	开割面积（公顷）	干胶产量（吨）	年末面积（公顷）	总产量（万个）	年末面积（公顷）	总产量（吨）	年末面积（公顷）	总产量（吨）	年末面积（公顷）	总产量（吨）	年末面积（公顷）	总产量（吨）
1986年	3206	519	872	433	10	9.59	118	61.91	513	3.50	15.0	—	1636	182（油）
1987年	3422	472	811	439	12	9.60	134	22.18	570	—	51.0	—	2684	274（油）
1988年	3725	462	795	329	9	15.46	154	19.48	449	6.89	9.0	—	2867	272（油）
1989年	3579	152	805	431	10	15.46	140	26.86	146	7.03	2.0	—	2480	311
1990年	3757	61	995	495	10	26.92	126	21.28	95	13.90	2.0	—	1629	159
1991年	3749	70	1151	590	11	14.76	116	41.21	27	0.52	10.0	1.3	220	92
1992年	3916	204	1213	575	17	36.00	74	38.00	19	—	—	—	956	79
1993年	3888	29	1233	708	14	38.00	83	32.00	4	1.00	3.0	1.0	841	118
1994年	2993	46	1459	821	19	52.00	79	46.03	8	2.00	3.0	1.0	1139	142
1995年	2926	207	1597	895	15	17.00	61	31.00	2	1.00	4.0	5.0	1112	131
1996年	2777	21	1803	945	15	19.00	38	21.00	3	2.00	4.0	5.0	807	82
1997年	2790	38	1717	1011	11	18.00	52	50.00	—	—	1.0	2.0	205	22
1998年	2866	59	1803	1146	11	9.00	53	48.00	—	—	0.9	2.0	14	10
1999年	3337	620	2033	1285	80	13.29	76	60.00	—	—	—	—	70	5
2000年	3309	362	1853	1403	116	11.90	73	116.70	—	—	0.7	1.0	41	133

续表 6-3-6

年份	橡胶				椰子		胡椒		咖啡		槟榔		香茅	
	年末面积（公顷）	其中当年新种（公顷）	开割面积（公顷）	干胶产量（吨）	年末面积（公顷）	总产量（万个）	年末面积（公顷）	总产量（吨）	年末面积（公顷）	总产量（吨）	年末面积（公顷）	总产量（吨）	年末面积（公顷）	总产量（吨）
2001年	3802	357	2082	1715	138	13.00	69	65.00	—	—	0.7	1.0	306	7
2002年	4080	303	2311	2035	117	19.00	113	73.00	—	—	0.7	1.0	301	15
2003年	4773	737	2508	2571	100	22.00	127	88.00	—	—	27.4	1.0	274	21
2004年	5539	943	2790	3654	101	20.00	149	135.00	—	—	11.6	1.0	215	19
2005年	5904	576	2863	3130	97	19.00	134	158.00	—	—	11.1	2.0	—	—
2006年	7302	1262	3122	3265	88	24.00	123	117.00	—	—	4.7	1.0	—	—
2007年	8243	869	4533	5110	65	19.00	109	126.00	—	—	5.8	1.0	—	—
2008年	9202	995	4898	5287	63	15.00	107	123.00	—	—	6.9	—	—	—
2009年	9506	485	5219	6239	42	14.00	98	92.00	—	—	6.9	—	—	—
2010年	9333	—	5333	11500	—	—	—	—	—	—	—	—	—	—

第四章　农业科技推广

第一节　机　构

1986年，临高县农业局内设行政股、经作股、土肥股、能源股、种子股、植保股，下辖14个乡镇农技站。下辖县种子公司、县农作物繁育良种场、县农业科学研究所3个独立核算单位。

1995年10月，机构改革，临高县农业局改称临高县农业技术推广服务中心（简称“县农技中心”）。同月，县农业委员会、县糖蔗生产办公室合并，成立新的临高县农业局。县农技中心下辖县农作物繁育良种场和县农业科学研究所。原县农业局下辖的14个乡镇农技站划归乡镇政府管理，县种子公司划归县农业局管理。

2010年，县农技中心内设办公室、植保站、推广站、土肥站、能源站，工作人员56人，其中在岗人员29人，退休人员27人。在岗人员中有农业科技人员23人，其中：高级农艺师1人，农艺师19人，助理农艺师3人。仍下辖县农作物繁育良种场和县农业科学研究所。

第二节　新技术推广

一、因土配方施肥与测土配方施肥

1987年，临高县进行增肥改土，对低产田提高地力工作，先后在博厚、美台、美良完成增肥改土面积825.6公顷，其中增肥413.6公顷，掺沙入泥136.26公顷。博厚镇头国坡甘蔗种植面积90公顷，间种绿肥和改土，平均亩产5.4吨，最高亩产8.5吨，比改造前每增产2.3吨。

1988年，全县推广1.03万公顷。1990年，全县推广6333.33公顷。1992年，全县推广8466.67公顷。

2009年，全县野外土壤调查采样2007个，并进行检测。

2010年，是临高县测土配方施肥项目实施的第二年。全面推进测土配方施肥项目实施工作，多次组织研究制定方案，聘请省土肥专家对单位技术人员和乡镇农技站的技术人员进行培训，负责现场指导土样采集、田间试验示范和对农民的培训指导工作。全县组织县农技中心、镇农技站30名农艺师、技术人员分期分批深入乡镇、乡村、田间地头与农民采取面对面培训，培训和示范农户3160人次，设立配方信息公示牌2个、测土配方施肥概况展示牌1个，创建示范点3个，建立项目实施行政村数十个，技术覆盖4个行政村1000户农户，免费服务500户农户，投入30名技术人员，按省计划安排，完成临高县野外土壤调查采样2007个；完成水稻“3414”（氮、磷、钾3个因素，4种施肥水平，14个小区）田间肥效试验2个，示范试验1个；深入农村、深入田间、深入农户，广泛开展测土配方施肥技术指导服务100户。此外，委托省农科院完成2007个土壤样品分析化验，其中重点样400个，普通样1607个。化验分析有机质、全氮、全磷、全钾、碱解氮、速效磷、速效钾、pH酸碱度等，共4400次项，根据项目5个技术环节、11个技术路线要求，有条不紊地开展该项工作。同年，对全县进行试验示范。测土配方施肥技术覆盖水稻、甘蔗、瓜菜等农作物1.17万公顷。肥料利用率提高3~5个百分点，平均每公顷节本增收750元以上。

二、“丰收计划”和“高产创建”

1991年，引进水稻“丰收计划”项目和甘蔗“丰收计划”项目。水稻种植面积2.3万公顷，比1987—1989年平均种植面积增加1131.6公顷，每公顷增产585千克。同年，甘蔗“丰收计划”种植面积2.31万公顷。1996年，实施水稻“丰收计划”种植6666.67公顷，全年增总产193万千克。2009年，引进水稻“高产创建”项目，种植面积746.67公顷；引进甘蔗“高产创建”项目，种植面积700公顷。2010年，在调楼镇创建早造、晚造高产示范片1个，百亩核心攻关田1个，示范区面积746.66公顷，攻关田面积4公顷，建立测土配方施肥“3414”肥效试验1个，面积0.08公顷，建立优质黑香米示范小区1个，面积1.19公顷。涉及村委会17个、自然村42个、农户4454户。农业中心组织技术人员及省专家验收，验收结果为示范片水稻早造平均亩产581.3千克，比非示范田平均亩增长91.3千克，攻关田早造平均亩产658.2千克，比非示范田亩平均增长168.2千克。高产创建辐射带动乡镇3个，带动面积超过1200公顷。通过高产创建活动，示范区的粮食增加产量228万千克，增加农业产值2000万元，生产效益明显提高。晚造高产创建示范区水稻平均亩产在450千克左右。

三、水稻种植新技术

（一）杂交水稻制种

1988年，临高县开始有组织地发展杂交水稻制种，当年单位产量为100千克/0.07公顷，总面积7公顷。

1992年起，采取“公司+技术指导中介+农民”的方式，大力开展订单杂交水稻制种，并与农民签订购销合同，定价向农民收购。这种方式具有投资少、见效快、农民受益大的特点，深受农民欢迎。当年，全县杂交水稻制种面积800公顷。

2000年，全县制种生产面积达2400公顷，涉及全县8个乡镇。之后，全县常年制种生产面积都达2000公顷以上，每年向国家提供杂交水稻种子500～600吨。

2004年，种植面积发展到2100公顷。全县有熟悉水稻制种技术的专业人员67人，其中中级职称28人。

2007年，临高县杂交水稻制种农民合作社在波莲镇成立，43名制种农民成为合作社首批社员。神农大丰临高种子生产基地和制种农民培训学校也同时成立。同年，繁育的品种由最初的1个系列3个组合，发展到11个系列46个组合；单产由100千克提高到200～300千克/亩；总产量从2万千克发展到650万千克，并成功打入东南亚市场；制种的乡镇也从最初的临城、波莲等，扩展到全县10个乡镇；总面积从最初的7公顷，增加到2000公顷，其中波莲镇面积最大，有640公顷，占该镇水田面积的76%。

2010年，在临高县基地进行水稻制种投资的种子公司达46家。其中跨省经营的公司有12家。全县拥有熟练掌握制种技术人员67人，农民制种能手达3万人。同年，虽受早春低温阴雨和后期清明节高温热害的双重影响，临高制种业依靠独特的“农户+中介+公司”模式，通过技术支持和精细管理，把自然灾害的影响降到最低，全县制种面积仍突破2000公顷，总产值2240万元，农民增收1800万元，人均增收62元。分别在南宝、临城、调楼3个镇，示范水稻品种“特优248”，面积120公顷，示范结果最高每公顷11340千克，平均每公顷9750千克。

（二）水稻塑盘育秧

1996年，全县实施水稻塑盘育秧技术面积620公顷，每0.07公顷增产36千克。至2010年，全县基本上坚持这一育秧技术。在同等栽培条件下，水稻塑盘育秧能降低农民的劳动力强度，提高产量，减少成本，增加收入。

（三）“精确定量”栽培

2009年，在皇桐抱伦洋高产创建片（面积666.67公顷）实施水稻“精确定量”栽培技术试验示范，试验面积0.67公顷，试验品种“万金优15”，根据当地土壤养分构成，开展不同类型的田间试验，最好类型的水稻每0.07公顷产量达到552千克，比常规类型水稻每0.07公顷产量高出100千克。

（四）品种试验示范

1986年，早造水稻引进新品种7个，晚造水稻引进新品种5个。1988年，引进水稻新品种2个。1991年，引进水稻新品种9个，甘蔗新品种4个，番薯新品种2个，玉米新品种2个。1996年，引进水稻新品种7个。1998—1999年，引进水稻新品种2个。2001年引进水稻优质米品种2个。2007年，引进杂交水稻新组合8个。2009年，引进淮山新品种1个、玉米新品种3个、芋头新品种2个、水稻新品种4个。2010年，引进推广“特优009”等11个水稻优良品种，“新台糖16号”“新台糖22号”“粤糖00/236”等一批高产甘蔗良种。

2007年，科技部、财政部科技富民强县专项行动计划项目“良种甘蔗种植示范推广基地”落户临高县，建立优良品种示范推广基地4个，应用面积共667公顷。2008年，临高县荣获海南省人民政府颁发的“甘蔗高产栽培技术推广”三等奖。2010年4月28日，该项目顺利通过省科技厅验收。

2009年，农业部批复临高县杂交水稻繁制种基地项目正式动工。该项目是海南“十二五”发展规划的一个重要组成部分，总投资669万元。

2010年，引进广东台山丰田蔬菜专业合作社，在城东洋、美所洋、调俗洋、龙干洋等田洋共同创建667公顷瓜菜生产示范基地总投入2527.15万元，其中县财政1000万元，中央扶持项目资金460万元，整合涉农资金299.4万元，其他渠道资金767.75万元，确定东英镇鲁倪洋和调楼镇大宝作为甘蔗高产创建片区。示范片涉及村委会6个、自然村28个、2098户农户。

第三节　病虫害防治

临高县农业对病虫害防治坚持采用“预防为主，综合防治”的植保技术，效果显著。

1986—1990年，全县防治稻飞虱病虫害4.91万公顷（主要为稻飞虱等，含防鼠害2.03万公顷）。

1991—1995年，全县防治稻飞虱病虫害4.15万公顷。

1996—2000年，全县防治稻飞虱病虫害28.96万公顷（含防鼠害6.56万公顷），挽回粮食损失3.20万吨。2001—2009年，全县防治稻飞虱病虫害737.21万公顷，挽回粮食损失1.92万吨。

2010年，全县病虫鼠害发生面积1万公顷，防治面积8667公顷。主要病虫害有稻飞虱、稻纵卷叶螟、香蕉枯萎病、西瓜绿斑驳病等。年内推广绿色植保，使用太阳能灭虫灯、色板诱杀和生物防治面积1333公顷。全县组织田间病虫害实况调查182人次，及时发布病虫情报14期，发放资料3200份，同时将病虫信息通过省农技网发布，还利用手机发送信息，向全县发布1期共2000条病虫防治信息，预报全县蝗虫、水稻、瓜菜等农作物重大病虫害发生趋势。在稻飞虱大发生期间，县农技中心组织技术人员下乡指导农民查虫、选择对号农药防治。与调楼镇政府协助，2次在高产创建示范区，实行统一防治时间、统一防治药剂、统一防治方法，现场技术指导、逐户登记的措施。开展大规模的防治水稻病虫害行动，参与防治人数468人次，防治面积109公顷。在组织技术人员开展蝗情普查中，发现调楼镇罗堂、美良两个村委会村，发生蝗虫严重，面积将近133公顷。县农技中心会同调楼镇政府组织技术人员、组建机防队伍和当地农民，对甘蔗作物及蝗虫密集荒地开展大规模扑灭蝗虫行动。由于发动时间早，行动迅速，预报准确，用药对号，蝗虫危害较轻。

第四节 农业技术培训

1986—1990年，县农技部门共培训11.15万人次。1991—1996年，共培训11.9万人次。1997—2000年，共培训3.3万人次。2001年后，农业实用技术培训常态化，从实际出发，需要什么知识就举办什么培训班，全县参加培训的农民达8万人次。

2001—2005年，共培训8万人次。其间，2005年，组织农村实用技术“讲师团”下乡开展培训，对象为农村党员、基层干部以及广大农（渔）民。采取课堂讲解、播放VCD光盘、现场讲解、技术示范、技术指导以及赠送技术资料的方式进行培训。全年举办科技讲座6场、实用技术培训班110场次，培训农民1.2万人次。赠送技术资料2.2万份（册）。培训内容有辣椒、苦瓜、冬瓜、南瓜、小西红柿以及豆类为主的瓜菜种植技术；水稻制种技术；香蕉、荔枝、龙眼为主的热作水果种植技术；甘蔗、胡椒、橡胶为主的热带经济作物种植技术；养猪、养鸡为主的畜牧饲养技术；水产养殖及海洋捕捞技术等。

2008年，全县培训农业科技服务人员2000人次，培训农村骨干和农村致富能人780人次；与科技下乡活动相结合，为农民举办各类技术培训100期，发放各类科技资料2万册。

2010年，全县举办灾后“阳光工程”“养鸡实用技术”等各种科技培训95期次，受训农民1.5万人次，开展科技下乡活动90场。加大科技培训力度，结合万亩水稻高产创建、甘蔗高产创建、测土配方施肥项目开展培训，在东英、调楼、南宝等镇开展12期培训活动，受训农民7816人次，发放甘蔗、水稻高产栽培技术资料4936册。举办3期检测技术培训班，受训人数63人次，23人达到检测技术水平，为做好农产品质量安全监管提供坚强的技术力量保障。分别与海南农校、中海油化学有限公司合作，在临城、皇桐、博厚、调楼等镇举办各类技术培训班21期，受训人数1536人次。全年开展对农民的培训共达54

期，其中县级开展培训5期，参训人数达8390人次。

第五节　农村沼气建设

2002年，临高县开始实施农村新能源建设。至2005年，省下达县户用农村沼气建设指标7800个，完成建设7800个，中央下达资金624万元。

1986—2010年临高县农业现代化基本情况表

表6-4-1

年份	机耕面积（公顷）	农村用电量（万千瓦时）	化肥施用量（吨）	农药施用量（吨）	有效灌溉面积（公顷）	旱涝保收农田（公顷）
1986年	1922	573	17576	136	10139	6102
1987年	2148	384	19073	145	9669	5842
1988年	1407	584	19087	136	7476	4997
1989年	2230	537	19828	137	8967	6133
1990年	3359	744	22045	162	10101	6448
1991年	3452	899	24093	154	12536	6401
1992年	3582	1282	24774	138	12383	5853
1993年	3653	1464	31202	168	50164	6020
1994年	2635	3699	31931	210	9995	4974
1995年	5364	377	32083	203	10274	5878
1996年	6171	388	30591	271	9948	6297
1997年	6098	385	30758	294	10429	7475
1998年	6164	372	31331	322	10616	7918
1999年	6556	394	32102	351	10536	8422
2000年	6576	371	37095	375	10616	8255
2001年	6935	455	42654	394	145354	115041
2002年	6869	743	41652	451	154009	121950
2003年	7120	1205	49285	472	146976	115191
2004年	7098	1164	48531	506	143886	105889
2005年	7235	1226	52883	461	135223	105455

续表 6-4-1

年份	机耕面积（公顷）	农村用电量（万千瓦时）	化肥施用量（吨）	农药施用量（吨）	有效灌溉面积（公顷）	旱涝保收农田（公顷）
2006 年	8023	6979	61453	590	121475	86549
2007 年	8012	1506	60426	972	127284	87855
2008 年	8327	1572	66631	494	132275	103535
2009 年	8423	1746	77224	522	132558	103186
2010 年	8612	1793	78321	531	132679	105143

2006—2008 年，省下达县户用农村沼气建设指标 9090 个，完成建设 9090 个，中央下达资金 804 万元，省配套资金 290.10 万元，县配套资金 196.20 万元。2008 年，全县建设农村沼气服务网点 40 个，每个服务网点配备技工 2 人。至此，农村户用沼气建设遍及全县 10 个乡镇，95 村委会，475 自然村。

2009 年，全县沼气建设项目总投入资金 3251 万元，其中中央配套 964 万元，省级配套 241 万元，地方配套 200 万元，农民自筹 1846 万元，完成建设沼气 9290 个。其中，“一池三改”沼气 2972 个，“一池两改”沼气 3903 个，“一池一改”沼气 2415 个。建立县级沼气技术服务中心 11 个，乡级沼气技术服务网点 22 个。

2010 年，省下达县户用农村沼气建设指标 2000 个，完成建设 2590 个，农村改厕 800 个。中央下达资金 300 万元，省配套 200 万元，县配套 200 万元。户用农村沼气建设为清洁乡村、节约能源起到促进作用。

第五章　林　业

第一节　机　构

1986 年，临高县林业局内设人秘、林政、营林、丰产林、保卫股等 6 个股，加挂防火办、绿委办，下辖县森林公安局和田善、皇桐、加来 3 个木材检查站，16 个林业工作站及国营红岛林场、苗圃场、花圃场，全系统有 566 人，其中工程师 3 人，助理工程师 8 人，技术员2人。1999年，全县16个林业工作站划归当地乡镇政府管理。

2002年，成立临高县森林病虫害防治检疫站，为正股级事业单位，行政隶属县林业局管理。设有领导1人，一般工作人员3人，人员配备从林业局现有人员中选配。

2006年，聘请27名管理员、61名护林员，为每片海防林配备专职护林员。

2007年，县林业局内设5个股级机构：人秘股、营林股、林政股、计划股、检疫站（含2个挂牌办公室：临高县绿化委员会办公室、临高县森林防火办公室）。县林业局为财政全额预算管理单位，经费由财政全额拨付。派出机构3个：皇桐木材检查站、田善木材检查站、加来木材检查站，为股级事业单位。

2008年，成立临高县新盈湿地自然保护区管理站，为隶属林业局的股级自收自支事业单位，人员配备从林业局现有人员中调剂。至2010年末，县林业局内设机构与人员编制未变。

第二节　林业生产

一、植树造林

（一）中央林工程

1986年，继续实施中央林工程，由中央投资造林，当年完成营造中央林840公顷，全县完成植树造林1621公顷。1989年，营造中央林689.73公顷。至此，全县营造中央林面积达5766.67公顷。1994年，全县造林绿化面积1200.6公顷，提前1年完成省下达的中央林工程造林绿化任务，全县森林面积达到35209公顷。根据适地适树原则，中央工程林的树种主要为隆缘桉、木麻黄、相思类等。

（二）“2719”工程林

1986年，在继续实施中央林工程的同时，继续实施“2719”（联合国粮农组织在海南区援助建设松涛水库东灌区，农林水综合开发工程造林项目，每亩援助粮油折合约60元）工程林，也称国际工程林，由联合国粮农署以粮食补助的方式支持农民造林。同年，共营造“2719”工程林187公顷。“2719”工程林累计造林1467公顷。主要树种为隆缘桉、刚果桉、木麻黄、相思类、加勒比松等。临高土地肥沃，加上采取丰产措施，林木长势良好，林相整齐，造林成林成材成分高。

（三）浆纸林工程

1997年，经国务院批准，海南省实施“23.33万公顷浆纸林工程”。同年，临高县完成浆纸林造林面积768公顷，主要树种为“桉树U6”“尾叶桉”“尾细桉”等。2000年，全县完成浆纸林造林1270公顷，主要树种为“尾细桉”系列“无性系24号、29号”等。2005年，全县完成浆纸林造林4708公顷。至2010年，全县共营造浆纸林6755公顷，其中金华林业公司3666.67公顷。主要树种为“尾细桉”“系列”“无性系24号、29号、21号”“广9”“金光1号”“金光4号”等。

（四）海防林工程

自1986年后，临高县继续在71公里长的海岸线上实施海防林工程建设，东起马袅港，西至头嘴港，跨越博厚、东英、调楼、新盈4个镇。通过新造、补植、更新、退塘还林等营林措施，沿海防护林建设取得显著成效。2007年，省政府下达临高县3年海防林建设任务208公顷，3年共完成海防护林建设233.47公顷，占任务的112.2%，其中2007年完成104.47公顷，2008年完成66.33公顷，2009年完成62.67公顷，其中退塘还林28.73公顷。2010年，营造海防林42.93公顷，使全县宜林海岸带全部造林合拢，建成一条47.3千米长、面积1133公顷的绿色海岸林带，使昔日白茫茫的沙滩变成一条绿色屏障，形成“点、带、面、网”相结合的防护林体系，蓄水保土，防风固沙，有效保护4333公顷农田和30多个自然村。防护林树种主要为木麻黄、红树林、椰子树等。该工程的建设，临高县被海南省人民政府评为“沿海防护林建设先进单位”。

1986—2010年临高县植树造林统计表

表6-5-1　　单位：公顷

年份	面积	年份	面积	年份	面积	年份	面积	年份	面积
1986年	1621	1991年	269	1996年	808	2001年	1575	2006年	2981
1987年	883	1992年	319	1997年	768	2002年	1984	2007年	2164
1988年	458	1993年	205	1998年	820	2003年	3411	2008年	2051
1989年	690	1994年	1197	1999年	690	2004年	2041	2009年	1092
1990年	724	1995年	876	2000年	1270	2005年	4708	2010年	200

（五）绿化树种

2007—2010年，为了加快城乡绿化美化进程，临高县采取无偿供应绿化苗木的办法，向广大居民提供一大批绿化苗木，促进城乡绿化美化。累计向全县102个村庄无偿提供海南乡土珍贵树种花梨苗10.2万株；向全县125村庄、35个机关单位、41所学校提供非洲楝、印度紫檀、火焰树、富贵榕等景观树36924株，提供波罗蜜、黄皮、阳桃、石榴、莲雾等果树苗 37881 株，槟榔苗 6714 株。至 2010 年，全县有林地面积 61541.6 公顷，其中乔木林地面积 60922 公顷，红树林面积 231.27 公顷，竹林面积 388.33 公顷；森林覆盖率达 45.87%。

二、退耕还林

2000 年，《退耕还林条例》规定，国家无偿向退耕农户提供粮食、生活费补助。临高县从 2002 年开始实施退耕还林工程，造林树种主要为隆缘桉、木麻黄、相思类、橡胶及荔枝等果树。同年，退耕还林面积 209.13 公顷，占任务的 39.2%。2003 年，退耕还林面积 2990.77 公顷，占计划的 112.1%，其中退耕地还林 1724.1 公顷，占计划的 123.1%；荒山造林 1266.67 公顷，占计划的 100%。2004 年，完成退耕还林（荒山）1466.67 公顷，占任务的 100%。2005 年，完成退耕还林荒山荒坡造林 1733.3 公顷，占任务的 100%。2006 年，完成退耕还林荒山荒坡造林 1666.7 公顷，占任务的 100%。2008 年，全县完成退耕还林（荒山）造林 2051 公顷，占任务的 100%。2009 年，完成退耕地（荒山）造林 1092 公顷。至 2010 年，全县共退耕还林 11209.67 公顷。其中退耕地还林 1933.33 公顷，荒山造林 9276.34 公顷。在 1933.33 退耕地还林面积中，有经济林 258.93 公顷。退耕地还林按其他树种补助 8 年，经济林补助 5 年，每年每亩补助 230 元计，全县退耕地还林得到国家补助资金 5068.004 万元。荒山退耕造林按每亩一次性补助 50 元计，全县荒山造林得到国家补助资金 463817 元。两项合计共 51143857 元。

三、林木生产

1986 年，全县林业生产总值 977 万元。1990 年，全县林业生产总值 1438 万元。1995 年，全县林业生产总值 4660 万元。2000 年，全县林业生产总值 3727 万元。2004 年，全县林业生产总值 7294 万元。

“十一五”期间，实现林业资源增长，林地面积增加 8448.8 公顷，增长 11%，蓄积增长 14%，森林覆盖率增长 6.4%，生态环境明显改善。其间，2009 年，全县木材经营加工企业产值 758 万元。全县林业生产总值 15898 万元。2010 年，全县有林地面积 54000 公顷，蓄积 331.4 万立方米，森林覆盖率 44%。是年，全县木材加工厂发展到 26 家，其中有 3 个木片厂，2 个胶合板厂，从业人员 1100 人，产品畅销全国各地，特别为洋浦纸浆厂提供优质原材料。全县林业生产总值 25222 万元。

1986—2010年临高县林业产值统计表

表6-5-2　　单位：万元

年份	产值	年份	产值	年份	产值	年份	产值	年份	产值
1986年	977	1991年	1694	1996年	3186	2001年	3158	2006年	11432
1987年	1001	1992年	2164	1997年	3520	2002年	2864	2007年	12571
1988年	843	1993年	3182	1998年	2543	2003年	4158	2008年	15027
1989年	902	1994年	5809	1999年	3459	2004年	7294	2009年	15898
1990年	1438	1995年	4660	2000年	3727	2005年	8970	2010年	25222

第三节　林业管理

1986—1993年，为深入贯彻《中华人民共和国森林法》，加强对森林资源管理，县林业局采取“两手抓”，一手抓造林绿化，一手抓护林管理，把森林资源管护工作作为造林绿化的后续重要工作，不断巩固造林绿化成果。组建护林网络。组织县、镇、村三级护林队伍，制定目标，明确责任，落实管护区，在全县范围内组成护林网络，互相联系，互通情况，发现有盗伐或毁林行为，及时报告，及时处理，严防牲畜及人为破坏，使新植苗木都能够成林成材。同时抓好日常“三防”管理工作，即防火、防盗、防病害，派出林业公安、林政、检疫及防火办人员到林区巡逻检查，及时查处各种破坏森林资源行为，确保森林生态安全。严格执行限额采伐制度，坚持凭证采伐、凭证运输木材，使采伐量低于生长量，让青山常在，永继利用。严格征占用林地申报审批手续，处理好开发利用与保护的关系，既要金山银山，更要绿水青山。加强林业法律法规的宣传教育，利用媒体新闻、专栏、标语、宣传车等进行宣传。

1994—1996年，在重点林区设置永久性宣传牌86个，不断提高人民群众的生态意识、绿化意识、环境意识，自觉“爱绿、植绿、护绿”，达到群防群治群护，有效地保护了森林资源的双增长。

1997年，实行封山育林，设置永久性封山育林牌26个，对马鞍岭、多文岭、高山岭、大寒岭、文澜江两岸等适宜封山地段进行封山育林，不断增加郁闭度和覆盖率。在沿海防护林划定沿海国家特殊保护林带，按照要求，在海岸线共划定沙岸长度39.5千米，平均宽度240米；岩岸长度8.85千米，平均宽度70米；泥岸长度7.4千米，平均宽度118米。保护带全长55.75千米，面积1833.33公顷。同时投入3万多元，在边界显著位置竖立永久性界牌303个，统一编号，竖牌单位为临高县人民政府。同时，出台一系列优惠政策，鼓励群众植树造林，实行谁种谁有，允许继承、转让的林业政策，调动群众造林绿化积极性。

1998年，贯彻《中华人民共和国森林法》，对森林实行限额采伐，鼓励植树造林、封山育林，扩大森林覆盖面积；保护承包造林的集体和个人的合法权益，对集体和个人造林、育林给予扶持。2000年1月，实施《中华人民共和国森林法实施条例》，依法保护森林、林木和林地经营者的合法权益，任何单位和个人不得侵占经营者依法所有的林木和使用的林地。用材林、经济林、薪炭林、防护林、特种用途林的经营者，依法享有经营权、收益权。2003年8月，贯彻执行《海南经济特区林地管理条例》，加强全县森林资源管理工作，打击各种破坏森林资源行为，确保全县森林资源安全。

2009年，严格执行林木采伐限额和木材凭证运输制度，较好地控制森林资源消耗。全县审批商品材采伐量9.77万立方米，出材量8.21万立方米，其中地方林木商品材采伐量6.58万立方米，出材量5.51万立方米；金华公司林木商品材采伐量3.19万立方米，出材量2.71万立方米；分别占采伐限额的60.7%和57%，凭证采伐率达到99%。共办理木材运输证21100份，合格率达98%。

2010年，全县列入生态公益林面积9366公顷，其中中央重点公益林5033公顷，省级重点公益林4333公顷。已配备专职管护人员开展常年化和制度化的管理工作。省下达临高县的地方限额采伐量指标16.1万立方米，出材量11.1万立方米；金华公司限额采伐量指标5.4万立方米，出材量3.5万立方米。全县审批商品材采伐量11.87万立方米，出材量9.915万立方米，其中地方林木商品材采伐量10.25万立方米，出材量8.54万立方米；金华公司林木商品材采伐量1.616万立方米，出材量1.375万立方米，分别占采伐限额的77%和39%，凭证采伐率达到98%以上；木材运输证共办理14500份，合格率达98%。

第四节　集体林权制度改革

2007年开始，海南省实行集体林权制度改革，在保持农村集体林地所有权不变的前提下，将集体林地的经营权和林木所有权，通过家庭承包经营落实到集体经济组织内的农户，确立农民的经营主体地位，颁发全国统一制式林权证。林地承包期为30～70年，承包期满可继续承包。在不改变林地用途和依法、自愿、有偿的前提下，林地经营权和林木所有权可流转变现，增加农民收入。林权证和房产证一样具有法律效力，可抵押贷款，可取得惠林项目及各种扶持政策支持。同年，临高县以和舍镇茶胡村、东英镇兰刘村为林权改革工作试点，按照林权发证“申请、审核、勘察、公示、颁证、建档”的工作程序，选择手续齐全、具备发证条件的个体户、承包户的造林地块开展先行发证。全县先后举办4期林地调处培训班，培训人员672人次，提高调处人员的调处业务水平。并成立以林业局、国土局工作人员为主的10个工作组分赴各镇、国有农场，深入基层加强指导、检查和督促，对林地权属纠纷进行调处，一宗一宗抓好落实。全县共确权发证26宗，涉及面积达866公顷，为临高林权制度改革工作奠定基础。

2009年，集体林权制度改革中，县委、县政府制定《关于进一步加强林改工作的意见》，建立外业测量进度日报告制度，将各镇外业测量任务量化到日。全县共发放《临高县集体林权制度改革工作指南》《致全县广大林农朋友的一封信》等资料7万份，制作临高方言林改宣传CD光盘500张，悬挂标语56幅，出版墙报100期，编成群众喜闻乐见的临高木偶戏在12个林改先行点共演出24场。在博厚镇抱珍村举行林权制度改革首批林权证颁发仪式，临高县成为海南省林改全面推进过程中率先发放林权证的市县。博厚镇抱珍村20位村民领到林权证。同时还得到县农村信用联社提供的1万～3万元不等的贷款。按照省委、省政府的部署，县林业局为红华、加来、和岭、新盈4个国有农场确权，发林权证600本，支持海胶集团的改制工作。全县集体林地面积35066公顷，其中商品林面积29933公顷，生态公益林面积5133公顷，涉及林改任务的有10个镇、621个村民小组。全县完成外业测量24666公顷，通过村民小组林改方案58个，确权发证407本。

2010年，临高县林改任务面积34813公顷，村民小组633个。上报面积32343公顷，录入完成村民小组623个，完成任务98.42%；录入面积27720.6公顷，占任务79.63%；打证面积221587.3公顷，完成任务42.43%；档案完成个数111个。完成617个村民小组林地确权发证，确权发证面积34784.13公顷，确权发证率达106.8%，其中规划内林地确权发证面积33531公顷，确权发证率达96.4%。发证宗地6万宗，发证本数3.4万本。此外，规划外确权发证面积4000公顷。全部完成县、镇、村委会三级林改档案和电子档案归档工作；解决林地“谁占谁有”问题面积21866.67公顷；解决林地“三过”（时间过长、面积过大、租金过低）问题面积3666.67公顷；调处林地纠纷面积1533.33公顷。全县基本完成集体林权制度主体改革工作。

第五节　森林防火

一、森林防火宣传

1986年，成立临高县森林防火指挥部办公室，挂牌在县林业局。随后，全县各乡镇、农场相继成立森林防火领导小组。同年初，制定《临高县1986年森林防火宣传工作方案》，在“清明节”和高火险期前下发《关于认真做好当前清明期间森林防火工作的紧急通知》和《关于实行森林防火戒严的通告》，广泛宣传森林防火，连续在县广播电台和电视台播放高火险期通知1个月，邀请县电视台到野外录制清明节扫墓实景宣传片并在电视台播放7天，提醒人民群众在扫墓时应注意做好防火工作，严防引发森林火灾。同时，在县城及各镇悬挂防火宣传标语211幅，印刷散发戒严令2000张，发放森林防火宣传单3万份，制作森林防火宣传牌（图解）1250块，出动宣传车51次。成立由20人组成的护林防火专业队伍，投入经费50万元，为消灭森林火灾做好保障工作。组织有关人员深入到各林区、木材加工厂及相关单位开展安全生产和森林火灾隐患大排查活动，提高全民森林防火意识。

1987—1990年，狠抓森林防火宣传工作，采取有效措施，通过多种形式、多种渠道，反复宣传森林防火工作的目的、意义及其重要性，做到家喻户晓、人人参与，全面提高广大群众森林防火意识，使之在日常生活和生产活动中，自觉执行森林防火的有关规定，从源头上堵住火源，严防森林火灾发生。

1991年，建立高山岭瞭望塔，配有高倍望远镜，实行轮流值班制度，日夜监测火情。在防火期间（12月至翌年6月），防火宣传工作做到常规化，出动防火宣传车深入乡镇林区宣传，悬挂宣传横幅，张贴标语，发放宣传单，在交通要道、林区制作永久性宣传牌。至1996年，在乡下林区播放宣传专题电影累计298场，使森林防火宣传家喻户晓，深入人心。

2003年，县防火办公室配备计算机，接入全国防火网络系统，随时通过计算机网络了解到全国各地卫星遥感火点信息，了解全县火情等级和火点地面经纬坐标，使全县森林火灾扑救效率大大提高，同时实现与省防火办网上传递文件和报表。

2005—2009年，全面加大防火宣传教育力度，在高火险期间（3—5月）采用流动宣传、挂横幅、警示牌、广播等多种方式宣传森林防火有关法律法规，印制4万份森林防火通告和5000本森林防火宣传挂历分发全县各乡镇和国有农场，用临高方言、木偶戏录制有关防火知识进行宣传，使广大民众防火意识不断加强。省防火办支持摩托车5辆，风力灭火机5台，2号工具1000把，消防服装200套。全县配置金鹿牌拖拉机改装的森林防火消防车1部，对讲机15部，摩托车5辆，2号扑火工具1500把，砍刀60把，防火服80套，防火头盔80顶，灭火水枪30支，重新喷涂永久森林防火警示牌15个，制作永久森林防火警示牌28个，以及更新电脑、打印机等办公设备，进一步提高森林防火灾的预防和扑救能力。

2010年，针对临高森林防火严峻形势，县林业局及时成立森林防火扑火专业队，并举行2次演练，森林防火戒严期，连续在县广播电台广播戒严通知2个月；在县电视台连续播放戒严通知2个月，同时在县城及各镇悬挂防火宣传标语15幅，张贴高火险期通知1500张，散发宣传单5000份，制作宣传牌12块，出动宣传车12次。

二、森林火灾

1986—1990年，全县共发生森林火警火灾11起，其中火警7起，火灾4起，过火面积18.58公顷，受害面积14.56公顷。森林火灾受害率0.13‰，控制在省下达的0.3‰指标内。

1991—2005年，全县共发生森林火灾5起，过火总面积22.3公顷，受害森林面积11.5公顷，其中受害森林面积1公顷以上的较大森林火灾5起，森林火灾受害率为0.19‰。未发生大面积森林火灾及人员伤亡事故，森林火灾受害率指标控制在省下达0.3‰以内，森林火灾各项控制指标均大大低于省定控制标准。

2006—2008年，全县共发生森林火灾11起，过火总面积29.4公顷，受害森林面积26.2公顷，其中受害森林面积1公顷以下的一般森林火灾3起，受害森林面积1公顷以上的较大森林火灾8起，未发生大面积森林火灾及人员伤亡事故，森林火灾受害率指标控制在省下达0.3‰以内，森林火灾各项控制指标均大大低于省定控制标准以内。

2009年，全县发生森林火灾1起，受害森林面积0.32公顷，森林受害率为0.0059‰，远低于省下达的森林火灾受害率0.3‰的指标。

2010年，全县没有重大火灾发生。

第六节　森林病虫害防治

1986—1996年，临高县森林病虫害较少发生，即使发生，也是自生自灭，对森林造成损失不大。

1997年，县林业局建立森林病虫害防治检疫机构，负责全县的森林病虫害防治检疫工作，投入办公设施经费6800元，测报点预测预报和专项防治经费102万元，建立10个测报点负责森林病虫害的预测预报工作。

2002年6月，海口发现外来虫害椰心叶甲危害椰子树等棕榈科植物，随后在全省蔓延。2003年，椰心叶甲在临高县发生危害。

2005年，加强森林病虫害检疫工作，使森林病虫害危害得到有效控制。全年检疫合格苗木1500万株，合格木材5万立方米，收取检疫费5万元，复检查出650株椰子及大王棕苗木带有椰心叶甲害虫。根据有关规定当场依法没收并就地烧毁。组织专业防治队开展

3 次椰心叶甲防治行动，防治 205 万株，其中挂药防治 1.5 万株，喷药防治 1 万株。

2006—2008 年，主要做好椰心叶甲防治。全县染虫区面积 201.38 公顷，染虫株数 9.77 万株，被害状株数 7.42 万株，重病疫树 2.6 万株。全年挂药防治 4.53 万株，挂药包防治观景椰子 10130 包；喷药防治 9.67 万株；野外释放天敌寄生蜂 2918 万只，放蜂防治 2.92 万株。2009 年，境内除椰心叶甲外，发现外来有害生物——薇甘菊，它具有转播快，难以消除，危害性强等特点，严重威胁当地农林生产和生态安全。全县发生面积 166.67 公顷，其中危害最严重的是皇桐镇。同年 6 月，在和舍、加来两镇又爆发另一种外来虫害——桉树枝瘿姬小蜂危害，全县危害面积 66.67 公顷。针对以上 2 种新入侵外来林业有害生物，县林业局立即责令就地烧毁疫苗 150 万株，并要求改种抗病力强的新品种。11 月，省林业局出防治经费，指派防治专业队到皇桐镇的和正、美万、头松和多文镇的头龙等村开展喷药防治，防治面积 86.67 公顷。棕榈科植物防治 9200 株，挂药包防治观景椰子 350 株，野外放蜂 3081.92 万只，防治范围有 10 个镇、2 个国有农场。依法开展林木苗木的产地检疫及调运检疫，全年收取检疫费 11.7 万元。2010 年，县林业局把椰心叶甲防治工作作为林业工作的重要内容，加强预测预警、检疫御灾和防治减灾体系建设，做好椰心叶甲、薇甘菊、桉树枝瘿姬小蜂的防治工作。指派防治专业队到皇桐镇的和道村喷药防治 48.67 公顷，椰心叶甲及薇甘菊防治取得显著成效，疫情得到有效控制。同时加强林木苗木花卉的检疫工作，全年收取检疫费 16.8 万元。全县防治棕榈科植物 4200 株，挂药防治 3000 包，野外放蜂 900 万头，防治范围有 7 个镇 1 个国有农场，取得显著成绩。

2006—2010 年，每个月不定时安排人员到有病虫害易发生地进行巡查，发现疫情及时放药或放蜂，发现有重大疫情，及时请省防治专业队来防治。5 年来，全县共防治棕榈科植物 29200 株，挂药防治 16000 包（省局支持），野外放蜂 9900 万只（省局支持），防治 10 个镇 2 个国有农场，全县椰心叶甲防治取得显著成效。森防“四率”（成灾率、无公害防治率、灾害测报准确率、种苗产地检疫率）指标达到成灾率控制在 3.6‰以下，无公害防治率达到 89%，灾害测报准确率达到 95%，种苗产地检疫率达到 90%。其间，省局共支持摩托车 3 辆，皮卡车 2 辆。

第七节　林业执法

1997 年 6 月，成立临高县公安局林业分局，为副科级单位，编制 9 人，其中领导职数 3 人（局长、政委、副局长各 1 人），隶属于县林业局和县公安局双重领导。由于受当时条件限制，人员未能及时到位。2000 年 1 月，2 名军转干部入警受衔，临高县公安局林业分局工作正式启动。2008 年 1 月，临高县公安局林业分局改称为临高县森林公安局。

2000—2004 年，县森林公安局在全县范围内开展森林执法大检查，未发现盗伐、滥伐森林资源，乱捕、滥杀野生动物资源和侵占林地的重大违规违法行为。

2005 年，新盈镇彩桥村发生村民毁林挖塘案件，面积达到 8.67 公顷，并有继续扩大的势头，县森林公安局通过对该村进行教育，提高村民对红树林的保护意识，最后征得县政府同意，由县森林公安局和县林业局组织执法人员将违法毁林建造的塘堤、塘坝炸掉，恢复红树林的原有植被。同年 10 月，县森林公安局对金牌酒店和竖隆鲜酒店进行突检，当场没收两家酒店的所有野生动物，并在县人大、县广播电视台的监督下进行野外放生，对违法分子进行处罚，并利用广播电视宣传教育，提高人们保护野生动物的认识。此后组织全县各酒店经理、主管进行整顿，并签订禁杀经营野生动物的责任状。

2007 年，侦破临城镇昌拱村滥伐海防林国家督办案件 1 宗，东英镇头新村滥伐海防林省级督办案件 1 宗，在南宝镇侦破非法毁林侵地案件 2 宗，会同县公安局组织 200 名民警，对犯罪嫌疑人进行公开抓捕。2008 年，县森林公安局在红华农场连续侦破 5 宗盗伐橡胶林和防风林带的刑事案件。2009 年，加大对林业案件的查处力度，积极开展专项治理行动，查处和打击乱砍滥伐林木的违法犯罪行为。全县共处理林业行政案件 5 起，处罚 9 人次，收缴罚款 9842 元，遏制破坏森林资源的违法犯罪行为。2010 年，立案侦破盗伐、滥伐森林资源和非法毁林侵地的刑事案件 34 宗，查处乱挖风景古树和乱捕、滥杀野生动物案件 42 宗。处理行政案件 16 起，处罚 15 次，收缴罚没款 18037 元。

2006—2010 年，按照省、县的统一部署，县林业局积极开展有针对性专项治理行动，查处和打击乱砍滥伐林木、乱占林地、私收乱购和无证运输的违法犯罪行为。共做出 2145 件的行政决定，146 件的处理决定，移送 17 宗刑事案件。

第八节 林场 苗（花）场

一、国营（有）红岛林场

国营临高县红岛林场成立于 1961 年，场部位于临城镇临昌路，属国营企业。2010 年，林场面积 412 公顷，有在职人员 290 人，其中管理人员 22 人，林业工程师 2 人，职工 264 人。主要经营种植橡胶树、果树、木麻黄、胡椒等。

二、临高县林业局花圃场

县林业局花圃场成立于 1992 年，属集体企业，位于临城镇临新路。2010 年，占有面积 1.53 公顷，其中生产面积 1.4 公顷。有在职人员 18 人，其中管理人员 3 人，职工 15 人；

有林业工程师1人，林业技术员2人。主要经营花卉、盆景，景观树种，造林苗木，珍贵乡土树种，绿化美化工程。

建场至2010年，共培育花卉盆景5000多盆，景观树种12000多株，造林苗木30多万株，海南花梨苗30多万株，沉香苗10万株，海防林造林面积达133.33公顷。

三、临高县林业局苗圃场

临高县林业局苗圃场成立1981年，是独立核算的全民所有制股级事业单位。苗圃场位于临城镇临昌路3千米处。1987年，既属部省联营企业单位，又称临高县林木良种场。至2010年年底，有员工67人，其中在职人员53人，退休人员14人；在职人员中有管理人员10人。

苗圃场有土地面积117.87公顷，分布在2处。

第一处面积90.33公顷，其中场部1.33公顷，良种育苗基地4公顷，古巴加勒比松种子园13.33公顷，龙眼园1.67公顷，营造桉树速生丰产林22.67公顷，木麻黄地种试验林8.67公顷（与中科院联营），绿化乡土造林苗木8公顷（与省林科所联营），其他30.67公顷。

第二处面积27.33公顷。分场场部占地0.07公顷，粗果相思母树林2.47公顷，槽纹果相思母树林0.8公顷，县政府征用13.33公顷建立康复农场，其他10.67公顷。

第六章　畜牧业

第一节　机　构

1988年8月，成立临高县畜牧局，隶属县农业局，为正科级事业单位。1994年6月，县畜牧局改名为临高县畜牧兽医技术服务中心。1999年，全县16个乡镇畜牧兽医站归属镇政府管理。

2007年12月15日，县畜牧兽医技术服务中心更名为临高县畜牧兽医局，为正科级参照公务员管理法管理单位，内设办公室、畜牧股、兽医股、市场与经济信息股、科技教育股。

2008年4月，对农村畜牧兽医员实行合同聘用制。全县10个镇、171个建制村，每个建制村聘用人员1人，个别较大的村委会配置2人。全县聘用185名村级畜牧兽医员，聘期1年，聘用期满，经考核合格，可继续聘用。畜牧兽医员生活补贴资金列入县财政预算。

2009年，乡镇畜牧兽医站又纳入乡镇农业服务中心管理。同年，成立临高县动物卫生监督所，为股级事业单位。

2010年末，县畜牧兽医局机构未变。

第二节　畜禽饲养

一、品种与饲料

临高猪是临高本地猪长期自然繁殖的原产地猪种，是海南本地三大原产猪种之一。2006年，临高猪被国家工商管理总局评定为地理性注册商标。牛的品种主要为海南黄牛和海南水牛。羊的品种主要为本地黑山羊。鸡的品种主要为临高本地鸡、文昌鸡及红星阉鸡。鸭的品种主要为临高本地麻鸭、咸水鸭、北京鸭及樱桃谷鸭等。鹅的品种主要为临高本地鹅及白莲鹅2种。蜜蜂的品种主要为海南中华蜜蜂。自2000年起，东江玉兔成为全县的主要兔品种。

全县的养殖规模场、专业户及散养户使用的猪饲料主要为“恒兴505”“正大551s”“金钱305a”“双胞胎”“金苹果”“日美”“华星”“希望”“通威”等；鸭饲料主要为“恒兴厂826”“裕泰826”“金钱473”“希望”“通威”等；鸡饲料主要为“恒兴723”“裕泰723”“金钱288”“通威333”等。也有个别专业户使用自配饲料。

二、家畜饲养

（一）猪

1986年，全县生猪均由农户分散饲养，年末存栏量19.89万头，出栏生猪4.17万头，猪肉总产量4881.35吨。1990年，全县生猪年末存栏量21.67万头，出栏生猪5.4万头，猪肉总产量5632吨。1994年，县政府制定“开放开发、兴工兴牧、大上乡企，经贸富县”的经济发展战略，各乡（镇）采取引进养畜大户，联合开发的方式，大力发展畜牧业生产。当年，全县生猪年末存栏量29.06万头，出栏生猪7.96万头，猪肉总产量8302吨。1996年，临高县开始生猪规模养殖，海南罗牛山股份有限公司率先在皇桐镇建立年产万头猪的生产基地。2000年，全县生猪年末存栏量33.1万头，出栏生猪4.08万头，猪肉总产量1.09万吨。2010年，全县有28家规模养猪场，主要分布在皇桐、多文、南宝、临城、调楼等镇，年出栏量10.1万头，占全县出栏肉猪总量的40.2%。其中年出栏万头以上的规模场有4个，最大的规模场年出栏量可达2.5万头。是年，全县生猪总产值38443万元。

（二）临高乳猪

临高乳猪因主要产于临高县境内而得名，海南省的儋州、屯昌、白沙、澄迈等市县均有出产。海南建省前，该猪种已被编入《广东省地方良种志》，是海南优良的地方畜类品种之一。

临高县地处丘陵山地地带，素有“海南小平原”之称。这里土地肥沃，物产丰富，人民利用这优越的自然条件，生产出丰富的饲料，家家户户饲养起临高乳猪。经过长期的自然筛选，形成优良猪种。临高乳猪外观黑背白肚，前额有一白色倒三角形，躯体小，背脊直，长膘快，肉质细嫩，头小皮薄骨小，瘦肉多，是制作烧烤乳猪的上等品。临高乳猪除了它的品种优良外，还得益于独特的饲料和饲养方式。农民养母猪时，皆以番薯藤、野菜、花生饼、米糠及米饭为饲料。平时喂粗些，产仔时喂精些。乳猪出生后一月余，就引其“入槽”即喂食。初以大米煮稀饭，以小鱼拌之，既香且甜，乳猪争食。而后渐加花生饼、细米糠等，促其长膘。其间让母猪带乳猪到野外，吃青草，嬉戏玩耍，使其具有野味。临高乳猪的一个重要特点是不能圈养，曾有公司以圈养方式饲养临高乳猪，终因乳猪无野味，皮不脆，烧烤裂皮而失败告终。乳猪养到45天左右即可出栏，此时重量约5千克。临高乳猪的最佳屠宰重量为6~8千克。临高乳猪是一道色香味俱全的中国传统名肴，属于海南菜。临高乳猪因产地于海南北部的临高县而得名。它以皮脆、肉细、骨酥、味香而闻名，不管是烤、焖、炒、蒸都十分可口，但以烧烤最佳，色香味俱全。

1987年，临高乳猪出口曾创历史最高纪录，年出口高达30万头，在香港、广州、海口、三亚等地有以“临高乳猪”为名的乳猪店，市场对临高乳猪的需求量较大。

1994年，以建立多文镇、皇桐镇、南宝镇、和舍镇等4个提纯复壮区和小规模的公母猪推广工作为基础，把纯种临高猪推广到全县10个镇，以全面提高纯种猪的覆盖率。

2006年10月，临高乳猪的猪肉及种猪被国家工商行政管理总局核定为地理性使用商品（第29类和第31类），临高烤乳猪和清蒸乳猪，具有骨细皮薄，肉质鲜嫩和味香色美等优质而驰名中外，是海南唯一远销中国港澳地区、东南亚和其他市场的名牌畜产品。

2008年起，利用县农业局每年实施的建设农村户用沼气（沼气+养猪）500套工程，县林业局每年下拨退耕还林款280万元，结合生态文明村建设捆绑资金来扶持发展母猪生产，至2010年，全县发展临高能繁母猪2.50万头，年均生产临高乳猪50万头。通过提纯复壮，临高乳猪的良种覆盖率提高到52%。

2010年，全县有临高技记养猪场、临高临城荣升养猪专业场、临高秦健原种猪专业合作社、临高抱美生生养猪专业合作社等规模场或专业合作社发展临高乳猪生产基地建设。其中临高技记养猪场的生产规模：有纯种临高母猪130头，年生产临高乳猪3000头；其他3个规模场或合作社，分别有纯种临高母猪50头，每个场年生产临高乳猪1500头。全县有博厚、和舍、多文、东英、南宝、皇桐、波莲等镇大力发展临高乳猪生产。重点推广“公司+农民”的模式，即由公司负责种苗、饲料、防疫，农民负责饲养，按一定比例分利润。

（三）牛

临高县养牛以水牛为主，黄牛次之。随着农业生产机械化的提高，黄牛大部分成为役肉兼用。1986年，全县有牛存栏57543头，出栏2153头，牛肉总产量209.78吨。2000年，全县有牛存栏87997头，出栏47127头，牛肉总产量约4592吨。2010年，全县有饲养肉牛专业户10户，有牛存栏57773头，出栏13723头。

（四）羊

1986年，全县养羊多为小群散养，羊存栏1.29万只，出栏3426只。1996年，饲养户利用荒山荒地大量发展养羊业，山羊存栏量达3.39万只，出栏量2.96万只。随着羊肉价值的逐渐高涨，农民饲养羊的积极性也逐渐提高。临高县山羊饲养主要分布在和舍、东英、多文、皇桐、博厚等乡镇。2009年，皇桐镇银波村陈明东租用该村1.33公顷集体土地种植王草，投放能繁母羊5000只，并引导附近村民种草，形成“专业户养羊发财，农民种草致富”的良性互动局面。2010年，全县养羊专业户发展到52户，羊出栏量达4.1万头。

1986—2010年临高县家畜产量表

表6-6-1

年份	生猪（头）			牛（头）			羊（只）	
	年末存栏	其中母猪	出栏	年末存栏	其中黄牛	出栏	年末存栏	出栏
1986年	198860	22100	41739	57543	30207	2153	12918	3426
1987年	202754	24346	52881	59082	30897	2611	10945	3972
1988年	203500	24693	51281	63690	31501	2720	11569	4374
1989年	212382	24109	54785	65249	32887	—	13702	4436
1990年	216684	23916	54038	68411	33310	—	14747	5625
1991年	227046	25965	60353	70676	34475	4482	18918	8831
1992年	256545	26539	71996	78219	38330	6573	21490	10861
1993年	271841	27078	79025	83798	41349	6173	25556	14074

续表 6-6-1

年份	生猪（头）			牛（头）			羊（只）	
	年末存栏	其中母猪	出栏	年末存栏	其中黄牛	出栏	年末存栏	出栏
1994 年	290612	28784	79597	86553	42194	7150	33442	21193
1995 年	312011	29682	87073	86765	42678	6989	33403	27077
1996 年	322616	29366	93376	87795	44172	8720	33989	29636
1997 年	327345	31272	94075	85741	44669	8244	28463	30649
1998 年	345185	32588	10354	87742	45828	9370	30679	33825
1999 年	351458	36443	109082	90531	46809	9730	34940	32084
2000 年	331026	37438	40825	87997	47127	7882	32688	35159
2001 年	356594	41600	134338	91262	48002	8414	34231	36791
2002 年	360618	46062	150230	96413	50473	10223	36844	40126
2003 年	394065	47917	170447	61746	51398	11263	35502	42093
2004 年	391841	48391	177400	97740	51176	13952	34091	38839
2005 年	360247	47891	177176	93432	49436	12953	32917	45911
2006 年	360217	46881	194453	86548	48446	14806	29781	40767
2007 年	386028	55079	200744	83345	45956	15925	29741	43205
2008 年	362780	58267	158496	62967	33571	16810	26569	41731
2009 年	387293	62023	176581	57853	31520	16381	25564	40275
2010 年	382612	53452	181528	57773	31173	13723	29435	40875

三、家禽饲养

家禽饲养是临高县农户传统副业，主要为鸡、鸭、鹅，俗称三鸟。

1986 年，全县三鸟存栏 111.55 万只，其中鸡 59.26 万只、鸭 49.98 万只、鹅 2.31 万只；三鸟出栏 67.76 万只，其中鸡 25.66 万只、鸭 40.83 万只、鹅 1.27 万只。三鸟产蛋 205.87 吨。1987 年，县畜牧局成立种鸭场，从广东、上海运回北京鸭、樱桃谷鸭苗，进行选种杂交试验，该项目于 1992 年获得国家农牧渔业科技进步二等奖、省农牧渔业科技进步一等奖。

1996 年，全县有 6 万农户养殖禽类，有禽类养殖专业户 192 家，大多分布在加来、临城、波莲、多文、博厚、和舍等镇，主要饲养杂交鸭和琼海鸡、文昌鸡等。当年，三鸟存栏391.9万只，其中鸡211.9万只、鸭162.2万只、鹅17.8万只；三鸟出栏218.8万只，其中鸡113.2万只、鸭95万只、鹅10.6万只。三鸟产蛋415吨。2009年，全县三鸟出栏516万只。

2010年，全县有30户禽类养殖专业户，主要饲养樱桃杂交鸭和琼海鸡、文昌鸡等家；全县三鸟年末存栏449.53万只，出栏460.53万只。

1986—2010年临高县三鸟及蛋产量表

表6-6-2

年份	三鸟存栏（只）	其　中			三鸟出栏（只）	其　中			产蛋（千克）
		鸡（只）	鸭（只）	鹅（只）		鸡（只）	鸭（只）	鹅（只）	
1986年	1115530	592560	499790	23180	677569	256593	408320	12656	206
1987年	1043559	663378	357678	22503	587249	287368	287390	12491	404
1988年	1083993	656024	406360	21609	633066	283226	337973	11867	407
1989年	1136389	643104	467322	25963	670650	297526	359849	13275	342
1990年	1234662	617304	593727	23631	821179	344342	465251	11586	307
1991年	1271975	639853	596533	35589	854964	342905	490582	21477	357
1992年	1493328	742964	707953	42411	1041462	463020	550509	27933	451
1993年	1967072	939549	878750	148773	114900	484700	595400	34800	493
1994年	2690800	1230200	1308300	152300	1533700	622800	846700	63300	579
1995年	3492000	1824000	1512000	156000	1996000	941000	964000	91000	494
1996年	3919000	2119000	1622000	178000	2188000	1132000	950000	106000	415
1997年	4160050	2331368	1655080	173602	295530	1182388	1015540	97602	398
1998年	4482659	2347060	1932047	203552	2559047	1237260	1200107	121680	403
1999年	4699891	2514649	1963552	221690	2709415	1343907	1236154	129354	384
2000年	4718700	2490100	1979800	248800	2787900	1412100	1230300	145500	3361
2001年	4562130	2558265	1768265	235600	4652130	2654320	1861570	136240	3420
2002年	4378552	2436660	1721747	220145	4456820	2495231	725024	1236565	2810
2003年	4161220	2356840	1588740	215640	4283226	2257893	559510	1465823	2601

续表 6-6-2

年份	三鸟存栏（只）	其中			三鸟出栏（只）	其中			产蛋（千克）
		鸡（只）	鸭（只）	鹅（只）		鸡（只）	鸭（只）	鹅（只）	
2004 年	3930120	2156312	1578602	195206	4042972	2154780	519740	1368452	2840
2005 年	4465920	2358994	1891286	215640	4568210	2597800	1835812	134598	3410
2006 年	4326500	2465890	1658965	201645	4465328	2459870	1878471	126987	2750
2007 年	4698440	2432101	2030739	235600	4785200	2688870	1957376	138954	3450
2008 年	4857210	2569875	2038735	248600	4953250	2789413	2028280	135557	3320
2009 年	4981200	2644478	2080312	256410	5164500	2897441	2120079	146980	3140
2010 年	4495325	2369872	1879255	246198	4605300	2689444	1760869	154987	3025

四、其他饲养

（一）兔

临高县的兔业生产方式为零散饲养和专业户饲养，并且饲养规模较小。1986 年全县养兔仅 315 只，1997 年增加到 581 只，1999 年增加到 5470 只。

2000 年后，县内主要饲养东江玉兔。当年，海南椰恋农牧有限公司在临高县东江乡建立肉兔基地，故名“东江玉兔”，其品种是丹麦兔种父本与本地兔种母本长期杂交而成，以“公司+基地+农户”的产业化模式经营，主要产品有麻辣兔肉、香酥兔肉、兔肉粒等。公司依托广大农户把基地养殖的种兔推广到周边农民，让农户主要承接东江玉兔的养殖任务，最后公司再回收农户的养殖玉兔，养兔户每户每月创收约 1000 元。2006 年，公司在原来市县推广的基础上向保亭县和乐东县推广玉兔养殖技术。2007 年，公司把兔业养殖与海南扶贫工作进一步结合，东江玉兔的养殖技术推广到五指山市。2008 年，继续以“千村引智示范项目”为依托推广到儋州市。

（二）蜂

临高县养蜂业是零星分散的，产蜜量也只有零星记载。1986 年产蜜 0.5 吨，1987 年 0.5 吨，1988 年 0.1 吨，1991 年 1.49 吨，1992 年 1.33 吨。1994 年有了养蜂专业户，1997 年产蜜 4 吨，2000 年产蜜 5 吨。至 2010 年，全县有 10 个养蜂专业户、蜂箱达到 3500 多箱，主要分布在临城、皇桐、博厚等镇及红华农场。

第三节　疫病防治与监管

1986年，临高县畜牧局成立由十几名技术人员组成的4个春季动物防疫督导小组分别奔赴全县各镇10个畜牧站及2个农场畜牧中心指导检查，督导春秋防工作。猪瘟、猪口蹄疫、猪高致病性蓝耳病免疫率均达96%，牛、羊口蹄疫免疫率达95%，禽流感、鸡新城疫免疫率达93%。

1999年12月，经农业部批准，海南无规定动物疫病区建设启动。

2000年，对全县18个屠宰场进行动物防疫条件审查。组织执法人员到和邦、金牌、新盈、调楼等港口进行省外调入动物及动物产品的监督检查16次。

2001年，临高县被列为示范区，建立健全行政管理、技术支持、执法监督三大体系。县畜牧局有兽医实验室、诊疗室，各乡镇站有实验室，初步具有动物疫病疫情监测、预警预报的能力；形成从县到村三级网络，村级防疫员的生活费列入财政预算，并且每年在预算经费中安排一定资金作为县镇站的免疫经费；新建并改造6个基层办公室和实验室用房，并配有电脑、电传传真、照相机和识读器、显微镜等设备；畜牧局配备汽车，镇站配备摩托车；参照《海南省无规定动物疫病区管理条例》《海南省高致病禽流感疫情应急预案》《海南省重大动物疫情应急预案》等法规，以县政府的名义出台相关应急预案，完善“无疫区”法制管理体系。

2002年，组织5～7次对兽药、饲料及饲料添加剂进行检查，未发现经营国家禁用兽药；加强证照的年审和发放管理，年审动物防疫合格证180个、兽药经营许可证33个，办理动物防疫合格证23个、兽药经营许可证6个。

2008年，举办2期村级动物防疫员培训班，每期均有185名村级动物防疫员参加为期4天的培训。

2009年，对8个乡镇、16个村庄、5个规模猪场进行动物疫情抽样监测，共抽检测样品：猪血清650头份，牛血清200头份，羊血清200头份，鸡血清200羽份，牛、羊OP液各100头份，鸡泄殖腔棉拭子50羽份。经抽样监测，全县春秋两季畜禽动物免疫抗体合格率均为70%，免疫质量达标，病原监测均为阴性，全县动物疫情呈良好态势。同年5月，加来地区发生猪病死亡疫情，县畜牧兽医局会同有关部门采取强有力措施对疫情进行防疫防控，在15天行动中投入资金8万元，参加防控人员达6369人次，全县免疫注射猪蓝耳病疫苗11.56万头，猪口蹄疫3.85万头，猪瘟4.72万头，消毒9个村庄，消毒面积达18.50万平方米，强制扑杀深埋2头疑似病猪，取得显著的防控成果。和舍、多文、南宝、美台等加来周边的乡镇完成防控免疫工作，在加来周边形成牢固的免疫带，疫情没有向县内扩展，很快得到控制和扑灭。

2010 年 3 月，波莲、新盈、南宝以及县屠宰场相继发生重大动物疫情，全县扑灭并无害化处理重大动物疫情 4 次，投入 800 人次、经费 18 万元。同年，加强流通环节的监督检查，对不凭检疫证明运输动物及动物产品的不法商贩进行查处，共立案 9 宗。对全县 16 个屠宰场进行动物防疫条件审查，检查屠宰场是否具有动物防疫合格证。组织执法人员到和邦、金牌、新盈、调楼等港口进行境外调入动物及动物产品的监督检查；年内组织 5 次对兽药、饲料及饲料添加剂的检查，共查处假伪劣和违法兽药 268 瓶（盒）；年审动物防疫合格证 67 个、兽药经营许可证 13 个，办理动物防疫合格证 12 个，兽药经营许可证 15 个。

第七章　海洋与渔业

第一节　机　构

1986 年，临高县水产局内设行政、海洋、养殖、经营管理、机械 5 个股和渔政站、渔监站，下辖临高县鱼苗场和临高县水产供销公司。全县水产系统共有干部职工 360 人，其中：水产局 45 人，水产供销公司 273 人，县鱼苗场 42 人。内有技术员 17 人。

1989 年 2 月 23 日，县编制委员会下文，成立临高县海洋管理局，配备行政干部 3 人（后增至 6 人），设正、副局长各 1 人。

1995 年 11 月 28 日，机构改革，撤销县水产局，成立县水产服务中心。1998 年 7 月，复设县水产局，保留县水产服务中心牌子。

2001 年 6 月 27 日，撤销临高县水产局和海洋管理局，成立临高县海洋与渔业局，内设政工股、养殖股、海洋捕捞股、海洋管理股、渔政管理站、渔港监督站。人员编制 16 人，其中公勤人员 1 人。全县水产系统共有干部职工 110 人。

2010 年，临高县海洋与渔业局内设办公室、养殖股、市场和经济信息股、海洋捕捞股、海洋管理股、中国海监临高县大队、渔政管理站、渔港监督站。局内人数 41 人，其中行政公务员 15 人，事业人员 25 人，公勤人员 1 人。渔政管理站 37 人，渔港监督站 32 人。下辖县水产供销公司、县水产养殖公司、县鱼苗场、水产局新盈自来水厂，企业人员 160 人。

第二节　海洋管理

一、海洋环境保护

1988年8—12月，按照省委、省政府的部署，全县开展禁止破坏珊瑚礁资源专项治理工作，取得初步成果。

1992年8月11日，县政府出台《临高县海域使用管理暂行办法》。县海洋管理局利用县广播电台、电视台对全县进行宣传，深入到沿海36个管理区、盐场、修船厂等单位，进行宣传和讲解，使干部、群众了解海域使用的管理要求及审批程序，增强法制观念。

1994年，海南和邦国际石油化工有限公司在金牌港兴建1个2万吨级及一个1000吨级的杂货码头，需要1个海上临时倾倒区。县海洋管理局主动配合省海洋局组织有关专家为该公司进行选址、论证、评审工作。根据专家的评审意见和省局的批复，县海洋管理局及时为该公司签发一张海上临时倾倒许可证，允许该公司在批复的海区范围内倾倒40万立方米的疏浚物，保护了海洋生物环境。

1999年4月，为保护珊瑚礁资源，县海洋管理局组织有关部门，对全县7个沿海乡镇、38个沿海自然村开展为期1个多月的珊瑚礁保护工作情况大检查，使破坏珊瑚礁的现象得到有效制止。同时，县政府制订保护珊瑚礁责任制，各乡镇政府和村委会都签订责任书，使保护珊瑚礁工作落实到实处。

2003年，加大赤潮监控力度，为养殖生产服务。1月，县海洋与渔业局监测到马袅湾至新盈头咀湾一带近岸海域发生严重赤潮。立即采取措施，派有关人员深入赤潮区采样进行化验检测，并向沿海各养殖点通报赤潮发生情况及应对方法。9月，举办一期赤潮知识培训班，受训企业50家60人次，提高人们对赤潮的认识。

2005年，实行休渔制度，全县637艘休渔渔船实现“船进港、网封存、证集中”和没有安全事故的管理目标。当年，临高县被农业部南海区局和省海洋与渔业厅评为“休渔先进单位”。

2006年，加强对白蝶贝自然保护区管理，为了打击非法潜水盗捕白蝶贝的违法分子，在每月平流采捕期，中国渔政46011号船进驻白蝶贝自然保护区海域进行24小时值班监管。当年共查处非法潜水盗捕白蝶贝渔船30艘，没收潜水工具9套。

2008年，加强白蝶贝自然保护区的管理，严厉打击电拖网作业。查处偷捕白蝶贝案17宗，打击电拖网船作业30艘次。全力做好伏季休渔工作，出动82名执法人员，船艇7艘，在各港口按时组织应休渔渔船全部进港休渔。通过严格执法，强化对渔业资源的养护，维护渔业生态环境。

2009年，农业部对海洋伏季休渔制度进行调整，延长休渔时间，增加休渔作业类型。县海洋与渔业局采取分片包干、签订责任书、清点船数以及海上巡查等行之有效的方式，抓好伏季休渔工作。全年全县休渔对象渔船共1450艘，其中停泊本港1174艘，停泊外港276艘。渔业执法人员在各渔港码头和海上构筑伏休的第一道防线，严防死守，从源头上杜绝违规作业的发生。中国渔政46011号船每天坚守在海上巡逻，加大海上巡逻力度，构筑海上防线，使违规渔船难逃法网。休渔期间，渔业执法部门共出动250人次参加检查，检查渔船160艘次，查获违规渔船28艘次。

2010年6月10日，在临高白蝶贝自然保护区开展水生野生动物专项执法行动，并开展全力打击非法捕捞活动，有效地保护了县渔业资源和渔业生产环境。

二、海域管理

1991年4月29日和7月15日，县海洋管理局根据海南省海洋管理局的要求，两次起草和修改《临高县海域使用管理暂行办法》，呈报县政府。

1992年8月11日，县政府批准实施《临高县海域使用管理暂行办法》，以法管海、以法治海起到很大的作用。当年，县海洋管理局办理海域使用许可证2家，办理临时倾倒普查许可证1个。

1993年，贯彻执行《国家海域使用管理暂行规定》，县海洋管理局用1个月的时间，深入到各个海区进行调查摸底登记，重新给马袅盐场、新盈镇新盈管理区、调楼乡调楼管理区等4家单位补发海域使用许可证。共补办海域使用面积3.50万平方米，收取海域使用费3525元。

1994年，县海洋管理局共受理海域使用申请14宗，面积105.33公顷；为用户办妥出让手续6宗；签发海域使用许可证3张，出让海域55.67公顷；在办手续8宗，面积49.67公顷。

2000年，贯彻执行省委、省政府做出的“发展海洋经济，建设海洋强省”的战略部署及县委、县政府关于《加快耕海牧渔进程，努力建设海洋强县》的精神，加强海域使用管理工作，实现了申请、审查、审批的程序化、规范化。年内共受理海域使用申请30家，申请使用海域面积233.33公顷；经审查，符合使用海域条件的有4家，为其办理海域出让手续，批准使用面积23.33公顷。办证的4家客商全年共投入资金500万元，养殖鲍鱼、江篱等项目，同年产值达260万元。

2004年，加强海域管理的规范化制度化建设，对企业用海实行养殖制度和有偿使用海域制度，规范海域管理。当年共受理6宗海域使用申请，严格依照程序办理5宗海域使用出让手续，征收海域使用出让金13.3万元，核发养殖使用证15本，批准使用养殖面积200

公顷。

2006年，执行200海里专属经济区巡航任务，当年共出动船艇90艘次，依法检查渔船1000艘次，查处违规渔船500艘次，罚款30万元。抓好海域使用管理，制定《临高县2006年贯彻实施海域使用管理百县示范建设活动工作方案》,开展全县养殖用海普查工作。全县有5个渔业乡镇、23个村委会、海域使用的个体和单位共212户，总面积1005.36公顷。开展海域使用示范县的各项工作，办理海域使用40宗。

2008年，继续做好全国海域管理示范县的建设工作，建立沿海乡镇海域管理站和海洋环境监测站，海洋生态环境得到较好的维护。全面开展渔业养殖用海普查登记，2008年普查登记率完成100%。全县办理海域使用权证书59宗，涉海面积807.65公顷，征收海域使用金143万元。在全县范围建立起海域使用管理服务网络，协助完成国家实施“908”项目的调查和勘测工作。同时根据省厅工作要求，完成养殖普查现状图及有关数据的电子文件建档工作，并通过全省养殖用海普查验收。根据国家海监总队执法工作通知精神，继续开展养殖用海专项执法行动和“海盾2008专项执法”活动，重点针对“不符合海洋功能区划”的养殖用海等违法行为进行整顿与打击，查处多宗非法填海建筑住宅基地，全面整治了金牌港西侧码头海域28个非法用海鱼排等，全年共查处违法案件35起。本辖区海岸线每月巡查工作形成制度化。

2009年，全县办理海域使用权证书63宗，其中养殖用海60宗，工程建设用海3宗，用海面积826公顷，全年征收海域使用金300万元。全年执法检查各类涉海项目29宗，查处违法行为项目4宗，立案1宗，整改3宗。

2010年，全年共办理海域使用权证书8宗，用海面积492公顷，全年征收海域使用金148.47万元。建立起海域使用管理服务网络，协助完成“908”项目的调查和勘测工作。重点针对“不符合海洋功能区划”的养殖用海等违法行为进行整顿与打击，全年执法检查各类涉海项目22宗，查处违法行为项目13宗，立案9宗，整改4宗。

三、海洋监察

1991年1月25日，临高县头咀湾因少雨，当地沿岸流弱，水体交换及自争能力差，造成沿岸海域富营养化，发生长5千米、宽3千米的大面积赤潮。新盈镇政府和渔监站及时向县海洋管理局作报告。县海洋管理局立即组织人员深入到赤潮海区进行取样、拍照、取证，分析赤潮发生的原因，并派人对赤潮带进行监视。此外，还分头奔赴调楼、美夏、博厚、马袅、东英、美良等6个沿海乡镇、8个主要港口和养殖区进行监视、监测，做好预防赤潮危害的各种准备工作。

1995年，县海洋管理局派出海洋监察员到沿海一带，特别是重点海区进行监测、监视海水变化情况，发现污染苗头，便及时处理。派出40人次到调楼、新盈一带海区，54人次到马袅湾一带海区随航监察，未发现海域污染现象，海洋生态环境保持良好的状态。

2000年，县海洋管理局共出动50人次，10艘船次，开展海洋监察，坚决查处炸鱼、毒鱼行为。全年共处理炸鱼、毒鱼事件10起，没收作案工具一批，摧毁礁窑2座。

2003年，为保护海洋生态环境，打击沿海炸鱼、毒鱼、电鱼及非法采砂、采珊瑚礁等违法行为，县海洋与渔业局开展海洋执法监察行动，共查处电、毒、炸鱼事件3起，非法采砂、采珊瑚礁事件3起，没收作案工具一批，摧毁死灰复燃烧礁窑2座。

2004年6月，成立临高县海监大队，行使海洋监察执法职能。在筹建过程中，重点工作主要放在业务基础学习，培养业务骨干，提升海监队伍整体素质执法素质水平。并制定《临高县海监大队执法监察办案程序》和建立行政执法业务统计表等制度，为海洋执法走向制度化、正规化，打下良好的基础。当年海监大队开展打击非法捕捞、非法开采海砂和非法使用海域行动，保护渔业资源。县海洋与渔业局除参加南海区组织打击非法捕捞行动1次外，共出艇85艘次，检查渔船1020艘，查处违规渔船560艘，出动65人次打击沿海炸鱼、毒、电鱼及非法采砂，采珊瑚礁等违法行为，共查处6起，没收作案工具一批，摧毁烧珊瑚礁窑2座，抓获非法采砂船2艘。在“海盾2004”专项执法行动中，县海监大队依法查处非法占用海域行为4例，有力地遏制违法行为发生，保护了渔业资源和可持续利用。

2005年，加强海洋监察，促进依法用海。全年共查处违法用海案件7例（跨年度案件2例），结案4例，处罚金额13.3万元，在办案力度上走在全省前列，并且得到省渔业监察总队的充分肯定。加强海上执法，严厉打击非法捕捞活动。全年巡航118航次，检查渔船1240艘，处罚违规渔船680艘，进行封港检查18次，清理整顿“三无”（无船籍港、无船牌号、无船泊证）和“三证”（船籍证、船泊检验证、捕捞许可证）不全渔船628艘，保护禁渔区渔业资源，维护《中华人民共和国渔业法》的权威和正常的渔业生产秩序加强海洋生态环境保护工作。打击“电、炸、毒”鱼违规行为。全年共查处“电、炸、毒”鱼案37宗，查处偷捕白蝶贝案22宗；出动15人次，打击偷采珊瑚礁行为，摧毁烧珊瑚土窑2座。

2007年，加强海洋监察，促进依法用海，督促海域使用办证工作。处罚金额5000元，增强渔民依法用海意识，规范依法管海的制度。

2008年，加强禁渔区线管理，转变执法机制，从偏重违规事件发生调查处理向注重防范、抓源头控制，改进监管手段的转变，加大执法巡航力度。全年巡航48次，出动巡航检查人员527人次，检查渔船360艘，处罚违规渔船68艘。

2009 年，全年巡航 32 次，处罚违规渔船 76 艘。完成专属经济区和西沙巡航任务，航时 75 天，航程 5016 海里。加强白蝶贝自然保护区的管理，严厉打击电拖网作业。查处偷捕白蝶贝案 17 宗，打击电拖网船作业 30 艘次。出动 82 名执法人员，船艇 7 艘，在各港口按时组织应休渔渔船全部进港休渔。同年 7 月 16 日，渔业执法队伍在临高白蝶贝自然保护区开展水生野生动物专项执法行动。针对违法私自捕捞、买卖水生野生动物的行为，采取先教育后处罚的执法办法，取得较好效果。同时，全力开展打击非法“毒、电、炸”鱼等违法行为，有效地保护全县渔业资源和渔业生产环境。安全村的渔民 3 次捕获海龟后均主动向县海洋与渔业局报告，要求给予放生。渔民渔业资源保护意识明显提高，渔业环境和资源保护工作得到加强，渔业资源环境明显改善。

2010 年，根据国家海监总队和省海监总队的海洋执法工作部署通知精神，继续开展养殖用海专项执法行动、“海盾 2010 专项执法”行动、“碧海 2010”环保专项执法行动和开展海洋工程专项执法行动等活动。重点针对“不符合海洋功能区划”的养殖用海等违法行为进行整治。当年执法检查各类涉海项目 22 宗，查处违法行为项目 13 宗，立案 9 宗，整改 4 宗。全年巡航 34 次，处罚违规 76 艘。出动 82 名执法人员，船艇 7 艘，在各港口按时组织应休渔渔船 1476 艘全部进港休渔，通过严格执法，强化对渔业资源的养护，维护渔业生态环境。

第三节 渔 场

2001 年，临高县组织 689 艘大、中型刺网渔船转移到海南岛东部和南海北部渔场，213 艘各种作业渔船转移到海南岛南部渔场生产。开辟 448、449、423、395、396、397、398 等区的新渔场，扩大作业范围，为开发深海外海渔场积累丰富的经验。

2003 年，建造和更新渔船，开发新渔场，提高渔业生产能力。全年共投入资金 5852 万元，新造渔船 62 艘，总吨位 2119 吨、6153 千瓦，更新改造渔船 149 艘、11294 吨、21640 千瓦。省海洋与渔业厅及时解决渔民造船的后顾之忧，在临高县举行马力贴花公开审批发证现场会，极大地提高临高渔民造大船闯深海的信心和热情。在已开发粤东、粤西大部分渔场的基础上，引导渔民开发粤东的上下川外海渔场、清澜外海 470、471 渔场以及三亚南部外海 558、559 渔场等。

2004 年，为提高捕捞效益，实现增产方式的大转变，结合临高实际，实施外海补给船项目和组建外海、远洋捕捞集团，进行捕捞产业结构调整，提升外海、远海新渔场开发和生产能力。同年 8 月，县海洋渔业局以开捕仪式为契机组织“赴西南沙探捕金枪鱼先遣队”

向西南沙进军，开发西南沙 935、西南沙 936、西南沙 940、西南沙 941 等新渔场，向北部湾划界后的渔场大转移迈开重要一步。

2006 年，组织群众渔船开发粤东、粤西、西中沙、西南沙新渔场，尤其是通过新建造的 2 艘大型双拖渔船带动和临高椰丰海洋开发有限公司投入 610 万元改造 2 艘 1000 吨位补给船的投入使用，临高县大批渔船进入西南沙生产。4 月，昆社村 13 艘渔船进行作业调整，采取灯光围网兼延绳钓相结合的方式，开发西、南沙金枪鱼渔场。

2007 年，全县组织 56 艘灯光围网船开发西沙 535、西沙 578、西沙 557、西沙 642、西沙 624 等各个渔场生产；椰丰公司两艘补给船带领 60 多艘群众渔船开辟西沙、中沙、南沙渔场；泽业公司开发南沙养济礁项目，2 艘补给船投入生产，带领 20 艘大型灯光围网渔船和 40 艘小型钓业渔船进入南沙渔场生产。组织群众渔船开发粤东、粤西、西中沙、西南沙新渔场，尤其是通过澜江公司的两艘大型双拖渔船带动、临高椰丰海洋开发有限公司的 2 艘补给船和泽业南沙渔业公司两艘补给船的带动，一大批渔船陆续进入西沙、中沙、南沙生产，获得良好效益。

2009 年，加大开发新渔场力度，扩大渔船作业空间，开发西沙 567、西沙 568、西沙 569、西沙 570 渔场，中沙 590、中沙 591、中沙 592、中沙 593 渔场，南沙永署礁、南方浅滩、礼乐礁、郑和群礁等附近渔场。

2010 年，引导和服务渔民开发新渔场。根据鱼汛情况，会同沿海乡镇和相关渔业村委会，引导和组织渔民年初前往粤东、粤西渔场进行生产，并派专人前往广东珠海、深圳、阳江等地，帮助渔民解决生产、销售与生活中存在的困难，同时引导和鼓励利时公司、渔丰公司等 13 艘渔船以及泽业公司两艘补给船一起开发南沙部分渔场。发动利时捕捞合作社的 14 艘渔船带动近 50 艘渔船开发西沙 548～551 渔场，中沙 571～574 等西中沙的大部分渔场。新渔场的开发取得较好的经济效益，海捕产业基本走出北部湾的局限，转移渔场取得阶段性成绩。

第四节　渔　港

一、新盈渔港

新盈渔港位于临高县新盈镇，是北部湾沿岸主要渔港之一。渔港距县城 20 千米，东距海口港 100 海里，距西线高速公路 17 千米，距西环铁路 28 千米，海陆交通便利，港口至县城的公路铺柏油，海上交通已与海口、八所、广东、广西、越南海防等地港口通航。

1990 年 6 月，新盈渔港被农业部确定为全国一级群众渔港，渔港建设得到了国家和省政府有关部门的大力支持，中央和省投入资金1056万元，县投入资金400万元，共投入资金1456万元，兴建南北两边防波堤，并对港池进行清理和疏浚，使渔港形成规模，有利于渔船停泊、避风。

1991年，国家投入856万元建南北二段防波堤，并对港池、航道进行清理和疏浚。但是该港由于没有码头、护岸堤，也没有供水、供油、供冰、冷藏、加工及市场交易等渔港功能，加上港池浅、低潮时大中型渔船无法进出，实际上，该港仅仅具备锚泊而已。

1994年，成立新盈渔港开发建设公司，试图运用市场经济手段加快新盈渔港建设，也曾投入1000万元，建港所需资金达5000万元以上，筹资困难，导致该港变成“半拉子”工程。鉴于项目投资较大，农业部、省有关部门同意临高县采取招商引资来解决建设资金不足问题，在基本满足渔港功能总体规划前提下，给予投资商一定的土地补偿。经过慎重筛选，确定浙江东阳投资商—— 临高中天渔港开发实业有限公司为业主，该公司拟投资1.2亿元用于该港建设。

2002年，新盈中心渔港总体建设规划设计方案，按现代化渔港标准规划设计，分期实施，第一期工程防浪堤工程已完成，并通过验收交付使用；第二期工程防浪堤工程已完成投资560万元，完成挖回填土方20.37万立方米，兴建护岸堤640米。第三期工程县政府决定通过招商引资来建设。

2004年，新盈渔港扩建工程项目因种种原因，变成临高县一个老大难的“半拉子”工程。县委、县政府对渔港建设极为重视，把渔港建设当作“重中之重”项目来抓紧抓好抓实。通过积极引导，深圳中油公司决定投资新盈渔港，把渔港作为深海网箱项目服务基地来建设，既满足全县渔民需要，又能促进深海养殖业的发展。对于新盈中心渔港项目，完成向农业部申报工作，进京协调联系，争取纳入建设计划。

2010年，新盈中心渔港项目科研报告获国家发改委评审通过，核定支持资金5850万元，总投资9130万元，初步完成新盈中心渔港的规划设计方案。临高新盈中心渔港，将在原有新盈港的基础上，扩大港池面积，重新建设防波堤，临高新盈中心渔港总投资9138万元，其中中央预算内投5849万元，地方配套资金3289万元。初步设计规划为扩大港池面积到47万平方米，建设防波堤1150米，护岸550米，码头600米，陆域回填68.5万立方米以及建设综合执法办证中心1000平方米，港区道路及场地1万平方米，配套水电设施、通信导航等。同年3月起实施施工前的准备工作，拆除65户2000口渔排，清理港池内148艘废旧渔船，拆除17间房屋和冰厂等渔港周边违章建筑，完成“三通一平”（通水、通电、通路和场地平整）及招投标等施工前期准备工作。项目于7月中旬正式动工建设，计划于2012年6月底完工。至2010年底，北防波堤已填筑230米，南防波堤已加宽填筑480米，港区围堰已推填460米，预制块已制作1740个，已完成总工程量的35%，拨付资金2027万元，累计完成投资2610万元。

二、调楼渔港

调楼渔港位于临高县调楼镇，东距海口港80海里，南距新盈渔港4海里，西北面是北部湾，有公路通往临高县城18千米。

1990年6月，调楼渔港被农业部确定为全国二级群众渔港。

2000年底，渔港总面积38.9万平方米，其中水域面积34.1万平方米，陆域面积4.8万平方米，内港池5.3万平方米，外港池4.2万平方米，平均水深1.9米，最大水深5.8米，内港池可停泊50吨级以下船舶296艘、50吨级以上船舶220艘，外港池可停泊50吨级以下船舶800艘、50吨级以上船舶500艘。航道长795米，宽150米，平均水深4米，最大水深8米，防波堤长900米，护岸堤长680米，潮差4.11米，港口门向西，可避强风7级，可避热带气旋9级。日供油量180吨，日供水量1620吨，日供冰量230吨；贮油量200吨/次，贮冰量300吨/次，渔具加工厂4间，鱼产品交易市场3200平方米，渔港年进出渔船15000艘。

2004年，省海洋与渔业厅投资45万元进行护岸堤和维修防浪堤及挖深港池建设。

2005年，省海洋与渔业厅投资35万元进行护岸堤和维修防浪堤及挖深港池建设。

三、抱才渔港

1983年，抱才渔港防浪堤开始建设，至1986年完成防浪堤609米。

2004年，护岸堤由海南三嘉实业有限公司投资280万元承建，采取“土地出让养港建港”的原则，由抱才村划出海滩地0.67公顷，可建房屋63间给海南三嘉实业有限公司建房出售，然后由海南三嘉实业有限公司兴建护岸堤，于2006年竣工，完成护岸堤700米，清理石头1万平方米。同时，该公司还投资36万元，修建滨海公路710米。

2010年，抱才渔港池面积8万平方米，水深2.3～2.4米，可停泊渔船200艘左右，能避12级以下台风。

四、美夏渔港

2006—2007年，县政府共拨款90万元，修建防浪堤198米。

2010年，还有防浪堤173米尚未建好。港池面积13万平方米，涨潮时，水深2.8米，退潮时水深半米，可停泊渔船200～250艘，能避10级以下台风。

五、黄龙渔港

1987年，群众自力更生，把原来的防浪堤320米建设完整。

2007年6月，省海洋与渔业厅拨款30万元维修加固。港池面积16万平方米，平均水深2米，可停泊渔船400艘，避风能力8级以下台风。

2009年，临高县整合全县所有的渔港资源，把新盈、黄龙、武莲、调楼4个渔港按功能区分重新规划整合为黄龙中心渔港群。

至2010年，500米护岸堤尚未修理好。

六、头咀渔港

1992年，县水产局投资10万元，群众自筹2万元建设头咀港，面积0.8公顷，可停泊小船50艘避风。头咀港港池面积10万平方米，规模较大，平时只能停泊大船，遇台风时，大船只能在外港避风。

七、武莲渔港

武莲渔港，位于北纬19° 55′ ~19° 56′ ，东经190° 31′ ~190° 32′ ，位于著名的天然避风海湾——后水湾的东航道上，地处临高县调楼村、美良村（非渔业村）、武莲村、黄龙村的交汇地带，面临北部湾渔场、南海渔区，是一个以渔货码头、港口新城镇为主体建筑；为渔船、渔民提供服务为主要功能的港口基础设施建设项目。

2004年，武莲渔港项目，由海南义丰公司独资投资建设。完成初步设计方案、总体规划和可研报告。项目规划用海92.153万平方米，获准使用水域面积49.44万平方米；获准土地使用面积76.71万平方米；岸线总长1459米。项目分两期建设，一期投资7707.58万元，主要是扩建渔港，达到年渔货卸港量12万吨，设计建造船型600HP渔船，水域面积57万平方米(含航道)，同时停泊大小渔船至少1000艘；防波堤1038米，600HP渔船停泊位8个，400米码头；航道、航池总开挖土方72万立方米，陆域回填土方约100万立方米。拥有导航、通信、生产、生活、环保、消防、绿化、供水和供电等设施。从港口陆域面积、码头前沿水深、港区陆域纵深、年卸鱼能力等技术指标来看，本项目建成后，将成为海南最大的现代化专业渔港。

2008年2月18日，武莲渔港项目开工。

2009年，渔业基础设施建设进一步得到加强。武莲渔港项目，总投资7700万元，已投资5300万元，完成工程量60%。

2010年，武莲渔港项目已投资6200万元，完成工程量80%。

第五节 渔业生产

1986年，全县有渔船1237艘，总吨位7797吨，总马力20803匹，渔业生产总产量13329吨，总产值2096万元。当年，临高县委、县政府提出“更新改造渔船，向中深海发展”号召，在新盈镇昆社村试点，发动群众集资，向银行贷款，建造30～40吨、80～160匹马力适应中深海作业渔船。全县共更新改造渔船492艘、7810吨、31280匹马力，其中新增标准船185艘。每艘船均安装双机、绞网机、隔热收舱、对讲机，大大提高渔船的生产能力。

1989年，全县有渔船1783艘，总吨位18545吨，总马力38117匹，生产总产量25427吨，总产值9475万元。

1991—1994年，是临高渔业生产超常规发展的4年，水产品总产量年均65062吨，总产值年均20963万元，比1986—1990年水产品年均产量（18699吨）增长2.48倍，年均总产值（3904元）增长4.37倍。

1996年，全县渔业总产量112099吨，产值69704万元。

1999年2月14日，县委、县政府召开全县“再造一个海上临高”动员大会，出台《再造一个海上临高，建设海洋经济强县的决定》。县海洋管理局充分利用出墙报、出专刊、广播等形式，带着决定深入到沿海各村庄进行宣传。

2000年，全县渔船总数1799艘，总吨位45087吨，总产量195022吨，总产值119568.01万元，其中海洋捕捞产量12.42万吨，产值36663万元，捕捞产品人均占有量473千克。当年推广先进渔具渔法，三指高网目流刺网渔船210艘，开发粤东粤西新渔场366艘，渔业特产税收缴纳672.50万元。更新改造渔船198艘，其中单船80吨以上148艘。

2001年，县委、县政府在调楼镇召开全县渔业工作会议，表彰7个渔业先进单位、3个养殖明星企业、30艘明星渔船和9名养殖能手。临高县实施造大船、闯深海发展战略，促使海洋渔业继续保持快速健康发展，全县渔业生产总量238010吨，总产值146411.09万元，其中海洋捕捞产量15.55万吨，产值70477万元。同年，全县共投入资金1.5亿元，建造50吨以上渔船203艘，其中80吨位以上大船198艘，总吨位达到16189吨、装机总量28403千瓦。成为临高县历史上更新大吨位、大马力渔船最多的一年。在该岛东部和南海北部渔场生产的689艘渔船总产量达8万吨，实现产值42400万元。在外海生产的513艘渔船产量达80121吨。

2005年，全县累计拥有3219艘渔船，总功率196800千瓦，总吨位85595万吨，渔业总产量突破40.11万吨，产值27.73亿元，其中捕捞产量26.47万吨，产值22.17亿元，捕捞产量占全省捕捞的1/3。养殖产量2.7万吨。

2008年底，渔业总产量38.9万吨，总产值28.55亿元，其中海捕32.77万吨，产值24.35亿元；水产养殖3.3万吨，产值6.0亿元；渔民人均收入7501元。全年渔船柴油补贴9909.63万元。

1989—2010 年临高县渔业发展情况表

表 6-7-1

年　份	总产量（吨）	总产值（万元）	年　份	总产量（吨）	总产值（万元）
1989 年	25427	9475.00	2000 年	195022	119568.01
1990 年	30816	11087.00	2001 年	238010	146411.09
1991 年	39021	12153.00	2002 年	293018	192591.25
1992 年	56773	21402.00	2003 年	338867	221800.33
1993 年	77186	36687.00	2004 年	377867	233272.43
1994 年	87268	45410.00	2005 年	401188	277368.55
1995 年	100586	62068.00	2006 年	431143	350776.64
1996 年	112099	69704.00	2007 年	500469	363604.27
1997 年	119508	76931.00	2008 年	389034	285540.00
1998 年	130514	84606.00	2009 年	400470	323629.38
1999 年	154895	96314.00	2010 年	448824	365913.01

2010 年，全县渔船总数 4396 艘，占全省渔船 2.7 万艘的 16%，其中 80 吨位以上渔船 1286 艘。渔业总产量 44.88 万吨，其中海洋捕捞 40.89 万吨，产值达 28.93 亿元，占全省海洋捕捞产量 107 万吨的 38%，渔业经济总产值 36.59 亿元，连续 13 年位居全省首位。海洋渔业经济占全县 GDP 的 50%以上，渔民人均收入 8441 元。全年渔船柴油补贴 13522.66 万元。

1989—2010 年临高县渔业生产渔船总数表

表 6-7-2

年　份	艘数（艘）	总吨位（吨）	总功率（千瓦）	年　份	艘数（艘）	总吨位（吨）	总功率（千瓦）
1989 年	1783	18545	38117	2000 年	1799	45087	101511
1990 年	1934	17807	52623	2001 年	1879	58900	122895
1991 年	1859	21647	57200	2002 年	2018	67463	137838
1992 年	1814	29774	76410	2003 年	2058	62352	138557

续表 6-7-2

年 份	艘数（艘）	总吨位（吨）	总功率（千瓦）	年 份	艘数（艘）	总吨位（吨）	总功率（千瓦）
1993 年	1772	36244	98022	2004 年	2206	64591	149658
1994 年	1664	35615	96519	2005 年	3219	85595	196800
1995 年	1623	37575	94239	2006 年	3235	80150	209892
1996 年	1625	36130	92249	2007 年	3738	121210	235731
1997 年	1541	37077	98472	2008 年	4108	132361	264060
1998 年	1582	36728	89651	2009 年	4248	141416	289815
1999 年	1549	37785	89264	2010 年	4396	147502	309115

2006—2010 年临高县柴油补贴情况表

表 6-7-3

年 份	船数（艘）	主机动率	补助金额（万元）
2006 年	1227	110102.42	2319.28
2007 年	1361	128469.84	3358.75
2008 年	3976	250209.47	9909.63
2009 年	3957	248080.25	9512.78
2010 年	3746	225022.27	13522.66

说明：临高县自 2006 年开始实行渔船柴油补贴

1989—2000 年全县各乡镇海洋捕捞总产量表

表 6-7-4　　单位：吨

年份	总产量	新盈镇	调楼镇	美良镇	博厚镇	马袅乡	美夏乡	东英镇	其他
1989 年	25172	13348	10645	191	153	184	572	—	79
1990 年	30279	15587	12567	581	219	141	820	—	364
1991 年	37886	19241	16784	560	206	166	929	—	—
1992 年	55392	26908	25439	1268	250	200	1327	—	—
1993 年	75213	36701	35036	1264	300	203	1709	—	—
1994 年	83653	41071	38991	1323	247	212	1809	—	—
1995 年	93586	47534	41826	1523	310	267	2120	—	—

续表 6-7-4

年份	总产量	新盈镇	调楼镇	美良镇	博厚镇	马袅乡	美夏乡	东英镇	其他
1996 年	105743	52845	47800	1614	435	395	2489	15	150
1997 年	110902	53308	51326	883	271	317	2700	32	2065
1998 年	120501	59267	57431	330	300	153	2975	45	—
1999 年	142600	68529	67264	813	355	687	4882	70	—
2000 年	180019	87518	87605	640	448	200	3530	78	—

2000—2010 年临高县海洋捕捞生产情况表

表 6-7-5

年 份	捕捞产量（吨）	总产值（万元）	年 份	捕捞产量（吨）	总产值（万元）
2000 年	124213.11	36663.00	2006 年	285322.30	226154.80
2001 年	155519.10	70477.67	2007 年	317152.00	244093.00
2002 年	191730.99	80137.99	2008 年	327741.00	243595.00
2003 年	228613.60	201584.32	2009 年	334594.00	255955.00
2004 年	247643..30	215890.05	2010 年	408946.00	289322.31
2005 年	264719.90	221708.10			

第六节　渔业设备与技术

1986—1993 年，渔船技术装备简陋，渔业生产技术落后。1994 年，全县拥有 60 匹马力以上的中深海渔船 802 艘，渔船装备基本实现主机双机化、起网机械化、加工冰鲜化、联络电讯化。部分渔船配有卫星导航、罗兰 C 和雷达等先进设施。渔具渔法不断革新，流刺业，淘汰小网目刺网，巩固三指刺网，发展四指至十二指系列刺网，引进“三层网”和“通天网”，实行刺网系列化，兼作轮作。小马力拖虾船从引进单拖快刺型虾网，发展到 60 匹以上的新型疏目快网拖虾。钓业（延绳钓）改进流钓作业方式，围网方式水下灯光捕鱼。此外，还发展捕蟹网、墨鱼网等。

1996 年，临高实施“科技兴渔”战略，进行渔业产业结构调整，重点发展中深远海作业，进一步改造浅海作业，实行深浅双向发展。狠抓资金的投入，扩大生产规模，引进先进生产设备，优化基础设施建设，渔业生产能力和经济效益得到提高。同年，新盈镇通过多种途径集资 1939 万元（其中渔民自筹 1799 万元，国家贷款 140 万元），新造和购置渔船35艘，新增卫星导航仪9台，单边带电台5部，对讲机23台。

1997年，继续扩大了渔业生产规模，调整渔业产业结构，鼓励渔民大胆革新渔具渔法，在保留传统的三指网目优势的前提下，重点发展高网目四指生产。调楼乡渔民自筹资金1846万元，建造80吨以上的大渔船22艘；全乡渔船装配卫星导航仪135台，单边带电台123部，对讲机427部。全乡先后兴建冰厂5家，日产冰块190吨，基本满足渔船带冰生产的需要；兴办12个渔船机械维修厂，方便渔民修理机器；创办2个渔需品加工厂，组织陆上妇女3800人进行织网补网，使渔船出海不误渔时。

2001年，组织刺网渔船往粤东粤西海域开辟新渔场。由于这些海区的潮汐海流变化无常，对底层流刺网造成一定的影响，如作业中，网具经常出现打结浮网的现象。通过总结经验，大胆探索，把网具增加沉子加大沉力，采用夜间放网作业的方式。年内，全县总投入刺网渔船730艘、4.38万吨、9.71万千瓦。

2003年，县海洋与渔业局向省海洋厅申报“大型围网网具结构与材料改造项目”“二层高目流刺网及液压起网机项目”“新编织四指高目流刺网试验生产项目”“海水鱼虾淡化养殖研究”“海水人工鱼礁建设研究”等5个技术推广项目。全县流刺网作业渔船改造成大型灯光围网的渔船有149艘。灯光围网产量达到4.8万吨，比2002年同期增加2.7万吨，增长134%。新品种“酶香鱼”产品的加工新技术，经有关专家鉴定，得到肯定。调楼镇抱才村王正才一个流水创下最高产值17万元，年产值达100万元，单船单产是三、四指流刺网一般产量的2～3倍。美夏渔民在岛东渔场开发带鱼延绳钓生产，有的小钓船（人员3～5人），日收入近万元。安全村的渔船通过三指流刺网改造为三层网，有的渔船一个流水就收回全部投资成本。

2004年，临高引进海洋捕捞先进技术，推行渔具渔法改革，组织琼临高22068号和琼临高22038号2艘渔船进行“新型中层流刺网的设计与生产”试验，单船单产比三、四指高目网增长25%，产值增长30%。刺业渔船改成大型灯围渔船198艘，使大型灯围渔船达296艘，全年灯围产量8.9万吨，比上年增长90%。

2005年，引进和改进各种渔业生产技术32个，其中海洋捕捞18个，渔业科技对经济贡献率逐年提高。改造62艘中型拖网船，大型拖网船经过改造，大、中、小型灯围，罩网，拖网，刺网，白鲳通天网，延绳金枪钓，延绳钓，三层刺网等多种方式并驾齐驱，使各种作业方式能合理充分利用渔业资源，生产结构的科学合理调整，既提高渔业产量，降低生产成本，又提高渔业生产综合效益。

2007年，举办实用养殖知识培训讲座12期，免费发放养殖资料800本。举办四等职务船员6期人数1070人，五等职务船员2期406人，普通船员上岗培训118人，培训上岗渔民600人，举办渔业安全生产培训人数2000人次。加快建设临高渔业强县进程，渔船更新改造出现新气象。全年投入资金8000万元，新造渔船167艘，其中100吨位左右大船58艘。网具改革进一步深入，全县有90%以上流刺作业渔船改成三层流刺网作业和10%的灯光围网渔船改成灯光罩网作业，以及继续开发粤东、粤西、西沙、中沙、南沙新渔场，促进渔业生产持续快速发展。

2008年，搭建养殖优良品种与技术推广交流平台，引导国内外科研机构到临高开展渔业技术研究。在深海养殖、底播贝类育苗、鱼类疫病防治技术等方面，开展与广东海洋大学、青岛海洋大学、中山大学、海南大学、海南省水产研究所等科研院校建立长期合作关系，为临高的水产养殖提供优良品种和先进技术等服务。做好养殖新品种和新项目的引进和实施工作，向省海洋厅申报的"贝类底播养殖与规模化育苗生产示范"、"美国南方牙鲆人工育苗可行性建议书"和"巴沙鱼引进养殖可行性研究报告"等3个项目都得到省财政资金的支持，支持资金分别为53万元、20万元和30万元。人工繁殖美国南方牙鲆苗2万尾，平均体长3.2厘米，育苗攻关取得重大突破。53万元贝类底播养殖项目和30万元的巴沙鱼养殖项目已开始实施。

2010年，全县共举办培训班15期，受训渔农民1200人次。培训内容有：对虾、罗非鱼、金鲳鱼、石斑鱼等水产品养殖技术、渔船轮机技术、海洋捕捞新技术、渔业生产安全知识、水产品质量安全知识、渔业相关法律法规及规章。推广新技术，增加海捕作业科技含量，提高生产效率及经济效益。年初，县渔业局与发明人对新型液压触动式船用起网机进行反复实验，进一步完善新式起网机的多种参数指数（该项目2008年1月已获得中国知识产权局专利，专利号为ZL200620149619•X），此种起网机连同90-C对讲机等科技设备在渔区一经推广，深受渔民的欢迎。北方品种刺参全省首次在临高县工厂化试养1000平方米获得成功，产量1吨。海南品种糙海参人工育苗继续保持规模化育苗8万尾。此2项技术项目填补海南水产养殖的空白。

第七节　安全生产

一、生产安全培训

1986年，为方便渔民进出港签证，县渔监人员分别深入到调楼、美夏2个重点渔港进行船舶签证工作，共签证船舶339艘，做到凭证驾驶、凭证开机。同时，抓好职务船员的技术培训与考试工作，全年共举办培训2期2个班，参加培训195人，其中驾驶员90人，司机105人；考试合格发证191人，其中驾驶员87人，司机104人。

2002年，调整并充实县、镇、村三级渔业安全生产领导机构和渔船防台救灾机构30个，成员115人，涉及5个渔业乡镇、38个村委会。成立以主管渔业工作的副县长为组长，海洋与渔业局局长为副组长，县直有关部门的负责人为成员的领导机构。制定县、镇、村三级机构的工作方案和职责，层层签订安全责任书，落实具体责任人，从组织上保证渔业生产管理工作有序进行。

2003年，在伏季休渔2个月内，共举办各种专业知识培训班4期，参加培训人数220人次。培训国际海上避碰规则、驾驶知识、轮机知识、机舱管理、船电知识等内容。开展船东互保、人身保险工作，共有28艘渔船参加投保，投保人数336人，投保率居全省第二位。

2004年，在新盈、昆社、龙昆、安全、头咀、调楼、抱才、黄龙等村举办8期航海技术、渔业生产及涉外安全工作培训班，参加培训人员达1700人次，其中船长120人，船员1580人。培训内容着重渔船驾驶、柴油机原理，触电、救生以及海上避碰规则等有关航海知识和涉外安全知识。

2005年，为落实渔业安全生产责任制，加强渔民安全生产教育和培训，全年共举办20期渔业安全生产及职务船员培训班，参训渔民达2961人次，其中船长345人次。

2006年，共举办各种渔业培训班8期，培训渔民近2000人次。2007年，举办四等职务船员6期，培训1070人；五等职务船员2期，培训406人；普通船员上岗培训118人；培训上岗渔民人数600人；举办渔业安全生产培训班，参加培训约2000人次。

2010年，为应对渔业突发事件，制定《临高县2010年渔业安全生产应急预案》，加强渔业安全生产教育培训工作，以安全生产相关知识为培训课题进行培训，举办渔业安全生产培训8期，其中五等职务船员培训班4期，救生筏操作培训4期，参训人数2850人。

二、渔船通信

1987年，根据北部湾安全生产的通信需要，县渔业部门购置广州厂家生产的单边带电台。通过对话联系，替代“穆尔斯”电码发报方式。

1988—1998年，是全县渔业通信设备快速发展阶段。从单一用对讲机通话，发展到单边带电台通话。1998年，全县有对讲机1000部，单边带电台2000部，各类卫星导航200部，探鱼仪器几十部。自从渔民有了单边带电台后，海洋捕捞的产量年均增长35%。

2004年，临高渔业岸台实行24小时全天候值班制，电台的配套不断完善，建立各项规章制度和救助网络报告制度。初步构建以县岸台为中心，村岸台为基点，各船台为网点的渔业安全通信网络。省委、省政府投入500万元建立全省渔业安全通信网络，县海洋与渔业局积极宣传渔业安全通信网络对渔业安全生产的重要作用，向省厅申报为渔民优惠购置单边带通信设备 188 台，政府补贴款 56.4 万元，并无偿为渔民安装调试。同年，通过渔业岸台实施海上救助 5 宗，避免涉外事件 7 宗，避免海上作业纠纷 6 宗，共办理电台执照 187 本，年审 385 个，征收频率占用费 59340 元，罚款 600 元。积极做好“双拥”工作，把电台作联系部队与渔民之间的桥梁。由于工作措施到位，效果显著，被农业部南海区局纳入北部湾渔政巡航基地台，承担北部湾渔业安全通信任务。中国渔政指挥中心把临高岸台纳入全国 15 个渔业安全通信网络的基地台之一。

2007 年，全县渔船共安装短波单边带电台 500 部，超短波对讲机 2500 部，各类卫星导航 2300 部，各类探鱼仪器 400 部，全球卫星电台 1 部。6 个渔业岸台，其中沿海村委会岸台 5 个（昆社村、龙昆村、调楼村、抱才村、黄龙村）。各村委会岸台配备 2 部电台，专职人员 1 人。县渔业部门配备 2 部单边带电台，1 部对讲机，1 部近海渔业安全通信网。电台专职值班人员 7 人，并 24 小时开机值班，负责全县渔船在海上生产，涉外事件、海上救助、台风信息、渔情信息等。同年，渔业电台共为渔民办实事 50 宗。

2010 年，建设渔船生产动态监控平台，提升渔业安全监管信息化水平，构建“平安海上临高”。省海洋与渔业厅和渔业监察总队帮助渔民半价购买对讲机 20 台，为 539 艘大中型渔船配置 539 个北斗卫星终端设备，建立船位监控系统。

三、安全生产宣传与执法检查

1986 年，贯彻落实广东省水产厅关于“开展群众渔业安全月”活动的通知精神，在每年 5 月，均组织一次安全生产大检查。1988 年海南建省后，仍开展安全月活动，通过检查，各类渔船普遍增添铁锚、钢丝绳、收音机、罗盘等安全设备。几年内，渔业生产无重大安全事故发生。

2003 年，共进行 5 次规模较大的安全生产大检查。大检查中，全县补办各种证件 157 本。其中：检验证书 77 本，职务证书 82 本。配备救生衣 342 件，救生圈 98 个，航标灯 46 个，桅灯和尾灯 60 个，补打船名号 27 艘（包括号码不清 17 艘）。取缔“三无”渔船 72 艘（包括拆解人工暗礁）。同年，全县共发生海上交通事故和海上生产事故 16 宗。其中：特重大事故 1 宗，重大事故 2 宗，一般事故 13 宗。在海难救助中，县海洋与渔业局共派出人员 217 人次参加各种救助，派出渔监船、艇 19 艘次，挽回经济损失 584 万元。为保证海上卫生与安全，派出渔监人员 87 人次，租用小船 6 艘次，联系新盈镇政府调动 8 所中小学，动用 8 站等单位 800 多人次，清理渔港周边垃圾和各种混合物共 12 吨，清理报废渔船 44 艘。其中，新盈渔港 24 艘、调楼渔港 2 艘、龙昆渔港 18 艘。加强航标管理，原有 12 个航标中有 8 个因年久陈旧，光度下降，射程不远。为了确保船舶航行安全，渔监派出管理人员维修保养航标 36 船次，购置 5 套灯器，更换 5 个老灯标，使全县 10 个灯标正常发光，年发光率达98%。

2004年，以村委会广播站和渔业岸台为阵地，广泛宣传《中华人民共和国安全生产法》《渔船船舶报废暂行规定》《渔业船舶法检验规则》等法律法规，教育渔民树立“安全第一、预防为主”的思想意识。根据节假日渔船回港多的特点，有针对性地向沿海镇、村发出做好春节期间和“五一”国际劳动节、“十一”黄金周渔业安全工作的通知。据统计，共出动宣传车10辆次、船艇20艘次，悬挂横额30条，张贴标语1600张。组织120人次参加15组次安全检查组，采取县、镇、村联合检查，县内县外和港内港外的方式开展安全检查。累计检查渔船1278艘次。在检查过程中，共发出整改通知书200份，落实整改渔船150艘，落实配置救生衣450件、救生圈52个、灭火器52个、号型号志灯具204件。全年渔业生产安全事故发生15起，同比减少6起；死亡1人，同2003年死亡16人相比，减少15人；受伤8人，同比增加7人；财产损失89.2万元，同比减少359.29万元。

2005年，开展渔业安全生产专项整治12次，共检查渔船1068艘，发出整改通知书260张，办理船舶证书16个，配备救生衣150件，救生圈12个，办理渔船进出港签证76艘次，配备灭火器54个。同年，全县共发生海难事故12宗，其中特大事故1宗和涉外事件2宗，死亡15人，伤1人，财产损失80.2万元。在防风救灾海难救助工作中，共派出救助船76艘次，救助人员836人次，挽回经济损失140万元。发动渔民投保，增强渔民抗风险能力，当年有92艘渔船共868人次参加保险，投保金额5.2万元，有11名渔民办理保险理赔33万元。

2007年，全县共发生7宗海难事故，死亡1人，伤1人。出动船艇32艘次救助海事6宗，投入救助费用68万元，挽回经济损失120万元，救助船员91人。做好渔船船员人身保险工作，共有403艘渔船投保，参保渔民2824人，参保金额182680元。

2010年，为应对渔业突发事件，制定《临高县2010年渔业安全生产应急预案》，结合安全生产月和防灾减灾日，开展安全生产宣传教育咨询活动，在各地悬挂渔业安全生产宣传横幅40条，张贴标语2000张，发放书籍1000本。联合边防、安委会等执法部门，深入开展渔业安全生产三项行动，严厉打击部分违法违规渔船的作业，规范海洋捕捞生产秩序，彻底查出渔船存在的严重隐患。全年共出动执法船71艘次，出动执法人员65人次，检查渔船总数231艘，发现消防设备不齐50例、救生设备不齐81例，发出整改通知书71件，接受整改69例。共办理渔民人身平安保险19771份，参保船员6000多人，参保渔船833艘，保费总收入426.6万元（含中央和省的财政补贴）。同年，发生渔业安全生产海损事件6宗，伤亡4人，损失93.5万元。

附：临高海难事故纪实

1930年7月14日，临高境内发生龙卷风，下大暴雨，房屋倒塌，渔船翻沉，仅安全村就有30艘渔船翻沉，死亡渔民100多人。

1950年农历九月初五，台风袭击涠州渔场，调楼村12艘渔船被风浪打沉，死亡渔民120人。

1979年9月16日，共龙大队第二生产队1006号渔船（20匹小机船）到北部湾444海区生产，收到强风警报后，返航于儋县海头对开水深40米处，与船队失去联络，船上渔民11人下落不明。

1979年11月17日，新盈公社头咀大队几艘小艇，不顾气象台的强风警报，在强风时擅自冒险出海生产。结果5只小艇被风浪打沉，死亡2人，9名渔民被获救，这就是"11·17"海损事件。

同日，半渔半农的博厚公社洋甘大队第二生产队，在地引网生产时，因抢修断缆，造成2名渔民死亡。

1979年12月24日，强风刚过，风浪尚强，昌拱大队第九生产队副队长邓华雄和社员邓盛南为了多捕鱼，划小艇出海放钓，被风浪打翻小艇，2人死亡。

2003年10月19日凌晨2点多，临高渔民承租的"南渔214"船遭受大风浪袭击致翻船沉没，船上12人全部落海，经组织搜救，其中1人获救生还，其余11人下落不明。

2003年11月14日中午，琼临高11393号渔船在5342渔场放网作业，当时天下小雨。下午3点53分，船员陈小精穿上雨衣，上船头操作起网机收网，弯腰准备解开网结时，身上的雨衣下角被起网机圈铜拉住，连人卷入起网机。事故发生后，其他船员马上从甲板跑到船头，拉开起网机离合器，把船员陈小精拉出来。因其伤势过重而死亡。

2004年2月19日上午8时40分，县局接到县渔业岸台报告：琼渔12254号渔船于早上5时30人，在442渔场第七区作业时，被一艘不明船只撞沉。接到报告后，立即启动海上搜救预安，组织附近船只参加搜救。参加搜救的龙昆04009号渔船，救起3人，9人下落不明。

2004年8月29日，调楼镇黄龙上村3艘小型渔船于中午11时从黄龙港启航，前往调楼至抱才港外海作业。当时风力5~6级、阵风7级，约在18时张高起正在起网时，由于风力较大，张高起砍断网具，迅速返航回抱才港避风。约在20时30分，张高起、张永青、张永茂家庭向黄龙上村村委会和镇政府报告，请求派员给予救助，寻找张永青、张永茂2艘渔船及5名船员。县局接到遇险报告后，立即向县委、县政府报告，并指示立即组织人员搜救。县局组织中国渔政46053船前往遇险渔船作业海区进行搜救，21时左右，张永青船及3名船员获救。8月30日，继续协调组织搜救工作，再次指派中国渔政46053船出航搜救，11时，张永茂等2名船员在东英镇博纵港海上获救生还。

2005年1月12日，琼临高12167号渔船在443-444渔场生产作业时，主机发生故障，县局派出中国渔政46053船前往救助，拖回该渔船，12名船员获救，挽回经济损失50万元。

2005年2月18日，琼临高10021号渔船在返航回港避风途中，遭到风浪打沉。经多方救助无果，船上11人全部失踪，财产损失45万元。

2005年3月12日，琼临高01079号渔船与琼临高03066号渔船在新盈码头对开海域发生碰撞。接警后，县局派出中国渔政救助艇3艘次，航行20海里，解救2艘渔船和23名渔民。

2005年5月7日，琼临高12160号渔船在海口附近被廉机23号外省货轮碰撞，县局派出中国渔政救助艇2艘次，航行60海里，救回渔船1艘，挽回经济损失50万元。

2005年6月25日，琼临高01002号渔船在北纬20° 03′、东经109° 14′被强风袭击，发生沉船事故。县局派出中国渔政救助船46011等2艘次，航行140海里，派出8艘渔船参与搜救，救回渔民7人，挽回经济损失15万元。

2005年9月11日，琼临高10071号渔船在443渔场生产作业时，发生事故，县局派出中国渔政救助船46011等2艘次，航行140海里，救助渔船1艘，渔民11人。

2005年10月30日，琼临高13044号渔船与琼临高13047号渔船在490渔场生产作业时，主机出现故障，县局派出中国渔政救助船2艘次，航行160海里，救回2艘渔船，渔民17人，挽回经济损失90万元。

2005年11月8日，琼临高11399号渔船在537渔场作业时发生事故。县局派出中国渔政救助船46053等2艘，航行150海里，救回渔船1艘，挽回经济损失18万元。

2005年12月18日，琼临高01324号渔船航行中在北纬20° 02′、东经109° 47′遇险。县局派出中国渔政救助船46053等3艘次，航行90海里，救回渔船1艘、渔民2人，挽回经济损失8万元。

2006年7月13日，琼临高12217号渔船在北部湾417渔场生产作业，天气突然变化，狂风大作，雷雨交加，一时掀起狂风恶浪，将琼临高12217号渔船吞没。17时左右，被在邻近作业的琼临高11293号渔船及时救护，将13名落水渔民全部救上船。但琼临高11293号渔船沉没，直接经济损失45万元。

第八节　渔政管理

一、渔业许可制

临高县从1981年1月1日起，实施渔业许可证制度。1986年，临高县从实际出发，检查发证、换证、签证工作，对违规渔船，分别情况进行处理。新造、购、改装的渔船132艘；补办手续，发给证件，签证、换证的渔船434艘。此外，县渔业部门还积极配合公安边防进行海上联检，发现违规渔船15艘，其中11艘渔船被警告，罚款2140元。

2001年，全年办理渔业捕捞许可证年审1252艘，核发渔业捕捞许可证新证260艘；完成渔船办签证率88%，比上年同期增长16.6%。征收渔业资源增值保护费59.66万元。同时，为做好“三无”和“三证”不齐渔船清理整顿工作，经调查摸底，全县有“三无”和“三证”不齐渔船635艘，其中“三无”446艘，“三证”不齐189艘。在清理整顿中，先对县内港口进行清理整顿，共检查渔船342艘，补办各种证书92艘，其中“三无”59艘，“三证”不齐33艘，配备救生衣112件，救生圈14个，灭火器24个。对外港进行清理整顿，共检查渔船1387艘，补办各种证书141艘，其中“三无”66艘，“三证”不齐75艘，非法外迁3艘；配备救生衣1390件，救生圈252个，灭火器36个。

2003年，共征收渔业资源费55.9万元。办理和年审渔业捕捞证及小型渔船三合一证的换发工作，当年共审渔船1126艘，换发证书447本，换证率100%。

2004年，严格执行渔船审批制度，抓好渔业证件和渔船管理，积极做好“共同渔场”入渔申请、换证和签证收费工作。全年办理进出港签证876艘次，办理船舶证书68个，换发捕捞许可证380本，按期发放共同渔区和过渡性水域渔业捕捞许可证127个，年审证书917本，征收渔业资源费71万元。

2006年，抓渔船档案管理，通过全面普查，全县共有渔船3220艘，其中“三证”齐全988艘，吨位47689吨，功率129977千瓦；“三证”不齐渔船358艘，吨位7468吨，功率22095千瓦；“三无”渔船1874艘，吨位19873吨，功率63982千瓦。

2007年，进行全面普查，建立渔船档案，全县有3738艘渔船，其中“三证”齐全1360艘，吨位62085吨，功率132892千瓦；“三证”不齐渔船358艘，吨位17900吨，功率28640千瓦；“三无”渔船2020艘，吨位41225吨，功率74199千瓦。

2008年，办理与换发渔业捕捞许可证38本，年审1396本，发放渔船证书167本，年审382艘。发放柴油补贴金额9909多万元。

2009—2010年，继续建立健全渔船检验和档案管理制度，累计办理年审与换发渔业捕捞许可证860本，发放渔船证书1338本，年审658艘，签证报关158艘。

二、禁休渔执法

1986年，临高县渔业部门积极配合公安边防进行海上联检，发现违规渔船15艘，其中11艘渔船被警告，罚款2140元。

2003年，渔政管理着重抓好禁渔区管理，打击非法捕捞，保护渔业资源。县海洋与渔业局执行海区渔政渔港监督管理局《关于加强机动渔船底拖网禁渔区管理实施方案》，禁止机动渔船底拖网在禁渔区生产。把日常巡航执法和专项巡航执法结合在一起，打击一切违规行为。出动渔政艇130艘次，进行海上执法73次，共查处违规渔船632艘，罚款41.30万元。

2009年，建立健全渔船检验和档案管理制度，杜绝“病船出海”。建立与完善渔业安全责任制度和各种应急预案，加强北部湾渔场的护渔巡航工作。

2010年，全县休渔对象渔船共1734艘，其中停泊本港931艘，停泊外港803艘。全县共出动208人次参加检查，检查渔船186艘次，查获违规渔船25艘次。通过实行“海上查、港口堵、市场管”的全方位监管方式，实现“人上岸、证集中、网封存”管理目标。

第九节　海水、淡水养殖

一、海水养殖

1986年冬，县主要领导率队前往广东省湛江市的廉江县、海康县、遂溪县和徐闻县等地参观学习养虾经验后，全县沿海各地建造养虾场。

1987年底，全县共建成9个养虾场，总投资1079万元，养殖面积185.87公顷。9个养虾场：高贤养虾场、马袅养虾场、昌拱养虾场、文潭养虾场、头洋养虾场、东红养虾场、文科养虾场、和贵养虾场和洋甘养虾场。9个养虾场养殖的品种是墨吉对虾，该品种在盐度、pH酸碱度、溶解氧等环境因子突变时，适应能力弱，抗病力不强，养殖成活率低，再加上当时建设的虾塘面积大，对养殖管理、水质调控、饲料投喂和病害防治均带来管理不便。虾塘面积过大，进排水不分，池底淤泥过厚，池底排水不干，设施建设不科学，对养殖产量、效益和病害威胁造成较大影响，导致年年养殖、年年亏损。

1990年，海水养殖面积186.67公顷，其中养殖江蓠46.67公顷，养殖对虾6.67公顷，鱼类133.33公顷。

1994年，海水养殖310.99公顷，其中养殖江蓠11公顷，养殖对虾126.33公顷，养殖文蛤60.33公顷，养殖鱼类113.33公顷。养殖面积比1990年增长66%。

1998年，经过20世纪80年代的养殖摸索，临高县开始引进高位池养虾新技术。

2001年，县委、县政府召开全县渔业工作会议，提出建设军曹鱼养殖、黄花鱼养殖、鲍鱼养殖、文蛤养殖、海养种苗、海养饲料等六大养殖基地。组织养殖大户20人前往琼海参加省举办的鲍鱼养殖技术培训班，组织马袅乡养虾专业户30人到琼海市参观学习低位池改造经验。举办15期水产养殖技术培训班，培训养殖能手1000人，发放资料500册。全县共引进5个项目，兴建全省较大规模的8个工厂化养殖基地。当年海水养殖面积达897.47公顷，产量4657吨，产值12165万元。

2002年，开始引进新品种南美白对虾养殖。南美白对虾适应盐度、pH酸碱度、溶氧等环境变化能力强，抗病力强，养殖产量高，效益明显，是当时比较优良的品种，再加上当时养殖技术比较成熟，临高县高位池养殖南美白对虾每造产量一般为15～22.5吨/公顷，最高产每造产量可达30吨/公顷。一年可养二造。

2004年，海水养殖面积1423.66公顷，产量7566.91吨，产值14133.46万元。当年，海南中油深海养殖科技开发有限公司在临高投资建设深水网箱养鱼基地，临高深水网箱养殖从此进入发展阶段。同年，全县深水网箱养殖发展到108口。8月，由福建水产养殖公司投资开发的波纹巴菲蛤养殖项目在临高县金牌湾外海落户，放养面积为200公顷，投放蛤苗2500吨。同年，投入资金5000多万元，彻底改造低位虾池面积137.33公顷，占全县低位虾池392公顷的35.03%。其中文科养殖场改造30公顷，头洋虾场40公顷，大雅虾场24公顷，和焕虾场13.33公顷，穗发虾场23.33公顷，抱塘虾场6.67公顷。虾塘改造已超额完成省海洋与渔业厅下达改造指标的400%。

2006年，海水养殖“公司+渔民”新模式迅速发展，深海网箱养殖发展到85组340口。南方鲆养殖试验项目试养成功，并顺利通过验收。贝类底播养殖有新的突破。全县共有10家公司及渔民养殖南方牙鲆，投入养殖美国南方牙鲆7万尾。海水养殖面积1327.04公顷，产量21748.5吨，产值68774.8万元。

2008年，全县审核办理养殖证40本，涉及养殖水面面积433.34公顷。深海网箱养殖发展到193组772口，罗非鱼养殖发展到466.67公顷。贝类底播养殖面积达到466.67公顷，其中波纹巴菲蛤养殖200公顷，文蛤养殖133.34公顷，杂色蛤养殖133.34公顷，并取得良好的经济效益；全县对虾养殖面积400公顷，其中高位池养殖200公顷，低位池养殖200公顷。全年对虾产量8000吨。

1989—2010 年临高县海水养殖面积和产量表

表 6-7-6

年 份	面积（公顷）	产量（吨）	年 份	面积（公顷）	产量（吨）
1989 年	80.00	79	2000 年	1003.00	4339.44
1990 年	186.67	150	2001 年	897.47	4657.56
1991 年	206.6	192	2002 年	864.00	6316.85
1992 年	235.00	231	2003 年	900.87	7142.51
1993 年	230.00	222	2004 年	1423.66	7566.91
1994 年	310.99	416	2005 年	1129.00	16674.80
1995 年	364.00	599	2006 年	1327.04	21748.50
1996 年	377.30	879	2007 年	1383.30	24541.00
1997 年	624.50	2500	2008 年	1268.20	25330.00
1998 年	793.00	3003	2009 年	1346.93	29560.00
1999 年	847.00	4710	2010 年	1437.74	32789.00

2010 年，全县海水养殖面积 1437.74 公顷，产量 32789 吨，产值 7.61 亿元，分别增长 10.3%和 13.6%。发展深水网箱 1172 口，养殖总产量 11720 吨，总产值 3.1 亿元，实现利润（毛利）6200 万元。海洋底播养殖面积 1333.33 公顷（主要养殖华贵栉孑 L 扇贝、巴菲蛤、杂色蛤、鲍鱼、文蛤等），年产量 11300 吨，总产值 8000 万元，实现利润 3500 万元。推广罗非鱼精养面积达 1000 公顷，增长 50%。产量 15000 吨，增长 66.6%，产值 13500 万元，增长 87.5%。对虾养殖 400 公顷，工厂化养殖 6 万平方米。

二、淡水养殖

临高县可供淡水养殖的水资源丰富，全县有尧龙水库、新盈水库、加来农场敦灵水库和蓄水工程 96 宗，可利用养鱼面积 2008.13 公顷，其中鱼塘 72 公顷，苗塘 4.8 公顷，山塘 221.93 公顷，水库 1709.4 公顷。可饲养的鱼类主要有鲢、鲫、鲭、草、鳊、鲶、娃娃鱼等 50 多种。

1986 年，全县淡水养殖面积 698.6 公顷，产量 201.3 吨，单产 288.14 千克/公顷。1989 年，全县淡水养殖面积 1206.67 公顷，产量 213 吨，单产 176.52 千克/公顷。

1994 年，全县淡水养殖 2201.2 公顷，总产量 2984 吨。其中池塘养殖 203.4 公顷，产量 2234 吨；沟养殖 191.8 公顷，产量 190 吨；水库养殖 1471 公顷，产量 548 吨；其他养殖 334.73 公顷，产量 12 吨。

2000 年，全县淡水养殖面积 2568 公顷，产量 6501 吨，产值 1660.4 万元。2003 年，全县淡水养殖面积 1169.29 公顷，产量 5175 吨，产值 2711.4 万元。2004 年，全县淡水养殖面积 1571.32 公顷，产量 5541 吨，产值 3782 万元。县鱼苗场引进的淡水珍珠养殖项目和波莲镇美吾水库引进的巴西鲷养殖取得良好的经济效益和社会效益，淡水珍珠产量超过 200 万粒。巴西鲷收成比常规品种高 40%。

2006 年，抓好罗非鱼养殖工作，以昌拱大规格罗非鱼养殖基地为示范点，以超雄罗非鱼苗生产基地为依托，全面拉动淡水养殖大规格罗非鱼的热潮。在昌拱周勤富大规格罗非鱼养殖 66.67 公顷基地的示范和带动下，有台湾罗非鱼养殖大户王蔡永强超雄罗非鱼生产基地为依托，通过"扶、帮、带"作用，有力拉动全县淡水养殖大规格罗非鱼向高投入、高效益方向发展。水库精养面积从 100 公顷发展到 233.33 公顷，农民精养面积从 40 公顷发展到 100 公顷。全县淡水养殖面积 1508.57 公顷，产量 3763.7 吨，产值 2358.82 万元。

2007 年，全县淡水养殖 1559.6 公顷，产量 5505.1 吨，产值 3430 万元。2009 年，全县淡水养殖面积 1388.44 公顷，淡水产品养殖总产量 5783 吨。全县罗非鱼养殖面积 1266.68 公顷，其中小型水库精养罗非鱼 768.11 公顷，年产罗非鱼 819 吨。开发水面深水体精养罗非鱼已成为临高县淡水养殖业的支柱产业。

2010 年，全县推广小型水库精养罗非鱼 804.27 公顷，年产量 1294 吨。全县淡水养殖面积 1306.4 公顷，产量 6197 吨，产值 4454 万元。

1989—2010 年临高县淡水养殖面积和产量表

表 6-7-7

年份	面积（公顷）	产量（吨）	年份	面积（公顷）	产量（吨）
1989 年	1152.00	189.0	2000 年	2568.00	6501.0
1990 年	1403.06	291.0	2001 年	1555.07	4422.0
1991 年	1657.46	766.0	2002 年	1496.00	4682.0
1992 年	1874.40	1026.0	2003 年	1469.27	5175.0
1993 年	2035.00	1624.0	2004 年	1571.32	5541.0
1994 年	2201.20	2984.0	2005 年	1454.47	3771.0
1995 年	2532.40	6042.0	2006 年	1508.57	3763.7
1996 年	2449.06	4992.0	2007 年	1559.60	5505.1

续表 6-7-7

年份	面积（公顷）	产量（吨）	年份	面积（公顷）	产量（吨）
1997 年	2457.26	5152.0	2008 年	1337.40	5294.0
1998 年	2465.33	5662.0	2009 年	1388.44	5783.0
1999 年	2495.80	5920.0	2010 年	1306.40	6197.0

第十节　水产品加工

2008 年，成立临高县水产品加工业企业海南思远食品有限公司。海南思远食品有限公司是临高思远实业有限公司的子公司，也是海南省农业产业化重点企业。产品已取得欧盟认证，美国 HACCP 认证，俄罗斯认证和中国卫生质量体系认证等。公司主营产业是水产品的养殖、深加工、销售、出口等。

2010 年，公司拥有生产车间 5000 平方米，年生产能力 20000 吨。公司配备有世界先进的液相色镨仪及整套的水产品检测设备。按国际通行的卫生质量标准进行卫生监控和欧盟 492/493 指令生产。公司主要生产的水产品种类有南美对虾、罗非鱼(片)、带鱼、军曹鱼、白苍鱼等 10 多种产品。精加工的产品有包面包虾、包面包鱼及熟虾系列等。公司生产加工的原料主要来自公司自有的养殖生产基地。为确保产品安全、提高国际市场的竞争力，公司已建立了 200 公顷的南美白虾及 400 公顷罗非鱼无公害生态养殖示范基地。

第十一节　渔业企业

一、临高海丰养殖发展有限公司

临高海丰养殖发展有限公司创建于 2002 年，注册资本 1000 万元人民币，主要经营海淡水养殖、海产品加工和销售。产品畅销欧美、东南亚、日本等国家和中国台湾地区，中国大陆地区销售已遍布 20 多个省份。

公司总部设在海口市的核心商业区，办公面积 300 多平方米；养殖基地位于临高县新盈镇头咀村，占地 3680 平方米；公司拥有海域使用权约 266.67 公顷。拥有捕捞及养殖船只 24 艘。公司人员 228 人，主要管理人员 21 人，技术人员 12 人，包括研究生 2 人、本科生 6 人；公司平均年龄 35 岁，初步形成一支年富力强，事业心重的团队。公司于 2009 年 10 月成功注册“后水湾”“海丰养殖”等商标。主要养殖品种为卵形鲳鲹，俗称金鲳鱼、短鳍鲳等，为暖水性鱼类，名贵海产经济鱼类之一。至 2010 年，已成为国内规模最大的深海网箱养殖公司。公司先后被农业部及海南省政府分别授予“农业部水产健康养殖示范场”“海南省农业产业化重点龙头企业”称号；产品被农业部农产品质量安全中心授予“无公害农产品证书”，被国家海南出入境检验检疫局授予“出境加工用水产养殖场检验检疫备案证书”，被水产加工流通协会认定为“海南省优质水产品出口原料基地”，并通过 ISO 质量管理体系认证。公司在行业内享有较高的声誉，获得“粤海鱼王”称号。

二、海南宝路水产科技有限公司临高分公司

海南宝路水产科技有限公司临高分公司是由挪威皇家极品有限公司于 2008 年 12 月 1 日在临高马袅独资设立的一家集水产科研、鱼苗繁殖、成鱼养殖于一体的外资、高科技型水产企业，注册资金 2783.379 万元。临高分公司苗种基地占地面积 66.67 公顷。2010 年，公司有员工 110 人，其中大专以上学历技术员 9 人，水产博士 2 人。基地拥有设施先进的孵化室月产水花 2 亿尾；实验室配套设备齐全；培育亲鱼的池塘 43.33 公顷，取卵罗非鱼亲鱼 15 万尾。年生产罗非鱼鱼苗 4 亿尾，年产值近 1 亿元。销售遍及广东、海南、广西、云南、福建等。

第八章 水 务

第一节 机 构

1986 年，临高县水利电力局内设人秘股、计财股、水利股、农电股、水政资源股、工管股、设计室、三防办公室。下辖农电管理总站、抱美水电站、白燕滩水电站、尧龙水库管理所、波莲灌区管理所、凤蛟灌区管理所、和兴灌区管理所、机电排灌总站、多文岭电灌站、物资供应站、钻井队、调楼供水公司、协和可乐饮料厂、美香咖啡农场等 14 个单位。

1996 年 6 月，县水利电力局内设办公室、水利股、工程管理股、水政股、农电股、三防办。下辖单位调整为水利管养总站（管理尧龙、波莲、凤蛟、和兴 4 个工程管理所）、水利设计室、三防办、水电培训中心、机电排灌总站、多文岭电灌站、物资供应站、钻探工程大队、调楼供水公司、协和可乐饮料厂、美香咖啡农场。临高电业公司（原农电管理总站）并入海南电业股份有限公司。

1999 年 10 月，临高县水利电力局更名为临高县水利局，为县政府直属单位。2001 年

9月，更名为临高县水务局。

2007年12月，临高县水务局定为县政府直属事业单位，内设办公室、规划计划股、水资源水土保持股、建设与管理股、供水节水股5个股室和县防汛防风防旱总指挥部办公室（挂靠）。同年设立县水务机关事业委员会，临高县自来水公司划入县水务局管理。

2010年6月，临高县水务局调整为县政府工作部门，行政单位。内设办公室、规划计划与建设管理股、农村水利和城市水务股、水资源水土保持股4个股室和县防汛防风防旱总指挥部办公室，下辖县水利工程设计室、县水政监察大队、水电技术培训中心、抱美水电站、尧龙水库管理所、波莲灌区水利工程管理所、凤蛟水利工程管理所、和兴水利工程管理所、南宝第五支渠灌区水利工程管理所9个事业单位和县机电排灌总站、多文岭电灌站、物资供应站、钻井队、调楼供水公司、县自来水公司等。

第二节　中小型水库

一、小型水库

2002年起对病险水库进行除险加固，经过对全县小（2）型以上病险水库进行调查规划，并列入计划逐年实施，全县小（2）型以上水库45座，其中中型水库2座、小（1）型水库9座、小（2）型水库34座，兴利库容7225.35万立方米。至2010年底已完成投资2858万元，实施完成尧龙、兰文、东红、潭尼、潭牛5座水库除险加固，对全县防洪防旱、兴利除害发挥作用较大。

2006年，全县有中小型山塘水库61座（除尧龙水库），其中（1）类型6座，小（2）类型55座。其中皇桐23座、东英9座、博厚7座、波莲6座、和舍4座、临城4座、调楼2座、多文2座、新盈2座、南宝2座。全县山塘水库总库容量2451万立方米，受益面积1901公顷。

2010年，全县有山塘水库96座，总库容9245万立方米。小（2）型水库及山塘属镇、村集体所有并管理运用；小（1）型及以上水库属国有水利工程。

2010年临高县小（2）型以上水库除险加固规划建设情况一览表（一）

表6-8-1

序号	水库名称	工程规模	所在河流	集水面积（平方千米）	总库容（万立方米）	兴利库容（万立方米）
1	尧龙	中型	文澜江	80.60	6083.00	3950.00

续表 6-8-1

序号	水库名称	工程规模	所在河流	集水面积（平方千米）	总库容（万立方米）	兴利库容（万立方米）
2	抱美	中型	文澜江	397.60	1011.00	977.00
3	跃进	中型	大塘河	75.90	5381.00	3970.00
4	潭牛	小（1）型	马袅河支流	9.10	234.80	195.00
5	东红	小（1）型	文澜河支流	5.60	121.00	66.00
6	吾尔	小（1）型	文澜河支流	2.38	128.50	103.70
7	波莲	小（1）型	文澜河	5.33	495.43	58.50
8	新市	小（1）型	文科河	5.60	134.00	100.00
9	兰文	小（1）型	文澜河支流	5.35	219.00	155.75
10	潭尼	小（1）型	汉龙溪	9.72	391.00	239.00
11	敦灵	小（1）型	文澜河支流	6.50	334.00	260.00
12	美良	小（1）型	文澜河支流	4.70	238.00	124.00
13	楷模	小（2）型	马袅河支流	1.86	58.30	48.80
14	都保	小（2）型	大塘河支流	0.80	30.00	18.00
15	和伍	小（2）型	马袅河支流	1.00	30.00	20.00
16	美隆	小（2）型	文澜河支流	22.00	78.30	5.85
17	楷上	小（2）型	马袅河支流	1.057	25.00	18.00
18	美万	小（2）型	马袅河支流	1.36	71.70	49.30
19	文贤	小（2）型	马袅河支流	0.80	33.00	24.50
20	美锐	小（2）型	马袅河支流	1.00	45.00	36.20
21	和可	小（2）型	加来水支流	2.80	78.00	63.24
22	布大	小（2）型	大塘河支流	0.31	13.80	8.50
23	抱利	小（2）型	大塘河支流	1.06	88.00	64.00
24	凤雅	小（2）型	文澜江支流	1.10	16.00	11.00
25	美巢	小（2）型	大塘河支流	3.24	44.20	20.00
26	东春	小（2）型	黄龙水支流	4.00	42.60	11.50
27	美略	小（2）型	文澜河支流	0.80	25.00	13.00
28	头星	小（2）型	文澜江支流	1.10	34.00	15.00

续表 6-8-1

序号	水库名称	工程规模	所在河流	集水面积（平方千米）	总库容（万立方米）	兴利库容（万立方米）
29	和文	小（2）型	文澜江支流	3.00	92.90	62.92
30	和兴	小（2）型	文澜江支流	0.80	23.10	11.80
31	多招	小（2）型	文澜江支流	2.50	50.00	34.90
32	和福	小（2）型	单独入海	1.50	26.80	19.26
33	龙新	小（2）型	龙新河	1.10	16.00	9.50
34	东英	小（2）型	单独入海	1.10	30.00	18.00
35	和皇	小（2）型	汉龙溪	1.20	90.00	70.00
36	罗堂	小（2）型	马袅河	1.20	76.40	69.00
37	龙灵	小（2）型	汉龙溪	3.00	44.60	30.00
38	墩顶	小（2）型	马袅河	1.00	26.80	20.00
39	武新	小（2）型	文澜江	1.30	72.00	56.00
40	六包	小（2）型	文澜江	3.30	36.20	17.80
41	抱庞	小（2）型	文澜江支流	1.90	34.50	21.50
42	抱美	小（2）型	文澜江支流	1.00	45.50	32.00
43	和勋	小（2）型	文科河支流	0.80	35.00	22.00
44	干校	小（2）型	文澜江支流	1.80	35.00	27.97
45	和朗	小（2）型	文科河支流	0.90	32.00	21.96
46	大老	小（2）型	文科河支流	0.90	37.00	24.90

2010年临高县小（2）型以上水库除险加固规划建设情况一览表（二）

表 6-8-2

序号	水库名称	坝形	坝顶高程（米）	最大坝高（米）	坝顶长度（米）	灌溉面积（公顷）	放水洞形式	2010年大坝安全类别
1	尧龙	均质土坝	109.00	27.90	1160.0	6000	预制砼圆涵	二
2	抱美	土坝及溢流堰	53.30	6.00	677.0	12666	预制砼圆涵	三
3	潭牛	均质土坝	84.20	17.50	749.0	544	钢筋砼圆管	二

续表 6-8-2

序号	水库名称	坝形	坝顶高程（米）	最大坝高（米）	坝顶长度（米）	灌溉面积（公顷）	放水洞形式	2010 年大坝安全类别
4	东红	均质土坝	22.00	8.00	550.0	220	浆砌石盖板方	二
5	吾尔	均质土坝	61.30	10.00	350.0	200	涵	三
6	波莲	圬工重力坝	46.40	8.00	600.0	10000	钢筋砼圆管	三
7	新市	均质土坝	11.60	6.10	720.0	273	钢筋砼平板门	三
8	兰文	均质土坝	93.40	15.40	480.0	166	钢筋砼圆涵	二
9	潭尼	均质土坝	45.23	13.23	615.0	290	浆砌石方涵	二
10	敦灵	均质土坝	96.52	18.20	206.0	200	钢筋砼圆管	三
11	美良	均质土坝	55.20	13.00	330.0	100	钢筋砼圆管	三
12	楷模	均质土坝	75.68	6.64	206.0	100	钢筋砼圆管	三
13	都保	均质土坝	70.50	7.50	257.0	33	浆砌石方涵	三
14	和伍	均质土坝	20.50	5.00	156.0	26	浆砌石方涵	三
15	美隆	均质土坝	51.00	7.00	380.0	66	砼预制管	三
16	楷上	均质土坝	64.42	8.80	85.0	23	浆砌石方涵	三
17	美万	均质土坝	72.50	5.00	273.0	113	条石盖板方涵	三
18	文贤	均质土坝	76.50	5.50	117.0	44	浆砌石方涵	三
19	美锐	均质土坝	46.50	5.50	132.0	33	浆砌石方涵	三
20	和可	均质土坝	105.55	9.00	94.0	66	浆砌石方涵	三
21	布大	均质土坝	116.50	5.00	80.0	13	浆砌石方涵	三
22	抱利	均质土坝	115.55	5.67	187.0	66	浆砌石方涵	三
23	凤雅	均质土坝	93.42	4.25	73.0	46	砼预制圆涵	三
24	美巢	均质土坝	92.70	6.60	110.0	20	砼预制圆涵	三
25	东春	均质土坝	14.24	6.00	234.0	13	砼预制管	三
26	美略	均质土坝	23.47	3.00	100.0	20	浆砌石条	三
27	头星	均质土坝	48.50	6.00	264.0	20	条石盖板方涵	三
28	和文	均质土坝	15.50	8.00	320.0	40	圬工方涵	三
29	和兴	均质土坝	79.75	6.00	207.0	13	浆砌石方涵	三

续表 6-8-2

序号	水库名称	坝形	坝顶高程（米）	最大坝高（米）	坝顶长度（米）	灌溉面积（公顷）	放水洞形式	2010 年大坝安全类别
30	多招	均质土坝	18.00	5.00	260.0	20	浆砌石方涵	三
31	和福	均质土坝	30.60	6.60	113.0	33	条石盖板方涵	三
32	龙新	均质土坝	13.50	6.00	500.0	40	砼预制圆涵	三
33	东英	均质土坝	25.50	6.50	120.0	23	砼预制圆涵	三
34	和皇	均质土坝	45.00	5.00	180.0	66	浆砌石方涵	三
35	罗堂	均质土坝	29.60	6.5.0	160.0	66	浆砌石方涵	三
36	龙灵	均质土坝	13.60	8.00	13.6	43	浆砌石方涵	三
37	墩顶	均质土坝	26.05	5.00	185.0	13	砼预制圆涵	三
38	武新	均质土坝	44.70	8.00	687.0	66	浆砌石方涵	三
39	六包	均质土坝	33.80	5.00	130.0	30	浆砌石方涵	三
40	抱庞	均质土坝	105.10	9.50	220.0	46	浆砌石方涵	三
41	抱美	均质土坝	46.50	5.00	220.0	42	条石盖板方涵	三
42	和勋	均质土坝	57.58	5.80	100.0	46	条石盖板方涵	三
43	干校	均质土坝	85.00	9.00	300.0	40	浆砌石方涵	三
44	和朗	均质土坝	58.50	7.00	120.0	33	条石盖板方涵	三
45	大老	均质土坝	86.00	10.00	185.0	33	浆砌石方涵	三

二、中型水库

至 2010 年，全县共有中型水库 3 座：尧龙水库、抱美一水库和跃进水库。

（一）尧龙水库

尧龙水库位于文澜江上游，1957 年开始兴建，1958 年 5 月竣工。设计灌溉面积 6000 公顷，其中直灌加来 1800 公顷，补水文澜江调节灌溉 4200 公顷，正常库容 3950 万立方米。1980 年 1 月，临高县调整水利工程管理机构，尧龙水利工程管理所为隶属县水利电力局管理的全民所有制事业单位。1986 年，尧龙水利工程管理所仍为隶属县水利电力局管理的全民所有制事业单位。1994 年，尧龙水利工程管理所被评为先进管养所，所长刘汉勇被评为全国劳动模范。2000 年，由水利部、珠江水利委员会及省内专家对水库进行鉴定，评定为三类坝。2002 年，由国家、省、县三级投资 1050 万元，对尧龙水库溢洪道、大坝、涵管进行除险加固，加固后大坝为二类坝，运行安全。2003 年，对水库进行除险加固。2007 年，尧龙水库工程管理所定性为准公益性事业单位，编制 60 人，工程管理范围为库区、大坝及其附属设施、尧龙干渠等。

（二）抱美一水库

抱美一水库原名为抱美水坝，始建于 1970 年，1972 年基本建成，1975 年扩建加高，1979 年 12 月竣工投入运行，是一宗位于文澜河中游集灌溉、防洪、发电为一体的多功能水利枢纽工程。曾于 1986 年和 1995 年对溢流堰体进行灌浆加固处理。2008 年注册为一宗中型水库，被列入国家除险加固计划，总库容 1011 万立方米，正常库容 977 万立方米。灌区渠道为美南渠道，灌溉波莲镇的抱美、古柳、冰廉、武来、和薰等村，设计灌区面积 679 公顷。设计发电过水流量 8 立方米/秒，装机容量 1000 千瓦（2 台机组）。2009 年，水库大坝安全鉴定评为三类坝。

管理机构名称为抱美水电站，2009 年，抱美水电站列入临高县财政补贴，大坝公益性岗位 21 人。

（三）跃进水库

位于南渡江支流大塘河的临高县和舍镇境内，1972 年 9 月开工建设。集雨面积 75.9 平方公里，总库容 5381 万立方米，兴利库容 3970 万立方米。坝型为均质土坝，主坝顶长度 1018 米，副坝 2 座，总长度 1089 米，土坝护坡为干砌石厚度 30 厘米。1974 年 7 月，库区工程完成。运行过程发现土坝渗漏，背水坡局部滑崩，土坝上游护坡损坏。1985 年，进行主坝加固，背水坡设砂碎石导渗沟，填土培厚增设通汽车道，坝顶增建浆砌石防浪墙高度 1 米；土坝上游护坡改建为浆砌石加现浇混凝土（厚度 10 厘米）护面。并对东干渠绕库段加高培厚，临库面渠堤增设干砌石护坡。放水涵管为钢筋混凝土结构，管径 2 米，坝后水电站装机 2 台容量 200 千瓦。溢洪道为有闸门控制，净宽度 15 米，设三孔 5.4×4.3 米钢筋混凝土平板闸门。水库为松涛东干补水水库，补水渠道长 6.2 千米联结松涛东干渠的渠道。该渠道全面混凝土防渗，渠堤顶均能通车。

第三节 防洪排涝工程

一、防洪工程

文澜江是临高县的防洪重点，下游河段河面较窄且弯曲，沿江两岸没有防护堤防，行洪不稳定、发大水时容易出槽淹没县城及周边村庄。1993 年、1996 年，洪水 2 次出槽淹没县城，最深处达 3.8 米。1997 年，临高县水利电力局委托省水利设计院编制完成文澜江防洪规划及下游防洪预案，1998 年 10 月，经海南省政府办公厅批复。2000 年 7 月，海南省水利局批复临高县文澜江临城河段防洪工程可行性研究报告，规划建设河段两岸堤防，北起白燕滩坝，南止于原美迎坝，河段长 6.3 千米，堤防工程全长 15821 米，其中临城河段防洪堤长 12391 米（新建 5320 米，已建堤防 2871 米，规划堤防 4200 米），头铺沟堤防长 3430 米。其中左岸堤长 6.19 千米，右岸堤长 6.22 千米。沿堤布设排水涵闸左堤 10 座，其中新建 2 座；右堤 9 座，其中新建 4 座。布设下河步级：左、右堤共 13 处。2009 年，开始开工建设。

1993—2004 年，分 2 次投入建成 1 号桥至 2 号桥两岸堤防 1460 米，1 号桥至下游右岸 1000 米，2 号桥至上游左岸 271 米，扩宽河道至 100 米。

2001 年，临城河段应急加固堤防投资 150 万元。2003 年，投入 664 万元建成文澜江出海口左岸防潮堤工程，共完成土堤加高厚 2188 米，土堤挡墙加固及砼护坡 1500 米，土堤草皮护坡 2188 米。新建防潮排涝闸 1 座，维修旧闸 2 宗，道路 4 千米。2004 年，投资 450 万元建设主堤工程长度 800 米（左堤 3+360～4+160），其中新建堤段 713 米（桩号 3+360～4+073），续建堤长 87 米（桩号 4+073～4+160），涵闸 3 座及堤顶人行道路。2005 年，投资 40 万元应急修复左岸堤防 105 米（4+071～4+176）。2007 年，投资 601 万元，（其中县自筹资金 504 万元，省投资 87 万元）建设堤防 541 米（3+360～3+901）。

2009 年，文澜江临城河段防洪工程总投资 2328 万元，其中中央投资 776 万元，省配套 1086 万元，县配套 466 万元。项目实施加固文澜江堤防 3.3 千米，改造堤防 2 千米，保障沿江两岸居民的防洪安全，美化沿江城市景观，推动沿江两岸经济带的开发。

2010 年，投资 2328 万元建设堤防工程，对 1～3 号桥两岸已建堤防，结合现代亲水、休闲、景观管理念进行改造；对 3 号桥—龙力坝地段两岸，结合自然坡地；利用自然景观，修建自然护岸和亲水游艇码头，供居民游玩；拆除龙力坝改为板闸，坝顶高程由原来的 23.00 米改为 23.500 米；新建 4 号桥至设美迎村右堤，并进行河道景观设计。

二、排涝工程

临高县农田面积 21333.33 公顷，田洋多数地势较平，66.67 公顷以上的田洋有 27 个。1986—1999 年，开挖 27 条大排沟，总长 191.25 千米，排涝面积 18020 公顷。由于没有硬化加固，排水系统杂草丛生、淤积不畅通。1999—2010 年，大力开展农业综合开发，年均投入 1000 万元（包括中央、省投资，县自筹、群众捐款、群众投工投劳）建设配套防渗、防塌硬化加固灌排渠沟、整治田间路网管工程，其中排水工程占总工程费的 35%。

1999—2010年临高县排涝工程情况表

表 6-8-3

年份	整治区域	加固排灌沟渠		治理排涝面积	兴建建筑物
		数量（条）	长度（千米）	（公顷）	（宗）
1999年	县城东田洋	—	23.00	400.00	—
2000年	皇桐镇抱伦田洋	2	2.00	533.33	—
2001年	南宝田洋	63	27.00	400.00	620
2002年	临城镇调俗田洋	132	7810.00	800.00	2437
2003年	波莲田洋	125	9888.00	800.00	1646
2004年	博厚镇田洋	56	34.60	800.00	1136
2004年	临城镇奇波田洋	20	13.58	186.67	465
2005年	头发田洋	171	69.25	906.67	1646
2006年	东英镇大前田洋、博厚镇得六田洋、新盈镇和贵田洋	151	78.00	720.00	—
2007年	皇桐镇群芳田洋	64	17.20	306.67	576
2007年	龙波大主田洋	33	15.00	286.67	380
2007年	多文镇兰合田洋	15	5.40	140.00	212
2008年	南宝松古田洋	47	27.52	333.33	668
	新盈镇东兰田洋	27	10.50	333.33	402
	马浪田洋	3	2.50	133.33	—
2009年	博郎田洋、美本田洋、抱沙田洋	39	22.90	800.00	—
2010年	调楼镇昆殿田洋、博厚镇龙干田洋、和客田洋	46	19.20	1266.67	1383

三、防潮堤防洪工程

（一）马袅防潮堤工程

位于临高县东部的马袅墟附近，是临高至马袅的主要交通道。马袅防潮堤工程于1971年9月开工建设，1973年基本建成。它的建成使临高至马袅的交通路程缩短320千米。防潮堤总长836米，其中主坎530米、副坎306米；溢统汇长82米，过水闸门9孔，真孔浮宽2米，抱闸总宽22米。坝址集雨面积16.5平方千米，集水长度26.2千米。2001年投资350万元进行除险加固。

（二）亲贤防潮堤工程

位于马袅墟市场附近的皮波河下游，1972年建成。集雨面积47.7平方千米，堤长340米，顶宽3.5米，最高处3.35米。2003年投资93万元，加高厚防潮土堤，护坡铺设革皮，修整堤顶路面；新建闸门六孔，真孔宽2米。保护面积137.87公顷，养殖面积53.33公顷，保护下游大片红树林免遭洪水冲击。

（三）美夏防波堤、昌汉防潮坝工程

2005年，美夏防波堤，昌汉防潮坝受第18号台风“达维”的影响而受损。美夏防波堤投资35万元，修复堤长110米；修复昌汉防潮坝投资10万元。

（四）大僚防潮堤工程

位于调楼镇龙楼，长1770米，始建于1966年。2009—2010年共分3期组织实施，总投资1094万元，完成加固培厚原有土堤段长1770米，迎水面采用C20砼，现浇护坡厚15厘米，背水坡东高程2.10米以下采用干砌石护脚，其余部位采用草皮护坡，拆除重建引水闸4宗，排水闸3宗，更新闸门与启闭设备。保护耕地面积203.27公顷，其中水田116.6公顷；保护盐田227.6公顷。保护调楼镇10个村庄，人口8900人。

（五）彩桥防潮堤工程

该工程位于新盈镇的东南部，1986年前已经建成坝长470米，坝顶宽5米，坝底宽23米，坝高5.8米。1986—1989年，国家先后拨款12.30万元维修加固堤防1073米。2009—2010年，完成彩桥防潮堤除险加固，工程总投资457万元，加高培厚度有土堤段长1073米，浆砌石护坡厚35厘米，拆除重建闸孔15宗，更换启闭设备，保护新盈镇和波莲镇的生态环境，保护人口3900人。

（六）新和防潮堤

位于新盈镇东南部和贵村旁的滨海地带，西邻头咀渡口。1958年，由当地群众投劳兴建，防潮全长2430米。2002年，除险加固，完成全部土堤加高培厚、浆砌石及混凝土护坡、涵闸、预制沿石铺设、铺种芽皮及管理房等，工程投资387万元。

第四节　农田水利工程

一、主要灌溉渠道工程

临高县灌溉用水主要由松涛水库东干渠供给，水源相对充足。全县蓄水工程干渠50.1

千米，支渠26.9千米，斗渠133千米，农渠115.5千米，配套建筑物623宗，设计灌溉面积3206.67公顷。引水工程19宗，大多数属松涛水库东干渠控灌，中型引水工程13宗，小型引水工程6宗。干渠279.7千米，支渠143千米，斗渠509.8千米，农渠934.3千米，配套建筑物3945宗，设计灌溉面积28293.33公顷。

1987年，全县投入37.83万个工日，维修大小水利渠道489条，长达913千米，提水站11宗，小水电站18宗，江海堤围1宗，修复小水库7宗，回归水工程17宗，封江堵河30处，配套建筑物72宗，共完成土石方35.73万立方米，混凝土200万立方米。

1994年，增加农业投入，加强基础设施建设，全县投入1289万元，投入劳动工日173.4万个，全面整治大小洋田渠道，疏挖渠道1830千米，恢复和改善灌溉面积4800公顷，改造中低产田1675.3公顷。

2004年，全县共维修大小水利渠道1231条，长1987千米，配套建筑物1340宗。高标准整治博厚洋、奇波洋，开挖渠道36条，长25千米。

2010年，投资500万元进行大型灌区续建配套与节水改造，其中中央资金400万元，省配套资金50万元，县配套资金50万元。完成风蛟分干渠续建配套7.26千米，配套建筑物80宗。工程实施工艺标准高，土方工程坡面平整，边线顺直，开挖到位，回填密实；混凝土现浇符合设计要求，表面平整、厚度足，草皮铺设密实，成活率高。新增灌溉面积373.3公顷，恢复灌溉面积1306.6公顷，改善灌溉面积2133公顷，新增节水灌溉面积866公顷。

2010年临高县各类灌区渠道工程情况表

表6-8-4

项目名称	项目名称	所属乡镇	灌溉面积		取水流量（立方米/秒）	年可供水量（万立方米）	水源工程名称	固定渠道（沟）长度（千米）
			设计面积（公顷）	有效面积（公顷）				
1	波莲灌区(中型)	波莲镇	12566	8000	16.78	15682.74	波莲水库	147.92
2	风蛟分干灌区	皇桐镇	4120	2813	5.72	5142.00	松涛东干	35.70
3	大塘河分干灌区	和舍镇	1633	593	2.17	2038.00	松涛东干	27.00
4	南宝四支灌区	南宝镇	2006	1667	2.73	2504.00	松涛东干	15.50
5	南宝五支灌区	南宝镇	1360	1100	1.85	1697.00	松涛东干	27.00
6	尧前支渠灌区	和舍镇	807	313	1.03	1007.00	松涛东干	11.70

续表 6-8-4

项目名称	项目名称	所属乡镇	灌溉面积		取水流量（立方米/秒）	年可供水量（万立方米）	水源工程名称	固定渠道（沟）长度（千米）
			设计面积（公顷）	有效面积（公顷）				
7	群顶支渠灌区	和舍镇	407	407	0.58	508	松涛东干	6.0
8	东江支渠灌区	多文镇	853	567	1.17	1065	松涛东干	13.5
9	美台支渠灌区	临城镇	560	253	1.17	699	松涛东干	5.4
10	松枝支渠灌区	多文镇	2713	2713	3.59	3386	松涛东干	25.0
11	六勺支渠灌区	皇桐镇	1320	1320	1.75	1647	松涛东干	5.6
12	皇桐支渠灌区	皇桐镇	1573	1033	1.98	1964	松涛东干	27.0
13	马袅支渠灌区	皇桐镇	833	493	1.07	1040	松涛东干	12.5
14	尧龙水库灌区	和舍镇	2120	1933	2.86	2646	尧龙水库	48.3
15	加龙井斗渠灌区	和舍镇	1007	453	1.43	1256	松涛东干	5.8
16	茶胡斗渠灌区	和舍镇	527	267	0.75	657	松涛东干	4.5
17	平乐斗渠灌区	和舍镇	547	413	0.78	682	松涛东干	4.7
18	兰合斗渠灌区	多文镇	373	193	0.53	466	松涛东干	5.5
19	美珠斗渠灌区	皇桐镇	633	107	0.90	790	松涛东干	3.8
20	多招斗渠灌区	皇桐镇	280	173	0.40	349	松涛东干	4.4
21	东江水坝灌区	多文镇	347	347	0.49	433	东江水坝	12.8
22	龙跃水坝灌区	临城镇	133	100	0.19	166	龙跃水坝	3.9
23	东兰洋引水灌区	新盈镇	213	193	0.30	266	东兰洋闸	5.5
24	金利水坝灌区	皇桐镇	220	167	0.31	275	金利水坝	8.7
25	和天引水灌区	博厚镇	113	73	0.16	141	和天水闸	7.8
26	抱沙引水灌区	临城镇	760	733	1.08	948	抱沙水闸	8.2

二、工程简介

（一）美南渠道工程

1962 年兴建。2005 年 11 月，县财政投入 81 万元，改造配套防渗渠道 4 千米，配套建筑为 35 宗。

（二）波莲西总干渠工程

2002年，工程投资150万元，加固防渗1.5千米。2005年，全面加固防渗，安排资金1209.40万元（包括波莲东干渠）。

（三）波莲西分干渠道工程

波莲西分干渠道工程于1957年开始兴建，1963年基本开挖完工，1972年因灌溉面积不断增加而对骨干工程进行扩建开挖成现在的规模，长24.77千米，设计流量5.74立方米/秒，灌溉面积4900公顷。2003年冬季发动干部群众全线清淤维修。2007年，投资200万元完成14+670～18+800渠段防渗加固长4.13千米，配套建筑物38宗。2008年，投资400万元，完成0+0000～0+550渠段防渗加固长5.5千米，建筑物配套53宗。

2009年，投资950万元（含东英分干渠9.58千米），完成5+550～7+680、18+800～20+000、22+100～24+770段长度6.55千米加固，配套建筑物28宗。2010年，实施波莲西分干渠新盈一分渠及东干渠头铺支渠节水改造工程，总投资800万元（中央新增农资补贴资金）。项目实施续建配套防渗新盈一分渠及头铺支渠渠系20.393千米，配套建筑物281宗，新增和恢复灌溉面积200公顷，改善灌溉面积800公顷，解决新盈镇头泗村、临城镇文书村等村委会的农业生产用水问题。实施波莲西分干渠东春支渠渠系配套工程，总投资440万元，其中中央投资200万元，省配套40万元，县配套40万元。项目实施续建配套防渗东春支渠渠系13.1千米，配套建筑物109宗，新增和恢复灌溉面积166.67公顷，改善灌溉面积273.33公顷，进一步解决调楼镇东春、东里等村委会的农业生产用水问题。

（四）东英东分干渠道工程

1957年兴建，长度12.42千米，设计流量4.68立方米/秒，灌溉面积3613.33公顷。2004年冬，投资160万元，加固防渗2+620～6+460渠道长3.82千米，配套建筑物47宗。2009年，投资950万元（包波莲西分干渠道6.55千米），防渗加固配套（0+000～2+640、5+290～6+590、6+940～12+580）渠段长9.58千米，配套建筑物50宗。

（五）新盈新分渠渠道工程

长度为8.15千米，设计流量0.65立方米/秒，灌溉面积628.33公顷。2005年冬，投资71.23万元，实施防渗加固2.69千米。2008年，投资291万元。防渗配套主渠道长400米、田间农毛渠13条，长20千米。2010年，投资379万元，防渗加固7.75千米，配套建筑物164宗。

（六）新盈旧分渠渠道工程

1960年兴建，长8.6千米，灌溉面积20公顷。2003年，通过政府投入各界支持筹集20万元，对整条渠道彻底整治维修，加固防渗612米，整平路面7.2千米，配套各类建筑物36宗。2010年，全部防渗加固。

（七）波莲西分干渠末级渠道节水改造工程

即第一支渠、东春支渠，2条长13.11千米。2010年冬，争取国家小型农田水利建设资金480万元，防渗配套渠道13.11千米，建筑物109宗。

（八）波莲东干渠道工程

1956年兴建，1964年扩建，长度19千米。设计输水流量5.31立方米/秒，灌溉面积4133.33公顷。2001年冬，县财政投资120万元，对最下游的洋甘，红畔4千米长的渠段全面整治配套。2002年冬，县财政投入资金190万元完成博厚渠段4千米的防渗加固配套。2005年，冬季投资1209.40万元（包括西干渠），完成加固防渗渠道24.92千米，配套各种建筑物242宗。

（九）东江水坝引水渠道工程

临高县解放后第一宗水利工程，渠道全长12.5千米，过水流量0.6立方米/秒，灌溉面积400公顷。2002年，共投资100万元，修复大坝，配套防渗引水渠道。2009年，列入小型农田水利工程，投资137万元，防渗配套4千米，配套建筑物18宗。

（十）松支渠道系松涛干渠引水工程

1968年兴建，长25.02千米。2009年，投资1079.31万元，完成渠道三面防渗续建配套20.67千米，配套建筑物299宗。

（十一）美台支渠道工程

渠道长5.4千米，设计流量1.17立方米/秒，设计灌溉面积706.67公顷。1986—1988年，2719工程，对头榔计渠和美台支渠改造加固防渗。

（十二）凤蛟分干渠道工程

20世纪60年代兴建，长11.4千米，设计流量3.0立方米/秒。1986年，2719工程项目（1985—1988年实施的世界粮食计划署援助松涛水库东灌区农林水综合开发工程简称2719项目工程），针对下游危险渠段进行了加固防渗。1994年，昌富倒虹吸管工程配套后，设计流量增加至4.0立方米/秒，设计灌溉面积5002.67公顷。2003年，国债项目投资180万元，完成渠道三面防渗4千米配套建筑物12宗。2010年，大型灌区续建配套与节水改造项目，投资500万元，完成防续建配套7.26千米，建筑物配套80宗。

（十三）凤蛟第一支渠渠道工程

1986年，2719工程对该渠道险段改造防渗加固。1993—1994年，凤蛟灌区，完成昌富倒虹吸管工程，管形为圆形内径1米的双层钢盘砼，完成倒虹长3.84千米，是一宗设计及施工难度较大的工程，设计流量1立方米/秒，由松涛水库水利水电建筑安装工程公司承建。为保证工程质量，选派一位工程师、一位技术员和一位农委干部专住工地监督。

（十四）皇桐支渠渠道

1969年兴建，长18.24千米，设计流量1.91立方米/秒，灌溉面积1573.33公顷。2009年，列入松涛大型灌区项目续建配套与节水改造，工程投资800万元，防渗加固配套18.24千米，建筑物201宗。

三、水土保持

（一）水土流失状况

1986—2010年，全县有水土流失面积128.57平方千米，占土地总面积的9.8%。水土流失多以轻度和中度侵蚀为主，其中轻度侵蚀面积9889.6公顷，占总流失面积的76.9%；中度侵蚀面积1685.1公顷，占总流失面积的13.1%；强烈侵蚀面积1282.7公顷，占总流失面积的10.0%。水土流失主要分布在坡耕地、缓坡园地、疏幼林、迹地、植被覆盖较差的丘陵台地以及荒地等地类上，以水力侵蚀为主，侵蚀形式主要是面蚀，局部存在沟蚀，也存在一定面积的风蚀，主要分布于沿海沙地。此外，局部地区还分布有崩岗及河（沟）岸淘刷、崩岸等点状水土流失。

（二）重点防治区划分

重点预防区：区域范围涵括临高县现有自然保护区、湿地、森林公园等区域，具体包括沿海防护林带（含红树林保护区）、文澜河河口自然生态保护区及沿河滨江绿地、新盈湿地自然保护区、红岛林场和红华农场等林地保护区，抱美、尧龙、跃进等水库库周水源涵养林带等，涉及调楼、博厚、多文、东英、波莲、南宝、和舍等乡镇，全区土地面积165.93平方千米，占全县土地总面积的12.6%，其中，水土流失面积7.83平方千米，占区域总面积的4.72%，年土壤侵蚀模数在100～300t/km^2.a（t/km^2.a指一年内每平方公里面积的土地上允许有多少吨泥沙流失量）之间，植被覆盖度达到75%以上。区域植被相对较好，但因降水量大、暴雨（台风）集中等原因，一旦植被破坏，极易造成水土流失，水土流失的潜在危险相对较大。因此，明确区域生态定位，严格控制人为破坏活动和生产建设活动扰动强度，加强区域植被和生态的保护，对全县实施可持续发展战略具有重要作用。

重点治理区：区域范围包括文澜河中下游、大唐河上中游、马袅河中游以及临高县东部、南部丘陵台地等区域，涉及临城、调楼、多文、皇桐、博厚等。全区总土地面积为252.84平方千米，占全县土地总面积的19.2%，其中，水土流失面积39.69平方千米，占区域总面积的15.7%，年平均土壤侵蚀模数在500t/km^2.a以上，植被覆盖度达到40%以下。区域特征：本区域植被覆盖度相对较低，人为活动密集，人为扰动水土资源现象严重，且坡耕地相对集中，造成的水土流失相对比较严重，已影响区域内人民生产、生活，制约地方社会经济发展。

（三）水土流失类型区划分

临高县属于南方红壤区（一级区）中海南及南海诸岛丘陵台地区（二级区）中的海南沿海丘陵台地人居环境维护区（三级区）。根据上述分区原则，充分考虑临高县的自然条件、自然资源、社会经济和水土流失实际情况，将临高县划分为以下 4 个类型区。

北部沿海平原轻度中度水土流失区：包括临城、调楼、新盈、东英等乡镇，全区总土地面积 35301.40 公顷，占全县土地总面积的 26.81%，其中水土流失面积 5443.12 公顷，占该区土地面积的 15.42%。

中部平原台地微度轻度水土流失区：包括博厚、波莲等乡镇，全区总土地面积 32012.12 公顷，占全县土地总面积的 24.31%，其中水土流失面积 1488.90 公顷，占该区土地面积的 4.65%。

东部台地轻度微度水土流失区：包括多文、皇桐等镇，全区总土地面积 32870 公顷，占全县土地总面积的 24.96%，其中水土流失面积 2874.8 公顷，占该区土地面积 8.75%。

南部丘陵台地轻度中度水土流失区：包括南宝、和舍、加来等乡镇，全区总土地面积 31506.52 公顷，占全县土地总面积的 23.92%，其中水土流失面积 3050.63 公顷，占该区土地面积的 9.68%。

2006 年，进行文澜河中上游来宝小流域治理。在堤岸边坡采取 C20 砼、浆砌石等网高式铺砌，建成梯级式 U 形槽引排水沟。堤坡顶种上竹和铺草皮，有效防止了水土流失。

2007 年，进行南宝松梅溪小流域综合治理。松梅溪小流域是临高县水土流失严重的区域之一，集雨面积 10.3 平方千米，溪流长 3.8 千米，项目治理工程 2.1 千米，溪沟加固 0.9 千米，小排沟加固 1.5 千米，投资 150 万元，水土保持项目治理后，改善流域的生态环境和人民群众的生产生活条件，促进当地经济发展。

第五节　城乡供水

一、饮水工程

1986—2010 年，农村饮水经过分散实施、饮水解困、饮水安全三个阶段；县城、和舍镇取水方式从地下取水到地表取水，至 2010 年，供水规模不断扩大、供水能力不断增强，全县 1/3 的人口用上自来水。

1986—2002 年，饮水工程采取民办公助的原则，有的地方发动外出工作人员捐款和群众集资办法解决饮水难问题。2003—2005 年，饮水工程实施 3 年解困，经过 3 年的努力，共投入建设资金465万元，其中中央及省投资金379万元，县配套资金45.30万元，自筹资金40.70万元，完成饮水工程62宗，其中机井15宗，大口径井45宗，电泵井1宗，铺设供水管网1宗。年增加供水能力112.5万吨，受益村庄和墟镇62个，受益人口30823人。2006—2010年，饮水安全工程被列入“十一五”规划实施，县水务、发改、扶贫、卫生等部门共同实施。

2009年，全县投资1042.1万元，建设农村饮水安全工程11宗，解决饮水不安全人口2.19万人。其中由县水务局组织实施项目10宗，投资607.4万元（中央投资364.38万元，省配套243.02万元），完成大雅、和珍、昌黎、田新、洋大、龙干、美山、南堂、波浪、松明等10宗饮水安全工程，改善当地村民用水条件，解决饮水不安全人口12018人，受益人口13613人。由松涛水利工程管理局组织实施的和舍水厂二期工程顺利完成，投资434.7万元，供水受益人口11312人，其中饮水不安全人口9896人。

2010年，全县实施完成农村饮水安全工程7宗，总投资670万元，解决饮水不安全人口1.22万人。其中，新建工程6宗，投资733万元（中央投资514万元，省配套219万元）实施完成新盈镇安全村、皇桐镇洋黄村、多文镇多郎村、东英镇文连村、临城镇吾尔村机井及管网配套工程，配套博厚镇魁斗村饮水安全工程；由县政府投资27万元续建配套调楼镇群道村饮水工程。

2010年底临高县已建集中式供水工程基本情况表

表6-8-5

工程所在地	工程名称	建成时间	设计供水能力（立方米/天）	受益人口（人）	水源类型	现状日供水量（立方米/天）
博厚镇	博厚水厂	1982年9月	200	2483	地下水	120
	端用水厂	2003年10月	150	717	地下水	45
	马袅水厂	2004年1月	420	1052	地下水	70
	乐豪饮水工程	2005年12月	300	1554	地下水	100
	红牌饮水工程	2005年12月	400	2306	地下水	200
	大雅饮水工程	2009年11月	200	1192	地下水	100
	和珍饮水工程	2009年11月	200	1023	地下水	100
	龙干饮水工程	2009年11月	200	1498	地下水	130

续表 6-8-5

工程所在地	工程名称	建成时间	设计供水能力（立方米/天）	受益人口（人）	水源类型	现状日供水量（立方米/天）
博厚镇	洋大饮水工程	2009 年 11 月	200	1355	地下水	100
	魁斗饮水工程	2010 年 12 月	80	460	地下水	20
多文镇	多文水厂	1998 年 9 月	100	1859	地下水	70
	抱利水厂	2002 年 5 月	100	268	地下水	30
	新风水厂	2003 年 1 月	450	1501	地下水	100
	文潭水厂	2003 年 8 月	40	182	地下水	10
	博郎水厂	2004 年 4 月	50	1168	地下水	50
	美山饮水工程	2009 年 11 月	300	1760	地下水	140
	兰庞饮水工程	2010 年 12 月	100	1437	地下水	100
临城镇	临城地表水厂	2010 年	15000	70000	地表水	7000
	田军水厂	1983 年 10 月	80	419	地下水	20
	美当水塔	1986 年 10 月	150	1778	地下水	150
	学田水厂	1986 年 12 月	40	486	地下水	25
	龙力水厂	1997 年 10 月	100	1780	地下水	100
	昌拱水厂	2002 年 10 月	700	1902	地下水	100
	兰黑水厂	2003 年 10 月	40	159	地下水	20
	新瑞水厂	2003 年 10 月	50	701	地下水	40
临城镇	发豪水厂	2003 年 11 月	540	1569	地下水	100
	美台水厂	2004 年 10 月	810	4093	地下水	200
	奇地水厂	2004 年 11 月	100	1386	地下水	100
	头南饮水工程	2006 年 11 月	100	683	地下水	20
	文潭饮水工程	2007 年 12 月	200	1350	地下水	90
	昆逢饮水工程	2007 年 12 月	100	852	地下水	60
	邦浪饮水工程	2008 年 12 月	200	1308	地下水	100
	和焕饮水工程	2008 年 12 月	100	315	地下水	40
	田新饮水工程	2009 年 11 月	400	2139	地下水	220

续表 6-8-5

工程所在地	工程名称	建成时间	设计供水能力（立方米/天）	受益人口（人）	水源类型	现状日供水量（立方米/天）
临城镇	吾尔饮水工程	2010 年 12 月	100	1048	地下水	100
皇桐镇	龙波水厂	2001 年 10 月	650	1992	地下水	130
	皇桐水厂	2003 年 11 月	935	3516	地下水	250
	美吉饮水工程	2006 年 11 月	100	764	地下水	40
	武维饮水工程	2007 年 12 月	200	1045	地下水	90
	风雅饮水工程	2007 年 12 月	300	1566	地下水	100
	古风饮水工程	2008 年 12 月	200	1078	地下水	100
	洋黄饮水工程	2010 年 12 月	100	1127	地下水	100
新盈镇	水产局新盈水厂	1968 年 3 月	100	1785	地下水	70
	新盈镇自来水厂	1982 年 2 月	920	12628	地下水	600
	新盈镇昆社水厂	1984 年 6 月	300	3825	地下水	200
	新盈镇龙昆水厂	1985 年 6 月	200	2853	地下水	150
	新盈镇安全水厂	1995 年 5 月	300	5000	地下水	250
	新盈镇头咀水厂	1996 年 7 月	300	5000	地下水	250
	南堂饮水工程	2009 年 12 月	200	1411	地下水	100
	安全村饮水工程	2010 年 12 月	300	7000	地下水	300
波莲镇	波莲水厂	2003 年 12 月	1020	18500	地下水	1020
	武来饮水工程	2007 年 12 月	300	1732	地下水	120
	多贤饮水工程	2008 年 12 月	100	932	地下水	60
	美道饮水工程	2008 年 12 月	100	806	地下水	60
东英镇	东英水厂	1979 年 9 月	200	3012	地下水	150
	博纵水厂	1996 年 9 月	50	513	地下水	30
	文祖水厂	2003 年 1 月	120	363	地下水	20
	兰刘水厂	2003 年 6 月	50	125	地下水	10
	文连饮水工程	2010 年 12 月	100	1113	地下水	100
	美夏水厂	2004 年 12 月	643	3700	地下水	200

续表 6-8-5

工程所在地	工程名称	建成时间	设计供水能力（立方米/天）	受益人口（人）	水源类型	现状日供水量（立方米/天）
东英镇	灵山饮水工程	2006 年 11 月	100	730	地下水	60
	美鳌饮水工程	2006 年 11 月	300	1572	地下水	100
	龙新饮水工程	2006 年 11 月	100	887	地下水	50
	昌黎饮水工程	2009 年 11 月	100	817	地下水	70
	波浪饮水工程	2009 年 11 月	200	1353	地下水	100
调楼镇	罗堂水厂	1983 年 9 月	80	1520	地下水	60
	美良水厂	1983 年 10 月	480	639	地下水	40
	调楼供水公司	1986 年 4 月	800	12640	地下水	700
	黄龙水厂	1988 年 3 月	300	4088	地下水	200
	抱才水厂	1988 年 3 月	200	3650	地下水	200
	黄龙上水厂	1996 年 8 月	80	797	地下水	50
	群道饮水工程	2006 年 11 月	300	1925	地下水	100
南宝镇	松梅水厂	1993 年 10 月	60	669	地下水	40
	南宝水厂	1998 年 11 月	70	280	地下水	15
	南宝饮水工程	2006 年 11 月	500	2884	地下水	200
	武郎饮水工程	2007 年 12 月	200	1156	地下水	100
	松明饮水工程	2009 年 11 月	200	1065	地下水	100
和舍镇	和舍地表水厂	2009 年 12 月	3000	18939	地表水	1500

二、水源建设

文澜江是临城镇区的主要地表供水水源。文澜江全长 86.5 千米，流域面积 77.7 平方千米，河床平均坡降 1.47‰，河流落差 311.8 毫米；径流深度 782.5 毫米。文澜江水量主要靠降水补给，是海南省重要工程水利之一。文澜江临高段平均流量 13.5 立方米/秒，水深 3.61 米；常水期平均流量 7.6 立方米/秒，水深 3.39 米；最小流量 2.3 立方米/秒，水深 3.21 米；年平均径流量为 2.40 亿立方米，文澜江常年水量充沛，水质未受到污染。

1986 年，县自来水公司负责县城供水，公司有员工 110 人。在县城建有 2 口井，出水量为 1400 立方米/天。至 1995 年，通过 2 次调价，水价从每吨 0.25 元调到 0.80 元。

1995 年，县自来水公司用水户达 6000 多户，年售水量 90 多万吨，年产值 70 多万元。1996 年，水价调整为居民生活用水 1.20 元/吨，经营用水及特种用水为 1.50 元/吨。同年，县自来水公司用水户为 8174 户，年售水量 150.58 万吨，年产值 180.70 万元。

2000 年，公司在县城建 8 口井，出水量为 5600 立方米/天。2007 年 6 月，由海南渝安临城水业有限公司投资 3977.71 万元兴建临城地表水厂（县政府于 2010 年 12 月份回购），建设规模为 5 万立方米/天，分 3 期建设，第一期建设规模为 1.5 万立方米/天供水量。水厂取水源点位于临城镇多莲村，以文澜江为水源，厂区位于临城镇临新路临城糖厂内，厂区占地总面积 3.31 万平方米，构筑物占地面积 1.89 万平方米。

2004 年，居民生活用水调整为 1.40 元/吨，经营用水为 1.70 元/吨，特种用水为 2.0 元/吨。

2007 年，县自来水公司归县水务局管理，内设办公室、财务部、生产部、安装维修队、收费站，有员工 248 人。

2010 年，公司在岗职工 243 人。公司已铺设直径 75 毫米以上的供水管网 35.9 千米，全镇供水户 9861 户，占总户数的 75%，全年供水量 438.4 万立方米；全镇分散开采地下深井共 15 口（其中 5 口井已报废），总出水量约为 10000 立方米/天，直接由井向城镇管网供水。公司用水户达 9861 户，年售水量 182.63 万吨，年产值 255.68 万元。

2001—2010 年临高县居民生活用水情况表

表 6-8-6

年 份	用水户（户）	用水量（吨）	水 价（元/吨）	供水产值（万元）
2001 年	7624	1048442	1.2	125.81
2002 年	7908	1318194	1.2	155.18
2003 年	8174	1505826	1.2	180.70
2004 年	8499	1525952	1.4	185.63
2005 年	8672	1543255	1.4	202.06
2006 年	8800	1546021	1.4	216.44
2007 年	9035	1637956	1.4	229.31
2008 年	9310	1667533	1.4	233.45
2009 年	9637	1747672	1.4	244.67

续表 6-8-6

年 份	用水户（户）	用水量（吨）	水 价（元/吨）	供水产值（万元）
2010 年	9861	1826320	1.4	255.68

说明：1986—2000 年的用水户、用水量、供水产值无档案记载

三、灌溉水费征收

1986 年，贯彻执行《中华人民共和国水法》，结合临高县的实际，进行水利工程水费征收。水稻灌溉面积每亩收缴稻谷 10 千克。瓜菜、果树、香茅等经济作物每亩收缴稻谷 15 千克。淡水养殖，每亩计收水费 25 元。

1997—2003 年，调整水利工程农业用水分类水价。粮食作物按量计费的，以支渠配水点计算的水价由每立方米 0.0175～0.021 元提高到 0.0357 元；按公顷计费的水价由每公顷 262.50～315 元提高到 480 元；其他经济作物水价由每立方 0.035～0.042 元提高到 0.12 元；水产养殖利用水库水面积养殖的水价按年总产值的 8%计收。供水养殖水价由每立方米 0.0612～0.0735 元提高到 0.15 元。

2004—2010 年，依据《中华人民共和国水法》《水利工程供水价格管理办法》《海南省水利工程管理办法》《海南省发展与改革厅关于水利工程农业供水价格问题的通知》，计收水利工程水费，水田及粮食作物水费每亩征收 25 元；果树、经济作物水费每备征收 41.6 元；瓜菜地水费每备征收 80 元；鱼塘养殖水费每亩征收 120 元。

1992 年临高县计收水费任务分配表

表 6-8-7

受益乡镇名称	县政府下达水稻灌溉面积（公顷）			应计收水费粮（千克）	代收手续粮（千克）	水费粮分成（千克）			
	合计	其中				合计	其中		
		县灌	松涛直灌				松涛管理局	县水电局	乡镇（农场）管理单位
临城	46.67	46.67	—	7000	350	6650	1995	2660	1995
文澜江	640.00	640.00	—	96000	4800	91200	27360	36480	27360
博厚	1720.00	1720.00	—	258000	12900	245100	73530	98040	73530
波莲	880.00	880.00	—	132000	6600	125400	37620	50160	37620

续表 6-8-7

受益乡镇名称	县政府下达水稻灌溉面积（公顷）			应计收水费粮（千克）	代收手续粮（千克）	水费粮分成（千克）			
	合计	其中				合计	其中		
		县灌	松涛直灌				松涛管理局	县水电局	乡镇（农场）管理单位
东英	920.00	920.00	—	138000	6900	131100	39330	52440	39330
美良	766.67	766.67	—	115000	5750	109250	32775	43700	32775
美台	953.33	953.33	—	143000	7150	135850	40755	54340	40755
新盈	433.33	433.33	—	65000	3250	61750	18525	24700	18525
多文	680	180.00	500.00	32000	1600	30400	9120	11210	10070
和舍	8000.00	—	8000.00	80000	4000	76000	22800	15200	38000
南宝	10000.00	—	10000.00	100000	5000	95000	28500	19000	47500
龙波	6900.00	20.00	6700.00	70000	3500	66500	19950	13870	32680
皇桐	6726.67	126.67	6600.00	85000	4250	80750	24225	19760	36765
东江	6000.00	—	6000.00	60000	3000	57000	17100	11400	28500
马袅	2820.00	220.00	2600.00	59000	2950	56050	16815	17480	21755
红华	180.00	180.00	—	27000	1350	25650	7695	10260	7695
加来	46.67	46.67	—	7000	350	6650	1995	2660	1995
其他	12.00	12.00	—	1800	90	1710	513	684	513

2007 年临高县灌溉部分水费计收统计表

表 6-8-8

镇名	灌区管理所	应缴水费面积（公顷）	计收标准（元/公顷）	应计收水费（万元）	已计收水费（万元）	完成任务（%）
临城	波莲所	1134.67	375	42.55	—	—
	和兴所	526.73	375	19.75	—	—
博厚	波莲所	487.47	375	18.28	—	—
	凤蛟所	583.59	375	21.88	—	—
波莲	波莲所	771.67	375	28.93	23.80	82.40

续表 6-8-8

镇名	灌区管理所	应缴水费面积（公顷）	计收标准（元/公顷）	应计收水费（万元）	已计收水费（万元）	完成任务（%）
调楼	波莲所	503.13	375	18.86	15.00	81.60
东英	波莲所	560.83	375	21.03	17.50	83.40
新盈	波莲所	444.13	375	16.65	13.70	82.60
皇桐	凤蛟所	157.20	375	5.89	5.00	85.40
多文	和兴所	145.51	375	5.46	4.40	81.90

第六节　三防工作

一、机构

1995 年，设临高县防风防汛防旱总指挥部办公室（简称“县三防办”），为临高县人民政府防风防汛防旱工作办事机构，副科级，挂靠在临高县水务局办公，人员由临高县水务局调剂。1996 年，临高县三防办事业编制 4 人。2010 年，临高县水务局机构编制方案中将县三防办机构列为挂靠机构，人员从县水务局调剂。

二、抗旱

1988 年上半年，全县出现严重旱情，县委县政府组织 9.7 万人，筹集资金 7.4 万元投入抗旱，开挖渠道 38 条，封江堵河 42 处，挖田头水井 53 口，使全县抗旱抢插水稻 3200 公顷，改善灌溉面积 394.6 公顷。

2004 年、2005 年两次抗旱期间，全县共投入 11 万人，累计投入抗旱资金 838.83 万元，投入抗旱机具 5500 台套，开挖维修渠道 1 条长 2.5 千米，抗旱浇灌面积 4.58 万公顷次。临时解决人畜饮水困难问题，抗旱效益：粮食减少损失 1.52 万吨，经济作物减少损失 0.12 亿元，当年全县还投入 72 万元，修建贯郎、松泉、风潭、抱瑞、禄道等 5 个提灌站。

三、抗风抗洪

1996 年 9 月 20 日，第 18 号强热带风暴阵风达到 12 级，最大降雨量达到 567 毫米，文澜江洪水泛滥，淹没县城及沿江两岸 85 个村庄。造成全县百年不遇的洪涝灾害。县三防办提前组织一支由武警官兵、公安干警、机关干部 250 人的抢险队伍，调动机关单位、个体户汽车 80 辆，救生快艇 7 艘和一批救援物资，到波莲、临城、博厚的太坡、兰闹、古柏、多瑞、兰颜、兰秦、西田、洋道等村庄抢救灾民，发动转移的群众 2 万人，抢救转移被洪水围困的群众 2000 多人，安全转移粮食 1900 吨，其他物品 300 多吨，使灾害损失降到最低限度。

1992—2010年临高县历年抗洪救灾情况统计表

表 6-8-9

年份	灾害名称	灾害时间	灾害损失（万元）	投入人力(万人次)	投入资金（万元）	挽回经济损失（万元）
1992 年	第 5 号台风	7 月 13 日	1330.00	0.80	11.00	270
1992 年	第 7 号台风	7 月 22 日	74.08	0.30	2.00	56
1993 年	第 9 号台风	8 月 21 日	5247.90	6.50	20.00	1460
1994 年	第 19 号热带风暴	8 月 28 日	1865.00	5.40	45.00	264
1996 年	第 18 号热带风暴	9 月 20 日	20000.00	4.14	400.00	650
2000 年	第 16 号台风	9 月 9 日	11700.00	4.20	585.00	3510
2001 年	第 3 号台风影响	7 月 1 日	2689.90	3.60	133.40	861
2002 年	第 20 号热带风暴	9 月 25 日	1800.00	3.10	91.00	612
2003 年	第 8 号热带风暴	7 月 21 日	10027.40	7.50	206.00	3225
2004 年	第 18 号台风低压环流	8 月下旬	818.00	4.30	169.00	249
2005 年	第 8 号、第 18 号台风	7 月 29 日	600.00	2.50	124.00	190
2006 年	第 6 号台风	8 月 3 日	61.00	0.21	1.50	28
2007 年	第 14 号、第 15 号台风	9 月 24 日	650.00	2.25	129.00	214
2008 年	第 9 号、第 14 号、台风	8 月 5 日	610.00	2.30	140.00	217
2009 年	第 7 号热带风暴	8 月 9 日	14800.00	4.65	465.00	560
2010 年	第二轮弱冷空气	10 月 18 日	7324.00	6.50	205.00	2197

说明：1986—1991 年资料不详

2009 年 8 月 9 日，受第 7 号热带风暴“天鹅”影响，全县受灾人口 12.75 万人，受灾农作物 9320 公顷，受灾民房 203 间，损坏水利设施 48 处，大小桥涵 53 宗，堤坝 184 米，渔船沉没 12 艘，损坏 260 艘，水产养殖损失 348.67 公顷，网箱养殖 1107 个，造成直接经济损失 1.48 亿元。9 月 27—28 日，受到第 16 号台风“凯萨娜”的影响，受灾人口 3.6 万人，受灾农作物 280 公顷，受灾民房 28 间，损坏水利设施 6 处，水产养殖损失 7.33 公顷，全县因灾造成直接经济损失 0.05 亿元。10 月 11—12 日，受到第 17 号热带风暴“芭玛”袭击，受灾人口 10.7 万人，32 个村庄不同程度受淹，受灾农作物 7200 公顷，受灾民房 180 间，损坏水利设施 18 处，大小桥涵 16 宗，公路道路 23 千米；渔船沉没损坏 12 艘，水产养殖损失 233.33 公顷，全县因此造成直接经济损失 0.35 亿元。在 3 次抗击风灾水灾过程中，共抢险救灾 2.65 万人次，投入救灾资金 130 万元，调用车辆 35 班次，调用救生衣（圈）400 只次，转移安置群众 4.16 万人，解救被困群众 1.22 万人，排险抢险水库 5 宗。

2010 年 10 月 2—6 日，全县普降暴雨，受灾涉及 10 个镇，受灾人口 3.1 万人，水利设施损坏 8 处，损坏水闸 1 座，损坏机电泵站 1 座，损坏山塘 2 口，损毁桥梁 10 宗，损毁路涵 6 宗，全县直接经济损失 5220 万元。10 月 15—18 日，再降暴雨，灾涉及 9 个镇，受灾人口约 5.4 万人，损坏水利渠道 4 条、渠道配套建筑物 92 座，损坏水闸 1 宗、拦水坝 1 宗，水毁农村道路 21 千米。全县直接经济损失 2104 万元，其中水利施设损失 172 万元。全县参加防汛救灾人员 720 人，投入应急资金 20 万元，投入防汛救灾除险设备 52 班次，转移安置群众 1035 人。为确保水库工程的防汛安全，各镇和县水务局组织力量清除水库大坝杂草地、灌木，对全县 50 宗（含加来农场）水库工程进行排查。对发现险情及安全隐患问题的水库，根据县、省水利专家提出的整改意见，逐宗进行整改。

1992—2010 年，全县洪涝灾害损失 82297.29 万元，投入抢险救灾人力 58.25 万人次，投入抢险救灾资金 2726.90 万元，挽回经济损失 14563 万元。

第七编　工业 交通 邮电

20世纪90年代开始，实行工业经济体制改革，从乡镇企业到国有企业逐渐从承包制、厂长（经理）任期目标责任制到产权制度改革等，使全县工业企业由国有企业、集体企业逐渐向民营企业转化。民营企业有制糖、机械、造船、化工、制药、水产品加工、造纸、机织网等。2010年，民营企业总产值115383万元，占全县工业总产值147916万元的78%，比1986年的1175万元增长97.2倍，全县7家规模以上企业中，民营企业占6家。

全县供电用电由海南电网临高供电公司管理，原临高甲天成水电发展有限公司投资兴建的道淡水电站也移交海南电网管理。2004年，完成自然村“村村通电”工程。2010年，全县拥有110千伏变电站4座，110千伏线路3条109.5千米，全县用电量20061.85万千瓦时。

第一章　工　业

第一节　企业管理

一、机构

1986年，临高县经济委员会内设办公室、政工劳动科、计划财务科、交通科、工业供销公司。至1995年12月，内设机构和编制未变。

1996年1月，县经济委员会与县交通局合并成立临高县工业交通局，内设办公室、技术监督办公室、工业股、交通股。

2002年1月，撤销临高县工业交通局，成立临高县经济贸易交通局，内设政工股、工业交通股、贸易市场股和安全生产股。

2003年12月，撤销临高县经济贸易交通局，原临高县经济贸易交通局工业管理职能划入临高县发展计划局。临高县发展计划局内设政工股、农经股、工交股、社会综合股、经济动员办公室，下辖物价局、物价检查所、事务所。

2004年，撤销县发展计划局，成立临高县发展和改革局，内设办公室、综合股、农业股、工业股、社会发展股，下辖物价局、价格鉴定中心。

2007年2月，成立临高县工业经济与信息产业局，内设办公室、工业股、信息股，核定编制14人。临高县发展和改革局的工业管理职能划入临高县工业经济与信息产业局。2010年，临高县工业经济与信息产业局内设机构未变。

二、管理

（一）技术引进

1986—2010年，全县外引内联工业不断发展，先后办起服装、胸围、化纤、橡胶制品、电子、羊绒衫、搪瓷、化工、烟花香炮、钢铁、船舶修造、水产品加工、机制饮料、制冰、蜡烛等工业。

熊猫电子集团海南京高工贸联合有限公司由熊猫电子集团南京无线电厂与临高对外经济贸易集团公司于1988年9月联营成立，由熊猫电子集团南京无线电厂投资500万元，在临高县信托投资公司厂房兴建临高无线电厂。建有组装电视机生产流水线2条。1989年，进口原件组装生产彩色电视机1.5万台，其中“SHARP21”平面直角彩色电视机深受用户好评。但因产品受出岛指标限制，销售困难而停止组装生产。熊猫电子集团海南京高工贸联合有限公司于2001年8月由工商行政管理部门核准吊销。2010年，公司保持吊销状态。

双岛海洋开发建设有限公司（双岛海藻化工厂）于1988年兴建，总投资450万元。是临高县科委下属企业临高县海盈化工厂（出资70%）与青岛黄海海藻工业公司（出资10%）、青岛海洋大学（出资20%）三方合资的外向型企业，旨在合理开发利用本省辽阔海域丰富的海藻（马尾藻）资源，建立中国南方最大的海藻胶生产基地。第一期基建厂房、仓库、宿舍、办公室建筑面积5186平方米，占地面积39200平方米，于1989年底基本竣工。采用液相转化酒精脱水工艺，年产海藻酸钠（褐藻胶）300吨，产值达1000万元。由于辽宁省、山东省等沿海地区兴起“养殖海参”潮，大量使用马尾藻作饲料，致马尾藻价格猛涨，马尾藻收购价从每吨700元，上涨到每吨3800元，故导致1993年停产。2000年5月26日，临高县海盈化工厂将所持股份转给临高县开发建设总公司，同时将双岛海洋开发建设有限公司更名为临高南海海藻工业有限公司。2010年，处于停产状态。

1990年4月成立海南东联开司米厂，是内蒙古伊盟羊绒衫厂与香港明富联合实业公司在临高县兴办的合资企业，于1989年投资850万元兴建，占地面积11公顷，厂房面积4500平方米，纺织设备由日本引进。1999年5月工商行政管理部门核准注销。

1992年6月，县政府颁布临高县外引内联工作的“三个规定”（《关于鼓励投资的若干规定》《关于改善投资环境的暂行规定》《关于开发项目与活动经费挂钩的规定》）和

"一个办法"（《关于引进项目资金的奖励办法》），有效推动外引内联工作。

1993年，和邦炼油厂由海口新海迁至金牌港开发区，项目完成地质、水文、勘探、环境影响等评价工作，并获得国家环保局批准；完成有关航道码头、单点系泊、罐区、电厂等设计工作；工程现场基本实现"三通一平"，初步建成2万吨级杂货码头。2003年，中石化重组海南炼油项目，厂址迁至海南洋浦开发区。

2005年，临高县参与"大特区与大都市合作计划"，加强与泛珠三角、长三角等区域经济合作，组织有关部门领导分别到上海、江苏、浙江、广州、福建等发达地区参观学习。闽琼炼钢厂30万吨技改项目、福临轧钢厂、废污油综合利用加工厂、热带水果罐头饮料综合加工厂等扩建、新建，每个轧钢厂年税金达100万元，成为地方主要税源。

2008年，思远水产品加工厂竣工投产，威隆造船厂、金牌修造船厂、西部再生资源塑料加工厂等一批项目动工在建。其中，金牌修造船厂建造4艘千吨级钢质船，金牌港经济开发区首次实现项目产出。海南建兴基废旧金属综合利用钢厂完成选址工作。

2010年，海南建兴基废旧金属综合利用有限公司取得全国工业产品生产许可证，生产国家规定标准1499.2—2007钢筋混凝土用热轧带肋钢筋。海南威隆船舶工程有限公司承接首制船的订单，为海南粤海航运物流有限责任公司建造1.38万吨散货船（宏鑫6号），2010年12月成功顺利试航交船，为海南省填补万吨级船舶建造的空白。海南思远食品有限公司金鲳鱼鱼片、金鲳鱼原条和罗非鱼鱼片、罗非鱼原条，以及虾类产品等产品远销欧盟和美国、加拿大、印度等国及中国香港地区。

（二）标准质量体系建设

1989年，临高县标准计量管理局贯彻执行国家标准总局颁发《工业企业标准化工作管理办法》、国务院《工业产品质量责任条例》，配合高美胸围厂制定企业标准，并帮助该厂做好定级工作。

1996年，临高县宣传贯彻《质量振兴纲要（1996—2010年）》，开展质量兴县工作，举行各种宣传活动，发放《中华人民共和国产品质量法》《质量振兴纲要（1996—2010年）》等宣传资料3861份。大力推进质量认证工作，引导帮助企业开展质量体系认证、3C认证、QS食品质量安全市场准入等活动，不断提高全县企业的质量管理水平。帮扶临高红华糖业有限公司等6家企业通过ISO 9001质量管理体系认证和1家HACCP质量安全体系认证，总计7家企业开展管理体系认证，提高管理水平。

1997年2月，临城糖厂、龙力糖厂的"一级白砂糖"录入海南省首批采用国际标准标志证书的企业及产品名录。1997年，县属工业主导产品消灭无标生产。工业产品标准覆盖率达95.4%。

2008年，临高质量技术监督局深入生产（加工）企业，进行全面普查，开展形式多样的质量管理与认证活动。完善企业质量档案的普查建立，全县共有114家生产（加工）企业，并全部建立企业质量档案和电子文本草纲目，实现对企业实行动态管理；开展质量兴县、质量兴企和质量兴业活动，提高名牌产品的申报力度。开展生产许可证和质量认证管理。发动扶持13家企业获得生产许可证和4家企业获取ISO 9001质量认证管理，其中食品生产许可证11家，工业产品生产许可证2家。推动临高地瓜酒在海南省食品博览会获得金奖。举办以“标准应对气候变化”为主题的宣传座谈会等活动，设立宣传咨询台、发放宣传单、解答标准化等有关知识，邀请部分企业和相关部门领导参加，联合工信、工商等检查电器的能效标识。

2010年，临高质量技术监督局开展质量兴企、质量兴业活动和9月质量月等宣传活动，加强提高名牌产品的申报力度，帮助提高产品的生产效率和质量，提高地方企业产品质量的市场竞争力。有序推进质量管理与认证工作的开展。2010年，全县有17家企业获取生产许可证，其中6家获取工业生产许可证。

（三）品牌战略

1988年，高美胸围内衣厂引进日产高速缝纫车等先进设备近200台，生产“仙女”牌胸围，畅销国内外市场。同年，“仙女”牌胸围分别获全国妇女儿童用品展销会妇幼“康乐奖”和上海市场最佳夏令商品“金棕榈奖”。

1995年，临高双龙保健品厂生产的地瓜酒荣获“全国食品饮料博览会金奖”。

2008年，临高龙力糖业有限公司“南龙”牌白砂糖远销全国各地。

2008—2010年，临高龙津糖业有限公司生产的“龙津”牌一级白砂糖，经全国糖业质量监督检验评分，荣获产品质量优良奖。

（四）工业园区

1992年，设立金牌港经济开发区并成立金牌港经济开发区管委会。2006年，国家发改委审核通过批准金牌港经济开发区为省级开发区。2010年7月8日，省编委全会审议通过并报省委同意金牌港经济开发区管委会的机构规格升格为副处级。

总体规划。2008年5月27日，金牌港经济开发区总体规划已经省规委会通过，同年12月28日省政府批复通过金牌港总体规划。金牌港规划面积约20.5平方千米，其中包括国家已批复的北面临海10.05平方千米的开发区范围。

产业定位。为贯彻落实《中共海南省委关于加快海南西部地区开发建设的若干意见》，2009年，金牌港开发区产业定位进行调整。调整后的产业发展定位以西部五大工业园区进行点状布局，金牌港原有的石油化工及配套产业相应转移到洋浦和东方等工业园区，金牌港产业主要以发展船舶修造、海洋工程装备以及海上游艇、水上飞机等旅游配套装备制造业为主，海洋资源开发利用并举，为南海资源研发加工和服务保障的临港工业基地。

基础设施。2010年建成一条连接西线高速公路重要枢纽的全长12千米西港区疏港大道和一个110千伏的东港变电站。此外，东港码头改扩建工程、东港疏港大道也启动建设，工业用引水工程工已完成。金牌港港口规划已开展前期工作，中交第四航务工程勘察设计院有限公司对金牌港港口进行规划，规划初步成果已完成。

招商引资。临高县大力开展务实招商，探索招商新路，提高引资质量。2008—2010年，开发区相续落户威隆船舶工程项目、金牌港船舶修造厂项目、西部再生资源塑料加工厂项目、20兆瓦光伏发电项目等项目。2010年，工业总产值突破2亿元，是自1992年开发区成立以来首次实现工业总产值突破亿元大关。

第二节　工业发展

1986—2010年，实行工业经济体制改革和实施“工业兴县”战略，对国营（有）企业进行改制，创立金牌港经济开发区，加大招商引资的力度，工业企业的所有制由以国营（有）企业为主向民营企业为主转化，工业门类在传统的制糖、酿酒、服装、印刷、制盐、建筑材料（实心黏土砖）加工业、机械修理、自来水供应、小水电发电及电力供应的基础上，发展炼钢、造船、化工、化纤、制药、水产品加工、造纸、机械织网等新的工业产业。全县工业总产值由1986年的4078万元增加至2010年的147916万元，增长35.3倍，年均递增16.14%。

1986年，全县工业总产值3703万元（当年价，下同），其中全民所有制工业产值2903万元，集体所有制工业产值542万元，其他经济类型工业258万元。全民、集体所有制独立核算工业企业有31家，其中全民所有制企业16家，集体所有制企业15家。

1988年，全县工业总产值4249万元。县属工业中，全民企业发展到24家，集体企业9家。行业有制糖、酒精生产、橡胶加工、化纤、服装、胸围、制革、电子、建材、海产品加工、制冰食品、饮料等。制糖工业是县工业的主干企业，全县有4家糖厂，日榨甘蔗2800吨，产糖2.5吨，其中龙力糖厂是国家批建的海南重点工业项目之一，设计能力为日榨2000吨。

1993年，全县工业总产值17090万元，其中经委系统工业企业总产值9998万元，上缴税金1158.4万元，实现利润432.7万元，乡镇企业产值8002万元。全县工业增加值5054万元。

1997年，全县工业总产值27771万元，其中，全民所有制工业产值11306万元，集体所有制工业产值8977万元，其他经济类型工业3898万元。全县工业增加值7303万元。

2003年，全县工业总产值33295万元，其中规模以上工业总产值18549万元。宏益达、闽琼两家公司生产钢材工业总产值2580万元，比上年增长23.1%，临高化工实业公司工业总产值1505万元。在主要产品产量中，钢材产量24572吨；原盐产量6388吨；供电量6294万千瓦时，增加1024万千瓦时。

2005年，全年工业总产值47290万元，实现工业增加值16281万元，其中规模以下工业实现增加值3940万元。规模以上工业实现增加值12341万元。工业销售产值36696万元，制糖业完成工业总产值13418.1万元，炼钢业工业总产值4090.1万元。临高县化工实业有限公司投资400万元用于扩建生产车间厂房，当年工业总产值9292.1万元，比上年同期增长1.7倍。临高县高产复混肥厂积极与金华纸业有限公司进行纸浆林种植基地用肥业务洽谈，签订复混肥产销合同，订单数量比上年明显增多，该厂完成工业总产值861.7万元。临高县顺发纸制品有限公司重新进行组合，完成工业总产值784.8万元。

2007年，县委、县政府把工业经济作为重中之重来抓，全力推动工业项目开发建设。思远水产品加工厂项目开发建设，使临高在水产品规模化专业化加工方面实现零的突破。临高3家糖厂全年榨蔗量达80万吨。全县工业增加值19981万元。主要工业产品产量中，机制糖41611吨，供电量14281万千瓦时，燃料油20975吨。产量下降的是钢材31792吨，针剂（输液）8.9万瓶。全年用电量17775万千瓦时，其中工业用电8488万千瓦时。

2009年，根据省政府《关于印发海南省节能减排综合性工作方案的通知》要求，临高县淘汰海南建兴基废旧金属综合利用有限公司2条年产20吨以下炼钢生产线和临高皇桐居仁机砖厂、临高博厚博兴机砖厂、临高波莲福昌机砖厂、临高和舍福海机砖厂等4家实心黏土砖生产线。

2010年，全县有工业企业1187个，其中规模以上企业7个，工业总产值147916万元。根据省下达的2010年淘汰落后产能的任务，临高县依法淘汰海南建兴基废旧金属综合利用有限公司炼钢车间10吨电炉（6套）、年产30吨生产线；临高顺发纸制品有限公司年生产1万吨造纸厂生产线；淘临高加来宝来红砖厂、临高东江博星机砖二厂、临高博厚镇博北机砖厂、临高波莲金隆红砖厂、临高福达机砖厂、临高田善机砖一厂、临高博厚征乐金牌机砖厂等7家实心黏土砖生产线。

1986—1997 年临高县工业总产值

表 7-1-1　　　　　　　　　　　　　　　　　　　　　　单位：万元

年份	全县合计	乡及乡以上工业			村及村下工业	工业增加值
		国有工业	集体工业	其他工业		
1986 年	4078	2903	542	258	375	—
1987 年	4100	2364	544	203	989	—
1988 年	4249	2431	527	399	892	—
1989 年	5363	3765	299	614	685	2489
1990 年	8484	5566	380	617	1921	2683
1991 年	11047	7634	459	736	2218	4098
1992 年	13223	8109	952	1220	2942	4267
1993 年	17090	9650	1537	1408	4495	5054
1994 年	22157	13498	2036	361	6262	6266
1995 年	21894	11888	3638	811	5557	6960
1996 年	30060	7244	9660	4784	8372	6415
1997 年	27771	11306	8977	3898	3590	7303

说明：1. 1986—1997 年全县工业总产值是根据临高县国民经济和社会发展统计资料（1989—2000 年）中的工业总产值统计表数据编制的；2. 从 1998 年起执行全部国有及年销售收入 500 万元以上（包括 500 万元）非国有工业企业列入规模以上工业统计，其余列入规模以下（含个体）工业统计；3. 工业总产值按当年价计

1998—2000 年临高县工业总产值

表 7-1-2　　　　　　　　　　　　　　　　　　　　　　单位：万元

年份	全县总产值	规模以上工业		规模以下工业		工业增加值
		国有工业	集体工业	轻工业	重工业	
1998 年	27661	11986	3200	4257	8218	7569
1999 年	27194	9607	5642	3605	7202	7314
2000 年	32731	13373	6859	3997	8502	8894

说明：2001—2010 年工业总产值统计表的编制有了改变，即在“规模以上工业”和“规模以下工业”项目上设计“企业个数”、“工业总产值”和“发展速度”的统计项目；工业总产值按当年价计

2001—2010年临高县工业企业个数、工业总产值及发展速度一览表

表7-1-3

年份	企业个数（个）			工业总产值(万元)			发展速度（%）	
	总计	规模以上	规模以下	总计	规模以上	规模以下	规模以上	规模以下
2001年	1190	14	1176	30635	18064	12571	−23.0	24.1
2002年	1190	14	1176	32576	18820	13756	4.2	9.4
2003年	1229	17	1212	33295	18549	14746	5.3	7.2
2004年	1113	13	1100	40105	30381	9724	55.0	−17.2
2005年	1333	14	1319	47290	35830	11460	−7.8	5.9
2006年	1214	13	1201	55587	44437	11150	6.6	−2.7
2007年	1211	10	1201	66736	49969	16767	18.7	53.0
2008年	1203	8	1195	77951	60965	16996	17.1	0.2
2009年	1218	7	1211	69866	52311	17555	−5.9	12.7
2010年	1187	7	1180	147916	127034	20882	142.7	12.7

说明：工业总产值按当年价计

2001—2010年临高县工业增加值及发展速度一览表

表7-1-4

年份	绝对数(万元)			发展速度(%)	
	总计	规模以上	规模以下	规模以上	规模以下
2001年	11729	7492	4237	−16.5	25.4
2002年	12299	8091	4208	25.4	−0.1
2003年	11684	7997	3687	4.5	7.2
2004年	15521	12068	3453	52.4	23.3
2005年	16281	12341	3940	−8.1	2.5
2006年	17845	14221	3624	8.3	−6.1
2007年	19981	14848	5133	15.1	41.6
2008年	24006	18206	5800	16.6	0.9
2009年	22193	16418	5775	−7.9	13.1
2010年	58571	52016	6555	184.9	13.5

说明：“全县工业增加值及发展速度”统计表从2001年起执行

2001—2010 年临高县规模以上工业总值一览表

表 7-1-5　　单位：万元

年份	总计	按轻重分		按类型分			
		轻工业	重工业	国有企业	集体企业	股份制企业	外商及港澳台企业
2001 年	18064	7876	10188	2755	10420	4889	—
2002 年	18820	11892	6928	5073	5144	8603	—
2003 年	18549	8790	9759	2459	5381	10498	211
2004 年	30381	17664	12717	1091	7891	20746	653
2005 年	35830	15255	20575	6824	4152	24057	797
2006 年	44437	18584	25853	7764	296	27674	703
2007 年	49969	19542	30427	8198	8046	32849	876
2008 年	60965	23761	37204	9942	64	49734	1225
2009 年	52311	24434	27877	10120	—	42191	—
2010 年	126998	41850	85148	11942	—	115092	—

说明：全县规模以上工业总值分类统计表从 2001 年起实行，工业总产值按现行价计

1986—1988 年临高县主要工业产品产量统计表

表 7-1-6

指　标	计算单位	1986 年	1987 年	1988 年
机制糖	吨	18723	12650	9111
原盐	吨	6532	7950	6738
酒精	吨	1269	1139	743
白酒	吨	52	50	40
发电量	万千瓦时	5669	4754	3618
化学纤维	吨	—	200	304
水泥	吨	1700	368	2050
食用植物油	吨	237	104	75

续表 7-1-6

指　标	计算单位	1986 年	1987 年	1988 年
日用陶瓷器	万件	0.3	2.6	8.1
中小农具	万件	1.7	0.5	0.5
木材	立方米	6900.0	7950.0	9977.0
服装	万件	52.3.0	27.6	11.9
砖	万块	1811.0	52594.0	57419.0
瓦	万片	32124.0	14938.0	16743.0
铁锅	万口	—	—	11.7
脚踏打谷机	台	—	—	354.0

1989—1994 年临高县主要工业产品产量统计表

表 7-1-7

指　标	计算单位	1989 年	1990 年	1991 年	1992 年	1993 年	1994 年
机制糖	吨	7397.00	16282.00	23448.0	28837.00	26621.0	20358.0
原盐	吨	5271.00	3946.00	7127.0	16768.00	10980.0	10603.0
木材	立方米	16524.00	8276.00	27577.0	36197.00	33600.0	60993.0
发电量	万千瓦时	5042.00	4646.00	4603.0	5190.00	4563.0	4710.0
自来水供应量	万吨	197.00	138.20	163.0	165.70	203.0	175.0
大米	吨	10434.00	12800.00	14500.0	9204.00	5924.0	2033.0
饮料酒	吨	20.00	110.00	98.0	119.00	117.0	107.0
服装	万件	3.20	11.30	12.0	4.40	5.0	2.7
酒精	吨	514.00	968.90	1266.0	1271.00	1179.0	1063.0
印刷品	万令	2.46	5.04	2.3	2.03	2.2	1.8
砖	万块	4534.00	1040.00	1110.0	1116.00	3000.0	3600.0
瓦	万片	2174.00	2278.00	3500.0	3889.00	3900.0	4200.0
日用陶瓷器	万件	4.95	5.40	6.7	7.80	12.0	17.9
本册	万本	—	—	161.0	188.00	54.0	74.0
复合肥	吨	—	—	—	480.00	2205.0	2172.0

续表 7-1-7

指 标	计算单位	1989 年	1990 年	1991 年	1992 年	1993 年	1994 年
钢材	吨	—	—	—	—	3205.0	3760.0
供电量	万千瓦时	1005.00	1110.00	1438.0	2097.00	2088.0	2211.0

1995—2000 年临高县主要工业产品产量统计表

表 7-1-8

指标	计算单位	1995 年	1996 年	1997 年	1998 年	1999 年	2000 年
机制糖	吨	10716.0	11423.00	21903.00	24060.0	27174.0	29781.0
原盐	吨	6455.0	8372.00	4856.00	6962.0	7103.0	5804.0
木材	立方米	51400.0	29700.00	40379.00	18090.0	31698.0	31172.0
发电量	万千瓦时	4204.0	4040.00	5081.00	4723.0	4314.0	4335.0
自来水供应量	万吨	176.0	188.00	245.00	183.0	162.0	188.0
大米	吨	1874.0	1089.00	2687.00	1963.0	1797.0	2239.0
饮料酒	吨	644.0	1535.00	1805.00	2475.0	4026.0	3452.0
服装	万件	2.0	2.30	2.40	2.6	2.8	2.9
酒精	吨	502.0	427.00	593.00	289.0	—	—
印刷品	万令	1.0	1.95	1.75	1.8	1.6	1.7
砖	万块	9120.0	9242.00	3696.00	462.0	558.0	1305.0
瓦	万片	1902.0	2120.00	778.00	804.0	844.0	830.0
日用陶瓷器	万件	10.5	17.80	19.37	16.8	15.8	14.4
本册	万本	352.0	60.00	96.00	90.0	100.0	120.0
复合肥	吨	2137.0	1707.00	2996.00	2186.0	10526.0	31918.0
钢材	吨	2556.0	10060.00	12092.00	11042.0	12144.0	19832.0
供电量	万千瓦时	3273.0	3129.00	3120.00	3234.0	3450.0	3950.0

2001—2010 年临高县主要工业产品产量统计表

表 7-1-9

指标	计算单位	2001 年	2002 年	2003 年	2004 年	2005 年	2006 年	2007 年	2008 年	2009 年	2010 年
原盐	吨	4714	7664	8681	6915	8598	5782	6541	—	—	—
成品糖	吨	16847	37566	32603	66256	44187	41611	49510	64752	56288	43061
饮料酒	吨	3062	3057	3037	3643	2666	2393	7590	—	—	—
售电量	万千瓦时	4747	5269	6293	8781	10560	14281	16016	18263	17723	20061
自来水	万吨	177	181	189	193	182	196	22	248	—	—
复合肥	吨	5919	17384	1315	6364	7763	418	—	—	—	—
钢材	吨	42210	14072	24572	31394	15555	31792	30279	42410	55927	86338
卫生纸	吨	—	—	2280	2039	2243	2198	2310	1536	1350	782
针剂	万瓶	—	—	222	794	855	819	717	932	862	742
燃料油	吨	—	—	6894	11952	25329	20975	24979	15646	1202	—

第三节　工业企业

一、国有（营）工业

1986 年，临高县有国营工业企业 16 家，总产值（当年价）2461 万元。1995 年，全县有国有工业企业 26 家，总产值 11888 万元。2000 年，全县有国有工业企业 12 家，总产值 13373 万元。2005 年规模以上工业总产值 6824 万元，2010 年规模以上工业总产值 11942 万元。

1986—2010 年，临高县工业经济经历由计划经济逐步转变到市场经济重大改革的过程，国有工业企业在经济体制改革中发生巨大的变化。县龙力糖厂通过资产转让转为民营企业、县龙波糖厂通过改制成为职工持股的股份制民营企业并在市场经济下得到发展。临城糖厂、美夏水泥厂、马袅盐场、县化纤厂、县机械厂、县爆竹厂、县印刷厂、美夏水泥厂、马袅盐场、县海藻酸钠厂、县机械织网厂等国有工业企业，因经营不善，严重亏损，关闭停产。其中临城糖厂、美夏水泥厂、马袅盐场完成改制，职工安置，企业注销。

1986—2000 年临高县独立核算国有（营）工业企业财务状况表

表 7-1-10

年份	企业数（家）	总产值（万元）	独立核算企业利润（万元）	独立核算企业人数（人）
1986 年	16	2461	-127	3032
1987 年	11	1845	-164	2712
1988 年	10	1839	-31	3189
1989 年	11	3765	895	1861
1990 年	12	5566	8	2868
1991 年	13	7634	436	2719
1992 年	14	8109	299	2759
1993 年	24	9650	-4	3848
1994 年	19	13498	-184	2607
1995 年	26	11888	-263	3347
1996 年	16	7244	-921	2735
1997 年	17	11306	-766	2468
1998 年	16	11986	-314	2599
1999 年	13	9607	282	1588
2000 年	12	13373	473	1863

说明：“临高县独立核算国有工业企业财务状况表”是根据临高县“全民、集体所有制独立核算工业企业主要村务指标（1986—1988 年）”“乡及乡以上独立核算国有工业企业财务指标（1989—2000 年）”统计表编制的，2001—2010 年无相关统计资料；总产值按当年价计

二、非国有制工业

1986 年，全县非国有工业（集体）15 家，其他形式所有制企业无相关统计资料，工业总产值 1175 万元，占全县工业总产值 4078 万元的 28.8%。随着经济体制改革的不断深入开展，临高县非国有工业迅速发展，一方面是国有企业改制转为非国有企业，另一方面是私营企业的兴起。非国有工业涉及门类有制糖、炼钢、造船、化工、制药、水产品加工、造纸、机械织网等。1995 年，工业总产值 10006 万元，占全县工业总产值 21894 万元的 45.7%。2000 年，工业总产值 19358 万元，占全县工业总产值 21894 万元的 88.4%。2010 年，全县非国有制工业总产值为 115383 万元，占全县工业总产值 147916 万元的 78%，比

1986年的1175万元增长97.2倍。全县7家规模以上工业企业中，非国有制工业企业占6家，分别是海南临高龙津糖业有限公司、临高县龙力糖厂、海南建兴基废旧金属综合利用有限公司、海南思远食品有限公司、临高顺发纸制品有限公司、海南东联长富制药厂。

第四节　工业门类

一、机械 冶炼 修造

（一）机械

临高县机械工业主要从事农业机械制造、汽车机械修理和农具的加工制造等。

1986年，临高县机械工业企业主要有临高县机械厂。临高县机械厂由原县农机二厂、县汽车机电修理厂于1985年5月合并而成，主要研制生产发电水轮机，立式钻床，小型车床、手扶拖拉机钢圈、农用发电机、摩托车钢卷，汽车配件等产品及维修柴油机、手扶机、机电、汽车等。1999年，处于生产发展高峰期，年工业总产值达298万元。随后在优胜劣汰的市场经济机制作用下，县机械厂生产经营逐年走下坡路，直至2003年关闭停业。2006年县政府将县机械厂列为改制企业，2010年处于关闭停业待改制状态。

（二）冶炼

1992年，成立临高县福临轧钢厂，位于临高县多文镇多文墟。1998年，临高闽琼钢铁制品有限公司成立，位于临高县和舍镇225国道106千米处。2007年，临高闽琼钢铁制品有限公司、临高县福临轧钢厂重组成立海南建兴基废旧金属综合利用有限公司，地址在原临高闽琼钢铁制品有限公司，主要解决全省的废旧钢铁综合利用集中处理和再生利用。2009年进行大规模的技术改造升级，2010年12月取得全国工业产品生产许可证。

（三）船舶修造

海南威隆船舶工程有限公司落户金牌港经济开发区，是临高县船舶修造工业的一个里程碑。海南威隆船舶工程有限公司成立于2008年6月，公司修造船基地项目总投资10.80亿元，总占地66.67公顷，第一期占地13.33公顷。2008年8月开工建设，至2010年已经具备5万吨级以下散货船、客滚船、油船、化学品船、游艇、一级渔船等各类钢质船舶的建造能力和资质，并通过中国船舶社认证公司的ISO 9000质量体系认证。此外，钢质造船厂还有位于金牌西港码头的海南临高金牌船舶修造有限公司的造船厂。

木质渔船修造业是临高县沿海地区传统的造船技艺产业，“临高调楼广船制造传统手工技艺”列入海南省非物质文化遗产项目名录。临高县调楼镇青龙村的临高明路造船有限公司于2006年3月1日成立，造船厂占地面积约10000平方米，拥有船台10个，可同时建造35米以下木质渔船10艘。临高明路造船有限公司继承“广船制造传统手工技艺”，是海南省唯一具有大型木质渔船修造资质的造船企业。2010年新盈、调楼还有6家海滩木质渔船厂。

二、制糖

制糖工业是临高县的传统工业。1986年，全县制糖企业有4家，分别是国营临高县龙力糖厂、国营临高县临城糖厂、国营临高县龙波糖厂、海南省国营红华糖厂（隶属国营红华农场管理）。

1988年，临高龙力糖厂由于原料蔗严重不足而停止生产。1997年3月，临高龙力糖厂实行改制，委托广东省丰顺糖烟酒集团有限公司（洋浦南华糖业集团前身）负责运营。1998年11月，临高龙力糖厂全部资产的产权一次性转让给洋浦南华糖业有限公司，并成立洋浦南华糖业有限公司临高龙力糖厂。同年，由于甘蔗原科不足，临城糖厂停产，1999年底恢复生产，2000年3月再次停产。2008年1月，县政府成立临城糖厂改制协调领导小组进行彻底改制。2010年，临高县临城糖厂完成改制，企业吊销。

海南省国营红华糖厂，隶属红华农场经营管理，2000年10月至2006年4月，交由洋浦南华糖业集团租赁经营。从2006年4月起，企业彻底改制，由南华糖业集团收购，成立红华糖业有限公司。

国有临高县龙波糖厂于2000年改制为职工持股的股份制公司，改制后生产经营快速发展。2009—2010年榨季榨蔗量151316.785吨，产糖量15752.51吨，工业总产值6590.60万元，分别比1999—2000年榨季增长273%、275%、352%。

2010年，全县蔗糖生产能力、产品质量和管理水平都有显著提高，产品质量名列全省前茅，“南龙”牌白砂糖为国内知名品牌。全县年产成品糖43061吨，比1986年的18723吨增加24338吨，增加1.3倍，年均增长3.5%；全县年产成品糖产值26360.5万元，增加24362.06万元，增加12.19倍，年均增长11.35%。

1986—1996年临高县糖业工业总产值、总产量统计表

表7-1-11　　单位：万元/吨

年份	1986年	1987年	1988年	1989年	1990年	1991年	1992年	1993年	1994年	1995年	1996年
总产值	1998.44	1376.1	985.3	781.3	4385.2	6434	7874	7682.4	5625.8	3351.9	3505.3
机制糖总产量	18723.00	12650.0	9111.0	7397.0	16282.0	23448	28837	26621.0	20358.0	10716.0	11423.0

说明：总产值按不变价格计算

1997—2010 年临高县糖业工业总产值、总产量统计表

表 7-1-12　　单位：万元/吨

年　份	1997 年	1998 年	1999 年	2000 年	2001 年	2002 年	2003 年
总产值	6376.8	7556.8	7741.5	7755.7	7354.5	7567.3	7416.0
机制糖总产量	21903.0	24060.0	27174.0	29781.0	26845.0	37566.0	32603.0
年　份	2004 年	2005 年	2006 年	2007 年	2008 年	2009 年	2010 年
总产值	15669.4	13418.1	16897.1	17856.7	22060.3	18784.6	26360.5
机制糖总产量	66256.0	44187.0	41611.0	49510.0	64752.0	56288.0	43061.0

说明：总产值按不变价格计算

三、化学工业

（一）制药

1992 年，创建海南东联长富制药有限公司，是由鄂尔多斯羊绒制品股份有限公司独资兴建的一家专业生产大容量注射剂的制药生产企业。企业位于临城镇龙力开发区，占地 10.80 万平方米。是临高县制药工业的唯一企业，是海南省最早生产大容量注射剂的制药企业之一。2006 年 6 月，上海沪丰生物科技有限公司进行参资控股，重组后，海南东联长富制药有限公司成为一家股份制有限责任公司，注册资金 2980 万元。海南东联长富制药有限公司拥有复方氨基酸注射液 18AA、氟康唑氯化钠注射液、乳酸左氧氟沙星注射液、灭菌注射用水及常规输液等药品注册批文 30 个。其中，复方氨基酸注射液 18AA 是海南省唯一拥有的生产品种；200 毫升：0.4 克氟康唑氯化钠注射液也是国内仅有的两个生产批文之一。灭菌注射用水，以其规格齐全、质量过硬，受到多家制药企业青睐而作为溶媒配备于多种粉针药物。公司具有独立自主知识产权、在进行临床试验的新药——肝力保胶囊，2010 年被科技部列入国家“重大新药创制”科技重大专项“十一五”计划项目，并获国家 320 万元的重大专项资金资助。在全国制药行业升级换代过程中，海南东联长富制药有限公司是国内最早实现 GMP 先进管理的制药企业之一。

（二）化纤

1985 年 3 月海溪化学纤维厂成立，1992 年 1 月 8 日变更为临高县海溪化学纤维厂，1997 年 8 月 7 日变更为临高县化学纤维厂。临高县化学纤维厂位于临高县临城镇临新路 111 号，占地面积 4.2 公顷，属国有企业，是海南唯一涤纶短纤专业生产厂家。注册资本 700 万元，总投入 2000 万元，其中固定资产 1000 万元，流动资金 200 万元。临高县化学纤维厂整套生产装置为国产设备，有间歇纺丝、干燥设备——VC352 型真空转鼓干燥机，

纺丝设备——VD405型纺丝机，3台纺丝箱体，12个纺丝位，3台Φ80螺杆挤压机，后加工设备——LVD841型联合机组。整套生产装置形成年产2000吨生产能力，生产的品种有棉型、中长型、毛型、有色丝、园中空、仿羽绒等涤纶短纤维。临高县化学纤维厂有干部职工350人，其中工程技术人员30人。机构设有厂长室、办公室、供销科、财务科、生产技术科、涤纶车间、机修车间、原料仓库、成品仓库。生产主要原料为聚酯切片，也可回收聚酯瓶、可乐瓶、泡泡料、年需要量为4000吨，原材料来源充足，生产短纤维产品广泛适用于棉纺厂，无纺布、喷胶棉、化纤地毯、羽绒混纺等纺织行业，市场销路广阔，产品供不应求。产品质量达到国家部颁标准。1986—1988年，生产化学纤维产量504吨，实现产值553.6万元。1988年，因银行贷款资金短缺和经营不善导致工厂停产。1990年，招商引资，将工厂设备出租给台商（蒙德化纤厂）经营。1992—1993年，产值分别达到1102万元和1016万元。1994年9月16日，县政府同意将临高县海溪化学纤维厂租赁给海南凯立文化纤工业公司。1996年产值为49.50万元，1997年停产。2010年处于停产状态，待改制。

（三）化肥

1988年6月，临高县岭东帽纤厂与广东省韶关市化工研究所联营创办的临高复合肥厂试产成功。

1991年，与湖北荆州地区化工厂合办，厂名为高荆复混肥厂。1992年3月，湖北荆州地区化工厂退出合约后，由临高县供销合作社独资生产经营，更名为临高县高产复混肥厂。由于合作方撤走全部技术人员，生产经营效益不尽人意，年生产复混肥不足1000吨。之后，县供销合作社通过发动社会集资，解决资金严重缺乏问题；多方沟通协调，克服原料不足的困难；靠集思广益，献计献策；以良好的信誉、优良的产品质量和服务赢得客户的信赖。2000年，生产经营创历史新高，产量3.20万吨，总销售额达3700万元。2004年，在全省各复混（合）肥厂家大喊“吃不饱”的情况下，临高县高产复混肥厂一枝独秀，取得生产6364吨和销售6300吨产品的优异成绩，销售额达894万元，实现利润22万元。2005年，研制成功并生产高氮复混肥和腐殖酸有机肥，开辟全省高氮复混肥生产的先河。生产各种复混肥达8000吨，产销额2000万元。2006—2010年，因厂址在居民区、市场疲软等诸多因素影响，临高县高产复混肥厂停产停业。

1995—2000年，临高县高产复混肥厂被海南省委组织部、海南省委宣传部、海南省企业工委、海南省经济贸易厅、海南省总工会评为“海南省思想政治工作优秀企业”。2002年，被海南省质量协会评为“质量诚信单位”。2003年8月，被海南省统计局评为“工业统计双基建设工作化模范先进单位”。

（四）油脂化工

海南临高化工实业有限公司1996年成立，主要从事凝析油、油井落地油、废矿物油回收、加工、处理、销售和综合利用等业务，是全省唯一一家专业处理废矿油的生产企业。2010年，由于原料供应困难等原因停产。同年7月，进行战略重组，利用完全拥有自主知识产权的第二代加氢法制生物柴油技术，对投资新建一套20万吨/年废动植物油脂制生物柴油技改联合装置项目进行可行性研究和相关筹备工作。

四、建材 造纸

（一）建材

1976年，临高县美夏水泥厂建成。为了保护海洋环境，政府禁止在海上开采海花石，水泥生产的原料不得不到儋县的八一、兰洋和广西合浦等地采购，大大增加生产成本。同时因国家宏观政策的调整，计划经济转型为市场经济，临高县水泥厂生产经营不善而逐步陷入困境，1999年，企业全面停产，职工全部下岗失业。县政府2004年将水泥厂列为临高县企业改制对象之一，2010年完成改制，职工安置，企业注销。

1986年，临高县的建材工业除水泥外主要产品是黏土砖（俗称红砖）和瓦片，全县瓦片产量32124万片。1996年，受房地产热影响，黏土砖年产量增至9000万块，1998年，减少到460万块。随着乡镇住房建筑结构的改变，新建瓦房逐年减少，瓦片产量也随着逐年减少，2000年，瓦片产量降到830万片。2000年后，波莲金隆红砖厂、田善机砖一厂、加来宝来红砖厂、东江博星机砖二厂、福达机砖厂、波莲福昌机砖厂、皇桐居仁机砖厂、博厚博北机砖厂、博厚博兴机砖厂、博厚征乐金牌机砖厂、和舍福海机砖厂等11家实心黏土砖机砖厂陆续投产，红砖生产进入机械半机械生产的年代。2009年，产量约1.10亿块。2009—2010年，临高县节能减排办下发《关于淘汰关闭黏土砖企业的通知》，并组织联合执法小组，强制拆除淘汰全县11家实心黏土砖厂生产设施。随着实心黏土砖的淘汰，新的墙体材料——页岩砖生产项目也进入实施阶段，生产工艺简单的水泥砖也应运而生。

（二）造纸

1999年，成立临高顺发纸制品有限公司，租用海藻厂场地办造纸厂，占地面积约4公顷，当地工人60人，共投入资产860万元。造纸厂的生产规模是年产1万吨卫生用纸。造纸厂主要依靠收购省内各地废弃的白纸条做原料，生产出卫生纸产品，工业产值3000万元，年利润150万元。根据《海南省人民政府关于进一步加强淘汰落后产能工作的通知》要求，造纸厂属于海南省第二批淘汰落后产能的企业，于2010年淘汰。

五、织网 服装

（一）织网

1988 年 7 月，县对外经济发展公司成立临高县机械编织网厂，开启临高县机械织网的先河，同时也是海南省首家机械织网厂。织网设备为日本产谷村织网机，主要生产线径 0.3～0.6 毫米渔网。1992 年，以技改项目向省财政厅贷款 80 万元，增加 2 台日本产伊腾织网机，主要生产线径 0.18～0.3 毫米渔网。年产值从 1989 年的 24.80 万元，增加到 1994 年的 125.70 万元。2001 年，经营不善停产。

1999 年 11 月，临高首家私营机械织网厂——海南临高双利织网有限公司成立。

2006—2010 年，又有临高亨运渔网开发有限公司（规模最大）、新盈蜜蜂织网厂（停产待清理）、新盈仁伟织网厂（停产待清理）、新盈张家织网厂、新盈海安织网厂、新盈泰安织网厂、新盈鸿运织网厂、新盈运胜织网厂、新盈强凯织网厂、新盈海北织网厂、新盈权青织网厂等私营机械渔网厂先后成立。

2010 年，全县机械织网产量 750 吨，产值 3000 万元，主要生产线径 0.18～0.65 毫米、网目 3.5～21 厘米各种规格的渔网。

1988—2010 年，全县登记注册的机械渔网厂有 13 家。

（二）服装

1986 年，临高服装加工完成产量 52.3 万件，随后逐年减少，1989 年降至 3.2 万件，1991 年，产量回升至 12 万件，之后至 2000 年，均在 2～5 万件之间徘徊。

服装行业主要企业有高华胸围内衣厂、高美服装厂、临高县服装皮件厂，其中高华胸围内衣厂是出口创汇的企业之一。1987 年，高美胸围内衣厂产值达 216 万元，创汇 84 万元，纯利润 21 万港元。1988 年，高美胸围内衣厂引进日产高速缝纫车等先进设备近 200 台，生产“仙女”牌胸围，畅销国内外市场。同年，“仙女”牌胸围分别获全国妇女儿童用品展销会妇幼“康乐奖”和上海市场最佳夏令商品“金棕榈奖”

1986—2000 年临高县主要服装企业产量产值表

表 7-1-13

年份	总产量（万件）	总产值（万元）	其中		
			高华胸围内衣厂产值（万元）	高美服装厂产值（万元）	县服装皮件厂产值（万元）
1986 年	52.3	2038.3	89.45	166.95	247.31

续表 7-1-13

年份	总产量（万件）	总产值（万元）	其中		
			高华胸围内衣厂产值（万元）	高美服装厂产值（万元）	县服装皮件厂产值（万元）
1987 年	27.6	2014.6	131.40	73.00	255.40
1988 年	11.9	1999.9	373.3	21.0	181.40
1989 年	3.2	1992.2	357.5	7.9	24.5
1990 年	11.3	1998.6	451.0	10.3	74.0
1991 年	12.0	2003.0	495.0	12.0	83.0
1992 年	4.4	1996.4	267.4	22.5	103.0
1993 年	5.0	1998.0	272.0	20.0	155.0
1994 年	2.7	1996.7	870.0	41.0	22.2
1995 年	2.0	1997.0	987.4	16.0	—
1996 年	2.3	1998.3	49.5	15.2	—
1997 年	2.4	10.2	—	10.2	—
1998 年	2.6	65.7	—	65.7	—
1999 年	2.8	49.5	—	49.5	—
2000 年	2.9	43.8	—	43.8	—

说明：县服装皮件厂于 1995 停产。高华胸围内衣厂于 1997 年停产。高美服装厂于 2010 年前停产，其具体停产年份及 2001 年至停产前的相关数据不详

六、烟花爆竹 陶瓷搪瓷

（一）烟花爆竹

临高县烟花香炮厂是海南省较早的爆竹厂之一。1985 年 4 月，县委、县政府以市场经济为导向，根据市场需求，把原县陶器厂改建成地方国营烟花香炮厂。爆竹厂建有办公大楼（两层七间）、职工宿舍及伙房配套、水井水塔、生产车间、卫生间、仓库，全厂总面积 2.23 公顷，总职工 80 人。开设人工、机械制作生产一条线；生产烟花、爆竹、魔术弹、飞毛腿等系列产品。1986—1996 年，年均产值 23.6 万元，最高年产值为 1991 年的 40 万元。1996 年底由于各种因素影响，厂资金周转困难，异地生产材料紧缺，被迫停产。

1998年底，为解决职工下岗再就业的问题，经县政府批示，烟花爆竹厂出租给个体工商户生产经营，期限至2018年。1998—2010年，烟花爆竹厂总产值达300万元，产品销往全省各市县。

（二）陶瓷搪瓷

临高县日用陶瓷器主要是水缸、砂锅、胶杯等陶制品，产地是东江、皇桐、博厚、南宝等乡镇。

1989年9月12日，县二轻局与山东鲁南搪瓷厂联合投资兴办的临高高鲁搪瓷工业股份有限公司成立，1992年8月24日高鲁搪瓷厂投产，1995年停产，2003年12月30日临高工商局核准吊销。

1986—2000年临高县日用陶瓷器产量

表7-1-14　　单位：万件

年份	1986年	1987年	1988年	1989年	1990年	1991年	1992年	1993年
产量	0.3	2.6	8.1	4.95	5.4	6.7	7.8	12
年份	1994年	1995年	1996年	1997年	1998年	1999年	2000年	—
产量	17.9	10.5	17.8	19.40	16.8	15.8	14.4	—

说明：2000年后全县日用陶瓷器产量相关数据不详

七、印刷　食品

（一）印刷

临高县印刷厂坐落临高县临城镇解放路15号，是临高县最早的印刷企业，经济性质属地方国营，于1958年1月建成投产，承担全县印刷业务。1986—1993年，县印刷厂使用铅印技术，最好设备为对开平台铅印机。1994年，县印刷厂的印刷技术出现一次质的飞跃，购进胶印机、电脑和打印机等设备，印刷技术由铅印升级为胶印。随着胶印技术在全省的普及，加之民营印刷厂的低价竞争，1998年后，印刷厂产值逐年下降。2002年底，县印刷厂进入改制程序，财产拍卖，安置职工，印刷厂完成改制后注销。

随着市场经济的兴起，民营印刷厂不断涌现，全县印刷业出现竞争局面。工商登记统计资料显示，1992年6月至2010年12月，县税务印刷厂（2005年停产）、临城江南印刷厂、临城瑞瑞琪印刷厂、临城江城印刷厂、临城华光印刷厂、临城锦华印刷厂、临城东城印刷厂先后成立。其间，县教育局为了解决家属子女就业，也开办印刷厂（主要印刷学生作业簿，已停产，未登记）。

2010年，全县印刷业有临城江南印刷厂、临城瑞瑞琪印刷厂、临城江城印刷厂、临城华光印刷厂、临城锦华印刷厂、临城东城印刷厂等6家民营企业。

（二）食品

1.副食品

临高县食品厂于1972年2月建成投产，主要生产面条、饼干、糖果、酱料等。1986年，有职工82人，年产值50.81万元。随着经济体制、商品流通体制的改革开放，外地副食品大量流入临高市场，临高县食品厂的生产经营受到冲击，1992年后，逐年大幅减产，工业产值从1989年的119万元下降至1994年的6.5万元，1995年停产。

1986—1994年临高县食品厂工业产值

表7-1-15　单位：万元

年份	1986年	1987年	1988年	1989年	1990年	1991年	1992年	1993年	1994年
产值	50.81	49.2	58.5	119	63	61	29.9	22	6.5

说明：产值按不变价格计算

2.饮料酒

1986—1994年，临高县饮料酒主要由临城酒厂、临城综合厂、临高县二轻酒厂等集体企业生产，但因经营效益不好，均于1994年停产。

海南双龙保健品厂于1995年租用原县二轻酒厂场地建厂投产，生产规模较大。主要生产海马酒、地瓜酒，2001年停产。2002年，临高椰昌酒业有限公司在该场地投资350万元建设一套生产流水线，生产地瓜酒、配制酒。2010年，产量460吨，产值430万元。

1986—2010年临高县饮料酒年产量

表7-1-16　单位：吨

年份	1986年	1987年	1988年	1989年	1990年	1991年	1992年
产量	52	50	40	20	110	98	119
年份	1993年	1994年	1995年	1996年	1997年	1998年	1999年
产量	117	107	644	1535	1805	2475	4026

续表 7-1-16

年份	2000 年	2001 年	2002 年	2003 年	2004 年	2005 年	2006 年
产量	3452	3062	3057	3037	3643	2666	2393
年份	2007 年	2008 年	2009 年	2010 年	—	—	—
产量	7590	400	430	460	—	—	—

1995—2000 年海南双龙保健品厂工业产值表

表 7-1-17　　单位：万元

年份	1995 年	1996 年	1997 年	1998 年	1999 年	2000 年
产值	165.5	474.6	746	924.3	1403.7	2187.9

说明：产值按不变价格计算

八、橡胶加工

橡胶加工是与橡胶种植业相伴而生的产业。临高县辖区内的农垦系统国营红华农场、国营加来农场，县办国营红星农场都办有橡胶加工厂，还有社队办的农场也有胶厂，如皇桐镇南木农场颗粒胶厂、和舍镇颗粒胶厂、南宝镇光吉农场胶厂。20 世纪 90 年代以前，橡胶加工厂都是为本单位服务的附属机构，没有形成独立经营的市场主体。20 世纪 90 年代以后，随着农村体制改革，和舍、多文、东江、南宝、博厚、波莲等地农民广泛种植橡胶，家庭作坊式的橡胶加工产业也随着逐渐发展起来，主要分布在和舍、多文、东江、南宝、博厚、波莲等乡镇，和舍镇的胶加工产业发展较早，且规模较大。但在优胜劣汰的市场竞争环境下，小规模的家庭作坊式的橡胶加工产业，逐渐被淘汰。2010 年家庭作坊方式的橡胶加工点均已关闭。

1986—2010 年，海南省国营（有）加来农场制胶厂是临高县第一个登记注册的橡胶加工企业，于 1991 年 6 月 29 日成立，2001 年吊销。2010 年，正常经营的橡胶加工企业有海南临高广垦橡胶有限公司和临高海富橡胶产业综合发展有限公司。

（一）海南临高广垦橡胶有限公司

是广东省广垦橡胶集团有限公司与临高冠美橡胶产业有限公司共同出资于 2004 年 3 月 1 日成立，由广东省广垦橡胶集团控股的一家以橡胶加工与产品销售为主的股份有限公司。公司坐落于海南省临高县和舍镇海榆西线西北坡 117 千米处，总占地面积 4.07 公顷，总建筑面积 13320 平方米，注册资金 5000 万元，总资产 1.15 亿元。2010 年，公司设有技术分级橡胶生产线和子午线轮胎橡胶生产线各1条，设计年加工能力29000吨，其中技术分级橡胶TSR910子午线轮胎橡胶11000吨，SCR-RT20子午线轮胎橡胶13000吨，SCR-WF全乳标胶5000吨；公司通过ISO 9001质量管理体系认证和ISO 14001环境管理体系认证，并拥有完善的化学检验室和物理检验室，能按国家标准GB/T 8081-2008的检验方法进行检测，除检测天然橡胶常规六项指标外，同时还可以检测物理性能指标，如门尼、拉伸强度和扯断伸长率等，为轮胎生产企业提供质量保证。

（二）临高海富橡胶产业综合发展有限公司

位于临高县和舍镇和舍居委会牛栏坡，成立于2007年8月23日，2010年投产。设有浓缩乳胶生产线（32台西湖牌离心机）、标准胶生产线、杂胶生产线、排污工程。该公司总投入4936万元，其中环保投入971万元，约占总投入比例19.7%。总建筑面积6300平方米。设计规模为日加工胶水240吨，年加工胶水5.76万吨，年产乳胶2.419万吨；日产颗粒干胶20吨，年产干胶4800吨。项目建设符合国家产业政策。2010年，临高海富橡胶产业综合发展有限公司设有办公室、财务、生产、质检、销售、后勤等职能管理部门，有员工86人。

第五节　规模企业

一、海南威隆船舶工程有限公司

2008年6月，成立海南威隆船舶工程有限公司，在县工商局注册，注册资金为10850万元，工商注册号为469028000003891，省工信厅以琼工信备〔2008〕第29号立项备案。公司修造船基地坐落在临高县金牌港经济开发区，处于海口“一小时”经济圈，地理位置优越，交通便利，是一个理想的船舶修造基地。

海南威隆船舶工程有限公司修造船基地项目分两期建设，总投资10.80亿元，总占地66.67公顷。第一期占地13.33公顷，海岸线长248米，于2008年8月开工建设，已建成5万吨级半干船坞1座，3万吨级船台1座，船体联合车间8480平方米，总装平台7200平方米，舾装车间1.80万平方米，涂装车间2400平方米，制作场地2.60万平方米。设电工车间、铜工车间、管子加工车间、钳工车间等。配置数控切割机、等离子切割机、肋骨冷弯机、剪板机、液压机、卷板机、铣边机、折边机、绲边机、弯管机等先进的船舶制造设备。起吊设备配备150吨龙门吊1台、120吨龙门吊1台、64-20吨门式吊机4台、车间行吊5台、150吨平板车1辆、25吨汽车吊2辆、6吨叉车4辆和其他机加工、测量、检验设备等200多台。

2010 年，海南威隆船舶工程有限公司编制职工 1500 人，其中高、中级技术职称 38 人，工程技术人员 250 人，熟练技工 350 人。已到位的各类技术人员和操作员工 200 人。公司设工艺技术部、生产部、经营销售部、质量检验部、生产安全部、财务部、人力资源部、行政部等职能部门，以及船体工程项目部、轮机工程项目部、电气工程项目部、涂装工程项目部、装饰工程项目部、后勤运输保障部等相关生产部门。公司具备散货船、客滚船、油船、化学品船、游艇等 5 万吨级以下各类钢质船舶建造资质和国家一级钢质渔船建造资质，通过中国船舶社认证海南威隆船舶工程有限公司的 ISO 9000 质量体系认证。

2009 年 6 月，海南威隆船舶工程有限公司承接首制船的订单，为海南粤海航运物流有限责任公司建造 1.38 万吨散货船（宏鑫 6 号），2010 年 12 月成功顺利试航交船。宏鑫 6 号轮的建成，为海南省填补万吨级船舶建造的空白。2010 年 6 月，公司与泰国 SIAM INDICA 公司达成协议，为该公司建造 20 艘 1500 吨泰式货驳船，分批建造完成并交付使用，泰式驳船的建造为海南造船业打开国外市场开一个好头。同年，公司还为亚锦绣游艇会建造趸船两艘，此外公司建造钢质休闲渔船两艘，为本岛承建陵水、三亚建造渔船 19 艘。2010 年实现工业总产值 46657 万元。

二、海南建兴基废旧金属综合利用有限公司

1998 年 5 月，成立临高闽琼钢铁制品有限公司，地址在临高县和舍镇 225 国道 106 千米处，属民营股份制企业，经营范围：废钢加工、铸造、废旧钢铁冶炼、轧钢、建材。2007 年，临高闽琼钢铁制品有限公司、临高县福临轧钢厂重组成立海南建兴基废旧金属综合利用有限公司，地址在原临高闽琼钢铁制品有限公司。同时，省工信厅、省发改厅核准海南建兴基废旧金属综合利用有限公司为资源循环利用项目，主要解决全省的废旧钢铁综合利用集中处理、资源再生利用，创建解决环境污染的节约型社会的民营工业企业。

公司占地面积 13.33 公顷，其中生产车间面积 8 公顷，建筑面积 4 公顷，环境绿化 2.67 公顷，干部、职工共有 360 人，其中大中专以上工程技术专业人员 36 人。2009 年，开始进行大规模的技术改造升级，同时筹建 110 吨电炉、精炼炉生产线 1 条、电脉冲干式布袋除尘器 2 套、真空连铸机 1 套、连铸连轧生产线 1 条和 520 轧机生产线 1 条，400 以上高强度螺纹钢穿水工艺装置 1 条。

2010 年 12 月，公司取得全国“工业产品生产许可证”，省国土环资厅环评的批复和省安全生产监督局的安全生产备案。生产中按照国家规定标准 1499.2—2007 钢筋混凝土用热轧带肋钢筋，执行 HRB400 产品，品种有 Φ10～Φ25，安装进口的光谱电脑仪和国内较先进的设备对产品质量进行检验，合格率达 100%，产品主要销售海南省内市场。

三、海南思远食品有限公司

2008年4月25日海南思远食品有限公司成立，公司位于临高县临美路工业开发区，是海南省农业产业化重点企业。公司取得欧盟认证，美国HACCP认证、俄罗斯认证、卫生质量体系认证。公司主营产业是水产品养殖、深加工、销售、出口等。主要加工产品为金鲳鱼鱼片、金鲳鱼原条和罗非鱼鱼片、罗非鱼原条，以及虾类产品等。公司与海南思远实业有限公司旗下的其他子公司形成从鱼苗场—鱼粉厂—饲料厂—深海网箱养殖—加工厂—2万吨仓储冷库—销售的产业链，上下游一体化，产供销一条龙，拥有12条生产线，生产能力和冻结能为4万吨。海南思远食品有限公司产品主要销往欧盟和美国、加拿大、印度及中国香港地区。

2010年，公司内设总经理办公室、行政部、财务部、采购部、原料部、动力部、仓储部、贸易部、质检部、国内销售部和生产部，有管理人员及员工共1600人，其中中高层管理人员60人。全年实现工业总产值14644.6万元。

四、临高龙力糖业有限公司

临高龙力糖业有限公司，坐落在临高县临城镇江南东路，占地30.69公顷，是广西洋浦南华糖业集团股份有限公司属下的一家有限责任公司。临高龙力糖业有限公司注册资金为1000万元，全产白砂糖的制糖企业，通过ISO 9001：2000国际质量管理体系认证。

1987年度跨1988年度，临高龙力糖厂由于原料蔗严重不足而停止生产。为盘活企业经济，提高企业经营效益，企业于1997年3月进行改制。临高县龙力糖厂委托给广东省丰顺糖烟酒集团有限公司（洋浦南华糖业集团前身）负责运营。委托运营后，企业的经营状况步上新的台阶，企业的经济效益显著提高。1998年11月，企业全部资产的产权一次性转让给洋浦南华糖业有限公司，并成立洋浦南华糖业有限公司临高龙力糖厂，成为一家民营企业。临高龙力糖业有限公司分别于1992年、1998年、2003年进行技扩。

2010年，临高龙力糖业有限公司内设行政办公室、人力资源科、企业管理科、财务科、储运科、物管科、农务科、党委办公室、工会、保卫科、生产技术科、质检科等12个管理科室和压榨车间、澄清车间、煮糖车间、锅炉车间、电力车间、机修车间等6个生产车间。员工400人。公司设备先进，技术力量雄厚，管理严勤，生产能力已由建厂时的日榨蔗量1000吨增加为4000吨，是海南省同行业中生产规模较大的企业之一，其产品“南龙”牌白砂糖远销全国各地。2010年，榨蔗量246043吨，产糖量27403吨，工业总产值14205万元。

1986—2010 年临高龙力糖业有限公司生产经营情况表

表 7-1-18

榨　季	榨蔗量（吨）	产糖量（吨）	工业总产值（万元）	盈亏（万元）	上缴税利（万元）
1986—1987 年	97125.00	9421	1019	–77.7	181
1987—1988 年	59378.00	6315	643	–56.7	137
1988—1989 年	44644.00	4017	486	–381.0	91
1989—1990 年	78709.00	8107	834	–31.0	225
1990—1991 年	88487.00	9025	1447	25.2	331
1991—1992 年	89166.00	9362	1417	142.0	189
1992—1993 年	118180.00	13271	2041	37.0	350
1993—1994 年	77509.00	7983	2297	–162.0	210
1994—1995 年	50621.00	5365	1326	–215.0	213
1995—1996 年	60646.00	6549	911	–235.0	180
1996—1997 年	56344.58	5933	1178	–560.0	186
1997—1998 年	112000.00	11950	2289	–407.0	128
1998—1999 年	134000.00	14713	3687	–72.0	218
1999—2000 年	156000.00	17690	3371	–518.0	278
2000—2001 年	104000.00	11689	4814	607.0	302
2001—2002 年	134000.00	16539	3043	296.0	352
2002—2003 年	145000.00	17284	4417	37.0	373
2003—2004 年	214000.00	25487	2925	–805.0	405
2004—2005 年	275000.00	35475	11581	1907.0	933
2005—2006 年	199800.00	24255	10062	2438.0	1977
2006—2007 年	206191.00	22828	7016	2584.0	1775
2007—2008 年	386367.00	43048	12444	–290.0	972
2008—2009 年	384045.00	45791	14750	274.0	1310
2009—2010 年	246043.00	27403	14205	2463.0	1845

五、海南东联长富制药有限公司

1992年，创建海南东联长富制药有限公司，是由鄂尔多斯羊绒制品股份有限公司独资兴建的一家专业生产大容量注射剂的制药生产企业。企业位于临城镇龙力开发区，占地10.80万平方米。是临高县制药工业的唯一企业，是海南省最早生产大容量注射剂的制药企业之一。2006年6月，上海沪丰生物科技有限公司进行参资控股，重组后，海南东联长富制药有限公司成为一家股份制有限责任公司。注册资金2980万元。海南东联长富制药有限公司拥有复方氨基酸注射液18AA、氟康唑氯化钠注射液、乳酸左氧氟沙星注射液、灭菌注射用水及常规输液等药品注册批文30个。其中，复方氨基酸注射液18AA是海南省唯一拥有的生产品种；200毫升0.4克氟康唑氯化钠注射液也是国内仅有的两个生产批文之一。灭菌注射用水，以其规格齐全、质量过硬，受到多家制药企业青睐而作为溶媒配备于多种粉针药物。公司具有独立自主知识产权、在进行临床试验的新药——肝力保胶囊，2010年被科技部列入国家“重大新药创制”科技重大专项“十一五”计划项目，并获国家320万元的重大专项资金资助。在全国制药行业升级换代过程中，海南东联长富制药有限公司是国内最早实现GMP先进管理的制药企业之一。

六、海南临高化工实业有限公司

1996年海南临高化工实业有限公司成立，注册资本2500万元，拥有厂区面积6.67公顷，标准储油罐32000立方米，地址在海南省临高县波莲镇，是全省唯一一家专业处理废矿油的生产企业。海南临高化工实业有限公司主要从事凝析油、油井落地油、废矿物油回收、加工、处理、销售和综合利用等业务。2009年，公司通过质量管理体系CB/T1 9001—2008/ISO 9001/2008标准认证和环境管理体系CB/T24001—2004/ISO 14001：2004标准认证。2010年，由于原料供应困难等原因停产。同年7月，进行战略重组，利用完全拥有自主知识产权的第二代加氢法制生物柴油技术，对投资新建一套20万吨/年废动植物油脂制生物柴油技改联合装置项目进行可行性研究和相关筹备工作。项目计划总投资3.6亿元，主要建设内容包括20万吨/年废动植物油脂混合加氢装置、8000标立方每小时甲醇裂解制氢装置、酸性水汽提装置、硫黄回收装置、储运设施改造、污水处理设施以及相应的公用工程配套设施改造等。

2007—2010年，连续4年被省国税局、省地税局授予“海南省纳税信用A级单位”称号。2008年2月，被海南省政府授予“海南省安全生产先进企业”。2009年9月，海南省政府相关部门联合授予“海南省节能减排功勋企业”称号。

七、海南临高龙津糖业有限公司

海南临高龙津糖业有限公司前身是广东省地方国营龙波糖厂，2000年改制为股份制公司，全体职工持股。位于临高县皇桐镇龙波墟，公司占地面积 9.4 公顷，建筑面积 14710 平方米。2010 年，在职职工 306 人，离退休职工 113 人。

2003 年，根据糖业发展形势，公司对生产设备进行技改，将生产能力由日榨能力 700 吨，提高到 2400 吨。公司采取“公司+农户”的形式对糖蔗原料生产进行重点发展。龙津公司采取两手同时抓的方法，在发展公司糖蔗基地的同时，还通过无偿提供优质甘蔗苗、免费将蔗苗送到田间、提供先进种植技术等多种形式大力扶持农户种植甘蔗。每年投入到农户的物资和资金达 100 多万元。龙津公司的甘蔗原料产量从 1999 年的 3.8 万吨发展到 2004 年的 15 万吨，产量翻 4 倍。公司甘蔗基地面积 1.3 万亩。甘蔗原料方面每年资金投入 6000 多万元，其中甘蔗原料收购资金 4800 万元左右，以雇佣地区农民劳动力为主的原料甘蔗基地生产管理费用 800 万元左右，原料运输费用 150 万元左右，农资化肥投入 300 万元左右，农村道路修桥补路投入 50 万元左右。2009/2010 年榨季，临高龙津糖业有限公司榨蔗量 151316.79 吨，产糖量 15752.51 吨，工业总产值 6590.60 万元。

1986—2010 年海南临高龙津糖业有限公司生产经营情况表

表 7-1-19

榨季	榨蔗量（吨）	产糖量（吨）	工业总产值(万元)	上缴税金(万元)	实现利润(万元)
1985/1986	45662.20	4167.40	530.49	52.0	49
1986/1987	67942.74	6606.60	651.18	63.8	54
1987/1988	89231.72	11428.61	1253.93	123.5	117
1988/1989	42750.64	3404.51	690.44	67.7	62
1989/1990	35654.34	4467.40	1021.61	100.2	101
1990/1991	58220.48	6256.01	1440.54	141.2	110
1991/1992	79384.59	6083.00	1574.44	154.3	150
1992/1993	138734.94	18314.00	5381.98	527.0	469
1993/1994	59597.99	6141.55	2079.18	203.7	186
1994/1995	30264.67	3711.35	1347.48	132.0	103
1995/1996	53198.99	4107.55	1817.79	168.3	157
1996/1997	44381.80	4609.10	1749.37	171.4	146
1997/1998	51348.12	5287.70	2094.77	203.0	186

续表 7-1-19

榨季	榨蔗量（吨）	产糖量（吨）	工业总产值(万元)	上缴税金(万元)	实现利润(万元)
1998/1999	56172.38	5554.05	2106.25	206	87
1999/2000	40491.69	4199.05	1457.18	230	-660
2000/2001	54550.30	4928.60	1790.12	1790	56
2001/2002	88247.58	10811.80	3286.17	322	73
2002/2003	131421.36	14687.45	3062.49	335	-230
2003/2004	136898.52	20056.10	4425.34	506	654
2004/2005	154490.24	17408.95	5185.36	856	1390
2005/2006	132528.77	18461.12	7656.59	760	1000
2006/2007	212204.06	21787.20	7691.38	698	474
2007/2008	217531.09	28802.30	9333.53	332	-702
2008/2009	223967.98	20450.05	9130.47	342	289
2009/2010	151316.79	15752.51	6590.60	624	469

第六节　海南临高金牌港经济开发区

1992年，成立临高金牌港开发区管理委员会，开始建设金牌港经济开发区。

金牌港，旧称红牌港，位于临高县的东北部，北临琼州海峡，距临高县城14千米，港口长3.5千米，宽3.7千米，面积12.95平方千米。东距省会海口70千米，西距洋浦区70千米。与广东流沙港相距26海里，距广西北海市96海里。临高金牌港开发区位于临高县境内的马袅半岛，北面及东面环海，东临金牌港，西临博铺港，北临琼州海峡，海岸线长16.5千米。内湾呈U形状，湾口西侧水深3～8米。红屿岛北及红石岛西水深8～15米，北端有20～25米深水区且不淤积，可建35万吨级油轮码头，建港条件非常优越。金牌港开发区属于海南西部工业走廊，介于海口市和洋浦开发区之间，距离海口市65千米，距离洋浦经济开发区70千米，是海南工业发展的重点区域之一。海域水深，湾阔无淤，岸滩稳定，建港条件非常优越，适于建造超级泊位和深水泊位群，是得天独厚的天然深水良港。开发区规划面积20.5平方千米，其中政府储备地582公顷，是全省所有开发区中留有政府储备地最多的开发区。开发区的东港和西港之间形成一个内湾，面积约666.67公顷，生态环境和水岸景观均十分优良，为规划建设生态休闲产业和打造高端经济开发区提供独特的生态与环境资源优势。

金牌港开发区与湛江的流沙港隔海相望，靠近琼州海峡中水道，是过往船只必经之路，海上运畅，同时又处于中东向亚太地区原油运输的重要水道，对原油进口、转运更多便捷。金牌港口是天然深水港，海域水深湾阔无淤，岸滩稳定，深水岸线长，可建35万吨级油轮的水深距离海岸2千米，建港条件好。金牌港2.5万吨级杂货码头主体工程已建成，港区距高速公路出口5千米且铺设柏油路面。区内已建成35千伏变电站1座，主变压器容量为5000千伏安；建成投用350米深井日供水1900吨深水井5座；通信设施配套齐全。

1993年，海南600万吨/年炼油项目由海口新海迁至金牌港开发区，项目征地686.07公顷，完成地质、水文、勘探、环境影响等评价工作，并获得国家环保局批准；完成包括有关航道码头、单点系泊、罐区、电厂等设计工作；工程现场基本实现“三通一平”，初步建成2万吨级杂货码头。2003年，中石化重组海南炼油项目，厂址迁至海南洋浦开发区，致使金牌港开发区征用的土地闲置。

1994年，和邦炼油厂投入资金17000万美元，基本完成一、二期土地征用工作。双龙工业开发区完成土地预征426公顷，与5家客商签订项目协议。

2004年，为了对该开发区进行开发利用，海南省政府将原来炼油项目征用的闲置土地收回，列为省工业发展储备用地，由省政府重新进行规划招商。2004年6月，成立塑料加工厂，是由海南西部再生资源工业开发有限公司投资兴建，该项目占地4公顷，总投资2500万元，主要经营生活垃圾回收、分拣、加工与销售，电子废弃物交投收集、分类处置等。

2005年，为规范开发区的管理机构设置，促进开发区各项事业更好更快发展，县委、县政府同意将临高县金牌开发区管理委员会更名为海南临高金牌港经济开发区管理委员会。更名后的开发区是县委、县政府的副处级派出机构，代表县委县政府行使开发区范围内的招商引资、基础设施和行政事务管理等有关职权。2006年1月，国家发改委重新审核通过并批准该区为海南省省级经济开发区，保留面积为10平方千米。

2007年6月，成立金牌船舶修造厂，是由海南临高金牌船舶修造有限公司投资兴建的，项目用地6.67公顷，总投资6000万元，主要在西港区兴建船舶维修区和船舶建造区以及相关的配套设施。

2008年，县委、县政府出台《临高县关于加快金牌港经济开发区建设的决定》，进一步加大开发区的工作力度，给予开发区最优惠的政策，为客商提供最优质的服务。区内金牌港 2.5 万吨级杂货码头主体工程已建成，基本实现道路、供水、供电、通信"四通"。独特的区位优势，科学的规划，便捷的交通网络、优惠的投资政策，配套的服务体系，已成为海南具有后发优势的开发区。2008 年 6 月，成立海南威隆船舶工程有限公司，是海南省投资规模最大的修造船基地。公司总投资 10.80 亿元，计划在金牌港东港区建造 5 万吨级船台 2 个、2.50 万吨级船坞 1 个、船体联合车间 1.85 万平方米、总装平台 7200 平方米、舾装车间 1.80 万平方米、涂装车间 3000 平方米、5 万吨级舾装码头 400 平方米等设施。2008 年 12 月，省政府批准该开发区总体规划面积为 20.5 平方千米。

2010 年，金牌港经济开发区有 3 家企业入驻，区内有 5 个村委会 24 个自然村，人口约 7000 人。

第二章　电　力

第一节　机　构

1986 年，临高县农电管理总站内设办公室、财务组、用电组、调度运行组、校表班、外线安装队，在岗员工 104 人。业务上兼管白燕滩水电站、抱美水电站。

1993 年 7 月，县政府面向全县公开招聘农电管理总站站长，单位升为副科级。1995 年 5 月，海南省实施电力管理体制改革，成立海南电业股份有限公司，临高县农电管理总站划归该公司管理，称海南电业股份有限公司临高电业公司，内设经理部、人事部、财务部、用电部、生产部、调度部 7 个部门。在岗员工 146 人。单位升为正科级。

1999 年 4 月，海南省电力有限公司成立，海南电业股份有限公司临高电业公司改称海南省电力有限公司临高供电公司，内设经理部、人事部、财务部、用电部、生产部、安监部、调度部 8 个部门。在岗员工 146 人。

2004 年 10 月，按国家电力体制改革的部署，南方电网公司接管海南电网，成立海南电网公司，海南省电力有限公司临高供电公司改称海南电网临高供电公司，内设综合部、财务部、党群部、营销部、安全生产部 5 个职能部门，调度运行所、输配电管理所 2 个二级管理部门，临城、新盈、调楼、博厚、多文、加来 6 个供电所，在岗员工 245 人。

2009 年 11 月，根据南方电网公司的部署，海南电网临高供电公司改称海南电网公司临高供电局，内设办公室、人力资源部、财务部、营销部、生产技术部、计划建设部、安全监察部、党群工作部、监察审计部 9 个部门，变电管理所、输电管理所、电力调度控制中心、物资仓储配送站 4 个二级单位，临城、城郊、新盈、调楼、博厚、多文、加来 7 个供电所。在岗员工 278 人。至 2010 年底，机构名称与人员编制未变。

第二节　水力发电

1986 年，全县有乡镇办小水电站 8 个，发电能力 1370 千瓦，发电量 1228 万千瓦时；有村及村以下办小水电站 6 个，发电能力 436 千瓦，发电量 55 万千瓦时。

1996 年，全县有乡镇办小水电站 7 个，发电能力 1950 千瓦，发电量 286 万千瓦时；有村及村以下办小水电站 3 个，发电能力 300 千瓦，发电量 4 万千瓦时。

2000 年，全县有乡镇办小水电站 11 个，发电能力 2585 千瓦，发电量 274 万千瓦时。

2005 年，全县有乡镇办小水电站 9 个，发电能力 2327 千瓦。

2008 年，全县有乡镇办小水电站 11 个，发电能力 2832 千瓦。

2009 年，全县有乡镇办小水电站 11 个，发电能力 3254 千瓦。

2010 年，全县有乡镇办小水电站 19 个，发电能力 7165 千瓦。

1986—2010 年临高县农村自办水电站情况表

表 7-2-1

年份	乡镇办水电站			村及村以下办水电站		
	数量（个）	发电能力（千瓦）	发电量（万千瓦时）	数量（个）	发电能力（千瓦）	发电量（万千瓦时）
1986 年	8	1370	1228	6	436	55.0
1987 年	10	2330	380	4	520	61.0
1988 年	6	1560	502	3	255	65.0
1989 年	8	2080	451	3	275	62.0
1990 年	9	2360	434	4	292	71.0
1991 年	9	2360	382	3	280	105.0
1992 年	9	2360	386	2	180	72.0
1993 年	9	2260	398	2	180	72.0
1994 年	9	2400	320	3	300	47.0

续表 7–2–1

年份	乡镇办水电站			村及村以下办水电站		
	数量（个）	发电能力（千瓦）	发电量（万千瓦时）	数量（个）	发电能力（千瓦）	发电量（万千瓦时）
1995 年	9	2400	315	3	300	0.4
1996 年	7	1950	286	3	300	4.0
1997 年	9	2230	168	—	—	—
1998 年	9	2230	226	—	—	—
1999 年	11	7480	268	—	—	—
2000 年	11	2585	274	—	—	—
2001 年	8	2658	—	—	—	—
2002 年	9	1340	—	—	—	—
2003 年	8	2250	—	—	—	—
2004 年	10	2156	—	—	—	—
2005 年	9	2327	—	—	—	—
2006 年	7	8278	—	—	—	—
2007 年	8	6843	—	—	—	—
2008 年	11	2832	—	—	—	—
2009 年	11	3254	—	—	—	—
2010 年	19	7165	1776	—	—	—

第三节　电网建设与改造

一、电网建设

1986 年，县电网主要由 35 千伏临城变电站、新盈变电站形成 35 千伏网架，对县域北部供电。电网拥有 35 千伏变电站 2 座，容量 6000 千伏安，35 千伏线路 39.4 千米，10 千伏线路 328 千米。

2001 年，县电网建设经历局部联网方式和统一电网方式两个阶段，电网得到快速发展。电压等级从 35 千伏输变电网架形成县电网，发展到以 110 千伏输变电环网连接省大电网的电网。电网覆盖全县 16 个乡镇、2 个国有农场，10 千伏线路架通全县 165 个村委会和主要自然村。2004年5月，加来农场29个无电村通电，全县实现自然村村村通电，结束无电村历史。

2010年，临高电网有110千伏变电站2座、110千伏线路93千米，主变8万千伏安；35千伏变电站6座、35千伏线路108.01千米、主变2.945万千伏安；10千伏线路821.8千米，配变8.2798万千伏安、用电户10万户。主要用电负荷分布在全县3个区域——西北部、中北部和南部。主要有制冰、冷藏、海产品加工、渔具品生产、海淡水养殖、制糖、食品加工、轻纺、建筑、炼钢等产业及服务业。

二、电网改造

1999年6月，实施农村电力体制改革县电网统一管理后，电网建设与改造投入加大，从1999年7月至2010年12月，累计投入资金4.12亿元，进行农网一期、农网二期、农网升级改造。对全县原有的35千伏变电站进行扩建改造，原有的旧线路、旧变压器、旧电能表全部拆除重建（更换），相当于重建临高电网。截至2010年12月，全县拥有110千伏变电站4座，主变7台容量17.30万千伏安，110千伏线路3条109.5千米（其中双回路15千米）；35千伏变电站6座，主变10台容量6.30万千伏安，35千伏线路7条81.97千米；10千伏52条1295千米；公用变压器847台，容量8.426万千伏安；用电户11.40万户。

三、主要变电站

（一）110千伏龙力变电站

位于临城镇龙力村，占地0.9公顷。1992年11月龙力35千伏输变电工程开始建设，1993年12月建成投产，主变容量2×4000千伏安，35千伏线路21.8千米。主要作用取代临城35千伏变电站与松涛电网联网。2000年4月龙力变电站升压扩建，2001年3月龙力110千伏变电站建成投产，主变容量1×20000千伏安，110千伏线路41千米，在儋州洛基220千伏变电站与省网连接，县电网提升一个电压等级。龙力110千伏变电站2006年4月增容扩建，主变容量增至2×40000千伏安。

（二）110千伏多文变电站

多文变电站位于多文镇美山村，占地0.83公顷。2003年8月，多文35千伏变电站建成投产，主变容量1×4000千伏安，35千伏线路T接龙力—多文线1.32千米，对多文、东江、龙波地区供电。变电站2004年6月进行升压扩建，2005年11月多文110千伏变电站投产，主变容量为1×20000千伏安，110千伏线路53.4千米（其中洛基至多文段31.4千米、多文至龙力段22千米），接儋州洛基220千伏变电站。至此，临高电网由洛基—多文、多文—龙力、洛基—龙力110千伏线形成环网，电网可靠性再上台阶。2009年8月，多文变电站增容扩建，主变容量增至20000+31500千伏安。

（三）110千伏美台变电站

位于临城镇美台头星村美灵，占地0.68公顷。2010年11月，美台110千伏变电站建成投产，主变容量1×10000千伏安，线路T接龙力—洛基110千伏线，线长0.1千米，对临高中南部的美台、波莲地区供电，抱美水电站在该站并网。

（四）110千伏马袅变电站

位于博厚镇马袅和珍村，占地0.96公顷。2010年12月，马袅110千伏变电站建投产，线路接澄迈永边110千伏变电站，线长15千米（双回路），主变容量1×31500千伏安，对金牌港开发区及马袅地区供电。

（五）35千伏新盈变电站

位于新盈镇新盈墟，占地1.47公顷。1982年1月变电站建成投产，主变容量1×1000千伏安，对新盈地区供电，35千伏线路15.4千米，起点临城35千伏变电站。1985年4月，变电站增容为1×2000千伏安。1992年1月，增容为1×4000千伏安。2003年1月，对变电站厂房、户内外开关设备及构架进行全面改造，同年增容为2×3150千伏安。2003年8月，新盈35千伏线重建，线长19.7千米，起点龙力110千伏变电站，原35千伏线停止运行。2008年6月，变电站增容扩建，容量3150+6300千伏安。2009年11月，变电站再次增容，增容后主变容量为2×6300千伏安。

（六）35千伏金牌变电站

位于博厚镇金牌路口，占地0.62公顷。2000年6月，金牌35千伏变电站建成投产，主变容量1×3150千伏安，35千伏线路T接龙力—多文线，长度5.92千米，对博厚、皇桐地区供电。变电站2008年3月增容扩建，容量为2×6300千伏安。

（七）35千伏美良变电站

位于调楼镇美良墟，占地0.25公顷。2002年2月，美良35千伏变电站建成投产，主变容量1×3150千伏安，对调楼、美良地区供电。35千伏线路T接临城—新盈线，线长5.64千米。2003年8月龙力—新盈线建成，35千伏线路T接该线，线长5.63千米。变电站2006年4月扩建，容量1×6300千伏安；2008年3月再增容，容量为2×6300千伏安。

（八）35千伏加来变电站

位于和舍镇跃锦村，占地0.21公顷。2003年8月，加来35千伏变电站建成投产，主变容量1×4000千伏安，35千伏线路11.76千米，对临高南部加来、和舍、南宝地区供电。2004年3月，变电站增容扩建，容量为2×4000千伏安。2009年11月，变电站再次增容，增容后主变容量为2×6300千伏安。

（九）35千伏东英变电站

位于东英镇高定村，占地0.48公顷。2007年7月，东英35千伏变电站投入建设，2010年11月建成投产，主变容量1×6300千伏安，35千伏线路11.33千米，对东英地区供电。

（十）35千伏临高角变电站

位于临城镇龙门村，占地1.14公顷。2009年8月，临高角35千伏变电站投入建设，2010年12月建成投产，主变容量1×6300千伏安，35千伏线路7.845千米，对临高角开发区及周边农村供电。

第四节 供电售电

一、供电体制改革

1986年，临高县基本形成以小水电为主要电源的电网。农电管理主要采用县、镇、村及村以下的多级管理机构。除县城及周边农村由县供电企业直接抄表管理到户外，全县16个乡镇的农村、2个国营农场的用电主要由当地电管所趸售转供。趸售电管所有隶属农场、镇政府、企业办、小水电站的，也有私人承包的。由于层层趸售，层层加价，加上政出多门，管理不善，电网破损，农村电价涨幅过高。1998年，全县农村平均电价为1.384元/千瓦时，个别农村电价高达3.5元/千瓦时。

1999年1月，国家实施农村电力体制改革。按照县政府的统一部署，以1999年6月29日新盈镇、美良镇供电资产移交为标志，临高县农村电力体制改革全面启动。至2001年10月，调楼镇供电资产移交，全县农村电力体制改革基本完成。2003年7月27日，红华、加来农场供电资产移交，农垦电力体制改革完成。全县16个乡镇、2个农场理顺了农村电力管理体制，农村照明电价降至0.6元/千瓦时，实现城乡用电同网同价。这次农村电力体制改革，撤销乡镇电管所、小水电和农场供电区管理机构17个，县供电部门接管各乡镇、农场供电区，在全县设立7个乡镇供电所、9个营业点，统一管理供电营销、用电管理、安全生产、业务扩充等工作。全面实行“三公开”（电价公开、电量公开、电费公开）、“四到户”（抄表到户、收费到户、开票到户、销售服务到户）、“五统一”（统一电价、统一抄表、统一发票、统一核算、统一考核）和农村用电1户1表。实现临高电网统一调度、统一规划设计、统一建设、统一经营的城乡电网一体化管理体制。2002—2005年，城镇居民和农村照明电价0.60元/千瓦时。2006—2010年，城镇居民和农村照明电价0.6083元/千瓦时。

1986—2010 年临高县电价一览表

表 7-2-2 单位：元/千瓦时

执行时间	居民照明	乡村照明	普通工业	商业（一档）	农用灌溉	备　注
1986 年	0.2000	—	0.132	0.200	0.060	临价字〔1985〕12 号
1987 年	0.2000	—	0.132	0.200	0.060	—
1988 年	0.3000	—	0.350	0.450	0.250	琼价工字〔1988〕47 号
1989 年	0.3000	—	0.350	0.450	0.250	—
1990 年	0.3000	—	0.350	0.450	0.250	琼府〔1990〕10 号
1991 年	0.3000	—	0.350	0.450	0.250	—
1992 年	0.3000	—	0.350	0.450	0.250	—
1993 年	0.3400	—	0.380	0.560	0.280	琼府办〔1992〕249 号
1993 年	0.4150	—	0.458	0.740	0.358	琼府办〔1993〕138 号
1994 年	0.5000	—	0.518	0.780	0.465	临价字〔1993〕43 号
1995 年	0.5000	—	0.518	0.780	0.465	—
1996 年	0.4760	—	0.531	0.801	0.419	琼价工字〔1996〕132 号
1997 年	0.5260	—	0.559	0.841	0.459	琼价工字〔1997〕197 号
1998 年	0.5410	—	0.574	0.856	0.459	琼价工字〔1998〕422 号
1999 年	0.5710	0.8000	0.584	0.856	0.459	琼价工字〔1999〕288 号
2000 年	0.5710	0.8000	0.584	0.856	0.459	—
2001 年	0.5710	0.8000	0.584	0.856	0.459	—
2002 年	0.6000	0.6000	0.594	0.800	0.640	琼计价格〔2002〕945 号
2003 年	0.6000	0.6000	0.594	0.800	0.640	—
2004 年	0.6000	0.6000	0.602	0.800	0.640	琼计发改价格〔2004〕167 号
2004 年	0.6000	0.6000	0.626	0.800	0.640	琼计发改价格〔2004〕1346 号
2005 年	0.6000	0.6000	0.626	0.800	0.690	琼计发改价格〔2005〕492 号
2006 年	0.6083	0.6083	0.765	0.765	0.469	琼发改价格〔2006〕992 号
2007 年	0.6083	0.6083	0.765	0.765	0.469	—
2008 年	0.6083	0.6083	0.800	0.800	0.469	琼发改价格〔2008〕841 号
2009 年	0.6083	0.6083	0.800	0.800	0.469	—

续表 7-2-2

执行时间	居民照明	乡村照明	普通工业	商业（一档）	农用灌溉	备 注
2010年	0.6083	0.6083	0.800	0.800	0.469	—

说明：1. 电价一览表为海南省电网最终用户销售价格；2. 1998年以前供电企业直管用户执行此标准，趸售转供的农村电价由当地自定，标准不统一

二、电力营销

1986年，全县用电量1284.90万千瓦时。其中工业用电73.4万千瓦时，农业用电18.93万千瓦时，市政用电1192.57万千瓦时。

1990年，用电量1630.30万千瓦时，其中工业用电352.25万千瓦时，农业用电125.2万千瓦时，市政用电1152.85万千瓦时。

1993年12月，龙力35千伏输变工程建成投产，龙力变电站成为联结大电网的枢纽站，县内供电网络布局得到改善，电力供应趋于稳定。

1995年5月，海南电业股份有限公司成立，全省电力统一管理，县农电管理总站并入海南电业股份有限公司，临高结束电力趸售县的运营模式，成为主要由省网供电为主的电网。同年，用电量2736.76万千瓦时，比1990年增长67.87%，年均递增10.91%。其中工业用电1052.5万千瓦时，农业用电204.5万千瓦时，市政用电1479.76万千瓦时。

1999年6月，实施农村电力体制改革，撤销乡镇电管站，由供电企业抄表收费到户，至2000年2月，实现全县统一电网、统一管理。2000年，用电量3951.06万千瓦时，比1995年增长44.37%，年均递增7.62%。

2003年，全年用电量6293.56万度，其中工业用电1993.45万千瓦时，农业用电751.76万千瓦时，市政用电3548.35万千瓦时。

2005年，用电量10602.43万千瓦时，比2000年增长168.34%，年均递增21.83%。

2006年，公司资产总额14251万元，售电量1.43亿千瓦时。

2007年，全年用电量16016.55万千瓦时，其中工业用电7699.44万千瓦时，农业用电722.13万千瓦时，市政用电7594.98万千瓦时。

2010年，全年供电量22376.9万千瓦时，用电量20061.85万千瓦时，比2005年增长89.22%，年均递增13.6%。其中工业用电7248.35万千瓦时，农业用电2465.27万千瓦时，市政用电10348.23万千瓦时。

1986—2010 年临高县供用电量状况表

表 7-2-3　　单位：万千瓦时

年份	供电量	其中小水电量	用电量	其中		
				工业用电	农业用电	市政用电
1986 年	1679.60	525.20	1284.90	73.40	18.93	1192.57
1987 年	1448.11	609.77	838.34	83.50	23.50	731.34
1988 年	1277.86	865.26	798.90	95.20	35.20	668.50
1989 年	1765.23	760.42	1435.00	152.50	43.25	1239.25
1990 年	1915.17	804.48	1630.30	352.25	125.20	1152.85
1991 年	2154.30	716.07	1853.87	462.30	165.35	1226.22
1992 年	2395.85	756.20	2097.35	552.23	185.62	1359.50
1993 年	2372.76	652.30	2088.03	1155.23	207.50	725.30
1994 年	2655.95	602.50	2311.90	1254.65	246.20	811.05
1995 年	3211.71	575.95	2736.76	1052.50	204.50	1479.76
1996 年	3435.23	875.20	2973.02	950.20	167.82	1855.00
1997 年	3355.47	1143.73	2963.19	952.60	150.00	1860.59
1998 年	3652.27	1687.64	3234.12	935.05	51.39	2247.68
1999 年	3987.93	1218.61	3449.70	454.58	51.39	2943.73
2000 年	4906.28	1544.02	3951.06	922.36	129.21	2899.49
2001 年	5777.22	1690.94	4747.52	925.97	249.53	3572.02
2002 年	6232.29	1499.13	5269.99	1271.81	668.63	3329.55
2003 年	7395.79	1225.06	6293.56	1993.45	751.76	3548.35
2004 年	10157.99	973.39	8781.08	3329.91	979.53	4471.64
2005 年	12240.43	737.80	10602.43	5076.26	580.53	4945.64
2006 年	16265.16	1223.02	14281.31	5084.20	688.05	8509.06
2007 年	17775.49	1284.96	16016.55	7699.44	722.13	7594.98
2008 年	20164.44	1342.79	18263.03	8775.48	730.82	8756.73
2009 年	19650.37	2299.11	17723.75	7247.73	1027.39	9448.63
2010 年	22376.90	1776.47	20061.85	7248.35	2465.27	10348.23

第五节　用电管理

1986—1994年间，全县用电管理未统一，除县城及周边农村由县供电企业直接抄表管理外，大部分农村用电是多层次管理，不但电价高，而且线路损耗大。

1995年起，全县实行统一窗口办理用电报装、抄表收费、电能计量、用电维修、用电监察等各种业务。加强线损管理，层层分解指标，落实责任，强化考核。加强电费回收。

1997年开始使用微机，逐步推广银行代收、自助缴费，网银缴费、POS机缴费、邮储便民服务点收费、预付费电表等缴电费业务。

2010年，供电企业共建立办公自动化、营销自动化、生产管理、教育培训、财务管理、合同管理、工程管理、物资管理、审计管理、档案管理等10个系统，实现资源共享、用电管理规范化。全县用电管理规范化后，电网用电量逐年增长，综合线损率逐年下降。全县1986年用电1284.9万千瓦时，2010年用电20061.85万千瓦时，年均递增12.13%；综合线损率1986年为23.50%，2010年降至10.35%。

第三章　交　通

第一节　机　构

一、交通局

1986年，临高县交通局与交安会合署办公，内设秘书股、业务股。1989年11月，撤销交安会，成立临高县交通战备办公室，隶属县交通局管理。1995年10月，县交通局更名为临高县交通服务中心，为事业单位，人员编制不变。1999年8月，重新成立县交通局，与县交通服务中心合署办公，实行一套人员、两块牌子的运行机制，属县政府管理工作部门。

2001年3月，县交通局和县交通服务中心改名为临高县交通管理中心，属县政府直属部门，人员编制不变。同年7月，成立县交通管理中心党组。

2002年1月，县委、县政府同意县交通管理中心增挂县交通局牌子，单位领导配备1正5副。内设机构有人秘股、运输股、安全保卫股、港航管理所、交管站、规费征稽站。下属单位有地方公路管理站、新盈港务所、临高县第一航运公司、临高县第二航运公司。

2003年，撤销县交通管理中心，恢复临高县交通局，为县政府组成部门（公务员单位），加挂县交通战备办公室（正科单位，由局长兼任主任）牌子。内设办公室、计划财务股、运输股、综合股、政策法规股、驾培股。下属单位有3个：交管站、港航管理所、地方公路管理站。

2010年，县交通局更名为县交通运输局，为县政府组成部门（公务员单位），加挂县交通战备办公室牌子，人员编制不变。内设办公室、计划财务股、运输管理股、安全管理股、驾培股，下属交管站、港航管理所、地方公路管理站3个单位。

二、公路局

1989年，临高县公路工区更名为临高县公路分局，从副科级单位升格为正科级事业单位。1994年，养征站从县公路分局分离出去，成立县养路费征稽所。1995年，县道移交县公路分局管养。至2010年，临高县公路分局内设机构有办公室、生产股、计财股、机料股、路政股、工会等6个业务股室，下设26个养护道班和1个机械修理车间，在职员工共352人。拥有中小型各类养护机械56台部，中、高级工程技术人员7人，具有公路养护工程施工二类（乙级）、三类（甲级）资质。

三、县地方公路管理站

1963年，地方道路管理工作从县交通委员会析出，成立县地方道路管理站。1978年，更名为县地方公路管理站。1995年，县地方公路管理站内设5个组，分别是政工组、财务组、机械组、生产组、修理组。下设13个道班，全站人员128人，管养里程473.5千米，其中县道专业管养106.4千米。2010年，县地方公路管理站内设6个组室，分别是政工组、财务组、机械组、生产组、路政组、电脑室，人员35人，其中工程师3人，助理工程师8人。管养县道里程15.78千米，乡道114.99千米，村道319.63千米。

第二节　公路建设

一、省养公路

1986年，省养公路只有5条线路，总里程140.9千米，其中国道海榆西线44.3千米，省道和新线45.8千米，省道波洛线25.6千米，县道临加线20.9千米，县道松龙线4.3千米。

1995年4月，接管县道公路128.26千米，人员102人，省养公路里程达到268.6千米。

1997年，西线高速公路建成通车，通过临高县境内32千米，省养公路管养里程达到300.7千米。

2002 年，西线高速公路收归省管后，省养公路管养里程为 282.79 千米。

2010 年，县境内的省养公路线路共有 15 条，总里程 282.79 千米，形成以临城镇为中心，辐射各乡镇、农场、各市县的公路交通网。省养公路里程中，海榆西线（线路编号 G225）为国道，总里程 42.2 千米；和新线（线路编号 S306）、波洛线（线路编号 S211）、临加线（线路编号 S217）等三条线路为省道，总里程 93.51 千米；墩德线（线路编号 X300）、临调线（线路编号 X302）、金多线（线路编号 X303）、波抱线（线路编号 X304）、龙临线（线路编号 X306）、多加线（线路编号 X307）、松龙线（线路编号 X308）、加南线（线路编号 X309）、昌临线（线路编号 X311）、新后线（线路编号 X312）、美临线（线路编号 X313）等 11 条线路为县道，总里程 147.09 千米。管养里程中，沥青混凝土路 74.83 千米，水泥混凝土路 9.49 千米，次高级路 173.79 千米，沙土路 24.69 千米。公路桥梁总数 26 座，总长 739.04 米，其中大桥 2 座，中桥 4 座，小桥 20 座。

二、县乡道路

1986 年，和新线和乐至临城段进行全面改造，铺设沥青路面，达到三级公路标准。同年，改造临城至龙力糖厂沥青路面，里程 3 千米，三级公路，有力提高临高县运输甘蔗和蔗糖车辆的通行能力，为临高经济发展起到一定的作用。

1990 年，动工新建波莲至新盈农场公路，即现在的县道波抱线，全长 11.1 千米，按四级公路建设。

1992 年，采用固化技术对临城至临高角公路路面基层进行改造，对路面面层加铺沥青混凝土。

1993 年 5 月，动工重建宝来大桥（全长 139 米、宽 7.5 米、高 3.7 米、桥墩 7 排 14 个、桥拱跨度 20 米）及修复大桥两端公路（南宝至加来公路，里程 13.64 千米，三级公路），极大方便南宝、加来两地群众的往来交流。

1994 年，规划建设加来农场至海榆西线，全面贯通南宝至加来至海榆西线的连接，带动南宝、加来经济发展，使该路顺利提升为县道。

1997 年，动工建设东英至博贤公路，全长 15 千米；动工建设东英至博贤公路，连通东英镇、美良乡、调楼镇、波莲镇、新盈镇 5 个乡镇。

1998 年起，实施“乡乡通油路”计划，至 2001 年底三级公路铺沥青路 257.1 千米。同年，临加线临城至美台段建成使用，该线公路达到二级公路标准，是县境内除西线高速公路外的最高等级公路。1999 年，新建临高角至美夏乡滨海砂土路，里程 7.6 千米。按照三级公路规划建设，全长 7 千米，东北接临高角解放公园，西南接临城至美夏公路。

2002 年，实施“乡乡通油路”工程，每千米投资 5 万～8 万元，先后将和新线临城至新盈段、波洛线、金多线、加南线、临调线、美临线改造成简铺沥青路面公路，改造公路总长110千米。但由于通行车辆的日益增多和超载车辆的破坏，简铺沥青公路路况损坏严重，省交通主管部门逐步增加公路改造投资力度。

2004年实施美临线公路路面改造，2006年实施临加线、和新线K31+000～K44+678公路路面改造，2008年实施临调线、墩德线、和新线K25+000～K31+000公路路面改造、昌临线公路路面改造，改造公路总长112.27千米。

2004年，全县开始实施农村公路“通达工程”，至2007年竣工完成通达工程26条，总里程181千米。2006年，开始实施农村公路“通畅工程”，建设农村公路25条，总里程192.5千米。农村公路建设覆盖全县10个镇。

2008年，完成农村公路通畅工程建设任务扫尾工作，实施农村公路通畅工程项目28条公路，总里程152.14千米，总投资6332.77万元。其中：新增中央投资项目12条公路，建设里程67.66千米，投资2817.92万元。实施县重点公路工程项目2条公路，总里程22.83千米，总投资11600.18万元。对美台至东江公路通乡试点改造工程项目进行5.16千米长的路面结构调整。立项马袅至新盈沿海公路工程项目（全长34.27千米）并完成一部分路段的勘察设计，金澜大道是其中的一段，该段长度7.99千米，东至金牌港疏港公路，西接临城市政大道，横跨白仞滩大桥（勘察设计新建桥梁）。金澜大道和白仞滩大桥，总投资1.36亿元。交通局出资一部分，发动直属单位县地方公路管理站出资一部分，共筹措资金46万元投入文明生态村公路建设。

2009年，实施农村公路通畅工程项目16条公路，建设里程84.48千米，投资3514.85万元。

2010年，承担接管县重点工程临昌路（临城至临高角公路）改造、金牌港疏港公路改造、金澜大道、百仞滩大桥、金牌港东港公路、新镇路改造、临海路修复、临高出口工程（一期）吉利段临美段、临高出口工程（二期）临美段、黄龙大道、市政大道二期工程、滨海公路等13个项目，总里程78.6千米，总投资14.98亿元。其中完成临昌路、金牌港疏港公路改造、百仞滩大桥等3个项目建设的主体工程，全线基本通车；在建金澜大道、金牌港东港公路、新镇路（含一号桥）改造、临海路修复等4个项目；其余6个项目陆续做前期工作。完成2009年新增、2010年农村公路通畅工程项目32个，总长236.8千米，总投资9475万元。县交通运输局投入资金30万元完成3条省级文明生态村公路的建设。同年5月，新建金澜大道（里程7.99千米，城市主干路Ⅱ级）和百仞滩大桥（处于金澜大道内）动工建设，西接市政大道，东接金牌港疏港公路，是临高县沿海发展战略的主心骨市政大道，是临高县北部沿海地区主要交通路网枢纽，对临高县的经济建设尤其是沿海地带的开发建设具有特别重要的意义。12 月，临城镇新镇路和一号大桥改造工程项目动工建设，起点位于文明中路交界处，连接临城至临高角公路，终点位于沿江北路交界处，全长 595 米。

三、公路桥梁

1990 年，动工新建多文至东江公路（县道）美傲桥石拱桥。1992 年，动工新建和舍镇罗爷村罗爷石拱桥。1994 年，动工新建加来至南宝公路（县道）加南石拱桥。1999 年，动工新建临高角至美夏乡滨海公路钢筋混凝土现浇板桥美昌桥。

2004 年，实施农村公路通达工程，新改建桥梁有和舍镇新华桥，钢筋混凝土现浇板桥，小桥；东江乡罗忧桥，钢筋混凝土现浇板桥，小桥；美良乡博贤 II 桥，钢筋混凝土现浇板桥，小桥。

2005 年，继续实施农村公路通达工程，新改建桥梁有龙波乡头文桥、临城镇洋甘桥、皇桐镇富理桥、博厚镇透滩桥，以上桥梁均为钢筋混凝土现浇板小桥。

2006 年，农村公路通达工程新改建桥梁有和舍镇跃进电站桥（钢筋混凝土现浇 T 形梁桥，中桥）、东英镇头洋桥、美良乡博贤 I 桥、调楼镇方贤俊桥、调楼镇抱才桥。

2007 年，农村公路通达工程新改建博厚镇德禄桥、临城镇文书 I 桥、临城镇文书 II 桥、临城镇文潭桥、东英镇奇地桥、美良乡东春桥、美台乡吾鲁桥、马袅乡新贤桥、龙波乡中林小学桥、美良乡抱社 I 桥、美良乡抱社 II 桥、临城镇兰威桥、东英镇兰堂桥、临城镇调俗桥、美台乡文新桥等 15 座钢筋混凝土板小桥。2004—2007 年，农村公路通达工程共新改建桥梁 27 座，总长 424.8 延米。

至 2010 年底，临高县有公路桥梁 66 座，总长 1846.4 米，其中 100 米及以上的桥梁有 1 座，即白刃滩大桥，桥长达 427.08 米。

主要公路桥梁有白刃滩大桥、彩桥 I 桥、禄道桥、抱堂铁路桥、二十三队铁路桥、抱瑞桥。百仞滩大桥位于临高县城北偏东约 5 千米的文澜河上，所处金澜大道公路，结构类型是高支梁桥。桥梁全长 427.06 米，全宽 20 米。大桥于 2010 年 5 月 1 日开工，2012 年 1 月 6 日竣工。合同价 3135 万元，实际造价 4006 万元，审计结算后由临高县市政园林管理局维护。

2010年临高县农村公路桥梁一览表

表 7-3-1　　　　单位：米

序号	线路名称	桥梁名称	中心桩号	桥长度	桥梁类别	桥型	建设时间
1	敦德线 K19+800 至德禄村公路	德禄桥	K5+710	7.20	小桥	钢筋砼板桥	2007 年
2	龙波墟至美里村（东江墟）公路	群城桥	K1+716	40.80	小桥	石拱桥	1996 年
3	龙波墟至潭才小学公路	头文桥	K2+330	19.78	小桥	钢筋砼板桥	2005 年
4	龙波墟至美珠村公路	美珠桥	K3+252	19.00	小桥	钢筋砼梁板桥	2000 年
5	龙力糖厂至洋甘村委会公路	文书Ⅰ桥	K1+381	7.20	小桥	钢筋砼板桥	2007 年
6	龙力糖厂至洋甘村委会公路	文书Ⅱ桥	K2+402	7.20	小桥	钢筋砼板桥	2007 年
7	龙力糖厂至洋甘村委会公路	洋甘桥	K4+821	7.20	小桥	钢筋砼板桥	2005 年
8	和新线 K3+400 至美盈村公路	富理桥	K2+390	9.20	小桥	钢筋砼板桥	2005 年
9	和新线 K19+000 至美所村公路	美所Ⅰ桥	K0+319	6.20	小桥	钢筋砼板桥	2000 年
10	和新线 K19+000 至美所村公路	美所Ⅱ桥	K0+503	6.40	小桥	钢筋砼板桥	2000 年
11	和新线 K19+000 至美所村公路	美所Ⅲ桥	K0+602	6.30	小桥	钢筋砼板桥	2000 年
12	东联药厂至西田村（和新线 K21+900）公路	文南桥	K1+830	15.00	小桥	钢筋砼板桥	1988 年
13	和新线 K29+300 至源丰驾校公路	源丰桥	K0+017	5.85	小桥	钢筋砼板桥	1988 年
14	和新线 K28+800（K29+450）至太坡村委会公路	古柏Ⅰ桥	K0+093	8.06	小桥	钢筋砼板桥	1990 年
15	古柏村路口至波武线 K2+500 公路	古柏Ⅱ桥	K1+100	22.00	小桥	钢筋砼梁板桥	1990 年

续表 7-3-1

序号	线路名称	桥梁名称	中心桩号	桥长度	桥梁类别	桥型	建设时间
16	和新线 K29+800（30+300）至美珠村委会（临调线 K3+100）公路	美珠村桥	K0+376	10.32	小桥	钢筋砼板桥	1990 年
17	和新线 K40+700（K41+200）至彩桥村委会公路	彩桥Ⅰ桥	K4+100	60.00	中桥	钢筋砼板桥	1990 年
18	和新线 K40+700（和新线 K41+200）至彩桥村委会公路	彩桥Ⅱ桥	K4+250	19.00	小桥	石拱桥	1981 年
19	昌临线 K4+300 至文潭村公路	文潭桥	K1+119	7.20	小桥	钢筋砼板桥	2007 年
20	美临线 K4+200（东英镇）至昌临线 K4+900（奇地村）公路	奇地桥	K6+024	7.20	小桥	钢筋砼板桥	2007 年
21	东英镇至博贤村（和新线 K39+000）公路	博贤Ⅰ桥	K14+180	17.17	小桥	钢筋砼空心板桥	2006 年
22	东英镇至博贤村（和新线 K39+000）公路	博贤Ⅱ桥	K14+900	7.40	小桥	钢筋砼板桥	2007 年
23	东英镇至博纵村（临调线 K13+200）公路	头洋桥	K8+500	25.00	小桥	钢筋砼空心板桥	2006 年
24	东英镇至博纵村（临调线 K13+200）公路	方贤俊桥	K10+500	7.20	小桥	钢筋砼板桥	2006 年
25	美良墟至和抱社村（新线 K41+250）公路	抱社Ⅰ桥	K4+380	7.20	小桥	钢筋砼板桥	2007 年
26	美良墟至和抱社村（新线 K41+250）公路	抱社Ⅱ桥	K4+518	7.20	小桥	钢筋砼板桥	2007 年
27	调楼镇（临调线 K15+000）至抱才村公路	抱才桥	K1+980	7.20	小桥	钢筋砼板桥	2007 年
28	新盈桥（新盈镇）至康达桥（和贵村）公路	康达桥	K0+223	35.86	中桥	钢筋砼板桥	1990 年

续表 7-3-1

序号	线路名称	桥梁名称	中心桩号	桥长度	桥梁类别	桥型	建设时间
29	临加线 K2+500 至美月村公路	美月桥	K2+200	12.30	小桥	钢筋砼梁板桥	1988 年
30	临加线 K7+800 至波莲中心小学公路	武来Ⅰ桥	K0+941	19.30	小桥	钢筋砼空心板桥	2003 年
31	美梅村路口（临加线 K9+800）至美梅村（美梅电站）公路	美梅桥	K0+700	6.98	小桥	钢筋砼板桥	1995 年
32	美梅村路口至美梅村（美梅电站）公路	美梅电站桥	K4+300	34.00	小桥	石拱桥	1995 年
33	美台社区（临加线 K10+600）至吾鲁村委会公路	吾鲁桥	K1+000	7.20	小桥	钢筋砼板桥	2007 年
34	临加线 K12+900 至波洛线 K11+100 公路	抱瑞桥	K3+312	40.00	中桥	钢筋砼空心板桥	2010 年
35	临加线 K12+900 至波洛线 K11+100 公路	禄道桥	K5+985	82.00	中桥	钢筋砼梁板桥	2007 年
36	临加线 K15+350 至头南村公路	头南桥	K1+400	12.00	小桥	钢筋砼板桥	2010 年
37	加来农贸市场至头南村（临加线 K16+900）公路	知县桥	K5+426	28.30	小桥	钢筋砼板桥	2010 年
38	临罗线 K1+100（调俗村）至美台农科所（乾彩村）公路	调俗Ⅱ桥	K1+050	6.30	小桥	右为钢筋砼板桥；左为石拱桥	-1989 年
39	博厚镇至抱珍小学公路	透滩桥	K6+200	25.30	小桥	钢筋砼空心板桥	2005 年
40	多加线 K3+300（多东线 K3+300）至南兴村公路	南兴桥	K2+133	19.00	小桥	石拱桥	1989 年
41	加来圩（加来中学）至山凤小学（山凤村）公路	兰扶桥	K4+200	11.50	小桥	钢筋砼板桥	1998 年
42	加来圩（加来中学）至山凤小学（山凤村）公路	山凤桥	K6+900	13.30	小桥	钢筋砼板桥	1998 年

续表 7-3-1

序号	线路名称	桥梁名称	中心桩号	桥长度	桥梁类别	桥型	建设时间
43	红星场（红星分场办公室）至兰脉办公室（兰脉村）公路	红锋桥	K0+400	10.00	小桥	钢筋砼板桥	1995 年
44	红星分场办公室至红华十七队公路	十五队桥	K1+002	18.00	小桥	钢筋砼梁板桥	1995 年
45	东江墟至兰脉村公路	和舍桥	K1+322	17.40	小桥	钢筋砼板桥	2010 年
46	东江墟至兰脉村公路	兰脉大桥	K3+015	63.00	大桥	双曲拱桥	1999 年
47	红华中学至红华八队路口（红旗分场办公室）公路	头龙铁路桥	K5+250	32.60	小桥	钢筋砼板桥	2000 年
48	和舍镇至溪尾村公路	新华桥	K2+580	18.00	小桥	钢筋砼空心板桥	2007 年
49	和舍中心小学至敦木村公路	粮所水利桥	K0+323	26.50	小桥	钢筋砼梁板桥	1972 年
50	和舍中心小学至敦木村公路	抱堂铁路桥	K0+900	67.00	小桥	钢筋砼板桥	2000 年
51	和舍中心小学至敦木村公路	罗爷桥	K7+466	23.50	小桥	石拱桥	1990 年
52	兰合村口（海榆西线 K95+900）至兰合村（多东线 K1+800）公路	松枝桥	K0+700	24.00	小桥	钢筋砼梁板桥	2010 年
53	海榆西线 K106+700（107+100）至罗忧村公路	跃进电站桥	K0+687	24.50	小桥	钢筋砼 T 形梁板桥	2006 年
54	海榆西线 K106+700（K107+100）至罗忧村公路	罗忧桥	K1+725	15.25	小桥	钢筋砼空心板桥	2006 年
55	海榆西线 K109+200（K109+500）至铺仔村委会公路	铺仔铁路桥	K0+554	37.30	小桥	钢筋砼板桥	2000 年
56	和舍镇至先光村委会公路	和舍铁路桥	K0+384	38.00	小桥	钢筋砼板桥	2007 年

续表 7-3-1

序号	线路名称	桥梁名称	中心桩号	桥长度	桥梁类别	桥型	建设时间
57	红专区二十二队入口（皇美线 K3+200）至红专区二十三队公路	二十三队高速路桥	K2+700	52.00	中桥	钢筋砼梁板桥	1996 年
58	波洛线 K2+800 至美国村公路	美国村桥	K1+800	48.00	中桥	钢筋砼板桥	1996 年
59	波洛线 K4+600 至抱美小学公路	抱美高速路桥	k0+530	50.50	中桥	钢筋砼梁板桥	1996 年
60	波洛线 K8+000（K7+900）至新盈农场公路	干校桥	K0+500	9.90	小桥	石拱桥	1987 年
61	波洛线 K15+900 至临高甲天成水电公司公路	加来桥	K1+600	11.55	小桥	钢筋砼板桥	2000 年
62	波洛线 K22+250（K22+300）至松明村公路	松明桥	K0+500	9.40	小桥	钢筋砼梁板桥	1988 年
63	东奇线 K7+000 至龙豪村公路	奇龙桥	K2+000	13.00	小桥	石拱桥	1988 年
64	临加线 K2+500 至美月村公路	头销桥	K3+000	11.00	小桥	钢筋砼梁板桥	1988 年
65	和舍中心小学至敦木村公路	抱堂桥	K1+100	10.10	小桥	钢筋砼梁板桥	1988 年
66	金澜大道	白刃滩大桥	—	427.08	大桥	钢筋砼厢梁板桥	2010 年

第三节　公路养护

一、养护作业

（一）省养公路养护作业

1986 年后，公路养护机械化水平不断提高。和乐至临城公路改造时，已经使用压路机、推土机等较大型机械。1988 年海南建省以后，临高县公路养护投资力度不断加大。1989 年，省养公路投资 97 万元。2001 年，投资 1693.40 万元。

2007 年 4 月，投资 1210.92 万元对临城至马袅至墩茶公路（K0+000～K23+729.55）改建工程，全长 23.729 千米；投资 895.02 万元对临城至调楼公路（K0+000～K17+320）改建工程，全长 17.32 千米；投资 331.68 万元，对临城至波莲公路（K25+000～k31+260.5）改建工程，全长 6.26 千米，同年 12 月俊工。

2010 年，投资达到 2238.63 万元，临高公路分局已经拥有压路机、推土机、装载机、沥青洒布机、割线机等各种大中型机械，购置路面测量、试验仪器，各养护道班均配备养护车、割草机、洒水车等养护机械。路基养护完成整修路肩草、水沟草、平台草 2504 千米，清理水沟 2706 千米，修补路肩平台 5.02 万平方米。路面养护完成保洁路面 2683 千米，修补沥青路面 10.44 万平方米，修补砂土路面 2.57 万平方米，路面灌缝 73 米。桥涵养护 4386 工日，修复锥坡 222 米。绿化种树 2.4 万株，种花 9.5 万株。主要材料使用情况：完成使用沥青油 345.2 吨，碎石 1921 立方米，石屑 3379 立方米，砂 2836 立方米，混合料 4123 立方米。公路局管养的 15 条公路线路共 282.79 千米里程中，改造线路为临加线、临调线、美临线及和新线，改造里程 69.8 千米，改造海榆西线、昌临线、金多线 65.5 千米，和新线公路中修改造、维修改造工程是迎国检项目工程，总投资 957.48 万元。水毁路面抢修。完成和新线、波抱线、加南线、金多线、多加线等线路的水毁抢修，抢修工作量达 5.8 万平方米。水毁桥涵改造。实施波洛线 K27+542 小桥、加南线 K9+980 涵洞改造，完成的涵洞改造项目为墩德线 K17+240 涵洞。同时实施加南线 K1+810、临加线 K10+480、和新线 K5+330、K7+404、K7+736、K18+235、K20+809、K20+922、K22+764、K32+450，共 10 座涵洞的改造。同年 8 月，投资 736.91 万元对和新线（K0+000～K15+180、K16+500～K18+100、K19+460～K25+200）公路改造工程，全长 22.52 千米，至 2011 年 4 月竣工。

1996—2004 年，临高公路分局连续 8 年被省交通运输厅授予“全省公路养护标兵单位”称号，王圣经被评为全省养护“双十佳”。1995 年，温月明、劳赛娥被评为省劳动模范，吴化仁被授予“全国公路双百创新段长”称号。2005 年，麦正良被交通部授予“全国交通系统先进工作者”称号。同年 3 月，临高公路分局被人事部、交通部联合授予“全国交通系统先进集体”称号，被交通部授予“创建全国交通文明行业先进单位”“全国交通行业文明示范窗口”称号。2006 年 6 月，被中共海南省委授予“海南省先进基层党组织”称号。

（二）地养公路养护作业

1986 年，地方公路管理站管理的公路共有 78 条 506.8 千米，其中，县道常年养护里程 90.4 千米，季节性养护里程 416.4 千米。为了继续保持 1984 年、1985 年 2 年获得海南区公路管理局年终检查评比总分第一名及被广东省公路授予“好路站”荣誉称号，地方公路管理站大胆改革，采取以道班为单位包投资、包路况指标、包出勤天数的方式，在道班内实行定额管理、责任到人，讲工效、讲质量，以分计配，每周由站领导组织全面检查，严格做到有奖有罚，奖罚分明，有效地调动广大职工的积极性。全年对公路改线拉直 46

千米，加宽路基 44 处 8 千米；自备沙砾土 15760 立方米，铺磨耗层 36 万平方米，改造路面 61.1 千米，处理边坡土方 18480 立方米，修补路肩 52400 平方米，铲除路肩草 125700 平方米，绿化边坡草皮 47 千米，修出路边平台 6.5 千米，植树 9 千米，对临城至龙力糖厂 3 千米路面进行沥青表处。同年，获得海南区公路管理局年终检查评比总分第一，被广东省公路管理局授予“好路站”荣誉称号，成为广东省公路管理局养护评比“三连冠”单位。

1987—1988 年，地方公路管理站县道常年养护里程达 106.4 千米，做到路面、路肩、水沟标准化，年末好路率达 100%，平均好路率达 96.5%，2 年均获得海南区公路管理局年终检查评比总分第一，被广东省公路管理局、海南省公路管理局分别授予“好路站”“全优站”光荣称号，实现从 1984—1988 年 5 年全省养护作业检查评比“五连冠”。

1989 年，养护作业共开挖出标准水沟 103 千米，改弯取直 3 处 500 米，完成土方 4500 立方米，修复水毁路面 24 千米，拉填沙砾土 5160 立方米、河砂 3750 立方米，新种边沟绿草皮 32 千米，美化绿化 15 千米。

1990 年，养护作业清挖水沟 16.2 万米，铺补路肩 10.7 万平方米，挖运沙砾土 6463 立方米，修补坑槽 3148 平方米，调整路面路拱 25 千米，自备河砂 4500 立方米，铺补路面磨耗层 7.3 万平方米，修路肩草 3148 平方米，种路边草 2.6 平方米。至 1994 年，县地方公路管理站管理的县道常年养护线路里程达 128.26 千米，职工人数 191 人。

1995 年 2 月，海南省进行公路养护体制改革，县地方公路管理站所管养的所有县道全部移交给临高公路分局管养。

1989—2010 年临高县省养公路养护计划投资情况表

表 7-3-2 单位：万元

年份	计划投资	年份	计划投资	年份	计划投资
1989 年	97.00	1998 年	1711.86	2006 年	996.43
1992 年	300.10	1999 年	1595.13	2007 年	1495.91
1993 年	380.60	2000 年	1982.14	2008 年	1691.91
1994 年	587.28	2002 年	1373.32	2009 年	1951.89
1995 年	619.71	2003 年	1356.29	2010 年	2238.63
1996 年	739.62	2004 年	1340.29		
1997 年	1315.22	2005 年	1418.92		

说明：1986—1988 年、1990—1991 年无档案记载

1986—2010 县临高县公路局养护设备汇总表

表 7-3-3

年份	压路机（辆）	推土机（辆）	装载机（辆）	沥青洒布机（辆）	切割机（台）
1986—1995 年	2	0	0	4	0
1996—2000 年	1	0	1	4	0
2001 年	1	0	1	2	0
2002 年	1	0	1	4	0
2003 年	1	0	1	4	0
2004 年	1	0	1	6	1
2005 年	1	0	1	6	1
2006 年	2	0	1	6	1
2007 年	1	0	1	6	1
2008 年	1	0	1	6	1
2009 年	4	0	1	8	1
2010 年	4	0	1	8	1

二、公路绿化

1988 年，绿化投资 0.9 万元。1991 年，绿化投资 0.24 万元。1997 年，绿化投资 12 万元。

2005 年，根据省公路管理局和临高县政府的部署，公路林种植采取“公司+单位”的方式，将部分线路的公路林种植承包给种植公司经营，主要种植桉树等经济林。至 2010 年，公路林种植更加注重多层次和因地制宜，开始在海榆西线等线路种植本地果树等树种，同时修建一些绿化小景点。是年，县公路局制定《绿化工作实施方案》，加强对原有公路林的管理，确保无绿化空白路段，以文明样板路为标准，重点对和新线、临加线进行绿化，突出绿化的多样性和层次性，提高绿化标准，全年投入绿化资金 15 万元，种树 2.4 万株，种花 9.5 万株。

2001—2010 年临高县省养公路绿化情况表

表 7-3-4

年份	种树（万颗）	种花（万株）	投资（万元）	年份	种树（万颗）	种花（万株）	投资（万元）
2001 年	—	—	12	2006 年	80.0	22.0	—
2002 年	12.40	—	—	2007 年	32.0	15.0	8.2
2003 年	23.00	4.2	—	2008 年	4.2	14.6	11.5
2004 年	38.62	—	—	2009 年	30.2	11.5	13.0
2005 年	48.00	44.6	—	2010 年	2.4	9.5	15.0

三、道班管理

1987 年，公路道班管理实行“定额包干、以分计酬”的管理方式，随后落实全员劳动合同制度。自 1997 年起，实行“班长选班员、班员选班长”的人员双向选择。

1990 年，临高县公路分局有养护道班 21 个。1995 年，县道移交省养时接收县交通运输局移交养护道班 9 个，道班数达到 30 个。此后因生产工作需要撤销合并部分道班。

2000 年，全局有 12 个养护道班被评为“十有”（有一个院子，有一个办公室，有一个活动场所，有一个整洁的舍区环境，有一个材料设备场、库，有一套实用的作业机具，有一套完善的管理制度，有一个文明的集体，有一段文明样板路，有一些生态作物）文明道班。

2003 年，实行班员考核“末位淘汰”制。

2010 年，道班管理模式主要实行按照管养里程和定员人数计划投资、每月下达生产任务、月度检查验收的模式，工程技术人员分片包点，负责养护生产工作的督促和指导。至 2010 年，共有养护道班 26 个，每个道班管养公路里程 8～11 千米不等。

第四节　公路运输

一、车站

（一）临高县汽车站

1986 年，临高汽车站车队拥有 20 辆客车，800 个客位。1989 年，临高汽车站实行单车承包经营制度。1990 年，恢复公车经营。1994 年，实行第二次单车经营承包制，站、车队合并改为海汽总公司临高公司，拥有 22 辆东风牌大客车，客位 982 个，年客运量 84.55

万人次，客运周转量 4901.86 万人千米，总行程 173.65 万千米，实行经营线路大循环。随着经济体制改革的深入发展，个体运输车辆不断充入运输市场。1997 年 6 月，临高汽车站对外开放，进站经营客车达 118 辆，客运市场竞争激烈。1997 年 10 月至 2000 年，临高车站先后投入 580 万元购置豪华空调客车 17 辆，从事经营临城至海口线路省汽直运，后改为海汽快车，打造运输模式新品牌发展战略。

1998 年 7 月，临高车站在临江南路段，建造一幢 8 层综合大楼。同时，车站庭内全部场地相应得到水泥硬化、绿化、美化。拥有客车 44 辆，1027 个客位，年客运量 66.81 万人次，客运周转量 3716.90 万人千米，总行程 501.45 万车千米，平均日输送旅客 1988 人次，年度总经营收入 828 万元，固定资产值达 1200 万元。开设临新停车场（原车站旧油库），并对外开放。

2000 年 8 月，建设临高公司汽车站候车大楼（5 层），2001 年 9 月 3 日落成开业，总造价 400 万元，站场占地面积 4239.04 平方米，办公楼建筑面积 3211 平方米，站前广场占地面积 1148 平方米。站内设有 10 个发车位和候车大厅、售票窗口、快递部、站务部、司乘人员休息室、治安室、广播室、咨询服务处、失物招领处等。

2010 年，临高公司汽车站营运线路有跨省、跨市县和县内区间班线等长途和短途线路共 23 条（其中临高至深圳省际班线 1 条、市际班线 6 条、县际班线 9 条、县内区间班线 7 条），有大、中、小客车 124 辆进站停靠营运，年度平均日旅客发送量 7000 人次。

（二）新盈车站

2002 年，新盈车站动工建设，为民营车站，位于新盈镇规划大街东面，站占地面积 1.87 公顷（县发展和改革局批准立项的站场建设用地），车站综合大楼（2 层）建筑面积 1800 平方米，总造价 600 万元，设有候车厅、发车位（8 个）、停车场（面积 5000 平方米）、站前广场（面积 500 平方米）等主体设施和公共卫生间。2003 年 6 月，落成开业，省交通厅审定为三级车站。实行站、车分离经营模式，进站停靠经营线路有新盈至海口、新盈至三亚、新盈至八所、新盈至那大、新盈至金江、新盈至临城等 6 条，有大、中、小型客车 32 辆停靠营运，年平均发送旅客 34.60 万人次。新盈车站无自有车辆，进站车辆停靠按月收停靠费和站务管理费，车站经营是公益性事业，利润低，经济效益不景气。

2010 年，临高县客运业得到快速发展，县城至各乡镇中心墟区间客运线路逐步开通。为便于旅客候车和客车上落客，先后设立东英调楼路口的临调临时停靠点和各乡镇中心墟的临时停靠点。

二、公路客货运力

（一）公路客运

1986 年，全县旅客运输量 195.1 万人次，旅客周转量 7547 万人千米。

1988 年，全县旅客运输量 250 万人次，旅客周转量 4800 万人千米。

1997 年，成立临高国智客车运输有限公司（民营企业），负责经营临城至调楼线路的 12 辆班线车。盛源汽车检测中心建成并开业，厂房及检测设备经省交通厅检验审核合格，负责临高县客货运输车辆每季度一次的二级技术维护保养和每年一次的综合性能检测。盛源汽车检测中心是一家民营企业，由县交通局监督管理。

2002 年，成立临高宏达机动车驾驶学校，是一家民营学校，建校占地面积 2.73 公顷。全县客运线路有 18 条（跨市县线路 11 条，县内区间线路 7 条），全县拥有营运客车 185 辆（班线车 170 辆、出租车 15 辆），3780 个客位。是年，全县旅客运输量 259 万人次，旅客周转量 2747 万人千米。

2004 年，成立海南金伦运输公司临高分公司，开通美夏至临城至美台、临高角至临城至美台 2 条客运线路，投入 5 辆中巴客车经营客运。全县旅客运输量 279 万人次，旅客周转量 15900 万人千米。

2005 年，原经营美夏至临城至美台、临高角至临城至美台 2 条客运线路的 10 辆客车，因公司经营不善，车主要求退出客运市场，以超前许可运力为由，要求临高县交通局收购 10 辆客车。同年，临高县交通局与原经营公司车主协商不下，与海汽公司临高分公司磋商收购事宜未果。最终与临高国智客车运输有限公司（民营企业）磋商收购事宜，同意收购 10 辆客车，以每辆近 11 万元（折旧价）的价格收购，除 2 辆调整到其他线路经营外，8 辆按原线路经营。2006 年，全县旅客运输量 608 万人千米，旅客周转量 36489 万人千米。2008 年，经征求省道路运输局意见，全县开通城镇公交线路。先后开通博厚至临城至波莲、临城至临高角、南宝至加来至东江、临城至美夏、临城至美台、昆社至头咀、临城至金牌港等 7 条城镇公交线路，投入公交车辆 28 辆。是年，全县旅客运输量 648 万人千米，旅客周转量 28891 万人千米。2010 年，成立海口运输服务公司临高公司和海南大富豪运输公司临高分公司。同年，批准成立临高源丰驾驶培训学校（民营），学校建校占地面积 3 公顷。全县有客运线路 35 条（省际线路临高至深圳 1 条、跨市县 13 条、县内区间班线 12 条、城镇公交线路 9 条），有客运车辆 207 辆（班线车 172 辆、出租车 35 辆）。

1989—2000 年临高县客货运输情况表

表 7-3-5

年份	货物运输量（万吨）			货物周转量（万吨千米）			旅客运输量（万人）	旅客周转量（万人）
	合计	公路	水路	合计	公路	水路	公路	公路
1989 年	115	80	35	16659	2809	13850	387	11456
1990 年	236	206	30	12479	2789	9690	316	11565
1991 年	304	233	71	24389	3956	20433	169	9705
1992 年	316	242	74	29661	4140	25521	187	10535
1993 年	329	251	78	27159	4184	22975	194	10825
1994 年	387	301	86	32895	8641	24254	237	13216
1995 年	480	338	142	40830	10227	30603	349	19584
1996 年	490	346	144	41680	10469	31211	353	19808
1997 年	595	398	197	66234	12042	50192	472	24802
1998 年	548	412	136	37930	13625	24305	482	25064
1999 年	558	427	131	36058	12950	23108	490	24510
2000 年	591	453	138	35460	13018	22442	510	24480
2001 年	155	102	53	22736	3986	18750	259	1747
2002 年	258	196	62	35054	7454	27600	240	12060
2003 年	269	200	69	38665	9965	28700	250	14248
2004 年	283	215	68	41502	11231	30271	279	15900
2005 年	298	223	75	44657	12372	32285	304	19173
2006 年	315	238	77	47212	12990	34222	337	20700
2007 年	253	198	55	43417	10351	33066	275	17600
2008 年	524	416	108	67024	21232	45792	336.0	21168
2009 年	524	416	108	67024	21232	45792	336.0	21168
2010 年	394	243	151	63551	14852	48699	541.5	26969

（二）货运

1986年，全县货物运输量82万吨，货物周转量4500万吨/千米。

1988年，全县通车公路84条，主干和支干公路里程总长713千米，99%的村庄可通汽车。全县有大小汽车650辆，其中货运车488辆，小客车47辆，自用进口小车115辆。全县货物运输量82万吨，货物周转量4500万吨/千米。

20世纪90年代开始，临高汽车站车队不经营货运业务，货运由个体户及后来的物流公司经营。

2002年，拥有营运货车553辆、1855吨位；拥有营运三轮车1983辆（县城800辆、乡镇1183辆）；拥有营运胶轮拖拉机350辆，营运手扶拖拉机2440辆。货物运输量为647万吨。

2004年，全县货物运输量215万吨，货物周转量11231万吨/千米。

2005年，全县货物运输量570万吨，货物周转量82017万吨千米。

2010年，全县有货物运输车辆1100辆，年运输货运量416万吨，货物周转量21232万吨/千米。

三、市内客运

1986年以后，随着改革开放不断深入开展，经济发展较快，出行主要以机动三轮车为主，开始时县城范围1千米内收费1～2元，后增至5～6元。2002年，成立临高源丰小汽车出租有限公司，投入15辆长安羚羊牌出租车在临高县境内从事经营出租车服务，年客运量为17.2万人。2003年，客运量为17.8万人。2004年，临高县交通局许可临高源丰出租小汽车公司再增加投入15辆出租车经营县内出租客运。出租车总数达30辆，年客运量为17.09万人。2007年，客运量为25.08万人。2009年，客运量为35.9万人。2010年，全县出租小汽车30辆，年客运量为43.2万人；基本运价是3千米内（含3千米）运价为6元，每超过1千米的续租运价2元。

四、海汽运输集团临高公司

1996年，临高汽车站改名为海南省汽车运输总公司临高公司。1997年6月，海汽临高分公司据客运市场需求和竞争情况，公司辖下的临高汽车站向外开放，进站经营车118辆。1997年10月，公司先后投入580余万元，购置豪华空调客车17辆。“省汽直达”增加客运市场份额，同时增加客车班次，从一个半小时发一班，调整为25分钟一班。2000年7月1日，省汽直达更名为海汽快车。同年，海汽临高分公司率先在海南省客运行业内实施ISO 9001：2000质量管理体系。

2001年9月3日，临高汽车新站正式开业营运。站场占地面积4239.04平方米，办公楼建筑面积 3211 平方米，站前广场占地面积 1148 平方米。站内设有 10 个发车位，还设有候车大厅、售票窗口、快递部、站务部、司乘人员休息室、治安室、广播室、咨询服务处、失物招领处等。每天发车 160 个班次，其中省内班线有临高至海口、三亚、那大、金江、八所及覆盖全县各乡镇与农场的旅客运输网络。日客流量达到 2300 人次，客流高峰期可达 1 万人次。公司辖下的临城停车场，站场占地面积 1753.14 平方米，办公楼建筑面积 559.1 平方米。停车场主要停放班线车，有临城至新盈镇、新盈农场、南宝镇、调楼镇等班线车，于 2004 年通过 ISO 9001：2000 质量管理体系认证。2007 年 12 月，企业改制，海南省汽车运输总公司临高公司更名为海南海汽运输集团有限公司临高分公司（以下简称海汽临高分公司）。海汽临高分公司是一家以道路旅客运输为主业、货物快递、汽车维修等多元化的运输企业。公司重新设置组织机构，分别由综合部、计财部、经营发展部、治安办、站务部、快递部、车队、维修厂等 8 个职能部门组成。有员工 176 人，汽车客运站 1 个，补票验票点 5 个，汽车维修厂 1 个。2010 年，公司拥有营运车辆 95 辆，其中海汽快车 14 辆，VIP 快车 2 辆；省际客运班线 1 条，跨市县客运班线 16 条，县内区间客运线路 8 条，农村公交线路 1 条。海汽快递主营业务为汽车快递，依托海汽集团完善的班线车运营网络和汽车站点，服务网络遍及全省各市县、各省外部分地区。全年完成主营业务收入 2054.26 万元，实现利润总额 101.41 万元；完成客运量 114.6 万人次；完成旅客周转量 12377.1 万人千米；完成窗口营收 1831.5 万元，为年计划的 89.3%，实现利润 100.6 万元，为年计划的 125%。同年，“春运”期间派专人主动联系返琼包车组客海汽快车 11 车次，节后积极组织海汽快车 63 个班次到广州、东莞、深圳等地，整个“春运”海汽快车岛外省际加班（包车）74 个班次，营收 81.6 万元，取得较好的效益。全年度包车 389 车次，包车总营收 50.8 万元。

第五节　水上运输

一、港口 渡口

（一）港口

新盈港　设有 4 个泊位，其中 1 个 100 吨级，3 个 60 吨级，是临高县蔗糖出岛和水泥、肥料、百货运入的主要码头。20 世纪 80 年代，每年吞吐量 12 万吨。1990—1996 年，每年吞吐量 9 万吨。1997 年，停止运营。

金牌西港　1992 年，由原海南省海运总公司投资兴建，交通部二航局施工。1994 年，建造完工。闲弃 13 年（因与广东省徐闻县流沙港协定，双方港口建设完工后对开琼州海峡轮渡，但流沙港一直未开建，所以导致港口建成就闲置）。2007年8月，转让给海南金牌港船舶修造有限公司。2008年，用于船泊修造。2010年，投入码头经营，是运送蔗糖、碎石等货物出岛和散装水泥、水泥管桩等货物进岛的一个主要码头。设有1000吨级泊位1个，年吞吐量为15万吨。

金牌东港　建于1994年，原为和邦炼化集团的配套码头，闲弃15年后产权收回临高县政府。2010年5月，租赁给兴泰源港务有限公司经营，是运送沙砾、碎石等货物出岛和钢材、威隆造船厂的生产物资、散装水泥、水泥管桩进岛的一个主要码头。设有泊位3个，其中5000吨级泊位2个，1000吨级泊位1个，年吞吐量为60万吨。

（二）渡口

1992年3月14日，县政府批准设立昆社渡口、青龙渡口和头咀渡口。昆社渡口与青龙渡口对开，头咀渡口与儋县泊潮渡口对开。

2007年，省交通厅拨款10万元，昆社渡工自筹2万元，建造一艘钢质客渡船（造价12万元），投入昆社、青龙渡口渡运。同年，省交通厅又拨款30.40万元改造昆社、青龙渡口基础设施建设。改建后的昆社、青龙渡口年客流量约54万人次。

2008年，县政府拨款建造一艘钢质客渡船（造价15.70万元）投入头咀渡口渡运。新建钢质客渡船后的渡口年客流量约11万人次。

2009年，完成昆社、青龙、头咀3个渡口改造工程的竣工验收，总投资30.4万元。同年又建造一艘钢质客渡船（造价157万元）投人头咀渡口经营客运。有效改善渡口基础设施建设和提高渡口客渡船质量档次，改变以往渡口全部用“三无”船只从事摆渡的局面，为当地群众提供安全、便捷、舒适的水上交通环境。

2010年，全县3个渡口年客流量约65万人次。

二、海上交通运输

1986年，临高县有航运公司2家：临高县航运公司和临高县第二航运公司，共有大小木、钢质船9艘，运力585吨。

1988年，海南建省办经济特区，临高海上交通运输业得到快速发展。海上运输船从每艘船只运力从300吨，发展到500吨、1000吨。武莲村张学清、张春宝3艘船只运力达1万吨，专航港澳线。全县海上运输机帆船345艘，17976吨位，15000匹马力，年吞吐量4.5万吨。全年水上货运量59292吨，完成营运值170万元。

1989年，临高县有航运公司有大小木、钢质船16艘，海上运力1700吨，两家航运公司经营不善，连年亏损，于1990年解散。

1999年，全县民营水运企业有8家（1991—1999年间），32艘钢质船力2.3万吨。

2007年，全县沿海有6个渔村（即武莲、黄龙、调楼、美夏、昆社、抱才）发展海上交通运输业。船只共67艘、8.18万吨、42022匹马力，年运输货量为298万吨，总收入达1.38亿元。其中海上运输业较发达的是黄龙村，船只达31艘、37.20万吨、19222马力；其次是调楼村船只26艘、3.36万吨、2.08万匹马力。运输船只多驻海口港口，从省内海口至三亚、八所、洋浦、清澜及上海、广东、广西等地。

2010年，由于市场竞争，全县由原来的8家民营航运公司减少到6家，共有32艘钢质船，运力51984吨，其中3艘为多用型，运力21945吨。主要经营内地各省市地区航线和港澳航线。

第六节　交通管理

一、路政管理

1986年，临高公路分局有路政人员3人，根据《公路安全保护条例》和《路政管理规定》法律法规进行交通执法，路政管理工作主要是查处公路沿线乱堆乱放、摆摊设点，查处影响道路畅通的违章建筑，维护路产路权。1997年，根据《中华人民共和国公路法》和《公路安全保护条例》法律法规进行交通执法。路政执法人员达到10人，配备执法车辆2辆。公路路政部门建立健全路产档案，加强路政巡查，深入开展整治超限超载违章行为，维护公路安全畅通。至2005年，清理路障481处。

2006—2010年，公路路政部门查处损坏路产案件93宗，许可审批28宗，治理超限车辆1540辆，路政案件的查处率96%，结案率100%，路政赔补偿费收入269.87万元。2009年，路政人员上路巡查260车次1692人次，查处损坏路产案件2宗、许可审批10宗、治理超限758车次，路政案件的查处率、结案率均达100%。路政赔补偿费收入72.8万元，其中治超赔补偿费15.3万元，路产路权赔补偿19.2万元，埋设光缆赔补偿费38.2万元。同时，深入开展治超“百日行动”，重拳打击超限超载违章行为，维护公路安全畅通，检查车辆280辆，处理车辆220辆，卸货310吨，收取赔补偿费2.6万元，治超“百日行动”取得阶段性成效。路政部门还重点开展对占用道路摊晒稻谷、私开道口、私设广告牌等违章行为的专项整治工作，取得一定的效果。2010年，路政人员上路巡查411车次2362人次，巡查里程467万千米，查处损坏路产案件18宗、许可审批10宗、检测车辆458辆、治理超限车辆280辆（宗），路政案件的查处率96%，结案率100%。路政赔补偿费收入85.07万元，其中路产赔补偿21.44万元，许可项目赔补偿57.7万元，治超赔补偿5.08万元，处罚0.8万元。路政部门对公路设施进行全面普查，建立公路设施档案，并针对部分线路公路标志不全的问题进行整改，新增设路口警示桩200个。

二、规费征缴

1993年12月10日，成立海南省交通规费征稽局，原有的公路养征站规费征收队伍并入省征稽局管理，临高县域内设立临高县交通规费征稽所，为省征稽局垂直领导的正科级事业单位，内设行政股、征收股、计财股，编制13人。1994年7月20日，增设稽查保卫股，编制15人。2006年，编制14人。2010年，内设机构未变，编制12人。

1993年12月19日，海南省人民政府发布《海南经济特区机动车辆燃油附加费征收管理办法》，规定从1994年1月1日起，海南率先在全国实行公路收费体制改革，把过去多个部门征收的公路养路费、过路费、过桥费和公路运输管理费"四费合一"，统一征收燃油附加费。标准是：汽油1.1元/升，柴油300吨/月。由于燃油附加费按照"用路者付费、多用路者多付费"的原则收费，撤关去卡，与国际通行惯例接轨，真正体现车辆用路公平、合理付费，革除车辆养路费平均摊派的弊端。

1996年，海南省人大常委会通过《海南经济特区机动车燃油附加费征收管理条例》。征稽机构均按汽油附加费1.1元/升，柴油附加费每月300元/吨征收，这一标准一直延续至2006年2月。根据省局文件，自2006年3月1日起，全省燃油附加费征收标准调高30%。上调后的汽油附加费的征收标准为1.42元/升，柴油附加费征收标准为每月390元/吨。

2008年底，国家出台成品油价格和税费改革方案，省委、省政府迅速应对，审时度势，权衡利弊积极向国务院和有关部委反映海南的特殊情况，提出继续保留海南"一脚油门踩到底"的燃油附加费改革成果，维持原有征收模式不变，开征通行附加费的建议。由于建议客观，符合海南的实际，得到国务院和有关部委的认可和支持。

2008年12月18日，省政府颁布《海南省机动车辆通行附加费征收管理暂行规定》，从12月20日起全省停征燃油附加费，开征机动车辆通行附加费。收费标准：汽油通行费0.9元/升，柴油附加费210元/吨。海南省交通规费征稽局也成为成品油价格和税费改革后全国唯一保留下来的交通征稽机构，交通征稽部门迅速把工作重心转移到开征通行附加费工作上来，集中精力全力加强征管、堵塞漏洞、追缴欠费，全力以赴做好通行附加费开征的准备工作，实现从燃油附加费到通行附加费的无缝衔接和平稳过渡。

三、运输管理

1984年8月27日，临高县交通管理总站成立。

1991年，县交通管理总站督促客运企业层层落实安全责任。对所有参营客车的牌证、车况、人员、保险等进行全面清查，杜绝问题车辆参营。对客运站场的安全隐患进行排查，对检查中发现的问题和薄弱环节，要求各客运站制定切实有效的措施进行整改。

1997 年，盛源汽车检测中心建成并开业，厂房及检测设备经省交通厅检验审核合格，负责临高县客货运输车辆每季度一次的二级技术维护保养和每年一次的综合性能检测。盛源汽车检测中心是一家民营企业，由县交通局监督管理。2002 年，成立临高宏达机动车驾驶学校，是一家民营学校，建校占地面积 2.73 公顷。

2003 年，贯彻执行《中华人民共和国港口法》《中华人民共和国安全生产法》《国内水路运输管理条例》《中华人民共和国内河交通安全管理条例》等相关法律法规，坚持“安全第一，预防为主，综合治理”的方针，以“安全生产年”“创建平安水运”各项措施为主线，狠抓安全管理措施的落实，强化现场安全监督和安全管理力度，确保辖区水上交通的安全运行。

2005 年，做好车辆维修管理，采取规范引导和取缔相结合的方式，对县内已许可的维修站点，督促建立健全维修档案、提高服务质量；对存在安全生产隐患、进行限期整改；对个别达不到机动车开业条件的经营业户，坚决予以取缔；对维修从业人员素质，服务质量及安全生产、环境保护等方面进行全面考核，引导和促进维修站点完善基础设施，依法诚实守信经营，提高服务质量；采取定期和不定期的方式，对无证经营、超范围经营及服务质量存在的问题，督促站点整改完善。

2007 年，贯彻执行《中华人民共和国道路交通安全法》，道路运输安全生产管理工作主要是“三关一监督”，即把好运输经营者市场准入关、营运车辆技术状况关、从业人员从业资质关，搞好汽车客运站安全监督。运输经营者市场准入关包括场地、人员、资产、车辆、管理制度等等是否达到相关标准，主要是落实市场准入制度。车辆设施设备技术状况关包括车辆技术状况、附属设施（行车记录仪、GPS、消防设备等）是否达到相应标准，定期维护和综合性能检测是否达标。

2008 年，做好治超治限管理，加强道路货运车辆超限超载源头治理工作，切实维护正常的道路运输市场秩序。遵循“谁执法谁普法”的原则，深入全县 7 家道路运输货物源头企业实施道路运输法律法规宣传，组织道路运输企业领导、驾驶及相关人员学习《中华人民共和国道路运输条例》、交通运输部《关于加强道路货运车辆超限超载源头治理工作的通知》以及其他有关法律、行政法规、规章等。加大运政执法力度，深入货源企业、货运企业，实施对道路货运车辆违法超限超载运输行为的源头查处，坚决纠正违章。完善道路货运车辆超限超载源头治理联动机制，加强与交警部门、路政部门间的配合与协作，形成源头治超合力，共同做好道路货运车辆源头治超工作，推进道路运输规范化建设。

2010 年，做好汽车客运站安全监督主要包括监督客运站场安装、使用“三品”（易燃品、易爆品、有毒品）检查仪，对旅客行旅进行安全检查；监督客运企业或客运站场按有关规定对营运车辆进行安全例检；监督客运站不售超员票，防止超员车辆出站，禁止无道路运输证车辆进站。

1986—2010 年，全县全年度审验合格营运车辆由 2265（其中手扶拖拉机 1920 辆）增至 2883 辆，出租车从 30 辆增至 50 辆。全县有汽车 302 辆、胶轮拖拉机 254 辆、手扶机 1160 辆、摩托车 88 辆、船只 258 只，公路干线 141 千米，地方公路 565 千米。

第四章　邮　政

第一节　机　构

1986 年，临高县邮电局内设股室：局长办公室、副局长办公室、办公室、人事股、邮政股、电信股、财务计划股；生产班组：营业班、邮件班、发行班、投递班、机要室、话务班、报务班、机务站、线务班、电缆班、电力房；乡镇分支机构：加来邮电支局、新盈邮电支局、多文邮电支局、和舍邮电所、皇桐邮电所、博厚邮电所、马袅邮电所、美台邮电所、东英邮电所、东江邮电所、波莲邮电所、南宝邮电所、新安邮电所、龙波邮电所；10 个报刊零售亭，4 个邮票代售点。共有员工 186 人。

1997 年 10 月，体制改革，邮电分营，撤销临高县邮电局，分别成立临高县邮政局与临高县电信局，人、财、物实行独立核算，成为 2 个企业经济实体。临高县邮政局为公益性企业单位，由海南邮电管理局和临高县政府双重领导，以省邮电局为主的管理体制（1998 年省海南邮电管理局分营后撤销，分别成立海南省邮政管理局和海南省电信管理局）。1998 年，临高县邮政局归海南邮政管理局管辖。成立机构内设局长办公室、副局长办公室、办公室、业务股、财务股，邮政服务公司；生产班组：营业班、邮件班、发行班、投递班、机要室。全县乡镇分支机构：加来邮政支局、新盈邮政支局、多文邮政支局、和舍邮政所、皇桐邮政所、博厚邮政所、马袅邮政所、美台邮政所、东英邮政所、东江邮政所、波莲邮政所、南宝邮政所、调楼邮政所、龙波邮政所。全县新增邮政生产用房 288 平方米，报刊零售亭 4 个，改造农村支局所 5 个，开办 4 个代办点。开办马袅农场 1 个，实行多种经营。

2008 年，成立中国邮政储蓄银行临高支行，人、财、物同邮政企业分离，在临高县城与新盈镇开办 2 个金融营业网点，临高邮政银行员工 34 人。

2010 年，临高县邮政局设有局长办公室、副局长办公室、综合办公室、市场经营部、市场营销部（二级部）、党务办公室等部室，下辖邮政营业中心、邮政处理中心、投递发行中心、速递物流中心、安保中心、机要室等；16 个自办邮政综合营业网点；全部实现电子化管理，均与全国联网，通存通兑。另外开办 2 个代办网点。全县邮政从业人员 120 人，其中在岗职工 50 人，聘用工 8 人，劳务工 62 人。

第二节 路网及设备

一、邮路网点

1986 年，全县邮路 19 条，总长 644 千米，其中使用机动运输的邮路 168 千米，自行车邮路合计 476 千米；农村邮路 18 条，总长 643 千米。

1988 年，由于邮政业务量逐年增加，邮电自投力量不足，为解决农村邮件投递难的问题，临高邮政将自投力量薄弱、投递条件差的山区农村采取招聘农民承包农村投递的方式。

1989 年，全县邮路总条数增加到 26 条，总长达 705 千米，其中使用机动运输的邮路 229 千米，自行车邮路 476 千米。

1990—1993 年，开办通往全县各乡镇的自办汽车邮路，大大加快各类报刊的传递速度。全县形成多层次、多渠道、四通八达的邮路通信网，农村汽车邮路总长 273 千米，农村投递线路总长 1088 千米，全县 16 个乡镇的邮件直投 100%。

1997 年，新增自办汽车邮路 2 条 210.8 千米，农村投递邮路 32 条 1106.3 千米，其中，逐日班 26 条，隔日班 6 条，市内投递邮路 5 条总长 30 千米。投递邮路全部实现摩托车投递化。

2010 年，全县有汽车邮路 2 条，邮路总长度 230 千米；共有调楼、和舍、加来、多文、皇桐、龙波、美台、波莲、马袅、博厚、南宝 11 个农村自办邮政综合营业网点，有西门、高山、跃进 3 个县城自办邮政金融营业网点，1 个县城营业中心邮政营业网点。其中有电子化网点 14 个，邮政储蓄网点 16 个，均与全国联网并通存通兑，形成布局合理、技术先进、功能齐全的邮政通信实物网。

二、邮政设备

1986 年，全县邮政有生产汽车 1 辆，通信摩托车 6 辆，通信自行车 38 辆。1990 年，全县邮运汽车 7 辆，通信摩托车 9 辆。1997 年，投递邮路全部实现摩托车投递化。

至 2010 年，全县乡镇邮件投递全部实现摩托车化。

第三节 邮政业务

一、函件

1986 年，函件实物量 70.40 万件。1990 年，函件实物量 66.17 万件。1995 年，函件实物量 64.6 万件。随着电信业日趋兴旺，邮件函件收寄业务量在激烈的竞争中受到严重冲击，信息交流大幅度向电话、移动通信倾斜，邮政函件业务持续出现下滑。2003 年，全县函件出口量 29.30 万件，平均每天 803 件。2010 年，全县函件出口量 7 万件，平均每天 192 件。

1986—2010 年临高县国内普通邮件（函件）资费表

表 7-4-1　　单位：元

项目	计费说明	资费标准	
		本埠（县）	外埠
信函	重量在 100 克以内的，每重 20 克（不足 20 克，按 20 克计）100 克以上部分，每增加 100 克加收（不足 100 克，按 100 克计）	0.80 1.20	1.20 2.00
明信片	每　件	0.80	
印刷品	重量在 100 克及以内的 100 克以上部分，每增加 100 克加收（不足 100 克，按 100 克计）	0.80 0.20	1.20 0.40
邮筒	每　件	0.80	1.20
回音卡	每　件	0.80	
挂号费	每　件	3.00	
回执	每　件	3.00	
育人读物	按平常邮件寄递	免费	
保价费	每笔保价金额在 100 元及以内的 每笔保价金额在 100 元以上的	100 按照保价金额 1%收取	
存局候领手续费	函件每件	1.00	
撤回邮件或更改收件人名址手续费	每　件	3.00	
使用传真办理查询、撤回、更改收件人名址电报费	每件加收	2.00	

二、包件

1986 年，全县邮政收寄包裹 0.88 万件，随着时代的发展及运输部门自办寄递业务，邮政包裹业务量在逐年减少。1990 年，全县收寄包裹 0.62 万件。2000 年，全县收寄包裹 0.5 万件。2010 年，全县收寄包裹 0.3 万件。

1986—2010 年临高县国内包裹资费表

表 7–4–2　　　　单位：元

<table>
<tr><th>编号</th><th>项　目</th><th>计费单位</th><th colspan="3">资费标准</th></tr>
<tr><td rowspan="3">1</td><td rowspan="3">普通包裹</td><td>每 500 克为一个计费单位，不足 500 克的按 500 克计</td><td colspan="3">按照寄递里程分区核定，具体标准详见现行“国内普通，快递包裹资例表”</td></tr>
<tr><td>计费区间综合里程数</td><td>首重 1000 克</td><td>5000 克以内，续重每 500 克</td><td>5001 克以上，续重每 500 克</td></tr>
<tr><td>500 公里及 500 公里以内</td><td>5</td><td>2.0</td><td>1.0</td></tr>
<tr><td rowspan="3">2</td><td rowspan="3">普通包裹</td><td>500～1000 公里</td><td>6</td><td>2.5</td><td>1.3</td></tr>
<tr><td>1000～1500 公里</td><td>7</td><td>3.0</td><td>1.6</td></tr>
<tr><td>1500～2000 公里</td><td>8</td><td>3.5</td><td>1.9</td></tr>
<tr><td rowspan="6">3</td><td rowspan="6">快递包裹（营业窗口收寄）</td><td>2000～2500 公里</td><td>9</td><td>4.0</td><td>2.2</td></tr>
<tr><td>2500～3000 公里</td><td>10</td><td>4.5</td><td>2.5</td></tr>
<tr><td>3000～4000 公里</td><td>12</td><td>5.5</td><td>3.1</td></tr>
<tr><td>4000～5000 公里</td><td>14</td><td>6.5</td><td>3.7</td></tr>
<tr><td>5000～6000 公里</td><td>16</td><td>7.5</td><td>4.3</td></tr>
<tr><td>6000 公里以上</td><td>20</td><td>9.0</td><td>6.0</td></tr>
</table>

说明：1. 包裹业务均要按件计收 3 元挂号费

2. 以上快递包裹资费仅供参考，具体标准参见“国内普通，快递包裹资例表”

三、报刊发行

1986 年，临高县邮政局报纸发行 344.40 万份，杂志发行 30.90 万份，1987 年和 1988 年略有增长，自 1989 年起，受地方经济影响，全县报刊发行量明显下降。1990 年，报纸发行 209.7 万份。2000 年，报纸发行 239 万份，杂志发行 13 万份。2010 年，报刊订阅 321.40 万份，零售报刊 83.7 万份，实现报刊收入 88 万元。

四、邮政特快专递

1993 年，临高邮政开办特快专递业务，开办后业务发展迅速。此项业务实行直封，专人投递，以“EMS 传递”的品牌“全心、全速、全球”为客户服务。当年业务量 750 件，收入 1.5 万元。2003 年，业务量 6000 件，收入 12 万元。2010 年，业务量 10500 件，收入 21 万元。

五、邮政储蓄

1987 年，临高邮政在县城开办第一个邮政储蓄网点，储户 303 人，储蓄余额 11.40 万元，收储余额全部上缴中国人民银行，中国人民银行按上缴金额的 2.2%付给邮政局手续费。1993 年，储蓄网点已达 12 个，储蓄余额达到 1000 万元，邮政储蓄业务开始进入较快发展阶段。1996 年新增邮政储蓄网点 1 个，总数达到 17 个。2001 年，储蓄余额突破亿元大关，达到 10268 万元。2010 年，邮政余额达到 9.06 亿元（其中邮政储蓄银行网点 2.43 亿元）。

1986—1996 年，邮政金融业务仅办理邮政储蓄，汇兑这两项业务。随着社会的发展，临高邮政金融业务种类也随着用户的需求不断增多。

2008 年，成立中国邮政储蓄银行临高县支行后，中国邮政储蓄银行临高支行承继中国邮政储蓄银行海南省分行经营的邮政金融业务及因此形成的资产和负债，并继续从事原经营范围和业务许可文件批准、核准的业务。临高县邮政企业所有农村网点（县城开办 3 个储蓄网点）代理邮储银行储蓄及其金融业务，遵循中国邮政储蓄银行临高支行在金融业务上“代理十自营”的邮政金融管理模式。至 2010 年，开发代发企业工资，销售理财，保险、基金等投资理财业务以及办理小额信贷，公司业务等惠民服务。

1993—2010 年临高县国内特快专递邮件资费简表

表 7-4-3

计费单位	起重 500 克及以内	续重每 500 克或其零数				
资费标准		500 公里及以内（一区）	500 公里以上至 1500 公里（二区）	1500 公里以上至 2000 公里（三区）	2000 公里以上至 2500 公里（四区）	2500 公里以上（五区）
		4 元	6 元	9 元	10 元	17 元

1986年—2000年临高县主要邮电业务量情况表

表 7-4-4

年份	业务总量（万元）	函件（万件）	包裹（万件）	汇票（万张）	报纸（万份）	杂志（万份）	电报（万份）	长途电话（万次）	市内电话（户）	农村电话（户）	移动电话（户）	无线寻呼（户）
1986年	42.66	70.35	0.88	4.70	344.40	30.90	4.17	3.32	332	195	—	—
1987年	44.76	69.99	0.72	4.39	380.59	36.29	3.87	4.39	348	197	—	—
1988年	49.12	62.88	0.70	4.43	358.13	30.22	4.34	5.18	374	190	—	—
1989年	45.32	64.21	0.59	3.56	359.40	30.32	4.67	4.52	378	188	—	—
1990年	121.00	66.17	0.62	3.76	209.70	32.12	4.02	6.86	496	188	—	—
1991年	150.00	69.80	0.50	3.89	246.70	30.46	3.80	8.70	694	206	—	—
1992年	175.00	64.10	0.40	4.11	286.80	31.23	3.10	11.60	927	225	—	500
1993年	261.00	69.80	0.40	3.23	284.40	20.82	3.20	32.30	1143	249	39	1089
1994年	541.00	83.70	0.50	4.20	331.30	32.40	3.10	91.00	1726	620	177	2608
1995年	975	64.6	1.2	4.6	288.0	29.2	2.6	225.9	2276	1062	284	4792
1996年	1567	59.9	0.8	4.3	302.4	21.4	2.4	144.8	3497	1653	763	7095
1997年	1823	57.8	0.6	3.8	337.1	18.0	1.6	169.0	3126	2087	1447	10318
1998年	2024	54.0	0.6	3.1	261.2	16.4	1.3	168.3	4290	2454	2742	10318
1999年	2475	49.0	0.5	2.5	243.0	5.0	1.0	187.0	5000	4000	—	—
2000年	2861	58.0	0.5	3.2	239.0	13.0	1.1	252.3	6555	5827	—	—

2001—2010临高县主要邮电业务量情况表

表 7-4-5

年份	业务总量（万元）	函件（万件）	包裹（万件）	汇票（万件）	特快专递（万件）	报刊（万份）	集邮（万枚）	储蓄余额（万元）
2001年	310.00	62.00	0.50	3.00	0.20	252.00	7.00	7754.00
2002年	506.00	36.00	0.50	2.60	0.20	241.00	11.00	9975.00
2003年	568.00	32.00	0.70	2.20	0.40	251.00	34.00	11508.00
2004年	629.00	29.00	0.60	1.70	0.50	214.00	9.00	15302.00
2005年	767.00	25.00	0.50	1.20	0.80	208.00	4.00	20136.00

续表 7-4-5

年份	业务总量（万元）	函件（万件）	包裹（万件）	汇票（万件）	特快专递（万件）	报刊（万份）	集邮（万枚）	储蓄余额（万元）
2006 年	952.00	20.00	0.50	1.40	0.90	223.00	17.00	25784.00
2007 年	1201.00	17.00	0.50	1.80	1.00	264.00	8.00	33464.00
2008 年	1489.00	10.00	0.50	3.60	1.30	318.00	3.20	41853.00
2009 年	1786.00	9.00	0.50	3.80	1.80	331.00	1.40	51723.00
2010 年	1777.60	7.00	0.30	—	1.05	405.10	—	90600.00

2010 年临高县邮政局主要经营指标一览表

表 7-4-6　　　　单位：万元

项目	2010 年累计完成
一、营业总收入	1777.60
（一）主营业务收入	1738.29
1. 邮务类业务	293.04
（1）函件收入	53.24
（2）包裹收入	9.09
（3）机要收入	2.01
（4）报刊收入	87.97
（5）集邮收入	18.39
（6）代理票务、电信及收款收入	7.27
（7）信息业务收入	115.07
2. 代理金融收入	1388.91
（1）代理储蓄收入	1357.99
（2）代理汇兑收入	30.92
（3）代理保险收入	56.34
3. 代理速递物流业务	20.35
（1）代理速递收入	1.43
（2）代理快递包裹收入	34.56
（3）代理物流收入	39.31

续表 7-4-6

项目	2010 年累计完成
（4）分销商品与配送收入	2.52
（二）其他业务收入	31.63
1. 邮政出售品收入	5.16
2. 房租收入	1494.00
3、其他收入（尾箱押钞）	281.00
二、营业总成本	229.00
其中：1. 工资（含管理）	154.00
2. 劳务性支出	69.00
3.工资相关费用	283.00

第五章 电 信

第一节 临高电信分公司

一、机构

1986—1997 年，邮政业务与电信业务由临高县邮电局合营。1997 年，海南省邮电体制改革，临高县电信局从县邮电局中分设，定为全民所有制的国有企业，实行自主经营、自负盈亏。1999 年，临高电信局实行电信、移动通信分营。2004 年 6 月 7 日，临高县电信局更名为中国电信股份有限公司临高分公司（简称“临高电信分公司”），内设综合办公室、市场部、网络部。市场部下设政企客户中心、公众客户中心、农村支局；网络部下设设备维护中心和客户支撑中心。2010 年，内设机构未变，有员工 58 人。

二、基础设施建设

1987 年，临高县邮电局开通纵横制市内自动电话，设电话交换机 4 台，容量为 600 门电话。1990 年，设 18 个农村电话交换网点，有 20 台农村电话交换机，总容量为 1100 门。1993 年 6 月，临城开通 2200 门长话市话合一程控电话交换机。1994 年 4 月，成功割接 5ESS-2000 型 4000 门程控交换设备。开通县城 4000 门、金牌 480 路数字微波 400 门程控电话和10个乡镇的程控电话以及BB机、“大哥大”等现代通信。在建设交换机的同时加紧通信线路建设，全县实现电话交换程控化。1997年，在高山岭、多文岭建起无线接入基站，开通C&C-08ETS150无线接入设备。完成南宝128门程控模块工作及其配套120路小微波传输、出局400对4皮长千米市内电缆配线、综合电源工程。完成马袅、皇桐128门程控交换点改造工程及皇桐50对8皮长千米配线电缆工程。全县农村交换机容量达3304门。1998年，全县农话光缆达12条共191皮长千米，光缆已成为农话的主要传输方式。2010年，全县光缆纤芯长度11415.23芯千米；本地网中继光缆纤芯长度5258.09芯千米。固定电话局交换机容量3.47万门，互联网服务器端口7528个。

1995年，临高县邮电局对县城的电源系统进行改造。至1998年，建成一套完善的自动供电设备。正常情况下，由县局电话供电，电网中断时，柴油机自动启动并自动切换到柴油机供电。2010年，多文、新盈、调楼、和舍、加来、博厚、美夏等7个网点全部配备柴油发电机。

三、电话网络

（一）长途电话网络

1986年，临高县长途电话增设3路载波3部，12路载波2部。全县有固定电话527户。1989年，开通至琼海的直达长途电话。1990年，设有长途对端机电话2路，3路载波端机电话9路，12路载话端机电路36路，长市中继线31对，出租临城至海口长途电路3条，长途对端设备容量32路。有固定电话684户。

1993年6月，开通市话2200门程控电话可直拨长途，但临城至海口的长途传输电路仅有21路明线载波电路，市话用户长途权限实行限制。同年，开始筹建程控电话，海南省邮电局采取统贷分还的方式筹集资金550万元，县邮电局贷款100万元由政府贴息，引进芬兰诺基来D200型2200门集装箱式长市合一程控电话，放号480户，用户达到1404户。1994年，临高电话并入儋州本地网后，传输电路大幅增加，至1995年底本地电话网中继电路达766路，其中数字电路达501路，长途直拨权限用户达2300户。长途通话次数也比刚开放长途直拨权的1993年增长近4倍（达到200万次）。1996年，本地电话中继电路有802路。1996年，全县16个乡镇全部实现开通程控电话，全县新安装电话1812台。1998年，长途数字电路达1200路，模拟电路28路。2010年，长途数字电路增加到1450路，模拟电路33路。

（二）市内电话网络

1987年，临高县设纵横制市内自动电话交换容量500门。1989年，自动电话扩容达1000门，市内电话杆路为11千米，电缆皮长为16千米，其中地下电缆皮长6千米，市话中继线 31 对。

1994 年，集资 1455 万元，投资 214.80 万元对市话进行配套电缆扩容，扩容主干电缆为出局 5200 里；太平 100 对，皮长 4.5 千米。4 月 28 日，临高县电话成功并入儋州网，电话号码同时升为 7 位。1995 年 5 月，安装调测开通美国 AT&T 公司—2000 型 7000 门程控交换设备，市话容量达 7000 门，市话放号为 600 户，用户达 2500 户，市话普及率达 5.2 部/百人。1997 年，完成县邮电的“九七工程”，电话业务办理、派工、查询、计费、收费等都可以在计算机上完成。1998 年，投资 120 万元完成临城地区 11 项配线电缆扩容工程，新增主干电缆 200 对千米，新增配线 3000 对，完成临高县高速接口路通难管道工程建设。

2004 年，投资约 145 万元完成临城主干及配线电缆扩容工程，扩容 3500 对千米。2009 年，电话用户 35694 户，ADSL 端口容量增长 60%，交换机容量增长 8.5%，光缆长度 5082.64 芯千米，全县各乡镇全部通达光缆。2010 年，全县固定电话 3.61 万户，固定电话增加 322 户。固定电话普及率 7.5 部/100 人；全面实现固定电话村村通。

（三）移动电话网络

1993 年，临高县邮电局开始筹建移动电话。1994 年 3 月，开通瑞典爱立信 900 兆蜂窝式 24 信道模拟移动电话（俗称“大哥大”），容量为 600 门。1995 年，引进意达利意达太欠公司设备开通 GSM 数字移动电话，容量为 24 信道。1997 年 11 月，对模拟移动信道进行扩容，信道增加 8 个。1999 年，临高电信实行移动、固话分营，移动从电信分离出来。2008 年，中国电信成功并购联通 CDMA 业务，成为可经营移动业务的三家运营商之一。2009 年 1 月，中国电信获 CDMA2000 牌照，标志中国电信正式进入 3G 时代。经营移动业务后中国电信临高分公司在 C 网基站的建设维护上投入大量的财力、物力、人力，截至 2010 年 C 网基站可用率达 99.58%，C 网基站断站率小于 0.19%。全县有移动电话 2.35 万户，移动增加 7484 户。

四、电信业务

（一）电话业务

传统的固定电话即本地电话、公用电话、长途电话产品，基本特征都是为有线接入，话音清晰、畅通等方面可靠。

1986 年，全县有固定电话 527 户。1990 年，全县有固定电话 684 户，安装市内电话 496 户；程控电话直拨内地各地及港澳台地区，以及东南亚等国家。县境内建有 1 座高达 78 米的微波塔，是连接海口至三亚的岛西微波中继站。1996 年，有固定电话 5150 户。1999 年，临高电信分公司完成电信业务总量 1355 万元。2000 年，有固定电话 12382 户。2010

年，全县电话用户总数达到36950户，其中中国电信临高分公司3.61万户，并有“我的E家”、商务领航、固话添翼等多种融合套餐供用户选择；中国联合网络通信临高县分公司851户。固定电话普及率达到7.6部/百人，全县各行政村全部通电话。

（二）小灵通业务

2002年，临高电信局开始经营无线市话即小灵通用户。截至2005年底，小灵通期末用户数超1.5万户。同年，临高联通公司也开通无线市话小灵通业务。小灵通以单项收费、来电显示、呼叫转移等增值业务而风靡一时。2008年后，随着手机资费的不断下调和单向收费的推出，小灵通的用户数量越来越少，至2010年小灵通用户完全消失。

（三）寻呼业务

1990年，临高邮电局开办无线寻呼（BB机）业务，当年用户有400户。至1996年，用户越来越多，达1500户。2000年，中国电信独立经营“999”寻呼机，当年临高用户达2000户。2000年后，随着移动通信的快速发展，寻呼业务的市场不断萎缩，用户数较少的寻呼台入不敷出，只能选择退出市场。2003年后，寻呼用户大幅减少，至2005年3月底，海南寻呼用户数只剩下1.4万户，寻呼业务只有联通1家。2010年，中国联通退出寻呼业。

（四）宽带业务

2002年，临高电信局开始经营宽带业务。宽带业务发展之初仅局限于专线用户和资费较高用户。2004年，一些大型网吧、机关单位采用光纤LAN的方式接入。2010年，临高电信局互联网服务器端口达7528个。同年初，临高联通推出“光纤到楼”“光纤到户”业务，截至年底，全县宽带用户达7965户，其中临高电信宽带接入用户7456户，临高联通509户。

（五）移动业务

自1999年移动与电信分营起，至2010年末，中国移动海南公司临高分公司销售渠道网点已达188家，服务范围覆盖全县所有乡镇和行政村，移动电话用户达14.50万户。在服务项目上推广网上营业厅、短信营业厅、手机缴费通、自助终端等电子渠道，使客户方便、快捷缴纳话费和办理业务。

2008年，中国电信临高分公司取得移动电话经营许可后，大力发展移动电话，截至2010年底，临高CDMA移动用户数量达2.35万户。

临高联通公司自组建开始就投入巨大的资源建设2G网络，至2010年，2G在网用户达1.56万户。2008年开始建设WCDMA网络，和苹果公司合作，引进iPhone手机，推出“买手机送话费”的iPhone合约计划，吸引大量的高端用户，又根据不同客户群的需求，推出各类融合套餐。“精彩在WO”是联通3G的主打品牌，赢得用户的广泛认可，2010年，3G用户达1123户。

（六）电子政务

2008年前,临高县委大院内的各个办公楼宇间已组成局域网,构成政务网络架构。2010年,建成可以容纳3个网络机柜和1组中心机房,并已安装空调、铺设防静电地板等。2010年6月，省党政信息中心已经通过专线与县政务外网中心连接。为避免某些用户不自觉下载大容量的文件独占带宽，或中病毒、木马等引起对整个网络的攻击，购置1台深信服的上网行为管理设备进行管理，确保每个接入中心网络的电脑都能统一管理。

临高县电子政务采用海南省新境界软件公司开发的协同办公系统，该系统采用方正电子公章系统和方正ceb版式文件作为电子公文交换系统的核心技术，符合省级标准。县政府办先试用，待软件开发成熟和各县委大院外办公的行政单位接入中心后再全县铺开，做到以点带面。至2010年，县党、政机关已实现网上无纸化办公。

（七）电报与传真

20世纪90年代后期，随着电话、寻呼、手机、互联网的不断普及，电报业务迅速萎缩，各种电报设备逐步拆除，2005年从临高发出的电报仅18份。2007年，集团公司全面启动各省市分组交换和用户电报业务的收缩工作，引导用户进行业务转网，以最终实现业务和网络退出的目标。

第二节　中国移动通信集团海南有限公司临高分公司

一、机构

1999年7月16日，从临高县电信局剥离分营，成立海南移动通信公司临高分公司。8月，更名为海南移动通信有限公司临高分公司。11月12日，更名为海南移动通信有限责任公司临高分公司，在职员工8人，无下设机构，租用临高县邮政局老办公楼第五层最北侧的办公室作为办公场所。公司只有3个代办点和1个租用的移动业务受理专柜，专柜设在临高县电信局营业厅内。

2001年2月，分公司迁至临高县邮政局新办公楼第三层。6月，分公司调整工作岗位，设立业务管理员（兼报账、综合事务工作）、代办督导员、稽核员、营业班长、营业员和欠费催缴员等岗位。

2004年3月3日，分公司首次设置部门机构组织，下设综合部、大客户部、合作发展部、营业部、商业客户部和新业务组。4月26日，商业客户部并入合作发展部，成为合作发展部的下属机构，称为直销中心。

2005 年 10 月，分公司迁至临城镇新镇街 46 号鸿发酒楼第四层办公。

2006 年 10 月 12 日，海南移动通信有限责任公司临高分公司更名为中国移动通信集团海南有限公司临高分公司（简称“中国移动海南公司临高分公司”），共有员工 30 人。

2007 年 4 月 20 日，中国移动海南公司临高分公司调整组织机构，内设财务室、综合室、合作发展室、新业务营销室、客服一室、客服二室、营业一室和营业二室。8 月 17 日，再次调整组织机构，内设综合部、市场营销部和客服部，其中市场营销部下设电话营销班，客服部下设营业班。12 月，中国移动海南公司临高分公司搬入自建的综合办公楼（位于临城镇二环路），结束租赁办公的历史。

2008 年 10 月 29 日，根据省公司的整体部署，中国移动海南公司临高分公司再次调整组织机构，设“两部三中心”，即综合部、市场经营部，营业中心、重点客户中心和合作渠道管理中心，共有在职员工 36 人。

2010 年，公司员工人数 46 人，销售渠道网点 188 家，服务范围覆盖全县所有乡镇和行政村。

二、客户服务

2001 年 7 月，中国移动海南公司临高分公司在营业厅内设置客户休息区，首次免费为客户提供饮水服务。2002 年 2 月 14 日，中国移动海南公司临高分公司新镇街营业厅被海南省创建青年文明号活动组委会授予“青年文明号”荣誉称号。2003 年 11 月起，在解放路营业厅内安装自助清单打印机，免费向客户提供自助清单打印服务。2004 年 3 月起，向客户公开承诺“话费误差，双倍返还”。

2006 年 5—9 月，开展“满意 100”系列服务活动，即开展“5・17”客户接待日活动、在公司门户网站上建立“满意 100”主题服务专栏、开展客户意见的征集和回复、开展活动的整体宣传告知、开展评选服务明星和服务满意之星活动、开展评选服务明星班组活动、梦网服务温馨提醒、客户入网温馨提示、客户离网真情挽留、业务办理挑战三分钟、营业厅等候特色关怀、欠费停机温馨提醒、话费信息主动提供、服务热线亲切问候、实用手册送到手、优势服务推广，包括热线号码升位和服务升级、“信息费误差双倍返还”、全新格式合同启用、电话卡余额解决等的推广、重点服务有奖举报等活动，表达分公司全心全意为客户提供满意服务的决心和诚意。

2007 年，开展“诚信服务 满意 100”服务文化活动，向客户公开八项服务承诺（即“全面启用新版入网协议”“全面实施收费误差，双倍返还”“先提醒，后停机”“清晰透明提供收费信息”“全面实施业务定制客户确认”“48 小时首次回复客户投诉”“业务办理免填单”“一台清”，全面实现电子化自助服务和专线受理不良信息举报），制定系列满意度改进计划。同年起，每年都开展高考客户现场服务活动，举办全球通积分高考专场讲座。

2008年，首次在新镇街营业厅内安装自助缴费机，方便客户缴纳话费和办理简单业务，减少客户等候时间。开展“金牌服务、满意100服务活动”“奥运服务大使”评选和“服务一致性”活动，向外公布“五心”（“奥运服务全程创优，为盛事添欢心”“携手治理垃圾信息，让消费更舒心”“量身优选资费套餐，让选择更省心”“强化增值业务监督，让使用更放心”“广开便捷电子渠道，让服务更随心”）服务举措。

2010年，客户规模超过11万户，缴纳各项税金约300万元。在服务方面，坚持以客户为导向，以“客户为根 服务为本”为主线，结合事件营销，提升客户服务质量。围绕春节、高考等事件，通过现场开展服务活动，及时向客户传递爱心。推广网上营业厅、短信营业厅、手机缴费通、自助终端等电子渠道，使客户方便、快捷缴纳话费和办理业务。

第三节　中国联合网络通信有限公司临高县分公司

一、机构

2000年，中国联通有限公司临高分公司成立，有员工11人。内设机构有总经理办公室、市场中心、集团中心、综合中心。公司实行代理商代销方式，负责经营临高县境内的长话、市话、移动通信业务和增值业务。2008年12月21日，中国联通有限公司临高分公司与中国网通临高分公司合并，改名为中国联合网络通信有限公司临高县分公司。内设机构有市场营销部、集团客户事业部、综合财务部、网络建设部，共有员工24人。至2010年底，内设机构及员工人数未变。

二、客户服务

（一）主要业务

2000年，中国联通有限公司临高分公司开通传统的固定长途电话业务，接入网号为“193”。同年7月，数据通信网建成开通，开始经营固定数据业务，提供互联网接入业务（网号“165”，有专线接入和拨号接入两种方式）、数据专线业务、VOIP业务（IP长途电话业务，接入号码“17911”和“17910”，其中“17911”为一次拨号，“17910”为二次拨号）。10月17日，“130”手机IP长话全面开通，所有“130”用户均可通过“17911”一次拨号拨打长途电话。2001—2003年，配合执行省公司先后推出包括“两网通”“三网通”“一点通”“联通在线”“TSP”等在内的20项新业务。

2008 年，中国联合网络通信有限公司临高县分公司开始经营包括市内电话在内的所有通信业务，成为全业务通信运营商。

2009 年 5 月 17 日，WCDMA 沃 3G 试商用，开始提供 3G 业务和服务，共推出手机上网、手机音乐、手机电视、可视电话、手机报和无线上网卡等 6 项 3G 业务。10 月 1 日，沃 3G 正式商用。

2010 年，3G 业务强劲增长，市场份额达 26.4%，3G 手机上网户均流量达 89.22M。宽带业务快速发展，用户市场份额达 16.2%。集团业务实现新突破，与省内 26 家重点客户深化战略合作关系。3G 行业应用取得显著突破。实施电力抄表、手机定损、视频监控、移动办公、车辆智能化、警务通、消防通等一批应用项目，推广视频直播、企税通、校园手机一卡通等海南省 3G 特色应用产品。

（二）品牌建设

2002 年 4 月，中国联通有限公司临高分公司推出“联通新时空”，逐步发展成为行业客户品牌。2003 年 7 月，推出“如意通”品牌，标志着面向大众的业务品牌正式运营。2004 年 8 月，推出“世界风”业务品牌，实现 C、G 两网双模业务。同年，“联通 130”品牌融入客户品牌。2005 年 3 月，推出针对青少年客户的“UP 新势力”品牌，逐步在校园用户市场形成影响力。4 月，“世界风”品牌全面升级，转变为社会精英群体、中高端客户的客户品牌，打破 C、G 两网区隔。2006 年，改变以技术、产品来区隔 C、G 两网业务的历史，统一品牌口号，形成“世界风”“新势力”“如意通”“联通新时空”全新的四大品牌体系，并通过多形式营销服务，增强品牌的核心价值。2009 年 5 月 17 日，中国联合网络通信有限公司临高县分公司全业务品牌“沃”正式上市。“沃”品牌作为全业务品牌，分别推出面向个人、家庭、商务、青少年四大客户群体。

（三）营销渠道

2001 年，中国联通有限公司临高分公司提出“销售社会化，服务社会化”的策略，在临高率先采用“特许营业厅和网络服务商”的分销渠道模式。全年新建 1 家特许营业厅，20 多家代办点。

2002 年，随着 CDMA 网的开通，中国联通临高分公司筹划建设 CDMA 专营店，扩大 CDMA 的品牌形象宣传。同时，与临高邮政全面合作，开展业务发展和服务，采取在一次性提成外加话费提成的方式，建立起一种长期战略性合作关系。

2003 年，推出店员积分计划充分调动渠道店员的积极性。2007 年 6 月，开始建设乡镇“一村一点”村级便利服务网点，发展便利网点近 120 家。

2008 年 4 月 8 日，网上营业厅（www.10010.com）正式上线。5 月，手机营业厅

（wap.10010.com）正式上线。12 月，网上营业厅交费充值功能上线。

2009 年，中国联合网络通信有限公司临高县分公司交费充值系统上线，实现全渠道全业务银行卡交费功能，支持为全国手机用户、固定电话、小灵通、宽带用户充值，支持所有联通用户。

2010 年 3 月，自助服务终端投入使用，7×24 小时对用户查询、交费充值、业务办理服务，并提供号码销售功能。10 月，mini 营业厅上线，提供终端方式的多种业务办理功能，支持农村、边远地区等网点办理充值交费、话费查询、号卡销售等业务。全年共有社会合作渠道网点 30 家，乡镇便利点 120 家，占所有实体渠道的 98%，直接为社会提供 200 个就业岗位。

（四）营业收入

2000 年，中国联通有限公司临高分公司完成寻呼业务收入 151 多万元，移动网业务收入 680 多万元，总收入 831 多万元。2003 年完成业务总量 1160 万元，2005 年完成业务总量 1460 万元。2008 年合并后，中国联合网络通信有限公司临高县分公司完成移动网及固网业务总收入 989 万元。2009 年，移动 2G 累计发展完成 17065 户，固话（含公话）累计发展完成 588 户，宽带累计发展完成 814 户，年度通信收入累计完成 993.55 万元，移动业务收入累计完成 820.02 万元，固话业务收入累计完成 86.31 万元，宽带业务收入累计完成 35.38 万元。固网立项建设有临城江南市场、临高新盈镇、临城干部新村、交警，移动基站规划建设共 8 个，提升当地的网络基础覆盖。

2010 年，移动 2G 用户累计发展完成 1.56 万户，3G 累计发展完成 1123 户，固话（含公话）累计发展完成 851 户，宽带累计发展完成 509 户。全年通信收入累计完成 1300.34 万元，其中移动业务收入累计完成 1091.57 万元，固网业务收入累计完成 208.77 万元。

第八编 商贸 旅游

1991—1994年，临高商贸服务业不断深化改革，原以国有及集体企业为主体的商业体制随着市场经济发展，份额逐渐减少，个体商业户不断增加。1992年，全县共有商业销售机构4945个，其中个体商业机构4080个，占总机构的82.51%；全县商业零售总额12512万元，其中个体商业7460万元，占总额的59.62%。1999年，商贸服务业全面开展产权制度改革，至2002年基本结束，国有、集体商业基本退出商贸行业，民营企业发展迅速，活力增强，商贸服务业日趋繁荣。劳务、家政服务、美容保健、住宿、餐饮等新兴服务快速发展。2010年，全县社会消费品零售总额12.08亿元，城乡集市贸易成交额9.15亿元；全县商业网点15636个，从业人员32460人。

临高县主要旅游景区景点共11处，其中自然景观有临高角、高山岭、后水湾、马袅湾、百仞滩、居仁瀑布6处；人文景观有临高文庙、王佐故居、茉莉轩、临高灯塔、解放公园5处。景点规模较小、分散，尚未形成常态旅游线路。2010年，接待游客6.75万人，旅游收入1560万元。

第一章 商 贸

第一节 机 构

1986年，临高县设商业局和外贸总公司。

1990年11月，成立县经济合作局，将县外经委的引进外资职能划给县经济合作局，编制10人。县外经委更名为临高县外贸局，统一管理全县外贸工作。

1996年12月，成立临高县贸易局，是全县贸易、粮食工作的行政职能部门，行政编制12人，内设办公室、内外贸易管理股、粮油管理办公室。1998年7月，将县招商服务中心由原来隶属县计划统计局更改为隶属县贸易局。

2002年1月，成立临高县经济贸易交通局，为主管全县工业、贸易工作的行政职能部门，核定编制15人，内设政工股、工业交通股、贸易市场股和安全生产股。

2004年2月，临高县经济贸易交通局改组为临高县商务局，内设办公室、对外贸易股、市场建设管理股、经济技术合作股，编制14人。

2009年12月，县委常委会议决定，将原县招商局由县政府参照公务员管理的直属事业单位调整为县商务局下属参照公务员管理的副科级事业单位，同时更名为临高县招商办公室。

2010年，县商务局内设行政办公室、对外贸易股、市场建设和运行管理股、经济技术合作股，编制13人。

第二节　商品经济与市场建设

一、商品经济贸易

1986年，在社会主义市场经济的条件下，商业市场迅速发展，种类繁多。全县大小商业网点1650个，从业人员2236人，社会消费品零售总额1695万元。县商业部门主要从事纺织品、服装、鞋帽、日用杂品、食品、五金、交电、化工、药品及医疗器械等零售和批发。1988年，全县社会商品零售总额达10766万元。

1991年，全县社会消费品零售总额14326万元。1992年，全县社会消费品零售总额15920万元，农村集市贸易成交额10097万元，全年社会商品零售物价总指数101.5%。

“九五”期间（1996—2000年），县商贸流通迅速发展，流通规模不断扩大，社会消费品零售总额每年平均递增10%。1998年，社会消费品零售总额32827万元。1999年，商贸服务业全面开展产权制度改革。同年，社会消费品零售总额35774万元，比上年增长9%。2000年，社会消费品零售总额38690万元，比上年增长8.2%。

“十五”期间，消费品零售总额平均每年递增8%，其中城镇消费品零售总额29259万元，增长8.9%；农村消费品零售总额27618万元，增长11.4%。批发零售贸易业零售总额48617万元，增长8.9%，住宿餐饮业零售总额7124万元，增长17.8%。限额以下及个体户营业额48617万元，同比增长8.9%。2001年，社会消费品零售总额44500万元，同比增长15%，整个商贸流通行业不断扩大，保证城乡居民需求。商贸市场体系、市场设施建设不断完善，摊位容量达4000个，市场营业面积7.60万平方米，市场年成交总额4亿元，社会批发贸易机构30个，网点400个，餐饮业机构50个，各种业态和营销形式得到发展，美容美发、便利店、专卖店等不断发展。2002年，商贸服务业产权制度改革基本结束，国有、集体商业基本退出商贸行业，民营企业发展迅速，活力增强，商贸服务业日趋繁荣。2003年，全县实现社会消费品零售总额50765万元，同比增长9.4%。分行业看，餐饮业零售额同比增长 6.5%，批发零售额增长 7.6%。2005 年，全县商业网点较集中，主要集中在县城及新盈、多文、加来等镇墟，业态功能雷同，竞相开店、恶性竞争的现象较多，消费者以本地人为主，行业大多数以“薄利多销”为原则，营利性较弱。解放路服装一条街、跃进路家具一条街，以及文明西路、江南路、江北路休闲购物一条街等特色商品专业街逐步形成。县内较大的镇、墟形成一定规模的商品销售网点，出现一批专卖店、直销店。商业市场体系建设逐步完善，商贸市场流通形式各式各样，多种经济成分，多种经营方式，多条渠道并存的竞争格局在市场呈现，新的流通管理技术与管理手段的采用，使商贸流通的自动化作业与管理信息化大大提高，电子商务、网上交易在逐步形成。全县社会消费品零售总额 56877 万元，同比增长 10.1%。

2008 年，全县社会消费品零售总额 89084 万元，同比增长 20.9%，其中城镇消费品零售总额 47494 万元，增长 22.3%；农村消费品零售额 41590 万元，增长 19.3%。批发零售贸易业零售额 75828 万元，增长 20.7%。住宿餐饮业营业额 11629 万元，增长 22.4%；限额以下及个体户营业额 26750 万元，增长 22%。

2010 年，全县社会消费品零售总额 12.08 亿元，城乡集市贸易成交额 9.15 亿元。进出口总额 0.353 亿美元，其中进口 0.13 亿美元，主要进口产品有机电设备、水产品加工设备等；出口 0.241 亿美元，主要出口产品有水产品、食品、瓜果菜、花卉、船舶等六大类 14 个 产品，销往日本、美国、加拿大、欧盟等国家和地区。全县有商业网点 15636 个，职员 32460 人，19 家农贸市场（除临城镇有 3 家农贸市场外，乡镇合并前的其余 16 个乡镇都各有 1 家农贸市场），交易面积 75400 平方米；农产品批发市场 1 家，交易面积 8 万平方米；超市 6 家，大型商场 1 家，各类批发、零售商业网点 2911 家，美容美发店 96 家，住宿旅馆业 83 家。超市、酒行、快递等新型商业业态发展迅速，万家惠超市、宝真超市、美乐超市等相继落户境内，鸿运来大酒店获三星级酒店资格，结束全县没有星级酒店的历史。群众消费结构升级加快，经济不断增长，促进消费升级，全县消费结构已由单一购物向购物休闲、追求品牌等多文化方向转变，消费总量不断扩大，群众对各种商品的品种、质量、档次的要求越来越高。

二、家电下乡

2009 年 2 月 1 日起，全县开始实施国家家电下乡惠民政策，对农民购买彩电、冰箱、洗衣机、手机、空调、热水器、电脑、微波炉、电磁炉等家电和摩托车进行财政补贴。商务局通过电视、宣传车和发放宣传单、悬挂横幅等形式对家电下乡政策进行宣传，在临高电视台播放为期 1 周的宣传片，出动宣传车 12 次，发放宣传单 3000 张，悬挂横幅 36 条。同时，联合财政部门加强对家电下乡工作的监管，为 14 家企业的 73 个家电销售网点办理备案登记手续，并为5个摩托车销售点备案；出动车辆15辆次，人员36人次对各销售网点进行监督检查，打击假借“家电下乡”销售伪劣产品、以次充好等不法行为，确保家电下乡工作的正常开展。不断完善和简化补贴领取手续，实现补贴款由销售网点垫付、当场兑现，真正做到惠民、便民。全年县境内各家电下乡销售网点共销售家电4625件，销售额达546.14万元，已兑付补贴2494件，金额53.3万元，对扩大消费起较大的推动作用。

2010年，全县有14家企业73个家电销售网点、5个摩托车销售点办理备案登记手续，共销售家电下乡产品16302台（件），销售金额4172.10万元。联合财政部门加强对家电下乡工作的监管，积极申报家电下乡、摩托车下乡网点项目改造扶持资金，全年联合县财政共上报12家（包括乡镇）家电网点，3家汽车、摩托车下乡网点升级改造项目，争取省级财政补助15万元。

三、农贸市场建设

1986年，全县有集贸市场18处，其中县城2处，其他乡镇（农场）16处，以搭棚结构居多。1993年，县政府集资、投资1020万元，用以新、扩、改建农贸市场18处，县集贸市场发展到20处，其中钢筋水泥结构12处，砖瓦结构2处，搭棚2处。全县城乡集市贸易成交额1.09亿元。

1994年，完善购物环境，增设一批商业、粮食、供销经营网点，多方集资256万元，新建、改建农贸市场和农产品批发市场8个，建筑面积6854平方米。

2001年，初步建成海南加来农产品批发市场，占地面积8公顷，营业面积39990平方米，是当时海南省西部地区规模最大的农产品批发市场。2006年，海南加来农产品批发市场被商务部核准为“双百工程”。2007年，按照《海南省城镇农贸市场规划建设管理办法》，全县开始实施农贸市场升级改造工作。同年，引进海南丽晶房地产公司、海南辰财实业有限公司、海南腾丰源房地产公司等企业对临城西门农贸市场、临城江南农贸市场、多文农贸市场、美台农贸市场、临城北门农贸市场等进行升级改造。2009年，县列入改造计划的农贸市场为临城西门、临城北门、美台、皇桐、马袅、多文5家农贸市场。其中，临城西门、美台2家农贸市场完成改造建设工作并投入使用。临城美台农贸市场由海南正顺电子科技有限公司投资建设，总投资400万元，总占地面积1.67公顷，建筑面积1600平方米，建设摊位165个，于6月8日开张投入使用。临城西门农贸市场是由县政府出土地和市场经营权，引人海南丽晶房地产开发公司投资兴建，占地面积1.05万平方米，主体为2层框架结构交易大厅，建筑面积1.4万平方米，设置摊位800个，市场配套建设2部电动货梯、2部自动扶梯、4个楼梯、电脑监控系统、公共卫生间等设施。经过7个多月的施工，临城西门农贸市场于11月18日竣工投入使用。商务局积极组织市场建设达标验收检查小组，对美台、江南、西门等 3 家农贸市场进行改造达标验收，并上报省商务厅申请标准化验收，已获得批准。通过农贸市场升级改造，为全县人民营造安全、舒适、整洁的消费购物环境。

2010 年，全县正常营业的农贸市场有 19 个，其中全民所有制 9 个，集体所有制 1 个，民营 9 个；合计建筑面积 53587 平方米，经营摊位 2780 个，年交易额达 5.18 亿元。县商务局组织对临城西门农贸市场、临城江南农贸市场、多文农贸市场、美台农贸市场、临城北门农贸市场进行升级改造，其中临城西门农贸市场和临城江南农贸市场通过农贸市场升级改造达标验收领导小组验收达标，已争取中央及省级扶持市场建设资金 470 万元。在加来、美台建设 2 个农产品产地集配中心及 2 家商流链条，项目总投资 4580 万元，其中争取中央及省级财政支持 1580 万元，其余部分由企业投入，主要建设冷链系统的库容改扩建、各种设备购置及安装、农产品分拣包装交易棚及销售区零售门店和专柜等项目。

2006—2010 年，完成 8 个镇 46 家农家店的达标建设工作，实现年营业额 570 万元，实现农家店“一店多用”“一店多营”功能，直接服务“三农”（农业、农村和农民），服务范围覆盖农村 44039 户 200415 人。

2010 年临高县各农贸市场情况一览表

表 8-1-1　　单位：平方米

名称	地址	结构	交易厅面积
临城西门农贸市场	临城镇跃进路	二层钢筋混凝土	14300
临城江南农贸市场	临城镇沿江南路	二层钢筋混凝土	8868
临城北门农贸市场	临城镇文明东路	一层钢筋混凝土	4279
新盈农贸市场	新盈镇墟	二层钢筋混凝土	5600
波莲农贸市场	波莲镇墟	一层钢筋混凝土	1700
调楼农贸市场	调楼镇墟	一层钢筋混凝土	1390
美良农贸市场	调楼镇美良墟	一层钢筋混凝土	1800
东英农贸市场	东英镇墟	铁皮棚	400
美夏农贸市场	东英镇美夏墟	一层钢筋混凝土	500
和舍农贸市场	和舍镇墟	一层钢筋混凝土	1600
加来农贸市场	加来镇墟	一层钢筋混凝土	1700

续表 8-1-1

名 称	地 址	结 构	交易厅面积
多文农贸市场	多文镇墟	一层钢筋混凝土	2100
红华农贸市场	红华农场场部内	一层钢筋混凝土	1600
龙波农贸市场	皇桐镇龙波墟	一层钢筋混凝土	700
皇桐农贸市场	皇桐镇墟	铁皮栅	350
美台农贸市场	临城镇美台墟	一层钢筋混凝土	2300
博厚农贸市场	博厚镇墟	一层钢筋混凝土	2100
马袅农贸市场	博厚镇马袅墟	一层钢筋混凝土	800
南宝农贸市场	南宝镇墟	一层钢筋混凝土	1500

四、主要商圈商场

1986 年，临高县市场经济迅速发展，商业领域流通不断扩大，形成一些商店聚集区，县城商铺主要集中在解放路、跃进路。

2000 年，临高县商业市场体系、市场设施建设不断完善，多种业态商圈得到发展，县内较大的镇墟形成一定规模的商品销售网点，出现一批专卖店、直销店。2004 年 1 月，万家惠超市临高店开始营业。至 2005 年，全县商业网点较为集中，主要集中在县城及新盈、多文等经济较为发达的镇墟。各行业中，超市、酒行、快递等新型商业业态发展迅速，宝真超市、美乐超市等相继落户境内，鸿运来大酒店获三星级酒店资格，结束全县没有星级酒店的历史。

2010 年，全县有商业网点 15636 个，农产品批发市场 1 家，超市 6 家，大型商场 1 家，各类批发、零售商业网点 2911 家，美容美发店 96 家，住宿旅馆业 83 家。县城内主要商圈商场有解放路服装一条街、跃进路家具一条街，以及文明西路、江南路、江北路休闲购物一条街等特色商品专业街。

附：万家惠超市

万家惠超市临高店（简称“临高万家惠”）位于临高县临城镇跃进路商业城内一楼，占地面积 2500 平方米，经营面积 2000 平方米，拥有员工 120 人。

临高万家惠注册资金 100 万元，总投资 500 万元，2004 年 1 月 15 日开始营业，年均营业额逾1000万元。随着业务需要，万家惠超市逐步购买商业城内部分商铺，逐渐扩建升级至现有规模。自开业以来，万家惠超市始终秉承“携手万家惠，改变您生活”的服务理念，通过持续优化与发展，致力于成为改善大众生活品质的卓越零售企业，以经营快速消费品为主，为临高县城市居民生活提供极大的便利。

第三节　商业管理

一、生猪屠宰管理

1986年，各基层屠宰场（食品站）是县商业总公司所属的县食品公司管理的下属单位，是自主经营、独立核算的国营企业。

2001年，全县进行机构体制改革，县政府将各基层屠宰场（食品站）的行政管理权划归乡镇政府管理，没有进行财产移交。同年，为规范生猪屠宰管理，主管部门加强执法力度，坚决杜绝私宰肉泛滥现象，规范进场（食品站）屠宰，肉猪年屠宰量达7.80万头，代收各种税费624.78万元；乳猪年屠宰量7.20万头，代收各种税费43.20万元。

2007年12月，各基层屠宰场（食品站）、县屠宰场（县食品公司）的行政管理权划归县商务局，财物各自独立核算，有屠宰场（食品站）17个，人员403人。

2009年，严厉打击各种生猪屠宰的不法行为，商务局牵头组织畜牧、工商、税务等部门开展5次联合行动，共没收763千克私宰肉，取缔3个私宰点，对326千克病肉进行无害化处理，罚款1800元。全县生猪定点屠宰量9.22万头，完成全年计划任务的92.2%，比上年同期增加15.6%。

2010年，在猪肉价格上涨的情况下，全县17家生猪定点屠宰（场）厂生猪屠宰量达99436万头，比上年增长5.8%，代收各种税费630.43万元，比上年增长14.5%。全县生猪屠宰定点率临城区达到98%，各镇达到95%。县城以上的集体用肉单位到定点屠宰（场）厂采购生猪肉品达到96%。做到不屠宰注水猪、病害猪，对检验不合格的生猪产品全部进行无害化处理。建立生猪进场台账、肉品检验台账、无害化处理台账。全年无害化处理病害猪356头。加强对生猪定点屠宰（场）厂日常经营行为的监管。同时严格检验检疫制度，严格执行生猪入厂检查验收制度，禁止无产地检疫证明或检疫不合格的生猪进入屠宰环节，禁止屠宰检疫检验不合格的生猪或病死猪、病害猪肉出厂。开展生猪屠宰经营管理执法活动，严厉打击各种违法行为。年内执法没收私宰肉526千克，取缔3个私宰点，罚没收入2.63万元。

2010 年临高县牲畜定点屠宰场设置表

表 8-1-2

序号	牲畜屠宰场名称	位置	定点屠宰代码
1	县食品公司临城定点屠宰场	临城镇	B31090101
2	博厚食品站定点屠宰场	博厚镇	B31090102
3	新盈食品站定点屠宰场	新盈镇	B31090103
4	和舍食品站定点屠宰场	和舍镇	B31090104
5	加来农场食品站定点屠宰场	加来农场	B31090105
6	龙波食品站定点屠宰场	龙波墟	B31090106
7	皇桐食品站定点屠宰场	皇桐镇	B31090107
8	多文食品站定点屠宰场	多文镇	B31090108
9	南宝食品站定点屠宰场	南宝镇	B31090109
10	红华食品站定点屠宰场	红华农场	B31090110
11	马袅食品站定点屠宰场	马袅墟	B31090111
12	美台食品站定点屠宰场	美台墟	B31090112
13	调楼食品站定点屠宰场	调楼镇	B31090113
14	波莲食品站定点屠宰场	波莲镇	B31090114
15	东英食品站定点屠宰场	东英镇	B31090115
16	美良食品站定点屠宰场	美良墟	B31090116
17	美夏食品站定点屠宰场	美夏墟	B31090117

二、酒类流通行业管理

临高是个农业县，有丰富的酿酒资源。1986 年，全县从事酒类零售、批发的店铺 96 家，年销售 862 万元。1996 年，全县从事酒类零售、批发的店铺 107 家，年销售 1084 万元。2000 年，全县从事酒类零售、批发的店铺 125 家，年销售 1213 万元。2001 年，建有双龙保健品厂，投资 500 万元，年产 1500 吨海马酒和地瓜酒；县粮油贸易总公司投资 750 万元建成的海蛇酒厂，年产 2000 吨海蛇酒。2006 年，国家实施酒类流通备案登记制度，临高县从县城开始着手备案登记，并不断铺开到各镇。全县酒类流通网点 231 家，有 163 家酒类经营企业（点）实行酒类备案登记。2006—2009 年，开展打击各类酒行违规违法经营的专项执法活动 52 次，出动人员 297 人次，车辆 124 辆次，收缴和扣押处理各类不符合规定的国内外名酒126瓶，其中，销毁假酒64瓶，罚没1.78万元。2010年，县商务局对城内231家经营酒类的各类酒行、商场、酒店、超市等进行酒类流通备案登记，加强对已取得备案的销售部门监督检查，出动酒类执法检查11次，出动执法人员106人次，对未按要求经营酒类的销售部门提出整改意见并限期整改，确保酒类市场管理规范有序；定期对酒类批发商、超市和餐饮企业开展酒类执法检查，无证经营现象明显下降，有效净化酒类市场，全年未发生酒类安全事故。

三、再生资源回收行业管理

1986年，全县各乡镇均设有再生资源回收站，主要由一些货郎走村串户收购，回收的物品包括钢、铁、铜、纸、塑料、空玻璃瓶、鹅毛和鸭毛等，年收购金额4.50万元。1996年，全县有再生资源回收站38个，上规模的有3家，有流动回收人员600人，当中不乏内陆民工，年收购金额50万元。2007年5月1日，商务部《再生资源回收管理办法》施行，县商务局正式接管再生资源回收管理职能，县境内再生资源回收经营网点47个，主要经营品种有废钢铁，废塑料、废纸。2008年，在全省率先成立临高县再生资源回收行业协会。2010年，县境内再生资源回收经营网点增至63个，有流动回收人员1000人，大多数分布在沿海、县城等较发达地区，年回收废品塑料1205吨、废旧金属1420吨、废纸7136吨，年收入达1400万元，解决就业1200个，惠及500个家庭，有效缓解全县城乡居民就业压力。

2010年临高县再生资源回收站分布表

表8-1-3　　单位：个

地　区	回收站点	地　区	回收站点
临城镇	23	东英镇	1
调楼镇	13	和舍镇	2
新盈镇	6	南宝镇	0
波莲镇	2	多文镇	1
皇桐镇	1	加来农场	4
博厚镇	9	红华农场	1

四、农村商品流通服务与监管

2008—2010年，有选择性地在临城、新盈、和舍、调楼、多文、皇桐等镇建立农村商业信息服务站，对市场货源的品种、数量、价格等信息进行监测，增加商务应急能力。做好对临高来发农业综合发展有限公司、万家惠超市、美乐超市、文明超市、江南市场等市场信息监测网点的监督工作，并给各监测点下发15台电脑设备及15万元工作经费完善临高境内商务流通信息建设。通过完善和加强对重要农产品生产、供应、销售、消费、进出口等方面情况的信息收集，建立健全全县重要农产品供求和价格监测体系，为全县农产品生产流通提供信息服务。

五、商品流通管理

临高县始终把保证市场供应作为民生工程的头等大事来抓，确保商品流通管理秩序正常。县商务局将全县农贸市场重要生活必需品的价格及供给情况定期汇总并及时分析，扩大市场监测品种与监测范围，把肉、蛋、米、油等重要生活必需品及水泥、成品油、钢材等重要生产资料的市场流通纳入日常监测范围。把诚信体系建设作为整顿和规范市场经济秩序的有效抓手，县内各商家一直将依法诚信经营奉为圭臬。加强对商品流通领域的监管力度，每年都组织商务、工商、质监、药监等多部门开展市场专项整治行动，严厉打击制售假冒伪劣商品的违法行为。

1991年，加强卷烟市场打私打假工作，全年共开展4次市场整顿工作，查处走私烟、盲流烟、假冒烟等案件28宗，罚款10856元，没收走私烟1155条。

1994年，县政府组织开展私盐走私打击活动，成立县盐政管理领导小组，由分管副县长担任组长，县盐务局、工商局、公安局、卫生局和质监局为成员单位，按照各自职责开展监管工作。

2005年，县商务局组织宣传工作队到各乡镇、农村进行依法诚信经营宣传，通过设立咨询点、悬挂横幅等多种方式开展宣传活动，有效提高了商家对诚信经营的重要性、必要性和紧迫性的认识，在全县范围营造良好的氛围。

2006年，对全县境内的成品加油站、商场、超市进行安全生产检查，消除安全隐患，确保节假日期间安全生产。

2009年，严厉打击各种生猪屠宰的不法行为，全年共开展5次联合行动，共没收763千克私宰肉，取缔3个私宰点，对326千克病肉进行无害化处理，罚款1800元。

2010年，县政府印发《临高县县城市场秩序整治工作方案》，联合县工商、城管、畜牧、公安、交警大队开展4次生猪屠宰经营管理执法行动，收缴猪肉121千克，取缔乱摆乱放菜摊26摊次；开展日常监管执法，抽调城管、工商人员开展日常执法检查，确定每周二、四进行日常执法检查，专项打击乡镇敞开式流动销售猪肉行为，规范农村猪肉销售秩序，确保农民能吃上“放心肉”；加大打击私屠滥宰行为，没收私宰肉526千克，取缔

3个私宰点，罚没收入2.63万元；开展打击瘦肉精及食品添加剂专项整治行动，联合工商质监、卫生、公安等部门，开展对食用猪肉的学校食堂、餐馆酒店进行执法检查；对全县境内的成品油加油站、商场、超市进行安全生产检查，消除安全隐患，解除安全隐患4处，下达限期整改通知3家；开展酒类专项执法检查，加强对酒行酒类批发商的管理，共对24家酒行进行检查，对3家酒行罚款5000元，下达整改通知5家，暂扣42瓶涉嫌假冒名酒。

第四节　商品专卖

一、烟草专卖

（一）机构

1986年6月16日，成立临高县烟草公司，内设烟草专卖组，隶属县商业局。1987年，成立临高县烟草专卖局，定为县二级局（副局），与县烟草公司实行两块牌子、一套人员，编制25人，内设专卖组、行政组、计财组、业务组。1988年4月，临高县烟草专卖局、临高县烟草公司改为一级局，编制25人，内设专卖组、行政组、计财组、业务组。

1989年8月7日，成立海南省临高县烟草专卖局、海南省烟草公司临高县公司，全称海南省临高县烟草专卖局（公司），两块牌子、一套人员，划归海南省烟草专卖局（公司）管理，编制32人，内设批发部、办公室、专卖办公室、业务股、计财股。

1991年，烟草专卖组改称烟草专卖办公室。1992年，设立生产股。1994年，成立烟草专卖稽查大队。1995年，设立安全保卫股。1999年，成立临城、多文、加来、新盈等4个烟草专卖所。

2003年12月26日，海南省烟草专卖局决定，从2004年1月1日起，撤销临高县的法人资格，原公司资产进行上划。原公司撤销后，成立海南省烟草公司海口公司临高营销部，内设综合办公室、专卖监督管理办公室、客户服务股，并纳入海南省烟草公司海口公司管理。2004年，撤消临城、加来、多文、新盈烟草专卖所，成立临城、加来、新盈烟草专卖稽查中队。

2008年，成立专卖监督管理办公室和稽查大队，两块牌子、一套人员。

2010年，海南省烟草公司海口公司临高营销部，有职工71人。

（二）烟草专卖经营

1986—1997年，全县烟草经营总收入23568万元，上缴利税438.3万元。

1998—2003年，全县烟草经营总收入37151万元，上缴利税1242.7万元。

2004年，全县卷烟销售62653万支，烟草经营总收入8255万元，上缴利税463.46

万元。

2007 年,全县卷烟销售 65848.42 万支,烟草经营总收入 13128.95 万元,上缴利税 674.45 万元。

2009 年，临高烟草专卖局（营销部）制定“2009 年临高营销部品牌推介表”供客户经理下线拜访宣传，抓好黄鹤楼、七匹狼（软灰）、贵烟（多彩）、帝豪（金黄）、金圣（祥和）等品牌的销售。做好明码标签盒的发放和维护工作，每个乡镇先找 5 个客户试点，县城则在主要街道逐步铺开。并做好信息采集工作，经过认真研究，筛选出 A 户 2 人，B 户 7 人，C 户 9 人，D 户 2 人，对 20 户零售客户每个月按两次（即每月 8—11 日和 18—21 日）进行信息采集。全县销售卷烟 74105.44 万支，完成全年销售任务的 93.44%，同比增加 5689.73 万支，增长 8.90%。单条销售额为 53.49 元/条，同比增加 7.45 元/条。销售额为 19898.46 万元，实现利税 2974.17 万元。

2010 年，全县卷烟销售 78452.71 万支，同比增加 4347.27 万支，增长 5.87%，销售额为 25530.52 万元，同比增加 5631 万元，增长 28.3%，实现利税 2169.72 万元，同比增加 1306 万元。

1986—2010 年临高县烟草专卖经营情况表

表 8-1-4

年 份	数量（万支）	收入（万元）	利税（万元）
1986—1997 年	168342.80	23568.00	438.30
1998—2003 年	319710.00	37151.00	1242.70
2004 年	62653.00	8255.00	463.46
2005 年	63763.00	9207.98	487.73
2006 年	64729.98	10865.54	677.94
2007 年	65848.42	13128.95	674.45
2008 年	68240.49	15832.39	1172.60
2009 年	74105.44	19898.46	2974.17
2010 年	78452.71	25530.52	2169.72

（三）市场管理

1986 年，以宣传、贯彻执行国家烟草专卖条例为重点，采取广播、电影幻灯、墙壁广告等方式宣传烟草专卖条例，开展对卷烟市场有无许可证和走私烟的检查工作。1989 年，全县共没收走私烟 78 宗，价值 3526 元。1990 年，查处案件 12 宗，罚款 1.15 万元，没收走私烟 2046 条，价值 4.37 万元，查处并烧毁一批劣质烟价值 840 元。

1991 年，加强卷烟市场打私打假工作，县烟草专卖局与公安、边防、工商等部门成立流动检查组，在多文镇、皇桐镇等乡镇进行路边设卡，检查过往车辆是否存在违法运输各种烟草活动。成立市场组，对市场进行监督检查，对违反烟草政策的经营户进行教育或处罚。在公安、工商部门的配合下，开展 4 次市场整顿工作，全年查处走私烟、盲流烟、假冒烟等案件 28 宗，罚款 10856 元，没收走私烟 1155 条。

1996 年，专卖检查工作取消上路设卡查处方式。

1997 年，根据打假的新特点、新情况，县烟草专卖局采取集中整顿与分片管理相结合的办法，按照省烟草专卖局“横向到边，纵向到底”的要求，加强对市场查处及管理。稽查大队负责全县大案、要案的查处，同时对全县的卷烟市场进行检查整顿。各管理所负责辖区面上的管理与小案件的查处。全年查处案件 24 宗，罚款 6700 元，没收走私烟 108 条，假冒烟 2485 条，违章烟 315 条。

2004 年，召开相关单位联合执法协调专题会议，建立联合执法长效机制。加强日常的市场监管，积极抓好卷烟市场的检查工作，在打私打假方面，始终保持高压态势。在“3·15”消费者权益日、“五一”国际劳动节、“十一”国庆节、春节期间分别开展大规模的清理整顿卷烟市场及打击制售假冒卷烟的专项活动。进行专卖内管监督检查，规范行业内部生产经营行为。全年查处案件 9 宗，罚款 3675 元，没收走私烟 137 条，假冒烟 50 条，违章烟 33 条。

2007 年，加强市场日常监管，查获制假烟机案 1 宗，没收制假烟机 YJ141 台（套），刑事拘留 4 人，批捕 2 人。

2009 年，坚持以维护国家利益、维护消费者利益为指导，以专卖法律法规为武器，以维护国家专卖体制为职责，以狠抓市场管理，突出打网工作为重点，积极主动同当地公安、工商等职能部门联合，开展专项打假行动，切实打击制假售假违法经营活动。全年查获一般案件 8 宗，简易案件 26 宗，移送工商部门案件 3 宗，查获非法生产卷烟 648.8 条，非渠道卷烟 48.9 条，案值 3.75 万元，罚没款 1360.52 元。

2010 年，全县出动打假人数 1200 人次，查获一般案件 20 宗，简易案件 15 宗，查获各类非法卷烟 739.6 条，其中查获非渠道卷烟 285.3 条，假冒卷烟 371.9 条，走私烟 82.4 条，案值 5.45 万元的案件 1 宗，罚没款 1.24 万元。

1989—2010 年临高县烟草案件查处情况表

表 8-1-5

年份	案件（宗）	罚款（万元）	没收走私、假冒、违章烟（条）
1989 年	1	—	78
1990 年	12	1.15	2046
1991 年	28	1.09	1155
1992 年	34	1.12	1295
1993 年	23	0.90	795
1994 年	26	1.13	1600
1995 年	22	4.16	8193
1996 年	19	1.75	3200
1997 年	24	0.67	2908
1998 年	36	0.81	530
1999 年	28	6.00	8200
2000 年	13	7.00	32700
2001 年	14	0.64	890
2002 年	12	0.86	744
2003 年	10	1.18	1159
2004 年	9	0.37	220
2005 年	6	0.18	316
2006 年	1	0.05	129
2007 年	15	0.55	1300
2008 年	7	0.57	1017
2009 年	34	0.42	696
2010 年	35	1.77	739.6

（四）销售网络建设

1986 年，在县城设立 2 个销售门市部。卷烟销售主要通过门市部向客户与零售户进行销售。卷烟销售处于计划经济状态。

1991 年 7 月，根据省烟草专卖局有关农村网建的规定及制度做到垄断经营权、市场定价权、宏观调控权“三权”到位，建立农村卷烟销售网络下伸网点，主要是为了更好的销售地产烟。是年，设立临城销售网点、多文销售网点、新盈销售网点。

1994 年，设立博厚销售网点。

1999 年 7 月，省烟草专卖局（公司）实行“一个口子对外”和“一个龙头放水”的卷烟销售规定，对省外卷烟购销进行统一调控管理，对省内销售卷烟实行统一最低限价销售。同时，把网络建设作为一项基础工作来抓。临高烟草专卖局（公司）于 7 月成立网建办公室，9 月成立临城三八批发部，11 月成立多文批发部、加来批发部，12 月成立新盈批发部。

2004 年，海口公司以一体化为目标，以构建“大网络、大市场、大品牌”为导向，统一网络组织构架、业务流程、信息平台、服务标准，通过组织构架调整、业务流程再造、流通方式转换、城乡统一运行，全面推行“电话订货、网上配货、电子结算、现代物流”的新业务模式。截至 2005 年底，临高县共有持证入网零售户 778 户，平均 1 户/445 人。其中，实现访送分离零售户 743 户，占零售户总数的 95.5%（其余为委托配送或上门自提户）；电话订货 778 户，占零售户总数的 100%；实现电子结算 394 户，占持证入网零售户总数的 50.64%。

2010 年，网络建设进入到信息时代，年内入网订货客户达 1744 户，共销售卷烟 78452.71 万支，完成全年销售任务的 103.21%，销售收入 25530.52 万元，同比增长 28.3%。所有卷烟都做到 100%入网销售、100%落地销售。

二、食盐专卖

（一）机构

1986 年，临高县盐务局内设产销股、政财股，下辖盐业服务公司、美良盐务所，马袅盐业站。全局有职员 36 人。

1994 年，县盐务局内设办公室、企管股（财务）、产销股、盐政股、食盐加碘厂、美良盐务所、马袅盐务所，盐业服务公司改为海南省盐业总公司临高分公司。全局有职员 24 人。

2002 年，全省盐务系统机构改革，临高县盐务局改为海南省盐务局临高盐务分局（简称临高盐务分局），为正科级事业单位，加挂盐政稽查队牌子，直属海南省盐务局管理。临高盐务分局和海南省盐业总公司临高分公司分开设置，一套人员，合署办公，内设办公室（财务）、运销股、盐政稽查队，下辖食盐加碘厂、美良盐务所、马袅盐务所，原所管辖业务不变。编制 18 人。临高盐务分局及盐政稽查队人员管理依照国家公务员管理制度执行，经费来源自收自支。

2003 年，清理整顿小盐场，美良集体盐场关闭转产，2004 年，马袅盐场关闭转产，美良盐务所和马袅盐务所也随着取消。同年，临高盐务分局5名干部经过考试和考核过渡为国家公务员。

2010年，临高盐务分局（分公司）下设办公室（财务），业务股（运销股），盐政稽查队，共有在职干部职工14人，其中参照公务员管理人员2人，其余12人为事业编制企业化管理人员，经费来源为自收自支。

（二）食盐供应

1986—1993年，主要供应无碘食盐，由盐业分公司从盐场购进食盐，按国家定价批发给临高县和澄迈县各乡镇的供销社，再由供销社转批给各食盐零售网点，供应的食盐为大包装无碘食盐（50千克装）。

1993年开始，为消除碘缺乏病危害，国家实行食盐加碘供应，对食用盐进行深加工和包装，实行小包装化，食盐品种为一级日晒优质盐（500克、1000克）、二级日晒盐（500克、1000克），腌制盐（2千克装）等。

1994年起，临高盐业分公司开始实行小包装碘盐供应和销售，继续按国家定价批发给临高县和澄迈县各乡镇的供销社，再由供销社转批给各食盐零售网点。由于是无碘盐和加碘盐的转换阶段，大部分消费者对碘盐的认识度不够，一下子难以适应食用加碘盐，造成加碘盐刚开始实行的几年时间里销售量不大。至2003年，小包装碘盐销售量为1045吨，其他用盐销量为1100吨。

2003年1月，临高盐务分局（分公司）从临高县新盈镇搬迁至临城镇临美路，兴建办公楼和能容纳450吨食盐库存的仓库（食盐加碘厂），方便食盐的调运、销售和供应。政府和有关部门加大碘盐的宣传力度和对私盐的打击力度，碘盐逐步被广大消费者认知和接受。食盐的供应和销售方式有所改变，逐步取消供销社的中间环节，由盐业分公司直接把碘盐批发到各乡镇的食盐经营网点，减少中间环节，节省销售成本，让利于食盐经营网点和零售店，碘盐销量逐年增长。至2009年，小包装碘盐年销量达到1400吨，其他用盐销量达到2700吨。

2009年，海南省盐业总公司成立海南省晶辉盐业有限公司，负责全省的食盐小包装碘盐的生产。临高盐务分局（分公司）食盐加碘厂不再生产食盐小包装碘盐，食盐加碘厂改为食盐储存仓库。同年取消供销社中间环节，解除委托供销社对食盐市场的监管。在临高和澄迈销售区，食盐的供应和销售由盐业分公司直接配送，临高盐务分局联合工信、工商、质监、公安、卫生、食品药监等部门对食盐市场进行监管。销售的盐品种有一级小包装日晒碘盐，生命之花精制盐、颗粒盐、自然精盐，2千克腌制盐，50千克腌制盐，50千克精制盐，一级海盐，小工业盐等。产品用于食用、食品加工、饲料加工、海产品加工、腌制瓜菜、制冰、洗锅炉等。年内，小包装碘盐年销量达到1560吨，其他用盐销量达到3400吨。

2010年，贯彻全省盐业工作会议精神，围绕食盐专营工作，加大改革创新力度，完成省局（总公司）下达的各项工作任务。全年购进食盐总量4868吨，其中从莺歌海盐场购进1230吨，从东方盐场购进1289吨，从晶辉公司购进1846吨，从省外购进503吨。全年食盐销售总量4964吨，其中一、二级小包装碘盐1560吨，2千克腌制盐377吨，其他用盐3027吨。销售收入610万元，实现利润37.7万元，完成全年利润目标。

1989—2000年全县食盐产量统计表

表8-1-6 单位：吨

年份	1989年	1990年	1991年	1992年	1993年	1994年
食盐	5271	3946	7127	16768	10980	10603
年份	1995年	1996年	1997年	1998年	1999年	2000年
食盐	6455	8372	4856	6962	7103	5804

1989—2000年马袅盐场工业产值统计表

表8-1-7 单位：万元

年份	1989年	1990年	1991年	1992年	1993年	1994年
产值	30.8	51.5	99.0	103.0	141.0	172.0
年份	1995年	1996年	1997年	1998年	1999年	2000年
产值	103.7	153.6	80.1	129.9	135.4	93.2

说明：产值按当年价格计算

（三）盐政管理

1986—1993年，美良集体盐场对外承包，承包者为牟取更多利益，以高于国家公收价走私到全省各地，将质量较差的食盐公收给盐业公司。加上一些个体私有盐场也将大部分私盐以走村串户的形式叫卖，以物换物，冲销到农村各家各户，造成国家税收严重流失。

1993年，经省公安厅同意，省盐务局成立经济民警大队，临高县盐务局同时成立经济民警队，和当地公安部门联合打击食盐走私违法行为，共查获并没收私盐100吨，扣押运输工具（货车、三轮车、手扶拖拉机和自行车等），罚款近万元。

1994年，临高盐业公司开始供应小包装碘盐。由于碘盐相对私盐价格较高，加上碘盐刚开始普及，很多消费者还没完全接受，加之供销社监管不到位，造成私盐走私活动泛滥。县政府成立县盐政管理领导小组，由分管副县长担任组长，县盐务局、工商局、公安局、卫生局和质监局为成员单位，按照各自职责开展监管工作。2000年，全年没收私盐100吨，罚款1万元，立案判刑1起。

2002年，全省盐务系统机构改革，临高县经济民警中队取消，临高盐务分局加挂盐政稽查队的牌子。队员经过培训学习，并经考试取得海南省行政执法证，食盐市场的管理和盐政执法逐步走向规范化。

2009年，省政府成立打击涉盐违法犯罪联合办公室，各市县相应成立联合办公室，由盐务局、卫生局、工商局、公安局、质监局组成。临高县联合办公室设在盐务分局，每年9月开展为期1个月的打击行动。

2010年，全县查处涉盐违法案件30起，3起交由工商部门处理，罚款800元，2起交由卫生部门处理，罚款4000元，全年查获私盐17吨。经过整治和打击，食盐经营者和使用者凭证经营，凭证进货，守法经营，规范经营。食盐市场的管理和盐政执法实现常态化、制度化，进入一个稳定时期。全年临高和澄迈两县共发放800个食盐经营网点证，所有食盐经营网点实行直接由临高盐务分局（分公司）管理、监督及食盐供应。

三、石油专卖

（一）业务经营

1988年，海南建省，中国石化销售公司广东省石油公司海南分公司临高石油公司改名为中国石化销售公司海南省石油公司临高石油分公司。同年，县石油公司销售额535万元，完成税利15.5万元。

1990年，改名为海南省石油公司临高石油分公司。1986—1993年，临高县石油分公司处初期发展阶段，成品油年销售量500吨，总收入100万元，利润20万元。

1993年，改名为海南省石油总公司临高石油公司。1994年，成品油市场逐步开放，各种经营主体应运而生，油品通过各种渠道进入海南市场，加上海南省对汽油实施征收燃油附加费，在进口油、走私油和社会经营单位偷税漏税的严重冲击下，以批发为主要业务的临高石油公司经营业绩不佳。1997年，临高县石油分公司成品油年销售量910吨，总收入254.8万元，利润31.54万元。

1998年9月，临高石油正式划转中国石化集团公司，从此开始走上改革发展的新征程。2000年，改名为中国石油化工股份有限公司海南石油分公司临高经营部。

2010年，改名为中国石化海南石油公司临高县石油分公司。分公司在临高共有7家在营加油站，1 家加气站，1 艘加油船，共有员工 70 人。县内有 15 家加油站，其中中石化 6 家、中石油 1 家、中石油深南公司 1 家、私营企业 7 家，成品油货源供应充足，各加油站正常营业。同年，完成成品油“十二五”规划，经县政府审批后上报省商务厅。全县加油站的成品油主要来源于中石化、中石油，价格平稳。临高石油分公司资产总额达 3500 万元。成品油零售量达 1.46 万吨，销售收入突破 1 亿元，创利润 1617.85 万元。

2008—2010 年，临高县石油分公司连续 3 年被海南省人民政府评为“安全生产先进单位”。

1986—2010 年临高县石油分公司成品油销售情况表

表 8-1-8

年份	单价（元/吨）	销售量（吨）	总收入（万元）	利润（万元）	年份	单价（元/吨）	销售量（吨）	总收入（万元）	利润（万元）
1986 年	1516	150	22.74	4.78	1999 年	3154	1650	520.41	88.47
1987 年	1525	250	38.13	6.86	2000 年	3320	1960	650.72	110.62
1988 年	1605	240	38.52	7.70	2001 年	3580	2680	959.44	153.51
1989 年	1687	280	47.24	8.98	2002 年	3825	3060	1170.45	222.39
1990 年	1720	320	55.04	12.66	2003 年	4213	3610	1520.89	319.39
1991 年	1865	360	67.15	14.77	2004 年	4560	4950	2257.20	519.16
1992 年	1906	410	78.15	18.76	2005 年	4725	5680	2683.80	563.60
1993 年	1986	490	97.31	18.49	2006 年	5100	7060	3600.60	684.11
1994 年	2087	520	108.52	27.13	2007 年	5680	9200	5225.60	992.86
1995 年	2257	650	146.71	32.28	2008 年	5988	11240	6730.51	1076.88
1996 年	2450	780	191.10	28.67	2009 年	6308	13550	8547.34	1453.05
1997 年	2800	910	254.80	31.54	2010 年	6921	14610	10111.58	1617.85
1998 年	2960	1240	367.04	69.74					

（二）成品油市场管理

1999 年前，加油站建设和经营管理存在布点随意、布点集中、审批程序不规范和不按审批程序乱建、管理工作不到位等弊病，既浪费投资又不利于有序竞争。

1999 年后，县成品油流通主管部门按照国务院的统一部署和省商务厅的有关文件精神，积极开展成品油市场清理整顿工作，经过整顿，成品油流通市场秩序有所好转，加油站（点）经营管理进一步规范，乱批滥建加油站的风潮得到遏制。

2004年，全县加油站15家，其中国有控股7家，私营企业8家，布局合理、经营合法、服务优质。

2010年，全县有加油站15家，其中中石化6家，中石油1家，中石油深南公司1家，私营企业7家。均是经过严格审查批准，基础设施符合要求，有关技术操作比较规范，其中中石化、中石油、中石油海南公司的加油站比较宽敞、整洁、设施较好，制度齐全，人员操作技术程度高。

2004年临高县加油站（点）情况统计表

表8-1-9

序号	省统编号	站（点）名称	站（点）位置	性质
1	LG001	波莲镇长发加油站	波莲墟波新街	私营
2	LG002	新航加油站	新盈镇	私营
3	LG003	南利加油站	博厚镇临海路	私营
4	LG004	燃气总公司加油站	临城镇高山路49号	私营
5	LG005	美良群道加油站	美良墟（卫生院东侧400米）	私营
6	LG006	农业机械供应公司和舍加油站	和舍镇112千米牌处	私营
7	LG007	琼来加油站	加来镇（西线97千米）	私营
8	LG008	盛源实业有限公司加油站	加来飞机场旁边	私营
9	LG009	临城加油站	临城解放西路	国有控股
10	LG010	路路通加油站	县城临美路	国有控股
11	LG011	美当加油站	县城临海路	国有控股
12	LG012	高速（临高）加油站	临高美台高速路口	国有控股
13	LG013	红庄加油站	临高多文镇	国有控股
14	LG014	多文加油站	临高多文镇	国有控股
15	LG015	新盈加油站	临高新盈镇	国有控股

第五节 对外经济贸易

一、进出口

1986年，临高县进出口贸易由县外贸总公司负责，同年出口产品收购总值为354.16万元，出口产品主要为乳猪、香茅油、活鸭、羽毛、牛皮、活牛等。同年，进口一批彩色电视机、缝纫机等。1987年，全县香茅种植面积2684.4公顷，香茅油产量达274吨。

1988年，全县外贸创汇230万美元，全年出口总值达430万元，创汇91万元。全县出口的产品主要是羽绒、皮张、西瓜、瓜菜、石斑鱼、黄花鱼、对虾、海蜇皮和新兴的轻纺工业品。

1989年，全县出口农副产品收购总额494万元。组织乳猪、香茅油、牛皮、油甘叶、瓜菜、海产品以及“仙女”牌内衣等产品出口创汇263万美元，其中乳猪出口11.5万头。

“九五”期间，全县外贸出口总额达277万美元。1997年，社会产品生产日益丰富，对外贸易市场也不断扩大，出口产品主要以禽畜产品、海产品、蔬菜水果和土特产类为主。主要有临高乳猪、东江玉兔、对虾、热带水果、特产工艺品等。其中，年生产乳猪30万头，年出口量5万头，主要往东南亚等地区出口。进口商品主要有电视机、录像机、空调机、电脑打字机、复印机、音响设备、家用电器、铝合金材料、尼龙布、涤纶丝、酒烟等10多种。

2008年以前，以临高县境内企业名义出口的记录为零。

2009年，为了支持中小型企业开拓国际市场，抵御国际金融危机对出口的影响，省商务厅将中小型企业国际市场开拓资金的审批权下放到县商务局，并下达50万元资金额度。县商务局组织县内有进出口经营权的海南来发农业综合开发有限公司、临高泉杰实业发展有限公司、海南思远食品有限公司、临高海丰养殖发展有限公司、海南厚水湾投资管理有限公司、临高昌盛水产养殖有限公司、临高海鲟深海养殖专业合作社等7家企业网上申报项目资金计划，争取国家对中小型企业国际市场开拓资金的支持，开拓国际市场，为实现临高县外贸进出口“零”的突破打好基础。全年实现出口创汇30万美元。

2010年，全县外贸出口备案的企业有13家，其中产品境内出口的有4家，其余的企业为出口产品备案基地。出口产品主要有船只、罗非鱼、对虾、金昌鱼、鲜花、速冻食品，主要出口美国、加拿大、德国、日本、泰国等13个国家及地区，年内实现出口创汇1536万美元。同年，进口额1295万美元，主要产品有机电设备、水产品加工设备等。

二、外贸区域发展项目建设

1986年，临高县运用中央给予海南的特殊政策，立足本地资源，发展外贸项目，加快经济开发建设。1988 年底止，共与美国、法国等国签订合作协议，总投资额达 3400 万美元，先后办起服装、胸围、化纤、电子、羊绒衫、乳胶手套、海产品加工等行业企业。

临高县出口产品主要为渔产品和农产品。改革开放后，临高县进出口贸易迅速发展起来，出口商品总值逐年增加。全县出口的产品由原来的单一产品扩大到西瓜、瓜菜、石斑鱼、黄花鱼、对虾、海蜇皮和新兴的轻纺工业品。同时，根据发展工农业生产的需要，利用外资引进国外的先进技术和设备兴办工厂实业，扩大对外经济贸易领域。1988 年，通过合资办实业渠道从台湾引种水稻和哈密瓜良种。同年，全县出口创汇 250 万美元，比 1978 年增长 4 倍。

1989 年，临高县出口农副产品收购总额 494 万元；组织乳猪、香茅油、牛皮、油甘叶、瓜莱、海产品以及胸围内衣等产品出口创汇 263 万美元，其中乳猪出口 11.5 万头。

1992 年，临高县外贸出口总额 280 万元，外贸收购额 264 万元。外贸主要出口产品有乳猪、瓜菜、海产品、褐藻胶、胸围、小叶桉树等，出口创汇 500 万美元。

1999 年，临高县协议利用外资额 2500 万美元，实际利用外资 1274 万美元。

自 2009 年起，县外贸部门积极策划包装外贸区域发展项目，推进海南省现代农产品综合试点项目建设，其中台山丰田合作社的 666.67 公顷瓜菜基地、思远食品加工有限公司、海南绿路食品有限公司、海南威隆船舶工程有限公司、海南厚水湾集团有限公司、临高海润生物有限公司、海南临高橡源水产养殖有限公司、临高县双利织网有限公司、海南临高奥伦帕克渔船修造有限公司、海南加来来发农业综合发展有限公司等 10 家企业作为全县外经贸出口企业重点项目上报省商务厅。

2010 年，争取到中央及省级资金 580 万元支持，将海南昌盛养殖场、海南通威水产养殖场的改造项目列为欧盟水产品出口检查对象，争取省级财政资金 480 万元，为欧盟水产品出口考察检查做好准备工作。在加来、博厚建设 2 个农产品产地集配中心及 2 家商流链条，项目总投资 4580 万元，其中争取中央及省级财政支持 1580 万元，其余部分由企业投入，主要用于冷链系统的库容改扩建、各种设备购置及安装、农产品分栋包装交易棚及销售区零售门店和专柜等项目。建成 3 个食品、农产品出口示范区，拟定海南绿路食品公司、海南昌盛养殖场、海南橡源南美对虾养殖场为省食品、农产品出口示范区建设单位及对象上报省商务厅和省检验检疫局，并通过了省政府的批准，项目正在实施建设中。

1986—2010年全县贸易业产值情况

表 8-1-10

年份	社会消费品零售总额（万元）	比上年增加		年份	社会消费品零售总额（万元）	比上年增加	
		绝对数（万元）	增长率（%）			绝对数（万元）	增长率（%）
1986年	9134	209	2.3	1999年	35774	2956	9.0
1987年	10250	1116	12.2	2000年	38690	2916	8.2
1988年	10766	516	5.0	2001年	42638	3948	10.2
1989年	12343	1577	14.6	2002年	46088	3450	8.1
1990年	12479	136	1.1	2003年	50765	4677	10.1
1991年	14326	1847	14.8	2004年	51659	894	1.8
1992年	15920	1594	11.1	2005年	56877	5218	10.1
1993年	17034	1114	7.0	2006年	62906	6029	10.6
1994年	22097	5063	29.7	2007年	73688	10782	17.1
1995年	28869	6772	30.6	2008年	89084	15396	20.9
1996年	29292	423	1.5	2009年	104649	15565	17.5
1997年	30317	1025	3.5	2010年	122390	17741	17.0
1998年	32818	2501	8.2				

三、口岸管理

1988年，成立临高县口岸办，编制5人。同年7月，省政府批准设立新盈港口岸，性质类别为进出口货物装卸点。2004年，临高县口岸办挂靠临高县商务局，管理人员不随机构走，处于有机构无编制、无管理人员的状态，管理职责不明确，各类港口岸建设没有统一的规划，造成长期港口岸建设处于无序发展状况。2010年，为提升金牌港口岸的服务功能，完善金牌港口岸的基础设施，改善投资环境，县商务局起草编制《临高县“十二五”（2011—2015年）口岸发展规划》，由县政府上报省口岸办，请求将金牌港口岸列为国家一类开放口岸。规划材料已由省口岸办上报国务院，申报工作进展顺利，金牌港口岸有望被国务院列为国家一类开放口岸。

第二章　供销合作商业

第一节　机　构

1986年，临高县供销合作联社（简称“县联社”）内设行政、人事、教育、保卫、财会、统计、物价、业务、基层、储运10个股以及生产资料、土产日杂、果菜副食公司和波莲、博厚、新盈、调楼、美良、东英、美夏、马袅、皇桐、多文、龙波、和舍、南宝、东江、美台、加来、红华等17个基层供销社。

1993年，县联社按照“精简、统一、高效”原则进行精简，由11个股室压缩到9个，人员由31人精简到20人。

1998年，县供销联社内设行政、人事、保卫、财会、统计、业务、基层7个股。2001年，县联社将7个股室合并为基层业务股、计财审计股、办公室。2003年，县联社将基层业务股、计财审计股、办公室改为基层业务部、计财审计部、办公室。

2009年，全县供销社系统领办农民专业合作社7个，社员达386户。

2010年，县供销联社机关沿用基层业务部、计财审计部、办公室，办公人员11人，下辖17个基层社，4个专业公司（生产资料公司、土产日杂公司、果菜副食公司、贸易公司），1个复混肥厂。全县供销系统共有干部职工1680人。

2010年，县供销联社被评为全省供销社“综合业绩二等奖”。

第二节　农副产品经营

1986年7月，县供销联社成立南菜北调出口办公室，由果菜副食公司牵头，组织全县西瓜、胡椒、瓜菜调往北方市场。

1990年4月，县联社转发海南省供销社《关于进一步搞好农资专营的意见》的通知。9月，县生产资料公司建立农资系列化服务中心，设立“庄稼医院”。至年底，“庄稼医院”共接待农民咨询560人次，为农业生产“坐诊”1400人次，下乡巡回“会诊”作物病虫害20人次，印发防治病虫害资料350份，为农民配药450千克。全县供销系统国内纯购进实现834万元，纯销售额2405万元。1991年，国内纯销售额2405万元，固定资产净值达到 427.30 万元。

1991 年，县供销联社首次组织运销农副产品销往省外，共收购香茅油 2.2 吨、胡椒 10 吨，为农民代销胡椒 10 吨调往外省；收购西瓜 34 吨调往辽宁省。副食公司收购 5 万元水产品调往深圳市场。1993 年，临高县供销联社与湛江客户签订 700 吨的洋角椒购销合同。1998 年，全县供销社系统收购瓜菜 1279 吨。1998—1999 年，全县供销社系统收购瓜菜 6139 吨。在两年的“冬交会”上，与兰州、北京、上海、南昌等地主要蔬菜批发市场签订瓜菜购销协议 1.83 万吨。2000 年，瓜菜价格低迷，县联社采取自运和垫支运费等形式，帮助多贤村抢运冬瓜 600 吨。全县供销系统代购、自营和服务运销瓜菜 6120 吨。县供销联社开办沉箱养鲍鱼、饲养“东江玉兔”等社办实业，实现利润 7 万元。由于长期以来全县供销系统拖欠长城资产管理公司（实为农业银行剥离给长城资产管理公司）债务达 9000 万元。长城资产管理公司多次登门追债，县供销社面临被迫拍卖社有资产还债的危险。经县供销联社主动与长城资产管理公司协商，达成变现清偿债务，由县联社买断全县供销社系统债权协议。2002 年，全县瓜菜收购 3200 吨，购销额达 250 万元。县供销联社共引进客商 87 人次，先后从加来、美台、南宝、多文、博厚、临城等地调运各种瓜菜 5000 吨。全县供销系统扭亏增盈工作取得突破，全县系统盈亏相抵，汇总实现利润 6.90 万元。全县 20 个核算单位，有 16 个实现盈利。

2003 年，县供销联社加强对“三大费用”（管理费用、经营费用、财务费用）管理，对所属企业进行细化、量化指标，“三大费用”比 2002 年同期大幅度下降。其中经营费用下降 79.3%，管理费用下降 2.9%，财务费用降 60.3%。

2004 年，县供销联社在无资金收购的情况下，采取代购方式与商贩合作，共收购瓜菜 2000 吨，金额达 320 万元。

2005 年，全县供销社系统全部还清长城资产管理公司 9000 万元债务。

2006 年海峡两岸经贸交易会期间，县供销联社与内地客商签订 16 万吨农副产品购销合同。2008 年，县联社共与 12 家客商签约订单合作意向书 13 份，瓜菜购销数量 22.60 万吨，金额达 3.60 亿元。2009 年“海交会”期间，共邀客商 50 人，签约订单 4 宗，农产品订单数量为 3.1 万吨，订单金额为 5990 万元。全县供销社系统完成 4600 万元的交易额。服务“三农”，组织运销大户参加冬交会，帮助农户了解农副产品市场信息，打开农副产品销路。为当地农民打开农副产品销量 1.0 万吨，销售额达 1422 万元。通过积极运作，促成新盈供销社与省龙头企业临高昌盛水产养殖有限公司成功合作，组织申报 2009 年农业综合开发供销合作社项目——临高 20 万尾龙胆石斑鱼标粗苗良种场扩建项目获得成功，并组织实施。多文供销社通过职工出资重建 13 间临街铺面，投入资金 72 万元，建筑面积

676平方米，改变经营环境，增强发展后劲。县供销联社盘活闲置地产，通过筹资、引资、合作、转让等方式盘活闲置地产共5处，其中土地3处，面积500平方米；房产2宗，面积320平方米，发挥其应有的经济和社会效益，确保社有资产保值增值。对加来供销社进行资产重组和产权制度改革，利用供销社的旧场地改造为加来供销社农贸市场，改造后的农贸市场年收入30万元。

2010年，为当地农民打开农副产品销量3万吨，销售额达4600万元。全县供销社系统领办农民专业合作社16个，社员达541户，出资总额548万元，为提高农民种养的规模化、组织化、标准化水平，调整农业产业结构，增加农民收入做出较大贡献。土产日杂公司在保留企业名称、职工所有权益不变的前提下，以企业内部职工个人增加投资承包经营方式进行改组，经营效益大幅增加。至12月底，烟花爆竹商品销售达400万元，比2009年同期翻一番。该公司投资300万元兴建的仓储建设项目。同年，县供销联社与龙头企业合作，成功申报一个农业综合开发项目：临高昌盛水产养殖有限公司20万尾龙胆石斑鱼标粗苗良种场项目，成功申报1个“新网工程”项目：多文供销社日用消费品配送项目。完成农村日用消费超市建设2家：新盈供销社乐家超市和多文供销社超市。领办农民专业合作社16个，社员541户，出资总额2632万元，辐射带动农民1830户。截至2010年底，全县供销系统共处置社有房产97宗，面积80985平方米，占全县系统房产土地资源面积的4.9%。

第三节　农业生产资料专营

1986年，县供销联社农业生产资料经营的主要品种有化肥、饼肥、土什肥、农药、农械、农膜、种子、种苗、饲料、农具等。1987年，全县供销系统农业生产资料供应总额为786万元。1990年，国家实行化肥、农药、农膜等主要农业生产资料专营管理。

1991年，全县供销社系统农业生产资料供应总额达1809万元。1993年，县供销联社在资金紧缺的情况下，通过职工筹集、全额承包经营、向社会借高贷等方式组织计划外化肥供应全县农村市场，全年共组织供应化肥8262吨。高荆复合肥厂生产销售复合肥2300吨。1994年，化肥经营权向社会放开，全县供销社系统化肥销售总额1275万元，比1993年减少22.6%。1997—1999年，全县供销社系统农业生产资料销售总额分别为2600万元、2762万元和1150万元。

2002年，临高县化肥经营以生产资料公司为总经销，各基层供销社，个体经销店为联销网络，网点遍布各乡镇主要村庄。全县共建设36个联销网点，全县系统化肥供应达27073

吨，比2001年同期增加82.4%。2003年，县供销社采取向农民赊销，送肥下乡等方式，赊销给农民的农资商品达50万元，送肥下乡200车次，386人次，运送化肥1260吨。2004年，临高县生产资料公司失去富岛尿素临高总代理权。2005年，全县各基层供销社在台风“达维”袭击临高后，组织化肥、农药共300吨供应市场，支持农民灾后生产自救。2008年，全县系统农业生产资料供应1267万元，其中化肥销售1108万元，农药销售72万元。2009年，不断巩固和扩大农业生产资料营销网络，将服务延伸到村，构筑起县、乡、村联动的农资经营新模式，全县系统年化肥销售量突破4499吨。2010年，全县供销社系统共组织各种化肥4400吨，农药38吨，确保市场供应。

第四节　烟花爆竹经营

烟花爆竹作为特种商品，由县土产日杂公司进行归口经营管理。1986—2010年，县土产日杂公司坚持烟花爆竹批发零售归口经营。烟花爆竹批发业务，由县级以上供销社的土产日杂公司持省公安厅核发的爆炸物品销售许可证统一经营，其他部门和单位一律不准从事烟花爆竹批发业务；加强市场整顿，取缔非法经营，成立由县工商局、公安局、供销社等单位组成的烟花爆竹安全专营领导小组。经常性对全县的烟花爆竹市场进行整顿，对无生产经营许可证、非法贩运爆竹的单位和个人实行查处罚款或没收，维护土产日杂公司市场的经营秩序；确保烟花爆竹商品质量，凡进入临高县市场的烟花爆竹商品，其内包装必须附有省级质量技术监督部门的产品检验合格证和省内、外定点厂的防伪监制标识，未附有此两标识的烟花爆竹商品，一律视为非法产品依法予以没收；加大市场安全经营管理力度，每年春节前，烟花爆竹安全专营领导小组举办专营工作会议，宣传经营政策，强调安全经营，要求经营单位和个人必须到土产日杂公司进货，以保证烟花爆竹质量安全。同时，实施每年一度的烟花爆竹经营许可证年审制度，对两年以上未到土产日杂公司进货的经营单位和个人予以收回许可证。

1986—1995年，临高县烟花爆竹市场供应秩序正常，销售额保持良好的业绩。1993年，实现烟花爆竹销售收入33万元，1994年增至72万元，1995年销售97万元，1998年销售150万元，至2002年全县烟花爆竹年销售额突破200万元。2004—2008年，国家宏观政策调整，安全生产仓储、基础设施、硬件设备要求提高，土产日杂公司后续发展资金不足，连年亏损。2009年，土产日杂公司引入竞争机制，对公司进行改组，改组的公司先期投入100多万元，按照新的国家安全生产标准进行仓储和基础设施建设。同时，县联社成立专门服务小组，为公司牵线搭桥，先后得到海南省烟花爆竹厂、儋州市烟花爆竹厂以及内地部分省市烟花爆竹厂的支持和帮助，实现烟花爆竹安全经营和效益双赢目标。2009年跨2010年，公司经营的烟花爆竹产品购销量大幅度提升，销售额达到280万元，开始扭亏增盈，实现利润5万元。

第五节 仓储运输

县供销社组织冬季瓜菜运销，起步较晚，直到1998年参加中国（海南）国际热带农产品冬季交易会（简称“冬交会”）后，才开展此项业务。1998年，县供销社与海南省纬龙果菜运销有限公司联合，在各个基层社设点收购瓜菜。全县供销系统共收购瓜菜1279吨。“冬交会”期间，与兰州、北京等地主要蔬菜批发市场签订1.5万吨瓜菜购销协议。1999年，临高县供销社系统运销冬季瓜菜4860吨。同年，在县政府的带领下，前往郑州、武汉、南昌、上海等地考察市场。“冬交会”上，分别与郑州、上海、南昌等地客商签订3318吨瓜菜购销订单。2002年，全县系统瓜菜收购3200吨，购销额达250万元。2006年，海峡两岸经贸交易会（简称“海交会”）期间，临高供销联社与内地客商签订1 6万吨农副产品购销合 同。2008年，县联社共与12家客商签约订单合作意向书13份，瓜菜购销数量22.60万吨，金额达3.60亿元。2009年，“海交会”期间，共邀客商50人，签约订单4宗，农产品订单数量为3.10万吨，订单金额为5990万元，全县供销社系统完成4600万元的交易额。

第三章 粮 油

第一节 机 构

1986年，县粮食局内设人事股、保卫股、监察股、教育股、行政股、财会股、业务股、审计股、统计股、储运股、工会、物价股、加工股、科研室等14个股。下辖临城、新盈、多文、博厚、波莲、美台、东英、东江、皇桐、马袅、和舍、美良、南宝、龙波、加来等15个基层粮所。

1994年6月，县粮食局内设办公室、政工股、综合股、会统股、储运股等5个股室。

1995年5月，县粮食局改为临高县粮油总公司，内设办公室、政工股、会统股、综合管理股、储备股。同年11月，撤销县粮食局，由贸易局接管原粮食局公章并履行全县粮食工作的行政职能。

1996年，县粮油总公司内设办公室、人事教育股、综合股、财会股、储备基建股和粮食监察队。

1998年9月，恢复设立县粮食局，内设办公室、财会股、收储管理股、附营管理股。全县设17个收储企业，即东门、西门、加来、新盈、多文、博厚、波莲、美台、东英、东江、皇桐、马袅、和舍、美良、南宝、龙波粮食管理所和临高临城省粮食储备库。

2007年，县粮食局直属县政府，为正科级事业单位，内设办公室、储备股（含行业管理）、调控股（含军粮供应）。同年6月，只保留临高临城省粮食储备库，其余16个收储企业改制关闭。

2008年，县粮食局为参照公务员法管理事业单位。

2010年，县粮食局是县政府直属事业单位（参照公务员管理），内设办公室、调控股（含军粮供应）、储备股（含行业管理）。下辖临高临城省粮食储备库和临高县军粮供应站。

第二节　粮油收购

1986年，实行粮食合同定购，全县粮食总征购13698吨，其中合同定购9814吨，超购3807吨；议价收购5194吨。全县食油总征购225吨（即合同定购数）。

1987年起，实行经济实惠三挂钩，全县粮食总征购17919吨，其中合同定购10417吨，超购7435吨；议价收购13666吨。全县食油总征购250吨（即合同定购数）。

1988年7月1日，执行国家粮油购销价格：三级稻谷结算价每50千克从18.10元提高到25元，三级标二米由27.89元提高到36元；花生果收购价由1987年的56.84元（后调为68元）提高到78元，销售价由185元提高到205元；芝麻收购价由1987年的81.50元（后调为95.50元）提高到97.50元，销售价由190元提高到210元。

1990年秋粮收购开始，合同定购改为国家定购，定购计划和办法不变。1990年1月1日起，全县食油购销全部放开，一律通过市场调节供求。1990年8月1日起，执行三级稻谷保护价收购，直至2001年。2002年后，粮食定购任务取消。

2009年，加强粮食供求动态的监测、分析和研究，做好粮食监测、市场管理、粮食应急、粮食流通等工作。支持国有粮食企业做好年度粮食收购，共收购粮食17487吨，适度轮换销售储备粮调节市场。

1990—2010年临高县粮食收购情况表

表 8-3-1　　单位：吨

年份	1990年	1991年	1992年	1993年	1994年	1995年
粮食收购	17487	17140	16732	15345	13457	14354
年份	1996年	1997年	1998年	1999年	2000年	2001年
粮食收购	12790	17265	7279	16066	13128	4218
年份	2002年	2003年	2004年	2005年	2006年	2007年
粮食收购	1830	1125	1425	1317	1231	2732
年份	2008年	2009年	2010年			
粮食收购	1588	2476	2732			

第三节　粮油销售

1986年，临高县城镇非农业居民口粮实行以人定量，逐月供应，其标准是特重体力劳动者22.5千克/人，重体力劳动者16千克/人，轻体力劳动者13千克/人，职工及其他脑力劳动者12.5千克/人，大中学生14千克/人，（一般居民）10岁以上居民11.5千克/人，6～10岁儿童7.5千克/人，3～6岁儿童6.5千克/人，3岁以下儿童3.5千克/人。对非农业人口食油实行定量供应，每人每月200克，在每年春节、国庆节两个节日对城镇非农业定量人口，分别每人一次供应食油250克或500克。全县部队粮食都按国家有关供应部队粮食政策供应。同年，粮食销售24262吨，食油销售547吨。1987年，粮食销售21736吨，食油销售574吨。

1988年4月海南建省以前，全县使用的粮食票证主要有“五证三票”。“五证”即临高县市镇居民粮油供应证、市镇居民粮食供应转移证明、农村粮食关系转移证明、广东省市镇临时粮油供应转移证明和农村临时流动粮食供应转移证明，“三票”即全国通用粮票（1965年版、1966年版）、广东省通用粮票（1968年版、1975年版）、广东省流动专用粮票（1964年版、1971年版）。1988年海南建省后，全县实际使用“四证一票”（市镇居民粮油供应证、市镇居民粮食供应转移证明、农村粮食关系转移证明、全国通用粮票购粮证明和全国通用粮票）。同年，粮食销售22718吨，食油销售459吨。1989年，粮食销售15445吨。

1990年1月起，全县适当调低城镇非农业人口口粮定量：在校大中学生每人每月减1

千克，其他各类型人口按现行定量压缩 20%。1990 年 1 月后，取消居民食油定量供应。1990 年 1 月 1 日起，放开食油购销价格，全县除部队所需食油由粮食部门收购议价花生油转平价供应，其差价由省政税厅核补外，全面实行市场调节。同年，全县粮食部门计划内和计划外（平价和议价）两种粮食购销形式实行“双轨制”经营，即计划内和计划外（平价和议价）两种粮食购销形式，全年粮食销售 14400 吨。

1991 年，实行购销同价，放开粮食价格和经营，城镇居民口粮可在市场上自行选购，但其购粮本和粮店的口粮供应底卡继续保留。供应部队粮食由部队自行采购，差价补贴款由财政部门直接拨给部队。保留城镇居民粮食关系、现行粮食关系迁移管理办法不变。同年，粮食销售 8648 吨。1992 年 1 月 20 日，开始执行“海南省全国通用粮票购粮证明”代替转粮指标，不再持有国票转定量口粮购粮。同年 6 月，全县启用全国市镇居民粮食供应转移证明。

1993 年 6 月 1 日，全省全面放开粮食价格，放开粮食经营，临高县粮食部门计划内和计划外两种购销形式“双轨制”经营宣告结束。随着社会主义市场经济逐步完善，私营企业、个体商贩参与粮食经营，粮食经营全面走向市场化。放开粮食价格和粮食经营后，部队粮食供应由部队自行采购，差价补贴款由省财政直接拨给部队，取消对部队粮食供应。1994 年，粮食销售 13404 吨。

2001 年 5 月 1 日起，全县取消市镇居民粮食供应转移证明。同年 8 月 1 日起，全县取消市镇居民粮食供应证。同年，粮食销售 7706 吨。2003 年 6 月 1 日，放开粮食价格和经营后，城镇居民的口粮可在市场上自行选购。2007 年 1 月 1 日起，军用粮票停止使用，改为刷卡购粮。

2010 年，县政府制定《临高县粮油保供稳价工作方案》，成立县粮油市场保供稳价工作协调小组及办公室。对全县粮油收购、加工、批发、零售企业全面展开排查，确定 32 家为县粮油重点企业，并编制粮油重点企业监管目录。加强对粮油重点企业的监管，与粮油重点企业签订保供稳价责任书，明确其责任和义务。加强粮情监测，每周向省局上报 1 次，掌握粮油购销存和价格情况。根据粮油市场态势，合理运用地方储备粮油资源调控市场。加强领导，指导粮油企业搞活经营保证市场供应。建立和完善工作机制，有序开展粮油市场保供稳价工作。坚持“以兵为本”的服务宗旨，贯彻落实国家军粮供应政策，以军粮质量为中心，加强各项基础工作，使军供工作继续呈现供应稳定、质量保证、服务优良、军地满意的良好局面。严格落实军粮质量管理各项制度，按规定使用和管理军粮供应资金及军用购粮卡系统设备。“八一”中国人民解放军建军节期间，开展“拥军爱军优质服务月”活动，在做好节日增供优质军粮和品种串换工作的同时，走访慰问驻军。

第四节　粮油加工

1986—1997 年，全县 15 个粮所各有 1 个粮油加工厂。1986 年 1—9 月，加工大米 8123 吨，食油 190 吨，面制品 74 吨，饲料 1709 吨。1987 年 1—9 月加工大米 7187 吨，食油 77 吨，面制品 26 吨，饲料 2060 吨。1988 年 1—9 月加工大米 11831 吨，食油 47 吨，饲料 3123 吨。1989 年 1—6 月加工大米 3907 吨，食油 4 吨，饲料 1014 吨。1990 年 1—6 月加工大米 6217 吨，饲料 1524 吨。1994 年，加工粮食 2030.4 吨，饲料 205 吨。1995 年，加工粮食 1718.3 吨，饲料 88.7 吨。1996 年，加工粮油共 1430.7 吨。1997 年，加工粮油共 1830.7 吨。

1998 年，由于粮油市场变化，全县粮油加工厂整合为 4 个，即博厚粮所加工厂、多文粮所加工厂、临城省粮食储备库加工厂和西门粮所加工厂，其余的就近合并或撤销，粮油加工量大减。2001 年起，全县粮食实行挂牌拍卖，粮食加工厂关闭或转包给个人经营。

2008 年，全县粮食应急加工企业 3 个，日加工能力 90 吨。应急预案启动后，应急加工厂才能按照指令加工。因应急加工厂属于非国有企业，当时没有纳入统计。

2010 年，落实粮食市场应急预案的应急措施，健全粮食应急加工、销售网点，确定粮食应急加工企业 3 个，日加工能力 90 吨，粮食应急销售网点 14 个，并与粮食应急加工企业、销售网点全部签订应急协议。（说明：应急预案启动后，应急加工厂才能按照指令加工。因应急加工厂属于非国有企业，当时没有纳入统计。）

第五节　调运与储存

一、调运

临高县的粮油调拨主要由县粮食局车队完成。1986 年，全县调进粮食 11827 吨、食油 222 吨；调出粮食 569 吨、食油 102 吨。1987 年，调进粮食 12884 吨、食油 114 吨；调出粮食 3017 吨、食油 2 吨。1988 年，调进粮食 2692 吨、食油 38 吨；调出粮食 1422 吨、食油 8 吨。1989—1990 年，无粮食调进、调出。1991 年，无粮食调进，调出粮食 1600 吨。1992 年，无粮食调进，调出粮食 850 吨。1993 年 6 月 1 日，粮食放开经营后，县粮食局商品粮食调运结束。

二、储存

1986 年，全县粮食仓库地台、墙壁都经过三层沥青油，二层沥青和一层沥青砂批墙处理，仓库储粮的防潮、防湿性能较好。储粮方式主要有包装和散装 2 种。全县年储粮 2 万吨。

1998 年后，全县每年都开展“四无”（无虫害、无鼠雀、无霉变、无事故）粮仓春秋两季储粮普查工作，确保全县储粮安全。大力推广科学储粮新技术，如机械通风、电子测温“双低”（低氧、低药剂）等。全县有储粮仓库 81 座，容量 37400 吨，全县库存稻谷 15124 吨。

2002 年，全县储粮仓库 82 座，容量 38655 吨。2006 年，全县储粮仓库 14 座，容量 9000 吨，全县库存稻谷 6815 吨。

2003—2008 年，每年对全县承储的省级储备粮和县级储备粮进行普查工作，临高临城省粮食储库每年在省级储备考核中均评为合格。全县内年均储粮 5000 吨。

2009 年 3 月 30 日至 4 月 6 日，在全县范围内开展粮食清仓查库自查工作，检查粮食仓库 16 座，容量 9000 吨，清查粮食数量 6785 吨（原粮）。

2010 年，县粮食局加强对省级和县级储备粮数量和质量的监管，确保储备粮库存数量真实、质量良好、储存安全、轮换正常。对县承储的省级和县级储备粮库存进行检查，检查粮食仓库 10 座，容量 7000 吨，检查粮食 4216 吨。检查结果显示：账实相符，账账相符，质量良好。全县储粮仓库 12 座，容量 8000 吨，全县库存稻谷 5715 吨。

第六节　流通监管

1992 年开始，开展国有粮食企业收购环节的原粮卫生监测，加大储存环节的粮食质量与卫生安全抽查检验力度，健全粮食入库检验制度和粮食质量档案制度，确保原粮质量安全。

1993 年，粮食经营走向市场化后，配合有关部门加大对粮食市场的监管和调控力度，严格查处掺杂使假、合同欺诈、囤积居奇、哄抬粮价等各种违法、违规行为，确保全县粮食供应安全。

1995 年，在粮食市场管理方面，查处违法抢购粮食 140 吨。

1998 年，加强粮食收购市场管理，对私人粮食加工厂进行全面清理，严格限制其在收购期间加工粮食数量。在秋粮期间，共查处各种违法收粮事件 105 宗，罚没、强制收购大米、稻谷累计 250 吨。

1999 年，临高县组织工商等相关部门对全县 36 户粮食加工厂、75 户粮食经营门店进行全面的清理，共取缔 9 户无证经营粮食加工厂、8 户无照经营粮食门店。共查处各类违法购销粮食案件 10 宗，没收或强制收购处理累计 73.5 吨。

2003 年开始，进行社会粮食和食用油供需平衡抽样调查工作，建立粮食经营者统计台账 43 家。

2006 年，协助县政府制定《临高县粮食应急预案》，建立粮食应急销售网点 14 个，粮食应急加工厂 3 座，日加工能力 90 吨。同年，临高县开始办理粮食收购许可资格证。

2008 年，全县已办理粮食收购许可资格证 16 家。

2009 年，组织实施《海南省粮食经营者最低和最高库存量标准规定》，建立粮食经营者最低和最高库存制度。做好粮食流通统计工作，全县建立粮食经营者统计台账 43 家，其中农村 20 家。贯彻国务院《粮食流通管理条例》，执行粮食市场许可准入制度，发放粮食收购许可证 19 家，其中国有粮食企业 1 家，其他 18 家。加强粮情监测，做好社会粮食供需平衡抽样调查，全县调查 3 个镇 9 个自然村 27 户，了解掌握粮食生产、消费、流通、库存余缺等情况，为政府决策提供依据。

2010 年，做好粮食统计旬报、月报的审核汇总上报工作，加强统计台账管理，开展粮油供求平衡抽样调查。全县共抽查 5 个村委会、20 户农户、3 个居委会、27 户居民户、4 个粮食加工厂、12 家粮食经营门店以及 9 家餐饮企业。落实粮食市场应急预案的应急措施，并与加工企业、销售网点签订应急协议。加强粮食收购许可管理，依据规定和程序做好粮食收购许可证的发放和注销工作。加强粮食质量监管，对全县 10 镇 20 个自然村 100 户农户生产的粮食质量进行抽样检测，确保原粮质量安全。全县核定 32 家企业粮食最低和最高库存量标准。

第四章　旅　游

第一节　机　构

1992 年底，县政府成立县旅游局，内设办公室，隶属县商业局管理。1993 年底，县旅游局从县商业局分离出来，隶属于县政府，内设办公室、综合业务股。1998 年，县旅游局升格为正科级事业单位，内设办公室、规划发展股、综合业务股。至 2010 年，县旅游局内设机构未变。

第二节 旅游资源

“临高八景”即毗耶灵石、百仞滩声、东桥春涨、澹庵泉迹、桐乡夏荫、盆岭晴霞、龙潭神雨、南海秋涛（分别对应高山岭、百仞滩、1号桥旁古遗址、新盈镇澹庵泉、王佐故居、多文岭、东英镇美鳌村、临高角）。2010年，东桥春涨已不存在。八景中，有南宋枢密院编修官胡铨被贬崖州时和明代著名诗人王佐（号桐乡）等交往名胜古迹。20世纪90年代增加“古银瀑布”和沿海红树植被风景区和新开发的有临高角游览区（南海秋涛），面积134公顷。游览区规划建设宾馆、别墅、度假村、娱乐场和各项基础设施。

一、自然景观

（一）临高角

临高角是海南五大旅游开发区之一，是海南西部唯一集红色经典与现代滨海旅游为一体的旅游度假胜地，不仅拥有优越的沙滩、海水、气候等自然资源，还有1893年建成的临高灯塔、清代海关遗址、明代烽火台等历史文物，位于临高县北部海滨，距离县城11千米。临高角旅游于1988年10月被省政府列为省级旅游资源保护区，是1992年海南省政府首批设立的十大重点旅游开发区之一，规划开发面积72平方千米。江河、港湾、入海口、奇石、古迹等自然景观和渔家风情、解放海南纪念塑像等人文景观及良好的海洋生态环境，成为临高县融“渔家风情”“海洋生态”“传统教育”为主要特色的旅游景区。临高角东侧可利用的岸线长4650米，沙滩宽度100～200米。西侧岸线为基岩滩，沙滩宽度300～600米。临高角三面环海、岬角顶端有一片长250米的天然拦礁石堤直伸大海，古有“仙人指路”之说。西侧均无浪区，东侧海湾区域为有浪区，形如弯月，适宜做海浴的岸线长1.7千米，海底平展，海水碧澄见底，沙滩洁白细软，是极其良好的天然海滨浴场。每到秋天，巨涛迎日、蔚为壮观，素有“南海秋涛”之美誉。临高角历史悠久。1995年，在临高角兴建解放海南纪念园。解放海南纪念雕像巍然屹立在临高角的顶端，高18.9米，重1600吨，是海南著名的红色革命纪念塑像。雕像基座正面镌刻着江泽民书写的“军民共铸热血丰碑、解放海南业绩永存”16个大字，背面镌刻着渡海作战解放海南历史碑记。园区内有解放海南纪念馆，珍藏着解放海南渡海作战的全部历史照片、资料和实物。

（二）高山岭

古称“毗耶山”，海拔高193米，位于县城西北部3.6千米处，是临高旧“八大景点”之一，亦是省级自然保护区。岭上有神石、神湖、怪石、瞭望塔和奇花异草；岭中有“一湖”（千境湖）、“一池”（斑鸠池），为火山爆发遗址。有汉代青洲人王氏迁居此山而产生的“毗邻灵石”，传说印度婆罗教大师毗耶神曾到此地，方志又称此石为毗耶灵石，毗耶神就住于此石中。元延祐元年（1314 年），修建高山神庙，是融历史遗迹、自然景观为一体的风景旅游点。1988 年 10 月，高山岭自然保护区被省政府列为省级旅游资源保护区。

（三）后水湾

位于临高县西部新盈镇海边，南接儋州市，西临一国（越南）、一省（广西）。是海南岛最美丽、海产品最丰富的港湾之一。海洋生态资源非常丰富，除了素称“海底森林”的红树林、美丽多姿的珊瑚礁和洁白的沙滩外，有滨海莽原带。滨海莽原带是世界稀有的供观赏原生态自然景观、回归自然、无污染的生态旅游天地。有一个独特的岛屿——邻昌礁，涨潮时，整个岛屿被淹没；退潮时，整个礁盘露出水面，面积约有 3～4 平方千米，礁盘上退潮时形成将军水印，滞留着丰富的鱼、虾、蟹、沙虫、螺及牡蛎等，是适合人们赶海、垂钓、观光的好去处。周末或节假日，可以到后水湾“当一回渔民”，体验渔家生活，领略渔家风情，品尝海鲜，分享渔民捕鱼捉蟹、捡螺、挖沙虫的乐趣。

（四）马袅湾

马袅湾是海南生态保护完好、自然景观秀美的河流入海口景点之一，地形地貌丰富，海洋生态多样，河景、海景、岛景完美融为一体，适合成片开发。是马袅河入海口，西起马袅半岛，东接澄迈县，整个海湾呈 U 字形，十几千米海岸线环抱河口，地形地貌丰富多变，地势高低错落，蜿蜒别致，海滩、河床、孤岛、陡坡完美融为一体。湾内沙滩洁白，海水碧蓝，河床宽大，河水清澈，海河随潮涨潮落相互交替，景态万千，既显滨海风光，又具田园情韵。湾心有一座面积 6.67 公顷的岛屿，岛上水草丰茂，鱼游浅滩，白鸥点点。马袅湾海洋生态资源丰富，沿岸有红树林、木麻黄、热带植物，有省级滩涂保护区，盛产白蝶贝、沙虫、螃蟹、鱼虾等，退潮时，是沿岸渔民赶海的优质海湾。

（五）百仞滩

明代叫“百人头滩”，滩中多奇岩乱石，千姿百态，远望像人头聚簇，故取此名。此滩位于文澜江下游，在临城新城区东面河段。文澜江水，自南往北流经此滩，由于河床弯曲，水流湍急，遇到岩石的阻拦，形成急泻而下的百仞瀑布，其浪花泛白，涛声宏大，故又有“百仞滩声”之称。这里自然风景有声有色，历代名人骚客常到此吟诗作对，岸边留下许多诗文石刻，各种诗歌题词石刻 18 处，吟诗咏词 106 篇。现代诗人田汉于 1962 年夏访临高，也曾到此“一驻鞭”，挥笔题诗记游。

（六）居仁瀑布

古称“古银瀑布”，位于临高县皇桐乡居仁村西部。瀑布系平川落差而致，是著名的平原瀑布，落差 20 米，幅面 20 米，幅宽 400 平方米，瀑布顶端挺立着两株古榕树，树底有几块巨大怪石，其中一块刻着“海南一绝”4个大字。怪石底下有1个大黑洞，即“观音洞”，瀑布从悬崖经洞壁飞泻而下，似烟如雾，锁住洞口，犹如《西游记》神话传说的水帘洞。

二、人文景观

（一）临高文庙

临高文庙位于临高县城江北路，文澜江畔。南宋绍兴二年（1132年）始建。1992年11月5日，县委、县政府批准成立临高文庙修建筹备委员会。筹委会成立后，请来清华大学古建筑系教授郭黛恒和几位专业技术人员到实地勘察，并设计出临高文庙各项维修图纸，由福建土建海南分公司承建。由中央、省有关部门拨款和县政府出资、群众捐款共230万元，启动维修工程，历经近两年时间，完成“大成殿”和东西庑约70%的维修工程量后，因资金和人力投入不足，维修工作暂停。1995年，成立新的筹建文庙管理委员会，共筹集资金70万元，按时完成大成殿、东庑、西庑、大成门的所有维修工程。1996年，经海南省文物管理委员会和国家文物局鉴定和核准，临高文庙被列为海南省省级文物保护单位。1998年，成立第三届文庙筹建管理委员会，社会筹集资金50万元，完成棂星门、泮池、泮桥（状元桥）以及雕制孔子像、神龛、石香炉、莲花、鲤鱼等工程项目。至此，临高文庙的修建工程全部完工。修建后的临高文庙，古韵犹存，书香弥漫，秀色可掬。“状元桥”由临城劳达文及其子庆招、庆财、庆进、庆宝捐资9万元建造。“棂星门”由临城黄炳南及其子建尔、建平、建帮和建球捐资8万元建造。临高文庙是海南保存较好的一处文化遗产。

（二）临高角解放公园

为了纪念中国人民解放军1950年4月17日人民解放军在临高角登陆解放海南岛这一伟大的历史事件，2006年，临高县开始兴建解放海南纪念园，2007年4月建成。解放公园位占地17.3公顷，分成解放海南热血丰碑瞻仰区、解放海南战役陈列馆和纪念馆区、解放海南广场、观海亭、会议中心、休闲度假中心等六大区域。园区内有解放海南纪念馆，纪念馆珍藏着解放海南的全部历史照片、资料和实物，再现当年中国人民解放军千帆竞发渡海作战解放海南的情景。公园建有滨海文化长廊，扩建活动绿地广场，重建陈列馆和纪念馆，配备多媒体影视机，兴建观海亭、多功能会议大楼和休闲度假宾馆，配套海上娱乐设施，开设滨海旅游项目。临高角解放公园是集教育、展览、观光、休闲为一体的爱国主义教育基地和红色旅游文化景区。临高角解放公园建成后，成为海南爱国主义教育基地及先进性教育基地。

（三）王佐故居

原名透滩村（1980年底以前属博厚镇管辖，1981年1月以后划归国营红华农场管辖），俗称“桐乡夏荫”，位于临高县城东面10千米处，距离海口60千米，为临高古代“八大景点”之一，是爱国诗人王佐的故乡。透滩村始建于明隆庆年间（1567—1572年），已有四百多年的历史。有礼魁坊、王佐公祠、王佐墓、慈训堂、节孝坊、透滩西桥等文物古迹，组成王佐文化大观园。可供游人充分领略爱国诗人王佐可贵的人文情况怀。

（四）茉莉轩

茉莉轩原为宋代临高县令谢渥所建的学馆。谢渥在庭院内种了许多茉莉花，故名“茉莉轩”。历来人们都把茉莉轩看作是中原文化在临高传播的一个中心。茉莉轩原址在临高师范学校，2010年，在临高中学校园内。

（五）临高灯塔

位于临城镇昌拱村的临高角海边，建于清光绪十九年（1893年）。塔身为全钢板结构，外涂红白相间的横纹理，是国内仅存的一座熟铁圆筒体灯塔。塔高22米，直径1.88米，塔形为圆式，楼梯为螺旋式，灯光射程达18海里，周围用350条钢杆作为支撑，共有82级螺旋式楼梯从内直通塔顶。灯塔是船舶来往琼州海峡及通往北部湾、东南亚的重要引导标志，同时也是临高县重要的旅游文化资源。

三、特色美食

（一）临高乳猪

临高猪是海南三大原生猪种（另有文昌猪、屯昌猪）之一，三大本岛原生猪种中，又以临高猪品质最好，临高猪所产临高乳猪品质好，具有皮薄、骨细、瘦肉多、脂肪少等特点。临高乳猪因产地于海南北部的临高县，故名。用炭火烧烤后皮脆、肉香、骨酥，香气四溢，有野味临高乳猪的赞誉。临高乳猪做法多种，主要有蒸乳猪、烤乳猪、焖乳猪。蒸乳猪，用10千克左右重的猪仔，破脊压平，让猪皮贴紧桌面，用利刀在肉上“划花”，不能划太深，约1厘米，这样做是为了让调料渗进肉里。调料制作是蒸乳猪主要的一环工序，先按比例配备好盐、白糖、姜蒜茸、红南乳和五香料，用适量红酒搅拌成糊状，擦拭乳猪里里外外。腌制十分钟，用清水洗净猪皮，将猪平放于蒸笼进行隔水蒸煮，一般40～60分钟就可，这样做出来的乳猪滑嫩爽口，味道清香。

临高乳猪以皮脆、肉细、骨酥、味香而闻名，不管是烤、焖、炒、蒸皆可口，但以烧烤最佳。烤临高乳猪是很有讲究的，猪不能太重，一般每只约7.5～10千克以内。师傅将屠宰好的乳猪剖开、碎骨，上好佐料，然后放在炭火之上用文火烘烤。一边不停地翻动，一边不时地往猪身上涂花生油，这样可以使烤出来的乳猪皮脆而不起泡，增色又增味。烤一只乳猪约3—4个小时，烤出来的乳猪要全身焦黄、油光可鉴、散发着浓郁香味，看之闻之，色香味俱全，让人不禁食指大动。夹一块入口，轻轻一嚼，“咔哧”声伴耳，满口余香，令人回味无穷。吃烤乳猪、蒸乳猪，常常成为临高本地人的早餐。不管是蒸还是烤，乳猪肉都会有着独特的香味。

（二）新盈金钱鱿鱼

临高县北临琼州海峡和北部湾，海岸线较长，渔产资源较为丰富，盛产鱿鱼。临高新盈捕捞的鱿鱼，以其体大、身圆、肉厚、味美、色透明而独领鱿鱼家族的风骚。鲜鱿鱼主要烹调方法有煎、炒、蒸、红烧等，配以姜泥、花生油、豆酱、青葱等佐食，肉嫩润喉，美味可口，具有很高的营养价值。

（三）临高墨鱼

墨鱼属软体动物门，是临高著名的海产品之一。墨鱼不但味感鲜脆爽口，蛋白质含量高，具有较高的营养价值，而且富有药用价值。墨鱼肉、蛋、脊骨（中药名为海螵蛸）均可入药。李时珍称墨鱼为“血分药”，是妇女贫血、血虚经闭的佳珍。墨鱼含丰富的蛋白质，壳含碳酸钙、壳角质、黏液质及少量氯化钠、磷酸钙、镁盐等。墨鱼干具有壮阳健身，益血补肾，健胃理气的功效。在临高拜年的餐桌上，有一道菜必不可少，那就是墨鱼。临高话叫墨鱼为“hong”，发音像“通”。新年吃“通”，一年到头做什么事都“通”，寓意事事顺利。因此，在正月，临高的墨鱼虽价高但好卖。

（四）马袅沙虫

马袅沙虫，产于马袅湾滩涂，但其营养、味道及医药与食疗价值都不亚于其他名贵海产珍品，因而素有“海滩香肠”的美誉。马袅沙虫肉质脆嫩，味道鲜美，营养丰富，富含蛋白质、脂肪和钙、磷、铁等多种营养成分，特别是味道，还胜过海参、鱼翅。因为海参和鱼翅本身没有什么味道，故烹饪时一定要加鸡肉或瘦肉等配料，否则就索然无味。而沙虫具有鲜美味道，不必加别的配料，单独干吃或鲜食都很有特色，除城乡居民喜食外，更是宾馆、酒楼食肆的名贵佳肴。马袅沙虫还有较高药用功效和食疗价值。它性寒，味甘、咸，有滋阴降火、清肺补虚之功效。据药书记载，凡有骨蒸潮热、阴虚盗汗、肺虚咳喘、胸闷痰多以及妇女产后乳汁稀少等症状，最宜食用沙虫。对于肺痨咳嗽、神经衰弱、小儿脾虚或干燥等症，用沙虫加姜片煲瘦肉汤饮服有疗效；因沙虫滋阴补肾，小孩因肾亏而夜尿频繁者，煮沙虫粥吃可获良好疗效。所以沙虫是老少皆宜的营养滋补及食疗佳品。

（五）南宝鸭

南宝鸭主产于南宝镇，是以混全饲料、稻谷类精饲料为主，辅以稻田，水塘中的小鱼虾、田螺、小青蛙，以及烂泥中的微生物等，因而生长速度快，羽毛丰满、体大肉肥。同时，具有耐饲抗病能力强，骨小且软、肉质香嫩，肉味鲜美等特点。南宝鸭无论是清煮还是红烧，味道都极其鲜美，肥而不腻，是宴席上难得的佳肴，而且具有很高的营养价值。

（六）和舍腌鸡

和舍腌鸡主产于和舍镇，是长期放养在胶林里，以喂米糠、米饭、花生饼、玉米粉等食料为主，鸡皮脆，鸡肉嫩滑，色泽青红黄相互映衬，造型美观，口感鲜美，回味无穷。

（七）博厚牛肉

博厚牛肉主产于博厚镇，肉脆味美，香甜适口，细啃慢嚼，津津有味。牛肉劲道，牛骨熬炖，养身补气。

（八）多文头神空心菜

头神空心菜产于临高县多文镇头神村，故称“多文头神空心菜”，是临高特产，声名远传。头神空心菜主要生长在天然泉水中，种植面积 2 公顷。它生长环境特殊，同其他空心菜完全不一样，其杆长叶少，存放 3～4 天仍保持其鲜绿，看到的都是整齐的嫩茎，外观非常秀美，让人喜爱。由于它属于野菜类型，粗放型管理，少打农药，称得上是天然绿色食品。多文头神空心菜用明水炒后仍保持青绿、烫汁清澈，入口脆嫩润滑，纤维少，口感好。多文头神空心菜在海南乃至粤、港、澳稍享有盛名。

（九）临高韭菜饼

临高韭菜饼是临高特色小吃，跟北方的韭菜盒子大不相同，有“有翡翠玉饼”之称。它的起源长久，冬天季节，在临高各乡镇的小街小巷，都会看到马路边架在火炉的油锅，很多食客拿着碗围着吃韭菜饼。临高的韭菜饼一个 0.2 元，1 元钱可买 6 个，物美价廉。临高韭菜呈圆形，韭菜做主料，放置肉末或鲜虾，炸至翠绿即可。从油锅捞起炸好的韭菜饼，香味立即扑鼻而来，用筷子夹住，在带有特制配料的碗中或浸泡两秒，夹出后细细咀嚼，余味无穷。吃后嘴边留香，越吃越爱吃，越吃越想吃。在海南众多小吃里，临高非菜饼深受当地居民和游客的喜爱。

第三节　旅游服务业

一、酒店业

临高县旅游服务业起步较晚，2000 年后，县城内上档次的宾馆酒店如金茂宾馆、华泰宾馆、百虹大酒庄、庆大酒庄、清玉宾馆等陆续开张营业，旅游服务与管理更加规范。

2004 年 1 月，临高县第一家设有电梯的明珠酒店开张营业。全县旅游接待国内外游客 2.8 万人次，同比增长 12%；旅游总收入 250 万元，同比增长 8%。

2008 年底，临高县首家三星级酒店鸿运来大酒店通过审批，填补全县无星级酒店的空白。

2009 年，全年全县共接待国内游客 5.86 万人次，旅游总收入 1398 万元。

2010 年，全县有规模以上宾馆、酒店近 40 家，其中三星级以上的有 1 家；接待房间达 500 间，床位 1000 个；旅游从业人员 1200 人。全年全县共接待国内游客 6.57 万人次，旅游总收入 1560 万元。

2005—2010 年临高县旅游经济效益情况表

表 8-4-1

年份	接待游客（万人）	旅游收入（万元）	年份	接待游客（万人）	旅游收入（万元）
2005 年	5.3	560	2008 年	5.18	1356
2006 年	4.9	860	2009 年	5.86	1398
2007 年	5.2	913	2010 年	6.57	1560

说明：1998—2004 年无统计资料

二、餐饮业

临高餐饮业有早餐店（摊）和正餐店，早餐店（摊）分布县城大街小巷和各乡镇集市，比较受欢迎的是烤乳猪（或蒸乳猪）加一杯米酒和一碗米饭，还有海南粉、米粉、包子点心等。在 20 世纪 90 年代，内地菜馆未进入临高。2000 年，县城始有湘菜、川菜馆经营。2010 年，临高县城上档次的餐馆主要有明珠酒店、百虹酒店、鹿江楼等。

1986 年，临高县餐饮业从业人员总数为 1055 人，其中个体从业人员 816 人，占总人数的 77.35%；营业总收入 641 万元，其中个体经营收入 513 万元，占营业总收入的 80.03%。之后，随着经济体制改革的不断深入，全县餐饮业个体经营成分有升有降，但总体上不断加大。至 1992 年，全县餐饮业的个体经营人数为 1010 人，占总人数 1179 人的 85.67%；个体经营总收入为 1015 万元，占总收入 1240 万元的 81.85%。1993 年，全县餐饮业全部改为个体经营，餐饮业各项指标不再列入统计范围。

1986—1992 年临高县餐饮业经营机构与人员统计表

表 8-4-2

年份	合计		全民所有		集体所有		供销合作社		个体所有	
	机构（个）	人员（人）	机构（个）	人员（人）	机构（个）	人员（人）	机构（个）	人员（人）	机构（个）	人员（人）
1986 年	515	1055	8	159	8	40	8	40	491	816
1987 年	572	1181	5	109	12	69	9	66	546	937
1988 年	436	749	4	121	11	44	8	41	413	543
1989 年	612	1156	4	93	10	18	10	18	588	1027
1990 年	636	1234	4	120	8	13	8	13	616	1088
1991 年	649	1205	4	60	9	16	9	16	627	1113
1992 年	575	1179	4	133	8	18	8	18	555	1010

1986—1992 年临高县餐饮业经营收入统计表

表 8-4-3　　单位：万元

年份	合计	全民所有	集体所有	供销合作社	个体所有
1986 年	641	104	12	12	513
1987 年	864	165	14	14	671
1988 年	974	209	8	8	749
1989 年	1119	151	4	4	960
1990 年	1124	249	4	4	867
1991 年	1145	243	6	6	890
1992 年	1240	203	11	11	1015

三、休闲茶艺

1986 年，居民人均收入逐步增加，人民生活水平也得到显著提升。在工作之余，县城乃至周边城镇居民有到文澜江边喝茶的生活习惯。在文澜江的两岸，出现一批自发聚集的老爸茶坊，在主要的商业街也陆续有部分茶店开业经营，除卖茶水外，还兼有经营一些糕点。2000 年，全县一定规模以上的老爸茶坊 10 余家。

2000 年，随着社会经济的快速发展，人们休闲娱乐的方式进一步多元化。传统的江边老爸茶坊受到冲击，一批新兴业态的奶茶店在县城的各街道陆续开业，吸引着一批又一批的年轻人去消费。至2010年，县城区域内各主要交通干道基本有一家以上的新业态奶茶店，具有一定规模经营的茶店有23家。

四、生活服务业

1986年，临高县生活服务业得到一定发展，各种生活服务设施相继建成，有理发、照相、维修等具体服务项目。县城区域内陆续有私人理发铺开业，各铺有2至4个座位。私人理发铺一般分布在县城人流较密集的主要街道沿线，为群众提供基本理发服务。照相业也随之发展，兴起一批私营和个体照相馆。刻印广告、钟表、无线电和自行车修理业也开始发展。

20世纪90年代后期，临高县市场经济不断发展，从事理发业、照相业、家电维修的个体户或者私营户也随之增多，生活服务业日趋繁荣，全县从事服务业个体户数和人数有了较大增长。理发行业从业者除了理发师外，还有一些经过专门业务培训的女青年，她们可按照顾客需求，特别是根据顾客的职业、年龄、五官等特点，剪出各式各样新发型。照相业起步较晚，改革开放特别是建省办经济特区后，相继有一批照相馆开业。照相业发展速度加快，照相水平稳步提高，县城内有照相馆8家，从业人员35人。修理业主要业务有修理钟表、收音机和眼镜等。

2000—2010年，是临高县摄影、广告、美发等生活服务业得到迅速发展的黄金时期。至2010年，随着人民群众生活水平提高，从事服务业的个体户或者私营户也随之增多，生活服务业日趋繁荣。理发美容店遍布县城大街小巷，服务项目也由过去的单一理发延伸成为理发、烫发、洗头、保健、按摩、整容、化装等多元化服务，服务对象不再是以男性为主，几乎男女平等，老少皆有，服务技术水平也较之前有了明显提高。摩托车、汽车成为常见用品，自行车修理摊店在临城街巷随处可见，各乡镇也有一定分布。县城较有名的照相馆有临江照相馆。

第四节　旅游管理

2009年12月25日，县委常委会议决定将临高县临高角旅游度假区管理委员会与县旅游局合署办公，有效地整合人力资源，着手编制《临高县旅游产业发展总体规划》。旅游市场监督管理，主要以鸿运来大酒店、明珠酒店、金茂酒店、华泰酒店、庆大酒庄、百虹大酒店等为对象，进行监督管理。全县只有一个三星级酒店，按省旅游委酒店管理的具体要求，实行统计、报表等管理。根据省安监会相关会议的指示精神，按照县安委会的具体要求，加强领导，精心组织，加大安全生产宣传力度，狠抓假日等安全生产工作，整治旅游市场环境。全县旅游市场秩序井然，未发生重大安全生产事故，取得较好的经济效果和社会效益。临高角解放公园，对外开放。投资 300 万元再次维修扩建临高文庙，投资 1000 万元扩建的临城至临高角道路改建项目开工，全长 11.78 千米。组织参与一年一度的海南岛欢乐节和国际（海口）旅游商品交易会，借助“大海之南”直播活动、《海南特区报》《玩转海南》手册、人民网“海南视窗”等重要宣传窗口，展示临高旅游产品，并精心制作印刷临高县旅游宣传画册 500 册。

2010 年，县旅游局与县总工会共同组织，邀请海南旅游职业学校的老师到临高开班授课，培训旅游从业人员 145 人。农历二月十二日，为纪念冼太夫人，民间自发的以多文镇周边村庄为主的民间游玩纪念活动。

临高县旅游起步晚且发展较缓慢，至 2010 年，境内尚无完全注册旅行社、无导游人员、无旅游车队，旅游业的管理只按属地管理的办法执行。对全县旅馆住宿业实行统计报表报送管理制度，同时联合物价部门实行房价干预和指导管理。

第五节　临高角旅游度假区

2007 年 3 月 6 日，成立临高县临高角旅游度假区管理委员会。

临高角是琼州海峡突出中的一岬角，三面环海，有 7 千米长的海岸线。岬角顶端有 250 米长的天然拦潮礁石堤直伸大海，古有“仙人指路”之说。岸边 1 千米长的沙滩，东西两侧是天然游泳场，海水澄澈，白沙洁柔，椰林洒绿，阳光充足。岸上有古烽火台和清光绪十九年（1893 年），琼海关建造的一座高 22 米、宽 1.88 米的铁灯塔，灯光可照数十里，指引船只夜间航行，是著名的国际航标。

临高角旅游度假区位于临高县北部，濒临北部湾，是海南省政府 1992 年第一批批准设立的十大重点旅游开发区之一，距海南省会城市海口 100 千米、洋浦自由贸易保税区只有 110 千米，是最具开发建设成休闲旅游度假胜地的首选地。临高角是人民解放军 1950 年渡海作战解放海南的主要登陆点，是全省青少年革命传统教育基地，是主要的红色旅游景点之一。1995 年 4 月 17 日，“中国人民解放军四十五周年纪念大会暨解放海南纪念塑像奠基仪式”在临高角隆重举行，为临高角增添更加光辉的色彩。

临高角旅游度假区规划面积 72 平方千米，海岸线长 20 千米（其中旅游度假岸线约长 14.1 千米，旅游观光岸线约长 3 千米，港口岸线约长 2.9 千米），区域覆盖整个美夏湾、临澜湾和龙波湾滨海平原地带及以文澜江下游河口地区，东至金牌港西侧，西至美夏港，北至琼州海峡，南至临城镇。2010年，临高角旅游度假区有墟场1个，村庄35个，居住人口2.20万人。

临高角旅游度假区的总体规划性质是以滨海沙滩、文澜江为自然景观，以解放海南历史题材为人文内涵，以爱国主义教育、生态观光、休闲度假、健康运动为主要功能的综合型省级风景名胜区（滨海旅游度假区）。规划区域以临高角及两翼海滨、文澜江下游为核心区域，形成“一角、一廊、一轴、三带、三园、五景区”的布局结构。“一角”即临高角革命历史主题园区，“一廊”即连接新盈港—临高角—金牌港的滨海交通廊道，“一轴”即文澜江景观轴，“三带”即北部滨海自然风光带、滨海旅游度假设施带、体育休闲居住社区带，“三园”即文澜江河口生态公园、百仞滩滨江公园、依古乡村奥林匹克公园，“五景区”即临高角—临澜湾景区、美夏湾景区、龙波湾景区、文澜江景区、依古乡村奥林匹克景区。

该区域的开发投资计划由临高县人民政府负责组织实施，主要采取由临高县临高角旅游度假区管理委员会牵头招商引资的开发管理模式。

临澜湾景区：东起文澜江入海口，西至临高角西侧，南起规划的滨海路，北至临澜湾沙滩，是以解放纪念碑、革命历史展示馆、百年灯塔等历史文化景观和文澜江入海口景观、临澜湾沙滩等自然景观为特色的综合景区。景区总面积734公顷，旅游设施用地156.47公顷。规划包括临高角革命历史主题园区、临澜湾滨海旅游社区等。

美夏湾景区：东起临高角景区，西至美夏墟，南起规划的滨海路，北至美夏湾沙滩，以阳光、沙滩、鱼镇为主要景观特色。规划以滨海度假、休闲体育、休闲鱼镇和旅游服务为主要功能。景区总面积868公顷，旅游设施用地156.47公顷。规划包括美夏湾滨海旅游社区、伴康体育休闲社区、美夏鱼镇等。

龙波湾景区：东起金牌港西界线，西至文澜江东岸，南起规划的滨海路，北至龙波湾沙滩，以阳光、沙滩、田园风光为主要景观特色。规划以滨海度假、乡村时尚为主要功能。景区总面积1608公顷，旅游设施用地768.4公顷。规划包括龙波湾滨海旅游度假区、德陆体育休闲区等功能区。

文澜江景区：南起临城镇北界，北至文澜江入海口，以河流、瀑布、岩滩、岛屿、滨江生态走廊等自然景观摩崖石刻人文景观与现代文明为主题的主要景区。景区总面积500公顷，旅游设施用地327.36公顷。规划包括文澜江河口生态公园、文澜水城、百仞滩公园等。

依古乡村奥林匹克景区：位于规划区南部的多召水库、镁磷水库周围，依古村东边，以乡村景观为背景，规划为集竞技体育、休闲体育为一体的综合型现代体育休闲公园。景区总面积 482 公顷，旅游设施用地 335.21 公顷。规划包括奥林匹克运动村、体育活动区与生态健身区等。

至 2010 年，临高角旅游度假区真正产生效益的只有临高角解放公园。该公园由临高县委、县政府引进海南名角实业开发有限公司投资建设，2006 年 3 月 2 日项目立项，同年 6 月 6 日动工建设，于 2007 年 4 月建成，项目占地面积 5.75 公顷，总投资约 2600 万元。该公园以临高角“热血丰碑”的雕像为轴心，与百年灯塔相对映，以蓝天·碧海为背景，突出其对解放海南的革命先烈的纪念之意和缅怀之情。“解放海南临高角登陆纪念馆”是临高角解放公园主体建筑，建筑面积 1100 平方米，是在拆除原旧纪念馆基础上重新扩建的。该纪念馆采用声、光、电、影像等多媒体技术及实景缩微多种高科技手段，全景式的立体再现中国人民解放军在广大人民群众支持下，创造木帆船打败国民党军舰的战争奇迹和以秋风扫落叶之势解放海南的英雄史迹。在公园内还修复原人民解放军的战壕，新建解放军登陆部队四十、四十三军烈士纪念碑。该公园于 2007 年正式对外开放。2010 年，游客人数 1.80 万人，收入 45 万元。

第九编 财税 金融

1986年，全县财政收入643万元，财政支出2074万元，超支部分由省和中央补给，这种财政超支局面至1994年后有所改变，此后通过发展经济，培植财源，财政收入有所增长，1998年首次超过1亿元，2008年超过10亿元，2010年达17.59亿元，支出达14.02亿元。财力的增加，为全县城乡建设、文教科技卫生等事业的快速发展提供了支撑和保障。同时，县财政主管部门加强预算内管理，保证工资、行政事业单位经费支出；启动国库集中收付、政府采购、重点项目资金管理等。

全县财政收入的主体是税收。1986—1993年，工商税收每年均有所增长。1994年起，国税地税分设，税收制度实现重大改革，国税地税加强征管，建立纳税申报制度，同时加强税源管理、税务发票管理，并逐步实现征收、管理、稽查分离。2008年实行税收信息化管理，实现联网运行，全县税收征管成效显著。2010年，国税收入5518万元，地税收入35961万元。

1986年，全县有中国人民银行临高支行1家、中国工商银行支行及网点7家、中国农业银行支行及网点23家、中国建设银行支行1家、农村信用社及分社18家，有保险机构1家，为中国人寿保险临高支公司。1986年，全县银行共有存款余额6533.3万元，贷款余额17670万元。中国人寿保险临高支公司保费收入37.24万元，赔款支出0.98万元。20世纪90年代开始，银行的业务范围和规模扩大，代理收费、发行债券等中间业务开始办理。1995年后，国有专业银行开始转为商业银行，政策性金融业务与商业性金融业务开始分设。至2010年，全县银行机构7家，除人民银行临高支行、农业发展银行临高支行外，全部为股份制商业银行，其中共有农行、工行、建行、邮政银行等股份公司临高支行和临高县农村信用合作联社，金融机构网点共46个，此外有2家保险公司，即中国人民财产保险股份有限公司临高支公司和中国人寿保险公司临高支公司。2010年，县内国家商业银行存款余额437176万元，贷款余额111430万元。2家保险公司保费收入1850万元，保费支出1925万元。

第一章　财　政

第一节　机　构

1986年，临高县财政局内设行政股、预算股、农财股、企业股4个股。1987年，增设人事股、监察股、预算外股、企财股、经贸股、会计股，共10个股。下辖南宝、多文、和舍、博厚、美台、皇桐、美良、临城、新盈、文澜江、马袅、东江、美夏、调楼、龙波、加来等16个财政所。

1994年，国家决定实行分税制改革。同年12月，根据《海南省人民政府关于海南省财税机构改革的决定》，地方税务局与县财政局合并，成立临高县财政税务局，挂临高县地方税务局牌子，由县政府直接领导。各乡镇税务所与财政所合并，成立乡镇财税所。合并后，为加强和统筹全县税收工作，同时成立临高县征税服务中心，为县财政局的直属事业单位。

1998年11月，海南省人民政府实行财政地税机构分设，地税归省直属管理。临高县财政局内设办公室、预算股、行财股、综合股、农财股、会计股、企财股、国资股、监督室、彩票部。2000年后，县财政局相继成立社保股、经建股、国库股、采购办、信息中心等。2009年，县编委对县财政局职能、内设机构和人员编制重新确定，县财政局共内设13个股室（办公室、预算股、行财股、综合股、农财股、会计股、企财股、国资股、监督室、社保股、经建股、国库股、采购办），2个事业机构（彩票部、信息中心）。至2010年，内设机构、人员编制未变。

第二节　财政收入

临高县财政收入的来源大体分为工商税、盐税、农业税、企业所得税、其他收入和上级补助收入六大块。其中工商税和上级补助收入是主要收入来源。

1986年，全县财政总收入643万元，其中工商税收入490万元，国营企业所得税收入54.8万元，农业税收入157.9万元，国营企业亏损补贴200.9万元，其他收入141.2万元。

1988年，财政工作围绕发展社会生产力为中心，开拓新财源，为经济建设积累资金，扶持和帮助各乡镇种好管好橡胶、胡椒、咖啡、香蕉、甘蔗等各种经济作和滩涂养殖业，以增加财政收入。全年财政总收入 6610.8 万元，其中工商税收入 517.1 万元，国营企业所得税收入 46.99 万元，农业税 194.1 万元。还征集能源交通重点建设基金 21.83 万元，购买国库券 117.61 万元。

1993 年，地方财政收入 2819 万元，同比增收 1082 万元，增长 62.29%，农牧业税收 208 万元，农林特产税收 152 万，耕地占用税收 17 万元，契税收入 27 万元，国有企业所得税 82 万元，国有企业上缴利润 8 万元，国有企业亏损补贴 246 万元，能源交通基金收入 3 万元，专项收入 28 万元，其他收入 408 万元。

1996 年，全县地方财政总收入 9929 万元，增长 19.6%。其中地方财政收入 4502 万元，增长 30.99%。

2000 年，全县财政总收入 13862 万元，比上年增收 715 万元，增长 5.43%。全年地方财政收入 8116 万元，比上年增收 798 万元，增长 10.9%。全县一般预算收入 6493 万元，比上年增收 595 万元，增长 10.09%，其中县本级收入 4260 万元，比上年增收 386 万元，增长 9.97%；乡镇级收入 2233 万元，比上年增收 208 万元，增长 10.31%。

2003 年，全县地方财政收入完成 9746 万元，同比增收 1795 万元，增长 22.6%。按部门收入来看，地税部门收入 2386 万元，增长 4.2%；国税部门收入 424 万元，增长 19.8%；农税部门收入 2715 万元，增长 43.2%；财政部门收入 1580 万元，减少 1.6%。其中，一般预算收入完成 7809 万元，同比增收 1306 万元，增长 20.1%。在主要税种中，增值税 424 万元，增长 19.8%；土地增值税 520 万元，增长 92.6%；农业四税 2715 万元，增长 43.2%。地方财政支出 25828 万元，同比增加 4775 万元，增长 22.7%。

2005 年，全年全县地方财政收入 4936 万元，按同口径计算，同比下降 28.2%，“十五”期间平均每年递减 9.5%。其中一般预算收入 4751 万元，同比下降 10.8%；基金收入完成 185 万元，同比下降 88.1%。在一般预算收入中，国税部门、地税部门、农税部门收入分别 697 万元、2352 万元、140 万元，分别增长 27.9%、1.4%和 57.3%，财政部门下降 34.1%。

2007 年，坚持“大企业进入、大项目带动”的经济发展思路， 招商活动，成立税收领导小组，任务分解到各征收部门，促进税收任务的完成，全县地方财政收入突破亿元大关。全县地方财政收入 11044 万元，完成预算 8164 万元的 135.28%，增收 5114 万元，增长 86.2%，其中一般预算收入 7365 万元，完成预算 6047 万元的 121.8%，增收 1981 万元，增长 36.8%；基金收入 3679 万元，增收 3133 万元，增长 573.81%。

2010 年，全县地方财政收入完成 61292 万元，比 2009 年的 12402 万元增收 48890 万元，增长 394.2%，其中地方一般预算收入完成 21809 万元，为年度预算的 139.7%，增收 12484 万元，增长 133.9%，增幅居全省第三。加上一般预算省补助收入 123497 万元、财政部代理发行地方政府债券 6376 万元、上年结余 24635 万元,调入资金 160 万元，全县一般预算总收入 176477 万元，增收 33875 万元，增长 23.8%。全县地方财政收入和一般预算收入分别突破 6 亿元和 2 亿元大关,财政收入取得了历史性新突破。以分部门完成情况：国税部门完成 986 万元,为年度预算的 108.5%,比上年 843 万元增收 143 万元,增长 17%；地税部门完成 8189 万元，为年度预算的 123.9%，比上年 4251 万元增收 3938 万元，增长 92.6%；农税部门完成 4981 万元，为年度预算的 394%，比上年 2023 万元增收 2958 万元，增长 146.2%；财政部门完成 7653 万元，为年度预算的 112%，比上年 2208 万元增长 5445 万元，增长 164.6%。

第三节 财政支出

1986 年，全县财政总支出 2108.3 万元。其主要项目：支持农村生产 52.4 万元，农林水气象部门 105 万元，企业技改 15 万元，文教卫生 829.7 万元，行政管理费 480.8 万元，价格补贴费 186 万元，其他支出 201.2 万元。

1993 年，全县财政支出 7232 万元，比上年增支 2262 万元，增长 45.51%。其中农业生产支出 796 万元，工业交通事业费 19 万元，文教生卫事业费 2441 万元，农林水利支出 252 万元，行政管理费 1661 万元，社会福利 212 万元，公检法 423 万元，价格补贴 227 万元。

1996 年，全县财政支出 9987 万元，增长 30.86%。其中农业生产支出 745 万元，工业交通事业费 26 万元，文教生卫事业费 2199 万元，农林水利支出 287 万元，行政管理费 596 万元，社会福利 223 万元，公检法 542 万元，价格补贴 263 万元。

2000 年，全县财政支出 12473 万元，比上年增支 801 万元，增长 6.68%。其中县本级支出 8330 万元，比上年增支 755 万元，增长 9.96%；乡镇长级支出 4143 万元，比上年增支 46 万元，增长 1.12%。

2003 年，全县财政支出 23170 万元，增长 21.1%。其中县本级支出 17958 万元，增长 43.3%；农业支出 853 万元；林业支出 93 万元；水利和气象支出 612 万元；工业交通支出 281 万元；文体广播事业费 437 万元；其他部门事业费 1080 万元；行政管理费 4083 万元。

2005 年，全年地方财政支出 33272 万元，同比增长 12.8%。其中一般预算支出 31671 万元，增长 14.5%。“十五”期间每年递增 20.5%。农业支出 2158 万元，教育支出 7608

万元，支出较大的项目还有水利支出、教育支出、抚恤支出、文体广播事业费、医疗支出、公检法支出，分别增 174%、70.1%、126.9%、42.8%、59.6%、39.4%。

2007 年，全年地方财政支出 55169 万元，同比增长 29.1%。其中一般预算支出 53639 万元，同比增长 29.4%。在财政支出中，一般公共服务 10844 万元，同比增长 28.2%；教育支出 10696 万元，同比增长 5.6%。其次支出较大的项目还有社会保障和就业、农林水务等，分别为 11314、5482 万元。

2009 年，全县地方财政支出 121670 万元，同比增长 42.3%。其中：一般预算支出 117099 万元，增长 44.9%；基金支出 4571 万元，同比下降 2.3%。加上上解上级支出 472 万元，全县一般预算总支出 117577 万元，同比增长 44.9%。全县地方财政支持“三农”建设支出 27097 万元，增支 6819 万元，同比增长 33.6%。财政安排 700 万元来提高农村干部补助标准（村委书记月标准 650 元、村委主任月标准 600 元、其他村委委员和计生员 520 元）。县本级财政实施国家的各项惠农政策，共安排资金 5018 万元用于惠农补贴。县本级教育事务支出 25239 万元，增支 11242 万元，增长 80.3%。县本级医疗卫生支出 8636 万元，增支 3962 万元，同比增长 84.8%。县本级社会保障和就业事务支出 16492 万元，增支 2712 万元，同比增长 19.7%。县本级配套和专项用于廉租住房保障资金 1442 万元，完成特困户及残疾人危房改造 342 间，建设廉住房和经济适用房 572 套。全县共向国家开发银行和省信用联社贷款 4.058 亿元，支持以文澜江为轴心、重点规划建设临城析城区的基础项目。

2010 年，全县地方一般预算支出 139637 万元，完成年度预算的 106.1%，同比增加 22538 万元，同比增长 19.2%。加上上解支出 576 万元，全县一般预算总支出 140213 万元，同比增长 19.3%。一般预算总收入与总支出相抵（剔除调入调节基金 10000 万元），该年度结余结转 26264 万元。全县农林水支出 24643 万元，减支 2454 万元，同比下降 9.1%。其中发放 160 万元实施农机购置补贴，发放 1600 万元用于粮食补贴，发放 410 万元能繁母猪补贴，发放水利配套和水利维修 273 万元。另外，从交通运输支出中安排 596 万元用于农村公路改造工程，改善边远地区农村公路道路交通状况。全县教育支出 37051 万元，同比增长 46.4%。其中化解历年农村中小学义务教育债务 2239 万元；实施中小学校舍安全工程 2940 万元，改造校舍 4566 平方米；加强各中小学校建设 4700 万元；新党校建设 760 万元；建设县职业中学 2551 万元。此外，整合涉农资金 500 万元，建设 80 个文明生态村和 80 个农村卫生室；拨付 138 万元，建设 10 个乡镇文化站和配套 47 个农家书屋。全县社会保障和就业事务支出 18744 万元，同比增长 30.1%。其中：就业补助安排 561 万元；各种抚恤金及老党员生活补助等安排 686 万元；退役及军队移交地方安置离退休人员经费安排 132 万元；百岁老人长寿补助安排 39 万元；城市居民最低生活补助安排 189 万元；农村最低生活补助安排 159 万元；新型农村养老保险配套安排 418 万元。农村医疗卫生投入 13844 万元，增支 4974 万元，同比增长 56.1%。全县统筹新型农村合作医疗基金 4159 万元，参合农民 29.7 万人受益补偿资金 4080 万元。全县投入 2000 万元用于临城镇总体规划等 7 个规划的编制工作；通过政府投入资本金和政府担保等形式，多方融资 10 亿元，用于临城新城区以及“一湾两区”（马袅湾、金牌开发区和临高角开发区）“一带两港”（金牌港与黄龙港之间沿线一带，金牌港、黄龙港）等基础设施建设；安排 4755 万元，用于加快中央新增投资项目和省重点投资项目的实施。全县一般预算支出用于民生项目投入占 85%、新增财力投入用于民生项目占 89%、基金支出中的民生项目投入占 60%。全县共支付各项强农惠农资金达 6552 万元。安排的各类财政资金 14940 万元，用于教师绩效工资、校安工程、新农村建设、农村公路畅通工程等。安排的社保基金、扶贫资金、救灾资金、农民种粮直补和农资综合直补等各项资金共 20546 万元。发放历年及当年农村离任尚健在村“两委”干部补贴共 2357 人、补贴资金 833 万元；发放财政供养退休人员物价补贴共 1945 人，补贴资金 128 万元；兑现 2009 年教师绩效工资 1901 万元；解决临高县历年拖欠教师工资 2571 万元。

第四节　财政监督

1986 年，加强财政监督，严肃财政纪律，对一些单位截留利润，转移国家资金，用公款请客送礼，挥霍浪费国家资金的进行检查，纠正不正之风和违反财经纪律的行为。县委从 16 个单位抽调 33 名会计人员，组成 8 个工作组，在全县开展自查自报和重点检查工作，查出违纪金 102 万元。

1990 年，临高县成立财政税收大检查办公室。1993 年，财政税收大检查办公室设立为常设机构。

1993 年，财政税收大检查办公室设立为常设机构。

1997 年，坚持执行预算外资金管理实行收支两条线政策，全县具有行政事业性收费的单位必须到指定的专业银行开设收费专户，强化行政性收费的监督管理工作。

1998 年 11 月，县财政局将原综合股的财政监督职能划出，成立财政监督室，同时挂财政税收大检查办公室牌子，具体履行财政监督和组织大检查的工作职能。

2002 年，坚持“收支两条线”管理，通过收费票据监管、日常检查和组织税收财务大检查，规范政府非税收入的收支管理。组织对各乡镇财政预算执行情况检查，促进各镇的财政预算和财务规范管理。

2004 年，按照“统筹制定财政监督计划、统筹整合财政监督力量、统筹使用财政监督成果”的打要求，进行清理预算单位银行账户，完善政府非税收入管理、财经纪律大检查、镇级财政预算执行专项检查、农村税费改革政策落实情况专项检查。

2005 年，建立各种管理制度，通过“金财工程”的“E 财”管理系统、非税管理系统和工资统发系统，防范预算执行过程中的不规范行为。规范财政资金专户管理程序，设置财政基本户、工资专户、社保专户、教育专户及农综专户等，确保专户资金安全运转。在执行《临高县财政资金管理若干规定》时，加强对项目资金（如农综开发项目、扶贫项目、学校危房改造工程等）的跟踪监督管理。

2007 年，强化资金管理，坚持依法理财，开展对财政专项资金、农村低保资金发放、政府非税收入“收支两条线”管理、教育费、农村义务教育债务清理核实等。规范财政资金管理，加强内部监督，对财政局各股室的台账制度、资金管理程序、人员职责范围进行监督，规范办事时限，改善服务态度，保证各项财政资金按预算、按审批拨付程序有序进行。进行全县行政事业单位资产清查工作，经审计后确认全县行政事业单位资产总额为 62797 万元。

2008 年开始，临高县积极探索财政绩效评价工作，逐步建立起财政资金事前确定绩效目标、事中加强监督管理、事后实施绩效评价的全过程跟踪问效机制，重点组织实施检查清理“小金库”工作，进一步严肃财经纪律。至 2009 年，全县清查“小金库”各类违纪金额 916 万元，完成账目调整 181 万元，补交税款 2.10 万元，行政处分 1 人。检查清理“小金库”工作取得成效，并受到省财政厅的表扬。同时，加强财政资金在项目实施前后的监督与管理，从项目建设招投标到竣工决算，坚持预算评审，全程参与服务、管理和监督。对 2008—2009 年新增中央及地方配套投资项目，经过财政部门委托预算评审的资金共 11420 万元，16 个项目，审减额为 626 万元，审减率 5.5%，有效地从源头上抵御腐败和防止财政资金流失。财政监督按照“大监督”的观念，建立起从一年一度的专项财政检查转向组织常规性的专项财政检查；财政监督转向“事前、事中、事后”的全方位监督；财政监督不仅注重外部检查，同时也强化内部监督；财政监督从注重执行财政纪律检查转向财政绩效检查；财政监督职能从县级延伸到乡镇一级。

2009 年，财政部门配合县有关部门先后开展“小金库”专项治理工作、惠农及扶贫资金管理使用检查、国库资金安全管理检查、国有资产管理使用专项检查和财经纪律大检查等，取得实际成效。“小金库”专项治理工作历时 5 个月，共查出各项违纪资金 798.6 万元，完成调账处理 181.6 万元，补缴税款 2.2 万元，行政处理 1 人。

2010 年，全县安排的社保基金、扶贫资金、救灾资金、农民种粮直补、农资综合直补等财政强农惠农资金的监督检查，涉及资金共3亿元；共组织38人次，对31个行政事业单位、5个企业、2个社会团体进行了重点检查。共查出各项违规违纪金额1418万元，其中属于“小金库”性质资金25.80万元。对4个单位开展会计信息质量管理检查，共核实会计核算信息披露不实资金1093万元，其中应补缴各项税款10.80万元，应调账按照大监督理念，组织开展新增中央投资项目、省重点投资项目和县确定的重点民生支出项目等的监督检查。

第五节 财政管理

一、国有资产管理

（一）机构

1996年，成立临高县国有资产管理局，直属财税局管理。1998年11月，海南省人民政府实行财政地税机构分设，同时撤销临高县国有资产管理局，临高县财政局内设国资股，履行国有资产管理局的职能。2002年3月，恢复设立临高县国有资产管理委员会办公室。此时，县财政局仍保留国有资产管理股。2003年12月，撤销临高县国有资产管理委员会办公室，其职能归属县财政局。至2010年12月，将临高县财政局内设国资股更名为临高县国有资产管理办公室，规格为副科级,内设国有资产股和企业改革股。

（二）国有资产清算

1994年，财政局设立国有资产管理股，开展清产核资工作，并制定《关于临高县国有资产管理的暂行规定》，加强国有资产管理。凡需要进入市场流通的企业法人资产，应向县国有资产管理部门进行产权界定和资产评估，确保国有资产的价值，并报告县政府批准后，才能进行拍卖、投股、租赁承包和抵押，使国有资产管理正规化。

1996年，成立临高县国有资产管理局，直属财税局管理。

1997年，全县核发行政事业单位“国有资产产权登记证”67个，企业“国有资产产权登记证”42个。

2004年5月，琼台师范学校临高校区与海南琼台师范合学校并升格后，琼台师范学校同意把临高校区的办学场地，债务及部分设备移交给临高县办学。根据县政府指示，对临高师范校区的资产进行接交，接交资产总额3172.74万元。

2006年12月31日，资产清查前，全县行政事业单位资产总额为4.50亿元，负债总额1.20亿元，净资产3.30亿元。资产清查后，并经审计确认的资产总额为6.30亿元，资产清查后比清查前增加1.80亿元。

2007 年，组织开展全县行政事业单位国有资产清查。参加清查的行政事业单位 197 户（其中行政单位 54 户，事业单位 143 户）。

2008 年，为加强对国有资产的管理，依据《行政单位国有资产管理暂行办法》《事业单位国有资产管理暂行办法》《海南省省直行政事业单位国有资产使用管理暂行办法》和《海南省省直行政事业单位国有资产处置管理暂行办法》等文件精神，临高县先后出台《临高县行政单位国有资产使用管理暂行办法》《临高县行政单位国有资产处置管理暂行办法》和《临高县行政单位国有资产配置管理暂行办法》等规范性文件。

2010 年，加强对县行政事业单位和国有企业资产监管，收缴国有资产收入 4783.67 万元，比年初政府下达的 1115 万元增收 3668.67 万元，增长 429%。根据县政府关于国营加来农场整体移交给地方的工作方案，对加来农场的财务状况和资产进行调查和资产盘点，完成资产移交工作，移交资产总额为 5134.09 万元。

二、财政预算管理

1986 年，临高县财政预算安排的原则是，坚持改革、开放、搞活的方针，从增产节约中提高效益，培养和开辟财源，确保财政收入的稳定增长，以缓解资金供应紧张局面，实行紧缩的财政政策，财政支出必须低于或大体维持上年水平。财政预算收入 502 万元，财政预算支出 1732.21 万元。

1989 年，大力发展生产，广开财源，强化税收管理，确保财政收入稳定增长。贯彻中央紧缩财政抑制需求增长的政策，对各种不同性质的开支，区别对待，妥善安排，首先保工资发放，其次改革。强化预算管理控制财政支出。全县财政预算收入 692.5 万元，财政预算支出 2452.3 万元。

1995 年，把握“抓住机遇，深化改革，扩大开放，促进发展，保持稳定”的大局，坚持实行财政适度从紧，坚持“实事求是，量入为出，收支平衡，略有结余”的方针，适当增加对农业、教育的投入，保证各项改革措施的支出，从严从紧控制行政性消费的支出，确保支出安排不突破预算。全县财政预算总收入 9240 万元，增长 60%，其中地方财政收入 4500 万元，增长 12.42%。全县财政总支出 9190 万元，增长 25.79%。

1998 年，以经济建设为中心，以提高效益为目的，实行适度从紧的财政政策，推进财税改革，强化财政管理，推动全县财政工作再上新台阶，确保完成预算任务。全县财政预算总收入为 9458 万元，增长 0.23%，其中地方财政收入为 5900 万元，增长 5%。全县财政预算总支出为 9441 万元。

2003 年，以建立公共财政框架体制为目标，围绕“发展、改革、管理”的原则，提高财政整体实力，增收节支，调整优化支出结构，确保预算平衡。全县地方财政收入 9075

万元，同比增长 13.1%。全县地方财政支出 23411 万元，同比增长 11.2%。

2005 年，深化改革，增收节支，做大财政经济，优化支出结构，优先安排工资、社保等支出保证政府工作需要。加大社会事业支出，注重农业、教育、科技的投入。加强财政监督、严肃财政纪律，促进临高经济全面发展。财政预算安排，全县财政总收入为 36226 万元，同比增长 7.27%，地方一般预算收入 5659 万元，其中本级般预算收入 3778 万元。全县财政总支出 35760 万元，同比增长 14%。

2008 年，强化预算管理，依法行政，严格执行预算，整合资金，集中财力办大事，提高财政资金使用效益。全县预算安排财政总收入 71190 万元，地方一般预算收入 8130 万元，同比增长 12.7%。全县财政总支出 9670 万元。

2010 年全面推行依法理财、科学理财、民主理财，坚持增收节支、统筹兼顾、讲求绩效，继续实施积极财政政策，确保落实县委、县政府中心工作和重大布置，全力推进基础项目设施建设，支持构建具有活力的经济体制机制。不断优化支出结构，保障和改善民生，推进基本公共服务均等化，加强财政科学化精细化管理，提高资金使用效益，促进临高发展。全县和县本级预算安排：地方一般预算收入 10815 万元，同比增长 16%；税收收入 8530 万元，同比增长 24%。财政预算支出 120892 万元。

三、政府采购管理

2000 年，推行财政细化预算和政府采购制度，从 10 月开始对县级公务小汽车实行定点维修，克服以往公务小汽车维修管理上的混乱状况。

2002 年，坚持和完善政府采购行为和范围。县本级采购项目从日常办公设备逐渐转向公务小汽车、大型医疗器械等的集中统一采购。县本级政府采购资金 254 万元。

四、财务会计管理

1988 年，全县从各单位抽调 44 名会计人员，组成 11 个工作组，在全县范围开展税收、财务和物价大检查，共查出违纪金额 198.9 万元，其中应追缴入库的各项税款 90.4 万元，全部清理入库。

1994 年，建立乡镇一级财政，对全县 12 个乡镇实行财政包干，建立国库代办处，实行“划分税种，核定收支、分级包干、超支不补、起收分成、结余留用、一定二年不变”的财政管理体制，促进乡镇经济的发展。全县乡镇财政收入 1413 万元。

2000 年，加快财政体制改革，全面推行财政包干，成立会计管理中心，实行会计委派制度，建立财政国库统一支付制度，实行财政统一发放工资，规范财政资金拨付程序，强化收支两条线管理。

2002 年，全县开展《中华人民共和国会计法》执法检查和专项对县本级实行会计委派后单位会计制度的检查，为全县会计工作起促进作用。

2004年，进行会计执法检查，完成镇级会计委派工作。先后对4个会计内部控制制度不健全和违规使用票的学校进行行政处罚。对违反政府非税收入“收支两条线”管理违纪资金进行追缴，入库资金879万元；对20家企业的偷漏税行为进行处罚，追缴入库资金91.3万元。

2005年，开展会计执法大检查、清理预算单位银行账户、完善政府非税收入管理、财政纪律大检查、镇村财政预算执行专项检查、农村税费改革政策落实情况专项松检查等工作。通过财经纪律大检查，共查出应入库各项违纪金额379.8万元，已追缴入库金额315.2万元，占应入库的83%。

2008年，实现县本级“阳光工资”，安装新版工资系统和人员录入县本级工资信息工作，使县本级工资网络发放能够准确、及时发放。全县有132个预算单位7216人纳入工资网络发放系统，其中，公务员1191人（含参照公务员248人），非公务员5459人，离退休人员566人。每月应发放工资1381万元。

2010年，临高县会计管理中心完善村财政委派代理服务工作，收入及时入账，制定《村财业务办理流程》《征地补偿款的分配方案》，按制度办理村级业务。财务公开，接受监督，代理会计员每季度准时公示村财务收支情况。配合县财政局做好各项财政工作，做好部门预算编制，协调好国库集中支付，严格对预算单位的报账会计资料、票据、报账流程等审核，保证预算单位及时用款。加强财政资金管理，增强财政宏观调控能力。组织16个会计预算单位算所80人，参加全县的非税催缴、征缴及非税票据管理工作，完成非税征缴入库6000万元。

附：彩票管理

1992年，临高县公开发行“万字号”公益彩票。公益彩票的发行工作由临高县财政局综合股具体负责。当年，临高县16个乡镇共设21个销售点，每期销售额为8万元左右。1996年，海南省设立体育彩票管理中心和福利彩票管理中心（分别隶属省文体厅和民政厅管理），具体发行体育彩票和福利彩票。受其影响，同时社会私彩大量发行，“万字号”彩票发行量下降。为加强对私彩的打击力度，临高县成立第三产业管理办公室，从县财政局、县公安局、县工商局等单位抽调人员。至2010年，全县销售点达167个，每期销售额达80万～130万元。

1992年开始至2010年，临高县利用彩票公益金返还资金（按销售额10%提取市县使用）约800万元，用于县中医院门诊大楼、县人民医院内科住院大楼、县灯光球场扩建工程、10个乡镇公厕改建扩建等公益事业建设。

第二章　税　收

第一节　国　税

一、机构

1986年，临高县税务局独立设置，国税地税不分设。内设监察股、人事教育股、税检室、流转税股、稽查队、行政股、计会股、地方税股、征管股、所得税股、涉外股、国营企业税务所。下辖东门、西门、文澜江、波莲、新盈、美夏、博厚、东江、多文、马袅、加来、龙波、东英、南宝、和舍、美良、调楼、皇桐、美台、金牌等20个税务所。

1994年9月，县税务局分设出县国家税务局和县地方税务局，县地方税务局与县财政局合并为县财政税务局，县国税局单设。1995年，全县21个税务所相应成立1个征税服务中心和20个征税服务站，即县局直属国有企业税务所改为征税服务中心，其他基层税务所改为征税服务站，由县地税局直接管理，国税的征收工作委托征税服务中心和各征税服务站代征，县国税局内设办公室、人事教育股、监察室、税检室、企业评税股、个体评税股、计划财务股、票证管理股、稽查队，没有基层国税所。

1996年，临高县国家税务局内设税务检察室、办公室、人事教育股、监察室、票证管理股、计划财务股、个体评税股、企业评税股、稽查分局、直属税务所等10个机构，下辖临城西门、临城东门、新盈、调楼、美夏、博厚、马袅、多文、加来等9个税务所，和波莲、美良、东英、皇桐、东江、龙波、美台、南宝、和舍等9个税务站。

1997年8月，临高县国家税务局内设工会、办公室、人事教育股、监察室、计划财务股、税政审理股、稽查分局、管理服务分局、征收分局等9个机构，派出机构有新盈、美良、美夏、博厚、多文、加来、和舍等7个税务所，和波莲、调楼、东英、马袅、皇桐、东江、龙波、美台、南宝等9个税务站（所管辖站）。

1998年，临高县国家税务局内设办公室、人事教育股、监察室、计划财务股、税政审理股、稽查局、管理服务分局、征收分局等8个机构，派出机构有新盈、美良、美夏、博厚、多文、加来、和舍等7个国税所，和波莲（属新盈国税所管辖）、调楼（属美良国税所管辖）、东英（属美夏国税所管辖）、马袅（属博厚国税所管辖）、皇桐（属博厚国税所管辖）、东江（属多文国税所管辖）、龙波（属多文国税所管辖）、美台（属加来国税所管辖）、南宝（属加来国税所管辖）等9个国税站（所管辖站）。

2000年10月，撤东英、东江、龙波、南宝等4个国税站。2001年，派出机构调整为新盈、美良、博厚、多文、加来、和舍等6个国税所，和波莲（属征收分局管辖）、调楼（属美良国税所管辖）、美夏（属征收分局管辖）、美台（属征收分局管辖）、马袅（属博厚国税所管辖）等5个国税站。

2004年，临高县国家税务局内设办公室、人事教育股、监察室、计征股、税政股、征管股、法规股、信息中心、稽查局等9个机构，下辖新盈、美良、多文、加来等4个国税所，不再设国税站。2005年3月，由于机构改革，将加来所和多文所合并，成立加来税务分局；将新盈所和美良所合并，成立新盈税务分局。2008年，计征股改为计划统计股，增设临城税务所，不再设稽查局。

2010年，临高县国家税务局内设办公室、政策法规科、收入核算科、纳税服务中心、人事教育科、监察室等6个机构，派出机构有第一税务分局、第二税务分局、第三税务分局、第四税务分局等4个分局。

二、税种与税源

（一）税种

1986—1993年，临高县税务局征收的税种有产品税、增值税、营业税、盐税、资源税、城镇土地使用税、国营企业所得税、集体企业所得税、私营企业所得税、城乡个体工商业户所得税，个人收入调节税、奖金税、房产税、印花税、屠宰税、车船使用税、国家能源交通重点建设基金、国家预算调节基金、教育费附加、工商统一税、城市维护建设税，共21种。

1994—2001年，国税负责征收的税种有增值税、消费税、外商投资企业所得税、金融、保险业营业税、企业所得税和利息个人所得税。

2002—2008年，所有新成立的企业所得税均由国税征管。2009年1月1日起，新成立的企业，如果主营业务的应税项目为增值税的，企业所得税由国税征管；如果主营业务的应税项目为营业税的，企业所得税由地税局征管。

至2010年，由于国家税制改革，部分税种发生合并和撤销，管辖的税种剩下增值税、消费税和企业所得税、个人所得税（储蓄存款利息所得税）、车辆购置税五种。

（二）税源

1. 分布

临高县国家税务局税源结构呈现以下三个特点：①主体税源较为单一。2003—2010年，主体税源来源于3家制糖企业，钢材企业、木材加工企业、成品油生产企业、供电企业、烟草批发业、机动车燃油零售业各1家。2003—2010年主体税源企业户数基本在12～15户。②重点税源占税收收入比重大。2003年重点税源企业（年应税税额在30万元以上，不含临时性收入）占总收入比重为59%，2004年为68%，2005年为71%，2008年为80%，2010年为81%。③增值税为主体税种，其他税种占比重较小。1994—2010年，增值税占税收收入的90以上（1998年除外，为75%）。

2001—2010年临高县税收收入分行业情况统计表

表9-2-1　　单位：万元

年份	第一产业	第二产业	其中				第三产业	其中	合计
			采掘业	制造业	电力、煤气及水的生产和供应业	建筑业		商业	
2001年	—	976	5	768	203	—	1377	1061	2353
2002年	—	799	—	653	146	—	1306	1060	2105
2003年	—	1066	30	853	183	—	1406	1063	2472
2004年	—	1748	—	1446	302	—	1408	1046	3156
2005年	—	2567	—	2243	324	—	1504	939	4071
2006年	—	3327	88	2774	465	—	1665	899	4992
2007年	—	2877	150	2262	465	—	1563	835	4440
2008年	—	3706	—	3037	669	—	1061	826	4767
2009年	6	3525	103	2782	640	—	1228	948	4759
2010年	43	4086	7	3435	644	—	1389	1147	5518

说明：1986—2000年资料不详

2. 行业

1986—2010年，临高县税源主要集中在工业企业和商业企业。2001—2010年，制造业在税收收入中占主导地位，并呈上升趋势，商业企业由于个体双定户起征点的调高，呈

U 形趋势。

3. 企业

国有企业、私营企业、股份公司、个体经营在税收收入中占主导地位。1994—2010年，国有企业税收收入为 15621 万元，占其税收总额的 31.92%；私营企业税收收入为 6281 万元，占其税收总额的 12.84%；股份公司税收收入为 15761 万元，占其税收总额的 32.21%；个体经营税收收入为 8865 万元，占其税收总额的 18.12%。

三、税收收入

1994 年，临高县国家税务局在抓好重点税源收入的同时，不放松对零散税收的管理，开展执法检查，最大限度地减少税收“跑、冒、滴、漏”现象，保证税收任务的完成。当年组织国内税收收入 1680 万元，其中国内增值税为 1676 万元，国内消费税 3 万元，涉外企业所得税 1 万元。1995—2000 年，由于没有新增的税源，而原有的税源又没有太大的增长空间，使得国内税收收入在 1000 万～2000 万元之间波动。

2001 年，国内税收收入突破 2000 万元大关，为 2353 万元。其中国内增值税为 2096 万元，国内消费税 10 万元，金融保险营业税 35 万元，企业所得税 1 万元，储蓄存款利息所得税 211 万元。2004 年，国内税收收入为 3156 万元，比 1994 年增收 1476 万元，增长 87.86%，主要是由于全县传统产业制糖业得到长足发展，使得税收收入大幅增长。2005 年，国内税收收入突破 4000 万元大关，达 4071 万元，增收的主要原因是钢材和制糖业税收收入增加和车辆购置税的开征。2006 年，甘蔗种植面积增加，糖价上涨，国内税收收入达 4992 万元，创临高国税成立以后税收收入的历史新高，其中增值税 4587 万元，消费税 58 万元，企业所得税 9 万元，储蓄存款利息所得税 306 万元，车辆购置税 32 万元。2009 年，由于受亚洲金融危机的影响，临高县国税局国内消费税大幅下降，从 2008 年 244 万元降为 119 万元，同比下降 51.23%；储蓄存款利息所得税受到政策性因素的影响，大幅减收，同比下降 60.92%；由于临高国税局从下半年开始实行委托代征，从源头上堵塞征管漏洞，使得车辆购置税大幅增长至 92 万元，增长 142.11%。

2010 年，临高县国内税收收入突破 5000 万元大关，达 5518 万元，同比增收 759 万元，增长 15.95%。

1994—2010 年临高县国家税务局税收收入统计表

表 9-2-2 单位：万元

年份	税收收入合计	国内增值税	国内消费税	金融保险营业税	涉外企业所得税		企业所得税	利息个人所得税	车辆购置税
					国税	地税代征			
1994 年	1680	1676	3	—	1	—	—	—	—
1995 年	1194	1169	14	—	—	11	—	—	—
1996 年	1143	1069	27	—	—	—	47	—	—
1997 年	1312	1197	21	73	—	—	21	—	—
1998 年	1520	1143	286	85	—	—	6	—	—
1999 年	1488	1381	21	78	—	—	7	1	—
2000 年	1962	1718	15	64	—	—	25	140	—
2001 年	2353	2096	10	35	—	—	1	211	—
2002 年	2105	1883	6	12	—	—	11	193	—
2003 年	2472	2262	9	3	—	—	2	196	—
2004 年	3156	2914	6	—	—	—	13	223	—
2005 年	4071	3760	6	—	—	—	12	257	36
2006 年	4992	4587	58	—	—	—	9	306	32
2007 年	4440	3974	90	—	—	—	13	327	36
2008 年	4767	4269	244	—	—	—	42	174	38
2009 年	4759	4452	119	—	—	—	28	68	92
2010 年	5518	5184	45	—	—	—	58	22	209

说明：1994—2004 年的数据从海南国税统计资料取得，1995—1997 年的数据与海南国税会统年报汇编的数据有出入

四、税收征管

（一）税务登记

1995 年，临高县国税、地税全面分设。同年纳入国税管理，并已办理税务登记的业户

有 1344 户，其中企业 82 户，个体 1262 户。为加强全县税源监控、夯实征管基础，堵塞税收漏洞，根据国家税务总局和海南省国家税务局的有关规定，2006 年 10—12 月，临高县国税局为纳入国税管理的 1638 户纳税人办理税务登记证换证，其中单位纳税人 166 户，个体纳税人 1472 户。2010 年底，纳入国税管理并已办理税务登记的业户为 2929 户，其中单位纳税人 541 户，个体纳税人 2388 户。

2004 年 7 月开始，简化办税程序、优化纳税服务、实现全县国税、地税部门税务登记信息共享，临高县全面实行国税、地税联合办理税务登记。至 2010 年 12 月 31 日止，共为 1585 纳税户联合办理税务登记。税务登记证国税、地税的联合办理，方便纳税人、简化办税程序，得到纳税人普遍赞可。

（二）纳税申报

自 1994 年起，纳税申报采用按统一、规范的表格由纳税人自行上门向税务机关申报。从 2008 年 1 月 1 日起，按照海南省国家税务局网上办税系统推广方案的通知要求，临高县国税局开始在全县范围内逐步推行网上申报系统。对实行网上申报的业户不再向税务机关报送纸质资料。网上申报是海南省国税系统以信息化为依托，为减轻纳税人负担，向纳税人提供方便、快捷的纳税服务，使信息化成果真正惠及纳税人的一项重要举措。此举措方便纳税人办税、减轻纳税人负担，得到纳税人认可。截至 2010 年，全县申报纳税的业户，95%以上均实行网上申报。

（三）信息化建设

税收信息化是将信息技术应用于税务管理，开发、利用信息资源，提高管理、监控、服务水平，并由此推动税务部门业务重组、流程再造，推进税务管理现代化建设的过程。

2000 年 9 月有 1 日，临高县地方税务局办税服务厅挂牌成立，进一步促进税务征管信息化建设。

2004 年，认真落实机动车网上开票系统、普通发票验旧系统、个体双定户计算机定税系统、涉税审批系统二期、“12366”远程座席应用系统和税务纪检监察系统的推广运行工作，提高收征质量和效率。做好网上办税、税库银联、发票验旧稽核系统、税务审批管理信息系统的运维工作，逐步实现税收管理现代化。

2010 年，县税务部门认真做好征管数据大集中后续管理工作，进一步夯实征管基础，提高税费征管质量，加强欠税管理。实现税费征管系统上线后的平稳运行。做好局域网的网络布线，并且每人配备一台电脑，安装打印机、POS 机和电脑双屏，巩固网络带宽为 4M，对工作人员进行税费征管系统培训，配合银联公司安装银联网络以及刷卡机。开展网开发票的推广、使用工作，进行发票换版网络开票人员培训，提高税费征管工作效率。

（四）发票管理

1993年，贯彻执行《中华人民共和国发票管理办法》和《中华人民共和国发票管理办法实施细则》。1998年，统一机动车销售发票式样。1997年，加强涉税行政事业性收费项目发票管理，依法征税的行政事业性收费单位凭收费许可证领购税务发票。1998年，统一机动车销售发票式样。2003年，国家税务总局关于印发《国家税务总局关于加强货物运输业税收管理及运输发票增值税抵扣管理的公告》的通知，加强货物运输业税收征收管理，加强货物运输业营业税征收和运输发票增值税抵扣管理。2004年后，使用公路、内河货物运输业统一发票，推迟使用税控收款机开具公路、内河货物运输业统一发票。国家税务总局关于印发新版全国联运行业货运统一发票式样。统一全国普通发票分类代码和发票号码，加强和规范税务机关代办开普通发票工作。2010年，实行增值税申报“一窗式”管理，对货运发票、废旧物资发票、农副产品发票和税务机关代开增值税专用发票抵扣实行清单管理。

发票的购领，单位或个人在申请购票时，必须提出购票申请报告，在报告中载明单位和个人的名称，所属行业、经济类型、需要发票的种类、名称、数量等内容，并加盖单位公章和经办人印章。提供有关证件。购领发票的单位或者个人必须提供税务登记证件，购买专用发票的，应当提供盖有“增值税一般纳税人”确认专章的税务登记证件，经办人身份证明和其他有关证明，提供财务印章或发票专用章的印模。购票申请报告经有权国家税务机关审查批准后，购票者应当领取国家税务机关核发的发票领购簿或者增值税专用发票购领簿，根据核定的发票种类、数量以及购票方式，到指定的国家税务机关购领发票。单位或个人购买专用发票的，还应当场在发票联和抵扣联上加盖发票专用章或财务印章等章戳。有固定生产经营场所、财务和发票管理制度健全，发票使用量较大的单位，可以申请印有本单位名称的普通发票；如普通发票式样不能满足业务需要，也可以自行设计本单位的普通发票样式，报省辖市国家税务局批准，按规定数量、时间到指定印刷厂印制。自行印制的发票应当交主管国家税务机关保管，并按前款规定办理领购手续。

发票的保管，单位和个人应当建立发票使用登记制度，设置发票登记簿，并定期向主管国家税务机关报告发票使用情况。单位和个人应当在办理变更或者注销税务登记的同时，办理发票和发票领购簿的变更、缴销手续。使用发票的单位和个人应当妥善保管发票，不得丢失。发票丢失，应当于丢失当日书面报告主管国家税务机关，并在报刊和电视等传播媒介上公开声明作废，并接受国家税务机关的处罚。开具发票的单位和个人应当按照国家税务机关的规定存放和保管发票，不得擅自损毁。已经开具的发票存根联和发票登记簿，应当保存五年。保存期满，报经主管国家税务机关查验后销毁。

（五）税务稽查

1986—1991年，由县政府直接领导的税务稽查办公室牵头开展税务稽查工作。1992年6月，成立临高县税务局稽查队。

1994年9月15日，设立临高县国家税务局税务稽查大队，为局内设机构。稽查大队配合县国税局组成11个工作组，对91个企业开展税收大检查工作。

1995年，成立临高县国家税务局稽查分局。组成7个工作组，分赴各乡镇开展纳税检查、清理欠税、挖掘潜力、催交入库等工作，配合县税收财务物价大检查及全省国家税收大检查工作。

1997年10月31日,省国税局行文确认各市县稽查分局为各市县国家税务局的直属机构,开展全省国家税收大检查。

1998年，稽查分局根据省局通知，开展税收检查工作，包括日常税收检查、税收专项检查和大要案查处。

2000年，加强征管工作的领导，县和乡镇税收工作领导小组，协调税收征管工作，会同各乡镇对税源现状、征管情况、增收潜力等方面进行专题调研，做好税收宣传，加大稽查力度，确保税收征管工作顺利进行。

2001年，各县（市）局的稽查分局统一称为稽查局（股级），为各县（市）国家税务局的直属机构。

2008年7月19日，撤销各县（市）国家税务局稽查局并对其进行整合，由第一税务分局负责日常税务检查、审计和评估工作，具体稽查职责上交省局稽查局。

2010年，加强纳税信用等级管理，推进税收信用体系建设，促进纳税人依法诚信纳税，共评估企业5家，入库税款和滞纳金7.73万元，开展税收执法检查，重点检查漏征漏管、停歇业、发票开具等内容，发现问题，及时整改。通过税收执法管理信息系统，加强税收执法违规行为的监控，减少执法过错。落实户籍管理制度，建立重点财源重点管理、分行业管理、风险企业管理、中小税源划片管理的分类管理格局。强化户籍管理，对纳税人户籍采取静态管理和动态监控，做好行业信息核实采集工作，将户籍清理和税额核定工作联系起来，做到户籍清，税源明，征管到。

1994—2001 年临高县税收收入分企业类型情况统计表

表 9-2-3　　　　　　　　　　　　　　　　　　　　　　　　　单位：万元

年份	国有企业	集体企业	联营企业	股份公司	私营企业	其他企业	港澳台投资企业	外商投资企业	个体经营	合计
1994 年	1430	49	—	—	—	—	1	8	192	1680
1995 年	939	43	—	—	1	17	—	—	194	1194
1996 年	694	153	—	—	6	20	—	—	270	1143
1997 年	839	94	—	—	7	11	—	—	361	1312
1998 年	754	361	—	—	10	6	—	—	389	1520
1999 年	911	100	1	3	14	5	10	—	444	1488
2000 年	842	454	—	—	9	23	—	4	630	1962
2001 年	870	407	—	1	360	—	—	—	715	2353
2002 年	346	25	—	103	905	—	—	—	726	2105
2003 年	514	42	—	606	710	—	—	—	600	2472
2004 年	603	38	1	839	1054	—	30	—	591	3156
2005 年	746	43	1	956	1557	—	106	—	662	4071
2006 年	1061	70	1	1808	1343	—	44	1	664	4992
2007 年	1093	47	1	2379	170	5	11	2	732	4440
2008 年	1086	36	1	2984	88	6	4	1	561	4767
2009 年	1446	30	1	2737	12	7	9	2	515	4759
2010 年	1447	28	1	3336	20	3	59	5	619	5518

说明：1986—1993 年资料不详

第二节　地方税收

一、机构

（一）临高县地方税务局

1986 年，临高县税务局独立设置，国税地税不分设。1994 年 9 月，临高县税务局分设出临高县国家税务局和和县地方税务局，县地税局与县财政局合并为财税局。县国家税务局独立设置。县地税局为临高县财政税务局下属正科级二级单位。新成立的临高县地方税务局内设办公室、人事教育股、税检室、计财股、征收管理股、税政法规股、所得税股等7个正股级机构。派出机构有国有企业税务所、西门税务所、东门税务所、博厚税务所、皇桐税务所、马袅税务所、东江税务所、龙波税务所、多文税务所、和舍税务所、加来税务所、美良税务所、南宝税务所、美台税务所、调楼税务所和美夏税务所等16个正股级基层税务所，共23个正股级机构。

1998年11月，县财政局与县地税局分设，县地税局属省局直管。

2000年4月，海南省临高地方税务局农税局划归临高县政府管理，更名为临高县农业税征收管理局，正科级。2001年4月，海南省临高县地方税务局设立海南省临高县地方税务局社会保险费征稽局，副科级。2002年12月，海南省临高地方税务局社会保险费征稽局从临高地方税务局分出，为隶属于临高县财政局管理的全额事业单位，副科级。

2003年，临高县地税局机构改革，内设办公室、计划财务室、人事教育室（与机关党委、机关工会合署办公）、监察室（与纪检组合署办公）、征收管理室、法规税政室等6个职能机构。下设稽查局内设副科级局和办税服务大厅、建筑安装税务所、西门税务所、东门税务所、文澜江税务所、东江税务所、龙波税务所、美台税务所、马袅税务所、东英税务所、调楼税务所、新盈税务所、波莲税务所、南宝税务所、加来税务所、和舍税务所、多文税务所、博厚税务所、皇桐税务所等19个正股级基层税务所。设立信息中心，为正股级事业单位。

2006年，临高地方税务局撤销东江税务所、龙波税务所、美台税务所和马袅税务所等4个基层税务所。

2010年，地税系统进行三项体制改革和机构改革，将海南省临高地方税务局社会保险费征稽局和临高县农业税征收管理局划转地税，分别为正科级参照公务员法管理的事业单位，并将海南省临高地方税务局更名为海南省临高县地方税务局。改革后的机构设置有办公室（加挂信访办牌子）、计统室、财务装备室、组织人事室（加挂老干室牌子，与机关党委、机关工会、团委合署办公）、监察内审室（与纪检组合署办公）、征收管理室、税政法规室（加挂行政审批办公室牌子）等7个职能机构，下设社保费征管局、直属分局2个正科级机构和纳税服务管理局、纳税评估管理局、第一税务分局、第二税务分局、第三税务分局、第四税务分局6个副科级机构。设立电子税务管理中心，为事业单位，不定级。下辖稽查局内设副科级局和办税服务大厅、建筑安装税务所、西门税务所、东门税务所、文澜江税务所、东英税务所、调楼税务所、新盈税务所、波莲税务所、南宝税务所、加来税务所、和舍税务所、多文税务所、博厚税务所、皇桐税务所等15个正股级基层税务所。

（二）社会保险费征稽局

2001 年 4 月，临高县政府根据省政府机构改革方案，决定将原县社会保障局、劳动服务公司承担的社会保险费征收职能划转县税务局，并批准设置海南省临高地方税务局社会保险费征稽局（简称“县社保费征稽局”），规格为副科级，内设 3 个股室：办公室、征收股、稽审股。

2002 年 12 月，县政府根据省政府机构改革方案，调整海南省临高地方税务局社会保险费征稽局隶属关系，将临高县社会保险费征稽局在行政上隶属于县财政局，具体行使从地税部门分离出来的社会保险费征收职能，规格为副科级全额事业单位，内设 3 个股室：办公室、征收股、稽审股。

2010 年 9 月，全省社保征稽及地税农税进行体制调整，将海南省临高县地方税务局社会保险费征管局（原名为海南省临高地方税务局社会保险费征稽局）划转海南省临高县地方税务局管理，规格为正科级事业机构，内设 3 个股室：综合室、征管室、稽查室。

二、税种

1994—2000 年，临高县地税主要征收的税种为国内增值税、营业税、企业所得税、个人所得税、资源税、城镇土地使用税、城市维护建设税、印花税、土地增值税、房产税、车船税、屠宰税等 12 个税种。

2001—2004 年，由于国家税改制，国内增值税均由国税局征收。2005—2010 年，不再征收屠宰税，地税征收的税种变更为营业税、企业所得税、个人所得税、资源税、城镇土地使用税、城市维护建设税、印花税、土地增值税、房产税、车船税等 10 个税种。

三、收入

（一）税收收入

1986 年，全县完成税务收入 3.2 万元。1987 年，收入 5.8 万元。1988 年，完成税务收入 16.3 万元。1989 年，完成税务收入 33.1 万元。1990 年，完成税务收入 153.4 万元。1991 年，税收实现较大提高，完成税收 5114.7 万元。1992 年，实现税收 5573.7 万元。1993 年，完成税务收入 3009.1 万元。1994 年，税收首次过亿元，达 11050 万元。1995 年，实现税收 9896 万元。1986—1995 年间，税收增加 9892.8 万元，同比增长 3091 倍。

1996 年，全县工商税收入 2051 万元，国有企业所得税收入 26 万元。

2000 年，全县完成税务收入 4174 万元，其中增值税 301 万元，营业税 402 万元，企业所得税 31 万元，个人所得税 1082 万元，资源税 59 万元，城建税 126 万元，房产税 174 万元，印花税 3 万元，土地使用税 66 万元，土地增值税 105 万元，车船使用税 52 万元，屠宰税 70 万元，农业税 313 万元，农业特产税 1350 万元，耕地占用税 4 万元，契税 36

万元。2004 年，海南省税费改革后，取消屠宰税。

2006 年，全县地方工商税收收入 4124 万元，同比增长 15.6%，增收 555 万元，完成年度计划（3430 万元）的 120%。其中中央级收入 1041 万元，同比增长 22.9%，增收 194 万元，完成年度计划（910 万元）的 114.4%；省级收入 657 万元，同比增长 20.3%，增收 111 万元，完成年度计划（580 万元）的 113.3%；县级收入 2426 万元，同比增长 11.%，增收 251 万元，完成年度计划（2350 万元）的 103.2%。

2008 年分税制改革后，工商各税种按比例返回县财政。其中营业税（金融保险业除外）省分享 25%，县分享 75%；企业所得税和个人所得税中央分享 60%，省分享 10%，县分享 30%；土地增值税省分享 25%，县分享 75%；契税省分享 25%，县分享 75%；其他税种为县级收入。同年，县地税局负责代收工会经费，至 2010 年共入库工会经费 105 万元。

2009 年，临高县地方税务共组织收入 5844 万元，同比增长 11.7%；增收 613 万元，完成年度计划（5496 万元）的 106.4%。其中中央级收入 984 万元，同比增长 37.3%，增收 207 万元，完成年度计划（793 万元）的 124.1%；省级收入 1060 万元，同比增长 14.2%，增收 132 万元，完成年度计划（1049 万元）的 101%；县级收入 3800 万元，同比增长 20.3%，增收 642 万元，完成年度计划（3654 万元）的 104%。

2010 年，临高地税局工商税共组织收入 9141 万元，同比增长 48%；增收 3007 万元，完成年度计划（6630 万元）的 137.7%。其中中央级收入 1200 万元，同比增长 5.6%，增收 63 万元，完成年度计划（1180 万元）的 101.7%；省级收入 1586 万元，同比增长 59.9%，增收 654 万元，完成年度计划（1100 万元）的 144.2%；县级收入 6355 万元，同比增长 49.8%，增收 2005 万元，完成年度计划（4350 万元）的 146.1%。耕契税收入 2938 万元，同比增长 3.6%，增收 775 万元。社会保障费收入 11600 万元（预计数），同比负增长 5.7%，减收 710 万元。

1997—2000年临高县地方税务局组织收入完成情况表

表 9-2-4

项目	1997年		1998年		1999年		2000年	
	本年完成（万元）	比上年同期增加（%）	本年完成（万元）	比上年同期增加（%）	本年完成（万元）	比上年同期增加（%）	本年完成（万元）	比上年同期增加（%）
总计	1901	-18.8	2347	23.5	2678	14.1	2966	10.8
一、税收收入合计	1901	-18.8	2347	23.5	2678	14.1	2945	10.0
其中：中央级	—	—	—	—	—	—	—	—
省级	486	-31.5	473	-2.7	481	1.7	475	-1.2
市县级	1415	-13.2	1874	32.4	2197	17.2	2470	12.4
（一）工商税	1901	-18.8	2347	23.5	2678	14.1	2945	10.0
1. 国内增值税	298	10.8	285	-4.4	345	21.1	129	24.3
2. 营业税	866	-40.5	1008	14.6	936	-6.8	735	-21.7
3. 企业所得税	3	-88.9	19	533.3	31	63.2	44	41.9
4. 个人所得税	365	27.6	620	69.9	847	36.6	1082	27.7
5. 资源税	28	40.0	31	10.7	39	25.8	59	51.3
6. 城镇土地使用税	43	—	40	-7.0	40	—	66	65.0
7. 城市维护建设税	88	29.4	98	14.4	74	-24.5	128	73.0
8. 印花税	5	66.7	2	-60.0	2	—	3	50.0
9. 土地增值税	12	33.3	10	-16.7	116	1060.0	105	-9.5

续表 9-2-4

项目	1997 年		1998 年		1999 年		2000 年	
	本年完成（万元）	比上年同期增加（%）	本年完成（万元）	比上年同期增加（%）	本年完成（万元）	比上年同期增加（%）	本年完成（万元）	比上年同期增加（%）
10. 房产税	118	4.4	121	2.5	136	12.4	174	27.9
11. 车船税	24	–14.3	54	125.0	43	–20.4	51	18.6
12. 屠宰税	51	168.4	59	15.7	66	11.9	69	4.5
（二）耕契二税	—	—	—	—	—	—	—	—
1. 契税	—	—	—	—	—	—	—	—
2. 耕地占用税	—	—	—	—	—	—	—	—
二、非税收入	—	—	—	—	—	—	21	—
（一）教育费附加	—	—	—	—	—	—	21	—
（二）文化事业建设费	—	—	—	—	—	—	—	—
（三）地方教育费	—	—	—	—	—	—	—	—
三、社保基金	—	—	—	—	—	—	—	—
四、工会费	—	—	—	—	—	—	—	—
五、残保金	—	—	—	—	—	—	—	—

2001—2004 年临高县地方税务局组织收入完成情况表

表 9-2-5

项目	2001 年		2002 年		2003 年		2004 年	
	本年完成（万元）	比上年同期增加（%）	本年完成（万元）	比上年同期增加（%）	本年完成（万元）	比上年同期增加（%）	本年完成（万元）	比上年同期增加（%）
总计	3669	23.7	4809	31.1	6092	26.7	6380	4.7
一、税收收入合计	2720	–7.6	2972	9.3	3043	2.4	3240	6.5
其中：中央级	—	—	353	—	398	12.7	601	51.0
省级	315	–33.7	297	–5.7	340	14.5	389	14.4
市县级	2405	–2.6	2322	–3.5	2305	–0.7	2250	–2.4
（一）工商税	2720	–7.6	2972	9.3	3043	2.4	3240	6.5
1. 营业税	736	0.1	861	17.0	972	1.3	977	12.0
2. 企业所得税	32	–27.3	15	–53.1	36	140.0	282	683.3
3. 个人所得税	1138	5.2	693	–39.1	651	–6.1	720	10.6
4. 资源税	47	–20.3	114	142.6	80	–29.8	66	–17.5
5. 城镇土地使用税	47	–28.8	72	53.2	98	36.1	89	–9.2
6. 城市维护建设税	230	79.7	225	–2.2	193	–14.2	258	33.7
7. 印花税	5	66.7	3	–40.0	9	200.0	5	–44.4
8. 土地增值税	160	52.4	269	68.1	519	92.9	398	–23.3
9. 房产税	197	13.2	512	159.9	386	–24.6	341	–11.7

续表 9-2-5

项目	2001 年		2002 年		2003 年		2004 年	
	本年完成（万元）	比上年同期增加（%）	本年完成（万元）	比上年同期增加（%）	本年完成（万元）	比上年同期增加（%）	本年完成（万元）	比上年同期增加（%）
10. 车船税	63	23.5	120	90.5	110	-8.3	104	-5.5
11. 屠宰税	65	-5.8	88	35.4	89	1.1	—	-100.0
（二）耕契二税	—	—	—	—	—	—	—	—
1. 契税	—	—	—	—	—	—	—	—
2. 耕地占用税	—	—	—	—	—	—	—	—
二、非税收入	19	-9.5	25	31.6	49	96.0	72	46.9
（一）教育费附加	19	-9.5	25	31.6	49	96.0	72	46.9
（二）文化事业建设费	—	—	—	—	—	—	—	—
（三）地方教育费	—	—	—	—	—	—	—	—
三、社保基金	930	—	1812	94.8	3000	65.6	3068	2.3
四、工会费	—	—	—	—	—	—	—	—
五、残保金	—	—	—	—	—	—	—	—

2005—2010 年临高县地方税务局组织收入完成情况表

表 9-2-6

目录	2005 年		2006 年		2007 年		2008 年		2009 年		2010 年	
	本年完成（万元）	比上年同期增加（%）	本年完成（万元）	比上年同期增加（%）	本年完成（万元）	比上年同期增加（%）	本年完成（万元）	比上年同期增加（%）	本年完成（万元）	比上年同期增加（%）	本年完成（万元）	比上年同期增加（%）
总计	8207	28.6	9451	15.2	11613	22.9	11920	2.6	18822	—	35961	91.1
一、税收收入合计	3568	10.1	4302	20.6	4836	12.4	5042	4.3	6253	24.0	16971	171.4
其中：中央级	847	40.9	1083	27.9	868	−19.9	777	−10.5	1137	46.3	1529	34.5
省级	546	40.4	671	22.9	812	21.0	928	14.3	1091	17.6	2553	134.0
市县级	2175	−3.3	2548	17.1	3156	23.9	3337	5.7	4025	20.6	12889	220.2
（一）工商税	3568	10.1	4302	20.6	1836	12.4	5012	4.3	6253	24.0	11710	87.3
1. 营业税	1373	40.5	1718	25.1	2316	34.8	2593	12.0	3070	18.4	5346	74.1
2. 企业所得税	613	117.4	786	28.2	421	−46.4	358	−15	865	141.6	1491	72.4
3. 个人所得税	799	11.0	1018	27.4	1026	0.8	935	−8.9	1031	10.3	1057	2.5
4. 资源税	48	−27.3	51	6.3	52	2.0	50	−3.8	57	14.0	64	12.3
5. 城镇土地使用税	95	6.7	101	6.3	156	54.5	327	109.6	335	2.4	606	80.9
6. 城市维护建设税	246	−4.7	285	15.9	297	4.2	333	12.1	378	13.5	491	29.9
7. 印花税	19	280.0	15	−21.1	19	26.7	20	5.3	43	115.0	82	90.7
8. 土地增值税	113	−71.6	88	−22.1	306	247.7	198	−35.3	229	15.7	2315	910.9

续表 9-2-6

目录	2005年		2006年		2007年		2008年		2009年		2010年	
	本年完成（万元）	比上年同期增加（%）	本年完成（万元）	比上年同期增加（%）	本年完成（万元）	比上年同期增加（%）	本年完成（万元）	比上年同期增加（%）	本年完成（万元）	比上年同期增加（%）	本年完成（万元）	比上年同期增加（%）
9. 房产税	222	-34.9	188	-15.3	209	11.2	204	-2.4	208	2.0	255	22.6
10. 车船税	40	-61.5	52	30.0	34	-34.6	24	-29.4	37	54.2	3	-91.9
（二）耕契二税	—	—	—	—	—	—	—	—	—	—	5261	—
1. 契税	—	—	—	—	—	—	—	—	—	—	1122	—
2. 耕地占用税	—	—	—	—	—	—	—	—	—	—	4139	—
二、非税收入	176	144.4	182	3.4	49	96.0	72	46.9	224	16.1	294	31.3
（一）教育费附加	176	144.4	182	3.4	49	96.0	72	46.9	223	15.5	293	31.4
（二）文化事业建设费	—	—	—	—	—	—	—	—	1	—	1	—
三、社保基金	4463	45.5	4967	11.3	3000	65.6	3068	2.3	12310	84.8	13390	8.8
四、工会费	—	—	—	—	—	—	—	—	35	40.0	45	28.6

（二）农业税收入

1986年至1999年2月，农业税由县财政局农财股负责征收。1990年，全县共征收农业税119.7万元。1992年，全县征收农业税185.9万元，征收香蕉特产税1.6万元，征收农林特产税139万元，征收林木产品税21.5万元，全年共征收农业四税348万元。1993年，全县共征收农业四税404万元，超额27.9%，比上年增收56万元，增长16.09%。其中农业税228.8万元。1995年，全县征收农业税838.5万元，较1990年增加718.8万元，增长6倍。1996年，农业税收入964.5万元，农业特产税收入935万元，耕地占用税收入112万元，契税收入36万元。1999年3月，设立临高县地税局农税分局（副科单位），将原县财政局负责征收农业税的管理职能划入该分局征收。2000年3月，成立临高县农业税征收管理局（正科级单位），将农业税（四税）归口该局管理，隶属县政府直属单位，全局共36人。同年，全县征收农业税1209.6万元，较1995年增加371.1万元，增长44.25%，实现农业税收入1705.9万元，完成县年度计划任务1668万元的102.23%，增收63.7万元。2003年，农村税费改革进展顺利，实施新的农业税收政策和农村税费转移支付政策，取消乡村统筹、农村教育集资、屠宰税，全县农民负担减少127702万元，降幅52.7%。2005年1月1日，海南省比全国率先一年取消农业税、农业特产税。2010年10月，全省地税系统进行三项体制改革和机构改革，临高县农业税征收管理局划转至临高县地方税务局，成立临高县地方税务局直属分局,规格为正科级，参照公务员法管理的事业单位。除了负责耕地占用税、契税的征收管理外，牵头负责房地产税收一体化管理工作，全分局共30人。

1989—1994年临高县农业税征收情况表

表9-2-7　　　　单位：万元

年份	1989年	1990年	1991年	1992年	1993年	1994年
合计	120.5	119.7	187.8	185.9	228.8	475.9
临城镇	9.4	8.7	6.5	4.5	26.4	24.2
波莲镇	13.2	12.7	12.6	16.8	20.0	45.5
东英镇	10.1	9.6	14.1	15.4	15.4	28.6
博厚镇	16.8	17.2	23.0	24.9	28.8	57.4
美台乡	11.0	9.6	15.1	14.0	14.3	28.7
多文镇	8.0	9.1	13.0	13.9	13.8	25.3

续表 9-2-7

年份	1989 年	1990 年	1991 年	1992 年	1993 年	1994 年
龙波镇	5.6	5.3	7.60	8.5	8.6	19.1
皇桐镇	7.4	7.4	14.20	15.6	16.6	46.2
东江乡	4.6	4.4	7.60	5.5	7.4	11.2
和舍镇	11.6	11.3	38.70	33.1	36.8	83.0
南宝乡	7.4	9.8	12.60	10.8	14.5	28.4
新盈镇	4.9	4.2	7.40	7.4	7.5	27.5
美良镇	5.7	5.6	8.30	8.4	9.7	16.3
马袅乡	4.4	4.4	6.60	6.4	6.6	10.2
调楼镇	—	—	0.02	0.1	0.4	17.8
美夏乡	0.4	0.4	0.50	0.6	2.0	6.5

1995—2000 年临高县农业税征收情况表

表 9-2-8　　单位：万元

年份	1995 年	1996 年	1997 年	1998 年	1999 年	2000 年
合计	838.5	964.5	904.4	1009.3	1030.2	1209.6
临城镇	76.8	66.3	38.0	28.0	34.2	53.7
波莲镇	60.8	50.0	41.8	56.8	61.3	55.2
东英镇	41.1	45.6	38.0	42.6	41.7	45.2
博厚镇	73.4	76.5	63.3	67.8	62.9	68.2
美台乡	41.6	53.3	47.1	59.0	57.6	57.0
多文镇	39.3	47.9	49.6	54.8	49.4	38.4
龙波镇	32.2	34.3	36.2	31.5	27.0	29.8
皇桐镇	43.8	45.0	33.7	34.6	42.1	35.9
东江乡	17.2	23.3	18.8	15.8	12.0	13.9
和舍镇	82.3	79.6	44.2	53.5	52.0	58.7
南宝乡	45.1	39.8	32.5	28.4	32.8	38.7
新盈镇	120.1	164.0	190.8	247.1	261.0	324.0
美良镇	37.2	35.3	28.8	30.2	31.1	26.4

续表 9-2-8

年份	1995 年	1996 年	1997 年	1998 年	1999 年	2000 年
马袅乡	16.7	17.7	1.8	23.7	21.6	22.1
调楼镇	101.2	175.5	227.1	226.6	237.0	329.6
美夏乡	9.7	10.4	12.7	8.9	6.5	12.8

说明：2001—2010 年具体数据缺失

（三）社会保险费收入

2001 年，临高县四项社会保险费（养老保险费、医疗保险费、失业保险费、工伤保险费）收入仅为 1207 万元，至 2010 年，五项社会保险费（即养老保险费、医疗保险费、失业保险费、工伤保险费、生育保险费）收入累计增加到 13395 万元。特别是 2010 年，省下达养老保险费征收任务为 8212 万元（含农垦系统 1206 万元），实际征收 8757 万元，完成总任务的 107%，增收 545 万元。

四、税收征管

（一）征管区域

1986—1993 年，临高县税务局在各乡镇设派出机构（所），负责所在乡镇行政区域的税收征管。征管区域共有 17 个税务所，临城税务所（由临城西门税务所和临城东门税务所组成）、文澜江税务所、博厚税务所、马袅税务所、皇桐税务所、龙波税务所、多文税务所、东江税务所、加来农场税务所、和舍税务所、南宝税务所、东英税务所、美夏税务所、美良税务所、调楼税务所、新盈税务所、波莲税务所。1994 年，成立县地税局，设立直属机构国有企业所和涉外股，国有企业所负责全县国有企业的税收征管，涉外股负责外资企业的税收征管，如当时设在外经大院的胸围厂、电子厂、服装厂等。

1995 年，撤销临城税务所，把临城税务所对临城镇行政区域的税收征管划分由东门、西门和文澜江所管辖，东门税务所负责解放路以南至文澜江北岸的区域，除了正常的税收征管外，还规定其负责临城地区私人建筑安装的税收征管。西门税务所负责解放路以北的区域，文澜江税务所负责文澜江北岸的区城（即原文澜江乡的行政区划）。

1999 年 4 月，撤销文澜江所，成立直属一所和直属二所，直属一所接管原来国有企业所和涉外股的业务（1995 年 1 月 23 日国、地税分设后涉外股撤销），同时，管理县引进项目和几个开发区的税收，如金牌、双龙开发区等。直属二所负责县城建筑安装税收和全县范围内大的县级建设项目以及临城地区的车船税收。2003 年 4 月，因上级要求对基层征收单位以地名或专业命名，直属一所更名为文澜江所，直属二所更名为建筑安装所，两个所管理的税收业务没有改变。

2010年9月，全省地税系统进行地税农税体制和社保费征管三项改革。撤销全县各镇的税务所，征管区域重新整合，由新成立的一、二、三、四分局负责。一分局负责原来文澜江建安所、临城、东英所行政区域的税收征管；二分局负责新盈、调楼、波莲行政区域的税收征管；三分局负责多文、加来、和舍、南宝行政区域的税收征管；四分局负责博厚（马袅）、皇桐（龙波）行政区域的税收征管。同时，原县农业税征收管理局并入地税局，更名为直属分局，负责耕地占用税和契税的管理。

（二）征管模式

1986—1994年，税收的征收、管理、检查职能均由税收专管员一人负责。税票开具均为手工开具。1996年，县成立了征税中心和稽查队，征税中心负责企业的申报征收。稽查队成立后，征、管、查逐渐分离。2001年，开展车船使用税征管工作，以摩托车征收为突破口，调整征管侧重点，以面上征管转移到源头征管。强化税源普查登记，按属地征收管理的原则，以村委会、居委会、机关（企业）、工厂和农场作业区为单位，对户（单位）拥有摩托车数量进行摸底登记，编制征收底册。根据县交警提供的资料，将县城所有投入营运的正三轮摩托车的车牌号码输入办税服务厅电脑工作台统一管理。2005年，税收征收管理模块博思系统上线运行，开始实现计算机开票，手工开票与电脑开票并存，征、管、查三分离逐渐明晰，基层税管员管事与管户分开。

（三）征管户数

1986年至1995年1月国地税分设前，纳税户数约为1816户。1995年1月23日，国地税分设，至2005年博思系统上线前，纳税户数为1758户，其中纯管户662户，共管户1096户。2005—2010年，地税农税体制和社保费征管三项改革前，纳税户数为2014户，共中纯管户754户，共管户1350户。

2009年，按照省地税局的工作要求，把土地使用税税源录入工作当作夯实征管基础，“保增长、保民生、保稳定”的一项政治任务来抓。截至9月8日，已全面完成1197户的录入任务，合格率达100%。2010年，《海南省地方税务局关于全面推进财税库银横向联网电子缴税三方协议签约工作的紧急通知》下发后，按照省局工作要求，制定签约工作方案，立刻组织部署实施，要求各所于2010年9月10日、9月30日、10月20日、11月20日向局报送签约情况。全县签约1382户，占总户数（已迁入省局补录平台的户数）2256户的61%，签约进展情况较好，完成签约率50%以上的有10个所。

五、税务稽查

1992年，临高县地方税务局成立稽查队（为局内设机构，正股级单位），负责本县城区和农村区域的税务稽查工作，组织实施日常检查和专项检查、确定稽查对象、下达稽查工作任务、检查稽查任务的实施情况、组织实施年度税收大检查工作、检查基层税务部门的税款核定情况，受理税收案件的举报和办理偷、漏税案件稽查事项。

1995 年，正式开始税务稽查工作，全年查补税款 61 万元。1997 年，稽查队查补税款 63 万元。1998 年 10 月，税务稽查队更名为临高县地税局稽查分局（副科级单位），全年查补税款 68 万元。1999 年，查补税款 69 万元。2001 年 4 月，临高地方税务局稽查分局更名为临高地方税务局稽查局，成立 1 个综合股、2 个稽查队，人员由 3 人增加到 9 人。加强稽查工作领导，完善内部管理机制和健全稽查制度，稽查工作由任务型向执法型、随意型向计划型、分散型向集约型转变。2001—2010 年，每年查处涉税案件（包括举报案件）8～10 个。2009 年，开展地方税收专项检查工作，共查补税款入库 29 万元，加收滞纳金 2 万元。同时，对 2008 年度未查结和执行的税收案件进行扫尾工作，依法采取相关措施，进一步加大执法力度。共查补税款 1.1 万元、滞纳金 1000 元、罚款 8000 元。开展南方电网临高供电公司的税收专项检查工作，共查补税款入库 35 万元。2010 年 2 月，海南省地税稽查机构改革，省地方税务局党组决定成立第一至第五稽查局，同时临高地方税务局稽查局撤销，原临高地方税务局稽查局人员分流安置到省地方税务局第三稽查局（副处级单位）。

第三章 金 融

第一节 机 构

1986 年，临高县内有中国人民银行临高县支行、中国工商银行临高支行、中国农业银行临高县支行、中国建设银行临高支行、临高县农村信用合作联社、中国人寿保险临高支公司等六大金融机构，共计营业网点 51 个。其中，工商银行 7 个，农业银行 23 个，建设银行 1 个，信用联社 18 个，人寿保险 1 个。

1988—1997 年，由于临高县区域内的中国工商银行、中国农业银行及农村信用社下设网点过密，且临高县人口较少，各网点资源均无法得到充分利用，业务量小，加重了经营成本支出的负担。其间，1989 年，中国银行临高支行在临高县临城镇挂牌开业。该行设立新镇分理处、临城分理处，因业务量小，于 2000 年撤销。1993 年 7 月，成立临高县金牌城市信用合作社，因经营亏损于2002年7月停业整顿（至2010年尚在整顿中）。

从1998年开始，国有商业银行撤销大部分的营业场所。其中农行撤销18个，建行撤销4个，工行撤销10个，邮政储蓄撤销1个、农村信用社撤销34个。

2010年，临高县有人民银行1家；有6家银行业金融机构，即中国农业发展银行临高县支行（简称“农发行”）、中国农业银行股份有限公司临高县支行（简称“农行”）、中国工商银行股份有限公司临高支行（简称“工行”）、中国建设银行股份有限公司临高支行（简称“建行”）、临高县农村信用合作联社、中国邮政储蓄银行股份有限公司临高县支行。金融机构网点46个，其中农行7个、农村信用社20个、工行1个、建行1个、农发行1个、邮政储蓄银行16个。2家保险业金融机构，即中国人民财产保险股份有限公司临高支公司和中国人寿保险公司临高县支公司。

第二节　金融监管

临高县各大金融机构由中国人民银行临高县支行监管，作为中央银行的派出机构，独立行使基层央行职能。1986年后，国务院发布《保险企业管理暂行条例》明确规定中国人民银行为国家保险监管机关，在此期间，中国人民银行临高县支行加强各保险机构的监管和建立完善监管的内设机构。

一、机构设置

1986年，中国人民银行临高县支行内设人秘股、计划资金股、金管稽核股、会计国库股、货币发行股、保卫股。1990年，增设外汇管理股。1993年，增设监察室。1997年，增设农村合作金融管理股。2006年，撤销发行库、保卫股、货币发行股。至2010年，内设办公室、营业室、货币信贷和统计股，共有员工21人。

二、行政监管

1986年始，搭建政府、银行沟通平台，推进金融政策与财政政策、产业政策的协调配合。每季度组织召开金融分析会（座谈会），有县政府联系金融的领导、金融机构领导参加。通过会议分析辖内经济金融运行形势，提出解决经济金融运行中热点、难点及需要县政府协调解决的问题。

1995年，《中华人民共和国中国人民银行法》颁布后，中国人民银行临高县支行主要履行贯彻落实货币政策、监管、服务和金融稳定等职能。银监局临高办事处设立后，中国人民银行临高县支行的监管职能弱化，服务功能随之加强。

1997年，人行临高县支行正式使用“中央银行会计核算系统”，脱离自中华人民共和国成立后47年的手工操作。1998年，针对全县贷款沉淀难收问题，中国人民银行临高县支行着力组织各银行业金融机构依法收贷。提出建立金融安全县的方案并组织实施。

2003年4月，跨行清算纳入“大额支付系统”，“中央银行会计核算系统”同时运行；临高县域汇划业务进入“高速公路”，实现会计汇划业务网络一体化。2005年12月，纳入中央银行“会计集中核算系统”与“会计核算事后监督系统”，会计事后监督半脱离手工状态，实现会计事后监督业务联网电子化操作。2006年2月，汇划业务纳入“小额支付系统”，大大加速社会资金周转，增加资金使用效益。2006年开始，加强财、税、库对账管理，担负辖内反洗钱、征信工作。

2007年，实行财政国库集中支付改革试点工作，牵头成立由人行、财政、国税、地税、农税及各商业银行组成的临高县国库集中支付领导小组，负责业务培训、模拟运行、正式上线等项工作的落实，临高县率先成为全省第一个开展财政国库集中支付改革试点工作的单位。积极开展辖区财税库银横向联网推广工作，并确保按时上线运行。

2007年12月，落实县人大代表提出的“关于建立农村反假货币工作联络站（点）建议”，以农村信用社基层营业网点为基地，建立13个反假货币宣传工作联络站，营业网点主任为联络员，重点负责本区城的反假货币宣传工作，实现农村反假货币宣传经常化目标，增强社会公众防假识假的意识和能力。

2008年，农村信用社利用央行专项票据深入改革，人民银行临高县支行实施后续考核，加强对农村信用社完善法人治理结构、增资扩股、提高资本充足率、降低不良贷款比例的情况监测。同年，向县政府提出“合力治理信用，共同营造良好金融生态环境”的建议，得到采纳，并列入以后工作重点。督促县委、县政府采取措施，通过职能部门介入，积极配合农村信用社收贷，全面清收农村干部拖欠贷款以带动收贷工作。

2009年，开展征信、打击银行卡犯罪、反洗钱、反假货币等宣传，每年组织辖内银行业金融单位安排人员到现场主要街道、乡镇集市散发宣传资料，将宣传内容编成临剧、木偶戏在县城公园上演，并下乡巡回演出。在今日临高报和“临高政府网”设立征信知识宣传栏目，刊登《百姓征信知识问答》《征信伴我行》《亮出你的信用来》等征信常识，加大信用环境建设的力度。

2010年，及时传导实行适度宽松的货币政策，金融支持地方政府融资机构11亿元，支持“三农”发放惠农贷款2680万元。继续开展企业信用信息和农户信用信息采集工作，录入中小企业基本信息117家，采集中小企业信用信息档案100家，其中有财务数据的占40%。提供优质服务：全年办理预算收入累计51528笔，金额47427万元；财政拨款累计6475笔，金额137833万元；预算收入退库25笔，金额60万元；预算收入更正64笔，金额 5478 万元。

三、信贷管理

县内各金融机构信贷业务按照人民银行的《贷款通则》管理："贷前调查、贷中审查、贷后检查"。人民银行对支农再贷款实行"按月抽查、按季检查"的管理制度。2009 年，加强货币信贷管理，转发《2009 年海南省信贷工作指导意见》等 14 个文件，指导和督促各金融机构积极开拓信贷工作新局面，做好各领域信贷服务工作。按季度召开辖内经济金融形势分析座谈会，通报全县经济金融运行情况、农村信用社改革实施进展情况。加强民间借贷利率监测，分别深入到新盈、调楼等 6 个乡镇的监测点进行调研，制定《临高县民间借贷监测管理暂行办法》，并按时上报民间借贷利率报备表和民间借贷利率监测季度报告。

四、风险管理

人民银行切实加强风险管理。每季度对临高县农村信用合作联社部分经营指标进行农村金融稳定评价，发现存在风险时，发出风险提示函，指出存在问题，提出整改意见，落实风险预控措施。

五、利率管理

执行利率政策监测，加大利率市场化宣传、积极引导金融机构转变定价理念和自主定价方式，不断完善利率定价机制和市场风险管理机制；充分利用利率报备数据共享平台，全面掌握辖内金融机构利率政策执行情况；开展执行利率的检查。2009 年，贯彻执行中国人民银行有关基准利率、准备金率的调整政策，对每次利率调整后出现的新情况、新问题及时上报反馈。加大力度宣传利率市场化、利率自主定价政策，引导农村信用社扩大银行间同业拆放利率的运用范围，转变定价理念和自主定价方式，制定《临高县农村信用社人民币存贷款计息管理方案》、临高县农村信用社贷款利率调整表，符合实际定价机制。6 月，建立辖内银行业金融机构利率日常信息沟通制度。

六、征信管理

对银行业金融机构征信系统内控制度、数据报送、安全管理、异议处理进行监督检查。开展企业信用信息和农户信用信息采集工作。2009 年，举办征信知识培训班，让受训人员掌握征信知识；组织专业人员深入到各基层金融营业网点开展征信知识讲解，提高银行从业人员正确处理征信问题的能力。开展以"珍爱信用记录，享受幸福人生"为主题的征信知识宣传。通过银行柜面、宣传车、挂横幅、街道宣传亭等方式在县城主要街道和各墟镇进行大规模的宣传活动。两次大规模宣传周活动共有 43 个银行营业网点参与，组织宣传业务人员 50 多人，共散发征信拆页（手册）500 本，张贴发送宣传海报 120 张，悬挂宣传横幅45条。采集更新征信信息资料。全县录入的中小企业基本信息有117家，采集中小企业信用信息档案将近100家，有财务数据占35%；有14个农村信用社法人机构开展农户信用档案建设，农户数7万户，建立农户信用档案数410户，建立农户信用档案133个，对156户已建立信用档案农户发放贷款。严格执行贷款卡管理制度。全县核准发放贷款卡13家，贷款卡年审合格企业31家，有7家500万元以上企业出具人民银行认可资信评估公司评估证明及报告。2010年底，已录入的中小企业基本信息有117 家，采集中小企业信用信息档案100家，有财务数据占40%；有14个农村信用社法人机构建立农户信用档案，对160户已建立信用档案农户发放贷款。

七、现金管理

2009年，全县金融机构贯彻落实金融政策，促进经济增长，货币供应总量适度，存款保持快速增长，活期存款占据优势，企业存款同比大增；贷款稳步增加，贷款投向优化，现金投放增大。金融业整体运行趋势平稳。现金收支供需平衡，现金交易活跃，现金投放力度放大，从现金收支渠道上看，储蓄存款收支依然是现金收支主渠道。全县金融机构年累计收入合计437409万元，同比增加52978万元，增幅13.78%；年累计支出475856万元，同比增加54578万元，增幅12.96%；现金收支轧差呈净投放38447万元，同比增多投放1600万元。

2010年，现金收支出入不大，现金投放有所增加，主要是元旦、春节两大节日消费旺季带动所致。从现金收支渠道上看，储蓄存款收支依然是现金收支主渠道。全社会金融机构累计收入合计572551万元，同比增加128746万元，增幅29.01%；累计支出619764万元，同比增加136805万元，增幅28.33%；现金收支轧差呈净投放47214万元，同比增加投放20.58%。

第三节 银 行 业

一、中国农业发展银行临高县支行

1997年1月，成立中国农业发展银行临高县支行（简称“县农发行”），是隶属中国农业发展银行海南省分行的县级支行，行址在临高县临城镇临美路。至2010年末，有营业网点1个，内设两部（计划信贷部、会计出纳部）、一室（办公室）。

1998年，县农发行使用计算机，会计核算脱离手工操作。2003年初进入全国电子联行业务，同年4月与人行“大额支付系统”联网，2006年2月加入人行“小额支付系统”。

2001年，县农发行各项存款余额为2900万元，各项贷款余额为13304万元，全年经营亏损129万元。2006年，临高农发行各项存款余额为895万元，各项贷款余额为12790万元，全年实现利润140万元。2009年，农发行临高县支行与临高县基础建设发展控股有限公司（简称“县基础公司”）合作，开发政府建设项目。是年，各项贷款余额为21958万元。各项贷款月均余额为13888万元；各项存款余额10634万元（其中派生存款为9300万元），同比增加8715万元，增长454.1%。各项存款日均余额1015万元（企业事业存款为464万元、财政补贴存款为551万元），人均存款为85万元。不良贷款余额834万元，不良贷款余额占各项贷款的3.8%。同年，县农发行被总行评为“粮油信贷管理先进单位”。

至2010年末，已向县基础公司发放土地整治贷款8500万元、农村基础设施建设贷款17500万元，共计26000万元，用于临高县金龙大道项目的土地收储和建设。同时，已营销到政府疏港大道周边及临城镇新区土地储备项目，由农发行临高县支行提供融资30000万元，以及疏港大道建设项目，由农发行临高县支行提供融资17000万元，共计47000万元，为临高县的新农村建设提供有力支持。2010年，县农发行各项贷款余额为38794万元，各项存款余额为21421万元，全年实现利润1012万元。

二、中国工商银行股份有限公司临高支行

1986年7月，中国工商银行临高县支行从中国人民银行临高县支行独立出来，办公地点在临高县临城镇解放路13号，内设会计股、出纳股、计划股、工业信贷股、商业信贷股、储蓄股、办公室等部门。2005年11月，中国工商银行实施股份制改革，更名为中国工商银行股份有限公司临高分理处，内设营业部和综合管理部，由海南省分行直接管辖。2008年9月中国工商银行股份有限公司临高分理处划归洋浦分行管辖，名称变更为中国工商银行股份有限公司临高支行。

1990年，工商银行临高县支行会计核算业务使用计算机处理会计账务，全面脱离传统手工操作。1999年4月，会计业务、储蓄业务建成全国通存通兑。2003年4月，与人行“大额支付系统”联网。2006年2月，加入人行“小额支付系统”。

中国工商银行股份有限公司临高支行主要经营范围为办理人民币、外币存贷款、个人储蓄、票据贴现，房地产贷款、结算（凡需行政许可的项目凭许可证经营）。

至2010年12月31日，临高工行各项存款余额达77204万元，四行占比为34%，比1986年增加73704万元；贷款350万元。存款余额中，储蓄存款为38497万元，对公存款38707万元，为临高地区对公结算业务最强的银行。

三、中国农业银行股份有限公司临高县支行

1986年，中国农业银行临高县支行下设营业网点23个。1998年，由于网点过多导致

业务量无法提升，成本支出大，造成资源浪费严重，撤销18个营业网点。2009年6月，中国农业银行临高县支行实施股份制改革，更名为中国农业银行股份有限公司临高县支行（简称“临高农行”），办公大楼坐落在临高县临城镇新镇北街015号。至2010年底，临高农行机关内设3个部门：综合管理部、运营财会部、客户部。全行辖7个营业网点，分别为支行营业部、临城分理处、江南分理处、解放路分理处、多文分理处、加来分理处、新盈分理处。

1990年，临高农行储蓄业务会计核算使用计算机。1991年，对公业务会计核算使用计算机处理会计核算业务。2000年，储蓄业务纳入全国通存通兑。2003年4月，与人行“大额支付系统”联网。2004年，纳入农行全国联行汇划资金一网通。2006年，加入人行“小额支付系统”。

2010年底，各项存款余额达107311万元，存款存量、增量均创历史最好水平。其中：储蓄存款余额达74788万元，对公存款余额32517万元，新增发借记卡16550张，新发贷记卡621张，个人网上银行新增注册量1161户，企业网上银行新增注册量21户，个人电话银行新增注册量2767户，手机银行新增注册量1377户，消息服务注册客户7446户，新增特约商户21户，第三方存管业务开户117户，实现中间业务收入287万元，不良贷款清收104万元，各项业务收入4093万元（其中贷款利息收入207万元），同比增收1826万元；各项支出3666万元，实现拨备前利润428万元，实现拨备后利润392万元，完成省行下达拨备后利润指标40万元的979%，是临高支行有史以来的首次盈利，利润指标完成率居全省农行第一。累计新增发放惠农卡1.49万张，新增授信1288户，新增农户小额贷款用信862.3万元，完成年度用信任务700万元的123.19%。

四、中国建设银行股份有限公司临高支行

1986年，中国建设银行仅设有一个营业点，办公地点在临城镇江北路。1988年初，中国建设银行临高县支行办公楼迁至临城镇解放路4号。1994年12月，迁至临城镇文明中路。1996年，中国建设银行临高县支行更名为中国建设银行临高县支行。2004年9月，更名为中国建设银行股份有限公司临高支行。2010年，中国建设银行股份有限公司临高支行有营业网点1个，自助银行设备3台。

1993年5月，中国建设银行股份有限公司临高支行使用计算机处理会计核算业务。1996年，利用会计业务电子汇划系统，异地汇划实现2小时快捷服务。1999年7月，储蓄业务实现全国通存通兑。2000年11月，纳入CBS系统，实现全省数据集中处理。2003年4月，与人行“大额支付系统”联网。2005年4月，纳入DCC系统。2006年2月，加入人行“小额支付系统”。

1986—1990 年，全行储蓄存款余额累计为 3148 万元，发放各类贷款累计为 6150 万元。1991—1995 年，全行储蓄存款余额累计为 13038 万元，发放各类贷款累计为 25173 万元。1996—2000 年，全行储蓄存款余额累计为 33976 万元，发放各类贷款累计为 32877 万元。2001—2005 年，全行储蓄存款余额累计为 26083 万元，发放各类贷款累计为 46 万元。2006—2010 年，全行储蓄存款余额累计为 2.80 亿元，发放各类贷款累计为 962 万元。

五、中国邮政储蓄银行临高县支行

1987 年，临高邮政在县城开办第一个邮政储蓄网点，储户 303 人，储蓄余额 11.40 万元，收储余额全部上缴中国人民银行，中国人民银行按上缴金额的 2.2%付给邮政局手续费。1993 年，储蓄网点已达 12 个，储蓄余额达到 1000 万元，邮政报刊发行、邮政储蓄事后监督、册报和营业窗口电话计费全部实现微机处理，邮政储蓄业务开始进入较快发展阶段。2001 年，储蓄余额突破亿元大关，达到 10268 万元。2010 年，邮政余额达到 9.06 亿元（其中邮政储蓄银行网点 2.43 亿元）。1996 年，邮政金融业务仅办理邮政储蓄，汇兑这两项业务。随着社会的发展，临高邮政金融业务种类也随着用户的需求不断增多，新增邮政储蓄网点 1 个，总数达到 17 个，邮政储蓄绿卡网点实现省内通存通兑。1999 年，全年改造 5 个邮储网点，新增 1 个邮储网点，开办 8 个通存通兑网点，3 个中创网点。2008 年 5 月 16 日，中国邮政储蓄银行临高县支行（简称“邮储支行”）成立，是邮储银行海南省分行的下属县级支行，在全县有 16 个网点，其中：一类二级支行 2 个，二类二级支行 4 个，邮政代理网点 10 个。在一类二级支行中，有 1 个县城网点和 1 个乡镇网点，分别为县支行营业部和新盈镇支行。县支行内设综合管理部、综合业务部、会计核算部、信贷部。

邮储支行的主营业务包括存取款业务、银行卡业务、汇兑业务、信用卡业务、代理基金、理财、保险业务、代收付类业务、pos 刷卡机具、商易通业务、个人网银、企业网银业务、非税业务、资金托管业务、公司结算、公司存款业务、信贷业务等。

2009 年，全县邮储存款余额达到 6.67 亿元，较上年增加 1.3 亿元，完成年度计划的 118%，提前半年完成省行全年净增余额计划，市场占有率达到 30.78%。全年新增余额占比达到 37.43%，在全县金融机构中排名第一。其中，自营网点储蓄存款余额达到 1.8 亿元，全年净增余额达到 3723 万元，完成省行年度计划的 137.8%。全行贷款结余余额 1091.51 万元，其中小额贷款结余 126.88 万元，个人商务贷款结余 964.63 万元。全县金融业务收入共计完成 1558 万元；自营收入完成 471 万元，同比增长 29.04%，实现利润收入 201 万元。公司业务存款余额达到 994.72 万元，比上年增加 381.88 万元，增长 62.31%，完成计划目标的 91.2%。理财业务份额扩大，汇兑业务共开发汇票 39544 张，开发金额 15263.31

万元；理财业务共发展 47 笔，金额 780.6 万元；基金业务开立 324 户，金额 143 万元；短信业务共加办 21406 户。中间业务收入完成 16 万元。

2010 年，全行公司业务存款余额达 10887.56 万元。临高邮储银行贷款结余金额为 2762.48 万元，其中小额信用贷款结余 1080.28 万元，个人商务贷款结余 1682.2 万元。扶贫到户贷款贴息项目共计发放贷款资金为 498.5 万元,其中投向种植业的贷款资金为 281.5 万元，占总资金的 56.13%，受益户达 70 户；投向其他（包括购买机耕、渔船改网等）的贷款资金为 217 万元，占总资金的 43.27%，受益户达 46 户。

六、临高县农村信用合作联社

1986 年，临高县农村信用社共有机构网点 53 个，其中：信用合作社 17 个，信用站 36 个，农村信用社营业网点分布全县城乡。1996 年 11 月，农村信用社行政上隶属于县农业银行。1996 年 12 月，农村信用社与农业银行正式脱离行政隶属关系。脱离农行后，农村信用社划归海南省农村金融体制改革办公室行业管理,1999 年 4 月划归中国人民银行海口中心支行管理。2003 年 11 月，划归海南银监局管理。2007 年 8 月 10 日，省联社成立，临高县农村信用社归省联社行业管理。2010 年 8 月 13 日，以县为单位进行统一法人改革，取消信用合作社一级法人资格，成立以县为单位统一法人单位，即临高县农村信用合作联社。完善法人治理结构，建立“三会一层”，即社员代表大会、理事会、监事会和经营管理层。至 2010 年底，临高县农村信用合作联社有机构网点 20 个，其中营业部 1 个，信用社 13 个，分社 6 个。县联社机关内设综合部、人力资源部、财务会计部、资金营运部、风险管理部、银行卡业务部、信息电脑部、稽核监察部、保卫部等 9 个部门。

1986—1990 年，临高全县农村信用社存款总额为 3216 万元，贷款总额为 2908 万元。1991—1995 年,全县农村信用社存款总额为 8362 万元,贷款总额为 8107 万元。1996—2000 年，临高全县农村信用社存款总额 19565 万元，贷款总额为 9531 万元。2001—2005 年，临高全县农村信用社存款总额为 32782 万元，贷款总额为 23353 万元。2006 年末，全县农村信用社存款总额为 38365.99 万元，贷款总额为 26859.19 万元。2007 年末，全县农村信用社存款总额为 47585.57 万元，贷款总额为 29744.09 万元。2008 年末，全县农村信用社存款总额为 54040.26 万元，贷款总额为 23811.99 万元。2009 年末，全县农村信用社存款总额为 86250.15 万元，贷款总额为 31770.09 万元。

至 2010 年年末，全县农村信用社存款总额为 114918.58 万元，贷款总额为 66091.91 万元。

第四节　银行业务

一、存款业务

1986年，全县国家银行各项存款余额为6532.4万元，其中企业存款1974.9万元，财政性存款335.4万元，城镇储蓄存款2876.8万元，农村存款787.6万元，信托存款26万元，其他存款531.7万元。

1990年，全县国家银行各项存款余额为12846万元，其中企业存款2727万元，财政性存款106万元，城镇储蓄存款8483万元，农村存款460万元，信托存款114万元，其他存款956万元。

1995年，全县国家银行各项存款余额为48535万元，其中企业存款11714万元，城镇储蓄存款36803万元，农村存款544万元，信托存款356万元，机关团体存款615万元，财政性欠款1497万元。

2000年，全县国家银行各项存款余额为83745万元，其中企业存款12247万元，财政性存款232万元，城镇储蓄存款68092万元，农村存款985万元，机关团体存款756万元，其他存款1433万元。

2003年，全县金融机构各项存款余额106568万元，比上年增加16036万元，增长17.71%，其中城乡居民储蓄存款94084万元，增长12.3%。

2005年，全县金融机构各项存款余额147116万元，比年初增加1.7亿元，增长13.5%，“十五”期间平均每年递增8%。其中城乡居民储蓄存款余额118955万元，比上年增长9.9%。

2010年，全社会银行业金融机构本外币各项存款余额437176万元，比年初增加153947万元，增幅28.84%，其中国有商业银行本外币各项存款余额147166万元，比年初增加51249万元，增幅34.83%；其他金融机构本外币各项存款余额234906万元，比年初增加71412万元。农村金融机构由于网点和网络占据农村市场优势，吸收存款能力比国有商业银行强。农村信用社和邮储银行人民币各项存款余额214768万元，比年初增加61311万元，占存款总额49.13%；国有商业银行人民币各项存款余额147166万元，比年初增加51249万元，占存款总额33.66%。企业存款107042万元，储蓄存款301946万元，其他存款105406万元。

1986—2010年临高县国家银行分项目存款余额表

表9-3-1　　　　单位：万元

年份	年末存款余额合计	其中						
		企业存款	财政性存款	城镇储蓄存款	农村存款	信托存款	机关团体存款	其他存款
1986年	6532.4	1974.9	335.4	2876.8	787.6	26.0	—	531.7
1987年	6526.7	1177.4	216.8	4108.0	841.4	8.1	—	175.0
1988年	9201.4	1790.7	160.7	5199.7	783.4	736.5	—	530.4
1989年	9154.0	1794.0	63.0	5888.0	707.0	97.0	—	605.0
1990年	12846.0	2727.0	106.0	8483.0	460.0	114.0	—	956.0
1991年	15704.0	3352.0	−511.0	11419.0	406.0	98.0	591	349.0
1992年	22638.0	4376.0	17.0	15719.0	1180.0	211.0	678	457.0
1993年	38416.0	9644.0	18.0	23653.0	2191.0	356.0	1077	1477.0
1994年	45175.0	11722.0	−1483.0	31465.0	2290.0	−22.0	1203	—
1995年	48535.0	11714.0	−1497.0	36803.0	544.0	356.0	615	—
1996年	48748.0	7423.0	−655.0	40774.0	282.0	54.0	870	—
1997年	66857.0	7766.0	111.0	54846.0	558.0	—	611	2965.0
1998年	69638.0	7574.0	215.0	59939.0	766.0	—	669	475.0
1999年	77614	9395	265	65586	833	—	791	744
2000年	83745	12247	232	68092	985	—	756	1433
2001年	89064	—	—	54180	17683	—	—	—
2002年	97703	—	—	61283	22465	—	—	—
2003年	106568	—	—	70190	23894	—	—	—
2004年	129090	—	—	80626	27084	—	—	—
2005年	147116	—	—	87757	31198	—	—	—
2006年	174322	—	—	103237	35403	—	—	—
2007年	208291	—	—	116906	40799	—	—	—
2008年	256912	—	—	111242	47356	—	—	—
2009年	283230	—	—	134565	59044	—	—	—
2010年	437176	—	—	204398	59044	—	—	—

二、贷款业务

1986年，临高县国家银行分项目贷款余额合计17688万元，其中流动资金贷款10677.6万元，农业贷款2876.4万元，固定资产贷款3947.9万元，信托贷款186.1万元，无其他贷款。

1990年，临高县国家银行分项目贷款余额合计34938万元，其中流动资金贷款22120万元，农业贷款6445万元，固定资产贷款4513万元，信托贷款402万元，其他贷款1458万元。

1995年，临高县国家银行分项目贷款余额合计78877万元，其中流动资金贷款56488万元，农业贷款7312万元，固定资产贷款12134万元，信托贷款312万元，其他贷款2631万元。

2000年，临高县国家银行分项目贷款余额合计77579万元，其中流动资金贷款47618万元，农业贷款9207万元，固定资产贷款20754万元。

2005年，全县金融机构各项贷款余额77750万元，比上年减少5.5%。2006年，全县金融机构各项贷款余额76455万元，比上年减少1.7%。

2007年，支持“三农”贷款，采用农民小额信用贷款、农户联保信用贷款、工资担保贷款、小额担保贷款、工资抵押贷款、“干部+农户”、“工资+抵押物”等贷款形式，支持临高特色经济和高效农业发展。农村信用社利用人民银行支农再贷款支持甘蔗种植，一改长期以来糖厂吃不饱的状况，实现全年农业总产值达38亿元，地方财政收入首次突破亿元，增长87%。全县金融机构各项贷款余额75126万元，比上年减少1.7%。

2009年，全社会金融机构本外币各项贷款余额57652万元，比年初增加19220万元，增幅50.01%，其中国有商业银行贷款余额2742万元，比年初增加1546万元；其他金融机构贷款余额54910万元，比年初增加17675万元。金融部门发放0.85亿元用于土地储备；向临高县政府出资注册的临高县城镇建设投资有限公司、临高县基础建设发展控股有限公司注入资金将近11亿元，其中县农发行和县农村信用社发放贷款余额4亿元，支持基础设施建设。

2010年，全社会金融机构本外币各项贷款余额111430万元，比年初增加53778万元。其中国有商业银行贷款余额4067万元，比年初增加1325万元；其他金融机构贷款余额107363万元，比年初增加74411万元。短期贷款17423万元，中长期贷款94356万元。农村信用社各项贷款余额66092万元，比年初增加34322万元，占贷款总额59.31%。农发行贷款余额38794元，比年初增加16836万元，占贷款总额34.81%。国有商业银行贷款余额4067万元，比年初增加1325万元，仅占贷款总额3.64%。全县惠农贷款达2680万元，惠及1600多户。较为突出的是金融支持10个乡镇大学生村官创业，并建立统计监测点。其中，和舍镇群儒村委会大学生村官创业融资模式的典型个案被中国人民银行海口中心支行列为监测重点。

1986—2010年临高县国家银行分项目贷款余额表

表9-3-2　　　　单位：万元

年份	年末贷款余额合计	其　中				
		流动资金贷款	农业贷款	固定资产贷款	信托贷款	其他贷款
1986年	17688.0	10677.6	2876.4	3947.9	186.1	—
1987年	21353.9	12464.7	4470.3	3940.2	169.3	309.4
1988年	26314.1	17017.2	4523.4	4294.1	388.1	91.3
1989年	31330.0	20024.0	5821.0	4416.0	436.0	633.0
1990年	34938.0	22120.0	6445.0	4513.0	402.0	1458.0
1991年	37936.0	24318.0	7423.0	4601.0	490.0	1104.0
1992年	43849.0	28368.0	8587.0	5216.0	455.0	1223.0
1993年	51920.0	33997.0	8750.0	7354.0	412.0	1407.0
1994年	68737.0	48729.0	8136.0	10570.0	—	1302.0
1995年	78877.0	56488.0	7312.0	12134.0	312.0	2631.0
1996年	80276.0	59541.0	6884.0	11752.0	—	2099.0
1997年	97431.0	71378.0	9511.0	16542.0	—	—
1998年	98668.0	70222.0	8501.0	19945.0	—	—
1999年	105756.0	74483.0	8616.0	22657.0	—	—
2000年	77579.0	47618.0	9207.0	20754.0	—	—
2001年	80973.0	—	—	—	—	—
2002年	81661.0	—	—	—	—	—
2003年	86788.0	—	—	—	—	—
2004年	82275.0	—	—	—	—	—
2005年	77750.0	—	—	—	—	—
2006年	76455.0	—	—	—	—	—
2007年	75126.0	—	—	—	—	—

续表 9-3-2

年份	年末贷款余额合计	其中				
		流动资金贷款	农业贷款	固定资产贷款	信托贷款	其他贷款
2008 年	39012	—	—	—	—	—
2009 年	57652	—	—	—	—	—
2010 年	111430	—	—	—	—	—

三、中间业务

1985 年 4 月起，临高银行业联行往来实行“自成联行系统，跨行直接通汇，相互发报移卡，及时清算资金”的办法，1987 年 4 月，改为“跨行汇划款项，相互转汇”。1988 年 4 月起，执行《中国人民银行海南省分行辖内往来制度》，主要内容为直接往来，分别核算，集中监督和划分年度、查清结平。

1986 年 10 月，临高县同城票据交换所在人行临高县支行挂牌成立，各银行类机构参加票据交换，后来临高县农村信用合作社联合社与农行脱钩后才加入交换。同城票据交换起初每天交换一场，后达到两场。同城票据交换加快企业资金周转，减少资金在途占用时间，提高资金使用效率。1989 年 4 月 1 日起，全县各银行、信用社执行《银行结算办法》，异地结算有银行汇票、商业汇票、汇兑、委托收款等方式；同城结算使用支票结算、委托收款结算。废止托收无承付结算、保付支票结算，银行本票暂不开办。停办国内信用证、省内限额结算、旅行支票结算方式。5 月，又废止付款委托书。同年 8 月停止托收承付结算。

1990 年 4 月，执行改革联行清算制度，使异地银行间汇划资金与资金清算同步进行，汇差资金统一由人行控制。同年 5 月，海南省资金清算中心成立，运用卫星通信网的电子联行代替手工联行，临高县域汇划款项全部纳入人行资金清算中心汇划和资金清算范围。

1993 年 1 月 1 日，人行临高县支行将资金收付记账法改为借贷记账法。同年 7 月 1 日，金融企业会计报表，取代从 1985 年第二季度执行的全国银行统一会计报表。工行临高县支行、农行临高县支行从 1994 年 1 月 1 日起、建行临高县支行从 2000 年起，从资金收付记账法改为借贷记账法。1996 年底，农发行临高县支行成立后就使用借贷记账法，但会计核算还采取手工核算。1998 年才正式脱离手工开始使用计算机。

2009 年，抓好银行卡宣传和服务工作，成立临高县联合整治银行卡违法犯罪办公室并负责日常事务，落实省整治办的各项工作要求；组织各金融机构开展银行卡宣传活动，宣传银行卡产业取得的成就，加强社会公众的安全用卡意识和技能，树立社会信心；按时向省整治办报送银行卡风险事件和案件信息。依法履行账户管理职能，做好银行结算账户许可证的核发工作，全年共开销户 297 个，其中核批开户许可证 224 个，撤销账户 73 个。核批开户许可证 224 个，其中基本账户 132 个、一般存款账户 48 户、专用账户 42 个、临时账户 2 个。撤销账户 73 个，其中基本账户 32 个、一般存款账户 15 户、专用账户 20 个、临时账户 6 个。

2010 年，加强账户管理，维护结算秩序，规范账户管理行政许可程序，加强人员配备，及时做好全县村委会及村民小组账户的开设与变更工作。全年共开立、变更各类核准账户 274 户，撤销各类核准账户 53 户。完善财税库行横向联网工作。加强与商业银行、税务部门间横向沟通，及时反馈信息并处理有关问题，使横向联网工作更加有序地进行。全年共办理各级预算收入 47325 万元，同比增加 28557 万元，增长 152%。

第五节　保险　典当

一、保险机构

1986 年，临高县有一家保险机构，即中国人民保险公司临高支公司。1996 年，从中国人民保险公司临高支公司中分出中国人民财产保险股份有限公司临高支公司（简称“人保财险临高支公司”），人保财险临高支公司直属中国人民财产保险股份有限公司海南省分公司，业务上不再受其监管。同年，人保财险临高支公司有正式员工 12 人。2000 年，减员增效，公司实有员工 6 人（其中有大专以上文化的 3 人，中共党员 3 人），6 人中有中级职称 1 人。2010 年，公司机构和人员达到一定规模，在各乡镇和农场设有 6 个服务点，有正式员工 12 人，营销人员 15 人，共 27 人，其中大专以上学历 8 人，中共党员 5 人，中级职称 1 人，一般人员 13 人。

1996 年，中国人寿保险临高支公司下设临城营销服务部，共有员工 6 人。2010 年，支公司下设临城、新盈、红华农场、和舍等 4 个营销服务部，共有员工和营销人员 61 人。

至 2010 年，临高县有 2 个保险机构：中国人民财产保险股份有限公司临高支公司（简称“人保财险临高支公司”）和中国人寿保险公司临高县支公司（简称“人寿保险临高支公司”）。

二、保险业务

（一）中国人民财产保险股份有限公司临高支公司

中国人民财产保险股份有限公司临高支公司主要经营财产保险、意外险和短期健康险业务，业务范围涵盖国内财产保险市场的所有领域。支公司在全县设有多处代理网点及合作单位，在业务规模、机构设置、技术装备、人员素质等方面都有较大的优势。全县开办的保险险种有企业财产保险、家庭财产保险、机动车辆保险、学生平安保险、团体或个人意外伤害保险等十几个财产和短期人身保险品种。

20世纪末，为支农惠农，开始开办有香蕉风灾保险、能繁母猪保险等一批政策性农业保险业务。财产保险临高支公司主要经营机动车辆、船舶货运、企财、家财、建筑工程、责任、人身意外等及政策性农业保险等业务。农业保险险种有水稻、制种水稻、香蕉、橡胶、玉米、甘蔗、森林、大棚瓜菜、能繁母猪、育肥猪等9个。

1986年，公司年财产保险保费收入80.41万元，赔款支出48.69万元；农业保险保费收入1.18万元，赔款支出13.08万元。1990年，公司年财产保险保费收入180万元，赔款支出67万元。

1996年，公司年财产保险保费收入170万元，赔款支出109万元；农业保险保费收入5万元，赔款支出14万元。2000年，公司年财产保险保费收入80万元，赔款支出43万元。

2006—2010年，公司年保费分别为315万元、430万元、620万元、705万元和850万元。赔款支出分别为160万元、215万元、310万元、353万元和425万元。为全县广大农民提供保险保障，对全县经济、生活和社会治安起到“稳定器”作用。

1986—2000年临高县财产保险经营情况表

表9-3-3　　单位：万元

年份	财产保险		农业保险	
	保险费收入	赔款支出	保险费收入	赔款支出
1986年	80.41	48.69	1.18	13.08
1987年	50.97	48.90	1.86	0.02
1988年	41.15	24.91	—	—
1989年	190.00	70.00	—	—
1990年	180.00	67.00	—	—
1991年	175.00	65.00	—	—
1992年	189.00	75.00	—	—
1993年	178.00	59.00	—	—
1994年	180.00	70.00	—	—

续表 9-3-3

年份	财产保险		农业保险	
	保险费收入	赔款支出	保险费收入	赔款支出
1995 年	190.00	69.00	—	—
1996 年	170.00	109.00	5.00	14.00
1997 年	212.00	143.00	—	—
1998 年	136.00	66.00	—	—
1999 年	99.00	45.00	12.00	—
2000 年	80.00	43.00	—	—

（二）中国人寿保险股份有限公司临高县支公司

中国人寿保险股份有限公司临高县支公司向个人及团体提供人寿、意外和健康保险产品，涵盖生存、养老、疾病、医疗、身故、残疾等多种保障范围，全面满足客户在人身保险领域的保险保障和投资理财需求。

1986 年，人身保险保费收入 37.24 万元，赔款支出 0.89 万元。1987 年，人身保险保费收入 76.57 万元，赔款支出 4.43 万元。1988 年，人身保险保费收入 70.08 万元。

1996 年，人身保险保费收入 262 万元，赔款支出 9 万元。1997 年，人身保险保费收入 330 万元，赔款支出 18 万元。1998 年，人身保险保费收入 238 万元，赔款支出 17 万元。1999 年，人身保险保费收入 150 万元，赔款支出 16 万元。2000 年，人身保险保费收入 110 万元，赔款支出 13 万元。

自 2003 年起，支公司与临高县委、县政府开展多项合作，为大学生村官提供高额人身保险，为独生子女家庭提供人身保障；同时积极开展幼儿园、中小学的学生保险业务，承保各类建筑工程的工人意外保险，承保金融机构的小额贷款保险，并积极做好售后服务和理赔工作，为当地的经济建设和社会稳定服务。2008 年，支公司总保费收入达 1000 万元。2009 年底，公司全年累计保费收入 1000 万元，全年累计支付各类赔款、给付金 262.21 万元，为全县经济和社会发展提供有力的保险保障。2010 年，支公司总保费收入突破 1500 万元。

三、典当

1986—2004 年，临高县无典当行业备案。2005 年，临高县有备案典当行 2 家，分别是海南誉达典当有限责任公司和临高新融典当有限责任公司。至 2010 年，全县有备案典当行2家，主要经营动产质押、财产权利质押、房地产抵押、限额内典当物品的变卖、鉴定评估及咨询服务、商务部依法批准的其他业务等。单笔最低当钱8.50万元，当物为机动车；单笔最高当钱250万元，当物为房地产抵押。一般小额典当周期30～90天，当金利率3‰～5‰，管理费不大于银行同期利息的4‰。全年提供短期小额贷款余额1300万元，改善全县商业流通短期资金融资紧张的局面。

第十编　经济综合管理

经济综合管理内容包括计划、工商行政、物价、质量技术、食品药品、审计、统计、安全生产、国土资源等管理。1986—2010年，随着社会主义市场经济的建立和逐步完善，全县各综合管理部门不断加强体制、机制改革，大力实施工作创新，在管理中逐步转换角色，管理手段从微观向宏观调整，管理方式由一统到底调整为基本放开或彻底放开，服务职能和依法行政职能日益凸显，保障作用明显增强，较好地适应全县经济社会发展需要，逐步走上法制化管理轨道。

计划管理在监测全县宏观经济和社会发展态势，研究宏观经济运行及制定全县经济社会发展规划等方面发挥重要作用。其他管理部门按照各自的行政职能和国家法规进行监督管理，完成国家、省、县下达的各项任务，促进全县经济社会又好又快发展。

第一章　计划管理

第一节　机　构

1986年，临高县计划委员会（简称“县计委”）内设行政秘书组、计划物资组，下辖物资局、劳动局、物价局、统计局、经济信息技术协作办公室、临高县综合投资总公司。

1991年，增设农业财贸组、工业基建组。

1996年，撤销县计划委员会、县统计局，成立临高县计划统计局，挂“物价局”牌子，内设办公室、物价办公室、农经股、工交股、社会综合股，下辖物价检查所、经济信息中心2个事业单位。

2002年，撤销县计划统计局，成立临高县发展计划局（县统计局独设），加挂县经济动员办公室牌子，内设政工股、农经股、工交股、社会综合股、经济动员办公室，下辖县物价局。

2004年，撤销县发展计划局，成立临高县发展和改革局，把原经济贸易交通局工业职能及部分人员划拨到该局，内设办公室、综合股、农业股、工业股、社会发展股，下辖物价局。

2010 年，撤销县发展和改革局，成立临高县发展和改革委员会（简称“县发改委”），内设办公室、综合股、农村经济股、社会发展股。下设县物价局，物价局内设价格管理股、收费管理股、物价检查所。

第二节　计划编制与实施

一、年度计划

1986 年，县计划委员会制定《1987 年临高国民经济计划》。工农业总产值 13423 万元，增长 11.2%，其中农业总产值 8700 万元，同比增长 9.29%；工业产值 4723 万元，同比增长 14.9%。

1987 年，县计委制定《1988 年临高国民经济计划》。国民生产总值达到 16774 万元，同比增长 11%。工农业总产值 14700 万元，同比增长 17.93%，其中农业总产值 9700 万元，同比增长 13.53%；工业总产值 5000 万元，同比增长 24.75%。国民收入 16001 万元，同比增长 13%；人均收入 622 元，同比增长 20%，人中自然同比增长控制在 9‰以内。

1992 年，全县社会总产值 72392 万元，同比增长 18%。国民生产总值 48383 万元，同比增长 19%。工农业总产值 45423 万元，同比增长 17.9%，其中农业总产值 40365 万元，同比增长 15.2%，工业总产值 5058 万元，同比增长 25.6%。国民收入 41366 万元，同比增长 18%；地方财政收入 1474 万元，同比增长 9.6%；社会商品零售额 16563 万元，同比增长 15.6%，人中自然同比增长控制在 15.6‰以下。

1994 年，县计委制定的年度计划是以市场为导向，调整产业结构，提高经济效益，保持国民经济持续、快速、健康发展，确保社会安定，促进社会发展。全县社会总产值 136200 万元，同比增长 20.4%。国民生产总值 88693 万元，同比增长 20.7%。人均国民生产总值 2834 元，同比增长 19.1%。工农业总产值 83411 万元，同比增长 22.1%，其中农业总产值 60650 万元，同比增长 15.4%，工业总产值 22761 万元，同比增长 44.4%。全社会固定资产投资 108000 万元，同比增长 143.3%；地方财政收入 4500 万元，同比增长 59.6%；全社会货运量 400 万吨，客运量 240 万人次，邮电业务收入 350 万元，社会商品零售额 21100 万元，农民人均收入 1200 元。

1995 年，推进改革开放和现代化建设，处理好改革、发展、稳定的关系，完善社会主义市场经济体系，加强农业，突出工业，发展第三产业，实现临高经济发展。全县国内生产总值为 118213 万元，其中第一产业增加值 89923 万元，占总值的 76.1%；第二产业增加值 11047 万元，占总值的 9.3%；第三产业增加值 17243 万元，占总值的 14.6%。全社会固定资产投资 23000 万元，同比增长 31.35%；地方财政收入 4500 万元，同比增长 11.97%；财政支出 9190 万元，同比增长 25.79%。全县银行存款余额 52390 万元，同比增长 15.97%；银行贷款余额 82500 万元，同比增长 20.02%；社会商品零售总额 25240 万元，同比增长 17.01%；职工工资总额 5640 万元，农民人均收入 1400 元，人口自然增长率控制在 14.8‰以内。

1996 年，实施“科教兴县”战略，加强农业基础地位，大力发展渔业、热带高效农业和加工业，发展第三产业，促进各项事业发展。国内生产总值 125283 万元，同比增长 15.75%，其中第一产业增长 15.08%，第二产业增长 17.86%，第三产业增长 20.08%。农业总产值 70200 万元，同比增长 10.03%；工业总产值 20400 万元，同比增长 15.58%。全社会固定资产投资 80000 万元，同比增长 7.44%；地方财政收入 3970 万元，同比增长 15.51%；财政支出 9510 万元，同比增长 24.61%。全县银行存款余额 52300 万元，同比增长 7.76%；银行贷款余额 79450 万元，同比增长 7.54%；社会商品零售总额 34000 万元，同比增长 17.78%；农民人均收入 1750 元，人口自然增长率控制在 13.50‰以内。

2000 年，全县国民经济和社会发展的主要指标：国内生产总值 16.82 亿元，同比增长 12.5%，其中第一产业 13.3 亿元，同比增长 12%；第二产业 1.9 亿元，同比增长 10%；第三产业 1.62 亿元，同比增长 20%。全社会固定资产投资 23990 万元，同比增长 10.4%；地方财政收入 8318 万元，同比增长 13.7%；财政支出 12751 万元，同比增长 9.24%。农民人均收入 2756 元，人口自然增长率控制在 11.4‰以内。

2002 年，全县国民经济和社会发展的主要指标：国内生产总值 22.86 亿元，同比增长 13%。其中第一产业 17.45 亿元，同比增长 10.5%；第二产业 2.5 亿元，同比增长 22.4%；第三产业 2.91 亿元，同比增长 21.4%。全社会固定资产投资 4.67 亿元，同比增长 13%；社会消费品零售总额 4.69 亿元，同比增长 10%；地方财政收入 9500 万元，同比增长 9%；财政支出 1.73 亿元，同比增长 7.9%。农民人均收入 3265 元，人口自然增长率控制在 10.5‰以内。

2005 年，加强宏观调控，重点加强基础设施、优势产业、社会事业和生态环保建设，实现全县经济增长 6%的目标。国内生产总值 313260 万元，同比增长 6%，其中第一产业增长 5%，第二产业增长 15.8%，第三产业增长 8%。农业总产值增长 5%，工业总产值 20%，全社会固定资产投资增长 10%，社会消费品零售总额增长 10%，地方财政收入增长 6%，农民人均收入增长 2%，城镇登记失业率控制在 4%，人口自然增长率控制在 9.3‰以内。

2008 年，实施“新兴工业富县、海洋渔业强县、高效农业稳县、文化旅游活县”的发展战略，加强宏观调控，优化经济结构，提高增长质量，推动临高经济发展。全县国民经济和社会发展的主要指标：全县生产总值5.31亿元，增长4%，其中第一产业增长14%，第二产业增长25.1%，第三产业增长10%。农业总产值65.3亿元，增长14%；工业总产值8.6亿元，同比增长24.9%。全社会固定资产投资7.1亿元，同比增长15%；社会消费品零售总额8.5亿元，同比增长15.1%；地方财政收入8100万元，同比增长12.7%；农民人均收入3620元，同比增长6%，城镇登记失业率控制在3%。人口自然增长率控制在14.8‰以内。

2010年，全县经济社会发展的主要目标：全县生产总值增长11%，地方一般预算收入增长16%，全社会固定资产投资增长40%，社会消费品零售总额增长18%；城镇居民人均可支配收入和农民人均收入分别增长8.5%和8%，人口自然增长率控制在8.9‰以内，万元生产总值能耗下降3%。

1986—2010年临高县生产总值完成情况统计表

表10-1-1　　　　单位：万元

年份	生产总值	其中		
		第一产业	第二产业	第三产业
1986年	17019	10476	2365	4178
1987年	17455	10954	2053	4448
1988年	25008	14987	2830	7191
1989年	30566	21617	3301	5648
1990年	35656	24004	3586	8066
1991年	43199	27483	5393	10323
1992年	50569	31888	5902	12779
1993年	77440	54105	8020	15315
1994年	98106	73733	10112	14261
1995年	118213	89923	11047	17243
1996年	125283	95318	12465	17501
1997年	131168	99189	12855	19124
1998年	146599	107316	17309	21974
1999年	155254	113855	16672	24727

续表 10-1-1

年份	生产总值	其　　中		
		第一产业	第二产业	第三产业
2000 年	180081	124508	19515	36058
2001 年	211346	150539	20486	40321
2002 年	252539	185280	21392	45867
2003 年	284295	222071	21222	51002
2004 年	294295	252311	22460	58524
2005 年	366803	279624	22401	64778
2006 年	421914	320475	25889	75550
2007 年	444888	327405	30364	87119
2008 年	497104	353055	35837	108212
2009 年	578008	407789	39345	130874
2010 年	684589	460650	81601	142338

说明：生产总值按当年价计算

二、中长期计划

（一）“七五”计划（1986—1990 年）编制与实施

随着经济体制改革的不断深化和完善，1988 年，海南建省办经济特区，中央给予海南特殊优惠政策。1990 年，临高县除化肥、煤炭和成品油外，其他商品全部敞开供应、生产计划以指导性计划为主，由社会主义计划经济与市场调节相结合的商品经济向社会主义市场经济过渡的基本格局开始形成，生产力得到进一步发展。1990 年，全县国内生产总值达到 35656 万元（当年价），农业总产值 33606 万元，工业总产值 8484 万元；地方财政收入 1111 万元。

（二）“八五”计划（1991—1995 年）编制与实施

临高县抓住海南建省办经济特区的有利契机，加大开放力度，紧紧围绕建立完善的市场经济体制这个中心，以农业为基础，工业为主导，相应发展旅游业和商贸业，同时坚持基础设施先行，不断改善投资环境，加大外引内联力度，经济和社会发展取得历史性突破。在“八五”期间，主要计划指标：1995 年，全县国内生产总值 94744 万元（当年价），年均增长 16.06%；农业总产值 18406 万元，年均增长 8.07%；工业总产值 15672 万元，年均增长 21.64%；社会商品零售总额 24362 万元，年均增长 12.00%；全社会固定资产投资累计完成 36718 万元，年均增长 11.45%；地方财政收入 1757 万元，年均增长 11.51%；职工人均工资年均增长 4.68%；农民人均纯收入年均增长 5.92%。

县委、县政府抓住机遇，继续深化改革，以利用外资、发展外向型经济、促进系列产品为突破口，以科技进步为先导、以经济效益为重点、以振兴工业为主导，相应发展贸易、旅游和各种社会事业，形成结构多元、产业多样化格局。1995 年，全县国内生产总值由 1990 年的 35656 万元增加到 118213 万元，按可比价计算，年均增长 22.1%；农业总产值达 133148 万元，年均增长 31.7%；工业总产值达 21894 万元，年均增长 20.9%；社会消费品零售总额 28869 万元，年均增长 18.3%；地方财政收入 3437 万元，年均增长 27.4%；职工年人均工资 4111 元，年均增长 14.4%；农民人均纯收入 12616 元，比 1990 年增加 544 元；全社会固定资产投资累计完成 17.70 亿元，比“七五”期间增长 8.2 倍，年均增长 56%。经过五年发展，三次产业比重由 1990 年的 67.3∶10.1∶22.6 调整为 1995 年的 76.1∶9.3∶14.6。

（三）“九五”计划（1996—2000 年）编制与实施

根据建省初中央对海南提出的经济发展三步战略目标要求，按照临高县在海南经济布局中的地位和功能，结合和邦炼油厂项目落户金牌开发区建设机遇，最终“九五”计划的编制于 1996 年完成。“九五”期间，临高县重点发展热带高效农业、渔业及加工业、石化工业、建材工业、旅游业等产业，继续完善基础设施建设，加快发展科技教育，使产业水平、技术水平和劳动力素质有较大提高。主要计划：2000 年，全县国内生产总值达到 750200 万元，年均增长 47.29%；人均国内生产总值 2000 年比 1990 年翻两番；工业总产值 2000 年为 83000 万元（其中和邦石化 80 亿元），年均增长 116.01%；农业总产值 2000 年为 107900 万元，年均增长 11.08%；社会消费品零售总额 2000 年达到 88100 万元，年均增长 25.00%；全社会固定资产投资 2000 年累计完成 300 亿元，年均增长 30.14%；农民人均纯收入 2000 年达 2600 元，年均增长 10.31%。

临高县由于金牌开发区的和邦炼油厂项目因种种原因未能建成，计划部门所制定的经济发展目标和速度受到极大影响，县委县政府审时度势，加快经济结构的战略性调整，努力转变经济增长方式，积极发展热带高效农业和海洋渔业并使之迅猛发展，“511”富民强县工程明显见成效；原有国有工业企业经过“三改一加强”（改制、改造、改组，加强管理和监督），生产、效益、职工收入明显增长和提高；基础设施建设不断加强，社会事业得到进步，人民生活水平有所提高。2000 年，全县国内生产总值达 180081 万元，按可比价格计算，比 1995 年增长 47.6%，年均增长 8.1%，其中第一产业增加值年均增长 6.7%，第二产业增加值年均增长 12.1%，第三产业增加值年均增长 15.9%，三大产业比重由 1995

年的 76.1 ∶9.3 ∶14.6 调整到 69.1 ∶10.9 ∶20；地方财政收入 6493 万元，比 1995 年增加 3056 万元，年均增长 13.6%；职工年人均工资 5550 元，年均增长 7.7%，农民人均纯收入 2098 元，年均增长 10.7%；全社会固定资产投资累计完成 21.50 亿元，年均增长 3.95%。

（四）“十五”计划（2001—2005 年）编制与实施

第十个五年计划期间（2001—2005 年），临高县委、县政府带领全县人民按照“十五”计划确定的基本方针，以“结构调整、科技兴农”为主题，大力发展海洋渔业（包括捕捞和养殖），逐步将以捕为主转向“捕养并举”；在稳定粮食产量的基础上，合理调整种植结构和产品结构，突出发展生态农业和名、优、特、新地方产品，发展无公害绿色食品；利用本地产品资源，积极发展农产品、渔产品加工业。2005 年，全县国内生产总值达 366803 万元，按可比价格计算，比 2000 年增长 60.1%，年均增长 9.9%，其中第一产业增加值年均增长 19%，第二产业增加值年均增长 3.6%，第三产业增加值年均增长 13.9%；地方财政收入 4918 万元，比 2000 年减少 1575 万元；农民人均纯收入 2823 元，年均增长 6.1%；全社会固定资产投资累计完成 20.1 亿元。

（五）“十一五”规划（2006—2010 年）编制与实施

第十一个五年规划期间（2006—2010 年），临高县委、县政府坚持以科学发展观统领全局，紧紧抓住国家扩大内需和海南国际旅游岛上升为国家战略的良好机遇，积极稳妥地推进“新型工业富县、海洋渔业强县、高效农业稳县、文化旅游活县”的发展战略，切实加快产业结构调整，努力促进社会和谐进步，全县国民经济和社会发展取得显著成就。2010 年，全县国内生产总值达 68.46 亿元，按可比价格计算，比 2005 年增长 70.9%，年均增长 11.3%，其中第一产业增加值由 2005 年的 27.96 亿元扩大到 46.07 亿元，年均增长 10.3%；第二产业增加值达 8.16 亿元，比 2005 年增长 2.7 倍，年均增长 29.9%；第三产业增加值 14.23 亿元，比 2005 年增长 1.1 倍，年均增长 16.4%。全社会固定资产投资累计完成 44.80 亿元，比 2005 年增长 122.9 倍，年均增长 17.4%。社会消费品零售总额 12.08 亿元，年均增长 16.2%。地方财政收入突破亿元大关进入亿元市县财政俱乐部，达 6.13 亿元，比 2005 年增长 1146.3 倍，年均增长 65.6%。农民人均纯收入 4767 元，年均增长 11.1%，城镇居民人均可支配收入 12887 元，年均增长 18.1%。三次产业结构从 2005 年的 76.3∶6∶17.7 调整为 67.6∶11.8∶20.6。

（六）2010 年远景目标纲要

中长期计划于 1996 年编制完成。2000—2010 年期间，10 年内将在继续发展资源与加工相结合的外向型产业同时，着力跟踪世界高科技和新兴产业发展，把产业发展的重点转向高新技术产业，以跟上世界产业调整和升级步伐，使临高真正具有较强的国际竞争能力，以促进全县国民经济持续、快速、健康发展和社会全面进步。全县国内生产总值，2010年达2216500万元，年均增长11.44%；人均国内生产总值，2010年比2000年翻一番，工业总产值2010年为1159600万元，年均增长3.40%；农业总产值2010年为175800万元，年均增长5%；社会消费品零售总额2010年达545500万元，年均增长20.00%；全社会固定资产投资2010年累计完成400亿元；地方财政收入2010年达49000万元，年均增长8.84%；农民人均纯收入2010年达7000元，年均增长10.41%。

第二章　工商行政管理

第一节　机　构

1986年，临高县工商行政管理局（简称“县工商局”），内设办公室、行政股、经检股、工商股、个体股、合同股、人事股、财会股、市场股、登记股；派出机构有临城工商所、新盈所、美良所、调楼所、东英所、美厦所、波莲所、南宝所、加来所、和舍所、美台所、东江所、皇桐所、多文所、龙波所、博厚所、马袅所。

1988年，内设机构撤销工商股；派出机构撤销临城工商所，增设临城西门工商所、临城东门工商所。1992年，县工商局增设商标广告股、法制股。1993年，县工商局派出机构增设车船管理所，其他内设机构、派出机构未变。

1998年，上划省工商局管辖，县工商局撤销合同股、经检股、个体股、财会股，保留办公室、人事教育监察股、市场股（含“12315”消费者举报投诉指挥中心）、商标广告股、法制股、登记股。

1999年10月，海南省临高县工商行政管理局更名为海南省临高工商行政管理局，设局长1人、副局长2人，内设机构中，人事教育监察股分设为人事教育股、监察股，登记股更名为企业注册股，其余未变，即办公室、行政股、人事股、市场股（含“12315”消费者举报投诉指挥中心）、商标广告股、法制股、人事教育股、监察股、登记股。派出机构为临城西门工商所、临城东门工商所、新盈所、美良所、调楼所、东英所、美厦所、波莲所、南宝所、加来所、和舍所、美台所、东江所、皇桐所、多文所、龙波所、博厚所、马袅所、车船管理所。

2002年，实行工商体制改革，通过考试录用人员，清理不符合考录条件的职工。

2005年，县工商局内设机构有办公室、人事教育监察股、市场股、商标广告股、法制股、登记股。派出机构中，撤销东江所、美台所、龙波所、美厦所、美良所、马袅所、车船管理所，其余未变。

2008年10月，海南省临高工商行政管理局更名为海南省临高县工商行政管理局，内设机构有办公室、人事教育监察股、市场股、商标广告股、法制股、登记股。派出机构有临城西门工商所、临城东门工商所、新盈所、调楼所、东英所、波莲所、南宝所、加来所、和舍所、皇桐所、多文所、博厚所。

2010年，县工商局撤股改室，内设机构有办公室、组织人事室、纪检监察室、政策法规室、企业监管室、市场监管室、商标广告室、食品安全监管室、公平交易与消费者权益保护室。派出机构及人员编制未变。

第二节　注册管理

1986—2006年，注册登记实行“一审一核”负责制，缩短办事时限，符合登记条件的在规定期限内办完。2007年下半年至2010年，工商系统实行“注册官”制度，受理人员通过注册官考试上岗，实现注册登记“注册官”制改革，符合条件和手续齐全的由“注册官”当场办理完毕，进一步服务企业，提高办事效能；同时，实行个体工商户注册权下放到工商所，方便个体经营户注册登记工商执照，提高办事效率。2008年，海南省工商局下放外资公司注册登记权限到下属市县工商局。

2009年，加大对农民专业合作社发展的帮扶力度，支持农业发展农民增收。利用各种方式广泛宣传《中华人民共和国农民专业合作社法》。对符合农民专业合作社登记条件的进行上门跟踪服务，指导填写各种表格，并限时办结，有效地推动农民专业合作社的发展。全年共计培育发展农民专业合作社组织44家，注册资金9829.10万元，全县累计数77户，累计注册资金11258.82万元，完成省局下达任务6家的633%。

2010年，实行企业登记“绿色通道”，优化非公经济的发展环境，为企业提供优质、高效、便捷的登记注册服务，创造一流的投资环境。简化审批程序，落实预约服务、延时服务、上门服务。全年新设立企业99户，比上年增长67.8%；个体工商户登记有新突破，新增注册个体工商户已达到1003户，比上年增长39.88%；培育发展农民专业合作社组织45家，注册资金96256.80万元，全县注册农民专业合作社累计数116户。

第三节　企业登记管理

1986年，全县有各类企业171户，从业人员6488人，注册资金11144.85万元，其中内资企业171户，还没有私营企业。企业登记注册的主要行业是批发零售业、商务服务业、建筑业、农林牧渔业。

1990年，全县有各类企业646户，注册资金29059.45万元，从业人数1.76万人。1993年，全县有各类企业951户，注册资金69511.83万元，从业人数是2.50万人，其中内资企业920户，注册资金63381.65万元，从业人数2.45万人；私营企业31户，注册资金6130.18万元，从业人数454人。

1996年，全县有企业1208户，注册资金98305.93万元，从业人数2.79万人，其中内资企业由原来的920户增加至1111户，共增加191户，注册资金80482.95万元，从业人员2.69万人；私营企业由原来的31户增加至97户，共增加66户，注册资金17822.98万元，从业人数1016人。至2000年，全县有各类企业1507户，注册资金123579.93万元，从业人员3.04万人，其中内资企业由原来的1111户增加至1285户，共增加174户，注册资金90839.05万元；私营企业由原97户增加到221户，共增加124户，注册资金31540.88万元，从业人员2030人；外资企业1户，注册资金152.81万美元，从业人员8人；其中因一些企业注册后长期没年检，于2000年做一批因逾期年检的批量吊销和有些企业因经营不好做了注销的共111户，实际存活1396户。

1998—2002年，5年全县办理各类国有、集体企业登记117家，注册资金12563万元；个体工商户2644户，注册资金7282万元；私营企业189家，注册资金20720万元。非公有制经济注册资金占60%。

2003年，全县累计企业1735户，注册资金151810.74万元，从业人数3.21万人，其中内资企业由原来的1285户增加至1364户，共增加79户，注册资金95415.55万元；私营企业由原来的221户增加到370户，共增加149户，注册资金56242.38万元，从业人数3113人；外资企业1户，注册资金152.81万美元，从业人员8人；吊销(注销)的各类企业622户，实存活1113户。

2006年，全县累计企业2023户，注册资金200620.93万元，从业人员3.43万人，其中内资企业由原来的1364户增加到1462户，共增加98户，注册资金119513.55万元，从业人数2.97万人；私营企业由原来的370户增加到560户，共增加190户，注册资金80047.30万元，从业人数4587人；外资企业1户，注册资金152.81万美元，从业人员8人；吊销(注销)658户，实际存活1365户。

2010年，全县累计企业2363户，注册资金383557.37万元，从业人数3.77万人，其中内资企业由原来的1462户增加到1534户，共增加71户，注册资金211015.88万元，从业人数3.10万人；私营企业由原来的560户增加到825户，共增加256户，注册资金170232.68万元，从业人数6620人；外资企业4户，注册资金352.81万美元，从业人数32人；吊销1351户，实存活1012户。企业登记注册的主要行业是：批发零售业、租赁和商务服务业、建筑业、农林牧渔业、房地产业、制造业。

第四节　经济合同管理

1986—1998年，由县工商局合同股部门负责经济合同的管理，由于受理合同行政调解事件较少，1998年撤销合同股，至2004年受理合同行政调解2宗。2005年，全县检查合同196份，其中旅游合同6份，建筑合同20份，其他合同170份；合同调解1宗。2006年，工商部门受理合同行政调解4件，检查合同51份，合同总额210万元。2007年，检查合同25份，涉及金额2.50万元。查处利用合同条款式接触自身责任案件3宗，罚款1万元。2010年，临高县工商局把打击利用经济合同进行的违法行为作为清除市场障碍、维护经济秩序的一项紧迫任务来抓。加大宣传力度，提高依法签订、履行合同意识。加强对经济合同订立和履行的监督管理，严厉查处利用经济合同危害国家利益、损害社会公共利益的违法行为。

第五节　商标广告管理

1986—2010年，县工商局共批准注册商标36件，打击商标侵权和虚假广告误导消费行为，立案查处商标侵权案件56宗、违法广告案件35宗，罚款金额共计16万元，其中没收假冒伪劣商品有服装、鞋类、饮料、化妆品、药品、保健品、日用品、涂料、种子、烟酒等60多种。整顿和规范广告市场，严格广告发布程序，认真审核广告用语，杜绝夸大商品用途或发布虚假广告，误导消费者上当受骗。

2010年，商标注册引导工作得到有序发展。“琼州百景”的“临高角”和“临高文庙”商标注册成功，并在海南出版社出版的《琼州百景》上全省发行；全县各工商所“一所一标”工作全面完成，引导注册的“茶胡瓜菜”“松梅香蕉”“绿岛中盛”“金牌港老地方”等各类14个商标受到省局2次书面表扬；积极主动向县政府报告申请“临高甘蔗”“临高空心菜”“临高萝卜干”和“临高船挂红鱼”等县内著名农副产品注册地理商标4个，相关引导申请注册工作正在着手进行。另外，不断加大查处商标侵权案件力度，办理案件5宗，罚款1.9万元。户外广告市场监管工作也得到不断强化，检查户外广告2200条（幅），发现违法户外广告70起，责任停止发布违法广告250条（幅），立案查处23起，罚没款2.5万元。

第六节　经济监督检查

1986—2000年，全县有各类企业1012户，共查处违法违章各类企业125户，其中：查处逾期年检125户，罚款17.64万元。

2000年春节期间，查获商标侵权1500包、服装920件、假劣酒136支，饮料食品5683件、碘制品192千克、假劣药品1602件。捣毁2个制假点，查封1个地下造纸厂、异地封存3吨劣质卫生纸，没收销毁假冒红塔山烟卷180条。

2001年，查处违法违章各类案件40宗，罚款5.03万元。

2006年，启用全省工商行政管理业务信息系统，按照入库率、完整率和准确率的要求，全面进行企业档案数据清理业务。在企业书式档案的基础上，实行企业档案全部录入为电子档案，确保书式档案和电脑档案数据一致，达到全省企业数据联网，做到企业信息资源共享。2008年，逐步推行企业信用分类监管，加强对企业进行动态管理。企业经登记注册后，企业登记窗口单位根据企业所在片区，将企业库的各个企业数据信息分配到监管库，由具有监管权限的工商所在监管库对企业进行巡查监管，辖区工商所将监管情况反馈到企业库。

2009—2010年，查处违法违章各类案件85宗，罚款12.61万元。2009年，维护流通环节食品安全，保障民众生命健康，利用食品检测车开展食品日常检测工作，全年共计抽检各类食品193批次，不合格21批次，不合格率为10.8%。查扣假冒茅台、五粮液酒20多瓶，假冒酱油98箱。查处流通领域食品安全案件12宗，完成省局下达任务2宗的600%。加大引导监督食品经营完善制度的力度，全面建立健全制度，全县食品批发企业建账率达90%以上。已办理食品流通许可证25家，至年底办理中79家，受理率达到应当办理食品经营户总数421户的21.4%。打假护农保增收。农资市场的健康稳定发展是农业增效、农民增收的基础。联合农业部天然橡胶测试中心在全县范围内开展化肥抽样检测共计抽样化肥44批次，没收不合格化肥0.35吨，查处涉农案件10宗，罚款5.02万元，为农民挽回经济损失2.1万元。查扣不合格种子160千克，有力地打击假冒农资违法行为。按照农资规范化管理规定，帮助农资经营店建立进销台账和种子留样备查制度，规范农资市场合法经营，维护农资市场的稳定。全县农资经营店建立进销台账和种子留样备查率达 92.2%，初步建立起“打假护农”的新机制。2010 年，临高县工商局把加强市场监管作为全年工作重要的主线，依法取缔无照无证经营 121 户，罚没款 7.4 万元；没收不合格塑料袋及塑料制品 103.58 万个，办理行政处罚案件 46 宗，罚没款 14.6 万元；查处涉农案件 7 宗，查扣过期农药 117 件，罚款 2500 元。办理有关奶粉案件 1 起，罚款 2000 元，没收不合格奶粉 35 千克；检查食用油经营户 97 户次，办理来路不明食用油案件 5 起，罚款 4000 元，就地封存不合格食用油 175 千克。共清理出校园周边无证、无照流动摊点 85 个，查处案件 12 件，罚没款 1.2 万元；依法取缔“黑网吧”19 户，没收电脑主机 189 台，显示屏 175 台。

第七节　消费维权

1993 年 8 月，临高县消费者协会成立，各乡镇相继成立消费者分会。1994 年 1 月 1 日起，施行《中华人民共和国消费者权益保护法》。消费者权益保护法是保护公民消费权益的法律规范，也是以立法的形式确认消费者的权利。1998 年 9 月，县工商局设立 12315 申诉举报指挥中心，设立消费者申诉举报热线电话（“28286315”），各工商所先后设立申诉举报电话，及时为消费者解决实际困难。2009 年，按照“全面覆盖、渠道畅通、规范运行、反应迅速、强化执法、形象文明”的要求，扩大“12315”进农村、进市场、进超市、进学校等维权网络体系建设，初步实现城乡覆盖。完善“12315”指挥中心运行机制，坚持做到全天候值班值勤。处理投诉件件有回声，事事有着落；实现市区执法人员 30 分钟内到现场，郊区和乡村执法人员 60 分钟内与当事人见面。1993—2010 年，共受理消费者申诉举报 1358 宗，成功调解 1216 宗，举报查实 89 宗，为消费者挽回经济损失 562 万元；立案 89 宗，共查处没收电脑主机及显示器 1320 台，假酱油 280 箱，假涂料 328 桶，假化肥 12.6 吨，假农药 98 包，假种子 500 桶，不合格食品 1065 件，日用品 810 件，假酒 86 瓶，香烟 12 条，假药品 250 件，服装及鞋类 21 件，书 156 本，电器 250 件等一大批违法商品。

第八节　市场管理

一、机构

1995 年，从临高县工商行政管理局析出，成立临高县市场开发服务总公司，内设办公室、市场股、财务股、人事股、监察股。1998 年，撤销临高县市场开发服务总公司，成立临高县市场开发服务中心，为正科级全额事业单位，内设办公室，人员由工商系统编内人员中调剂；中心下设新盈、西门两站，为非独立核算的股级事业单位，人员由原市场开发总公司人员中调剂。2001年，县委、县政府发文，将临高县市场开发服务中心调整为临高县市场管理局，内设办公室、市场股、财务股、人事股、监察股；下设17个管理所。至2010年，机构设置与人员编制未变。

二、市场建设

1986年，全县有墟镇农贸市场17个，即临城西门、波莲、博厚、新盈、东英、调楼、美良、多文、皇桐、美台、南宝、和舍、美夏、龙波、马袅、加来、红华。

1993年，加快乡镇市场建设，全县投资1120万元，基本完成皇桐、美台、东英、波莲、新盈、南宝等村镇综合治理，完成南宝、波莲、和舍、皇桐、临城东、西门市场的规划建设。1994年，多方集资256万元，新建、改造农贸市场和农产品批发市场8个，建筑面积6854平方米。

1995—2000年，全县有墟镇市场17个，但建设标准低，容貌差，较杂乱，存在诸多安全隐患，难以适应农副产品交易市场的发展趋势及人民群众的生活需要。

2001—2009年临高县农贸市场改建情况表

表10-2-1

农贸市场名称	改建时间	改建面积（平方米）	总投资（万元）
波莲农贸市场	2001年	1200	128
和舍农贸市场	2004年	2150	826
调楼农贸市场	2004年	1100	115
美良农贸市场	2004年	1380	15800
美台农贸市场	2008年	850	1285
西门农贸市场	2009年	16000	3100

2001—2009年，随着市场管理体制的放开，临高县相继改建农贸市场6个。

2009年，新建东门工商所、波莲工商所办公楼，改造博厚工商所办公楼后面瓦房，局机关办公楼建设用地的规划设计已全部完成；购买电脑13台，执法办案相机22部，打印机10部，传真机5部，同时安装文件转送系统，不断提高信息化建设。

三、市场管理

县工商局对全县旅游市场、食品市场、农资市场、成品油市场、集贸市场、药品市场实行监督管理，建立市场巡查制度。1986年起，每年开展3～4次安全生产检查、培训、演练活动，为各农贸市场配备安全生产标识和消防灭火器材；对各农贸市场照明线路进行隐患排查。每个农贸市场均建立检测室，配备检测仪，实行专门负责制，定期开展瓜菜农药残留检测活动，年均检测3000类次，确保农产品安全。

2009年，以服务经济发展和社会和谐为根本，加强市场监管执法。积极开展市场专项整治行动。全年共出动执法人员3056人次，检查经营户4753户次，依法查处各类违法违章案件660件。联合其他部门出动人员318人次，组织开展黑网吧专项整治大行动5次，检查网吧197户次，查处取缔黑网吧16家，没收电脑主机106台，显示器68台。检查建筑工地18家次、建材销售个体工商户32户次。并联合海南建筑工程研究院对全县销售、使用的钢筋进行抽样检验，抽样钢筋21批次，不合格6批次，不合格率为28.6%。查扣过期油漆48桶，货值0.48万元。查处建材违法案件9起，查获不合格钢材0.35吨，罚没金额3.76万元。检查市场、商场、超市等经营主体2285户次，查处不合格塑制品477750个，办理行政处罚案件13宗，罚款94500元。开展农贸市场规范化管理活动。开展校园周边环境整治。共出动执法人员483人次，检查校园周边餐饮经营点312户，取缔无证无照流动、固定食品摊点经营点57户，查扣各种小食品、餐具一大批，净化校园周边食品餐饮环境。

2010年，旅游市场共整治海鲜大排档、农贸市场150家次。检查整治农药、农资经营户352次。查处无照经营食品案件45宗，没收不合格食品0.28吨，办理食品违法案件21宗，责令整改卫生的食品经营户127户，食品抽检423批次，合格率达95%。

四、打假行动

严厉打击制售假冒伪劣商品的违法行为，保护广大消费者的合法权益，维护市场经济秩序。坚持打治结合、点面结合、日常查处与专项治理结合的方针，突出抓大案、端窝点、把厂门、查市场、打假劣、保名牌。开展“双打”（打击侵犯知识产权和制售假冒伪劣商品）、“质检利剑”专项执法打假活动，集中组织开展食品、农资、建材、“家电”（汽车、摩托车）下乡等产品的专项打假行动。

1995年，查获不合格复混肥45吨，价值4.50万元，罚款3.80万元；联合烟草专卖局检查香烟销售门面，查获假冒香烟价值5000元，罚款1000元。

1998年，查获尿素不合格产品15.4吨，价值3.08万元；假冒嘉陵牌摩托车19辆及相关配件价值4.90万元。

2001 年，查获不合格轻柴油 16 吨，货值 13 万元；共立案各类案件 18 起，货值 25.2 万元；查封黑心棉小作坊 2 家。

2004 年，查获大米质量不合格、黑心棉枕头、复混合肥不合格等案件，货值 1.20 万元。2006 年，查获橡胶、花生油、肥料等不合格案件，货值 4.20 万元。

2009 年，开展大米、红砖、橡胶、糕点、月饼、花生油、肥料、钢材、酒、饮料以及化工轻油等生产（加工）企业一系列产品的监督抽查，共抽检 78 个样品，有 75 个样品合格，合格率达 96%，比上年上升 6.8%，加大从源头抓产品质量力度，开展产品质量监督工作重心的战略转移，抓好生产领域工作。通过联合有关部门和开展产品质量专项执法打假等 23 次活动，出动执法人员 303 人次，对全县的商业企业产品质量进行监督执法打假，共检查商业企业 101 家，查获假冒伪劣商（产）品货值 14 万，立案 7 宗，罚款 4.9 万元，有效维护消费者合法权益，同时确保地方经济有序健康发。共出动 56 人次，深入到临城、皇桐、多文、加来、和舍等镇的农资销售店、食品加工企业和炼钢厂等单位，对其生产、销售的产品进行抽样，共抽检 12 个样品，9 个合格，合格率 75%，并对抽检不合格的企业商业进行立案查处和责令限期整改。

2010 年，对县现有 1 家果粒椰子汁生产企业进行执法检查，抽检 2 个样品，合格率 100%。开展大米、花生油、肥料、钢材、酒、白砂糖、饮料以及化工轻油等一系列产品的监督抽查，共抽检 56 个样品，合格 49 个，合格率 88%。年内共出动执法人员 126 人次，开展对食品、农资、建材和家电下乡（汽车摩托车）等 10 次重点产品专项执法打假行动。查获一批不合格有机肥料和钢材，涉案货值达 4 万元。对 5 家违法生产企业、小作坊和建筑工地进行立案查处。

第三章　物价管理

第一节　机　构

1986 年，临高县物价局为县政府组成部门（正科级）。内设物价检查所（股级单位），下设新盈价格管理所（股级单位）。1996 年，临高县物价局撤销，临高县物价检查所升格为副科级事业单位，隶属县计划统计局，原临高县物价局的行政职能划入县计划统计局，在县计划统计局内设物价办公室。2001 年，重新设立临高县物价局（副科级事业单位），为县发展与改革局下设单位。同时，撤销临高县物价检查所，其职能并入临高县物价局，原划入县计划统计局的职能也回归于临高县物价局。2010年，临高县物价局又并入县发展和改革委员会，成为该委的内设局，名称未变。

第二节　价格管理

一、物价监管

1986—1992年，受价格体制改革的影响，临高县的商品价格出现强势上涨的势头。为了抑制价格上涨，县政府出台对猪肉价格实行最高限价，同时加大对生产成本、流通环节的清理整顿，基本抑制全县物价上涨。2008—2010年，受国际金融风暴影响，为了刺激经济，国家出台一系列货币量化宽松政策，全县通货膨胀再次出现。临高县物价局出台的调价措施主要是执行省政府对钢材、水泥等建材材料实行最高临时限价，对28种与人民生活相关的生活必需品实行价格备案制度，加大对农产品价格的监管力度，效果不明显。2009年，全县办理6项价格行政审批，具体是审批新盈车站车辆停放费问题的补充收费，审批临高车站收取客运代理费及补票手续的收费，批准临城西门市场摊位租赁费等收费项目及标准，审批海南厚水湾国际渔业物流中心交易服务费的收费标准，批准美台农贸市场摊位租赁费的收费标准，对全县城镇生活垃圾处理收费标准及有关问题作批复。2010年，按照省价格监测中心的工作安排，在县境内设立10个价格监测联系点，对68种商品进行价格监测，并于每月的5日、15日、25日和每周二在电脑平台上向省价格监测中心报数字，还要每月定期撰写调查分析报告，分析当前各种商品价格起落情况，为政府制定价格提供有价值的参考资料。

二、价格听证

2001年，临高县举行首次价格听证会。听证会按照国家规定的相关程序进行，内容主要是针对临城地区自来水价格偏低问题。最后，与会代表一致通过由县自来水公司提出的自来水价格调整方案。2008年，临高县又对城镇污水处理费的征收举行听证会，从而明确临高县城镇污水处理费的征收标准和征收对象。

三、价格执法

1986年以来，县物价主管部门充分发挥价格行政执法职能作用，查处各类价格违法行为。为保增长、稳秩序、推改革、安民生、重服务、畅诉求，县物价局进行节假日市场价格巡查，确保市场价格基本稳定。

2001年，对全县3所中学、9所小学以及各乡镇中学、中心学校进行春、秋两季收费的专项检查全面检查，特别是对临高中学、临高二中、临城中学等县城内的重点学校的收费监督检查工作。加大对农贸市场价格的巡查力度，指派专人加强巡查，特别是节假日期间，严格执行巡查制度。

2005年，为防止医疗机构以甲流为借口乱收费，组织1个检查小组对临高县疾病防控中心进行收费检查并跟踪追检。对化肥价格的专项检查，对家电下乡产品的价格监管，规范餐饮企业价格行为的专项整治，叫停“1元”钱餐具消毒费。整治畜牧系统的乱收费行为，责令多文镇畜牧兽医站将多收的生猪产品检疫费4000余元，全部退还给各屠宰户。

2008年，开展药品和医疗服务价格专项检查。对全县各农村合作医疗机构进行检查，发现价格违规行为5宗，共罚款20100元，已上缴国库。开展春运公路运输票价、成品油价格、液化石油气价格等专项检查工作。加大对明码标价的整治，推进价格诚信建设。针对部分商品放开的特点，在全县范围内开展商品明码标价工作，发放商品价格、服务价格标价卡、牌、薄等。推进价格诚信建设和百城万店无假货活动，坚持以建设示范商家带动的示范作用，建设2家诚信商家示范点。

2009年，为保增长、稳秩序、推改革、安民生、重服务、畅诉求，县物价局进行节假日市场价格巡查，确保市场价格基本稳定。对全县各中小学校春、秋两季收费的专项检查。主要是对县城内的3所中学、9所小学以及各乡镇中学、中心学校进行全面检。根据省价格主管部门的工作安排，为防止医疗机构以甲流为借口乱收费，组织1个检查小组对临高县疾病防控中心进行收费检查并跟踪追检。对化肥价格的专项检查，维护农民的根本利益。加强对家电下乡产品的价格监管，维护农民购买家电下乡的利益。规范餐饮企业价格行为的专项整治，叫停“1元”钱餐具消毒费。整治畜牧系统的乱收费行为，责令多文镇畜牧兽医站将多收的生猪产品检疫费4000余元，全部退还给各屠宰户。开展药品和医疗服务价格专项检查。对全县各农村合作医疗机构进行检查，发现价格违规行为5宗，共罚款20100元，已上缴国库。开展春运公路运输票价、成品油价格、液化石油气价格等专项检查工作。

2010年，加强对节假日市场价格的监督检查工作。元旦、春节期间，出动18人次开展市场价格巡查，接受群众投诉、咨询，解决38宗价格纠纷，维护节日市场价格的基本稳定。开展涉农收费的专项检查工作。主要对农村建房收费、民政收费、医疗收费、电力价格执行情况等，通过认真细致地检查，发现违价案件2宗，并做出适当的行政处罚：责令临高县电业公司将多收违价金额1.5万元退还给用户；对县中医院违规收取的医疗收费4万元没收上缴县财政。开展对涉及旅游行业的专项整治工作，分别对临高角解放公园门票、县内各宾馆、餐饮、酒店等与旅游业相关的行业进行专项整治工作，现场纠正13宗违价案件。加强对“五一”国际劳动节、“十一”黄金周旅游市场价格的专项整治工作。黄金周期间，共出动价格巡查人员 20 人次，全天候指派专人值守“12358”价格举报电话。对交通、信用联社、城监等部门的收费专项检查工作。

第三节　非商品收费

非商品收费主要是指行政事业性收费和经营性收费。1990 年，开展物价大检查，全县共清理 15 项乱收费项目，乱收费总金额 31 万元。

2005 年，筹集 1300 元制作 200 个涉农收费（价格）公示牌 200 个，并在全县各个行政村的醒目地方进行公示，把国家制定的价格和收费政策的知情权交给农民。

2008 年，创立价格调节基金制度。针对全县的商品价格与全国一样出现异常波动情况，县物价局向县政府建议在全县范围内征集价格调节基金，经县政府第二十五次常务会议研究通过，《临高县价格调节基金征集管理办法》于 2008 年 6 月 28 日正式颁布施行。

2009 年，执行各单位行政事业性收费统计报告工作制度，掌握分析全县行政事业性收费总量和收费变化情况，加强行政事业性收费的宏观管理。对全县收费单位进行 2008 年度的收费年审工作，全县应年审 36 个单位，实际年审 28 个，年审率为 77%。主要开展对工商系统、食品系统和卫生系统的年审，在年审工作中，各收费单位较好地执行物价收费政策。共筹集资金 1300 元制作 200 个涉农收费（价格）公示牌，并在全县各个行政村的醒目地方进行公示，把国家制定的价格和收费政策的知情权交给农民。对已过期和已变更的收费项目的收费单位进行重新审核并换发新的收费许可证，共换新证 17 个。2010 年，全县的行政事业性收费和经营性收费的管理方式主要是实行收费许可证管理制度和年审工作制度。全县应年审单位数 38 个，实际年审 30 个，年审率为 78.95%，发现乱收费项目 1 项，自立收费项目 2 项，废止 3 项越权制定的收费项目和标准，并按时按质按量完成 2009 年度县年审报表的各项工作，上报省物价局。审核县市政局报来的城镇生活垃圾处理收费标准及有关问题，并协调县市政局报县政府批复执行。批复临高县交警大队拓印机动车辆发动机和车驾号码的收费标准。重新审核县城乡公交车客运票价的收费标准和临城地区客运三轮车票价收费标准。

第四节　农业成本调查

1986 年，临高县农业成本调查品种主要是海洋捕捞、肉鸡以及农户种植意向等 3 项。

1997年，全县的农业成本调查具体调整：专项调查，主要是农户种植意向调查，农户存粮、售粮情况调查，农户农资购买情况调查；成本预测调查，主要是早籼稻预测调查，晚籼稻预测调查；查报调查，主要是早籼稻预测调查，晚籼稻直报调查，上半年规模生猪直报调查，下半年规模生猪直报调查，全年散养生猪直报调查；常规调查，主要是菜椒成本收益调查，萝卜成本收益调查，海洋捕捞成本收益调查。

2005年，根据省价格监测中心的工作安排，在临高县境内对8个品种的农副产品进行全年价格监测。开展农产品生产成本调查，主要开展"农户种植意向情况调查""农户农资购买情况调查""农户存粮、售粮情况调查""农户全年收支情况调查""糖蔗成本预测情况调查"等专项调查工作，并按月报、季报、年报及分析情况等及时报送省价格成本调查队，为省市场价格走势的分析预测提供较为科学的数据，为省级党委、政府提供科学决策服务。根据《海南省农产品成本调查考核评比办法》的有关规定和要求，临高县物价局获得海南省农产品生产成本调查工作三等奖的表彰。

2009年，根据省价格监测中心的工作安排，在临高县境内对8个品种的农副产品进行全年价格监测。开展农产品生产成本调查，主要是"农户种植意向情况调查""农户农资购买情况调查""农户存粮、售粮情况调查""农户全年收支情况调查""糖蔗成本预测情况调查"等专项调查工作，并按月报、季报、年报及分析情况等及时报送省价格成本调查队，为省市场价格走势的分析预测提供较为科学的数据，为省级党委、政府提供科学决策服务。根据《海南省农产品成本调查考核评比办法》的有关规定和要求，临高县物价局获得海南省农产品生产成本调查工作三等奖的表彰。

2010年，开展农产品生产成本调查和市场价格监测工作。主要是坚持每年开展对农户种植意向情况调查、农户农资购买情况调查、中规模养猪调查等，并及时整理、汇总以及完成调查材料的上报工作。为加强价格监测分析和预警预报工作，指派专人负责，按照省价格监测中心的工作安排，在临高县境内设立10个价格监测联系点，对68种商品进行价格监测，并于每月的5日、15日、26日和每周星期二向省价格监测中心在电脑平台上报数字。

第五节　价格鉴证

1986—1996年，临高县的价格鉴证工作是由海南省价格事务所临高分所具体开展，行政级别为股级单位建制，但没有专职鉴证人员，工作人员由县物价局工作人员兼职。主要对公安、法院等民事、刑事案件中的价格纠纷进行价格认定，其间共认定816宗案件，鉴证金额为 1087 万元。

1997—2010 年，海南省价格事务所临高分所更名为临高县价格认定中心，其性质和人员构成没有改变，业务范围由原来对公安、法院等民事、刑事案件中的价格纠纷进行价格鉴证外，扩展为对纪检监察、税务、房地产行业的价格纠纷进行价格认定。共认定 986 宗案件，鉴证金额为 2011 万元。2009 年，开展价格认证工作，全年办理各类价格鉴定、价格认证案件共受委托 189 宗，完成 162 宗，完成率 86%，认证金额 138 万元。2010 年，全年共受理 150 宗涉案物品的价格认证案件，价格认证金额 160 万元，为行政执法机关和司法部门办理经济、刑事、治安、民事、执行、涉税等各类案件提供价格依据。

第四章　质量技术监督管理

第一节　机　构

1986 年，成立临高县标准计量管理所，股级单位，隶属县科委领导。同年 5 月 25 日，临高县标准计量管理所从县科技委员会移交县经济委员会领导；同年 7 月 10 日，临高县标准计量管理所改制成临高县标准计量管理局（二级局），下设临高县标准计量所。

1992 年 5 月 3 日，临高县标准计量管理局改制成临高县技术监督局（正局级）。1995 年 12 月，临高县技术监督局挂靠临高县工业交通局。

2001 年 3 月底，其体制实行省以下垂直管理，临高县技术监督局更名为临高质量技术监督局，原县经济贸易委员会质量管理职能和县人事劳动局特种设备安全监察、检验职能划转临高质量技术监督局。临高质量技术监督局内设办公室、质量管理、标准化与计量监督管理、打假监督、锅炉压力容器与特种设备安全监察（2004 年 9 月增加食品安全监督职能）。其直属事业单位有临高质量技术监督所，负责全县的计量检定工作；局加挂质量技术监督稽查队牌子。至 2010 年底，单位名称、内设机构、行政职能未变。

第二节　计量管理

一、商贸计量法制管理

1986 年，木、地、台、案秤改用千克秤和定量砣。

1987 年，《中华人民共和国计量法》及《中华人民共和国计量法实施细则》，对全县计量器具生产企业实行许可证管理。根据广东省《关于对计量加油机执行强制检定的通知》，临高标准计量管理局对全县 5 部加油机全部检定，经检定合格。

1988 年 11 月，贯彻《海南省计量监督管理暂行规定》。1997 年 6 月 20 日开始实施《海南省计量管理条例》。

1989 年 4 月 1 日起实施《中华人民共和国标准化法》。技术标准分为国家标准、行业标准、地方标准和企业标准 4 级。

1990 年，市制改革，执行统一国家法定计量单位制度工作，对县城西门、河边菜场个体工商户发放计量器具强制检定卡。同年 8 月，改制工作基本完成，抽检显示 85%以上的计量计具采用公制计量单位。检查 2165 台（件）计量器具，合格率 86%，查处计量违法案件 23 起，没收不合格计量器具 273 支、砣 30 个。先后 8 次开展海鲜排档计量监督检查专项行动，切实整治全县旅游市场的计量不规范行为。

2005 年世界计量日以“计量与能源”为主题，开展计量宣传咨询和免费检测等活动。县质量技术监督局开展计量知识宣传、咨询及业务服务活动。通过此次活动，提高消费者的计量法制意识和维权意识，营造社会各界关注计量、支持计量的良好氛围。

2009 年，开展能源计量监督检查工作。检查辖区内两家重点耗能企业，建立能耗企业的能源计量档案。开展海鲜排档器具计量专项整治活动。开展主要乡镇海鲜排档器具计量专项整治活动，对临城、新盈等主要乡镇的海鲜排档计量器具进行检查，共检查 27 个海鲜排档，38 台计量器具，没收 2 台短斤少两的计量器具，规范海鲜排档计量器具的使用、管理，从而保障消费者的合法权益。帮助技术机构进行计量认证。县环境监测站、建筑工程质量监督站、机动车辆检测站等已进行计量认证，正常开展工作，但仍有摩托车检测站、卫生防疫站还没有通过计量认证，县质量技术监督局督促、帮助摩托车检测站向省局申请计量。开展“5·20”世界计量日活动。结合实际，制定方案，成立领导小组，通过张贴宣传画、标语、横幅，发放宣传单进行宣传。同时，开展服务计量进乡镇、免费修理计量器具及宣传等活动。

2010 年，集贸市场在用计量器具受检合格率达到 94%，餐饮业受检合格率达到 96%。

二、定量包装商品计量管理

1998 年，根据国家技术监督局《定量包装商品监督规定》，临高县计量测试所对全县定量包装商品生产和流通企业开展监督检查，当年抽检生产企业定量包装商品净含量合格率为 75.3%，流通企业合格率 73%。自 2002 年起，国家质检总局在全国开展定量包装生产企业计量保证能力评价，推行计量“C”标志，经验收合格的企业享受商品净含量免检待遇。2008年，开展治理商品过渡包装工作，组织人员重点检查酒厂、食品加工厂等，没有发现生产企业生产过渡包装商品的违法行为。至2010年底，全县生产和流通企业定量包装商品净含量监督检查合格率分别达到97%和96.1%。

三、计量器具检定

1988年，摸清全县机械厂、电线厂、化纤厂、水泥厂等13家工厂产品执行标准。同年，《中华人民共和国计量法》《中华人民共和国标准化法》开始实施，全县大力宣贯。当年检定县水泥厂共计570吨3个编号的水泥存在负偏差不合格，按法规责令该厂立即整改到位；检修计量器具372件。1993—1996年，全局工作用强检计量器具的受检率从50%提升达到95%以上。

1994年，开始统一使用强检检定合格标志。

2009年，开展医疗卫生机构强检计量器具备案和农贸市场、加油站、餐饮业及电子汽车衡等计量器具检定工作。共备案医疗卫生机构强检计量器具235台（件），检定19个农贸市场2738台小型计量器具、16家加油站92枪次、电子汽车衡11台和其他计量器具共272台等。

2010年，建立覆盖集贸市场、医疗、民用四表、加油站、液化气充装站等五大民生计量领域的监管网络，集贸市场在用衡器、医用强制检定计量器具、验光配镜用强制检定计量器具等受检率达100%。在技术所的有力配合下，对全县在用电子汽车衡、农贸市场的小型衡器、加油机、基层医疗机构的血压计和压力表、餐饮业和小门店的小型秤等计量器具进行检定，共检定所有在用电子汽车衡14台，全部合格；免费检定农贸市场计量器具2932台，受检率达100%；检定在用加油机111枪次，全部合格；免费检定全县的基层医疗机构的血压计106个和压力表27个，受检率达100%；检定餐饮业小门店的小型秤共276台，其中有11台不合格；检定M：等级砝码506个，全部合格，确保辖区内计量器具的合法使用。

四、能源监测及避雷针安装与检测

1993年，新上加油机检定项目，建立二等金属器标准，开始对全县加油机进行法定计量检定，当年检定加油机7台。自1998年起，县计量测试所接受县自来水公司委托，开展水表委检。2005年，周期检定加油机120台；组织开展供水计量执法检查，检定水表100只。

从1986年始，临高质量技术监督局技术机构是全县具有避雷装置安装检测资质的组织。至2003年，累计安装、检测避雷针2215支，避雷装置合格率从1986年的76%提升至2002年的99.3%。从2003年起，避雷装置安装检测工作划转至县气象局负责。

第三节　标准化管理

一、地方标准化

1986年，贯彻《中华人民共和国标准化管理条例》，地方企业标准由主管部门组织制定和审查，地方标准化管理部门登记、编号、批准发布实施。地方企业标准进入由标准化主管部门统一管理阶段。

1989年4月1日起，由省标准化主管部门组织制定地方标准，县级标准计量管理部门不再制定地方标准。

1990年4月6日起，贯彻国务院《中华人民共和国标准化法实施条例》、执行国家技术监督局的《地方标准管理办法》《能源标准化管理办法》《农业标准化管理办法》《国家农业标准化示范区管理办法》。

1991年4月1日，海南省标准计量管理局颁发《海南省企业产品标准备案管理办法》，规定备案专用章图样和企业产品标准备案号的行政区划代码。临高县行政区划代码是460028。

1998年3月，贯彻执行《海南经济特区标准化管理办法》。地方标准分为强制性标准和推荐性标准。凡在县工商行政管理部门注册登记的企业制定的产品标准，要报县标准化行政主管部门备案。县标准化行政主管部门负责对标准的实施情况进行监督检查。

2001年10月1日起，全省的企业产品标准备案工作由省局统一办理，各县不再办理企业标准备案。

2003年5月19日，由省局授权临高县在规定的范围内备案企业产品标准，在规范标准化管理工作方面，编制以农业标准和服务标准为主的年地方标准制订计划，完成企业标准备案管理数据库和采用国际标准标志管理数据库管理系统开发和应用工作。

2003年4月23日，省质量技术监督局下达海南省地方标准项目计划，“临高猪品种标准”项目由县畜牧中心的邢贻强、孙旺友负责实施。2005年7月14日，省质量技术监督局下达海南省第二批地方标准制定项目计划，“临高乳猪”“临高乳猪肉产品质量要求”的地方标准制定项目由县畜牧中心负责。2006年4月，省省质量技术监督局批准地方标准，“临高乳猪肉”的地方标准编号为DB46/T 58—2006，“临高猪品种”地方标准编号为DB46/T 59—2006。

2008年，推进标准化工作，做好3家服务业标准化试点申请工作，督促全县辖区内各生产企业采用国家标准、地方标准或根据需要制定企业标准，并严格按标准组织生产，提高产品合格率。

2010 年，抓好农业标准化推广、农产品质量认证、投入品监管、农资市场监管及抽样检测等方面工作。完善质量追溯系统，强化病虫害防控。建立冬季瓜菜质量安全追溯示范点，推广 3G 等质量安全追溯系统，建立田头档案。推广绿色防控技术，采用抗病虫品种进行试验示范与推广，减少病虫的发生，从而达到减少用药和无公害生产的目的；大力推广培育壮苗，推广冬种瓜菜小棚塑盘育苗技术；推广增施农家肥，增强瓜菜抗逆能力，减少病虫害的发生；推广高效、低毒、低残留农药用药。

二、企事业标准化

1986 年，国务院《工业产品质量责任条例》开始实施。同年，临高质量技术监督局抽检产品 25 个、60 项，合格率 52%。

1989 年，配合县高美胸围厂制定企业标准，并帮助该厂做好定级工作。1997 年，县属工业主导产品消灭无标生产。工业产品标准覆盖率达 95.4%。

2001 年，国家质检总局出台《无公害农产品标志管理规定》。2002 年 2 月，海南省质监局出台《海南省〈无公害农产品标志管理规定〉实施细则》。先后为全县企业备案企业标准 40 个。组织制订临高乳猪、临高地瓜酒等地方标准，推动临高特色产品规范化、标准化，更有效地打开市场。2005 年，帮助海南宝丰农业开发有限公司和海南椰城投资有限公司完成国家级农业标准化示范基地建设。

2009 年，开展农业标准化工作。帮助临高思远食品有限公司开展国家级标准化示范区各项工作，申请 OS 认证及办理出口欧盟事宜。开展治理商品过渡包装工作，组织人员重点检查酒厂、食品加工厂等，没有发现生产企业生产过渡包装商品的违法行为。帮助 1 家企业开展修订 2 个企业标准。全县按标准组织生产的企业比上年上升 6%，杜绝企业“无标”生产。开展公共图形标识执法检查。共检查 3 个重点宾馆和 1 个旅游场所，未发现有不符合规定的公共图形标识。开展世界标准化日宣传活动，举办以“标准应对气候变化”为主题的宣传座谈会等活动，在县城主要街道悬挂宣传横额 15 条、张贴宣传标语 80 多张、设立宣传咨询台、发放宣传单、解答标准化等有关知识，邀请部分企业和相关部门领导参加，并联合工信、工商等检查电器的能效标识。

2010 年，全县有 17 家企业获取生产许可证，其中 11 家获取食品生产许可证，6 家获取工业生产许可证。结合辖区内国有、合资企业少，家庭小作坊分量多，工作难度大的实际情况，年初制定建立健全企业质量档案的措施，共普查登记生产（加工）企业质量档案（包括家庭小作坊）114 家，并以电子表格的形式及时输入建档，实现对企业实行动态监理。开展质量兴企、质量兴业活动，提高名牌产品的申报力度。多次与企业共同开展质量兴企、质量兴业等座谈会活动，与企业一起查问题、找原因，帮助提高产品的生产效率和质量，进一步提高地方企业产品质量的市场竞争力。结合“质量提升年”的工作要求，发动扶持14家企业获得生产许可证，其中获取食品生产许可证的企业有12家（4家大米加工厂、3家糖厂、1家保健品厂、1家食品厂、1家鱼产品加工厂、1家饮料厂和1家速冻厂），获取工业产品生产许可证的企业有2家(1家钢铁厂和1家复混肥厂)，7家企业通过ISO9000等管理体系认证。

三、组织机构代码证

1990年起，办理商品条码。1993年，建立企业、事业、机关和社会团体统一代码标识制度。全年办理158家。1994年1月1日起，在经济和社会管理领域中规定使用单位代码标识。通过在银行系统强制使用代码证，使代码颁证工作得到迅速展开。

1998年，办理151张组织机构代码电子信息卡（IC卡）。

2000年3月，海南省组织机构代码信息网络管理系统，实现“统一查重、集中赋码、分散颁证、实时网上监控和传输数据”的工作管理模式。

2007年4月25日，进行县级代码管理机构历年纸质档案制作电子档案工作，组织机构代码管理系统（B/S版）正式启用。组织机构代码在全县税务、银行、工商、统计、公安、人事劳动、社会保障、财政、机构编制、民政、工会、物价、经济贸易等重要部门得到应用。

2010年，由于组织机构应用领域的拓宽，临高质监局加大办理组织机构代码的工作力度，年内共办理代码业务达872项，其中新增业务216家，换证482家，变更73家，年审101家，已办理组织机构代码的企业共计3240家。

第四节　质量兴县

1996年，临高县开展质量兴县工作。开展形式多样的宣传活动，发放《中华人民共和国产品质量法》《质量振兴纲要》等宣传资料3861份。大力推进质量认证工作，引导帮助企业开展质量体系认证、3C认证、QS食品质量安全市场准入等活动，不断提高全县企业的质量管理水平。

2005年，结合临高县实际，根据海南省人民政府《关于印发海南省质量兴省工作方案的通知》的要求，制定《临高县人民政府办公室关于印发质量兴县工作方案的通知》《临高县质量兴县工作计划》《临高县质量兴县工作目标责任》，明确从2006—2010年以及每年的质量兴县工作目标和各职能部门的责任，为完成质量兴县的工作目标打下基础。帮扶临高红华糖业有限公司等6家企业通过ISO 9001质量管理体系认证和1家HACCP质量安全体系认证，总计 7 家企业开展管理体系认证，提高管理水平。

2008 年，临高质量技术监督局帮扶海南宝丰农业开发有限公司成功申报 4 个富友牌省级名牌产品（即火龙果、莲雾、杧果、番石榴），推动全县地瓜酒在海南省食品博览会获得金奖。

2009 年，结合实际，为切实履行“从源头抓质量”的职能转变，制定本局的质量管理目标、质量管理职责，建立健全企业质量档案的措施、质量奖励制度和质量管理创新等相关措施。深入生产（加工）企业，进行全面普查，开展形式多样的质量管理与认证活动：完善企业质量档案的普查建立，全县共有 114 家生产（加工）企业，并全部建立企业质量档案和电子文本草纲目，实现对企业实行动态管理；开展质量兴县、质量兴企和质量兴业活动，提高名牌产品的申报力度。成功申报富友牌的火龙果、莲雾、杧果、番石榴 4 个省级名牌产品；开展生产许可证和质量认证管理。发动扶持 13 家企业获得生产许可证和 4 家企业获取 ISO 9001 质量认证管理，其中食品生产许可证 11 家，工业产品生产许可证 2 家。

至 2010 年，累计监督抽检、委托检验产品 1531 个样品，产品合格率达 95%。

第五节　特种设备安全监察

2000 年 3 月，机构改革，原县劳动局劳动保护监察股的职能划转质监局，成立特种设备安全监察内设机构。

2001 年 6 月，全县开展“土锅炉”专项整治，拆除“土锅炉”2 台，更换合格锅炉 1 台。2003 年 9 月，开展气瓶普查，启动产权转移工作。至 2005 年底，实现石油液化气瓶产权转移 2 万多只，氩气、氧气等工业气瓶产权转移、托管 568 只。

2009 年，按照“质量和安全年”的工作部署，全面推进特种设备安全监察工作。共出动执法人员 288 人次，检查设备使用单位 183 家次，检查设备 298 台（个）次及压力管道 2.061 千米，发现隐患设备 41 台（包括 9 个过期气瓶），整改设备 41 台（个），下达特种设备安全指令书 16 份，设备安全隐患整改率达 100%，违法案件立案查处 1 起，结案 1 起，罚款收入 0.8 万元，结案率达 100%，及时向省局特监处和当地政府汇报设备存在安全隐患状况 13 次等。同年，全县推动 22 家锅炉使用单位进行开展锅炉节能改造，完成节能改造 33 台锅炉，取得全年总计节约标准煤 3105 吨的成绩。2010 年，全县特种设备使用单位计 46 家，在用锅炉 15 台，压力容器 17 台，电梯 8 台，起重机械 41 台，场内机动车辆 9 台，石油液化气、氨气、氧气、氩气钢瓶 3.13 万只，压力管道 2061 米。所有特种设备资料全部录入数据库，实行网络化动态监管。配合省锅检所对特种设备作业人员进行换证取证培训、设备的定期检验，确保设备的定期检验率、作业人员上岗持证率达100%，确保在用特种设备的安全运转，加强冶金行业起重机械和“土制”锅炉等非法设备的整治，确保广州亚运会的顺利开展。按照省局特监处的有关部署和服务与监督并举的工作原则，除了日常的安全监察外，先后在春节、“3·15”国际消费者权益日、“五一”国际劳动节、“六一”国际儿童节、“十一”黄金周、亚运会、元旦等开展特种设备安全大检查，共检查锅炉29台、压力容器21台、压力管道2.061千米、电梯12台、起重机械30台、液化石油气站4家以及制冰厂9家，共对19家在用特种设备企业（单位）下达26份安全监察指令书，责令限期整改，做到安全隐患及时消除，杜绝设备带病运行，确保特种设备的安全生产。2001—2010年，累计检查重点监控单位874家次、重点监控设备2876台次，发出安全监察指令书92份，消除安全隐患81条，立案查处18件，涉及各类特种设备128台。

第五章　食品药品监督管理

第一节　机　构

2002年3月28日，成立海南省临高药品监督管理局（简称“药监局”），为正科级，实行省垂直管理体制。

2003年11月17日，更名为海南省临高食品药品监督管理局。

2004年8月3日，临高县食品安全协调委员会成立，由1名副县长和14个单位组成，委员会下设办公室，办公室设在临高食品药品监督管理局。

2010年1月1日，海南省临高食品药品监督管理局下放为县政府工作部门，更名为临高县食品药品监督管理局，为正科级。内设办公室、药品综合监管股、保化餐饮监管股等3个职能股室。

第二节　食品安全监管

2004年，临高县食品安全协调委员会办公室制定出台《食品安全协调委员会工作制度》

《食品安全协调委员会工作制度》《食品安全联合执法工作制度》《食品安全事故督察督办制度》《重大食品安全事故应急预案》等一系列制度和文件；组织召开食品安全协调委员会联席工作会议19次；牵头组织相关职能部门开展联合行动75次，食品安全专项检查103次，综合协调各职能部门开展食品安全法实施宣传、“3·15”国际消费者权益日、食品安全宣传周、产品质量月、拒绝假劣保健食品等大型食品安全宣传活动。妥善处理食物中毒事故3起，无死亡事故。

2005年，全县开展食品生产加工企业普查，遍及16个乡（镇），共普查登记食品生产（加工）企业质量档案（包括家庭小作坊）40家，其中规模以上企业4家，小企业7家，小作坊29家。通过建立档案、拍摄图片，完善企业质量档案的建立，实施动态管理，从根本上解决对全县食品生产加工企业（小作坊）“心中无底”问题。

2006年，为防止食物及食源性疾病的发生，保障餐饮环节的食品安全，依据《中华人民共和国食品安全法》等法律法规，在全县范围内开展学校食堂、餐饮业食品卫生等食品安全专项整治工作。全县有学校食堂共4所，幼儿园食堂13所，经量化检查达到办证条件持有卫生许可证的有3所，持证率17.8%。全县食品生产、经营人员共962人，持有健康合格证的874人，持证率91.05%。县食安办牵头，联合工商、教科局等职能部门对全县18所学校食堂进行专项整治，新建的学校食堂有14所，限期整改的有3所，取缔1所，申报卫生许可证的有4所，经现场量化评分达到办证条件并已发放卫生许可证的有3所，持证率为75%。

2009年，全县共出动执法人员256人次，执法车辆56辆次，检查食品生产、加工、经营、消费单位278家次，整治重点食品58种。开展28类食品无证查处、速冻米面食品专项执法检查、打击涉盐违法专项行动等6项专项执法检查，重点整治地区1个，整治重点单位4家，整治重点品种2种，对全县35家使用食品添加剂的食品生产单位添加剂使用行为进行规范，同时抽取5个白砂糖、17个大米、1个饮料（椰子汁）和1个白酒样品送检，样品全部合格。组织畜牧、工商、税务等部门开展2次联合行动，参加人数118人次，共没收600千克私宰肉，对92千克病肉进行无害化处理。全县共有135家酒类经营企业（点）实行酒类备案登记制度（约占全县应备案登记的2/3），对超市、酒店、批发店等酒类经营场所执行酒类备案登记制度情况进行联合检查，共没收假冒蓝带马爹利20瓶，罚款3000元，极大净化酒类市场。

2010年9月1日，临高县食品药品监督管理局划入餐饮服务监管职责，划出食品安全综合监督、组织协调和依法组织开展对食品安全重大事故查处职责。年内，临高县食品药品监督管理局共开展餐饮服务单位食品安全、学校食堂食品安全、建筑工地食堂食品安全专项整治10次，办理餐饮服务许可证16家。

第三节 药品与医疗器械监管

2004—2005年，建立健全农村药品供应与监督网络，增强对农村药品的配送覆盖面及监管力度，先后在10个乡镇和2个国有农场聘请22名农村食品药品监督协管员，在全县153个行政村聘请203名农村食品药品监督信息员，并对他们进行定期或不定期培训。期间，2005年，制作临高方言光盘500个，宣传食品药品安全知识，分发给各个村委会；赞助5000元给临高县木偶剧团为农民表演木偶剧，向广大农民宣传食品药品的基本安全知识；设立咨询点45个；悬挂横幅148条；散发宣传资料17万册/张；设立假冒伪劣食品药品展台45个；通过新闻媒体报道专项整治情况传播食品药品安全知识。还利用问卷调查、出刊临高食品药品信息简报等多种形式让食品药品安全知识渗透到全县每个角落。

2006年，县食安委加大宣教力度，全县共印发张贴《中华人民共和国食品安全法》《中华人民共和国产品质量法》《兽药管理条例》等普法宣传材料6000多份，出动宣传车1000台次，印发工作简报36期。食品监管工作做到"三进"和"三结合"，即进乡村、进学校、进社区和普法教育与普及科学知识相结合，宣传教育活动与专项行动相结合，集中宣传与长效推进相结合。充分发挥新闻媒体的宣传作用，在县电视台和县互联网信息发布平台上发布专项整治内容信息和报道40余篇。针对不同季节易发生的食品安全事件和食源性疾患及时向社会发布预警公告，对全国各地发生的食品安全事件也进行通报。同年，临高县成立海南盛南药业有限公司临高农村药品配送中心，保证农民用上安全、有效、价廉的药品。在标准化生产基地推行农资购买、销售及指导应用"三统一"制度，在蔬菜集中产区推行农药专营制度，全县78家农药店，已有80%的农药店按照高要求设立玻璃货架，对农药进行分类经营并建立购销台账，农药管理趋向于规范化。全年农业部门共出动执法人员人1200次，检查企业308家次，整顿市场10个，立案查处20起，结案15起，共没收假农药150包，甲胺磷、氧乐果、呋喃丹等6种高剧毒农药共30瓶，查获违规经营农药900件，罚款金额3400多元，为农民群众挽回经济损失近万元，使剧毒、高毒、高残留农药和假冒伪劣农业投入品得到严格控制。创建农产品生产基地13个，面积达0.8万公顷，有6个企业8个产品申报全国统一的无公害农产品认证。

2009年，县食安办出版2期食品安全信息简报，发布有效信息16条。组织举办农村食品药品监督协管员、信息员培训班。通过培训，使225名协管员、信息员掌握食品药品监管和识别假劣药品的基本知识。对辖区内的海南东联长富制药有限公司大容量注射剂生产车间派驻驻厂监督员，共派驻厂监督 12 次、日常监督检查 8 次，开展特殊药品的专项监督检查 2 次。对使用特殊药品的 5 家医疗机构进行专项检查，出动检查人员 12 人次，出动检查车辆 4 辆次，检查 2 个品种 4 个批次的盐酸吗啡注射液、2 个品种 2 个批次的盐酸氯胺酮注射液、2 个品种 2 个批次的哌替啶麻黄素、1 个品种 1 个批次的枸橼酸芬太尼注射液。对 11 家开办药店和 6 家 GSP 认证药店严格按《药品经营质量管理规范》的规定要求药店进行药品分类，在日常监督及 GSP 认证跟踪检查中，针对药品分类问题对 12 家企业下达限期整改通知书 12 份；对 2 家企业进行当场行政处罚。

2010 年，县食安办出版 2 期食品安全信息简报，发布有效信息 15 条。组织执法检查人员对一批经营和使用医疗器械的单位进行重点抽查，共检查 10 个品种 18 个批次天然胶乳橡胶避孕套、2 个品种 5 个批次医用脱脂棉、6 个品种 11 个批次医用脱脂纱布（块）和一次性使用无菌导尿管，要求严格按照相关规定把好进货验收关，经营和使用符合质量要求的医疗器械。配合省稽查总队和儋州药检分所做好药品专项抽样评价性抽样和快速检测，对涉药单位生产、经营、使用的 232 批次药品进行检测，通过 100%批次；做好日常监督抽样工作，对辖区内涉药单位所生产销售使用的药品有针对性地进行抽检，共抽检“降糖宁胶囊”“注射用头饱硫脒”等 24 批次药械，检出不合格药品 2 批次，不合格率为 8.33%。推进药品零售终端的 ADR 监测工作，共上报药品不良反应监测报告表 65 份，在全省各市县中排名第七，有效推动临高县 ADR 监测工作的开展。至年底，临高县食品药品监督管理局对辖区内 1 家药品生产企业，1 家药品批发企业，106 家药品零售企业和县内各级医疗卫生机构的药械质量、流通渠道加强监管，共依法处理案件 102 件，涉案货值 2.42 万元，罚没款 5.73 万元，全额上缴国库；取缔无证经营药品医疗器械店 3 家。

第六章　审计监督

第一节　机　构

1986 年，临高县审计局内设行政股、工交财贸股、综合股。1996 年，内设办公室、综合审计股、工业交通审计股。1999 年，内设办公室、行政事业审计股、财政金融审计股、商业贸易审计股和工交基建审计股。2009 年，设有 5 个职能股（室）：办公室、行政事业审计股、工交基建审计股、财政金融审计股、商业贸易审计股。至 2010 年，县审计局内设机构、人员编制未变。

第二节　财政审计

一、财税监察

1986—1990 年，共审计单位 225 个，审计总金额 43953 万元，查出各种违纪问题金额 1622 万元。在这些违规违纪的资金中，应上缴财政金额 786 万元，已上缴财税部门 350 万元。移送司法机关处理 4 件，受党政纪处分共 9 人，提交审计报告、信息共 9 篇。

1991—1995 年，共完成审计项目 110 个，查出各种违纪违规问题金额 1165.60 万元，其中应上缴财政金额 332.40 万元，已上缴财政金额 153.20 万元。

1996—2000 年，共完成审计项目 99 个，查出各种违纪违规问题金额 9018 万元，其中应上缴财政金额 731 万元，已上缴财政金额 76.15 万元。查出违纪并受经济处罚 5 个单位，共罚款 33740 元，移送检察机关立案查处 4 宗，移送纪委处分的 3 件 4 人。

2001—2005 年，共完成审计项目 113 个，查出各种违纪违规问题金额 11185 万元。在这些违规违纪的资金中，应上缴财政金额 722 万元，已上缴财政金额 255 万元；建议干部管理部门给予党政处理 5 件。

2006—2010 年，共完成审计项目 78 个，查出各类违规违纪及管理不规范金额 23493.21 万元，其中应上缴财政资金 1221.30 万元，已上缴 380 万元；应归还原资金渠道 2965.70 万元，已归还原资金渠道 1395 万元。配合县纪检监察查处 2 宗经济案件，移送涉嫌侵占信贷资金案件 3 宗，向主管局建议作免职处理 1 人。以规范财务收支管理，促进资金的合法合规使用为目的，开展行政事业单位财务收支审计（调查）19 个，查出乱收费，应交未缴财政资金、挤占各种专项资金等违规金额 464 万元，管理不规范金额 4321 万元，并依法作出审计处理意见的决定，对管理不规范行为提出合理化建议，有效地促进各行政事业单位规范财务管理，合理使用财政资金。提高经济效益。

2010 年，开展对临高地方税务局 2009 年度税收征收管理情况审计工作，经审计查出问题：多征、未征土地使用税 157.58 万元；漏征印花税款 16.19 万元；少征、漏征房产税税款 11.37 万元；多列成本造成少数企业所得税 0.58 万元；欠缴税款 21.25 万元。针对以上违规问题，县审计局已要求税务机关在定期内全部追缴税款入库，2010 年止已经追缴 79 万元。

二、财政收支审查

1993 年，加强行政、事业单位的财会检查，审计部门办理审计项目 19 个，比上年增加 9 个，审计总额 18639 万元，查出违纪金额 159 万元，确保规费收入单位的经费入库。

1998—2000 年，县审计局改进审计工作方法，有计划、有重点地开展项目审计，3 年共完成审计项目 58 个，查出违纪违规金额 5426 万元，其中查出百万元以上违纪单位 9 个，应上缴地方财政 507 万元，已上缴 70 万元，返还原资金 2382 万元。

2004 年，受县政府委托，向县人大常委会作县本级预算执行情况和其他财政收支审计工作报中查出的问题提出加强和改进财政管理的建议。财政预算审计《关于临高县 2003 年度财政预算执行和其他财政收支情况的审计工作报告》被海南省审计厅评为全省财政审计工作报告三等奖。县本级财政预算执行和其他财政收支的审计工作报告获得二等奖；同年度关于临高县税收征收管理情况的审计报告被海南省审计厅评为全省财政审计工作报告三等奖。

2006 年，财政审计规范预算管理，对县级财政预算执行和其他财政收支情况审计，先后查出虚列财政预算收支、多列财政预算收入，超预算拨款、无预算拨款、挤占各种专项资金、改变资金等资金各种违规资金，从而促进财政预算资金的管理，提高财政资金的使用效益和社会效果起到很大的作用。

2009 年，县审计局完成审计项目 17 个，查出违规金额 53 万元，管理不规范金额 12841 万元，其中应上缴财政 53 万元，应减少财政支出 1388 万元，应自行纠正金额 11400 万元；已上缴财政 53 万元，已减少财政支出 1388 万元，已自纠正金额 11400 万元。提交审计工作报告、信息 9 篇，被采用 3 篇。深化财政预算执行管理审计，努力提高财政收支绩效。对县本级 2008 年度财政预算执行和其他财政收支审计，发现虚增财政收支 49.18 万元、向没有财政隶属关系的非预算单位拨款 205 万元、无预算拨款 110 万元、尚未拨付的各种专项资金 8896 万元等问题。

2010 年，县审计局审计项目 15 个，其中已经完成审计项目 11 个，跨年度审计项目 4 个，查出违规金额 207 万元；管理不规范金额 16501 万元；应上缴财政金额 207 万元，已上缴财政金额 79 万元；投资项目审计核减 1284.64 万元，为县财政节约资金 1284.64 万元；提交审计工作报告、信息 7 篇，被采用 2 篇。加强财政预算审计，保障政府财政使用安全。通过审计发现：虚增镇级一般预算收支 52 万元，少列镇级财政一般预算收入 15.26 万元，改变年度预算项目资金用途支出 363.11 万元，未按专款用途拨付财政资金 136.36 万元，没有及时结算报账清理在建及预付的农财报账户专项资金 17887.12 万元，逾期财政农综有偿资金 510.56 万元。

第三节 固定资产投资审计

一、经济责任审计

1999—2010年，开展经济责任审计。截至2010年，共对39个单位、42人实施审计。在实施审计中，发现挤占专款、固定资产未登记、乱收费、未使用规定票据、小金库、应缴未缴收入、招待费偏大、提高补助标准、超预算支出、会计科目处理不当等，问题金额共4154.94万元，对违规行为事实移交相关单位查处。

二、政府投资工程项目审计

2007—2010年，临高县政府投资建设项目不断增加，部分政府投资项目出现效益和工程质量差强人意，建设项目中决算超预算、预算超概算、超计划投资现象较为严重等问题。县审计局把对政府投资项目审计工作当作重中之重，积极整合社会审计资源，采取预算评审和竣工结算审计"双管齐下"的方式对政府投资工程项目进行审计。

"十一五"期间，以核查投资建设项目工程造价的真实性、合法性、效益性为目的。查处高估冒算、损失浪费等问题。开展体育广场、文化公园、解放公园等25个（含委托会计事务所审计数在内），审计工程结算价款总额17765万元，共核减工程造价2686万元，为财政节约资金2686万元，加强和规范投资建设项目资金的管理起重大作用。

2007年，共完成35个政府投资工程项目的结算审计工作，送审金额19265.66万元，审定金额16301.52万元，核减金额2964.14万元，核减率15%。

2009年，加大对固定资产投资的审计力度，提高资金使用效益。开展对政府投资项目审计7个，审计工程造价总额6063万元，审计核减工程造价1388万元。通过加大对固定投资项目审计力度，规范政府投资项目的管理，遏制投资项目管理过程中的腐败行为，减少财政支出。

2010年，全年共审计政府投资项目21个（其中包含委托会计师事务所审计在内），审计工程结算价款总额7392.66万元，审计核减工程款1190.14万元，减少财政支出资金1190.14万元。通过审计，对规范政府投资项目管理，减少财政支出起到很大的作用。

第四节 专项资金审计

1986—2010年，县审计局将"民本审计"理念运用于审计实践。

2001年，对临高县第四期（1998—2000年）农业综合开发贷款资金审计，查出违规违纪行为金额351万元。对县民政局2000年度救灾资金审计，查出违规违纪行为金额124

万元。对上述专项资金审计的违规违纪行为事实已依照财政经济法规规定作出审计意见和审计决定。

2004年，对县城镇从业人员失业保险基金的征收、管理和使用专项资金审计，查出征收部门滞留保险费未缴财政基金专户71万元，逾期未发现失业保险金余额16.80万元，挤占失业保险金作费用开支2.60万元的违规行为事实。审计结果得到被审计单位领导的重视，建立健全制度管理机制，并将滞留保险费上缴财政专户，将失业保险金发放到失业保险个人。同年，对临高县2001—2003年度农业综合开发资金审计，查出占用（多种经营）财政有偿资金90万元，拖欠工程款91.80万元，滞留项目无偿资金8.50万元和致富工程款19万元的违规问题，根据违规问题依照财经法规作审计决定和意见建议。

2005年，对临高县2003—2004年扶贫专项资金审计发现：县统战部占用扶贫饮水、修路资金弥补行政经费10.8万元；县扶贫办挪用10万元扶贫资金联营种植夏威夷木瓜。县审计局依照财经法规作出将占用的资金返还原资金渠道的审计决定。

“十一五”期间，以规范专项资金的管理，确保专款专用，对农业、水利、林业、扶贫、民政、社会保障、医疗保障等11个专项资金进行审计（调查）。查出违规金额71万元，管理不规范金额5004万元，揭露挤占挪用专项资金、资金投入使用效益差等问题，提出合理化建议24条，被采纳和整改22条。增强各级领导对专项资金管理与使用的意识，促进其规范管理起到一定作用。

2007年，开展对中小学“两免一补”（对农村义务教育阶段贫困家庭学生免杂费、免书本费，逐步补助寄宿生生活费）资金、中小学危房改造资金、农村社会养老基金、农村三项社会保险资金、农业综合开发资金等6个涉农资金项目进行审计和审计调查。通过审计发现挤占“两免一补”专项资金617096元，挪用危房改造资金63万元用于偿还土地房屋补偿费和电脑设备款，挤占危改资金179980元，违规出借养老基金7.70万元，违规占用养老基金190137元，占用五保基金9.07万元用于工作经费开支等。

2009年，群众关注的资金，就是审计的重点。为确保专项资金的安全，最大限度发挥财政资金的经济效益和社会效益，对全县“两免一补”、农村“三项补贴”进行审计调查。“两免一补”审计查出的问题有虚报学生人数，套取“两免一补”资金2.1万元；挤占挪用公用经费资金66.96万元；贫困寄宿生生活补助落实不到位；多拨贫困寄宿生生活补助；个别中小学校科任老师变相收补课费等10多个问题。农村“三补贴”方面查出的问题有获取粮食补贴款没有及时付给农户；虚报种粮面积套取补贴资金5.37万元；未按规定发放补贴款9.48万元；用现金发放粮食直补资金333.9万元；村集体土地申请补贴7.99万元用于村委会开支；经销商以最高限价售机，套取农机购置补贴等10多个问题。对于上述所存在的问题，审计提出处理意见与建议。通过这次审计，有力地推动政府等有关部门单位改进工作，规范管理，维护群众利益。同年，对2001—2009年间农业综合开发专项资金进行审计调查。

2010年，对政府各拆迁组报送的238户（笔）拆迁补偿费用进行审查与核对，发现各拆迁组人为乱加补偿项目，乱提高补偿金以及补偿金计算有出入等问题，核减不合理补偿资金66.55万元，其中发现临高二中拆迁片区虚假乱报补偿资金问题，涉及违规资金39.35万元，县审计局及时报告县政府，县纪检监察部门已经介入查处此案。对县机关事务局、临城镇政府、县市政管理局、县城监大队等单位16笔工作经费共133.59万元进行审核，发现多报或不合理要求批拨资金27.95万元，为政府减少财政支出堵塞漏洞。

第七章　统计管理

第一节　机　构

一、县统计局

1986年，临高县统计局为正科级行政单位。1995年，政府机构改革，临高县统计局更名为临高县统计信息服务中心，正科级事业单位，人员编制不变。

2001年，恢复临高县统计局，正科级行政单位，人员编制不变。

2010年8月，临高县政府办公室印发《临高县统计局主要职责内设机构和人员编制规定的通知》，临高县统计局重归为县政府工作部门。内设办公室、综合核算股、农村经济股、工业贸易交通股。

二、国家统计局临高调查队

国家统计局临高调查队是国家统计局派出的驻临高县基层调查队，前身为国家统计局海南省临高县农村社会经济调查队，始建于1984年。2007年，调查队体制改革后更名为国家统计局临高调查队。临高调查队既是国家统计局直属的调查机构，也是地方政府的一支重要统计力量，既承担国家统计局布置的调查项目，也执行临高县政府安排的统计调查任务。主要承担的国家统计局和临高县政府的常规调查任务有城乡住户一体化调查、农产品中间消耗调查、农产品生产价格调查、农作物播种面积调查、农村固定资产投资调查、畜牧业调查、贫困监测调查、小康监测调查、村务公开与社会治安满意率调查、城市环境保护满意率调查、小微企业调查、限下餐饮和服务行业调查以及其他一次性专项调查任务。

第二节　常规统计

临高县统计局主要执行以季度统计报表为主，月度统计报表为辅，年度统计报表为重点的统计制度，一直没有重大改变，并不断完善统计制度的内容。列入县统计局常规统计的有全县生产总值、工业、农业、贸易业、固定资产投资、劳动工资、农民人均纯收入等，2005 年起增加节能降耗和城镇居民人均可支配收入统计；其他统计为各职能部门负责，县统计局根据核算全县生产总值和其他统计管理需要由职能部门提供。全县生产总值每季度核算一次，农业统计、劳动工资、农民人均纯收入、城镇居民人均可支配收入、节能减排按季度统计，工业、贸易、固定资产投资按月统计。

县统计局每个季度按国家规定时间于 4 月 25 日前、7 月 25 日前、10 月 25 日前公布季度 GDP 等主要经济指标完成情况，全年公布全县经济和社会发展统计公报，每个季度对全县经济运行情况进行统计分析，为县委、县政府科学决策提供依据，为社会、公众提供统计信息咨询。

1989 年，县统计局编制《临高县国民经济和社会发展统计资料（1949—1988 年）》，10 月，编制完成。2002 年 11 月，县统计局编制完成《临高县国民经济和社会发展统计资料（1989—2000 年）》。至 2010 年 12 月，《临高县国民经济和社会发展统计资料（2001—2010 年）》尚在编制中。

第三节　专项调查

专项调查是国家、省或县根据需要，对某一项经济或者社会发展情况进行的调查，分为全面调查和抽样调查两种。专项调查为一次性调查、随机调查、一般调查、典型调查、同期性调查。专项调查主要为省或国家提供样本资料。专项性调查方法根据调查目的，制定调查方案，划分调查小区，制定抽样框，按照一定的方式，全面或者随机抽样进行，然后推算总体，得出较为客观的结论，对于政府把握经济、社会发展情况起到非常重要的作用。1986—2010 年，临高县统计局共开展以下专项调查：人口变动抽样调查，每年 1 次；1%人口抽样调查（2005 年）；劳动力抽样调查，每年 2 次；瓜菜全面调查，每年 6 次；规模以上畜禽全面调查，每年 4 次（2008 年起）；农村基本情况调查（2004 年）；规模以下工业抽样调查，每年 2 次；投入产出调查（2002、2008 年）；海洋经济（2008 年）；

旅游业增加值调查，每季1次；限额以下贸易业抽样调查，每年4次；农村农产品产量、价格调查，每年1次；农产品中间消耗调查，每年1次；文化产业调查，每年1次（2007年起）；组织工作满意度调查，每年1次（2008年起）；城市环境满意度调查（2008年、2009年）；非公经济调查，每年1次；R&D（科学研究与试验发展）资源清查（2009年）；城乡划分清查（2008年）；纳税人满意度调查（2008年）；老年人生活状况调查（2009年）。

一、城镇居民收支调查

2006年，开始临高县城镇居民收支调查。同年，全县城镇居民人均可支配收入为6489元。2010年，临高县城镇居民人均可支配收入为12887元，5年间增长6398元，年均增长18.71%。

2006—2010年临高县城镇居民收支表

表10-7-1　　单位：元

年份	人均家庭总收入	其中可支配收入	人均家庭总支出	人均消费支出
2006年	6706	6489	6227	4228
2007年	8242	7916	6344	5179
2008年	9915	9277	8527	6942
2009年	11084	10393	10885	7740
2010年	13508	12887	11029	8882

二、农民收支调查

1986—2010年，临高县认真贯彻落实国家出台的各项支农惠农政策，逐步调整农业结构，强化农业基础设施建设，加大扶贫开发力度，多渠道积极促进农民工就业，促使全县农村经济结构深刻变化，农林牧渔业全面发展，农民收入稳步增长，农民生活水平不断迈上新台阶。截至2010年，根据农民收支调查显示，全县农民人均纯收入从1986年的433元增长至2010年的4767元，年均增长10.51%。

1986—2010年临高县农民人均收支表

表10-7-2　　单位：元

年份	纯收入	总收入	现金收入	总支出	生产费用支出	生活消费支出	现金支出
1986年	433	616	507	579	148	345	490
1987年	508	775	727	692	185	402	591
1988年	608	878	840	707	213	506	637
1989年	666	974	881	851	210	559	690
1990年	717	1051	885	871	251	598	695
1991年	826	1171	962	932	278	707	764
1992年	893	1297	1011	1023	296	780	852
1993年	1067	1445	1026	1094	348	842	935
1994年	1326	1648	1194	1262	416	912	1079
1995年	1591	1936	1268	1534	481	985	1173
1996年	1653	2119	1396	1708	524	1068	1256
1997年	1784	2236	1481	1790	612	1131	1276
1998年	1840	2263	1500	1862	764	1195	1395
1999年	1994	2580	1855	1948	852	1254	1551
2000年	2160	2701	2354	2289	945	1298	1961
2001年	2257	3239	2704	2654	1045	1365	2202
2002年	2431	3801	3188	2971	1187	1447	2591
2003年	2616	4123	3475	3015	1261	1622	2489
2004年	2768	4211	3578	3168	1337	1738	2624
2005年	2823	4289	3697	3419	1404	1936	2934
2006年	2950	4311	3781	3602	1468	2051	3135
2007年	3416	4949	4478	3968	1578	2298	3570
2008年	3898	5909	5210	4418	1717	2564	4148
2009年	4253	6334	5770	4465	1792	2640	4168
2010年	4767	6562	5878	5411	2101	3134	4850

第四节　普查工作

1986—2010 年期间，临高县分别开展第一、二次经济普查（2004 年、2008 年），第一、二次农业普查（1996 年、2006 年），第四、五、六次人口普查（1990 年、2000 年、2010 年）。

2003 年,实行第一次经济普查的对象是在临高从事第二产业和第三产业的全部法人单位，产业活动单位和个体工商户，普查主要内容包括单位基本属性、从业人员、财务状况、生产经济情况、生产能力、能源消耗、科技活动等情况。全县共划分 171 个普查区，抽调普查工作人员 343 人，从开始到结束历时 2 年，通过普查，全县共调查法人单位 502 家，产业活动单位 826 家，个体工商户 12219 户。第二次经济普查内容与第一次经济普查基本相同，从 2008 年开始，2009 年结束，全县共有 384 人参加第二次经济普查工作，全县共调查法人单位 593 家，产业活动单位 921 家，个体工商户 14070 户。

第一次农业普查，既是一项重大的国情国力调查，又是一项复杂的社会系统工程。普查对象是全县范围的各种类型的农业生产经营单位、农村住户、乡镇企业、行政村和乡镇。普查内容共有 38 个项目、678 个指标。为了取得高质量的普查数据，选聘和培训一支由普查员、指导员组成的合格队伍，进行广泛的社会动员。普查登记时点为 1996 年 12 月 31 日。在现场调查结束以后，县农业普查办公室采取科学的抽样方法，进行封闭式的事后质量抽查。第二次农业普查对象是从事第一产业的全部法人单位、产业活动单位和农村居民户，普查内容包括从事第一产业法人单位和农户生产经营情况，乡镇、村委会及社会环境情况，土地利用情况、农村固定资产投资情况、农村劳动力就业及流转情况，农民生活质量情况。从 2006 年开始，2007 年结束，全县划分普查区 176 个，普查小区 937 个，抽调普查工作人员 1113 人（不包括农垦地区），共调查农户 63591 户，户籍人口 299174 人，法人单位 125 家，产业活动单位 24 家。

第五节　统计信息技术

20 世纪 80 年代，县统计局设立初期，统计工具主要以算盘为主，统计报表依靠手工报送。进入 20 世纪 90 年代后，开始配备微型计算机（电脑），但统计工具仍然为算盘、计算器，报表报送靠电话、邮件或专人送审。2002 年，全省开展统计基层基础建设工作，县统计局建成计算机局域网，并与省统计局局域网联网。至 2010 年，县统计局所有专业统计数据完全输入电脑报送省统计局，改变以往主要以电话、传真或邮件传送的历史，实现统计工作信息化。

第八章　安全生产管理

第一节　机　构

1986年，县劳动局内设劳动保护监察股，依法对全县区域内企业实施安全生产监督。

2001年5月，县人事劳动保障局的安全生产监察职能划转县经济贸易交通局承担，成立安全生产股。同时，县政府成立县安全生产委员会(简称“县安委会”)和县安全生产委员会办公室（简称“县安委办”），县安委会主任由县长担任，副主任由各位副县长兼任，成员由县政府负有安全监管职责的有关部门和县直有关单位组成，县安委办的日常工作由安全生产股承担。

2003年12月，由县人事劳动保障局加挂临高县安全生产监督管理局（简称“县安监局”）牌子，正科级建制，为县政府工作部门，内设办公室、安全生产监督管理股2个股室，并承担县安委办的日常工作。2004年5月，全县各镇政府、国有农场均相应成立由主要负责人组成的镇级安全生产委员会和安全生产委员会办公室，各村居委会成立安全生产监督管理小组，落实兼职安全生产监管人员，形成县、镇、村三级安全监管网络。至2010年底，机构设置及职能未变。

2008—2010年连续3年被评为全省安全生产工作“先进单位”，2010年度被评为全国安全生产月活动“优秀单位”。

第二节　专项整治

一、非煤矿山专项整治

2003年以前，全县沙场和石场乱采滥挖现象严重，开采条件简陋、管理落后、从业人员安全意识淡薄，事故较多。2004年，以全县9家黏土砖厂和6家露天采石场为整治重点，积极推广新技术、新工艺、新材料，提高非煤矿山企业经营管理水平。一是实行淘汰机制。对非煤矿山企业进行A、B、C、D四级安全评估，对达到A、B两级的企业加强服务、优化管理，并在资源开发上给予优惠；对为C级的企业，限期整改，加强执法监管，加大处罚力度；对于评为D级的企业，在加强监管和进行处罚的同时，劝其退出。二是进行资源整合。鼓励技术先进、生产能力强的大型采石场兼并小型采石场，对规模小、资源少、条件差、无力改造的采石场进行劝退。例如，博厚镇顺发采石场通过收购周边三家采石场后，生产能力提高5倍以上，安全条件也得到明显提高。经过兼并重组，依法取缔证照不全而违法经营黏土砖厂1家、淘汰落后小采石场3家和建筑用沙场3家。

2005年，以集中整治非煤矿山企业秩序混乱、乱采滥挖等违法行为为重点，依法取缔证照不全、未经安全评估黏土砖厂1家、小采石场2家、建筑用沙场1家，进一步提高企业基础装备和管理水平。

2006年，配合省工业研究所对全县12家黏土砖厂和9家露天采石场进行安全生产评价，核发安全生产许可证。

2007—2010年，加强对全县非煤矿山企业进行隐患排查整治，共检查非煤矿山企业93家/次，查出一般隐患356处，完成整改356项，整改率100%。

2010年，按照国家有关非煤矿山企业安全标准化建设的工作部署，制定《临高县非煤矿山安全标准化建设实施方案》，完成博厚镇顺发采石场的标准化建设工作，其他10家采石场也完成标准建设的初步评审工作。同年对8家采石场和储存炸药仓库，1家易爆器材经营单位下达安全隐患整改通知书。

二、危险化学品专项整治

2002年以前，全县危险化学品行业只有储存和经营企业，安全事故时有发生。2002年3月，国家颁布《危险化学品安全管理条例》，将危险化学品安全监管纳入规范化管理范畴。

2004年初，重点检查全县15家加油站、4家燃气站、1家储油库，主要检查企业对《危险化学品安全管理条例》的落实情况、建立健全安全管理制度、防火、防雷、防爆硬件设施及自救能力、应急救援预案等，建立重大危险源单位安全管理月报制度和季度检查制度。同时，督促指导企业编制事故应急救援预案和完成安全评估工作。对4家B类、5家C类企业责令限期整改，依法取缔1家不具备安全生产条件企业。

2005年，针对危险化学品的经营、运输、使用和储存等环节开展整治工作，一是加强危险化学品的储运管理，严禁使用不符合安全要求的车辆、船舶等运输工具运输危险化学品；二是加强对危险化学品经营企业和销售网点的清理整顿，依法规范销售行为；三是对剧毒化学品，特别是经营老鼠药摊点实行动态跟踪管理。通过整顿，依法取缔1家不具备安全生产条件企业，对2家C类企业发出责令整改通知书，对4家存在安全隐患企业当场提出整改意见。

2006年，严格落实建设项目安全“三同时”（同时设计、同时施工、同时投入生产和使用）规定，完善企业技术改造扩大生产项目评价工作。临高废污油综合利用加工厂由海南临高化工实业有限公司投资兴建，2006年4月试运行，同年6月完成安全验收评价，投产后效益较好。

2008年，规范危险化学品资质管理，全县15家加油站全部完成危险化学品安全生产许可证的换证工作，1家生产企业按要求完成安全生产许可证延期申报工作。

2010年，严格执行《安全生产许可证条例》，严把市场准入关，共组织专项检查组3个，出动执法人员39人次检查28家危险化学品企业，包括生产储存企业1家、天然气长输管道1条、加油站15家、液化气站4家、制冰厂7家，其中3家被列为重大危险源、25家列为高风险点。落实重大安全隐患的整治，发现一般隐患73处，完成整改70处，整改率96%。

三、烟花爆竹安全监管

2006年2月，原由县公安局承担的烟花爆竹安全监管职能转由县安监局承担。按照《中华人民共和国安全生产法》《烟花爆竹安全管理条例》《烟花爆竹经营许可实施办法》的规定，县安监局通过安全许可等行政手段，对烟花爆竹从业单位的安全工作进行全面监管。县烟花爆竹厂与居民住宅较近，存在重大安全隐患，经协商进行整体搬迁，新址选在新盈镇文佛村附近，远离居民居住地区，同年8月通过立项审批，于2007年投资1500万元兴建，占地面积约12.4公顷，2010年8月通过安全验收评价，同年投入生产使用。10月31日，在加来镇加来墟查获一车从澄迈县非法运到临高县的走私爆竹，当场缴获走私烟花爆竹92件，其中烟花26件，爆竹66件，共774万头。

2007年，为进一步规范全县烟花爆竹行业生产经营行为，对全县1家生产企业、2家批发经营和储存单位、185户零售点换发新的安全生产经营许可证，重新规划经营布局，从本质上提高安全条件，共换发新证188个，配置消防器材200套，其后每年均实行换发安全生产经营许可证工作。

2008年初，针对县土产日杂公司储存仓库库房破损严重，仓库和居民住宅混杂在一起，构成重大安全隐患的实际，县安监局多次下达搬迁仓库的通知。5月6日，在临城镇临城糖厂附近集中销毁一批劣质、变质烟花爆竹，共销毁私购滥进的劣质烟花300余件，鞭炮560余件，价值6万多元。

2009年3月，县土产日杂公司新的烟花爆竹储存仓库通过立项审批，项目地址远离居民区，占地面积约1.33公顷，投资额400余万元，2010年2月开始按照国家标准新建新库房，竣工后经省、县安监部门验收合格已投入使用。

2010年6月上旬，多部门联合检查1家爆竹厂、43家烟花爆竹门经营点、2个烟花爆竹储存仓库，对存在安全隐患的涉爆单位下发整改通知书35份，落实整改措施28处，拘留非法销售爆炸物品人员3人，收缴硝酸铵自制炸药887千克，查扣非法鞭炮125条。截至2010年底，全县有烟花爆竹生产企业1家，批发经营和储存单位2家，零售点228户，从业人员580人。

第三节　安全生产监管

一、综合监管单位

2005年，确定31家单位为重大危险源企业。2008年，确定24家单位为重大危险源企业。

截至2010年底，全县共有各类生产经营单位4232家，从业人员8万人，其中安全生产重点监管的规模企业共97家，包括电力16家，制糖3家，化工生产1家，修造船2家，拖拉机厂1家，造纸1家，炼钢1家，供水2家，建筑3家，水产加工1家，制酒业1家，制药1家，运输4家，橡胶加工7家，制冰7家，织网8家，危险化学品（加油、加气、烟花爆竹、民爆物品）24家，非煤矿山11家，通信3家等。机动车辆保有量4.39万辆，机动车辆驾驶人保有量22754人，农业机械3358台，农用车驾驶员2850人，省、县、乡、村公路里程788.9千米，铁路里程39千米，营运车辆1215辆，客运量34万人次/年，货运量233万吨/年；渔港6个，渔业船舶5068艘，渔业从业人员34458人，渡口2个，渡船1艘，渡船作业人员66人，水产养殖户206家，其中海域养殖125家、养殖面积2729.2公顷，内河、湖泊等养殖81家，养殖面积2794.04公顷；人员密集场所415家（所），其中商场超市和市场25家、学校229所、医院（含卫生院）16家、歌舞厅/酒吧9家、宾馆酒店80家、网吧56家；林区、林场自然保护区2个，面积36.4平方千米；水库47个，其中中型2个，小型45个；重大危险源3处，安全风险点企业45家。

二、安全考核

2004年起，县安委会坚持每年每季度召开一次工作例会，定期和不定期召开由县安委会各成员单位参加的安全生产联席会议，总结和推广安全生产工作的成功经验，强化安全监管，确保隐患排查整治工作落到实处。

2005年起，每年年初县政府召开全县安全生产大会，根据省政府下达的年度安全生产工作目标任务，进一步细化安全生产目标责任，与各镇、农场、部门和重点企业签订年度安全生产责任书，制定出台年度安全生产工作要点。年底，由县政府组织考核组，分赴各单位对安全生产责任制的落实情况进行综合考评，并实行"一票否决"制。

2005年度，考核10个镇、2个农场、21个部门和15家企业，优秀8个，良好37个，达标5个。2006年度，考核10个镇、2个农场、22个部门和18家企业，优秀9个，良好39个，达标4个。2010年度，考核10个镇、2个农场、25个部门和20家企业，优秀9个，良好42个，达标6个。县政府与省政府签订安全生产责任书，省政府派出考核组对全县的安全生产工作进行考评。

2004—2010年，共组织开展安全生产生产大检查达21次，每年组织各类安全生产检查不少于4次。在县安监局的协调指导下，全县各行业领域共排查治理隐患企业单位10988家次（含个体经营户），没有发现重大隐患，排查出一般隐患8341项，完成整改8197项，整改率达98%以上，有效防范遏制较大以上生产安全事故发生，促进全县安全生产形势持续稳定好转。

三、应急管理

2004年起，每年均精心组织全县相关部门和企事业单位开展应急演练活动。

2005年起，全县各有关企业，特别是非煤矿山、危险化学品、民爆物品和烟花爆竹等生产经营企业均制定完善应急救援预案，并适时更新完善预案。同时，在县群体性事件应急处置联合总队框架内，成立应急救援办公室，由县安委会成员单位及相关企业组成，主要承担应急救援管理工作。编制并组织实施安全生产事件应急体系建设，全县共组织成立9个应急救援队伍，应对道路交通、消防、急性中毒、渔业海难、森林火灾等突发事故。

2007年，进一步明确安全生产事故信息报告的责任主体、报告程序、报告时限等，确保按规定及时准确报告信息，坚决杜绝迟报、漏报、瞒报现象的发生。

2010年4月，由县政府整理印发《临高县重特大安全生产事故应急救援预案》《临高县矿山生产安全事故应急救援预案》《临高县危险化学品事故应急救援预案》等，每项预案，从应急指挥、应急响应、各级各部门的具体分工到配合专业队伍具体处置，制定详细的工作措施，明确各镇、各有关部门和单位的具体任务和工作方法，坚持24小时值班制度。

四、安全标准化建设

临高县按照省安监局要求，积极推行企业安全标准化和安全生产状况评估工作。至2010年底，全县完成安全标准化达标企业3家，着手开始创建标准化企业25家。根据省的目标要求，结合全县企业实际，县安监局制定工作计划和实施方案，积极探索，认真总结推广先进经验，对出现的问题，及时加以引导，促进创建活动的正常开展。

五、职业健康监管

2010年10月，中央编办《关于职业卫生监管部门职责分工的通知》，对职业卫生监管职能作出重大调整。新建、改建、扩建工程项目和技术改造、技术引进项目的职业卫生“三同时”审查及监督检查等对象为企业的监督职能，全部从卫生部门转给安全生产监督部门。2010年底，全县突出工作重点，加大监管执法，逐步建立完善职业健康监管体制机制。共完成38家粉尘与高毒企业网上登记注册工作，初步建立起职业健康网上监管系统。

六、安全事故处理

1986—2003年期间，临高县各类安全生产事故主要由各行业主管部门自行处理，没有形成规范性的统计汇总工作，各类安全生产事故数据缺损。县安监局成立后，逐步完善事故统计工作。2004—2010年，全县共发生各类事故746起，死亡189人，受伤701人，直接经济损失达1126.26万元。

2005年，发生工矿商贸企业事故5起，结案5起，下达处分法定文书10份，共处理业主5人。2006年，发生工矿商贸企业事故2起，结案2起。2007年，发生工矿商贸企业事故3起，结案3起。2008年，发生工矿商贸企业事故2起，结案2起。2009年，发生工矿商贸企业事故5起，结案5起。2010年，发生工矿商贸企业事故2起，结案2起。

2010年，扎实开展“打非治违”专项行动工作，县政府办制定下发《临高县集中开展严厉打击非法违法生产经营建设行为专项行动实施方案》，8月下旬至11月底，采取行业独立执法和协调联合执法的形式，共出动执法车辆382辆次，执法人员1126人次，共执法检查生产经营企业和零售经营摊点等523家，关闭10家企业和停产停业6家违章企业，取缔黑网吧9家，下达整改通知书78份；检查各类车辆3300多辆，查处交通违法违规行为1900人次，行政拘留6人，处罚罚款23.60万元，有力促进全县生产经营建设行为的安全规范运营。

2004—2010年临高县安全生产事故四项指数一览表

表10-8-1

年 份	数量（起）	死亡（人）	受伤（人）	经济损失（万元）
2004年	118	28	112	154.68
2005年	100	37	74	210.82
2006年	103	25	119	149.98
2007年	98	29	93	210.36

续表 10-8-1

年 份	数量（起）	死亡（人）	受伤（人）	经济损失（万元）
2008 年	154	26	95	130.32
2009 年	67	21	105	169.80
2010 年	106	23	103	100.30
合计	746	189	701	1126.26

第九章　国土资源管理

第一节　机　构

1986 年 1 月成立临高县国土局，负责全县土地管理工作。1990 年，县国土局内设行政、用地、地籍、土地监察等 4 个股。1993 年增设规划测绘股，1994 年 11 月改名为临高县土地管理局。1995 年 12 月成立临高县建设与环境资源局，同时设立土地管理服务中心，赋予行政职能，并将土地管理局人员划归土地管理服务中心。

2005 年，县土地管理服务中心和县环保局合并，成立临高县国土环境资源局（简称“县国土环资局”）。

2010 年，内设包括办公室在内的 8 个股级机构，下设直属事业单位 6 个，副科级单位 2 个：监察大队、土测中心；股级单位 4 个，即土地交易测绘中心、环境监测中心、矿务站、自然保护站；派出事业单位 10 个，即临城、多文、波莲、东英、南宝、新盈、博厚、调楼、和舍、皇桐等 10 个国土环境资源管理所。

第二节　土地利用总体规划

2005 年，县国土环资局按省政府的工作部属，在原土地利用总体规划的基础上，根据县经济社会发展规划、临城镇基础设施建设规划、金牌港经济开发区、临高角旅游度假区等重点项目用地情况，编制《临高县土地利用总体规划（2006—2020 年）》，2010 年通过评审并经海南省人民政府批准实施。

一、调控指标

（一）耕地保有量和基本农田保护面积。2005年临高县耕地面积为48383.01公顷，至2010年、2020年耕地保有量分别为48077公顷和47883公顷以上。2005年，临高县基本农田保护面积为48175.71公顷，规划期间基本农田保护面积为46352公顷以上。

（二）城乡建设用地规模。2005年临高县城乡建设用地规模为8447.43公顷，2010年、2020年城乡建设用地总规模分别控制在8787公顷和9718公顷以内。2010年、2020年人均城镇工矿用地分别控制在166平方米和161平方米以内。

（三）新增建设占用耕地规模。规划期间，全县新增建设占用耕地面积为1017公顷以内，其中2006—2010年为376公顷以内，2011—2020年为641公顷以内。

（四）补充耕地规模。规划期间，全县通过土地开发整理补充耕地面积为1017公顷以上，其中2006—2010年为376公顷以上，2011—2020年为641公顷以上。

二、预期性指标

（一）建设用地总规模。2005年临高县建设用地总规模为11541.13公顷，2010年、2020年分别为12145公顷和13367公顷以内。

（二）城镇工矿用地规模。2005年临高县城镇工矿用地总规模为2534.62公顷，至2010年和2020年分别控制在2905公顷和3898公顷以内。

（三）交通水利及其他建设用地规模。2005年临高县交通水利及其他建设用地规模为3093.70公顷，2010年、2020年分别为3358公顷和3649公顷以内。

（四）新增建设占用农用地规模。规划期间，全县新增建设用地占用农用地面积为1686.00公顷以内，其中2006—2010年、2011—2020年新增建设用地占用农用地面积分别为546公顷和1140公顷以内。

（五）园地。2005年园地面积为14401.57公顷，2010年、2020年分别为15044公顷和16469公顷以上。

（六）林地。2005年林地面积为43054.68公顷，2010年、2020年分别为44085公顷和45226公顷以上。

海南省下达临高县土地利用主要调控指标一览表

表 10–9–1　　　　单位：公顷

主要调控指标		2005 年	2010 年	2020 年	指标属性
总量指标（公顷）	耕地保有量	48383.01	48077	47883	约束性
	其中：基本农田面积	48175.71	46352	43329	约束性
	园地面积	14401.57	15044	16469	预期性
	林地面积	43054.68	44085	45226	预期性
	建设用地总规模	11541.13	12145	13367	预期性
	其中：城乡建设用地规模	8447.43	8787	9718	约束性
	城镇工矿用地规模	2534.62	2905	3898	预期性
	交通水利及其他用地规模	3093.70	3358	3649	预期性
总量指标（公顷）	新增建设用地总量	—	678	1233	预期性
	新增建设占用农用地规模	—	546	1140	预期性
	新增建设占用耕地规模	—	376	641	约束性
	整理复垦开发补充耕地义务量	—	376	641	约束性
效率指标（平方米）	人均城镇工矿用地	192.83	166	161	约束性

2005年临高县各镇土地利用现状表

表10–9–2　　　　单位：公顷

镇名	总面积	耕 地	园 地	林 地	城镇用地	农村居民	交通用地	水利设施	其他土地
临城镇	16890	6526.94	1171.84	4695.46	615.65	972.75	59.82	126.11	2223.44
博厚镇	20210	7353.12	3460.35	4345.78	54.45	745.66	72.26	194.27	3202.98
皇桐镇	13489	6414.20	1770.71	3585.53	36.10	399.06	63.61	98.21	668.90
多文镇	20255	6040.09	2545.15	9814.94	126.00	781.49	74.62	45.37	541.17
和舍镇	10740	2072.12	1008.21	4861.72	66.79	540.40	60.37	864.19	973.07
波莲镇	12105	4008.13	1598.28	4686.60	44.69	483.29	41.47	25.29	899.23

续表 10-9-2

镇名	总面积	耕 地	园 地	林 地	城镇用地	农村居民	交通用地	水利设施	其他土地
南宝镇	8241	3294.86	613.17	3207.97	65.21	275.46	30.85	33.89	555.11
新盈镇	5860	1817.65	384.08	1723.62	161.90	299.49	97.90	130.30	643.61
调楼镇	5005	2567.98	198.06	520.55	90.78	432.78	60.44	56.42	353.55
东英镇	8078	3313.69	624.48	2350.59	32.31	392.51	26.84	72.34	1071.25
加来镇	12303	4974.23	1027.22	3261.91	156.92	589.91	35.04	160.16	910.06

第三节　土地法规宣传

1987 年，宣传学习《中华人民共和国土地管理法》，印刷《中华人民共和国土地管理法》小册子 1 万册，分发给县机关、各乡镇政府及人民群众学习；利用县广播电台进行广播宣传，每天 3 次，连续 30 天，计 90 场次 ；利用全县 32 个农村电影放映队进行幻灯宣传，计 150 场次；组织群众观看录像，连续播放 7 天 7 夜，每天 6 场，计 42 场次；出版墙报专栏 3 期。利用张贴标语、开各种会议、开宣传车等形式进行宣传。

1991 年，为纪念全国第一个土地日活动，县政府发出“致全县人民一封公开信”，至各单位、乡镇、农场和村社。6 月 25 日土地日当天，县国土局以及临城镇等单位的工作人员，组织县一小仪仗队共 60 多人，由 2 辆宣传车和 3 辆公共摩托开道，首次在临城街道巡回宣传，并用宣传车到各镇进行巡回宣传。

2010 年，利用世界地球日、世界环境日和全国土地日、测绘日等重要纪念日开展宣传活动，积极宣传有关法律法规，开展警示教育，共印发宣传资料近 1 万份，悬挂宣传横幅 135 条。

第四节　地籍管理

一、土地调查

20 世纪 80 年代，全县占地建房日趋严重，加上原土地房产所有证不少已毁坏或遗失，权属纠纷突出。1989 年 12 月，根据《全国土地登记规则》和《海南省城镇土地使用权申报登记发证实施方法》要求，成立临高县城镇土地使用权申报登记发证领导小组及其办公室，开展对城镇土地使用申报登记发证工作。至1993年底，全县共完成完成权属调查7080宗。1994—2008年，开展农村宅基地确权的前期准备工作。至2009年，根据省政府《关于全面开展农村宅基地确权登记发证工作的通知》和省国土环境资源厅《海南省农村宅基地确权登记发证工作实施方案》要求，县政府成立农村宅基地确权发证工作协调领导小组，并在县国土环资局设立领导小组办公室，负责全县农村宅基地确权登记发证的组织、协调、指导等工作。根据全县实际，制定《临高县农村宅基地确权登记发证实施方案》，县政府召开全县农村宅基地确权登记发证动员大会，对确权登记发证工作作具体部署，县政府和各镇政府签订《临高县农村宅基地确权登记发证工作目标责任状》，明确相应责任。通过招标和委托的方式，确定辽宁宏图创展测绘勘察有限公司和县土地交易和评估测绘中心担任全县农村宅基地确权登记发证工作的地籍调查工作。

2010年，开展农村宅基地确权登记发证工作，完成地籍调查68741户数。

二、土地登记

1989年，共对2546宗符合权属并且无纠纷的土地予以颁发土地使用证书2546宗。

1990—2008年，着手开始于土地测绘和评估工作，至2009年7月，县国土局组织辽宁宏图创展测绘勘察有限公司和县土地交易与评估测绘中心2支队伍共112人，对全县进行农村宅基地确权登记发证工作。至2010年，符合资格的11048宗，并予以发证，发证面积217.85公顷。

三、土地统计

2009年开始，对全县进行全面农村宅基地确权工作，全县共有10个镇、2个国有农场，154个村委会、727个自然村，农民总户数约6.23万户。完成确权村庄面积1506.67公顷，已完成审核并制作农村宅基地65374宗。至2010年，完成确权村庄面积1794.06公顷，涉及全县10个镇、2个国有农场。

第五节　用地审批

1987年，征拨土地9宗，面积131.75公顷，其中耕地6.16公顷。

2005年起，为不断拓宽用地空间，保证项目用地需求，县国土环资局加快征地及项目用地报批工作步伐。2007年，全县建设用地审批项目5个，供地面积72.41公顷，其中新增建设用地50.18公顷，较好地保障全县快速增长的用地需求。

至2010年，县国土环资局已组织完成疏港公路、第一、第二、第三批次城市建设用地项目、保障性住房、调楼饮水厂和县医院新址等7个项目面积为172.47公顷的征收转用及其他用地手续的呈报审批材料；完成公务员小区、医务小区、政法小区、党校小区、临城糖厂廉租房住宅小区和新盈监察室等6宗供地工作，面积8.24公顷。

第六节 耕地保护

1990年，县国土局在临城通往博厚、美台和波莲3条公路两旁非法占用耕地建房进行逐户调查，发现占用耕地建房的有102户，被占耕地达2.79公顷，及时向县委县政府书面报告，在当年11月间的县三级干部会议上，责成该地区的有关乡镇采取紧急措施，加以解决。

2008年，根据“保增长、保红线”行动的要求，认真做好耕地目标责任制落实情况自查，摸清全县耕地保有量4.85万公顷，比2006年增加105.13公顷，重点检查非农建设占用耕地计划执行情况、补充耕地计划完成情况、耕地占补平衡落实情况、耕地后备资源情况等，针对存在问题采取有效措施给予解决，在确保项目用地的同时坚守全县耕地面积49146.67公顷红线不放松，顺利完成“双保”行动的各项工作任务。当年还完成以下验收：新盈镇国家级66.67公顷土地整理项目、南宝镇耕地占补项目面积56公顷、波莲镇和棉村易地耕地占补项目56公顷、波莲古柳村166.67公顷土地整理项目、东英镇耕地补充项目55.93公顷。

2009年，落实严格的耕地保护制度，严格控制非农建设占用耕地，落实耕地“占一补一”制度，处理好耕地保护与开发建设的关系，完善耕地保护的各项措施。县政府与各镇政府签订《耕地保护责任状》，重新核实基本农田地块、面积，加大对乡镇耕地保护工作的考核力度，建立健全耕地保护的责任体系。开展保增长、保红线行动。做好耕地目标责任制落实情况自查，摸清全县耕地保有量、基本农田保有量的变化情况，检查非农建设占用耕地计划执行情况、补充耕地计划完成情况、耕地占补平衡落实情况、耕地后备资源情况等，针对存在问题采取有效措施给予解决，在确保项目用地的同时坚守耕地红线不放松，完成“双保”行动的各项工作任务。做好土地开发整理项目，落实耕地“占一补一”制度，确保耕地动态平衡。完成博厚镇国家级666.67公顷土地整理项目、新盈镇193.33公顷基本农田整理项目和波莲镇166.67公顷土地整理项目的实施工作，其中，新盈和波莲两个项目通过验收。

2010年，落实严格的耕地保护制度，严格控制非农业建设占用耕地。落实耕地“占一补一”制度，正确处理好耕地保护与开发建设的关系，全县耕地面积保持动态平衡。全县共完成土地整理项目15个，总投资1.66亿元，面积5785公顷，共计新增耕地面积935.05

公顷。其中完成国家级和省级土地整理项目9个，投资1.46亿元，整理面积4506.42公顷；新增耕地面积376.31公顷；县级土地整理项目6个，投资1996.07亿元，整理面积1278.58公顷；新增耕地面积558.74公顷。完成博厚镇国家级666.67公顷土地整理项目、新盈镇193.33公顷基本农田整理项目和波莲镇166.67公顷土地整理项目的实施工作。

第七节 土地市场管理

1986，县国土局协助县海水养殖开发公司办理租用土地13.33公顷，同时积极开展征地活动，至当年底，共协商征用旱地、荒地、沙滩地9处，面积98公顷，有偿出让给内蒙古与伊克昭盟羊羊绒厂等11个单位进行开发建设。收回原划拨给县印刷厂、水产局、农机制造厂等单位范围内的闲置土地0.77公顷，有偿出让给临城、文澜江信用社、工商行等单位进行改造建设，以改善县城建设面貌和活跃经营市场。

2006年，收回和邦炼油厂项目用地599.97公顷，并核发换地权益书给该公司。完成江南小区及二环路、原小灵通幼儿园、富士园、红华农场职工文明住宅区、文澜江中心小学四个项目10.4公顷土地农用地转用及土地征收报批工作，并通过省里的批准。

2010年，开展全县第二次城乡地籍调查。省厅下达县任务36.2平方千米，至年底，已完成35.5平方千米，占总任务的98.6%。其中第二次土地调查农村部分全部完成，已由省验收通过并上报国务院。规范土地证办证程序，在政务服务大厅服务窗口实行首问制，限期办结制等一条龙服务承诺制度和其他相关的工作制度，全年办证240宗。

第八节 土地执法监察

1987年，发现有283宗非法占地盖私房，面积约4.67公顷，当年调处169宗，罚没款39889元，其中拆除房屋7宗。

2005年，经县委、县政府同意，成立临高县国土环境资源监察大队，隶属于县国土环资局。2006年，全县完成调处土地纠纷案件65宗。

根据海南省人民政府《关于开展2009年度卫片执法检查工作的通知》要求，县国土环资局积极主动抓好2009年度临高县土地卫片执法检查工作。临高县2009年度违法占用耕地面积占新增建设用地占用耕地总面积的比例为4.55%，违法用地图斑已全部立案查处，确保全县重点基础设施项目的顺利实施。

2010 年，做好土地监察执法，共立案查处土地违法行为 14 宗，移送公安机关立案侦查土地违法案件 1 宗。出动巡查人员 110 人次，立案查处各类环境违法行为 2 宗。立案查处矿产违法行为为 13 宗，对 7 家无证采矿行为进行行政处罚，罚款金额 10 万元。

第九节　矿产资源管理

临高县的矿产资源主要是普通建筑用的砂、石、黏土矿，开采点零星分散，对管理矿产造成一定的困难。

全县范围内发现能源矿产、金属矿产、非金属矿产和水气矿产共 17 种，主要矿床（点）和水源地有 47 处，包括大型地下水源地 1 处，中型矿床与水源地 3 处，小型矿床和水源地 32 处，矿点 11 处。陆上福山油气田的美台、朝阳、永安油气构造已查明一部分地质储量，其本身及向海一侧尚有一定资源潜力。加来煤矿（油碳质页岩）及其上盘的耐火黏土（砖围瓦黏土）矿区仍具有综合开发价值。东江地区的高岭土（耐火黏土）及其下部可能赋存的褐煤、油页岩（油碳质页岩），以及临高县中北部蕴藏的地下水和饮用矿泉水，有待进一步勘察查明可采资源储量。中北部地区广泛分布的贫薄褐铁矿和铁质黏土矿可予研发利用和开辟新工业用途。东南部的钨、锡、铅、锌等有色金属矿产具有一定的找矿前景。建筑用砂石黏土矿资源储量丰富，能够满足建筑市场需求。全县已开采的矿种包括石油、天然气、褐煤、水泥用铁质黏土、高岭土、砖瓦用黏土、建筑用玄武岩、建筑用花岗岩、建筑用砂土、建筑用砂、地下水等；在采的矿区、矿点共 38 处，历年固体矿产采掘总量超过 500 万立方米，水气矿产开采总量约 1500 万立方米，已采石油 8000 吨。

1986 年《中华人民共和国矿产资源法》颁布实施以后，县环保局严格按照法规对全县的矿区的生产秩序进行整顿。1996 临高县成立矿业秩序检查整顿领导小组，组织县建设与环境资源局、公安局、法院等部门对全县矿山企业进行检查整顿，先后取缔非法采石、采矿点 4 处，没收矿石加工机械设备 16 件，查处无证开采和采矿权纠纷案件 1 宗。

2004 年调查发现，主要的固定开采点 12 个，其中砖厂 7 个，石料场 5 个，持证采矿的矿点 11 个，无证采矿的矿点 5 个，其中采矿许可证到期的矿点 9 个。当年查处非法采矿 5 起。

2006 年，开展矿产专项治理工作，要求矿产企业保证金、下发限期治理通知书、加强督促检查、下达治理指标等形式，促使各矿山都努力地实施矿山环境恢复治理工作，截至当年 11 月，治理面积达 10 公顷，投入治理资金 10 万元。

2009年，开展打击非法开采普通建筑材料用砂石黏土矿专项行动，出台《开展打击非法开采普通建筑材料用砂石、黏土矿专项行动工作实施方案》。开展深入细致的矿产资源管理法律法规宣传教育，先后深入民采点集中群众召开不同形式的会议5次，在临城、新盈镇主要街道悬挂宣传横幅20条，到民采点及民采的村庄发放和张贴宣传单1400张。组织多次的清理和打击行动，扣押一批开采工具，对部分民采点下发责令停止违法行为通知书，取缔50个民采点。开展矿山环境恢复治理和矿山安全专项工作，共完成矿山环境恢复治理5.33公顷，矿山安全工作进一步加强。做好采矿权的设置和出让工作，出让玄武岩采矿权2宗。完善矿产资源补偿费的征收管理工作，加大征管力度，全年征收补偿费金额45.85万元。

2010年，做好矿产资源管理法律法规宣传教育，组织清理和打击行动42次，扣押一批开采工具，对部分民采占点下发责令停止违法行为通知书，取缔50个民采点。开展矿山环境治理和矿山安全专项工作共完成矿山环境恢复治理5.33公顷。

第十节　测绘工作

1986年，临高县织织对临高角2平方千米的海滩地的地形测绘工作，绘制出一套完整的1∶2000的地开图，为开发建设临高县旅游区提供可靠的资料。2006年，完成全县地籍图编绘工作并完成印刷。2009年3月，县国土局获得省测绘局颁发的测绘资质证书，全县的测绘工作从此具备法律效力。在局办公楼顶制作一个高精度的测量控制点，为全县的测绘服务工作打下基础。完成高速公路至金牌的测量放桩任务，并已移交成果。完成红华农场、加来农场中小学移交地方管理的37所学校红线图的测量工作。

2010年，成立临高县测绘局，隶属于县国土环资局。核编1人，实际在职1人，负责本行政区域的测绘工作。

第十一编　中共地方组织

1987—2010年，中共临高县委召开第六、第七、第八、第九、第十、第十一次党员代表大会，选举产生6届县委领导班子。每届县委都带领全县共产党员和人民群众，贯彻执行党中央的路线、方针、政策，坚持以邓小平理论、“三个代表”重要思想和科学发展观为指导，坚持以经济建设为中心，全面推行改革开放，加快经济和社会发展，2010年实现国内生产总值71.75亿元，为1986年的48倍。

临高县委坚持党要管党，加强党的先进性建设，执政能力建设和干部队伍建设，先后开展社会主义思想教育、整党、“三讲”学习；开展保持共产党员先进性教育和科学发展观教育，坚持从严治党的方针，加强党风廉政建设，为临高县的发展创造良好的社会环境。县委密切与人大、政府、政协和民主党派的关系，加强对地方武装和社会团体的领导。县委各职能部门执行中央、省和县的大政方针，结合实际，各项工作取得显著成绩。

第一章　中共临高县历次党员代表大会

第一节　中共临高县历次（6~11次）党代会代表的选举产生

一、第六次党代会代表的选举产生

1987年，经海南行政区委批准，根据《中国共产党章程》和中央文件规定，结合临高县实际情况，全县各选举单位召开党员选举会议，根据县委分配的代表名额，采取无记名投票方式进行民主选举，共选出235名党代会代表参加4月14—16日的中国共产党临高县第六次党代表大会。选出的代表中，各级领导干部代表137人，占58.3%；各条战线先进人物代表67人，占28.5%；各类专业技术人员代表26人，占11.1%；解放军、武警代表5人，占2.1%；妇女代表38人，占16.2%。

二、第七次党代会代表的选举产生

1990年4月，根据《中国共产党章程》要求和海南省委组织部《关于召开市县党的代表大会有关问题的规定》，全县各选举单位召开党员会议，采用代表候选人多于应选人的

差额选举办法，以无记名投票的方式，于4月16日前选举产生县党代会代表280名。代表中有各级领导干部代表165名，占58.93%；各条战线先进人物代表81人，占28.93%；各类专业技术人员代表29人，占10.36%；解放军、武警代表5人，占1.79%。在代表中，农垦系统代表7人，占2.5%；妇女代表40人，占14.3%。

三、第八次党代会代表的选举产生

1993年2月，临高县委召开七届四次全会，决定于3月25日召开中国共产党临高县第八次代表大会，并研究部署出席县党代会的选举工作。经各选举单位严格按照《中国共产党章程》和海南省委的要求开展选举工作，选举工作于1993年2月底完成，共选出代表298名，党代会代表占全县党员总数的3.14%。代表中有各级领导干部代表174名，占58.4%；各类专业技术人员代表28名，占9.4%；各条战线的先进模范人物代表96名，占32.2%。其中，解放军、武警部队代表5名，占1.68%；妇女代表45名，占15.1%。45岁以下的代表162名，占54.36%。

四、第九次党代会代表的选举产生

1998年3月，临高县委召开八届八次全会，通过《关于中国共产党临高县第九次代表大会选举工作的通知》文件，召开各基层党委书记会议，部署县党代会代表的选举工作，选举出席中国共产党临高县第九次代表大会代表。代表选举工作于1998年3月31日全部完成，共选出代表236名。在选出的236名代表中，各级领导干部代表143名，占60.6%（含解放军和武警代表4名，占1.7%）；各类专业技术人员代表29名，占12.3%；各条战线先进模范人物代表64名，占27.1%。代表中，妇女代表37名，占15.7%；少数民族代表1名，占0.42%；45岁以下的代表137名，占58.05%。大专以上132名，占55.9%；中学（含中专）100名，占42.4%；小学4名，占1.69%。

五、第十次党代会代表的选举产生

2003年2月，根据《中国共产党章程》《中国共产党地方组织选举工作条例》的规定，经海南省委批准，结合临高县实际情况，中共临高县委于2003年2月18日召开各选举单位会议，部署临高县第十次党代会代表的选举工作。全县共划分33个选举单位，各选举单位严格按照有关选举规定和要求，选举出席中国共产党临高县第十次代表大会代表。代表选举工作于2003年3月24日全部完成，全县选举产生236名代表。在选出的236名代表中，各级领导干部代表142名，占60.2%；各类专业技术人员代表53名，占22.5%；各条战线先进模范人物代表37名，占15.7%；解放军和武警部队代表4名，占1.7%。其中，妇女代表27名，占11.4%；少数民族代表1名，占0.4%；45岁以下的代表146名，占61.9%；大专以上学历（含大专）的代表164名，占69.5%；中学学历（含中专）的代表71名，占 30.1%；小学学历的代表 1 名，占 0.4%。

六、第十一次党代会代表的选举产生

2006 年 11 月，中共临高县委召开选举工作会议，部署县第十一次党代会代表的选举工作。按照《中国共产党章程》《中国共产党地方组织选举工作条例》的有关规定开展选举工作。全县共按农村基层党组织、机关党组织、驻军等划分 33 个选举单位，各选举单位召开党员会议选举出席中国共产党临高县第十一次代表大会代表。代表选举工作于 2006 年 12 月 31 日全部完成，共选出代表 237 名。在选出的 237 名代表中，各级领导干部代表 141 名，占 59.5%；各类专业技术人员代表 48 名，占 20.3%；各条战线先进模范代表 44 名，占 18.6%；解放军和武警代表 4 名，占 1.7%。代表中，妇女代表 29 名，占 12.2%，少数民族代表 1 名，占 0.4%；45 岁以下的代表 148 名，占 62.4%。硕士（研究生）学历代表 6 名，占 2.5%，大学（含大专）代表 160 名，占 67.5%；中学学历的（含中专、高中）代表 72 名，占 30%。

第二节　中共临高县历次党代表大会

一、第六次党代表大会

1987 年 4 月 14—16 日，中共临高县第六次党代表大会在县城临城召开，到会正式代表 235 人，列席代表 42 人，会议认真审议并通过何焕昭代表第五届县委所作的题为《坚持四项基本原则，继续搞好改革开放，加快临高县两个文明建设步伐》的工作报告；审议并通过中共临高县纪律检查委员会的工作报告。大会选举产生中共临高县第六届委员会。中共临高县六届一次全会选举产生县委领导机构。会议选出新的县委领导成员，县委委员 29 人，候补委员 4 人，其中常委 9 人。选举何焕昭为县委书记，李茂忠、林亚华、张治平为副书记，陈玉文、张德智、黄声增、黄月飞、符玉统为常委，徐光保为县纪检会书记。

二、第七次党代表大会

1990 年 4 月 18—19 日，中共临高县第七次党代表大会在县城临城召开。出席大会正式代表 272 人，列席代表 21 人。朱堂生致开幕词，大会审议和通过符孟彪代表中共临高县第六届委员会所作的《振作精神，艰苦奋斗，稳步发展》的工作报告；张永金代表县纪律检查委员会作的《加强党风建设，强化监督机制，增强党的凝聚力和战斗力》的工作报告。大会认为第六届委员会成立以来，特别是自海南建省以来，围绕着适应海南建省、办大特区需要这个中心问题，进行大量的建设性工作，为搞好临高县的各项事业，继续沿着社会主义的道路前进奠定基础。大会选举产生中共临高县第七届委员会。中共临高县七届一次全会选举产生县委领导机构。会议选出新的县委领导成员，县委委员 25 人，候补委员 4 人；其中常委 9 人。选举符孟彪为县委书记，朱堂生、张治平为副书记，陈文笃、文积超、符玉统、曾庆钊、张永金、林严波为常委，张永金为县纪委书记。

三、第八次党代表大会

1993 年 3 月 25—26 日，中共临高县第八次党代表大会在县城临城举行。出席大会代表 287 人（妇女代表 45 人）。大会审议和通过符孟彪代表第七届县委作报告和张鸿兴代表县纪委所作报告。大会的主要内容是：总结第七届县委三年来的工作；研究部署加强党的建设，改善党的领导，加快临高县改革开放和经济建设步伐的大计；选举产生新的县委和县纪委领导班子；动员全县各级党组织和广大党员群众，深入学习和贯彻中共十四大精神，在建设有中国特色的社会主义理论的指导下，坚持党的"一个中心，两个基本点"（即以经济建设为中心；坚持四项基本原则，坚持改革开放）的基本路线，为实现大会提出的宏伟目标而奋斗。大会选举产生中共临高县第八届委员会。中共临高县八届一次全会选举产生县委领导机构，县委委员 25 人，候补委员 4 人，县纪委委员 12 人。选举符孟彪为县委书记，朱堂生、文积超、曾庆钊为副书记，符玉统、林严波、刘孝璜、刘志强、张鸿兴为常委，张鸿兴为县纪委书记。

四、第九次党代表大会

1998 年 3 月 12—13 日，中共临高县第九次党代表大会在县城临城举行。出席大会代表 229 人。大会审议和通过黄良胜代表中共临高县第八届委员会所作的《抓住机遇，发挥优势，大胆实践，全面推进临高社会经济跨世纪大发展》的工作报告；审议中共临高县纪律检查委员会的工作报告（书面）。会议以邓小平理论为指导，深入贯彻中共十五大精神，认真总结临高县第八次党代会以来五年的工作实践经验，确定下五年临高县经济与社会奋斗目标和全县经济建设、产业发展总的方针，动员全县各级党组织和广大党员干部、群众进一步解放思想，增强先行意识，抓住机遇，发挥优势，大胆实践，全面推进临高社会经济跨世纪大发展。大会选举产生中共临高县第九届委员会。中共临高县九届一次全会选举产生县委领导机构，会议选出新的县委领导成员，县委委员 23 人，候补委员 5 人；其中常委 9 人。选举黄良胜为书记，欧阳顺林、吴井光、庄光炎为副书记。

五、第十次党代表大会

2003 年 3 月 27—28 日，中共临高县第十次党代表大会在县城临城举行。出席大会代表 236 人。大会审议和通过吴光华代表中共临高县第九届委员会所作的《认真实践"三个代表"重要思想，为全面建设临高小康社会而努力奋斗》的工作报告；周经易代表县纪律检查委员会向县第十次党代表大会作工作报告。会议以邓小平理论和"三个代表"重要思想为指导，全面贯彻中共十六大精神，认真总结临高县第九次党代会以来五年的工作实践经验，对临高之后5年改革开放和现代化建设作全面部署，动员全县各级党组织和广大党员干部、群众团结一致，同心同德，与时俱进，开拓创新，锐意进取，为临高早日建成小康社会而努力奋斗。大会选举产生中共临高县第十届委员会。中共临高县十届一次全会选举产生县委领导机构。会议选出新的县委领导成员，县委委员23人，候补委员4人，其中常委9人。选举吴光华为县委书记，江华安、周经易、郑朝阳为副书记。

六、第十一次党代表大会

2007年1月25—27日，中共临高县第十一次党代表大会在县城临城举行。出席大会代表235人。大会审议和通过符永代表第十届县委作《科学发展和谐发展为临高崛起而努力奋斗》报告和吴杰代表县纪委所作《深入推进反腐倡廉工作为构建和谐临高做出新贡献》报告。大会总结第十届县委四年来的工作；研究部署加强党的建设，改善党的领导，加快临高县经济、政治、文化、社会建设步伐的大计；选举产生新的县委和县纪委领导班子；动员全县各级党组织和广大党员群众，深入学习和贯彻中共十六大精神，以科学发展观统领全局，围绕全面建设小康社会的宏伟目标，积极探索适合临高实际的发展思路，锐意进取，开拓创新，使经济和社会各项事业得到稳步、健康、协调发展。大会选举产生中共临高县第十一届委员会。中共临高县十一届一次全会选举产生县委领导机构。会议选出新的县委领导成员，县委委员36人，候补委员7人，其中常委9人。选举符永为县委书记，羊经位、成来之为副书记，吴杰为县纪委书记。

第二章　中共临高县历届委员会组织机构

第一节　县委领导机构

中共临高县委员会常务委员会是中共临高县委员会闭会期间行使委员会职权机构，主要由县委书记、副书记、常委组成，由中共临高县委员会选举产生，由县委书记主持县委工作。1986—1993年，任期为3年，期满重新选举，之后（1993—2010年）任期和改选均改为5年（即与历届党员代表大会同步）。至2010年，共产生6届县委常务委员会。

1986—2010年中共临高县委历届书记、副书记、常委名录表

表11-2-1

届别	职务	姓名	任职时间	备注
中共临高县第六届委员会（1987年4月至1990年4月）	书记	何焕昭	1987年4月至1990年3月	—
		符孟彪	1990年3月至1990年4月	—
	副书记	李茂忠	1987年4月至1989年8月	—
		林亚华	1987年4月至1990年2月	—
		张治平	1987年4月至1990年4月	—
		符孟彪	1989年8月至1990年3月	—
		朱堂生	1990年3月至1990年4月	—
	常委	何焕昭	1987年4月至1990年4月	—
		李茂忠	1987年4月至1990年4月	—
		林亚华	1987年4月至1990年4月	—
		张治平	1987年4月至1990年4月	—
		陈玉文	1987年4月至1990年4月	—
		张德智	1987年4月至1990年2月	—
		符玉统	1987年4月至1990年4月	—
		黄声增	1987年4月至1990年2月	—
		黄月飞（女）	1987年4月至1990年2月	—
		符孟彪	1989年8月至1990年4月	增补
		朱堂生	1990年3月至1990年4月	增补
		陈文笃	1989年3月至1990年4月	增补
		张永金	1990年2月至1990年4月	增补
		文积超	1990年2月至1990年4月	增补
		曾庆钊	1990年2月至1990年4月	增补
		林严波	1990年2月至1990年4月	增补
中共临高县第七届委员会（1990年4月至1993年3月）	书　记	符孟彪	1990年4月至1993年3月	—
	副书记	朱堂生	1990年4月至1993年3月	—
		张治平	1990年4月至1993年4月	—
		戴俊生	1992年1月至1993年3月	—

续表 11-2-1

届别	职务	姓名	任职时间	备注
中共临高县第七届委员会（1990 年 4 月至 1993 年 3 月）	常　委	符孟彪	1990 年 4 月至 1993 年 3 月	—
		朱堂生	1990 年 4 月至 1993 年 3 月	—
		张治平	1990 年 4 月至 1993 年 3 月	—
		戴俊生	1992 年 1 月至 1993 年 3 月	增补
		陈文笃	1990 年 4 月至 1993 年 3 月	—
		文积超	1990 年 4 月至 1993 年 3 月	—
		符玉统	1990 年 4 月至 1993 年 3 月	—
		曾庆钊	1990 年 4 月至 1993 年 3 月	—
		张永金	1990 年 4 月至 1993 年 3 月	—
		林严波	1990 年 4 月至 1993 年 3 月	—
中共临高县第八届委员会（1993 年 3 月至 1998 年 3 月）	书　记	符孟彪	1993 年 3 月至 1996 年 2 月	—
		许　俊	1996 年 2 月至 1998 年 2 月	—
		黄良胜	1998 年 2 月至 1998 年 3 月	—
	副书记	朱堂生	1993 年 3 月至 1994 年 9 月	—
		黄良胜	1994 年 9 月至 1998 年 2 月	—
		欧阳顺林	1998 年 2 月至 1998 年 3 月	—
		文积超	1993 年 3 月至 1996 年 3 月	—
		曾庆钊	1993 年 3 月至 1998 年 3 月	—
		符玉统	1996 年 3 月至 1998 年 3 月	—
	常　委	符孟彪	1993 年 3 月至 1996 年 2 月	—
		许　俊	1996 年 2 月至 1998 年 2 月	增补
		朱堂生	1993 年 3 月至 1994 年 9 月	—
		黄良胜	1994 年 9 月至 1998 年 3 月	增补
		欧阳顺林	1998 年 2 月至 1998 年 3 月	—
		文积超	1993 年 3 月至 1996 年 3 月	—
		曾庆钊	1993 年 3 月至 1998 年 3 月	—
		符玉统	1993 年 3 月至 1998 年 3 月	—
		林严波	1993 年 3 月至 1998 年 3 月	—

续表 11-2-1

届别	职务	姓名	任职时间	备注
中共临高县第八届委员会（1993 年 3 月至 1998 年 3 月）	常　委	刘孝璜	1993 年 3 月至 1998 年 7 月	—
		刘志强	1993 年 3 月至 1998 年 3 月	—
		张鸿兴	1993 年 3 月至 1998 年 3 月	—
		庄光炎	1994 年 9 月至 1998 年 3 月	增补
		王家富	1996 年 4 月至 1998 年 3 月	增补
中共临高县第九届委员会（1998 年 3 月至 2003 年 3 月）	书　记	黄良胜	1998 年 3 月至 2001 年 4 月	—
		吴光华	2001 年 4 月至 2003 年 3 月	—
	副书记	欧阳顺林	1998 年 3 月至 1999 年 12 月	—
		庄光炎	1998 年 3 月至 2001 年 4 月	—
		吴井光	1998 年 3 月至 2003 年 2 月	—
		吴光华	1999 年 12 月至 2001 年 4 月	—
		江华安	2001 年 4 月至 2003 年 3 月	—
		周经易	2001 年 10 月至 2003 年 3 月	—
	常委	黄良胜	1998 年 3 月至 2001 年 4 月	—
		欧阳顺林	1998 年 3 月至 1999 年 12 月	—
		吴光华	1999 年 12 月至 2003 年 3 月	增补
		庄光炎	1998 年 3 月至 2001 年 4 月	—
		吴井光	1998 年 3 月至 2003 年 3 月	—
		江华安	2001 年 4 月至 2003 年 3 月	增补
		周经易	2001 年 10 月至 2003 年 3 月	增补
		刘志强	1998 年 3 月至 2003 年 3 月	—
		王积权	1998 年 3 月至 2001 年 4 月	—
		韦章运	1998 年 8 月至 2003 年 3 月	—
		王家富	1998 年 3 月至 1998 年 10 月	—
		黄孙明	1999 年 3 月至 2001 年 12 月	增补
		许起鹏	1998 年 3 月至 2003 年 3 月	—
		刘孝璜	2002 年 5 月至 2003 年 3 月	增补
		彭离生	2002 年 8 月至 2003 年 3 月	增补

续表 11-2-1

届别	职务	姓名	任职时间	备注
中共临高县第十届委员会（2003 年 3 月至 2007 年 1 月）	书记	吴光华	2003 年 3 月至 2005 年 6 月	—
		江华安	2005 年 6 月至 2006 年 7 月	—
		符　永	2006 年 7 月至 2007 年 1 月	—
	副书记	江华安	2003 年 3 月至 2005 年 6 月	—
		周经易	2003 年 3 月至 2005 年 9 月	—
		郑朝阳	2003 年 3 月至 2006 年 7 月	—
		符　永	2005 年 7 月至 2006 年 7 月	—
		成来之	2005 年 9 月至 2007 年 1 月	—
		羊经位	2006 年 7 月至 2007 年 1 月	—
	常委	江华安	2003 年 3 月至 2006 年 7 月	—
		吴光华	2003 年 3 月至 2005 年 6 月	—
		符　永	2005 年 7 月至 2007 年 1 月	增补
		周经易	2003 年 3 月至 2005 年 9 月	—
		郑朝阳	2003 年 3 月至 2006 年 7 月	—
		成来之	2005 年 9 月至 2007 年 1 月	增补
		刘孝璜	2003 年 3 月至 2005 年 11 月	—
		许起鹏	2003 年 3 月至 2007 年 1 月	—
		韦章运	2003 年 3 月至 2006 年 12 月	—
		彭离生	2003 年 3 月至 2006 年 5 月	—
		林宏杰	2003 年 3 月至 2007 年 1 月	—
		陈　雄	2005 年 9 月至 2007 年 1 月	增补
		羊经位	2006 年 7 月至 2007 年 1 月	增补
		吴杰（女）	2006 年 12 月至 2007 年 1 月	增补
		李洪澜	2006 年 12 月至 2007 年 1 月	增补
		李湘仪	2006 年 5 月至 2007 年 1 月	增补
中共临高县第十一届委员会（2007 年 1 月至 2010 年 12 月）	书　记	符　永	2007 年 1 月至 2008 年 9 月	—
		陈创福	2008 年 9 月至 2010 年 12 月	—
	副书记	羊经位	2007 年 1 月至 2009 年 8 月	—

续表 11-2-1

届别	职务	姓名	任职时间	备注
中共临高县第十一届委员会（2007 年 1 月至 2010 年 12 月）	副书记	郑柏安	2009 年 8 月至 2010 年 12 月	—
		成来之	2007 年 1 月至 2010 年 12 月	—
	常委	符　永	2007 年 1 月至 2008 年 9 月	—
		羊经位	2007 年 1 月至 2009 年 8 月	—
		郑柏安	2009 年 8 月至 2010 年 12 月	增补
		成来之	2007 年 1 月至 2010 年 12 月	—
		吴杰（女）	2007 年 1 月至 2008 年 12 月	—
		曹　文	2007 年 1 月至 2010 年 12 月	—
		陈益鸿	2007 年 1 月至 2009 年 5 月	—
		李洪澜	2007 年 1 月至 2010 年 12 月	—
		李湘仪	2007 年 1 月至 2009 年 4 月	—
		符　洲	2007 年 1 月至 2008 年 8 月	—
		陈创福	2008 年 9 月至 2010 年 12 月	增补
		朱东建	2009 年 3 月至 2010 年 12 月	增补
		陆建军	2009 年 4 月至 2010 年 4 月	挂职
		陈锦昌	2009 年 5 月至 2010 年 12 月	增补
		方兴甫	2009 年 10 月至 2010 年 12 月	增补
		朱美莲（女）	2009 年 10 月至 2010 年 12 月	增补
		陈　芬（女）	2010 年 4 月至 2010 年 12 月	挂职

说明：中共临高县第十一届委员会书记、副书记、常委录至 2010 年底止

第二节　县委工作机构

1986 年，县委工作机构设有县委办、纪委、组织部、宣传部、统战部、政法委员会、农村工作部、农场部、机关党委、党校、老干部局、党史资料征集办公室、信访办、调查研究室、打击经济犯罪领导小组办公室、机要保密科、行政接待科。

2001 年 3 月，进行机构改革，调整后的县委机构工作部门有 8 个，即县委办、纪律检查委员会、组织部、宣传部、统一战线工作部、政法委员会、直属单位工作委员会、机构

编制委员会办公室。县委办内设保密局和机要局，统一战线工作部挂县人民政府台湾事务办公室、民族宗教事务局牌子，政法委员会挂社会治安综合治理办公室牌子，宣传部挂国防教育办公室牌子。机构编制委员会办公室列入县委工作机构序列，挂靠县人事劳动保障局。

2010 年 12 月，县委工作机构设有县委办、纪委、组织部、统战部、宣传部、编制办、政法委、县直机关工委、老干部局、党校、党史研究室。

第三节　基层组织

一、基层党委

（一）乡镇（场）党委。1987 年 3 月，撤除区建制，各区公所改为乡、镇人民政府，全县设 10 个镇、8 个乡、2 个国营农场，各乡镇（场）均设立党委。2002 年 6 月，临高县再次进行行政区划调整，撤乡并镇，全县设 11 个镇、2 个国有农场，各镇（场）均设立党委。至 2010 年，全县乡镇、农场共设有 13 个基层党委。

（二）县直属机关党委（组）。1990 年，临高县设置机关工委，下设 14 个战线党委，配备 14 名党委书记和 80 名党委委员。1996 年，临高县以党政机构改革后的 25 个部门为框架，实行基层党组织机构与行政机构相对应，按单位、行业与党员人数进行调整，全县共设立 16 个直属单位党委。2001 年，临高县改革县直机关党组织设置，把原来以战线设置的党委全部撤销，在机关单位中成立党组，年内新设立机关党组 33 个，配备党组正、副书记及成员 101 人。2010 年，县直属机关党委 12 个，党总支 40 个。

二、基层党支部

1986 年，全县有党总支 12 个，党支部 420 个，其中：农村支部 150 个，工交支部 65 个，财贸支部 74 个，文教卫生支部 52 个，机关团体支部 74 个，街道支部 5 个。1990 年，全县有党总支 14 个，党支部 507 个。至 1995 年，全县党总支增至 16 个，党支部增至 556 个。

1999 年，成立海上流动党支部。临高县以调楼镇抱才村为试点，对该村党组织的设置进行全面改革，建立全国首个海上流动党支部。临高县海洋捕捞业发达，是全省重要的渔业生产县。调楼镇抱才村是典型的以捕捞为主的渔村，有渔船 128 艘；村党支部有正式党员 71 人，预备党员 9 人，外出流动党员 51 人，占全村党员的 64%，其中海上作业生产的党员有 40 人，跟随船队从事后勤供给的流动党员有 8 人，从事海产品销售工作的流动党员有 3 人。大多数流动党员经常在船上作业，随着渔场的开发而漂流在海上，有的流动党员跟踪船队提供后勤服务而经常往返于各地渔港之间；有的从事海产品的销售而经常奔波在外，无法过正常的组织生活。针对这种情况，临高县委组织部作认真细致的分析，立足该村流动党员的流动范围、性质、特点，以党章为依据，坚持“实用、实际、实效”的原则，以方便党员参加组织生活、保证党的生活正常为基础，以不影响党员生产为前提，以最大限度发挥流动党员作用为目标，对该村党组织的设置进行全面而合理的改革。将原村支部改为村党总支，下设4个党支部，其中3个为海上党支部，把全村80名党员划分为海上作业党员、外地服务党员和常驻村中党员三大部分，以船队为中心，把作业相近的流动党员以及与之联系相对稳定的外地服务党员，分别划归海上党支部进行管理并建立6个流动党小组，真正做到有党员的地方就有党的组织，把党组织建到船上，建到流动的服务队伍中，为保证党的生活正常，发挥党的组织作用打下基础。在抱才村党支部成功经验的带动下，海上党支部建设不断加强和完善，调楼镇和新盈镇先后成立2个海上党总支，辖11个海上党支部。

2010年，全县共有党总支40个，党支部580个（机关党支部121个，事业单位党支部133个，企业党支部118个，其他党支部208个）。全县共有642个基层党组织，其中机关党委12个，镇党委10个，村党支部152个，社区党支部18个。

第三章　重大决策

第一节　政治建设

一、党的思想政治建设

海南建省办经济特区后，为了加快特区发展建设速度，加强党的思想政治建设，中共临高县委贯彻落实中央和省委的部署，开展一系列思想和作风学习教育活动。中共临高县第九届委员会旗帜鲜明地提出：加强党的思想建设，用邓小平理论武装全体党员。全体党员，在其是党员领导干部，要自觉带头学习马克思主义、毛泽东思想，特别是邓小平理论。要端正学习态度，增强学习自觉性。要准确系统掌握邓小平理论深刻内涵。要坚持理论联系实际，不断增强贯彻执行党的基本路线的自觉性和坚定性。

1998年底，部署开展“讲学习、讲政治、讲正气”“三讲”学习教育活动。在县级以上党政、领导班子、领导干部中，用整风精神开展以“三讲”为主要内容的党性党风教育，深入学习贯彻中共十五大精神，深入学习邓小平理论，通过开展讲学习、讲政治、讲正气，统一思想，加强领导班子建设，提高领导干部的政治思想和作风素质。

2005年，根据中共中央《关于在全党开展以实践“三个代表”重要思想为主要内容的保持共产党员先进性教育活动的意见》和中共海南省委的要求，用一年半的时间在全县开展以实践“三个代表”重要思想为主要内容的保持共产党员先进性的学习教育活动。活动分三批进行：第一批开展活动的对象为县级党政机关和部分企事业单位，第二批开展活动的对象为乡镇机关，第三批开展活动的对象为农村基层党组织。

2008年，根据中共中央和中共海南省委的部署，中共临高县委在全县各级党组织开展深入学习实践科学发展观活动。要求全县各级党组织，要通过组织学习科学发展观，结合实际开展实践活动，深刻理解科学发展观的科学内涵，在改革开放和中国特色社会主义建设中，解放思想，提高思想认识；突出实践特色，解决突出问题；贯彻群众路线，创新体制机制；正面教育为主，促进科学发展。

二、党风廉政建设

中共临高县委始终坚持抓好党风廉政建设。历届县委把党风廉政建设作为加强党的建设的重要工作来抓，并提出多项决策：

1990年4月，在七次党代表大会上，提出《加强党风建设，强化监督机制，增强党的凝聚力和战斗力》的部署。一是要重视党员教育，把加强党规党纪的系统教育、民主集中制教育和党员领导干部进行廉洁和以身作则教育作为重要内容来抓。二是重视抓领导层党风廉政建设，把各级领导干部作为党风廉政建设的重中之重。三是强化督查机制，加强制度建设。1987—1990年，先后立案查处副局级以上党员干部的违纪案件22起，处分25人。

1998年3月，在九次党代表大会上，对过去5年党风廉政建设做总结，纪检监察机关在过去的5年共立案查处党员干部违纪违法案件28案，处分69人。会议要求，纪检监察组织要进一步做好纪律检查工作，严格政治纪律，保证党的路线和县委决策顺利执行。要坚持党中央部署的反腐败三项工作格局，深入持久地开展反腐败斗争中，不断推进党风廉政建设，为改革、发展、稳定服务。要坚持“两手抓，两手都要硬”的方针，进一步加强党性党风党纪教育，全面加强党的建设，增强党员干部拒腐防变的能力。

2007年1月，在十一次党代表大会上，对过去4年的党风廉政建设进行总结，纪检监察部门4年共立案45案，办结38条，党纪政纪处分32人。新一届中共临高县委要求，全县各级党组织、纪检监察组织要继续以邓小平理论和“三个代表”重要思想为指导，深入贯彻落实科学发展观，全面履行党章赋予的职责，围绕中共临高县委中心工作，坚持标本兼治、综合治理、惩防并举、注重预防的略策，着力构建教育、制度、监督并重的惩防体系，推动党风廉政建设和反腐败斗争深入开展。

三、清理“文化大革命”中的“三种人”

根据中共中央关于整党决定和广东省委的部署，整党工作分3批进行。1986年1月，广东省委《关于贯彻中央农村整党工作部署的意见》下发，海南第三批整党（即农村整党）于1986年2月中旬全面展开。临高县整党工作，经过各级党委的共同努力，先后分区（含市）、县、乡（镇）、村等4个层次进行，至1986年11月底，全县整党工作基本结束。全县参加整党的党员7999人，占党员总数的98.9%。全县共处分党员50人，其中警告12人，严重警告11人，撤销党内职务8人，留党察看6人，开除党籍13人。

根据中共中央关于整党的决定，在整党中结合清理“三种人”（即追随林彪、江青反革命集团造反起家的人，帮派思想严重的人，打、砸、抢分子）。1987年1月下旬，经县委清理“三种人”领导小组和县委整党办核查组对县、区、乡的核查工作进行认真自查自检，临高县清理工作宣告结束。“文化大革命”期间，造成非正常死亡人员应负有责任人员有11人，其中3人为严重错误，4人为一般错误已予解脱，4人为一般问题。“文化大革命”期间，全县发生9宗事件，涉及16人已全部查清，并给予定性处理，其中1人为严重错误给予留党察看1年处分，7人为一般错误已予解脱，8人为一般问题。经县组织人事部门对档案进行严格审查，在调入调出的干部和分配来临高县工作的大、中专毕业生中，没有发现“文化大革命”期间存在严重问题的人。

四、落实政策

中共十一届三中全会后，临高县委根据上级有关文件精神，做好各项落实政策工作。至1988年末，共复查案件208宗，其中属“文化大革命”案件61宗，“文化大革命”前历史老案352宗；解决地下党遗留问题92人，恢复党籍2人；更改中华人民共和国成立前干部参加革命时间的5人，均作妥善安置处理，其中恢复干部待遇68人，收回安排工作66人，收回办理退休的289人，改办离休的29人，改办退休的44人，改办退职的12人；补发“文化大革命”期间被停发、扣发工资（含被迫退职的）81人，金额共10.22万元（历年累计数）。另外，在落实知识分子政策方面还解决许多具体问题：平反冤假错案376人，占应复查数的88%；提拔副局长以上领导干部166人，占知识分子总数的7.6%；调整专业对口的24人；解决夫妻两地分居的36对；解决家属子女“农转非”户口粮食的3893人；调整住房困难71人；浮动一级工资的252人。

第二节　经济建设

一、国民经济和社会发展规划

2000年8月30日，县委书记主持召开全县思想政治工作会议，部署贯彻中央和省委思想政治工作会议精神。要求深化认识，统一思想，明确任务，采取措施。在全县结合“三讲”教育和“三个代表”思想学习，树立良好的公仆形象，提高干部素质，适应形势，改进方法，提高思想政治工作的有效性。

2001年6月7日，县委书记主持召开县委常委（扩大）会议，分析全县经济运行情况，加强财政增收和农民增收，抓好工资发放，尤其是教师的工资发放，研究招商引资资和社会投资，抓好农业结构调整，加强小城镇建设，搞活国有企业经营，做好渔业捕捞管理和服务，加快发展养殖业，从而促进全县经济的发展。

2001年6月30日，县委召开纪念中国共产党成立80周年大会。大会强调，要贯彻“三个代表”重要思想，坚持党的先进性，提高党员干部素质。要求加大招商引资和产业结构调整力度，大力发展热带高效农业和海洋渔业，大力发展第二和第三产业，加快小城镇建设，加快经济发展步伐，促进经济健康发展。转变党员干部作风，深入基层，切实为民多办实事好事，更好地为人民服务。大会表彰了调楼镇党委等6个先进党委，南宝乡松梅村党支部等10个农村先进党支部、县委办党支部等10个机关先进党支部和2个先进离退休干部党支部，10名优秀农村党支部书记标兵及109名优秀共产党员。

二、实施质量兴县战略

2005年，结合临高县实际，根据海南省人民政府《关于印发海南省质量兴省工作方案的通知》的要求，制定《临高县人民政府办公室关于印发质量兴县工作方案的通知》《临高县质量兴县工作计划》《临高县质量兴县工作目标责任》，明确从2006—2010年以及每年的质量兴县工作目标和各职能部门责任，为完成质量兴县的工作目标打下基础。

（一）信息采集

2006—2010年，加大质量兴县工作的信息收集、汇总、宣传力度，共编写质量兴县工作简报60期，并按时报送省质量兴省工作领导小组办公室，完成质量兴县工作信息的任务。

（二）狠抓源头，严把厂门产品质量关

2006—2010年，成功申报富友牌4个（火龙果、莲雾、杧果、番石榴）省级名牌产品，注册“临高乳猪商标”，制定《临高猪品种》等2个地方标准。临高龙力糖业有限公司等4家企业通过ISO 901质量管理体系认证，1家医药企业通过GMP认证，13家企业获得生

产许可证。其中，获取食品生产许可证企业 11 家，获取工业产品生产许可证 2 家。组织质量技术监督、农业、工商、商务等有关部门根据企业申报名牌产品称号的条件，认真组织有关企业开展质量、计量、标准化等方面的工作，帮助企业完善内部检验检测手段，加强产品生产过程的质量控制和出厂检验，建立健全企业质量管理体系，积极开展名牌产品申报工作，督促重点培育企业制定创建名牌产品的工作方案并认真组织实施。同时，继续完善企业质量档案的建立，进行动态管理，共普查登记生产（加工）企业质量档案（包括家庭小作坊）114 家，采用国际标准和国内先进标准 3 家、国家标准 106 家、企业标准 4 家和地方标准 1 家，从根本上解决企业“无标”生产和“无底”问题，实施监督抽查与委托检验相结合的监管方式。共出动执法人员 1023 人次，车辆 55 车次，抽检 645 个样品，合格 596 个，合格率 92.4%，立案查处 49 宗，罚没款 18 万元。对于食品生产（加工）小作坊小企业，主要通过建档监管、取证及落实“三员四定”“三进四图”“两书一报告”和建立“六本台账”进行监管，加强监督管理，确保食品质量安全及进一步把好厂门产品质量关。

（三）质量监管执法

2006—2010 年，加大产（商）品质量监管执法工作力度，有效地净化流通领域产（商）品经营环境建立健全产（商）品质量市场准入制度，加强产（商）品质量监督管理和抽查力度，深入农贸市场、超市等反复清理不留死角，特别是对旧十五类和新十三类食品实施市场准入。开展奶粉、饮料、酱油、酒和肉类等食品安全、红盾护农、建材、打击非碘盐、日用品和烟花爆竹等专项行动，共出动执法人员 3345 人次，车辆 1021 车次，检查各类市场主体 2579 家次，监督抽取样品 78 个，合格 50 个，合格率 64.1%；立案查处和办理有关行政案件共计 1273 宗，查扣酱油 218 箱、饮料 21120 件、猪肉 665 千克、酒 126 箱、奶粉 88.9 千克和肥料、建筑钢材等一批假冒伪劣产品，罚没款 77 多万元，有力打击制售假冒伪劣产（商）品的违法违章行为，进一步净化临高县产（商）品流通领域经营环境。

对临城地区 56 家餐饮业、36 家宾馆、学校食堂和本县辖区内存在卫生安全隐患的地区进行控网式监督检查，开展环境卫生、农村卫生、生活饮用水监督检测、从业人员健康体检和食具检测等。共进行实地水源水质监测 1540 份，合格率 99.7%；水塔水质监测 285 份，合格率 100%；消毒消杀受污染水井 300 多口次，外环境消毒 47 万平方米，全县化学需氧量排放量 2129.96 吨；二氧化硫排放量 11.29 吨。全县建立无公害农产品生产基地 13 个，面积达 0.8 万公顷；有 6 个企业 8 种产品申报全国统一的无公害农产品认证。

全县重点养殖场共有 50 多家，苗种场 15 家；已办理养殖使用证的有 39 家，办证面积达 691.8 公顷；办理苗种许可证的有 9 家，办证面积达 32.53 公顷。为迎接欧盟残留监控考察备检工作，提高水产品质量水平，加强对水产养殖场的监督管理，对养殖场推行养殖证养殖用药登记和养殖生产日志制度，把养殖生产纳入规范化管理。继续抓好近海水质监测，并发布监测通报。强化水产品残留监控工作。开展106次突击检查活动，主要检查国家禁用渔药、养殖生产及用药记录和产品销售记录等。加大水产品的抽查力度，积极开展检验检疫工作，重点检测硝基呋喃、氯霉素和磺胺等药物残留，水产品苗场检查覆盖率达到100%。

第三节　社会事业建设

一、科技事业改革

1990年，确立科技兴农战略，要求全县上下各级领导要养成尊重科学、尊重人才的习惯，采取有力措施提高科技人员在社会上的地位，充分调动科技人员的积极性。要制定农业科技发展战略和规划，在资金、物资、技术力量等方面给予支持；要健全以乡镇级为重点的农业技术推广服务体系；要大力推广科技成果，选择一批投入少、效益高的农业技术项目，集中技术力量和科研经费，进行大面积的推广；要运用农业技术手段抓好以改造中低产田为主要内容的综合开发农业。

1998年，在第九次党代会上提出："实施科学兴国战略，不断提高干部群众的文化素质，为跨世纪发展提供智力支持"的奋斗目标。要求各级党组织、领导干部要增强科技意识，带头学好科学知识；要加强科技队伍建设，建立健全社会化科技服务体系；要大力发展多种所有制形式、多层次的科技推广和经营实体，把农业技术推广服务贯穿到生产环节的产前、产中、产后全过程；要切实为科技工作者排忧解难，解决科技队伍建设和科技推广中存在的问题。

2007年，十一届中共临高县委提出"优先发展科技事业"的决策。要加大人才资源开发、引进、培养和使用力度，创新人才评价、选拔任用和奖励保障机制，让优秀人才脱颖而出；要积极推进科技进步和创新，促进科技与生产、科技应用与经济的结合，实现产业升级。

二、教育事业改革

1998年，中共临高县委实施科教兴国战略，切实把教育放在优先发展的战略地位，发挥各方面的积极性，实施九年义务教育，巩固提高"双基"成果；深化教育改革，优化教育结构，合理配置教育资源，提高教学质量和办学效益，促进教育与经济协调发展；加强师资队伍建设，努力改善教师的工作和生活条件，在全社会形成尊师重教、尊重知识、尊重人才的良好风气。

2003 年，临高县第十次党代会决定要合理配置教育资源，优化教育结构和教育布局，全面加强基础教育和素质教育，巩固普及九年义务教育和扫除青壮年文盲成果；积极发展高中阶段教育、成人教育，科普教育和职业教育；广泛开展岗位培训和再就业培训；鼓励和扶持社会力量以多种形式办学，扩大教育规模。

2007 年，中央临高县委实施优先发展教育事业举措。深化教育体制改革；整合教育资源，推进寄宿中心校建设；向社会招聘教师，加强教师队伍力量；全面推进素质教育，提高基础教育质量；大力发展职业教育，2007 年完成职业学校校园建设；继续鼓励和扶持社会办学，推进不同层次的继续教育，促进各级各类教育协调健康发展。

三、文化事业改革

1998 年，中共临高县九届委员会提出为“加快发展文化事业，营造良好的文化环境”新举措。要按照中共十五大提出的文化建设的基本要求，紧紧围绕江泽民总书记提出的“以科学的理论武装人，以正确的舆论引导人，以高尚的精神塑造人，以优秀的作品鼓舞人”的四项基本任务大力发展临高文化事业。要抓好文学艺术创作，实施精品战略；要加快发展广播电视事业的步伐；要抓好图书馆、博物馆、文化馆的建设；要加强和规范文化市场的管理，抓好扫黄打非工作，净化文化市场，营造良好文化环境。

2003 年，临高县实施十届中共临高县委提出的“坚持文化为人民服务的方针，加强先进文化建设，繁荣文化事业”计划。各级党组织和文化部门用积极的态度对待传统文化，鼓励和支持文化工作者挖掘、整理、改革、创新传统民间文化艺术；加强文化市场管理，加大“扫黄”“打非”力度，铲除毒害人民群众、污染社会和反社会主义的文化产品，防止低俗、黄毒的文化作品在临高流行泛滥。

2007 年，中央临高县第十一届委员会提出“大力弘扬传统文化”。举办民间文化艺术节和渔民节，重振木偶戏、“哩哩美”渔歌等传统文化；大力发展社区文化、村镇文化、校园文化；深化文化体制改革，整合民间文化团体，加强文化队伍建设，广泛开展群众性文体活动。加强文化对外交流合作，提升临高文化的知名度和影响力。

四、精神文明建设

1990 年，七届中共临高县委提出“社会主义精神文明建设是社会主义的重要特征之一，也是社会主义制度优越性的体现”。紧密围绕精神文明建设的核心内容，作出规划，狠抓落实；培养和造就有理想、有道德、有文化、有纪律的社会主义新人，是精神文明建设的根本目标；要求全县各级党组织、社会各界从实际出发，抓住根本，多办实事，注重实效。一要加强和改进思想政治工作。二要抓住阵地，加强马克思主义理论宣传工作。三要层层抓点，以点带面，推动精神文明建设在全县上下、各行业、各阶层深入开展。

1998年，在中共临高县第九次党代会上提出要在全县大力开展精神文明建设。大力开展文明村庄、文明乡镇、文明单位、文明学校、文明家庭等群众性精神文明创建活动，每年评选一批文明村镇、文明单位、文明学校和文明家庭。

2003年，十届中共临高县委提出：加强社会主义精神文明和民主法治建设。要坚持用马列主义、毛泽东思想、邓小平理论和“三个代表”重要思想武装全党、教育群众，坚定人们对党和政府的信任；加强先进典型宣传推广工作，大力弘扬和培育“团结奔进、敢为人先、敢于拼搏”的临高精神；加强科学知识、科学精神的宣传教育，抵制封建迷信和落后、腐朽思想；深入开展文明城镇、文明行业、文明村庄、文明家庭创建活动。

2007年，十一届中共临高县委提出“积极推进精神文明建设”。加强理想信念教育、公民道德教育和社会主义荣辱观教育，推进“诚信临高”建设；进一步加强关心下一代工作，强化文化娱乐场所管理，保护未成年人健康成长；深入开展文明城镇、文明村庄、文明单位创建活动，树立核实创新、争先创优、文明诚信的崭新风貌。

五、建设社会主义新农村

2000年，临高县开始文明生态村建设，按照“统一规划、因地制宜、分步实施、典型带动、整体推进”的原则，创新文明生态村创建思路，充分整合各类涉农资金，加大投入，大幅度提高文明生态村的创建覆盖面和精品示范村的比例。

2005年，安排县财政资金，发动村民投工投劳，启动6个文明生态村建设。组织10个镇班子领导，170个行政村的支部书记、村委会主任400名干部用2天时间分别到海口、文昌、儋州等市县的文明村生态示范点参观学习。

2008年始，县委、县政府先后出台《临高县2008年文明生态村创建工作实施方案》《关于进一步加强新形势下农村精神文明建设工作的实施意见》（2009）、《临高县2009年文明生态村创建工作实施方案》、《临高县2010年文明生态村建设工作实施方案》等文件，县文明办主动策划、协调各相关单位开展一系列工作，引领社会发展潮流，推动精神文明建设，不断提高全县人民的文明素质和社会文明程度。

2009年，规划创建110个文明生态村，打造3个文明生态片区，重点创建20个示范村庄。出台《关于整合涉农资金创建文明生态村的意见》，从工作机制、投入机制上保证文明生态村创建工作的顺利开展。全县财政投入400万元，整合各类涉农资金约2955万元投入文明生态村建设，80个文明生态村的创建工作基本完成，30个村庄正在建设中。其中博厚镇洋大、三省、永顺文明生态片区建设成为整合涉农资金连片创建的成功范例，创建模式得到省领导的充分肯定。

2010年，县财政投入资金400万元，整合各类涉农资金3100万元，全县新建80个文明生态村，超额完成省下达给临高县的70个任务目标，使全县文明生态村总数达到409个，占全县自然村总数56%，和舍镇被授予“海南省2007—2010年文明生态镇”荣誉称号；临城镇林银村、博厚镇三省、永顺、洋大片区、多文镇文潭村被授予“海南省2007至2010年文明生态示范村”荣誉称号。

第四章　党务工作

第一节　县委办工作

1986年7月，成立县委政策调查研究室。1989年10月，县保密委员会下设办公室，增挂临高县保密局牌子。同年12月，县委调研室改为政策研究室，并增设县委体制改革研究室。1990年11月，县委办增设综合组。1995年6月，县委办增设综合督查组。1996年5月，县委办内设机构设置为机要室、保密室、信息督查组、综合调研组、秘书组、行政组等6个职责室（组）。1999年7月，县委办加挂中共临高县委督查室牌子，实行一套人员、两块牌子。2002年1月，县委办机构调整，内设机要局（副科）、保密局（副科）两个科级机构，督查室、行政组、信息与综合组、调研组等四个股级机构。

2007年，县委办荣获“全省信息工作先进单位”“全省机要工作先进单位”“全省保密工作先进单位”等荣誉称号。全年共起草各类较为重要的会议材料、领导讲话、汇报材料等100余篇，完成调研报告5篇；整理编发《内部通报》9期，向省委办公厅报送信息及调研情况300余条。《临高县认真贯彻十七大精神积极解决民生问题》《临高县充分发挥四套班子的作用，形成合力促进经济社会发展》等多条信息在《海南要情》上头条摘登。全年共开展各项督查工作20余次，下发《督查通报》7期。先后组织首届民间文化节、渔民节等多个大型活动，承办大中型会议12次。

2008年，县委办协助组织开展五大专题调研活动，形成22个专题调研报告。上报信息200余条，《临高县通过大接访，促进八大问题的解决》《临高县重点项目进展顺利》等20余条被采用。共承担县委十一届三次全会、全县经济工作会议等重要会议10多场。

2009年，全年发县委和县委办各类公文262件，上报信息156篇，采用22篇，其中头版头条6篇，出版《临高要情》16期。举办3期文件传输信息员培训班。同年5月，县委办督查室升格为副科级机构。同年12月，中共临高县委机要局加挂临高县国家密码管理局牌子，由县委办公室内设机构调整为县委办公室的部门管理机构。

2010年6月，成立临高县接待办公室，为副科级事业单位，隶属县委办公室。12月，成立临高县总值班室，加挂临高县应急管理办公室牌子，与县委督查室合署办公。临高县总值班室为副科级事业单位，隶属中共临高县委办公室。同时，县委办督查室更名为中共临高县委督查室。全年协调召开2次县委全委会议和27次县委常委会议。同年，县委办顺利通过国家保密局测评中心“党办网”测评工作。

第二节　组织工作

一、机构

1986年，县委组织部内设组织组、干部组和行秘组。1994年11月，增设调研组。1995年5月，增设干审组。1996年，内设组织组、干部组、干审组、调研组、行秘组和老干部局。2002年，县委组织部管理老干部局（正科）及内设5个组室，即组织组、干部组、干审组、调研组、办公室。2003年12月，县委组织部增设电教组。2007年12月，成立临高县党员电化教育中心，隶属县委组织部管理的股级事业单位。2008年8月，成立临高县人才工作协调小组办公室，为股级事业单位。2009年12月，县委组织部增设干部教育培训组。2010年，县委组织部管理老干部局（正科）及内设7个组室：办公室、干部组、干审组、组织组、党员电化教育中心、人才办和干部教育培训组。

二、党员队伍

（一）发展党员

1986年，全县共有党员8579人，其中县直机关企事业单位党组织共有党员2560人，占全县党员总数的29.84%；农村党员4515人，占52.63%。党员中，35岁以下党员2249人，占26.2%；36～45岁党员1980人，占23.1%；46～55岁党员2508人，占29.2%；56岁以上党员1842人，占21.5%；男党员7849人，占91.5%；女党员730人，占8.5%；大专以上文化程度党员878人，占10.2%；中专及高中文化程度党员2347人，占27.4%；初中文化程度党员2184人，占25.5%；初中以下文化程度党员3726人，占43.4%。

2000年，县直机关企事业单位党员4008人，占全县党员总数的35.11%。

2010年，全县党员人数达13118人，其中全县机关企事业单位及省驻县单位党员4299人，占全县党员总数的32.77%；农村党员5826人，占44.41%。党员中，35岁以下党员2096人，占15.98%；36～45岁党员2986人，占22.76%；46～55岁党员3170人，占24.17%；

56岁以上党员4866人，占37.09%；男党员11679人，占89.03%；女党员1439人，占10.97%。大专以上文化程度党员2904人，占22.14%；中专及高中文化程度党员5038人，占38.41%；初中以下文化程度党员5126人，占39.08%。

（二）党员远程教育网络建设

2009年下半年，临高县开始建设农村党员干部现代远程教育网络体系。至2010年，建成182个终端站点，其中电信模式120个，有线模式28个，卫星模式34个（含加来农场整体划转14个）。

三、领导干部选拔任用

（一）领导干部选拔制度改革

1993年，在县农电总站和县自来水公司进行公开选聘企业经营者试点工作。通过组织推荐、个人自荐和群众举荐，有行政单位的副科级干部和企业单位工人17人参加竞选报名。经过组织考察、公开答辩、评委评分、签约聘用等步骤，选出两个企业的主要经营者。1994年，指导县教育局在新盈中学公开选聘校长工作，把竞争机制引入学校的干部管理。1995年，按照《海南省国有企业经营者公开选聘的实施办法》，公开选聘外贸总公司、物资总公司、机械厂3个企业的经营主管。1996年6月，县委印发《关于加强乡镇党委建设的意见》。党委班子一般配备7人，设书记1人，副书记2～3人。必设纪检委员、组织委员、宣传委员。党委班子要选配35岁以下的年轻干部、妇女干部各1人。

1998年，机关事务管理局领导干部（一正三副）实行公开选聘，全县有35名干部报名应聘，其中科级干部14人，股级干部21人，经过笔试、面试，4人被选聘为正、副局长。

1999年，县委制定《关于国有企业领导班子考核和调配工作的实施意见》和《关于乡镇领导班子考察和调配工作意见》，提出民主推荐对象条件：1958年6月以后出生、文化程度中专以上的正副股级干部。推荐人数：大单位一般推荐2～3人，小单位一般推荐1～2人。年龄界限和结构：男满55周岁、女满50周岁以上干部不作为乡镇领导的提名对象；全县16个乡镇中，要有1/3的乡镇班子配上1名非中共党员干部。

1999年，县委组织印发《关于公开选拔县教育与科学技术局副局长的通知》，通过笔试、面试、考察的方式公开选拔县教育与科学技术局副局长1人，最后，按笔试、面试综合分数从高到低排列前3名列为考察对象。2000年7月，县委制定《临高县选派科技副乡（镇）长工作方案》，动员单位推荐43名专业人才，选派配备15名乡镇科技副乡镇长。

2001年7月，公开选拔经贸交通局3个副局长职位，海洋与渔业局、党校、文化广电体育局、农税局、农贸市场管理局、国有资产管理局委员会办公室、体育中心、县医院各

1 个副科级领导干部职位，11 个职位。此次选拔笔试为开卷考试，应试者可连竞两个职位，由选拔单位的主要领导当面试评委，考察人选可跨选拔职位安排。这次公开选拔工作，安排 12 名公开选拔对象。其中：9 名按公开选拔的职位安排，3 名是根据本人特长和工作业务需要跨选拔职位安排。

2008 年，引入差额推荐、差额考察机制，并根据岗位特点，扩大民主推荐和考察范围，充分尊重服务对象的意见，同时在人选的酝酿上充分征求分管领导的意见。并在县中医院副院长的选拔上进行差额推荐和差额考察机制试点工作，取得良好效果。

2010 年，县委出台《临高县选拔任用科级领导干部初始推荐提名暂行规定》《临高县科级领导干部差额考察办法（试行）》《中共临高县委党委会任用干部投票表决办法（试行）》《中共临高县委员会全体任用领导干部投票表决办法（试行）》。年内，从全省、全县范围公开选拔县教育局副局长等 13 个重要岗位领导干部，差额选任团县委书记、机关事务局局长、接待办主任、信访局局长等 4 个重要岗位领导干部。

（二）选拔任用

1988 年，全县科级单位 70 个（包括乡镇），科级干部 223 人，其中乡镇政府 17 个，科级领导 62 人，平均年龄 42.3 岁；大专文化程度有 11 人，中专 18 人。

1990 年，调整县直职能部门领导干部 235 人，平均年龄 47.8 岁，大中专文化程度的 133 人，占总数的 56.6%；新配备的 67 名正职领导干部平均年龄 48.9 岁，大中专文化程度 41 人，占总数 61.2%。1993 年，在调配的县直二级班子成员中平均年龄 45.6 岁，大中专文化程度的 264 人，占 76.3%；乡镇领导干部 107 人，平均年龄 40.9 岁，大中专文化程度的 69 人，占 64.5%；新提拔的乡镇正职领导和县二级班子正局职务领导共 41 人，平均年龄 42.4 岁，文化程度都是中专以上。

1995—1996 年，表彰 206 个先进基层党组织和 54 名优秀农村党支部书记，其中 2 名优秀村党支部书记选聘为乡镇副职领导。1995 年，为做好县级党政事业单位机构改革和干部的调配工作，对 55 岁以上的科级干部年龄进行核定，组织 4 个考察组，由 4 名县委常委带队，对全县 68 个党政机关、事业单位的领导干部进行考察，写出考察材料 248 份。通过机构改革，全县党政机关由 63 个减少到 24 个，领导干部由 275 人减少到 64 人。1996 年，进一步落实《培养选拔青年干部工作规划（1995—1998）》《培养选拔女干部工作规划（1995—1998）》。做到每个乡镇配备 1 名 30 岁左右的年轻干部。年内，全县 16 个乡镇圆满完成换届工作，共选出乡镇党委、人大、政府领导成员 155 人（含兼职 34 人），其中女干部 8 人，党委书记 15 人，副书记 46 人，人大主席 15 人（14 人为乡镇党委书记兼任，1 人由乡副书记兼任），人大主席团副主席 25 人，乡镇长 16 人，副乡镇长 48 人。

年龄结构：55 岁以上的 1 人，51～55 岁的 11 人，46～50 岁的 17 人，41～45 岁的 29 人，36～40 岁的 31 人，31～35 岁的 23 人，30 岁以下 9 人，党政班子成员平均年龄 40.6 岁。文化结构：大专以上文化的 66 人，中专文化的 30 人，高中文化的 19 人，初中文化的 7 人。乡镇党政主要领导结构：30～40 岁的 14 人，41～50 岁的 36 人，平均年龄 42.8 岁，大专文化程度的 16 人，中专文化的 13 人，高中文化的 2 人。全县共提拔干部 60 人，其中从副职提拔为正职的 17 人，从股级以下提为副职的 43 人。

1999 年，全县 16 个乡镇共调配领导干部 150 人，提拔年轻干部 68 人，交流干部 26 人，在原有 4 个乡镇 5 名领导干部的基础上，每个乡镇都配上 1 名妇女干部，党政领导班子成员中都配上 1 名 30～35 岁的年轻干部。

2001 年，全县对 79 个党政机关、事业单位的领导班子进行调整，共重新调整和配备领导干部 186 人，其中交流任用 42 人，提拔使用 46 人。为培养年轻干部，改善领导班子结构，规定最高任职年龄：副职 53 岁、正职 55 岁的，原则上退出领导岗位。2002 年 8 月，临高县进行乡镇撤并，在乡镇换届的基础上进行干部调整配备，共调配干部 139 人，平均年龄 36.6 岁，大专以上学历的占 73%，每个乡镇配备 1～2 名妇女干部。

2006 年，县委组织部通过调研和考察相结合的方法，注重镇领导班子的知识和专业结构的配置，认真推荐好新一届镇级领导班子。在新一届领导班子中，班子成员平均年龄 39.3 岁，其中最年轻的班子成员正职为 29 岁，最年轻的班子成员副职为 26 岁。文化结构大有提高，其中大学学历的 36 人，占 37.1%；大专学历的 46 人，占 47.5%；中专及以下学历的 15 人，占 15.4%。

四、青年后备干部培养

1994 年，分期分批选派青年领导干部到乡镇挂职锻炼，第一批选派 16 名机关科级领导干部到乡镇担任副书记或副镇长，加强青年干部培养教育，促进他们在实践中成长。

1995 年，选派青年干部到乡镇、村委会挂职锻炼，机关选派到乡镇挂职的 18 人，到村任职的 5 人；乡镇选派到村任职的有 38 人。同年，县委制定《临高县培养和选拔年轻干部工作四年规划（1995—1998 年）》，具体目标：至 1998 年底，乡镇党政领导班子中，30 岁以下的年轻干部要占 2/3；领导班子的正职中，35 岁左右的干部应占 1/2 以上；县直党政部门领导班子中，35 岁左右的年轻正职干部应占 1/3 以上。每个班子成员中 35 岁以下的年轻干部应占 1/2。

1996 年 6 月，县委印发的《关于加强乡镇党委建设的意见》指出，要建立一支素质优良、数量充足、结构合理的乡镇党委后备干部队伍。重点是乡镇党委书记后备人选和经济管理人才。每个乡镇党委要有 2～3 名后备干部。要继续从机关、企事业单位选派年轻干部到乡镇（村）挂职锻炼，每年选一批，逐步形成制度。

1995—1996年，共选派83名年轻干部到基层挂职锻炼，其中女干部12人。1996年，乡镇换届，有9名挂职干部提任乡镇领导干部。1996年，建立一支乡镇、机关、企事业单位后备干部队伍，全县有后备干部183人。

2000年，建立一支由100名优秀干部、50名妇女干部、30名非中共党员干部组成的后备干部队伍。2001年12月，县委、县政府印发《临高县公开选拔大中专毕业生到村委会挂职锻炼工作方案》，通过笔试、面试的方式，2001年、2002年各选拔60名大中专毕业生到村委会挂职锻炼，根据不同情况任村党支部书记、副书记、委员或村委会主任助理，任期三年，任职期满考核合格，聘为乡镇干部，纳入乡镇编制；特别优秀的，可破格提拔任乡镇副职领导干部。

2010年，全年安排新提拔的12名副科级领导分期分批到信访局挂任副局长，安排110名科级后备干部到各乡镇挂任副职领导，选派200名机关干部进行为期4个月的“下乡驻村”培训，配合乡镇做好农村中心工作。安排26名乡镇副科级后备干部到县直机关有关部门挂任局长（部长、主任）助理。

五、干部培训教育

1986—1995年，加强学习建设有中国特色社会主义的理论、路线、方针和政策，掌握其精神实质，正确认识把握中国国情，学会运用马克思主义的立场、观点与方法来观察、认识和处理现实问题，增强抵御各种错误思潮的侵蚀和反对和平演变的能力，提高建设和改革中的各种实际问题的本领。鼓励干部进行学历教育，利用各类学校举办各种形式的干部文化学习班，提高干部队伍的文化素质。

1995—2000年，开展以中国特色社会主义理论和党章学习为主要内容的“双学”活动，以讲学习、讲政治、讲正气为主要内容的党性党风教育，抓好干部队伍的理论、使用科学技术培训和计算机操作技能培训。1995—1996年，举办乡镇主要领导和县直机关科级领导干部理论培训班3期，选送一批科级干部到省委党校和省有关部门培训。利用县、乡（镇）党校和毗邻院校对农村党员进行系统的理论学习培训，对各镇政工副书记、组织委员、专职副书记全部轮训一遍，组织部分正科级干部到经济发达地区参观学习。1999年，组织一批乡镇党委书记、乡镇长到福建厦门、上海浦东、省委党校等地学习考察，组织一期分管政工副书记赴省电教中心、三亚市参观学习党员电教工作，组织农村实用科技巡回宣讲团，指导农民进行科技技术操作，开办一个农村致富函授大学辅导班，培训学员120人，举办9期计算机操作技能培训班，培训公务员和党的机关工作者3546人。2000年，重点学习邓小平理论的主要专题，学习“三个代表”重要思想，开展党性党风教育。

2001年，制定《2001—2005干部教育培训规划》，按照建设高素质干部队伍的要求，明确各级各类干部在理论素养，思想品德，业务能力，知识水平等方面的要求，有针对性地开展教育培训。同年，深入开展两批“三个代表”学习教育活动，先后举办培训班16期，参加人数800人。2002—2003年，主要邀请专家学者进行WTO（世界贸易组织）知识、党史党建、调研方法等知识的培训。2004年先后安排两批100名科级领导干部赴中山大学参加为期1个月的培训学习。

2006年，举办3期农村岗位培训班，对全县170个行政村的218个村级党组织书记、主任进行专题岗位培训。

2009年，完成县处级领导干部共7批8人次、乡镇书记等7批34人的调训任务，有力推动全县学习型领导干部的建设。加强对村干部的培训，把培训作为提高农村基层干部素质的根本性和基础性措施，坚持把经常性业务培训和学历培训一手抓。以县委党校为龙头，以党员活动室为基点，对全县村级干部进行有效的培训。先后举办村（社区）党支部书记、村（居）委会主任等培训班共65期，培训村级干部1722人次。与海南农校联合对临高县4个镇539名村干部进行“农村工作技能学历教育”。

2010年，全年完成省委组织部下达的任务，调训县（厅）处级领导干部共12批35人次，科级及以下干部11批56人次，其中赴国（境）外培训8人次。各系统、单位完成调训干部250人次。业务知识培训，邀请省委组织部干部监督处处长对全县副科级干部、组工干部800人次进行培训辅导。邀请省厅专家对计生系统700人次进行专项讲座，在各单位举办42场专项培训。教育系统对教师队伍进行大规模的培训，共培训校长78人次，培训教师6500人次。司法、卫生、农林系统专业技术人员培训，组织1500人次参加各类业务技术培训。农村基层干部培训，全年共举办3场次的村级换届知识培训班，共培训560人次；举办4场次的农村干部培训班，共有村干部1600人次参加；有70名村干部、农村优秀青年参加学历培训班。

第三节　宣传工作

一、机构

1986年，中共临高县委宣传部下设县委新闻办公室和精神文明办公室2个事业单位，人员工资及经费由财政实行全额预算管理。2001年，中共临高县委新闻办公室成立，为宣传部的直属事业单位，规格为副科级。至2010年未变。

二、理论宣讲

1987—2007年，宣传贯彻中共十三大、中共十四大、中共十五大、中共十六大和中共十七大精神，明确全党工作重点转移到社会主义经济建设上来的战略决策。

1991年，开展学习苏宁先进事迹活动。把向英模人物学习与推先评优、“让宝岛更加文明”等活动结合起来，对全县人民，尤其是青少年一代起到很好的理想道德教育作用。

2001年，组织开展中国共产党成立80周年读书活动，共约9000人参加活动。2003年，组织开展青少年“走向世界的中国”读书教育活动，共约1万人参加活动。2004年7月，组织中小学生参加全国“心系祖国，健康成长”读书教育活动，共约8000人参加活动。

2007年11月，邀请省委宣传部理论处领导对全县三级干部作中共十七大精神学习辅导。12月，以新农村理论之星读书活动为载体，开展乡镇干部深入学习贯彻中共十七大精神活动；同月开展学习贯彻中共十七大精神征文活动，至2008年6月，共收到稿件218篇，来稿对象有机关干部、乡镇干部、教师及村委会干部等。

2009年，宣传部组织县委中心组进行6次集中学习，学习科学发展观、新农村建设、执行文化理论、党风廉政建设、中共十七届四中全会精神等5个专题，中心组成员深入基层调查研究，撰写20多篇调研报告，举办一场调研成果学习交流会。开展执行文化大讨论活动，宣传部主抓征文评选和演讲比赛两项工作。全县238名干部投稿参加征文评选，其中副科级以上领导干部116人，在获奖的25名人员中，副科级以上领导干部16人。全县38人参加演讲比赛复赛，选手们以弘扬“抢滩”精神为主旨，围绕执行文化，结合自身工作实际，为全县干部群众献上一场文化盛宴，在全县唱响“弘扬‘抢滩’精神，倡导执行文化”的主旋律。

2010年，成立“文澜讲坛”宣讲团，深入“十镇百村”开展巡回宣讲活动，伴以快板、人偶戏、渔歌“哩哩美”等群众喜闻乐见的艺术形式，寓教于乐，让农村基层党员干部和广大群众自觉主动地接受党的政治理论教育，让党的路线、方针、政策深入人心，家喻户晓。先后6次邀请省内外专家来县为副科级以上领导干部作全国“两会”精神、十七届五中全会精神、国际旅游岛建设与城市规划等专题讲座，举办6场形势政策宣传报告会，用理论指导实践，坚持学以致用，推进科学发展。全年共举办形势政策宣讲活动86场次，受训干部2.5万人次。

三、舆论宣传

2001年，中共临高县委新闻办公室成立，为宣传部的直属事业单位，规格为副科级。2003年9月，出台印发《临高新闻提纲》。2004年6月，成功申办《临高消息》。

即年起，利用《今日临高》、临高电视台、临高县政府网站等内宣平台，突出宣传重点，做大做强专题专栏宣传报道。坚持准确及时的工作原则，开设专题专栏，大力宣传县委县政府实施“生态立县、产业兴县、富民强县和城乡一体化”发展战略，大力宣传县党代会和人大会提出的“沿江靠海、城市扩张、中心北移、协调发展”的新思路新进展，为临高跨越发展强势鼓与呼。

2008 年 4 月，开展庆祝海南建省办经济特区 20 周年活动，在临城城区悬挂宣传横幅，广泛宣传海南建省办经济特区 20 周年的有关内容。在文明东路路口、县车站前、临美路旁、美台高速路口、金牌路口等 7 处地方设置立柱宣传栏，统一安排各单位张贴宣传海报，同时督促指导各职能单位，在本单位管辖的公共场所宣传栏张贴，营造热烈浓厚的喜庆氛围。4 月 2 日，临高县庆祝海南建省办经济特区 20 周年大型电视直播节目“飞扬 20”活动在县委大院举办，展现临高 20 年来的发展成就，特别是渔业、制种业、香蕉产业、糖蔗产业，通过电视屏幕传到县内外、省内外，有效地宣传推介临高，扩大临高在省内外的影响力。

2009 年，开展中华人民共和国成立 60 周年系列庆祝活动。组织开展群众游园、书画展，电影周，读书月活动、专场文艺晚会，宣讲团宣讲等系列活动，县电视台开设新闻栏目，《今日临高》报开设《新面貌、新气象、新亮点——建国 60 周年来临高发展成果专题报道》栏目，宣传报道全县各行各业取得的成就。在全县悬挂两百多条宣传横幅，设立 5 副大型喷绘立柱广告和 400 副路牌广告，充分利用各种户外宣传形式，宣传党的方针政策，营造喜庆热烈的氛围，引导舆论。抓媒体新闻宣传，建设新闻舆论主阵地。县新闻媒体年初、每季度、每月份紧紧围绕省委省政府重大工作部署，结合临高中心工作，确定新闻宣传主题，把握正确舆论导向，全方位、多角度、深层次报道临高经济社会建设成果。超额完成省委下达的党报党刊的征订任务，其中《人民日报》征订 610 份，完成 117.8%；《海南日报》征订 3540 份，完成 115.6%。

2010 年，县新闻媒体围绕县委、县政府中心工作，围绕大事要事，围绕节庆活动，确定新闻宣传主题，突出项目建设、计划生育、林权改革、村级组织换届、人事制度改革、惠农政策等宣传重点，开设专题栏目作系列宣传报道，宣传临高县发展战略和建设成果，牢牢把握正确舆论导向。《今日临高》共出版 93 期，刊发新闻 2141 篇，其中开设 23 个专题，共用 51 个版面作系列新闻宣传报道；临高广播电视台播出电视新闻 2000 篇，广播新闻 1600 篇。加大版面对“创先争优”活动、“强核心工程”建设、临高万亩标准化瓜菜生产基地、海南方圆酒店、黑龙江海南临高体育训练基地、20 兆瓦光伏并网工程、金牌万吨级船舶下水等进行大力宣传，为临高开发建设营造良好的舆论氛围。加强对外宣传，提升临高美誉度。组队参加中国体育旅游博览会、中国（海南）国际热带农产品冬季交易会等重大活动，积极主动与省内各大媒体沟通协调，争取刊发临高新闻。同年，海南电视台播放临高新闻173篇，其中电视图文新闻116篇，广播新闻57篇；《海南日报》刊发临高新闻206篇。渔民节期间，《海南日报》组版、组块每天图文并茂刊发临高新闻2～3篇，1个月共刊发临高新闻88篇，塑造临高良好形象。加强与南海网、人民网海南视窗、新华社海南分社等主流媒体合作。南海网设立临高新闻网站，每天都刊载临高新闻，全年共刊载临高新闻2213篇，提升临高知名度和美誉度。

四、对外宣传

外宣工作归属宣传部门，县委宣传部设立对外宣传办公室。2003年至2010年底，省广电总台每年平均播出临高新闻172条，海南日报每年平均刊发临高新闻169条，各网络媒体每年平均刊载临高新闻6000条。2003年5月20日，《海南日报》采发《价格是普通水稻3倍 海南临高稻种俏销东南亚》。2009年7月24日《海南日报》采发《临高新盈港千人会战清出垃圾15吨》。2010年7月28日，协调配合《海南日报》采发《全民开展卫生大扫除——临高装扮一新迎接渔民节》等。通过媒体及时有效宣传，推介城市亮点，扩大城市影响。

五、精神文明建设

（一）机构

临高县精神文明建设指导委员会主任、副主任分别为县四套班子领导和驻县部队领导担任，成员由县直各主要部门的主要领导担任，下设办公室（简称“县文明办”），成立于1999年3月，是临高县精神文明建设指导委员会常设办事机构，为正科级全额事业单位，编制4人。至2010年，机构名称及人员编制未变。

2008年始，县委、县政府先后出台《临高县2008年文明生态村创建工作实施方案》《关于进一步加强新形势下农村精神文明建设工作的实施意见》（2009）、《临高县2009年文明生态村创建工作实施方案》、《临高县2010年文明生态村建设工作实施方案》等文件，县文明办主动策划、协调各相关单位开展一系列工作，引领社会发展潮流，推动精神文明建设，不断提高全县人民的文明素质和社会文明程度。

（二）思想道德建设

1986—2010年，县委、县政府加强公民思想道德建设，在全县开展以爱国主义教育和革命传统教育为主要内容的思想道德教育，“讲文明、树新风”群众性精神文明建设系列教育活动。

2004年，县委、县政府出台《关于加强和改进未成年人思想道德建设的实施意见》。

2009年，“六一”国际儿童节前后，组织全县各中小学校未成年人1.28万人开展“向国旗敬礼、做一个有道德的人”网上签名寄语活动，活动参与面广，效果好，得到省文明办的高度赞扬。2010年，清明节期间，组织1000多名未成年人到县革命烈士纪念碑和临高角向革命烈士献花，缅怀革命烈士的丰功伟绩，培养未成年人的爱国主义精神。先后在临高中学、临高二中等学校举办“感恩文化进校园”演讲活动，参加听讲学生8500多人。通过活动，让未成年人懂得感恩父母、感恩老师、感恩社会，在感恩中健康成长。同年，组织“五老”（老党员、老专家、老教师、老战士、老模范）深入各镇、各学校举行革命传统教育报告会、公共道德报告会共计12场，接受教育学生达1.80万多人次，形成全社会都来关心未成年人健康成长的良好氛围。在全县范围内广泛开展向王红霞、袁初红、邓芳灵、符立扬等道德模范学习，激励广大青年以道德模范为榜样，自觉担当起肩负的历史使命，带头倡导社会公德、职业道德、家庭美德、个人品德，以自己的行动影响和带动更多的人，为形成文明进步的良好社会风尚、推动社会主义精神文明建设贡献力量。

（三）过文明佳节　树社会新风

1999—2010年每年3月，在农村过传统“公期”期间，组织开展“树文明新风、过文明公期”活动，倡导全县人民破除迷信陋习，树文明新风。和舍镇的“三月三”，多文镇、皇桐镇的“冼太夫人节”等，改变过去“公期”大吃大喝的不良习惯，代之以积极向上的打球、拔河、文艺晚会等文体活动，把传统“公期”举办成农民喜闻乐见的农村文艺盛会。每年清明期间，开展安全、文明祭扫活动，组织学生、部队、干部等约2000人，广泛开展缅怀革命先烈纪念活动。

（四）文明生态村建设

2000年，临高县开始文明生态村建设，按照“统一规划、因地制宜、分步实施、典型带动、整体推进”的原则，创新文明生态村创建思路，充分整合各类涉农资金，加大投入，大幅度提高文明生态村的创建覆盖面和精品示范村的比例。

2005年，安排县财政资金，发动村民投工投劳，启动6个文明生态村建设。组织10个镇班子领导，170个行政村的支部书记、村委会主任400名干部用2天时间分别到海口、文昌、儋州等市县的文明村生态示范点参观学习。

2008年始，县委、县政府先后出台《临高县2008年文明生态村创建工作实施方案》《关于进一步加强新形势下农村精神文明建设工作的实施意见》（2009）、《临高县2009年文明生态村创建工作实施方案》、《临高县2010年文明生态村建设工作实施方案》等文件，县文明办主动策划、协调各相关单位开展一系列工作，引领社会发展潮流，推动精神文明建设，不断提高全县人民的文明素质和社会文明程度。

2009年，规划创建110个文明生态村，打造3个文明生态片区，重点创建20个示范村庄。出台《关于整合涉农资金创建文明生态村的意见》，从工作机制、投入机制上保证文明生态村创建工作的顺利开展。全县财政投入400万元，整合各类涉农资金约2955万元投入文明生态村建设，80个文明生态村的创建工作基本完成，30个村庄正在建设中。其中博厚镇洋大、三省、永顺文明生态片区建设成为整合涉农资金连片创建的成功范例，创建模式得到省领导的充分肯定。

2010年，县财政投入资金400万元，整合各类涉农资金3100万元，全县新建80个文明生态村，超额完成省下达给临高县的70个任务目标，使全县文明生态村总数达到409个，占全县自然村总数56%，和舍镇被授予"海南省2007—2010年文明生态镇"荣誉称号；临城镇奇地村委会林银村、博厚镇三省、永顺、洋大片区、多文镇文潭村被授予"海南省2007—2010年文明生态示范村"荣誉称号。

（五）文明社区、文明单位

2001年，临高县开始推进文明和谐社区建设，整合多方资源，形成政府主导、社会帮扶、单位共建、居民自治的多元化社区建设机制，打造文明和谐社区品牌。至2010年，全县建成"文明小区"20个、"文明家庭"2738个。

在社会主义精神文明建设中，积极开展文明单位创建活动。2010年，临高县委办公室、临高县人民检察院、临高县农业局、临高县临高中学被授予"海南省2007—2010年文明单位"荣誉称号。2010年，临高县人民检察院被授予"第三批全国文明单位"荣誉称号。2007—2010年，获海南省文明单位奖的单位有县委办、县检察院、县农业局、临高中学等单位，获县文明建设先进单位共116个。

第四节　统战工作

一、机构

1986年，县委统战部管辖宗教科、对台办公室、侨务办、侨联会。2002年，挂临高县人民政府民族宗教事务局、临高县人民政府侨联会牌子，合署办公。至2010年，机构设置未变。

二、民主党派及无党派人士工作

1986—1989年，县委统战部成立民主党派及无党派人士筹备领导小组，开始筹建工作。

1990年，县委作出明文规定，将党外人士吸收到人大、政协组织，进一步巩固和扩大县统一战线。

1993年，党外人士在县政协有委员81人，常委16人，副主席3人。设置港澳台人士界，增选非公有制经济人士委员5人，为临高县政治生活补充一批具有文化程度较高、参政议政能力较强的人才。1993—1994年，推荐并走上领导岗位的党外人士有13人，其中有的在县直属机关担任副科局以上的领导，有的到乡镇担任副职领导。

1995年，台湾民主自治同盟临高县支部委员会成立。至2010年底，台盟临高支部已有成员9人。

1998年，中国民主建国会临高县支部委员会成立。至2010年，共发展会员24人；会员中有县人大常委1人、县政协委员11人，其中县政协常委3人，人大、政协委员占会员总数的50%。

1999年，中国民主同盟临高县支部委员会成立。至2010年，有盟员20人。

2001—2004年，民主党派和党外人士中有13名副科级以上领导职务，其中副县、副处级3人，正科级2人，副科级8人；有16人被聘为审计、监察、教育、检察、法院的“特约五员”，并广泛参与民主监督活动。2002年，民主党派和无党派人士共提交提案4件。

2001—2010年，各民主党派和无党派人士坚持年度政治学习制度，学习党的社会主义核心价值体系和统一战线理论，共举办培训班、召开座谈会等达90场次。2009年，临高县无党派人士联谊会成立，至2010年，吸收会员1470人。同年，县民建支部提交提案2件，县台盟提交3个课题调研材料，为县委、县政府的工作决策提供参考。2010年，中国国民党革命委员会临高县支部委员会成立，共有党员18人。

三、涉台工作

1986—1999年，县委统战部管辖台湾办公室，配备主任1人、干事1人。2000年，成立县人民政府台湾事务办公室，为正科级单位，编制1人，挂牌县委统战部。至2010年未变。

1992—2010年，县派出赴台考察团8批次70人，为增进联谊，加强合作交流进一步达成共识，并引进台资企业落户临高县从事农业开发。

1994年，台湾临高同乡会成立。1999年，临高县创办一个台湾农产品加工创业园区，给足政策，给足优惠，使台资有更大发展空间。至2005年，落户临高县的台资企业有8家，主要从事田园种植、加工业等。2000—2007年，针对台资企业的各种投诉，县台办会同县有关部门，密切协调，协商解决经营纠纷、土地纠纷共7起。2003—2010年，县台办代表省台办、县政府对全县生活困难的台胞台属进行走访慰问，总资金达5.60万元。2010年，居住县内的台湾地区人员有130人、29户，由于经济转型、产业调整，许多台胞第二代失业、下岗，家庭生活非常困难，经与统战部商量，按时发放困难补助款，让他们安心过春节，此次发放8000元，惠及15个家庭。台湾慈济慈善基金会向南宝镇、新盈镇“五保户”和困难群众捐赠一批冬令物资，来捐赠的有台湾德辰法师等44名社工志愿者。受捐赠人达1800人、655户。

四、非公有制企业统战工作

1993年，5名非公有制经济人士当选县政协委员，改变临高县非公有制经济人士从政空白的历史状况。

1994—1995年，县委、县政府重视非公有制经济推动改革开放和经济发展的独特作用，先后在海口、临高召开4个100人场次座谈会，有6家私营企业筹资2400万元搞起临高角旅游、种养开发。

1998年，临高县非公有制经济企业已达2900家，安排就业人员达13867人，年上缴税费5275万元。是年，还召开临高县工商联（总商会）代表大会，选举产生新一届领导班子。

2000—2002年，县委统战部积极引导非公有制经济人士开展“致富思源，富而思进”活动，捐资公益福利事业的企业家22人，捐资金额23万多元，帮助解决修路难、校舍改造难、贫困农民生活难等实际问题。

2004—2005年，县工商联（总商会）以维护会员合法权益为己任，协助县政府帮助解决70名原工商业者领取生活补助困难。对3家私营企业在生产经营中遇到的资金周转、办证办照、治安、用电等问题逐一解决。尤其是针对临高县民营海洋捕捞、运输重点，县政府组织有关部门召开8次涉海性公司座谈会，及时为民营企业排忧解难。

2006—2010年，临高县广大非公有制经济人士积极响应县委、县政府献爱心助学、扶贫济困的光彩事业号召，一大批民营、个体工商户捐款370万元。

2008年，四川汶川发生特大地震后，县委统战部、县工商联（总商会）立即组织非公有制经济人士发扬“一方有难，八方支援”精神，捐款20万元及6批次120吨南瓜支援灾区。

2010年，县委统战部开展“引导非公有制经济人士回报社会感恩”活动。为全县230名“三老”（老党员、老革命、老模范）人员送上慰问金、慰问品，共计金额30多万元。定居在广东的蔡春萌另捐20万元捐助新盈镇一个村灾后重建。

至2010年，全县非公有制企业注册超300家，总注册资金超5亿元，非公企业上缴税收占全县总税收70%以上。有5家企业分别获得省、县“纳税诚信户”“纳税先进企业”荣誉称号，2家企业被评为“全国光彩事业项目”，2家企业被评为“海南省重点龙头企业”，2 人荣获“海南省非公有制经济人士突出贡献奖”，2 人被省评为“优秀民营企业家”，1 人被评为“海南省优秀青年企业家”。

第五节　社会治安综合治理

一、机构

1986 年，县委政法委内设宣传组和调研组，为正科级常设单位；县直机关党委和乡镇农场配备分管政法副书记，形成县、乡、村三级综治网络。2002 年，内设县社会治安综合治理委员会办公室、县委维护社会稳定工作领导小组办公室、县委防范和处理邪教问题领导小组办公室与县国家安全领导小组办公室挂靠县委政法委，合署办公。2009 年，临高县综治办升格为县政法委下属的正科级单位。至 2010 年未变。

二、“严打”整治斗争

1986 年始，县委政法委按照省委、县委的统一部署，根据全县各个时期出现的治安问题，有针对性地开展严厉打击各类刑事犯罪的专项行动。至 2010 年，累计打击“车匪路霸”15 次，“打黑除恶”25 次，打击“毒品犯罪”335 次，打击“两抢一盗”（抢劫、抢夺，盗窃）犯罪 958 次，打击“经济犯罪”356 次，“缉枪治爆”25 次。

1989 年，在打击非法制造贩卖私藏枪支行动中，全县共收缴枪支 1212 支，其中军用枪支 2 支。同时收缴军用手榴弹 9 枚，子弹 463 发，雷管 29 枚、炸药 4.5 千克、匕首 139 件，以及造枪工具一大批。

1995 年，强化严打斗争，坚决依法打击那些危害大影响大的杀人抢劫、流氓、重大盗窃、重大伤害等恶性犯罪和涉枪犯罪，横行乡里流氓恶势力，黑社会性质的犯罪集团和车匪路霸，破坏社会风气的“黄、赌、嫖、毒”等社会丑恶现象，维护全县政治稳定和社会稳定。

1999—2000 年，临高县海榆西线、西线高速公路车匪路霸犯罪活动频现。县政法委组织有关单位开展打击“车匪路霸”专项行动，于 2000 年 5 月，一举摧毁以邱某某为首的持枪抢劫、杀人犯罪团伙，缴获军用五四手枪 1 支，仿造五四手枪 4 支，仿造左轮手枪 1 支，手榴弹 1 枚，子弹 56 发。破获涉及临高、澄迈、儋州和昌江等西部地区系列持枪抢劫、杀人案件共 32 起，确保海榆西线、西线高速公路“两线”安全畅通。

2009 年，临高县政法部门继续把打击“两抢一盗”犯罪作为工作重点，设立治安岗哨，加强巡逻。全年“两抢一盗”案件立案 314 起，破获 113 起，摧毁团伙 18 个，抓获“两抢一盗”嫌疑人 81 人。

2010年，县公安局成立以刑警、巡警、治安等精干力量为主的“猎豹”专业队，打掉博厚镇一个恶性抢劫团伙，连破25起案件。同年，共破获“两抢一盗”案件223起，收戒吸毒人员722人，破获贩毒案件61起，缴获毒品62克，协助破获公安部“1·8”梁某家族式贩毒集团案件，抓获以梁某为首的集团成员12人，缴获毒品3.6千克；抓获犯罪嫌疑人17人，抓捕历年命案逃犯6人，开展打黑除恶“利剑行动”。打掉涉恶团伙2个，特别是捣毁以谢某为首的长期盘踞在临城镇，从事敲诈勒索、持械伤害等犯罪的恶势力团伙，抓获成员3人。

三、社会治安治理与防范

（一）维稳工作

全县政法机关加强敏感节点和重大活动的安全保卫和维护稳定工作。

1991年，坚持“打防并举，标本兼治”的原则，做好社会治安综合治理工作，严厉打击刑事犯罪分子，开展法制宣传教育，着重进行人生观、道德观教育，进行自我约束，增强法律意识，树立新风不，促进社会稳定。全县召开规模较大的审判大会8场，依法宣判处理81名罪犯，直接教育群众50000人次。利用各种宣传工具，印发布告，通过广播、电视、报刊、墙报和宣传车进行宣传教育，调动广大人民群众同违法犯罪分子作斗争的积极性。

1997年，采取有力措施，加大打击犯罪分子力度，严厉打击毒、赌、黄等违法行为，开展反毒品专项斗争。加强外引内联项目的治安工作，严厉打击各种敲诈勒索违法行为，确保客商的生命财产和政治权益不受侵犯和损害，为临高经济社会发展创造稳定的环境。

1999年，开始政法各机关构建“大调解”体系，着力开展社会矛盾纠纷化解，建立健全处置突发事件工作预案、维稳舆情和社会稳定风险评估制度，依法、坚决、妥善处置群体性事件。

2002年中共十六大会议召开前后，全县政法机关开展以“破案、追逃、清查、防控”为主要内容的专项行动，保持“严打”态势，确保中共十六大会议期间全县社会稳定。

2004年，加强社会治安综合治理，维护社会稳定，开展打击“两抢”、盗窃等犯罪行动，开展禁毒专项斗争，全面加强治安管理，保持良好的社会治安环境，建立处理突出信访问题和突发性群众事件联席会议制度，妥善处理群众性事件，做好群众来信来访工作，保持社会总体稳定。

2009年，开展“法律进机关”活动，加强社会治安工作，命案破案率70%，治安案件查处率80%，在全省排名第二。成功推毁“两抢一盗”等团伙18个，破获毒品案件47起，妥善处置群众性事件12起，社会恶势力及各种犯罪活动得到有效遏制。

2010年，加强治安重点地区整治。临城镇、新盈镇被省综治委列为治安重点整治地区，县高度重视，召开专题会议研究部署，对治安重点、乱点地区进行再摸底、再排查，将博厚镇、波莲镇一并列为重点地区进行整治。印发专项整治方案，制定切实可行的整治措施。县领导专门包片，督导临城、波莲等镇的整治工作；县公安局也派出4名党委成员，带领精干力量驻镇整治。整治以来，临城、新盈等镇共破获“两抢一盗”案件68宗，摧毁拦路抢劫团伙4个，打掉蒙面入室抢劫团伙1个，累计抓获团伙成员22人，另破获贩毒案件5宗，抓获吸、贩毒人员94人，通过强力整治，以上乡镇的治安环境明显好转。同时，加强校园及周边治安整治，摧毁校园周边犯罪团伙2个，破获盗抢学生自行车案件7起。县财政还专门划拨经费88.45万元，为学校安装视频监控系统。

（二）打击与防范并重

1986年，为了配合社会治安综合治理工作，临高县先后在临城、波莲、加来、新盈等地区召开6场宣判大会，宣判各种罪犯28人。扩大宣传效果，先后出2期布告发至全县各乡镇、农场、村庄广为张贴。

1989年，临高县把社会治安综合治理工作作为政法工作的一项重要内容，强调“两手抓”，即一手抓打击，一手抓防范。县委、县政府每年召开全县政法工作会议，部署全县政法工作，形成以政法干警为主力军，全县人民人人参与的大格局。

1994年，贯彻《海南省社会治安综合治理条例》，及时处理涉及多数群众利益和容易诱发闹事苗头的案件及矛盾化案件470件，非诉讼处理各种纠纷445件，为社会稳定，经济建设取得社会效果。

2007年，在保持“严打”态势的同时，着重加强防范工作。把“法律进乡村、进校园”工程作为综治的一项主要任务，形成普法工作大格局，把创建“平安临高”纳入社会主义新农村建设中。临高是海洋渔业大县，海洋渔业经济是全县的重要支柱。政法部门开展以渔船业为载体的“海上平安渔船”创建工作，建立海上治安联防队和海事、渔事纠纷调处队伍7个。

至2010年，共调解海上纠纷256起，并形成长效机制，取得很好效果。

（三）化解社会矛盾

2007年，县政法部门认真落实《海南省社会治安综合治理委员会关于开展矛盾纠纷“调解年”活动实施方案》，制定《临高县社会治安综合治理委员会关于开展矛盾纠纷“调解年”活动实施方案》，为提高“调解年”活动成效，制定3项工作措施：建立矛盾纠纷调解季度例会制度；建立矛盾纠纷调解包案调处制度；把调解工作纳入《社会治安综合治理目标管理责任书》考评体系，构建以人民调解为基础，人民调解、行政调解和司法调解相互衔接、相互补充的大调解格局。

2009 年，临高县结合中华人民共和国成立 60 周年庆典活动维稳工作，深入开展矛盾纠纷调解工作。组织开展“县委书记和政法系统领导干部联合大接访”活动，接访日当天共接访群众来访 366 件 997 人次，当场解决 31 件。全县共排查各类矛盾纠纷 366 件，已经及时化解 158 件，对一时不能解决的 208 件建立台账，做到情况明、问题清。对排查出来的信访隐患，严格落实化解稳控责任单位和负责人，限期化解矛盾。对信访突出问题，由县领导亲自包案稳控化解。先后解决抱美水电站、城镇退役士兵安置等 9 件诉求多年的历史积案。

2010 年，全县累计调解民间纠纷 1470 宗，成功调解 1397 宗，调解成功率 95%。全年共接待群众来访件 157 件 675 人次，现场解决疑难信访积案 2 件，累计解决 141 件 636 人次。

四、基层治安工作

1988 年，各级政府整顿社会治安，从重从快打击刑事犯罪活，加强治安管理，搞好社会治安综合治理，使社会基本稳定，为开发建设临高营造一个良好的社会环境。

2003 年 10 月 20 日，县政法委颁发《关于加强乡镇、街道社会治安综合治理基层组织建设若干意见》，全县 10 个镇、2 个国有农场都配备综治办主任，由镇、农场分管领导兼任，并建立群防群治组织。至 2010 年，全县共有基层治保会 185 个，治安中心户长 1200 人。

2009 年，临高县大力推进城乡一体化社会治安防控网络建设，县、镇、村三级社会治安防控体系初步形成。在县城，县综治办面向社会公开招聘 48 名协勤人员，全部安排到县公安局巡警大队，负责县城城区治安防控工作。同年，全县 70%村庄建立护村队。

2010 年，做好经费保障工作，综治经费、平安建设经费均被纳入两级财政预算，足额拨付。完善 10 个镇的社区矫正和帮教组织机构，将两项工作纳入村（居）委会工作范畴，形成县、镇、村三级工作网络。同时，建立完善档案管理、交流谈心、情况分析等制度，对工作对象实施规范化管理。全县全年共接收“两劳”（劳动改造和劳动教养）人员 150 人，接收社区矫正犯罪 13 人，建档立卡率均为 100%，安置帮教率达到 97%。此外，针对县青少年违法犯罪呈上升趋势的特点，注重加强法制教育。在学校，安排道德法制课，聘请政法干警担任法制副校长，不定期举办法律知识讲座；在社区，成立帮教小组，及时矫正青少年不良行为；团委、教育等部门也联合开展“护苗”“护学”活动，组织学生参观戒毒康复农场、接受法律教育。

第六节　党校工作

1986年，中共临高县委党校内设行政组和教研组。至2010年，内设机构及人员编制未变。

一、培训

1986—1999年，县委党校培训的对象主要是农村基层的党支书或村委主任、乡镇一般干部、乡镇书记、镇长和县直机关副科级干部，共培训3570人次。对农村支部书记及村委会主任进行7～15天左右的培训。培训期间聘请农业技术方面的专家或技术人员上课，有针对性、科学性地把培训涉及的内容和各个时期党对农村的主要方针、政策以及农业技术知识、基层组织建设结合起来进行学习。对乡镇一般干部采取轮训与培训相结合的方法。

2000—2010年，举办各类培训轮训班65期，轮训培训各类干部4680人次，教学中重点学习《邓小平文选》第二卷，中共十六大、中共十七大精神，党的作风纪律、党史、党建、新党章、“创新争优”及新农村建设的知识，并把增强党性贯穿于教学的全过程。此外，县委党校会同县委组织部、宣传部抽调理论骨干组成宣讲团，到全县各乡镇、机关巡回宣讲中共十六大、十七大精神、保持共产党员先进性、科学发展观等内容40场次，听讲人员2万人次。2000年，开始执行《中国共产党党校工作条例》，把党校建设成为培训轮训干部的学校，以及学习、宣传“三讲”“三个代表”重要思想、保持共产党员先进性教育活动、学习实践科学发展观活动的重要阵地。2009年，根据《中国共产党党校工作条例》和临高县干部培训工作文件精神，党校始终把干部教育培训作为主要工作，充分发挥党校干部教育培训主阵地、主渠道作用，集中人力、财力，确保培训任务的完成。全年共举办主体班2期，非主体班4期，共有480人次参加培训。2010年，共举办主体班培训3期，非主体班培训6期，共有680人次参加培训。

二、继续教育

1986年以来，县委党校先后开办干部全日制中专班，广东省委党校党政干部大专班，中央党校经济管理专科班、法律本科班，海南省委党校行政管理专科班、行政管理本科班，中山大学哲学专业决策管理方向在职研究生班等，共个22班，函授学员达1658人。2007年后，停止函授教育大专班及本科班的招生办学工作。

三、学校建设

1986—2008年，县委党校先后在原校区兴建2幢干部职工集资房；装修教学办公大楼；硬化一条长270米、宽8米的中心校道；筑起周长650米、高2米的校园围墙；种花草美化绿化校园；还购买5台电脑、1台打字机，开通远程教育网络；购买被条60床以及配套的枕头、枕巾和床单，基本上做到让学员有一个较好的学习和生活环境。

2009年，县委党校开始在临城镇豪尧村（通往临高角道路约4公里处）兴建新校址，占地约1.33公顷。县委投入近1000万元，建造行政教学楼、学员宿舍楼、学员饭堂各1幢，建筑面积达3863平方米。2010年底，主体工程竣工，计划2011年7月搬迁。新党校配套有齐全的办公设施，校园达到“三化”标准。

第七节　老干部工作

一、机构

1984年6月，中共临高县委老干部局成立。1991年6月18日，临高县编制委员会批复成立临高县老干部活动中心。中心隶属于县委老干部局，定为股级事业单位。1992年5月，临高县委批复成立临高县关心下一代工作委员会。挂靠县委老干部局，为股级全额事业参照公务员管理单位。至2010年，县委老干部局内设临高县老干部活动中心。

1995年1月，临高县委老干部局被中共海南省委评为“海南省老干部工作先进单位”。2001年，县关心下一代工作委员会被评为全省和全国关心下一代工作先进集体。

至2010年底，全县健在的离休干部94人，享受地专级待遇的有1人，享受县处级待遇的有33人，享受一般离休干部待遇的有60人，全县共有离退休干部党支部36个，有离退休干部党员568人，老干部党员组织生活正常，按时交纳党费。县人大办和调楼镇离退休干部党支部曾被评为“海南省离退休干部先进党支部”，1人被评为“全省离退休干部优秀党员”，3人被评为“海南省老干部先进个人”，1人被评为“全国老干部先进个人”。

二、主要工作

1992年，海南省老年书画比赛中，王亭荣获三等奖，他的书法作品在日本展览并获收藏。2002年，争取临高移动公司赞助6.95万元，使县老干部活动场地实现硬化、绿化、美化，改善老干部的活动环境。同年，临高县老年体协被评为全省和全国老年人体育工作先进单位，县老干部局和县老年体协齐被国家体育总局授予“全国健身周先进单位”称号，2人被评为“全国老年人体育工作先进个人”。2003—2005年，临高县老年体协连续三年被国家体育总局授予“全国群众体育先进单位”称号。2003年，临高县老年妇女健身队被全国妇联、国家体育总局授予“巾帼文明健身队”。2005年，临高县委、县政府拨款老年人体育运动会经费6万元，是全省市县中拨付运动经费最多的市县之一。县委老干部局组织74名老干部参加海南省第六届老年人体育运动会，9个竞赛项目全部参赛，取得较好成绩。门球代表队获得第二名；柔力球代表队获得团体比赛第三名；太极拳（剑）代表队获得第八名。王雪珍分别获个人42式太极剑、太极拳第七名和第八名。县老年人运动代表队荣获优秀组织奖。9月22日，由县委常委韦章运、副县长李彤带队，县老年文艺队到海口市琼山影剧院参加全省老年文艺调演，获得决赛权，吴淑梅的女声独唱《洪湖水浪打浪》获得一等奖；集体舞蹈《快乐的养猪大嫂》获得三等奖；集体舞蹈《天山女人》《为奥运加油》《筷子舞》《祝福祖国》获得优秀奖。2006年，组织全县老干部积极参加全省老干部学习贯彻中共十六大和中国共产党成立85周年征文活动，临高县老干部分别获得旧体诗词一、二、三等奖，新诗二等奖，若干名获得优秀奖，是全省各市县中老干部获奖最多的市县之一。2010年4月21日，在海南解放60周年之际，组织90多名离退休老干部党员到临高解放公园瞻仰革命烈士塑像，深切缅怀为海南人民的解放事业长期坚持琼岛革命斗争和英勇渡海作战的革命烈士，激励老干部发扬革命传统，为临高经济发展建言献策。

第八节　县直机关工委工作

一、机构

1995年12月，临高县机关党委更名为中共临高县直属机关与企事业工作委员会。2001年9月25日，更名为中共临高县直属单位工作委员会（简称县直工委）。至2010年，单位名称及人员编制未变。

二、直属党组织

1986年，设置机关企事业党委6个，党总支4个，直属党支部152个。6个党委中，党政机关3个，企业党委3个。4个党总支均是企业单位。

2000年，有党委17个、党总支20个、党支部18个。17个党委中，政府机构14个、企业3个；20个党总支中，党政机关事业单位13个、县直企业6个、省驻县单位1个；18个党支部均是省驻县单位。

2010年，隶属县直工委直管的党委12个，党总支31个，直属党支部49个。12个党委中，政府机构5个，企业5个，省驻县单位2个；31个总支中，党政机关事业单位26个，县直企业3个，省驻县单位2个；49个直属党支部中，党政机关、事业单位、群团组织24个，企业离退休支部1个，企业16个，省驻县单位8个。

三、直属党员队伍建设

1986年，县直机关企事业单位党组织共有党员2560人，占全县党员总数的29.84%，其中妇女党员249人，占机关党员人数的9.72%。年龄结构为35岁以下的党员495人，占 19.33 %；36～45 岁的党员 786 人，占 30.70%；46～50 岁的党员 370 人，占 14.45%；51～55 岁的党员 309 人，占 12.07%；56～60 岁的党员 180 人，占 7.03%；61 岁以上党员 117 人，占 4.57%。县直机关党员文化结构，文盲 54 人，占 2.10%；小学文化程度的党员 432 人，占 16.88%；初中文化程度的党员 828 人，占 32.34%；高中文化程度的党员 714 人，占 27.89%；中专文化程度的党员 285 人，占 11.13%；大专以上文化程度的党员 247 人，占 9.65%。

2000 年，县直机关企事业单位党员 4008 人，占全县党员总数的 35.11%，其中妇女党员 421 人，占机关党员人数的 10.50%。年龄结构为 25 岁以下的党员 64 人，占 1.60%；26～35 岁的党员 401 人，占 10.00%；36～45 岁的党员 1067 人，占 26.62%；46～54 岁的党员 1243 人，占 31.01%；55～59 岁的党员 409 人，占 10.20%； 60 岁以上的党员 824 人，占 20.56%。县直机关党员文化结构中，文盲的党员 35 人，占 0.87%；小学文化程度的党员 339 人，占 8.46%；初中文化程度的党员 842 人，占 21.00%；高中文化程度的党员 1026 人，占 25.60%；中专文化程度的党员 607 人，占 15.14%；大专以上文化程度的党员 1159 人，占 28.92%。

2010 年，全县机关企事业单位及省驻县单位党员 4299 人，占全县党员总数的 32.77%，其中妇女党员 603 人，占机关党员人数的 14.03%。年龄结构为 35 岁以下的党员 424 人，占 9.86%；36～45 岁的党员 912 人，占 21.21%；46～54 岁的党员 1043 人，占 24.26%；55～59 岁的党员 574 人，占 13.35%；60 岁以上党员 1346 人，占 31.31%。县直机关党员文化结构，初中以下文化程度的党员 845 人，占 19.66%；高中文化程度的党员 899 人，占 20.91%；中专文化程度的党员 544 人，占 12.65%；大专以上文化程度的党员 2011 人，占 46.78%。

第五章　纪检监察

第一节　机　构

1987 年 12 月，成立临高县监察局。1993 年 6 月，中共临高县纪委和临高县监察局实行合署办公，内设办公室、案件检查室、案件审理室、党风（宣教）室、执法室、信访室（举报中心）。

2010年，全县有基层纪律检查委员会（纪检组）16个，其中10个镇纪委，即临城镇、博厚镇、波莲镇、东英镇、调楼镇、新盈镇、南宝镇、和舍镇、皇桐镇、多文镇纪委；1个县直机关纪委，即县公安局纪委；5个县直、双管单位纪检组（监察室），即县人民法院、县人民检察院、县工商局、县国税局、县地税局纪检组（监察室）。同年，增设派驻新盈纪检（监察）组和派驻博厚纪检（监察）组。

第二节　案件查处

1986年，全县纪检监察机关共立案4件，党政纪处分4人次，党纪处分3人，开除党籍1人。

1990年，全县纪检监察机关共立案13件，政纪处分17人。

2000年，全县纪检监察机关共立案8件，党政纪处分21人次，开除党籍3人，政纪处分12人，其中行政开除3人，行政撤职7人。

2009年，全县纪检监察机关共受理群众信访举报142件，办结139件，办结率97.6%；省纪委要求回报件15件，按期办结回报13件。共立案9宗，结案10宗（含2008年立案的2宗），给予党纪政纪处分19人，其中开除党籍1人，移送司法机关追究刑事责任2人。

2010年，全县纪检监察机关共收到群众来访来信172件次，处理165件，处理率96%。省纪委要求查报结果9件，到期上报6件，已按期上报6件。案件初核18件35人和1个村委会集体，信访结案6件8人。立案13件35人（其中正科3人，副科3人），给予党纪政纪处分35人，其中开除党籍6人，行政开除3人，移送司法机关追究刑事责任4人。通过查办案件，县纪检监察机关共追回违规违纪涉案款37.04万元（收缴入国库金额）。

1986—2010年，全县共受理群众来信来访2134件次，涉及干部贪污受贿、违反计划生育政策等问题，共立案253宗。对34名党员领导干部进行诫勉谈话；给予党政纪处分363人；给予党纪处分207人，其中开除党籍47人；给予政纪处分193人，其中行政开除25人，行政撤职30人；移送司法机关追究刑事责任14人。调查涉外经济合同14起，涉及人民币330万元，美金332.20万元。经各种案件查处共挽回经济损失354.96万元。

1986—2010年临高县纪检监察机关查办案件情况表

表11-5-1

年份	立案（件）	党政纪处分（人次）	党纪处分（人）	其中开除党籍（人）	政纪处分（人）	其中	
						行政开除（人）	行政撤职（人）
1986年	4	4	3	1	—	—	—
1987年	6	8	6	—	2	—	2
1988年	26	29	20	—	9	—	—
1989年	11	22	—	—	—	—	—
1990年	13	—	—	—	17	—	—
1991年	22	—	—	—	34	—	—
1992年	9	9	—	—	—	3	—
1993年	13	13	13	1	—	—	—
1994年	5	4	4	1	1	—	1
1995年	5	—	3	—	2	—	1
1996年	18	17	12	2	7	1	—
1997年	10	36	31	2	29	2	—
1998年	5	9	9	—	—	—	—
1999年	8	27	13	—	—	—	—
2000年	8	21	—	3	12	3	7
2001年	6	31	—	2	21	—	3
2002年	4	8	4	—	—	—	1
2003年	6	12	3	—	3	—	3
2004年	11	13	7	4	7	2	—
2005年	15	16	11	5	12	3	3
2006年	6	8	19	9	14	4	2
2007年	7	9	5	1	1	—	—
2008年	13	13	10	7	8	1	4
2009年	9	19	11	1	2	—	—
2010年	13	35	23	8	12	6	3

第三节　行政监察

1988—2010年，坚持围绕各项重大决策部署，加大执法监察工作力度。开展整顿公司和财务、税收、就业、清理土地、工程建设等领域的监督检查，共处理“三招”（招工、招生、招干）工作违纪人员24人，查处县粮食局倒卖化肥指标160吨谋取暴利3.26万元案，查处县计划生育委员会4人在龙波糖厂蔗区倒卖蔗单牟利案件，追缴赃款1500元；整顿公司31个，其中取消和划转6个，实行党政机关与所办经济实体脱钩，检查41个乱收费部门和单位，查处违纪金额达81.40万元；开展乡镇财务和扶贫专项资金检查，清理出各种违纪资金576.50万元；开展机关单位财务专项检查，纠正违规资金443万元，追缴入库258万元；加强对农田保护区实施执法监察，查处占用农田案件20宗；加强对粮食流通体制改革情况开展执法监察，对4宗工程全部实行招标投标，面积6424.81平方米，总投资375.25万元；加强对工程建设领域的监督检查，清查、处理违章工程18宗，组织监督检查新增中央投资项目43个，纠正各类问题53个；加大对政府投资项目的审计力度，查出违规资金1536万元，追缴国库148万元，为政府投资项目核减工程造价1388万元；加强对保障性住房购房分配情况的监督检查，审查取消347名不符合申购保障性住房对象资格；加强对节能减排和环境污染落实情况检查，责成限期整改排污、减排超标单位27个，制止土地违法行为12宗。加强对渔船燃油补贴发放的监督，取消29艘不符合发放条件渔船的补贴资格，涉及资金249万元。

2009年，开展《中华人民共和国行政许可法》贯彻落实情况监督检查，共清理行政许可109项，重点对省政府下放197项行政管理事项落实情况进行监督检查。全县承接的165项行政管理事项，均制定审批指南、操作流程及相关工作制度，确保下放权力依法规范行使。开展节能减排，环境保护法规落实情况监督检查，责成6家企业进行污水治理，14家企业与县政府签订《节能减排年度目标责任书》，落实工作责任，通过治理，全县企业排污、大气污染等6项节能减排指标均达到省的规定标准，县环保工作被评为全省良好等级。开展安全生产法律法规落实情况监督，查处各类安全违规行为132宗，436人次，排查安全隐患217处，责令整改单位92家，现场纠正65处，重点查处龙力糖厂“12·16”事故和新盈昆社渡口翻船事故。加强县政务中心运行情况跟踪监督，对27个进驻中心部门为民办事情况进行跟踪监督，年内中心受理行政审批及服务事项5342件，办结5213件，正在办理129件。其中有13个单位67项下放权力事项进入政务中心办理。开展土地管理法规和耕地保护政策落实情况监督检查，全县出让的5宗国有土地使用权全部通过“招、拍、挂”出让。会同检察、公安、国土等单位和部门开展打击私买私卖农村集体土地工作，严厉查处临城镇4村民非法卖地案件。

2010年，强化支农惠农政策措施执行情况的监督检查，会同县财政、审计等部门深入开展农村粮食综合直补专项资金监督检查，查处虚报水稻制种面积套取国家粮食补助款案件4宗17人（其中相关主管部门领导干部渎职、贪污案2宗6人，村级干部弄虚作假骗取直补款案2宗11人），移送司法机关2人，涉案金额28万多元。开展拆迁补偿专项检查，发现临高县教育片区拆迁存在多付补偿款的问题，已追回多付拆迁补偿款24万元；取消一户拆迁协议，已退回补偿款121万元；开展打击土地专项整治工作，严厉打击乱占乱建、私买私卖行为和非法开采矿产资源行为，打击非法乱占乱建宅基地行为16宗，查处村经济社非法占地案件2宗，扣押非法采矿工具一批和罚款十几万元；开展“小金库”专项治理工作，抽查文澜江中心学校、县化纤厂等8个单位，查办涉及“小金库”案件1件。开展节能减排监督检查，责成5家企业进行污水处理，确定下马县城生活污水处理厂项目、临高顺发纸制品加工厂等项目拆迁减排。督促国土部门每月对企业排污、饮用水、大气污染、海水污染等6项节能减排主要指标情况进行检测，及时处理和纠正环保不达标问题。

第四节　反腐倡廉

一、反腐倡廉教育

1986年，县委落实省委部署，纠正党政机关和党政干部经商、办企业的不正之风，党政企分开，企业同党政机关脱钩。坚持抓好党性党风党纪教育，把治标和治本结合起来。要着重运用本地区、本部门和本单位正反两个方面的典型，通过多种形式，包括报纸、广播、电视、录像以及讲演会、报告会、座谈会、展览等，开展具体、形象、生动的教育。

1999年开始，开展领导干部“三讲”活动，2001年开展“三个代表”学习教育活动和机关作风整顿活动。

2003年，开展学习“三个代表”重要思想活动和创建“文明高效机关”活动。全县压缩会议6个，节约经费7万元，公务接待比上年同期下降40%。

2005年，利用原县委书记吴某案件在全县开展警示教育活动，通过召开全县警示教育大会、召开案件剖析座谈讨论会、开展新闻舆论宣传等形式，使广大党员干部深刻认识腐败给个人、家庭、社会和国家带来的严重危害，从中认真吸取教训，自觉增强拒腐防变和抵御风险的能力。

2006年，有140位副科级以上领导干部到县纪委申办操办婚丧嫁娶事宜手续，主动接受监督。

2008年，组织全县630名党员领导干部集中观看《加强领导干部作风建设弘扬八个方面良好风气》和《忏悔录》等专题教育片，组织400名领导干部到海口参观全省反腐倡廉教育展。积极开展正反两面典型案例宣传教育，组织干部职工观看《新中国第一大案》教育片，发放各种教育资料1700本，组织党员干部收看电视片《厦门特大走私案》，开展学习领导干部楷模孔繁森和全国劳模刘汉勇先进事迹活动。

2009年，全县压缩车辆购置及运行、公务接待、用水用电等4项经费支出比上年减少155万元。责成有关单位完成账目调整181.60万元，补交税款2.20万元。

2010年，开展《中国共产党廉洁自律准则》宣传教育，组织全县科级以上干部进行《中国共产党党员领导干部廉洁从政若干准则》知识考试和新任领导干部任前廉政法规考试。对新当选的264名"村两委"书记、主任进行任前廉政教育培训，对30个贫困村委会的书记、主任和10个镇的分管领导进行国家扶贫资金使用安全廉洁自律教育。开展清收农村干部拖欠信用社贷款工作，收回本息合计约126万元。开展领导干部违规违纪收送款物专项治理工作，有25人62次违规收送的款物71100元上缴到专用账户。开展县纪委负责人同下级党政主要负责人及镇纪委书记谈话工作，对10个镇和21个县直单位党政主要领导和纪委书记进行谈话。加强政务服务中心和电子监察系统联网建设，推进行政权力网上公开运行。派驻一名纪检干部到县政务中心加强对各窗口单位审批工作的监督。有28个政府部门进驻政务中心服务大厅，中心可受理各类行政许可及服务事项由上年的225项增加至2010年的301项。全年受理行政审批和服务事项14346件，办结14198件，正在办理148件，超期未办结6件。群众投诉问题68件，其中现场解决窗口纠纷58件，6件超期未办件已责成相关窗口办结3件。开展机关干部上班纪律情况的监督检查。先后3次组织对机关干部上班情况和6次对干部下乡工作队考勤情况进行监督检查，发通报4期，先后有12个单位、81人次受到通报批评。

二、落实党风廉政建设责任制

1986年4月，县委落实海南区党委《关于整顿机关作风的若干决定》。为了切实改进机关作风，清除一切腐败现象，认真清理和管理使用各类小汽车，严格执行出国、赴中国港澳地区审批制度，加强对出国、赴中国港澳地区经费的管理，坚决制止干部用公款旅游，严禁党政机关和党政干部经商、办企业，严禁铺张浪费、请客送礼，坚决制止乱涨价、乱收费、乱罚款、乱摊派的不正之风，严禁党政干部非法违章占地盖私房。

2001年，给予组织处理6人，诫勉谈话5人，通报批评9名乡镇党委书记、镇长。

2004年，2名领导干部因违反党风廉政责任制规定被免职处理。

2005 年，全县 21 名领导干部因跑官要官、收钱送钱问题被组织处理；4 名党员干部因禁赌不力被追究责任；1 名领导干部为子女大操大办婚宴受到查处；违反规定提拔 1 名干部任职被撤销。

2009 年，对 12 名因工作落实不力的领导干部进行问责，诫勉谈话 12 人。

2010 年，推进反腐倡廉制度建设，落实党风廉政责任制。制定《临高县 2010 年党风廉政建设和反腐败工作实施意见》，把全年工作任务分解细化为 7 大项 63 条，明确到 21 个牵头部门和 51 个协办单位。县委下发《关于 2009 年度惩治和预防腐败体系建设及执行党风廉政建设责任制存在问题的整改通知》，把存在问题细分为 20 项，明确由 6 位县领导和 9 个牵头整改责任单位负责抓落实。开展制度廉洁性审查工作。积极报送制度廉洁性审查规范性文件清理汇总数据和自查自纠情况，针对省制度廉审检查组指出的问题进行认真整改，清理政府规章及规范性文件 201 件，保留 156 件，修订 13 件，废止 32 件。严格执行干部提拔任用前征求县纪检监察机关意见的规定，对组织部提交的 134 名拟提拔任用干部党政纪情况进行审查，对 8 名干部提出暂缓使用意见。加强办案安全和联动办案制度机制建设，建立县、镇纪委联动办案和县、镇纪委协助办案机制，责成东英镇纪委和波莲镇纪委各立案 1 件，处分村级干部 11 人。制定《关于办案安全责任的暂行规定》，加强安全、文明办案。制定《关于推进乡镇纪检监察资源重组的实施意见》，推行基层纪检监察工作体制机制改革。制定《临高县项目跟踪服务责任追究办法》，加强对项目投资服务工作的监督。加强涉农资金发放监督，全年通过“一卡通”形式直接发放粮食综合直补资金 364 万元。严格实行对主要领导的问责制度，对执行计划生育政策不力和管辖范围内出现重大事故的 5 个乡镇和县直单位 6 名科级领导干部进行问责，其中 5 名被就地免职。

第五节　纠正行业不正之风

1986 年起，坚持纠正行业不正之风，维护损害国家和群众利益的行为。开展教育领域不正之风治理，纠正教育部门挪用、截留占用公款问题 71 万元，纠正清退教育乱收费 150.40 万元。

2005 年，全县义务教育阶段公办学校全面实行“一费制”（杂费、课本费、作业本费一次性收取）和“两免一补”（免费提供教科书、免缴杂费，寄宿生补助生活费。）共减轻学生家长经济负担 1281 万元；认真纠正增加农民和企业负担行为，减轻农民负担 263.53 万元，清退占用企业资金 11 万元，纠正行政事业单位违规收费行为，追缴入库 1035.10 万元；开展清理收回党政机关及公职人员拖欠农信社贷款本息合计 803.70 万元，清理收回党政机关及公职人员承包、租赁农村土地 9 宗面积 49.53 公顷；开展清理整顿公家单位在经营性饭店用公款赊账吃喝问题，全县各赊账吃喝的单位向各酒店共计还款 16 万元；纠正医药购销和医疗服务中的不正之风，实行县级医院网上招标采购药品，减轻患者用药费用负担 255 万元，取缔非法行医 161 家，查处违规经营药店 66 家；清理拖欠征用农民土地款 3 宗 1860 万元，清理拖欠农民工工资 23 万元；推行村财委托代理服务工作，全县 868 个村级组织有 781 个将村财全部委托驻镇村财代理服务站代理服务。

2008 年，开通“政风行风热线”直播栏目，解答受理群众反映强烈的热点难点问题 376 件。

2009 年，开展政风行风热线和民主评议工作，组织县公安局等 18 个单位上线，共收到群众投诉问题 17 件，办结 17 件，政策咨询 108 件，有关部门解答 108 件。全县共评议基层所站 51 人，发放和收回调查问卷 2923 份，设立投诉电话和意见箱各 41 个，反映问题 51 个，咨询问题 325 个整改问题 37 个，群众对基层所站的满意率达 90%。开展食品卫生安全专项整治，出动执法人员 576 人次，检查 986 户次，规范 237 家食品销售企业和经营户的经营管理，查处不合格食品销售行为 37 宗，没收不合格食品产品价值 16720 元。纠正医药购销和医疗服务中的不正之风。全县医疗机构网上集中招标采购药品 1617 万元，占用药总额的 96.1%，让利患者 352 万元；整顿医疗市场，打击非法行医行为，没收药品和医疗器械价值 12600 元；开展农村合作医疗专款管理使用情况监督检查，对有开大处方和分解处方的卫生院进行经济处罚 95609 元，对医疗行为不规范的医务人员 35 人次进行通报批评，并经济处罚 8020 元。落实农村合作医疗政策农民直接受益 1230 万元。会同教育部门，认真落实义务教育阶段学生“零收费”制度，免除义务教育学生收费，组织开展临高二中、临城三小等 16 个学校教育收费和教育经费管理情况监督检查，查处临城三小违规管理 3.4 万元教育收费案件，督促教育等部门及时拨付教育经费 2870 万元。落实解决农产品绿色通道政策，向农户发放绿色通道许可证 927 个，有效遏制公路“三乱”（乱设站卡、乱罚款、乱收费）现象。推行农民补贴“一卡通”管理办法，健全惠农专项管理制度，确保各项惠农补助全部发放到位，农民直接受益达 7460 万元。开展社保基金、住房公积金、扶贫资金、救灾资金管理使用情况监督检查，确保“四项资金”按政策规定规范管理、安全使用。

2010 年，强化支农惠农政策落实情况的监督检查，查处虚报水稻制种面积套取国家粮食补助款案件 4 宗 17 人（其中相关主管部门领导干部渎职、贪污案 2 宗 6 人，村级干部弄虚作假骗取直补款案 2 宗 11 人），移送司法机关 2 人，涉案金额 28 万元。全县有 23 个惠农补贴项目资金 34286 万元，发放 31984 万元到农民手中。纠正和查处新盈镇头咀村委会发放渔船燃油补贴过程中向渔民收取赞助费问题，责成该村委会退回乱收费款 36160 元；针对新盈镇龙昆村 2 户渔民弄虚作假骗取国家渔船燃油补贴问题属实，要求有关部门停发以上 2 户渔民的 3 艘渔船燃油补贴款 7 万元，并对已发放的 10 万元燃油补贴款进行追缴。对群众反映新盈镇龙昆村 19 艘渔船不符合国家渔船燃油补贴发放条件问题，查实 3 艘有证无船和 6 艘新船顶冒已卖或已拆旧船骗取补贴款 19 万元，责成有关部门进行追缴。纠正教育乱收费的突出问题。查处红华中学向学生收取补课费和班会费行为，责成红华中学退回违规收费款 3.52 万元。开展政府工作部门和基层所站民主评议试点工作，分别对不认真履职的调楼镇供电所、博厚镇信用社主要负责人提出建议罢免和通报。经组织学生、老师、群众等代表参与评议测评，县司法局、县卫生局、县地税局等 13 个被评为“满意单位”。办好“政风行风热线”，组织县卫生局、县教育局、县国土局等 24 个单位上线，收到群众投诉问题 5 件，办结 5 件，政策咨询 189 件，有关部门解答 189 件。

第十二编　政权　政协

1986－2010年，临高县经历第八届至第十三届6届人民代表大会。县人民代表大会及其常委会坚持正确的政治方向和中国共产党的领导，认真履行宪法和法律赋予的职权，积极发挥地方国家权力机关的作用，先后6次进行县人民代表换届选举，认真做好代表议案建议办理、专题法律法规知识讲座；组织代表活动、接待处理来信来访和指导乡镇人民代表大会选举工作，为推进全县政治民主、经济建设和社会发展做出贡献。

25年间，临高县人民政府经历第八届至第十三届任期。县政府在中共临高县委的领导下，坚持以经济建设为中心，坚持改革开放，坚持发展为第一要务，先后制定和实施5个五年计划，通过全县人民的共同努力，超额完成各项经济指标。通过大力实施产业结构调整，招商引资，发展农业、渔业特色产业和加强旅游商贸服务业，使临高县从一个国家贫困县变成一个财政略有结余的县，为新一轮经济发展打下基础。县政府重视效能和作风建设，致力建设高效、廉洁、服务的人民政府，依法行政、政务公开、为民办实事工程、关注民生等工作得到加强。

25年间，人民政协临高县委员会经历第三届至第八届5届任期。县政协在中共临高县委领导下，积极履行政治协商、民主监督、参政议政的职能，发挥合作共事、广交朋友和务实创新的优良传统，发挥人才、智力优势，结成最广泛的爱国统一战线，开展形式多样的活动，为推进全县改革、发展、稳定建言献策。委员提案办理，视察调研和撰写调研报告及自身建设等工作取得显著成绩。

第一章　地方人民代表大会

第一节　县级人大代表

一、人大代表的选举产生

1986—2010年，临高县共召开6次人民代表大会，即第八届至第十三届人民代表大会，代表由选民直接选举，代表任职与同届人大同步。县第八届至第十三届人大代表的换届选举由第七届至第十二届人大常委会及其办公室具体负责。1987 年 5 月 15—17 日，召开县八届人大一次会议，选举产生临高县第八届人民代表大会常务委员会。1990 年 4 月 27—30 日，召开县九届人大一次会议，选举产生临高县第九届人民代表大会常务委员会。1993 年 4 月 16—17 日，召开县十届人大一次会议，选举产生临高县第十届人民代表大会常务委员会。1998 年 3 月 16—19 日，召开县十一届人大一次会议，选举产生临高县第十一届人民代表大会常务委员会。2003 年 4 月 9—12 日，召开县十二届人大一次会议，选举产生临高县第十二届人民代表大会常务委员会。2007 年 1 月 30 日至 2 月 2 日，召开县十三届人大一次会议，选举产生临高县第十三届人民代表大会常务委员会。县第八届至第十三届人民代表大会共罢免代表 4 人，补选 77 人，自行终止代表资格 70 人，逝世 13 人。每届人大代表为 200 余名。

1986—2010 年临高县第八届至第十三届人民代表大会选举情况

表 12-1-1

届　别	总人口（人）	选　民总人数（人）	选民占总人口的比例（%）	划　分选区数（个）	投　票选民数（人）	选民投票率（%）	选　出代表数（人）
八　届	333256	179675	53.92	179	171230	95.3	229
九　届	352720	192401	54.55	212	180109	93.6	228
十　届	370112	203598	55.01	212	190975	93.8	254
十一届	398835	222789	55.86	164	209644	94.1	202
十二届	427118	242701	56.66	126	226925	93.5	204
十三届	458745	261714	57.05	122	246534	94.2	205

二、人大代表构成

县人大代表具有地域和界别的广泛性和代表性，并按照这一原则推荐代表候选人，优化代表结构。非中共党员、妇女代表占一定比例，工人、农民、知识分子、民主党派和无党派爱国人士、少数民族、归侨侨眷也占有适当的比例。

1986—2010年临高县第八届至第十三届人民代表大会代表构成情况

表12-1-2　　　　单位：人

届别	代表总数（人）	性别		党派			职业、阶层					学历		年龄	
		男	女	中国共产党	民主党派	无党派	机关干部	工农及其他劳动者	知识分子	归侨侨眷	少数民族	高中及以上	高中以下	35岁及以上	35岁以下
八　届	229	181	48	165	2	1	61	136	32	1	1	68	161	183	48
九　届	228	183	45	126	—	65	48	160	20	—	—	99	129	181	47
十　届	254	211	43	180	2	72	75	156	23	1	1	120	134	203	51
十一届	202	152	49	143	2	57	75	111	16	1	1	90	112	166	36
十二届	204	160	44	142	2	60	71	118	15	—	1	93	111	169	35
十三届	205	156	45	140	4	61	73	116	16	—	1	110	95	171	34

1986—2010年临高县历届省人大代表名录

表12-1-3

届别	姓名	性别	出生年月	民族	文化程度	政治面貌	籍贯	工作单位及职务	备注
海南省人民代表会议代表（1988年8月）	何焕昭	男	1934年7月	汉族	初中	党员	海南儋州	中共临高县委书记	—
	王明鼎	男	1932年9月	汉族	中专	党员	海南临高	临高县人大常委会主任	—
	李茂忠	男	1940年12月	汉族	大学	党员	广东化州	临高县县长	—
	邓超武	男	1956年4月	汉族	大专	党员	海南临高	皇桐乡乡长	—
	吴杜鲁	男	1929年5月	汉族	大学	党员	海南临高	临高中学校长	—

续表 12-1-3

届别	姓　名	性别	出生年月	民族	文化程度	政治面貌	籍贯	工作单位及职务	备　注
海南省人民代表会议代表（1988 年 8 月）	汤复华	男	1932 年 4 月	汉族	中专	群众	广东花县	国营红华农场生产科科长	—
	符群容	女	1938 年 8 月	汉族	大专	党员	广东广州	临高县人民医院副院长	—
	苏镜波	女	1952 年	汉族	高中	群众	海南临高	临高县龙波糖厂职工	—
	李华生	男	1953 年	汉族	高中	党员	海南临高	龙波镇群城村委会主任	—
海南省第一届人民代表大会代表（1992 年 11 月）	陈苏厚	男	1936 年 11 月	汉族	大专	党员	海南临高	省政府副省长	省提名
	潘琼雄	男	1930 年 9 月	汉族	初中	党员	海南琼山	省人大常委会副主任	省提名
	陈英豪	男	1934 年 11 月	汉族	大学	党员	广东潮州	省贸易厅主要负责人	省提名
	郭幼莹	女	1936 年 11 月	汉族	大学	群众	广东大埔	省医学院化学教研室主任	省提名
	符孟彪	男	1948 年 11 月	汉族	大专	党员	海南东方	临高县委书记	—
	朱堂生	男	1938 年 10 月	汉族	大专	党员	广东高明	临高县县长	—
	邓超武	男	1956 年 4 月	汉族	大专	党员	海南临高	临高县东英镇委书记	—
	王立成	男	1948 年 10 月	汉族	大学	党员	海南临高	临高县农业局局长	—
	符群容	女	1938 年 8 月	汉族	大学	党员	广东广州	临高县人民医院院长	—

续表 12-1-3

届别	姓　名	性别	出生年月	民族	文化程度	政治面貌	籍贯	工作单位及职务	备　注
海南省第一届人民代表大会代表（1992 年 11 月）	李　强	男	1952 年	汉族	高中	党员	海南临高	临高县龙力糖厂锅炉车间主任	—
	王秀花	女	1953 年 2 月	汉族	高中	群众	海南临高	临高县邮电局职工	—
	王国辉	男	1950 年 6 月	汉族	初中	党员	海南临高	临高调楼乡调楼管区书记	—
	柯兰玉	女	1948 年 12 月	汉族	初中	群众	海南临高	临城镇跃进居委个体户	—
	范康平	男	1963 年 3 月	汉族	大专	群众	海南文昌	红华农场畜牧科副科长	—
	严亚剑	男	1948 年 8 月	汉族	大专	群众	海南文昌	临高县农电总站副站长	—
	陈少金	女	1961 年 11 月	汉族	高中	群众	海南临高	临高县木偶剧团演员	—
	王日光	男	1938 年 10 月	汉族	大专	党员	海南临高	临高县人大常委会主任	1993 年 5 月补
海南省第二届人民代表大会代表（1998 年 3 月）	陈苏厚	男	1936 年 11 月	汉族	大专	党员	海南临高	省人大常委会副主任	省提名
	张鑫真	男	1939 年 11 月	汉族	大学	党员	福建漳州	省农垦总局副局长、高级工程师	省提名
	郭幼莹	女	1936 年 1 月	汉族	大学	群众	广东大埔	海南医学院化学教研室主任	省提名
	潘琼雄	男	1930 年 9 月	汉族	初中	党员	海南琼山	原省人大常委会副主任、离休干部	省提名

续表 12-1-3

届别	姓名	性别	出生年月	民族	文化程度	政治面貌	籍贯	工作单位及职务	备注
海南省第二届人民代表大会代表（1998年3月）	黄良胜	男	1949年10月	汉族	大专	党员	海南文昌	中共临高县委书记	—
	林严波	男	1946年6月	汉族	大专	党员	海南临高	临高县人大常委会主任	—
	欧阳顺林	男	1952年10月	汉族	大学	党员	湖南桂阳	临高县县长	—
	安美霞	女	1946年6月	汉族	大学	群众	海南文昌	临高县医院妇产科主任、副主席	—
	王永茂	男	1956年4月	汉族	大专	党员	海南临高	县土地管理服务中心主任	—
	王学启	男	1956年11月	汉族	大专	党员	海南临高	博厚镇党委书记、人大主席	—
	王捍红	男	1957年8月	汉族	大专	党员	海南临高	临高县龙波糖厂厂长	—
	严亚剑	男	1948年8月	汉族	大专	群众	海南文昌	临高县供电公司副经理	—
	王燕秋	女	1962年11月	汉族	高中	党员	海南临高	临高东英镇高秀村委会主任	—
	许芝竹	女	1962年5月	汉族	高中	群众	海南临高	临高县个体协会理事	—
	龚敬柔	女	1946年7月	汉族	大学	群众	广东广州	临高中学教务处副主任	—
	符莲梅	女	1957年11月	汉族	中专	群众	海南临高	临高县农行三八储蓄所主任	—
	黄庆书	男	1947年11月	汉族	初中	党员	海南临高	新盈镇龙昆村党支部书记	—

续表 12-1-3

届别	姓　名	性别	出生年月	民族	文化程度	政治面貌	籍贯	工作单位及职务	备 注
海南省第三届人民代表大会代表（2002 年 12 月）	罗保铭	男	1952 年 10 月	汉族	在职研究生	党员	天津	省委副书记	省提名
	陈苏厚	男	1936 年 11 月	汉族	大专	党员	海南临高	省人大常委会副主任	省提名
	王琼瑛	女	1941 年 12 月	汉族	大学	台盟	台湾台中	省政府副省长	省提名
	李应济	男	1950 年 8 月	汉族	大学	党员	安徽合肥	省政府副秘书长	省提名
	陈　辞	男	1954 年 12 月	汉族	在职研究　生	党员	安徽舍寨	省外事侨务办公室主任	省提名
	罗时祥	男	1963 年 4 月	汉族	在职研究　生	党员	湖北武昌	省人大常委会副秘书长	省提名
	朱选成	男	1947 年 7 月	汉族	在职研究　生	党员	江苏射阳	洋浦经济开发区管理局局长	省提名
	吴光华	男	1955 年 10 月	汉族	在职研究　生	党员	海南儋州	中共临高县委书记	—
	林严波	男	1946 年 6 月	汉族	大专	党员	海南临高	县十一届人大常委会主任	—
	江华安	男	1965 年 8 月	汉族	研究生	党员	湖北监利	临高县政府县长	—
	吴井光	男	1956 年 12 月	汉族	在职研究 生	党员	海南儋州	县委副书记、常务副县长	—
	王学启	男	1956 年 12 月	汉族	大专	党员	海南临高	临高县财政局局长	—
	许芝竹	女	1962 年 5 月	汉族	高中	群众	海南临高	临高县源丰投资公司总经理	—

续表 12-1-3

届别	姓名	性别	出生年月	民族	文化程度	政治面貌	籍贯	工作单位及职务	备注
海南省第三届人民代表大会代表（2002年12月）	钟书宏	男	1963年7月	汉族	在职研究生	党员	海南临高	临高县临城镇党委书记	—
	桂蕃	男	1951年4月	汉族	大专	党员	海南临高	临高县海洋局局长	—
	黄文平	男	1950年10月	汉族	大学	党员	海南临高	临高中学校长	—
	吴秋霞	女	1960年8月	汉族	大专	党员	海南临高	临高县环资局局长	—
	李岳坚	男	1963年3月	汉族	大专	党员	海南临高	临高县人民医院院长	—
	庞明雄	男	1958年3月	汉族	高中	党员	海南临高	临高县博厚镇龙干村党支部书记	—
	符玉统	男	1951年	汉族		党员	海南临高	县十二届人大常委会主任	万宁市选举
	许起鹏	男	1955年9月	汉族	大学	党员	海南临高	县委常委、宣传部长	2007年1月补
海南省第四届人民代表大会代表（2007年11月）	王法仁	男	1947年10月	汉族	大专	党员	海南海口	省人大常委会副主任	省提名
	龙田仲	男	1950年1月	汉族	大学	党员	海南文昌	海南钢铁有限公司党委书记、副总经理	省提名
	孙喆	女	1970年6月	汉族	在职研究生	党员	黑龙江明水	共青团海南省委副书记	省提名
	罗时祥	男	1963年4月	汉族	在职研究生	党员	湖北武昌	省人大常委会副秘书长	省提名

续表 12–1–3

届别	姓　名	性别	出生年月	民族	文化程度	政治面貌	籍贯	工作单位及职务	备 注
海南省第四届人民代表大会代表（2007 年 11 月）	罗保铭	男	1952 年 10 月	汉族	在职研究　生	党员	天津	省委副书记、省长	省提名
	王小花	女	1967 年 9 月	汉族	大学	民盟	海南临高	临高中学教师	—
	吉小妹	女	1973 年 3 月	汉族	大学	群众	海南临高	临高县人大常委会副主任	—
	羊经位	男	1957 年 3 月	汉族	大学	党员	海南洋浦	临高县政府县长	—
	许起鹏	男	1955 年 9 月	汉族	大学	党员	海南临高	临高县人大常委会主任	—
	许镇忠	男	1954 年 10 月	汉族	大学	党员	广东茂名	海南临高化工实业有限公司董事长	—
	吴　杰	女	1963 年 6 月	汉族	法学硕士	党员	安徽颍上	临高县委常委、纪委书记	—
	吴秋霞	女	1960 年 8 月	汉族	大学	党员	海南临高	县国土与环境资源局局长	—
	陈学育	男	1959 年 10 月	汉族	大专	党员	海南临高	加来农场和浪作业区支部书记	—
	陈锦昌	男	1970 年 6 月	汉族	大学	党员	海南文昌	县长助理、县公安局局长	—
	罗　麟	男	1965 年 1 月	汉族	大学	党员	海南临高	临高县调楼镇党委书记	—
	黄肖柏	男	1955 年 7 月	汉族	高中	党员	海南临高	临高县新盈镇安全村党支部	—

续表 12-1-3

届别	姓　名	性别	出生年月	民族	文化程度	政治面貌	籍贯	工作单位及职务	备 注
海南省第四届人民代表大会代表（2007 年 11 月）	曹　文	男	1964 年 8 月	汉族	大学	党员	广东梅州	县委常委、常务副县长	—
	符　永	男	1959 年 5 月	汉族	大学	党员	海南文昌	中共临高县委书记	—
	陈创福	男	1962 年 3 月	汉族	大学	党员	海南海口	中共临高县委书记	2008 年 11 月选
	郑柏安	男	1963 年 10 月	汉族	博士	党员	海南海口	临高县政府县长	2009 年 12 月选

第二节　人民代表大会历次全体会议

一、县七届人民代表大会

1984 年 6 月至 1987 年 5 月，县七届人民代表大会共召开 3 次会议，代表有 243 人。

1986 年 7 月 4—6 日，县七届人大三次会议在临高县城召开。会议听取和审议代县长李茂忠作《临高县国民经济和社会发展第六个五年计划执行情况和第七个五年计划的报告》、县计划委员会主任李垂省作《关于临高县一九八六年国民经济和社会发展计划草案的报告》、县财政局局长陈祖深作《关于临高县一九八五年财政决算和一九八六年财政预算草案的报告》、县人大常委会主任王明鼎作《临高县人大常委会工作报告》、县人民法院代院长韩群峰作《临高县人民法院工作报告》、县人民检察院检察长林雨润作《临高县人民检察院工作报告》，并作出批准上述报告的决议。审议通过《关于在全县范围内深入开展社会治安综合治理的决议》。会议选举李茂忠为县人民政府县长，韩群峰为县人民法院院长。

二、县八届人民代表大会

1987 年 5 月至 1990 年 4 月，县八届人民代表大会共召开 4 次会议，代表有 231 人。

1987 年 5 月 15—17 日，县八届人大一次会议在临城召开。会议听取和审议县长李茂忠作政府工作报告、县计划委员会主任李垂省作《关于临高县一九八七年国民经济和社会发展计划草案的报告》、县财政局局长陈祖深作《关于临高县一九八六年财政决算和一九八七年财政预算草案的报告》、县人大常委会主任王明鼎作《临高县人大常委会工作报告》、县人民法院院长韩群峰作《临高县人民法院工作报告》和县检察院检察长林雨润作《临高县人民检察院工作报告》，并作出批准上述报告的决议。选举产生县八届人大常委会组成人员13人（主任王明鼎，副主任孙瑞端、郑拔粹、王胜伟、符秀选，委员李垂省、陈茂春、袁忠志、符俊、郑道亨、郑尚智、符群容、孟圣超，正副县长5人（县长李茂忠，副县长郑平宣、许忠泰、文积超，曾庆钊），法院院长韩群峰，检察院检察长林雨润。

1988年6月28—30日，县八届人大二次会议在临城召开。会议听取和审议县长李茂忠作政府工作报告、县计划委员会主任李垂省作《关于临高县一九八八年国民经济和社会发展计划草案的报告》、县财政局局长陈祖深作《关于临高县一九八七年财政决算和一九八八年财政预算草案的报告》、县人大常委会主任王明鼎作《临高县人大常委会工作报告》、县人民法院院长韩群峰作《临高县人民法院工作报告》和县人民检察院检察长林雨润作《临高县人民检察院工作报告》，并作出批准上述报告的决议。

1988年8月4日，县八届人大三次会议在临城召开，参加选举的代表170人，缺席的代表61人。大会选举何焕昭、王明鼎、李茂忠、邓超武、吴杜鲁、汤复华、符群容（女）、苏镜波（女）、李华生、王志生10人为海南省人民代表会议代表。

1989年4月18—20日，县八届人大四次会议在临城召开。会议听取和审议县长李茂忠作政府工作报告、县计划委员会主任李垂省作《关于临高县一九八九年国民经济和社会发展计划草案的报告》、县财政局局长陈祖深作《关于临高县一九八八年财政预算决算和一九八九年财政预算草案的报告》、县人大常委会主任王明鼎作《临高县人大常委会工作报告》、县人民法院院长韩群峰作《临高县人民法院工作报告》、县人民检察院检察长林雨润作《临高县人民检察院工作报告》，并作出批准上述报告的决议。

三、县九届人民代表大会

1990年4月至1993年3月，县九届人民代表大会共召开4次会议，代表有228人。

1990年4月27—30日，县九届人大一次会议在临城召开。会议听取和审议代县长朱堂生作政府工作报告、县计划委员会主任李垂省作《关于临高县一九九〇年国民经济和社会发展计划草案的报告》、县财政局局长陈祖深作《关于临高县一九八九年财政决算和一九九〇年财政预算草案的报告》、县人大常委会副主任郑拔粹作《临高县人大常委会工作报告》、县人民法院院长韩群峰作《临高县人民法院工作报告》、县人民检察院检察长林雨润作《临高县人民检察院工作报告》，并作出批准上述报告的决议。选举县九届人大常委会组成人员12人（主任许忠泰，副主任林国英、郑拔粹、符秀选，委员王开兴、王正佐、陈正优、李育虎、李惠贞（女）、钟志坚、袁忠志、符俊）；正副县长6人（县长朱堂生，副县长曾庆钊、林严波、曾令锦、曾庆鹏、王日光）；法院院长韩群峰，检察院检察长林雨润。

1991年4月9—12日，县九届人大二次会议在临城召开。会议听取和审议朱堂生县长作《临高县国民经济和社会发展第七个五年计划执行情况和第八个五年计划的报告》、县计划委员会主任林先希作《关于临高县一九九〇年国民经济发展计划执行情况与一九九一年国民经济和社会发展计划草案的报告》、县财政局局长王开兴作《关于临高县一九九〇年财政决算和一九九一年财政预算（草案）的报告》、县人大常委会主任许忠泰作《临高县人大常委会工作报告》、县人民法院院长韩群峰作《临高县人民法院工作报告》、县人民检察院检察长林雨润作《临高县人民检察院工作报告》，并作出批准上述报告的决议。会议补选王志勇、林道河、陈让群为县九届人大常委会副主任，杨祖凤、符群容为县九届人大常委会委员。

1992年3月18—21日，县九届人大三次会议在临城召开。会议听取和审议朱堂生县长作政府工作报告、县计划委员会主任林先希作《关于临高县一九九一年国民经济和社会发展计划执行情况与一九九二年国民经济和社会发展计划草案的报告》、县财政局局长王开兴作《关于临高县一九九一年财政决算和一九九二年财政预算草案的报告》、县人大常委会主任许忠泰《临高县人大常委会工作报告》、县人民法院院长韩群峰作《临高县人民法院工作报告》、县人民检察院副检察长王善富作《临高县人民检察院工作报告》，并作出批准上述报告的决议。会议补选黄声增为县九届人大常委会副主任，林贵章为县九届人大常委会委员。

1992年11月28日，县九届人大四次会议在临城召开，会议选举陈苏厚、陈英豪、郭幼莹（女）、潘琼雄、王立成、王秀花（女）、邓超武、王国辉、朱堂生、严亚剑、李强、陈少金（女）、符孟彪、范康平、柯兰玉（女）、符群容（女）为海南省第一届人民代表大会代表。

四、县第十届人民代表大会

1993年4月至1998年3月，县第十届人民代表大会共召开6次会议，代表254人。

1993年4月16—17日，县十届人大一次会议在临城召开。会议听取和审议县长朱堂生作政府工作报告、县计委主任林先希作《关于临高县一九九二年国民经济和社会发展计划执行情况与一九九三年计划草案的报告》、县财政局局长王开兴作《关于临高县一九九二年财政预算执行情况和一九九三年财政预算草案的报告》、县人大常委会主任许忠泰作《临高县人大常委会工作报告》、县人民法院院长韩群峰作《临高县人民法院工作报告》和县人民检察院代检察长王善富作《临高县人民检察院工作报告》，并作出批准上述报告的决议。选举县十届人大常委会组成人员 12 人［主任王日光，副主任曾庆鹏、陈让群、林道河、符秀选，委员李育虎、王家富、孙祥信、符中坚、王捍红、符群容（女）、曾德俊］，正副县长 6 人（县长朱堂生，副县长林严波、曾令锦、刘志强、符绩陈、郑朝阳），法院院长秦国忠、检察院检察长王善富。

1994 年 3 月 27—28 日，县十届人大二次会议在临城召开。会议听取和审议县长朱堂生作政府工作报告、县计委主任林先希作《关于临高县 1993 年国民经济和社会发展发展计划执行情况与 1994 年计划草案的报告》、县财政局局长王开兴作《关于临高县 1993 年财政预算执行情况和 1994 年财政预算草案的报告》、县人大常委会主任王日光作《临高县人大常委会工作报告》、县人民法院院长秦国忠作《临高县人民法院工作报告》和县人民检察院检察长王善富作《临高县人民检察院工作报告》，并作出批准上述报告的决议。

1994 年 12 月 9 日，召开县十届人大三次会议，选举黄良胜为县人民政府县长。

1995 年 3 月 20—23 日，县十届人大四次会议在临城召开。会议听取和审议黄良胜县长作政府工作报告，县计委主任林先希作《关于临高县 1994 年国民经济和社会发展计划执行情况与 1995 年计划草案的报告》、县财政局局长王开兴作《关于临高县 1994 年财政预算执行情况和 1995 年财政预算草案的报告》、县人大常委会主任王日光作《临高县人大常委会工作报告》、县人民法院院长秦国忠作《临高县人民法院工作报告》和县人民检察院检察长王善富作《临高县人民检察院工作报告》，并作出批准上述报告的决议。

1996 年 4 月 26—29 日，县十届人大五次会议在临城召开。会议听取和审议县长黄良胜作《关于临高县国民经济和社会发展"九五"计划和 2010 年远景目标纲要的报告》、县计统局副局长许森作《关于临高县 1995 年国民经济和社会发展计划执行情况与 1996 年计划安排的报告》、县财税局局长王开兴作《关于临高县 1995 年财政预算执行情况和 1996 年财政预算的报告》、县人大常委会主任王日光作《县人大常委会工作报告》、县人民法院院长秦国忠作《临高县人民法院工作报告》和县人民检察院检察长王善富作《临高县人民检察院工作报告》，并作出批准上述报告的决议。通过接受林道河、符秀选辞去县十届人大常委会副主任职务，选举符俊为县十届人大常委会副主任。

1997 年 3 月 17—19 日，县十届人大六次会议在临城召开。会议听取和审议县长黄良胜作政府工作报告、县计统局局长林先希作《关于临高县 1996 年国民经济和社会发展计划执行情况与 1997 年计划安排的报告》、县财税局局长王开兴作《关于临高县 1996 年财政预算执行情况和 1997 年财政预算的报告》、县人大常委会主任王日光作《临高县人大常委会的工作报告》、县人民法院院长秦国忠作《临高县人民法院工作报告》、县人民检察院检察长王善富作《临高县人民检察院工作报告》，并作出批准上述报告的决议。

五、县十一届人民代表大会

1998 年 3 月至 2003 年 4 月，县十一届人民代表大会召开 7 次会议，有代表 202 人。

1998 年 3 月 16—19 日，县十一届人大一次会议在临城召开。会议听取和审议代县长欧阳顺林作的政府工作报告、县计统局局长林先希作《关于临高县 1997 年国民经济和社会发展计划执行情况与 1998 年计划草案的报告》、县财税局局长王开兴作《关于临高县 1997 年财政预算执行情况和 1998 年财政预算草案的报告》、县人大常委会副主任符俊作《临高县人大常委会工作报告》、县人民法院院长秦国忠作《临高县人民法院工作报告》、县人民检察院检察长王善富作《临高县人民检察院工作的报告》，并作出批准上述报告的决议。选举县十一届人大常委会组成人员 13 人［主任林严波，副主任符俊、王贻安，委员陈茂春、周定球、王圣智、余积光、钟志坚、钟鸾尧、符兰政、张庆文、符春娥（女）、杨云飞］，正副县长 7 人［县长欧阳顺林，副县长吴井光、符绩陈、郑朝阳、林宏杰、刘孝璜、王美珍（女）］，法院院长林鹤年，检察院检察长王善富。选出海南省第二届人民代表大会代表 17 人［陈苏厚、张鑫真、郭幼莹（女）、潘琼雄、王永茂、王学启、王捍红、王燕秋（女）、许芝竹（女）、安美霞（女）、严亚剑、林严波、欧阳顺林、黄庆书、黄良胜、符莲梅（女）、龚敬柔（女）］。

1999 年 3 月 15—17 日，县十一届人大二次会议在临城召开。会议听取和审议县长欧阳顺林作政府工作报告、县计统局局长许森作《临高县 1998 年国民经济和社会发展计划执行情况与 1999 年国民经济和社会发展计划草案的报告》、县财政局局长陈益鸿作《临高县 1998 年财政预算执行情况及 1999 年财政预算草案的报告》、县人大常委会主任林严波作《临高县人大常委会工作报告》，县人民法院院长林鹤年作《临高县人民法院工作报告》、县人民检察院检察长王善富作《临高县人民检察工作报告》，并作出批准上述报告的决议。选举黄彤强为县十一届人大常委会委员。

2000 年 4 月 4—6 日，县十一届人大三次会议在临城召开。听取和审议代县长吴光华作政府工作报告、县计统局局长许森作《临高县 1999 年国民经济和社会发展计划执行情况与 2000 年国民经济和社会发展计划草案的报告》、县财政局局长陈益鸿作《临高县 1999 年财政预算执行情况和 2000 年财政预算草案的报告》、县人大常委会主任林严波作《临高县人大常委会工作报告》、县人民法院院长林鹤年作《临高县人民法院工作报告》、县人民检察院检察长王善富作《临高县人民检察院工作报告》，并作出批准上述报告的决议。会议通过《关于进一步改善临高县投资环境的决议》。选举吴光华为县人民政府县长，唐观南为县十一届人大常委会委员。

2001 年 3 月 19—22 日，县十一届人大四次会议在临城召开。会议听取和审议县长吴光华作《关于临高县国民经济和社会发展第十个五年计划纲要的报告》、县计统局局长许森作《临高县 2000 年国民经济和社会发展计划执行情况与 2001 年国民经济和社会发展计划草案的报告》、县财政局局长陈益鸿《临高县 2000 年财政预算执行情况及 2001 年财政预算草案的报告》、县人大常委会主任林严波作《临高县人大常委会工作报告》、县人民法院院长林鹤年作《临高县人民法院工作报告》、县人民检察院检察长王善富作《临高县人民检察工作报告》，并作出批准上述报告的决议。选举王善富为县十一届人大常委会副主任，卓怀远为县人民检察院检察长。

2001 年 9 月 26—27 日，县十一届人大五次会议在临城召开。会议听取代县长作《关于今年以来临高县经济发展情况的报告》，选举为县人民政府县长。

2002 年 3 月 24—27 日，县十一届人大六次会议在临城召开。会议听取和审议政府工作报告、县发展计划局局长许森作《临高县 2001 年国民经济和社会发展计划执行情况与 2002 年国民经济和社会发展计划草案的报告》、县财政局局长陈益鸿作《临高县 2001 年财政预算执行情况及 2002 年财政预算草案的报告》、县人大常委会主任林严波作《临高县人大常委会工作报告》、县人民法院副院长王学英作《临高县人民法院工作报告》、县人民检察院检察长卓怀远作《临高县人民检察工作报告》，并作出批准上述报告的决议。会议接受林鹤年辞去县人民法院院长职务，选举李剑飞为县人民法院院长。

2002 年 12 月 4—6 日，县十一届人大七次会议在临城召开。会议听取县长江华安作《关于今年以来临高县经济发展情况的报告》；选举出席海南省第三届人民代表大会代表 19 人［罗保铭、陈苏厚、王琼瑛（女）、李应济、陈辞、罗时祥、朱选成、吴光华、林严波、江华安、吴井光、王学启、许芝竹（女）、钟书宏、桂蕃、黄文平、吴秋霞（女）、李岳坚、庞明雄］。

六、县十二届人民代表大会

2003 年 4 月至 2007 年 1 月，县十二届人民代表大会召开 6 次会议，有代表 204 人。

2003 年 4 月 9—12 日，县十二届人大一次会议在临城召开。会议听取和审议县长作的政府工作报告、县发展计划局局长许森作《临高县 2002 年国民经济和社会发展计划执行情况与 2003 年国民经济和社会发展计划草案的报告》、县财政局局长王学启作《临高县 2002 年财政预算执行情况及 2003 年财政预算草案的报告》、县人大常委会主任林严波作《临高县人大常委会工作报告》、县人民法院院长李剑飞作《临高县人民法院工作报告》、县人民检察院检察长卓怀远作《临高县人民检察院工作报告》，并作出批准上述报告的决议。选举县十二届人大常委会的组成人员 16 人［主任符玉统，副主任王善富、钟霁、桂蕃、李岳坚，委员符洲、王学敏、余积光、李树萍（女）、周定球、陈俊肖、王民生、黄彤强、杨云飞、谢少师、王定位］，正副县长 5 人［县长江华安，副县长刘孝璜、王美珍（女）、潘骏、陈益鸿］，法院院长李剑飞；检察院检察长卓怀远。

2004 年 3 月 15—17 日，县十二届人大二次会议在临城召开。会议听取和审议县长作的政府工作报告、县发展和改革局局长许森作《临高县 2003 年国民经济和社会发展计划执行情况与 2004 年国民经济和社会发展计划草案的报告》、县财政局局长王学启作《临高县 2003 年财政预算执行情况及 2004 年财政预算草案的报告》、县人大常委会主任符玉统作《临高县人大常委会工作报告》、县人民法院院长李剑飞作《临高县人民法院工作报告》、县人民检察院检察长卓怀远作《临高县人民检察院工作报告》，以无记名投票表决通过上述报告的决议。选举王琦为县十二届人大常委会委员。

2005 年 3 月 23—25 日，县十二届人大三次会议在临城召开。会议听取和审议县长作的政府工作报告、县发改局《关于临高县 2003 年国民经济和社会发展计划执行情况与 2004 年国民经济和社会发展计划草案报告》（书面）、县财政局《关于临高县 2003 年财政预算执行情况及 2004 年财政预算草案报告》（书面）、县人大常委会主任符玉统作《临高县人大常委会工作报告》、县人民法院院长李剑飞作《临高县人民法院工作报告》、县人民检察院检察长卓怀远作《临高县人民检察院工作报告》，审议县政府《关于临城地区城市和整治的议案》和《关于办理县十二届人大二次会议代表建议、批评和意见的报告》，以无记名投票表决通过上述报告的决议和作出批准《临城地区城市建设和整治的议案》的决议，以无记名投票对县政府办理代表建议情况工作报告进行满意度测评。

2005 年 8 月 18—19 日，县十二届人大四次会议在临城召开。会议听取和审议代县长符永作《2005 年上半年政府工作报告》，选举符永为县人民政府县长。

2006 年 3 月 6—9 日，县十二届人大五次会议在临城召开。会议听取和审议县长符永作《临高县国民经济和社会发展第十一个五年规划纲要的报告》、县发改局局长许森作《临高县 2005 年国民经济和社会发展计划执行情况与 2006 年国民经济和社会发展计划草案的报告》、县财政局局长林祖列作《2005 临高县和县本级年财政预算执行情况及 2006 年临高县和县本级年财政预算草案的报告》、县人大常委会主任符玉统作《临高县人大常委会工作报告》、县人民法院副院长冯家精作《临高县人民法院工作报告》、县人民检察院检察长卓怀远作《临高县人民检察院工作报告》；听取和审议县政府关于县十二届人大三会议代表建议、批评和意见办理情况的报告，县政府关于落实县十二届人大三次会议《关于批准〈临城地区城市建设和整治的议案〉的决议》工作情况报告；审议《关于加强临城镇三个主要路口规划建设管理的议案》和《关于加强教育工作的决定》，以无记名投票表决通过上述报告和议案的决议决定，以无记名投票对县政府办理代表建议情况工作报告进行满意度测评。选举符兴为县人民法院院长。表彰临高县先进人大代表小组、优秀人大代表和优秀人大工作者。

2006 年 8 月 22—23 日，县十二届人大六次会议在临城召开。会议听取和审议代县长羊经位作 2006 年上半年政府工作报告，选举羊经位为县人民政府县长。

七、县十三届人民代表大会

2007 年 2 月至 2010 年 12 月，县十三届人民代表大会召开 8 次会议，代表 205 人。

2007 年 1 月 30 日至 2 月 2 日，县十三届人大一次会议在临城召开。会议听取和审议县长羊经位作的政府工作报告、县发改局局长李岳强作《临高县 2006 年国民经济和社会发展计划执行情况与 2007 年国民经济和社会发展计划草案的报告》、县财政局局长林祖列作《2006 年临高县和县本级财政预算执行情况及 2007 年临高县和县本级财政预算草案的报告》、县政府《关于落实加强临高县教育工作决定的报告》（书面）和《关于县十二届人大五次会议代表建议、批评和意见办理情况的报告》（书面）、县人大常委会主任符玉统作《县人大常委会工作报告》、县人民法院代院长陈祥智作《县人民法院工作报告》、县人民检察院代检察长郭彪作《县人民检察院工作报告》，并作出批准上述报告的决议。选举产生县十三届人大常委会的组成人员 25 人［主任许起鹏，副主任钟霁、桂蕃、吉小妹（女）、陈伟，委员王天明、王青术、王国宙、王柏萌、王贵章、王琦、王道雄、许圣年、杨大德、劳仕雄、李赛美（女）、张余森、林小三、桂林、郭忠泽、符龙勤、符应崇、符渊明、谢越斯、廖福华］；选举正副县长 6 人［县长羊经位，副县长曹文、王国建、王大辉（黎族）、闫玉龙、王学敏］，法院院长陈祥智，检察院检察长郭彪。

2007 年 11 月 27—28 日，县十三届人大二次会议在临城召开。会议听取和审议县政府关于《临高县教育工作专题报告》。审议通过县人大常委会调研组《尊师重教，兴学办校，全面实施教育兴县人大强县战略》《坚持爱岗敬业，落实权益和责任，建设一支勤奋、高效、廉洁的校长队伍》《创新竞争机制，激发教师活力，全面提高学校教学质量》《以学生为本，以学风为标，构建社会学校家庭综合管理机制》《关于临高县中学学校布局调整的思考》，会议作出《关于进一步加强教育工作的决议》。选出海南省第四届人民代表大会代表 18 人（王法仁、龙田仲、孙喆、罗时祥、罗保铭、王小花、吉小妹、羊经位、许起鹏、许镇忠、吴杰、吴秋霞、陈学育、陈锦昌、罗麟、黄肖柏、曹文、符永）。

2008 年 4 月 1—3 日，县十三届人大三次会议在临城召开。会议听取和审议县长羊经位作的政府工作报告、县发改局《临高县 2007 年国民经济和社会发展计划执行情况与 2008 年国民经济和社会发展计划草案的报告》（书面）、县财政局《2007 临高县和县本级年财政预算执行情况及 2008 年临高县和县本级财政预算草案的报告》（书面）、县政府副县长闫玉龙作《金牌港经济开发区工作报告》、县人大常委会主任许起鹏作《临高县人大常委会工作报告》、县人民法院院长陈祥智作《临高县人民法院工作报告》、县人民检察院检察长郭彪作《临高县人民检察院工作报告》和县政府《金牌港经济开发区工作报告》（书面），并作出批准上述报告的决议。此次代表会议收到代表团和10名以上代表联名提出的原议案18件，还收到代表对各方面提出的建议、批评和意见55件。

2008年11月20—21日，县十三届人大四次会议在临城召开。会议补选陈创福为海南省第四届人民代表大会代表。

2009年2月16—18日，县十三届人大五次会议在临城召开。会议听取和审议县长羊经位作的政府工作报告、县发改局《临高县2008年国民经济和社会发展计划执行情况与2009年国民经济和社会发展计划草案的报告》（书面）、县财政局《2008年临高县和县本级年财政预算执行情况及2009年临高县和县本级年财政预算草案的报告》（书面）、县人大常委会主任许起鹏作《临高县人大常委会工作报告》、县人民法院院长陈祥智作《县人民法院工作报告》、县人民检察院检察长郭彪作《县人民检察院工作报告》，并作出批准上述报告的决议。

2009年7月2—3日，县十三届人大六次会议在临城召开，会议选举吴聿名为临高县人民检察院检察长。

2009年9月23—24日，县十三届人大七次会议在临城召开，会议选举郑柏安为县人民政府县长。

2010年2月3—5日，县十三届人大八次会议在临城召开，会议听取和审议县长郑柏安作的政府工作报告、县发改局《临高县2009年国民经济和社会发展计划执行情况与2010年国民经济和社会发展计划草案的报告》（书面）、县财政局《2009临高县和县本级年财政预算执行情况及2010年临高县和县本级年财政预算草案的报告》（书面）、县人大常委会主任许起鹏作的《临高县人大常委会工作报告》、县人民法院院长陈祥智作《临高县人民法院工作报告》、县人民检察院检察长郭彪作《临高县人民检察院工作报告》，并作出批准上述报告的决议。会议选举邓青叶、许洁梅为县十三届人大常委会委员。

第三节　县人大常委会

一、组织机构

县人大常委会根据法律规定和工作需要，设立办事机构和其他工作机构。1987年12月，县人大常委会成立法制工作委员会、教科文卫工作委员会、农村工作委员会、财政经济工作委员会。1989 年 4 月，成立华侨外事工作委员会。1990 年 7 月，设置法制教科文卫工作委员会、财政经济工作委员会。2002 年 5 月 10 日，机构改革，县人大常委会内设办公室、法制工作委员会、财政经济工作委员会、教科文卫工作委员会。2005 年 12 月 12 日，增设选举任免联络工作室和县依法治县领导小组办公室。至 2010 年未变。

二、人大常委会组成

临高县人大常委会是县人大的常设机关，对本级人民代表大会负责并报告工作，由主任 1 人、副主任若干人和委员若干人组成。县人大常委会每届任期同本级人民代表大会每届任期相同，依法行使决定重大事项、监督、人事任免等职权。1990 年 5 月，挂牌乡（镇）人民代表大会主席团，设置常务主席，作为闭会期间的工作机构。1999 年 3 月，改挂牌乡（镇）人民代表大会，闭会期间工作由人大主席或副主席组织。

根据宪法和地方组织法的规定，县人大常委会的组成人员不得担任国家行政机关、审判机关和检察机关的职务；如果担任上述职务，必须向人大常委会辞去常委会组成人员的职务。

1986—2010 年临高县人民代表大会常务委员会历任主任、副主任一览表

表 12-1-4

届期	职务	姓名	任期	备注
第七届（1984 年 6 月至 1987 年 5 月）	主任	王明鼎	1984 年 6 月至 1987 年 5 月	—
	副主任	马万福	1984 年 6 月至 1987 年 5 月	—
		吴震天	1984 年 6 月至 1987 年 5 月	—
		孙瑞端	1984 年 6 月至 1987 年 5 月	—
		郑拔粹	1984 年 6 月至 1987 年 5 月	—
		李玉来（女）	1984 年 6 月至 1987 年 5 月	—
		符扬鹄	1984 年 6 月至 1987 年 5 月	—
		王胜伟	1984 年 6 月至 1987 年 5 月	—
		袁忠志	1984 年 6 月至 1987 年 5 月	—
第八届（1987 年 5 月至 1990 年 4 月）	主任	王明鼎	1987 年 5 月至 1990 年 4 月	—
	副主任	孙瑞端	1987 年 5 月至 1990 年 4 月	—
		郑拔粹	1987 年 5 月至 1990 年 4 月	—
	副主任	王胜伟	1987 年 5 月至 1990 年 4 月	—
		符秀选	1987 年 5 月至 1990 年 4 月	—

续表 12-1-4

届 期	职 务	姓 名	任 期	备 注
第九届（1990 年 4 月至1993 年 4 月）	主 任	许忠泰	1990 年 4 月至 1993 年 4 月	—
	副主任	林国英	1990 年 4 月至 1990 年 10 月	—
		郑拔粹	1990 年 4 月至 1991 年 3 月	病故
		符秀选	1990 年 4 月至 1993 年 4 月	—
		王志勇	1991 年 4 月至 1991 年 12 月	届中调离
		林道河	1991 年 4 月至 1993 年 4 月	届中补选
		陈让群	1991 年 4 月至 1993 年 4 月	届中补选
		黄声增	1992 年 3 月至 1993 年 4 月	届中补选
第十届（1993 年 4 月至1998 年 3 月）	主 任	王日光	1993 年 4 月至 1998 年 3 月	—
	副主任	曾庆鹏	1993 年 4 月至 1993 年 10 月	届中调离
		陈让群	1993 年 4 月至 1998 年 3 月	—
		林道河	1993 年 4 月至 1996 年 4 月	届中调离
		符秀选	1993 年 4 月至 1996 年 4 月	届中调离
		符 俊	1996 年 4 月至 1998 年 3 月	届中补选
第十一届（1998 年 3 月至2003 年 4 月）	主 任	林严波	1998 年 3 月至 2003 年 4 月	—
	副主任	符 俊	1998 年 3 月至 2003 年 4 月	—
		王贻安	1998 年 3 月至 2003 年 4 月	—
		王善富	2001 年 3 月至 2003 年 4 月	届中补选
第十二届（2003 年 4 月至2007 年 2 月）	主 任	符玉统	2003 年 4 月至 2007 年 2 月	—
	副主任	王善富	2003 年 4 月至 2007 年 2 月	—
		钟 雩	2003 年 4 月至 2007 年 2 月	—
		桂 蕃	2003 年 4 月至 2007 年 2 月	—
		李岳坚	2003 年 4 月至 2005 年 6 月	届中调离
第十三届（2007 年 2 月起）	主 任	许起鹏	2007 年 2 月至 2010 年 12 月	—
	副主任	钟 雩	2007 年 2 月至 2010 年 12 月	—
		桂 蕃	2007 年 2 月至 2010 年 12 月	—
	副主任	吉小妹（女）	2007 年 2 月至 2009 年 2 月	届中调离
		陈 伟	2007 年 2 月至 2010 年 12 月	—

三、常委会会议

1986 年 1 月至 2010 年 12 月，临高县人大常委会共召开常委会会议 242 次。

1987 年 5 月，县八届人大一次会议选举产生县八届人大常委会组成人员 13 人，其中主任 1 人，副主任 4 人。至 1990 年 4 月，县人大常委会会议主要听取审议“一府两院”工作报告、作出决议决定、任免国家机关工作人员等。1990 年 4 月，县九届人大一次会议选举产生县九届人大常委会组成人员 12 人，其中主任 1 人，副主任 3 人。

1997 年，县十届人大常委会根据《中共临高县委关于进一步加强依法治县工作的决定》和《临高县依法治县工作五年（1996—2000 年）规划》《临高县 1997 年依法治县工作要点》，积极参与依法治县工作，开展“提高执法水平优化经济环境”活动、“落实执法责任，提高行政效能”“提高司法效率，杜绝超期羁押，推进公正司法”活动、“治理‘三乱’，端正执法风气”和“抓好干部学法用法，提高领导干部法律素质”等活动。

2008 年，县人大常委会围绕经济社会发展的重点、难点、热点问题强化法律监督，组织开展《中华人民共和国食品安全法》《中华人民共和国矿产资源法》《中华人民共和国档案法》执法检查，开展《中华人民共和国教育法》《中华人民共和国食品安全法》和社会治安专题执法调研，配合省人大常委会进行《海南经济特区土地管理条例》《海南省土地权属确定和争议调查处理条例》等 14 部法律的立法调研。

2009 年，县人大常委会加强司法公正监督。常委会听取和审议县法院关于行政审判工作情况报告，针对行政审判中存在问题，提出法院要严守审判公正底线，提高行政审判工作水平；加大宣传，提高全社会对行政诉讼法规的认识；公正司法，坚持维护民众利益与支持行政执法并重；强化沟通，采取措施，提高审判质量等意见。

第四节　主要工作

一、重大事项决定决议

1986 年，县七届人大常委会作出《关于在全县范围内深入开展社会治安综合治理的决议》，通过《临高县十一个自然保护区规划》和《临城镇总体规划（1986—2000 年）》。

1987 年，县八届人大常委会作出《关于切实做好审判、检察工作，积极为改革开放服务的决议》。

1991 年，县九届人大常委会作出《关于加强临高县中小学基础教育工作决议》。

1992 年，审议并通过《临城镇总体规划》《临高角风景名胜区〈省批复规范为临高角滨海游览区〉总体规划》《金牌开发区总体规划》《关于积极开展行政审判工作的决议》

《关于努力发展教育事业的决议》。

1993年，县十届人大常委会作出《关于批准临高县金牌港石油化工城总体规划的决议》。

1996年，县十届人大常委会作出《关于加强临高县预算外资金管理的决议》。

2000年，县十一届人大三次会议通过《关于进一步改善临高县投资环境的决议》。

2001年，县十一届人大常委会作出《关于加强县人民法院执行工作的决定》。

2003年，县十二届人大常委会对社会治安、禁毒工作、公共卫生管理作出决议。

2004年，作出《关于加强预防职务犯罪工作的决议》。

2005年，作出《关于财政专项资金管理使用情况的决议》。

2006年3月，县十二届人大五次会议作出《关于加强教育工作的决定》和《加强临城镇三个主要路口规划建设管理的决定》。

2007年，县十三届人大常委会作出《关于放胆利用开行贷款资金建设临高的决议》和县十三届人大二次会议作出《关于进一步加强教育工作的决定》。

2008年，县十三届人大常委会作出《加强政府投资项目管理的决定》和批准文澜江沿线基础设施项目等。年内县人大常委会围绕经济社会发展的重点、难点、热点问题强化法律监督，组织开展《中华人民共和国食品安全法》《中华人民共和国矿产资源法》《中华人民共和国档案法》执法检查，开展《中华人民共和国教育法》、《中华人民共和国食品安全法》和社会治安专题执法调研，配合省人大常委会进行《海南经济特区土地管理条例》《海南省土地权属确定和争议调查处理条例》等14部法律的立法调研。

2009年，县人大常委会加强司法公正监督。常委会听取和审议县法院关于行政审判工作情况的报告，针对行政审判中存在问题，要求法院严守审判公正底线，提高行政审判工作水平；加大宣传，提高全社会对行政诉讼法规的认识；公正司法，坚持维护民众利益与支持行政执法并重；强化沟通，采取措施，提高审判质量。年内作出批准回购临城市政大道工程项目、临城污水处理厂项目等决定。

2010年，作出增加3500万元投入职业教育、批准预借国库资金解决拖欠教师工资和注资5000万元作为临高渔业发展资金等决定。常委会在第30次会议上，审议批准县政府提请预借财政国库资金解决拖欠教师工资的议案。常委会在第32次会议上，审议批准县政府从县国库安排暂借共13373万元，作为渔业发展、农村卫生室建设、村级组织活动场所建设、城镇基础设施和教育小区建设、海南名角实业公司代建解放公园工程款，有力保障社会经济和社会事业的发展。

二、依法监督

（一）对国民经济计划和财政预算执行情况的审查监督

每年县人民代表大会召开前，常委会财经工委对计划、财政部门准备提交会议审议的计划和预算报告草案进行初审，提出初审意见。在人民代表大会期间，认真组织代表审议计划、财政报告，形成计划预算审查委员会意见，提交大会主席团。每年第三季度，常委会召开会议听取和审议计划、财政部门汇报执行情况，对计划和预算执行过程中的重大调整，要求县政府依照法定程序提请常委会审查批准。每月初将上月预算执行情况报县人大常委会。抓好计划和预算情况的年终检查，组织人大代表对全县上年度国民经济、社会发展情况进行检查、征询意见，做好准备工作。每年第三季度，听取和审议县审计局对本级财政预算执行和财政收支情况的审计工作报告，对审计结论和披露出来的问题，督促落实和整改。

1999 年，加强对财政预算执行情况的监督，除开展年初审查、半年审议、年终审议等常规监督外，针对县行政事业性收费和罚款收入管理不善的情况，常委会还派财经工委对县政府各执收、执罚部门进行“收支两条线”检查，督促县政府加强预算外资金的管理，确保财政资金足额入库。

2008 年，加强和改进对财政经济工作的监督，促进经济平稳运行。常委会对年度财政预算审查，采取提前介入、多方调研、对比分析的方式进行。根据公共财政的要求，遵循“一保工资、二保工作、三保建设”和加大民生保障力度的支出原则，提出五条审查意见。建议增加 2000 万元作预算收支安排，提高单位工作经费支出 10%，增加“三农”、教育、科技、文化和在建项目及解决历史遗留问题等项目支出。财政部门认真接受常委会的意见，很好地修改预算。在审议 2008 年上半年计划、财政工作报告中。针对上半年固定资产投资、地方一般预算收入等主要经济发展指标比上年同期下降，经济发展形势较为严峻的状况，常委会提出一系列促进临高县经济增长的建议。如，加大招商引资力度，鼓励客商投资工业、旅游、房地产等产业带动性强、创税多、就业多的项目；集中精力和利用开行资金加强基础设施建设；坚持政府主导土地一级开发，增加政府土地储备；提高资金支付速度，着力加快预算项目实施，下大力气解决结余结转过大问题，等等。这些意见和建议对推进临高县经济工作发挥积极作用。同时，常委会适时作出决定，批准县政府关于提请审议县城投公司暂借款作为文澜江沿线基础设施项目资本金的议案，批准关于提请审议县财政回购垃圾处理厂、县医院综合大楼并列入年度预算的议案；批准关于融资贴息实施展房改造再就业工程的议案，有力保障重点项目的顺利推进。

（二）审议“一府两院”专项工作报告

每年，县人大及其常委会结合社会重点热点，听取和审议专项工作报告，必要时对专项报告整改情况进行再次审议和测评。审议的报告有1986年县政府的《关于清理和纠正“三乱”的报告》，1987年县法院的审判工作报告和县检察院的检察工作报告，1989年县政府及有关部门的“扫黄”工作情况报告，1991年县政府的《农业综合开发和扶贫工作情况报告》，1993年县环资局的《关于贯彻〈中华人民共和国水法〉的情况报告》。

1993年，县人大常委会对《中华人民共和国土地管理法》《中华人民共和国义务教育法》《中华人民共和国公司法》《全民所有制企业转换经营机制条例》等法律法规的贯彻实施情况和人民群众反映较强烈的社会热点问题进行专项调查研究，写出《关于临高县文化市场调查情况》《关于临高县义务教育问题的调查情况》《关于〈中华人民共和国土地管理法〉执行情况调查》《关于〈全民所有制企业转换经营机制条例〉实施的调查报告》等12篇。

1996年，听取和审议县政府的《关于临高县预算外资金管理工作的报告》和《关于农业综合开发和扶贫工作的报告》。1998年，听取和审议县公安局的《临高县公安机关工作报告》和《代表评议公安整改情况的报告》。1999年，听取和审议县公安局的《临高县公安机关工作报告》和《代表评议公安整改情况的报告》。2000年，听取和审议县政府的《关于改善临高县投资环境议案的办理报告》。2001年，听取和审议县法院的《关于解决“执行难”问题的报告》。2003年，听取和审议县公安局的《关于社会治安和禁毒工作报告》和县财政局的《关于农村税费改革工作情况的报告》。2004年，听取和审议县政府的《关于贯彻实施〈中华人民共和国水法〉整改情况报告》。2005年，听取和审议县政府的《关于临高县第二轮农村土地承包遗留问题的整改情况报告》。2006年，听取和审议县政府的《审计工作报告结论办理及整改情况报告》。2007年，听取并审议县政府的《关于使用开行贷款资金工作报告》和《关于临高县教育工作的报告》。2008年，听取和审议县政府的《关于临高县社会治安的工作报告》。2009年，听取并审议县法院的《行政审判工作情况的报告》。2010年，听取并审议县法院的《民事审判工作情况的报告》和县检察院《民事审判监督工作情况的报告》等。

（三）执法检查和工作监督

县人大常委会每年都根据省人大常委会要求及全县的实际，开展涉及“三农”、教科文卫、生态环境、预算实施、民生保障、公共管理等方面的法律法规执法检查4～8次，实施具体工作监督事项5～10个。

1986年，检查中央教育体制改革的决定落实情况和《中华人民共和国经济合同法》落实情况。

1987年，检查《中华人民共和国土地管理法》《中华人民共和国环境保护法》《广东省农村五保户工作暂行规定》落实情况。组织县人大代表考察《中华人民共和国土地管理法》的实施情况后，做出加强土地管理的决议，县政府立即做出关于强化土地管理，严禁买卖土地盖私房的布告，拆除一些非法占地盖起的房子。

1989年，检查《中华人民共和国食品卫生法》执行情况和公检法司执法情况。1990年，到乡镇检查计划生育工作和三家糖厂砍运榨情况。1991年，检查《治安管理处罚条例》执行情况和"一五"普法工作情况及"二五"普法规划。1992年，检查行政审判、义务教育、计划生育和乡镇企业发展。

1993年，组织部分人大代表到临城、新盈、博厚、美夏等乡镇贯彻执行《中华人民共和国土地管理法》情况进行为期4天的考察活动，针对土地管理征地工作中出现的新问题提出意见和建议，并形成文件印发县、乡政府和国土管理部门及各经济开发区研究执行。协助驻县省人大代表和部分县人大代表进行联合考察，了解全县农业生产和减轻农民负担、社会治安综合治理、反腐斗争、企业改革等情况，调动代表依法信使职权的积极性，增强人大监督实效。

1998年，组织有关部门对《全国人民代表大会常务委员会关于加强社会治安综合治理的决定》《中华人民共和国促进科技成果转化法》《中华人民共和国义务教育法》《中华人民共和国教师法》《海南省医药市场管理条例》《海南省宗教事务管理条例》《中华人民共和国环境保护法》《中华人民共和国农业法》等法律法规进行执法大检查。在《中华人民共和国农业法》检查中，发现政府挪用农业专项资金638.5万元，常委会提出分期分批拨还农业专项资金的建议，从而保证农业综合开发和扶贫项目的实施。

2000年，对公安机关超期羁押问题进行检查。2001年，对马袅红海农场等6宗土地违法案件整改监督。2002年，对县教科局乱收费进行检查。2003年，对"非典"防治各项措施实施检查。2004年，开展对法院执行工作进行监督，并对马袅卫生院不执行法院生效的民事判决提出具体建议。2005年，对审计结论办理情况进行监督整改，对县法院拍卖机械厂国有土地一案作出监督意见。2006年，开展档案法执法检查，促使档案馆建设和基层加强档案管理。2007年，开展利用开行贷款资金调研，促进全县大开发大建设。2008年，开展高中阶段教育情况调研，促使原临高师范校区划归临高中学。2009年，开展项目建设调研及参与征地拆迁，推进县城"两桥四路"建设。2010年，检查保障性住房建设和督促解决拖欠教师工资问题等。

从1998年开始，每年开展不同主题的环保世纪行活动，推进"一控双达标"（污染总量控制，环境功能区达标、所有工业污染源排放污染物达标）落实和全县生态环境保护，2000年获得“海南环保世纪行优秀组织奖”，2002年评为“海南环保世纪行先进单位”。

2008年，县人大常委会围绕经济社会发展的重点、难点、热点问题确定监督任务，强化法律监督，保障法律的贯彻实施。组织开展《中华人民共和国食品安全法》《中华人民共和国矿产资源法》《中华人民共和国档案法》执法检查，开展《中华人民共和国教育法》《中华人民共和国食品安全法》和社会治安专题执法调研，配合省人大常委会进行《海南经济特区土地管理条例》《海南省土地权属确定与争议调查处理条例》等14部法律的立法调研。县人大常委会结合《中华人民共和国矿产资源法》和《海南省矿产资源管理条例》执法检查，发现矿产资源存在勘查登记、开采审批和管理不规范，违法开采矿产资源，矿产开发破坏生态及污染环境等问题，提出相应的整改意见。县政府及有关单位认真研究，采取相应措施，整改工作取得良好效果。组织《中华人民共和国档案法》和《海南省档案管理办法》执法检查，促进临高县档案管理工作依法开展，促进临高县档案馆大楼的建设，促使临高县的档案收集保存、档案信息化建设有明显的改进，重大建设项目档案、农村档案的管理工作也得到加强。结合执行《中华人民共和国教育法》开展高中阶段教育情况调研，针对存在的高中教育投入不足，学校教学设施设备落后，高中学位紧缺，高中教师专业结构不合理等问题提出相应的意见和建议，要求县政府加强高中教育工作力度，扩大高中学位，完善教学设施，改善高中教师结构。在《中华人民共和国食品安全法》执法调研中，县人大常委会就县级食品安全管理体制与市场经济发展不适应，食品安全执法力度不强，执法机构不健全，检测人员缺乏，检测设备落后及检测经费没有纳入财政预算等问题提出工作建议。积极开展立法调研。根据省人大的立法要求，常委会采取下基层调研，召开座谈会、发调查问卷等方式，先后对《中华人民共和国残疾人保障法》《中华人民共和国消防法》《海南省城镇园林绿化条例》《海南省限制生产运输销售储存和使用一次性塑料包装购物袋管理规定》等14部法律法规进行认真讨论研究，并及时将修改意见上报省人大，有的意见得到上级有关部门的采纳。

2010年，认真配合省人大常委会立法工作调研。根据省人大常委会的要求，先后21次召开省、县、镇人大代表、民主党派、人民团体及有关单位的调研座谈会，认真研讨，分析论证，先后完成《中华人民共和国人民调解法（草案）》《海南国际旅游岛建设发展条例》《海南省实施〈中华人民共和国义务教育法〉办法（修订草案）修改意见》《海南省审计监督条例（草案）》《海南省村民委员会选举办法（草案）》《海南省县乡两级人民代表大会选举实施细则（修正案草案）》《海南省消防条例（修订草案）》等18个法律的征求意见工作，为省人大常委会提供决策参考。如对《海南省村民委员会选举办法（草案）》的范围和对象提议改为“现居住在本村的大中专毕业生、复转军人、国家机关和企事业单位提前离岗或者退休人员，但户籍不在本村的居民，经本人申请并经本村村民会议或者村民代表会议讨论同意，可以作为本村选民登记，参加选举”的意见；对《海南省消防条例（修订草案）》提议对县级消防工作经费问题，要具体明确经费占年度预算比例等意见得到省人大常委会的采纳。

三、听取工作汇报和述职评议

县人大常委会每年底都听取政府部门领导工作汇报，对好的单位领导给予表扬，对差的单位领导进行批评促其改正。

1993 年，常委会听取县环资局《关于贯彻〈海南省野生动物保护条例〉的情况报告》、县农委《关于减轻农民负担条例》实施情况汇报，并及时向主管副县长反映，县政府决定采取措施制止乱捕滥杀野生动物的现象。

1994 年，组织县镇人大代表评议临城镇基层所站。1995 年，全县 15 个乡镇组织代表评议基层所站，受评单位 34 个，参评代表 195 人。1997 年，组织部分人大代表评议县法院工作。

1998 年，县人大组织 30 名省、县人大代表对县公安机关进行评议，撰写 15 篇评议材料，对公安工作起着推动作用。县人大常委会将代表评议的材料和建议列出 69 条整改内容，转交公安机关和有关部门进行整改。

2001 年 2 月，通过述职评议，县人大常委会对测评称职票不过半的县监察局局长，报请县委同意免去其职务。同年，经调查，组织群众测评，责成龙波镇政府免去不称职的龙波中学校长。

1993—2006 年，县人大常委会根据《海南省各级人民代表大会常务委员会监督条例》，每年有计划地安排政府组成人员和“两院”领导人述职评议，开展县政府副县长、法院正副院长、检察院正副检察长、政府各局（委）局长（主任）的述职评议，进行民意测评，形成述职情况报告，提出工作意见和建议，促使整改。2007 年以后，根据《中华人民共和国各级人民代表大会常务委员会监督法》的精神，采取听取工作汇报（专项工作报告）形式，开展对国家工作人员的监督。

四、人事任免

各届人大常委会在行使人事任免权过程中，对拟任干部在提交常委会审议表决前，必须经过任职考察、征求意见、领导谈话、主任会议审查程序，尤其是坚持任前法律知识考试，使人事任免工作走上法制化、程序化、规范化及科学和民主轨道，圆满完成省委、县委交给的任务，确保党委人事安排意图落实，为临高经济社会发展提供组织保障。

1987 年 5 月至 1990 年 4 月，县八届人大常委会共任免人员 36 人次，其中决定任命县政府组成人员 15 人；任命县人大常委会机关副科级以上领导干部 3 人；任命县人民法院组成人员 4 人；任命县人民检察院组成人员 4 人，免去“一府两院”人员职务 10 人。1988 年纠正县政府调整交流正副乡（镇）长不召开人民代表大会选举的做法和任命干部凭组织部干部介绍信任职的做法。

1990 年 4 月至 1993 年 4 月，县九届人大常委会共任免人员 136 人次，其中先后任命县人大常委会一办两委负责人 7 人，免职 2 人；决定任命政府组成人员 67 人，免职 10 人；任命县人民法院审判人员 32 人，免职 2 人；任命县人民检察院检察人员 14 人，免职 2 人。

1993 年 4 月至 1998 年 3 月，县十届人大常委会共任免人员 210 人次，其中先后任命县人大常委会一办两委负责人 7 人，免职 3 人；决定任命政府组成人员 65 人，免职 9 人；任命县人民法院工作人员 20 人，免职 3 人，任命县人民检察院工作人员 12 人，免职 4 人；1996 年在乡镇换届选举中，还任命各乡镇选举委员会组成人员 87 人。

1998 年 3 月至 2003 年 4 月，县十一届人大常委会共任免人员 128 人次，其中任命人大机关、政府组成人员、审判机关、检察机关提请的干部 105 人，免职 15 人，授受辞职 4 人，表决不通过 4 人，主任会议不提请表决 1 人。

2003 年 4 月至 2007 年 3 月，县十二届人大常委会共任免人员 137 人次，其中任命干部 99 人，免职 31 人，授受辞职 7 人。不符合任命条件，主任会议不提请表决 2 人。

2005 年，县十二届人大常委会第二十九次会议作出《关于撤销临高县人民法院 2005 年 9 月 5 日〈关于部分人事调整的通知 〉中有关人员职务任免通知的决定》，依法撤销县法院违法任命 4 位庭长、副庭长，维护法律尊严。

2007 年 3 月至 2010 年底，县十三届人大及其常委会共任免人员 168 人次，其中选举任免省人大代表 22 人、县长 2 人、副县长 13 人、法院院长 1 人、检察院检察长 2 人，任免其他国家机关工作人员共 114 人次，授受辞职 14 人。2009 年，任免副县长 5 人，国家机关工作人员 30 人次，接受辞职 3 人。2010 年，任免国家机关和法律机关工作人员 31 人次，其中任免副县长 7 人、人大机关工委主任 5 人、政府组成部门的主任、局长 15 人、法院副院长 1 人、副庭长 2 人、陪审员 5 人、检察院副检察长 1 人。

五、代表工作

1987 年，县十三届人大常委会作出《临高县人大常委会联系人民代表的方法》。

1993 年，改进联系代表制度，专职主任、委员每半年联系代表一次。通过联系了解代表的学习、工作和生活，并向代表通报县人大常委会的工作情况，征求代表意见，接受代表监督。全年联系 13 个乡镇人民代表，并综合情况向县委、县政府反映。1995 年，县人大常委会组织15个乡镇人大代表评议“基层所站”，1997年评议法院和1998年评议公安工作。

1999年，县人大常委会组织人大代表就国民经济和社会发展计划的执行情况、财政预算执行情况、国有企业改革情况、工农业生产情况、农村电力体制改革和电网改造情况以及环境保护、精神文明建设等方面，对全县22个单位进行视察，现场察看8个农业示范基地和8个养殖场，发现问题，提出建议。县政府撤销管理不善的县三产办，拆迁沿江南路东段美食街的20间铁皮小屋，取消农民不合理负担的收费看电影的规定。

2003年，县人大常委会作出《关于加强同县人大代表联系的办法》。2004年，县人大常委会研究制定《关于加强人大代表工作的决定》，建立培训县镇两级人大代表制度；各镇设立代表议政室，成立人大代表活动小组，每季度开展活动一次和集中汇报一次的制度；建立人大代表旁听制度，重大事情通报制度。全年组织县镇两级人大代表568人次进行有关法律培训。同年开始，对政府各部门代表建议的办理，县人大办公室、县政府办公室联合进行督查。2005年，县人大常委会作出《关于加强代表人大代表工作的决定》，组织承办单位与人大代表“面对面”办理。建立人大代表通道，通过简报、短信向代表通报情况，为人大代表订阅《海南人大》杂志和资料，增进代表对人大工作的了解和支持。2007年，县人大常委会作出《县人大常委会委员联系人大机关工作制度》。

2010年，为提高人大代表骨干和人大工作者的履职能力，县人大常委会于5月下旬和6月初分别组织部分常委会组成人员、镇人大主席、人大机关干部以及人大代表骨干，分两批赴北戴河全国人大培训中心学习。为了落实代表知情权和保障工作，常委会为县、镇人大代表征订《海南人大》《中国人大》刊物等学习资料，努力拓宽代表的知情知政渠道，不断地加强代表的履职能力。

1986—2010年，县人大常委会共收到代表的议案771件，建议、批评和意见1182件。每年底政府办理代表建议情况都要向县人大常委会报告或在下次人代会向代表报告，建议办结率在80%以上，满意率在70%以上。

六、议案和建议办理

1986年县七届人大三次会议，代表提出的议案、建议、批评和意见共106件。南宝区代表团提出为解决革命老区道淡村人民照明用电，资助兴建道淡水电站的问题，会后交水利部门办理落实。

1987年5月至1990年4月，县八届人代会共举行4次会议，一、二、四次例会代表提出的议案、建议、批评和意见共246件。1987年，新盈镇黄永强等代表提出，昆社、龙昆两村现有港口不适应渔船避风，建议县政府或有关部门出资修建防浪堤，会后交渔业部门办理落实。1988 年，调楼乡王盛家等代表提出，要求把调楼乡人民政府改为调楼镇人民政府，会后交民政部门办理落实。1989 年，博厚镇陈仁超等代表提出建议县政府筹集资金拨款兴建南贤至博西渡槽，会后交水利门办理落实。

1990 年 4 月至 1993 年 4 月，县九届人代会共举行 4 次会议，一、二、三次例会代表提出的议案、建议、批评和意见共 295 件。1990 年，外经战线陈振长等代表提出，按临城建设总体规划，尽快开通沿江北路，并筹建临城第三桥，创造一个优越的投资环境。会后交县政府办理落实。1991 年，吕国松等 11 名代表提出关于加强外引内联工作，加速全县经济发展的议案，大会专门就此作出决议，交由相关部门办理落实。1992 年，蔡鞭圣等代表提出关于依靠科技兴县促进经济发展的议案，大会专门就此作出决议，并由相关部门办理落实。

1993 年 4 月至 1998 年 3 月，县十届人代会共举行 6 次会议，一次、二次、四次、五次、六次例会代表提出的议案、建议、批评和意见共 369 件。1993 年，新盈镇符发景等代表提出搞好新盈港基础设施建设的建议，责成县水产局向省水产局作了申请，得到省水产局的支持。1994 年，皇桐乡王明松等代表提出在短期内深入开展打击各种犯罪活动的专项斗争的建议，县政法委组织研究部署，开展多次严打专项斗争。1995 年，县直机关代表团提出农贸市场猪牛鸡鸭肉注水的问题，县工商局配合有关部门多次检查，并布置各基层工商所经常性检查。1996 年，美良镇陈秀兰等代表提出维修临域至调楼公路的建议，县工交局、临高公路分局和美良镇政府积极协调和组织。1997 年，何之荣等代表提出关于解决美良农贸市场基础设施建设的建议，工商局投入资 20 多万元改造。

1998 年 3 月至 2003 年 4 月，县十一届人代会共举行 7 次会议，一次、二次、三次、四次、六次例会代表提出的议案、建议、批评和意见共 326 件。1998 年，东江乡吴维杰等代表提出解决贫困乡镇干部教师工资问题的建议，县政府研究撤销东江和美夏一级财政，将这 2 个乡的干部教师工资由县财政统一发放。1999 年，东英镇陈秋梅等代表提出要求解决扶西村因高位池养虾污染饮用水井的问题，县人大常委会列入环保世纪行活动检查内容，跟踪督办，促使问题得到解决。2000 年，临城代表团代表提出的《关于进一步改善临高县投资环境的议案》，县十一届人大三次会议通过决议后，常委会加强跟踪监督，落实议案的办理工作，督促县政府采取得力措施，改进机关作风，加强社会治安综合治理工作，维护外来投资者的合法权益，为临高县的经济发展保驾护航，得到外商的好评。2001 年，和舍镇代表提出要求县政府妥善解决跃进、尧龙库区水浸区移民生活困难的建议，在常委会领导的督促和帮助下，县民政局为先光水浸区移民送去 1.5 万公斤大米，解决移民的生活困难。同年 5 月，热情的先光老区群众给常委会送来一面锦旗，上面写着“情怀老区、心系灾民”八个大字。2001 年，美夏乡林财发等代表提出对“三无”和“三证”不齐渔船进行规范管理的建议，县政府有关部门深入调查，做好归港渔船的清理和整顿。2002 年，博厚镇王雄汉代表提出解决东干渠下游防渗问题的建议，县长亲自督办，问题得到解决。

2003 年 4 月至 2007 年 3 月，县十二届人代会共举行 6 次会议，一次、二次、三次、五次例会代表提出的议案、建议、批评和意见共 316 件。2003 年十二届人大一次会议，东英镇陈超民代表提出维修东英西分干渠的建议，县政府列入 2003 年冬修重点项目，组织干部群众几万人进行整修。2004 年十二届人大二次会议，临城镇黄族生等代表提出解决县城屠宰场废水污染环境问题，县政府分管领导召集有关部门研究，采取措施治理。2005 年十二届人大三次会议，临城代表团提出《关于临城地区城市建设和整治的议案》，县委、县政府成立城镇建设协调领导小组和综合整治指挥部，组织开展办理。2006 年十二届人大五次会议，调楼镇王冠辉等 40 名代表提出提高村（居）委会干部补贴标准的建议，县政府列入当年为民办实事之一予以落实。

2007 年 3 月至 2010 年，县十三届人代会共举行 8 次会议，自 2007 年 3 月至 2010 年，4 年多以来，一次、三次、五次、八次例会代表提出的议案、建议、批评和意见共 295 件。2007 年，波莲镇王晶华等代表提出解决波莲南片区 5 个村委会 11 个自然村农网改造问题的建议，县政府积极协调省有关部门解决。2008 年，多文镇符学记等代表提出硬化东江至加来公路的建议，县交通局上报省厅列入项目解决。2009 年，临城镇王诚青等代表提出清理乡镇历年债务的建议，县财政局制定方案开展清理工作。2010 年，东英代表团林国文代表提出实施文连村委会饮水工程的建议，得到有关部门的重视和采纳，项目在当年得以动工，解决该村委会 5 个自然村的饮水难问题；新盈镇代表团钟国基代表提出改善城镇居民医疗保险的建议，县政府研究决定从 2010 年起，城镇居民医疗报销限额从 3 万元提高到 6 万元，报销比例也相应提高。

1986—2010 年临高县各届次县人民代表大会议案、建议统计表

表 12-1-5　　　　单位：件

届　次	年份	议案总件数	建议、批评、意见件数	其中						经审查列为议案件数
				工交财经经济	农林水	教科文卫民政	政法	城建资源环保建设	其他	
七届三次	1986 年	31	75	5	23	27	10	3	7	31

续表 12-1-5

届次	年份	议案总件数	建议、批评、意见件数	其中						经审查列为议案件数
				工交财经经济	农林水	教科文卫民政	政法	城建资源环保建设	其他	
八届一次	1987年	—	119	18	34	23	—	27	17	—
八届二次	1988年	—	57	10	31	8	3	5	—	—
八届三次	1988年	—	—	—	—	—	—	—	—	—
八届四次	1989年	—	70	14	13	11	5	9	18	—
九届一次	1990年	—	105	28	30	14	9	19	5	—
九届二次	1991年	2	71	15	32	5	2	4	13	2
九届三次	1992年	10	107	30	32	10	8	12	15	10
十届一次	1993年	62	82	32	55	21	2	10	15	—
十届二次	1994年	21	22	7	16	5	3	8	5	—
十届三次	1994年	—	—	—	—	—	—	—	—	—
十届四次	1995年	45	26	7	22	7	10	15	10	—
十届五次	1996年	31	10	2	16	11	3	5	4	—
十届六次	1997年	30	40	15	20	10	4	8	13	—
十一届一次	1998年	26	23	12	16	5	7	3	6	—
十一届二次	1999年	52	18	12	30	9	6	4	9	—
十一届三次	2000年	57	22	19	31	5	3	7	13	1
十一届四次	2001年	30	41	5	35	7	5	17	2	—
十一届五次	2001年	—	—	—	—	—	—	—	—	—
十一届六次	2002年	47	10	13	26	3	4	4	7	—
十二届一次	2003年	33	57	9	34	12	13	15	7	—
十二届二次	2004年	51	36	17	32	18	7	4	9	—
十二届三次	2005年	38	38	8	32	15	5	9	7	1
十二届四次	2005年	—	—	—	—	—	—	—	—	—
十二届五次	2006年	30	33	5	27	11	6	9	5	—

续表 12–1–5

届　次	年份	议案总件数	建议、批评、意见件数	其中						经审查列为议案件数
				工交财经经济	农林水	教科文卫民政	政法	城建资源环保建设	其他	
十三届一次	2007 年	37	56	17	25	19	6	10	15	1
十三届二次	2007 年	—	—	—	—	—	—	—	—	—
十三届三次	2008 年	50	18	5	19	8	5	8	14	—
十三届四次	2008 年	—	—	—	—	—	—	—	—	—
十三届五次	2009 年	56	30	11	29	13	6	11	16	—
十三届六次	2009 年	—	—	—	—	—	—	—	—	—
十三届七次	2009 年	—	—	—	—	—	—	—	—	—
十三届八次	2010 年	32	16	6	18	10	4	8	2	—

说明：有的会议只进行选举，没有收集议案、建议、批评和意见

七、信访工作

县人大常委会加强信访工作力度，一是实行人大常委会主任接访制度，把信访工作列入主任会议日程，对重大信访案件提请主任会议讨论处理意见；二是明确办公室主要领导分管信访工作，配备专职信访员，具体管理信访工作；三是制定接访、转交、交办、催办、督办一整套信访制度，完善人大机关信访制度。常委会领导对重大信访案件，亲自接访，亲自调查研究，亲自疏通协调，亲自督促办理。

1987 年 5 月至 1990 年 4 月，县八届人大常委会共收到人大代表和其他群众来信 178 封次，接待来访 237 人次。每一封来信主管领导都亲自阅办，每一次来访都有人接待，得到妥善处理。如，1988 年美良镇一妇女上访反映其丈夫因打人被拘留超过期限的问题，县人大常委会督促公安部门给予办理。

1990 年 4 月至 1993 年 4 月，县九届人大常委会共收到代表和群众来信 291 件，接待来访 336 人次。对于以上信访案，县人大常委会按照“分级负责，归口管理”的原则，及时转交有关部门处理。对重点的信案和省人大常委会批转的信件，常委会的领导亲自阅批和接待，派出专人协调有关部门调查处理。

1993年4月至1998年3月，县十届人大常委会共收到代表和群众来信276件，接待来访522人次，并及时交办、督办。1998年，博厚镇五尧、文双村，新盈镇头咀村和调楼乡抱才村渔民的来信，均得到妥善解决。

1998年3月至2003年4月，县十一届人大常委会共收到群众来信1535件，接待群众来访3653人次，这些来信来访，大部分得到较好的处理。2000年，县城各小学和县进修学校一些教师到人大上访，反映县教育局1994—1998年期间从各乡镇把31名教师调入县城各学校工作，由于实行两级财政包干，这些教师调到县城后领不到工资的问题，经查，县人大常委会向县政府转发教研文卫工委《关于调入县城工作的教师工资发放情况的调查报告》，问题得到基本解决。2001年，和舍镇先光水浸区移民反映生活补偿问题得到较好处理。

2003年4月至2007年3月，县十二届人大常委会共接待人民群众来信来访2153件、15640人次。县人大常委会坚持和完善主任会议成员轮流接待人大代表和人民群众来访制度，加大信访的督办力度，为维护人民群众合法权益、化解社会矛盾、维护社会稳定做了大量的工作。如2004年，博厚镇部分群众来信反映该镇新贤防潮坝停建，导致海水倒浸农田、道路不通和东英镇灵山村群众来访反映该村群众饮水难问题；2005年，调楼村上访要求解决调楼戏场被法院查封问题；2006年，博厚海南桐茂实业公司生产基地多次被毁坏案件；2007年，东英西北村群众上访反映的饮水难问题等一大批人民群众来信来访反映强烈的问题，在人大常委会的依法督查下，在有关部门的支持配合和努力下，都得到较好处理，群众反响很好。

2007年3月至2010年，县十三届人大常委会共受理群众来信526件，接待群众来访327批2108次，其中集体上访41件，重信重访15件，省人大批转信访50件。信访办理取得明显效果。如2007年，博厚镇祥隆村民庞某等20多名群众来访反映，洪某人未经本村村民同意，在其承包的德老村与该村有争议的昌堂农场“靠依坡”上毁林盖房子，群众自发制止，被公安机关拘留一事，要求查清事实并赔偿损失。主任会议很重视，及时研究批转县政府处理。县政府调查处理后及时答复上访群众，从法律的角度进行教育疏导，化解社会矛盾。2008年，东英镇灵山村委会西北村群众来信反映的饮水难问题，常委会获悉后，立即组织有关单位深入调研，主任会议成员及时跟踪督办。在常委会督促下，民政局增加拨款3万元，东英镇政府也从工作经费中挤出5000元，镇村两级干部积极抓落实，西北村96户486人喝上干净的自来水。2010年，多文镇蔗农反映糖厂擅自降低糖蔗收购价的问题等，经县人大常委会依法督促，得到较好处理；临城镇奇地村群众反映的行路难问题，常委会领导及时批转县交通局研究处理，交通局结合乡村公路建设与文明生态村建设的要求，认真规划实施，解决群众行路难问题，推进该村文明生态村建设；临城镇美迎村群众反映二环西路排水渠道堵塞，造成该村洪涝的问题，常委会几位领导多次深入调研，提出处理意见，协调县政府及有关部门拓宽排水渠道、增加排水口，解决群众迫切要求的焦点问题。

第五节 乡镇人民代表大会

乡镇人民代表大会，每届由代表选举产生正、副主席，任期原为3年（2004年地方组织法修改为每届任期5年），届满后，进行换届选举。换届选举时，各乡镇设立选举委员会，主持乡镇人民代表大会代表的选举。

1987—2010年临高县乡镇人民代表大会换届选举基本情况表

表12-1-6

年份	界别	选民（人）	参选（人）	参选率（%）	选出代表（人）	选出人大主席（人）	选出人大副主席（人）	选出人民政府（乡）镇长（人）	选出人民政府副（乡）镇长（人）
1987年	九　届	140432	132523	94.4	806	—	—	17	42
1990年	十　届	148014	141057	95.3	792	17	—	17	54
1993年	十一届	152952	146069	95.5	799	17	3	17	78
1996年	十二届	153351	148224	96.7	881	15	16	16	78
1999年	十三届	167254	158657	94.8	906	16	8	17	78
2002年	十四届	172824	163146	94.4	798	17	—	17	78
2006年	十五届	186445	174885	93.8	655	11	9	11	41

县人大常委会设立选举委员会工作办公室，指导全县各乡镇的选举工作。

1987年，临高县实行撤销区公所设置乡（镇）建制，并进行新一届乡（镇）人大换届选举。1996年，以波莲镇为试点，逐步铺开撤销管理区改建村民委员会工作。至2000年初，全县174个村民委员会顺利完成改制任务。与此同时，继续抓好乡镇政务公开工作，总结、推广乡镇行政执法责任制的经验和做法，推进乡镇行政执法责任制及评议考核制。开展创建村民自治模范县、镇、村活动，落实“四民主、两公开”（民主选举、民主决策、民主管理、民主监督，村务公开、财务公开）制度建设，建立比较规范的村务工作管理和运行机制，促进农村社会稳定和经济发展。开展村（居）民委员会换届选举的指导和监督工作。至2009年，共完成5届村（居）民委员会选举。

第二章　地方人民政府

第一节　组织机构

一、县政府领导组成人员

1986—2010年，临高县经历7届人民政府（1984年6月、1987年5月、1990年4月、1993年1月、1998年3月、2003年4月、2007年2月），并分别产生第八、九、十、十一、十二、十三届人民政府，选举产生6任县长、副县长。

1986—2010年临高县人民政府历任县长、副县长名录

表12-2-1

<table>
<tr><th>届次</th><th>职务</th><th>姓名</th><th>性别</th><th>籍贯</th><th>任职时间</th><th>备注</th></tr>
<tr><td rowspan="7">第七届（1984年6月至1987年5月）</td><td rowspan="2">县长</td><td>刘名启</td><td>男</td><td>广东普宁</td><td>1983年9月至1986年3月</td><td>跨届</td></tr>
<tr><td>李茂忠</td><td>男</td><td>广东化州</td><td>1986年3月至1987年5月</td><td>跨届</td></tr>
<tr><td rowspan="5">副县长</td><td>郑平宣</td><td>男</td><td>海南澄迈</td><td>1984年6月至1987年5月</td><td>—</td></tr>
<tr><td>许忠泰</td><td>男</td><td>海南临高</td><td>1984年6月至1987年5月</td><td>—</td></tr>
<tr><td>文积超</td><td>男</td><td>四川南充</td><td>1984年6月至1987年5月</td><td>—</td></tr>
<tr><td>曾庆剑</td><td>男</td><td>海南临高</td><td>1984年6月至1987年5月</td><td>—</td></tr>
<tr><td>符光勉</td><td>男</td><td>海南临高</td><td>1984年6月至1987年5月</td><td>—</td></tr>
<tr><td rowspan="5">第八届（1987年5月至1990年3月）</td><td rowspan="2">县长</td><td>李茂忠</td><td>男</td><td>广东化州</td><td>1987年5月至1989年</td><td>—</td></tr>
<tr><td>符孟彪</td><td>男</td><td>海南东方</td><td>1989年8月至1990年3月</td><td>届中补选</td></tr>
<tr><td rowspan="3">副县长</td><td>郑平宣</td><td>男</td><td>海南澄迈</td><td>1987年5月至1990年3月</td><td>连任</td></tr>
<tr><td>许忠泰</td><td>男</td><td>海南临高</td><td>1987年5月至1990年4月</td><td>连任</td></tr>
<tr><td>文积超</td><td>男</td><td>四川南充</td><td>1987年5月至1990年4月</td><td>连任</td></tr>
</table>

续表 12-2-1

届次	职 务	姓 名	性别	籍　贯	任职时间	备注
第八届（1987年5月至1990年3月）	副县长	曾庆钊	男	海南临高	1987年5月至1990年4月	连任
第九届（1990年4月至1993年4月）	县长	朱堂生	男	广东高明	1990年4月至1993年4月	—
	副县长	曾庆剑	男	海南临高	1990年4月至1993年4月	—
	副县长	林严波	男	海南临高	1990年4月至1993年4月	—
		曾令锦	男	海南澄迈	1990年4月至1993年4月	—
		曾庆鹏	男	海南临高	1990年4月至1993年4月	—
		王日光	男	海南临高	1990年4月至1993年4月	—
		黄守宏	男	海南文昌	1990年12月至1993年4月	—
第十届（1993年4月至1998年2月）	县长	朱堂生	男	广东高明	1993年4月至1995年2月	—
		黄良胜	男	海南文昌	1995年3月至1998年3月	届中补选
	副县长	林严波	男	海南临高	1993年4月至1998年2月	—
		曾令锦	男	海南澄迈	1993年4月至1998年2月	—
		刘志强	男	海南临高	1993年4月至1998年2月	—
		符绩陈	男	海南文昌	1993年4月至1998年2月	—
		郑朝阳	男	海南儋县	1993年4月至1998年2月	—
		黄守宏	男	海南文昌	1993年4月至1998年2月	—
第十一届（1998年4月至2003年4月）	县长	欧阳顺林	男	湖南桂阳	1998年4月至2000年1月	—
		吴光华	男	海南儋县	2000年1月至2001年4月	届中补选
		江华安	男	湖北监利	2001年4月至2003年4月	届中补选
	副县长	吴井光	男	海南儋县	1998年4月至2003年4月	—
		符绩陈	男	海南文昌	1998年4月至1998年	—
		郑朝阳	男	海南儋县	1998年4月至2003年4月	—
		林宏杰	男	海南定安	1998年4月至2003年4月	—
		刘孝璜	男	海南临高	1998年4月至2003年4月	—
		王美珍	女	海南文昌	1998年4月至2003年4月	—

续表 12-2-1

届次	职务	姓名	性别	籍贯	任职时间	备注
第十二届（2003 年 4 月至 2007 年 2 月）	县长	江华安	男	湖北监利	2003 年 4 月至 2005 年 7 月	—
		符　永	男	海南文昌	2005 年 8 月至 2006 年 8 月	—
		羊经位	男	海南儋县	2006 年 8 月至 2009 年 8 月	—
	副县长	刘孝璜	男	海南临高	2003 年 4 月至 2007 年 2 月	—
		王美珍	女	海南文昌	2003 年 4 月至 2007 年 2 月	—
		潘　骏	男	海南琼山	2003 年 4 月至 2007 年 2 月	—
		陈益鸿	男	海南临高	2003 年 4 月至 2007 年 2 月	—
		李　彤	女	内蒙古包头	2003 年 4 月至 2007 年 2 月	—
第十三届（2007 年 2 月至 2010 年 12 月）	县长	羊经位	男	海南儋县	2006 年 8 月至 2009 年 8 月	—
		郑柏安	男	海南海口	2009 年 9 月至 2010 年 12 月	—
	副县长	曹　文	男	广东梅县	2007 年 2 月至 2009 年 8 月	—
		王国建	男	海南琼海	2007 年 2 月至 2009 年 8 月	—
		王大辉	男	海南琼中	2007 年 2 月至 2009 年 8 月	—
		闫玉龙	男	河北任丘	2007 年 2 月至 2010 年 12 月	—
		王学敏	男	海南临高	2007 年 2 月至 2009 年 8 月	—
		李　梅	女	山西忻州	2009 年 4 月至 2010 年 6 月	挂职
		林保松	男	海南乐东	2009 年 4 月至 2010 年 6 月	挂职
		段　怡	女	吉林公主岭	2009 年 9 月至 2010 年 12 月	—
		程江洪	男	河南固始	2009 年 9 月至 2010 年 12 月	—
		王国宙	男	海南临高	2009 年 9 月至 2010 年 12 月	—
		李　波	男	湖南娄底	2009 年 9 月至 2010 年 12 月	—
		陈卓尔	男	海南临高	2009 年 9 月至 2010 年 12 月	—
		王三防	男	河南封丘	2009 年 9 月至 2010 年 12 月	—
		王三防	男	河南封丘	2009 年 9 月至 2010 年 12 月	—

二、县政府工作机构

1986年，临高县人民政府组成部门机构有政府办（含文教组）、农委（含交安会）、建委（含人防办）、计委外经、编委办、科委、科协、民政局（含老区办）、劳动局、人事局、统计局（不含抽样调查组）、物价局、审计局、农业局（不含基层）、林业局、水电局、水产局、农机局、二轻局、商业局、粮食局、工商局（不含基层所）、财政局（不含基层所）、税务局（不含基层所）、教育局、热作局（含乡、镇企业管理局在内）、文化局、卫生局（含爱卫办）、计划生育委员会、财办、体委、机要科、信访办、环保局、公安局、司法局、国土局。

县企业、事业单位编制有区划办、交通局、电视局、供销联社、外贸总公司、物资总公司、信托投资公司、对外信托贸易公司、医药联合公司、临高县对外经济发展公司。

1987年，增设外事办公室、标准计量局、社队企业办公室改名为乡镇企业局。

1988年，全县实行机构改革，县政府共设工作机构44个。

1989年，增设海洋管理局、扶贫办。1991年，增设外事侨务办。1992年，增设社会保障局、畜牧局。1993年，增设县人民复议办。1994年，增设征税中心、财政税务局。

2001年3月，进行机构改革，调整后的政府工作部门有17个，即政府办、发展计划局、经济贸易交通局、教育与科学技术局、公安局、司法局、监察局、民政局、财政局、人事劳动保障局、建设与国土环境资源局、农业局、海洋与渔业局、文化广电体育局、卫生局、审计局、计划生育局。其中内设机构1个（政府办设信访局）；挂牌机构5个（办公室挂外事侨务办公室、法制办公室牌子，发展计划局挂经济动员办公室牌子，经济贸易交通局挂交通战备办公室牌子，建设与国土环境资源局挂人民防空办公室牌子。监察局与县纪委合署办公。全县副科级以上事业单位分为直属事业单位、部门管理事业单位和部门服务性事业单位，共56个（副科15个）。其中党委5个，政府43个，团体8个。

2010年1月，临高县七所（农科所、水利管养所、财政所、税务所、工商所、派出所、司法所）、八站（农业站、畜牧站、林业站、农机站、文化站、广播站、土肥站、经管站）分别改为农业服务中心和社会事务中心。工资待遇改为全额事业工资。至年底，县政府直属机构有政府办、信访局、民政局、发改局、商务局、教育局、农业局、海洋与渔业局、财政局、公安局、司法局、人力资源和社会保障局、住房和城乡建设局、审计局、文体局、卫生局、药监局、统计局、计生委、交通运输局、国土资源局、水务局、林业局、机关事务局、粮食局、旅游局、市场管理局、科技局、档案局、广播电视台、物价局、房产局、市政园林局、工信局、安监局、残联、就业局、地震局、畜牧局、城监大队、森林公安分局、政务中心、会计中心、体育中心、热作中心、农业中心、农机中心、农综办、扶贫办、金牌管委会、临高角管委会、城投公司、信用协会、临高中学、临高县第二中学、职业学校、县医院、中医院、爱卫办、新合办、疾控中心、妇幼保健院、建筑工程管理站、供销联社、自来水公司、拆迁办、城乡居民社会养老保险局。

1988 年临高县人民政府机构设置一览表

表 12–2–2

工作部门（22 个）	县政府办公室、计划统计局、人事劳动局、教育与科学技术局、建设与环境资源局、工业交通局、农业局、贸易局、文化体育局、卫生局、计划生育局、民政局、公安局、司法局、审计局、财政局、审计局、工商行政管理局、水利电力局、外事侨务办公室、监察局、机构编制委员会办公室
挂牌机构（10 个）	物价局、旅游局、技术监督局、乡镇企业局、土地管理局、国有资产管理局、科学技术办公室、县人民政府口岸管理办公室、县人民政府法制办公室、“三防”办公室
内设机构（5 个）	信访办、国有资产管理局、刑警大队、巡警大队、交警大队
归口管理事业单位（18 个）	社会保障局、农村社会养老保险局、劳动就业服务局、地震办公室、住房制度改革办公室、爱国卫生管理委员会办公室、农业综合开发办公室、地方税务稽查大队、县城管理监察中队、交通运输管理中心、农业技术推广中心、农业机械服务中心、热带作物服务中心、扶贫服务中心、畜牧业服务中心、水产服务中心、计划生育服务中心、二轻工业服务中心
事业单位（8 个）	海洋管理局、经济合作局、林业局、广播电视局、档案局、史志办公室、地方税务局、粮食局
派出机构（3 个）	林业公安分局、边防大队、金牌港开发区管理委员会

三、基层行政机构

1983 年 8 月，临高县基层行政机构体制改革，撤销人民公社、生产大队、生产队建制，改为区公所、乡人民政府、村民委员会建制；全县设立 16 个区公所、1 个镇人民政府。每个区（镇）设立区（镇）长 1 人，副区（镇）长 2～4 人，并配备 8 名助理员，分管生产、民政、财粮、文教、司法、计划生育、乡镇建设、计划统计等。全县 162 个大队，并为 123 个乡人民政府，每个乡设乡长 1 人、副乡长 1～2 人，文书 1 人。全县有 749 个村民委员会，890 个村庄。

1987 年 3 月撤区并乡，各区公所改为乡、镇人民政府。全县设 10 个镇 8 个乡，即临城镇、新盈镇、博厚镇、波莲镇、东英镇、和舍镇、多文镇、美良镇、龙波镇、加来镇（归国营加来农场管辖），文澜江乡（1993 年 1 月合并入临城镇）、皇桐乡、美台乡、南宝乡、东江乡、马袅乡、调楼乡、东英乡。乡（镇）设乡（镇）长 1 人，副乡（镇）长 2～3 人，并增设民政助理、司法助理、国土所助理等。乡镇所管辖的村（居委会），设主任 1 人，副主任 1～2 人。此外，境内有红华、加来 2 个国营农场。全县辖 123 个管理区（后改为村委会），890 个村庄。

2002 年 6 月，乡、镇合并，将原 10 个镇 7 个乡合并为 10 个镇，即临城镇（美台乡并入）、新盈镇、调楼镇（美良镇并入）、皇桐镇（龙波镇并入）、东英镇（美夏乡并入）、博厚镇（马袅乡并入）、多文镇（东江乡并入）、南宝镇（由乡改为镇）、和舍镇、波莲镇，红华、加来 2 个国有农场。至 2010 年末，全县基层行政机构未变。

第二节　政府常务会议

1998 年，县长主持召开县政府常务会议 3 次。研究县政府新班子的分工、临高角浏览区合作开发及第三产业管理 3 项工作。研究大力发展糖蔗生产、临高角风景名胜区合作开发、高速公路英台路口进城路段建设、县委大院房改小区建设、第五支渠美灵隧洞工程建设、黄龙中心避风渔港建设补偿及兴办年产 5 万吨钢材厂项目等 7 项工作。讨论政府组成人员的提议、发展高位池养虾、高速公路美台路口进城路段建设，招待所维修工程决算等事项工作。

1999 年，县长主持召开县政府常务会议 5 次。研究县公安局门前的土地转让，农村电网改造，沉箱养鲍，初中一年级的招生，师范类毕业生的工作安排等问题。

2000 年，县长主持召开县政府常务会议 20 次，研究关于编制 2000 年国民经济发展计划，关于严禁炸鱼、毒鱼及非法电捕作业和破坏珊瑚礁的通告，全县中小学校行政事业性收费收支管理的实施意见，2000 年临高县财政预算方案，卫生事业投入若干问题意见的请示，农村工作和招商引资工作会议，县政府为民办实事，政府领导班子“三讲”教育整改方案，冬季瓜菜产销合作合同，临高澄迈勘界工作情况，专题研究江北道路改造建设有关情况问题，“解放海南纪念园”革命烈士纪念设施归口管理，人事任免，江北西路文澜江防洪改造和江北西路旧房改造及小区开发建设，退伍军人安置，20 名大中专毕业生安排，乡镇机构管理体制改革方案，1—10 月财政工作情况，临高县国民经济和社会发展“十五”

计划纲要，2001 年全县国民经济和社会发展计划等问题。

2001 年，县长主持召开县政府常务会议 10 次，研究全县经济工作会议材料（征求意见稿）、临高 2001 年财政收支预算、搬迁临城镇政府办公地址、财税、房屋建筑工程造价，学习江泽民总书记在庆祝中国共产党成立 80 周年大会上的讲话，清理整顿农业用地流转专项工作方案等问题。

2002 年，县长主持召开县政府常务会议 5 次，研究筹建县戒毒所，临高金牌（海南）资源综合利用工业园项目，加强中小学校危房改造工程项目管理办法，2001 年机关、事业单位正常增资及年限升级，2002 年财政收支情况等问题。

2003 年，县长主持召开县政府常务会议 3 次，研究《临高地税系统人员清理实施方案》，“非典”对临高县经济的影响和对策，临高地税系统超编人员清理分流等问题。

2004 年，县长主持召开县政府常务会议 9 次，研究临高县基础教育办学规模五年发展规划、临高县非公有制经济负费、调整临城地区自来水价格、临高县基础教育办学规模五年发展规划、调整 2004 年度财政预算、全县“双冬”工作、临高县新的城镇基准地价、临高县财政资金管理、财政收支等问题。

2005 年，县长主持召开政府常务会议 9 次，研究规范临高县国有资产处置、离休干部医疗费、乡村公路规划建设、农村饮水安全规划、兴建劳动力市场项目、地表水厂建设、党政机关事业单位养老保险管理暂行规定、江南商住小区开发合同书等问题。县长主持召开县政府常务会议 3 次，研究干部任免、江南二环路工程设计预算等问题。

2006 年，县长主持召开县政府常务会议 7 次，研究临高县事业单位新进人员招聘工作，财政预算资金审批拨付，机关事业单位工作人员正常增资，戒毒康复农场建设用地，青少年活动中心建设用地，人事任免，修建临美路两侧路灯和“十佳”校长推选等问题。县长羊经位主持召开县政府常务会议 9 次，研究临高角“长岛·蓝湾”项目开发建设、推进新盈渔港建设、江北东路建设、2006 年教师招考录用手续、新盈渔港续建工程总体规划、招商引资奖励办法、干部新村小区道路改造、液化气和沥青生产项目土地出让、临高角滨海公园项目征地补偿款等问题。

2007 年，县长主持召开县政府常务会议 23 次，研究糖蔗生产奖励办法及护蔗工作，劳动力培训中心人民会堂项目工程进度款的拨付，临城至临高角市政大道建设项目测量勘察相关费用确认，海南福华石化有限公司金牌港商品油储油库项目建设，金牌港经济开发区合作开发，推进海南金牌港精细有限公司重油改质深加工项目，县委招待所兴建星级酒店项目，县政府与国家开发银行开发性金融合作协议，原乡镇和县直机关干部调到县事业单位任职部分同志的公务员登记，临高县城镇投资有限公司与海南义丰投资有限公司合作开发建设武莲渔港，县机关行政事业单位实行住房公积金制度，临城镇文澜江沿线基础设施建设项目申请贷款，打井灌溉种蔗，县医院内科综合大楼建设申请贷款，县委大院整治及县直机关新办公大楼建设，临高角滨海公园项目扩大投资规模建设，建设临高县工业及民用天然气管网供气工程，成立临高金牌港经济开发区发展控股有限公司，教育危改项目贷款，武莲渔港建设项目，临高角“长岛·蓝湾”项目建设，临高县种子质量监督检测分中心建设项目等问题。

2008 年，县长主持召开县政府常务会 24 次，研究偿还临高高元投资有限公司地表水厂项目前期支出费用，县垃圾处理场及生活污水处理项目建设，廉租住房建设，年产 15 万吨聚丙烯化工厂项目用地，临高角旅游度假区，海南建兴基废旧金属利用有限公司废旧钢铁综合利用项目用地，县委大院整治工程项目建设，县委党校县武装部新址建设项目，沿海公路建设，临高县 2002 年招收的师范毕业生招聘，临高县原工商体改分流人员安置，政府投资项目建设，进口再生资源产业基地项目建设，马袅盐场项目优惠，南丰汽车项目建设，马袅盐场国有划拨土地使用权转让，临高角“长岛·蓝湾”项目合同补充条款，新盈中心渔港项目选址，追加及调剂 2008 年财政支出预算，红旗街民房改造工程贷款承诺，县建材公司资产处置，县法院处置房地产购置改建成政府廉租住房建设项目等问题。常务副县长主持召开县政府常务会议 2 次，研究县检察院招录公务员，金牌港经济开发区土地优惠政策等问题。

2009 年，县长主持召开县政府常务会议 9 次，研究临澜湾旅游项目用地，临高马袅 110 千伏变电站建设用地，临高县污水处理厂建设项目用地，申请开行贷款建设临城市政大道等工程项目，划转部分国有存量土地作为市政大道工程项目贷款抵押担保物，礼贯南路给排水沟原设计回填土变更为回填沙，临高县临城城区基础设施项目土地征收，申报海南临高橡源水产养殖有限公司为省级农业产业化重点龙头企业，解决抱美水电站准公益性岗位职工工资等问题。常务副县长主持召开县政府常务会议 1 次，研究临高县水产冷冻加工厂项目用地挂牌出让的问题。县长郑柏安主持召开县政府常务会议 10 次，研究协议转让县城投公司持有股权，审议 2008 年财政预算结算和 2009 年上半年财政预算执行情况报告，研究新增中央投资项目责任分解，临城城区道路交通安全整治和海上渡口交通安全管理，划拨国家广电总局 2023 台项目建设用地，金龙大道项目建设资金，落实农村卫生人员工资待遇，临高县 2009 年度冬季农田水利基本建设工作，乡镇机构改革人员分流安置，审议《临高县政府投资项目管理办法》等问题。

2010 年，县长主持召开县政府常务会议 20 次，研究向国家开发银行申请贷款建设金澜大道工程项目，审议《政府工作报告（征求意见稿）》，研究生活垃圾处理服务费征收办法，审议《黑龙江省海南临高体育训练基地建设协议》，讨论《海南西部地区开发建设规划纲要（2010—2020年）》《海南西部地区开发建设项目规划（送审稿）》，研究县城投公司增加注册资本，审议《2010年临高县种粮农资综合直补和粮食直补实施方案》，研究划拨国有建设用地使用权给临高县人民检察院使用，审议《临高县2010年政策性水稻保险工作实施方案》，研究划拨国有土地使用权给县水务局用于污水处理厂项目建设，收购临城大众购物城改建廉租住房，调整临城市政大道工程项目建设内容及规模，无偿收回海南省发展控股有限公司国有建设用地使用权并注销其国有土地使用证，有偿收回临城镇三号桥头南端地块，审议《临高县公共厕所专项整治工作方案》《临高县村级计生员考核和奖惩办法》《新镇街及文澜江一号桥路面改造设计方案》《临城供水项目资产及管理运营权移交协议书》究调整2009年新增农资综合补贴资金项目建设内容等问题。常务副县长主持召开县政府常务会议4次，审议《国有建设用地使用权挂牌出让方案》《2010年度农田水利基本建设实施方案》《借款合同（方圆）》，研究临高县远海捕捞补给船基地项目用地农用地转用和土地征收手续等问题。

第三节　施政纪略

1986年，县政府在农村进行以家庭联产承包责任制中心的经营体制改革，在工厂进行厂长组阁改革，继续深入企业、金融、科技、流通领域体制改革。搞好政府管理部门职能的转变，各级政府和经济管理部门对企业的管理，逐步由直接控制为主向间接控制为主，把重点加强宏观指导、管理和监督上。行政性的公司转变为经营性或服务性公司。

1989年，县政府紧紧抓住海南办经济特区、实行更加开放的机遇，实行更加优惠政策，大力引进资金和先进技术，加快临高的开发建设。对于已引进的项目，充分发挥其经济效益和社会效益。增加农业投入，大力推广杂优等良种，发挥商品粮基地县的作用，粮食生产有新的突破。

1991年，县政府贯彻省委“用政策、打基础、抓落实、求效益”的方针，加快改革步伐，做好金牌、临高角开发区的规划审批工作，制定各种优惠政现，实行全方位、多层次、多形式的开放。实施养老、待业、工伤、医疗4项社会保障制度改革，深化企业改革，稳定农村以家庭联产承包为主的责任制，完善统分结合的双层经营体制，发展农业社会化服务，加强市场培育，加速临高经济发展。

1993年，县政府以“强化基础，完善市场、大上项目，提高水平”为基本方针，进一步解放思想，加快改革步伐，建立和完善统一的市场体系，转换企业经营机制，把企业推向市场，深化财政、金融体制改革，健全和完善新型社会保障制度，切实转换政府职能，完善“小政府，大服务”体制。调整产业结构，加强基础设施建设，把精神文明建设提高到新水平。

1995 年，县政府贯彻国务院“抓住机遇，深化改革，扩大开放，促进发展，保持稳定”的方针，强化农业基础地位，加快发展热带高效农业。搞好商品流通体系建设，做好企业整顿，优化投资环境，继续扩大对外开放，发挥财政、金融的杠杆作用，搞好宏观调控，保障有效供给。加强社会治安综合治理，发展各项社会事业。

1998 年，坚持以经济建设为中必，实施富民强县战略，经济发展速度全省排序第 4 位。审批外引内联项目 25 个，改革开放取得新进展。

1999 年，县政府以开放总揽全局，强化基础工作，坚持依法治县、科教兴县和富民强县战略，大力发展热带高效农业和海洋产业，启动旅游业，加大国有企业改革力度，加强基础设施建设，提高市政建设档次，加强精神文明建设和民主法制建设，促进全县经济事业的发展。

2001 年，县政府以增加财政收入和城乡居民收入为目标，以科技进步为动力，以调整结构为主线，抓改革发展，抓整规范，加大招商引资力度，加强国有企业改革，加快小城镇建设，培育新的经济增长点和经济亮点，强化财政工作。认真实施科教兴县战略，加强精神文明建设，狠抓社会治安综合治理，积极推进各项社会事业，促进临高国民经济持续快速健康发展。强化税收征管，推进财政体制和社会保障体制改革。

2004 年，县政府积极推进同有企业改革，全县 42 家国有工商企业实施改革，对外参与首届泛珠三角区域合作，举办临高县投资推介会，全方位宣传临高。贯彻《中华人民共和国行政许可法》，推动政府法制建设。

2005 年，县政府进行农业产业结构调整，推广水稻优良品种，做大杂交水稻制种。加强农业基础设施建设，提高农业开发能力；鼓励渔民建造大船，大力发展海洋经济。制定和实施农民工输出年度计划，把农村劳动力转移到发展经济、脱贫致富上来。做好企业改革，搞活商业贸易，繁荣休闲娱乐，不断提高服务质量。充分运用市场机制，加快城镇化建设。建设服务型政府，优化投资发展环境。

2007 年，县政府实施“新兴工业富县、海洋渔业强县、高效农业稳县、文化旅游活县”发展战略，统筹发展“三沿一中心”（沿海重点发展新兴工业、海洋渔业和旅游业，沿文澜江重点发展商住地产业，沿高速公路、粤海铁路重点发展高效农业、农副产品加工和物流业；以临城镇为中心，重点发展商住、贸易、服务业）区域经济。突出抓好科技、教育、治安、民生等社会各项事业，努力构建和谐临高，切实加强政府自身建设，促进临高快速崛起。

2010 年，县政府大力发展现代特色农业，发动农民种植冬季瓜菜达，实现农业增效神气活现民增收。提升海洋渔业综合效益，造大船，闯深海，扩大深海网箱养殖。推进金牌、临高角两个开发区建设，促进工业、旅游业、房地产业发展，加在基础设施和重点项目建设，加大招商引资力度，促进各项事业发展。

第四节　政务工作

一、依法行政

1997 年 8 月，县政府办设立县法制办公室。2010 年，机构改革，将县法制办定为临高县政府办内设机构（副科级单位），编制情况未变。

2006 年 8 月，组织全县执法部门工作人员 300 多人，集中学习《中华人民共和国宪法》《中华人民共和国行政诉讼法》《中华人民共和国赔偿法》等有关法律法规文件。组织执法人员参加海南省行政执法证考试。赠送 1 套《海南省行政机关、机构执法依据汇编》给各执法单位作为学法执法的学习资料。2008 年，县法制办开始综合省政府和县政府年度依法行政工作要求，对各执法部门执法案卷集中评审。发现案件取证笔录，行政法律文书、案卷归档不规范等问题，及时纠正。县法制办对县政府重大行政决策，规范决策、规范性文件进行合法性、规范性分析，并提出补充、完善的法律意见。

1997—2010 年，提交法律意见书近 300 份，受理行政复议案件 118 件，作出维持决定 102 件，作出撤销决定 7 件，驳回复议申请决定 4 件，经协调申请人自行撤回复议申请 3 件，不予受理 2 件。答复省法制办行政复议案件 23 件。在行政应诉方面，共受理行政诉讼案 87 件，民事诉讼案 2 件。在办理案件过程中，充分运用行政调解、和解、协调的方式结案，促进社会和谐发展。

二、信访

1986 年 7 月 15 日，中共临高县委、临高县政府信访办公室更名为临高县信访办公室，属县局级单位，归口县委办公室管理。

1990 年，全县接到群众来信 2251 件，群众来访 510 人次。1996 年，全县接到群众来信 525 件，群众来访 181 人次。

2000 年，全县接到群众来信 498 件，群众来访 199 人次。2001 年，临高县信访办公室更名为临高县信访局。

2004 年 9 月，县委、县政府建立临高县处理信访突出问题及群体性事件联席会议制度。

县联席会议有26个成员单位。

2006—2008年，县政府妥善解决108名工商分流人员的安置问题、2002年前招收的314名师范类毕业生就业问题、退役军人安置待遇问题、47名畜牧站人员和35名水利管养站人员的工资问题、拖欠2260名离退休人员工资的问题等。2008年7月4日，县领导接访283人次，群众反映信访问题76件，当场解决36件。

2009年，县委办、县政府办印发《临高县领导干部定期接待群众来访实施方案》《临高县四套班子领导下访接待群众工作方案》《临高县关于矛盾纠纷排查化解工作实施方案》和《关于到县非正常上访处置预案》。县信访局开通党政网，并新配置独立的专网计算机，配齐扫描仪、传真机等设备，落实办信、接访、收发文件、统计报表的具体工作人员，实现全国信访信息联网、资源共享，对信访信息录入、查询及信息掌握提供方便。县信访局派出2批3人次到省信访局参加信访信息系统推广应用实际操作培训。县信访局积极与县保密局、县委机要局、县密码管理局交流研讨，制定严格的保密制度，实现全国信访信息系统操作制度化、规范化、程序化。县政府投入450万元解决信访积案16件。化解抱美水电站职工社保、调楼镇龙田村排洪设施改造、复退军人待遇等问题。5月18—22日，共接待群众来访366件997人次，当年已解决322件869人次。全县排查各类矛盾纠纷366件，对排查出来的信访隐患，严格落实化解稳控责任单位和责任人，限期化解矛盾。

2010年，县信访局明确为县人民政府办公室内设机构，属副科级行政单位，人员编制6人。同年10月，县联席办下发《关于建立健全信访工作网络建设的通知》，各镇、加来农场、县直各单位、省驻县单位要加强对信访工作的领导，落实领导责任制，成立信访工作领导小组，定期研究信访问题。各镇、加来农场均设立信访工作室，配备2～3名信访工作人员，其中办公室主任1人（兼职），负责做好本镇、农场的信访工作和承办上级转办、交办的信访事项，负责定期排查化解矛盾纠纷。各镇、村（居）委会、街道、社区、加来农场作业区配备信访工作调解员。各自然村都设有1名信访工作信息员。同年11月24日，县信访局迁到县法院旧址办公。全年受理群众来信来访255件2195人次，其中初访262批2319人次，重访19批131人次，集体访85批2144人次。到省非正常访33批738人次。摸底排查各类矛盾纠纷366件，及时化解158件，对一时不能解决的208件建立台账，做到情况明朗，问题清楚。其中重点梳理出25件苗头事件，涉及人数456人。

1986—2010年临高县群众来信来访情况

表12-2-3

年份	来信（件）	来访（人次）	年份	来信（件）	来访（人次）
1986年	1867	596	1999年	891	150
1987年	1255	449	2000年	498	199
1988年	1224	551	2001年	1633	220
1989年	1462	97	2002年	1102	230
1990年	2251	510	2003年	1317	240
1991年	1553	485	2004年	376	4005
1992年	174	109	2005年	464	4910
1993年	178	51	2006年	433	3472
1994年	359	89	2007年	441	4076
1995年	559	150	2008年	256	1598
1996年	525	181	2009年	425	4276
1997年	548	78	2010年	255	2195
1998年	751	87			

三、政务督查

政务督查是推动决策落实、改进工作作风、提高办事效率、确保政令畅通的重要途径和手段，也是县政府办公室的一项基本职能。县政府办公室自成立起一直以来承担着政务督查的工作任务，始终把督查督办工作纳入重要议事日程，对政务工作的进展情况进行督促检查，及时发现和解决政务工作进展中出现的问题、矛盾，督促承办单位按要求抓好落实。以实地督查、跟踪督查等形式对群众普遍关注的为民办实事、县政府工作报告、财政支出等热点问题，组织开展有影响、有实效的督查并适时通报督办核实工作。为确保各项重点工作圆满完成，县政府办督查组围绕重点工作进行督查督办，抓好在决策实施中牵一发而动全身的矛盾点和薄弱环节，以点促面，推动整体工作的落实。

四、机关事务管理

（一）机构

1986年，设有临高县机关事务服务中心。1998年4月17日，撤销临高县机关事务服务中心，成立临高县直属机关事务管理局（简称“县机关事务局”），编制55人，为行政职能正科级全额事业单位，隶属县委管理。同时，挂临高县接待办公室牌子，实行两块牌子、一套人员的运行体制。内设办公室、接待组、车辆管理组、保卫组和后勤组等5个股级机构，并将县人民政府招待所、县直属机关幼儿园划归为该局的下属单位。

2007年12月15日，县机关事务管理局直属县政府，为正科级事业单位；同时，挂临高县接待办公室、临高县小汽车定编办公室牌子。内设办公室、综合股、会务股、保卫股、车辆管理股、接待股6个股级机构，下辖县人民政府招待所。

2010年6月30日，成立临高县接待办公室，为副科级事业单位，隶属县委办公室。县直属机关事务管理局不再挂临高县接待办公室牌子，其接待工作职能划归县接待办公室。内设办公室、综合股、会务股、保卫股、车辆管理股。

（二）主要工作

1986—1997年，逐年加强各项机关事务管理，规范机关事务工作，降低机关运行成本，建设节约型机关。1998—2010年，完成全县会务服务累计8144次；共完成公务接待11353批次。编制《临高县党政机关公务用车配备使用管理办法》，核定车辆编制，严格控制公务用车总量，党政机关和县直各单位的一般公务用车编制核定217辆，累计安全行车900万公里。2005年，县机关事务局组织整体装修县委县政府办公楼和建设机关大院南大门。2007年，组织兴建1幢2496.4平方米的调干住宅楼和2幢5052平方米的经济适用房。2007年5月，组织实施机关大院瓦房搬（拆）迁工作，动员120户干部职工搬出机关大院，安全顺利拆迁房屋16幢（其中瓦房9幢，平房7幢），拆迁房屋总面积1.25万平方米，为机关大院实施环境综合整治工程建设奠定基础。同年11月，机关大院环境综合整治工程动工建设，经过近一年的紧张施工，硬化道路5条，面积4836平方米；硬化铺设广场砖3090平方米；建成停车场8个（其中小汽车停车场5个，单车、摩托车停车场3个）；建成绿化带、草坪5块，面积8480平方米；安装路灯122盏（其中高杆多头广场灯8盏、6瓦灯114盏）；建成1个面积2160平方米的集健身、娱乐、休闲为一体的多功能活动场所等。2008年，组织兴建1幢3012.59平方米的机关办公楼和1幢2757.3平方米的县档案馆办公楼，解决部分干部职工住房困难和机关单位长期在外租用民房办公问题。

五、宗教事务

1986年，临高县人民政府宗教科为副科级，属政府工作部门，与县委统战部合署办公。2001年，临高县机构改革，成立临高县民族宗教事务局，为正科级，挂牌办公在县委统战部。至2010年，机构和编制未变。

1986年，临高县有天主教和基督教。宗教团体有3个，分别为临高县天主教爱国会、临高县基督教爱国会、基督教协会。1999年，县委统战部与县民宗局对全县各堂点展开排查，认真化解4起传谣事件，从而维护社会稳定。2002年起，逐年对8个教堂实行登记审查制度，按照《宗教活动场所年度检查办法》的规定，确保全县年检合格率达100%。2005年，县民宗局争取资金3.50万元对东英天主教堂进行全部修缮。2002—2010年，县委统战部会同县民宗局以学习贯彻《宗教事务条例》为重点，共举办8场次培训班，参加人员共计400余人。

至2010年，临高县有天主教教堂（活动场所）2个，即东英教堂和加来教堂；信众人数约172人，其中东英天主教121人，加来天主教51人。有基督教教堂（活动场所）6个，即南江教堂、凤潭教堂、加来教堂、和舍教堂、南宝教堂和美台教堂；信众人数约2980人，分别为南江基督教430人，凤潭基督教705人，美台基督教170人，加来基督教860人，和舍基督教693人，南宝基督教122人。

六、外事侨务管理

1985年，县委统战部内设侨务组。1992年，侨务组脱离县委统战部归政府系列，成立临高县外事侨务办公室，为正科级单位。1996年，党政机构改革，县外事侨务办公室挂靠县政府办公室，改为临高县人民政府外事侨务办公室（简称“县外侨办”），为副科级单位。至2010年未变。

（一）外事工作

2000年3月，日本驻广州总领事馆总领事小原育夫到临高县皇桐武维小学考察并答复同意资助建设学校教学楼，同年12月，在海口举办建设学校教学楼项目签字仪式，是全县获得的第一个日本利民工程项目。2004年12月，荷兰王国驻广州总领事馆总领事冯丹瑞（Reynout van Dijk）携妻子由副县长陪同考察无偿援助东英镇扶提小学教室建设项目。2005—2007年，荷兰王国驻广州总领事馆总领事罗德邻（ Robert de Leeuw）多次到临高考察，支持临高教育事业，为扶提小学、金波小学和文书小学建起教室和教师宿舍楼等，为中荷两国搭起一座友谊之桥。2006年6月，日本驻广州总领事馆代总领事鹤冈千晴一行2人到临高县考察利民工程项目——调楼镇隆道小学教学楼，并参观新盈中学。同年6月，应卫生部的邀请，荷兰卫生、福利和体育部副部长罗斯·多普（Mrs.Ross-van Dorp）一行12人到临高访问，县委书记接见罗斯·多普一行并陪同客人参加金波小学教师宿舍楼落成典礼，荷兰王国驻广州总领事罗德邻（Mr Robert de Leeuw）被临高县人民政府授予“荣誉公民”称号。同年12月，在海口举行日本政府资助建设新盈中学女生宿舍楼的签字仪式。2007年7月，临高县在广州举行招商推介会期间，县委书记会见荷兰驻广州总领事馆总领事罗德邻（Robert de leeuw）。2008年2月，荷兰王国驻广州总领馆总领事范吉来一行2人到临高县考察，县委书记会见客人一行并陪同考察博厚卫生院和文书小学。同年7月，美国 ACC 大学生一行 18 人，到临高县参观并与学生开展夏令营活动。同年 12 月，巴布亚新几内亚驻华大使馆大使约翰·莫米斯（John Momis）到临高县考察造船业、捕捞业，旨在海洋渔业、木船制造业、沿海航运业等项目寻找与临高县合作。2009 年 12 月，日本驻广州总领事馆总领事田尻和宏到临高县考察并参加日本援建的波莲中学学生宿舍楼落成典礼。

（二）华侨事务

落实侨务政策　1986—1988 年，县侨务组主动配合有关部门，清理归侨、侨眷的档案，使极“左”路线时期归侨、侨眷的 19 宗冤、假、错案得以平反，并为蒙冤者安排工作；48 人因“海外关系”被取消户口粮食的归侨、侨眷恢复原来的城镇户口粮食；20 世纪 60 年代被精简压缩的 2 名归侨职工被收回安排工作；归侨、侨眷知识分子政策得到落实，有 25 名归侨、侨眷知识分子入党提干，得到重用；有 18 名“三侨生”（归侨学生、归侨子女、华侨在国内的子女）得到升学的优惠照顾。1987 年，认真落实侨房政策，将土改中错误没收的以及各个时期占用的侨房全部归还华侨业主，共 10 幢，计 2483 平方米。

服务侨胞　逢年过节都给在临高的困难归侨、侨眷进行慰问。旅美华侨黄正才 9 岁离乡，60 多岁了，苦苦思念家乡亲人。但他只记得自己是临高人，对故土的乡镇村庄全无印象，无法联系。县外侨办千方百计为他找到胞弟，他带着儿女于 1998 年回到临高县新盈镇安全村，圆了亲人团聚梦。

（三）国际友人及侨胞捐赠

2001—2008 年，日本、荷兰、德国等国驻广州领事馆，为临高县的教育、医疗卫生等公益事业捐款合计 200 万元，受益的学校有皇桐、调楼、新盈、波莲等中小学校，建起教学楼和学生宿舍楼。临高旅美华侨王龙来，通过田家炳基金会、美国科技教育协会等机构为临高县图书室捐助 96 万元，资助 80 个图书室及认助贫困学生 289 人，被海南省人民政府授予“爱琼赤子”称号。至 2010 年，各国际友人及侨胞的捐赠，为临高县农村家庭经济困难学生提供学习、生活补助，改善受助学生的学习、生活条件，促进政府和社会关注农村贫困家庭学生在学习、生活中遇到的问题。

七、港澳台事务

为增进中国港澳台人员与家乡的密切交往，1987 年成立“香港临高工商联谊会”筹备会，1992 年正式挂牌，并举行成立与职员就职典礼，邀请临高县领导抵港。该会的成立为临高县的“以港会台，以港联侨，以侨引外”建立桥梁作用。1986—1996 年，中国香港同胞郭华多次为临高的教育、医疗卫生捐款赠物折合人民币约 51 万元，被海南省人民政府授予“爱琼楷模”称号，被临高县人民政府授予“荣誉居民”称号。1996 年，居港临高人程文英为支持家乡教育事业的发展，报请“香港新华银行教育基金会”捐款53万元为文坛小学和伴康小学各建一栋教学楼。2004年11月，省政府在香港举办经贸·旅游·文化周活动，临高县派出代表团参加，在港举行“临高·香港招商推介会”，并特请香港凤凰台资深时事评论员阮次山在会上作宣传临高、推介临高重要讲话，会上举行合作项目签字仪式。2005年，香港创维集团董事局原主席黄宏生捐款100万元及22台大彩电支持临高教育事业，黄宏生于2006年被海南省人民政府授予“赤子模范”称号。2007年，琼海籍香港理文造纸有限公司董事长李运强捐款250万元为文澜江中心小学建教学楼，被海南省人民政府授予“赤子楷模”称号。同年，香港镇泰集团捐资30万元为文澜江中心小学修建教学楼。2008年，文昌籍香港环球思捷控股有限公司董事长邢李㷧捐资1200万元兴建临高思源学校。

八、政务中心工作

2005年11月1日，临高县行政服务中心成立。主任由县领导兼任，专职副主任2名；内设综合室、投诉督查室、投资服务室3个股级机构。县政务服务中心以“提高效率、限期办结、重点督办”的审批工作原则，并通过优质服务月活动、局长接待日活动和客商座谈会活动，提高政务大厅的服务质量。

2006年，由县委常委、常务副县长兼任县行政服务中心主任。根据县政府有关工作部署，县政务服务中心委托海南用友政务软件有限公司开发建设县行政审批应用系统。完成村一级便民服务点“一张审批网”系统平台代办员的操作培训，打通为民服务的最后一公里。“一张审批网”面向个人和企业提供网上申报、办件查询、在线咨询、投诉建议、政务公开、办事指南等服务，实行一网式办理、一站式服务、一单式收费。网上审批大厅还可以结合政务服务中心实体审批大厅，对政务服务审批全过程实时监察，对办理部门和办事人员进行全面的绩效考核，并配合上级监察部门的监察工作，真正实现政务服务过程透明化、公开化，极大提高政府对政务服务管理和监督能力，对改进机关作风建设，改善投资软环境，促进临高经济繁荣发展有重大意义。县各单位通过“一张审批网”共受理各类行政许可审批事项18281件，按时办结17602件；各镇通过“一张审批网”共受理各类便民服务事项6175件，按时办结6152件；各村便民服务点共代办802件。

2007年初，县行政审批办公系统完成开发建设并投入正常使用。按照行政许可法的要求，县政务中心对进驻政务大厅的行政事项进行全面清理，共确定进驻政务大厅行政许可、行政服务事项165项。其中，常驻单位行政许可、服务事项105项；非常驻单位行政许可、服务事项60项。确定全县26个具有行政审批职能和办证收费部门集中在一个政务大厅，把过去分散式、封闭式、串联式的审批改成集中式、开放式、并联式模式，做到“推开大厅一扇门，办成所有审批事的一站式服务运行模式”。进驻政务大厅窗口工作人员38人，设置办事窗口14个、收费窗口1个。根据中心建设和发展需要，中心制定工作职责、考核管理等13条内部管理办法。同时，为促进招商引资工作和优化行政服务环境，量身制定审批服务“操作规程”制度。严格按照“公开、便民、高效、廉洁”服务宗旨，将提高办事效率和服务质量作为重点来抓，各服务窗口工作开展顺利，没有接到任何投诉事件，受理的审批和服务事项按期办结率100%。同年12月15日，临高县行政服务中心更名为临高县人民政府政务服务中心（简称“县政务中心”）。县政务中心设主任1人，由县领导兼任；常务副主任1人，副主任1人，管理岗位人员4人，专业技术人员2人，工勤人员2人。内设综合室、投诉督查室、投资服务室3个股级机构。为提高行政审批效率，坚持推进“三集中”制度，即将各单位审批事项、审批权力、审批人员集中于政务中心办公。进驻单位34个，进驻人员有64名，进驻审批事项达231项，占全县总事项的80%以上。同时积极协调、推动各单位设立专门的行政审批办公室，将原来分散在各股室办理的审批事项向行政审批办公室集中，由领导授权的“首席代表”全权负责本部门的审批工作，并将审批办进驻于政务中心，实现“一窗口受理，一站式办结”。已有县工商局、房管局、社保局3个审批办进驻，审批办的进驻缩短审批事项的办理时限，提高办结率，极大方便办事群众。

2008年，县政务中心把全县45个职能部门262项审批事项以及11个乡镇便民服务中心37项审批事项全部纳入网上监管，合理设置监察点，包括事项超时、跳跃环节、一人多岗、材料不全、材料全部设置不需要、材料补正超限、申请人联系方式信息不正确、申请人身份证异常、收费执行异常、审核环节缺失、无会签、申请主体名称为空等13个监督点，分为红、黄、蓝三级预警级别，进行三级监督。审批过程中如果出现异常，系统将自动依据临界值触发亮灯，亮蓝灯由审批部门相关负责人纠错纠偏，亮黄灯由审批部门派驻纪检组督促相关负责人督办整改，亮红灯由县纪检监察部门启动函询、谈话等问责处置。省电子监督平台的推行将行政审批从纸上转移到线上，有效完善行政审批的监督和管理体制，进一步促进行政审批权力阳光、公平、合法的运行。同时，组织开展“优质服务月”活动，推出各项便民服务措施，举办客商座谈会、开展局长接待日等活动，现场解答、解决企业和群众有关问题。根据县委、县政府关于招商年有关工作要求，中心在政务大厅设立“招商项目绿色通道”，成立招商项目绿色通道投资服务室，为投资商全程代办各类进驻政务大厅审批事项。自通道开通以来，投资服务室已为皇桐镇海南成商投资开发有限公司、（金牌）海南威隆隆船舶基地等多个企业提供审批事项代办业务。1月1日至11月30日，县政务中心共受理各类行政审批许可事项8985件，承诺件按期办结率98%以上，即办件按期办结率100%。解答各类咨询2000余人次，对600多宗次办件情况进行电话回访，发送短信告知3000余条，发放民意评议表800多份，群众满意率达93%。

2009年，县政务中心增设信息中心和招投标管理服务室2个内设机构，分别加挂在综合室和投资服务室。联合县政府办、县监察局、县法制办等相关部门，对进驻28个窗口单位的事项进行3次全面清理优化，使进驻事项由165项增至301项，同时将这些进驻事项编制成办事指南，在中心大厅放置办事指南小册子，开设中心网站、政务公开宣传栏等多种形式，主动向社会公开行政许可审批项目名称、法律依据、申请条件、申报材料、办理程序、承诺时限、收费依据等，通过LED大屏幕及时公开办件的办理情况。全年共受理各类行政审批许可事项11445件，办结11120件，承诺件按期办结率97%以上，即办件按期办结率100%。解答各类咨询1000余人次，接受和解决各类投诉12宗，对100多宗次办件情况进行电话回访，发送短信告知5000多条，群众满意率达98%。

2010年，县政务中心对进驻审批事项进行全面清理，确定新增县商务局为非常驻窗口单位，列为政务大厅综合窗口对外受理业务，完成28个窗口单位301项行政审批许可事项及服务事项的进驻手续和对外公开。全年共受理各类行政审批许可事项13951件，办结13800件，承诺件按期办结率98%以上，即办件按期办结率100%。解答各类咨询达1000余人次，对100余宗次办件情况进行电话回访，发送短信告知近5000条，群众满意率达98%以上。

县政务中心自正式对外运行起至2010年，先后制定和完善《临高县政务服务中心考勤制度》《临高县政务服务中心一次性告知制度》《临高县政务服务中心学习制度》《临高县政务服务中心投诉制度》《临高县政务服务中心信息公开制度》等21项规章制度，在中心网站上公开，用制度管人管事，规范内部管理。在政务服务工作中，积极推行一次性告知制度和限时办结制，减少审批环节和审批流转时间，进一步简化办事程序，提高服务效率。如县工商窗口实施的“一审一核”和“注册官”制，县房产局窗口的换证验证登记、拍卖房产权过户登记等，都及时将事项办理程序变更的信息，在大厅信息牌、中心网站上公示。同时，中心充分发挥县纪委监察局派驻的督察员作用，加强对办件办理的日常监管，投诉件的处理，服务态度和质量的督查，在大厅内设立投诉箱、投诉电话，积极拓展网上投诉，提高办事效率。

第三章　政协临高县地方组织

第一节　政协全体委员会议

1986—2010年，政协临高县第三届至第八届委员会共召开25次全体委员会议。

一、第三届政协委员会

1987年5月至1990年4月，政协临高县第三届委员会共召开3次全体会议。

第一次会议　1987年5月14—16日在临城召开。会议听取和审议政协临高县第二届委员会常委会工作报告；大会选举陈大雄为政协临高县第三届委员会主席；选举李春让、王世光、陈昌学、林金福、李榕生为县政协副主席；选举陈大雄、李春让、王世光、陈昌学、林金福、李榕生（女）、麦永才、李秀增、刘春花（女）、方从周、梁振潮、严家祥、王炳光、陈至圣、卓正杰、王山人等16人为政协临高县第三届委员会常务委员；列席县第八届人大代表大会第一次会议，听取和讨论县政府工作报告及其他报告；听取二届委员会第一次会议以来提案办理情况报告和此次会议的提案审查报告；通过会议政治决议。

第二次会议　1988年6月27—30日，在临城召开。会议审议县政协常委会工作报告，讨论临高县1988—1995年经济发展战略设想，学习海南建省有关文件，列席县人大八届二次会议，听取县政府工作报告等。

第三次会议　1989年4月17—19日在临城召开，会议审议常委会工作报告，列席并听取讨论县人大八届四次会议、政府工作报告及其他报告，传达海南省统战会议精神。

二、第四届政协委员会

1990年5月至1993年4月，政协临高县第四届委员会共召开3次全体会议。

第一次会议　1990年4月27—29日在临城召开。孙瑞端致大会开幕词，县委书记符孟彪、县长朱堂生做讲话，王世光做政协三届委员会常务委员会工作报告，许代彬做政协三届委员会提案工作情况报告，黄月飞致闭幕词，到会代表73人。会议听取和审议政协三届委员会常委会工作报告；选举孙瑞端为政协临高县第四届委员会主席；选举黄月飞、王世光、周昌萱、王贻安为政协临高县第四届委员会副主席，选举孙瑞端、黄月飞（女）、王世光、周昌萱、王贻安、方从周、王炳光、王振江、王德威、刘春花（女）、许代彬、安美霞（女）、李秀增、严家祥、陈川盛、陈惠梅（女）、卓正杰、桂树森、梁振潮等

19人为政协临高县第四届委员会常务委员；列席临高县第九届人民代表大会第一次全体会议，听取和讨论临高县人民政府工作报告及其他报告。新选出的第四届政协常委会负责政协临高县第四届委员会休会期间的工作。

第二次会议　1991年4月9—11日在临城召开。会议听取和审议主席孙瑞端所做的政协临高县四届委员会常委会工作报告；列席九届人大二次代表会议，听取和讨论县政府工作报告及其他工作报告；听取委员提案审查情况报告；通过会议政治决议。县委书记符孟彪、县长朱堂生分别在会上作重要讲话。

第三次会议　1992年3月18—20日在临城召开。会议听取和审议王世光副主席所做的政协临高县四届委员会常委会工作报告；听取和审议政协临高县第四届委员会第二次会议委员提案办理情况报告和听取三次会议委员提案审查情况报告；增选常委会委员；列席九届人大三次代表会议，听取和讨论县政府工作报告及其他工作报告；听取委员提案审查情况报告；通过会议政治决议。县委书记符孟彪、县长朱堂生、县政协主席孙瑞端分别在会上作重要讲话。

三、第五届政协委员会

1993年4月至 1998年3月，政协临高县第五届委员会共召开5次全体会议。

第一次会议　1993年4月14—16日在临城召开。会议听取和审议县政协四届工作报告；听取县政协四届提案工作报告；列席县十届人大一次会议，听取和讨论县政府工作报告及其他报告；选举戴俊生、黄月飞（女）、王贻安、安美霞（女）、冯大德、方从周、方尚志、邓剑琴、王正郭、王明亮、王炳光、王根元、王振江、卢辉东、刘春花（女）、苏其英、陈川盛、陈惠梅（女）、麦永才、吴成竹、郑怀源、郑庭进、钟志坚、傅保志、赖李明、黄利剑等26人为政协临高县第五届委员会常务委员；大会选举戴俊生为政协临高县第五届委员会主席，选举黄月飞（女）、王贻安、安美霞（女）、冯大德为政协临高县第五届委员会副主席；大会听取该届政协提案工作审查报告。省政协副秘书长云涌、县委书记符孟彪及该届政协主席戴俊生分别在会上讲话。该届政协委员147人参加会议，县直各单位负责人53人列席会议。

第二次会议　1994年3月25—27日在临城召开。会议听取常委会工作报告及提案工作报告，听取和讨论县政府工作及其他报告。省政协副秘书长范基民、县委书记符孟彪在会上讲话。此次会议增补8名政协委员，2名政协常委。

第三次会议　1995年3月20—22日在临城召开。会议听取和审议政协常委会工作报告及提案工作报告，听取和讨论政府工作报告及其他报告，补选县第五届政协主席。省政协副秘书长范基民、县委书记符孟彪到会讲话。会议补选文积超为县政协主席，增补3名政协委员。

第四次会议　1996 年 4 月 26—27 日在临城召开。省政协副秘书长王信才、县委书记许俊到会讲话。此次会议增补 2 名政协委员。

第五次会议　1997 年 3 月 17—18 日在临城召开。会议听取和审议政协常委会工作报告及提案工作报告；听取和讨论县政府工作报告及其他报告；列席十届人大六次代表会议，听取委员提案审查情况报告；通过会议政治决议。省政协副秘书长张超、县委副书记符玉统到会讲话。

四、第六届政协委员会

1998 年 3 至 2003 年 4 月，政协临高县第六届委员会共召开 5 次全体会议。

第一次会议　1998 年 3 月 16—18 日在临城召开。出席会议的该届政协委员 149 人。其中，中共党员 57 人，占 38.26%；党外人士 92 人，占 61.74%。各界委员人数：中共党员 4 人，台湾民主自治同盟 1 人，民建 1 人，民盟 1 人，总工会 2 人，共青团 3 人，妇女联合会 1 人，工商联 9 人，教育界 26 人，医疗卫生界 16 人，归侨联合会 3 人，台胞台属 2 人，宗教界 3 人，农村界 19 人，港胞 6 人，经贸界 19 人，科技界 13 人，文体新闻界 4 人，特别邀请人士 16 人。县直有关单位负责人 44 名列席会议。会议听取和审议政协临高县五届委员会工作报告和提案工作报告；选举曾庆钊、安美霞（女）、林道祖、王明亮、王捍红、王振江、王炳光、冯小华、吉小妹（女）、朱心智、苏其英（任至 1999 年 12 月）、陈明、陈俊超、陈自和、陈冠亨、陈作良、李岳坚、张学清、吴成竹、林尤梁、洪世珍、符锡斌、黄利剑、谢云、赖廷玠、赖李明、雷铁敏等 27 人为政协临高县第六届委员会常务委员；选举曾庆钊为政协临高县第六届委员会主席，安美霞（女）、林道祖为政协临高县第六届委员会副主席；列席县十一届人大第一次会议，听取和讨论县政府工作报告及其他报告。省政协副秘书长范基民、县委书记黄良胜到会讲话。会议同意主席文积超代表政协临高县五届常委会所作的工作报告及副主席安美霞所作的关于政协临高县第五届委员会提案工作情况的报告；赞同代县长欧阳顺林所作的县政府工作报告及其他报告。

第二次会议　1999 年 3 月 15—16 日在临城召开。会议同意主席曾庆钊代表政协常委会所作的工作报告以及副主席安美霞所作的提案工作报告；听取县长欧阳顺林所做的政府工作报告及其他报告，会议对政府工作报告等表示赞同；会议增补张彩莲（女）、郭忠泽、符永范为政协临高县第六届委员会常务委员。省政协文史委专职副主席兼研究室主任裴行荣，县委书记黄良胜到会讲话。县政协主席曾庆钊致闭幕词。

第三次会议　2000 年 4 月 5—6 日在临城召开。省政协副秘书长冯涛、县委书记黄良胜到会讲话。会议同意曾庆钊副主席及安美霞副主席分别所作的工作报告和提案工作报告；会议听取和讨论代县长吴光华所做的政府工作报告及其他报告，会议对过去一年全县各项工作所取得的成绩给予充分肯定，对2000年的奋斗目标和主要任务表示赞同。会议增补王挺松、许芝竹（女）、劳庆招、郑世能、符春娥（女）为政协临高县第六届委员会常务委员。

第四次会议　2001年3月19—21日在临城召开。会议听取和审议政协临高县第六届委员会常务委员会工作报告；听取和审议政协临高县六届三次会议以来提案工作情况报告；列席临高县第十一届人民代表大会第四次会议，听取和讨论大会的各项报告；通过会议各项决议；听取政协临高县第六届委员会第四次会议提案审查情况报告；表彰2000年优秀提案、先进承办单位和先进承办工作者。省政协教科文卫委专职副主任李世忠、县委书记黄良胜到会讲话。会议同意主席曾庆钊及副主席安美霞分别所作的工作报告和提案工作报告。会议增补王学敏、陈灵、符光述、谢少师为政协临高县第六届委员会常务委员。

第五次会议　2002年3月25—27日在临城召开。省政协研究室主任钟彪，县委书记吴光华到会讲话。会议听取和审议政协临高县第六届委员会常务委员会工作报告；听取和审议政协临高县六届四次会议以来提案工作情况报告；列席临高县第十一届人民代表大会第六次会议，听取和讨论大会的各项报告；通过会议各项决议；听取政协临高县第六届委员会第五次会议提案审查情况报告；表彰2001年优秀提案、先进承办单位和先进承办工作者。会议增补王子武、王传彪、黄德高、董健为政协临高县第六届委员会常务委员。

五、第七届政协委员会

2003年4月至2007年1月，政协临高县第七届委员会共召开5次全体会议。

第一次会议　2003年4月9—11日在县城召开。县委、县人大、县政府、“两长”及历届县四套班子领导成员列席会议，县直属单位的领导应邀列席会议，省政协领导到会祝贺，县委领导在会上作重要讲话。会议听取和审议政协临高县第六届委员会常务委员会工作报告；听取和审议政协临高县六届一次会议以来提案工作情况报告；列席临高县第十二届人民代表大会第一次会议，听取和讨论县政府工作报告及其他各项报告；选举刘志强、林道祖、吉小妹（女）、陈冠亨、邓青叶、符春娥（女）、郑世能、符永平、郭忠泽、张学清、符仙麟（2006年免职）、王振江、王和权、许芝竹（女）、赖李明、王明亮、王捍红、洪世珍、董健、曾智、董晓丽（女）等21人为政协临高县第七届委员会常务委员；选举刘志强为政协临高县第七届委员会主席，林道祖、吉小妹为副主席；听取政协临高县第七届委员会第一次会议提案审查情况报告；通过会议各项决议。表彰2002年优秀提案、先进承办单位和先进承办工作者。

第二次会议　2004年3月15—16日在县城召开。县委、县人大、县政府、县检察院检察长、县法院院长及离退休的县四套领导班子成员列席会议，县直属机关单位领导也应邀列席会议。省政协领导到会祝贺，县委书记吴光华作重要讲话。会议听取和审议政协临高县第七届委员会常务委员会工作报告；听取和审议政协临高县第七届委员会常务委员会关于政协临高县七届一次会议以来提案工作情况的报告；列席县十二届人大二次会议，听取和讨论政府工作报告和其他报告；通过委员编组正、副组长名单；增选政协临高县第七届委员会常务委员会委员；通过七届二次会议各项决议；通过七届二次会议委员提案审查情况的报告；表彰2003年优秀提案、先进承办单位和先进承办工作者。会议增补钟冠豪、谢少师、虞积光、谭安源、黄雄华、邓少剑为政协临高县第七届委员会常务委员。

第三次会议　2005年3月23—24日在临城召开。县委、县人大、县政府领导成员、县检察院检察长、县法院院长及离退休的县四套班子成员列席会议、县直属机关单位领导应邀列席会议。省政协领导在会上作贺词，县委书记作重要讲话。会议听取和审议政协临高县第七届委员会常务委员会工作报告；听取和审议七届二次会议以来提案工作情况的报告；列席县十二届人大三次会议，听取和讨论政府工作报告及其他报告；增选政协临高县第七届委员会常务委员会委员；通过七届三次会议的各项决议；通过常委会关于七届三次会议委员提案审查情况的报告；表彰2004年优秀提案、先进承办单位和先进承办工作者。会议增补李亚钙、曾庆武、王传彪、王玉玲（女）为政协临高县第七届委员会常务委员。

第四次会议　2005年11月24日在临城召开。县委、县人大、县政府领导成员、县检察院检察长、县法院院长及离退休的县四套班子成员列席会议。省政协领导在会上作贺词，县委书记作重要讲话。会议听取和审议政协临高县第七届委员会常务委员会工作报告；增选周经易为政协临高县第七届委员会常务委员、副主席；通过政协临高县七届四次会议的各项决议。

第五次会议　2006年3月6—8日在临城召开。县委、县人大、县政府、县检察院检察长、县法院院长及两届县四套班子领导成员列席会议，县直属单位的领导也应邀列席会议，省政协领导到会祝贺。县委书记在会上作重要讲话。会议听取和审议政协临高县第七届委员会常务委员会工作报告；听取和审议政协临高县第七届委员会常务委员会关于政协临高县七届三次会议以来提高工作情况的报告；列席县十二届人大五次会议，听取和讨论政府工作报告及其他报告；增选政协临高县第七届委员会常务委员会委员；通过政协临高县七届五次会议的各项决议；通过政协临高县第七届委员会常务委员会关于政协临高县七届五次会议委员提案审查情况的报告；通过政协临高县第七届委员会关于加强临城三个公路出口规划建设管理的建议案；表彰2005年优秀提案、先进承办单位和先进承办工作者。会议增补钱尚松、张丁玲（女）、许永锋为政协临高县第七届委员会常务委员。

六、第八届政协委员会

2007年2月至2010年12月，政协临高县第八届委员会共召开4次全体会议。

第一次会议　2007年1月29日至2月1日在临城召开。会议听取和审议政协临高县第七届委员会常务委员会工作报告；听取和审议政协临高县七届一次会议以来提案工作情况报告；列席临高县第十三届人民代表大会第一次会议，听取和讨论大会的各项报告；选举陈雄、林道祖、刘春花（女）、谢少师、周有健、丁耘芳（女）、王玉玲（女）、王振江、王朝阳、王卓森、王传彪、王圣豪、许芝竹（女）、许镇忠、许永锋、李亚钙、李肖华（女）、张丁玲（女）、严勇、陈燕娥（女）、陈永刚、陈卫东、罗罡、林红波（女）、钟冠豪、洪炜昊、秦东晓、桂建海、钱尚松、黄雄华、符光述、符兴信、董健、董春贵、赖李明、虞积光、谭安源等37人为政协临高县第八届委员会常务委员；选举陈雄为政协临高县第八届委员会主席，林道祖、刘春花（女）、谢少师、周有健为副主席；设立县政协秘书长办事机构，选举吴川平为临高县政协第一任秘书长。听取政协临高县第八届委员会第一次会议提案审查情况报告；通过会议各项决议；表彰2006年优秀提案、先进承办单位和先进承办工作者。

第二次会议　2008年3月31日至4月2日在临城召开。会议听取和审议政协临高县第八届委员会常务委员会工作报告；听取和审议政协临高县八届委员会第一次会议以来提案工作情况报告；列席临高县第十三届人民代表大会第三次会议，听取和讨论大会的各项报告；会议选举增补王家军、刘忠文、刘登文为政协临高县第八届委员会常务委员会委员；听取政协临高县第八届委员会第二次会议提案审查情况报告；通过会议各项决议；表彰八届一次会议优秀提案和先进承办单位、先进承办工作者。

第三次会议　2009年2月15—17日在临城召开。会议听取和审议政协临高县第八届委员会常务委员会工作报告；听取和审议政协临高县八届委员会第二次会议以来提案工作情况报告；列席临高县第十三届人民代表大会第五次会议，听取和讨论大会的各项报告；会议选举增补符邱、符建新、陈德清为政协临高县第八届委员会常务委员会委员；听取政协临高县第八届委员会第三次会议提案审查情况报告；通过会议各项决议；表彰八届二次会议优秀提案和先进承办单位、先进承办工作者，颁发献爱心活动荣誉证书。

第四次会议　2010年2月2—4日在临城召开。会议听取和审议政协临高县第八届委员会常务委员会工作报告；听取和审议政协临高县八届委员会第三次会议以来提案工作情况报告；列席临高县第十三届人民代表大会第八次会议，听取和讨论大会的各项报告；协商人事事项；选举增补王学敏为政协临高县第八届委员会常务委员、副主席，选举增补唐凯为政协临高县第八届委员会常务委员，选举增补李亚钙为常务委员、秘书长；听取政协临高县第八届委员会第四次会议提案审查情况报告；表彰八届三次会议优秀提案和先进承办单位、先进承办工作者；通过会议各项决议。

第二节　组织机构

一、历届委员构成

县政协第三届委员会成立于 1987 年 5 月。有中共、教育、文艺、医卫、工商、宗教、侨联、农林水、共青团、妇女、工会、体育、台联、科技、新闻等 15 个界别共 110 人。1988 年 5 月，增补 2 人，委员总数为 111 人。

县政协第四届委员会成立于 1990 年 4 月。有中共、教育、文艺、医卫、工商、宗教、侨联、农林水、共青团、妇女、工会、体育、台联、科技、新闻等 15 个界别共 113 人。1991 年 3 月，增补 3 名委员，1 名常委请辞职，委员总数为 114 人。1992 年 3 月，增补 1 名常委，委员总数为 115 人。

县政协第五届委员会成立于 1993 年 4 月。有中共、教育、文艺、医卫、工商、宗教、侨联、农林水、共青团、妇女、工会、体育、台联、科技、归侨等 18 个界别共 135 人。1994 年，增补 8 人，委员总数为 155 人。1995 年，增补 3 人，委员总数为 158 人。1996 年，增补 2 人，委员总数为 160 人。

县政协第六届委员会成立于 1998 年 3 月。有中共、教育、文艺、医卫、工商、宗教、侨联、农林水、共青团、妇女、工会、体育、台联、科技、新闻等 15 个界别共 149 人。1999 年，增补 12 人，委员总数为 159 人。2000 年，增补 13 人，委员总数为 172 人。2001 年，增补 8 人，委员总数为 178 人。2002 年，增补 10 人，委员总数为 188 人。

县政协第七届委员会成立于 2003 年 4 月。有中共、教育、文艺、医卫、工商、宗教、侨联、农林水、共青团、妇女、工会、体育、台联、科技、新闻等 15 个界别共 140 人。2004 年，增补 16 人，委员总数为 156 人。2005 年，增补 8 人，免职 1 人，委员总数为 159 人。2006 年，增补 12 人，免职 1 人，委员总数为 208 人。

县政协第八届委员会成立于 2007 年 1 月。有中共、教育、文艺、医卫、工商、宗教、侨联、农林水、共青团、妇女、工会、体育、台联、科技、新闻等 15 个界别共 173 人。2008 年，增补 17 人，委员总数为 188 人。2009 年，增补 10 人，委员总数为 198 人。2010 年，增补 2 人，委员总数为 198 人。

二、领导机构

政协临高县委员会设主席 1 人，副主席若干人，设立常务委员会主持委员会会务，常务委员会由主席、副主席和常委组成。候选人由参加委员会的委员协商提名，经委员会全体会议产生。常委有中共人士，也有非中共人士。政协全体会议闭幕期间由政协常委会主持工作。

政协临高县第三届委员会选举产生主席 1 人，副主席 5 人，常务委员会委员 16 人（其中女性 2 人）。政协临高县第四届委员会选举产生主席 1 人，副主席 4 人，常务委员会委员 19 人（其中女性 4 人）。政协临高县第五届委员会选举产生主席 1 人，副主席 4 人，常务委员会委员 25 人（其中女性 2 人）。政协临高县第六届委员会选举产生主席 1 人，副主席 2 人，常务委员会委员 24 人（其中女性 1 人）。政协临高县第七届委员会选举产生主席 1 人，副主席 3 人，常务委员会委员 35 人（其中女性 3 人）。政协临高县第八届委员会选举产生主席 1 人，副主席 5 人，常务委员会委员 46 人（其中女性 9 人）。

1986—2010 年政协临高县委员会正、副主席名录

表 12-3-1

届　别	职　务	姓　名	籍　贯	任职时间
第二届（1984 年 6 月至 1987 年 5 月）	主　席	陈大雄	海南临高	1984 年 6 月至 1987 年 5 月
	副主席	李春让	海南澄迈	1984 年 6 月至 1987 年 5 月
		符法运	海南临高	1984 年 6 月至 1987 年 5 月
		王世光	海南临高	1984 年 6 月至 1987 年 5 月
		陈昌学	海南临高	1984 年 6 月至 1987 年 5 月
		林金福	台湾台北	1984 年 6 月至 1987 年 5 月
		郑道享	广东廉江	1984 年 6 月至 1987 年 5 月
		李榕生	广东汕头	1984 年 6 月至 1987 年 5 月
		符秀选	海南儋县	1984 年 6 月至 1987 年 5 月
第三届（1987 年 5 月至 1990 年 4 月）	主　席	陈大雄	海南临高	1987 年 5 月至 1990 年 4 月
	副主席	李春让	海南澄迈	1987 年 5 月至 1990 年 4 月
		王世光	海南临高	1987 年 5 月至 1990 年 4 月
		陈昌学	海南临高	1987 年 5 月至 1990 年 4 月
		林金福	台湾台北	1987 年 5 月至 1990 年 4 月
		李榕生（女）	广东汕头	1987 年 5 月至 1990 年 4 月

续表 12-3-1

届　别	职　务	姓　名	籍　贯	任职时间
第四届（1990 年 4 月至 1993 年 4 月）	主　席	孙瑞端	海南临高	1990 年 4 月至 1993 年 4 月
	副主席	黄月飞（女）	海南临高	1990 年 4 月至 1993 年 4 月
		王世光	海南临高	1990 年 4 月至 1993 年 4 月
		周昌萱	海南临高	1990 年 4 月至 1993 年 4 月
		王贻安	海南临高	1990 年 4 月至 1993 年 4 月
第五届（1993 年 4 月至 1998 年 3 月）	主　席	戴俊生	河北定州	1993 年 4 月至 1995 年 3 月
		文积超	海南临高	1995 年 3 月至 1998 年 3 月
	副主席	黄月飞	海南临高	1993 年 4 月至 1996 年 3 月
		王贻安	海南临高	1993 年 4 月至 1998 年 3 月
		安美霞	海南文昌	1993 年 4 月至 1998 年 3 月
		冯大德	海南临高	1993 年 4 月至 1998 年 3 月
第六届（1998 年 3 月至 2003 年 4 月）	主　席	曾庆钊	海南临高	1998 年 3 月至 2003 年 4 月
	副主席	安美霞	海南临高	1998 年 3 月至 2003 年 4 月
		林道祖	海南临高	1998 年 3 月至 2003 年 4 月
第七届（2003 年 4 月至 2007 年 1 月）	主　席	刘志强	海南临高	2003 年 4 月至 2007 年 1 月
	副主席	林道祖	海南临高	2003 年 4 月至 2007 年 1 月
		吉小妹	海南临高	2003 年 4 月至 2007 年 1 月
		周经易	海南琼山	2005 年 11 月至 2007 年 1 月
第八届（2007 年 2 月至 2012 年 1 月）	主　席	陈　雄	海南琼海	2007 年 2 月至 2012 年 1 月
	副主席	林道祖	海南临高	2007 年 2 月至 2010 年 2 月
		刘春花	海南临高	2007 年 2 月至 2012 年 1 月
		谢少师	海南临高	2007 年 2 月至 2012 年 1 月
		周有健	海南临高	2007 年 2 月至 2012 年 1 月
		王学敏	海南临高	2010 年 2 月至 2012 年 1 月

三、工作机构

1986 年，政协临高县第二届委员会内设工作机构有办公室、行政秘书组、文史资料组、教育体育工作组、科学技术工作组、工商工作组、医药卫生工作组、宣传文化工作组、“三胞”宗教工作组。1987年4月，增设调研联络组。

1987年5月至1990年4月，政协临高县第三届委员会内设工作机构有办公室，配主任1人，副主任2人；教育工作组，配组长1长，副组长2人；医疗工作组，配组长1人，副组长2人；科技工作组，配组长1人，副组长2人；农林渔工作组，配组长1人，副组长1人；“三胞”工作组，配组长1人，副组长2人；文体工作组，配组长1人，副组长1人；宗教工作组，配组长1人，副组长1人；工商工作组，配组长1人，副组长1人。1988年9月5日，更改启用新名称印章，原中国人民政治协商会议广东省临高县委员会及中国人民政治协商会议广东省临高县委员会办公室分别更改为中国人民政治协商会议海南省临高县委员会及中国人民政治协商会议海南省临高县委员会办公室。

1990年4月至1993年6月，政协临高县第四届委员会内设工作机构有办公室，配主任1人，副主任3人；行政秘书组，配组长1长，副组长1人；教育工作组，配组长1长，副组长2人；医卫工作组，配组长1人，副组长2人；科技工作组，配组长1人，副组长2人；农林渔工作组，配组长1人，副组长1人；文体工作组，配组长1人，副组长2人；“三胞”工作组，配组长1人，副组长2人；宗教工作组，配组长1人，副组长2人；工商工作组，配组长1人，副组长1人；经济工作组，配组长1长，副组长1人；提案工作组，配组长1人，副组长1人。

1993年4月至1998年3月，政协临高县第五届委员会内设工作机构有办公室、教育组、医疗组、科技组、农林组、文化新闻组、“三胞”侨联组、宗教组、工商组、经贸组、学习与妇女组和档案组。除办公室配主任1人、副主任2人及学习与妇女组配组长1人、副组长2人外，其余各组均配组长、副组长1人。

1998年3月，政协临高县第六届委员会内设工作机构有政协办支部，配支部书记1人；办公室，配主任1人，副主任3人；宗教与台港澳侨联络委员会，配副主任1人。1999年10月11日，成立教科文卫体与法制经济委员会、宗教与台港澳侨联络委员会，各配副主任1人。该届政协委员编8个组：中共共青团、总工会、妇联、文体新闻界组，工商联与经贸界组，科技界组，教育界组，医疗卫生界组，归侨联合合、台胞台属、港胞、台盟、民建、民盟、宗教界组，农村界组，特别邀请人士组。各组均设召集人2名。

2003年4月至2007年1月，政协临高县第七届委员会内设工作机构有办公室，配主任1人，副主任3人；提案与法制委员会，配主任1人，副主任1人；文史与经济委员会，配主任1人，副主任1人；宗教与港澳台侨委员会，配主任1人，副主任2人；教科文卫体委员会，配主任1人，副主任2人；政协机关党总支，配书记1人，副书记1人。本届政协委员编6个组：中国共产党、特邀、人民团体组；科技、新闻、文化艺术、宗教、民主党派、无党派组；教育界组；农村界组；医药卫生界组；商贸经济界组。各组除医药卫生界设正副组长各1人外，其他均设组长1人，副组长2人。

2007年2月至2011年2月，政协临高县第八届委员会内设工作机构有办公室、提案与法制委员会、文史与经济委员会、宗教与港澳台侨委员会、教科文卫体委员会、政协机关党总支均配正、副职领导各1人。该届政协委员编8个组：中国共产党组；民主党派组；工商业联合会、经济贸易界组；教育界组；医药卫生界组；农村界组；共青团、妇联、工会、文艺、体育、广播新闻、民宗界组；归侨、科技、科协、对外友好人士、社保、无党派人士组，各均设组长1人，副组长2人。

1987—2010年临高县历届全国政协委员一览表

表12-3-2

姓名	性别	民族	文化程度	政治面貌	籍贯	工作单位及代表级别	届次
王日光	男	汉族	大学	中共党员	海南临高	省人大代表	一届
王永茂	男	汉族	大学	中共党员	海南临高	省人大代表	二届
王学启	男	汉族	大专	中共党员	海南临高	省人大代表	二、三届

1987—2010年临高县历届全省政协委员一览表

表12-3-3

姓名	性别	民族	文化程度	政治面貌	籍贯	工作单位及最高职务	届次
陈昌学	男	汉族	大专	中共党员	海南临高	省政协委员	一届
林金福	男	汉族	—	中共党员	台湾台北	省政协委员	一届
孙瑞端	男	汉族	—	中共党员	海南临高	省政协委员	一届
戴俊生	男	汉族	—	中共党员	河北定州	省政协委员	二届
符秀选	男	汉族	—	中共党员	海南儋县	省政协委员	二届
黄月飞	女	汉族	—	中共党员	海南临高	省政协委员	二届
曾庆钊	男	汉族	—	中共党员	海南临高	省政协委员	三届
刘志强	男	汉族	大专	中共党员	海南临高	省政协委员	四届
王振江	男	汉族	高中	宗教人士	海南临高	省政协常委	四届

续表 12-3-3

姓名	性别	民族	文化程度	政治面貌	籍贯	工作单位及最高职务	届次
王国建	男	汉族	大学	民革	海南琼海	省政协委员	五届
王学敏	男	汉族	—	中共党员	海南临高	省政协委员	六届

第三节　主要工作

一、民主监督

1984—1987 年，县政协二届委员会组织全体政协委员 3 次列席县人大会议，听取县政府工作报告及其他报告，参与讨论县内大政方针决策；多次组织县政协委员参加县内各级工作会议，围绕会议提出的重大问题提出许多有益的意见和建议；组织 7 个政协工作组深入基层开展 26 次民主监督工作，与当地领导进行协商，形成书面报告向县委、县政府反映情况。组织 4 次专题调查，就老区建设、学校危房、新盈中学校园被占等问题进行调查，书面向县政府有关部门提出建议，引起县政府和上级重视，推动问题的落实整改。如委员王德威在二届三次会议上，指出临高县 3 个糖厂让蔗糖废水流入河流，造成环境污染，建议化害为利，利用蔗糖废水灌溉甘蔗，净化环境 ，引起县政府和县环保局高度重视。同时，利用走访、召开座谈会等多形式多渠道，对全县大政方针和人民生活密切相关的重大问题，提出许多意见；协助统战部及有关部门落实统战政策，帮助促进平反统战对象冤假错案 245 人，落实“文化大革命”中扣发工资 3 人 4850 元；落实宗教房产 3200 平方米；退赔 8 万元；落实原起义投诚人员 5 人，其中固定生活补助 4 人；落实人事案件 12 宗；落实恢复户口、粮食 7 户 30 人；安排台胞、台属 16 名子女就业，对 2 户生活困难的台胞给予定期补助；资助台胞在临高盖房 11000 多元；安排 3 名非中共党员知识分子为县人大、县政协领导成员，推荐 20 多人为县副科级以上干部；对 2 名教师的错案进行复审，给予平反，恢复工作。1986 年，帮助港属许某权落实纠正 30 多年的错案，协助其办理退休手续。

1987—1990 年，县政协三届委员会组织 8 个政协工作组深入基层开展 21 次民主监督工作，通过对口考察，把在治理整顿、改革开放中出现的新情况、新问题，积极与相关部门进行协商，形成书面向县委、县政府和有关部门提出善意批评和建议，把“政协协商、民主监督”的范围从政治领域扩大到经济建设、文化、教育、宗教等方面。1989 年 6 月，组织常委调查组对委员强烈反映的糖蔗生产、财政收入和社会治安 3 个问题进行深入调查研究，开展民主监督活动，写成专题报告后，形成建议案，分别呈报给县委、县政府办理，促进这三方面工作好转，受到省政协的肯定和表彰。

1990—1993年，县政协四届委员会共组织8个政协工作组深入基层开展21次民主监督工作。组织各工作组委员和有关部门负责人等147人次，在正主席、副主席的带领下，分别深入全县各乡镇和2个国营（有）农场，就全县乡镇企业、教育卫生事业、场社关系、宗教活动等做实地调查和研究，提出意见和建议，如实向县委、县政府提交5个建议案和3个视察调查报告，供有关部门决策参考。认真编写18期简报和会议纪要，积极反映和汇报工作情况。1992年，建议县工商部门要严肃查处市场上的伪劣商品，促成县工商部门成立临高县打击假冒伪劣商品领导小组在全县范围内开展工作，共检查400多个生产厂家和经营单位，查处假冒伪劣商品达9类270个品种12万多件，总价值10多万元，处罚200多个单位和个体商店，并召开一次假冒伪劣商品销毁现场会，促进临高县市场秩序的良好发展，保障人民健康。

1993—1998年，县政协五届委员会组织政协委员并邀请相关部门参与，进行14次专题和考察，写出11个专题报告和3个建议案，得到县委、县政府重视和采纳，对改变党政机关作风、优化经济发展环境、关心人民疾苦产生良好社会效果。

1998—2003年，县政协六届委员会不断创新工作形式，建立完善反映社情民意的信息网络，充分发挥“直通车”传递社情民意的主渠道作用，加强同各界别委员和各阶层群众联系，共编印58期《社情民意》刊物和20期《临高政协》简报。每年组织政协委员针对社会热点问题开展深入调研，形成相应的专题调查报告。2000年，采取主动参与党政部门进行联合调查视察形式，开展执法检查、普法检查，教育评估等6次，要求被检单位通过举行座谈会、测评会等形式，进行自检自评，促进被检查单位改进工作。同年7月，向政协委员发出民主测评县公安局工作征求意见表，组织全体委员对县公安局开展民主测评工作，充分调动委员参与监督的积极性和广泛性。2001年，加大对“窗口”部门和省驻县单位工作的监督力度，开展对这些单位的评议活动，促使单位工作步入健康发展。2003年，县政协主席会议成员参加或列席县委县政府各种重大会议，参与事关全县大局的重大决策。常委们还列席县委扩大会议，听取县2003年26个重点工作项目落实情况；先后召开全体委员政情通报会和常委通报会，听取县社会经济发展运行情况。

2004年，常委会围绕县委十届党代会提出实施“四个战略”“增创五个优势”的治县方略，就全县45项重点工作，听取落实情况汇报和经济形势分析，跟踪监督，献计献策。选派有关委员参加县检察院领导班子述职评议会、县法院年终总结会和县物价局水费听证会。开展法院个案办案结果的民主监督和明察暗访活动。选派民主监督员对县百货公司等

30多家单位的拍卖工作进行民主监督。推荐3名委员担任有关执法部门特邀监督员。在保持共产党员先进性教育活动中，各党派、各阶层的政协委员针对中共党员领导干部中存在的问题，提出30条整改措施和建议，得到县委、县政府的重视和采纳。

2005年，积极参与《临高县国民经济和社会发展第十一个五年规划纲要草案》的编制，建言献策。2007年，委员提出建议书30份，共93条意见和建议。为推动首届文化节暨招商活动签约项目的实施，成立临高县政协跟踪监督重点项目领导小组，对全县重点工程项目进行专项考察监督；针对全县个别单位存在的专项资金使用不当问题，县政协领导带领委员分3个小组分别对县发改局、国土环境资源局、就业局、社会保障局、公安局、司法局、法院、检察院等8个单位专项资金使用情况进行督查，形成书面报告，供县委、县政府决策参考。2008年，委员提出建议书60份，共198条意见和建议，主要针对受监督单位“行业行风”情况和“落实县委县政府全年工作完成情况”进行监督。

2009年，常委会组织26名各界别委员对13个中央新增项目开展专项考察。先后到临城、博厚、多文、皇桐等镇对学校楼房改造、农村沼气池建设、水利干渠维修、垃圾处理场建造等实地察看，看进度、看质量，提意见、建议，推动中央新增项目建设的进程。选出30名委员作为特邀民主监督员组成10个监督小组，派到10个单位开展民主监督工作。至此，县政协共有40个民主监督小组129名委员对全县40个单位开展民主监督。重点围绕落实县委、县政府的中心工作开展监督，开展以“倡导执行文化、提高执行力”为主要内容的监督，开展以“环境综合整治”为主要内容的监督。同时对群众特别关注的一些重点项目开展专项监督，如西门市场改造，专门成立西门市场特别监督小组，由副主席谢少师担任组长，对市场的改造实行全程监督。一年中40个监督小组共向受监督单位提出70份建议书，共201条意见和建议。大部分受监督单位的领导都给予高度重视，积极采取措施，并向特邀监督员和政协专委作反馈。例如，县人民法院接到监督小组提出的干部纪律、工作作风等5条意见和建议后，及时召开院党组会议研究部署，认真加以整改，并作书面反馈。又如县商务局接到监督小组的意见后，加强对私宰猪的打击力度，开展8次打击大行动，取缔4个私宰猪点，没收725千克私宰猪肉，罚款8120元，并对一批病猪肉进行无害化处理。

2010年，继续委派129名委员作为特邀民主监督员，组成30个监督小组，对30个机关单位、部门和10个镇等40个单位进行民主监督。各民主监督小组认真履行职责，通过走访了解情况、倾听群众意见，共向受监督单位提出80份意见和建议书，共提出248条意见和建议，各受监督单位都认真做了整改并给予反馈。这些意见和建议，对加强部门的队伍建设，促进部门工作起到一定的积极作用。同时，县政协机关工作人员多次参加县内的各项工作检查、招聘人员考试监督等，民主监督工作在社会上产生良好的影响。

1986—2010 年，县政协重点就农民负担、社会保障、文化教育、经济发展多方面形成的提案进行监督实施。

二、参政议政

1987 年 10 月，县政协常委 10 人，赴电白、汕头、东莞等 10 个市县参观学习，并做《开阔视野 学习经验》体会报告。

1988 年，县政协科技组对多文、东江、博厚、皇桐 4 个乡镇的咖啡生长情况进行考察，做《政协科技工作组考察咖啡管理》报告。同年 4 月 2 日，经县政府同意，在北京成立由县政协机关主办的合股经营集体企业临高县协兴发展公司，由孙耀祖担任法人代表兼经理，属集体所有制企业，独立核算，自负盈亏。

1990 年 4 月至 1993 年 6 月，共派出 14 批干部深入基层主动配合开展县的各项中心工作。

2007 年，收集信息 29 条，办结 21 件，办结率为 72.4%，“关于龙波糖厂通车难、东英镇大前洋连片甘蔗病虫害”“临城商场歌舞厅噪音扰民”等问题反映都及时得到解决。

2008 年，成立社情民意信息工作领导小组，组长由县政协副主席担任，一办四委主任为成员，领导小组下设办公室。从委员中聘请 50 名委员为特邀信息员，负责信息的收集和反映。年内收集信息 63 条，办结 59 件，办结率为 93.7%。如关于调楼鱼粉加工厂严重污染环境问题，通过协商，企业老板停业整顿，投入 20 万元进行技术改造，解决污染问题等。

2009 年，收集信息 67 条，其中协商处理 51 件，专报处理 16 件，办结率为 86.2%。如《关于西干渠道水利工程施工影响春耕生产用水的反映》，列为 2009 年的第一号社情民意信息件，县政协及时与县政府联系协商，县政府高度重视，立即召开政府会议研究部署，解决西干渠 5 个镇农民春耕生产用水难的问题。又如《关于南宝镇光吉村群众行路难的反映》的社情民意，通过“专报”报送县政府后，县长带领县交通局等相关部门领导亲临现场察看，拨出 20 万元给南宝镇政府修复水毁路段，解决光吉村群众行路难的问题。

2010 年，收集信息 70 条，其中召开专题协商会 2 次，解决 14 件信息；专报 7 件；协商 49 件，共办结 63 件，办结率为 90%，如 2010 年第 1 号信息件《关于临高中学至绿健花园路段北侧排水沟急需整治问题的反映》，县政协召开相关部门协商现场会，县政府拨出财政资金 2 万元，临高中学、实验小学、海南来发农业综合有限公司等出资 1.60 万元，对该路段北侧排水沟进行整治；又如《关于和舍镇道咸村、布化村洋田毁坏急需修复的反映》，县政协与县农综办进行协商，县农综办投入 5 万元对这几个洋田进行修复整治。

至 2010 年，共收集处理信息 226 条，通过“协商”和“专报”形式处理信息，办结

123 条。信息内容主要涉及道路、交通、农村基础设施建设、医疗卫生、环境整治等社会热点和难点问题，既解决民生问题，也为政协树立良好形象。

1986—2010 年，县政协每年听取县政府有关全县经济工作情况的通报，有针对性地提出经济运行中存在的问题和不足，此外在文教卫生方面也提出许多积极的建议和收集社情民意向政府主委领导反映，进行参政议政。

三、提案与办理

1987 年 5 月至 1990 年 4 月，政协临高县第三届委员会期间共收到委员提案 114 件，已办复解决 107 件，占 93.9%。1993 年 4 月至 1998 年 3 月政协临高县第五届委员会期间共收到委员提案 271 件，经审查立案 255 件，承办单位办复委员提案 253 件，占 99.2%。

1990 年 4 月至 1993 年 3 月，政协临高县第四届委员会期间共收到委员提案 151 件，办复解决 146 件，占 96.7%。1990 年，提案 53 件，办复 50 件。1991 年，提案 55 件，办复 54 件。1992 年，提案 43 件，办复 42 件。

1993 年 4 月至 1998 年 3 月，政协临高县第五届委员会期间共收到委员提案 271 件，审查立案 255 件，承办单位办复委员提案 253 件，占 99.2%。

1998 年 3 月至 2003 年 4 月政协临高县第六届委员会期间共收到委员提案 138 件，经审查立案 136 件，承办单位办复委员提案 121 件，占 87.7%。

2003 年 4 月至 2007 年 1 月，政协临高县第七届委员会期间共收到委员提案 200 件，立案 189 件，承办单位全部办复，办复率 100%。2004 年，县政协七届二次会议收到提案 68 件，立案 66 件，其中党派提案 8 件。在所立案提案中，有关经济建设方面 30 件，占立案提案的 48%；有关教科文卫体方面 26 件，占 40%；有关政法人事方面 10 件，占 12%。2006 年，县政协七届三次会议收到提案 48 件，立案 45 件，转为委员来信处理 3 件。在所立案提案中，有关经济建设方面 6 件，占立案提案的 13%；有关教科文卫体方面 16 件，占 36%；有关政法、统战、人事方面 14 件，占 31%；有关市政、道路交通方面 9 件，占 20%。

2007 年 2 月至 2010 年 1 月，政协临高县第八届委员会期间共收集委员提案 264 件，经审查立案 200 件，承办提案落实率为 44.8%，委员满意和基本满意率 95.5%。2008 年，征集并立案提案 44 件，提案落实率为 43.2%，委员满意和基本满意率 96%。2009 年，征集并立案提案 44 件，提案落实率为 45%，委员满意和基本满意率 96%。

四、调查研究

1984 年 6 月至 1987 年 5 月，县政协共组织 7 个工作组进行考察调研活动 26 次；专题调查 4 次。其中科技组政协委员引进良种咖啡，为全县种植咖啡 466.67 公顷出力；根据临高县群众爱好养鸭的特点，引进良种鸭苗，增加群众收入，繁荣市场，深受群众欢迎；指导文澜江区红山农场胡椒管理，使红山农场1986年胡椒收入达40多万元，创造胡椒亩产超万元纪录，为全县种植胡椒树立榜样。

1987年5月至1990年4月，县政协共组织5个工作组进行考察活动21次。其间，1988年2月3—4日，县政协科技组对多文、东江、博厚、皇桐4个乡镇的咖啡生长情况进行考察，形成《关于政协科技工作组考察咖啡管理的报告》。1988年4月11—12日，组织科技组政协委员先后对县海溪化纤厂、服装厂、酒厂、铸锅厂、粉丝厂、加来综合厂等进行考察。同年4月22—23日，县政协组织农村政协委员对皇桐、多文、和舍等乡镇的农业生产基地（企业）进行考察。同年12月22—23日，县政协教育组对和舍、多文和调楼等乡镇的中小学校、学区进行考察。1989年4月22—23日，县政协科技组到龙力、和兴种植点实地考察台胞刘兴武从台湾引进的水稻良种种植工作情况。

1990年4月至1993年6月，县政协共组织8个工作组进行考察活动21次。1990年11月，由政协主席带领"政协乡镇教育现状视察调查组"对美良镇、和舍镇、南宝镇开展考察调查工作。同月，由政协主席等带领临高县政协科技工作组赴儋县参观考察糖蔗生产工作并向县委、县政府提交《儋县糖蔗生产迅速发展的诀窍》报告。同年12月，由政协主席带领"政协国有企业现状调查组"开展调查工作，并于12月27日向县委、县政府提交《关于认真整顿，深化改革，扭转临高县国营企业严重亏损状况的建议案》报告。1991年6月，县政协考察组到县内1958年建成的尧龙水库和1990年新建成的松涛西干渠南宝第四支渠进行实地考察。1991年7月，县政协组织委员会开展视察乡镇卫生工作，随后向县政府提交《要重视和加强农村医疗卫生工作的建议案》。1992年4月，县政协主席与驻临高县省政协委员带领部分常委组成的考察组对临高县1991年跨1992年糖业生产存在的问题进行考察，并在《临高政协》上以简报形式刊载《关于临高县糖业生产情况的视察报告》。

1993年4月至1998年3月，县政协就两个文明建设、改革开放、社会治安、农村和教育等问题，组织政协委员并邀请有关部门参与，共进行14次专题调查和考察，写出14个专题报告或建议。其间，1998年，共组织4批委员到有关单位进行调研，写成4个专题调查报告，呈送县委县政府决策参考。

1999年，围绕发展热作水果生产、合理利用和配置水利资源、科教兴国以及小型工业企业的改革和发展等4个方面，由政协领导带头深入40多个单位进行调查、考察，写出4个专题调查报告，为县委县政府决策提供参考。

2001年，以"增加农民收入，加快城镇建设"为调研重点，县政协3位副主席带队参加考察调研，形成《关于农业结构调整和增加农民收入的调查报告》，得到县委、县政府的重视。

2003年4月至2007年1月，县政协围绕“三农”、医疗卫生、文化教育、社会治安、市政建设、国企改革、计划生育、毒品犯罪、非公有制经济、食品安全等问题开展专题调研考察活动，形成50多篇有价值、有分量的调研报告，其中《强化创新意识，规范国有资产管理、监督和运营机制》《关于加快临高海洋渔业经济的思考》《做好渔业安全生产，保障渔民生命财产安全》《搞好土地“三保”工作，切实保护农民合法权益》4篇调研报告被列入省政协专题会议重点发言材料。《毒品危害大，坚决打击毒品犯罪行为》的调研报告，被列入省政协2006年例会发言材料。

2007年2月至2010年12月，组织开展调研活动49次、329人次，形成49份书面调研报告，呈报县委县政府决策参考；组织开展18次考察活动、192人次，其中省外考察7次，省内考察11次；组织开展8次考察活动、163人次，形成书面考察报告8份，呈送县委县政府决策参考。2007年，形成8份调研报告，对“林权改革”“海防林建设”“社会治安”“城市卫生”“素质教育”“农村弱势群体的社会保障”等进行调研，其中关于“林权改革”“海防林建设”的调研报告，得到省政协的采用，并在省政协常委会上发言。2008年4月，由副主席带领政协机关及老干部曾庆钊、钟冠豪、李亚钙、刘忠文、林红波等赴广西、广东省等考察城市开发建设。2008年8月，教科文卫体卫生界委员13名赴甘肃、宁夏、青海等省考察教育卫生工作。2009年，形成《国家13个重点新增项目的情况视察报告》等共6份。2010年，形成《关于临高县重点项目建设情况的视察报告》和《关于临高县文明生态村创建情况的视察报告》共2份。

五、“三胞”联谊

1986—1990年，“三胞”、宗教组织积极配合县委落实统战政策，落实各项房产权18户，3000多平方米；补偿金额达10多万元；恢复户口粮食18户108人；落实“三案”（冤案、假案、错案）31宗；平反宗教人员辛某和杨某一家的2宗冤假错案；为港属取邓爱珍落实参加教师队伍工作等。通过落实统战政策，使许多“三胞”消除私怨，治愈心病，转变态度，促进爱国统一战线的发展。1987年5月至1988年4月，共邀请9批20名港、台、侨胞回乡探亲、会友、旅游观光和洽谈生意，帮助9名台胞台属赴港去台探亲会友和定居；回临高探亲的台胞达140多人次。1989年，县政协开展“三胞”调查摸底和逐一造册登记，建立档案，开展“三胞”名人录征集撰写工作，受到省政协通报表扬和奖励。同年8月，香港临高工商联谊会正式成立。

1990年4月至1993年6月，共接待“三胞”回乡探亲250多人次。1990年，接待港澳同胞、海外侨胞和去台人员回乡探亲共56人次。1993年8月，应香港临高工商联谊会

（1996年更名为香港海南临高总会）的邀请，5名县政协委员随同县领导赴港参加该会成立一周年庆祝活动。同年，2位临高籍台胞回乡探亲，受到县政协领导的接待，深受感动，返回后一直保持与家乡联系。同年，港胞邓某在临高投资发生经济纠纷，县政协闻讯后，与有关部门了解，召集双方协商，最后达到和解。

1995年11月，县政协在深圳召开驻港、深县政协委员座谈会。同年，5名政协委员组成调查组，深入博厚、波莲、马袅等台商投资乡镇，对台商在临高投资开发情况进行调研，写出调查报告，受到台商的好评及县政府的重视。同年，县政协驻中国香港委员郭华关心支持临高公益事业，捐款给县二中兴建图书馆，后被县教育局聘为县二中名誉校长；捐款给县中医院购置医疗设备。

1998年10月，中国香港海南临高总商会会长赖廷介回乡探亲考察，受到县政协领导接待。同年，旅美华侨黄正保回临高寻找亲人，在县政协的帮助下，找到同胞兄弟。香港临高总会荣誉会长赖武祥回临高考察慷慨解囊，支持家乡教育事业。

1999年，组织6名政协委员赴新加坡、泰国和中国香港、中国澳门考察，与当地华侨、港澳同胞座谈，沟通感情，增进了解，促使“三胞”积极为临高建设服务。

2001年，县政协常委会经常到琼台农业合作以及台港商在临高投资创办的基地，了解情况，跟踪服务，为他们解决纠纷，化解矛盾。至2010年，委员郭华25年内先后为县人民医院、中医院、二中、头咀小学捐款50多万元。委员程文英多处奔波，得到香港新华银行教育基金支持，为东英镇文潭小学捐资34万元。

六、文史工作

1986年7月，出版《临高文史》第二辑，两辑共印刷出版1.30万册。1987—1989年，先后征集、编辑和出版《临高文史》三、四、五辑，14万多字，发行1.50万册，着重征集出版临高中学校史、临师校史、教育发展史、林业发展史和供销社史料。

1990年5月，成立临高文史资料研究委员会，由县政协正、副主席兼任主任委员会，成员由原12人增至21人。同年6月，设立政协临高文史资料研究委员会及临高文史编辑委员会。

1991年6月18日，县政协文史资料研究委员会召开编委会会议，讨论确定《临高文史》第七辑组稿内容，主要以反映全县水电发展和农业发展情况为主要内容。

调整《临高文史》编委成员，配备文史专职人员，安排1名副主席专抓文史资料工作。1993—1998年，共出版《临高文史》4辑共89篇、21.60万字。其中《临高文史》第十辑（日军侵临暴行史料专辑）中有27篇4万多字被省政协文史委采用编入《铁蹄下的腥风血雨》一书。县政协文史工作成绩显著，先后2次在省政协文史会上作经验介绍。

1998 年，发行《临高文史》12 辑，抓《临高文史》13 辑、14 辑的征集编辑。1999 年，完成审稿工作。2000 年，编辑 13 辑。2005 年，编辑出版《临高文史》第十五辑（2000 册），赠送省内外有关部门和知名人士，赠送国家图书馆，获国家图书馆颁发的荣誉证书。在王中柱编写《明代海南才子——王佐》的基础上，重新收集材料，向省政协的《名人与故居》投稿并刊登。2006 年，编辑出版第七届《政协委员录》。

2010 年，编辑出版《临高文史》第 16 辑，全书稿件 30 篇、12 万字，分人物春秋、峥嵘岁月、古迹觅踪、地域文化、地方农渔等 5 个篇章；编辑出版《临高县政协制度书》，全书共分政治协商篇、民主监督篇、参政议政篇、管理篇等 4 个篇章，共有 33 个制度，5 万字；编辑出版《临高文史》17 辑（“临高地方主义事件”专辑），约 7 万字。

第十三编 民主党派 社会团体

临高县最早的民主党派地方组织——台湾民主自治同盟临高县支部委员会于1985年成立。至2010年，县内有4个民主党派地方组织，即中国国民党革命委员会、中国民主同盟、中国民主建国会、台湾民主自治同盟地方组织。县内民主党派地方组织积极参政议政，建言献策，充分发挥智力和技术优势，服务社会。1988年5月，恢复成立县工商业联合会（总商会），在积极发展会员和组建行业商会的同时，组织引导会员维护民营企业主权益，参政议政，参与光彩事业。

临高县主要群众组织有总工会、共青团、妇女联合会、科学技术协会、文学艺术界联合会等。这些群众组织充分发挥桥梁和纽带作用，服从服务于经济社会发展大局，在全面加强自身建设、调动一切积极因素的基础上，开展劳动竞赛、技能培训、青年志愿者活动、创业就业、妇女“双学双比”和“巾帼建功”活动，科技推广和文艺创作等活动，成为全县经济社会建设、民生建设、保障群众权益等方面的一支生力军。

第一章 民主党派

第一节 中国国民党革命委员会临高县支部委员会

2009年3月，成立中国国民党革命委员会临高县支部委员会筹备领导小组（简称“民革临高县支部筹备组”），选举符建新为筹备领导小组组长。2010年7月14日，中国国民党革命委员会临高县支部委员会（简称“民革临高县支部”）正式成立，共有支部委员5人，选举符建新为支部主任委员。

一、理论学习

2009年4月3日，10名民革党员骨干赴儋州市，与儋州地区全体党员一起，就如何“深入贯彻学习实践科学发展观”和如何应对金融危机等问题进行探讨，共同学习中共中央宣传部《科学发展观》相关理论文章和民革中央《关于个民主党派深化坚持走中国特色社会主义道路学习教育活动的意见》等有关理论性、政策性文章。同年11月20日，支部筹备组组织党员集体学习《中共中央关于加强和改进新形势下党的建设等重大问题的决定》、胡锦涛 2009 年 9 月 20 日《在庆祝中国人民政治协商会议成立 60 周年大会上的讲话》精神、周铁农 2009 年 9 月 21 日《在民革十一届八次中常会上的讲话》全文以及 2009 年 9 月 21 日第十一届中央委员会第八次会议通过的《中国国民党革命委员会第十一届中央常务委员会关于学习贯彻中共十七届四中全会精神的决定》，撰写心得体会 20 篇。2010 年，就临高县经济、社会、民生等方面，民革临高县支部积极选派党员，积极开展实践探索，扎实做好理论研究，以推动民革党为民理论，更好为临高县经济建设服务。

二、组织建设

2010 年，民革临高县支部有正式党员 18 人。平均年龄 34 岁，均为大专以上学历，其中男党员 13 人，女党员 5 人；政协委员 10 人（其中常委 1 人）；公务员 3 人；教育卫生战线 8 人；企业家 3 人；台资高管 1 人；新闻记者 1 人。

三、参政议政

2009—2010 年，组织党员深入农村基层进行社会调研，撰写 1 份提案：《城镇宅基地存在的现状和合理的改进建议》，得到县委、县政府充分肯定并予以采纳。

四、服务社会

2009 年 9 月 30 日，支部筹备组邀临高县委统战部，组织党员到博厚敬老院、龙波敬老院看望慰问孤寡老人，向老人致以节日问候并送去慰问品和慰问金 3000 元。当晚，联合县 4 个民主党派在临城明珠酒店 7 楼大舞厅举行庆祝中华人民共和国成立 60 周年歌咏晚会，取得成功。同年 11 月上旬，与儋州支部共同开展新农村建设服务活动，为皇桐镇中林村委会昌龙村道路两旁种上大皇棕 200 株，美化绿化该村的人居环境。

第二节　中国民主同盟临高县支部委员会

2000 年 5 月 26 日，中国民主同盟临高县支部委员会（简称“民盟临高县支委会”）正式成立，盟员 5 人。民盟临高县支委会主任委员、副主任委员及委员由民主选举产生，每五年进行换届选举。第一届（2000—2005 年）主任委员为潘骏，副主任委员为谢少师，委员为王圣豪；第二届（2006—2011 年）主任委员为谢少师，副主任委员为谭安源、王圣豪，委员为王圣豪、王小花。至 2010 年，民盟临高县支委会有盟员 20 人。

一、组织建设

2000—2010 年，民盟临高县支委会成员中有 2 人任县人大常委，1 人任副县长，1 人任县政协副主席，2 人任县政协常委，先后 10 人任县政协委员，2 人当选县人大代表，1

人当选为省人大代表。10 人先后担任县政府特约民主监督员及社情民意信息员。

二、参政议政

1998—2010 年，民盟临高县支委会每年在“两会”（人民代表大会和政治协商会议）期间，以盟员中的人大代表和政协委员为核心，动员全体盟员，积极履行参政议政、民主监督的职能，关注社情民意，通过大量走访调研，以事实为依据，在参与临高县重大会议的协商中，向临高县人大和县政协提交并立案的提案共 53 件，其中盟员谭安源 2005 年在县政协大会提交的调研报告——《完善体育设施建设、推崇高尚文明活动》，得到县委县政府的高度重视，立为县政府重点督办提案，并于当年落实建成“县体育广场”“县露天文化公园”。该提案被评选为优秀提案，得到县政协的表彰与奖励，同时开创临高县民主党派调研报告列为政府主要民生工程的先河。2009 年，提交的集体调研报告——《关于我县中医药生存状况》，经县政协建议形成《关于我省中医药生存状况》提交 2009 年省政协，得以立案承办，引发 2010 年之后全省开始复兴的中医药热潮，海南省卫生厅已将中医药发展列为公立医院首要任务和各级医院参加评审的必备条款。

三、服务社会

民盟临高县支委会积极开展多种形式的社会服务活动。2000—2010 年，每年筹集 2000 余元在节假期间，走访慰问养老院、五保户，并每年资助贫困家庭学生，先后捐助近 3 万元，为其解决实际困难。2008 年，汶川地震后，民盟临高县支委会 20 名成员共捐款 1.6 万余元。5 月 13 日，盟员谭安源、刘艾青、殷锋专程到海口献血 1200 毫升。20 名盟员中，16 人是义务献血员。2008—2010 年，民盟临高县支委会共义务献血 1.64 万毫升。

第三节　中国民主建国会临高县支部委员会

一、组织建设

1996 年，中国民主建国会临高县支部委员会（简称“民建临高县支部”）开始筹备。1998 年 6 月 29 日，民建临高县支部委员会成立。同年 10 月 16 日，民建临高县支部举行第一次全体会员大会，选举郭忠泽为第一届支部主任委员，龚鸿泽为副主任委员，曾琦为委员，支部会员共 9 人。2001 年 11 月 2 日，民建临高县支部举行第二次全体会员大会，选举产生第二届支部班子成员，郭忠泽为支部主任委员，龚鸿泽为支部副主任委员，曾琦为支部委员，支部会员共 11 人。2006 年 9 月 5 日，民建临高县支部举行第三次全体会员大会，选举产生第三届支部班子成员，郭忠泽（2007 年当选为县人大十三届常务委员会委员）为支部主任委员，洪炜昊（政协临高县第八届委员会常务委员）为副主任委员，苏庆幸、符峰、曾琦为支部委员，支部会员共25人。2009年，中国民主建国会临高县支部委员会发展会员2人，共有会员24人。会员结构以经济界为主，补以科技、文教卫生、司法行政等中高层人员。至2010年，未变。

二、参政议政

1998—2010年，在民建临高县支部的会员中，曾有1人担任临高县人大常委会委员，5人担任政协临高县常务委员会委员，14人担任政协临高县委员会委员，11人担任临高县人民政府特约行政执法监督员，2人被临高县委组织部聘任为严肃换届纪律特约监督员。

会员中的人大代表和政协委员积极参与临高县重大会议的协商，认真履行参政议政、民主监督职能，关注社情民意，撰写提案。1998—2010年，民建临高县支部向临高县政协提交并立案的提案共81件，其中“关于培养民主党派干部担任各级政府和有关部门领导职务的提案”“关于维护失地农民权益的提案”“关于完善我县沼气后续服务的提案”“关于成立县政务服务中心的提案”“关于村委会信息化管理的建议”“要让政协委员真正履行参政议政的职责”等12件提案被评为临高县政协优秀提案。2009年，民建支部“关于把王佐‘礼魁坊’列为省级文物保护单位”的提案受到县政府重视，并报省政府批准，列为第二批省级文物保护单位。同年，在民建海南省委组织的纪念“五一”口号发表60周年的征文比赛中，会员林尤麒《唱响国际旅游岛》和会员李巨骅《肝胆相照　荣辱与共》的征文均获得三等奖。2010年，会员李肖华“关于推进我县品牌发展战略的建议”的提案受到县委、县政府的高度重视，被列为政协临高八届四次会议1号提案，安排为会议发言，并成立以分管副县长为主任、多个职能部门参与的承办机构进行承办操作。会员林尤麒“以金牌为支点开拓邮轮经济，促进临高县旅游业发展的建议”和“做好我县旅游房地产开发建设工作，努力推动国际旅游岛建设”的提案也被列为政协临高县八届四次会议的大会发言材料，受到各方面的关注和好评。

三、服务社会

自1998年起，会员许必善和苏庆幸每年到全县各地免费为农民传授橡胶种植、管理、开割及病虫害的防治等农业技术。2002—2006年，会员丁耘芳对临城中学的困难学生林某进行资助，每年6000元，共计2.40万元。2008年，汶川大地震后，民建临高县支部全体会员，积极捐款赈灾，捐款总额4万元，其中会员洪炜昊捐1.40万元，丁耘芳捐2万元。2009年，会员洪炜昊、郭忠泽、苏庆幸、李肖华到皇桐镇免费发放农技资料，现场进行农技指导，县人民医院外科主任符峰带领医疗小分队到皇桐镇为群众义诊。

第四节　台湾民主自治同盟临高县支部委员会

一、组织建设

1985 年 5 月 20 日，台湾民主自治同盟临高县小组成立，林金福任组长，赖李明任副组长，共有盟员 7 人。1991 年 7 月 29 日，台湾民主自治同盟临高县支部委员会（简称“台盟临高县支部”）正式成立。8 月 12 日，台盟临高县支部举行第一次全体会员大会，选举林金福为第一届支部主任委员，赖李明为副主任委员，郑金泉为委员，支部盟员共 7 人。

台盟临高县支部从第二届至第五届（1997—2010 年），通过全体会员大会选举赖李明为主任委员，蔡照荣为副主任委员，王菊秋为委员，盟员从原来的 7 人增加到 11 人。在此期间，主委赖李明同时担任台盟海南省委员会委员、海南省台联理事，蔡照文后期担任省台联理事。在台盟临高县支部盟员中，有县政协委员 3 人，县政协常委 1 人，县人大代表 1 人。在 11 名盟员中，有大专文化程度 9 人、中专文化程度 1 人；高级职称 1 人，中级职称 1 人，占盟员人数的 18.18%。2010 年，民盟临高支部有 19 名盟员，其中女盟员 3 人，省人大代表 1 人，县人大代表 1 人，县政协委员 9 人，副处级干部 1 人，专业技术高级职称 15 人。

二、理论学习

1986—2003 年，台盟临高县支部始终坚持自身思想建设，不断加强理论学习，全面掌握新时期统战理论和对台方针政策，提高广大盟员的整体素质。2004—2010 年，共选派盟员骨干到中央、省社会主义学院等学习 4 期 6 人次；组织盟员参加台盟省委和临高县政协新时期理论学习共 12 班次。

三、参政议政

1986—2010 年，台盟临高县支部履行参政党职能，以“服务中心谋发展，关注民生促和谐”为出发点，在参政议政、民主监督等方面工作中发挥积极作用，注重提案质量，参在关键处，议在点子上，紧紧围绕社会、民生等方面的热点和难点问题，提出“关于积极推进渔业特产税征收制度改革”等提案 26 件，其中 2 件被评为优秀提案；完成“关于临高县农村科技服务情况报告”等 9 个课题的调研；提出“关于设立临高县文化公园标志牌的建议”等 6 件建议，及时反映社情民意，为政府决策提供有力依据。2009 年，台盟临高支部政协委员提出提案 1 件（即“关于加强文澜江城区内沿江两岸环境整治与改造”），完成 3 个课题的调研：“关于临高县农村卫生资源及发展规划”“关于全面规划建设西线旅游区　打造海南西部文化旅游品牌”“关于临高县 20 个自然村卫生环境‘脏、乱、差’问题”，及时反映社情民意。2010 年，提出“关于设立临高县文化公园标志牌的建议”“关于加大力度保护我县珊瑚资源的建议”和“关于加强与改进公安工作的几点看法”。同时完成“关于临高县卫生技术人员为何多年不能招聘的报告”和“关于临高县农村科技服务情况报告”2个课题调研，使参政议政从数量型向质量型转变。

2001—2010年，由于在盟务、参政议政等工作中成绩突出，台盟临高县支部被台盟省委授予“2001—2010年盟务先进单位”称号。

四、服务社会

2008—2010年，在各类自然灾害、包点单位工作、孤儿结对帮扶、教育基金捐款和慰问台胞等各项工作中，台盟临高县支部累计捐款捐物折合人民币24450元。2008年，汶川地震后，台盟临高支部迅速行动，纷纷向灾区捐款捐物，折合3600元；盟员蔡照文积极参加“省医疗救援队”赴四川汶川抗灾救灾。2009年3月，临高县受热带风暴“莫拉克”的影响，遭受到严重的经济损失，台盟临高支部和广大盟员累计共向灾区捐款人民币1600元，并向临高教育基金会捐款350元，特别是主委赖李明经常支持其包点的临高县东英镇博纵村的生产、除“四害”防病和计生工作，投入计生工作经费2000元。

第二章　社会团体

第一节　临高县总工会

一、工会组织

1986年，临高县总工会共有基层工会组织116个。其中，龙波糖厂、临城糖厂、县医院、红岛林场等基层工会的会员达200人以上。是年，县总工会开始整顿工会基层组织，至1987年底，有67个基层工会已验收为合格“职工之家”，完成全国总工会提出的3年整顿、“建家”任务。1989年，县总工会会同卫生局工会联合召开全县卫生院长会议，建起各乡镇卫生院工会。1994年，粮食系统、水电系统、临城糖厂等单位共600人入会，入会率居全省中上水平。2009年，县总工会在职办公室人员14人，全县建立新建企业工会45家，发展会员327人。2010年，临高县总工会内设办公室、经济维护部和女工部，另有帮扶中心、法律援助工作站2个挂牌机构，下设工人文化宫1个股级自筹事业单位。县总工会在职办公室人员13人。同年，县总工会共组建新建企业工会8家，涵盖法人单位

151家，其中新建基层工会组织113家，发展会员1024人，基层组织建会率达到98%。至年底，全县共有基层工会269个，工会会员1.70万人（其中女会员6824人）。

二、会员代表大会

第八次代表大会　1985年1月24—25日在临城召开。大会选举产生临高县总工会第八届委员会：主席1人，副主席2人。

第九次代表大会　1988年6月24日在临城召开。大会选举产生临高县总工会第九届委员会：主席1人，第一副主席1人，副主席2人。

第十次代表大会　1993年9月14日在临城召开。大会选举产生临高县总工会第十届委员会：主席1人，副主席2人。

三、主要工作

（一）帮扶工作

1990年3月，县总工会开始实施帮扶工作，配合省总工会调查组，先后深入到县拖拉机厂、水泥厂、机械厂和临城糖厂等停产半停产企业，了解职工的生活情况和思想情况，分析造成停产半停产的原因，帮助他们寻找出路，恢复生产，写出调查报告，反映给县政府。同年7—8月，对粮食供销系统的24个单位进行调查摸底，帮助他们建立健全职工代表大会制和民主管理制。

2006—2008年，县总工会实施"金秋助学"活动，帮助困难职工子女圆大学梦。共资助23名考入高校的贫困职工子女，每人资助2000元。2008年11月，县总工会困难职工帮扶中心正式挂牌成立，配置工作人员5人。投入资金2万元，用于装修帮扶中心办公室，购置电脑、档案柜、办公桌椅等办公设备，实现电子信息化管理。帮扶中心重点帮扶下岗失业人员和老弱伤病残职工，以及遭受意外伤害、因患重大疾病造成生活困难的职工群体，多数是生活水平低于城镇居民最低生活保障标准或在低保边缘者。

2009—2010年，共资助应届生37人，每人发放资助金3000元；共资助历届生18人，每人发放资助金2000元。2009年，县总工会通过深入调查研究，了解困难职工的相关情况，为各企业单位1431名困难职工做好困难档案登记，通过网络把登记信息传送给省总工会和全总工会。春节前夕，县总工会给予125名困难职工每人300元的生活救助；给予20名农民工每人200元的生活救助；给予5名困难职工每人2000元的医疗救助；给予1名困难农民工1000元的医疗救助；给帮扶系统中的1200多名困难职工每人发放一桶食用油。2010年，县总工会成立6个工作小组。同年，全县有121个基层工会建立困难职工档案1494户。同年，临高县遭受台风袭击，县总工会根据县内因台风实际受灾情况，把省总工会安排的受灾款8万元发放到各基层受灾职工，同时向县民政局争取救济款16.2万元分别发放到化纤厂、水泥厂、食品厂受灾职工维修房屋。同年，开展“两节”送温暖活动，县总工会组织工会干部，分别走访慰问困难企事业单位和困难职工、全国劳动模范及先进工作者。同年，县总工会给职工发放生活救助金3.98万元，发放医疗救助金9000元，给职工发放生活救助金1000元。

（二）职业技能培训

2007年，县总工会开始职业技能培训工作。同年与县就业局联合举办4期职业培训班，为750名下岗失业人员进行技能培训，协助县人事劳动和社会保障局帮扶350名下岗失业人员实现再就业，其中“4050”（女性40周岁、男性50周岁以上的无业人员）人员再就业107人。

2009年7月25日，县总工会以临高县第三届渔民节为契机，举办渔民职工“我与渔区共奋进，我与渔业共腾飞”织网大赛，调动企业职工的生产积极性，提高生产效率，增强应对时下金融危机的信心。同年12月，由县总工会与县旅游局联合举办涉及酒店宾馆部长、经理级以上的职工就业（旅游从业人员）培训班。同年，县总工会联合县人事劳动和社会保障局，共同组织开展全县职工、农民工就业技能培训387人次。

2010年5月，县总工会联合县人事局开展全县职工、农民工就业技能培训，共培训433人次。

（三）女职工权益保护

1986年，全县基层工会基本建立女工劳动保护制度。县医院、烟酒公司及临城粮所等单位，注重关心女工的切身利益，制定具体措施，对实行计划生育的女工，在怀孕、分娩、哺乳期期间，严格落实国家各项相关规定和待遇，使女工合法权益得到维护。1991年5月3日，县总工会召开临城地区女工工作会议，传达贯彻省总工会女职工劳动保护精神。同年，在女职工劳动保护的贯彻过程中，县人民医院被评为“海南女工劳动保护先进单位”。

2007—2008年，县总工会女工部深入开展女职工双文明建功立业活动，对全县各基层工会女工主任进行职业道德、职业责任及职业纪律培训工作；积极推行“女职工爱心帮扶工程”；对全县“单亲女职工”生活状况进行摸底调查。2010年，为做好女职工特殊疾病的保障工作，帮助女职工解决就医难问题，县总工会为广大女职工做好事，办实事，解难事，帮助患病困难女职工渡难关。年内，全县有77名女职工参与安康互助活动。同年，实施“女职工建功立业工程”，号召女职工立足本职岗位，投身经济技术革新活动之中。县人民医院各科室坚持以人为本的护理服务理念，开展创造技术、理论知识、基本技术操作、心理护理、专科健康等方面的宣教活动，进行相关法律法规、规章制度、护士代表形象等方面培训，提高护理服务质量，确保护理安全。

（四）工会维权

1986—2010年，县总工会联合县司法局招募4名法律援助志愿者，为劳动权益受到侵害的困难职工和外来务工人员、劳动模范以及因依法履行职责而自身权益受到严重侵害的工会干部及工会组织提供法律服务。推进企业劳动争议调解委的建立，对于已经成立的调解组织，县总工会加强指导、巩固、完善，以更好地发挥其作用；对于非公有制企业，要求在成立工会组织的同时，应依法建立劳动争议调解委员会。至2010年，全县共有76家企业建立劳动争议调解组织，兼职调解员160人。推进平等协商和签订集体合同制度，同年，全县国有、集体企业签订集体合同33份，覆盖企业33户，覆盖职工3606人。

四、重大活动

（一）劳动竞赛活动

2009年，县总工会以临高县第三届渔民节为契机，举办渔民职工“我与渔区共奋进，我与渔业共腾飞”织网大赛。2010年，县总工会联合县旅游局举行客房服务技能竞赛活动；联合县热作中心举办割胶能手竞赛，各镇及农场先进行割胶工内部竞赛，最后选拔出30名优秀选手参加全县割胶竞赛。

（二）文体活动

2007年，县总工会在县灯光球场举行全县基层工会女子拔河赛、健身操大赛，共有12个基层工会组队参赛。2008年，县总工会开展“学习十七大、迎奥运”等知识竞赛活动，全县基层工会都组队参赛。2010年10月，省总工会举办首届全省职工运动会，县总工会积极筹备活动资金8万多元，组织27名运动员参加4个运动项目的比赛。

（三）慰问活动

自2007起，县总工会每年都组织工会干部，分成2个慰问小组，分别进行走访慰问，至2009年，共走访慰问12个企事业单位和109户困难职工、劳模及先进工作者；配合县其他相关部门，慰问全县60多个单位、困难职工956户。2010年，县总工会慰问50名特困职工，共送去1.50万元慰问金；为全县帮扶系统中的1494名困难职工每人发放食用油5升。

五、劳模管理

1989—2010年，临高县共有全国劳模、先进工作者5人。1958—2010年，共有省级劳模、先进工作者20人。

2007—2008年春节前夕，县总工会及时下拨省总工会的劳模“三金”（生活困难补助金、特殊困难帮扶金、春节慰问金）和“二金”（特殊困难帮扶金、春节慰问金）；向县政府提交省先进工作者、劳模生活困难补助报告，发放困难劳模补助款。

2009 年，县总工会慰问全国劳模和省级劳模，送去“三金”特殊困难慰问金 6.57 万元和“二金”特殊困难慰问金 1.20 万元。落实省总工会关于发放全国困难劳模补助金的政策，及时把省总工会下拨劳模“三金”（含特殊困难帮扶金）47700 元，发放给全国劳模刘春花、刘汉勇、陈振长、庞明雄 4 人和省部级先进工作者 24 人。

2010 年，陈让丰被评为“全国劳动模范”，县总工会予以发放 1 万元劳模补助金；选派省先进工作者廖福华和省级劳模邓芳灵参加“百名劳模看海南活动”；落实省总工会的通知，在国庆期间为全国劳动模范者免费体检。向县政府提交省先进工作者生活困难劳模补助报告，发放困难劳模补助款 21500 元。走访慰问全国劳模 4 人，共送去 2.68 万元慰问金；慰问省级劳模 25 人，共发放 2.15 万元。

1986—2010 年临高县全国劳动模范一览表

表 13-2-1

姓　名	性别	出生年月	民族	政治面貌	籍贯	荣誉名称	获誉年度	授奖单位
陈振长	男	1933 年 11 月	汉族	中共党员	海南临高	全国劳模	1989 年	国务院
刘汉勇	男	1935 年 11 月	汉族	中共党员	海南临高	全国劳模	1995 年	国务院
庞明雄	男	1957 年 3 月	汉族	中共党员	海南临高	全国劳模	2005 年	国务院
陈让丰	男	1962 年 1 月	汉族	中共党员	海南临高	全国劳模	2010 年	国务院

说明：以评选时间先后为序

1986—2010 年临高县省级劳动模范一览表

表 13-2-2

姓 名	性别	出生年月	民族	政治面貌	籍贯	获誉年度	授奖单位
林忠财	男	1946 年 10 月	汉族	中共党员	临高	1990 年	海南省人民政府
林忠仁	男	1953 年 9 月	汉族	中共党员	临高	1995 年	海南省人民政府
林海深	男	1962 年 5 月	汉族	中共党员	临高	1995 年	海南省人民政府
林兴生	男	1945 年 3 月	汉族	中共党员	临高	1995 年	海南省人民政府
邓方灵	男	1972 年 9 月	汉族	中共党员	临高	2009 年	海南省人民政府

第二节　共青团临高县委员会

一、机构

1986年，设有共青团临高县委员会。2010年，共青团临高县委员会内设办公室、宣传部和学少部，下辖14个基层团委、8个县团总支，339个团支部，共计团员10296人。

二、团员代表大会

1986—2010年间，共青团临高县委员会共召开5次代表大会。

1990年9月24日，在临城镇召开共青团临高县第十一次代表大会，出席代表183人，选举产生共青团临高县第十一届委员会，委员25人，常委7人，书记王如琨，副书记王义坚。

1993年8月12日，在临城镇召开共青团临高县第十二次代表大会，出席代表133人，选出共青团临高县第十二届委员会，委员25人，常委7人，书记钟书宏，副书记许评、吴恒。

1996年12月9日，在临城镇召开共青团临高县第十三次代表大会，出席代表134人，选出共青团临高县第十三届委员会，委员25人，常委7人，书记符江生，副书记许建海、吉小妹。

2003年10月23日，在临城镇召开共青团临高县第十四次代表大会，出席代表148人，选举产生共青团临高县第十四届委员会，委员23人，常委7人，书记陈俊肖，副书记许峰、陈英。

2008年4月25日，在临城镇召开共青团临高县第十五次代表大会，选举产生共青团临高县委员会第十五届委员会，委员23人，候补委员7人，常委7人，书记谢慧亮，副书记陈英。

三、组织建设

1986年，共青团临高县委向临高县委上报《关于在农村整党中加强共青团建设的报告》，对团员进行形势政策任务教育，配齐区、乡两级团的专职干部，建立健全团的基层组织，重视从农村各行各业的优秀团员特别是团的干部中发展党员，推优183人，其中85人发展为党员。同年，根据中共临高县委《批转团县委〈关于全面铺开颁发团员证〉的通知》，为全县5066名团员颁证4828个。

1987年，乡镇团组织换届完成。同年，团县委荣获团省委颁发的“活跃的基层团委”竞赛活动先进团委表彰。1989年，临高县美夏乡管区青年突击队荣获团省委“抢险救灾先进青年突击队”表彰。1993年，乡镇团组织换届。全县完成团干部配备，42名专职团干部平均年龄26岁，大中专文化程度88%。健全164团支部，636个团小组。建立活动阵地1213个，经费基地1646个，培训基地168处。

2002年，共青团临高县委被团中央确定为“全国团建创新试点单位”，临高海上团建创新的做法在全省发展党员暨党建带团建工作座谈会上作经验介绍；被团中央、民政部、建设部、国家工商行政管理局授予第三批“青年文明社区”创建活动组织奖，临高电信局张俊儒被授予第三批全国“青年文明社区”创建活动贡献奖。

2007年，组织返乡大学生代表列席县第十一次党代会、县人大十三届一次会议和政协八届一次会议；开展海上流动团员“洗脚上岸”再就业工程；立业建团，新建基层团组织16个。2008年，开展“青少年心向党，贯彻落实十七大精神”系列活动；建立海上流动团支部12个，建立“洗脚上岸，建团立业”团支部4个。

2009年，基层团委组织14个、团总支5个。新增团支部3个（检察院团支部、公路局团支部、海丰养殖公司团支部）。全县有共青团员1.3万人。

2010年，实施农村基层团组织换届选举工作，174个村级团组织全部按时完成换届选举，扎实推进基层团建和基层团干部队伍建设；深入开展“创先争优”活动，活动重点是“创建先进基层团组织”和“争当优秀共青团员”；在全县新经济组织（外资企业、私营企业、个体工商户）和新社会组织（社会团体、中介组织、民办非企业单位）中完成17家团组织建设；发行《临高团讯》内部交流材料，每月一期。至2010年底，全县有基层团委14个，县直团总支8个，团支部339个，团员10296人。县乡（镇）一级有10个基层团委，直属学校团组织8家，县直团工委1家，直属团支部5家，非公团组织26家。团员8959人，28周岁以下青年人数共14566人，团员青年比例为61.5%。同年，团县委开展团情、青情调查活动，帮助289名流失团员重新注册登记。

四、主要活动

（一）大学生志愿服务西部计划

2006年，临高县被确定为海南省大学生志愿服务中西部计划受援县，至2010年，共计57名志愿者参与临高县支教活动，县项目办通过努力沟通，争取到县委县政府对“中西部计划”项目的大力支持。2007年，临高县有37名海南省大学生志愿服务中西部计划志愿者在临高参加服务。2008年，为“海南省大学生志愿服务中西部计划”志愿者争取参加临高教师公开竞考资格，14名志愿者参加，12名被录用。2009年，县财政分别划拨11万元的专项工作经费，其中2.2万元专项资金用于志愿者岗前培训及日常管理工作，8.8万元专项资金用于保障中西部志愿者的生活补贴。

（二）青年志愿者活动

1992 年，开展“学雷锋，做特区好青年”活动。1993 年，开展“学雷锋、学赖宁，树临高新风”活动，934 个小组，为群众做好事 11 万人次。

1996 年 3 月 6 日，临高中学青年志愿服务站成立。1997 年，5000 多名青少年志愿者参加“向雷锋同志学习，争做四有新人”活动，8000 多名青少年志愿者参加“让城市清洁起来”行动日活动和青少年志愿奉献周。

2002 年，组织 6000 人次团员青年志愿者开展“爱心送进千家万户，文明播撒四面八方”青年志愿者服务奉献月活动，受助者达 2000 多人次。

2007 年，举办第一届临高籍返乡大学生“情系文澜”暑期公益活动。

2009 年，开展青年志愿者行动，适时开展大型公益性活动，扩大临高共青团工作的影响力。在“农业科技惠农民”活动现场组织 30 名大学生及 7 名科技员，分成 2 个下乡小组，通过举办“农业科技大集”的方式开展集中送科技下乡活动，面向农村基层干部、青年农民开展专家现场咨询、专题讲座、农业实用技术展示、播放农业科教片、举办科技成果展览、赠送农业科技图书光盘和农用生产资料等活动，把科学知识和实用技术送到农村，送给农民，让农民得实惠。同时提高全县广大农民的科技意识，调动农民学科技、用科技的积极性。在禁毒宣传活动现场，以 50 多幅禁毒宣传图片及 20 多条禁毒标语向广大群众揭示了毒品的危害性，教育广大群众如何做好毒品安全防范，动员广大群众参与禁毒宣传，营造良好生活环境。

2010 年，团县委联合县消防大队在车站举行“走村串寨消防知识宣传启动仪式”，组织 100 名学生志愿者到乡镇农村发放消防安全手册、宣传海报。举行“地中海贫血症知识”宣传活动，组织志愿者向群众发放宣传资料并耐心解答群众的咨询。组织返乡大学生和县书法家开展“情系文澜”系列志愿活动，深入全县 10 个镇及 2 个文明生态村义务力度为群众写春联送春联活动，受惠群众近 3 万户。争取县委、县政府的经费支持，开展关爱困难青少年春节慰问活动。集中慰问临城地区的 27 名困难优秀青少年，到南宝镇松明村慰问了 2 名困难团员，并委托其他 8 个镇团委慰问 26 名困难优秀青少年。此次慰问活动共慰问困难优秀青少年 55 人，每人发放 200 元慰问金和价值 100 元的慰问品。

（三）团属主题活动

1991 年，组织动员 56 个青年抢险救灾突击队参加全县抗风救灾工作，排涝水田 3333.33 公顷，修缮房屋 200 多间，维修公路 80 公里，募捐救灾款 3 万多元；组织动员 86 个青年突击队参加“千人会战共青渠”，维修水利 93 公里。

1992 年，开展“跟党走，兴团业，建特区”中国共产主义青年团建团 70 周年纪念活动；举办五四运动74周年和毛泽东诞生100周年庆祝活动，2000多人在临高角参加“沙滩百米接力忆传统”、革命歌曲野营晚会。

2007年，深入开展社会主义荣辱观教育活动，推进《海南省青少年树立社会主义荣辱观读本》百万青少年阅读接力、志愿者宣传巡演等活动；开展“青春共建海防林”活动，组织动员广大青少年“认种”，建立“共青号”海防林；联合县公安局、县司法局、临高大学生联谊会、中国政法大学海南社会实践团举办“法律进村入户”活动，发放宣传资料2000多份、调查问卷500多份；开展“人大代表、政协委员与青少年面对面”活动。

2008年，开展“迎奥运、讲文明、树新风”“Beijing2008我的梦想”明信片邮寄和知识礼仪竞赛等活动；引导广大中小学生以不同方式慰问“5·12”汶川特大地震灾区学生，学生唐彩平荣获海南省红十字会抗震救灾优秀志愿者称号。

2009年，举办临高县第三届渔民节“哩哩美”小姐选秀大赛，150名选手报名参加。

（四）爱心帮扶活动

1993年，成立失足青少年教育帮扶领导小组，389个帮扶小组，帮教对象987人，691人转变成要求上进自食其力的好青年。

2002年“六一”国际儿童节期间，团县委向小学生赠送300多本《爱我海南新三字经》。2004年，团县委为一位患白血病的临高籍西南政法98级大学生，募捐爱心善款4万多元。

2007年，募捐1200多册书籍，在特殊教育学校建立“爱心图书室”；联合临高县教育基金会、海南一家临高版、临高报社团支部在全省首次开展“爱心火车票”助学子圆大学梦活动，50名贫困大学生获得资助；开展“蒙牛学生奶”捐赠活动，500多名贫困小学生获得蒙牛集团1年的免费学生奶；支持贫困家庭子女350套奥运福娃。

2009年，继续开展“爱心火车票”活动，筹款13375元资助89名困难大学生。

（五）青年人才工作

1988年，举办致富青年代表经验交流会。2002年，将星火带头人、致富能手、海南十大杰出青年、“共青团1号”青年船长先进经验和典型进行推广宣传，举办海洋捕捞知识培训班，全面启动“手拉手”致富工程。2004年，临高县陈卫海、林海、陈玉媾3人被收入海南省高级青年人才库。

（六）青年文明号活动

1994年，共青团中央在全国开展创建青年文明号活动。2001年，临高县地税局加来税务所等8家青年集体被命名和认定为“2001年海南省青年文明号”，临高县邮政储蓄中心等4家青年集体被命名和认定为“临高县青年文明号”。2002年，5家青年集体被新命名为“2002年海南省青年文明号”，9家青年集体被新命名为“2002年临高县青年文明号”。

2008 年，开展“争当青年宫岗位能手”“争当优秀务工青年”活动，唐永青荣获全国优秀务工青年。2009 年，县省级青年文明号有 24 家。联手开展青年文明号活动成为行业管理行为，重在创建青年文明号活动拥有具体有形的载体，全面创新使青年文明号活动内涵不断丰富。青年文明号活动着眼于加强和完善企业管理，积极推动企业全面创新，使这项活动不仅成为职业文明建设的有效途径，也成为优化基层管理单元的科学模式，动态管理让青年文明号活动实行优胜劣汰。青年文明号活动在初步展开后就把管理提到了议事日程上来。青年文明号活动促进两个文明建设协调发展，促进广大青年职业文明水平的提高，促进基层单位管理水平的提高，促进行业文明新风的弘扬，促进企业经济效益的提高。

（七）希望工程

1992 年，开展“希望工程——百万爱心行动”。2003 年，争取深圳日松微电子有限公司支持，筹集 6 万元建设带劳日松希望小学宿舍，争取“有爱就有希望”大型公益活动公益基金为 4 名高考特困生提供 2 万元助学金。2004 年，争取“明德助学金”为 5 名高考特困户生提供 2.50 万元助学金。2006 年，通过希望工程等公益渠道，使 30 多名高考特困生、200 多名中小学生获得资助，为福和希望小学争取价值 1 万多元的教学设备捐赠。2008 年，争取企业资助 17 名贫困大学生共 7.10 万元。2009 年，县申报希望工程，共有 35 名学生，其中有 13 人受资助。资助金约 6.5 万元。

（八）促进青年就业创业

1993 年，开展“学科学，创高产，绿化临高大地”活动，举办科技培训班 87 期培训人数 8540 人，绿化造林 254.67 公顷。

2009 年，为 1705 名农村青年提供技能培训，启动“诚信青年创业小额贷款”项目，与县信用联社合作，发放小额贷款 199 万元，支持 57 名农村青年创业。

2010 年，召开青年就业创业工作推进会，使各团干了解农村青年小额贷款要点及操作流程；充分利用电话咨询、横幅、报刊、电视、互联网等方式宣传农村青年创业小额贷款的意义对象和操作规程；不定期组织志愿者深入农村向群众发放宣传资料，解答难点和疑点，并鼓励农村符合条件、有创业困难的青年积极申请。利用临高电视台和《今日临高报》进行广泛报道，宣传扶持农村诚信青年创业小额贷款优惠政策；全方位、多渠道的宣传，在全县营造良好的舆论氛围；做到家喻户晓，使农村青年充分了解党和政府对其创业的关心、支持，引导广大农村青年建立诚信观念，同时提高各级各部门对做好农村诚信青年创业小额贷款重要性的认识，有效推进促进青年就业创业工作的开展。全年共协调落实小额贷款 307.8 万元，为农村青年创业就业提供启动资金保障。

五、少先队活动

1986年，举办临高县队鼓队号比赛，全县各小学23支代表队207人参加；举办少先队检阅仪式，全县各小学5支代表队参加。

1992年5月31日，在临城镇召开少年先锋队临高县第一届代表大会，参会代表115人，团县委书记作《面向未来，培养新人，努力开创临高少先队工作新局面》的工作报告。积极开展百所城乡小学手拉手活动：临高县第一小学联谊琼中县松涛中心小学，临高县第三小学联谊通什市红山乡南定小学，临高县第四小学联谊保亭县新政镇毛朋小学。

1994年，举办少先队员和叔叔阿姨升国旗仪式，2000名少先队员参加在临高县委大院举行的升国旗仪式。

2002年，组织开展“新世纪我能行”体验教育活动和“手拉手”互助活动。新盈小学五（2）中队被全国少工委授予“全国红旗中队”称号。

截至2010年，全县学校共建立少先队大队31个，中队812个，有少先队员30479人（占在校少年儿童数的100%），有辅导员806人。

第三节　临高县妇女联合会

一、机构

1986年，临高县妇女联合会（简称“县妇联”）内设一室四部，即办公室、权益部、儿童部、发展部、宣传部。2002年，内设一室二部，即办公室、权益部、城乡部。至2010年，县妇联编制及内设机构未变，全县共有10个乡镇妇联组织，11个县直机关妇委会，170个村（居）妇委会。

二、历届妇女代表大会

1987年12月30日，县妇联召开第六次妇女代表大会，参会代表200人，大会听取和审议黄月飞作工作报告，选举产生主任黄月飞，副主任李慧贞。

1993年11月25—27日，县妇联召开第七次妇女代表大会，参会代表195人，大会听取和审议符春娥作工作报告，选举产生主席符春娥，副主席李惠贞、桂照丽。

1999年11月28—29日，县妇联召开第八次妇女代表大会，参会代表170人，大会听取和审议李树萍作工作报告，选举产生主席李树萍，副主席罗美娟、王少娟。

2008年5月26—27日，县妇联召开第九次妇女代表大会，参会代表150人，大会听取和审议李赛美作工作报告，选举产生主席李赛美，副主席陈晓宇。

三、主要活动

（一）妇女“双学双比”活动

1990年，王秋红、王美丽被省妇联授予“‘双学双比’先进女能力手”。

1994年，临高县妇联被省妇联授予“双学双比活动先进单位”称号；临高县美夏乡被省妇联授予“双学双比”竞赛活动先进小组；周定球被省妇联授予“双学双比”竞赛活动中做出突出贡献的乡镇领导干部；洪秀梅、林赛南被省妇联授予“双学双比”竞赛活动女能手。

1998—2003年，深入开展“双学双比”竞赛活动。着重抓好妇女培训阵地和17个妇女培训中心、17个妇女科普协会建设，建立健全各种机构和制度，强化技术培训、努力提高农村妇女科技致富的能力。每年的“妇女科技月”，县妇联都组织农业、畜牧、水果种植等专家深入到博厚、南宝、多文等15个妇女示范基地进行实地研究并做技术指导，共发放技术资料4000份，赠送500本实用技术丛书，举办25期农民技术员和女助理农技师培训班，其中有197名残疾妇女参加技术培训。全县有4万多名农村妇女接受各种实用技术培训，有90%以上的农村妇女掌握2门以上的实用技术，有1799名妇女获得女农民技术员证书，有178名妇女获得助理农技师职称，实现每个自然村有1名以上女农民技术员的目标，涌现出女科技示范997户，创建“妇字号”基地97个，共38.8公顷。县妇联共表彰16个先进协调单位，65名“双学双比”女能手。1998年，临高县妇联被省妇联授予“农村妇女双学双比竞赛活动先进协调单位”称号。1999年，县农业局被省妇联授予“农村妇女双学双比竞赛活动10年先进协调成员单位”称号；方赛娥、王少琼、王奷娥、王奷雷、刘奷娥、许彩云、吴玉芬、李东芳、李赛真、杨兰英、杨奷梅、杨受连、苏嫦愿、陈玉秋、陈恒、陈碧玲、林桂希、林赛南、郑金永、倪梅花、符赛金、曾美珍等被省妇联授予“农村妇女‘双学双比’竞赛活动10年先进女能手”称号。2001年7月，积极配合省妇联，精心组织，周密布置，成功在临高县召开全省妇联主席会议，县妇联在会上作关于加强农村“双学双比”活动，积极发挥农村妇女在产业结构调整中作用的发言。

2003—2010年，把提高全县农村妇女综合素质作为一项重要任务来抓，协调有关部门做好科技兴农工作，提高农村妇女科技致富能力，创办1个荔枝基地，加快全县科技兴农步伐。利用广播、报刊、讲座、墙报等形式开展各种宣传活动，增强农村妇女的科技致富意识。全县共挂横幅70幅，张贴标语8000张，办墙报25期，并联合科协、农业局、残联在南宝等乡镇举办使用技术培训班50期，有5500多名妇女骨干、残疾人参加。乡镇妇联及村委会以自办或联合形式共举办70期培训班。各级妇联共创办9个经济实体，培育40个“文明示范村”。2008年，南宝镇妇联被省妇联授予“农村妇女‘双学双比’活动先进集体”称号，陈淑芬被省妇联授予“农村妇女‘双学双比’活动先进工作者”称号。2010年12月，县妇联在多文镇博郎村委会举行“妇女之家”揭牌仪式。在仪式上，县妇联给博郎村委会“妇女之家”赠送电脑等设备，以博郎村委会“妇女之家”为基层妇联创先争优活动示范点，带动全县农村妇女组织以“妇女之家”为阵地，深入开展创先争优活动，于12月中旬完成全县170个村（居）妇女之家的挂牌工作。同年，县妇联联合县科技局组织农业专家到全县10个乡镇举办10期农业技术培训班,参加培训的妇女共计1000人，组织科技人员参加科技服务和科普宣传380人次，共向群众赠送各类科技图书、资料2.5万册（份）。接受科技咨询9230人次，观看科普电影2800人次，组织农业科技“110”专家现场技术指导58多次，受益群众达3.5万人次。联合县农业中心在各镇开展高产量水稻种植培训活动。授课培训18场次，培训农民2500多人次，发放培训资料近3800册。联合县科学技术协会、县科技局、农业局、畜牧局等11个单位开展科普宣传活动。妇联重点开展预防艾滋病、孕妇科学膳食及婴幼儿科学喂养等知识宣传，引导广大妇女群众科学认识和防治艾滋病，提高家庭妇女的卫生健康意识及科学饮食习惯。活动当天共发放各类卫生保健科学知识宣传资料4000份。

（二）妇女“巾帼建功”活动

为广泛地宣传“女能人”“女强人”的典型事迹，县妇联采取树立典型、表彰先进的方法，通过图片展览、专题广播，专栏宣传等多种形式，在全县开展了妇女“建功立业”活动。

1986—1990年，全县表彰“三八红旗手”2157人，红旗集体135个，女能人655人。

1994年，符群容被省妇联授予“‘巾帼建功’活动先进个人”称号。

1998—2003年，县妇联采取多种形式，多聚道、深层次、全方位地大力宣传妇女政策和妇女先进典型，每年的“三八”国际妇女节、母亲节，大力宣传男女平等基本国策、《临高县妇女儿童发展规划》等有关反映妇女发展进步的政策目标，弘扬“三八红旗手”、“巾帼建功”标兵，通过宣传，增强妇女的自尊、自立、自强。据统计，6年内，县妇联通过电视、报社、广播等新闻媒体宣传80场次，出动宣传车辆16天次，编辑《妇工简讯》30期，各妇联组织出版妇女专栏墙报150期、张贴标语1.50万多张，在全社会营造尊重妇女、关心妇女事业的良好氛围。1998年，临高县实验小学、临高县人民医院妇产科被省妇联授予“巾帼建功先进单位”称号；张慧娥、符莲梅、曾建南被省妇联授予“巾帼建功标兵”称号。2000年，谢坚伶被省妇联授予“十大优秀女国税工作者”暨“巾帼建功标兵”称号。2002年，县新华书店被全国妇联授予“巾帼文明示范岗”称号。2003年，临高县人民政府被省妇联授予“巾帼建功先进单位”称号；县新华书店被省妇联授予“巾帼文明示范岗”

称号；孙琦珍、张碧颜被省妇联授予“巾帼建功标兵”称号。2004年，临高县贸易妇委会被省妇联授予“巾帼建功先进单位”称号；县工商行政管理局西门工商所、县第一小学妇女小组被省妇联授予“巾帼文明示范岗”称号；王赛金、王学英被省妇联授予“巾帼文明标兵”称号。2007年，临高地税局办税服务厅被全国妇女巾帼建功活动领导小组授予“全国巾帼文明岗”称号；陈碧珍被省妇联授予“巾帼建功标兵”称号。

2009年，县妇联联合县扶贫办共同举办巾帼扶贫励志中专班，为省经济技术学校输送26名贫困女生。县妇联配合省妇联及省现代女子医院开展“妇婴健康快车”活动，为广大妇女生殖健康检查免费服务，即免费为妇女进行妇科常规检查及宫颈筛查。利用5天时间分别在临城、南宝、皇桐、波莲、原临师设点检查，共有350名妇女接受检查。全县已成立7个妇女救助中心，分别设在镇派出所。法律援助站设在县妇联，总站设在县司法局。

（三）创建文明家庭活动

通过开展表彰活动，促进家庭美德建设，推动全县精神文明建设健康发展。

1986—1990年，全县共评选出“五好文明家庭”506户。1997年，王冠英、王丽梅、张定卿家庭被评为海南省“五好文明家庭”。1999年，龚敬柔、李丽南、林祥星家庭被评为海南省“五好文明家庭”。

1998—2003年，全县共评选出“五好文明家庭”550户。2004—2010年，全县共评选出“五好文明家庭”500户。

2005年，临高县关心下一代工作委员会荣获海南省“双合格”家庭教育工作先进集体；临高县和舍中心小学家长学校荣获“‘双合格’优秀家长学校”称号；皇桐镇、多文镇荣获海南省“少生快富工程先进乡镇”称号；多文镇抱利村委会荣获“少生快富工程先进村委会”称号；王光耀、谢卓文被授予海南省“‘双合格’家庭教育工作先进个人”。

2006年，临城镇奇地村委会林银村被授予海南省“‘美德在农家’活动先进集体”；南宝镇松梅村委会南强村民小组被授予海南省“‘平安家庭’创建活动示范点”。

2007年，临高县南宝镇松梅村被全国妇联、文化部评为全国“美德在农家”活动示范点；张淑英、陈海英、刘赛脱家庭被评为海南省“五好文明家庭”。

2008年，临高县南宝镇松梅村被全国“平安家庭”创建活动领导小组评为全国“平安家庭”创建活动先进示范村。

（四）妇女维权活动

为推动全县精神文明建设健康发展，贯彻实施《中华人民共和国妇女权益保障法》及其实施办法，切实维护妇女的合法权益，相应成立17个妇女权益保障委员会。妇女权益保委员会以“三八”国际妇女节、“148”维权周、男女平等基本国策宣传月为契机，利用各种宣传媒体和横幅、标语、墙报等形式进行宣传，发放资料3500份，宣传覆盖率98%。接待妇女群众来信采访，及时做好调查和调解。1986—2010年，县妇联共接待妇女群众来信来访90多宗，解决好83宗，结案率达92.2%。

第四节　临高县科学技术协会

一、机构

1981年，成立临高县科学技术协会（简称“县科协”），设主席1人，副主席4人（专职1人，兼职3人），委员15人，并与县科学技术委员会（简称“县科委”）合署办公，共同开展科学技术活动。1993年，县科协被定为正科级单位。1999年，临高县编制委员会决定临高县科学技术协会与临高县科技服务中心合署办公，同时将临高县教科局的科技职能划拨给临高县科技服务中心管理。临高县科学技术协会与临高县科技服务中心实行一套人员、两块牌子的体制，隶属临高县委管理。2009年，县科协内设办公室、学会部、普及部、青少年部和宣传部。2010年5月18日，临高县科学技术协会第二次代表大会召开，选举产生新一届临高县科学技术协会委员会，共有委员32人，常务委员12人；选举张壮省为县科协主席、许圣年为县科协副主席。

1987年，全县有17个乡镇科普协会，98个联村成立科普小组，成员1176人。成立各种专业研究会48个，会员270人。2010年，全县有科普协会10个，科普小组167个，科普成员2004人。

二、科普宣传

2007年起，贯彻实施《全民科学素质行动计划纲要》，开展提高全民科学素质，成立其工作领导小组，制定《全民科学素质行动计划纲要》工作指导方案，形成“政府推动，全民参与，提升素质，促进和谐”。全县共有28个成员单位的领导组成全民科学素质工作领导小组。

2009年，以“世界知识产权日”“世界地球日”“科技活动月”“全国科普行动日”等活动为契机，开展科普大集市和科普挂图巡回展活动。在临城、皇桐、南宝等墟镇举办5场科普大集市活动。在创新学校、临城三小等10所小学举办10场以“流脑预防常识”“流感的治疗和预防”“积极防治病毒性肝炎”“人畜共患病”“科学认知甲型HIN1流感”等为内容的科普宣传系列挂图巡回展活动。参加科普大集市和科普挂图展活动的群众和学生达1.5万人，赠送科普宣传资料6000份（册）。在全县开展集科技讲座、农业实用技术咨询、展示科普挂图、赠送科普图书、科教电影放映于一体的“科普大篷车”送科技下乡活动。先后在临城镇的罗万村委会，南宝镇的松梅村委会，博厚镇的端用村，东英镇的文祖村，多文镇的美山村、东江村委会等18个村委会或自然村，开展20场活动，播放“水稻病虫害防治”“太空辣椒”“农村鼠害防治”“生态家园”“蔬菜水肥一体化节水技术”“农村饮水卫生”“家禽疫病防治”等40部（片）科技教育影片，免费发放科普宣传册子和农业实用技术图书2万份（册），参加的农民群众近8600人。

2010年，县科协牵头组织地震、科技、妇联、农业、关工委、热作、畜牧、卫生等10个部门工作人员在县城中心地段联合设点开展“全国科普日”科普咨询服务活动。共发放《水产养殖技术》《无公害蔬菜标准及生产技术》《瓜菜病虫害综合防治技术》《水果栽培技术》《水稻栽培及病虫害综合防治技术》《家庭沼气管理》等小册子2000册，各类科普资料5000份。接受农民咨询890人次，制作并悬挂各式宣传条幅100幅，展出科普挂图30套，270张，参加活动的群众达2200人。邀请海南省人民医院保健科黄欧教授和海南省环境科学院王晨野博士分别在皇桐中学、县职业学校举办“卫生与疾病预防”“节能减排、低碳生活”大手拉小手2场科普报告会。参加听讲的老师和学生达560人。支持南宝镇申请科技示范镇建设，在省科协的支持下，在南宝镇的松明村、光吉村，皇桐镇的居仁村新建立3个科普活动站和3个科普宣传栏，宣传科学思想，传播就学知识，活动受到广大农村群众的欢迎。经过省科协专家考察评选，南宝镇被评为“全省科普示范镇”，该镇松梅村、光吉村、古道村及农村种养能手被授予“科普示范村”和“科普示范户”称号，为县争得荣誉。

1994—2010年，在各镇、学校举办积极开展科普挂图巡回展览活动，使群众、学生受到教育。认真贯彻落实《中华人民共和国科学技术普及法》，让全社会了解科普工作的职能。通过电视、电台广播及临高报刊等媒体宣传《中华人民共和国科学技术普及法》，在县城和乡镇的主要街道，悬挂宣传条幅，开设《中华人民共和国科学技术普及法》宣传专栏，发放《中华人民共和国科学技术普及法》小册子。同时，在全县各镇的行政村建设“农村科普宣传栏”，全面推进“一站一栏一员”（有一个科普站，有一个科普知识宣传栏、有1名科普宣传员）建设工作。

三、实用技术培训与科技推广

1987年，全县举办各种科普学习班10期，培训和考核农民技术员415人，授予“农民技术员”职称发证的有161人。

1994年以来，配合县有关部门，开展农村实用技术培训工作，帮助农民脱贫致富，走上小康。通过开展农村实用技术培训班、组织讲师团下乡、邀请海南省级的农业专家授课、送科技下乡活动、科技大集市、农村科普大篷车、举办科技讲座、科普巡回挂图展等，内容有：无公害蔬菜种植技术、水稻病虫害防治技术、冬季瓜菜市场营销分析与策略、热带经济作物种植技术、禽畜牧饲养技术、海淡水产品养殖技术等。

1998年，引进“绿宝一号”“红皇后”等西瓜新品种，在博后镇加碌村进行实验示范种植。2007年举办两期农业种植和畜牧兽医学术交流会，有10人17篇论文在会上交流。2010年，配合海南省科协等单位，组织开展“四送一训”（送资料、送科技、送新项目、送新成果，开展农业实用技术培训）科普惠农活动，组织20部科普宣传服务车和22名农业专家组成“科普惠农讲师团”，深入到全县10个镇360个村进行送科技入户，参加培训学习的农民达2.8万人，赠送实用技术资料3.2万份（册），光盘3800个。

2000年，在全县15个乡镇108个村委会（自然村）举办各类农村实用技术培训班126期，组织农技人员科技下乡158场，赠送农业技术图书资料1.36万份（册），参加培训的农民2.9万人。2005年，组织开展海南省首届科技活动月活动，联合15个单位，设立12个展台，宣传图片165幅（板），赠送各类资料1万份（册），参加3000人。

2006年4月29日，在南宝镇松梅村举行海南省科技走进文明生态村系列活动暨临高县第二届科技活动月开幕式，共10个单位，2000人参加此项活动，赠送科普资料2万份（册）。5月10日，在临高中学中山纪念堂举行海南省农村十大科技致富能人巡回报告会，同时，表彰临高县十大科技致富能人和科技致富带头人。组织编印水稻、香蕉、橡胶、瓜菜、养鸡、养猪等种养植技术图书8万本，购买技术图书3万册。

2009年，共举办农业实用技术培训班45期，参加培训的农民有6000人，免费赠送农业生产实用技术资料2.4万份（册）。邀请两院的专家到临高县举办“农业生产新技术”培训，培训对象为农村基层党员干部，培训5期（场），培训人数1100人次。组织临高县讲师团成员到村委会或自然村举办农业科技培训，培训内容有冬季瓜菜栽培管理、水稻抛秧、水稻病虫害防治、正确使用农药和化肥、甘蔗品种选择及栽培、橡胶香蕉和柚子等栽培管理及病虫害防治技术、畜禽饲养管理、淡水（罗非鱼）养殖技术等。共培训40场，培训农民5000人，赠送农业实用技术资料1.8万多份（册）。

2010年，开展农民科技培训工作。邀请省农科院和热农院蔬果研究所的专家来县举办农业新技术培训，培训对象为农村基层党员干部和农村种植专业户，共举办5期培训，培训人数460人。组织县讲师团成员，深入到村委会或自然村举办农民科技培训。先后在20个自然村，开展20场“科普大篷车”活动，播放30部（片）科技教育影片，免费发放科普宣传册子和农业实用技术图书2.2万份（册），参加的农民群众近7000人。同时，组织开展“四送一训”科普惠农活动。积极配合省科协、曲阜金光生物科技有限公司，利用10天时间，组织20部科普宣传服务车和22名农业专家组成“科普惠农讲师团”，深入全县 10 个镇 360 个村（点）进行“送技术入户”“送技术到人”，负责向农民赠送农业科技图书资料和光盘，开展农业技术培训和土壤肥力测定，指导农民测土配方施肥，同时，积极开展技术合作，推广新技术，推动现代农业、绿色农业和生态农业的发展。此次活动是临高县 10 年来规模最大的一次送科技下乡活动。参加培训农民达 2.8 万人，共赠送农业实用技术小册子 3.2 万册，光盘 3800 个。

截至 2010 年，共举办培训班 907 期，参加人数达 7.89 万人次；举办科技讲座 333 场，参加人数达 1.53 万人；开展送科技下乡活动 204 次，科技大集市 24 场、农村科普大篷车 46 场、科普巡回挂图展 210 场，放映科教电影 318 场，参加人数达 25.06 万人次；接受热线服务电话 4580 个，受益农民达 2.11 万人；出科普专栏 6 期，组织科技人员下乡指导 481 人次，共发放各类农村科技资料 38.16 万份（册）。同时，有 443 名农民取得农民技术员、75 名农民取得农技师证书。

四、青少年科普工作

2009 年，联合县教育局组织开展青少年科技活动，组织全县各中小学校的学生参加由中国科协、中国关工委等 8 家单位联合举办的“第十八届中国儿童青少年威盛中国芯计算机表演赛”（海南赛区）的比赛活动。临高中学、临城三小、新盈中心学校、思源学校、皇桐中学等学校的学生参加此项比赛活动。其中，临高中学有 20 名学生、新盈中心校有 4 名小学生参加全省的决赛，临高中学的学生陈祈睿、符真玮获得全省高中组一等奖，王磊获得三等奖。临高中学的学生陈振辉参加第二十届海南省青少年科技创新大赛，他的作品获得“少儿科幻绘画”三等奖。联合县教育局，组织全县各中小学校参加海南省“节约纸张、保护环境—2009 年青少年科学调查体验活动”。组织各学校的辅导老师参加全省科技创新及“七巧板”培训，提高辅导教师的能力，推动县青少年科技创新活动的进一步开展。组织临城三小学生代表县参加全省科技“七巧板”比赛并取得较好的成绩，参赛的 3 名学生选手中，2 名获得二等奖，1 名获得三等奖。联合县教育局共同开展推荐和申报“海南省科技教育示范学校”工作，通过筛选和评比，皇桐中学被省科协、教育厅授予“海南省科技教育示范学校”称号。联合县教育局共同组织举办临高县“科普小先生”演讲比赛，全县有 450 名中小学生参加，评出吴文露等 7 名优秀选手参加海南省第五届“科普小先生”演讲比赛，其中，黄柏菁获得初中组二等奖，吴文露获得高中组三等奖，其他 5 名选手获得优秀选手奖，县科协获得优秀组织奖。

1996—2010 年，联合县教育局、县委宣传部、团县委、县关工委等，根据省科协、省教育厅的通知精神，制定活动方案，开展青少年科普宣传活动。邀请中国科协青少年科技中心、中国科学院老科学家、海南省各行业的专家作科普报告会，共组织各类科普报告会

12 场，参加人数有 7150 人。举办科普宣传图片展览 35 期，参加人数 7100 人，选送各类科技创新项目 40 个。参加海南省青少年科技创新大赛活动，其中获得一等奖 3 个，二等奖 9 个，三等奖 24 个，优秀奖 4 个，优秀组织奖 1 个。

第五节　县工商业联合会（总商会）

一、机构

1988 年 5 月，恢复成立临高县工商业联合会（总商会）。2002 年 1 月，经临高县机构编制委员会批准，县总商会挂牌临高县工商业联合会。2006 年 12 月，又更名为临高县工商业联合会（总商会），至 2010 年未变。2009 年，县第七届工商联（总商会）会员代表有 103 人，有各镇和有关职能部门的副职领导担任执行委员，设会长 1 人，副会长 12 人，常委 14 人。

二、历次会员代表大会

第四届会员代表大会　1988 年 5 月 23—24 日在临城召开，正式代表 58 人。会议选举产生县工商联第四届执行委员会，会长、主任委员：陈高明；副主任委员：陈文佩、徐振佩、孙萍。

第五届会员代表大会　1997 年 9 月 5 日在临城召开，正式代表 38 人。会议选举产生县工商联第五届执行委员会，会长：陈明；党代表：林正荣；专职副会长：陈俊超；副会长：黄利剑、劳庆宝、王燕益、秦犹崴、洪世珍、符锡斌、张学清。

第六届会员代表大会　2001 年 12 月 12 日在临城召开，正式代表 37 人。会议选举产生县工商联第六届执行委员会，会长：洪世珍；副会长：党代表、专职副会长：秦德山；副会长：王传彪、雷铁敏、董健、郭恒武、符锡斌、庄维新、陈正大、许芝竹（女）、符光述、吕国琛、邓国飞。

第七届会员代表大会　2006 年 11 月 16 日在临城召开，正式代表 39 人。会议选举产生县工商联第七届执行委员会，主席（会长）：董健；党组书记、常务副主席（副会长）：秦东晓；副会长：王捍红、王学群、许镇忠、陈春平、郭恒庆、李惠铨、黄达灵、桂建海、郑立钢、许芝竹（女）、符斌、王传彪；秘书长：王鸿英。

三、主要工作

（一）联谊活动

1988 年 5 月，县工商业联合会（总商会）恢复成立。选派王周仕（临高县财政局办副主任），陈高明（工商联主委）前往广东省番禺县邀请香港新华土产食品有限公司董事长、港九粮食杂货总商会名誉会长郭华到临高观光与指导商会的商务活动。在征得郭华帮助与县政府的同意下，由郭华无偿出资，邀请县政府官员共42人组成商务考察团，赴香港进行商会考察，并在香港成立香港临高联谊会，办公地址设在郭华住宅：九龙油麻地德昌里8号一楼A座。首先由郭华带头向临高社会公益事业捐献港币200万元，受益单位有县人民医院、县中医院、临高二中、新盈中学、头咀小学等。

（二）引进项目

1989—1993年，采取走出去引进来策略，相继为外经战线引进外资与合资9个项目（服装厂、胸围加工厂、乳胶生产厂、渔业织网厂、塑料浮子厂、丙烯力士缆绳厂、奶牛饲料场等项目），抓住进口小汽车、布匹、电视机、录像机等商业机遇，为县政府外经战线商业盈利达9000万元，上缴利税3000万元。

（三）光彩事业

2003年，全县私营企业达174家，工商个体户达到4777户。非公有制企业安排就业人数8778人，再就业763人。非公有制经济人士在捐款助教、扶危济贫、助残、修路和文体活动中，捐款达136万元。全县办理登记注册私营企业63家，个体工商户856户。累计全县非公有制经济注册资金3.7亿元，占总注册资金56%。

2007年，县工商业联合会（总商会）换届后，会员出资5万元，为临高人民办实事好事，请海南省文化艺术学校和海南省琼剧院为临高人民献艺；慰问博厚镇敬老院和县光荣院的孤寡老人；慰问残疾人员；资助特困大、中、小学生；协助团县委开展“情系文澜”活动，支持包点镇冬修水利建设等。

2008年，商会会员给临高县教育基金会捐资近300万元，其中思远水产品加工有限公司董事长郑立刚捐款200万元。支持民间文化节20万元，协助县政协向贫困户捐款3万多元，赞助县公安局购买设备经费12万元。“5·12”汶川发生地震后，会员积极响应政府号召，纷纷捐款捐物，总共向四川灾区捐款捐物50万元，其中主席董健个人向地震灾区捐赠款物达30万元。

2009年，全县有非公有制企业598家，注册资金19600.95万元，上缴税收6901万元。有5家企业分别被省、县有关部门评为“纳税诚信户”“纳税先进企业”，2家企业被评为“全国光彩事业项目”，2家企业被评为“海南省重点龙头企业”，2人荣获“海南省非公有制经济人士突出贡献奖”，2人被省民营企业家协会评为“优秀民营企业家”，1人被评为“海南省优秀青年企业家”，2家企业被评为“全国光彩事业项目”。

2010年，开展“回报社会感恩行动”，会员们捐资9.60万元，慰问全县83名“三老”人员。利用自身优势，搭建服务平台，发挥政府管理非公有制经济的助手作用，帮助企业解决实际困难，促进非公有制经济健康发展。解决企业融资难问题，联合海南信联盛投资担保有限公司开展“民营100成长之路”融资活动，先后在临高县多家非公有制企业举动融资对接会，为非公有制企业提供贷款4000万元，为缓解融资难问题开拓新的思路和融资平台。为企业发展搭建服务平台，组织非公有制企业家先后到加拿大、阿联酋、韩国、荷兰、日本等国和中国台湾、中国香港地区进行商务考察，扩大企业家视野，为企业寻得商机。维护企业合法权益，督促、协调公安部门，协调解决企业与周边村庄的治安问题，维护企业家合法权益，强化县工商联（总商会）在企业家心目中的形象和地位。

第六节　临高县文学艺术界联合会

一、机构

临高县文学艺术界联合会（简称“县文联”）成立于1990年，为正科级机构，设主席1人，副主席1人，非领导职务1人。文联下设书法家协会、诗词楹联学会、摄影家协会、音乐家协会、民间文艺家协会等6个文艺协（学）会。至2010年12月，文联下属的各协会仅存5个，即诗词楹联学会、书法家协会、民间文艺家协会、摄影家协会和音乐家协会，共有会员599名。诗词楹联协会会员232名，其中，国家级会员34名，省级会员53名；书法家协会会员60名，其中国家级会员1名，省级会员16名；民间文艺家协会会员210名，其中国家级会员1名，省级会员1名；摄影家协会会员56名，其中国家级会员2名，省级会员12名；音乐家协会会员41名，其中有省级会员4名。

二、代表大会

1990年12月18日，临高县文学艺术工作者第一次代表大会在临城召开，会议正式代表100人，特邀代表8人，列席代表15人。临高县文学艺术界联合会正式成立。是日，文学工作者协会、书法工作者协会、音乐工作者协会、戏剧工作者协会、美术、摄影工作者协会、舞蹈工作者协会、诗词楹联学会等正式成立。

第一次文代会后成立起来的各协会、学会，由于组织工作不到位，随着时间的推移，有的自行解散或终止。自第一届文代会召开起到届满至2010年12月共15年内，临高县文联未再召开文代会。

三、文学艺术创作

1990年后，全县的文学艺术活动非常活跃，涌现一大批文学艺术创作人员。截至2010年，15人被吸收为海南省作家协会会员，7人被吸收为中华诗词学会会员；8人被吸收为海南省戏剧家协会会员，1人被吸收为中国戏剧家协会会员；2人被吸收为海南省音乐家协会会员，1 人被吸收为广东省音乐家协会会员、理事和中国音乐家协会会员；3 人被吸收为海南省舞蹈家协会会员；13 人被吸收为海南省书法家协会会员，1 人被吸收为中国书法家协会会员；1 人被吸收为海南省美术家协会会员，1 人被吸收为中国美术家协会海南省分会会员，1 人被吸收为海南省油画研究会会员；1 人被吸收为海南省摄影家协会会员，2 人被吸收为中国艺术摄影家协会会员，1 人被吸收为中国民俗摄影协会会员。

（一）木偶剧创作

1992 年 4 月，临高县木偶剧团王明亮、陈少金参加海南省优秀民族艺术展演获得优秀演员“梅花奖”。1992 年 9 月，临高县木偶剧团人偶戏《莲花仙女》参加全国木偶皮影戏会演获得演出奖，陈茂坚、谢文经获得音乐创作奖，陈少金、王明亮获得演员奖（国家级）。临高县民营百花人偶剧团被文化部评为“全国服务农民服务基层文化工作先进集体”。

（二）歌曲创作

歌曲创作获省二等奖的有 2 首，即 1995 年林青海作词林尤梁作曲创作的《升起追赶时代的风帆——海南临高师范学校校歌》和 2000 年林表作曲的哩哩美《渔家乐悠悠》。

（三）书法作品

王应际书法作品 1995 年、2000 年在海南省书展中获金奖。2001 年，在中、新、美书法联展中获得特别奖。刘胜角书法作品 1995 年获海南省书展金奖，1999 年获全国第八届群星奖优秀奖。

（四）美术作品

较有影响的美术作品是符福生 1978—2001 年创作的《无限风光数天涯》《碧翠海南岛》《佳果累累甜琼州》，被入选悬挂在北京人民大会堂海南厅里。

（五）摄影作品

较有影响的摄影作品有黎发标于 1990 年拍摄的《静静的海湾》、王泽龚于 1992 年拍摄的《国务院副总理田纪云视察南宝乡水利设施》、麦延海于 1999 年拍摄的《西海岸线上一颗璀璨的明珠》等。

（六）文学作品

王卓森于 1999 年 12 月荣获海南省首届“文学新人奖”（主办单位：海南省作家协会、海南省青年作家协会），并创作出一批反映社会主义建设飞跃发展，反映临高风土人情的文学作品，代表作有《回首凝神》《隔阂》等，推动临高的文学创作进入一个新的历史时期。此外，影响较大的作品有陈苏厚的《村野集》《我与农民》等，王应际的《人才杂议》《探路集》《薄云淡月》等。

第七节 临高县残疾人联合会

一、机构

1989年7月，成立临高县残疾人联合会（简称“县残联”），为副科级单位，由临高县民政局代管，有4名工作人员。

1996年8月，县残联独立办公，升格为正科级机构，归口县政府领导，成立临高县人民政府残疾人工作协调委员会（办公室设在县残联），残联干部参照《国家公务员暂行条例》管理。

1997年5月，成立县残疾人服务社。1997年7月，成立县残疾人劳动就业服务所。2004年9月，成立县残疾人康复中心，均为县残联直属事业单位。

2007年，通过召开残疾人联合会代表大会，成立盲人协会、聋人协会、肢残人协会、智力残疾人亲友会、精神残疾人亲友会等5个专门协会。全县10个镇人民政府成立的残疾人联合会为正股级机构（由县委组织部下文），配有专职干部或兼职干部10人。至2010年，机构名称未变。

临高县残疾人联合会于1993年2月被海南省残疾人联合会评为“残疾人事业发展”先进单位。同年10月，被国务院残疾人工作协调委员会、民政部、卫生部等11个部门被评为“全国残疾人三项康复工作”先进单位。1996年5月，临高县被海南省残疾人工作协调委员会评为“海南省残疾人工作”先进县。2001年4月，县残联被“视觉第一中国行动”中国残联项目办公室等2个部门被评为“视觉第一中国行动”医疗队保障工作先进单位。2005年9月，被中国残疾人联合会、海南省残疾人康复办公室被评为“视觉第一中国行动”国家医疗队保障工作先进单位。

二、代表大会

临高县残疾人联合会第一次代表大会　1989年10月15日在县公路局招待所举行。出席大会正式代表79人，特邀代表20人。根据《中国残疾人联合会章程》，大会采用民主协商和无记名投票方式，选举主席1人，副主席2人，理事长1人，副理事长1人。

临高县残疾人联合会第二次代表大会　1992年6月12日在县政府会议室举行。出席大会的正式代表86人，特邀代表21人。大会选举主席1人，副主席2人，理事长1人，副理事长2人。

临高县残疾人联合会第三次代表大会　1997年11月20日在县委招待所举行。出席大会的正式代表76人，特邀代表19人。大会采用民主协商和无记名投票的方式，选举主席1人，副主席2人，理事长1人，副理事长2人。

临高县残疾人联合会第四次代表大会　2002 年 7 月 25 日在县城明珠酒店举行。出席大会的正式代表 83 人，特邀代表 21 人，实到会代表 98 人。大会通过充分讨论和酝酿，采用举手表决的方式选举主席 1 人，副主席 2 人，理事长 1 人，副理事长 2 人。

临高县残疾人联合会第五次代表大会　2007 年 12 月 8 日在县城明珠酒店举行。出席大会的正式代表 86 人，特邀代表 23 人，实到会正式代表 102 人。大会通过充分讨论和酝酿，采用民主协商和无记名投票的方式，选举主席 1 人，副主席 2 人，理事长 1 人，副理事长 2 人。

三、残疾人工作

（一）康复工作

1989—1995 年，县残联工作处于起步阶段，所做工作主要是组织建设，召开县残联第一次、第二次代表大会，筹备第三次代表大会。1996—2000 年，开展“视觉第一中国行动”白内障人工晶体植入手术活动，儿麻矫治手术等各项工作。2001 年 3 月 15 日至 3 月 30 日，县残联配合“视觉第一中国行动”在县人民医院施行白内障复明手术 170 例，脱盲成功率达 100%。参与“健康快车”“亮晶工程”“防盲治盲”等活动，共为 3450 人免费施行白内障复明手术，免费为 9550 名患者检查各种眼病。对 460 名精神病患者进行免费服药救助，免费给 37 名精神病患者住院治疗救助。举办聋儿及家长培训班 3 期，参加培训的家长 90 人、儿童 90 人，给 22 名聋儿配发助听器并进行康复训练的救助。参加省康复训练的智力残疾儿童 38 人、家长 38 人。免费为肢残儿童矫治手术 72 例，安装矫形器 31 例，装配假肢 39 例。免费赠送轮椅 177 辆（2006 年 3 月 17 日世界轮椅基金会赠送 90 辆）。根据 2006 年第二次全国残疾人抽样调查统计，临高县有各类残疾人 23919 人，其中肢体残疾 6874 人，占 28.74%；听力残疾 4987 人，占 20.85%；言语残疾 337 人，占 1.41%；视力残疾 3294 人，占 13.77%；智力残疾 1696 人，占 7.09%；精神残疾 1404 人，占 5.87%；多重残疾 5327 人，占 22.27%。2006—2010 年，围绕残疾人“人人享有康复服务”的目标，先后在县、镇两级成立康复站，文澜江卫生院成立社区康复站。

（二）教育与就业工作

1989—1995 年，县残联刚成立，教育与就业仍在萌芽状态，各种条件非常困难，对九年义务教育的残疾学生进行摸底调查，为残疾人教育率提供可操作性依据。1996—2000 年，成立临高县残疾人就业服务所，推行按比例安排残疾人就业处于初始阶段，各单位对安排残疾人就业认识不够，主要工作是向各单位发放宣传手册。2001 年 9 月，临高县特殊教育学校开始面向全县招生，开设智障班和听障班，残疾学生 38 人。2006 年，教职工纳入财政供养，保证师资队伍稳定。至 2010 年 10 年内，资助残疾学生 265 人次，资助资金

20.80 万元。资助 36 名残疾学生进入高等院校学习，资助资金 16.20 万元，接受教育残疾人 5886 人。

1999—2010 年，按比例安排残疾人 56 人，采取多种方式对残疾人进行职业技术培训，提高残疾人实现就业本领。举办摩托车、家用电器、美容美发、糕点制作等 9 期职业技能培训班，参加培训残疾人 485 人。输送 285 人次残疾青年参加省举办的各种培训，有 360 名残疾人在省内外实现就业。组织残疾人参加 2 场省人才招聘会，有 5 名残疾人被单位录用。2000—2008 年，组织参加 3 次残疾人职业技能竞赛活动，6 个获得优秀组织奖，3 个一等奖，4 个二等奖，5 个三等奖。

（三）扶贫和社会保障工作

1989—1995 年，县残联在全县进行调查摸底，全面准确掌握贫困残疾人状况，制定并落实残疾人扶贫攻坚计划。1996—2003 年，县政府将农村残疾人扶贫解困工作纳入总体扶贫规划，统一组织，同步实施。2004—2010 年，组织实施“彩票公益金农村贫困残疾人危房改造项目”，共为贫困残疾人实施危房改造 220 户，县、省、国家共投入资金 170 万元，个人及社会资助 56 万元，有 344 名残疾人直接受益。2006 年，对全县贫困残疾人贫困人口、残疾人就业、残疾人义务教育等情况进行全面调查，造册登记。还配合县扶贫办开展农村贫困状况调查，把应纳入贫困户的残疾人纳入方案，为今后的救助、扶持提供依据；协助县民政局将应纳入低保和五保的残疾人造册共 6430 人次。

2007—2010 年，扶持 56 户贫困残疾人发展生产，扶持资金共 35 万元。落实省委、省政府重度残疾人生产补助政策，争取县政府的资金配套。2009—2010 年，190 名智力、精神和重度残疾人得到居家托养补助资金 27 万元。2010 年，有 245 名重度残疾人得到每人每月 100 元的生活补助，发放补助资金共 29.40 万元。

（四）宣传文化工作

积极开展各项宣传活动，营造社会关心残疾人事业，推动残疾人宣传文体工作的良好开展。组织动员社会热心残疾人事业的人员撰写残疾人事业的新闻稿件。1991—1995 年，残疾人各项事业发展在起步状态，把宣传中华人民共和国残疾人保障法和全国助残日列入年度计划，大力宣传残疾人事业。

1996—2010 年，利用爱耳日、爱眼日、全国助残日等节日，张贴宣传标语 650 条，横幅 265 条，被《中国残疾人》《海南广播电视台》《海南残疾人》《临高广播电视台》《今日临高》等刊登报道有关残疾人的稿件有 392 篇（件）。其中，2000 年 12 月，《冲洗汽车之陈建民》首次被《中国残疾人》杂志采用。2003—2010 年“全国助残日”和春节期间都组织各成员单位和各机关企事业单位在全县开展慰问残疾人活动。慰问残疾人 1780 人次，慰问金及慰问品折合人民币 75.50 万元。2010 年 3 月，组织观看以残疾人自立、自强为题材的电影《绽放》，收看人数达 6500 人。

2009 年 4 月 11 日，成功举办临高县首届残友联谊会活动，残友参与活动人数达 200 人。同年 6 月，县特教学校优秀节目《环保时装秀》和《青苹果乐园》在省首届残疾人艺术会演上获得 2 个二等奖。同年 12 月，组织残疾运动员参加省第二届特殊奥林匹克运动会获得 3 枚金牌，3 枚银牌，1 枚铜牌；组织残疾运动员参加省第二、第三、第四届残疾人运动会，获得 7 枚金牌，4 枚银牌，6 枚铜牌；2 名特奥运动员参加第五届全国特殊奥林匹克运动会获得 2 枚金牌，1 枚银牌，1 枚铜牌。

（五）维权工作

2003 年 3 月，成立临高县残疾人法律援助工作部，至 2010 年，每年配合县司法局、妇联等开展法律援助月活动，上街开展法律咨询，累计发放法律小册子 1550 份；为残疾人提供法律援助 46 件；收残疾人来信 132 件；接待来访 2610 多人次，信访办结率达 98% 以上。贯彻落实《关于规范残疾人机动轮椅车运营问题，维护社会稳定的意见》，协调交警、交通、工商等部门，默认残疾人机动轮椅车的运营，给残疾人增加就业机会。

（六）组织建设工作

1992—1997 年，10 个镇有专职理事长 5 人，兼职人员 5 人，县、镇两级残联干部配备齐全。为贯彻落实国务院残工委《关于进一步加强基层残疾人组织建设的意见》和省委 13 号文件精神，2008 年 11 月，县残联制定基层残疾人组织规范化建设实施方案上报县政府。力争进一步健全县、镇、村的残疾人组织，为残疾人工作提供组织保障。2009 年 8 月 25 日开始第二代残疾人证发放，截至 2010 年 12 月 31 日共发放残疾人证 4098 个，残疾人证核发工作实现系统化、规范化管理。

（七）抽样调查及监测

2006 年，临高县被列为第二次全国残疾人抽样调查的抽样点。在全县 6 个抽样小区进行调查，按时、按质、按量地完成抽样调查任务。同年，临高县被评为“全国残疾人抽样调查工作先进县”。之后，每年都按要求在新兴和跃进 2 个居委会进行监测。

第八节　临高县红十字会

一、机构

1989 年，成立临高县红十字会，一直挂靠在县卫生局。2004 年，县卫生局任命张平兼任县红十字会秘书长，主持日常工作，无专职人员。至 2010 年，县红十字会已发展到

20 多个会员单位，会员 1400 人，志愿者 100 多人。

二、主要工作

（一）宣传工作

2004—2010 年，在世界红十字日、世界艾滋病日、无偿献血日组织县红十字会、红十字团体会员单位、红十字志愿者及县属医疗机构在公共场所发放宣传单，悬挂横幅，张贴标语，宣传车巡回广播，大力宣传《中华人民共和国红十字会法》《红十字标志使用办法》《海南省红十字会条例》《中华人民共和国献血法》，以及红十字基本知识、有关无偿献血、预防艾滋病、新农合等知识。同时开展免费义诊、咨询和募捐活动。组织开展“青春红丝带”游行宣讲教育活动，与县防艾办合作，共散发防艾宣传单 40 万张；在 170 个村委会印制 775 条墙体广告；每年悬挂横幅 80 多条，宣传车流动宣传 12 天，电视台、广播电台宣传 20 天，提高全社会对红十字法规、无偿献血、预防艾滋病知识的知晓率，提高群众参与红十字事业的积极性。

（二）救灾赈济、救助、筹资募捐工作

2004 年，为 1000 户困难群众送去价值 12 万多元的慰问物资。2005 年，为 1000 户风灾群众送去 40 吨大米和 1000 件衣被及 10000 支笔、帽。2007 年，风灾群众送去 8 万多元消毒药品。2008 年，“5・12”汶川大地震抗震救灾中，县红十字会迅速行动，积极开展各种类型的抗震救灾募捐活动，累计收缴捐款 46 万多元支援灾区人民。2009 年，为 200 户困难群众送去价值 4 万多元的慰问物资，给 1000 位困难学生送去 1000 双运动鞋。至 2010 年，共帮助 12 位困难群众申请天来泉基金，帮助 3 位学生申请菩提树基金，帮助 12 位儿童申请天使阳光基金；帮助 16 位儿童申请小天使基金，帮助 20 位儿童申请嫣然天使基金。

（三）卫生救护及预防培训

制定《临高县卫生救护培训工作实施计划》，推动全县卫生救护培训工作的发展。积极将卫生救护工作逐步深入到机关、学校、社区、工厂、驾校等。从 2005 年起，每年选派 2 人参加省红十字会举办的卫生救护培训师资培训班，培养临高县卫生救护师资队伍。2006 年，利用卫生项目，会同县卫生局在全县举办社区艾滋病、麻风病培训班 12 期，培训基层卫生人员和村委干部 1600 多人。2010 年，组织队伍参加全省应急救护比赛并获得优胜奖。至 2010 年，共为 260 人开展现场急救培训和 2000 人开展专题讲座。

（四）无偿献血工作

2007—2010 年，县红十字会组织 2 次无偿献血活动，共有 1160 人参加集中献血，带动社会个人 500 人踊跃参加无偿献血。

第九节　县关心下一代工作委员会

一、机构与队伍建设

1992 年 5 月，临高县关心下一代工作委员会（简称“县关工委”）成立，设主任 1 人，常务副主任 1 人，副主任 5～8 人（其中 1 人兼秘书长）。2004 年，增设顾问 2 人。2005 年后，主任空缺，由常务副主任主管全面工作。至 2010 年未变。

1996 年，全县各单位成立的关心下一代工作组织共有 89 个，其中关心下一代工作委员会 31 个，关心下一代工作小组 58 个，人员达 496 人。1998 年，中共临高县委组织部向各乡镇、机关和学校发出《关于调整和健全关心下一代工作组织的意见》，要求凡设立党委的地方，成立关心下一代工作委员会，设立党支部的地方和中小学校，成立关心下一代工作小组。同年，全县关心下一代工作组织增至 96 个，其中关心下一代工作委员会 34 个，关心下一代工作小组 62 个，人员达 527 人。2002 年 8 月 2 日，县委组织部、县关工委联合下发《关于转发中共海南省委组织部、海南省关心下一代工作委员会〈关于进一步加强关心下一代工作组织建设的意见〉的通知》，健全和完善全县各基层关心下一代工作组织。2004 年，县关工委设革命传统教育组、法制教育组、科技教育组和家教辅导组。2007 年，改为爱国主义教育团、法制教育团、科技教育团、关爱团和家教辅导团。2010 年，临高县有关心下一代工作组织 291 个，其中县级关工委 1 个，镇级关工委 10 个，村（居）委会关工委小组 152 个，学校关工委小组 128 个。

县关工委于 2000 年被评为“全国关心下一代工作先进集体”，2007 年被评为“海南省关心下一代工作先进集体”。2010 年，参加由海南省关心下一代工作委员会举办的“海南省中小学生‘椰树杯’”读书征文比赛，荣获“特别贡献大奖”和“优秀组织奖”。

二、主要活动

（一）爱国主义和革命传统教育

1995 年，县关工委组织电影放映队进全县各中小学校放映《董存瑞》《周恩来》《毛泽东和他的女儿》《雷锋》《扑不灭的火焰》《英雄儿女》《打击侵略者》《屠城血证》等爱国主义影片，共放映 365 场，观影师生有 15.25 万人次。同年，组织 250 名老干部到全县 29 所中小学校作 58 场革命传统报告，参听学生 2.80 万人次；县关工委常务副主任孙瑞端和副主任许忠泰、林琳分别带领 2 个纪念抗日战争胜利纪念报告团到 8 个乡镇作报告 8 场，听众 1.60 万多人。

2000 年，县关工委组织全县中小学生分期分批到临高解放公园“热血丰碑”前听老革命作关于解放海南的专题报告，听众达 3 万多人。2001 年，县关工委组织 3 个“党的光辉历程”报告团，走进全县中小学校作报告，听众2.13万多人。2006年，县关工委协同县教育局在全县中小学举办“七个一”系列教育活动，人人唱一首长征歌，人人观看一场红军长征电影，人人参加一场座谈会，人人写一篇赞颂长征文章，人人参加一次演讲，每所学校出版一期墙报或黑板报，人人参加一次以长征为内容的社会实践活动。2008年，县关工委组织3位老干部，到波莲、多文等乡镇学校作报告，听报告的学生有3000多人。

（二）征文 演讲 歌咏比赛

1996年，为纪念“世界环保日”，县关工委举办“建设环保杯”征文比赛，有2.39万名中小学生参加投稿。评选出一、二、三等奖作品16篇，优秀作品100篇。从获奖作品中筛选出30篇，编印成4万册《建设环保杯’96临高县中小学生征文比赛获奖作品》，发至全县三年级以上学生，人手一册。同年，举办“祖国在我心中”演讲比赛。

2000年，县关工委会同县教育局和共青团临高县委员会，共同举办“庆祝海南解放50周年金融杯演讲比赛”。2008年，县关工委协同县教育局举办全县中小学生“红色之旅”读书征文活动，共征集198篇读后感，经评选有48篇获奖。同年，汶川地震后，县关工委、县文明办和县教育局联合举办“学英雄，见行动，树新风”的征文活动。全县中小学生共撰稿2万多篇。2009年元旦，县关工委协同县教育局举办“热爱祖国，热爱家乡”为主题的歌咏比赛，全县各中小学校都组织歌唱队参赛。

（三）“文明班级”和“学英雄，先行动”活动

1997—1998年，县关工委协同县教育局在全县中小学校开展“文明班级”活动。每年都从中学评选出10个“文明班级”，从小学评选出20个“文明班级”。1999年，在“学英雄，见行动”活动中，县关工委购买《学习新时期英雄战士李向群》和《现代青年》，共2万多册，提供给全县青少年学习。年内，全县各中小学校共组织198个“学习李向群小组”，争做好事蔚然成风。

（四）表彰先进

2000年初，县委组织部和县关工委联合发出《关于召开我县关心下一代工作表彰大会的通知》。县关工委于2000年11月30日在临城召开“全县关心下一代工作表彰大会”，受表彰的先进单位34个，受表彰的先进个人38人。2005年，县关工委通报表彰全县12个关心下一代工作先进单位，12个关心下一代工作先进个人。

（五）其他活动

2000年7月11日是“世界人口日”，以“关注妇女，抗拒艾滋”宣传主题，县关工委协同县人口计划生育局、县教育与科技局、县民政局利用宣传车、图片展览、座谈会等形式，深入全县各学校进行宣传。2005年，为中国人民抗日战争胜利60周年和海南省解

放55周年，县关工委举办抗日战争图片巡回展览，观展的中小学生有4万多人。2007年，县关工委协同县司法局深入全县18所中学、15所小学，进行法制教育，接受教育的学生有6万多人。同年，县关工委协同县科协送科技下乡，截至2010年共举办科技讲座605场，受培训人员有1.81万多人。

资助贫困学生圆读书梦是县关工委一项重要工作。1998—2010年，共引进旅美华人科教协会助学金65.50万元，先后资助全县贫困学生170人次，给全县83所中小学校赠送图书3.33万册。

第十节　其他社会组织

一、县老年人体育协会

1989年，成立临高县老年人体育协会，设有名誉主席若干人，主席1人、副主席若干人、秘书长1人。内设太极拳工委、门球工委、乒乓球工委、健身球工委、柔力球工委、健身操工委和掷地球工委。有直属健身队18个。2000年，县直属机关、各乡镇、学校、工厂都先后成立老年人体育协会或老年人体育领导小组。至2010年，全县共有老年人体育协会（领导小组）50多个，县老年人体育协会的机构设置未变。

2009年，海南省老人体协授予临高县为“太极拳之乡”。至2010年，每年的春节、元宵、“七一”中国共产党建党节、国庆、元旦等节日，都举办文艺晚会。8月8日是一年一度的健身日，这天，县老人体协都要约集几千名太极拳爱好者，于临城文澜江北岸举行太极拳展演活动，场面非常壮观。

二、县信用协会

2005年7月，成立临高县信用协会，是通过民政部门注册登记的政府性中介机构，与县担保中心（注册资本金500万元）一起挂牌办公，为一套人员、两块牌子，工作人员4人，由县政府和国家开发银行海南省分行共同发起设立，属县政府非营利性社团机构。

临高县信用协会下设理事会和监事会，理事会下设秘书处。理事会是协会的决策机构，实行理事长领导下的集体负责制；监事会是协会的监督机构；秘书处是协会的日常机构，负责协会的日常工作。

2005—2010年，临高县信用协会共有会员企业38家，6年内先后为全县“三农”和中小企业融资贷款达5880万元，安置农村富余劳动力2340人，创造就业岗位600多个，成为政府、银行和企业沟通的平台，为推动全县中小企业的融资和生产发展提供重要动力。2006年，开始为临高思远实业有限公司、海南天地人农业有限公司各提供担保贷款200

万元用于对虾养殖和香蕉种植。至 2010 年，已发展成海南省行业龙头企业。临高冠美橡胶产业有限公司也是县信用协会贷款支持、孵化较成功的企业之一。

三、县个体私营企业协会

1984 年 6 月，成立临高县个体劳动者协会，2010 年 7 月，更名为临高县个体私营企业协会，注册资本 9 万元，会长邱德忠（县工商局长兼），工作人员 4 人（兼职），隶属县政府和县工商局领导，为非营利社团机构。

四、县消费者协会

1993 年 8 月，成立临高县消费者协会。县消费者协会切实为广大消费者服务，积极开展消费维权工作。1993—2010 年，共受理消费者申诉举报 1358 宗，成功调解 1216 宗，举报查实 89 宗，为消费者挽回经济损失 562 万元。

第十四编　军事　政法

1986年，临高县人民武装部改归地方建制。1996年，又由地方建制改归军队建制。县人武部坚持党管武装的原则，将民兵制度与预备役兵制度、兵员武员工作相结合，组织政治教育、军事训练和兵役制度改革，落实战备措施，在参加拥政爱民、抢险救灾、支持军队建设等方面发挥重要作用。其他各驻地部队分别负责执勤、押解和投送犯人、边防检查、消防、军民共建等工作多次立功受奖。1998年成立县人民防空办公室，民防工作逐步得到加强。

1986—2010年，县公检法机关扎实做好打击预防犯罪和社会稳定工作，为全县经济社会发展保驾护航，县公安机关多次开展“严打”斗争和专项行动，依法严厉打击严重犯罪分子，保障人民生命财产安全；加强特种行业、公共场所、枪弹爆炸危险化学品管理，经常开展查禁“黄、赌、毒”行动。县检察机关认真履行法律赋予的立案监察职能，独立行使检察权，完善侦察与批捕、侦查与起诉分离制度，实施大案要案提前介入制度。加强控告申诉、民事、行政检察，加大查处职务犯罪力度。县审判机关全面推行执法能力建设，依法开展刑事、民事、经济和行政审判工作，妥善处理各类民事纠纷，依法维护经济社会秩序。县司法行政工作以法制宣传教育和完善调解工作机制为重点，完成3次五年普法宣传教育，及时调解人民内部矛盾，防止矛盾激化，基层法律服务、法律援助、安置帮教、律师分证工作有新发展。

第一章　人民武装

第一节　临高县人民武装部

1986年6月，临高县人民武装部改归地方建制，更名为广东省临高县人民武装部。1988年4月，海南建省，广东省临高县人民武装部改称海南省临高县人民武装部。1996年4月1日起，县人民武装部由地方建制收归军队建制，全称为中国人民解放军海南省临高县人民武装部，至2010年未变。

第二节 主要工作

一、党组织建设

1986 年，人民武装部改归地方建制。1996 年 4 月 1 日，改称中国共产党海南省临高县人民武装部委员会。同时选举产生新一届党委，下设机关党支部 1 个，选举产生新一届纪律检查委员会。至 2010 年未变。

2005 年，临高县人武部全面建设得到加强，获海南省军区“全面建设先进单位”荣誉称号。

二、政治教育

1987 年，学习《走中国特色的社会主义道路》和《坚持四项基本原则，反对资产阶级自由化》两本书。1988 年，结合海南建省办经济特区的实际，学习社会主义初级阶段的理论和改革开放的方针政策；贯彻中共十三大精神，学习党的“一个中心，两个基本点”的基本路线等。1990 年，组织干部进行一次马克思主义哲学原著的学习。1998 年，临高县人武部以整风精神进行以“讲学习、讲政治、讲正气”为主要内容的党性党风教育。2000 年，开展“三个代表”重要思想学习教育。2001 年，组织干部进行开展“三讲三整顿”活动。2004 年，持续深入推进“三个代表”重要思想理论学习。2007 年，组织干部深入开展学习科学发展观。

三、军事训练

1986 年至 1996 年 3 月，每人每年落实 35～40 个训练日，除进行共同课目训练外，还突出本级战役、战术课目和室内想定图上作业等内容的学习训练。学习方法主要采取函授、自学、集训、进院校培训等形式进行。

1996 年，县人武部收归军队建制后，依据新时期军事战略方针和军事训练大纲，县人武部机关加强军事素质训练，开展以参谋“六会”（会读、会画、会写、会记、会算、会传）为主要内容的岗位练兵活动，完成“战时兵员动员”函授作业和战法研究论文，经过考核，有 9 名干部共同科目的队列、射击总评优秀，单兵战术、投弹总评良好，教学法、业务成绩总评优秀。2 名部领导和 7 名科以下干部先后参加省军区军政集训，经省军区考核验收，在军区夺得投弹、射击、战术 3 个单项第一，为集体赢得荣誉。

从 2001 年开始，人武部加大机关干部和职工的军事训练，人武部干部早操安排在每周一、周三、周五进行，每次训练时间为 30 分钟，主要进行队列训练和体能训练。周一至周五下午最后一个小时为体能训练时间，必训内容有 100 米跑、中长跑、俯卧撑、仰卧起坐、立位体前屈、单腿深蹲起立等内容。此外还组织民兵军事训练和上级年度军事考核等时机，组织干部进行手枪实弹射击训练和业务理论、文书拟制、动员要素作业等知识学习。职工的军事训练则安排在正课时间进行，主要进行队列训练、警卫执勤和仓库保管保养知识的学习。2010 年，县人武部着重对海上民兵分队进行南海维权专项训练。

四、营院建设

1990 年，投资修建民兵训练基地。1991 年，投资兴修办公大楼。1995 年，集资兴建房改大楼安排给老武装干部和职工居住。同年 9 月 28 日，依据相关文件转让给县精良工贸公司 939175 平方米土地使用权，使用期限 50 年。1999 年 6 月，投资修建干部宿舍楼。2000 年，投资修建封闭围墙，将办公区和生活区分开。2005 年，为适应战备工作的实际需要，投资装修作战室。2006 年，投资兴修民兵训练靶场。2010 年，县人民武装部办公楼处在临高县临城镇，分机关营院、生活区和房改房三部分。

2005 年，县人武部被海南省军区评为“全面建设先进单位”。

五、拥政爱民

（一）军民共建

1998 年，与民政局等单位联合组织“学习李向群”演讲比赛。2000 年，与县民政局联合组成调查组，对全县退伍安置情况进行调查摸底，对几名长期得不到安排的退役志愿兵重新进行安排。2003 年 8 月，组织临高各中学学生进行“爱中华、强国防”演讲比赛。2004 年 9 月，组织临高师范学校学生参加省委、省军区组织的“爱中华、强国防”文艺会演，获得三等奖。2005 年 9 月，组织临高民兵参加省委、省军区组织的“爱中华、强国防”演讲比赛。

（二）抢险救灾

1996 年，海南遭受百年不遇的洪水，临高是重灾区。临高县人武部出动各种装备、器材共 1000 多台次，民兵预备役人员奋战在抗洪第一线，有力地保证全县人民的生命财产安全。2000 年，临高又一次受到洪水的威胁，县人武部及时组织人员和物资，并出动县民兵应急连，疏散受困群众，加固堤坝，确保没有险情。2001 年 8 月，新盈地区发生蝗灾。县委指示人武部紧急组织人力，从 10 个镇中抽调民兵预备役人员苦战一天完成千亩灭蝗任务。同月，临高县遭受台风袭击，主要公路部分路段被冲毁、树木倒塌、交通受阻，县人武部立即组织 4 个民兵应急分队投入抢险工作，迅速清理路障，及时恢复交通，使损失减少到最低程度。2005 年，第 18 号台风“达维”袭击海南，县人武部带领各村镇民兵应急分队抢险救灾，特别是新盈镇谭皇村遭受“龙卷风”的袭击，组织民兵应急分队参加抢救村民，使受灾损失减少到最低程度。

（三）扶贫助教

1996 年，县人武部与龙波镇结成长期扶贫对子，从人员、资金、技术上给予支持和帮助，先后提供资金 3 万多元，提供技术支持 15 项，共帮助 25 户农民发家致富，45 户农民脱贫。此外，部领导还与贫困学生签订助学“一帮一”活动，先后资助学生 15 人，其中有 1 人已上中学。每年利用“八一”中国人民解放军建军节、“十一”国庆节、春节等重大节日，主动派人到地方政府、有关部门和人民群众中进行走访，广泛征求意见，检查执行群众纪律情况，多年未发生一起军民纠纷。

2003 年冬季，为切实解决农业生产用水问题，县委、县政府决定全面维修水利渠道，其中 24 千米长的波莲镇西分干渠是个重点工程，为取得突破，县人武部组织 2750 多名民兵预备役人员上工地，突击 5 天完成维修任务，取得全县冬修水利的胜利。

第三节　兵　役

一、兵役制度

1985 年起，临高县征集少量厂矿、企事业单位具有高中毕业文化程度的青年职工。进入 20 世纪 90 年代，征集农业户口的青年，应具备初中以上文化程度，尽量多征集具有高中文化程度的青年；征集非农业户口的青年，应具备高中（含职高、中专、技校）以上文化程度，企事业单位具备高中毕业文化程度的适龄青年。1993 年起，高中毕业以上文化程度的青年可放宽到 21 岁。1998 年，征集下岗、待业人员中符合征集条件的优秀青年入伍。对本人愿意入伍的大专以上文化程度的青年可放宽到 22 岁。1999 年，对于企事业单化非学历教育民办大学的在校生，高等院校接收的无学籍学生及在各类高考补习班学习的青年也应征集。征集的年龄一般是 18～20 岁的男性青年。应届高中毕业生，年满 17 周岁的，本人愿意也可以应征。至 2010 年，征兵要求未变。

二、兵员征集

临高县人民武装部每年在征兵工作期间成立县征兵工作领导小组，由县人民政府与县人武部主要领导担任领导小组组长、副组长，由县人民政府有关部门与县人武部科（室）领导为领导小组成员。征兵领导小组下设征兵办公室，负责实施征兵各项工作。征兵办公室由县兵役机关和宣传、公安、卫生、民政、教育、妇联、团委等有部门派人组成，下设宣传、体检、政审、后勤 4 个组，具体承办征兵工作。乡镇、国营（有）农场和村（居）委会成立相应的领导小组，具体工作由乡镇、国营（有）农场人民武装部部长和村（居）会委民兵营（连）长办理。征兵领导小组根据国务院、中央军委的征兵命令和海南省人民政府、海南省军区的指示精神，制定征兵工作计划，掌握各阶段的工作时限，指导各乡镇、国营（有）农场和村（居）委会征兵工作正常开展。

2009 年，临高县人武部统一部署征兵工作，通过摸底、调查和身体基本测试，确定预征对象。利用学生暑假和重大节假日学生和适龄青年大量返乡探亲之际，召开征兵宣传教育协调会议，提前开展征兵工作。征兵工作开始后，逐级签订目标责任状，形成一级抓一级、层层抓落实的征兵负责制。10 月，县人武部召开年度征兵工作会议，征兵办相关人员及全体专武干部参加全国廉洁征兵电视电话会议。至 2010 年，征兵标准及流程未变。

第四节　民　兵

一、组织建设

1986 年，临高县民兵整组以相应文件为指导，贯彻“民兵布局就是作战部署”的思想，建强应急队伍、建精志愿队伍、建实储备队伍，突出抓队伍转型、抓组织拓展，突出抓重难点突破，突出抓基层建设，提高民兵逐行多样化任务能力。

1992 年，在民兵整顿工作中，贯彻民兵工作“控制数量、提高质量、抓好重点、打好基础”的“十六字”方针，重点解决民兵组织漏建，人员漏编，班排组织不健全，组训脱节，年龄结构断档和基干民兵“空白村”，以及有组织无活动等问题。

2000 年，全县民兵整组，以完成“九五”期间基干民兵建设规划为重点，着眼适应“战场”和“市场”的需要，按照“规模适应、布局合理、干部齐备、官兵相识、队伍纯洁、制度健全、活动经常”的总要求，坚持农村民兵向乡镇企业扩展，城市民兵向新兴企业扩展，民兵组织向科研单位扩展。采取“以点带面、整体推进”的工作方法，重点抓好民兵编组配干、专业技术分队、应急分队建设、基层规范化建设和民兵动态管理，研究解决市场经济条件下民兵组织中的新情况、新问题。整顿后，全县民兵发展达到比较符合临高实际的民兵数量。

2003 年，加强民兵预备役建设，组建民兵高炮分队、民兵应急连、民兵技术保障大队等民兵组织，较好地发挥民兵预备役在经济建设中的作用。

2010 年，组建民兵应急专业队伍，按不同区域分片划分不同任务，购买应急器材等。6 月，对全县各单位担负应急任务的分队进行点验，到点率达到 100%，达到预期的目的，实现各专业技术分队结构布局与战时兵员动员需要相适应的要求。

二、军事训练

1986—1996 年，基干民兵军事训练每年不少于 15 天。1996 年后，军事训练由县人民武装部统一组织系统训练。同年，减少步兵训练人数，重点抓好民兵干部和专业分队训练。经过训练，有部分人员获得民兵军事训练合格证书，部分民兵成为射击投弹技术能手。

1998 年入汛前，针对当年可能会出现特大洪涝灾害的科学分析，临高县人武部制定《民兵防汛抢险方案》，组建县级应急分队和镇级应急分队，对应急分队进行强化训练，对后勤保障、运输保障、通讯保障等都作具体规定。

2000 年 6 月，县人民武装部在城中、城北组织民兵应急分队训练，完成 24 个训练日，平均到课率 98%以上，采取成建制使用，正规化管理，分散实施，派专人指导监督等手段，进行警棍盾牌术、集结开进、单兵战术、布哨设卡等课目的施教训练，取得较好的效果，省军区进行考核验收，达到预期的训练目的。

2009 年，民兵军事训练采取分训、补训、精训的方法，确保年度训练任务的完成。全年度参加训练民兵经考核验收，合格率达 95%以上，优秀率达 50%，达到训练大纲的要求。6 月，组织机关工委、10 个镇、2 个农场的民兵进行实弹射击，评选 2 个射击先进单位和 15 名射击尖子。

第五节　人民防空

1986 年，城关地区修有砖木结构防空洞。

1997 年，按照国家有关规定，城乡新建民用建筑纳入法制轨道。同年，海南军区确定临高县为全省省级人防重点城乡之一。

1998 年 9 月 30 日，成立临高县人民防空办公室。

1999 年，按照《临高县人民防空警报网络建设方案》的要求，临高县先后在中心城区和重要集镇地区安装防空警报器。从 1999 年开始，每年 10 月 27 日，临高县在中心城区和其他主要地区同时进行防空警报试鸣，起到警示民众，居安思危的作用，增强全民国防观念和人防意识。

2003 年，县政府制定《临高县人防工程建设管理办法》，为全县人防工作提供可行的政策依据，保证《中华人民共和国人民防空法》的正确贯彻落实。

2006 年，临高县人防办公室贯彻人民防空“长期准备，重点建设，平战结合”的方针，努力抓好人防政策的制定和落实，依法行政，搞好人防“结建”（中心城区结合民用建筑修建防空地下室）工作。

第二章 驻 军

第一节 武警部队临高县中队

1986年，武警临高县中队（简称“县武警中队”）主要负责县看守所看守任务。1987年，被总队评为“基层建设先进中队”。

1993年始，县武警中队每年派出警员协助县教育局看管高考试卷。

1994年，县武警中队协助公安机关多次实施抓捕、押解犯罪嫌疑人；参加抗洪抢险、植树造林、警戒安保等临时勤务，为临高县社会稳定履行应尽的职责。

1998年，全面推行军事训练，成立教学组织机构，明确教学分工，结合中队实际，制定军事训练奖惩措施。新兵下连前，中队针对弱项、漏项及时进行补训复训；新兵下连后，中队突出“学、熟、练、精、考”五个环节，大力开展专勤专训，每周坚持训练会操，适时表彰先进个人和班级，较好地促进训练时间、内容、场地、效果的落实。

2005年6月，武警原海口市支队与武警原一支队合并，组建新的海口市支队，武警海南省总队原第一支队临高县中队更名为中国人民武装警察部队海南省总队海口市支队临高县中队，属正连级。同年，中队官兵协助公安机关开展搜捕打击大行动，取得良好的成绩。

2008年，县武警中队以培养党和人民的忠诚卫士和现代化武警为目标，深入开展历史使命、理想信念、战斗精神、社会主义荣辱观及当代革命军人核心价值观等教育。在管理和训练上，坚持从严治警、科学练兵的方针，实行文明带兵、科学带兵，大力培养官兵不怕苦、不怕累和敢打必胜的战斗精神。在执勤上，牢固树立执勤工作就是中心工作的意识，在协助临高县防风救灾工作中，圆满完成任务。派出警力担负临高县“渔民节”活动现场保卫、巡逻任务，以及环岛自行车赛临高段现场机动和路段警戒任务。武警临高县中队在总队组织的军械员大比武中，夺得总队第二名的好成绩。

2009年，县武警中队与临城镇高山居委会和临城中学建立共建关系，元旦、“五一”国际劳动节、“八一”中国人民解放军建军节等节日期间与共建单位开展共建活动，如合办晚会、进行警民篮球友谊赛等等，同时，中队官兵也积极参加驻地的义务劳动，到共建单位做一些力所能及的工作，促进警民间感情，为平安临高、和谐临高做出应有贡献。

2010年，针对中队士官队伍军事素质普遍较弱的实际，县武警中队决心要把骨干培养好，专门制定士官培训计划，规定每周三上午为士官训练时间，每半个月对全体士官进行全面考核，对不合格的士官进行强化训练，较好地提高士官队伍素质。专门安排小教员负责各个课目，认真编写教案和教学笔记，严格按计划进行训练，干部坚持跟班作业并带头参与训练，通过大队定期组织骨干考核，有效促进士官、骨干的军事素质。落实会操制度，坚持每周五上午会操，每周一上午进行半天的专勤专训，每天不少于1个小时的体能训练，官兵训练稳中有进，整体比较平衡，质量有所提高。

第二节　武警部队临高边防支队

1988年，成立武警临高县边防支队，又称临高县公安局边防分局。

1990年，县边防支队深化爱民固边战略，不断创新执勤执法机制，大力加强社会治安管控能力，落实各项教育整顿活动，规范部队精细化管理，不断增强综合保障能力，支队全面建设取得进步和发展。

1995年，县边防支队严格按照内务规定，做好机关日常管理，加强机关作风建设。采取不定期、不分时、不间断加强检查，明确责任做好安全工作。规范执法行为教育、安全稳定教育和边防派出所教育，不断提高执勤执法水平。

2000年，省边防总队投入资金为临高边防支队修建办公大楼。然后，总队相继投入资金，为新盈、调楼、马袅、临高角、金牌、博厚、美夏边防派出所修建办公楼和宿舍楼，官兵办公生活条件得到很大改善。2000年起，县边防支队大力开展军民共建工作，先后与临高二中、临高县地税局和临城镇兰林村等结成军民共建单位，每年为博厚中学、临高二中等多所中学进行义务军训，累计军训学生达4万人。同年，县边防支队全年工作成绩显著，被海南省公安厅授予“集体三等功”。

2001年，县边防支队升格为正团级建制，改称武警临高边防支队，又称临高公安边防支队，支队机关设司令部、政治处、后勤处（均为副团级建制），下辖新盈、博厚、调楼、临高角、马袅、金牌、美夏等7个正营级边防派出所和1个正连级机动中队、1个正连级港口“110”艇中队。部队实行垂直管理体制，部队党的建设、各级党委班子的调整配备，日常党委工作、部队管理以及后勤保障等工作均统一由武警海南省边防总队（海南省公安边防总队）直接领导。

2005年，县边防支队官兵参与特大台风“达维”的抢险救灾工作，在灾害中转移群众3450人、挽回经济损失400万元，被省人民政府、省边防总队、县人民政府分别评为“防风救灾先进单位”“抗洪抢险先进团级单位”“重建家园先进单位”，支队新盈边防派出所被总队授予“集体三等功”。

2006 年，县边防支队开展“百名民警帮扶百名困难儿童”活动，发动支队 100 名官兵与辖区内 100 名困难儿童结成帮扶对子，发动官兵捐款 2 万多元，后又设立困难儿童帮扶基金，将爱心事业传承下去。支队官兵帮扶的困难儿童冼世魁被名校录取。

2007 年，县边防支队官兵强力打击各类违法犯罪活动，打击刑事犯罪，做好社会治安管理，协同县公安部门查处治安案件，抓获在逃人员，抓获吸毒人员，成功处置重大群体性事件许多起，在特大台风、洪涝灾害等抢险救灾行动中救助群众 600 人、挽救人民财产 200 万元，受到县公安局与县政府的高度肯定。

2009 年，县边防支队深入开展各项专项行动，强力打击各类违法犯罪活动，努力维护辖区社会治安稳定，支队已完成临高县公安局年初下达给各边防派出所破案责任数。同年，支队全年共出动警力，先后抗击“天鹅”“彩虹”“巨爵”“凯萨娜”“芭玛”等台风灾害。同年，支队顺利完成“两会”、博鳌亚洲论坛年会、临高县第三届渔民节、国庆 60 周年等各项安保任务。开展当兵督导工作，与各基层主官签订《禁赌工作责任状》和《国庆安保工作责任状》，设立治安示范岗亭，抽调民警开展联勤武装巡逻，配合县公安局成立两个联合维稳工作组，部署开展“百日大收戒”行动，做好安保工作。

2010 年，县边防支队开展大力弘扬海地维和精神，培养当化革命军人核心价值观，创先争优，加强部队正规化管理，规范部队执勤执法，强力打击各类违法犯罪活动，努力维护辖区社会治安稳定。执法服务队和博厚边防派出所在博厚镇打掉一个持刀抢劫摩托车犯罪团伙，在临高县新盈镇打掉一个蒙面抢劫团伙，摧毁一个流窜盗窃电信电缆犯罪团伙，得到临高县委、县政府和电信电力部门的充分肯定。中国电信海南分公司对县边防支队破获该系列案件表示感谢。同年，县边防支队完成“两会”、博鳌亚洲论坛年会、临高县第四届渔民节、上海世博会安保、国庆抗洪抢险等任务。国庆期间，县边防支队加强对社会面的治安管控，保护人民群众的生命财产安全。在广州亚运会安保期间，县边防支队党委成员除值班人员外，其他党委成员都以下基层当兵的形式对基层进行督导检查，确保安保任务顺利完成。

第三章 公 安

第一节 机 构

1986年，临高县公安局内设政教室、秘书股、行政股、政保股、内保股、治安股、刑警队、武警中队、消防股、预审股、看守所；在新盈、调楼、美良、东英等21个地区设置基层派出所，实行一地一所建制。1987年，武警中队从县公安局直属单位中划归武警海南省总队第一支队管辖。

1990年，县公安局内部设置机构14个，直属单位33个，政教室改名政工办，消防股改名消防大队；新增信访股、法制股、监察股、户证股、拘留所、交警大队、边防分局。1994年，新增通讯股。1997年，新增戒毒所、看守二所、“110”机动队。

2004年，县公安局内设3个副科级单位、28个股级单位和1个事业单位（保安公司）。其中，局机关内设机构18个：秘书股、政工办、行政股、法制股、督察大队、纪检办、国保股、户政股、控申办、刑侦大队（副科级）、治安股、禁毒大队（副科级）、指挥中心、“110”机动队、看守所、拘留所、戒毒所、交警大队（副科级）；局直辖派出所13个：东门派出所、西门派出所、多文派出所、和舍派出所、龙波派出所、皇桐派出所、南宝派出所、波莲派出所、东江派出所、美台派出所、东英派出所、美良派出所、加来机场派出所；此外，还下辖1个事业单位，即临高县保安服务公司。

2006年，县公安局内设5个副科级单位、27个股级单位和1个事业单位（保安公司）。其中，秘书股改名办公室；升格2个副科级单位：国保大队、治安大队。2007年，成立经济犯罪侦查大队（副科级），政工办改名政工督查室，法制股改名法制室。2008年，局内设10个副科级单位、17个股级单位和1个事业单位（保安公司），其中副科级单位有指挥中心、法制室、政工监督室、国保大队、刑侦大队、治安大队、禁毒大队、经济犯罪侦查大队、交警大队，原“110”机动队改名巡警大队。

2009年，临高县公安局出入境管理大队规格为副科级，下设办证中队和外管中队2个股级机构，人员配备从县公安局现有编内人员调剂，原属公安局国内安全保卫大队的入境外国人管理、办理出入境职能划转到该大队。临高县公安局完成局内设机构改革工作，共设立内设机构28个。其中执法机构9个，包括指挥中心、刑侦大队、治安大队、国保大队、禁毒大队、经侦大队、交警大队、出入境管理大队和巡警大队。综合机构3个，包括政工监督室、法制室、勤务保障室。监管场所3个，包括看守所、行政拘留所、强制隔离戒毒所。派出机构派出所13个。此外，还设边防派出所7个和垦区派出所2个。

2010年，临高县公安局共有内设机构28个，其中勤务执法机构9个（指挥中心、刑侦大队、治安大队、国保大队、禁毒大队、经侦大队、交警大队、出入境管理大队、巡警大队），综合机构3个（政工监督室、法制室、勤务保障室），监管场所3个（看守所、行政拘留所、强制隔离戒毒所），派出机构（派出所）13个，此外还有7个边防派出所和2个垦区派出所。

第二节　打击刑事犯罪

1986年，临高县公安部门开展严厉打击刑事犯罪斗争，出动党政干部、干警、民兵治保人员，采取重拳快速出击，快速侦破的反应机制，以“挖团伙、破大案”为中心，开展“反盗窃、反扒窃、反路霸”为主要内容的集中打击行动。

1988年，贯彻依法“从重从块”的方针，严厉打击严重刑事犯罪活动，主要打击杀人、抢劫、强奸、盗窃、伤害以及其他严重危害社会治安的刑事犯罪分子。全年移送司法机关批捕的有61件124人。

1995年出现毒品案件。临高县公安机关采取日常工作与多种专项斗争相结合、大范围治安状况与地方实际情况相结合的方式，开展打击吸、贩毒，打击车匪路霸、盗抢摩托车、流窜犯罪，收缴枪支、追捕逃犯等专项行动和专项斗争。

1996年，集中警力开展“严打”专项斗争，严厉打击各种犯罪活动，全县破获各种刑事案件105件，抓获各种违法犯罪分子1062人，摧毁各种犯罪团伙51个，宣判各种罪犯91人。

2000年，县公安部门先后深入开展打击车匪路霸、“两抢”犯罪专项斗争，破获刑事案件124宗，抓获犯罪嫌疑人115人，摧毁犯罪集团5个，逮捕18人，破获命案5宗，抓获犯罪嫌疑人7人。

2001年，全年共发生刑事案件120宗，破案74宗，破案率61.6%，侦破历年积案12宗，摧毁8个犯罪团伙，成员26人。查获各类赌场33个，抓获涉赌人员223人，缴获赌资17万元。

2002年，破获刑事案件148宗，抓获刑事案件犯罪嫌疑人163人，破获命案7宗，抓获犯罪嫌疑人5人。

2003年，破获刑事案件138宗，抓获刑事案件犯罪嫌疑人192人，摧毁“两抢一盗”犯罪团伙13个，逮捕19人；其他团伙2个，逮捕8人；破获命案2宗，抓获5人。

2004年，破获刑事案件163宗，抓获刑事案件犯罪嫌疑人223人，摧毁“两抢一盗”犯罪团伙6个，逮捕20人。破获命案4宗，抓获犯罪嫌疑人8人。

2005年，刑警大队组织开展“春夏攻势”“秋季破案战役”等专项行动，同时，认真抓好指纹采集和刑事技术工作，深入监所采集人犯指纹100人，录入在逃人员信息79人，撤销在逃人员信息45人，人员照相180人，全部上网输入信息库。临高县公安局因网上追逃成绩突出，被公安部评为全国公安机关追逃先进单位。全年破获刑事案件225宗，抓获刑事案件犯罪嫌疑人192人，摧毁“两抢一盗”犯罪团伙6个，逮捕21人。破获命案9宗，抓获犯罪嫌疑人25人。

2006年，刑警大队以打击“双盗”“双抢”等多发性刑事犯罪和追捕逃犯为重点，持续有效开展“风雷”“飓风”“打恶治烂”等专项行动，破获一大批案件，临高县被省综治委评为全省社会治安综合治理先进县，并荣获全省护林保胶第二名。全年破获刑事案件218宗，抓获刑事案件犯罪嫌疑人164人。

2007年，全县破获刑事案件328宗，抓获刑事案件犯罪嫌疑人255人。发生命案10起，破获10起，侦破率达100%。

2008年，共立刑事案件509起，破获328起，抓获刑事案件犯罪嫌疑人311人；破获命案3宗，抓获犯罪嫌疑人12人。

2009年，全年县公安局受理涉及经济案件的各类控告、举报及移交案件共16起，其中立案13起，破案12起，刑事拘留18人，逮捕15人，移送起诉13人，挽回直接经济损失32万元。在开展打击假币“09行动”中，收缴假币16450元。全年共出动警力900人次，出动车辆180次，成功摧毁敲诈勒索、盗抢摩托车等犯罪团伙3个。打击“两抢一盗”专项行动，全年共立案314起，破获113起，摧毁团伙18个，抓获犯罪嫌疑人81人，成功追回被盗抢摩托车、电视机、手机等物一大批。开展打击“三电”（电力、电信、广播电视线路）专项行动，全年“三电”案件共立案27起，破获4起，抓获犯罪嫌疑人4人，逮捕4人。全年共破获各类刑事案件304起，刑事拘留419人，逮捕329人，移送起诉237人，抓获网上在逃犯罪人员188人，打掉犯罪团伙18个，抓获团伙成员53人。全年共破获命案9起，侦破历年积压命案5起，抓获命案逃犯9人。开展“缉枪治爆”专项行动，全县共破获私制枪支案件2起，捣毁制枪窝点2个，收缴非法枪支156支，子弹44发，炸药11公斤，雷管168枚，手榴弹7枚，管制刀具268把。开展打黑除恶专项行动，抓获涉恶势力团伙成员6人，突破团伙案件3类6起，收缴砍刀、摩托车等作案工具一批。

2010年，以集中整治突出问题为突破口，全面组织开展打击“两抢一盗”猎豹行动、学校及周边治安整治专项行动等，公安局共出动警力2600人次，出动车辆860辆次，摧毁校园周边犯罪团伙2个，破获盗抢学生自行车案件7起，促进全县学校及周边社会秩序的根本好转。全年共立刑事案件779起，破获刑事案件396起。刑事拘留185人，逮捕168人，移送起诉126人，抓获各类逃犯208人（其中命案逃犯10人），打掉“两抢一盗”犯罪团伙16个。全年共破获“两抢一盗”案件186起，摧毁“两抢一盗”犯罪团伙16个，抓获主要犯罪嫌疑人57人，破获系列拦路抢劫案件125起，成功追回被盗抢摩托车45辆、手机26部等。全年共成功打掉涉恶团伙3个，抓获涉恶人员3人，突破2类7起涉恶案件。

第三节　禁毒工作

1986年以来，临高县吸毒人员逐渐增多。县委、县政府专门出台《关于进一步加强禁毒工作的决定》，在打击毒品犯罪的同时，通过创建“禁毒有效社区”“无毒社区”“四位一体”帮教措施，巩固禁毒成果，形成全民参与禁毒的浓厚氛围。

2000年，临高县公安机关抓获贩毒分子3人，吸毒人员188人，全部进行强制戒毒，对3名复吸毒人员报送劳动教养。

2001年，临高县禁毒大队成立。2006年，县委、县政府投入400万元建设集戒毒、康复、就业一体化的戒毒康复农场，并逐年加大投入力度，临高县创建无毒社区工作名列全省第三，辖内红华农场被省禁毒委评为全省“优秀禁毒社区”。

2008年，县公安局被省禁毒委评为“全省集中收戒吸毒人员专项行动优秀单位”。

2009年，临高县把打击毒品犯罪、收戒吸毒人员作为全县社会治安综合治理工作的重中之重来抓。县委政法委部署开展“大收戒”专项行动，净化社会治安环境。为确保专项行动取得成果，县公安局把收戒任务分解落实到各派出所，并制定奖惩措施。全县共破获贩毒案件43起，抓获犯罪嫌疑人48人，收戒吸毒人员980人（其中行政拘留戒毒356人，强制隔离戒毒624人）；“大收戒”专项行动取得立竿见影的效果。

2010年，全年共成功破获现行毒品案件79起，抓获贩毒犯罪嫌疑人85人，逮捕82人，移送起诉76宗82人；缴获毒品海洛因75.83克，K粉21.59克；收缴毒资2.31万元；捣毁吸贩毒窝点12个；共抓获吸毒人员848人，其中强制隔离戒毒365人，行政拘留戒毒359人，社区戒毒21人。特别是在国庆期间开展的集中大收戒行动中，经过7天7夜的连续奋战成功破获毒品案件4起，抓获贩毒犯罪嫌疑人4人，缴获毒品113小包，摧毁吸贩毒窝点1个，抓获吸毒人员154人（其中强戒92人，行政拘留62人），清查娱乐场所9家，查处7家，停业整顿7家；在开展百日缉毒大传会战中，成功破获毒品案件43起，抓获贩毒嫌疑人41人，缴获毒品海洛因215小包，K粉21.59克，摧毁吸贩毒窝点8个。全县共有8个禁毒优秀社区，56个无毒社区。

第四节　治安管理

1986—1990年，针对不同时期的突出治安问题，县公安局深入案件发生地，会同乡镇、农场和派出所，开展反盗窃、打击非法制造贩卖私藏枪支违法行为、扫黄打赌、取缔迷信活动等专项斗争，震慑犯罪分子，有力地控制社会治安局面。全县共发生治安案件1412起，查处1196起，查处率85%。

1991—2000年，县公安局坚持“打防结合，标本兼治，重在治本”的治安工作方针，动员和组织各部门、各单位和广大人民群众，加强治安管理和防范，全面落实综合治理的各项措施，积极查处治安案件，及时调解民间各种纠纷，深入开展专项斗争和专项治理，依法打击取缔卖淫嫖娼、赌博等“六害”活动，狠抓基层基础建设，加强户口、居民身份证、特种行业、枪支弹药、自行车与易燃易爆危险物品的管理，严密社会面的控制，稳定社会治安秩序。全县共处理违法治安管理案件3433宗，查处3240宗，受处罚人员5590人，其中警告789人，罚款2374人，治安拘留2179人，劳动教养240人，收容审查8人。1999年，加强严打斗争和专项治理工作，摧毁犯罪团伙9个，抓获各种犯罪嫌疑人831人，强制戒毒259人。

2009年，加强对特种公共场所的监督和检查，开展专项治理整治行动，在全县46家旅馆安装治安管理信息系统。共清理整顿歌舞娱乐场所25家，美容美发院23家，废品收购站46家，机动车修理店48家，电子游戏室12家，旅馆旅店46家。全年共查处各类赌点28个，刑事赌博案件立案2宗，刑事拘留2人；治安赌博案件立案32起，查处32起。2010年，县公安局共接待来信来访265人次，受理45件，成功办结31起；有效防止和妥善处置群体性事件11起。全年共发生治安案件1736起，查处1253起；调解民事纠纷365起；抓获各类治安违法人员988人，其中行政拘留623人，其他行政处罚365人。加强对特业公共场所的综合整治，全县46家旅馆全部安装治安管理信息系统。在一系列专项整治行动中，共清理整顿歌舞娱乐场所12家，美容美发院、发廊16家，废品收购站45家，机动车修理店36家，电子游戏室12家，旅馆旅店46家，刻制印章业2家，印刷、打字复印业16家。共查获各类赌点48个，立治安赌博案件45起，查处45起。抓获涉赌人员

112 人，其中治安拘留 72 人，罚款 40 人。

2001—2010 年，县公安机关加强对特种行业、公共娱乐场所、农村社区、区域治安、城市道路、公路以及其他容易发生治安灾害事故等场所、地点的管理，加强对非军事系统的各种枪支弹药、民用爆炸物品、易燃化学物品、剧毒物品、列入管制刀具、淫秽物品、毒品及其原植物等的管理，加强对特定行业与特定人员的管理，有效维持社会秩序。全县共查处赌博案件 932 宗，查处赌场赌点 772 个，涉赌人员 1643 人，缴获啤酒机、“鱼虾”等赌博作案工具一大批。

第五节　户政管理

1988 年，临高县开始颁发居民身份证，全县年满 16 周岁的居民有 291347 人领到居民身份证。1989 年，有关居民身份证管理的具体业务移交县公安局户政股负责。1991 年 1 月，一律使用由新工艺制作的防伪居民身份证；7 月 1 日起居民身份证底卡停止手工填写，一律改用计算机打印，居民身份证号码由原来的 7 位数改为与居民身份证号码一致的 15 位数。

1992 年，为加强对农村人口的管理，全县农村发放农业人口户口簿，结束农村居住的农民无户口簿的历史，全县第一次发放农业人口户口簿 301120 本。

1993 年，县人民政府成立暂住人口管理领导小组，办公地址设在县公安局。同年起，暂住人口数量每年都保持在 5000 人以上。

1997 年，取消农业与非农业户口簿的区别，全国统一为居民户口簿，在全县开始换发，至 2000 年底共核发新居民户口簿 410376 本。

2001 年，建立县级户政计算机信息管理系统，实行计算机管理人口信息，全县存入计算机人口信息共 409301 人，使用计算机前台办公，简化办事程序，提高办事效益。

至 2002 年，共制作新的防伪居民身份证 358975 份。

2007 年，海南省公安机关开展清理整顿户口专项行动，全局共出动警力 102 人，对 2005 年以后外省迁入的 357 人进行全面清查。发现 29 户 39 人违规办理户口，其中大多是来临高县投资办企业、办学校、承包电站、从事种植养殖的。同年，全县开始换发第二代居民身份证。截至年底，全县共换发二代身份证 49058 人，完成省厅下达任务的 140%。

2009 年，全年共办理出生入户登记 8399 人，迁入登记 1290 人，迁出登记 1727 人，死亡注销 1075 人，纠正错漏项 7365 人，使全县人口管理进一步规范。全县常住人口 483089 人，已全部录入人口数据库，实现电脑信息化管理。共有流动人口 697 人（男性 514 人，女性 183 人），已按规定全部办理暂住证，办证率达 100%。加强重点人口管理，建立健全帮教跟踪工作机制。全年全县共有帮教重点人口 310 人，建档列管 310 人，列管率达 100%。进一步加大换发二代证宣传工作力度，明确收费标准和规程，户籍民警经常利用节假日及务工人员返乡之际，深入农村、学校为群众采集头像，并及时将第二代身份证发到群众手中。全年全县共换发二代居民身份证 44822 个，顺利完成省公安厅下达的二代证换发任务。同时完成军人换发办证 529 个。

2010 年，全县常住实有人口 49.12 万人，共采集人像 5.55 万张，办理二代身份证 5.43 张。全县重点人口 260 人，已全部录入工作对象信息并进行跟踪帮教；全县登记出租室 42 间，流动暂住人口 675 人，全部进行登记并建档进行管理，办证率达 100%。

1989—2010 年临高县人口及其变动情况统计表

表 14-3-1

年份	总户数（户）	总人口（人）	总人口中		人口变动情况				暂住人口情况		
			非农业户口（人）	未落户常住户口（人）	出生（人）	死亡（人）	迁入（人）	迁出（人）	总数（人）	男（人）	女（人）
1989 年	80889	345263	54493	3094	4611	1349	6127	5084	5427	4076	1351
1990 年	80166	349206	56198	1496	5435	1662	3442	3347	3270	2354	916
1991 年	82946	353552	57038	1697	6073	1917	4314	3927	2971	2137	834
1992 年	84747	358988	57868	2623	7857	2178	4641	4874	2194	1332	562
1993 年	84993	364118	59212	611	7369	1869	3144	3531	2533	1853	680
1994 年	85371	368398	60152	678	7073	1889	2808	3674	3270	2354	916
1995 年	86316	376581	61758	636	8078	1413	4242	2910	3368	2110	1258
1996 年	86447	382399	62680	806	6746	1284	2662	2461	3067	2278	789
1997 年	87778	388403	63702	1135	6515	1578	3687	2737	3162	1506	1656
1998 年	88102	393352	64246	1546	5770	1795	2229	2877	910	676	234
1999 年	87833	399057	64465	1554	6139	1736	1887	2461	1237	760	477
2000 年	88126	406548	68605	1522	9384	1484	2483	3939	2670	1945	725
2001 年	89491	409301	70235	645	5631	1974	1942	2254	1634	1113	521

续表 14-3-1

年份	总户数（户）	总人口（人）	总人口中		人口变动情况				暂住人口情况		
			非农业户　口（人）	未落户常住户口（人）	出生（人）	死亡（人）	迁入（人）	迁出（人）	总数（人）	男（人）	女（人）
2002 年	91160	411830	71683	2688	5780	1793	2126	2273	2163	1573	590
2003 年	92097	415760	73665	4250	6485	1998	1618	2181	2556	1734	822
2004 年	96582	428526	131781	5174	11654	1879	3671	5405	1969	1330	639
2005 年	100357	437520	133557	5817	7716	1648	3138	4480	3334	2284	1050
2006 年	107456	445848	127392	5779	11268	1405	4982	5783	3317	2582	735
2007 年	115558	467448	131452	5793	15432	1425	2384	1325	2981	1968	1013
2008 年	118877	473358	137473	5905	11932	4062	5097	5350	2971	1989	982
2009 年	124697	484044	140171	6144	8263	3548	3858	3863	697	514	183
2010 年	136748	491240	143897	6672	9420	4204	1327	670	725	517	208

第六节　出入境及往返港澳台管理

1986 年至 2010 年 7 月，全县出入境及往返港澳台管理工作主要由县公安局国保股内设的专职干警负责。至 2010 年 8 月，县公安局设置出入境管理大队，负责出入境及往返港澳台管理的日常事务。

1986 年，公安部门为适应形势发展的需要，与旅游部门配合增设办理出国旅游业务。1988 年，公民前往港澳地区探亲、访友逐年放宽政策。1989 年，临高县公安局共受理申请赴中国香港地区及出国 114 人，经上级公安机关批准赴中国香港地区及出国的有 80 人（其中出国定居 21 人，留学 3 人，探亲 56 人）。办理边境管理通行证 1350 张，办理外来人员暂住证 3000 个，颁发居民身份证 3 万个，同时应急办理居民身份证卡 3800 张，使人们的正常交往、从工就业得到保障。

1998 年 3 月起，贯彻公安部制定的《内地居民从事商务、培训、就业等非公务活动往来香港特别行政区的暂行管理办法》，对居民从事商务活动和多次往返中国港澳地区的申请作出更加有效的管理。1999 年，有 2 家地方企业申请登记港澳商务。

2006 年，全年共受理审批公民赴中国港澳地区 623 人次，赴中国台湾人员 32 人次，办理因私出国申请 151 人次。全年入住临高县境外人员共 5 人次，办理住宿登记 5 人次。

2009 年，全年共受理审批公民赴中国香港、澳门地区 790 人次，赴中国台湾人员 46 人次，办理因私出国申请 252 人次。全年入住临高县的境外人员共 8 人次，办理住宿登记 8 人次。

2010 年，共办理申请因私出国 441 人次，受理赴中国香港、澳门地区 1180 人次，受理赴中国台湾 41 人次。同时，严格落实省厅 2 号令，全面加强境外人员的管理工作。共组成外事民警 44 人、外事协管员 245 人。全年来县的境外人员共 14 人次，办理入住登记 14 人次，境外人员到临高县的入住登记率、及时率、准确率均达 100%。同时，严格按省厅出入境管理局的要求，不断充实完善“双备库”建设工作，对新增的国家机关工作人员、新提拔的副科级以上领导干部进行补登报备，与县法院、县检察院和县纪委等部门建立长效联络机制，对不准出境、限制出境人员切实从制度上把好出境关，全年共录入更新国家机关工作人员 1185 人。

第七节　监所管理

一、县拘留所

临高县拘留所设在临城镇，配套有办公室、值班室、矛盾纠纷化解室、询问室、监控室、储藏室、拘室等，拘室容量 80 人。临高县拘留所的主要任务是依法对被拘留人员执行拘留处罚，对被拘留人员进行管理和教育；预防违法犯罪行为。

1986 年，临高县强制看守所设在县城洋通路，配套有办公室、提审室、会见室、律师会见室等，各项设施基本达到上级的标准和要求。

1988 年，执行《看守所检察工作细则》，纠正超期办案和违法关押行为，共提出纠正各类违法行为 36 件。严厉打击牢头、狱霸的重新犯罪，对在押犯进行政策法律教育，落实安全防范措施，严防事故发生。

1991 年，加强看守所执法监督，维护《中华人民共和国刑法》《中华人民共和国刑事诉讼法》的正确实施。开展监督所监察，纠正办案超期 20 起，其中公安拘留超期 4 起、侦查超期 6 起、检察院自侦超期 2 起、起诉超期 4 起，法院审判超期 4 起。

1996 年，开展监所检察工作，加大力度，严厉打击在押犯罪嫌疑人重新犯罪案件，县公安局、看守所查处在押犯罪嫌疑人重新犯罪案件 2 件 9 人。加强执法监督，及时纠正各种违法行为，确保刑事法律的正确实施，检察发现各种违法行为 72 起 76 人，其中办案超期 73 人，无证关押 2 人，不按时释放 1 人，不按规定投劳 5 人，对上行为进行纠正。

1997 年，增设看守二所，后于 2003 年撤销。看守所的职能是依据国家法律对被羁押的人犯实行武装警戒看守，保障安全，对人犯进行教育；管理人犯的生活和卫生；保障侦查、起诉和审判工作的顺利进行。

2000 年，加强对看守所监督，开展驻所检察，发现不安全因素提出检察建议 28 次，对在押人员进行法制教育 107 次，书面提出办案超期催办通知书 711 人次，纠正超期羁押 166 人，为纠正超期办案的现象发挥积极的监督作用。

2002 年，贯彻执行《看守所条例》加强管教人员的教育，依法监管，落实在押人员的管理、教育、改造政策。加强对监管改造场所的执法监督，全年清仓检察 24 次，发现安隐患 6 起，依法纠正监管人员违法殴打在押人员 2 起，对在押人员进行谈话教育 38 次。

2007 年，加强监所管理，全年看守所全面清仓检查 24 次，发现安全隐患 2 起，提出检察建议 2 次，向办案单位发催办通知 6 件 12 人，跟在押人员谈话教育 38 人次，纠正违法关押 2 起 2 人，纠正计算刑满错误 1 人 1 件，办理在押人员重新犯罪案件 1 件 1 人，考察监外执行已判结犯 97 人，确保严格依法和安全监管。

2008 年，临高拘留所开展法制教育课 13 堂，受教被拘留人员 340 人次，全年开展清仓行动 24 次。2009 年，开展矛盾化解工作，成功化解宅基地纠纷矛盾 1 起。开展监所深挖犯罪第一阵线工作，网上对比逃犯 1 名。监区改造装修改善被拘留人员关押环境，开展法制课堂 5 次，受教被拘留人员 114 人次，全年开展清仓行动 24 次，火警演练 1 起。

2010 年，开展法制宣传 2 次，发放宣传手册。全年开展清仓行动 24 次，火警演练 1 次，开展法制课堂 10 次，受教被拘留人员 400 人次。

二、县强制戒毒所

1997 年，临高县强制戒毒所成立，正股级建置。临高县强制戒毒所设在临城镇临昌路，总占地面积 8100 平方米，配套有办公室、戒毒康复楼、劳动康复场所、青少年禁毒教育基地等，各项设施基本达到上级的标准和要求。

2008 年 12 月 3 日成立戒毒康复农场。县强制戒毒所做好吸毒人员的收戒工作，将吸毒人员进行隔离治疗，实行强制戒毒，建立健全管理制度，制定戒毒人员登记表，严格实行“两个一律”（吸毒成瘾一律强制戒毒，复吸者一律送劳动教养）。1997—2010 年，全县强制戒毒 5249 人。

1997—2010 年临高县公安局强制戒毒所收戒人数情况表

表 14-3-2

年份	收戒人数	年份	收戒人数
1997 年	185	2004 年	406
1998 年	404	2005 年	487
1999 年	280	2006 年	510
2000 年	218	2007 年	392
2001 年	203	2008 年	427
2002 年	194	2009 年	683
2003 年	510	2010 年	350

第八节　交通治安管理

一、机构

1986—1989 年，临高县道路交通管理工作由县交通安全监督站负责。1989 年 7 月 13 日，临高县交通警察大队成立。1990 年，交通管理职能移交县公安局交通警察大队，股级单位，增设多文中队。2000 年 3 月，成立临高县摩托车安全检测中心。2000 年 8 月 8 日，设立临高县交警大队新盈工作站。2008 年，升格为副科级建置单位，设有办公室、交管股、临城中队、多文中队、新盈中队、事故中队。2009 年，增设高速中队、车辆管理中队。至 2010 年，临高县公安局交通警察大队内设办公室、交管股、临城中队、多文中队、新盈中队、事故中队、高速中队、车辆管理中队，为副科级建置单位。

二、路面管理

1986 年，随着商品经济的发展，临高县机动车辆数量快速上升，临城地区机动车辆乱停乱放、乱冲乱窜现象频发，造成一些交通要道严重堵塞。1987 年，为扭转这种局势，县交警大队开展 6 次道路交通大整顿。清理路障 254 处，拆除违章搭棚 37 处，教育警告占道摆摊 63 人次，对 24 家违章建筑限期复原路面。1994 年，共清理路障 127 处。

1999 年 9 月，县交警大队投入 10 万元在县城解放路设立 1050 米长的中央隔离带施行规范的行车道和人行道，设立 7 个交通标志和 6 个交通岗台。

2000—2010 年，县交警大队加大对县辖区交通标志、标线和安全防护设施缺乏路段的整改治理力度。同时，积极联合相关部门对辖区国道、省道以及各个县乡级道路的危险路段进行全面排查。对排查出的安全隐患路段，及时增设警告标志，提醒过往车辆和行人注意安全。据统计，其间共排查整改路面隐患 186 处。

1986—2010 年临高县交警大队清理路障情况表

表 14-3-3

年份	清理路障（处）	拆除违建搭栅（处）	教育警告占道摆摊者（人次）	年份	清理路障（处）	拆除违建搭栅（处）	教育警告占道摆摊者（人次）
1986 年	212	41	77	1999 年	97	25	63
1987 年	254	37	63	2000 年	97	21	66
1988 年	127	32	65	2001 年	90	20	60
1989 年	117	35	77	2002 年	100	21	61
1990 年	108	32	73	2003 年	88	25	55
1991 年	113	36	70	2004 年	91	19	53
1992 年	120	34	69	2005 年	77	11	44
1993 年	116	36	67	2006 年	70	7	34
1994 年	127	32	65	2007 年	59	5	30
1995 年	117	35	77	2008 年	55	2	28
1996 年	113	35	73	2009 年	49	4	23
1997 年	107	30	73	2010 年	44	2	24
1998 年	101	27	67				

三、车辆管理

1987 年，处理各种违章机动车辆 348 辆次，换发机动车牌 571 辆。

1994 年，交警部门为改变县城机动车辆拥挤和噪音等干扰，交警大队采取措施对客运三轮摩托车进行整顿并取缔一批报废三轮摩托车。交警大队认真贯彻“预防为主”的方针，积极组织干警上路检查，消除事故隐患。组织上路检查机动车辆 3756 辆次，纠正违章 2756 辆次，扣留无牌证车辆 61 部，追缴各种交通违规费用 8.24 万元。

1998 年 6 月 3 日，全面施行银行代收交通违章罚款制度。6 月 22 日，完善设立“122”交通报警服务和施行 24 小时接警制度。1999 年 3 月，县交警大队分期分批购进 800 辆正三轮摩托车，并全部办理各类牌照，按单双喷涂不同的颜色，严格遵章行驶。2000 年，办理摩托车入户 880 辆，摩托车年审 385 辆。设立监督投诉电话 8284325 和群众投诉信箱，全面接受社会和群众监督。开展交通秩序整顿 40 次，出动警力 1300 人次，查扣各类违章车辆 2492 辆。

1988—2005 年春运期间，县交警大队共出动警力 103734 次，检查客车 14597 辆次，查处违章客车 593 辆次，强制卸客转运 849 人次。

2005—2010 年，交警部门大力整治交通秩序，开展整治无牌无证、假牌假证、报废、盗抢机动车、运载危险化学物品车辆，治理车辆超限超载、预防重特大交通事故等专项行动，严查超载、超速行驶、疲劳驾驶、无证驾驶、酒后驾驶，农用车、拖拉机载人等交通违法行为，共出动警力 21961 人，查处交通违法行为 19364 起，查扣违法激动车辆 5792 辆，强制报废 49 辆。其间，2008 年，共办理摩托车入户 886 辆，摩托车年检 1882 辆。2009 年，全县共办理摩托车入户手续 1743 辆，办理摩托车驾驶证 549 本，年检车辆 884 辆。2010 年，共办理摩托车入户 3645 辆，年检车辆 1199 辆。

1994—2010 年临高县机动车辆注册情况表

表 14-3-4

年份	机动车辆注册（辆）	年份	机动车辆注册（辆）
1994 年	436	2003 年	801
1995 年	488	2004 年	903
1996 年	503	2005 年	912
1997 年	538	2006 年	919
1998 年	620	2007 年	983
1999 年	623	2008 年	886
2000 年	688	2009 年	1743
2001 年	703	2010 年	3645
2002 年	756		

四、驾驶员管理

1994 年，交警部门对手扶车、摩托车驾驶员进行驾驶证件考核共计 695 个。1998 年，县交警大队举办年审驾驶员学习班 32 期，参加人员 2580 人；举办交通人员学习班 65 期，参加人数 4500 人次。2000 年，办理驾驶员转证 84 人，换证 187 人，驾驶员年审 352 人。2008 年，组织驾驶人身体健康检查登记 1992 人次。2009 年，驾驶员体检 2663 人。2010 年，共办理摩托车驾驶证 15008 人，组织驾驶员体检 2717 人。

五、事故处理

1987 年，全年发生的交通事故 62 宗，与 1986 年发生的 65 宗相比，下降 0.5%。交通事故死亡 10 人，与 1986 年交通事故死亡 14 人相比，下降 29%。

1991 年，全县共发生道路交通事故 10 起，共造成受伤 1 人。

1993 年，全县共发生道路交通事故 90 起，共造成受伤 1 人。

1995 年，全县共发生道路交通事故 56 起，其中适用简易程序处理的为 33 起，共造成受伤 5 人。

1997 年，全县共发生道路交通事故 89 起，其中适用简易程序处理的为 59 起，一般程序处理为 30 起，共造成 4 人死亡，受伤 8 人。

1999 年交警部门开通“122”交通事故、交通堵塞报警服务电话，实行 24 小时值班备勤，接受处理交通警情方面的报警服务。2000 年实施事故处理阳光作业制度，设立事故处理室、听证室，实行事故处理责任认定“阳光作业”现场会，处理交通事故办案增强透明度。全年发生交通事故 25 宗，死亡 9 人，受伤 23 人，直接经济损失 145960 元。结案 23 宗，结案率 92%。

2001 年，全县共发生道路交通事故 355 起，其中适用简易程序处理的为 300 起，一般程序处理为 55 起，共造成 6 人死亡，受伤 35 人。

2004 年，全县共发生道路交通事故 552 起，其中适用简易程序处理的为 500 起，一般程序处理为 52 起，共造成 9 人死亡，受伤 36 人。刑事立案 3 起，刑事拘留 3 人。

2006 年，全县共发生道路交通事故 610 起，其中适用简易程序处理的为 560 起，一般程序处理为 50 起，共造成 12 人死亡，受伤 38 人。刑事立案 6 起，刑事拘留 6 人。

2008 年，全县共发生道路交通事故 372 起，其中适用简易程序处理的为 281 起，一般程序处理的为 91 起。共造成 23 人死亡，95 人受伤，直接经济损失 26.24 万元，逮捕 1 人，行政拘留 12 人。

2009 年，全年共发生交通事故 61 起，死亡 20 人，受伤 104 人，直接经济损失 79889 元，与上年同期相比，交通事故发案率、死亡率、受伤人数、直接经济损失等四项指数分别下降 27.3%、19.3%、16.7%和 74.7%。

2010 年，共发生一般以上道路交通事故 75 起，死亡 19 人，受伤 103 人，直接经济损失 15.31 万元。与 2009 年同期相比，死亡人数持平，其他三项指数分别上升 31.6%、5.1%

和48%。全年共立交通肇事案件4起，逮捕2人，刑事拘留8人。

六、交通安全宣传

1986年，加强单位驾驶员机动车安全教育，提高交通安全意识，宣传36次，人员1230人次。

2004年5月1日，《中华人民共和国道路交通安全法》开始实施。1988年国务院颁布实施的《中华人民共和国道路交通管理条例》同时废止。同年10月，为加强道路交通安全宣传教育工作，促进道路交通安全和经济社会协调发展，临高县交警大队，积极开展多形式化的交通安全宣传进农村、进社区、进企业、进学校、进家庭的"五进"活动，并把"五进"活动与交通管理工作紧密结合起来，通过在农村、社会、企业、学校设置交通安全图版、悬挂宣传标语、散发宣传资料，扩大宣传教育面，有效地提高公民的交通安全意识和交通法制观念，发挥宣传教育对预防、减少交通事故的重要作用。

1989—2007年，共开展交通安全宣传及咨询活动600余场次，发放宣传资料23万份，悬挂宣传标语2000余幅，巡回宣传700余场次，直接受教育群众300余万人次。

2008年，交警部门以"防事故、保畅通、促平安"为总目标，大力加强交通安全管理。交警部门共深入10个运输企业、86所中小学、78个村庄开展交通安全宣传及咨询活动139次，散发宣传资料8.50万份，悬挂宣传标语176幅，巡回宣传52场次，直接受教育群众达12.50万人次。

2009年，全年共开展交通安全宣传及咨询活动53场次，发放宣传资料7万份，悬挂宣传标语96幅，巡回宣传45场次，直接受教育群众25万人次。

2010年，全共开展交通安全宣传及咨询活动38场，散发宣传资料2万多份，悬挂宣传标语135幅，巡回宣传42场次，直接受教育群众达25万人次。

第九节　科技装备与"110"报警服务

一、装备

1994年10月，县编委批转县公安局设立通讯股，业务归秘书股管理，保持全天24小时轮流值班制度，做到人不离机，保证专线电话、传真机和对讲机的通信畅通。1995年，重新更换设备，安装一台模拟程控240门BH-01II型电子交换机，实现自动转接通话，保障公安通信畅通。

2001年，临高县公安局建立通信网络，主要有有线通信专网、机要传真通信网、无线通信网和计算机通信网。

2003 年，公安信息通信部门全面实施“金盾工程”，加强三级网基础建设。开展电子政务信息平台的建设，提高办公自动化水平，实现公安内部办公系统的互联互通。采用多种接入方式，加快公安基层所公安信息接入网的建设步伐，为公安信息的采集和传输、综合查询、共享创造条件。完善临高县 350 兆公安无线通信指挥调度网的使用、维护管理工作，为快速反应机制提供通信手段和技术保障。完善公安有线通信系统网的建设管理。完成通信数字程控调度交换机的管理软件的升级工作；做好“110”报警设备和系统的管理和维护工作。完成公安计算机信息中心和局域网建设。完善公安信息网络安全防范技术，及时查杀病毒，遏制病毒在网上的传播；以应用促发展，加快信息中心公安信息综合查询系统建设；强化管理杜绝“一机两用”；协助刑侦部门网建设。

2004 年，计算机监察通信部门做好通信保障和完成接入网工作，8 月做好 2M 数字专线线路架设；完成 18 个派出所、4 个交警中队的基层派出所接入网，实现交警系统并入公安网。11 月完成接入单位终端网络、VOIP 设备安装、联接、开通运行建设，完成 MD110 程控交换机安装和联网开通运行，实现电话会议功能。

2006 年，建立一套公安视频会议系统。2008 年，建立公安信息网门户网络。

2010 年，建立无线图传系统。

二、“110”报警服务

1986 年至 1996 年底，公安局建设“110”报警服务工作，称为通迅股。1996 年底，根据公安部下文通知要求，各市县公安局指挥中心设置为同级单位的副职级单位。通迅股改建成临高县公安局“110”报警服务台即指挥中心，包括“110”按处警、通信保障、机要三大块工作。“110”报警服务工作是政府职能部门一个重要的服务窗口，起到联系各政府部门的龙头作用。“110”报警服务平台在工作中自然形成“有警必接、有求必应、有难必帮、有险必救”的工作准则，具有直接指挥权、接处警案件办理督察权。

1997—2010 年，“110”报警服务平台每天有效处理接处警案（事）件约 13 起，一年约为 4700 起；每天接收咨询或工作电话约为 100 人次，一年为 36500 人次；每天接收各类传真电报约为 7 份，每年约为 2700 份。

2010 年，县公安局办公室并入指挥中心办公，指挥中心包括“110”接处警、办公室、机密、科通、保密、档案、情报七大块工作。

第十节　消防救援

2001 年，临高县公安消防大队成立。消防大队长期刻苦训练、科技练兵，磨砺官兵坚韧意志，练就官兵过硬本领，在省消防总队举行的历次铁军大比武竞赛活动中，均获得良好成绩。

2002 年，临高消防大队配备有水罐消防车 3 辆，抢险救援车 1 辆，细水雾消防车 1 辆。大队负责临高县的消防安全保卫任务。

2005 年，县消防大队举办“安全生产月”、“119”消防日暨万名消防志愿者走村串寨和冬季防火等消防宣传活动。通过开放消防站、设立消防咨询点和深入消防安全重点单位、社区、中小学校开展消防宣传及防火技能培训等方式，提高社会群防群治火灾能力。全年开展消防宣传，展示图板 27 次、上门讲解示范 92 次、组织知识竞赛 9 次、消防常识宣传 279 次、开展实地演练 719 次，发放宣传小册子 5 万份。开展消防站开放活动，邀请社会各界人士前来参观学习消防知识，接待各界群众近千人次。

2007 年，组织宾馆酒店、易燃易爆单位和歌舞娱乐场所等 42 个社会单位负责人进行消防安全培训，从提高员工检查消除火灾隐患、组织扑救初起火灾、组织人员疏散逃生及消防宣传教育培训等“四个能力”建设的内容进行讲解，不断提高消防安全保护能力。加强公安派出所消防监督管理，规范派出所民警填写《消防监督检查记录》和《责令整改通知书》，不断提消防安全保障能力。

2009 年 12 月 4 日，成立临高县消防安全委员会，办公室设在县消防大队，主任由分管消防工作的县领导担任。同年，县消防大队共下发《责令限期改正通知书》32 份，查处火灾隐患 99 处；下发《复查意见书》31 份，消除火灾隐患 53 处；下发《同意延期整改通知书》9 份，《责令改正通知书》20 份，查处火灾隐患 33 处。全年共办理行政处罚案件 10 宗，发出《公安行政处罚决定书》10 份，其中警告案件 1 宗，警告 1 人；罚款 10 宗，罚款总额 4.2 万元，执行到位 4.2 万元。全年接警出动 74 起，出动车辆 94 辆次，出动警力 722 人次，抢救被困人员 10 人次，疏散被困人员 31 人次，抢救财产价值达 101.7 万元。县消防大队完成中华人民共和国成立 60 周年、海南环岛国际自行车赛、全省中老年太极拳比赛等重大活动的消防安全保卫任务，完成“4·13”居民楼火灾、“9·11”强台风（彩虹）、“10·12”强台风（芭玛）救人，“12·13”高速路盐酸泄漏等救援任务。

2010 年，县政府与消防安全委员会成员单位签订《临高县构筑社会消防安全“防火墙”目标责任书》，明确各有关单位的任务和职责。加强战训业务档案建设，开展高层建筑系列供水操法和与社会单位的随机拉动演练，确保执勤备战工作有序开展。大队组织全体官兵参加地震应急卫生救护培训班，全体官兵基本掌握应急救助技能。开展建筑工地、校园及周边消防安全、建筑消防设施、油气化工等化学危险品场所、“利剑行动”、火灾隐患排查整治和冬季火灾防控等消防专项行动。结合构筑社会消防安全“防火墙”工程，利用白天查与夜间查、日常查与突击查、专项查与重大节假日查相结合的方式，对学校、宾馆酒店、歌舞厅、商场超市和加油站等各类场所进行全面的火灾隐患排查整治，坚决消除各类火灾隐患。

第四章　检　察

第一节　机　构

1986 年，临高县人民检察院属广东省人民检察院管辖。1988 年，海南建省后，属海南省琼北人民检察院管辖，检察院内设办公室、政工人事股、刑事检察股、法纪检察股、经济检察股、监所检察股。2001 年，县检察院内设机构调整为办公室、政工科、反贪污贿赂局、侦查监督科、公诉科、反渎职侵权局、控告申诉检察科、民事行政检察科、监所检察科。2008 年后，县检察院属海南省人民检察院第二分院管辖。2009 年，设立派驻新盈、博厚检察室。至 2010 年，检察院内设机构和人员编制未变。

第二节　批捕和起诉

1987 年，全年共受理各种刑事案件 55 件 103 人，经审查办结 53 件 99 人，其中决定批捕 42 件 79 人，不批捕 2 件 6 人，退查 9 件 14 人，办结率 96.1%。受理公安移送起诉案件 41 件 60 人，办结 33 件 45 人，其中决定起诉 27 件 39 人，免诉 1 件 2 人，退查 2 件 3 人。移送海南分院起诉的重大案件 3 件 4 人。

1991 年，坚持从重从快的方针，严厉打击各类刑事犯罪，全县提请批捕 49 件 111 人，经审查，批捕 64 人，不批捕 2 人，退回公安补查 32 人。

1993 年，全县发生刑事案件 128 宗，其中重大案件 75 宗，治安案件 398 宗。全年共受理各类呈捕案件 42 件 79 人，其中公安机关呈捕案件 38 件 74 人，县检察院自侦部门呈捕案件 2 件 2 人。批准逮捕 36 件 63 人，决定不批逮捕 3 人，退查 6 件 13 人。

1996 年，贯彻《中华人民共和国刑事诉讼法》及时消化“严打”期间搜捕的案犯，全县共受理各类提请逮捕案件 76 件 155 人；受理各类移送审查起诉案件 95 件 177 人。

1998 年，全年受理各类呈捕案件 72 件 109 人，其中公安报捕 66 件 103 人，自侦部门呈捕6件6人。办结69件101人，其中批捕62件83人，不捕1件1人，公安撤回6件17人。受理各类移送审查起诉案件115件151人。办结113件149人，结案率98.2%。其中报送海南检察分院审查起诉12件23人，向县法院起诉76件92人。

2000年，全年受理各类呈捕案件124件201人，办结120件192人，结案率为96.8%。其中批捕93件155人，不捕3件3人，公安撤回呈捕24件34人；受理各类移送审查起诉案件107件137人。办结101件128人，结案率94.4%。其中报送海南检察分院审查起诉5件9人，向县法院起诉72件89人，不起诉4件4人，退查20件30人。

2003年，全年受理各类呈捕案件176件300人，办结176件300人。其中批捕154件247人，不捕22件53人；受理各类移送审查起诉案件226件286人。办结214件269人，结案率95%。其中报送海南检察分院审查起诉12件18人，向县法院起诉104件124人，不起诉10件13人，退查79件104人，移送单位撤回9件10人。

2005年，全年受理各类呈捕案件137件229人，办结137件229人。其中批捕120件198人，不捕17件31人；受理各类移送审查起诉案件198件273人。办结192件259人，结案率96%。其中报送海南检察分院审查起诉9件15人，向县法院起诉90件111人，不起诉3件3人，退查80件119人，移送单位撤回11人。

2007年，全县共受理各类呈捕案件142件230人，批准和决定逮捕135件216人，不批准逮捕7件14的。受理各类审查起诉案205件318人（其中退查重报60件111人），提起公诉134件191人，报送分院审查起诉9件13人，不起诉1件1人，公安机关撤回起诉意见5件6人。

2009年，县检察院始终把维护社会稳定作为首要任务，认真履行审查批捕、审查起诉职责，严厉打击各类刑事犯罪。全年共受理提请批准逮捕刑事案件226件380人，经审查批准逮捕204件342人。共受理移送审查起诉刑事案件233件309人，经审查提起公诉191件250人。报送上级院审查起诉15件21人，不起诉1件2人，公安机关撤回起诉1件2人。批捕“两抢一盗”案件49件96人，故意杀人案件8件15人，伤害案件58件88人，涉黑涉恶案件1件12人。在处置积压命案专项行动中，共批捕5件5人。全年共批捕毒品犯罪案件43件48人，起诉43件48人。全年共监督公安机关立案8件8人，依法对不符合逮捕条件的作出不予批捕15件28人，建议撤回呈捕5件9人，不起诉1件2人，建议公安机关追加逮捕4件16人，追加起诉2件2人。对法院刑事判决量刑轻提出抗诉2件2人，法院改判1件1人。开展刑事审判监督专项活动，共审查判决生效案件165件208人，发现问题提出抗诉意见4件5人。院监所科配合看守所全面清仓检查24次，发现安全隐患6起，提出检察建议3份，督促看守所催办5件5人。与在押人员教育谈话66人次，协助看守所处理事故隐患 8 起，纠正违法关押 2 起 2 人，考察监外执行已决犯 68 人。

2010 年，全年共受理各类呈捕案件 243 件 364 人，其中批准（或决定）逮捕 328 人，不批准逮捕 38 人；受理审查起诉案件 247 件 334 人，其中起诉 234 件 306 人，不起诉 1 人；已收到一审法院判决 248 件 331 人。全年共批捕“两抢一盗”案件 48 件 89 人，故意杀人案件 4 件 8 人，伤害案件 50 件 74 人。提前介入公安机关侦查的重大、复杂敏感案件 18 件，提出引导侦查意见 60 余条。起诉案件提出量刑检察建议 78 件，与人民法院沟通协调案件 20 件。批捕毒品犯罪案件 72 件 75 人。全年办理立案监督案件 40 件，公安机关已立案 40 件；依法对不符合逮捕条件的作出不予批准逮捕 22 件 38 人，建议撤回呈捕 5 件 8 人，建议追捕 8 件 11 人，已追捕归案 5 人；不起诉 1 人，依法抗诉 1 件 1 人，人民法院已作出改判 1 件 1 人。加强刑罚执行和监管活动的监督，进行各类安全防范检查 22 次，严密防范超期羁押案件。全年向办案单位提示、催办 158 次，就刑罚执行和监管活动中的存在问题和隐患向监管单位发出检察建议 1 份，书面纠正违法 17 份，审查监外执行 3 件 3 人。

第三节　惩治贪污贿赂和渎职犯罪

一、反贪污贿赂

1987 年，县检察院办理经济案件 8 件 10 人，挽回经济损失 33.25 万元。查处县供销社挪用拖欠公款 824 人，追回公款 46.74 万元；查处偷、漏、抗税案件 103 起，追回税款 49 万元。

1988 年 10 月，设立经济犯罪举报中心，主要受理人民群众对国家工作人员贪污受贿等经济犯罪的举报，通过群众的检举揭发，查处 1 宗挪用公款 25 万元的经济案件，追回公款，并参挪用公款人员进行处理。

1991 年，开展清理干部违法建私房和纠正行业不正之风工作，全年共受理贪污贿赂等犯罪案件 18 件 23 人，其中贪污案 5 件 6 人，行贿案 1 件 1 人，挪用公款案 1 件 1 人。立案侦查 6 件 7 人，起诉判刑 5 人。挽回经济损失 20.6 万元。

1993 年，受理经济案件线索 12 件 12 人，其中贪污案、挪用公款案各 6 件 6 人。立案侦查 5 件 5 人，起诉判刑 2 人。

1998 年，检察院受理群众举报线索 112 件，其中检察院反贪局立案侦查案件 8 件 12 人其中贪污 3 件 6 人，受贿 2 件 3 人，挪用公款 3 件 3 人。在侦查中，依法刑事拘留 4 人，依法逮捕 4 人。侦查终结 5 件 5 人，其中移送起诉 4 件 4 人，为国家和单位挽回经济损失

291583.04 元。

2000 年，全年共受理职务犯罪案件线索 31 件，开展初查 25 件，立案 12 件 12 人，移送起诉 5 件 5 人，移送不起诉 1 件 1 人。立案侦查贪污贿赂犯罪 6 件 6 人。

2003 年，全年共受理职务犯罪案件线索 37 件，开展初查 23 件 26 人，立案 7 件 9 人，贪污案 5 件 7 人，挪用公款案各 1 件 1 人，滥用职权案 1 件 1 人。初查科级领导干部 12 件 13 人，立案 4 件 4 人。

2007 年，全年共立案侦查贪污贿赂案件 4 件 6 人。向法院提起公诉 4 件 6 人，法院作有罪判决 3 件 3 人，追回赃款 20 万元。

二、反渎职

1998 年，受理群众举报线索 43 件，其中渎职犯罪等案件线索 10 件。2009 年，查办 10 万元以上大案 2 件 3 人，100 万元以上案件 1 件 2 人。科级领导干部犯罪要案 2 件 2 人。全年共初查涉农犯罪案件线索 7 件，立案侦查 3 件 4 人，占全年立案数的 60%。

1986—2010 年，临高县人民检察院共查办渎职侵权职务犯罪案件 24 件，有罪判决率为 100%，大案要案率为 43%，涉案金额 2658 万元。

三、预防职业犯罪

1986—2010 年，临高县人民检察院共查办 189 件职务犯罪案件，有罪判决率为 100%，大案要案率为 63%，涉案金额达 4367 万元。全县共查办 24 件渎职侵权职务犯罪案件，有罪判决率为 100%，大案要案率为 43%，涉案金额达 2658 万元。全县共开展职务犯罪预防 268 次，受教育人数达 362 万人次，开展职务犯罪预防调查 124 次，进行典型案例分析 84 次，形成报告并向县委县政府报送 72 份；向有关单位发出《检察建议》63 份，整改回复率为 100%，为有关单位和个人提供行贿犯罪档案查询服务 3269 次。

1999 年，受理职务犯罪案件线索 37 件，其中贪污贿赂案件线索 32 件，渎职犯罪案件线索 5 件。立案侦查 9 件 10 人，其中贪污、挪用公款案件 5 件 6 人，玩忽职守 3 件 3 人。

2000 年，受理职务犯罪案件线索 31 件，其中贪污贿赂案件 6 件 6 人。立案侦查 12 件 12 人，其中贪污、挪用公款案件 3 件 3 人，移送起诉 5 件 5 人。

2004 年，查处职务犯罪立案 8 件 8 人，其中大案 3 件 3 人，涉案金额 3200 万元。立案查处行贿 20 万元大案 1 件 1 人。

2009 年，针对农村“两委”干部职务犯罪频发的现象，县检察院先后派员到 10 个镇巡回宣讲，向基层干部群众发放《临高县农村基层干部警示教育读本》3000 册，开展案例图片展 10000 人次，受教育村干部 2300 人次。2010 年，县检察院严肃查办开发建设中征地拆迁补偿领域和国家支农惠农政策落实过程中的职务犯罪案件，全年共立案侦查案件 7

件 13 人，侦结 7 件 12 人，起诉 6 件 10 人，其中 10 万元以上大要案件 5 件 9 人，查处征地拆迁、支农惠农补贴案件 6 件 11 人。收到法院一审判决 6 件 10 人。全年共开展预防职务犯罪调查 10 件次，形成调查报告 10 份，结合办案向有关部门提出预防职务犯罪检察建议 11 份，开展警示教育活动共计 39 场次，开展职务犯罪预防主题讲座 6 次，开展法制宣传活动 10 场次，开展预防咨询 15 次，精心筛选典型案例，与县广播电视台联合播放《临高检察视窗》36 集，收视人数达 17.7 万人次。

第四节　民事行政检察与控告申诉检察

一、民事行政检察

2003—2006 年，构建和谐社会、化解民间矛盾，全县共受理各类民商事案件 1784 件，审结 1771 件，结案率 99%，其中农业承包纠纷等涉农案件 222 件，占全部民商事案件 12%。发挥司法审查监督职能，化解“官民”矛盾，受理各类行政案件 67 件，结案 67 件。接到涉诉信访 130 件、来访 215 次 386 人、来信 106 件。2007 年，共受理来信 63 件、来访 416 人次。督办下岗职工群众性上访案件 2 件 2 人，涉农案件 2 件 3 人，越级信访案件 2 件 2 人，督促公安机关从速办理越级上访案件 1 件 2 人。 2007 年，在民事审判、行政诉讼监督中力求定纷止争，案结事了。积极探索执行和解和对法院调解的监督，息诉处理 13 件。

2010 年，对行政诉讼案件，积极探索行政协调新方法，帮助双方当事人沟通协调，取得较好效果。全年受理行政案件 23 个，办结 22 个，结案率 95.7%。

1986—2010 年，民事行政检察工作共行使民事督促起诉检察权 1258 次，帮助国家挽回经济损失 3591 万元。

二、控告申诉检察

1988 年，全年共受理群众来信来访 86 次，检举控告各种刑事犯罪 39 件，检举控告各种违法案件 22 件，其他 19 件，查处 11 件，转交有关部门查处 69 件。1993 年，全年共受理群众控告、申诉与举报信访 59 件，内有控告 25 件、申诉 10 件，举报 15 件。移送公安机关处理 26 件，移送纪检监察部门 2 件，检察院处理 22 件。2009 年，共受理信访 194 件，其中受理举报贪污贿赂、渎职侵权线索 70 件，受理控告申诉信件 124 件，来信 114 件，来访 80 次。受理刑事申诉案件 5 件。配合县委、县政府和公安机关化解 50 人以上的大规模群体性上访事件 12 起。2010 年，全县共受理来信来访 164 件，其中，受理来信 47 件、来访 116 件，受理电话举报 1 件，受理检察长接待 12 件，受理举报贪污贿赂、渎职侵权线索 58 件，受理控告申诉类线索 106 件，受理刑事申诉 1 件，初查案件 2 件。1986

—2010年，临高县人民检察院向被监督审判机关和行政机关发出《检察建议》241份，息诉652件。全县共受理控告724件、申诉168件，接待来访群众36万人，接听群众电话举报1569次，接收群众来信2687份。其中，移送职务犯罪线索125件，移送相关部门处理306件，息诉504件，救助刑事被害人56人，奖励线索举报人47人。

第五章　法　院

第一节　机　构

1986年，临高县人民法院隶属广东省高级人民法院管辖。内设办公室、政工监察室、刑事审判庭、民事审判庭、经济审判庭、行政审判庭、告诉申诉庭、执行庭、司法警察大队，以及新盈法庭、多文法庭、临城法庭、博厚法庭、波莲法庭、红华法庭、加来法庭等7个基层法庭。编制66人。1988年海南建省后至1991年，隶属海南省琼北中级人民法院管辖。1992年，隶属海南省中级人民法院管辖。1997年，临高县人民法院有9个内设机构：办公室、政工监察室、刑事审判庭、民事审判庭、经济审判庭、行政审判庭、告诉申诉庭、执行庭、司法警察大队和7个基层法庭：新盈法庭、多文法庭、临城法庭、博厚法庭、波莲法庭、红华法庭、加来法庭。全院共计在编66人。1998年，根据临高县机构改革方案，县人民法院对一些内设机构进行整合，内设机构共11个：办公室、政工室、监察室、刑事审判庭、民事审判第一庭、民事审判第二庭、行政审判庭、立案庭、审监庭、执行庭、司法警察大队，下设新盈和多文2个基层法庭。全院共计在编78人。2008年，隶属海南省第二中级人民法院管辖。至2010年，内设机构未变。

第二节　刑事审判

1986年，审结刑事案件49件，判处人犯78人。

1987年，全年共受理刑事案件44件68人，其中盗窃13件，故意杀人1件，抢劫1件，破坏电力设备1件，破坏生产1件，伤害2件，流氓2件，贪污3件，投机倒把1件，交通肇事1件，虐待2件，重婚16件。审结率100%。判处无期徒刑1人，判处有期徒刑36人。

1991 年，全年共受理刑事案件 58 件 84 人，审结 58 件，审结率 100%，给予刑事处罚 69 人。其中，判处 10 年以上 15 年以下有期徒刑的 6 人，判处 5 年以上 10 年以下有期徒刑的 26 人，5 年以下有期徒刑的 34 人。

1993 年，全年共受理各类案件 728 件，审结 719 件，结案率 98.8%。在审结案件中，刑事 43 件，民事 208 件，经济纠纷 22 件，行政 21 件，调处简易民事和经济纠纷 425 件。

1998 年，认真贯彻刑法和刑事诉讼法，严厉打击各种刑事犯罪活动。全年共受理刑事案件 86 件，结案 86 件。在判决 90 名刑事犯罪中，10 年以上的 7 人，5 年以上 10 年以下的 12 人，5 年以下的 71 人。配合海南中院和省高院判无期徒刑和有期徒刑 25 人。

2000 年，全年共受理刑事案件 78 件，审结 76 件，审结率 97.4%，给予刑事处罚 89 人。其中，判处 5 年以上 10 年以下有期徒刑的 13 人，5 年以下有期徒刑的 76 人。配合海南中院和省高院判无期徒刑的 8 人、有期徒刑 15 人。

2003 年，严厉打击黑恶势力犯罪、严重暴力犯罪和抢劫、抢夺、盗窃等多发性犯罪；严厉打击贩卖毒品的违法犯罪活动，铲除“毒、赌、黄”等社会丑恶现象。全年受理刑事案件 119 件，审结 112 件，结案率 94.1%，共判处 135 名严重危害社会秩序的刑事犯罪分子。

2005 年，全年受理刑事案件 112 件 136 人，审结 110 件 132 人，结案率 98.2%，判十年以上有期徒刑的 2 人，5 年以上 10 年以下有期徒刑的 8 人，5 年以下有期徒刑的 87 人，缓期徒刑 12 人，拘役 13 人，管制 1 人，免刑 1 人。

2008 年，全年受理刑事案件 172 件 244 人，审结 172 件 244 人，判 10 年以上有期徒刑的 3 人，5 年以上 10 年以下有期徒刑的 15 人。其中调解审结刑事附带民事诉讼案件 35 件。

2009 年，县法院更新司法理念，坚持“罪刑法定”“罪责刑相适应”等基本原则，把宽严相济政策贯彻落实到具体工作中。在审判工作中，认真执行《人民法院量刑指导意见（试行）》和《人民法院量刑程序指导意见（试行）》的规定，加强与公安、检察、司法等有关部门的沟通协调，努力实现量刑规范化试点工作目标。全年共受理各类刑事案件 199 件，审结 199 件，结案率 100%，审判处理犯罪分子 267 人。

2010 年，县法院共受理各类案件 1578 件（含旧存 33 件），办结 1543 件，未结 39 件，结案率 97.5%。其中，刑事案件 247 件，审结 247 件，审结率 100%；民商事收 1088 件，审结 1067 件，审结率 98.07%；行政收 34 件，审结 34 件，审结率 100%；执行收 146 件，执结 128 件，执结率 87.7%；督促案件、财产保全案件收案 59 件，结案 59 件，审结率 100%；再审收 4 件，结 4 件，结案率 100%。

1995—2010 年临高县人民法院刑事案件收结情况表

表 14-5-1

年份	收案（件）	结案（件）	处理（人）	年份	收案（件）	结案（件）	处理（人）
1995 年	36	36	57	2003 年	119	112	135
1996 年	63	63	96	2004 年	140	139	176
1997 年	45	45	68	2005 年	112	110	136
1998 年	86	86	97	2006 年	122	119	153
1999 年	62	62	82	2007 年	148	148	201
2000 年	78	76	89	2008 年	172	172	244
2001 年	70	70	92	2009 年	199	199	267
2002 年	104	104	112	2010 年	247	247	329

说明：1986—1994 年数据缺失

第三节　民事审判

1986 年，做好民事审判工作，及时处理民事纠纷，维护国家利益，保障集体和个人的合法权益，促进公民和法人履行宪法和法律的义务，解决公民之间、公民与法人之间的争讼，促进临高社会主义商品经济的发展。全年共受理经济纠纷案件 48 件，办结 48 件，办结率 100%。

1987 年开始，施行《民法通则》，服务经济改革，有效地防止矛盾激化，保护国家、公民的合法权益，维护社会安定团结。全年共受理民事案件 340 件，审结 261 件，未结 79 件，结案率为 76.8%。

1991 年，在民事审判中，优先审理有矛盾激化趋势的、涉及多数群众利益和容易诱发闹事苗头的案件，努力做到防患未然。全年共受理民事案件 344 件，办结 317 件，旧存 27 件。

1994 年，全年共受理民事案件 437 件，审结 461 件。审理债务案件 57 件，标的 195.4 万元，收回现款 174.1 万元。受理经济案件 23 件，标的金额 894.15 万元，结案 22 件，解决标的金额 869.62 万元，结案率 95.7%。

1996 年，全年共受理民事案件 242 件，审结 239 件，结案率为 98.8%。受理经济案件 22 件，结案 21 件，结案率为 95.5%。民事、经济讼标金额 1054.9 万元，案件执结标的金额 637.8 万元。

1998 年，全年共受理民事案件 343 件，审结 325 件，结案率为 94.8%。受理经济案件 16 件，结案 16 件。民事、经济讼标金额 1083 万元，案件执结标的金额 260 万元。

2000 年，全年共受理民事案件 462 件，审结 461 件，其中调解结案 87 件。受理经济案件 45 件，结案 45 件。民事、经济讼标金额 120 万元，依法判决确认标的 40 万元，为国家挽回经济损失 70 万元，依法收回国家贷款 180 万元。

2003 年，依法审理各类金融市场民事纠纷案，保护金融债权，审理好农村土地纠纷案件，保障农民合法权益。全年受理民事纠纷案 530 件，审结 503 件，审结率 95%。利用法律调解结案 153 件，有校防止矛盾激化。

2005 年，全年共受理民商事案件 470 件，审结 458 件，结案率 97.4%。多文、新盈 2 个人民法庭共审理民商事案件 272 件，占民商事案件 59%。全年民商事案件调解和经调解撤诉案件 252 件，调解率达 60%。

1995—2010 年临高县人民法院民商事案件收结情况表

表 14–5–2

年份	收案（件）	结案（件）	年份	收案（件）	结案（件）
1995 年	281	221	2003 年	555	534
1996 年	264	260	2004 年	441	431
1997 年	316	256	2005 年	489	458
1998 年	359	341	2006 年	398	385
1999 年	586	582	2007 年	457	448
2000 年	507	506	2008 年	372	365
2001 年	521	515	2009 年	968	959
2002 年	869	570	2010 年	1088	1067

说明：1986—1994 年数据缺失

2008 年，全年共受理民商事案件 372 件，审结 365 件，结案率 98.1%。调解撤诉 206 件，调解率 64%。新盈法庭全年共受理 69 件，调解、撤诉 45 件，调解率达到 65.2%。

2010 年，共受理银行、农村信用社不良贷款案件 580 件，结案 578 件，收回不良贷款数百万元，促进经济良性发展。全年县法院共受理民商事案件 1088 件，其中旧存 16 件，结案 1067 件，结案率 98.1%。其中调解撤诉 755 件，调解撤诉率 70.8%；新盈和多文 2 个法庭调解撤诉 443 件，调解撤诉率达 77.6%。

第四节　行政审判

1987 年，全年共受理经济合同纠纷案件 55 件，其中购销合同 3 件，建设工程合同 2 件，借款合同 2 件，农村承包合同 1 件，其他合同纠纷 24 件，税务案件 1 件。结案率 60%。

1991 年，全年共受理经济合同纠纷案件 46 件，结案 42 件，为国家挽回经济损失 610 万元。审结行政案件 10 件，其中维持原行政处罚决定的 5 件，撤销 4 件，变更 1 件。

1994 年，全年共受理行政案件 13 件，均在法定期限内全部办结，结案率 100%，其中维持行政机关决定的占 61%，撤销或变更行政机关处理决定的占 20%，其他处理的占 10%。

1997 年，协调“官民”关系，促进行政机关依法行政，保护公民、法人和其他组织的合法权益。全年受理行政案件 86 件，结案 86 件，结案率 100%。其中维护行政机关行为的 34 件，纠正行政机关行为的 21 件。

1998 年，全年受理行政案件 23 件，结案 20 件，结案率 86.96%。审理借款合同纠纷 65 件，收回逾期贷款 437 万元。

2000 年，全年共受理各类行政诉讼案件 25 件，审结 25 件，依法撤销行政行为 11 件。其中县政府行政行为 7 件，乡镇政府行政行为 4 件，占行政诉讼案件的 44%。受理非政诉讼案件 67 件，依法执行县财政农业贷款 102 万元、乡镇农业特产税款 46 万元。

2005 年，抓好农村土地权属案件的审理，坚决纠正乱收费、乱摊派、乱罚款现象。全年共受理行政案件 20 件，结案 20 件。

2008 年，全县共受理涉及土地确权、国家赔偿等行政案件 13 件，结案 13 件。

2009 年，行政审判贯彻“和谐互动”理念，加强与政府的沟通与协调，通过审判、协调方式化解一批社会关注的案件。全年共受理各类行政案件 23 件，比上年同期增加 10 件，同比上升 77%；结案 22 件，结案率 95.7%。

2010 年，开展行政案件调解工作，促使原告撤诉，共调解行政案件 2 件。全年共受理行政案件 34 件，比上年增加 11 件，结案 34 件，结案率 100%。

1995—2010 年临高县人民法院行政案件收结情况表

表 14-5-3

年份	收案（件）	结案（件）	年份	收案（件）	结案（件）
1995 年	16	16	2003 年	21	18
1996 年	20	20	2004 年	19	18
1997 年	86	86	2005 年	20	20
1998 年	23	20	2006 年	15	15
1999 年	12	12	2007 年	61	61
2000 年	25	25	2008 年	13	13
2001 年	15	15	2009 年	23	22
2002 年	24	24	2010 年	34	34

说明：1986—1994 年数据缺失

第五节　立案工作

1997 年，实行立审分离，凡是刑事、民事、经济、行政立案，由告申庭审查后立案，才归口业务庭审理，告诉申诉人。全年共受理再审案件 33 件，审结 33 件。接受群众来访 2422 人次，处理来信 4622 件，依法给各业务庭立案受理 1054 件。

1999 年，加强刑事立案监督纠正公安机关有些执法人员有案不立、有罪不究的现象，向公安机关发出《说明不立案理由通知书》4 份，公安机关立案 4 件。

2000 年，深化审判体制改革，建立以立案庭为枢纽的审判流程管理体系，对案件立案、排期送达、开庭审理、结案归档等环节实施组织和协调，使立案庭成为案件的审判管理中心和审判监督的保障中心，建立起比较科学、便于操作、公正高效审判运行机制，实现立审分立、审执分立、审监分立。立案时实行“一表三卡”制，即立案庭根据案件分类、编号填写案件流程登记表，将案件分流到各业务庭，同时向审监庭、分管副院长和院长报送案件跟踪卡，向当事人发送廉政监督卡。案件审、执完结后，统一归立案庭验收归档。

2006 年，临高法院把立案大厅改为诉讼服务中心，实行“一站式”服务，推行预约立案、上门立案、电话立案以及代为刷卡收费等便民措施，在中心放置诉讼指南、查询案件电子显示屏。在工作方式上，建立集立案、审查、送达等为一体的“一条龙”服务，着力构建群众满意的立案服务窗口。

2009 年，县法院深化创建“文明窗口”活动，对符合立案条件的，及时立案，加强诉讼指导，开展司法救助，依法进行免、缓、减诉讼费。全年共对民商事案件符合司法救助的当事人免缓减诉讼费 33129 元。

2010 年，全年共受理上级机关督办案件 3 件，已制定措施处理。全年依法免、缓、减诉讼费 30 万元。

第六节　案件执行

1986 年起，临高法院设立执行庭，配备专职执行员，专门从事案件的执行工作，除民事判决和裁定以及刑事判决、裁定中的财产部分的执行，还有经济纠纷案件和行政案件的执行。从此，案件执行工作和审判工作分开，执行工作走向正规化和制度化。

1991 年，加强执行工作，县法院成立执行大会战领导小组，抽调 13 名审判人员组成专业执行队伍，大搞执行会战，清理一批执行案件，全年共执行结案 48 件。

1994 年，加强执行工作，依法文明执法，维护司法、行政机关裁判的严肃性。全年受理当事人申请的民事、经济、行政案件 140 件，执行 129 件，部分执行有 4 件，收回现金 205 万元。

1998 年，全年执行积案 263 件，执行标的金额 465 万元。执行征收税款 250 万元，其中非占地罚款 70 万元，渔业特产税 180 万元。

2000 年，全年共受理执行案件 293 件（旧存 122 件，新收 171 件），标的 3224 万元，执结 210 件（中止 47 件），标的 2005.56 万元，执结率 71.67%。

2003 年，全年共受理执行案件 473 件（旧存 146 件，新收 327 件），标的 5074.92 万元，执结 439 件，标的 4838.47 万元，执结率 92.82%。

2005 年，全年共受理执行案件 180 件，标的 1166.6 万元，执结 178 件，执结率 99%。

2008 年后，临高县人民法院进一步厘清思路，树立依靠党委领导、加强综合治理、用足法律武器、攻克执行难案的执行工作理念，成立解决执行难协调小组，建立解决执行难联席会议制度，并将法院执行工作纳入全县社会治安目标责任考核和领导责任制范围。法院还进一步完善执行案件信息管理系统，推进执行联动威慑机制建设，为当事人及社会大众的信息查询创造有利条件。全年共受理执行案件 178 件，执结 161 件，执结率 90.45%。

2009 年，县法院全力推进清理积案工作，落实执行救助制度，建立健全执行联动威慑机制，初步形成“党委领导、人大监督、政府支持、法院主办、社会各界参与配合”的执行工作新格局。全年共受理执行案件 132 件，比 2008 年同期减少 46 件，执结 117 件，执结率 88.6%。

2010 年，县法院共受理执行案件 146 件，比上年增加 14 件，执结 128 件，执结率 87.67%，全年发放司法救助金 13 万元。

1995—2010 年临高县人民法院执行案件收结情况表

表 14–5–4

年份	收案（件）	结案（件）	年份	收案（件）	结案（件）
1995 年	144	130	2003 年	473	439
1996 年	63	63	2004 年	216	202
1997 年	24	17	2005 年	180	178
1998 年	77	69	2006 年	144	126
1999 年	210	187	2007 年	163	149
2000 年	293	210	2008 年	178	161
2001 年	325	241	2009 年	132	117
2002 年	679	533	2010 年	146	128

说明：1986—1993 年各类案件数据无档案记载

第七节　审判监督

1986 年，抓好刑事案件的申诉复查工作。

1987 年，原判认定事实失实和定性准、量刑不当等问题的有 21 件，其中改判宣告无罪的 16 人，免予刑事处分的 1 人，不追究刑事责任 1 人，减刑的 2 人，改变定性的 1 人。

1988 年，共收来信 300 件，接受来访 234 人次。审查申诉 47 件，移交审判庭 56 件，法律解答 169 人次。

1998 年后，审判监督庭每年开展案件质量评查活动和发回重审、改判评查活动，至 2010 年，县法院审判监督庭共受理申诉复查案件及再审案件 5 件，结案 5 件，结案率 100%，发回重审、改判案件平均每年约 20 件。

2005 年，全年共收申诉、投诉案件 24 件，现场接访 17 人涉及 13 宗。受理一审申诉案件 11 件，办结 10 件；受理执行申诉、投诉 15 宗。

2009 年，县法院依照《中华人民共和国民事诉讼法》修订后有关审判监督的各项新规定，依法解决当事人申请再审难的问题，及时受理当事人申诉和申请再审的案件，既强调依法纠错，又注重维护司法既判力。全年对全院生效裁判文书200份进行评比，评选优秀裁判文书，审查发回重审案件25件，移交审委会讨论，确定是否错案，无申诉复查和再审案件，切实加强审判监督工作。

2010年，根据省高院的统一部署，认真开展百万案件质量评查活动，对所有发回重审、改判案件逐件进行审查，主动寻找违法办案线索，确保司法公正廉洁。7月，省高院审判委会专刊转发临高县法院案件质量评查的做法。同时实行法官业绩考核，每月将法官的业绩考核公布在电子显示屏上，院庭领导加强监督，规范案件管理，提高办案效率。对问题较为突出或社会反映强烈的案件，组织公开听证，邀请县人大代表、县政协委员和社会群众参加评查活动。全年再审案件4件，结案4件。

第六章　司法行政

第一节　机　构

1986年，临高县司法局内设宣教股、人秘股、基层股、公证处、律师事务所。1998年，县司法局完成国家公务员过渡，内设办公室、宣教股、基层股、公证处、律师事务所。1999年，临高县率先在全省设立乡镇基层司法所，为乡镇政府的内设机构。

2001年，撤销临高县律师事务所，保留临高县公证处。公证处通过返聘、兼职等形式，为自主开展业务、自担风险、独立核算的事业实体。2002年1月，县司法局内设政工股、法制宣传教育股、基层股。2003年，法律援助业务融入司法行政工作业务。

2006年，全县各乡镇司法所从乡镇内设机构转变为司法局的派出机构，实行以司法局管理为主，乡镇管理为辅的工作机制。2007年，法律援助处纳入县司法局内设机构，行使法律援助职能。2008年，社区矫正工作走进司法行政业务，由司法局基层股负责具体管理。

2009年，县司法局内设办公室、法制宣传教育股、基层工作股、法律援助处4个股处室。设临城、博厚、皇桐、多文、和舍、南宝、波莲、新盈、调楼、东英等10个司法所。

2010年，县司法局内设办公室、法宣股、基层股、法律援助处。派出机构有临城、新盈、调楼、和舍、东英、南宝、皇桐、多文、博厚、波莲等10个司法所。

第二节　法制宣传

一、普法宣传

1986年后，法制宣传教育工作先后实施第三、第四、第五个五年普法规划，在全县开展法律“六进”（进乡村、进学校、进机关、进企业、进社区、进单位）活动。组建普法小分队、法制讲师团，开展法制宣传。

1996年，各乡镇配备普法教育工作专管员和村委会联络员。在实施“三五”普法规划期间，全县共上法制课72场次，参加人数8425人次，发放法律书籍6275本，电视、广播宣传146次，出版法律墙报187期，聘请法学教授举办法律讲座2场，车辆巡回宣传54次。举办9期全县副科级以上领导干部法律知识专题讲座，聘请省党校法学专家到场授课。组织全县926名普法骨干人员进行为期一周的业务培训，学习《中华人民共和国反不正当竞争法》《中华人民共和国经济合同法》《中华人民共和国劳动法》《中华人民共和国对外贸易法》《海南省法人登记管理条例》。共上法制课262场，参加听课人员达1.31万人次，电影电视广播宣传250次，出版墙报292期，巡回车宣传46次，悬挂横幅168条，张贴宣传标语468条，发放法制宣传资料3580份。

1998年10月14日，县四套班子领导在县3号会议室集中参加法律知识考试，10月20—21日，全县副科级以上领导干部在临高中学、临高一小集中参加法律知识考试，10月21日至10月30日，各单位的党委统一集中法律知识考试，全县参考人员6080人次，考试合格率100%。

1999年7月8日，开通“148”法律服务电话热线和普法小分队成立开展典礼仪式在县司法局大门口举行。同年，普法小分队宣传16场次，受教育人达2.68万人次。

2001—2005年，全县召开“四五”普法动员大会24场次，举办法制讲座39场次，举办法制宣传骨干培训班82期，上法制课151场次，贴发各种宣传资料、刊物、挂图3736份（册），出版墙（板）报72期，悬挂横幅136条，出动法制宣传车52辆次，出法制宣传栏24期，张贴宣传标语1340条，制作宣传广告牌4个，利用电视影视录像宣传13场次，有线广播宣传46场次，举办法律咨询42场次，接受群众法律咨询2.26万人次，普法小分队下乡宣传37场次、法制演出4场次，组织全县公职人员5280人参加普法考试，组织全县公职人员5323人参加省《中华人民共和国宪法》知识答题竞赛。

2010年，县司法局制作普法宣传册和电视专题片，分别到新盈、调楼等镇进行图片展览，举办法律咨询31场，接受法律咨询800人次，发放宣传资料5000本，培训农村两委干部500人，发放培训资料1000份。对窗口单位和服务行业发放法律资料5500册。

二、“法律六进”活动

2006—2010年，以“五五”普法为核心，全面推进“法律进乡村”“法律进校园”“法律进机关”“法律进企业”“法律进单位”“法律进社区”活动。

（一）“法律进乡村”活动

2006—2010年，县司法局发行《中华人民共和国土地管理法》《中华人民共和国农业法》《中华人民共和国农村土地承包法》等法制宣传资料、刊物、挂图1.65万册，举行法制文艺演出8场。建立法制援助工作站10个，法律援助联络员173人。建立法律顾问30个行政村，举办现身说法2场；县法院以案说法，现场审判2场；共向174个行政村农户免费发放《农村常用法律法规知识手册》8.25万册。将《中华人民共和国宪法》《中华人民共和国婚姻法》《中华人民共和国妇女权益保障法》《中华人民共和国未成年保护法》《中华人民共和国教育法》《中华人民共和国土地管理法》《中华人民共和国道路交通安全法》《中华人民共和国村民委员会组织法》《信访条例》《海南省禁毒条例》等法律法规编成具有临高特色、人民群众喜闻乐见的木偶戏，并制成200个光盘免费分别送至174个行政村。同时，组织县剧团送戏下乡，用临高“哩哩美”“咙么哩”“妮妮娘”等民间艺术形式宣传法制知识。

（二）“法律进学校”活动

2006—2010年，在开展“法制进学校”活动中，全县共有92所学校配备法制副校长，占全县学校总数的92%，有376个初中以上的班级设立学生法制宣传员。县法宣办向全县193所中小学和教学点发放2688册《小学生法律知识读本》、789册《中学生法律知识读本》、2351册《禁毒法律知识读本》、20套青少年法制教育动画片《成长航灯》（光盘）、165套法制教育东哈普《小小律师》。将《中华人民共和国宪法》《中华人民共和国未成年保护法》《海南省禁毒条例》《中华人民共和国道路交通安全法》等法律法规内容编成临高快板、临高人偶戏以及“哩哩美”唱调，由老人协会演出队到各个学校巡演，深受广大学生的欢迎。县法宣办、县司法局还联合县公安交警大队、禁毒大队共同举行普法图片展92场次，参观人数达7.68万人次。县法宣办邀请省第二劳教所组织服刑人员到各校园开展现身说法3场，受教育人数9915人次；组织学生参观县戒毒所等教育基地2次，参观人数4251人次。组织普法讲师团到各中小学校开展法制讲座15场，受教育学生近3万人次。协同县委组织部、文体局、教育局、法院、老干局和各学校等组成宣传队深入到各个学校开展文艺演出3场，观看人数5960人次，影视播放92场，观看人数7.68万人次。举行演讲活动22场，参与学生1.04万人次。举行模拟法庭活动1场，观看学生人数1980人次。举办法律知识竞赛1场，参与学生1500人次。举行法制教育主题班会1514场次，参与人数 1.14 万人次，其中家长参与 1.12 万人次，在“法律进学校”活动中，在校学生受教育面达到 100%。2009 年，县司法局立足学校，把法制教育列为学校的必修课，做到将法制教育的计划、课时、教材、师资“四落实”工作，各学校每学期安排法制教育课 8 课时，集中一周时间为法制教育周，使学校的法制教育逐步走上制度化、规范化、经常化轨道，形成长效工作机制。

（三）“法律进企业”活动

2006—2010 年，根据企业性质和岗位职责，组织重点学习《中华人民共和国公司法》《中华人民共和国商标法》《中华人民共和国就业促进法》《中华人民共和国劳动合同法》《中华人民共和国合同法》《中华人民共和国税收征收管理法》《中华人民共和国水污染防治法》《中华人民共和国环境保护法》《中华人民共和国海关法》《中华人民共和国统计法》《中华人民共和国安全生产法》《中华人民共和国劳动争议调解仲裁法》《失业保险条例》《社会保障费征缴暂行条例》等法律法规的宣传学习，共有 65 家企业配备法律顾问和法律联络人，企业职工受教育面达到 90%。2009 年，县司法局多次邀请工商、税务、劳动等部门深入企业，宣传近期国家和省出台的一系列关于“保增长、保稳定、保转型、促发展”的各项政策措施。邀请省法宣办法制讲师团和县普法宣讲团，组织县普法讲师团和律师、法律工作者深入电信、电力、酒厂、爆竹厂等企业授课，努力提高企业人员的法律知识水平；组织开展“共建和谐线路”“以案说法在企业”“安全生产促和谐”等活动。组织律师和法律工作者深入各企业，帮助企业规范合同管理、工程招标、经营决策等各种涉法工作，将“法律进企业”工程与企业的工作目标考核、文明单位评比等有效结合，收到很好的效果。

（四）“法律进机关”活动

2006—2010 年，在“法律进机关”活动中，全县共制定工作实施方案 99 个（其中县 1 个，乡镇 10 个，机关单位 88 个），成立工作机构 99 个。县法宣办、司法局向各镇各机关发放自编的《临高县机关单位法律法规汇编》2000 多册，印发《干部法律知识读本》1300 册，法制宣传单 8000 份。举行人偶戏、临戏宣传 16 场。举办法制讲座 21 场次，参加人数 2800 人次。组织观看警示教育片 89 场，观看人数 3000 人次。组织集体中心组学习 98 场次，其中班子成员参加人数 292 人次。开辟“法律进机关”园地 90 个，张贴标语 5000 条，悬挂横幅 1000 条。《今日临高》开辟专栏 5 期，发稿件 10 篇；临高电视台播放新闻 10 次，临高人民广播电台播放新闻 20 场次。2007 年 12 月 23 日，县法宣办组织全县科级干部 401 人在临高中学集中考试。2009 年，在“法律进机关”工程中，临高县各镇及各单位，主要采取集中学习、集中讲座与分散自学、单个辅导、轮流讲法等多种形式相结合的办法，组织学习。如县林业局、县国土局、县交通局等单位聘请常年法律顾问对本单位进行法律知识辅导。县司法局先后9次组织全县副科级以上干部和有关单位公务员在县人民会堂及所在地举办专题法律知识讲座，请海南瑞来律师事务所主任廖晖律师等主讲《中华人民共和国公务员法》《中华人民共和国劳动合同法》和有关部门法律法规。县司法局自编印制3万册法制宣传小册子，3万份法制宣传单，组织宣传车巡回宣传10天，举办法律咨询10场，演出人偶戏、临剧10场，播放电影10场。悬挂横额100幅，《今日临高》报刊登通讯6篇，临高电视台制作专栏3期，发出《倡议书》2万份，使各项宣传教育工作达到预期效果。

（五）“法律进单位”活动

2006—2010年，围绕加强深入推进社会矛盾化解、社会管理创新、公正廉洁执法三项重点工作，继续加强全民法制宣传教育活动，进一步提升依法治理水平，为促进海南国际旅游岛建设营造良好的法治氛围，全县共向各镇发放县法宣办、司法局自编的《临高县村民委员会换届选举法制宣传手册》550册；向各机关单位发放《深入开展“法律进单位”活动提升服务质量和法制的管理水平》挂图200张；发放法制宣传单3800份；举行法制“人偶戏”“临戏”宣传20场；举办法制讲座50场次，动用宣传车辆10辆次；开辟普法园地50个，张贴标语3000张，悬挂横幅800条。《今日临高》开辟专栏3期，发稿件5篇，临高电视台播放新闻5次，临高人民广播电台播放新闻12场。2010年，法制宣传教育工作，以“法律进单位”为重点，继续深化“法律六进”活动，研究部署并通过县委、县政府制定印发《临高县“法律进单位”活动实施方案》，县司法局、县法院、县检察院、县公安局和相关职能部门联动，安排法律专业人员参加“法律进单位”活动讲师团深入各单位授课。司法局对窗口单位和服务行业发放法律资料5500册。聘请海南省昌宇律师事务所关绍斌等律师到县交通系统、卫生系统、供电系统讲授法律知识，参加听课人数达3500多人次。在“法律进乡村”回头看中，以村级换届为契机，围绕农村社会问题，搜集《中华人民共和国全国人民代表大会和地方各级人民代表大会选举法》等相关法律法规汇编成宣传手册，印发5000册分发到各镇各村。

（六）“法律进社区”活动

2006—2010年，在开展“法律进社区”活动中，向各类社区发放法制宣传资料，其中《中华人民共和国禁毒法》850册，《中华人民共和国治安管理处罚条例》560册，《中华人民共和国物权法》520册，其他宣传单3800分，开辟社区普法园地15个，张贴标语近1000张，为广大社区人民群众提供优质法律服务，为构建和谐社区、平安社区、幸福社区打下良好的法律环境。2010年，县司法局制定《“五五”普法检查验收方案》及《检查验收标准》，明确检查验收工作内容、要求。制作全面反映县“五五”普法工作的宣传相册和电视专题片，分别到新盈、调楼等镇巡回图片展，举办法律咨询31场，接受法律咨询达800人次，发放法制宣传资料5000本，培训农村两委干部达500多人，发放培训资料1000份。对“五五”普法以来形成的工作资料进行认真细致的整理、归档，共形成档案15卷。

第三节　人民调解

一、调解组织

1986年，全县有139个人民调解委员会，人民调解员685人。1996年，全县有156个人民调解委员会，人民调解员253人。2010年，全县有174个人民调解委员会，人民调解员856人，并建立“三级”人民调解委员会，县、镇、村（居）委会都有调解委员会，自然村有信息员。

县司法局先后于1991年、1999年、2004年、2008年，被省评为“人民调解先进单位”。2007年，庞名雄被司法部授予“全国模范调解员”称号。2009年，调楼调解会主任陈德忠被司法部评为“全国模范调解员”，博厚司法所被省司法厅评为“先进单位”，皇桐司法所被县评为“先进司法所”，皇桐司法所所长张世华、东英司法所所长符海分别被省司法厅、县政府评为年度工作先进个人。

二、调解纠纷

1986年，全县各人民调解委员会共调解民间纠纷案件435宗。1996年，共调解民间纠纷案件435宗。2001—2005年，新盈、调楼人民调解委员会创新方式、扩展调解范围、服务渔民，全心全意为渔民谋福利，开展海上纠纷调解，调解范围一度扩大到广东沿海、浙江沿海一带，坚持做到“渔民到哪、调解就到哪”的目标，共调解海上渔民纠纷218宗。2009年，全县调解民间纠纷1546宗，成功调解1484宗，调解成功率96%，取得较好的社会效果。2010年，县司法局制定《2010年基础司法行政工作检查考核实施方案》并组织开展“以人民调解化解矛盾纠纷专项攻坚活动”为主题的人民调解实践活动，针对民间纠纷的特点和实际，先后4次组织相关人员对矛盾纠纷进行排查，完善群体性突发事件快速反应机制，开展“四无”（无因民间矛盾纠纷引起刑事案件，无自杀案件，无群体性上访案件，无群众性械斗案件）活动，以化解农民生产经营纠纷为重点，分析和研究不同时期人民调解工作中的各种纠纷的发生、发展规律和探索各类矛盾纠纷排查活动的全过程。通过开展全县性的排查活动，年内共解决历史疑难矛盾纠纷35起，共调解纠纷1470宗，调解成功 1397 宗，调解成功率 95.03%。1986—2010 年，年平均调解民间纠纷案件 872 宗，调解成功率达 96%。

第四节　法律援助

2005 年开始，以基层司法所为依托，在 174 个行政村全部建立法律援助网络与法律顾问网络，有 174 名志愿者与村（居）委会签订合同，至 2009 年，做到村村有法律援助联络员和法律顾问，镇、农场有法律援助工作站，县有法律援助中心。

2009 年，县司法局共办理各类法律援助案件 127 宗，与上年同期相比增长 34%。其中诉讼类案件 102 宗；非诉讼类案件 25 宗。代拟各类法律文书 153 宗；接受当事人法律咨询 365 人次。结合海南省“法律援助便民服务”主题活动，进一步拓宽援助范围，援助案件与上年增长 56%。同时举办法律援助业务培训，提高法律援助队伍的业务能力和知识水平。全年共举办业务培训班 3 期，全县 174 个村（居）委会的法律援助联络员和法律援助工作站人员参加培训，共 205 人。

2010 年，建立法律援助工作目标考核制，把法律援助案件数量、工作质量、服务态度列入法律服务人员的年度目标考核内容，落实奖惩措施，促进法律援助工作的开展。全年共举办 3 期法律援助业务培训班，全县 174 个村（居）委会的法律援助联络员和法律服务援助工作站人员 196 人参加培训。全年共办理各类法律援助案件 156 宗，受案率达 99%，与上年同期相比增长 21%。其中民事案件 124 宗；刑事案件 25 宗；行政案件 7 宗。代拟各类法律文书 286 宗；接受当事人法律咨询人数达 493 人次。

第五节　社区矫正与安置帮教

一、社区矫正

2007 年开始，县司法局接收社区矫正对象 2 人。2008 年，接收社区矫正对象 4 人。2009 年接收社区矫正对象 3 人。2010 年，为扎实有效地做好社区矫正工作，通过建立健全各级社区矫正工作机制和工作制度、培训业务骨干等方式，共接管社区矫正对象 16 人，在管矫正对象 15 人，解除矫正 1 人，监管率 100%。

二、安置帮教

2010 年，县司法局建立健全安置帮教网络，建立县、镇、村三级安置帮教组织 186 个，安置帮教组织建成率保持在 100%；理顺刑释解教人员移交接管关系、推动相关部门单位落实安置政策和实施跟踪帮教。全县共有 136 名刑释解教人员（其中刑释 86 人，解教 50 人），全部落实帮教，其中 134 人得到适当安置，安置率 98.5%。与此同时，开展精神戒毒工作的研究和实践，接收 12 名精神戒毒对象在社区得到跟踪帮教。

第六节　法律服务

一、律师服务

1986—2002 年，在开展法律事务工作中，临高县司法局重视对律师、法律工作者的管理指导，规范法律服务群体开展法律事务管理工作。据不完全统计，此间，共代理案件 1346 宗，其中诉讼案件 622 宗，非诉讼案件 724 宗，代写法律文书 1484 份。

2009 年，县司法局充分发挥司法所、法律事务所的法律服务职能作用，面向农村，服务“三农”，全方位为农民提供法律服务，为提高农民法律知识，代理诉讼非诉讼案件、担任法律顾问，维护当事人的合法权益和农村社会稳定。全年共代理各种诉讼非诉讼案件 65 宗，其中诉讼代理 23 宗，非诉讼代理 49 宗，担任法律顾问 186 家。举办法律咨询 32 场，解答群众法律咨询 541 人次，代写法律文书 132 份。

2010 年，全年办理各种公证文书 257 件；法律事务所代理各种案件 68 宗，其中诉讼代理 32 宗，非诉讼代理 36 宗，担任法律顾问 186 家，举办法律咨询 30 场，解答群众法律咨询 532 人次，代写法律文书 133 份。至 2010 年，全县有从事律师服务工作者 18 人，无律师事务所，没有律师。

二、公证服务

1986—2002 年，县公证处年平均办证量 250 宗左右。

2003 年，为进一步贯彻落实《司法部关于深化公证工作改革的方案》，适应加入世贸组织后的公证法律服务，促进公证事业的发展，临高县公证处改为事业单位体制。开始自主开展业务、独立承担民事责任，按市场规律和自律机制运行的公益性、非盈利事业法人。公证人员从过去的 3 人发展到 7 人，公证员从原来的 1 人发展到 3 人，公证业务从原来的每年 200 多件发展每年 1000 多件。至 2010 年，县公证处总共为全县公民、法人及其社会团体组织办理公证事项 7000 多件，其中国内民事 4000 多件，国内经济 2000 多件，涉外民事 1000 多件。社会效益和经济效益得到较大发展，公证队伍的整体素质不断提高，公证公信力不断增强，公证业务从当初简单的办理几项民事行为（如收养子女、声明、委托、继承、经济合同、赠予等）发展到全方位的公证服务业务。

第十五编　综合政务

1986 年后，民政工作不断加强，履行上为政府分忧、下为百姓解愁的职责。2010 年，全县优待优抚对象 430 户，优抚金额 47.3 万元。1986－2010 年，全县安排退伍兵就业共 752 人，约占整个退伍兵人数的三分之一；对社会救济采取形式多样的做法，提供必要的生活资助，创造条件提高生活保障能力；婚姻登记服务、基层自治组织建设等工作也取得显著成效。

全县劳动制度改革不断深化，劳动力安置进入劳务市场，政府鼓励劳务输出和自谋职业，县劳动部门建立健全劳动监察、劳动争议仲裁、劳动能力鉴定等机构，维护企业职工合法权益。

人事制度改革不断完善，管理职能不断增强。在干部由组织部、人事部门分类管理后，县人事部门认真做好机关事业工作人员的录用调配和考核、退休等工作。1993 年开始推行国家公务员制度，1998 年全县 415 名干部通过考试过渡为国家公务员；对专业技术人员实行职称评聘制，建立人才市场，推进人才流动。

从 1988 年开始进行扶贫开发工作，至 2010 年虽然取得显著成绩，与省规定的脱贫标准人均年收入相比，差 22 元，属海南省贫困县。

第一章　民　政

第一节　机　构

1986 年，临高县民政局内设行政股、社会救济股、优抚股、退伍办公室。同年初，临高县老区办与县民政局分开。1989 年，成立临高县残疾人联合会（副科单位）。1995 年，临高县老区办又合并到临高县民政局，设立老促会。1996 年，临高县残疾人联合会由副科单位升格为正科单位，从县民政局分离。2002 年，县民政局内设政工股、救灾救济政权股、优抚安置股、老区地名股、福彩办、婚姻登记办、低保办、军体站。2008 年，临高县老促会从临高县民政局分离，合并到临高县扶贫办。2010 年，临高县民政局内设办公室、救灾救济政权股、优抚安置股、老区地名股。

第二节　拥军　优抚

一、拥军优属

1986—1989年，每年的春节、“八一”中国人民解放军建军节期间，临高县委、县政府都组织拥军慰问团深入驻军警部队走访慰问，安排电影队到驻地部队为士兵放映电影，赠送慰问金和慰问品，了解部队存在的实际困难问题，力所能及帮助解决实际困难问题，如土地纠纷、子女入学、随军家属就业安置等。

1990—1991年，全县有农村义务兵311人，优待标准为每户250元，优待面为100%；城镇义务兵206名，优待标准为每户240元，优待面95%。1992年春节、“八一”中国人民解放军建军节期间，县委、县政府领导带队到部队走访慰问，赠送慰问金和慰问品，安排电影队到部队播放，丰富官兵的文化生活。同时组织开展走访优抚对象活动。解决8名部队随军家属就业，解决25名子女入托入学，帮助部队修建营房，解决军地土地纠纷7宗。农村义务兵优待每人达360元，城镇义务兵优待每人达240元，义务兵优待人数为521人户。

1994年，县政府发出《关于“八一”期间开展拥军优属活动的通知》，要求全面落实优抚政策，为部队和优抚对象排忧解难；认真组织拥军慰问活动，节日期间的各项活动俭朴实在，不搞形式主义。县政府印发《关于贯彻执行〈军人抚恤优待条例〉的实施办法的通知》，对于烈士家属、因公牺牲军人家属、病故军人家属、退伍军人、现役军人家属等对象落实优待政策。县政府及相关部门帮助驻军部队解决实际困难问题，解决全县驻军粮油、水电、燃料补贴等；安置部队随军家属就业50多人；解决部队子女入托入学17人；安排转业干部6人；妥善安置城镇退伍兵；发放义务兵优抚金153250元。举办各种文化辅导班15次，临高师范支持1万多元为武警中队官兵购买6000多本图书、一套卡拉OK放像机、6节铁皮柜、3辆自行车，改善部队条件。军民共建单位新盈镇、临高师范被海南省人民政府评为“双拥先进单位”。

1998年，县政府印发《临高县拥军优属工作暂行规定》《临高县拥政爱民公约》等文件，包含支持部队建设、烈士家属、因公牺牲军人家属、病故军人家属、退伍军人、现役军人家属等对象按规定享受优待政策，驻军部队也要支持当地政府经济建设、重点工程建设，抢险救灾、急难险重、扶贫帮困等方面的工作。调整充实县双拥工作领导小组，加强双拥工作的领导。抓临高师范学校和县中队这个共建点和拥军优属模范个人曾建南的先进事迹材料，宣传推广。组织县双拥办到“全国双拥模范市”——琼海市参观取经，促进临高县双拥工作的开展。同年，临高师范、临高第二中学、新盈中学、新盈镇被评为拥军优属先进单位。

1999年，春节、“八一”中国人民解放军建军节期间，县委、县政府领导带队到部队走访慰问，赠送慰问金和慰问品等。“八一”中国人民解放军建军节期间，县烟草公司、县汽车站、龙力糖厂等单位到县消防大队与消防官兵举行“八一”慰问座谈会，纷纷表示关注支持部队建设，密切警民关系，做好拥军优属工作，支持部队营区建设。同年，制定《临高县“爱心献功臣活动”具体实施方案》；做好调查摸底，摸清全县急需帮扶的重点优抚对象。拟定《临高县“爱心献功臣活动”帮扶责任单位》，发动全县党政机关、企事业单位深入基层挂钩帮扶，带头捐款，为共和国的功臣们献爱心。

2000年，临高县制定《临高县创建“双拥模范县”方案》，在全县范围内广泛开展双拥模范县创建工作，全县有军民共建点10个。春节、“八一”中国人民解放军建军节等节日期间，县委、县政府组织开展走访慰问驻军警部队，共商党政军民发展工作，密切军民关系。县教育局发出《认真做好驻军家属子女就业就读工作的通知》，对驻军部队家属子女入学、教师身份的家属调动等问题给予优待条件。同年，县政府在财政十分困难的情况下，支持县人民武装部装修办公楼，支持县武警中队修建营房和进行办公楼装修；给县消防大队建造综合楼和进行营房改造；拨出专款支持县消防中队购置一辆水罐消防车。向县武警中队、县边防支队各赠送一台29寸彩色电视机；县教育局从各学校抽出24名优秀教师给县武警中队、县边防支队的官兵补习文化课和电脑培训等，通过文化辅导，有3名边防战士考入军官学校。县民政局制定《临高县“爱心献功臣活动”帮扶责任单位》，积极发动党政机关、企事业单位深入基层挂钩帮扶，带头捐款，为共和国的功臣们献爱心。美台乡调俗村革命功臣陈英哲得到湖南省驻琼办事处的定向捐款，县民政局拨付建房费，彻底解决他的住房问题。同年，发动全县群众捐款3.6万元，用于帮助生活困难的退役军人135人，住房困难的6人，医疗困难的23人。

2001年春节、“八一”中国人民解放军建军节期间，县委、县政府领导组团到县武装部和驻地部队开展走访慰问活动，赠送慰问金和慰问品等。为驻军警部队解决难题，县政府安排专项资金6万元，由县建环局牵头修建县武警中队到文明中路近1000米的损坏路段，解决武警官兵战备训练、迂回机动出行难问题。

2002年，制定《2002年春节拥军慰问活动方案》《2002年“八一”建军节拥军慰问活动方案》，组织慰问团到驻军警部队走访慰问，赠送慰问金、慰问品等。“八一”中国人民解放军建军节前，县武装部组织县领导及部门领导开展“军事日”活动，参加军事训练和学习国防历史、国防理论、国防法制等知识，同时利用办培训班、预备役集训、县党校培训干部时，邀请上级军事机关的领导授课等形式，进行国防教育，增强各级领导干部的国防意识。

2003 年，贯彻落实有关“双拥”政策、法规、条例，建立健全领导机构，切实加强对“双拥”工作的领导，密切军政、军民关系，促进全县两个文明建设和驻军的“三化”（制度化、规范化、程序化）建设。县民政局、法院、公安局等有关单位及其各镇人民政府，把军人和军属的利益当作重大工作任务，从根本上维护军人和军属的合法权益。省政府和海南军区等组成的涉军维权工作大检查中，临高县的涉军维权工作得到充分的肯定和表扬，从而促进临高县“双拥模范县”的活动开展。

2005 年，按照海南省双拥模范县命名考核验收迎检工作任务书分配表的要求，制定《迎接省双拥领导小组考核预收考核我县双拥模范县工作实施方案》，开展双拥模范县创建工作，发动全县各相关部门、单位广泛参与，向省政府申报省级“双拥模范县”评选工作，经省双拥工作验收组检查验收合格。

2006 年 6 月，临高县首次被中共海南省委、省人民政府、省军区评定为海南省“双拥模范县”荣誉称号。

2010 年春节、“八一”中国人民解放军建军节期间，县委、县政府组织慰问团到县人武部、县边防支队、县消防大队、临高武警中队等驻地部队进行走访慰问，组织 2 场文艺节目到驻军警部队进行慰问演出；在县城举办欢乐节、渔民节等大型文娱活动时，邀请驻军警部队官兵参加。通过思想交流，感情互动，党政军民情同手足，亲如一家。

二、优抚抚恤

1986 年，全县有优抚对象 1369 人，发放定期抚恤生活补助费 37.9 万元。

1991 年，全县有优抚对象 1358 人，全年发放定期抚恤生活补助费 46 万元。

1996 年，全县有优抚对象 1322 人，全年发放定期抚恤生活补助费 52 万元。

1998 年，全县优抚定补对象人数 1202 人，全县义务兵优待人年平均 250 元，最高的是调楼乡 500 元，全县各乡镇优待金发放达 100%。

1999 年，全县急需帮扶的重点优抚对象有 438 人。全县军属共有 492 户，军属优待金最高的是调楼乡，年优待金每人 500 元，最低的是波莲镇和南宝乡，年优待金每人 150 元。其他乡镇都在 200~300 元之间。

2001 年，县民政局共拨出资金 38 万元，帮助 758 人重点优抚对象解决“三难”问题。其中 9 万元解决生活困难 258 人次，19 万元解决住房困难 73 人，10 万元解决治病困难 356 人。帮助病故处理后事 28 人，费用 1.7 万元。同年，县民政局提高县光荣院革命老人的生活费，从每人每月 210 元提高到每人每月 260 元。组织走访慰问重点优抚对象 50 次，人数 150 人，给他们发放慰问金、大米、食用油等慰问品，从而使他们感受到党和政府的关心和温暖。

2002 年，县政府制定出台《临高县优抚对象实行医疗减免暂行办法》，解决优抚对象就医治病难问题，保障优抚对象的合法权益，居住在乡村的优抚对象到当地镇卫生院治病就医，要持有县民政部门发给的治病减免优惠卡，享受优先就诊，免收挂号费，治病检查费减免 30%，医药费减免 10%，住院床位费减免 50%；到县人民医院、县中医院就医的，实行优先就诊，免收挂号费；门诊就医减免 20%医药检查费；住院床位费减免 50%，检查治病费减免 30%，药费减免 10%。

2005 年，县民政局对全县优抚定补对象进行全面普查，核定优抚对象有 1334 人，义务兵优待金执行标准:农村义务兵每人每年不低于 240 元,城镇义务兵每人每年不低于 240 元优待。

2007 年，全县有优抚对象 1853 人，全县优待优抚对象 430 户，发放优抚金额 10.5 万元。走访慰问优抚对象 278 人次，筹集资金 30.5 万元帮助优抚对象解决“三难”问题，其中解决生活困难 58 人，投入救助资金 5.5 万元；解决医疗治病困难 166 人，投入救助资金 17.2 万元；解决住房困难 39 户，投入救助资金 7.8 万元。

2008 年，全县有优抚对象 1949 人，切实帮助优抚对象解决“三难”问题，县民政局筹集投入资金 30.5 万元，帮助 263 人解决存在生活困难、治病困难、住房困难等实际问题。义务兵优待金执行标准提高到每人每年不低于 240 元。年内年享受优待的义务兵家属 290 户。

2009 年，全县有优抚对象 1924 人，切实帮助优抚对象解决“三难”问题，县民政局筹集投入资金 30.5 万元，帮助 263 人解决存在生活困难、治病困难、住房困难等实际问题。义务兵优待金执行标准提高到农村义务兵每人每年不低于 240 元，城镇义务兵每人每年不低于 240 元，年内年享受优待的义务兵家属 290 户。全县用于抚恤补助的经费 733.8 万元，投入优抚对象医疗、生活、住房补助款 100 万元。义务兵优待金执行标准仍为每人每年不低于 240 元，年内享受优待的义务兵家属 300 户。

2010 年，全县有优抚对象 1915 人，组织走访慰问优抚对象 623 人次，筹集资金 72.48 万元帮助优抚对象解决“三难”问题，其中生活困难 301 人，投入救助资金 32.8 万元；医疗治病困难 259 人，投入救助资金 27 万元；危房改造困难 63 户，投入救助资金 12.68 万元。义务兵优待金执行标准提高到农村义务兵每人每年不低于 1000 元，城镇义务兵每人每年不低于 800 元，年内享受优待的义务兵家属 430 户。

三、烈士褒扬

1986—1994 年，每年清明节期间，为纪念革命先烈的丰功伟绩和他们的英雄事迹，县政府发出通知，要求各部门、各单位要就近就地组织干部职工、学校师生开展纪念革命先烈活动，主要烈士纪念设施为临高县人民广场革命烈士纪念碑、和舍镇海岸岭战斗英勇牺牲革命烈士纪念碑、黄长轩烈士墓及分散安葬的其他无名烈士墓等。

1995 年，为纪念海南解放 45 周年，共青团海南省委联合省相关部门以及中共临高县委、县人民政府在全省社会各界发起百万营造大行动，筹集资金 500 万元，由海南省建筑设计院设计，福建省惠安建设工程发展公司海南分公司施工，在解放海南岛战役解放大军登陆点——临高角，建造纪念海南解放临高角登陆点“热血丰碑”雕像，雕像以第四野战军和琼崖纵队各一名战士为代表构造，两人握手高举步枪，庆祝解放海南胜利会师。

1996 年 5 月 1 日，省委、省政府、省相关部门、中共临高县委、县人民政府在临高角举行“热血丰碑”雕像揭幕仪式，开展缅怀英雄英雄，纪念先烈及爱国教育活动，参加纪念活动的社会各界人士约有 2000 人。

2003 年，为弘扬革命烈士的丰功伟绩，缅怀先烈，教育后代，由县委、县政府组织全县各单位干部职工、党员、学校师生、军警部队官兵分别在县人民广场革命烈士纪念碑、临高角“热血丰碑”、和舍镇海岸岭战斗英勇牺牲革命烈士纪念碑、黄长轩烈士墓及其他分散安葬的烈士墓地开展缅怀先烈、祭奠烈士纪念活动，参加纪念活动的社会各界人士约有 1000 人。同时，县民政局组织 14 名烈士家属及部分参战老兵到广西各地为在 1979 年对越自卫反击战中牺牲的 14 名临高籍烈士开展祭奠纪念活动，受到烈士家属和老兵们的好评。

2005 年，为保护烈士纪念设施的完整性和严肃性，为群众开展纪念革命先烈纪念活动提供庄严肃穆的纪念环境，临高县争取省民政厅支持建设资金 30 万元，县财政拨付建设资金 25 万元，在渡海作战大军原四十军 119 师副师长黄长轩烈士墓原址征地 0.73 公顷改造扩建，进行绿化、硬化、植树、围墙、烈士墓改造建设等，将分散安葬的其他烈士迁移至该地址集中安葬，时有黄长轩烈士墓、两个无名烈士墓，并改名为临高角登陆战烈士陵园。

2008 年 3 月，为进一步弘扬革命烈士的丰功伟绩，缅怀英雄，教育后代，根据第四十军领导的要求和烈士遗属的意愿，由第四十军和临高县联合在临高角解放公园内承建“第四十军海南岛战役牺牲烈士纪念碑”，投入资金 40 万元，并于同年 5 月初建成。5 月 1 日，临高县委、县政府会同原四十军在临高角举行第四十军海南岛战役牺牲烈士纪念碑建成揭幕仪式，参加揭幕仪式的社会各界人士有 200 多人。

2010年4月5日清明节期间，为了缅怀革命先烈，祭奠烈士英灵，发扬革命传统，继承先烈遗志，根据县委通知精神，会同县委办、县政府办、县委宣传部、县教育局、共青团临高县委及驻军警部队组织机关干部职工、学校师生、部队官兵约1000人到县人民广场革命烈士纪念碑、临高角“热血丰碑”、第四十军海南岛战役牺牲烈士纪念碑、临高角登陆战烈士陵园等爱国主义和国防教育基地，开展祭奠先烈和爱国主义教育活动，激发民众爱国热情。同年4月30日，纪念海南解放60周年大庆期间，邀请当年参加渡海作战的老红军、老战士王克祥、符莹和配合解放大军渡海作战的革命有功人员（船工）王洲明等讲述当年渡海作战经历，县委宣传部、县电视台录制成专题片，在相关媒体上播报。据不完全统计，清明节期间，采取各种形式前往临高县人民广场革命烈士纪念碑、临高角“热血丰碑”、第四十军海南岛战役牺牲烈士纪念碑、临高角登陆战烈士陵园开展祭奠革命先烈活动的社会各界人士约有1000人。

四、退伍军人安置

1986—2010年，为做好复员退伍军人的接收安置工作，临高县严格按照《中华人民共和国兵役法》《退伍义务兵安置条例》等国家政策规定执行，退伍义务兵安置工作贯彻从哪里来、回哪里去的原则和妥善安置、各得其所的方针。城镇退伍兵在服役前没有参加工作的，国家统一分配工作，实行按系统分配任务、包干安置办法给予安置；农村退伍兵原则回原籍参加农业生产，但在服役期间荣立二等功（含二等功,下同）以上的，应当安排工作。各用人单位向农村招收工人时，在同等条件下应当优先录用退伍义务兵。对在服役期间荣立三等功，超期服役的退伍义务兵和女性退伍义务兵，应当给予适当照顾。

1997年，县政府印发《临高县退役士兵安置工作实施办法》，要求全县各部门要认真贯彻落实文件精神，做好退役士兵安置工作。同时，做好在乡退伍兵的思想和安置工作，促进社会稳定发展,县政府共拨款8800元解决29人在乡退伍兵的生活困难问题,拨付7000元解决7人的住房困难问题，拨付5400元解决18人的治病困难问题。向有关单位推荐在乡退伍兵31人。

1999年，贯彻落实《退伍义务兵安置条例》和《海南省退伍义务兵安置办法》，按照“从哪里来，回哪里去”的原则，积极主动地为退伍兵寻找就业门路，引线搭桥。及时了解掌握退伍兵的生产生活困难，为他们排忧解难。同年，县民政局走访当年的退伍兵37人次，拨款8500元，其中解决缺房的退伍兵2人，发放2000元；解决治病的8人，发放4000元；解决13人生活困难，发放2500元。开发使用军地两用人才29人，其中被聘为乡镇保安队员的7人，乡镇企业2人，村委会干部8人，村小组干部12人。

2002年,临高县民政局做好退伍义务兵档案清理、登记造册和拟定安置方案上报工作,及时进行退伍义务兵档案、清理、登记造册工作，分类归档，规范管理。县政府印发《临高县城镇退役士兵转业士官女兵伤残军人安置工作暂行规定》，保障和维护退役士兵的合法权益。着手拟定《关于要求安置2003年度女兵、伤残军人、城镇退伍义务兵工作的请示》《关于历年未能安置转业志愿兵、城镇退伍义务兵、女兵、伤残等人给予一次性补助金的请示》呈报县政府。全县安置城镇退伍义务兵7人，其中安置到事业单位1人，安置到企业单位6人。

因临高县大部分企业单位都属于停产半停产状态，事业单位满编满员，安置城镇退役士兵难度较大，为了解决城镇退役士兵安置问题，2006年，县政府推行鼓励城镇退役士兵自谋职业，政府给予一次性经济补偿金，政府不负责安排工作的政策。2008年，办理一次性经济补偿金，实行自谋职业的历年城镇退役士兵46人，领取补偿金额为37.7万元。解决企业下岗（含待岗）城镇退役士兵的生活困难问题，每人每月发放基本生活费150元，享受基本生活补助费的人数为1038人，每月经费15.57万元。

至2010年12月，县政府安排城镇退役士兵自谋职业一次性经济补偿金326.5万元。

五、军队离退休干部安置

1986—1993年,临高县军队离退休干部安置管理工作由县退伍军人离退休军官安置领导小组办公室负责（办公地点设在县民政局）。1994年4月，为做好县军队离退休干部安置服务管理工作，经县编制委员会批准，成立临高县离退休军官服务管理站，股级事业单位，隶属县民政局。1994年4月至1997年6月，军队有移交第四批军队离退休干部任务，但当时实际没有办理移交安置手续，直至1997年7月，军队才办理移交安置5名军队退休干部。

1997年、1999年、2004年，将接收安置军队退休干部安置在县民政局下属事业单位临高县离退休军官服务管理站，其工作人员主要为军休干部服务和管理，落实他们的“政治待遇”和“生活待遇”。

1997—2010年，每年春节和“八一”中国人民解放军建军节等节假日期间，县政府组织对军队移交政府接收安置的离退休干部进行走访慰问活动，赠送慰问金和慰问品等，对医疗治病困难的军队退休干部实施医疗困难救助，让他们安享晚年。

第三节 赈灾救济

一、政府赈灾救济

2000年10月中旬，临高遭受百年不遇的大洪灾。全县受灾人口23.4万人，成灾人口16万人，造成无家可归860户、4300人；粮食作物受灾面积7070公顷，成灾面积5300公顷。直接经济损失达1.1亿多元。县民政局组织下拨大米46吨，衣服2万多件，毛毯200床等一大批救灾物资，发放到灾民们的手中。第一批资助重建倒塌民房61间，第二批资助修建46间。

2002年，县民政局建立“救灾工作分级负责，救灾资金分级负担”的三级救灾管理体制，明确各级政府和有关部门的具体职责，促使救灾工作分级管理走上规范化、法制化轨道。

2003年上半年，临高县部分地区发生重度旱情，县委、县政府动员全党全民抗旱救灾，集中人力、物力大力支援灾区，有效缓解旱情造成的危害。同年，积极做好第7号“伊布都”、第12号“科罗旺”等防备工作，及时启动救灾预案，安全转移居住危房的五保、特困户以及可能发生水灾的村庄群众3120人。由于救灾工作及时，防灾措施到位，全县没有因灾而出现非正常现象的发生。

2005年，受第18号台风“达维”的影响，全县直接经济损失1.71亿元，其中农业直接损失7772万元。全县10镇、170个村（居）委会、729个自然村受灾，受灾人口21.6万人，成灾人口8.64万人，转移安置群众6326人。农作物受灾面积4880公顷，绝收面积1500公顷；其中粮食作物受灾面积2520公顷，绝收面积50公顷。毁坏水产养殖面积570.4公顷，15口网箱养殖下沉，1艘渔船尾裂受损，1艘汽艇下沉。民房倒塌113间，损坏1343间。毁坏道路设施0.32千米，毁坏护岸3处0.55千米，提防缺口3处0.11千米，毁坏输电线路2.5千米。2005年9月27日凌晨1时左右，龙卷风袭击新盈镇龙兰村委会潭皇、昌合两村，风带形成400米，宽度200米，持续时间约10分钟，造成倒塌房屋19间，损坏房屋268间；受伤灾民21人，其中轻伤9人，重伤12人，死亡6人。

2009年8月，第7号热带风暴“天鹅”给临高造成较大经济损失，县民政局全年救灾支出资金553.08万元，其中用184万元购买救灾大米545吨，解决灾民基本生活口粮；用210万元购买救济衣服5000套、棉被4873张、毛毯2000张、棉衣500件等物品，解决灾民穿盖问题和做好救灾物资的储备工作；用58.4万元帮助特困对象修缮住房149间。

2010年9月30日夜晚至10月9日，受强降雨天气和热带低压影响，临高境内普降大雨到大暴雨,全县受灾涉及10个镇，直接经济损失5222.6万元。县民政局向各镇发放救灾棉被1100床，其中临城镇200床，其余各镇100床。发放救灾大米200吨，其中临城镇30吨，博厚镇25吨，皇桐镇15吨，多文镇15吨，和舍镇20吨，调楼镇15吨，东英镇30吨，波莲镇15吨，新盈镇13吨，南宝镇12吨，加来农场5吨，红华农场5吨。民房倒塌120间，安排危房改造资金60万元，对倒塌损坏的民房进行维修改建。10月15—17日，新一轮强降雨严重影响临高县，博厚镇的新贤村、博堂村、美山村和临城城区等地受淹，共229户、1166人，需要转移、安置。县民政局给被困群众及时发放救助物品，共发放矿泉水220箱，方便面431箱，饼干160箱，盒饭860盒，毛毯100条，草席100张，解决被困群众的生活问题。

二、城乡医疗救助

2008年12月1日，县政府印发《临高县城市医疗救助实施办法》和《临高县农村医疗救助实施办法》。同年发放城乡医疗救助140.11万元，其中住院救助99.50万元，救助292人次；门诊救助4.81万元，救助4430人次；资助农村低保对象参加新农合35.80万元，资助17910人。

2009年，全县落实城乡医疗救助180.2万元，其中，大病医疗救助89.1万元，资助农村五保、农村低保对象35.8万元，资助城镇低保对象55.3万元；发放城乡医疗救助124.90万元，其中住院救助88.80万元，救助392人次；门诊救助0.30万元，救助298人次；资助农村低保对象参加新农合35.80万元，资助17910人。

2010年，城镇医疗救助人数482人，资助参保医疗人数3622人；农村医疗救助情况：医疗救助人数3408人，资助参加合作医疗人数18833人。发放城乡医疗救助538.19万元，其中住院救助477.53万元，救助1410人次；门诊救助4.16万元，救助2480人次；资助农村低保对象参加新农合56.50万元；农村临时救济33003人。

第四节　社会救助

一、五保供养

1986年以来，临高县采取乡镇统筹，财政转移支付的办法，以乡镇为单位统筹五保供养资金，保证五保供养资金的来源渠道。

2007年，全县有五保供养对象3726人，其中集中供养30人，农村集中五保供养资金全年支出3.8万元；分散供养3696人，女性1573人；老年人3567人，未成年122人，残疾人197人，农村分散五保供养资金全年支出302.1万元。

2008年，五保供养资金统一由县财政列入预算，按月拨付。农村五保对象供养金每人每月 125 元。全县有五保供养对象 3730 人，其中集中供养 25 人，农村集中五保供养资金全年支出 6.3 万元；分散供养 3705 人，女性 1759 人，老年人 1642 人，未成年 126 人，残疾人 185 人，农村分散五保供养资金全年支出 551.8 万元。

2009 年，全县有五保供养对象 3771 人，其中集中供养 25 人，分散供养 3746 人，农村五保对象供养金每人每月 160 元。全县有农村敬老院 4 所，床位 25 张，接受集中供养 25 位五保老人。

2010 年，全县有农村五保供养对象 3876 人，农村五保对象供养金每人每月 160 元。农村集中五保供养 30 人，其中女性 12 人，老年人 23 人，未成年 3 人，残疾人 4 人，农村集中五保供养资金全年支出 5.8 万元；农村分散五保供养 3846 人，其中女性 1744 人，老年人 3469 人，未成年 131 人，残疾人 304 人，农村分散五保供养资金全年支出 708.7 万元。提高全市农村五保供养生活标准，集中供养人均月标准 160 元，分散供养人均月标准 210 元。县财政全年划拨农村五保供养费用共计 494.33 万元（含物价联动机制补助 54.36 万元），保障农村五保对象的基本生活。

二、救济救助

1987 年，全县发放社会优抚救济款 34 万元，扶持款 3.37 万元，共扶持 124 户 462 人发展种植业。

1998 年，临高县急需救济的五保户有 1622 人，县民政局派人深入 83 个村庄，走访慰问 600 名对象，下拨各乡镇各种救济款物 139 万元，其中衣服 2310 套，棉被 600 床、粉丝 1647 千克。特困户 500 人，复员孤老 188 人。中秋节把月饼发放到 3189 人救济对象的手中，解决五保户、特困户的生产、生活问题。

1999 年，全县掀起募捐赈灾活动的高潮，经过 1 个多月的募捐，全县为灾区人民捐款 458793.7 元，衣物 3455 件，价值 89600 元，款物折合 548393.7 元。按照省民政厅的安排，及时将这些款物转拨到灾区人民手中，受到省民政厅和县委、县政府的表扬与肯定。

2000 年 10 月中旬，临高遭受百年不遇的大洪灾。全县受灾人口 23.4 万人，成灾人口 16 万人，造成无家可归 860 户 4300 人；粮食作物受灾面积 7070 公顷，成灾面积 5300 公顷。直接经济损失达 1.1 亿多元，洪灾给广大群众的生产、生活造成较大的影响。县委、县政府积极开展防灾救灾工作，在大灾之年没有出现灾民的伤亡和饿死，从而杜绝非正常现象的发生。为帮助灾民尽快回复生产，重建家园，县民政局组织下拨大米 46 吨、衣服 2 万多件、毛毯 200 条等一大批救灾物资，发放到灾民们的手中。

2001 年，临高县民政局组织干部职工 352 人次，走访慰问民政对象 906 人次，下拨 185 万元救济款物，其中救济款 116 万元，衣服 3560 套，棉被 600 床，毛毯 560 张，蚊帐

350张，卫生衣660件，粉丝3750千克等，重点救济五保户、特困户2805人次，解决他们的住房、治病、穿盖、生活等困难。

2004年，建立健全农村特困群众社会救助管理体系，突出救助重点。在深入贯彻《农村五保供养条例》的基础上，同年9月底，出台《临高县农村特困救助工作制度》，明确农村特困群众社会救助的对象，即常年救助对象与临时救助对象两大类，为特困群众搭建救助平台。2010年，贯彻落实《关于加强孤儿救助工作的意见》，落实孤儿基本生活、教育、医疗、就业、住房等方面的福利政策。同年4月23日，组织38名孤儿及其监护人到定安县参加第二届“南天情”为了孩子公益慈善演唱会，使得全县38名孤儿获得海南道教协会的教育资助费，每人每月260元，一直救助至大学毕业。

三、城乡居民最低生活保障

1999年5月4日开始，依据县政府《临高县城镇居民最低生活保障制度实施办法》规定，城镇居民最低生活保障标准为每人每月60元。

2001年12月27日，县政府印发《临高县农村村民最低生活保障线实施办法》规定，农村村民最低生活保障标准为每人每月78元。全县城乡居民最低生活保障家庭数61户，人数61人，城乡低保资金全年支出3.66万元。

2002年，城市最低生活保障标准提高到每人每月100元。全县城乡居民最低生活保障家庭数703户，人数792人，城乡低保资金全年支出47.52万元。

2004年，中共海南省委四届三次全会通过《中共海南省委关于加强农业和农村工作的决定》，提出在海南省建立农村居民最低生活保障制度。2004年9月，海南省委、省政府印发《海南省农村改革方案》，确定建立农村居民最低生活保障制度为农村改革的一项重要内容。全县城镇低保对象6537人，农村救助对象2060人，低保金按时足额发放。

2005年，全县城乡低保户、低保人数逐年增加，个别年份甚至大幅度增加。原因是新政策的颁布，低保标准的提高，使原来不符合低保条件的家庭变成低保户；因自然灾害或疾病致使一些家庭脱贫又返贫。全县城乡居民最低生活保障家庭数6831户，人数8192人，城乡低保资金全年支出529.69万元。

2007年，全县城镇居民最低生活保障家庭数10765户，人数18046人，其中女性2960人、残疾人860人、“三无”人员2461人，城镇低保资金全年支出593万元。农村居民最低生活保障家庭户7049户，人数11765人，其中女性3723人，老年人4399人，未成年人391人，残疾人1031人，农村低保资金全年支出537万元。

2008年，城镇低保标准220元，农村低保标准150元。全县城镇居民最低生活保障家庭数8996户，人数23336人，其中女性4310人，残疾人1240人，“三无”人员532人，城镇低保资金全年支出 894 万元。农村居民最低生活保障家庭户 5328 户，人数 14063 人，其中女性 7340 人，老年人 4651 人，未成年人 1041 人，残疾人 1031 人，农村低保资金全年支出 804 万元。

2010 年，落实城乡低保规范化管理，由原来的“低标准，广覆盖”制度逐步向以低保“动态管理”核查为主过渡，建立完善低保档案和加强规范操作管理，通过召开低保核查培训会，下发《关于开展城市低保核查工作的通知》，重点对临城地区的低保对象核查，确保低保对象有进有出，保障困难群众的根本利益，保证低保的公平和公正，以发挥低保的社会效益。全县清退不符合条件的对象 210 户 520 人。全县城镇居民最低生活保障家庭户 4302 户，人数 8880 人，其中女性 4100 人，残疾人 1929 人，“三无”人员 561 人，老人 2033 人，在职人员 62 人，灵活就业 1865 人，登记失业 1409 人，未登记失业 2555 人，在校生 464 人，其他 492 人，城镇低保资金全年支出 2035.7 万元。农村居民最低生活保障家庭户 10179 户，人数 24743 人，其中女性 6375 人，老年人 4992 人，未成年人 1094 人，残疾人 843 人，农村低保资金全年支出 1751.9 万元。

2000—2010 年临高县城乡低保资金发放情况表

表 15-1-1

年份	户数（户）	人数（人）	金额（万元）
2000 年	59	59	3.54
2001 年	61	61	3.66
2002 年	703	792	47.52
2003 年	5283	6302	297.02
2004 年	6537	8597	329.83
2005 年	6831	8192	529.69
2006 年	9495	13930	581.70
2007 年	17814	29811	1130.00
2008 年	14324	37399	1698.00
2009 年	9383	22736	2924.38
2010 年	14481	33623	3787.60

第五节　社会福利

一、福利彩票

1993 年 3 月，临高县成立社会福利有奖募捐委员会，开始发行社会福利奖券。1995 年，取消发行社会福利奖券，改为发行中国福利彩票。2000 年，临高县社会福利有奖募捐委员会更名为临高县福利彩票销售部。2003 年 10 月起，临高县内的福利彩票以电脑彩票为主，起初仅有 3 处彩票投注站点，年销售量 50 万元。2009 年，经过不断发展和扩大，已设有站（点）14 处彩票投注站点，年销售量 234 万元。2010 年，福利彩票工作秉承“扶老、助残、救孤、济困、赈灾”发行宗旨，认真贯彻“安全运行、健康发展”工作方针，结合县彩票销售市场实际，制订彩票销售实施方案。调整彩票销售网点结构，做好门面形象建设，开发新市场，增加新网点，增加销售量。全年共销售彩票 231 万元，其中双色球 225.2 万元，3D 彩票 3.9 万元，七乐彩 1.9 万元，确保全县彩票销售健康发展和持续长足发展。

二、福利院（养老院、儿童福利院）

临高县是海南省的贫困县之一。长期以来，社会福利建设方面滞后。在 20 世纪 80 年代中期至 90 年代末，主要注重于五保户的生活安置问题，在当时每个乡镇都投入资金建起敬老院。然而，社会福利院的建设方面却没有得到重视发展。进入 21 世纪后，党和政府相当重视社会福利建设方面问题，省政府把社会福利公共服务体系建设列为一项民生重点项目工作之一。为加快临高县社会福利事业的建设发展，保障社会弱势群体的切身体利益，根据省民政厅的有关指示精神，结合“十一五”社会福利建设发展规划，临高县组织各相关部门，经多方实地量化考核选址，并进行可行性研究,选定临高县博厚镇加六村委会礼堂新村（后村荒坡地，往马袅墟方向）投建临高县社会养老院和儿童福利中心院“两院”建设项目，“两院”的建成，有效解决临高县的社会特殊困难群体的安置生活问题（“两院”用地面积 4.67 公顷，总建筑面积 8500 平方米，其中社会养老院建筑面积 6000 平方米，儿童福利中心院总建筑面积 2500 平方米，总投入资金 2108.47 万元）。

2010 年，临高县境内有 4 所敬老院，分别是博厚镇敬老院，院内入住 5 位五保老人；东英镇敬老院，院内入住 12 位五保老人；和舍镇敬老院，院内入住 7 位五保老人；皇桐镇敬老院，院内入住 7 位五保老人。

第六节　社会事务管理

一、民间组织管理

1998 年，根据全省社团管理整顿工作会议精神和省民政厅的部署，临高县民政局对已注册登记的 8 个社团进行全面清理整顿。其中临高县商会要求改变隶属关系，不再由县民政局管理。天涯硬笔书法家联谊会、新盈五七级学友互助会申请取消。

2000 年，成立气功类社团专项清理整顿工作领导小组，组成联合调查组对临高县的气功类组织进行全面调查摸底，经过明察暗访，切实掌握气功类社团活动的基本情况，作出处理意见方案，并上报省民政厅。

2003 年，依据《社会团体登记管理条例》和《民办非企业单位登记管理暂行条例》的规定，依法行政，规范管理，经审查同意登记的社团有 5 个，民办非企业单位 36 个，其中教育类 18 个，文体类 6 个，卫生类 12 个。

2005 年，局依据《社会团体登记管理条例》和《民办非企业单位登记管理暂行条例》规定，对民办非企业单位 36 个，其中教育类 17 个，文体 6 个，卫生类 12 个，民政类 1 个进行调查。

2006—2009 年，全县登记的社会组织 31 个，其中社会团体 25 个，民办非企业单位 6 个。

2010 年，全县有社团 21 个，其中联合类 14 个，行政类 3 个，专业类 2 个，学术类 1 个，其他类 1 个。民办非企业单位 39 个，其中教育类 19 个，卫生类 12 个，文体类 7 个，民政类 1 个。

二、婚姻登记管理

1986 年，根据《中华人民共和国婚姻法》规定，结婚年龄男不得早于 22 周岁，女不得早于 20 周岁。婚姻登记按属地管理到当地区公所民政室登记。同年，县民政局结婚登记 122 对 244 人。

2002 年 7 月 1 日起，临高县婚姻登记实行集中统一到县民政局办理。全年全县结婚登记 289 对、578 人，离婚登记 17 对、34 人。

2003 年 7 月 30 日，《婚姻登记管理条例》改为《婚姻登记条例》，并于同年 10 月 1 日起施行。《中华人民共和国婚姻法》规定，要求结婚的男女双方必须亲自到婚姻登记机关进行结婚登记。符合婚姻法之结婚规定的，予以登记，发给结婚证书。取得结婚证，即确立夫妻关系。未办理结婚登记的，应补办登记。全县结婚登记 591 对、1182 人。离婚登记 16 对、32 人。

2007 年 7 月 1 日，临高县婚姻登记进驻县政务服务中心，受理全县婚姻登记业务工作。同年，全县登记结婚 1869 对，3738 人，其中初婚人数 3418 人，再婚 320 人；离婚登记 45 对。

2008 年，全县登记结婚 6354 对，12708 人，其中初婚人数 11613 人，再婚人数 1095 人。离婚登记 56 对。

2010 年，严格按照《婚姻登记档案管理办法》规定，做好婚姻登记档案装订归档工作和编排花名目录总册工作，及时做好婚姻登记卷宗装订归档工作。确保婚姻登记档案的规范管理，安全保管和有效利用，切实地保证婚姻登记依法行政和执法质量。全年共办理婚姻登记 4260 对，其中结婚补办登记 4103 对，补发登记 84 对，离婚登记 73 对。

1986—2010 年临高县结婚、离婚登记统计表

表 15-1-2　　　　　　　　　　　　　　　　　　　　　　单位：对

年份	结婚登记	离婚登记	合计	年份	结婚登记	离婚登记	合计
1986 年	122	—	122	1999 年	197	7	214
1987 年	143	—	143	2000 年	157	13	170
1988 年	178	—	178	2001 年	88	7	95
1989 年	147	—	147	2002 年	289	17	306
1990 年	160	—	160	2003 年	591	16	607
1991 年	159	1	160	2004 年	956	31	987
1992 年	159	—	160	2005 年	672	41	713
1993 年	124	—	124	2006 年	1120	50	1170
1994 年	104	4	108	2007 年	1869	45	1914
1995 年	150	1	151	2008 年	6354	56	6410
1996 年	173	9	182	2009 年	7735	101	7836
1997 年	221	9	230	2010 年	4187	73	4260
1998 年	194	13	207				

说明：1986 年至 2002 年 7 月前不包含乡镇登记部分，2002 年 7 月后全县集中统一到县民政局办理婚姻登记

2010年临高县各乡镇15岁以上人口及婚姻状况表

表15-1-3　　单位：人

乡镇名称	15岁以上人口	未婚	有配偶	离婚	丧偶
合计	29848	7532	20365	235	1716
临城镇	7936	2132	5317	81	406
波莲镇	1782	471	1167	17	127
东英镇	1702	466	1094	12	130
博厚镇	2336	635	1550	16	135
皇桐镇	1359	317	948	13	81
多文镇	1447	357	1016	9	65
和舍镇	1723	412	1207	8	96
南宝镇	918	200	663	9	46
新盈镇	3599	902	2465	32	200
调楼镇	3196	791	2196	25	184
国有加来农场	1810	345	1373	6	86
国有红华农场	3040	504	1369	7	160

第七节　基层组织行政村（居）委会换届选举

2004年9月1日，临高县开展第四届村（居）委会换届选举工作。全县以加强基层组织建设和推进基层民主政治为目标，贯彻“四个提倡”（提倡把村党支部领导班子成员按照法定程序推选为村民委员会成员候选人，通过选举兼任村民委员会成员；提倡党员通过法定程序当选村民小组长、村民代表；提倡拟推荐的村党支部书记人选，先参加村民委员会的选举，获得群众承认以后，再推荐为党支部书记人选，如果选不上村民委员会主任，就不再推荐为党支部书记人选；提倡村民委员会中的党员成员通过党内选举，兼任村党支部成员，积极推进村民委员会成员与村党组织成员的兼职）。充分发挥民主，严格依法选举，经过宣传准备、选举实施、建章立制、检查验收等几个阶段，基本顺利完成第四届村（居）委会换届选举工作任务。全县有10个镇170个村（居）委会（不含加来农场），其中村委会152个，居委会18个，农村总人口34万人（不含城镇居委会部分），其中符合选民资格的有20.40万人，进行选民登记的有20.10万人，参加选举的有19.30万人，参选率为95%。县、镇两级成立换届工作指导小组11个，指导小组工作人员116人。全县共选举产生新的村（居）委会主任，副主任和委员650人，村民小组长930人，村民代表2978人。村（居）委会中主任连选连任的有91人，占53.5%；村党支部书记和村（居）委会主任“一肩挑”的有109人，占71%；村（居）委会成员最大年龄66岁，最小的25岁；党员409人，占63%；妇女107人，占16.5%；大专文化程度5人，初中文化程度635人，小学文化程度10人。一次性选举成功的村（居）委会有164个，另行选举的有6个。选举前进行政务、村务公开的有152个，占89.4%。原村委会主任落选的有79人，副主任落选59人，委员落选88人。整个选举过程中，县选举指导办直接解答群众来信上访136件，解释群众电话咨询250人次，向省换届指导组进行有关政策法规咨询90人次。

2007年8月17日至12月5日，临高县开展第五届村级组织换届选举工作。全县有10个镇（不包含加来农场）170个行政村，其中村委会152个，居委会18个。该届村级换届选举工作中，全县共派出指导组174个，拨出选举经费66.80万元，先后举办培训班（会）65期，培训人数达1722人次，投入培训经费43275元。全县登记在册的选民241806人,参选村民234555人，占登记选民总数的97%。农村党员为5791人，参选党员5574人，占党员总数的96.3%。新推选出村（居）委会干部813人,其中村委会干部718人、居委会干部95人，且在当选的村委会主任中有女性1人。在选举工作中，一次性选举成功的村有137个，占81%；另行选举村的有18个，占10.6%；重新选举村的有4个，占2.3%。新当选村两委干部年轻化、交叉任职比例高。村党支部委员会、村民委员会干部的结构比例比上届更为合理优化，村干部中,党员数为860人，占“两委”干部总数的84.2%；交叉任职数536人，占“两委”干部总数的52.4%；共有115个村实现书记、主任“一肩挑”，占全县行政村的67%；村委会干部年龄结构更趋于年轻化，30岁以下的干部有50人，占总数6%，36～59岁的干部有896人，比上届增加11人，占“两委”干部总数的87.7%；文化程度有所提高，大专以上学历有29人（其中村委会干部为18人），占“两委”干部总数的2.8%；中专、高中学历有611人，占“两委”干部总数的59.8%；女干部161人，比上一届增加7人。

2010年7—12月，临高县开展第六届村民委员会换届选举工作。在县委、县政府的高度重视和周密部署、精心组织下，成立村级组织换届选举领导小组，印发《海南省村民委员会选举工作手册》540本、《海南省村民委员会选举规程》480本、《临高县村级组织换届选举工作流程图及流程表》700本等相关资料进行宣传。经过县、镇、村各级的共同努力，完成村民委员会换届选举工作任务。全县共有10个镇、152个行政村、18个社区居委会、891个村小组参与此次换届选举工作，全面完成换届选举工作任务。该届换届共登记选民 229119 人。通过选举，产生村（居）民委员会成员 779 人，其中村委会成员 689 人，社区居委会成员 90 人，主任 170 人；党员 567 人，占 72.8%；实现村支部书记、村主任“一肩挑”76 人，占所有村主任的 44.7%；“两委”交叉任职 250 人，占 32.1%；妇女成员 176 人，占 22.6%；大专以上学历 35 人，占 4.5%。

第八节 老区建设

1986 年，县民政局拨出 4.8 万元扶持老区人民发展生产，拨出 3.6 万元解决老区人民饮水、照明、交通等困难。

1999 年，全县投入 859 万元进行老区建设，解决 10286 户 45268 人老区人民的饮水、行路和照明问题。

2004 年，共投资 780 万元用于老区基础设施建设，建设项目 78 个，其中修建公路 23 条，长 86 千米，桥梁 2 宗，挖水井和建水塔 5 宗，修建校舍 232 间。

2008 年，革命老区村庄农民人均纯收入 2664 元，是全县当年农民人均纯收入的 67.2%。全县革命老区村庄总数为 351 个，占全县自然村近半。分布在 10 个镇和 2 个国有农场，其中属老区建设工作管辖的老区村庄 297 个，国有农场管辖的老区村庄 54 个，老区村庄划分为三种类型，即红色老区村庄 88 个，抗日老区村庄 199 个，解放老区村庄 64 个。县管辖的 297 个革命老区村庄总户数 28152 户，总人口 137710 人，占全县总人口的 29.5%。

2009 年 12 月，县扶贫办接管老区建设工作。省财政厅下拨革命老区专项转移支付资金 217 万元，计划实施 13 个老区建设项目。经努力，县扶贫办争取到省扶贫办追加 125 万元老区建设资金，项目 4 个。在 17 个老区建设项目，342 万元建设资金中，完成 16 个建设项目，完成项目资金 282 万元。余下的新盈中学校舍项目资金 60 万元，正在组织实施。

2010 年，省财政厅下拨革命老区专项支付资金 217 万元，经县扶贫办努力，省扶贫办追加 90 万元老区建设资金，共 307 万元，建设项目 18 个，其中修路建桥项目 15 个，饮水项目 2 个，建校舍 1 个，扶持 5 个文明生态村硬化水泥路 2 千米，受益 218 户 977 人，打井 3 口，建水塔 1 座，受益 992 人，扶持 10 个老区村庄硬化水泥路 3.7 千米，建桥 2 座，受益 1.06 万人，兴建新盈中学校舍 1 所，改善 2759 名师生的工作、学习和生活条件，促进教学质量的提高。临高县共投入老区建设资金 1258 万元，支持革命老区建设乡村道路 30 千米，建设饮水工程 2 宗，兴建校舍 500 平方米，解决 3.47 万人行路难和 987 人饮水难问题，老区的生产条件进一步改善。

第九节　勘　界

2004年，根据国务院《行政区域界线管理条例》，在省民政厅指导下，县民政局牵头与儋州市民政局开展第一轮市县级行政区域界线联合检查，界线全长88.9千米，临高、儋州行政区域边界线涉及双方8个乡镇4个国有农场，边界线起点为（028–003–1A）、止点（028–003–22），共设置界桩24个，其中1个为“三交点”的三面型界碑（临高、澄迈、儋州交界点），23个双面型界碑。同年，由澄迈县民政局牵头，临高县民政局与澄迈县民政局对两县全长84.7千米边界线进行第一轮市县行政区域界线联合检查，共设立界桩6个，其中单立大型双面界桩4个（编号：027–028–2、027–028–3、027–028–4、027–028–5），双立大型双面界桩1对（编号：027–028–1A、027–028–1B），1个三市县交汇点三面界桩（编号：028–003–22）。

2009年，县民政局与儋州市民政局、澄迈县民政局进行第二轮市县行政区域界线联合检查，在检查中，对界桩进行维护。连续两轮的市县行政区域界线联合检查后，界线周边未发生边界争议和群体性纠纷，边界社会和谐稳定。

第二章　人事 劳动 社会保障

第一节　机构编制

一、机构

1986年，临高县编制委员会（简称“县编委”）下设办公室，县编委主任由县长担任。县编委办为副科级单位，主任由人事局长兼任。1990年7月，编委办主任不再由人事局长兼任。1996年，随着机构改革的不断深入，县编制委员会及其办公室分别更名为县机构编制委员会和县机构编制委员会办公室。2002年，县编委办升为正科级单位，既是党委工作部门，又是政府工作部门，挂靠县人事劳动局，主任由人事劳动局局长兼任。同年，为加强事业单位的管理，县编委成立县事业单位登记管理局。2009年，县编委办单独设置，不再挂靠县人事劳动局，属党委工作部门。2010年，县编委办在职人员6人（含县事业单位登记管理局2人）。

二、编制管理制度

（一）管理体制

1986—1990 年，由于各单位机构相对稳定，机构编制管理工作主要以人员编制管理为主。编制的主要依据是按照上级编制部门核定下达的编制定额，根据县内各单位的工作职责，岗位设置进行定编定员工作。1990 年后，随着机构改革的不断深入，机构编制管理工作，由过去的以人员编制管理为主，逐步发展到机构、人员编制（包括领导职数）的管理，加强机构编制的执法监督工作，机构编制管理工作逐步走向规范化、制度化。

（二）人员管理

1986 年，临高县编制超编现象较为严重。1988 年，县编委发出《关于加强国家机关、事业单位工资基金管理的通知》，各单位人员工资，先由县编办核准，财政金融部门按核准后的工资拨发；经核实，同年全县总编制 1602 人（不含教育系统），在职人员 2050 人，超编 448 人。

1990 年，县委制定《关于临高县行政事业机构编制整顿方案》。1991 年，开展机构编制检查清理工作，当年全县行政编制 1056 人，实有 1283 人，比 1990 年减少 131 人。1998 年，开展机关事业单位编外人员的清退分流工作。至 2000 年，全县共清退编外人员 851 人，其中教育系统 576 人，分流 251 人。

经过清理，超编现象得到控制。2008 年，全县行政编制 1389 人，其中县直机关 914 人，镇机关 475 人；实有 1388 人，其中县直机关 992 人，镇机关 396 人。财政拨款事业编制 6455 人，其中中小学教职工专项编制 3806 人，其他 2649 人；全县事业单位实有人员 7455 人，其中财政拨款 6075 人，经费自理 425 人，企业化管理 955 人。2010 年，开始实行网上实名制数据库管理工作。全县行政编制 1425 人，其中县直机关 972 人，镇 453 人；实有 1409 人，其中县直机关 991 人，镇 418 人。全县核定事业编制总额 7156 人，其中中小学教职工专项编制 4506 人，其他 2650 人，实有人员 7990 人，其中财政预算 6819 人，经费自理 224 人，企业化管理 947 人。

（三）机构管理

1988 年海南建省，在全国率先实行“小政府、大社会”管理模式。临高县切实加强机构精简工作，机构设置要求“精简、统一、高效”。1989 年，全县申请设置新机构 71 个，经县编委讨论，审批设立 5 个。1994 年，全县副科以上行政单位 73 个，其中县机关行政单位 57 个，乡镇政府 16 个；有副科以上事业单位 17 个。同年，根据上级要求县委制定《临高县行政、事业单位机构编制方案》。至 1997 年，基本完成行政机关“三定”（定主要职责、定内设机构、定人员编制）工作，共撤销、调整 7 个事业单位，部署原行政转轨为事业单位的“三定”工作和事业单位改革的基础工作。经过调整改革，全县行政单位25个，人大、政协、工青妇机构5个，公检法司4个，副科以上事业单位48个（含事业单位团体），股级及以下事业单位315个，其中全额拨款143个，差额104个，规费（含企业化管理）68个；乡镇政府16个，其中一类5个，二类9个，三类2个。

2001年，制定《临高县党政机构改革方案》，完成全县党政机关，副科以上事业单位机构设置工作，全县共设置党政机构26个，其中党委工作部门8个，政府组成部门18个；副科以上事业单位（包团体机构）56个，按工作职责和隶属关系划分为四大类：县委、县政府直属事业单位22个，部门管理事业单位17个，部门服务性事业单位9个，团体单位8个。同年，根据《临高县乡镇管理体制》要求，在全省率先将原属县直单位管理的乡镇所、站事业单位，全部下放给乡镇政府管理（全省各市县至2009年才下放）。

2002年，实行乡镇行政区划改革，将全县16个乡镇调整为11个镇（含农垦1个），各镇设党政办公室、经济发展办公室、社会发展办公室、国土建设办公室、计划生育办公室5个内设机构。2009年，各镇内设机构调整为党政综合办公室（挂社会治安综合治理办公室牌子）、经济发展办公室、社会事务办公室（挂计划生育办公室牌子）3个内设机构。同年，撤销乡镇各所、站整合成立农业服务中心和社会事务服务中心。同时，实行政府机构改革，县政府工作机构和行政编制分别精简12%和25.9%，乡镇建制减少37.5%。

2010年，全县共设置政府部门22个，其中保留15个，更名6个，调整1个；全县事业单位304个，其中财政预算管理280个，自筹14个，企业化管理10个。

（四）事业单位法人登记

2004年始，根据国务院《事业单位登记管理暂行条例》和海南省政府《事业单位登记管理办法》规定，临高县开始对事业单位开展法人登记管理工作，通过宣传发动，举办培训班等办法，首先在副科级以上单位进行事业单位法人登记试点，当年开展法人登记的事业单位46家，以后逐渐在全县铺开。至2010年，全县实行事业单位法人登记的事业单位达189家，年度报告书达99%，临高县的事业单位法人登记管理工作逐渐走向规范化、制度化。

第二节　人　事

一、机构

1986年，临高县分别设有县人事局和县劳动局。

1995年3月，临高县人事局、劳动局合并，成立临高县人事劳动局，内设办公室、调配股、工资福利股、专业技术人员职称股、培训奖惩股、安全生产股、劳动争议仲裁监察股（挂牌临高县劳动争议仲裁委员会办公室）。

1996 年 12 月 11 日，临高县劳动监察大队成立，直属临高县人事劳动局，属股级全额事业单位，设队长 1 人，副队长 1 人。

2001 年 9 月，临高县人事劳动局更名为临高县人事劳动保障局，全县从业社会养老保险的管理职能划归县人事劳动保障局。县人事劳动保障局内设 5 个股，即政工股、调配股、工资福利股、专业技术人员管理股、仲裁监察股（挂牌劳动争议仲裁委员会办公室）。

2002 年 12 月，临高县机构编制委员会批复同意县人事劳动保障局增设社会保险股。2007 年 12 月，临高县机构编制委员会批复同意临高县劳动监察大队更名为临高县劳动保障监察大队，为副科级事业单位。2008 年 10 月，临高县机构编制委员会批复同意县人事劳动保障局增设城镇居民医疗保险办公室。

2010 年 8 月，临高县人事劳动保障局更名为临高县人力资源和社会保障局，加挂临高县安全生产监督管理局牌子。县人力资源和社会保障局内设 8 个股室，即办公室、调配股、工资福利股、专业技术人员管理股（职改办）、仲裁监察股、社保股（城镇居民基本医疗保险办公室）、就业促进股、安全生产监督管理股（安全生产委员会办公室）。

二、人事制度改革

（一）机关干部人事制度改革

1986—1992 年，临高县行政单位实行国家干部管理制。1993 年 10 月 1 日，《国家公务员暂行条例》实施，临高县推行公务员制度，实行机关干部人事制度改革，采取分期分批考试的方式进行公务员过渡录用。1998 年，全县第一批 415 名干部通过考试过渡录用为国家公务员。

2005 年，开始实施《中华人民共和国公务员法》，逐步把公务员、机关工勤人员及事业单位管理人员和专业技术人员进行分类管理，取消“国家干部”管理体制，国家机关工作人员推行“凡进必考”的“公开、公平、公正”录用竞争原则，招录公务员。2006 年，全县进行公务员重新登记，实名登记公务员 683 名。

2007 年 8 月，中共临高县委、县人民政府审议通过印发《临高县人事管理规定》，全县人事管理制度走上规范化。党政领导干部制度改革，领导干部实行能上能下，打破终身任职制。领导班子按照“革命化、年轻化、知识化、专业化”的“四化”标准选拔德才兼备人才。

2008 年 8 月，临高县实行有行政执法职能的事业单位参照公务员管理。至 2010 年，全县共有 21 个事业单位参照公务员管理，人员实行考试过渡录用，过渡录用登记人员284名。

（二）事业单位人事制度改革

1986年，临高县事业单位管理人员采取聘用合同制，由用人单位和选聘人签订聘用合同，合同期满可续聘或解聘，并报人事部门批准备案执行。

2005年，事业单位管理人员采取“公开、平等、竞争、择优”原则，按照编制定员缺岗数公开考试聘用，实行岗位聘用管理。

2009年4月，乡镇机构进行改革，撤销七所八站，合并规范成立社会事务服务中心和农业技术服务中心，通过公开竞岗和择优录用300名管理人员，管理人员纳入财政全额供养。

（三）专业技术人员管理制度改革

2000年，临高县对专业技术人员开始实行事业单位和企业单位分类管理。事业单位专业技术人员按专业技术岗位设置采取聘用制，由用人单位和选聘人签订聘用合同，合同期满可续聘或解聘，报人事部门批准执行。企业单位专业技术人员职务聘任由企业单位自主决定。2007年，事业单位专业技术人员实行岗职数控制、评聘分开。2010年，全县共聘用高、中级专业技术人员940人。

三、国家公务员管理

（一）国家公务员过渡

1993年10月1日，正式施行《国家公务员暂行条例》，临高县推行公务员制度有序进行。以学习培训、分期分批考试的方式过渡，先是县直政府机关、公检法，其次是乡镇一级政府机关。1998年，第一批全县415名干部通过考试过渡为国家公务员。

（二）公务员登记

1987年，全县行政单位工作人员有1534人。2005年，开始实施《中华人民共和国公务员法》，行政机关公务员实行登记工作。2006年，全县进行公务员重新登记，全县公务员共有683名进行实名登记并进行信息录入管理。

（三）公务员招录

2005年，逐步把公务员、机关工勤人员、事业企业单位管理人员、专业技术人员进行分类管理，改变过去统称“国家干部”用同一模式管理的做法。国家机关、事业单位推行“凡进必考”的“公开、公平、公正”录用竞争原则，建立符合机关、企事业单位各自特点的科学管理体制的激励机制。2010年，协助做好全县10个单位26名公务员的招考工作。

（四）培训管理

1986—1993年，干部培训分别按不同层次、不同类别、不同年龄、不同文化程度分系统进行。党政群的乡镇科级、股级、党员干部的培训由县组织部门负责，一般干部的专业培训和军转干部的培训由县人事局负责。1994—2010年，培训分为新录用人员培训（岗前培训）、根据专项工作需要进行的专门业务知识培训和在职国家公务员更新知识培训。国家公务员和依照管理的机关工作人员的业务培训，主要由县人事局负责。培训内容为《中华人民共和国公务员法》《关于事业单位参照公务员法管理工作有关问题的意见》《公务员考核规定（试行）》《公务员奖励规定（试行）》《行政机关公务员处分条例》及相关的国家的法律法规等。国家公务员培训期间的学习成绩和鉴定作为其任职和晋升职务及评优、评先进的重要依据。全县共举办各类培训240期，参训人数达18650人次。

四、事业单位人员管理

1986年起，根据人事制度改革的政策，事业单位和乡镇机关干部的补充，均采用选聘合同制的做法，经县人事部门批准后，用人单位和选聘人签订聘用合同。合同期满后，可续聘或解聘，并报人事部门批准后执行。

2005年起，根据人事部《事业单位公开招聘人员暂行规定》精神，在招聘过程中，坚持“公开、平等、竞争、择优”的原则，严格按照规定的事业编制定员，并按有关程序和方法一律实行公开考试，择优录用。把竞争机制引入到人事管理中，扩大用人、选人的透明度。

2009年4月，实行乡镇机构改革，将“七所八站”（农科所、水利管养所、粮所、财政所、工商所、税务所、派出所，畜牧站、农机站、农技站、文化站、广播站、计生站、林业站、农业经济经营管理站）合并规范成立社会事务服务中心和农业技术服务中心，通过公开考试，择优录用，为300名工作人员办理财政全额拨款事业管理人员登记手续。

2009—2010年，为全县21个事业参照公务员管理单位284名工作人员办理参照公务员管理人员过渡登记手续。2010年，开展地税、农税、征稽三项体制改革，为44名工作人员办理参照公务员管理登记手续。同年，开展乡镇卫生院医疗体制改革，为全县10个镇卫生院468名医务人员纳入事业编制财政全额拨款工资。通过公开考试，择优招聘录用104名医务工作人员。

五、专业技术人员管理

（一）专业技术人员评聘

2000年，按照《关于印发海南省事业单位专业技术职务结构比例暂行规定的通知》，开展专业技术人员职务的聘任工作。企业专业技术人员职务的聘任由企业自主决定，职改部门不再对企业的专业技术职务进行职数比例结构的控制。企业有权按照生产经营和技术工作的实际需要，设置和聘任该企业有效的专业职务。事业单位的专业技术职务的岗位设置和聘任按照不同经费来源，实行分类指导。经费自收自支的单位，不再实行高、中级职务数额的控制。财政差额拨款和全额拨款的事业单位实行岗职数控制，在高、中级岗位职数内聘任专业技术职务。2007 年实行评聘分开试点工作后，至 2010 年，全县已取得高、中级职务的 1213 人，已聘任 940 人，待聘 243 人。

截至 2010 年，按照职称认定、评审的规定，全县通过认定、评审获得初级以上专业技术资格的共有 7246 人。

1997—2010 年临高县获得专业技术资格人员统计表

表 15-2-1　　单位：人

年 份	初级资格	中级资格	高级资格	年 份	初级资格	中级资格	高级资格
1997 年	590	39	—	2004 年	168	29	7
1998 年	490	73	3	2005 年	56	67	16
1999 年	479	76	5	2006 年	235	93	25
2000 年	566	160	8	2007 年	234	238	35
2001 年	263	52	13	2008 年	336	391	41
2002 年	425	139	14	2009 年	360	317	40
2003 年	444	118	18	2010 年	425	127	26

说明：1986—1996 年数据缺失

（二）行业分布

1986 年，临高县主要行业有农业、工业及从事各项研究领域的行业等。1988 年，全县拥有从事农业、工业、经济、文教、卫生等专业科技人员 3812 人，其中高级科技人员 37 人，中级科技人员 743 人，初级科技人员 3032 人。

至 2010 年，按职称级别分类，全县企事业单位专业技术人员 7246 人，其中高级专业技术资格人员 251 人，占总数的 3.5%；中级专业技术资格人员 1919 人，占总数的 26.5%；初级专业技术资格人员 5076 人，占总数的 70%。按行业分布分类，工程专业技术人员 299 人，占专业技术人员总数的 4.1%；文体、卫生专业技术人员 550 人，占专业技术人员总数的 7.6%；中小学教学人员 6407 人，占专业技术人员总数的 88.4%。

六、大中专毕业生分配与人才市场管理

1986 年，临高县的干部队伍建设采取吸取录用制。对大中专毕业生实行国家统招统分政策，全部由人事部门实行指令性分配。1990 年，中等高等教育事业迅猛发展，毕业生人数逐年增加，就业压力变大，不可能继续统包统分。1995 年，分配制度逐步改变，毕业生已不能按单位全部吸收。根据国家政策，县委、县政府决定对大中专毕业生实行“国家任务生”统一分配，按行业按专业原则，对“委培生”实行自主择业、双向选择，引导毕业生进入人才市场，解决供大于求的严峻局面。1998 年后，毕业生全部走向人才市场，就业方式由单一的统包统分转变成双向选择，自主择业和公开招聘。

2000—2010 年，全县通过人才交流引进各类人才 385 人，其中卫生系统 60 人，教育系统 276 人，党政系统 13 人，其他技术人才 36 人。

七、军转干部管理

1986—1996 年，军队转业干部是指令性计划接受安置，接收任务是各机关、事业、企业单位。营级以上干部由组织部门负责，连级以下干部由人事部门负责。

1997 年后，由于经济体制改革，地方政府安置任务压力逐渐加大，为减轻安置任务的压力，军队转业干部安置由指令性安置走向双向选择的双轨制管理。营级以下干部由人事部门负责接收安置。部分军队转业干部由人事部门安置到机关事业单位外，部分军转干部自愿选择自谋就业，工资按照原军队职级不变。至 2010 年，全县共有 7 名军转干部选择自谋就业。

八、调配管理

1986—1994 年，干部调配工作依据人事部、省人劳厅《干部调配工作暂行规定》，在计划调配为主的前提下，根据工作需要，兼顾解决干部的实际问题，做好干部调配工作。

1995—2010 年，随着市场经济的发展，人事调配管理转为双轨管理，即调入单位和调出单位进行协商同意报人事部门批准并办理调配手续。2007 年 8 月，中共临高县委员会、临高县人民政府审议通过印发《临高县人事管理规定》，实现全县人事管理制度化。

九、工资管理

1986 年，为国家机关、事业单位部分工作人员调整工资。1987 年，为解决高等专业技术人员工资偏低问题，职务工资偏低的一律调到最低职务工资 160 元。1988 年，完成全县企业单位职工浮动升级改固定的审批。1989 年，全县国家机关、事业单位工作人员普调一级工资，在普调的基础上增加一级工资。1990 年，执行专业技术人员新工资标准，各职务起点工资标准提高两个档次。

1993 年，机关和事业单位工作人员工资制度改革，实行职务、级别工资制。配改工资办法，以现行基础工资 40 元为基数，套入职级工资制中的基础工资校准，按确定的级别执行相应的职级工资校准；执行级别工资后，原按国家规定发放的奖金即行取消；按工作人员现职务工资就近高套入职级工资制中的职务工资校准，套入后符合规定任职年限和工作年限的，可再套入相应的职务工资档次。凡是年度考核称职以上等次的工作人员均给予两年晋升一个档次工资，满五年晋升一个级别工资，列为正常调资范围。

1995 年，为机关实行职级制的工作人员按工作年限正常晋升级别工资，全县有 1573 人晋升人月均增资 15.6 元。1997 年，调整国家机关、事业单位工作人员工资标准共 7882 人，月增资 18.20 万元，人均月增资 23 元。在执行新工资标准基础上正常晋升职务工资档次共 6753 人，全县增资 17 万元，人均月增资 26 元，离退休退职人员 1871 人，月增加生活人均月增资 40 元。1997—2002 年，全县先后五次调整工资和养老金，在职干部职工月平均工资从 1997 年的增加每人每月 368 元，提高到 2002 年的 846 元，增加 478 元。全县企业单位离退休人员的养老金从人均 272 元提高 476 元，月增加 204 元，受益人数 2499 人。

2001 年 1 月 1 日起，调整机关、事业单位工作人员工资标准和增加离退休人员离退休费。2003 年起，机关、事业单位工作人员开始发放一次性年终奖金。凡年度考核评定为称职、优秀等次人员，均发给其本人 12 月基本工资数额的奖金。

2003 年，全县工资支出 9162 万元，增加 282 万元，增长 3.17%。按国家政策要求，从 7 月起增加在职人员的职务工资，从 10 月起增加在职人员 5%的浮动工资，同时相应增加离退休人员的工资。

2004 年，落实省政府关于财政供养人员工资调标的决定，从 10 月起将机关、事业单位工作人员的工资调整到统一加浮动 50%，离退休人员分别按浮动系数 70%、50%标准增加离退休费。全县工资财政支出 10643 万元。

2006 年后，凡是年度考核称职以上等次的工作人员满五年晋升一级工资，行政机关工作人员每两年晋升一档工资，事业单位工作人员，每年晋升一级工资。同年，全县晋升一个档次工资 7120 人，机关 1463 人，事业单位 5657 人；一个级别工资 580 人，机关 130 人，事业单位 450 人。

2008 年，全县晋升一个档次工资 7280 人，机关 1490 人，事业单位 5790 人；一个级别工资 650 人，机关 145 人，事业单位 505 人。

2010 年，继续实行公务员职级制工资，并根据临高经济社会发展水平适当调整工作性补贴和生活补贴；事业单位继续逐步实施岗位绩效制工资，中小学义务教育阶段已全面实行岗位绩效制工资。根据海南省人力资源和社会保障厅发布的《企业工资增长指导线意见》，逐步建立“市场机制调节、企业自主分配、平等协商分配、政府监控指导”的企业工资分配机制，各类企业应根据国家有关工资政策和省工资增长指导线，实行以岗位工资集体协商制度为重点的企业工资决定机制，合理确定职工工资增长幅度。县劳动监察部门加强对企业工资分配的执法监察，采取日常巡查、专项检查和投诉举报专查等形式，对企业贯彻执行工资指导线实施情况，最低工资规定、工时制度等情况进行监督检查。

第三节　劳　动

一、劳动制度改革

1986—1990 年，临高县用工制度是由政府下达用工指标到各企业，有部分实行退休顶替政策，有计划内和计划外之分，用工类别有临时工、固定工等。1991—1997 年，所有企业一律实行用工合同制。1998 年后，企业实行改制，取消政府下达用工指标的计划分配制用工方式，建立以全员劳动合同制为核心的员工能进能出的劳动用工体系，改制后的企业职工与原企业解除劳动关系，取消国有企业职工身份，到就业指导部门登记失业后成为失业人员，进入政府就业再就业管理体系。企业用工由企业法人自主权根据实际用工岗位公开招聘，实行合同制管理。

二、劳动就业管理

1986 年，临高县劳动服务公司有员工 16 人，隶属县劳动局，属全民所有制企业，具有一定的行政职能。1999 年，临高县劳动服务公司更名为临高县就业服务中心，有员工 13 人，业务工作从半行政转为纯服务，隶属县人事劳动局。2002 年 6 月，挂牌成立临高县就业局，编制 10 人，内设办公室、职业介绍股、就业培训股、失业保险股。2007 年 11 月，临高县就业局加挂临高县人力资源开发局，与临高县就业局实行两块牌子、一套人员办公体制，同时增加人才管理服务中心、就业贷款担保中心 2 个内设股室，增加财政全额预算管理事业编制 6 名。2010 年，临高县人力资源开发局和就业局，内设办公室、就业指导股、就业贷款担保中心、职称考试与技能鉴定股、人才管理服务股和失业保险股 6 个股级机构，有工作人员 17 人。

（一）劳动就业

1994 年，全县安排就业人数 1650 人，增长 7%。

2002 年起，临高县贯采取积极的就业政策，以政府引导、市场调剂、自主择业为原则，鼓励劳动者自谋职业，自主创业和利用国家相关优惠政策（如对就业困难对象实行就业援助、开发公益性岗位等）相结合，实现劳动者充分就业和稳定就业。对城镇登记失业人员提供免费职业介绍，对其中就业转失业人员提供免费再就业培训。建立政府出资购买就业服务和培训成果制度，落实就业困难群体援助制度。通过乡镇社区保障服务平台，对“4050”

人员等城镇就业困难对象提供就业岗位，将公益性岗位优先提供给最需要的特困人员。针对农村贫困户等困难群体，重点做好“一户一就业”工作，免费提供职业培训和职业介绍服务，使农民工和城镇求职者一样，享受统一的就业与失业登记、政策咨询、职业介绍、就业指导、就业准入等就业服务待遇，与城镇下岗失业人员一样享有免费职业介绍和免费职业培训等就业援助待遇。

2004 年，全县有 7150 人外出打工，其中企业下岗职工 341 人，城镇失业人员 1475 人，城镇新增就业无业人员 1581 人，农村富余劳动力 3753 人。

2006 年，全年组织 880 人次参加创业、就业和技能培训，其中下岗失业人员受训 174 人，农村劳动者受训 706 人。城镇新增就业岗位 500 个，下岗失业人员实现再就业 750 人，城镇失业率控制在 4%以内。

2007 年，做好就业再就业工作，全年共组织 2360 人次参加的创业、就业和技能培训，新增就业岗位 2598 个，其中城镇新增就业岗位 1162 个。农村富余劳动力转移就业 5519 人。外出“打工经济”呈现出喜人的势头。

2009 年，全县城镇累计新增就业岗位 1465 个，为全年任务的 106%；下岗失业人员实现再就业 386 人（其中就业困难人员实现再就业 150 人），为全年任务的 96.5%；城镇登记失业率为 3.3%，低于 4%的控制线。根据国务院《关于进一步就业再就业工作的通知》和省政府《关于进一步加强就业再就业工作的意见》，提出就业再就业工作的指导思想和任务，推出一系列政策措施，要求动员社会力量广泛参与就业再就业工作。推行小额贷款、资金奖励、税费减免、再就业资金管理，推动下岗再就业人员小担保贷款工作，抓好税收减免，社保补贴、再就业培训补贴和公益性岗位补贴等政策的落实，形成具有激励特点的就业再就业政策体系，促进就业再就业。全县为 432 名就业困难对象落实社保补贴，有 150 多名就业难对象实现再就业；召开免费专场招聘会 3 场，为 6530 名农民提供职业介绍服务，实现就业 3800 多人；为帮助就业难就业人员实现再就业，全年开发公益性岗位 100 个，比上年增长 200%。

2006—2010 年临高县完成就业再就业各项工作统计表

表 15-2-2

年份	城镇新增就业岗位（个）	农村劳动力转移就业（人）	城镇登记失业率（%）	发放失业金		失业人员实现再就业	职业培训		档案托管	
				人数（人）	金额（万元）		农村劳动力（人）	失业人员（人）	大中专毕业生（份）	失业人员（份）
2006 年	1139	4346	2.18	235	70.500	476	385	451	399	1560
2007 年	1193	5320	1.89	269	151.716	527	200	898	513	1085
2008 年	1418	5526	2.07	1151	489.323	638	250	327	581	893
2009 年	2501	8028	1.54	1210	497.232	652	300	639	735	419
2010 年	3014	8133	1.32	376	232.819	635	1500	525	1364	451
合计	9265	31353	1.80	3241	1441.590	2928	2635	284	3592	4408

说明：1986—2005 年数据未见统计

2010 年，就业与再就业服务工作取得优异成绩，完成省厅（局）下达的三项考核指标和各项任务。城镇新增就业岗位 1963 个，完成省厅（局）下达任务 950 个的 206.6%；农村富余劳动力转移就业达到 5700 人，完成省厅（局）下达任务 3600 人的 158.3%；城镇登记失业率为 0.64%，在省厅（局）下达 4%的失业率控制范围内。下岗失业人员实现再就业 357 人，完成省厅（局）下达任务 400 人的 89.3%；为 235 名失业人员核发失业金 91.02 万元，报销医疗费、发放抚恤金和丧葬费共 3.98 万元。在县民政局的支持下，为生活困难的下岗失业人员 540 人（户）办理最低生活保障金；为下岗失业人员 316 人进行政策性、创业性、引导性培训。

（二）劳动关系管理

1986—1990 年，全县用工制度是由政府下达用工指标到各企业，有部分实行退休顶替政策，有计划内和计划外之分，用工类别有临时工、固定工等。1991 年后，无论集体所有制企业还是国有所有制企业，一律实行用工合同制。1998 年，全县第一批国有企业实行改制，改制后的企业职工与原企业解除劳动关系，取消国有企业职工身份，到就业部门登记失业后成为失业人员，进入政府就业再就业管理体系。2009 年，推行劳动关系三方协商机制，充分发挥三方机制作用，加强劳动合同和集体合同管理，从根本上规范劳动用工，遏制拖欠工资行为的发生。全面推行劳动合同制度，根据省人社厅制定的《海南省劳动管理规定》有关规定，开展集体劳动合同审查和备案工作。全县各类用人单位劳动合同签订率达到85%。做好国有企业改制关闭破产职工安置方案审查工作，根据省人社厅等相关部门制定的《关于国有企业改革中劳动关系处理等问题的意见》规范国企改革中的劳动关系。2009年审查通过改制、关闭国有企业临城糖厂、马袅盐场职工安置方案2个，涉及职工600多人。2010年，全县有国有企业98家，职工11356人，已完成改制的企业有46家，安置职工3147人，其中粮食系统（24家企业）1060人，白燕滩电站160人，印刷厂111人，百货公司89人，纺织公司150人，五金公司146人，临城糖厂271人，马袅盐场282人，其他单位878人。

（三）劳动监察

1996年，临高县劳动监察大队成立，为股级事业单位，隶属临高县人事劳动局。同年，实施全员劳动合同制度。2007年，临高县劳动监察大队更名为临高县劳动保障监察大队，确定为副科级事业单位。按照《中华人民共和国劳动法》《中华人民共和国劳动合同法》《劳动保障监察条例》等法律法规，全力推进县辖区劳动保障监察工作，稳步实施农民工工资保证金制度等。2008年，全县开始推行劳动用工备案制度，用人单位用工须报送劳动行政部门备案，用人单位与劳动者签订集体合同，劳动合同签订率和用工备案率逐年提高。全年督促63家用人单位签订劳动合同1739份，登记受理群众举报投诉案件14宗，结案率95%，依法维护劳动者和用人单位的合法权益。

2009年，加大劳动监察执法力度，检查用人单位89家，涉及劳动者4500多人，责令用人单位与2173名劳动者补签劳动合同，为76名农民工追回被拖欠工资11.35万元。处理劳动保障突发事件11件。维护农民工合法权益。根据省劳动保障监察总队《关于贯彻国务院〈关于制定农民工问题的若干意见〉的实施方案》，就解决农民工问题的主要任务、工作措施和具体要求等作出明确规定，为农民工的合法权益提供政策依据。建立建设领域农民工工资保证金制度，从源头上预防建设领域拖欠农民工工资现象的发生、保障建筑领域农民工的正当权益。全县累计存入保证金5笔，金额25万元，已缴纳工资保证金的用人单位未发生新的拖欠。建立农民工工作联席会议制度，协调解决农民工政策落实中的难点问题，形成上下互动、部门配合、协调统一的工作机制。

2010年，组织开展劳动用工大检查，共检查用人单位52家，涉及劳动者人数1564人，督促32家用人单位及时足额补缴社会保险费，督促全县52家用人单位与1391名职工签订劳动合同，促使县劳动合同签订率达93%以上，全年共受理并立案查处劳动监察案件15宗，已依法办结15宗，为125名劳动者尤其是农民工追回欠薪67.3万元。受理劳动争议仲裁案件12宗，已依法办结11宗。继续严格执行建筑领域农民工工资保障金，并将保障金制度实施范围不断扩大，依照法定程序办理退保手续，完善相关财务会计管理制度，确保资金安全，从制度上、源头上保证农民工工资按时足额支付。

三、职业培训与技能鉴定

为了适应农村经济和社会发展的需要，从1998年开始，结合农村富余劳动力和企业下岗职工的转岗转业技能提升，临高县组织对全县富余劳动力和在职劳动者以培养和提高素质及职业能力进行培训。培训内容为橡胶割胶技术提升和栽培技术培训、摩托车修理、农用拖拉机修理、建筑行业砌墙技术提升、下岗失业人员创业技术培训、中式面点心、初级厨师等，并对参加培训人员进行初级专业职业技能技术资格鉴定。据统计，2006年培训836人，2007年培训1098人，2008年培训577人。2006—2008年，全县共发放各类初级专业职业技术资格证书2250本，培养一大批农村实用人才。

2009年，为统筹城乡就业，进一步落实促进农村劳动力转移各项政策，转发《海南省人事劳动保障关于服务社会主义新农村建设的工作意见》，制定农村劳动力技能培训、职业介绍补贴标准。加大劳务输出力度，加强农村劳动力的技能培训，促进农民向非农产业和城镇有序流动，开展“一户一就业”活动。清理针对农民进城务工的限制性政策，完善就业服务机制，打击非法中介组织，规范劳动力市场秩序，改善农民工进城就业环境。加强与珠三角地区的对接，及时掌握用工需求和培训信息，并把输出由“珠三角”地区延伸到“长三角”和港澳地区。全县培训农村劳动力865人，其中劳动预备制培训200人。劳务输出培训500人，技能提升培训165人；转移就业5867人，其中向省外转移就业3200人，省内转移就业2667人。

2010年，贯彻落实海南省人民政府《关于进一步加强就业再就业工作的意见》精神，帮助城乡劳动力转移就业，组织开展包括旅游酒店服务管理、家电维修、美容美发、农业技术、建筑管理、摩托车维修、汽车维修、家政服务等实用性专业培训。下岗失业人员和农村劳动力技能培训，并严格做好相关的管理服务工作。全县农村劳动力转移5700人，完成省下达任务的103%。同时，做好培训就业后的跟踪服务，及时了解情况，协调处理好劳务纠纷、拖欠工资等问题。

四、劳动争议仲裁

1986年，县劳动局设立劳动争议仲裁股（挂牌临高县劳动争议仲裁委员会办公室），配备2名专职人员。1995年3月，合并后的临高县人事劳动局内设仲裁监察股，同时挂牌临高县劳动争议仲裁委员会办公室。2001年，更名后的人事劳动保障局内设仲裁监察股（挂牌临高县劳动争议仲裁委员会办公室）。2010年，县人力资源和社会保障局内设仲裁监察股（挂牌临高县劳动争议仲裁委员会办公室），人员编制不变，实行两块牌子、一套人员的管理体制，同时担负劳动、人事争议案件的调解和仲裁工作。

1996年，县机构编制委员会批准设立临高县劳动监察大队，隶属于人事劳动局股级全额事业单位。2007年，升格为副科级参照公务员管理事业单位，编制15人，内设受理股、监察股、法制宣传股。2009年，设立人事劳动争议仲裁庭。2010年，劳动争议仲裁股挂牌设立人事劳动争议仲裁股，人员编制不变，实行两块牌子、一套人员的管理体制，同时担负劳动、人事争议案件的调解和仲裁工作。

20世纪80年代末，几乎没有劳动争议案件的申诉。随着民营企业的迅猛发展和外来民工的增加，有的企业为节约成本，不与员工签订合同，一旦出现劳动纠纷，采取回避，员工的权益得不到保障。至1994年《中华人民共和国劳动法》颁布后，打工者法律意识增强，开始懂得如何运用法律维护自己的合法权益，劳动争议申诉率逐渐上升，案件不断升级，主要争议为合同纠纷。2009年，全县劳动争议仲裁委员会受理劳动争议申诉13件，涉及职工43人，为当事人追回工资、经济补偿金和赔偿金14.3万元，法定期限内结案率100%。1986—2010年，全县调解、仲裁劳动人事争议案件共计286件。

第四节　社会保障

一、机构

1986—1991年，临高县劳动保险服务公司负责全县劳动保险征缴工作。1992年，临高县劳动保险服务公司撤销，成立临高县社会保障局，为副科级财政全额事业单位。内设综合股、养老保险股、财务股。2001年11月，临高县社会保障局更名为临高县社会保险事业局，内设综合股、养老保险股、从业人员医疗保险股、工伤生育股。2007年7月，临高县社会保险事业局增设城镇居民医疗保险待遇支付中心。2010年6月，临高县社会保险事业局增设农村社会养老保险办公室，核增事业编制人员6名。同年，经海南省人事劳动保障厅批准，临高县社会保险事业局列入参照公务员法管理的事业单位。

二、养老保险

（一）企业养老保险

1992年，临高县委、县政府开始征收企业职工养老保险费，缴纳的标准为用人单位每月按全部劳动合同制工人工资总额的21%缴纳退休养老金，其中单位负担18%，劳动合同工人在合同期内每月按人标准工资3%缴纳退休养老金。同年，全县共有3609人参加企业养老保险，总保费 113.4 万元。随着社会主义经济的发展，企业养老保险缴纳的标准由原来的 21%增加到 28%,用人单位每月替劳动合同制工人缴纳的标准也由原来的 18%增加到 20%，个人负担部分也由 3%提升到 8%。截至 2010 年，全县共有 27283 人参加企业养老保险，其中在职参保人数 15797 人（企业 10166 人，农垦 5631 人）；离退休人员 11486 人（企业离退休人员 4777 人，农垦 6709 人）。全年保费收入 20883 万元。

（二）机关事业单位养老保险

1994 年，县机关事业单位养老保险工作启动。1994—2004 年，养老保险缴纳比例为 21%，参保人数 12000 人，保费收入 510 万元，支出 720 万元。2005 年，机关事业单位养老保险在全县范围内铺开。截至 2010 年，全县共有 8743 名事业单位干部参加机关事业养老保险，其中在职参保人数 6616 人，离退休参保人数 2127 人。

在开展养老保险工作中，临高县社会保险事业局不断加强对养老保险工作的管理，规范基本养老金核实和发放程序，积极主动与县财政局等有关部门做好协调工作，力争养老基金按时拨付到位。同时，还建立和完善养老保险基金发放工作预算和预警机制，不断完善养老保险基金的支付管理制度，确保离退休人员“养命钱”的安全运行。截至 2010 年，全县参加企业与事业养老保险人数 36026 人,其中在职参保人数 22413 人(机关事业 6616 人,企业 10166 人，农垦 5631 人），比 2009 年同期增加 910 人，增长 4.2%；离退休人员 13613 人（机关事业退休人员 2127 人，企业离退休人员 4777 人，农垦 6709 人），比 2009 年同期增加 1035 人，增长 8.2%。全县养老保险基金总支出 19018 万元，比 2009 年同期增加 3423 万元，增长 22 %。

在开展积极开展征缴参保工作的同时，临高县社会保险事业局还加大对离退休人员领取养老金资格认证工作力度，严防冒领养老金行为。将电脑指纹图像采集认证系统与其他灵活的认证措施相结合，针对重点单位、重点企业和重点人员开展认证工作，并对申报领取安葬费和抚恤金的对象逐一开展调查认证。截至 2010 年，已发现冒领养老金 14 人次，扣回冒领养老金 5 万元。

1992—2010 年临高县养老保险参保统计情况表

表 15-2-3

年份	参保总人数（人）	养老保险费收入（万元）	养老保险基金支出（万元）	养老保险基金年末滚动结余（万元）
1992 年	3609	799	691	108
1993 年	3701	890	824	174

续表 15-2-3

年份	参保总人数（人）	养老保险费收入（万元）	养老保险基金支出（万元）	养老保险基金年末滚动结余（万元）
1994 年	3822	1205	1082	297
1995 年	3907	1381	1250	428
1996 年	3985	1452	1342	538
1997 年	4002	1630	1487	681
1998 年	4063	1643	1532	792
1999 年	4082	1735	1650	877
2000 年	4100	1891	1837	931
2001 年	2052	987	1103	814
2002 年	3481	1644	1905	542
2003 年	7105	3450	2455	1538
2004 年	6852	3109	2251	2903
2005 年	9200	4001	3893	2928
2006 年	9500	4135	5327	1730
2007 年	18023	7793	7559	2163
2008 年	18952	8367	7876	2655
2009 年	35983	16311	15595	3372
2010 年	36026	20883	19018	5236

（三）农村社会养老保险

1994 年，临高县人民政府出台《临高县农村社会养老保险实施办法》。1995 年，临高县机构编制委员会批文同意成立临高县农村社会养老保险局，确定为副科级事业单位，归口县民政局。同年，中共临高县委、县人民政府印发《关于村民委员会干部养老保险的暂行规定》。1996 年，临高县人民政府出台《农村社会养老保险工作行动方案》，开始对村委会干部和被征地农民的养老保险进行征缴。1997 年，临高县人民政府出台《关于做好农保工作的若干规定》和《关于做好农保工作的补充规定》。1998 年，临高县人民政府印发《关于进一步加强农村社会养老保险工作的通知》。1999 年，县人民政府印发《关于提留农村集体土地征用款作参加农村社会养老保险的补充规定》。

1996—2010年，全县村委会干部共参加保险1137人，到龄领取待遇支付569人，未到龄人数568人，村委正职待遇领取每人70元/月，副职待遇领取每人60元/月；被征地村民参保人数4606人，征缴金额680051元。2010年5月，农村社会养老保险职能由县民政局划归县人事劳动保障部门。同年6月，县机构编制委员会下文同意社会保险事业局成立农村社会养老保险办公室，业务工作按新农保和老农保两种管理制度执行。

三、医疗保险

（一）城镇从业人员基本医疗保险

1. 机关事业单位医疗保险

2005年3月，全县参加医疗保险13073人。同年，临高县开始实施机关事业单位医疗保险制度。至年底，临高县机关事业单位医疗保险参保率89%，总保费603万元，支出472万元。

2009年，全县参加医疗保险人数30508人，比去年同期增加2413人，增长16.6%；其中，在职参保人数17403人（其中企业4679人，机关事业7031人，农垦5693人）；退休人员参保人数13105人（其中企业4175人，机关事业2318人，农垦6612人）。全县医疗保险基金总支出2637万元，比上年同期增加251万元，增长19.7%，其中统筹基金账户支出1302万元，个人账户支出700万元，离休干部医疗费支出629万元，伤残人员医疗基金支出6万元。

2010年，实行医疗保险个人账户IC卡管理，实现个人账户管理规范化。全县参加医疗保险人数34812人，比2009年同期增加4304人，增长14.1%，其中在职参保人数21558人（其中机关事业7568人，企业7523人，农垦6467人）；退休人员参保人数13254人（其中机关事业2348人，企业4197人，农垦6709人）。全县医疗保险基金总支出3755万元，其中统筹基金账户支出2719万元，个人账户支出800万元，离休干部医疗费支出236万元。

2. 城镇从业人员基本医疗保险

自2001年正式运行城镇从业人员基本医疗保险工作后，县社会保险事业局不断规范医疗保险支付管理工作，完善办事程序及规范待遇核准制度，强化对定点医疗机构、定点药店的稽核监管，加大对门诊特殊病种的审核和管理力度，推进全县医疗保险工作走上正常化、规范化管理。截至2010年，全县参加医疗保险人数34862人，比2009年同期增加4304人，增长14.1%。

（二）城乡居民基本医疗保险

1. 城镇居民基本医疗保险

2008年7月起，全面实施城镇居民基本医疗保险工作，并与25家医疗机构签订定点医疗协议，其中包括县内各卫生院、县级二家医院、那大农垦医院和省农垦医院，大大方便城镇居民住院就医报销。2008年，全县参保人数61154人，参保率达96.9%。2009年，全县城镇居民参保人数61154人，参保率达96.9%。全年城镇医疗保险待遇支出257万元。2010年，全县参保人数43718人，参保率达96.9%。全年城镇医疗保险待遇支出359万元。

2. 新型农村合作医疗

2006年5月，临高县编委批准成立临高县新型农村合作医疗管理委员会办公室（简称县合管办），直属县政府，为副科级全额事业单位，定编7人。新型农村合作医疗筹集的资金（基金）在县财政局设专户管理，农民报销全部转账支付，实行封闭运行，基金管理执行财政部制定的会计制度和财务制度。工作经费另设账户管理，与基金户平行运行。临高县新型农村合作医疗制度自2006年7月1日实施，全县农民参加新型农村合作医疗人数达260193人，参合率85.2%，参合金入库2601930元。

2007年，新型农村合作医疗制度健康运转，全县参合农民261703人，全年共有58729人次参合农民得到报销补偿，社会保障覆盖率进一步扩大。

2008年，全县参合农民274388人，全年共有117112人次参合农民得到报销补偿。

2009年，全县农民参合人数达296140人，比2008年增加17742人，参合率为96.9%，新农合全年报销会额3633万元。3月1日，将基层卫生院门诊看病统筹报销比例从2008年7月的50%提高到2009年3月的70%，并对单张门诊处方费用平均控制在35元以下，坚决杜绝“开大处方”现象。提高新农合住院报销比例，二次报销补偿达349万元。新农合制度的创新，深受广大农民群众的欢迎，“看病贵”的问题基本得到解决。

2010年，全县参合29.71万人，参合率96.93%，参合农民住院率3.4%，比上年下降0.32%，全年报销总额408.08万元，受益67.4万人次，其中门诊65.89万人次，住院1.01万人次，运行态势良好，基金使用安全，管理成效显著，获全省会议介绍经验。全县参合区域已扩大到加来农场，农民参合人数比上年增加18058人，参合率达到96.9%。1—8月，全县共诊疗43.6万人次，农合基金报销达2839.8万元。在实施新农合二次补偿工作中，为全县患有大病重病的1167个参合农民家庭实行二次报销补偿，共补偿资金349.17万元，最多者获得补偿5万元。

2006—2010年，全县共有418505人次参合农民得到报销补偿，共报销金额31811523元，有效地缓解农民看病贵问题，2009年省组织考评荣获二等奖。

2001—2010 年临高县医疗保险参保统计情况表

表 15-2-4　　单位：万元

年份	医疗保险费收入	医疗保险基金支出	医疗保险基金年末滚动结余	年份	医疗保险费收入	医疗保险基金支出	医疗保险基金年末滚动结余
2001 年	144	79	65	2006 年	1098	985	672
2002 年	200	162	106	2007 年	1276	1067	881
2003 年	495	331	270	2008 年	2180	1800	1261
2004 年	603	472	441	2009 年	4284	2147	3399
2005 年	894	771	564	2010 年	5145	3519	5024

四、工伤保险

自 1992 年开展工伤生育保险工作后，临高县不断加强对工伤保险基金支付的管理，使之更加规范化和科学化，促进工伤保险业务顺利开展。此外，全县还积极开展工伤预防和康复业务，认真审定工伤待遇，实现每个工伤案例资料归档管理，使工伤医疗费和工伤救济费等支付工作更规范、更及时、更准确。

2004—2010 年临高县工伤保险参保统计情况表

表 15-2-5

年份	参保总人数（人）	工伤保险费收入（万元）	工伤保险基金支出（万元）	工伤保险基金年末滚动结余（万元）
2004 年	8645	—	—	—
2005 年	13360	179	10	169
2006 年	13564	92	27	234
2007 年	15594	94	30	297
2008 年	15662	140	41	427
2009 年	18311	212	96	645
2010 年	18334	185	81	742

说明：1992—2003 年数据缺失

2004年，全县参加工伤保险8645人。2005年，全县参加工伤保险人数为13360人，同比增长35.2%。2006年，全县参加工伤保险人数13564人，同比增长1.5%。

2009年，全县参加工伤保险人数18311人，工伤基金总支出96万元，其中工伤医疗费56元，伤残补助金13万元，伤残遗属抚恤金9万元，工伤待遇支出10万元，工伤康复检查费8万元。全县参加生育保险人数17403人，增加3041人，增长率21%；生育保险待遇支出3万元。

2010年，全县参加工伤保险18334人，工伤保险基金总支出81万元，其中工伤医疗费43万元，工亡待遇支出8万元，伤残待遇支出7万元，工伤康复检查费23万元。

五、生育保险

临高县生育保险于2005年开始推行，至2007年才逐步扩展至全县。2008年，全县参加生育保险人数6708人，生育保险费收入5万元。

2010年，城镇从业人员生育保险参保人员为20113人（女性8044人，占39.99%），比2009年增加2710人。全年享受生育保险待遇的有65人次（其中生育63人次，计划生育手术2人次），比上年增加52人次。全年生育保险基金收入128万元，基金支出15万元。

2008—2010年临高县生育保险参保统计情况表

表15-2-6

年份	参保总人数（人）	生育保险费收入（万元）	生育保险基金支出（万元）	生育保险基金年末滚动结余（万元）
2008年	6708	5	0	5
2009年	17403	124	3	126
2010年	20113	128	15	239

六、失业保险

1992年，临高县开始实行失业保险制度，由当时的县劳动服务公司负责征缴。征缴对象为国有企业和集体企业的职工，征缴标准为本人工资总额的3%（单位负责2%，个人负责1%），1992—2000年，全县参保人数为1.63万人，征缴金额为1749万元。

2001年7月，成立海南省临高地方税务社会保险费征稽局。2010年10月，更名为海南省临高县地方税务社会保险费征管局。失业保险费的征缴业务，由临高县就业局划转给临高地方税务社会保险费征稽局负责。临高县就业局只负责失业人员的登记、调查、统计，负责失业保险基金的管理、核定失业保险待遇、开具失业人员在指定银行领取失业保险单证等。同年，全县参保人数 18390 人，征缴金额 7474.70 万元，登记失业人员 2640 人，核发失业金 2563.50 万元，申领医疗补助、丧葬费和抚恤金 40298 元，培训失业人员 2640 人，经费 211.20 万元。

第三章　扶贫开发

第一节　机　构

1988 年，成立临高县扶贫开发总公司。1991 年，改为临高县扶贫办公室（简称县扶贫办），参照公务员管理法管理，直属县政府。内设综合股、计划统计股、社会扶贫与培训股和老区建设股。至 2010 年，机构设置未变。

第二节　贫困状况

2002 年，临高县被海南省政府确定为省扶贫开发工作重点县。全县贫困人口 62925 人，全县农民人均收入 2431 元。

2008 年底，临高县贫困村总户数 13896 户，总人口 64952 人。

2009 年，国家确定新的扶贫标准线为农民年人均纯收入 1196 元，海南省确定的新扶贫标准线为农民年人均纯收入 1393 元。临高县按照省的标准线，对贫困人口全面实施扶贫开发工作。全县规划确定 41 个行政村、197 个自然村和 351 个革命老区村庄为重点扶贫开发工作地点，其中的行政村和自然村分别占全县行政村（171 个）的 24%和自然村（733 个）的 26.9%。41 个贫困行政村分布在全县 10 个镇，其中临城镇 6 个，调楼镇 2 个，新盈镇 2 个，多文镇 6 个，和舍镇 2 个，博厚镇 5 个，皇桐镇 6 个，波莲镇 3 个，东英镇 4 个，南宝镇 5 个。2009 年，全县贫困人口减至 28664 人，县贫困地区农民人均纯收入 2851 元，贫困人口人均纯收入达到 1371 元。

2010 年，全县贫困地区农民人均收入 3193 元，属于海南省贫困县。

第三节　主要设施（项目）建设

1990年，制定并开始实施扶贫规划。1993年起，临高县努力改善贫困地区的基础设施建设条件，夯实贫困地区经济发展基础，同时把扶贫开发工作跟文明生态村建设、中小学校危房改造有机结合起来。

1994年，临高县大力发展“高质、高产、高效”农业。在开发中不断上规模，上档次房改造有机结合起来促进“三高”农业的发展。一是创办荔枝生产基地，投资10万元开发建立龙波知青场荔枝基地16.67公顷，年底保苗率达95%以上。二是开发香蕉生产基地，投资20万元开发南宝、博厚等6个香蕉生产基地，面积71.4公顷。建立良种果树苗圃，投放10万元，在美台乡、博厚镇兴办荔枝、杧果、龙眼、黄皮等果树苗6万株，保证扶贫开发所需的种苗。开发淡水、海水养殖，投放5万元在马袅、南宝建立2个养殖基地面积3.33公顷，其中2.67公顷放养石斑鱼，投放1万尾鱼苗，经测定平均每尾可达0.65千克以上。种植各种果树面积52.67公顷。投资5万元加强7个热作水果基地的管理，其中东英高定场杧果10.67公顷，文连尚好村黄皮4公顷，皇桐乡居仁、南木等荔枝面积19.33公顷，美台乡头星荔枝面积6.67公顷，博厚高神农场龙眼面积5.33公顷，和舍镇布佛杧果管理6.67公顷。三是大力发展基础设施建设，改善生产，生活条件。投资15万元，进行公益事业项目的建设。其中打井6口，投资57万元；拉电18千米，投资0.3万元。初步解决部分贫困村庄的饮水难、用电难等突出问题。

1995年，投资30万元，进行公益事业项目的建设，其中投入资金10万元维修南宝乡卫生院病房400平方米；投入资金2万元维修南宝乡博廉小学危房240平方米；投入资金16万元修建博厚镇和丰管理区头桥等村公路22千米；投入资金2万元为美台乡兰罗村拉电照明6千米。初步解决部分贫困乡镇村庄的医疗条件和上学难、道路不通等突出问题。

1996年，帮助贫困地区发展种植业，投入50万元发动南宝乡郎基龙眼生产基地农户全面补苗66.67公顷，果树基地成活率达98%。重点建设美台乡头星村和南宝乡郎基果树生产基地。大力发展临高乳猪生产，在东江等5个贫困乡镇与100户农户签订饲养乳猪的合同，饲养2000头乳猪。发动群众，投工、投劳、投资完成30千米的拉电照明；投入资金50万元架桥修路15千米。投入资金5万元，在南宝乡郎基扶贫果树基地修一座长10米、宽4米的钢筋水泥结构永久性桥梁，修路11千米。在美台乡吾鲁村委会龙栋村，发动群众集资投资，拉电5千米，解决全村105户450人口用电难问题。

1997年，大力扶持贫困地区临高乳猪种苗场基地建设，在东江乡美山村兴建一个乳猪种苗场，于11月竣工并交付使用，占地面积2公顷，投入资金100万元，引进临高猪种

200 头，安排贫困劳力 20 人就业。

1998 年，抓良种兔场基地建设。9 月，投入资金 8 万元在东江乡开办一个良种兔场。兔场占地面积 1.47 公顷，引进优良兔种 400 只，安排贫困劳力 10 人就业。发展秋种甘蔗产业，投入资金 489074.91 元，秋种甘蔗 80.66 公顷，扶持贫困农户 361 户。其中南宝乡 20.67 公顷，投入资金 112749 元，扶持农户 361 户；美台乡 16.15 公顷，投入资金 91188.80 元，扶持农户 97 户；龙波镇 28.15 公顷，投放资金 158813.76 元，扶持农户 123 户；东江乡 15.69 公顷，投入资金 126323.35 元，扶持农户 131 户。

1999 年，乳猪种苗场基地生产乳猪 900 多头，陆续出栏猪苗 850 头，扶持东江、美台、龙波等三个贫困乡镇 425 个贫困户饲养，年乳猪年存栏量达 1900～2000 头；东江玉兔良种繁殖基地发展成为拥有生产种兔 300 只的生产规模，存栏及出档量达到 5100 只；扶持东江乡 100 个贫困农户进行饲养，成活率达 95%以上。外销免苗 685 只，获得经济收入 41100 元，销售商品肉兔 1950 只，获得经济收入 146250 元。投入资金 49 万元，在南宝、美台、东江、龙波等四个贫困乡镇开发建立良种甘蔗基地 62.73 公顷，引进优良品种新台糖 16 号、20 号和 22 号进行推广种植，扶持贫困农户 324 户，其中南宝乡 14.07 公顷，投入资金 11 万元，扶持农户 53 户；美台乡 1.67 公顷，投入资金 4 万元，扶持农户 4 户；东江乡 18 公顷，投入资金 12 万元，扶持农户 56 户；龙波镇 29 公顷，投入资金 22 万元，扶持农户 211 户。投入资金 31 万元，在南宝乡开发建立香蕉下水田生产基地 23.27 公顷，扶持农户 192 户。投入资金 70 万元，在美夏乡兴建墨西哥扇贝养殖基地，面积 6.67 公顷，受益农户 50 户 245 人。

2000 年，临高县坚持开发式扶贫方针，以发展种养为重点，加大扶贫攻坚力度，解决 689 户 1002 人的温饱问题，其中东江乡贫困 45 户 82 人，全县残疾贫困 528 户 589 人。投资 41.5 万元，在龙波、美台、南宝饲养临高乳猪 923 头，扶持农户 461 户。投资 15 万元，扶持龙波、美台、南宝、东江饲养东江玉兔 2300 只，扶持贫困户 153 户。投资 3 万元，为美台乡新兰村打 1 口井，解决 115 户 489 人的饮水问题。投资 8 万元，帮助南宝古道新村拉电照明 4 千米，解决 36 户 175 人的照明问题。

2004 年，全县投入资金 230.4 万元，在贫困地区扶持农民发展种养项目。投入资金 109.6 万元发展良种甘蔗，购买良种蔗苗 3500 吨，扶持贫困地区农民新种甘蔗 356.67 公顷，受益农户 900 户 4050 人，每户农民增加收入 1003 元。投入资金 25 万元发展热带水果，其中培育荔枝、龙眼种苗 12 万株，扶持贫困农民 400 户 1800 人。投入资金 14 万元扶持农民种植薄荷 22.67 公顷，受益农户 29 户 130 人。投入资金 7 万元发展柚子示范基地，种植柚子 3.33 公顷。投入资金 12 万元种植橡胶种苗 5 万株，为 2005 年扶持贫困农户种植橡胶

80公顷做好准备。投入资金62.8万元购买猪苗2133头，扶持贫困地区农民饲养临高乳猪，受益农户1061户4373人。

2006年，全县投入财政扶贫资金126万元，支持8个贫困村进行基础设施建设和产业开发，扶持贫困户种植香蕉19.67公顷、橡胶108公顷、甘蔗66.67公顷，养兔4800只，修建公路（硬化）2.10千米，打井3口，转移劳动力就业110人。8个贫困村平均农民人均纯收入达到2124元，比上年增加150元。

2009年，省财政厅下拨给县扶贫资金（发展资金）共761万元，计划建设项目49个。按照《海南省财政扶贫项目管理规定》的有关要求，县扶贫办公室在年内组织实施全部建设项目，并且组织项目验结算并交付使用。其中，基础设施建设类项目44个，安排资金561万元，在37个贫困村修建36条水泥硬化道路，长19.6千米，建1座机耕桥；在7个贫困村打2口深水机井，建5座水塔，铺设引水管6.28千米；解决37个贫困村15880人的行路难和7个贫困村2965人的饮水难问题。生产发展类项目2个，安排资金115万元，投入100万元，购买优良橡胶种苗333334株，扶持8个镇、43个贫困村、1416户农民种植橡胶553.33公顷，投入15万元扶持多文镇3个贫困村110户农民种桑养蚕20公顷。培训类项目3个，安排资金85万元，投入20万元进行农村实用技术培训17期，受训农民1500人次；投入55万元进行贫困劳动力转移和引导性培训14期，培训1115人次，组织转移就业170人；投入10万元培训贫困地区干部87人次。

2010年，省财政厅下拨县扶贫资金（发展资金）共794万元，实施项目40个。按照《海南省财政扶贫项目管理规定》的有关要求，县扶贫办公室在年内组织实施全部建设项目，并且组织项目验收结算并交付使用。基础设施建设类项目34个，安排资金576万元，修建27条水泥硬化道路，长12.96千米，建3座路桥；在4个贫困村打3口深水机井，建3座水塔，铺设引水管14.5千米；解决30个贫困村、1.87万人的行路难和4个贫困村、3102人的饮水难问题。生产发展类项目3个，安排资金140万元，其中：投入70万元，购买优良橡胶种苗4.38万株，扶持6个镇、24个贫困村1368户农民种植橡胶83.33公顷；投入30万元扶持多文镇、东英镇、调楼镇、皇桐镇12个贫困村420户农民种桑养蚕26.67公顷；投入40万元扶持2个镇、9个贫困村400户养鸡5万只。培训类项目3个，安排资金78万元，其中投入35万元进行农村实用技术培训20期，受训农民2100人次；投入33万元进行贫困劳动力转移和引导性培训9期，培训756人次，组织转移就业170人；投入10万元培训贫困地区干部78人次。截至当年底，共投入资金3918万元，建设乡村道路123千米，建桥10座，钻打机井19口，建水塔12座，铺设引水管36.8千米，建设水利灌溉工程5宗，解决260个贫困村12.94万人行路难、饮水难和农业生产用水难问题，创建文明生态村68个，改造建设中小学校危房27所，使师生5142人的教学生活条件得到改善。

第四节 联手扶贫与信贷扶贫

一、联手扶贫

1998年4月，海南省委常委会议专门研究解决农村贫困人口温饱问题，决定在全省范围内开展联手扶贫行动。5月，省直12个单位（省烟草专卖局、交通银行海南分行、中联通海南分公司、省建设厅、海南中级人民法院、省汽车运输总公司、海口市龙华区、海南师范学院、中保财产保险海南分公司、省直机关事务管理局、省药品监督管理局、洋浦管理局）和临高县4个乡镇（南宝乡、东江乡、美台乡、龙波镇）联合成立扶贫领导小组，统一在当地党委的领导下开展工作。联手扶贫工作组在调查研究，制定方案的基础上，根据部门特点和乡镇实际，开展“四帮”活动，即帮思想、帮技术、帮门路和帮项目。

2009年11月，为加强临高联手扶贫工作，省直机关联手扶贫单位从12个增加为17个单位，并由过去的省直单位包镇改为包村，省直机关、企事业单位与县15个贫困村委会结成帮扶对子。具体是省烟草专卖局帮扶博厚镇博西村委会、交行海南分行帮扶博厚镇乐豪村委会、中国联通海南公司帮扶博厚镇和丰村委会、九三学社海南省委和深发银海口分行帮扶博厚镇头稍村委会、海南政法职业学院帮扶博厚镇道灶村委会、省住房和城乡建设厅帮扶皇桐镇中林村委会、海口市龙华区帮扶南宝镇松明村委会、海南师范大学帮扶南宝镇南宝村委会、中国人保海南省分公司帮扶南宝镇武郎村委会、省机关事务管理局帮扶东英镇兰刘村委会、省洋浦工委帮扶东英镇居留村委会、省食品药品监督管理局帮扶东英镇高定村委会、省第一中级人民法院帮扶东英镇灵山村委会、中海油化学股份有限公司帮扶新盈镇彩桥村委会、致公党海南省委和省洋浦开发建设控股有限公司帮扶和舍镇抱堂村委会。共投入资金1106万元，支持临高贫困地区加强基础设施建设，在南宝镇松明村委会建设龙华楼，在东英镇居留村委会钻打“幸福井”。

2010年，海口市龙华区投入资金50万元，支持南宝镇松明村加强乡村道路基础设施建设，洋浦管委会投入资金32万元，帮助东英镇居留村打一口生活与灌溉两用机井，省住建厅投入资金13.6万元，支持皇桐镇中林村改善学校基础设施建设和该村发展农业生产，解决贫困地区的实际困难。

二、信贷扶贫

为解决贫困地区生产资金短缺问题，2010年10月18日，省扶贫办第一次为临高县扶贫贷款贴息资金达 100 万元，引导扶贫贷款发展生产。贴息对象是贫困农户，用途是种植业和养殖业，贷款额不超过 3 万元，贴息资金 5900 元；由县信用联社、县农业银行、县邮储银行和建设银行负责贷款，县扶贫办负责贴息。往后贴息贷款资金逐年增加，从而缓解贫困农户发展生产资金短缺和负担重的问题。

第五节　科教扶贫

2007 年，开始实施“雨露计划”培训工程。2009 年，根据省委、省政府关于“扶贫必须以发展教育入手，要把教育特别是职业教育作为扶贫的一项重大措施”的要求，县扶贫办深入实施“雨露计划”，做好临高县贫困地区劳动力转移培训工作，并积极主动与省扶贫办及有关省中等职业教育学校联系，极力推荐贫困地区初中毕业生回乡务农的农村劳动力参加中等职业教育学历班（两年半）学习和劳动力转移短期（两个月）培训学习。同年，全县共推荐符合条件的贫困劳动力 151 人参加中等职业教育学历班学习和 103 人参加劳动力转移就业培训学习。

2010 年，全县共推荐符合条件的贫困劳动力 136 人参加中等职业教育学历班学习和 103 人参加劳动力转移就业培训学习，分别到省高级技工学校、省华侨商业学校、省机电工程学校、省农垦卫生学校、海口旅游职业学校、中华职业教育社等学校学习，从而提高全县贫困地区农民的就业创业技能，促进贫困农户增加收入。

2004—2010 年，为进一步提高农民科技文化素质和技术管理水平，促进农民增收，临高县扶贫办积极联合有关部门，深入贫困农村，开展各类农业实用技术培训班，投入资金 330 万元，举办农业实用技术培训班 155 期，培训农民 14066 人次；举办贫困村干部培训班 22 期，培训贫困村干部 629 人次。

第六节　集中扶贫

1990 年起，临高县开始实施扶贫开发规划，认真贯彻落实“三集中”（集中扶贫对象、集中扶贫资金、集中解决制约贫困地区发展的突出问题）的扶贫新机制，坚持开发式扶贫方针，坚持扶贫到村到户，积极推进整村推进扶贫、产业化扶贫和劳动力转移培训等三项重点工作，发挥资源优势，发展特色支柱产业，形成以点带面，一村一品，整体推进的产业发展扶贫格局。

1998年，各级政府全面实施联手扶贫计划，加大扶贫攻坚力度，在人力、物力、财力上增加投入，新建一批扶贫项目，使全县38个贫困村1596户，8000人，人均收入达到1100元，基本上解决温饱问题。

2004年，贫困村农民人均收入达1765元，比上年增加120元。

2009年，临高县扶贫开发工作安排实施整村推进的贫困村4个，即和舍镇抱堂村委会、波莲镇多贤村委会、皇桐镇和伍村委会、东英镇高定村委会，共有21个自然村、1287户，6594人口。在实行整村推进过程中，共投入财政扶贫资金80万元，修建硬化道路2.5千米，建水塔1座，铺设水管2.3千米，扶持农民种橡胶140公顷，培训贫困农民330人次，转移劳动力就业80人。

2010年，县扶贫开发工作安排实施整村推进的贫困村4个，即临城镇禄道村、新盈镇彩桥村、多文镇头龙村、皇桐镇群城村，349户1559人。在实行整村推进过程中，共投入财政扶贫资金108.4万元，修建硬化道路3.167千米，扶持农民种橡胶26.7公顷，种桑养蚕15.3公顷，培训贫困农民315人次，转移劳动力就业75人。

至2010年，共投入扶贫资金1212万元，发展种植橡胶2823.87公顷，种桑养蚕20公顷，种甘蔗586.67公顷，种香蕉93.33公顷，饲养东江玉兔4400只、临高乳猪2500头，养鸡38.70万只、鸭6.30万只、鹅2.69万只，项目惠及198个村庄16283户7.33万人，初步形成以橡胶、临高乳猪、家禽等为主的支柱产业，从而缓解和消除贫困。境内贫困地区基础设施明显改善，农村贫困人口大幅减少，最低生活保障制度全面建立，年人均收入由1990年的865元提高至2010年的2250元，农村居民生存和温饱问题基本解决。

第十六编　教育　科技

1986年，临高县执行《中华人民共和国义务教育法》和《海南汉区普及九年义务教育规划》，高标准高质量地推进义务教育普及工作。1998年，全县小学生48324人，适龄儿童入学率99.3%，基本普及小学教育。1999年，全县基本普及九年义务教育和扫除青壮年文盲，获省政府授予"普及九年义务教育和扫除青壮年文盲县"称号。2005年开始免除义务教育阶段学杂费和课本费，对家庭困难寄宿生提供生活补助费。2007年贯彻省委、省政府教育扶贫政策，由香港言爱基金会捐助、省政府和县政府共同投资临高县思源实验学校，让贫困地区的学生享受设施好、质量高的教育。25年间，教育进行多方面改革，办学主体多元化，以政府办学为主，鼓励社会办学、私人办学，优质学校有所增加，2010年全县有完全小学89所，教学点118个，在校学生46303人；完全中学3所，初级中学17所，高中在校学生5461人，初中在校生24488人；中等职业技术学校1所，在校生966人；民办学校7所，在校生3720人。

县科技部门深化科技体制改革，支持科技人员实行科技项目承包，引进外地新技术、新工艺、新品种等，举办农民科技培训班，开展科技普及和科技下乡活动，建立科技示范基地，采取"服务站+合作社+农户"等形式，提高全县种植业与养殖业的科技水平。2010年，全县科技部门有科技局，内设农业技术服务"110"指挥中心；镇级科技服务站13个。县南繁水稻种植专业合作社实施的"杂交稻安全高效制种技术集成与产业化"项目，荣获国家科技部举办的中国农业科技创新大奖二等奖，全省科技进步考核排名第一。

第一章　教　育

第一节　机　构

1986年，县教育局内设行政股、人事股、招生办、教研室、勤工办、工会。1989年，县教育局增设监察股。1990年，设置7个股室，即人事股、行政股、教育股、成人教育股、体卫股、监察股、教育工会，下属单位3个，即勤工办、教研室、电教站。同年，临高县教育服务公司成立，直属县教育局管理。1992年，取消行政股，增设办公室和计划综合股。1993年，增设考试办和教育督导室。同年5月，筹建临城镇第五小学。9月，县委成立临高县希望工程实施领导小组。1995年，县教育局与县科学技术委员会合并，成立临高县教育与科学技术局，增设科技股。1997年，推行公务员制度。2001年，县教育与科学技术局设党组。2003年3月，县教育与科学技术局督导室更名为县政府教育督导室，仍设在县教育与科学技术局。2006年12月，县教科局更名为临高县教育局。2010年，县教育局内设办公室、政工股、教育股、党委办、计财股、职成教股、督导室、教研室、电教站、勤工办、高招办、中招办、成招办、网络信息中心。

第二节　教育改革

一、教育体制改革

1986年4月12日，《中华人民共和国义务教育法》颁布实施。海南行政区加强基础教育，有步骤地实行九年制义务教育。改革基础教育的领导管理体制，改善办学条件，调整中等教育结构，大力发展职业技术教育。实行“分级办学，分级管理”的体制。在农村主要由县（区)负责，实行县（区）、乡、村三级办学，县（区）、乡两级管理，即由县政府统筹，村办小学，乡办初中，县办高中和职业技术教育中心；由县（区）、乡两级进行教育管理。

1987年4月，县教育局出台《分级办学后县乡村的职责》，明确规定县教师进修学校、县中学、示范性的农职学校、实验小学由县办；乡镇完全中学由县、乡镇合办，以乡镇为主；初级中学、乡镇中心小学由乡镇办，有些乡镇中心小学由乡镇、学校所在村合办，以乡镇为主；村小学由村办。同年，经县政府同意，将临师附小改名为临高县实验小学，由县教育局直接管理；将临高县一小、二小、三小、四小、五小划归临城镇统一管理。县一小属县重点小学，实行县镇双重领导。

1989年1月4日，按照分级办学、分工管理的原则，明确乡镇统筹教育的责任，撤销学区，成立乡镇教育委员会，教育委员会下设教育办公室。乡镇中心小学配备1名校长，2名副校长，其中1名副校长兼任乡镇小学特约教研员。同年，临高二中、县实验小学进行学校内部管理体制改革试点。

1993年起，逐步建立以政府办学为主体、社会各界共同办学的体制。国家鼓励行业、企业、事业单位办学和社会各方面联合办学，学校后勤工作开始实行社会化。同年，改变全部按国家统一计划招生的体制，实行国家计划和调节计划相结合，改革学生上大学由国家包下来的做法，逐步实行收费制度。

1997 年，全县中小学实行教职工岗位责任制和聘任制。

2000 年 10 月，贯彻落实第三次全国教育工作会议精神，全面推进素质教育。县教科局印发《关于各中小学实施素质教育的意见》，提出推进素质教育的目标和任务。同年，县教科局印发《关于减轻中小学生过重负担的若干规定》，明确小学生在校活动总量不得超过 6 小时，初中生不得超过 7 小时，小学不得硬性要求学生参加早读或晚修。

2001 年，县委、县政府印发《临高县乡镇管理体制改革方案》，教育人事权、财权下放乡镇，乡镇中小学校长、教育办主任由乡镇党委直接任免。同年，海南省初中毕业考试改革，实行初中毕业考试与升学考试分离制，升学考试由省教育厅统一时间，毕业考试由县教育局负责命题，制试卷，学校组织考试、评卷。农村义务教育管理，由县政府负责、分级管理、以县为主的体制。

2003 年 12 月，海南省制订基础教育课程改革实验区，进行初中毕业和高中阶段学校招生制度改革方案，规定从 2004 年开始，建立全省初中毕业生学业水平考试制度（学业考试），学业考试由全省统一命题，市县组织考试。同时建立初中毕业综合素质评定制度。同年，教师人事权收回县教育局管理。

2005 年始，免除义务教育阶段学生杂费和课本费。不断深化中小学校人事制度改革，完成临高中学、新盈中学、博厚中学、县一小等 4 所学校的改革试点工作，通过公开、公平、公正的方法，选聘这 4 所学校的校长，并进行教职工的聘任试点工作。

2007 年，全面实施农村教育经费保障机制，义务教育阶段免除学杂费、免费提供教科书、家庭困难寄宿生提供生活补助费。

2009 年，实行农村义务教育管理体制改革，建立政府投入办学、各级责任明确、财政分级负担、经费稳定增长的农村义务教育经费保障机制。配合财政部门清理化解义务教育债务，建立教育债务监控体系和新债责任追究制度，坚决制止发生新的债务。建立农村中小学预算编制制度，对农村中小学经费实行“校财局管”；规范农村中小学收费管理。深化教育人事和分配制度改革，完善中小学教师和校长聘任管理体制，教师岗位聘任制度，严格执行教师资格准入制度，建立教育教学质量监测考评制度。建立农村中小学现代远程教育体系，深化和推进基础教育新课程改革。

2010 年，调整中小学布局结构，科学配置教育资源，推进义务教育均衡发展。将新盈中心学校办成寄宿制中心学校，撤销新盈镇良爱小学、洋所小学，并入新盈镇中心学校。撤销多文镇美山小学并入东江学校，撤销临城镇大坡小学并入海南临高思源实验学校，将临城二小改设为教学点，只保留 1～3 年级，4～5 年级学生并入海南临高思源实验学校。

二、中小学教研教改

（一）教研

1986年，县教育局召开语文和化学教学研究会，总结工作，研究如何开展本学科教研的作用。同年12月，县教育局对全县各中学、部分小学进行教学大检查。

1987年3月，县教育局成立临高县教育学会暨临高县教育学会学校管理研究会，召开第一届理事会。

1989年，县教育局对乡镇初级中学、中心小学教育质量进行评估，和舍中学、皇桐中学被评为优秀学校，南宝、美台、临城、美良、调楼、东英、博厚、波莲、龙波等9间中学评为良好型学校，马袅、东江等2间中学基本达到及格要求，美夏中学未达到教育目标要求。和舍中心小学被评为“优秀学校”，临城四小、临城三小、东英中心小学、马袅中心小学、龙波中心小学、南宝中心小学等17所学校被评为“良好型学校”，美夏中心小学被评为“及格型学校”。

1990年，县教育局组织200名教师到那大听省小学语文阅读教学巡回教学，在县中学、乡镇中心小学（含）完小中开展“如何上好一堂课”活动，有1000名教师上观摩课。

1991—1996年，在全县开展各科优质课调教活动。临高中学陈河珍、谢春英、王圣豪，临城二小刘兰皎获海南省中小学教师课堂教学调教课和评优课二等奖。

1996—2000年，在全县各中小学中连续五年开展“人人上好一堂课”的活动，参加人数6980人次，获奖1500人次。面向全体教师开展全县小学教师基本功训练与考核，教师基本功包括口语表达、三笔字、简笔画等一般基本功和学科教学教育工作基本功以及特色基本功。

2000年5月，县教科局在县影剧院举行全县小学数学首届青年教师优质课评选观摩活动，参加评选教师22人，观摩人数3400人次。

2003年，开展全县性理科教师课堂教学“大练兵、大比武、大检阅”活动。2008年，县教育局组织教师参加海南省语文高考网络在线研讨活动，“高中语文选修模块”网络在线研讨活动，海南省中小学有效教学主题展示研讨活动，中南、西南、华北九省区小学数学调教与研讨活动，海南省第二届快乐大作文教学研究成果推介会和澳门特别行政区举办的两岸中学语文研讨活动。组织开展全县小学语文小连环校本教研活动，开展“利用隐形课堂完成部分教学任务”的实验，开展《基于问题解决的校本教研活动》的有效教学课题研究，组织学生参加全国中学数学、物理、化学奥林匹克和中学英语能力竞赛；与美国ACC教育协会大学生夏令营开展学习交流活动。

2010年，参加全国教育教学评优活动中，共荣获国家级一等奖9个（其中英语学科获国家级一等奖 8 个）、二等奖 4 个、三等奖 1 个。组织中小学教师参加全国信息技术与科学整合说课展示评比活动（教学光盘展评），荣获一等奖 3 人、二等奖 5 人、三等奖 1 人。组织开展全县教育教学论文评选活动，收到稿件 764 篇，评出一等奖 311 篇、二等奖 170 篇、三等奖 148 篇。

（二）教改

1987 年，国家教委颁发《关于推广小学语文“注音识字、提前读写”实验的通知》，出台《小学语文“注音识字、提前读写”教学改革实验纲要》。1989 年，临高县贯彻省教育厅关于调整初中数学教学内容的通知精神，下发相关教改的具体要求，规定将初中代数第四册第十四章的“二次函数的图像和性质”与“一元一次不等式组和一元二次不等式”两节书列入必学内容。

1991 年,临高县根据国家教委下发关于加强义务教育阶段中小学生写字教学的通知要求，每周写字训练不少于一课时。1991 年秋季起，全县完全小学从四年级起开设英语课，每周 2~3 课时。

1995 年，临高县实行每周 40 小时工作制后，调整全日制中小学课程计划，小学与初中各年级学科教学每周最高时数分别为 26 课时和 29 课时，周活动总量分别在 30 课时和 33 课时以下。高中各年级每周活动总量在 34 课时以下。1997 年，根据省教育厅颁发《关于调整九年义务教育全日制初级中学课程计划、教学大纲和教材内容的意见》，临高县对全日制初级中学课程计划、教学大纲和教材内容做了调整。

2001 年，教育部印发《中小学信息技术课程指导纲要（试行）》，全县中小学校开设信息技术教育必修课。2004 年，临高县实行新一轮的课程改革，县教科局组织 215 名中小学教师参加全省新课程学科培训。县各中小学认真实施新课程，制定工作方案、理清工作思路、开展岗前培训、更新新课程理念，组织外出取经，进行课前体验，做到及时跟进，加强督促检查，提供组织经费保障。2005 年，对全县中小学实施新课程情况进行检查。至 2010 年，仍沿用《中小学信息技术课程指导纲要（试行）》制度。

三、学校管理改革

1986 年 9 月，临高县召开第二届教育工会代表大会，改选教育工会领导班子，办起教育工会简报，25 个教育工会建立“职工之家”。

1989 年 2 月，县教育局在全县中小学开展“五查”工作，一查教育经费增长和教师经济待遇落实情况，二查中小学生流失的制止情况，三查校舍中危房改造情况，四查乱收费现象的纠正情况，五查《中共中央关于改革和加强中小学教师德育工作的通知的初步贯彻情况》。全县组织学习中央有关安定团结的文件精神，维护学校的安定团结和教学秩序，全县没有一起罢课现象发生。

1990年，县教育局印发《临高县中小学校园建设实施方案》和《关于组织审核标定中小学校用地范围的意见》。同年，省教育厅下发《关于对小学生课业负担情况进行全面检查的通知》，县教育局对全县小学学生课业负担情况进行检查，规定一年级不留书面课外作业，二、三年级每天课外作业量不超过30分钟，四年级不超过45分钟，五年级、六年级不超过1小时。

1992年，县教育局下发《关于调整我县农村学校布局的意见》，实行一个乡镇办一所中心小学，一个管理区只能办一所完小，200名学生以下的办初小，学生不足20人的不宜开班，一公里内不设2所学校；初中设置，原则上实行一个乡镇办一所初级中学，学校规模最小不少于6个班。马袅、东江、美夏三个乡不宜单独办初级中学，与中心小学合并办九年一贯制学校。同年，县教育局下发《临高县一九九二年学校管理目标检查评比评分标准》，对全县中学校进行管理目标检查评比。

1996年8月，全县开展基础教育“五项内容”的督导检查活动。县委、县政府专门成立督导检查领导小组，督导检查“普九”规划的实施，《中华人民共和国教师法》的落实，增加教育投入，加强德育工作，减轻教育阶段学生课业负担等情况。同年9月，开展《中华人民共和国教育法》执法检查情况，主要检查学习宣传《中华人民共和国教育法》的情况，对教育投入的情况以及依法征收教育费附加的情况等。

1997年，全县中小学开展“人人上好一堂课”活动。1388名中小学教师参与，340名教师获得“课堂教学优质课”奖。同年9月，在全县范围内开展“讲文明、树新风”活动，加强学生的思想道德教育，开展师德建设、创建“文明校园”。

2001年，开展县城中小学校对口支援农村中小学校活动，选派优秀教师到农村对口学校任教、任职，向对口学校提供教学仪器设备，开展城乡少年手拉手助学活动，加强对口学校师资的培养与培训。开展以德育为核心的“一语二化三文明”（“一语”即普通话，“二化”即美化、绿化，“三文明”即文明用语、文明仪表、文明待人）校园建设活动。

2002年，全县撤销17所完全小学、115所初级小学，改设置100个教学点，撤并220个小规模教学班。

2004年，由县政府牵头，县公安、教育、卫生、防疫、工商、文体等部门联合督查组，分别对全县10个镇、18所中学、24所中心小学及完小、7所民办学校、13所幼儿园进行检查，当场取缔学校食堂和幼儿园食堂15家，取缔校园周边饮食摊点、副食点40个，取缔校园小卖部14个，没收各种餐具和不合格新产品146件。

2006年，全县中小学进行布局调整。调整后，全县有196所学校（含教学点），其中完全中学3所，初级中学15所（九年一贯制3所），中等职业学校1所，完全小学85所（其中特殊学校1所），教学点92个。兴建东英、文澜江、博厚、和舍、南宝、五峰、五联、博北等8所农村寄宿制中心学校。文澜江中心小学搬迁。撤销乡镇政府教育管理委员会，同时，将中心小学改设为中心学校。全县有195所实施农村中小学现代远程教育工程项目，其中模式一加强型项目学校60所，模式二标准型项目学校25所，模式二加强型项目学校46所，模式三项目学校18所。

2008年，优化教育资源，科学调整布局，将233所学校（教学点）整合为193所，撤销39所学校（教学点），并将39所完全小学改设为教学点。在临城、东英等镇创办8所农村寄宿制中心学校，整合57所学校（教学点），使这些地区四年级以上9094名农村孩子走进校园环境优美、师资配备充足、教学设备完善、课程设置齐全的学校。

2010年，县教育局组织开展第十五个安全教育日工作，邀请县交警大队、县卫生防控中心对全县中小学校长进行培训，发放图片和传单2630张，全县100所学校开展主题为“强化安全教育管理，共建安全文明校园”系列安全文明教育活动，组织督查组分片包干深入各学校检查校园及周边安全工作，登记造册并限期整改。开展地震和防火应急演练，提高师生安全防控意识和自然、事故应急事件的处理，会同县消防大队，在思源学校举行火灾事故应急演练，组织临高中学、临高二中、临城中学、临高一小、实验小学、临城三小、临城中心学校等400人到县消防大队参加灭火演练。坚持“政府推动、市场运作、规范管理”的原则，确保校方负责保险做到“应保尽保”，全县各中学、中心学校共41所，投保40所，投保率97%，保费32万元，理赔8万元；学生平安保险坚持学生自愿原则，投保6万人，投保率86%，保费18万元，理赔14万元。

第三节 基础教育

一、幼儿教育

（一）幼儿园设置

1986年，全县有幼儿园20所，其中教育部门办1所，集体办19所，在园幼儿1554人，其中小学附学前班幼儿1140人，幼师12人。

1995年，全县幼儿园2所，在园幼儿2427人。

2001年，全县有公办幼儿园17所，在园幼儿（含民办幼儿园）4150人。其中学前班2907人。同年，小铃铛幼儿园、新蕾幼儿园、童花幼儿园、供销社幼儿园、兴华幼儿园、瑶海幼儿园、小灵通幼儿园、旺旺幼儿园、金太阳幼儿园等民办幼儿获得办学许可。

2002年，和舍镇中心幼儿园成立，和舍镇机关幼儿园不符合办园要求被取缔。2003年，全县在园幼儿有6717人，社会力量办园25所，取缔2所非法幼儿园，批准成立康苗幼儿园。

2004年，临高县童之星幼儿园获得办学许可。临高县3～6岁幼儿32804人，已入园（班）幼儿18370人，入园率56%。2005年，取缔丁俞幼儿园等36所非法举办幼儿园。2007年，全县共有幼儿园98所。经县教育局备案的在园幼儿人数3587人，教职工305人，其中专职教师268人，均属自聘人员。

2009年，全县有幼儿园23所，在园幼儿3103人。3～6岁幼儿入园率为31%。

2010年，全县有112所幼儿园，其中公办2所（和舍中心学校和新盈小学），民办110所，已登记办证的有59所（含红华、加来农场）。全县3～6周岁儿童人数23887人，在园（班）接受学前教育的幼儿数14113人，学前三年毛入园率59%。幼儿保教人员752人，专职教师454人；大专及以上学历278人，中专学历278人，其余为高中或初中学历，幼儿教师达标率47.3%。取得园长合格证有41人，达标率36.9%。

（二）学制

1986—2010年，临高县幼儿园的学制均为3年，即小班、中班、大班各1年，同时，大部分幼儿园从实际出发，举办1年期的学前班。

（三）课程开设

1986—2010年，临高县幼儿园主要开设语言、科学、艺术、健康、社会五大课程，思想品德寓教于各科教学中。各幼儿园根据幼儿发展的特征和需要不断调整设置课程，对小班（3～4岁）、中班（4～5岁）、大班（5～6岁）分别提出不同的教育教学任务。每周各班上课的节数根据本园实际情况，在保证幼儿每日不少于2小时户外活动和游戏时间的前提下安排课程。

（四）教学形式

1986—2010年，临高县幼儿园教育活动内容的组织充分考虑幼儿的学习特点和认识规律，各领域的内容有机联系，相互渗透，注重综合性、趣味性、活动性，寓教育于生活、游戏中。“幼儿园一日生活即教育”，幼儿园教育尊重幼儿的人格和权利，尊重幼儿身心发展的规律和学习特点，以游戏为基本活动，保教并重，关注个别差异，促进每个幼儿富有个性的发展。

（五）幼儿园选介——红华农场机关幼儿园

红华农场机关幼儿园位于红华农场场部，幼儿园于1984年开始建园招生，属于农垦系统公立幼儿园，仅提供农场职工幼儿托管的托儿所及全日制幼儿园，教职工23名，开设托儿所、小班、中班、大班，有在园幼儿120名。2007年，因农垦幼儿园基础教育改革，幼儿园推向社会。同年2月，园长陈慧明在红华农场的支持下，租赁承包，实行由临高县教育局主管的民办全日制幼儿园。办园规模逐渐发展扩大，至2010年，占地面积2800平方米，建筑面积1400平方米，布局合理。交通方便安全，办学条件优越。开设有小班、中班、大班共10个班；拥有教职工31人，专任教师20名，其中幼教一级教师4名，8名学前教育专科学历教师。幼儿园实行“电视监控管理”和人性化的层级管理。定期进行各项安全检查与演练。各班有适合幼儿年龄特点的桌、椅、床，开放式玩具柜，流动水洗手设备。坚持一人、一巾、一杯，并且定期消毒。让幼儿在自由、宽松、自主、愉悦、和谐的氛围中得到全面发展。

1986—2010年，幼儿园以“你想我想，一切为了孩子想；你做我做，一切为了孩子做”办园宗旨和“以人为本”为幼儿终身发展负责的原则，全面实施素质教育，围绕“育人为本、服务为先”的办园理念，以《幼儿园工作规程》《幼儿园教育指导纲要》为依据，认真贯彻《指南》的精神；积极开展教科研活动，积极探索教育规律，更新教育观念，全面提高保教质量。

红华农场机关幼儿园遵循“幼儿开心、家长放心、教育舒心”的教育原则，以关怀、接纳、尊重的态度与幼儿交往，耐心倾听，努力理解幼儿的想法与感受，支持鼓励他们大胆探索与表达。面对家长，坚守真挚承诺；面对孩子，捧出真挚的爱心。严格要求，总结经验，向一流幼儿园发展，力争办出特色，办出水平，成为社会满意、家长信任、幼儿喜欢的幼儿园，给孩子们一个美好的童年。

二、小学教育

（一）学校设置

1986年1月，海南行政区教育局出台《海南汉区普及九年制义务教育规划》及年度规划。九年制义务教育，包括小学教育和初中教育两个阶段。同年，全县有小学350所，在校生42657人，专任教师1328人，学龄儿童入学率98%。全县小学校总占地面积274.46公顷，校舍总面积158126平方米，学生人均校舍面积3.8平方米，其中危房97915平方米。投入校舍建设117.2万元，建设校舍面积11159平方米。1987年，全县小学357所，有1504个班级，实际毕业生5724人，在校生数44290人，教职工数1827人，其中专任教师1414人。1988年，全县小学385所，有1745个班级，实际毕业生6010人，在校生数50237人，教职工数2294人，其中专任教师1896人。小学生体育达标率62%。1989年，全县小学355所，在校学生43841人，适龄儿童入学率98.7%，巩固率97.3%。学生体育达标率85.7%。

1988 年，普及初等教育工作，适龄儿童入学率 99.6%。

1990 年，全县普及小学教育进入不断巩固发展阶段。县教育局在继续抓好普及初等教育巩固提高工作的同时，认真抓好《中华人民共和国义务教育法》的实施，深化基础教育的各项改革工作，使九年义务教育按规划有条不紊、扎扎实实地向前推进。全县有在校生 44381 人，小学教师 2319 人，学龄儿童入学率 99%，巩固率 97.8%，毕业率 97.2%，普及率 96.6%。学生体育达标率 87.5%。

1998 年，临高县贯彻《中华人民共和国义务教育法》，顺利完成“两基”攻坚任务，以“两基”迎接国家督导检查为重点，经过全县上下共同努力，义务教育工作取得历史性突破，适龄儿童少年入学率逐年提高。全县小学生 48324 人，适龄儿童入学率 99.3%，巩固率 96.1%。

2000 年，全县有小学 257 所，在校生 57325 人，专任教师 2725 人。2005 年，全县有在校生 53921 人，适龄儿童入学率 99.6%。

2005 年，全县义务教育阶段公办学校全面实行“一费制”（杂费、课本费、作业本费一次性收取）和“两免一补”（免费提供教科书、免缴杂费，寄宿生补助生活费）。共减轻学生家长经济负担 1281 万元；全县小学在校生 53921 人，适龄儿童入学率 99.6%。

2007 年，维修、新建、扩建校舍 13644 平方米，全年培训教师 1.2 万人次。实现全县农远教育覆盖率达 100%。全县有小学教职员工 2411 人，小学在校生 48573 人，适龄儿童入学率 99.7%。

2010 年，全县有完全小学 89 所，教学点 118 个，在校学生 46303 人，适龄儿童入学率 99.8%，适龄少年入学率 98.3%。小学教职工 2565 人，其中专任教师 1026 人。小学校舍面积 27.7 万平方米。

（二）学制

1986—1996 年，临高县小学实行 5 年学制和 6 年学制。1997—2010 年，临高县公、民办小学均为 6 年学制，办学形式均为全日制。

（三）课时与课程设置

2005 年，临高县小学每天早上 3 课时改为 4 课时，10 点半放学改为 11 点以后放学。学校机动时间 2 周，由学校视具体情况自行安排，如艺术节、运动会等；复习考试时间 2 周。小学一、二年级在校学习时间每周 26 课时，每天课外活动时间 1 课时，在校周活动总量 31 课时；小学三至六年级学生在校学习时间每周 30 课时，每天课外活动时间 1 课时，在校周活动总量 35 课时。

1986—1996 年，临高县小学课程设置内容分为国家课程（思想道德、自然科学、语文、数学、体育、音乐、美术、劳动）和地方课程与校本课程。国家课程为各小学应开课程。地方课程与校本课程内容为海南省及临高县知识了解、社会关注课题及学校特色课程为选开课程和自修课程。2001年，开设英语课，开设英语课程的起始年级一般为三年级，每周至少4次教学活动。2001—2010年，小学课程设置内容分为国家课程（思想道德、自然科学、语文、数学、体育、音乐、美术、劳动）和地方课程与校本课程。

（四）学校选介

1. 临高县第一小学

临高县第一小学始创于1906年，是琼州办学史上较早的一个学堂，堪称临高第一学府，被誉为"临高文化摇篮"。1957年秋校名改为临高县中心小学，定为全县重点小学，全校12个班700多学生。1966年"文化大革命"改为临高县革命小学，学制五年，有20多个班1000多名学生。1976年改名为临高县第一小学。

1986年，学校占地面积0.6公顷。两栋教学楼，一栋教师宿舍楼，建筑总面积9238.5平方米，教学辅助设施有多媒体电教室、电脑室、课件制作室、图书室、会议室、科组办公室，逐步形成"中、专、本"结合、师德高尚、业务精良的科研型教师队伍。

2010年，有教工84人，其中专任教师83人，校警1人。教师全部取得专业合格证书，其中高级教师65人，一级教师17人，二级教师2人；其中函授自考本科毕业4人，大专毕业50人。被省聘为小学教育专家6人，省级骨干教师9人，县级骨干教师28人。

2. 临高县实验小学

1986年，为临高师范附属小学。1987年4月1日，临高师范附属小学改名为临高县实验小学，与广东临师完全脱钩，属县教育局直接管理。

2010年，学校有教职工87人，其中中学高级教师1人，小学高级教师38人，一级教师44人，二级教师4人。本科学历15人，大专学历54人，中师学历18人。教师资质合格率100%。有在校学生1933人。

3. 海南临高思源实验学校

海南临高思源实验学校是由香港言爱基金会捐助、省政府和县政府共同投资建设的一所九年一贯制学校，是贯彻落实省委、省政府"教育扶贫"政策，为迁移农村边远贫困地区义务教育阶段的中小学生而设立的寄宿制学校。于2007年4月动工兴建，总投资3573万元。2009年春季正式投入使用，学校占地面积8.4公顷，校舍建筑面积18493平方米。其中教学综合楼11560平方米，教师宿舍楼2195平方米，学生宿舍楼3658平方米，学生食堂楼1080平方米。运动区有400米标准化跑道、篮球场4个、排球场3个等文体设施满足广大师生活动锻炼的需求。

2010 年秋季开始招生，有学生 2581 名，44 个班级，其中小学部 25 个，初中部 19 个，住校生 1512 人。有教职工 165 人，专任教师 120 人，其中特岗教师 65 人，本科学历，年龄均在 30 岁以下，占全校教师总数的 54%，其他 55 人从各中小学抽调或撤并学校调配。本科学历 77 人，专科 43 人，中级职称 33 人，副高职称 4 人，平均年龄 32 岁。

三、中学教育

（一）学校设置

1986 年，全县初中学校 14 所，在校生人数 11205 人，专任教师 464 人，高中学校 4 所，在校生 1954 人，专任教师 99 人。

1990 年，全县普通中学 15 所，在校生 11031 人，教职工 953 人，其中专任教师 686 人。1991 年起，初中二年级实行历史、地理结业会考。

1995 年，全县完全中学 3 所，初级中学 15 所，在校高中生 1733 人，在校初中生 13935 人。

2000 年，全县中学 21 所，初中在校生 17948，高中在校生 2729 人，初中专任教师 1011 人，高中专任教师 148 人。

2005 年，初中在校生 21752 人，初中阶段毛入学率 97.8%；高中在校生 4047 人，高中阶段毛入学率 97.6%。

2006 年 9 月 1 日，全国实行九年义务教育。临高县义务教育公办学校从小学一年级到初中三年级免缴学杂费和书本费。

2008 年，全县有完全中学 3 所，初级中学 15 所（其中九年一制学校 3 所），教职员工 1060 人，其中初中专任教师 993 人，高中专任教师 241 人，普通高中在校生 4917 人，初中在校生 22841 人，初中阶段入学率 97.3%。

2010 年，全县有完全中学 3 所，初级中学 17 所，高中在校生 5461 人，教职工 351 人，专任教师 319 人；初中在校生 24488 人，教职工 1097 人，专任教师 1026 人。高中阶段毛入学率 68%。高中校舍面积 2.2 万平方米，高中生均 4.2 平方米，初中校舍面积 14.1 万平方米，初中生均 5.7 平方米。

（二）学制

1986—2010 年，临高县普通中学继续沿用“三三制”，即初中 3 年，高中 3 年，办学形式均为全日制。

（三）课时与课程设置

1. 初中

2005 年，临高县中学每天下午两课时改为三至四课时。2007 年，根据海南省教育厅规定：每学年上课时间35周；学校机动时间2周，由学校视具体情况自行安排，如艺术节、运动会等；复习考试时间2周（九年级第二学期毕业复习时间增加2周）。初中学生在校学习时间每周34课时，每天课外活动时间1课时，周活动总量39课时。

1986—2010年,临高县初中一年级至初中三年级每周课程设置内容:国家课程有语文、数学、英语、政治、历史、地理、生物、体育、音乐、美术；地方课程与校本课程；八班级（初中二年级）开设物理课；九年级（初中三年级）开设化学课。

2. 高中

1986—2005年，临高县高中一年级课程设置内容：语文、数学、英语、政治、历史、地理、物理、化学、生物、信息、美术、音乐、体育。2005年，临高县参加普通高中新课程实验后，高中一年级课程设置内容：语文、数学、英语、政治、历史、地理、物理、化学、生物、信息、美术、音乐、体育。高中二年级课程设置内容：语文、数学、英语、政治、历史、地理、物理、化学、生物、信息 、通用技术、美术、音乐、体育。高中三年级课程设置内容：开设必修课和选修课。各学校开课时间存在差异，课程设置根据学校具体情况有所区别。

（四）学校选介

1. 临高中学

临高中学为临高县重点中学。1986年，临高中学建有五幢教学楼，建筑面积达9740平方米。

1990年秋至1998年6月，投资1058万元搞基建，校园建筑面积增加9000平方米。投入60万元，美化校园。1990年，初中每年级6个班，共18班，在校生1260人。高中每年级6个班，共18班，校生1440人。含高考补习班，在校生达3000人。教工180人。1992年高考，临中考生谢杰成夺海南省理科第一名。1993年9月10日，临高中学副校长王铁中被评为“全国优秀教师”。1995年高考，临中考生大专入围达314名，首次突破300名大关。

2000年高考，临高中学大专入围347人。2001年，全国化学奥林匹克赛，获得海南省赛区一等奖1个，二等奖2个。高考中，考生方博取得海南省文科第一名，方博、符聪敏分别被北京大学和清华大学录取。2003年，陈建宇摘取全省中考桂冠；符玲梅、王至凤代表省参加全国中学生运动会分别夺得女子400米和800米第一名。2005年9月，临高中学被评为“全国体育达标先进集体”“海南省卫生达标先进单位”“海南省民主管理先进单位”“海南省基础教育课程改革试验工作先进单位”。周莹和谢肖岗老师参加海南省第三届电化调教比赛分别荣获一、二等奖；王寿和谢振万分别荣获2006年全国信息学奥赛

（海南赛区）高中组一等奖，初中组一等奖；周必敬荣获2007年全国英语、数学、物理奥赛（海南赛区）一等奖。2007年4月，学校田径队参加2007年海南省青少年田径锦标赛，夺取6个单项冠军，荣获团体总分第三名。临高中学理科第一批入围率在全省市县重点中学排名第四。

2009年，高考考生王寿以905分（总分940分）成绩名列全省第七名，被清华大学录取，全校总分700分以上有47人。

2010年，临高中学有高中59个班，初中25个班，共84个班。教职工355人，学生5900人。是年，校园面积77484平方米，建设面积38180平方米，拥有国家标准400米跑道的运动场1个，建有可容纳72个教学班的两幢教学大楼，中山纪念堂、科学堂、敬校楼、行政办公楼、图书馆等大型教育教学设施。有3间物理实验室、2间物理仪器室、3间化学实验室、2间化学储藏室、1间生物实验室、1间生物储藏室、各配有60台电脑的2间电脑室、4间多媒体室、2间语音室、1间美术室、2间音乐欣赏室。学校全面贯彻党的教育方针，坚持“以人为本，德育为先，全面发展”的治校思想，树立“以质量求生存，以特色求发展”的办学理念，大力开展师德师风教育活动，加强教学常规管理，全面推行素质教育，使学校的办学质量得到提高，并取得可喜的成绩。学校有47位教师在省级以上刊物发表论文；有21人分别荣获省级论文评比一、二等奖，有32人分别荣获省说课比赛和课堂教学大赛一、二等奖。学校先后被评为“海南省基础教育课程改革实验工作先进集体”“海南省第二届社会科学普及周公益事业爱心单位”“全国家庭教育工作先进集体”“省无偿献血先进单位”“省五四红旗团委”。学校又被县文明办和县司法局分别推荐参评省级“文明单位”和省级“五五普法先进单位”。

2. 海南省农垦加来高级中学

海南省农垦加来高级中学位于临高县加来镇，创建于1954年，第一任校长为冯白驹。1998年，变更为海南省农垦加来师范学校。2002年，经省教育厅批准由师范转制创办高级中学，是一所隶属省教育厅管理的新型高级中学，网络多媒体教育已经成为学校的特色和品牌。2003年，被省政府评为信息化建设先进单位。2004年，被中央电教馆评为“优秀示范用户校”。学校占地面积24公顷。

1998届艺术班学生王娟在海南电视台举办的《憨憨过把瘾》中获得季冠军。全国《师范教育》杂志在“中师明珠”专栏里以《“南国珍珠”的园丁摇篮》为题，系统地介绍学校的办学情况。

2002年秋，第一届高中招收194名新生，设置4个班，2003年和2004年各招6个班。2004年，第一届高中生参加全省会考，多个科目取得全省第一。2005年，该校高中会考，有4个学科的会考合格率排名全省第一，在全省93所学校中取得综合排名第5名的好成绩。同年首届高考取得开门红（在197名考生中38人考取国线，其中临高地区文科排名前20名的学生学校占有8名），国线入围率居临高县各中学之首。2006年，学校会考优良率达到85%，在全省97所学校中取得第9名的好成绩，在临高县各中学中位居榜首，在垦区有高中的10所学校中名列第二。同年，学校高考达到二本以上分数线的人数首次突破百人大关，达到130人，600分以上同学有25人，其中达到国线的30多人，省线的90多人。2007年，学校会考文科全省排名第9、理科全省排名12；高考有2位同学突破700分，其中王崇娴同学以698.6分的成绩名列临高地区文科第三名，黄芳斌同学以737分的成绩名列临高地区理科第八名，王文嶝同学以711分成绩名列临高地区理科第十五名。全校317名同学中省线以上的有103名，其中国线26名，国A4名。2008年，高考全校512名毕业生有122名考上国线省线，本科线人数达270名，本科入围率达52.7%。2009年，学校高考本科线人数达到423人，本科入围率为70.2%，在全省排名第19；达到二本以上（国线、省线）分数线的人数达到142人，是历届高考成绩中取得的二本以上（国线、省线）分数线的人数最多的一年。

2010年，学校设有36个教学班，在校生人数为1829人，教职员工167人，高中教师90人，其中中高级职称教师37人，占教师总数43.11%，教师学历合格率达100%，有最新的功能齐全、设备完善的物理实验室2间，化学实验室2间，生物实验室2间，语音室3间，卫生保健室1间，阅览室1间，多功能多媒体教室1间，电子阅览室1间，校园广播网1套，现代远程教育网1套，无线语音发射系统1套和功能齐全的校园网络，美术室1间，音乐室2间，广播室1间，收发室1间，文印室2间，小型会议室1间，体育器材室2间，劳技器材室1间。电子琴室、钢琴室等设施配套齐全，配有56台电子琴，59部钢琴。学校各功能室配备的教学仪器、实验设施、电教设备、体育卫生器材设备、音乐、美术、劳技课器材设施均达到省一类标准。学校硬件设备先进，每间教室都配有大屏幕背投多媒体，并连接卫星网、校园网、互联网。学校有微机教室五间，内设电脑213台，学校各部门、教师备课室配备专用电脑，完全实现办公自动化。

3. 临高第二中学

临高第二中学是一所县级完全中学，原位于临城镇沿江东路临高师范学校旁，后在临城镇临昌路建新址。1979年，创办文澜江中学，学校占地面积7.06公顷。

2009年，学校设有一个标准的运动场和舞台，教学楼和图书馆建筑面积13960平方米，每生均2.5平方米，电脑室2个，共150台电脑，理化实验室4个，储藏室3个，初中演示实验开出率83%，高中演示率84%，图书馆藏书74828册，人生均14册。

2010年，有教职工有278人，其中高级教师57人，中级教师106人，初级教师67人；在学历方面，研究生2人，本科教师188人，专科41人。全校有66个班，在校生5555人，初中3332人，高中2223人。同年，高考本科上线人数达到93人，考生郑志胜获得全县高考文科第一名，符方洲考取全县中考第一名。学校被授予“海南省爱国拥军模范单位”“全国十佳文学社”等荣誉称号。

第四节　中等职业教育

1986年，考入中师89人。1988年，中等师范学校共2所，即临高县新盈职业高中学校和临高县多文职业高中学校。中职课程设置机电专业和农作物专业，学制3年。共有23个班级，实际毕业生442人，实际招生435人，在校生939人；教职工219人，其中专任教师90人。农业职业中学共3所，共有9个班级，实际毕业生39人，实际招生158人，在校生379人；教职工30人，其中专任教师26人。

1991年，全县有普通高中生851人，职业高中生105人，比例为8.1∶1，没有达到省规定的5∶2要求。1999年，临城中学开办职业高中，设置餐厅服务管理专业和摩托维修专业，招生150人。1999年，临高县实行初中后分流和初三渗透职业教育。

2000年12月，临高县中等职业技术学校成立，与临城中学两块牌子、一套人员，设置摩托车维修和酒店管理专业，在校生200人。调楼中学开设“9+1”渔业班，开设轮机、航海、捕捞专业，第一批招收学员64人，临城中学根据农村需要办起“农业小康班”招收学员46人。

2001年，全县有职业中学2所，在校生202人。同年3月，多文中学与省凤凰中专学校联合办花卉栽培技术专业班。职业高中人数843人。

2007年，职业技术学校从临城中学分离出来，同年招生700人。

2009年，临高县中等职业技术学校有教职工67人，编内专任教师49人，自聘专任教师13人，在校生966人。设置税务与财务会计、电子商务与现代物流、汽车运用与维修、电子器应用与维修、机电技术应用、服装制作与设计、商场管理与营销方向、酒店服务与管理、蔬菜与果树栽培技术、畜牧与兽医、护理、幼儿保健与教育、美容美发与形象设计、计算机应用与维护、烹饪等15个专业，其中联合办学10个专业，自主办学5个专业，创办实训室8个。至2010年，所设专业个数未变。

第五节　社会办学

一、民办教育

1991 年 10 月，临高县海上流动小学成立。1993 年，省教育厅下发《海南省民办中小学校、幼儿园审批和管理工作的暂行规定》，需要申请办学的单位和个人，可向当地教育行政部门提交申办报告和有关材料，由主管教育行政部门实地考察审核、批准和核发办学许可证。1995 年，社会力量办学收费管理权限下放给县物价局。1996 年，海南江南学校筹办，1997 年秋季开学，为私立全日制完全中学。1999 年，实行民办学校年检制度，江南学校管理不善，教学工作无法正常运转，临高县政府采取民办公助形式进行全面整改，教学工作由临高县第二中学负责管理。

2000 年，新盈育才学校、英豪学校成立。2001 年，红西海小学成立。2002 年英才学校、曙光学园成立。2003 年，创新学校、东方红学校成立，创新学校为九年一贯制学校。同意英才学校开设初中部。2004 年，临高国力学校成立。

2009 年，全县有民办学校 7 所（含九年一贯制 2 所），其中临城镇 4 所、新盈镇 2 所、波莲镇 1 所。教职工 170 人、在校生 3720 人，其中初中生 256 人，小学生 3464 人。民办学校校园面积 24.55 万平方米，建筑面积 2.55 万平方米。

二、特殊教育

1992 年，临高县教育局、民政局、残联会联合下发《关于对我县残疾学生和残疾人特困户入学子女免收学费和减免杂费的通知》，对残疾学生和残疾人特困户入学子女免收学费和减免杂费。1998 年，7～15 周岁残疾儿童少年入学率 75.2%。

2001 年，临高县特殊教育学校成立，挂靠在临城第三小学，特殊教育在校生 108 人。

2006 年，全县 7～15 周岁残疾儿童少年总人数 156 人，入学人数 141 人，入学率 90.4%。2008 年，全县残疾儿童、少年 102 人，其中特殊教育学校一所，2 个班，23 名学生，在校教职工 7 人，各校随班就读 74 人，全县残疾儿童少年入学率 95%。

2010 年，全县 7～15 周岁残疾儿童少年总人数 232 人，入学人数 204 人，入学率 87.9%。其中在特殊教育学校就读 24 人，在普通学校随班就读 180 人。视力残疾 32 人，入学 23 人，入学率 71.9%；语言残疾 66 人，入学 54 人，入学率 81.8%；智力残疾 134 人，入学 127 人，入学率 94.8%。

第六节 教师队伍建设

一、教师队伍结构

1986 年，全县有教职工 1768 人，其中专任教师 1338 人。同年，有 134 名大中专毕业生直接安排到各乡镇中小学校任教。

1991 年 6 月，县教育局成立教师职工培训领导小组，加强对全县教育系统教师职工培训的管理工作。同年 9 月，县政府印发《关于表彰一九九一年度优秀教师和教育先进工作者的决定》，予以郑庭进等 302 名优秀教师和教育先进工作者表彰。同年，全县高中教师 140 人，初中教师 818 人，小学教师 1914 人，中师以上学历 1344 人。

1999 年，178 名师范院校大中专毕业生安排到全县各中小学校任教。同年，全县教育系统清退 539 名教职员工（含民办代课教师）。

2010 年，全县有公办学校教职工 4060 人（不含农场教职工 700 人），其中小学教职工 2565 人，专任教师 2463 人；初中教职工 1097 人，专任教师 1026 人；高中教职工 351 人，专任教师 319 人；中等职业技术学校专任教师 48 人；民办学校教职工 170 人。全县有中学特级教师 1 人，中学高级教师 155 人，小学高级教师 1458 人。全县小学教师中有员级职称 347 人，助理级职称 1396 人，中级职称 1023 人，副高级职称 4 人；全县初中有专任教师 1242 人，其中员级职称 105 人，助理级职称 687 人，中级职称 358 人，副高职称 92 人；全县普通高中有专任教师 296 人，其中员级职称 7 人，助理级职称 153 人，中级职称 77 人，副高职称 59 人。

二、继续教育

1992 年，县教育局举办第一期完小校长岗位职务培训班，44 名完小校长参加。

1997 年，县教科局印发《教职员工劳动管理的暂行规定》。全县中小学教师开展基本功训练。

2002 年，组织 1460 人次教师参加普通话测试，有 9 人取得二级甲等证书，146 人取得二级乙等证书，942 人取得三级甲等证书。

2005 年，全县中小学教师实行继续教育学分登记管理。全县中小学开展师德师风集中教育活动。

2007 年，在全县中小学校开展师德师风集中教育活动，组织教职工认真学习党和国家的教育方针和政策，学习《全国以及我省优秀教师师德风范》《现行教育法规与政策选编》《教师法治教育读本》等有关政策规定，围绕教师如何爱岗敬业、教书育人这个主题展开讨论，并做到每个教师都写心得体会，深刻解剖自己。在这次活动中，全县召开动员会、座谈会、交流会、民主生活会146次，书写读书笔记14136篇、心得体会783篇。

2009年，启动“千名新教师工程”和“骨干教师培训工程”，组织2006年以来录用的1000名新教师和294名县级骨干教师进行培训，聘请省内外知名专家、教授讲课，就“如何当好班主任”“如何更好地发挥骨干教师的引领作用”等进行专题研讨。开设“教师成长博客”“教师论坛”。开展网络教研、培训工作。组织1449名中学教师开展继续教育学科（《问题学生教育指南》）培训和考试，组织34名中学教师到省内各高校进行为期两个月的培训，临高县第二轮（2004—2008年）中小学教师继续教育工作通过省的终结性检查评估验收。开展校长建设年活动，组织100名中小学校长到海南大学培训，76名校长赴上海中小学校学习培训，10名校长参加省校长任职资格培训。开展优秀校长、优秀班主任、优秀教师评选表彰活动，10名优秀校长、30名优秀班主任、70名优秀教师获得县政府表彰奖励，3名教师被评为全省优秀教育工作者，皇桐中学被评为全省教育系统先进集体。

2010年，全县以教师队伍纪律作风整顿为重点，开展师德师风教育活动，举办海南省先进教师事迹报告会。做好教师编制审核工作、教师第二轮续聘工作和新录用教师试用期满转正定级工作，规范岗位设置和岗位聘任管理。组织骨干教师、学科带头人赴外地跟班学习，推行教师随机抽考制度。

三、教师招聘

2007年，向社会招聘240名教师充实教师队伍。

2009年，面向省内外高等师范院校招聘36名高中教师和4名职业学校教师，招聘33名特岗教师，录用102名师范毕业生，壮大教师队伍。

2010年，面向省内外高等师范院校录用47名特岗教师，其中小学教师16人，中学教师31人，充实壮大教师队伍。

第七节　学校建设

一、基础建设

1986—1989年，全县总投资1705万元，建成102幢教学楼，72座平顶房，面积8万平方米，维修危房校舍面积7100平方米。新添课桌椅7000多套。1989年，投入校舍危房改造资金269.8万元，其中财政拨款87万元，群众集资、社会捐资182.8万元。同年，临高县教育局印发《关于进一步加强学校财务工作管理的通知》，要求各学校财务工作要坚持民主管理、群众监督、分级把关、明确职责，做到收费项目与标准公开、分级把关管理权限公开、专款专用项目和经费收支情况公开、学校各种补贴项目与标准公开、学校5万元以上的基建投资项目招标投标公开、财务工作公开。同年，县教育局组织对各学校危房进行检查，全县有危房面积85800平方米。

1991年，县教育局集资140.2万元，危房专款78.8万元，安排42所中小学，新盖二层以上教学楼17幢，钢筋混凝土结构平顶教室22幢，面积9731平方米，维修危房820平方米，共改造危房10551平方米。集资73500元，购置教学仪器设备充实中小学仪器设备。1992年，争取省下达基建资金158万元，县配套和教育费附加12.3万元，群众集资54万元，勤工俭学98万元，新建、改建校舍4800平方米。全县中小学校校舍建设5963平方米，投入164万元。

1995年，中小学校实行收费登记制度。省政府印发《海南省义务教育经费筹措使用管理办法》，规定缴纳增值税、营业税、消费税的纳税义务人必须按时应纳税额的3%缴纳教育费附加，农村教育事业费附加，由乡镇人民政府在乡镇统筹中征收50%，用于乡村两级办学。1995年，全县中小学占地面积1893645平方米，建筑面积296599平方米，多渠道集资782万元，新建楼房校舍面积1.7万平方米，维修改造危房校舍面积1.2万平方米。

1996年，全县中小学占地面积1981013平方米，建筑面积299989平方米，多渠道集资1110.6万元，新建楼房校舍面积15456平方米，瓦房校舍22227平方米；维修改造危房校舍面积12000平方米；全县投入建设校舍资金1110.6万元，新建校舍面积13745平方米。

2003年，全县投入资金425.7万元，其中学校自筹232.7万元。新建扩建校舍面积5729平方米，投入资金330万元，维修校舍面积4000平方米，投入资金60万元。

2005年，临高县教育基金会成立。全县教育经费支出7889万元，其中教育事业费支出7589万元。投入建设资金1010万元，新建校舍面积13487平方米。维修校舍面积2700平方米，改造危房面积7841平方米。

2006年，全县投入6500万元，改造中小学危房项目学校102所，新、改、扩建总面积70480.74平方米，兴建校门67个、厕所117个，筑建围墙24923平方米，绿化校园面积144万平方米。

2009年，全年财政预算内教育支出约1.24亿元。消除C级危房面积6500平方米，新增校舍面积16880平方米。投入1520万元化解历年“普九”债务。落实“两免一补”经费3829.2万元，完成助学贷款559.4万元，资助家庭困难学生953人。征地扩建临高中学、临高二中和新盈中学校园。琼台师专临高校区资产移交和红华、加来农垦中小学校移交工作顺利完成。教育基金会捐资3718770元，奖励优秀校长、优秀班主任、优秀教师，奖励高考、中考、小考优秀生，资助高考贫困生、孤儿学生、中小学贫困生共563人，合计398700

元。慰问特困教师家庭 21 户，送温暖慰问金 10500 元，帮助困难教师家庭 10 户解决享受“低保金”。成立临高县学生资助管理中心，开展生源地信用助学贷款工作，共有 1092 名大学生申请获得助学贷款，金额 635.67 万元，贫困生上学难问题基本解决。

2010 年，全县投入校舍改造专项资金投入 2940.3 万元，拆除危楼 15 栋，加固校舍面积 4566 平方米，重建、新增校舍面积 18985 平方米；投入 3800 万元扩建临高中学、临高二中和新盈中学；提供助学贷款 931 万元，圆了 1566 名贫困家庭学生的入学梦；化解普九欠债 395 万元。

二、教学设备

1986—2010 年期间，全县陆续投入大量教育教学装备资金，努力实现教育办学水平均衡化发展。1994 年，临高县第二中学图书馆建成并投入使用。1996 年，开始建设临高县师范学校体育馆，于 1997 年建成并投入使用。至 2010 年，全县各中小学均已配置计算机，图书已达 60 多万册；配备多媒体教室，建立各类实验室，其中有中学物理实验室，化学实验室，生物实验室，地理实验室，小学科学实验室。另外，县城部分中小学校建有舞蹈室、音乐室、美术室、卫生室和电子备课室，并配套相应设备，乡镇学校装备校园广播。2010 年，完成全县中学及各镇中心学校光纤连接和农村学校（含教学点）卫星接收设备，较大程度提升学校装备标准。

第八节　考试招生

1986 年，普通高中招生 600 人，职业高中招生 240 人，占初中毕业生人数 28.1%。全县有 455 人参加高考，被各大专院校录取 166 人，被中等学校录取 65 人。

1987 年，国家教育委员会下发《普通高等学校招生暂行条例》。全县考上大专院校的有 122 人，考上中专（包师范）的有 156 人，共 278 人。成人自学考上大专院校脱产班的有 50 人，函授的有 20 人，考上中专学校脱产班的有 68 人。

1990 年，县教育局印发《临高县 1990 年中专学校招生工作意见》，计划招收高中新生 476 人，农职中高中新生 300 人。1992 年，县教育局印发《临高县一九九二年中等学校招生工作意见》，普通中学计划招收初中新生 4184 人，高中新生 558 人，职业高中新生 240 人。考入大专院校人数 487 人，其中大专 211 人，中专 168 人，中师 108 人。高考中，谢杰成取得全省高考理科第一名。1995 年，全县录取在中专院校学生 467 人，其中大专 406 人，中专 61 人，145 名初中生考上中专和师范学校。

2000 年，全县有 518 人被全国各大中专院校录取，其中高职 26 人，中专 2 人。2001

年，方博取得全省高考文科第一名。

2007 年，临中录取分数线 67 分，二中录取分数线 55 分。高考学生考入本科第一批人数 170 人，理科最高分 767 分，文科最高分 684 分，700 分以上有 7 人。

2009 年，全县高考 600 分以上的有 474 人，二本以上入围人数 638 人，其中一本线 196 人，二本线 442 人。总分 700 分以上 47 人，综合分 700 分以上考生占报考人数比率名列全省第 5 位。综合分 800 分以上 2 人，王寿综合分 905 分被清华大学录取。中考考试人数 5858 人，优秀成绩人数 841 人，及格人数 1625 人，低分控制人数 3250 人。

2010 年，全县高考上本科的学生有 1289 人，其中一本线的有 215 人，二本线的有 479 人，三本线的有 595 人，考上专科高职学校的有 1050 人。

第九节　勤工俭学

1986 年，全县有校办工厂 11 个，校办农场 201 处，面积 405.2 公顷，总产值 54.03 万元。1988 年，临高县南宝乡加来小学被评为“全国中小学勤工俭学先进集体”。1989 年，全县勤工俭学总产值 73 万元，纯收入 73 万元。

1990 年，全县中小学学农基地 228 个，总面积 400 公顷，校办工厂 3 个，小卖部 8 个，冷食店 5 个，代销点 3 个，商场 1 个，总产值 195 万元，纯收入 80 万元。1991 年，全县有学农基地 239 个，总面积 301.2 公顷，校办工厂 3 个，商场 3 个，小卖部 8 个，课本代销点 15 个，总产值 220 万元，纯收入 100 万元，比 1990 年增长 20%。1993 年，全县有学农基地 240 个，总面积 213.3 公顷，总产值 163 万元，纯收入 80 万元。学生平均 11.58 元。

1996 年，勤工俭学总产值 92 万元。2000 年，全县开设学农基地 166 个，面积 160.6 公顷，总收入 110.8 万元，纯收入 55.5 万元。2002 年，全县勤工俭学基地 166 个，面积 168 公顷，总收入 125 万元，纯收入 78 万元。2003 年，全县勤工俭学基地 166 个，面积 168 公顷，总收入 126 万元，纯收入 79 万元。

2010 年，全县有教育实践基地面积 78 公顷。勤工俭学总收入 82 万元，纯收入 46 万元。开展“小基地创业、小伙房建设、小厕所改造”活动，全县建立 25 个小伙房、120 个小基地、173 个卫生厕所。

1986—2010年临高县中小学校荣获省级奖项情况一览表

表16-1-1

年份	获奖学校	级别	奖　项
1986年	和舍区中心小学	省级	海南行政区建设文明学校特优先进单位
	美台区头星小学	省级	海南行政区建设文明学校先进单位
	南宝区加来小学	省级	海南行政区建设文明学校先进单位
	临高县第一中学	省级	海南行政区建设文明学校先进单位
	临高县皇桐中学	省级	海南行政区建设文明学校先进单位
1990年	新盈中学	省级	海南省《国家体育锻炼标准》先进单位
1993年	临高二中	省级	海南省第三批校容校貌建设一等奖
	和舍中学	省级	海南省第三批校容校貌建设二等奖
1997年	临高县教育与科学技术局	省级	海南省文明小区创建先进单位
2008年	文澜江中心学校	省级	海南省安全文明生态学校
	东英中心学校	省级	海南省安全文明生态学校
	和舍中学	省级	海南省安全文明生态学校
	临高二中	省级	海南省绿色学校

1989—2010年临高县荣获全国、省奖项的教师一览表

表16-1-2

年份	获奖对象	级别	奖　项
1989年	王明儒、郑庭进、李昌滋、刘道达	国家级	全国优秀教师
	林道河、吴杜鲁、黄文平、毛书豪、陈光功、罗建业、王明刚、王万桂、吉玉清、王日华	省级	省教育厅、人事厅、省教育工会授予的“海南省优秀教师”和“海南省优秀教育工作者”称号
1992年	郑庭进	省级	海南省中学特级教师
1992年	林方展、林义	省级	海南省优秀体育教师

续表 16-1-2

年份	获奖对象	级别	奖　项
1993 年	王铁中	国家级	全国优秀教师
1993 年	王铁中、麦永才、陈振禄、李慧秋	省级	海南省优秀教师
1994 年	董晓丽	省级	海南省教育系统“巾帼建功”标兵
1996 年	黄　斌	省级	海南省“十佳”班主任称号
1997 年	符学军	国家级	国家教育部贫困地区农村中小学优秀教师首届“烛光奖”
1999 年	陈秀贞	省级	海南省“十佳班主任”称号
1999 年	李华丹	省级	海南省小语青年教师阅读教学优质课评比一等奖
2001 年	王永刚	省级	海南省第四届小学数学优质课评选观摩一等奖
2003 年	王安祺	国家级	全国物理竞赛（初中组）一等奖
2004 年	李振凯	国家级	荣获得全国目标教学一等奖
2004 年	董晓丽	国家级	全国模范教师
2005 年	王冬梅	省级	海南省“小学十佳班主任”称号
2010 年	黄　艳、郑夏菲	国家级	第四届全国初中英语优秀课展评一等奖
2010 年	符秀玉、林许玉	国家级	第四届全国小学英语优秀课展评一等奖

1995—2010 年临高县荣获全国、省奖项的学生一览表

表 16-1-3

年份	获奖对象	级别	奖　项
1995 年	陈　芳	省级	共青团海南省授予的“五四”青年奖章
1998 年	符海川	国家级	全国小学数学奥林匹克联赛一等奖
1998 年	杜小健	国家级	全国中学物理竞赛一等奖
2000 年	符聪敏	国家级	2000 年全国高中学生化学竞赛（海南赛区）一等奖
2001 年	符聪敏	国家级	全国化学奥林匹克赛海南省赛区一等奖
2002 年	刘　亮、柯晓鹏	国家级	全国初中数学竞赛一等奖
2002 年	陈勇清	国家级	全国初中化学竞赛一等奖
2003 年	钟成堡、王晶荣	国家级	全国数学科奥赛（高中组）一等奖
2003 年	秦　岭	国家级	全国物理竞赛二等奖、省一等奖

续表 16-1-3

年份	获奖对象	级别	奖　项
2008 年	梁莹椿、苏晨霄、王馨苑	国家级	全国英语能力竞赛（海南赛区）初一、初三、高一组一等奖
2008 年	王少珍	国家级	全国中学生“多威杯”田径锦标赛女子三级跳远第二名
2008 年	王少芳	省级	海南省第十四届中学生田径运动会女子 400 米栏第一名、女子三级跳远第一名
2009 年	黄昌辉	国家级	全国中学生生物学联赛（海南赛区）一等奖
2009 年	张婷婷	国家级	全国初中生数学竞赛（海南赛区）一等奖
2009 年	庄金岭	省级	海南省田径锦标赛 1500 米第一名

第二章　科学技术

第一节　机构队伍

一、机构

1986 年，县科学技术委员会设行政股、科技股，打字室。1988 年 4 月，海南建省，改称为海南省临高县科学技术委员会。

1995 年 12 月机构改革，与县教育局合并，成立县教育与科学技术局。

1999 年 5 月，成立县科技服务中心，与县科协合署办公，属事业单位，工作人员和经费按两个单位分开管理。采取定岗定员的办法，开展科技服务管理和科技协会工作。

2001 年 2 月，县科技服务中心更名为县科技管理中心，为县政府直属部门，是具有政府行政职能的事业单位，仍与县科协合署办公。

2006 年 12 月，县科技管理中心更名为县科学技术局（简称“县科技局”），同时，县教育与科学技术局更名为临高县教育局。原县教科局承担的科技行政管理职能划归县科技局管理。此后与县科协分开办公。县科技局为财政全额预算管理事业单位，内设办公室、科技（知识产权）股。

2010 年 1 月起，县科技局参照公务员管理，设办公室、科技股和知识产权股，内设农业技术服务“110”指挥中心。

二、科技队伍

1988年底，全县拥有从事农业、工业、经济、文教、卫生等专业科技人员3812人，其中高级科技人员37人，中级科技人员743人，初级科技人员3032人。

1989年，全县从事工农业、经济、文教、卫生等专业科技人员已发展到近5000人，其中高级职称人员37人，中级职称人员734人，初级职称人员3369人。

1991年，全县有农业科学技术研究所1所，科研人员2人；县级农业科技推广人员80人，中级以上科技专业人员950人。建立131个农技、科普组织，其中县级科技专业学会11个，会员1425人；乡镇科普协会17个，会员206人；管区科普分会103个，占管区数的90%，会员689人。

2000年，从县直机关、事业单位、科研单位和专业人才集中的农、渔、科技等单位选派16名在职的年轻干部下基层挂职任科技副乡镇长。

2010年，全县农业科技“110”指挥中心1个、农业科技“110”镇级服务站13个、农业科技“110”服务点1个，各类农业科技人员50人。县农业技术研究所属财政差额拨款事业单位，人员编制5人，有中级专业职称4人。

第二节　科技活动

一、科技推广应用

1987年，深化科技体制改革，支持科技人员搞科技项目承包，引进海水养殖（重点对虾饲养），瘦肉型猪的繁殖饲养，农副产品加工以及化学工艺等项技术。大力推广新技术、新饲料、新农药和动植物优良品种。县政府请来台湾农业专家传经，引进一种不受季节限制、高产、米质好、分蘖力强、抗病虫害的台湾优良水稻品种，在龙力试种成功。

1990年6月，县科技成果“推广杂交水稻新组合‘博优64’获大面积增产”和“大规模农田灭鼠技术推广应用”分别获省科技进步三、四等奖。

1991年，全年完成15个科研项目，其中杂交水稻新组合博优品种和大规模农田灭鼠技术应用2个项目，分别获省政府大面积增产三等奖和四等奖。实施“星火计划”项目4个，其中海藻酸钠技术开发创产值600万元，甲鱼养殖技术开发创产值15万元，早秋蔗333.33公顷和西番莲引种高产示范。

1993年，组织论证、申报和实施海狸饲养与管理技术等6个项目，实施国家级“星火计划”、人工养蛇类技术和省级“星火计划”、甲鱼养殖技术开发等项目。

1994 年，全县建立 11 个专业学会，16 个乡镇建立科普学会，一些乡镇建立科普分会。举办各类培训班 102 期，培训农民 5.2 万人次。其中省级和国家级计划项目各 1 个。

1997—2002 年，全县共举办农民科技培训班 445 期，培训农民 9 万人次。五年共引进推广新技术 62 项，组织申报科技项目 36 项，其中 4 项被列入“星火计划”，“东江玉兔”获省级科技成果转化奖三等奖，“临高红”荔枝良种化示范基地获省科技示范称号。期间，2000 年，组织实施“511”工程，引进和推广名特优品种，加快农产品更新换代，种植优质米水稻面积达 6000 公顷，水稻制种面积达 1000 公顷。引进新台糖系列和粤糖 86/368 等糖蔗优良品种，甘蔗种植面积达 6000 公顷。引进科技含量高、市场潜力大的水稻、瓜菜、水果、海水养殖、畜牧养殖等 20 个新品种。

2006 年 11 月，县委、县政府出台《关于全面推进科技进步的实施意见》，实施科技兴县战略。

2008 年，提高科技成果转化能力，组织企业申报并实施良种甘蔗种植示范推广项目、甜玉米推广项目、皇帝芋头优良品种种植示范与应用推广等 26 个国家、省重点科技发展项目与科技星火项目。

2010 年，创建 1 个万亩瓜菜示范基地。海南临高南繁水稻种植专业合作社实施的海南临高杂交稻安全高效制种技术集成与产业化项目，荣获科技部举办的中国农业科技创新大奖二等奖。全省科技进步考核排名第一。

二、科技服务“110”

农业科技服务“110”是科技部门服务“三农”工作的一个重要平台和载体。2000 年，临高县开通科技服务热线电话，县科技服务中心为科技服务热线的主要负责单位。科技热线设有固定电话和移动电话，接到群众求助后，及时为群众解答难题，传授技术；必要时，派农技人员到生产第一线为农民进行现场指导服务。

2003 年 12 月，县府办下发《关于印发临高县农业科技快速服务网络建设及实施方案的通知》，成立农技服务“110”服务网络指挥中心。全县各镇也相应成立农技服务“110”工作站。2004 年 5 月，省通信管理局核准，同意将“963110”作为全省农业科技服务“110”统一电话号码。同年 7 月，全省正式开通。8 月 25 日，临高县正式开通“963110”农业科技服务电话。

2006 年 12 月，县科技局承接县科技管理中心农技服务“110”服务工作的职责。2007 年，抓好科技富民强县项目实施，筹建农业科技“110”盛丰龙头企业服务站，使得农业科技服务“110”深入田间地头。农业新技术、新品种进一步得到推广。2008 年，推进农业科技“110”标准化建设，建立盛丰、多文、宝路等 3 家技术服务站。

2009 年，全县建立农业科技“110”指挥中心、农业科技“110”镇级服务站 13 个、农业科技“110”服务点 1 个，其中获得省级认定的龙头服务站 2 个，标准化服务站 8 个。全县农业科技“110”服务站总建筑面积为 2580 平方米，有服务摩托车 15 辆、汽车 2 辆、户外电子显示屏 13 块、电脑 15 台，专业技术人员 105 人。各服务站积极开展科技咨询、科技培训、科技示范、科技推广、农资销售等科技服务活动。通过远程网络视频能实现面对面与农业专家进行咨询交流。县科技部门派遣科技特派员驻扎农村，采取现场讲解、手把手示范指导、入户面授交流、集中培训等形式，向农民宣传科普知识，提高农民的科技文化素质。

至 2010 年，全县农技服务“110”共接到求助电话 13805 个，咨询服务农民 13805 人次，派科技人员现场服务指导 7033 人次，受指导农民 64082 人次。组织科技特派员下到基层服务“三农”86 人次，引进新产品、新技术 6 项，引进新品种 15 项，推广农业实用技术 20 项。

四、科技培训与下乡

1986 年 10 月 26 日，临高县农业科学实验、推广、培训中心举办的畜牧兽医、农业技术培训班结束，80 名农民获得“农民技术员”合格证。

1989 年，全县共举办水稻、甘蔗栽培和工业技术等专业培训班 185 期，培训专业骨干 7510 名。科技部门引进海藻加工技术联办化工厂，被列为省级“星火项目”，填补本省海藻化学工业的空白。

1994 年，强化科技意识，抓好科技兴县，建立 11 个专业学会，16 个乡镇建立科普学会，一批管理区建立科普分会，举办各类培训班 102 期，培训农民 5.2 万人次。

2003 年，组织科技人员下乡开展技术培训、咨询和服务活动，举办各类农业实用技术培训班 282 期，受训农民 4. 83 万人次；开展科技“三下乡”（文化下乡、科技下乡、卫生下乡）活动 30 次，参加农民 1 万人次。

2005 年，通过“科技活动周”“世界知识产权日”“科普活动日”，举办送科技下乡、科技大集市等活动，采取晚上到自然村播放科普电影、结合农时举办技术讲座、咨询指导、悬挂科普挂图展览和赠送实用技术小册子和资料的方式，传播依靠科技发展生产为主题的科学思想和技术，对提高广大群众的科技素质和应用实用技术的能力起到促进作用。全县举办 6 场科技大集市，10 场科普巡回展，40 场次送科技下乡活动。其中举办科普影片专题教育活动 14 场次，播放《生态家园》《无公害蔬菜生产》《农村饮水卫生》《合理使用农药》《畜禽养殖与环境保护》等科教片 31 部，组织 200 人次的科技人员开展农业技术咨询服务活动，受咨询服务的农民达 1.6 万人次。赠送各类生产技术资料 2 万份（册）。

开展实用技术培训，举办科技讲座 6 场、实用技术培训班 110 场次，培训农民 1.2 万人次。赠送技术资料 2.2 万多份（册）。培训的内容有辣椒、苦瓜、冬瓜、南瓜、小西红柿以及豆类为主的瓜菜种植技术；水稻制种技术；香蕉、荔枝、龙眼为主的热作水果种植技术；甘蔗、胡椒、橡胶为主的热带经济作物种植技术；养猪、养鸡为主的畜牧饲养技术；水产养殖及海洋捕捞技术。

2008 年，加强农业科技推广应用工作，开展送科技下乡活动 85 场，举办各类实用技术培训班 88 期，受训农民 1 万人。

2010 年，第六届科技活动月活动以“服务国际旅游岛建设，携手共建创新型国家”为主题，整个活动分 6 个大项 28 个小项，各镇、各部门共组织科技服务队深入农村和社区开展科技宣传 150 次，开展咨询活动 85 场，义务科技咨询 1 万人次，义诊 200 人次。举办各类科技培训 50 场，培训 8000 人次，发放各类科技宣传资料 3 万份。科技人员进村入户 150 人次，科技专家指导示范基地、示范户 60 人次，受益人口 2 万人。

1986—2010 年，临高县通过科技“三下乡”“科技活动月”等活动，举办水稻、蔬菜、甘蔗、橡胶、香蕉等各类技术培训班 1434 期，培训 21.78 万人次，赠送技术资料 19.32 万份、使用科技图书 8.67 万册、各种科普光盘 2.10 万张。组织农业技术专家 2.12 万人次下到生产一线，指导各类农业生产技术 1.21 万项，解决生产技术问题 3.25 万个。

第三节　科技示范基地建设

1988 年，县政府请台湾的农业专家引进一种种植不受季节限制，高产、米质好、分蘖力强、耐寒、抗病虫害、种子 15 年内种性不变异的台湾优良水稻品种进行试验 10.2 公顷，引进台湾“翠香”“香兰”2 个品种哈密瓜。

1990 年，县科技部门将建设农业科技示范基地作为重要的抓手，并以国家科技项目为主要载体，采取“服务站+合作社+农户”、“科特派+合作社+农户”和“科特派+公司”等形式建立农业示范基地，以此引进、推广新品种和新技术，促进全县农业生产技术水平提高。

1993 年，引进“汕优 63 号”“广优 4 号”“博优 04 号”“矮山占”“长丝占”等 10 个水稻优良品种；引进良种“新台糖 1 号粤糖 79/177”等高产高糖品种。瓜菜生产向基地化发展。全县创办一批荔枝、龙眼、香蕉、 杧果、玉兰笋、菜椒等生产基地。

1994 年，办好科技示范点，邀请高校专家到实地指导，建立“两高一优”基地 200 公顷；组织“星火计划”项目 2 个，其中省级和国家级计划项目各 1 个。

2005年，开展新技术、新品种的推广试验、示范，进行荔枝控梢、促花、保花、保果及药物短花等的试验示范，在“临高红”项目基地进行6.67公顷的试验示范获得明显效果。推广无公害瓜菜种植新方法，根据本地气候与土壤因素，结合无公害生产技术要求，在全县推广合理施肥，合理施用农药的瓜菜种植新方法，引导农民施用有机生物肥和使用生物农药，提高广大农民种植无公害瓜菜的生产技术水平。引进番薯育种示范项目，引进河南客商在临高县波莲镇太坡村委进行番薯育种。

2008年，组织实施国家富民强县专项行动计划项目——良种甘蔗种植示范推广，建立6个甘蔗良种种苗培育基地和种植技术示范基地，引进“福农15号”“粤糖93159号”“新台糖22号”“粤糖00-236”等新的优良品种，带动辐射1333.33公顷，该项目的实施大大提高全县甘蔗种植技术水平，大幅度提高糖蔗生产的产量和含糖量，提高科技成果的转化能力，使发展良种甘蔗生产成为全县经济支柱产业之一。建立6个甘蔗良种示范基地，推广应用良种甘蔗面积600公顷，覆盖率达85%。

2010年，以项目带动示范基地建设，在东英镇头洋洋田、博厚镇羊光坡地、多文镇兰合洋田等建立各类农业示范基地85个，面积3440公顷；引进甘蔗、水稻、辣椒、玉米、香蕉、橡胶等优良新品种187个，推广地膜覆盖保水栽培、节水灌溉、测土配方施肥、杂交育种、香蕉脱毒育苗等大量先进的农业生产新技术316项。示范基地的建设，为全县的农业结构调整、农民增收发挥重要作用。同年，县科技经费的筹集以政府拨款为主，社会投入为辅，县本级财政科技投入达1642万元，占全年支出的1.25%，其中技术研究与开发1530万元，科学技术普及39万元，应用研究24万元，科学技术管理事务47万元，其他科学技术支出2万元。

第四节　气象测报

一、机构

1986年，临高县气象局内设办公室、预报股、测报股。1996年，县气象局内设办公室、业务股、防雷所。至2010年，内设机构未变。

二、基础设施建设

1986年，临高县气象局，内设办公室、预报股、测报所3个股级单位，编制11人。县气象局所属土地2820平方米，拥有房屋4幢共44间，建筑面积709平方米。1月，PC-1500机投入预报统计工作，并很快应用于中长期和短期预报业务。安装对讲机，用于气象服务工作。1992年9月，征用气象观测场东、南、西三面土地共0.78公顷，并按红线范围修建围墙。4月，安装15瓦单边带电台1部，用于海洋渔业服务。1994年10月，386/80计算机投入使用。1995年，干部职工集资兴建职工宿舍楼1幢，三层共540平方米（1998年竣工）。1996年，临高县气象局内设办公室、业务股、防雷所3个股级单位，编制10人。1997年12月，486/80计算机投入使用。1998年7月，586/166计算机的投入使用，大大提高预报业务。同月，“三防”（防汛、防旱、防风）投入奔腾Ⅱ计算机，用于“三防”信息服务系统。

2005年，因年久失修及18号台风“达维”影响，申请省气象局出资修建职工厨房5间。年底，为解决历史遗留问题，保护探测环境，向省气象局提出迁站请示并得到同意。2006年3月，新建“职工之家”。6月，发动干部职工兴建篮球场。10月，建起“临高县气象局”门牌，摆脱多年来落后的台站面貌。

2008年4月17日，县政府召开十三届第二十九次常务会议，决定同意县气象局采取土地置换方式，整体搬迁到位于二环路江南小区（临城镇多莲村旁）政府储备地进行重建，搬迁新址建设用地为1.47公顷。至2008年底，临高县气象局台站搬迁重建工作已落实项目备案立项、用地规划许可、台站规划设计及业务楼报建等手续，完成700米新址围墙建设、100米深钻井、200米高压线路迁移、80千伏安变压器安装等项目。2009年3月，新址业务楼建设工程正式启动。至2010年12月，新址业务楼建设工程完工。

三、气象业务

（一）地面气象观测

1. 观测时次

每天进行08时、14时、20时3次定时观测。观测项目有云、能见度、天气现象、气压、气温、湿度、风向风速、降水、日照、蒸发、地温等。同时，每天08时、14时、20时3次拍发地面天气实况报，即小天气图报，内容是除蒸发、地温外的所有观测项目。

2. 航危报

由县气象站向有关机场编发固定（预约）每小时一次的航空报。内容为：云、能见度、天气现象、气压、气温、风向风速等。当有危险天气现象（大风、恶劣能见度，雷雨形势、冰雹、云蔽山、雷暴、龙卷风等）时，5分钟内及时拍发危险报。1999年11月6日，临高气象站观测到17米/秒大风，值班观测员在出现大风后的5分钟内，及时向附近机场编发航危报，提醒飞机航行天气条件恶劣。自2002年1月1日起，临高县气象站不再担负航危报任务。

3. 重要天气报

1986年有降水、瞬间大风、龙卷风、冰雹等重要天气报。2004年7月13日，受西南槽影响，临高气象站观察到瞬时极大风速 22.1 米/秒，出现大风 10 分钟内，值班观测员及时报送包括风向风速的大风重要报。2008 年 6 月 1 日，海南省气象局下文增加霾、浮尘、沙尘暴、雾、雷暴等重要天气报。由县站不定时观测编报。

4. 热带气旋加密观测报

在热带气旋影响期间，由省气象局组织每小时一次补充地面气象天气报告。

1986 年，气象报文用专线电话报给县邮电局报房，再由报房电话报给海南气象台。同年 1 月起，用 PC-1500 微机编制报表。1989 年 1 月 1 日至 1992 年 12 月 31 日，用甚高频电话直接报给海南气象台；1993 年 1 月 1 日至 1994 年 12 月 31 日无记录；1995 年 1 月 1 日后，使用计算机网络终端发送海南气象台。2005 年 9 月 25—26 日，临高县遭受第 18 号台风“达维”袭击。在台风影响期间，县气象局采取热带气旋加密观测，每小时组织人员采集风向风速、降雨量、气温、湿度、气压等实况数据，并按时报送省气象台和县委、县政府，为防台风做出贡献。

5. 现代化观测系统

2004 年 1 月 1 日，县站建成 $ZQZ-CII_1$ 型自动观测站，开始以自动站资料为准发报，同时进行人工平行观测，自动站资料与人工站资料并存互为备份。2005—2006 年，完成 15 个乡镇中尺度自动气象站筹建。

（二）天气预报

1. 短期天气预报

每天制作补充天气预报。通过收听大台广播，结合县站气象资料、群众看天经验和老预报员经验，制作未来 24 小时、48 小时晴雨天气预报，送县广播站广播。1986 年安装高频对讲机，实现县气象站、区气象台天气会商。

2. 中期、长期天气预报

根据省气象台和区气象台旬报、月报和冬春、汛期预报情况，结合县站老预报员预报工具，常年编印中、长期预报简报，送各级政府领导、农场和专业服务用户。

四、气象服务

1986 年，开始推行气象有偿专业服务。主要为全县各乡镇（场）或相关企事业单位提供中、长期天气预报和气象资料，一般以旬天气预报为主。

1988 年、1995 年、1996 年、2000 年、2002—2007 年、2010 年等年份在临高县境内实施人工增雨作业，有效缓解旱情。如 2006 年 6 月 2 日至 7 月 10 日，先后开展 7 次人工增雨作业，发射炮弹 9 枚，全县共增加降水达 335.4 毫米。

1994 年，与县广播电台协商播放临高天气预报，天气预报信息由气象局提供，于每天下午 18 时前送至广播电台。

1995 年 1 月，建成县级业务系统计算机网络终端，气象传真图、卫星云图、雷达回波图等各种气象信息可以网上查看。

1996 年 11 月，成立临高县防雷技术所，开展防雷装置检测和防雷工程设计安装工作。2002 年 10 月，成立防雷所和防雷工程公司，检测与设计安装分开进行。2006 年 9 月，成立临高气象科技服务中心。2007 年 10 月 8 日，气象行政审批工作进驻临高县政务服务中心。2006 年 12 月和 2007 年 12 月，县政府分别发出书面表扬函件和《关于通报临高县气象局工作的函》，表扬县气象局在年度气象服务、人工增雨和防雷安全工作中的突出贡献和成绩。

1999 年 7 月，气象局同电信局合作正式开通“121”天气预报自动咨询电话。2005 年 1 月升级为“12121”天气预报自动咨询电话。

2005 年 1 月 1 日，开展土壤湿度观测和水库水情监测工作。

2007 年 5 月，与中国联通合作开通“集信通”气象短信平台，以手机短信方式向全县各级领导发送气象信息。6 月，建成临高兴农网，实现农副产品价格信息及农业新闻上网；6 月底，在临高县政府网站增设“天气预报”服务专栏。12 月，建成临高县气象局气象信息服务网站。

2008 年，启用海南省气象灾害预警短信平台向各级领导干部发送手机预警信息；11 月份，在全县 11 个乡镇组建 11 名灾害信息员，担负当地各类气象灾情收集上报工作。

2010 年，修订完善《临高县重大气象灾害应急预案》，制作发布灾害性天气信息快报和专报 45 期，发布预警信号 65 次。

五、依法行政

2002 年 10 月 25 日，与临高县安委会办公室联合发出《关于做好全县防雷设施安全性能检查工作的通知》。同月 29 日，县政府办下发《转发县建环局县气象局关于加强全县新建、扩建、改建建（构）筑物防雷装置管理工作意见的通知》。2004 年 2 月，临高县成立由 4 人组成的气象行政执法队伍，重点加强雷电灾害防御的依法管理工作。2005 年、2007 年先后两次发函至临高县国土、建设、规划等部门进行探测环境保护备案。2006 年 3 月 2 日和 7 月 6 日，县政府分别下发《关于做好 2006 年全县防雷装置安全性能检测工作的通知》和《关于进一步加强防雷装置设计审核和竣工验收工作的通知》，大力推动本地防雷安全检测、设计审核及竣工验收工作。2007 年，气象行政执法队伍发展到 6 人，其中有 5 人取得行政执法证。同年 10 月 8 日，在临高县政务服务中心设立气象行政审批窗口，承担防雷工程图纸设计审核、竣工验收和施放气球等气象行政审批工作。

1986—2010 年临高县气象局获省及省以上集体荣誉表彰情况一览表

表 16-2-1

获奖单位	获奖年份	获奖称号	授奖单位
县气象局	1996 年	汛期气象服务先进集体，一等奖	海南省气象局
县气象局	2005 年	局务公开先进单位	中国气象局
县气象局	2006 年	海南省气象部门目标管理优秀达标单位	海南省气象局
县气象局	2007 年	海南省气象部门目标管理优秀达标单位	海南省气象局
县气象局	2007 年	海南省 2003—2006 年度文明单位	海南省委省政府

1986—2010 年临高县气象局获省及省以上个人荣誉表彰情况一览表

表 16-2-2

姓　名	获奖年份	获奖称号	授奖单位
邱冠坚	1993 年	气象部门“双文明”建设先进个人	海南省气象局
黄秀琪	1998—2002 年	先进个人（西沙气象台工作期间）	海南省气象局

六、气象科普宣传

临高县气象科普工作紧紧围绕公共气象服务，面向民生、面向生产、面向决策，以社会需求为引领，以气象防灾减灾、应对气象变化为重点，大力提升气象科普社会化水平，不断创新气象科普内容与形式，提升公众防灾减灾能力。每年 3 月 23 日组织开展“3·23”世界气象日科普宣传活动，在全县范围内开展多种形式的气象科普宣传和纪念活动，如在县城主要街道设立服务咨询点开展公众气象科普宣传，组织群众或学生到气象台参观访问，举办气象科普知识讲座，展览各类气象防御宣传展板，发放各种气象科普知识及法律法规宣传资料等。

第五节　地　震

一、机构

1986 年，防震减灾工作由县科学技术委员会管理。1992 年 3 月 17 日，设立临高县地震局，为正科级财政全额预算管理事业单位。1995 年 12 月，县地震局更名为临高县地震办公室。2006 年 3 月 8 日，县地震办更名为临高县地震局。2010 年，县地震局机构未变。

全县有地震台（站）3 个，其中国家级 1 个，省级 1 个，县级 1 个，主要以地磁、大地电场、GPS 观测 3 种手段开展地震监测。

二、地震工作

（一）监测预报

县地震局强化震情跟踪监测，坚持完成月、年中、年度会商和临时加密会商，预测年度地震活动趋势和震级水平。1994 年 12 月 31 日和 1995 年 1 月 10 日北部湾发生 6.1 级、6.2 级地震后，海南省地震局为加强北部湾和西北部短临地震预报。1996 年 5—7 月，在县城周边多次、多地点筛选，最后确定在临高县地震局办公地点建立临高县地震电磁波监测台。自建台起，地震电磁波监测台已对应北部湾地震发生 5 次，每当地震电磁波监测仪发现异常，短则 8 天后发生地震，长则 17 天后发生地震，平均时间间隔 12 天左右，北部湾发生 3.2～4.8 级地震。1997 年 11 月，在全省地震会商会上，县地震局根据地震电磁波监测仪监测到的异常情况，预测未来 3 个月左右，北部湾可能发生 4 级左右地震。1998 年 2 月 11 日 0 点 34 时，北部湾发生 3.9 级地震。

落实宏观异常现象 4 起。2008 年 10 月 24—27 日，波莲镇和朗村、和棉村村口路上，每天清晨有约 30 万只蟾蜍穿过，当地群众非常惊慌，县地震局接到报告后，于 10 月 27 日早晨 6 时 30 分，派出技术人员到现场查看，经调查、研判，断定这种现象不是地震异常信息，而是蟾蜍的生活习性和环境对其不利生长而群体搬迁，稳定群众不安情绪。自 2008—2010 年，在县城共举办 12 期防震减灾助理员、4 期群测群防联络员业务员培训，参加培训人员约 1000 人次。

（二）灾害预防

2005 年 12 月 30 日，县政府印发《关于将建设工程抗震设防要求及地震安全性评价工作纳入基本建设管理程序的通知》，加强防震减灾法制建设。2008 年 5 月 12 日，汶川特大地震发生后，根据国家和省有关文件要求，进一步加大抗震设防要求管理力度，加强对重大工程、易产生灾害工程的抗震设防要求管理，对学校、医院等人员密集场所建设工程抗震设防要求提高一档，严把建设工程抗震设防关。推进农村民居地震安全工程典型示范建设 703 户，发放抗震防震补助 351.50 万元。2008—2010 年，在各示范户现场举办农民建筑工匠现场培训班 76 期，参加培训人员 2500 人次。2009—2010 年，县地震局与县建设局、教育局、卫生局、水务局等部门联合开展学校、卫生、水库等公共建筑工程抗震安全隐患排查工作，排查学校 190 所 45.20 万平方米；排查卫生院 17 所 6.65 万平方米；排查水库 48 座，其中中型 2 座，小（1）型 8 座，小（2）型 38 座。

（三）防震减灾宣传

1986—2010 年，每年利用《中华人民共和国防震减灾法》颁布周年、“5·12”全国防灾减灾日、科技活动月、科普宣传周、“7·28”唐山大地震宣传周、“12·4”全国法制宣传日等契机，采取挂横幅、贴标语、设咨询台、制作宣传专栏、图片展、发放宣传资料、巡回车、广播电视等形式多样开展防震减灾知识、农村民居抗震设防知识、法律法规宣传教育，增强公众的防震减灾意识，提高公众的地震灾害防御和自救互救能力。

（四）应急救援

1997 年 4 月 17 日，制定《临高县破坏性地震应急反应预案》。2007 年 8 月 13 日，根据国家和省重新发布的地震应急预案，重新修订《临高县地震应急预案》，成立县抗震救灾指挥部和防震减灾联席会议制度，建立临高县地震、火山、海啸灾害紧急救援队，在全县各中小学举办地震应急疏散演练和地震知识讲座。

第十七编　文化　体育

1986—2010年，临高县文化管理部门，贯彻落实党和国家有关文化建设的方针政策，不断创新文化发展理念，深入进行文化体制改革，加强公共文化服务体系建设，为推进全县文化产业发展、文化事业繁荣，为促进临高经济社会发展提供精神动力。25年间，县文联组织本土作家进行多次采风活动，创作出一批优秀作品。临高人偶戏、渔歌“哩哩美”等为传统的民间文艺，在全国全省有着特殊的地位。广播、电影、电视充分发挥各自媒体特点，贴近生活，贴近群众，突出民生，关注民情，为全县经济社会发展营造良好的舆论氛围。县文化部门2004年设立县文化市场稽查队，对歌舞娱乐市场、演出市场、网络文化市场、音像市场等依法稽查，有效防止“黄、赌、毒”等社会丑陋现象滋生和蔓延，营造健康有序的市场文化环境。

2010年，临高县体育团体有县体育中心、县业余体校和3个人数较多的体育协会，体育标准场地175个，主要是篮球场、排球场、乒乓球馆和田径场等。体育教育部门多次组织全民健身活动，职工体育、学校体育、竞技体育等，形式多样，全民参与。传统优秀项目为举重运动，在参加省级以上的比赛中多次获得好成绩。

第一章　文　化

第一节　机　构

一、县文体局

1986年，临高县文化局内设政工股、文艺股和文化股。下辖县文化馆、县图书馆、县文物馆、县木偶剧团、县文工团和县电影公司。

1995年，临高县文化局改名为临高县文化广电体育局。2004年，改名为临高县文化广电出版体育局（简称“县文体局”），内设办公室、文化艺术管理股、文化市场管理股、广电体育工作管理股。下辖县文化馆、县图书馆、县木偶剧团，增设临高县文化市场稽查队。

2007年，全县有10个剧团，其中县直人偶剧团1个，业余人偶剧团6个，业余临剧团3个。全县60岁以上人偶戏老艺人90人，60岁以上“哩哩美”渔歌老艺人80人。

2010年，临高县文体局内设办公室、政工股、文化市场股、文化艺术股、体育股，下辖县文化馆、县图书馆、县木偶剧团、县文化市场稽查队。

二、文化馆站

1986年，临高县文化馆为股级事业单位，设正、副馆长各1人，有文学、音乐、美术、舞蹈辅导员，具体负责组织群众文化活动，普及文化艺术知识，辅导基层文化骨干，开展社会教育培训等工作。工作人员中有5名评获馆员（中级）职称，5人评获助理馆员（初级）职称。全县18个乡镇都有文化站，配有专职文化站干部。全县投资135万元，新建农村广播站33个，架设广播线路235千米，共有入户喇叭7210只，调频收音机1.2万台，电视机2000台。2006年，政府投资40万元，建起300平方米的宣传文化站，设有篮排球场、戏台、屋外健身场，1500册藏书1500册。2009年，政府投入资金460万元，建筑总面积3000平方米，完成10个镇综合文化站建设工作。投入资金76.8万元，建设32个农家书屋，完成32套书柜，购买新书6.4万册。2010年，投入65万元建设2个镇文化信息资源共享工程服务中心点及50个农村基层服务点。

三、临高县文学艺术界联合会

1991年1月18日，临高县首届文学艺术工作者代表大会召开，临高县文学艺术界联合会成立，同时成立县文学工作者协会，县音乐家协会，县戏剧家协会，县书法家协会，县美术、摄影工作者协会，县舞蹈工作者协会，县诗词楹联学会等7个下属协会。

第二节　群众文化

一、文化活动

（一）临高戏曲会演

自1990年起，县文体局在临高文庙前或文化公园露天剧场举行临高县民营人偶戏和临剧会演，全县有10个剧团参加，从农历正月初二开始，每晚一团，连演10个晚上，每场观众在2000人左右。从2008年起，会演设立剧本奖、演员奖、音乐奖、舞台美术奖等奖项，获奖者有奖金和奖状。

（二）送戏下乡

1986年，临高全县有10个剧团，其中临剧团4个，木偶（人偶）剧团6个，全年在县内演出超过2000场次，观众约300万人次。1987—2007年，每个剧团每年有偿演出总场次达2000场。

从2008年开始，县文体局开展“政府买单，农民看戏”的送戏下乡活动。除了为农民送人偶戏或临剧演出外，还组织5个电影放映队，深入全县各自然村放映，全年放映1900场。2009年，开展文化下乡活动，送临戏、木偶戏等2000场，送电影1800场。2010年，开展送戏、送电影下乡活动，送戏900场，送电影1200场。

（三）创办“农家书屋”

2008—2010年，县文体局在古柳、才成、文连、文祖、头洋、头嘴、昆社、潭皇、拨色、大宝、头神、抱利、美巢、文前、金波、居仁、龙富、德禄、墩泰、美所、铺仔、新风、布大、茶胡、松梅、古道、博廉、南宝等自然村，都创办起“农家书屋”，每个书屋赠送图书近2000册。县文体局组织退休老师走进书屋说书读报，旨在吸引农民到书屋来学文化，获取知识，发挥图书的社会效益。至2010年，全县共办有农家书屋185个。

（四）文化评奖活动

1987年、1995年、1997年《椰林歌声》分别发表由陈建荣作曲的歌曲《我爱椰树高又高》（陈赞日词）、《富裕不忘共产党》（傅长瑞词）、《椰子·绿色的月亮》（王光泽词）、《村庄》（宋青松词）。1999年，省国家税务局举行全省国税系统文艺会演，县国税局代表队演出由全德亮创作的小歌剧《心连心》获一等奖。2000年，省检察院举行全省检察系统文艺会演，县检察院代表队演出由全德亮创作的小话剧《选择》获一等奖。2002年，省建设厅举行全省建设系统文艺会演，县建设局代表队演出由全德亮创作的歌舞剧《OK·文澜新城》获表演二等奖和创作奖。2005年，在省委宣传部和省文化厅联合举办的“海南东西南北中广场文化会演”中，县文体局选送的舞蹈《呢呢娘》《爱哩哩》均获二等奖。2006年，选送的歌舞《哩哩美》获一等奖。2007年，选送的独唱《走进海南》和舞蹈《临高唛》获二等奖，舞蹈《回婆家》获三等奖。2008年，为庆祝海南建省20周年，由省文学艺术联合会和省戏剧家协会联合举办全省首届戏剧论文“金椰奖”，临高县全德亮撰写的《假定性在临高人偶戏舞台上的运用》获一等奖。2009年，县文体局选送的器乐合奏《鱼满舱来歌满港》和舞蹈《哩哩美唱吉》均获二等奖。

（五）文化交流

1992年，临高县木偶剧团赴京参加全国木偶皮影戏观摩演出。2007年，由文化部对外文化联络局亚洲处副处长石永菁带领财团法人日中友好会馆文化事业部小林阳子和甲斐阳子到临高县人偶剧团观看临高人偶戏《贤妻孝子》后，双方就人偶戏的表演、音乐唱腔、木偶制作等方面进行广泛交流。

2010年，省委宣传部、省文体厅在乐东县举办全省东西南北中（乐东片区）广场文艺会演，临高传统民间文化，创作、编导富有临高特色的舞蹈节目《呼唤绿荫》、表演唱《海南好》、山歌“哝么哩”对唱《哥唱山歌妹来和》参加表演比赛，临高县的节目赢得在场的观众、省领导和各市县领导的认可。通过组织节目参演，进行文化交流，扩大临高文化的影响。

二、广场文化

1997年，文化部授予临高县“民间艺术之乡”荣誉称号。此后，在临高各地打太极拳，舞太极剑，跳健身舞，跳八音盅盘舞，扭秧歌，打腰鼓，演唱人偶戏、临剧、琼剧、“哩哩美”，器乐合奏和跳交谊舞等多种形式组成的广场文化活动更加活跃。广场文化的载体有县城、乡镇和农村的健身队群体，有春晖艺社、新盈、调楼老人俱乐部等民间团队广大业余文艺爱好者，也有广大交谊舞爱好者。

健身队伍庞大，县城有，乡镇有，农村也有，覆盖面广，活动样式多。截至2010年，全县健身队有135个，人数4860人。平日里，每天的大清早和晚上，在临高县城文澜江两岸、文化公园、居民社区、各乡镇宣传文化室和农村农舍庭院都有健身队演练。他们身着各式各样的队服，有男有女，或打太极拳，或舞太极剑，或耍大刀，或跳健身舞，五花八门，练完三伏练腊月，一年四季，年年如此，常练不衰。在每年的春节、元宵、“七一”中国共产党建党日、国庆、元旦等节日里，临高县老人体协都举办文艺晚会，让各个健身队登台表演，每场演出，观众甚多。同时，经常深入农村，为农民送戏下乡，深受广大群众欢迎。8月8日是一年一度的健身日，这天，临高县老人体协总会约集几千名太极拳爱好者，于临城文澜江北岸举行太极拳展演活动，场面壮观，有人感叹称“十里长堤，十里太极风！”2009年，海南省老人体协授予临高县“太极拳之乡”称号。同年，组织文艺节目参加省广场文艺会演，获得3个二等奖。

春晖艺社成立于2009年，演艺人员20多人，每周一、周三、周五、周六集中在临城文化公园的圆亭里演唱琼剧、临剧和人偶戏名段，也唱歌跳舞，并经常在各种文艺晚会中登台演出。

临高县城的文化公园、西门市场和商业城顶楼设有露天舞场。每晚华灯初上，男女结伴，走进舞场，轻歌曼舞，直至午夜才散场。每晚参与活动者不少于500人。2010年，投入50万元在县文化公园修建新的灯光篮球场和群众舞场，为广大市民提供良好的活动场所。

三、文化节日

（一）民间文化节

2007年，首届临高民间文化节在临高体育广场举行。在文艺晚会上，县政府邀请著名歌星陈思思临场献艺。县文体局还举办“哩哩美”渔歌擂台赛，评选出戴志勇为“哩哩美”渔歌“歌王”，评选戴仙慧为“哩哩美”渔歌“歌后”。

（二）临高渔民节

2007年，举办临高首届渔民节，后每年举办一届。渔民节活动地点是在新盈、调楼一带，活动内容多是展现渔家的生产和生活习俗。每届渔民节白天都举行织网、挑鱼比赛，晚上举办由“哩哩美”为主要节目的文艺晚会。首届渔民节期间，临高县文体局和共青团临高委员会联手在临高人民大会堂举办首届“哩哩美”小姐选美大赛。2009年7月30日，临高县第三届渔民节县体育广场开幕，并举行文艺晚会。2010年，临高县第四届渔民节根据县委县政府的工作部署，县文体局负责做好渔民节活动中渔家女织网赛和渔民欢乐夜晚会两项工作。在调楼镇调楼中学举行《渔家女织网赛》，50名渔家女经过2个小时的竞赛角逐和评委评定，评出一等奖1名，二等奖3名，三等奖6名。同时，渔家欢乐夜晚会在调楼中学举行，整个晚会节目都是具有渔家文化特色的节目，如《赶海》《渔家女服饰展演》，整个晚会得到观众的好评，展示出渔家文化的风采。

（三）军坡节

临城冼太夫人庙和多文墟冼太夫人庙有着悠久的历史，每年农历二月十二日这一天，每个庙都举办“军坡节”以纪念冼太夫人这位民族英雄。“军坡节”活动规模逐年扩大，特别是从20世纪80年代后，每年的农历二月十二日上午，邀请八音盅盘舞队、腰鼓队、花篮队、旗队、秧歌队、锣鼓队、舞狮队、仪仗队等表演队伍来到冼太夫人庙，先在庙的庭院表演，后组成表演方阵上街巡游展演。队伍所到之处，各家各户都燃放鞭炮，气氛非常热烈，并连续3～5个晚上演戏和燃放烟花。最后一个晚上戏演完后，由人偶戏演员“唱吉”，祈盼众人平安吉祥。至2010年，此活动依然延续。

第三节 文学艺术

一、渔歌“哩哩美”

临高“哩哩美”渔歌起源于南宋绍兴年间，临高县令谢渥，体恤民众，重视渔业，渔业生产连年丰收，渔村处处回荡着渔姑卖鱼的吆喝声。为吸引更多的人来买鱼，渔姑们提高嗓音，将渔家惯用的口语语尾的“呢”“哩哩”等衬词揉进吆喝声中，形成一种悦耳好听的腔调，在此基础上，历经一代又一代民间艺人的创作。最后变成一首完整的渔歌，即“哩哩美”，流传在临高新盈和调整楼一带。

渔歌“哩哩美”，起初多为男女青年婚恋当“媒”，随着时代的变化，“哩哩美”的原唱内容涵盖渔家生活的方方面面，演唱“哩哩美”成为渔家人的一种生活方式。累了，以歌消除疲劳；孤独时，以歌相伴；苦闷时，以歌消愁……

“哩哩美”渔歌的艺术特点是用临高方言演唱，旋律优美动听。词体结构一般由五字句或六字句为主，也有增删字数而形成的长短句结构。曲体结构一般为四句或六句体，多用叠字，即每句句腹的字，重复数次；多用衬词，即歌头、中间、歌尾添加“哩哩”“美雷嗳”等衬词。“哩哩美”曲词基本上由八个音句组成，一气呵成。每首歌末加一个尾声，尾声可套用多段歌词，无限重复。“哩哩美”原先都是以男女婚恋为内容的演唱形式，随着社会的进步，“哩哩美”也随着走进渔业生产和渔民生活的各个层面，或赞美渔家新面貌，或歌唱渔业大丰收，或放歌美满幸福的今天，或展望辉煌的未来。“哩哩美”唱词比喻形象生动，从天上的日月星辰、风雨雷电，到地上的飞禽走兽、花草树木；从海上的浪花飞帆，到陆地人情世故，托物之广，寓意之深是渔歌“哩哩美”的一大特点。

“哩哩美”渔歌的演唱形式有独唱（可以男声独唱也可以女声独唱，一般要求歌唱者嗓音清脆洪亮，咬字清楚，唱出韵味，唱出特点）、对歌（可以一男一女对唱，也可以男组和女姐对唱；可以纯男声对唱，也可以纯女声对唱）、赛歌（演唱双方都是即兴发问，即兴作答。比赛时，你问我答，我问你答，反复轮回。有问必答，答非所问者输，输者受罚。这种比赛一般没有事先写好唱词，全凭平时的生活积累和临场的灵活发挥）、戏歌（戏歌指的是在临高人偶戏和临剧的戏曲舞台上演唱的“哩哩美”板。这种板腔是利用“哩哩美”的旋律，经过戏曲化改造而成。一般适用于旦行或戏曲的舞蹈场面）。

“哩哩美”渔歌，经过一代又一代传承人和文化工作者精心打造，既继承传统又有稳妥的创新，既保持原汁原味又适当加入现代元素，使“哩哩美”从民间频频走上省内外文艺大舞台，并累累获奖，不断扩大其知名度和社会影响。1977 年，著名作曲家吕远采用“哩哩美”旋律谱写的《西沙，我可爱的家乡》，唱响大江南北，深受广大群众欢迎。2002 年，《看哪调协和》《妹呀，放风筝放两个》《水中鸳鸯对对游》《天上有条天河开路过》《美丽渔村好风光》《江山美丽》等“哩哩美”歌曲选入《中国民间歌曲集成·海南卷》。2004 年，“哩哩美”歌手杜应昌应中央电视台的邀请，到三亚参加《中国民歌行》演唱。2006 年，在“中国舟山·渔歌邀请赛”中，县文体局选派的代表队演唱“哩哩美”渔歌《渔家汉子》《欢乐渔港》荣获一等奖。2007 年，渔歌“哩哩美”被定为海南省省级非物质文化遗产保护项目，入选国家级非物质文化遗产名录。“哩哩美”渔歌曲调优美动听，是海南临高渔家喜爱吟唱的歌谣。作曲家吕远为影片《南海风云》创作插曲《西沙，可爱的家乡》，就是以“哩哩美”为核心元素。音乐教育家杨燕把“哩哩美”编成初中音乐教材，经国家教委审定出版。2009 年，在海南省东西南北中广场文艺会演中，县文体局选派的渔歌“哩哩美”女声小组唱《一生相伴永不分》荣获二等奖。2010 年 6 月，临高渔歌“哩哩美”被国家定为第三批国家级非物质文化遗产保护项目，陈少金、王春荣是国家级非物质文化遗产传承人，王吊南、戴志勇、戴慧仙三人获批为渔歌“哩哩美”海南省省级传承人。

二、临高山歌“哝么哩”

临高山歌“哝么哩”是用临高方言演唱的一种地方歌谣，萌芽于远古时代，形成于唐开元年间，起源于农民的生产劳动，其发源地是南宝、加来等地区。“哝么哩”（也称“呐么哩”）调是临高民歌的一种曲调，因衬词“哝么哩”（帅哥靓妹的意思）而得名。“哝么哩”曲调质朴明快，乡土味道浓郁，地方特色明显。山歌“哝么哩”善用“比”“兴”等，尤其是双关比喻，突出了山歌的艺术韵味，丰富了山歌的表现手法，可以在极短的篇章里构造动人的形象和境界。

山歌“哝么哩”的传播方式是口传心授，传播者凭借唱奏，学习者凭借听觉和记忆，而不以书面乐谱为传承。山歌“哝么哩”流传至 2010 年已有上千年的历史，它不再是南宝、加来地区的专利，已传唱到临高全境，甚至在儋州、澄迈、昌江、三亚、海口等地的临高语地区，都可听到“哝么哩”的甜美曲调。

三、临高八音盅盘舞

临高八音盅盘舞产生于清代，流传广泛。在民间节庆、拜寿、升学、入宅、修谱祭礼、文化踩街等活动都有八音盅盘舞表演。八音盅盘舞队由 4 名男童和 4 名女童组成。一般都是 14 岁左右。4 名男童分别手持小锣、小钹、小盅和小盘；4 名女童手持鲜花。乐队由 8 名中老年乐手组成。以唢呐为主要乐器，配有笛、二胡、喉管、三弦、板胡、秦琴和椰胡。由于有 8 件乐器，故称为八音。演奏的乐曲有《南星正调》《南星反调》《西佛山》《打桩曲》《自转曲》《转藤曲》《快乐曲》《收尾曲》等。手持小锣的男童为队列和动作变换的指挥。舞蹈队形有“双龙出海”“马字转腾”“葵花式”“两岸飞燕”“莲花式”“两龙戏珠”等。从 1990 起，八音盅盘舞队每到一处跳完舞后，紧接着表演“唱吉”。唱词的内容多是恭祝当地天时地利人和、事业兴旺、平安吉祥、心想事成等。临高县各地均有八音盅盘舞的传承队伍，如东英地区的文莲八音盅盘舞队、龙新八音盅盘舞队、波浪八音盅盘舞队、文祖八音盅盘舞队；临城镇地区的冼太夫人庙八音盅盘舞队、敦礼八音盅盘舞队、美里八音盅盘舞队；波莲地区的古柳八音盅盘舞队、美珠八音盅盘舞队、多贤八音盅盘舞队；博厚地区的武教八音盅盘舞队、邦乐八音盅盘舞队、敦太八音盅盘舞队、乐豪八音盅盘舞队、美贤八音盅盘舞队、皇桐地区的居仁八音盅盘舞队、江蓝八音盅盘舞队、调楼地区的东新八音盅盘舞队、东里的八音盅盘舞队、前南八音盅盘舞队、沙潭八音盅盘舞队、多文地区的多郎八音盅盘舞队、美巢八音盅盘舞队等。其中邦乐八音盅盘队曾于2008年应邀到上海东方卫视摄制临高八音盅盘舞节目，同年7月15日晚7时35分，在上海东方卫视《非常有戏》栏目播放。2010年，开展2期民间八音舞培训班，培训全县20个八音队480人次。

四、文学创作

1990年，成立临高县文学艺术界联合会。全县出现一批本土作家，其作品在省内及国家各单位评比中都获得优异成绩。王卓森的报告文学《阳光海岸上的骄子》获得“走向九十年代海大人”征文比赛一等奖，散文《一棵红椰》获得“椰树颂”征文大赛一等奖；林青海的诗《赶海》获得中国世纪大采风活动金奖，散文《故乡的船长》获得中国世纪大采风活动铜奖，诗《文澜江流来的诗》获得中国世纪大采风活动铜奖；郑邦利的诗词《桂枝香·“光明正大”匾》获得全国诗词创作佳作大奖赛佳作奖，诗词《沁园春·香港回归》获得“喜迎香港回归”征文赛佳作奖。

经出版社出版发行的图书有陈苏厚著的《忘老集》《海南特区农业发展与认识》《我与农民》《未泯集》《村野集》，吴明君、吴中柱主编的《文澜诗词》，王春燕主编的王明奎诗歌楹联选集《木履得得逸兴飞》，王中柱校注的原著（明）王佐《鸡肋集》（新订本），符嘉善著的《革命人生路》，王贵章、王宏著的《奋进临高》，王贵章、唐凯著的《文澜群葩》，王光泽著的《海角涛声》，王和权编著的《非药物治疗内科病学》，黄元辑著的诗文选《敝帚集》，临高县文学艺术联合会编著的《临高渔歌哩哩美》，吴杜鲁编著的《临高角的早晨》《教子义方与治校良言》《往极乐世界的路上》《言志·陈情》《琼州海外故事》《符志行的战斗传奇》《吴杜鲁文稿选编》，林青海著的《悠悠文澜向北流》，临高县诗词楹联学会编的《临高古今诗词选》等。

内部交流的图书有符志行著、临高县委办公室出版的《征途》；临高县委宣传部出版的《品临高》；政协临高县第八届委员会编的《临高县政协志》；政协临高县委员会编印的《临高文史》（2～17辑），共4.69万册；临高县文化馆主编的《临高文艺》，共编印79期，发表全县业余作者创作的散文、小小说、故事、诗歌、歌曲等体裁的文艺作品近4000篇。

第四节　戏　剧

一、临高人偶戏

临高人偶戏又称临高木偶剧、临高佛子戏，是用临高方言演唱的地方戏，是中国木偶艺术园里稀有的戏种。临高人偶戏从南宋时期的“佛子戏”开始，已有近千年的历史，曾演过五百多个传统剧目，受广大临高人民所喜爱。其特点是人偶同演，演出时不设布幛。以偶为主，以人为辅，活灵活现、声情并茂，道白唱腔用临高方言。临高人偶戏有“啊罗哈”和来自道士的“朗叹”两个唱腔，人偶戏的伴奏队伍一般有13人，其主要乐件有板胡、二胡、扬琴、笛子、唢呐、大提，以及击乐锣鼓钗和木鱼。

在临高的人偶戏和临剧的戏曲舞台上，生、旦、净、丑、末行当齐全，唱、做、念、打具有很强的地方特点，深受群众喜爱。特别是人偶戏，以“人偶同演”这独特的艺术特色，演绎千姿百态的舞台形象，引起世人的关注，被中国戏曲研究所副所长薛岳林称之为“中国一绝，世界少有。”20世纪90年代起，经过艺人的锐意创新，“人偶同演”有了新突破，演出时人注重“神似”弥补“偶”的不足，如高兴时，笑容挂在人的脸上；悲哀时，泪水含在人的眼眶里。此外，还创造了诸如“矮步跑”“扭步”“眉宇传情”“跑马”“打自招”等一批新的表演程式，增加舞台的新鲜感和美感，给人以视觉上的满足。两个剧种同在临高这一方舞台上表演，互相竞争，互相促进，互相借鉴，互相交融，使得人偶戏唱腔临剧也使用，临剧唱腔人偶戏也使用。如《阿啰哈》《朗叹》《黄梅天》《月光光》《哩哩美》《水芙蓉》《七字板》《平板》《跑马鞭》《丑角板》《争辩腔》《嗳呵哩》《鞭风》《小放牛》《内线》《外线》等，经过艺人进行艺术磨合，两个剧种都通用。因都是临高的民间音乐元素，演唱起来，群众很容易产生共鸣，并在共鸣中接受，在接受中得到听觉上的满足。

临高人偶戏演出的剧目大多为传统古装剧，剧目的内容丰富，题材涵盖清官为民、精忠报国、除暴安良、伦理道德、孝子贤孙、和睦夫妻等诸多方面，具有很强的人民性，社会认同度高，容易调动观众的审美情绪和积极性，有利于完成第三度创作。在农民喜庆节日里，诸如祭祖、婚庆、生日和升学等，都会请木偶剧团到村里表演，往往一演就是三五个晚上。演出最后一晚，演员还要为村民们唱大吉大利，即为“唱吉”。临高人偶戏主要流行于临高县全境，儋州、澄迈等市县讲临高方言的乡镇，以及琼山的羊山地区、海口的长流镇等地，流行区域人口约100万人。1992年，临高县木偶剧团第二次赴京参加全国木偶皮影观摩演出，演出的节目是神话人偶剧《莲花仙子》，荣获演出奖、音乐创作奖。王明亮、陈少金被评获演员奖。1996年，中国戏曲研究所副所长薛岳林、研究员包登挈和北京、福建、广东等地的戏剧专家到临高，在临高影剧院观看由临高县木偶剧团演出的大型神话人偶剧《三姐下凡》后，对“人偶同演”这鲜明的艺术特色给予很高评价，并一致同意临高木偶戏以临高人偶戏的名称编入《中国戏曲志·海南卷》。1998年12月，由全德亮撰写的临高人偶戏起源、行当历史沿革、表演程式、表演选例、演出习俗、剧目介绍以及由陈三逢、孙瑞钊编写的人偶戏音乐唱腔被入选《中国戏曲志·海南卷》，由中国 ISBN 中心出版。2006 年 6 月，临高人偶戏被列入首批国家级非物质文化遗产项目，由国务院公布、国家文化部颁发“木偶戏（人偶戏）非物质文化遗产”匾牌。2008 年 3 月，陈少金、黄春荣被定为国家级非物质文化遗产（人偶戏）传承人。2010 年，在临高县除有临高县木偶剧团外，民间有新风、博厚、皇桐、百花、江南、大众等 6 个木偶剧团，演艺人员 100 余人，每年演出 2000 多场，观众约 100 万人次。从业人员除从演出收入中换取生活补偿外，同时担当起传承发展临高人偶戏和临剧的责任。

二、临剧

临剧是民间小戏，用临高方言演唱，流传地区与临高人偶戏相同。

1986—2000 年，受当时生活条件所限，临剧主要在民间流传唱演。2001 年，随着群众生活水平不断提高，人们对业余文化生活的需求不断提升，专业临剧团应运而生。至 2010 年，临高境内主要有焕杰临剧团、江南临剧团、红山临剧团、青年临剧团，演出剧目主要有《寒梅芳心》《喜团圆》《梅花二度》《寒门及第》《龙凤锁》《文武状元》《钦点状元》《金龙状元》《借女冲喜》《二女多夫》《团圆鸳鸯》《假戏真情》《双胞胎》《皇家婚事》《张权访妻》《文武状元》《真假夫人》《姻缘遗恨》《天下第一家》《梨花情》《雷雨情》《彩凤上京》《王桂香》等。

传说在元、明时期，临高就有“端木塑于肩膀，男女巫唱答为戏”之习俗。此习俗发展成“人偶戏”后，极受临高方言地区群众的喜爱。直至 20 世纪 20 年代后，在临高的新盈、南宝等地，有人将临高方言套入琼剧板腔以及粤剧“梆簧声腔”进行演唱，而且自发组织起平等剧团、西海剧团，试图在舞台上创出有别于人偶戏的戏剧，即放下木偶，单纯由人唱演的戏剧。在建立人民武装的革命老区内，战士们则用人偶戏的啊啰哈板、朗叹板，完全放下偶像表演，颇受群众欢迎。

中华人民共和国成立后，因新盈、调楼、美良等沿海地区的群众喜欢观看由人扮演的戏剧，为满足群众的要求和适应形势的需要，经临高县委、县政府和文化部门批准，在临高人偶戏的基础上创办一个放下偶像、单纯用人表演的新剧种——临剧。

临剧唱腔主要以临高人偶戏的啊啰哈、朗叹为基础，以快板、哩哩妹腔、七字板、丑脚板、小放牛、嗳嗬哈、平板、月光光、白美蓉、哭板等为唱腔，同时，借鉴琼剧的程途、叹板、苦板、江浪腔、教子腔等板腔进行改造，为我所用。过场音乐或道白伴奏音乐除搬用本地八音舞曲、民歌小土调外，大量吸收琼剧拜堂、过场、升堂、迎亲、盅盘舞曲、过江等唢呐曲牌和民间音乐，以及从潮州流传过来的一些名曲。乐队有 10～12 人，乐器有唢呐、板胡、扬琴、琵琶、月琴、大胡、二胡以及西洋乐器大提琴、单簧管等。

临剧表演，学习借鉴广西壮剧、桂剧和琼剧的表演特点，既讲究戏曲表演的程式性化，又注意从生活中吸取新的养分，表演贴近生活，富有浓郁的乡土气息。

三、剧团简介

临高县木偶剧团　1978年成立。王范任团长，演员有王明亮生角应工、符学松生角应工、柯彩荣旦角应工、邓秀英妈旦应工、王松武老父应工、王少娥旦角应工、陈小兰梅花旦应工、陈樱于妈旦应工、王忠小丑应工、王书炳小丑应工、孙学年老生应工、王焕成生角应工、王兰花妈旦应工（退休），撑板王永和，掌调黄忠恩、陈明刚，唢呐手王永新，全团共有42人。1985年，临高县木偶剧团第一次排演临剧《哑女告状》，剧场效果不错，群众反映良好。以后，实行一剧两演制度，即一个剧目能演人偶戏也可以演临剧。每到演出点上，该演哪个，由当地群众决定。为满足群众的需求，该团每年都排演2～3台新剧目。1986年后，曾经演出过《三堂会审》《凤鸣朝阳》《庙会传奇》《贤妻孝子》《父子登科》《风雨情缘》《翁媳闹公堂》《冼怨录》《锦帕缘》《宝儿救父》《一门二状》《孝忠传奇》《青楼女》《恩仇玉芙蓉》《三娘挑水》《情天恨海》等剧目近100个。1990年，该团被评为全国“服务农民、服务基层”文化建设荣誉称号，由中共中央宣传部、国家广播电视局、新闻出版总署颁发奖匾。

博厚木偶剧团　1978年成立。王川任团长，演员有王佐圣生角应工、林秀娥旦角应工、林兰花、洪淑、王不三等；撑调宋庭修，撑板王成功，唢呐手冯明珍。全团共14人。演出剧目主要有《刘炳光》《陈育东》《周世卿》《陈贤武》《吴子波》等100多个。

百花木偶剧团　1986年成立，王雷果任团长，演员有王新生角应工、李玲妹旦角应工、柯琼梅旦角应工、郑三任、王和达、劳跃武、林德吉等。撑板王祖燕、王小吉，撑调李彩福（兼唢呐手）。全团共16人。演出剧目主要有《陈光蕊》《刘炳光》《林凤招妻》《王槐明》《状元打更》《秦香莲》《穆桂英挂帅》《王桐香》《李树救君》《秦武青》《林攀桂》等。2005年，该团曾获“全国服务农民服务基层文化工作先进民营文艺表演团体”荣誉称号，由中央宣传部和文化部颁发证书。李育发代表该团赴京参加表彰会。2010年曾经创作演出现代人偶剧《三娘进城》。

新风木偶剧团　1979年成立，许育文任团长，演员有陈赛芳旦角应工、王实江生角应工、陈国世、柯淑芳、林先森等，撑板王业提，撑调符其雄，唢呐手王其师。全团共有15人。演出剧目主要有《丁山拜塞江》《金銮遇妻》《薛刚反唐》《父子同科》《海瑞上京》《海瑞入水牢》《薛仁贵造王府》《薛丁山下山》《薛刚打长安》《薛仁贵投军》《狄青征南》《狄青平西》等100多个。

皇桐木偶剧团　1990年成立。林昌龙任团长，演员有王书面生角应工、王赛琼旦角应工、王妳具、林妳花、王实虎、王发贵等，撑板陈妳弟，撑调王焕青，唢呐手洪世青。全团共有 16 人。演出剧目主要有《王桐乡》《王文英》《苏少山》《梁跃区》等。

江南木偶剧团　2003 年成立，李桂琼任团长（兼旦角应工）、演员有王家真生角应工、秦学新、李发钦、王雷雄、王金梅、林少梅、林玉英、王书俊、秦少美、符文等。全团共有 18 人。演出剧目主要有《李旦下商》《孟海》《刘炳光》《王其青进花园》等。

大众木偶剧团　1978 年成立，林必书任团长，主要演员有王金荣旦角应工、秦学新生角应工、秦少美旦角应工、陈永成生角应工、符碧燕旦角应工、罗世军丑角应工，撑板冼云冲，撑调冼光洋，唢呐手徐永青。全团共 15 人。演出剧目主要有《包公审郭槐》《蔡中兴搭桥过洛阳》《阮文致》《薛仁贵访妻》《高汉真》《王秀清》《张九余》《庄有功》《陈永汉》《黄仲舒》等。2008 年，剧团应邀到上海参加《东方卫视》摄制临高木偶戏节目。同年 7 月 15 日晚 7 时 35 分，临高木偶戏节目在上海东方卫视《非常有戏》栏目播放。

焕杰临剧团　2001 年成立，王有业任团长，主要演员有生角应工符学松、王春荣，旦角应工李芳、李小雨，司鼓、导演王有业。演出剧目主要有《寒梅芳心》《喜团圆》《梅花二度》《寒门及第》《龙凤锁》等。

江南临剧团　2002 年成立，黄宗文任团长，主要演员有生角应工符建岭、许照龙，旦角应工柯方暖、谢丽梅，掌调黄宗恩，掌板冯志。演出剧目主要有《梨花情》《雷雨情》《彩凤上京》《王桂香》等。

红山临剧团　2005 年成立，吴光联任团长，演员有周智新生角应工、符荣山生角应工、符荣波丑角应工、陈爱香旦角应工、钟燕旦角应工、王秀琼妈旦应工、冯义佳、郑坤刚丑角应工、林明望、吴花、陈芳妹、陈小三等。掌板吴光联，掌调李发宪。全团共有 28 人。演出剧目主要有《张权访妻》《文武状元》《真假夫人》《姻缘遗恨》《天下第一家》等。

青年临剧团　2009 年成立，陈生灵任团长，演员有王明亮生角应工、李小雨旦角应工、王丽燕旦角应工、郑传子丑角应工、柯彩荣妈旦应工、王健、王剑、王小含、王得宇、黄荣岳、王啟权、何小妹等。掌板陈生来，掌调王多汕。全团共有 28 人。两年内演出剧目主要有《文武状元》《钦点状元》《金龙状元》《借女冲喜》《二女多夫》《团圆鸳鸯》《假戏真情》《双胞胎》《皇家婚事》等。

第五节　音乐 舞蹈

临高的音乐、舞蹈历史悠久，舞蹈动作特别，音乐以民歌《小放牛》《哩哩美》为代表，旋律优美、动听、节奏明快。自 1990 年起，全县先后涌现出一批音乐舞蹈工作者和爱好者。1993年，郑南作词、王贻参作曲，创作《红土热望——临高之歌》。1995年，林青海作词，林尤梁作曲，创作《升起追赶时代的风帆——海南临高师范学校校歌》，荣获全省合唱歌曲比赛二等奖；王圣智作词、谢文经作曲，创作《临高中学校歌》。

1988年6月，临高县体育舞蹈协会成立。

1999年5月县文联主办"向群杯"歌手大奖赛。县电影公司的李敏获一等奖；县城监大队的陈善龙、加来中心学校的符淑琴获二等奖。同年8月25日，县文联还主办"99·林青海个人歌词作品演唱会"。演唱会的特色是作词、作曲，演唱全是清一色的临高籍人。通过这次演唱组织，涌现出林表、陈红照、张笙发等一批作曲新秀。2000年，林表作曲的哩哩美创作歌曲《渔家乐悠悠》荣获全省征歌二等奖。2001年1月，谢文经创作的《海风椰韵——谢文经歌曲精选》出版发行。同年7月13日，临高县派出由200人组成的合唱团参加省委宣传部主办的"好歌献给党"庆祝中国共产党成立80周年歌咏比赛获得第二名。同年9月28日，县委宣传部主办"建设临高、发展临高、繁荣临高"的县直机关迎国庆演讲比赛，陈慧芳获一等奖，吕霞、林蔚获二等奖，刁海英、李映义、王颖获三等奖。同年11月16日，临高县派出由100人组成的代表队参加第二届中国海南岛欢乐节。代表队分为"哩哩妹""人偶""唢呐锣鼓"三个小方阵。在大游演中，临高代表队以渔家风情、人偶表演配合唢呐锣鼓声，给观众予以耳目一新的感受，赢得各级领导及中外游客的赞誉。

2003年，县文联先后参与组织临高兴海兴渔迎春活动、元宵节"音乐焰火"晚会、庆祝县第十次党代会胜利召开暨"中国民间艺术之乡"汇报演出文艺晚会，同时参与组织编排人偶歌舞《渔家乐》参加由省委宣传部主办的《祖国颂——海南省庆祝中华人民共和国成立54周年文艺晚会》获得好评和首肯。组织作家、作曲家深入生活，抓主流，创作《临高县文学艺术界联合会会歌》《歌唱临高》《皇桐颂》等歌曲，展示临高的良好形象，丰富人民群众的文娱生活。2004年先后参与组织海南省东西南北中（北部地区）广场文艺会演、纪念"三八"国际妇女节94周年文艺晚会、青年歌手比赛、2004年伏季休渔开捕仪式文艺晚会、"九九"重阳节文艺晚会、首届中国青年欢乐节暨第五届中国海南岛欢乐节临高欢乐会场开幕式"青春舞动文澜"文艺会演；参赛录像歌舞《哩哩美》获得好评。为歌颂临高、宣传临高，精选群众最爱唱的《红土热望》《哩哩美咙马哩》《文澜江的姑娘》《红叶颂》《母亲的叮咛》等一百首好歌编入《歌唱临高歌曲选》，此书深受群众喜爱。2007年，县文联参与策划组织举办临高首届民间文化节，创编"哩哩美"渔歌参加中国渔歌邀请赛荣获第一等奖；整理、编辑出版《临高县民间文学三套集成》；整理、编辑出版《临高民歌民乐戏曲音乐集》；整理、编辑出版《临高木偶戏（剧本）选集》；录制《颂临高 vcd 歌曲光盘》。2008 年 9 月，县文联创作编导《渔担悠悠情》节目代表海南省赴南京参加 2008 年全国亿万老年人健身活动展示大会，荣获健身展示比赛第一名，为临高、海南争得荣誉。11 月，县文联创作编导文艺节目赴江苏参加首届中国农民文艺会演，荣获国家文化部嘉奖，人偶舞《人偶同乐庆丰收》获银穗奖，表演唱《欢乐的港村》获丰收奖。林表、全德亮、林翔创作 6 集《临高喜庆音乐特辑》，由南方音像出版社出版，还出版了青年、焕杰临剧团、新风木偶戏团演出的 18 部传统剧目。2010 年，具有临高文化特色的舞蹈节目《呼唤绿荫》、表演唱《海南好》、山歌“哝么哩”对唱《哥唱山歌妹来和》三个节目都获得省级二等奖和一个创作奖。

第六节　书法 美术 摄影

一、书法

1989 年，县文化馆举办“临高角”书画作品展览，参展作品 130 件。同年 11 月，县法院陈正高的 3 幅书法入选首届国际书画大赛展，1 幅入选“洞山杯”全国书法大展。临高中学初三学生许智成的书法作品入选《中国硬笔书法家辞典》一书。1991 年 1 月，临高中学学生王运科获中华硬笔书法家协会等主办的“珠峰杯”海内外书法大赛优秀奖。

临高的书法作品代表人物有王应际、刘胜角等。王应际书法 1995 年在海南省书展中获金奖，1998 年在全国书法名家邀请展两次书法比赛中获得特别奖，2000 年在海南省书展中书法获得金奖，2001 年在中国、新加坡、美国书法联展中获得特别奖。

刘胜角 1990 年创作的书法作品获中国书法家协会、山东文化艺术中心等单位联合主办的“书圣杯”国际赛三等奖，1993 年创作的书法作品获海南省委宣传部、海南省文联主办的琼州文艺奖二等奖,1995 年创作的书法作品获海南省书法家协会主办的海南省第四届书展金奖,1999 年创作的书法作品先后获文化部主办的全国第八届群星奖优秀奖和海南省委宣传部主办的海南省第七届精神产品奖优秀奖。

二、美术

临高的美术作品代表人物有符福生、黎发标等。符福生 1978—2001 年创作的《无限风光数天涯》《碧翠海南岛》《佳果累累甜琼州》被入选悬挂在北京人民大会堂海南厅里。黎发标 1987—1994 年创作的油画《老有所养》《热土》《渔村》先后获奖。

1989 年 11 月，临高中学美术教师陈明理设计的运动会会徽，被定为海南省中学生运动会会徽。

三、摄影

临高县摄影家协会成立较晚，各摄影爱好者拍摄出来的作品都得到好评。较有影响的摄影作品有王泽龚1992年拍摄的《国务院副总理田纪云视察南宝乡水利设施》；黎发标1990年拍摄的《静静的海湾》，1992年拍摄的《其乐无穷》；麦延海1999年拍摄的《西海岸线上一颗璀璨的明珠》，2001年拍摄的《省委书记白克明到临高视察》等。

第七节　电影 书报

一、电影

1986年以后，临高县电影公司是事业股级单位，实行企业管理。有1名经理，2～3名副经理。公司内设办公室、财务组、宣传部、发行组和修理组，具体开展公司的各方面工作。直属放映单位有3个，全县各乡镇农村放映队有13个，其中35毫米机放映队7个，36毫米机放映队6个。

1990年，临高影剧院从原来的瓦房改修为镀锌板瓦片。院内装上吊顶，观众厅有活动靠背木椅座位1200个。放映房有1台505松花江牌座机，电房安有1台3千瓦的柴油发电机，以防停电。观众厅左侧有1个办公室，供剧院经理和财务人员办公用。临高县城露天电影院设有1块长约20米，宽约15米的投影墙，放映房有1台放映座机，发电房有1台3千瓦的柴油发电机，座位是水泥制板，能容纳3000多观众观影。新盈露天电影院的设备与临高县城露天电影院相同。南宝、加来、美台、皇桐、多文等乡镇室内电影院创建于1983年，1993年起淘汰16毫米放映机，改用35毫米放映机，每院约有600个座位。和舍、博厚、东江有约1500个座位的露天电影场，1993年改用35毫米放映机。

县影剧院、县城露天电影院和新盈露天电影院放映的影片由海南省电影公司直接发行。乡镇电影场和农村流动放映队由临高县电影公司发行，一般是每晚一场。县影剧院和县城露天电影院实行串映，新片连续放映2天，8场左右。县城放映后转到新盈放映。1986年底至1995年，海南省电影公司从香港购买影片投放市场。在此期间，临高电影市场空前火爆，县影剧院日放映场数有时增至4场，各露天院每晚放映都是2场，而且经常是场场满座。1995年底，临高县电影市场开始滑坡，1996下半年起，电影公司人员的工资难以足额发放。1998年，县影剧院被有关部门鉴定为危房而关门停业。2000年，县城露天电影院进行改造，卖掉前厅等地皮。2005年，县政府将临高县城露天电影院的所有用地建成文化公园。至此，临高县电影公司全面停业。各乡镇的电影院和农村电影放映队，从1986年至1996年，放映活动正常开展。随着多元文化的出现，全县电影市场越来越不景气。2000—2010 年，除“送戏下乡”外，营业性的放映活动基本停止。

二、图书

（一）图书馆

临高县图书馆为股级事业单位，编制 8 人，其中正、副馆长各 1 人，馆内设阅览室、采编室和外借室，有中级职称 1 人，初级职称 5 人。

1986 年，县图书馆设在临高大成殿内，馆藏图书 4 万册。馆内设有图书采编室、图书外借室、报刊阅览室和儿童阅览室。报刊阅览室有《人民日报》《光明日报》《文汇报》《解放军报》《解放日报》《南方日报》《羊城晚报》《海南日报》等近 100 种全国性或省级报纸以及《人民文学》《小说月刊》《人民画报》《解放军画报》《诗刊》《剧本》《航空知识》《知青》《妇女》《曲艺》《美术》等 200 种全国性的刊物供读者阅读。

1988 年，大成殿经有关部门鉴定为危房，县文化局随即发出《关于关闭县图书馆的批复》。同年 2 月，该馆停止对外开放。之后，馆里所有藏书全部转移到大成殿的后殿存放。

1996 年 3 月，县图书馆大楼由海南省建设项目规划设计院申海工程设计有限公司设计，7 月 3 日由临高县建筑工程总公司开工建设。1997 年 6 月，因资金短缺停工待建。2003 年 6 月重新动工续建，于当年 12 月底竣工并通过验收，2004 年春节交付使用。图书馆大楼占地面积 625 平方米，建筑面积 2317 平方米。按县文体局安排，大楼的一层、二层由文化馆、文化稽查队和文体局使用，三层（600 平方米）由图书馆使用。

2007 年初，海南省图书馆给县图书馆配备一套卫星接收系统，配有 1 台主机，1 台接收机和投影机等文化共享工程设备。这个文化共享工程的栏目有农村种植技术、农村养殖技术、城镇务工技术、优秀电影、优秀舞台节目以及实用讲座。县图书馆利用共享工程的设备，深入农村为农民群众播放 24 场，受众近 1 万人次。

2009 年，县文体局搬往县委大院后，二楼为图书馆共享工程阅览室、县文化馆和县文化稽查队共同使用。同年，完善图书馆室内设备建设，投入 25 万元，购置一批先进设备，投入 68 万元，完成图书馆 25 套文化信息资源共享工程建设。搬进新馆后，省委宣传部赠送《中华文化大系》1 套，县委宣传部赠送各种图书 4800 册，海南省文明办赠送《海南省地方志丛书》1 套，馆购新书近 2000 册。截至 2010 年，馆藏图书 6 万册，阅览室提供读者阅读的报纸有 60 种，期刊有 90 种。

2010 年，财政投入 100 万元，为全县 10 个乡镇的宣传文化站购置电脑、服务器、投影机等文化信息资源共享工程设备。并为全县 162 个自然村各配置 1 台电脑和各种内容的视频资料。

（二）书店

临高县新华书店是全县仅有的一家经营图书业的企业单位。1986—2007年，由临高县宣传部管理，配有1名经理，1名副经理。书店由办公室、门市和书库三部分组成，人员从原来10多人增至67人。1993年，撤销多文、波莲、博厚、新盈供销社的图书代销点。2003年，临高新华书店和海南新华书店连锁经营。2007年，临高县新华书店改制，纳入海南新华书店和江苏凤凰出版发行有限公司进行跨地区文化组合，共同出资（海南占49%股份，江苏占51%股份）成立海南凤凰新华发行有限责任公司的子公司。改制后，人员由原来的67人减至30人；门市面积从300平方米（包括办公室和书库）扩大至700平方米；图书经营量从20万册增加至150万册；年营业额从500万元提高到1200万元。改制后该店经营的图书种类有文学艺术类、自然科学技术类、文化教育类、哲学与社会科学类等，有图书10万种。

立才书店是2002年成立的个体书店，主营小学、中学教育辅导图书。

在临高邮电局走廊，每晚都有3家摆在地上的书摊，专营旧刊物杂志。每个摊位约有200册图书销售。

三、报纸 网站

（一）《今日临高》报

2000年3月21日，《临高报》报创，为中共临高县委机关内部刊物报，内部发行，对4开4版，每周出版1期。2003年10月，中央六部委联合发文整顿报刊，《临高报》因没有批准文号停刊。2006年3月，《临高报》复刊，更名为《今日临高》报，对4开4版，每周出版1期。2007年1月，《今日临高》报扩版为对4开8版，每周出版2期。2007年5月，《今日临高》报获得省文体厅批准出版准印文号。《今日临高》报坚持“党性立报、新闻强报、文化活报、服务兴报、开门办报”的原则，突出“党报品质、时代气息、临高特色、主流风范”的精神，为临高科学发展、绿色崛起鸣锣助力。《今日临高》报自创办之日起，至2010年底，共出版419 期。

（二）临高政府门户网站

2007年7月，临高政府门户网站正式成立，县政府办管理网站一切事务，县委新闻办管理网站后台运作。临高网站设有“要闻动态、走进临高、政务公开、公众参与、热点专题”等专栏。2010年，网站增设“今日临高、临高党建、临高财政公开、住房保障信息公开、临高县权责清单”等栏目，网站的主题内容是信息公开、网上沟通、网上办事、网上监督、对外宣传。

临高政府网站的主要成果是促进政府职能的转变，树立党和政府的良好形象；进一步密切党群关系，推动干部队伍建设；为推动临高经济社会发展营造良好的舆论氛围。网站已成为委县政府依法行政、民主行政的重要载体，成为群众获取政务信息、监督政府及其工作人员的特殊有效方式，成为党和政府联系群众的桥梁。临高政府网站自成立之日起，至2010年底，共刊载信息、新闻宣传报道4726条。

第八节　广播　电视

一、机构

1984年6月，临高县广播电视局成立，下属单位有县调频广播电台、县电视差转台、海南电视台临高微波站（省、县双管单位）。1995年8月，县机构改革，文化、广电、体育合并，隶属临高县文化广电体育局管理，广播电视局改为临高县广播电视服务中心。1998年8月，文化广电分开，广电服务中心改为临高县广播电视局。1999年，全国广电系统实行局台合一，临高县广播电视局更名为临高县广播电视台（局）。县广电台内设机构5个：办公室、事业技术部、电视新闻部、广播部、发射部。2001年6月，改为临高县广播电视管理中心，隶属县人民政府直接管理。2002年12月27日，更名为临高县广播电视事业局，更名后机构性质、规格、人员编制不变。

2010年6月，更名为临高县广播电视台，内设办公室、事业技术部、电视新闻部、广播部、发射部。县广播电视台为县政府直属正科事业单位，县财政全额拨款。

二、广播

临高广播站最初每天播音3次，全天共播出时间6小时。除转播中央人民广播电台和海南人民广播电台新闻节目外，还自编《本县新闻》《科技园地》《法制教育》《民兵生活》《党的生活》《临剧专题》《天气预报》等节目。此外，为当地党政广播大会做实况转播，进行录音访问、录音报道等有广播特点的报道。

1985年3月，经广东省广播电视厅批准，成立临高人民广播电台。筹资3万元，在县广播大楼顶安装1部50瓦小功率调频发射机，建起调频广播电台，频率为93.4千赫，于1986年2月安装试播，春节前夕正式开播。调频广播覆盖率达到60%。采编人员8人。为扩大覆盖面，于1987年春，筹集资金3.20万多元，增设一部100瓦调频发射机，频率不变，于当年秋投入开播，使全县覆盖率从原60%增加到80%左右。临高人民广播电台开播后，每天播音9小时以上。除每天播出《临高新闻》6次（临高话、普通话各3次）外，还设有《教育之窗》《农家园地》《家庭与法制》《科学与生活》《听众乐园》《信息服务》《听众信箱》《天气预报》《临高木偶剧》等10多个板块专题节目。

1986年，临高县建成50瓦调频广播电台1座，用无线代替有线传递广播讯号。1989年，添置100瓦立休声发射机1台，17个乡镇建立调频接收站，57个自然村办起广播室，入户喇叭突破1万只。全县农户有调频收、录机1.5万台，大部分地区可及时收听中央、省、县广播电台。1988年，县电台把原来的50瓦普通发射机，更新为100瓦立体声发射机，发射功率提1倍，扩大宣传覆盖面。1994年，健全农村广播网络，建立和舍、新盈、博厚等3个乡镇广播电台，广播喇叭入户达69.2%，广播电视覆盖率达98%。1999年，县广播电视局在边远地区的东江乡博朗村、南宝镇朗基村等新建12个卫星地面接收点，实现"村村通"广播电视目标。

2003年，创立调频广播电台，开始以无线代替有线广播。

2008年6月，为适应广播电台的发展需求，临高广播电视台领导及技术部门，在对周边地市台的广播系统进行综合考察后，最终选定湖南双菱公司的SLANET5000音频工作站系统作为政风行风热线栏目的播出系统。系统自7月安装调试后，运行稳定，操作灵活方便，完全符合电台的设计需求，并正式开播。临高电台行风政风热线的开通，产生重大社会影响，省纪委把临高电台作为全省的模板工程，要求在全省范围内都要开通行风政风栏目，各兄弟单位纷纷到临高电台实地考察、学习，给予较高的评价。

2009年，组织实施广播进村、电视入户的工程建设。为扩大广播电视覆盖率，按照省厅的要求，认真组织技术人员深入边远村镇，如皇桐、和舍、南宝、博厚等镇，安装调试广播进村44个，电视入户667面，完成省厅下达的任务，经省厅检查验收全部合格。全年广播电台共播出各类稿件1689篇，其中新闻稿件1560篇，社教类稿件129篇，被省台采用稿件36篇。

2010年，围绕县委、县政府提出的打造"金色港湾·蓝色海洋·绿色田园"三大牌子，开展一系列宣传报道。对县重点项目推进工作报道"两桥四路六小区"建设进展情况；开设《开展严打整治，建设平安临高》栏目，宣传县开展社会治安综合治理措施；抓好国际旅游岛建设工作宣传，用舆论监督手段促进国际旅游岛的建设。开展镇级换届选举纪律宣传报道，宣传镇级换届选举的有关精神和纪律，为全面启动镇级换届选举工作提供舆论支持。确保《政风行风热线》节目正常播出，共播出13期。发动新闻记者踊跃向省台提供新闻稿件，全年向省台传送广播电视新闻156篇，其中电视图文新闻85篇，广播新闻稿件71篇。广播电台共播出各类稿件1307篇，播出《农家园地》《道德茶座》等专题栏目50期，同时先后开设大量的栏目，如《冬季严打》《政府工作报告解读》《人口与计生》《新农村建设》《重点项目建设》《环境卫生综合整治》《县委书记大接访》等。

三、电视

（一）电视转播

1985年，临高县建300瓦发射机电视差转台1座，发射直径40公里。1988年，电视台购置1部1000瓦分米波发射机，使全县电视观众能收看到2套电视节目。

1989年新建电视微波站，负责海南岛西线电视信号的接收和传递；添置1千瓦分米波发射机。全县可看到中央及省台两套电视节目。全县家庭彩色、黑白电视机近万台，录像电视投放点11个。

1991年，全县发动群众筹集资金30万元，新增设1台1000瓦分米波发射机，以16频道转播中央电视台第一套节目。

1994年，建立新盈、调楼、多文等6个有线电视站，有线电视入户6500户。

1999年，根据中央广电总局的要求，在边远乡村博朗、朗基等村新建12个卫星地面接收点，实现"村村通"广播电视目标。2000年，改造更新电视发射设备，300瓦米波发射机停止使用，更新1台500瓦固态发射机，转播质量明显提高。临高电视差转节目重点围绕县委、县政府的中心工作，及时报道本县各条战线新闻，每天播出4次，每次10～15分钟。同时，广播电视台创新思路，相继开设《农家园地》《道德茶座》《农业科技》《大项目推进》《聚焦渔歌节》等10多个栏目，广泛宣传临高。2003年，开办《临高一周要闻》电视节目，临高人民开始看到本县的电视新闻。2006年，《临高一周要闻》改版为《临高每日新闻》，每日播县新闻居全省县级电视台之首。

2007年以来，全县人民已能见闻5套广播电视节目（中央七台、中央一台和省三台电视节目，中央一台和省台2套广播节目），中七电视节目和中一广播节目是2007年由省委、省政府支持增办的。为办好电视节目《临高每日新闻》，县电视台先后招聘14名新闻记者，更新购置一批先进拍摄、制作设备。财政每月拨付一定经费，确保人员工资、社保和业务开支。《临高每日新闻》围绕县委、县政府的中心工作采播新闻。开办《聚焦文化节》《大项目推进》《农家园地》《道德茶座》《农业科技》等10多个栏目。同时，组织策划一系列有轰动效应的宣传报道，如《临高干部用工资为蔗农担保贷款》《抓好招商引资自有凤凰来》《海南省第二制种基地—临高》《海南省第一家渔业合作社》等，为临高快速崛起营造良好舆论氛围。电视节目《临高每日新闻》每天播放4次（首播加重播），其中晚上3次（8：00、10：00、11：30），次日1次（12：35）；每次10~15分钟，每周六、周七重放一周要闻。

2009年，广电局每个工作日向临高人民政府网上传1期《临高新闻》，采编人员主动与省广电总台电视新闻中心《海南新闻》栏目合作，报道具有临高乡土特色的临高新闻。

全年共向省台投新闻稿157篇，用稿94篇，其中7月向省台投19条新闻，被采用11条，8月投25条新闻，被采用15条，居全省第二名。电视每日新闻共播出227期，电视《一周要闻回放》52期，播放新闻1282条。开设有《改革开放30年变迁》《盘点08》《两会特别报道》《解读政府工作报告》等20个栏目。

2010年，电视发射设备更加完善，全县城乡每一个角落都能收看到图像清晰的中央第1套、第7套，海南一台综合频道1套和临高县新闻4套电视节目。全年电视每日新闻共播出129期，电视《一周要闻回放》36期，播放新闻1340条，新闻快报135篇。

（二）有线电视

1992年，临高县开始创办有线电视，需要投资近30万元。在不增加地方财政负担的情况下，有关领导先让个体户垫款24万元购置设备，广电局出机房，2年内收回成本后，利润按比例分成；2年后，所有权、使用管理权归广电局所有。当年，安装入户费260元，月服务费7元，边安装边收费。两年后，安装用户达3000户，收回资金约80万元，按期还清私人所垫债款，并有所盈利。

1996年，为提高有线电视信号传输质量，对前端和临城地区的外线网络全面实施升级改造，实现前端350兆升级到550兆，增大接收容量，提高播出质量。2001年，用户发展到8000户，节目增至20套，全县各乡镇都相继建起有线电视站。

2010年，机房设备更新改造，对发射机房用电设备配电系统进行改造，发射机输出馈管机房部分原软馈改加装硬馈，主备发射机施装转换切换开关。值班监控监机系统全面整改，监视、监测采用多媒体大屏幕电视进行监测，主备讯号切换配置自动切换设备，是讯号控制采用控制桌集中控制管理，设备输出故障和讯号故障报警设备的改造。全县乡村一级已拥有有线电视用户近1万户，全部有线电视都改造升级为数字电视，每个乡镇居民都可以选择观看10个频道的电视节目。

第九节 文化市场与管理

1988年，全县有县级琼剧团1个，木偶戏团1个，图书馆1间，影剧院（场）5家；乡镇木偶戏团6个，文化（图书）站17个，电影放映队52个。

1995年，临高县文化广电体育局增设文化市场稽查队，负责监督检查全县范围内以商品形式进入流通领域的精神产品和文化娱乐服务活动，诸如歌舞厅、音乐茶（餐）座、录像带发行放映、音像制品的销售、桌（台）球室、报纸书刊、游艺活动、游乐场、业余文化艺术培训班，出版物、印刷业、打字复印、网吧、人偶戏和临剧演出等。1998年，在全国文化执行年大评比中，临高县文化稽查队评获海南文化执法二等奖。同年，临高县文化稽查队荣获海南省办案数量优胜奖。

2004年，全县有执业许可证的网吧48家（其中直营连锁门店8家），县城17家，乡镇农场31家。

2010年，全县共有文化娱乐经营场所219家，其中音像制品店43家，网吧55家，电子游戏27家，打字复印店24家，个体书店13家，歌舞厅12家，音乐茶座7家，KTV包厢8家，美术广告7家，印刷业4家，民营剧团9家，电影放映队10家。

至2010年，临高县文化广电体育局机构与职能未变。

一、网吧、娱乐场所管理

2003年后，临高县城陆续有网吧开业。

2004年，县文化、工商、公安等部门开展联合整治16次，出动执法检查人员272次，查处违法违规网吧42家，警告37家，取缔5家。

2006年，全县有网吧营业场所55家，歌舞厅10家、KTV包厢10家。每家的入口处都张挂“不准未成人内进”的警示牌。在娱乐场所的主要通道和网吧室内都安装视频进行全方位监控。在平时，稽查队和监督员按《文化市场例行检查制度》的要求，经常走进网吧和娱乐场所监督检查，如果发现违反《娱乐场所管理条例》《互联网上网服务营业场所管理条例》的都会作出相关的处理或处罚。每年都有2～3家娱乐场所或网吧接受30天的停业整顿。

2009年，开展文化市场综合整治，严厉打击各种违法违规经营行为，规范经营管理。在各种执法过程中，共出动车辆70辆次，人员820人次，检查场所620个次，检查网吧280个次，收缴非法出版物6720件（册），查处网吧50家，立案32宗，结案20宗，会同工商、公安、电信等部门取缔黑网吧23家，通过治理整顿，有效地净化文化市场，促进文化市场健康发展。

2010年，重点开展网吧专项整治，净化网吧市场。规范网吧的经营管理，制定严密的管理方案，采取有效措施，进行分片包干责任制，依法加强管理。采取正常巡查和集中执法相结合，严厉查处接纳未成年人和超时营业的网吧，会同公安、工商、电信等部门联合开展执法活动，查处违法违规的经营行为，取缔无证无照经营网吧9黑吧，重点打击镇村级的黑网吧，有效地遏制违法违规的经营行业，净化文化市场，为青少年健康成长营造良好的文化环境。在各种执法过程中，共出动车辆30辆次，人员360人次，检查场所320次，检查网吧130个次，收缴非法出版物3240件（册），查处网吧36家，立案20宗，结案10宗，取缔黑网吧12家。

二、书报刊和音像市场管理

1988年，县文化局设立文化市场管理小组，专门负责全县的各种文化经营单位的登记、发证与管理事宜。1990年，为净化临高县文化市场，以促进其繁荣与发展，文化局会同公安局、工商局等部门联合行动，对全县的文化市场经营网点进行多次监督检查，全年共出动车辆25台次，出动执法人员253人次，共查缴非法音像制品1580盒，非法书报刊380册，取缔无证经营摊点3家。

2010年，全县有印刷业4家、打字复印24家、个体书店13家、音像制品23家、美术广告7家。稽查队坚持“一手抓繁荣，一手抓管理”的方针，采取经常督导和突击检查的方法，加强对全县出版市场的规范管理。依照《出版管理条例》《印刷业管理条例》《著作权管理条例》《音像制品管理条例》的有关规定，稽查队没收各种违规或违法的书报刊和音像制品2000多件（册）。开展“扫黄打非”执法活动，对文化市场全面清查，没收非法出版物和音像制品，打击违法违规的经营行为。

三、演出市场管理

1999年前，临高县先后成立3个民营临剧团和6个民营木偶（人偶戏）剧团。为规范演出市场管理，2000年，按《演出市场管理条例》的规定，经过考核，每个团都取得演出许可证。此后，年审会演，成为制度，年年坚持。

第十节 文物 遗址

一、文物

临高县文物馆内藏10个脑后刻有“康熙”年号的木偶戏偶像和1块宋代胡铨在“茉莉轩”讲学的“茉莉轩”石匾（已残缺）。

根据《中华人民共和国文物保护法》规定，临高县已公布的各级文物保护单位147处，其中全国重点文物保护单位1处（临高灯塔），省级文物保护单位7处（分别是礼魁坊及节孝坊、临高文庙、武夫节孝坊、澹庵泉、百仞滩摩崖石刻群、寿门坊、古烽火台遗址），博物馆收藏从新石器时代到近代的各类馆藏文件物1170件。此外，还有古籍善本、图录方志等。

（一）庙祠堂宫

全县有庙祠堂宫30座：临高文庙、高山庙、和贵村高山神庙、东英墟高山神庙、富里村冼太夫人庙、红华新兴冼太夫人庙、多文村驸马庙、加来墟白石庙、头咀村五员庙、正村陈杨庙、安全村九天庙、昆社村伏波庙、青龙村忠显大王庙、抱社村钦崇将军庙、美国村关帝君神庙、上堪村神庙、王佐公祠、王氏宗祠、林氏宗祠、殿当村符氏宗祠、美国村王氏宗祠、居仁村王氏宗祠、古柏村钟氏宗祠、文连村符氏宗祠、抱瑞村学堂、透滩村慈训堂、多文村学堂、黄龙村天后宫、林道玖故居、多贤学校等。

（二）牌坊古墓

全县有牌坊古墓 18 处：礼魁坊、寿门坊、拔萃坊、透滩村节孝坊、乐全村节孝坊、武夫节孝坊、多文村百岁坊、陈俊伟墓、驸马墓、谢渥墓、王佐墓、王凤昌墓、刘大霖墓、吴月二公墓、高阳夏婆墓、陈学长墓、黄长轩烈士墓、于承光烈士墓等。

（三）碑记石桥

全县有碑记石桥 13 处：澹庵泉（碑）、毗耶灵石、百仞滩摩崖石刻群、陈公贤刻石、张延诗刻/临江天濑、郑述礼纪念碑、奉官示禁碑（东英镇）、奉官示禁碑（新盈镇）、文昌帝君庙石碑/学田会碑、滚水泉碑/透滩石碑、朝阳桥/振兴桥、抱瑞桥、普利桥等。

（四）塔坝

全县有塔坝 8 处：临高灯塔、隆道风水塔、仓米风水塔、敬字炉/东桥春涨遗址、东江水坝、波莲水坝、龙楼防潮大坝、美迎水坝。

（五）重点文物

1. 临高文庙

临高文庙始建于南宋绍兴二年（1132 年），位于县城沿江北路边。大成殿是海南历史悠久、规模最大（4600 平方米）、建筑艺术精湛的名胜古迹。庙内有孔子石像、状元桥、石门、碑文等一批文化古迹。临高人和临高文化深受其影响，众多文人墨客、学子常到此驻足敬仰。

2. 王佐公祠

位于多文镇透滩村前，祠堂始建于明代隆庆年间（1567—1572 年），一幢三间，石木结构，红墙绿瓦，为奉祀王佑才子场所，占地约 4000 平方米。“文化大革命”期间被毁。1990 年，村民集资 8 万元重建。

3. 奉官示禁碑

清嘉庆年间（1796—1820 年），水邱市周边人口稠密，交通发达，商业繁荣。为维护社会治安，保持秩序稳定，由当地张、王、陈、曾四大姓氏共同制定的乡规民约，刻于石板上，以官府的名义，立碑告示。石碑立于东英镇水邱市（村）北边，离临城 13 千米，东英墟 4 千米处。

4. 多文学堂

村民秉承先祖遗风，重教兴学，于明天顺年间（1457—1464 年）建起的学堂，坐落在多文镇多文村东边。该学堂曾哺育出不少人才，多文村在明代曾有“一监、二举、七禀、九贡，一百零七生员”和“榜庠士村”的美称。

5. 新盈高山庙会

位于新盈镇头车村与和贵村之间。传说很久以前，头东村与和贵村的村民正在晒盐作业时，突然海水猛涨，隐约幻觉中，海面像是漂来一樽神像，神身上闪烁着“高山大神”四个大字。于是，当地村民集资在头车与和贵村之间的海滩上建庙，命名为“高山神庙”，并定于农历二十二日为高山大神的诞期。每年的这一天，众人都举行祭祀活动。该庙2005年维修，庙里存有一樽清代生铁神像。

6. 龙楼盐坝

位于调楼镇龙楼村南边100米处，1968年7月兴建，次年8月竣工，是当时沙潭人民公社发动群众投劳投工，自力更生建成的。该盐坝呈梯形，长220米，高2.8米，前面边坡为水泥批档，大坝的后面为草皮植被，大坝顶为红土铺成的路面。

7. 土盐作坊

位于新盈镇头车村，始建于明代宣德三年（1428年），世代传承，是古老的手工土法制盐作坊。作坊有盐田、砚石槽、晒盐池、盐池、卤水池等设备。

8. 巡检井

明朝贡生吴善政，临高县蚕都人（现多文村），于明永乐年间（1403—1424年）曾任安南（今越南）高趾巡检，御任归里后，于多文村前凿一口井，名曰巡检井。井为六角形，内径1.2米，深2.4米。至2010年，村民们仍饮该井的水。

9. 郑述礼纪念碑

郑述礼是临高县临城镇兰河村人，黄埔军校第一期毕业生，曾任国民北伐军中央独立旅旅长。该纪念碑范围约100平方米，现存留三通碑，一通石碑为2007年立，碑体魏书阴刻“郑述礼纪念碑墓地”；另一通石碑魏书阴刻“百粤精英”；第三通石碑篆书阴刻“郑述礼纪念碑”。在纪念碑范围内建有两座纪念亭，均为民国25年（1936年）建。

10. 驸马墓

墓主为吴氏三世祖元凯，南宋绍定年间（1228—1233年），理宗皇帝授指招元凯为驸马，让其速进京与南湖公主缔缘。元凯赴京途中病逝。御诏追封驸马授予金绳柔像加附马冠带锦袍，并殡尸归里，于明嘉靖二十一年（1542年）迁葬于现址。墓冢高1.35米，墓碑高1.42米，碑体正中楷字阴刻“宋三世祖奉驸马讳元凯吴二之公墓”，上刻“明嘉靖二十一岁次壬寅桂月”。墓坟四周用方青石砌成约有半米高的椭圆形围墙。距临城18千米，坐落于多文岭北麓，位于多文镇抱桂村后面400米处。

二、遗址

（一）革命遗址

2010年6月，临高县进行革命遗址普查工作，全县有革命遗址9处。

1. 中共临高县第一次党员会议旧址

旧址位于临高县临城镇沿江北路文庙东侧原县立女子学校。1926年5月12日夜间9时，中共临高县第一次党员会议在临高女子学校秘密召开，与会人员有符向一、冯道南、刘青云、王超、王任之、吴琼、刘统、梁统春、王燕如、周有禄等10人。会议宣布中共临高县支部委员会成立，指定冯道南任支部书记；王超负责筹建国民党临高县党部事务；冯道南、刘青云、王燕如负责农运工作；梁统春、周有禄负责工运工作；王任之、刘统负责学运工作；吴琼负责妇运工作。这次党员会议成立了中共临高县支部委员会，标志着中国共产党临高地方组织的诞生。

2. 临高县农民运动讲习所旧址

旧址位于临高县临城镇解放路王氏宗祠和林氏宗祠内。1926年冬，在冯平的指导下，在临高县城王氏宗祠、林氏宗祠筹办农民运动讲习所。由冯道南任所长，陈国銮、洪冠英、林日华、刘青云等为成员。临高县国民党左派县长周梅羹积极支持筹办工作，拨出巨款，修理校舍、课桌和用具。经过2个月的筹备，1927年2月17日临高县农民政治军事训练所正式开课。第一期学员60人，都是来自全县各乡选送的农会干部和农民自卫军骨干，学习课程开设军事和政治两门。学员原定受训3个月，但由于国民党背叛革命，进行“清党”而结束。临高县农民运动讲习所的创办，为建立党领导的武装队伍，开展革命武装斗争培养一批干部，增强农会的骨干力量。

3. 临高县和舍农民暴动遗址

遗址位于临高县和舍镇和舍小学。1928年3月22日，为了打击和舍反动民团，300多名农民自卫军在和舍墟和舍高级小学举行武装暴动。按琼崖西路红军扩编计划，改为琼崖西路工农红军和舍支队，黄开礼任支队长，郭云青任党代表。改编后的工农红军系红袖章，全副武装，荷枪实弹，上街游行，散发传单，并抓了团董古夹仔、黄振昌枪毙示众，把田契财薄集中焚烧。26日晨，国民党派兵包围和舍墟，大部分战士英勇牺牲，暴动领导人黄开礼、谭玉美、林桂芬等被捕牺牲，

4. 临高县南宝农民暴动遗址

遗址位于临高县南宝镇朗基村前。1948年4月上旬，以符会运、符宗仁等人为领导，在南宝镇朗基村前的学校（学堂）带领300多名农民自卫军举行武装暴动。农民自卫军攻打南宝墟，打死反动头子陈关球、陈玉高，击毙劣绅王玉成，抓获土豪庞成卿就地处决。

暴动后，农民自卫军向乐全、道谈至朗基一带转移，进行革命斗争。

5. 临高角解放海南纪念塑像及陈列馆

位于临高县临城镇昌拱村北部临高角岬角。1950 年 4 月 17 日凌晨 3 点钟，中国人民解放军第 40 军 6 个团 18700 多人在军长韩先楚、副军长解方的指挥下，在临高角一带登陆，解放海南岛。为了纪念这一壮举，1995 年由共青团海南省委发起，全省人民共同捐资，各级政府共建，在临高角登陆点兴建解放海南“热血丰碑”纪念塑像及陈列馆，后来得到中央宣传部的大力支持。纪念塑像高 18 米，花岗岩砌成，屹立在临高角海滩礁石上。塑像中渡海作战的解放军战士高举钢枪，琼崖纵队战士高举“二十三年红旗不倒”红旗。塑像底座正面是江泽民题词：“军民共铸热血丰碑，解放海南业绩永存”。2006 年，临高县委组织部修建临高角解放公园。

6. 美台多蓬桥阻击日本侵略军战斗遗址

位于临高县美加路。1939 年 11 月 8 日拂晓，为阻止侵临日本侵略军南下进攻加来，临高县民众抗日统率委员会组织抗日武装进行伏击。倪有文率领游击第四大队 70 多人在美台地区多蓬村的多蓬桥东边埋伏，国民党琼崖国民壮丁常备第七大队在多蓬桥西边埋伏。上午 8 点钟，一辆载有 20 多个日本侵略军的军车开到多蓬桥边，国民壮丁常备第七大队一机枪手先行打死一名日本侵略军，紧接着埋伏在桥东西两边的部队，一齐向日本侵略军开枪。日本侵略军突然遇到伏击，见势不妙不敢还击，便抢拉死尸向县城方向逃跑。

7. 美台落云山（文石坡）战斗遗址

遗址位于临高县临城镇临美路调俗村落云山文石坡（又称“美台坡”）。1950 年 4 月 16 日，解放大军全线渡海登岛作战。4 月 17 日拂晓，琼崖纵队一总和解放军 40 军登陆上岛部队向临高角一带的国民党守军发起进攻，相继占领高山岭、美夏、昌拱、东英据点。紧接着解放军 40 军 18700 名指战员在军长韩先楚、副军长解方的指挥下，在博铺港、临高角全线登陆。同日，由马白山、陈青山率领的琼纵一总队和刘振华率领的 352 团 2 个营负责歼灭在临城的国民党 1 个师，韩先楚率领 6 个团和先锋营向美台、加来推进。4 月 18 日，国民党 64 军从加来出动 2 介团增援，受到琼崖纵队一总七团在美台落云山阻击。同时晚 7 点钟，40 军 118 师包围文石坡（美台坡），经过一整夜的激战，于次日全歼国民党 64 军 156 师师部和 466 团之敌。

8. 临高县海岸岭战斗纪念碑

位于临高县和舍镇政府旁。1949 年 3 月 10 日上午，为截击从海口开赴临高和舍的国民党部队，琼崖纵队七团一连与国民党保三总队加强连在海岸岭展开激战。在激战中，七团一连伤亡较大，仅剩下 17 人，在副排长羊本良的指挥下，坚守阵地，一直坚持到二连、三连前来支援，进行反击。战斗从上午9时到下午3点半。这次战斗，共毙、伤、俘保三总队加强营150余人，缴获机枪9挺，迫击炮2门，60炮10门，枪尾炮6门，各式长短枪142支和一批军用物资。此次战斗中，琼崖纵队政治部组织部长吴文龙、七团团长肖焕耀英勇牺牲。羊本良被琼崖纵队授予“特等战斗英雄”称号。为了纪念他们的丰功伟绩，1963年6月，特建此碑。

9. 临高县革命烈士纪念碑

1968年4月，修建临高县革命烈士纪念碑，位于临高县人民广场大门东侧，碑高16米，面积为378平方米。1950年4月16日，解放海南战役开始实施总攻，第40军和第43军第三批8个团主力大规模向海南岛进发。4月17日凌晨3时，第40军6个团18700多人在临高角登陆，冒着敌人的枪林弹雨，冲破海峡封锁，越战壕、破铁网、炸碉堡、夺险隘，成功地摧毁薛岳精心构造的海陆空立体防线——“伯陵防线”，成功登陆海南。战斗中，第119师副师长黄长轩、120师358团团长于启光、第118师352团政治处主任等880余名官兵壮烈牺牲，长眠于临高这片热土。此碑为纪念解放海南战役中英勇牺牲的烈士们而立。碑文载有119师副师长黄长先（轩）光荣牺牲的事迹。

（二）其他遗址

其他遗址有文澜塔遗址、茉莉轩遗址、临江桥（石板桥）、仙人洞遗址、五尧陶窑遗址、钟灵古井、古烽火台遗址。

1. 文澜塔遗址

位于临高县城城南（现今江南市场大门前处），是林有才捐资所建。后于清嘉庆元年（1796年）由知县周绍甲移建于临江桥下游东北边100米处，改称为文澜塔。文澜塔为六角形，七层加圆顶，高约16米，底宽约4米。整个塔全部用玄武岩大石方块，经过精工雕琢，砌盖而成。文澜塔有500年的历史，多年来历经风吹雨打，依然屹立，是当时临高标志性建筑物。文澜塔始建时间已无可考查，但据考古者推测，至少也有500多年时间。1966年后，受到“文化大革命”破坏，已荡然无存。

2. 茉莉轩遗址

位于文澜江东岸，县城东北边的临高中学校园内。南宋绍兴年间（1131—1162年），为临高县令谢渥所建。轩的原址四周多产茉莉花，故名为“茉莉轩”。南宋绍兴十八年（1148年），胡铨被贬吉阳军，路过临高县，县令谢渥迎接胡公到茉莉轩住宿，并召集全县生员，听胡公讲授《春秋大义》，传播中原文化。胡公在此讲学期间，书写“茉莉轩”三字匾额，并题“眼明暂见天涯驿，脚力行穷地尽洲”之句，悬挂于的正堂。后来被台风破坏而坍塌。清康熙四十四年（1705年），县令樊庶在荆棘草莽中找到了茉莉轩旧址，才集资重建，恢复原貌。日军侵占临高县时，把残存的石碑，拆除搬掉。县博物馆仅存残缺石匾一块，“茉莉”二字尚存完好，而“轩”字损缺了大半。

3. 临江桥遗址

临江桥，位于县城东门外的文澜江上，又称“文澜度”“太平桥”。元代典史李仲真建一座木桥。明永乐年间（1403—1424 年），县丞陆升改为石桥。明万历十八年（1690 年），典史陈官改名为“临江桥”。清康熙四十二年（1703 年），石桥被洪水冲掉，知县樊庶重建。清乾隆五十四年（1789 年）又被洪水冲坏，知县周知甲重修。1970 年，县委建设钢筋水泥结构的临高大桥。1985 年，临高大桥拟扩建为 15 米宽时，临江桥被拆除。

4. 仙人洞遗址

位于波莲墟的西南面，约 4 千米处的山沟里，是一口天然洞。洞口陈列奇形怪状的岩石，极为奇观，是历代文人的游览地。洞口附近高处的石缝里，流着像江河倒泻的瀑布，直向洞的四周奔流。从远处眺望，瀑布四周像一层层轻纱笼罩着山峦，宛然一幅美丽的仙景。从洞口往里走约 2 米处有一口井。井口边的一条小溪的水从洞里往外流，约 9 千米长。穿过小溪往内走到 10 米处，有许多方块石头和奇怪的小石头。有的像仙桌仙椅，有的像茶壶仙杯。从洞口的一端走到另一端，全长达 4 千米。

5. 五尧陶窑遗址

清康熙五十六年（1717 年），叶隆公自定安大村迁居临高县博厚祥龙村（五尧老村），筑窑制瓷谋生，隆公之子叶灵公又生 4 个儿子。为了扩大陶瓷业，进行大规模生产，叶灵公定居于五尧村，建了 5 个陶瓷窑，故称五尧村。五尧的陶瓷主要品种有坛罐、碗、水缸等，其产品畅销岛内外而闻名于世。

6. 钟灵古井

位于波莲镇古柏村，建于清乾隆九年（1744 年），现古井已修补，不再饮用，井后尚有一块石碑保存至今。相传该井水甘甜，久旱不干，周边几个村庄共同饮用，后来归古柏村。

7. 古烽火台遗址

古烽火台是清代水师为加强海防、防御海盗而建立的传递信息的设施，临高古烽火台始建于明末清初，烽火台高约 12 米。底座直径约 25 米，顶宽约 6 米，一般由砂土和石块堆成。临高县现存烽火台遗址有 3 家（马袅）、朱碌（博厚）、博铺（昌拱）、乌石（美夏）、和黄龙（调楼）5 座。其中，昌拱的博铺烽火台相对保存比较完整，被列为省级文物保护单位。

第十一节 档案 史志

一、档案

（一）机构

1986年，设县档案局。1995年11月，全县机构精简，县档案局撤销，只保留档案馆职能（加挂史志办牌子），赋予行政管理职能。2001年2月，复设县档案局（馆），具有行政管理职能。同年6月，县档案局加挂县志办牌子，原县档案馆牌子撤销。2006年5月9日，县编委批复恢复县档案馆，执行一套人员、两块牌子合署办公体制。2007年12月，县编委确定县档案局（馆）为全额预算管理事业单位。2009年12月，县档案局（馆）转为参照公务员管理的事业单位。2010年，县档案局（馆）机构设置未变。

（二）基础设施建设

县档案馆原办公楼经县建筑工程质量监督部门鉴定为D级危房，档案馆搬出，办公楼于2007年上半年被拆掉，租用民房办公。为适应档案事业发展的需要，县委、县政府决定在县委大院内兴建一幢档案馆，4层大楼，钢筋水泥框架结构，面积2757平方米，于2008年5月21日动工，2009年9月中旬竣工。整个工程投资约700万元，其中省档案局补贴60万元。2009年9月30日，县档案局（馆）正式迁入新建的档案馆大楼办公。新档案馆大楼内设有专用档案库房、阅读室、展厅、会议室、多功能用房、多媒体室、办公室等。2010年12月，完成档案库房密集架的50万元购置安装工作，安装14万元的楼层监控系统，切实有效加强档案安全保管工作。

1986年，全馆有铁皮柜24套、木柜6个、铁箱5个、复印机1台、打字机1部，照相机1部、装订机2台。1994年5月，购置1部电脑。2005年，县政府拨款5.20万元，购置空调机4台、消毒柜1台、消毒机2台、除湿机2台。2008年，购置和更新设备，有铁皮柜30套、电脑5台、照相机1部、复印机l部、温湿度计1台、灭火器4个。2010年，档案设备共有铁皮柜20套、密集架22列、灭火器5个、消毒柜1台、除湿机2台、防盗监控系统1套l3点、空调机7台、办公电脑6台、装订机1台、扫描仪1部、录音笔1支、照相机1部、复印机1部、黑白激光打字机4台、彩色激光打字机1台。

（三）档案保管

1986年6月，馆藏档案3037卷，各种资料1700卷（册）。1995年，馆藏档案78个全宗，共计5762卷。2010年，馆藏档案87个全宗9435卷4032册，著录电子文件及目录为95320条。馆藏档案大部分为中华人民共和国成立后的现行档案，约占馆藏量的99%。

解放前的历史档案计有1个全宗，即民国档案全宗。共有档案44卷，主要是国民党时期临高县党部的档案史料，对于了解临高县旧政权情况有一定参考作用。

解放后的档案共有 87 个全宗 9435 卷（册）。这部分档案比较完整，反映本地区党政、群团、企事业单位、各乡镇在一定时期的发展面貌。主要内容有会议类：如历届党代会、人代会、政协会、纪检会、团代会、妇代会、工代会等会议材料；文秘综合类：如各年度工作计划、工作总结、工作报告、会议记录、统计报表、规章制度、机构设置、人员编制、人事任免、表彰、处分、决定、规定、办法、请示、布告、通知等材料；政治运动类：如“整党整风”“文化大革命”“落实政策”“清房”“纠风”等运动中形成的文字材料；专业工作类：如宣传、组织、统战、财贸、工交、建设、农林水、气象、文教卫生、计生、政法、审计、纪检监察、武装、土地等项工作的指示、决定、决议、规定、批复、通知等文字材料。

临高县档案馆馆藏资料共有 4032 册，主要是本地报刊、图书作品、地图、文件资料汇编等。其中特别珍贵的有现存于世的中华人民共和国成立前四个版本《临高县志》，清康熙年间版《康熙字典》一册，民国石印本《鸡肋集》，《临高文史》全套，“临高非物质文化遗产特藏档案”专题、“解放海南·临高角登陆战”专题等各门类档案，各种本地族谱、专业志书、文学艺术作品书籍、地名资料等。

2010 年，县档案局聘用人员，购置 3 万元的设备，组织力量开展档案著录工作，著录文件级目录 8.71 万条，初步建成能够有效开展工作的档案信息资源数据库。积极做好到期档案接收进馆工作，共接收县文体局、县海洋渔业局、县妇联等机关单位的到期档案及剧本档案、相片档案等 380 卷 3000 张，丰富了馆藏。

（四）档案利用

县档案局积极发挥档案为社会和经济建设服务的特殊作用，自海南建省后，县档案馆共接待利用者 6000 余人次，提供利用档案（资料）2.1 万多卷（册）。

1981—1988 年，县档案馆积极主动地为编修《临高县志》提供档案史料，共 2100 卷次，摘录档案内容 70 万字，其中被录用 40 万字，约占全书总字数的 57%，使《临高县志》得以顺利出版。1989 年，县统计局多次派人到县档案馆查阅解放后档案共 101 卷次，为编写《临高县四十年国民经济资料汇编》提供宝贵的史料。此外，还为《临高组织史资料》《临高县财经税收史》《临高县土地志》《临高县文学艺术志》《临高古今诗词选》《临高县军事志》《临高国土志》《临高县调研报告汇编》《临高乡贤》《临高县国民经济和社会发展统计资料》《王佐研究》《临高民间故事荟萃》，以及历年《临高年鉴》等提供大量有价值的史料。

2000 年以来，到馆利用档案者越来越多，主要是工人办理退休、干部参照过度公务员管理、民办教师登记等所需的凭证材料。县档案馆工作人员，对于来馆利用档案者，热情接待，服务周到，不厌其烦地提供相关档案资料。2009 年，全年来馆利用档案者有 565 人，利用档案 1500 卷（件）。2010 年，全年接待查档利用者 1397 人次，利用档案 2893 卷（件），为全县社会、经济、文化等建设提供良好信息资源服务。

二、史志

（一）机构

1985 年 6 月，成立临高县地方志编纂委员会办公室（简称“县志办”），隶属政府办系统，为县局级常设机构。1986 年，成立中共临高县委党史资料征集小组办公室（简称“县党史办”），隶属县委办系统，为副局级机构。

1993 年 9 月，县党史办和县志办合并改称临高县史志办公室。1995 年 11 月，临高县机构改革，在县档案馆加挂县史志办牌子。1997 年 6 月 4 日，撤销县史志办，成立临高县委党史研究室，为副科级事业单位，县档案馆加挂县志办牌子。2005 年 9 月，县委党史研究室定为正科级事业单位，同时加挂县志办牌子，一套人员、两块牌子。2008 年 7 月，县史志办定为参照公务员单位，编制 5 人。

2010 年，县史志办内设县委党史研究室、县地方志办公室、年鉴编辑部。有 1 个资料室和 1 个阅览室；办公设备有工作用车、办公电脑、打印机、传真机、复印机、照相机、摄像机、录音笔，基本实现“八有”配置。

（二）党史工作

1986 年以来，县委党史研究室按年初的工作计划和省委党史业务工作要求，开展党史资料征集工作。通过多方查找资料，不断修订和增补充实临高县组织史资料，完成征集、编写《临高县组织史》第一稿，并上报省委党史研究室审稿；完成省委党史研究室下达的征集《中国共产党早期的海南人》（临高部分）人物资料和人物、故居照片等任务。

2005 年 9 月，县委党史研究室贯彻执行省委党史研究室《关于开展〈抗战时期海南人口伤亡和财产损失〉课题调研的通知》精神，开展《抗战时期临高人口伤亡和财产损失课题调研》，共查阅档案资料、文史、县志、县概况、临高党史大事记等抗战斗争史料、书籍 10 余种；走访全县 10 个乡镇和 2 个农场的 15 个村庄，采访目击证人、幸存者、知情者等 22 人；收集抗日战争时期中国人民伤亡调查表 87 份，抗日战争时期直接伤亡人员名录 29 份，抗战时期间接伤亡人员名录 1 份；拍摄与收集到日本侵略军当时的据点遗址、遗物、受害人等相片 19 张；从相关史料、文献书籍整理、摘录有关日本侵略军罪行史料 10 篇。

2009年，完成《海南抗战时期人口伤亡和财产损失情况》（临高部分）调研课题；征集、编写完成《中共临高历史》第一卷（临高革命斗争史），已脱稿交送省党史部门终审；整理、征集、编写好《临高英烈谱》。

2010年，省委党史研究室下达开展革命遗址普查调研课题，县史志办积极努力做好课题调研工作：深入全县各地搜集有关革命遗址的地点位置；对革命历史了解尚健在的老人、目击者、知情者的口述资料进行整理，查阅资料，为中共中央党史研究部门和省党史部门提供临高县革命遗址普查的历史真实资料。按照省委党史研究室的文件通知精神，开展解放海南65周年纪念活动。在临高思源学校举行“琼崖纵队二十三年红旗不倒”革命传统教育宣传讲座和图片展览活动。

（三）地方志工作

1985年6月14日，成立临高县志办公室，为县局级常设机构 。1985年8月23—25日，广东省县志篇目评议会在临高县召开。广东省方志办、学者、教授、各地区方志办及部分县志办的代表45人，对《临高县志》篇目进行认真评审，提出许多宝贵的修改意见。10月，县志办对《临高县志》篇目进行第三次修改。11月27日，县委、县政府发出《关于印发重新修订临高县志篇目及有关事项的通知》，举办县直属部、委、办、局64人参加的方志学习班和召开各区（镇）、农场办公室主任会议，学习方志的基本知识，布置搜集县志补充资料的任务，收集到150万字资料。

1986年3月18日至4月2日，县志办的编写人员到广西通志馆参观学习宁明、大新、扶绥、宾阳、上林等县的修志经验，并请教广东省方志办的领导及暨南大学的教授，对《临高县志》篇目进行第四次修改，使县志篇目从原来的7编58章267节，削减为7编51章206节。5月起重新改写县志，至11月编写成60万字的《临高县志（送审稿）》。

1987年2月，将打印的76套684册县志资料稿发给县内、外的老干部，县委、县政府、人大、政协的主要领导，县志编委会成员以及有修志任务的101个单位，采取分散与集中，横纵结合进行审改。重要编章由县志编委会认真审改。经过多方审核，提出上千条修改意见。7月，县志办带着问题赴京穗，请教中国地方志指导小组和广东省地方志办公室，以及华南师大的领导和教授。8—11月，海南、县地方志办公室集中力量进行修改，完成送审稿。以后，又广泛征求意见，于1988年3月召开县志定稿会议，有县委、县人大、县政府、县政协、县纪委会的主要领导、县志编委会成员、老干部以及有识之士参加会议，充分讨论通过定稿。并上报海南省地方志编委会审批出版。

1990年12月，新编《临高县志》由广东省人民出版社出版。1991年3月1日，新编《临高县志》举行发行仪式。

2010年10月，调整临高县地方志编纂委员会，以县委书记为顾问，县长为编纂委员会主任，分管党史、县志的常委和副县长为副主任，各单位部门主要负责人为成员。县地方志编纂委员会专门领导、督导第二轮《临高县志》修编工作，明确领导责任，推动修志工作开展。12月28日，县委办和县政府办印发《第二轮〈临高县志（1986—2010）〉编纂方案》的通知到各承编单位。并召开关于第二轮修志工作的动员大会和举行第二轮修志承编各单位编写人员的培训，按编纂方案中志书类目与承编单位的要求，采用篇、章、节、目进行详细的责任分工，以依法修志、实事求是、质量第一的基本原则和观点正确、体例完备、内容全面、资料翔实、版式规范的基本要求，密切协调配合，认真进行编纂。

第二章　体　育

第一节　机　构

一、县体育中心

1986年，临高县体育运动委员会（简称“县体委”）内设行政股、群体竞训股，下设临高县少年业余体育学校。

1995年机构改革，县体委更名为临高县体育服务中心，为正科级财政全额拨款事业单位，内设行政股、群体竞训股，下设临高县少年业余体育学校。中心编制和体校编制不分开。

2007年，县体育服务中心正科单位级别不变。另设临高县少年业余体育学校，是体育中心的内设机构。

2010年，县体育中心主要负责指导、组织、实施全县的竞技体育和群众体育工作。内设少年业余体校，县少年业余体校是培养临高县少年竞技体育后备人才的培训基地，主要是为省或国家输送高水平竞技体育人才，参加省内外体育比赛。

二、业余体校

1963年，临高县体委和教育局在临高中学创办业余体校，培养对象以少年为主。1986年，临高县少年业余体育学校隶属于临高县体育运动委员会，人员编制与体委不分开，设有举重队、田径队，举重教练1人，田径教练3人。1987年，设男子排球班（原排球班于1983年解散），教练1人。1988年底，排球班解散。1992年，田径教练增至4人。

1996 年，举重教练增加 1 人共 2 人，学生人数 60 多人。1995 年，县业余体校隶属于县体育服务中心，人员编制与体育服务中心不分开。2002 年，体校设立男子沙滩排球班，学生 10 人，训练在体育广场，聘请教练 1 人，2008 年解散。

2010 年，体校设有田径队和举重队，学生 60 多人，聘请田径教练 4 人、举重教练 2 人。

三、体育协会

县老年人体育协会　1983 年成立，之后积极开展全民健身活动，有门球队、象棋队、太极拳队、秧歌舞队、乒乓球队等。平时活动锻炼，逢年过节到处表演比赛和交流。自 2006 年起，连续三年被国家体育总局评为全民健身活动先进单位。

县体育舞蹈协会　2000 年 7 月成立，曾先后到乡镇、农场、各机关进行交流与表演，推动县体育舞蹈的发展。

县乒乓球体育协会　2005 年 6 月成立。2006—2008 年，每年春节都举办一次全县性“迎春杯”乒乓球赛，有男单、男双、女单，男子团体、女子团体，同时也拉队伍到澄迈、屯昌等市县交流，促进县乒乓球运动的发展。

第二节　体育基础设施建设

1989 年，临高中学建造一个标准 400 米煤渣田径场。之后，每隔一两年便举办一次县中小学生田径运动会，促进全县田径场地的建设与发展。

2004 年 8 月，开展第五次体育娱乐场馆普查统计，全县有体育场地 256 个，其中标准场地 175 个（篮球场 54 个，排球场 41 个，田径场 2 个，小运动场 67 个，乒乓球房 4 个，综合房 1 个，有固定看台灯光球场 1 个，健身房 2 个，棋牌房 1 个，门球场 2 个），非标准体育场地 81 个，钓鱼基地 3 个（新盈、文潭、红牌港基地）。

2009 年，投入 40.5 万元建成农村全民健身篮球场 18 个。

2010 年，分布在全县各机关、广场、农村和中小学校的体育场地有 400 米田径场 9 个，300 米田径场 4 个，150～200 米田径场 25 个，足球场 23 个，篮球场 68 个，排球场 210 个，羽毛球馆 1 个，羽毛球场 25 个，乒乓球台 278 台。

第三节　体育活动

一、全民健身活动

1986 年起，全县许多村庄和墟镇开辟球场，各单位、乡镇举办丰富多彩的群众体育赛事活动，有健身舞、广场舞，篮球、排球，乒乓球、羽毛球，武术、拔河、舞狮、赛龙舟等。全县每年举办男子职工篮球赛，每次参赛队伍有 10～12 支，观众达 2 万人次；举办农村九人排球友谊赛，16 个乡镇都组队参赛，因九人排球是临高农村的体育传统项目，农民参与积极性高，每次观众达 1 万人次以上。此期间，职工体育开展较好的单位有临城糖厂、公安局、商业局、临高中学；农村体育开展较好的乡镇有波莲镇、临城镇、博厚镇、东英镇，他们都有相对稳定的篮排球队伍。

1990 年，出现社会参与举办体育赛事活动，临高县留香酒家出资 5 万元举办全省九人男子排球五强邀请赛。

1996 年，国务院批准的《全民健身计划纲要》颁布实施，县委县政府高度重视，强调各个乡镇、县直各机关单位都要设立全民健身领导小组，开展宣传发动全民健身运动。当年春节，县政府举办全民健身环城长跑活动，县四套班子领导成员带头参加长跑，以推动县全民健身运动。

2003—2005 年，县体育服务中心连续 3 年被国家体育总局授予“全国全民健身周优秀组织奖”。

2009 年，举办两次大规模的健身活动。6 月 13 日，由县机关工委、老年人体协、体育中心、老干局联合举办的“临高县直机关太极拳千人大展示活动”在县体育广场举行，全县 70 多个机关单位共 1000 名选手参加展示活动，活动规模庞大，场面壮观，展示“临高太极拳之乡”精神风貌。8 月 8 日是国家首个“全民健身日”，根据县委、县政府要求，组织县老年人体协 500 人，临中、二中学生 500 人在县体育广场进行启动仪式，仪式后老人体协 500 人在体育广场进行太极拳活动，临中、二中 500 名学生在临城主要街道进行长跑活动，宣传全民健身。投入 45 万元，做好博厚镇三省村等 18 个文明生态村体育健身设施安装，大力推进体育健身建设工作。

2010 年，充分利用各体育协会开展形式多样的全民健身活动，县体育广场、文化公园都有广大群众参加太极拳、剑、健身舞等活动。每天清晨或晚上各单位大院、社区均有自发组织的活动队伍分布在各个活动点进行全民健身活动，特别是老年人体协较为活跃，经常派体育辅导员到各单位、各镇和各社区进行辅导太极拳。为推动和宣传全民健身活动，县体育中心与县老体协、县直工委、老干部局于 8 月 8 日在县城沿江两岸组织千人太极拳展示活动，通过全民健身日一系列活动来促进全民健身。9—10 月，组织县 3 支中老年人健身队伍，参加 2010 年海南省中老年人广场健身操大赛，经过半决赛（儋州赛区）和总决赛（海口赛区），县玲珑健身操队获得优秀奖，县体育中心获得优秀组织奖。

二、城镇职工体育活动

1986 年，全县机关、工厂、企业单位共有篮排球场 12 个，其中灯光球场 5 个，羽毛球场 3 个，乒乓球场 4 个。早晨参加跑步和各种运动的居民增多。县商业局有一支长期训练的排球队伍，临城糖厂有一支经常训练的篮球队伍，临城糖厂周末常开展车间与车间的体育比赛。

1990 年，县体委与县总工会举办“五一”国际劳动节全县职工篮球比赛，共有 12 个单位参赛。1993 年商业局赞助举办男子九人排球邀请赛。1993 年，由留香酒家赞助 5 万元，由县体委组织海南省九人男子五强排球邀请赛。

1996 年，国家《全民健身计划纲要》颁布实施，县体育服务中心利用广播、横幅、标语、宣传栏等宣传《全民健身计划纲要》，发动群众参与健身活动。至 2000 年，职工体育人口不断增加，各单位之间、学校与学校之间经常开展体育比赛活动。

2001 年，县农行举办“农行春节杯”全省排球四强邀请赛。2002 年，县承办海南省“力加杯”九人男子排球赛；举办“现代杯”中老年太极拳赛；宣传部举办“临高角灯塔杯”全省男子、女子沙滩排球邀请赛。2005 年，县总工会举办庆“五一”乡镇男子、机关女子拔河赛，参加人数达 200 多人。2007 年，县供电公司和临城镇举办“千人长跑迎奥运活动”，有 1000 多名干部职工参加。

2009 年农历正月十二日至十五日，体育中心与鸿运来大酒店共同举办“2009 年鸿运来象棋大奖赛”，共有来自全县各地 40 多位象棋高手参赛，推动全县智力体育运动的开展；农历二月十二日（军坡节），在多文镇举办“闹军坡男子排球邀请赛”，邀请文昌、海师、琼山、临高四支省内高水平球队参加，比赛场面精彩热烈，观看的群众达 1 万人次。4 月 29 日，县总工会与县体育中心联合举办庆“五一”机关女子拔河赛，参赛队来自县各机关企事业单位共 8 支队伍。5 月 29 日（农历五月初五），由临城镇、县就业局与体育中心共同举办红旗就业一条街端阳节女子拔河赛，参赛队共有 8 支队伍，各队实力相当，比赛场面十分精彩。8 月，由县乒乓球协会组成的县乒乓球队，参加澄迈县乒乓球邀请赛，获得男子团体第一名的好成绩。9 月 27 日，县乒协代表临高县参加球海市“金隆杯”乒乓球大奖赛，获得男子团体第五名。12 月 8 日，县老年人体协组织 80 人到东方市与该市的老年人体协进行体育活动交流，主要项目是太极拳、太极剑。通过以上的体育交流，增进与兄弟市县的友谊与体育交流，促进互相学习，共同发展。

三、农村农民体育活动

1986—2000年，全县各乡镇都筹资兴建篮排球场，许多农民在农闲后，开展各种体育健身活动，如排球、武术、舞狮、舞龙等活动。2001年，新盈镇龙安村举办“后水湾端阳节”杯龙舟邀请费。2004年春节，南宝镇举办“龙华杯”排球赛，邀请临高、定安、海口、琼山、海南大学等5支球队前来比赛，丰富群众文化娱乐生活。2007年10月，省文体厅举办“群众体育杯”全省农民排球赛，县组织和舍镇农民前往参赛，荣获第四名。2009年，多文镇举办“闹军坡”排球赛，邀请文昌、海师、琼山、临高4支球队参赛，促进农村体育活动的发展与交流。

2010年4月26日至5月26日，由县政府主办，县体育中心承办临高县“集中服务月”乡镇男子排球比赛活动。这次参加比赛的人员主要是镇干部职工和下乡工作队员，活动规模大，参与人数多。整个比赛共45场，每个镇都有主赛场，比赛都是利用空余时间进行，通过活动促进镇与镇之间的学习和交流，增进团队精神，活跃农村文体生活。比赛结果：多文镇第一名，和舍镇第二名，皇桐镇第三名，临城镇第四名。7月31日，临高县第三届渔民节渔家姑娘织网比赛在新盈中学举行，由新盈、调楼、临城、东英、博厚5个镇共55名选手参加，这也是临高县独具特色的比赛项目，最后新盈镇获得团体总分第一名，调楼镇获得个人第一名。

四、学校学生体育活动

1986年起，全县学校继续执行中学生《体育锻炼标准》考核，定期开展体育教研活动。1990年后，临高中学和临高二中先后被省文体厅、省教育厅定为学校田径和排球传统项目单位。县教育局定期举办全县中小学生田径运动会，临高中学、临高二中每年都举办校田径运动会，培养不少优秀体育苗子。

1986年8月，临高县田径运动员杨平，代表广东省中学生田径队到郑州参加全国中学生田径运动会，荣获4×100接力第一名，200米第二名，并打破全国中学生200米跑的纪录。

1987年5月1日，海南汉区第六届小学生田径运动会在临高县美台区头星小学运动场举行，临高县王思破省混合组男子800米长跑最高纪录。

1988年，临高县小学生代表队参加海南省第一届小学生田径运动会，获得3枚金牌、3枚银牌、1枚铜牌，5个第4名，2个第6名，团体总名次第4名。

1989年，在临高中学举办的海南省第二届中学生田径运动会上，临高中学代表队获得团体总分第二名，陈少影荣获女子800米第一名，并打破该项省中学生最高纪录。临高二中每次代表县参加海南省中学生传统项目排球比赛，多次获得前六名。

1993 年，县体委与县教育局联合对全县中学进行学校体育检查和指导，督促学校加强学校体育工作。

2001 年 12 月，临高县中小学生田径运动会在调楼中学举行。此次运动会促使调楼中学建成一个标准 400 米的田径运动场，推动学校体育的开展。

2008 年，临高县第六届中小学生田径运动会在新盈中学举行。此次田径运动会促使县中小学生田径运动会向常规化方向发展。

2010 年 11 月，县体育中心协助县教育局举办临高县第七届中学生暨第八届小学生田径运动会，推动县学校体育活动的开展，增强学生体质。

五、竞技体育运动

1991 年 5 月，在海南省少年田径锦标赛中，临高县夺得 7 枚金牌。男子团体总分第三名，女子团体总分第七名。

1992 年 8 月 31 日，在全国少年田径分龄区赛中，临高县黄晓花获 13 岁女子中长跑四项全能、300 米、800 米 3 枚金牌，王梦娇获 13 岁组跨栏四项全能亚军，陈翠丽获 14 岁组 200 米亚军、300 米季军。

1999 年，在参加省举办的运动会和竞技比赛中，取得金牌 40 枚，银牌 24 枚，铜牌 12 枚，有 7 人打破 14 项省纪录，获省授予“体育先进单位”称号。

2008 年 3 月 11 日至 4 月 20 日，海南省举办第三届体育运动会，临高县共派出 126 名运动员参加 8 个大项目的比赛。该届比赛临高县获 16 枚金牌，举重项目获团体总分第一名。田径运动员王志凤（女）打破 200 米跑、400 米跑两项省成年组纪录；举重运动员陈清敏（男）破省少年甲组 69 公斤级总成绩纪录。

2009 年 4 月 10—12 日，参加海南省少年田径锦标赛，临高县获 1 枚金牌、8 枚铜牌，团体总分列全省第八名。5 月 16—20 日，海南省少年举重锦标赛在海口市琼山区举行，临高县共有 18 名男女运动员参赛，摘取 18 枚金牌、10 枚银牌、9 枚铜牌，取得团体成绩第三名的好成绩，其中男运动员王春波打破少年举重甲组 52 公斤级抓举、挺举总成绩三项省纪录，并且总成绩超该组别运动健将标准；女运动员王小兰打破抓举、挺举、总成绩女子丁组 53 公斤级三项纪录。2009 年 8 月，王小兰代表海南省参加全国少年举重分龄赛，获得女子丁组 48 公斤级抓举、挺举、总成绩三项第三名的好成绩。同时，县少年业余体校向省体校输送 3 名优秀运动员。

2010 年 4 月 10—14 日，县组队参加在省体校举行的海南省少年田径锦标赛取得 1 枚金牌、2 枚银牌、7 枚铜牌的好成绩，荣获团体总分第七名。4 月 16—20 日，海南省少年举重锦标赛在海口市琼山区举行，县共有 18 名男女运动员参加，通过教练员和运动员的共同努力，最后取得15枚金牌、7枚银牌、2枚铜牌的好成绩，荣获团体总分第四名。由于县运动员表现突出，苗子选得好，比赛结束后有4名女运动员被省体校选进省队，为省输送体育后备人才。县业余体校运动员王小兰代表海南省在江西参加2010年全国少年举重分龄赛中，获得女子丙组58公斤级挺举第二名，为省争得荣誉。

1986—2010年，临高县每年都派出代表队（含青少年）参加省或全国性体育比赛（含青少年），主要项目有举重、田径、帆板、沙滩排球等，先后获全省单项金牌273枚、银牌21枚、铜牌29枚；获全国单项第一名11项、第二名6项、第三名2项；获全省单项第一名4项、第二名8项、第三名7项；2次破全国单项纪录、6次破全省单项纪录。

1986—2010年临高县代表队参加省级和全国体育比赛情况表

表17-2-1

年度	比赛名称	地点	代表队（运动员）	成绩
1986年	全国青年举重锦标赛	湖北孝感	陈　坚	获男子56公斤级总成绩第二名
	全国中学生田径运动会	郑州	杨　萍	获女子200米第二名，打破全国中学生200米跑纪录
	全国少年分龄赛	肇庆	符应山	获男子44公斤级总成绩第一名
1987年	全国少年分龄赛	汕头	秦海洼	获男子40公斤级抓举破纪录，总成绩第六名
1988年	海南省第一届小学生田径运动会	海口	小学生田径队	获3枚金牌，团体总分第二名
1989年	海南省第二届小学生田径运动会	儋州	小学生田径队	获3枚金牌、团体总分第二名
	海南省青少年举重分龄费	通什	举重队	获6枚金牌，团体总分第一名
	海南省第二届中学生运动会	临高	中学生田径队	获团体总分第二名。陈少影获得800米、1500米第一名，并打破800米省中学生田径纪录
1990年	海南省少年举重锦标赛	临高	举重队	获6枚金牌，团体总分第二名
	海南省少年田径锦标赛	乐东	田径队	获8枚金牌，金牌总数第三名

续表 17-2-1

年度	比赛名称	地点	代表队（运动员）	成绩
1991 年	海南省少年举重锦标赛	白沙	举重队	获 15 枚金牌，团体总分第二名
	海南省少年田径锦标赛	万宁	田径队	获 2 枚金牌，团体总分男子第三名，女子第七名
	全国中学生田径运动	—	符玲梅	获女子乙组 100 米栏第一名
1992 年	全国少年田径分龄赛	四川内江	黄晓花	获女子丁组四项全能第一名
1992 年	海南省第五届中学生田径运动会	文昌	陈国威	以 50″6、1′59″5 破省中学生 400 米和 800 米田径纪录
1993 年	海南省少年田径锦标赛	儋州	王　娟	获女子丁组跳远和 80 米栏两项第一名
			曾爱够	女子丙组 100 米跑第一名
			王梦娇	女子丙组 100 米栏第一名
1994 年	海南省少年举重锦标赛	琼山	举重队	获 19 枚金牌、金牌总数第三名
	全国少年田径分龄赛	浙江天台	黄晓花	获好 15 岁组中长跑全能第一名
1995 年	海南省少年举重锦标赛	白沙	举重队	获 27 枚金牌、金牌总数全省第一名
1996 年	全国女子举重冠军赛	湖北沙市	劳小燕	获女子 50 公斤级抓举挺举、总成绩第一名
1997 年	全国少年举重分龄赛	辽宁朝阳	苏　胜	获男子丁组 42 公斤级抓举和总成绩两项第二名
	全国青年技巧锦标赛	安徽	符　安	在第一套比赛中，获第一名
	第八届全国运动会	上海	符海明	获男子 470 级帆船赛第八名
1998 年	全国少年田径分龄赛	四川乐昌	林燕梅	获女子 13 岁组 1500 米第一名
	全国女子帆板锦标赛	青岛	陈赛汝	获第三名
1999 年	全国少年举重分龄赛	—	王芳丽	获女子 53 公斤级抓举挺举总成绩第二名

续表 17-2-1

年度	比赛名称	地点	代表队（运动员）	成绩
2000 年	首届海南省体育运动会	省各市县比赛点	参加举重、田径、武术、排球等 6 个大项目	获 33 枚金牌、15 枚银牌、14 枚铜牌，金牌总数全省第四名
		海口市	王　晶	获少年乙组 56 公斤级抓举挺举总成绩 3 项金牌并打破三项纪录
2001 年	海南省少年举重锦标赛	乐东	举重队	获 24 枚金牌，团体总分第二名
2002 年	中、日、韩田径对抗赛	日本	符兰青	获 100 米第二名，200 米第三名
	全国少年田径锦标赛	上海	罗珍兰	获丙组 400 米第二名
	全国少年举重锦标赛	河南开封	潘海春	获甲组 48 公斤级抓举第一名，总成绩第二名
2003 年	海南省少年沙滩排球锦标赛	琼海	沙滩排球	获男子甲组第三名
	全国少年举重分龄赛	—	符　胜	获 48 公斤级举抓第一名，总成绩第二名
2004 年	海南省第二届体育运动会	海口	乒乓球、拳击田径、举重等 10 个大项目	获 13 枚金牌、6 枚银牌、15 枚铜牌，金牌总数排名第七名
	全国少年举重锦标赛	—	陈清敏	获 48 公斤级总成绩第一名
2005 年	海南省少年举重锦标赛	琼山	举重队	获 17 枚金牌、团体总分第三名
	海南省少年沙滩排球锦标赛	陵水	沙滩排球队	获男子乙组第四名
2006 年	海南省少年田径锦标赛	儋州	田径队	获 9 枚金牌、团体总分第二名
	海南省少年举重锦标赛	五指山	举重队	获 26 枚金牌、团体成绩第三名
2007 年	全国成年室内田径锦标赛	上海	王志凤	获女子 200 米跑第三名
	海南省少年田径锦标赛	儋州	田径队	获 7 枚金牌，团体总分第三名
	海南省少年田径锦标赛	儋州东波	王惠单	田径女子丙组 800 米跑第二名

续表 17-2-1

年度	比赛名称	地点	代表队（运动员）	成绩
2008 年	海南省第三届体育运动会	海口	参加举重、田径、象棋、围棋等 8 个大项目比赛	获 16 枚金牌，团体总分第十名。其中王惠单、罗芳、王少芳、陈燕芳获少年子女组接力 400 米第四名
	海南省第十四届中学生田径锦标赛	文昌中学	田径队	获团体总分第七名
2009 年	海南省少年举重锦标赛	琼山	举重队	获 18 枚金牌，团体成绩第三名
2010 年	海南省少年举重锦标赛	琼山	举重队	获 15 枚金牌，团体成绩第三名
	海南省少年田径锦标赛	省高校	田径队	获 1 枚金牌，团体总分第七名

第十八编　医疗　卫生

2006年，临高县全面实施新型农村医疗保险制度和城镇居民医疗保险制度。2010年，临高全县有主要公共医院4所，乡镇医院10所，农村社区医疗站和民营诊所上百家，防治结合的县、镇、村三级医疗保健网络基本形成。25年来，县主要医院医疗设备硬件投入加大，提高了医疗诊治水平。在卫生防疫、妇幼保健、卫生监督、爱国卫生、创建卫生城市和乡镇卫生等方面工作成绩得到前所未有的提升。

第一章　卫生防疫

第一节　机　构

1986年，临高县卫生防疫站主要承担各项卫生防疫工作，后成立专病防治机构即县结核防治所及皮肤性病防治所两个机构，县卫生防疫站职能不变。

2008年，临高县疾病预防控制中心（简称“县疾控中心”）由原县卫生防疫站、县结核病防治所和县皮肤性病防治所合并而成，隶属县卫生局，为财政全额拨款的副科级一类公益事业单位，内设办公室、计防科、卫生科、检验科、信息科、宣教科、计免门诊部、结防科、皮防科、艾防科、地慢科等11个科室。

县疾控中心有办公用房2442平方米，固定资产200万元。中心实验室设有理化室、微生物室、碘盐检测室、艾滋病初筛实验室和原子吸收室等。

2010年，中心实验室通过国家资质计量认证，保证检验质量的持续有效，提高卫生应急检验能力。

第二节　计划免疫

1986年，全县有20家预防接种门诊，开展预防接种工作。同年，县政府拨2.08万元购买18台电冰箱装备基层预防接种门诊，完善冷链设备。1987年，县政府成立儿童计划免疫协调工作领导小组，加强全县计划免疫工作领导。1988 年，全县实行防保工作承包制，实现以省为单位普及儿童免疫第一个 85%目标。1990 年，儿童免疫苗卡介苗、骨髓灰质炎疫苗、百白破和麻疹疫苗“四苗”接种率，实现以县为单位普及儿童免疫第二个 85%目标。

1991 年，开展消灭脊髓灰质炎工作，至 1995 年，按全省统一部署，开展八次十六轮脊灰糖丸疫苗的强化免疫工作，服苗率达 93%，为消灭脊髓灰质炎提供有效免疫屏障。1996 年，实现以乡为单位普及儿童免疫第三个 85%的工作目标。至 2000 年，计划免疫预防接种门诊常规免疫接种由原来每 1～2 月运转一次，增加到每旬运转一次，提高儿童免疫接种机会；巩固消灭脊髓灰质炎成果，免疫接种实行“一人一针一管一用一消毒”制度，确保安全注射。

2001—2005 年，预防接种门诊实行规范化建设，由原来的一间房，增加到具有留观室、宣教室、接种室、资料室等办公用房，计划免疫疫苗实行分台接种。政府投入预防接种补助经费，疫苗预防接种由原来的有偿服务转向无偿服务，即免费预防接种。乙肝疫苗 2003 年起纳入计划免疫，疫苗由“四苗”增加为“五苗”（卡介苗、百白破、麻疹、糖丸、乙肝疫苗），2003 年以后出生儿童 HbsAg（乙肝表面抗原）携带率降至 1.4%。2005 年，省考核全县“五苗”全程接种率达 92.7%。

2006 年，计划免疫提升为免疫规划，免疫规划疫苗有卡介苗、乙肝、糖丸、百白破（无细胞百白破）、麻风腮（麻疹、风疹、腮腺炎）、乙脑、甲肝、流脑（A 群+A+C 群流脑）等 8 种疫苗，称“八苗”。在确保全程接种率的基础上，提高乙肝、糖丸、麻风腮疫苗及时接种率，以便及时有效控制针对传染病。全县“八苗”全程接种率达 96.7%。为适应扩大免疫规划需要，省疾病预防控制中心相继给县疾控中心配备一辆疫苗运输车，一个常温冷库和一个低温冷库，给各接种门诊配备 18 台冰箱，85 个冷藏包及大批冷排。免疫规划疫苗领发由原来的各接种门诊到县冷链中心领取，转为根据疫苗需求计划由县疾控中心每月用疫苗运输车送至各接种门诊，确保疫苗效价。

2007 年，乙脑、风疹、腮腺炎疫苗被纳入免疫规划。2008 年，甲肝、流脑疫苗被纳入规划，全县预防接种门诊全部实现规范化建设。2009 年，实现儿童预防接种信息化管理，每名儿童有预防接种证，同时持有一个预防接种 IC 卡。

2010 年，全县无甲类传染病发生。报告乙、丙类传染病 16 种 1922 例，死亡 2 例。年发病率 425.16/10 万，年死亡率 0.46/10 万，年病死率 0.16%。全年免疫规划“八苗”基础全程接种率达 99.1%，建证率 100%，入册率 100%，乙肝首针及时率 98%，“八苗”基础全程接种率全省排名第三。强化接种麻疹疫苗工作达标。基本完成 15 岁以下儿童补种乙肝疫苗任务。从业人员健康体检 1226 人，发放健康证 1182 人；完成农村居民营养调查 70 户 280 人，学生 6 个年级 240 人。按时完成国家饮水安全工程卫生监测任务。完成农村饮水安全饮水检验检测工作，共采样检测 42 份，合格 28 份，合格率 66.67%。为全县适龄儿童接种乙肝、卡介苗等国家免疫规划疫苗；在重点地区对重点人群进行针对性接种。全年为适龄儿童进行国家免疫规划疫苗免费接种 47796 针次接种率达 97.6%。麻疹疫苗强化接种 45928 人，完成任务 95.9%。

2003—2010 年临高县免疫规划预防接种基本情况表

表 18-1-1

年份	出生儿童数（人）	入册数（人）	建证数（人）	基础全程接种（%）	备注
2003 年	6510	—	—	82.78	五苗
2004 年	6798	—	—	97.50	五苗
2005 年	6840	—	—	94.00	五苗
2006 年	7029	—	—	95.22	五苗
2007 年	7424	—	—	93.20	五苗
2008 年	8583	8506	8506	95.00	五苗
2009 年	8760	8576	8576	96.00	八苗
2010 年	8062	8503	8506	98.90	八苗

说明：1. 1986—2002 年数据未见统计；2. 五苗：卡介苗、乙肝疫苗、麻疹疫苗、脊髓灰质炎疫苗、百白破疫苗；3. 七苗：卡介苗、乙肝疫苗、麻疹疫苗、脊髓灰质炎疫苗、百白破疫苗、乙脑疫苗、流脑疫苗；4. 八苗：卡介苗、乙肝疫苗、麻疹疫苗、脊髓灰质炎疫苗、百白破疫苗、乙脑疫苗、流脑疫苗、甲肝疫苗

第三节　传染病防治

1986 年以来，临高县对传染病疫情做到早发现、早报告、早隔离和早治疗。主要采取联防联控的综合防控措施，有效消灭脊灰，消除丝虫，阻击非典等重点传染病。

2004 年，全县建立传染病疫情网络直报信息系统，传染病疫情报告由原来的填寄传染病报告卡转变为电脑网络直接报告。疫情报告更加及时准确和科学规范，全县 23 家医疗卫生单位传染病疫情网络直报，疫情报告及时率为 97.5%，卡片审核率达 100%。

2010 年，为规范急性传染病疫情应急处理技术，县疾病预防中心制定《霍乱疫情应急处理预案》《登革热疫情应急预案》《鼠疫疫情应急预案》《人禽流感疫情应急预

案》和《甲型 H_1N_1 流感疫情应急预案》等 10 个应急预案，明确工作职责，规范传染病的诊断、报告和疫点、疫区的处理，提高疫情应急处理能力。加强专业培训，不断提高防控技能。加强疫情监测与防控，突出手足口病、霍乱、甲流、登革热等重点传染病的防控工作。扩大疫情防控宣传，提高民众防疫意识。防控工作严密细致，全县无传染病疫情的流行和蔓延。

一、霍乱

临高县是霍乱流行地区，1995 年以前霍乱每隔几年就有一个发病高峰。1989 年 71 例，1994 年 184 例。1996 年以后，卫生防疫部门不断加强肠道门诊建设和腹泻病人管理、海水产品及外环境查源监测工作，人民群众的卫生防病知识提高，霍乱再没有大的流行高峰。1998 年散发 3 例。2008 年发病 8 例，引发突发公共卫生事件，经过采取隔离传染源，加强疫情监测，预防服药，疫区疫点消杀和健康宣教等综合防控措施，疫情得到有效控制和消灭。2010 年，进行霍乱监测，采检环境水样 103 份，海产品 98 份，腹泻病人标本 76 份，检测结果均为阴性。

二、登革热

1986 年，全县暴发登革热 11440 例，死亡 46 例。1987 年，全县发生 5059 例，死亡 19 例。连续 2 年疫情发生后，县委、县政府成立疫情防控工作领导小组，紧急召开全县疫情防控工作会议，部署疫情防控。县卫生局组织登革热抢救队，负责救治登革热重症病人。县卫生防疫站全力以赴，组成登革热防控工作队，分批下乡深入疫区点开展疫情防控工作。1987 年 2 月，广东省医学病毒学会在临高县召开登革热专题研讨会。省内岛内及各地市县的科研机构，医学院校的领导，专家参加会议。1988 年，发生登革热 65 例。1991 年发生登革热 1 例。自 2005 年起，国家在临高县设立国家登革热监测点，选临城镇的宫花村和调楼镇的黄龙村为两个监测点，开展登革热传播媒介幼蚊和成蚊监测，为防控登革热病起到重要作用。2010 年，登革热监测，蚊媒密度监测 20 次共捕成蚊 554 只送省 CDC 检测，幼蚊密度 BL 平均为 23.27，白纹伊蚊成蚊密度为 2.77 只/人工小时，发热病人采样送检 13 例，均未发现疫情。

三、麻疹

1986 年以后，冷链逐步建设完善，“四苗”接种率逐渐提高，麻疹发病率逐渐下降。1990 年，麻疹发病率为 27.7/10 万。2000 年，麻疹发病率为 25.5/10 万。2001 年以后，有散发病例，年平均发病率为 0.61/10 万。2006 年，发生麻疹暴发疫情，全县共发生 47 例，发病率为 10.7/10 万，县政府启动突发公共卫生事件应急预案，在全县范围内对 8 月龄至 15 岁儿童开展麻疹疫苗强化应急接种，共计 111185 人次，接种率为 98.5%，迅速有效控制麻疹疫情。2010年，全县开展8月龄至6岁儿童麻疹疫苗强化免疫活动，共接种45928名儿童，适龄儿童接种率为95.9%。

四、丝虫病

1986—1988年为“查治补课”阶段，共血检1537人，未发现阳性病例。1989—2002年为“监测净化”阶段，共监测血检17216人，均为阴性。2003年，通过省消除丝虫病工作目标审评，实现消除丝虫病目标。2004—2010年继续开展消除后监测血检工作，共血检9817人，均为阴性。

五、流行性脑脊髓膜炎（简称“流脑”）

1986—1990年，流脑平均每年发病1.2例。1991年以后流脑疫苗接种率逐渐提高，流脑发病逐渐减少。至1995年，年均发病0.4例。1996—2000年，年均发病0.4例。2001—2010年，年均发病0.3例。

六、流行性乙型脑炎（简称“乙脑”）

1986—1990年，全县乙脑每年平均发病3.4例。随着乙脑疫苗接种的广泛开展，每年冬春季在全县开展乙脑疫苗预防接种，乙脑发病显著减少。1991—1995年，发病1例。1996—2000年，年均发病0.6例。2001—2010年，年均发病0.4例。

七、甲型H1N1流感（简称“甲流”）

2009年5月，县政府举办一场甲流引起的突发公共卫生事件应急处置演练。6月，临高县发生首例输入性病例，全年共发生4例。疫情发生后，县疾控中心迅速启动应急预案，实行24小时疫情报告值班，实行发热病人和流感样病例日报告制，对可疑病人和密切接种者实行隔离治疗和医学观察，采样监测，对可疑疫点和疫区进行随时消毒和终末消毒。县卫生局举办两期甲流防控知识培训班，参训239人次。同年甲流疫苗研制生产后，广泛开展疫苗接种工作。同年10月，开始对重点人群医务人员、教职员工、老年体弱群体等人群进行甲流疫苗接种，全县共接种疫苗23012人。2010年，全县发生甲流1例。

八、手足口病

2008年3—4月，临高县发生婴幼儿不明原因急死病例8例，年龄最小3月龄，最大为19月龄，发病主要症状为高热大于38℃，伴呕吐、食欲缺乏、气促、少咳、发绀，甚至昏迷、肺出血，起病2～3天后病情突然加重，1～3小时内或经抢救无效死亡，或上送省级医院途中死亡。疫情发生后县委县政府高度重视疫情防控工作，紧急召开防控工作会议，成立疫情防控领导小组，加强疫情防控工作领导。县卫生医疗机构加强相似病例和手足口病的监测报告、隔离救治和疫点疫区处置工作，重症病例及时转入重症病房积极抢救或转送省级医院治疗。5月，全县实行手足口病24小时疫情值班报告制度和“零”病例报告制；至12月底，全县共报告手足口病24例，但无死亡病例。2009年，全县报告331例手足口病，无死亡病例。2010年，手足口病监测，采样监测40例，发现EV71（肠道病毒71型）6例，及时对EV71阳性病人治疗与消毒消杀处理，有效控制疫情。

九、狂犬病

1986年后，由于狂犬病疫苗的广泛应用，预防狂犬病知识普及，并加强养狗管理，狂犬病疫情呈散发状态，至1990年平均年发病1.2例；1991—2000年平均发病0.3例；2001—2010年平均发病0.8例，病死率100%。全县共接种狂犬病疫苗达1000人。

十、艾滋病

2005年，临高县发现艾滋病首发病例。疫情发生后，全县加强艾滋病防治知识的宣传教育，加强重点人群监测工作，开展高危人群行为干预工作，于2009年建立第二轮国家艾滋病综合防治示范区。广泛开展健康宣传，把艾滋病防治知识纳入中小学校课程，每学期开讲健康教育课，利用电视、广播、报纸、宣传折页等方式开展宣传，在临城地区设立4个大型广告宣传牌，制订塑料广告牌订设在全县各个村落。对重点人群开展主动监测，每年对新的羁押人群和强制戒毒人群进行采血监测，对高危人群开展自愿咨询监测。开展高危行为干预工作，在性病门诊对就诊病人进行健康宣教和HIV检测，对公共娱乐场所、宾馆、饭店推广发放安全套，建立社区药物维持治疗门诊。2009年，在临城、新盈、调楼等镇设立3个美沙酮门诊。通过采取综合防治措施，全县艾滋病疫情得到有效遏制，发病控制在较低水平。2010年，开展艾滋病监测工作，其中对新入戒毒所的吸毒人群1526人进行采血检测，无HVI阳性；梅毒阳性12例，感染率7.8%；丙肝阳性105例，感染率69%。开展问卷调查180人，采血检测133人，无HIV阳性，检测率达77%，孕产妇HIV检测共1635例，均为阴性。

十一、传染性非典型肺炎（简称“非典”）

2002年11月，广东省发生“非典”首发病例。2003年，临高县根据“非典”疫情发展势态，启动疫情防控应急预案。县委、县政府成立“非典”防控工作领导小组，县疾控中心全力以赴，投入到抗击“非典”的战斗中。加强疫情监测报告，从4月开始全县实行24小时疫情值班和“双零”（发热病例零报告和外来返乡人员零报告）报告制度，共报告发热病人27179例，外来返乡人员4175人，对25例可疑病人进行流行病学调查处置，医学留观185人。开展培训和宣传工作，举办9期“非典”防治业务培训班，共培训4349人次，发放宣传单、宣传册19万张（册），广播电视52天次，防治知识咨询2.95万人次；全县消毒面积500万平方米，车辆14036辆次，船只2016艘次。举行一场“非典”紧急疫情应急模拟演练。至2010年，全县无“非典”疫情发生。

1986—2010 年临高县法定传染病报告居前 5 位的病种一览表

表 18-1-2 单位：人

年份	发病数居前 5 位的病种									
	第一位		第二位		第三位		第四位		第五位	
	病种	发病数	病种	发病数	病种	发病数	病种	发病数	病种	发病数
1986 年	登革热	11440	流感	1081	痢疾	965	急性胃肠炎	318	肝炎	97
1987 年	登革热	5059	流感	939	痢疾	744	急性胃肠炎	301	肝炎	134
1988 年	痢疾	622	急性胃肠炎	243	流感	199	肝炎	162	登革热	65
1989 年	痢疾	352	麻疹	237	急性胃肠炎	142	肝炎	74	流感	64
1990 年	痢疾	244	肝炎	19	麻疹	12	百日咳	10	疟疾	7
1991 年	痢疾	415	肝炎	140	疟疾	16	麻疹	9	钩端螺旋体病	9
1992 年	痢疾	439	肝炎	107	疟疾	6	麻疹	1	百日咳	1
1993 年	麻疹	395	肝炎	23	疟疾	15	痢疾	14	斑疹伤寒	1
1994 年	霍乱	184	麻疹	60	痢疾	36	肝炎	20	疟疾	14
1995 年	痢疾	74	肝炎	62	淋病	27	伤寒	4	麻疹	3
1996 年	痢疾	54	肝炎	45	淋病	20	麻疹	9	肺结核	3
1997 年	肝炎	395	淋病	82	麻疹	73	痢疾	49	肺结核	34
1998 年	肝炎	622	肺结核	311	痢疾	79	淋病	35	梅毒	19
1999 年	肝炎	799	肺结核	261	痢疾	62	淋病	31	麻疹	23
2000 年	肝炎	609	肺结核	314	痢疾	46	淋病	30	梅毒	24
2001 年	肝炎	584	痢疾	42	麻疹	30	淋病	15	梅毒	12
2002 年	肝炎	917	肺结核	187	痢疾	43	淋病	28	梅毒	9
2003 年	肝炎	696	肺结核	222	痢疾	25	淋病	20	梅毒	6
2004 年	肝炎	895	肺结核	504	痢疾	145	淋病	31	梅毒	13

续表 18-1-2

年份	发病数居前 5 位的病种									
	第一位		第二位		第三位		第四位		第五位	
	病种	发病数	病种	发病数	病种	发病数	病种	发病数	病种	发病数
2005 年	肝炎	730	肺结核	522	痢疾	253	淋病	94	流行性腮腺炎	84
2006 年	肝炎	680	肺结核	389	痢疾	169	淋病	87	流行性腮腺炎	62
2007 年	肺结核	499	肝炎	340	痢疾	59	梅毒	44	风疹	38
2008 年	肺结核	460	肝炎	354	手足口	212	其他感染性腹泻病	82	梅毒	39
2009 年	手足口	331	肺结核	301	肝炎	277	流行性腮腺炎	160	梅毒	51
2010 年	手足口	608	流行性腮腺炎	574	肺结核	322	肝炎	224	痢疾	82

1986—2010 年临高县传染病发病率和死亡率及传染病发病情况指标统计表

表 18-1-3　　　　单位：1/10 万

年份	发病率	死亡率	年份	发病率	死亡率
1986 年	4335.23	14.53	1999 年	307.96	1.76
1987 年	2191.57	6.37	2000 年	263.57	1.25
1988 年	401.79	0.60	2001 年	—	—
1989 年	288.12	0.59	2002 年	285.3	—
1990 年	86.48	0.57	2003 年	—	—
1991 年	169.98	0.85	2004 年	379.3	0.12
1992 年	155.30	—	2005 年	436.61	2.56
1993 年	123.03	—	2006 年	358.44	—
1994 年	86.31	0.81	2007 年	244.44	1.14
1995 年	47.00	—	2008 年	295.17	2.26
1996 年	35.31	—	2009 年	287.78	1.34

续表 18-1-3

年份	发病率	死亡率	年份	发病率	死亡率
1997 年	173.53	0.26	2010 年	425.66	0.66
1998 年	284.22	2.03			

说明：2001 年和 2003 年总发病数和死亡数部分数据丢失，无法进行统计

第四节　特殊疾病防控

一、碘缺乏病防治

1994 年，国务院颁布《食盐消除碘缺乏危害管理条例》以后，全县加大碘缺乏病防治知识宣传力度，提高群众碘缺乏病防治知识，认识食用碘盐是防治碘缺乏病的最好方法。2001 年起，全县开展食用碘盐监测工作，全县碘盐覆盖率平均为 32.8%。2006 年，基线调查显示，全县合格碘盐食用率仅为 19.1%，8～10 岁儿童甲肿率为 20%（B 超检查）。同年，全县开展碘缺乏病综合干预项目，碘缺乏病防治工作得到加强。县政府成立碘缺乏病防治项目工作领导小组，制订工作方案并与各镇政府签订目标管理责任书，卫生、盐务、教育和广电等有关部门通力协作，在全县推广“碘盐示范村”工作，提高居民碘缺乏病防治知识知晓率和碘盐覆盖率。在学校开展健康宣传教育，制定碘缺乏病防治知识宣传栏，每 2 周开设一节碘缺乏病防治知识课，开展碘缺乏病防治知识征文比赛等手段，通过“学校—学生—家长—社会”方式，提高全社会共同参与碘缺乏病防治热情。2008 年，县政府组织开展碘缺乏病防治工作督查，促进各项工作落实到位；打击涉盐违法犯罪，共没收非碘盐 32 吨；督查中小学幼儿园和食店 114 家，使用碘盐率为 85.1%；在全县开展重点人群应急补碘工作，共应急补碘 13654 人次，发放碘盐 4 万公斤。2009 年，在高危地区开展尿碘监测，8～10 岁儿童尿碘中位数由 2007 年 59.3 微克/升提高到 136.05 微克/升；妇女尿碘中位数由 2007 年的 51.1 微克/升提高到 109 微克/升。2010 年，开展消除碘缺乏病目标考核评估工作，全县综合指标考评成绩为 90 分。完成学生尿碘盐测 200 份，学生健康问卷 150 份。开展 9 个乡镇的碘盐和尿碘监测，检测 288 份碘盐，碘盐覆盖率 77.4%，检测尿碘 288 份。

二、结核病防治

1986 年以后，结核病防治管理工作逐步规范，尤其是全球基金结核项目启动后，结核病人治疗药物免费。加强结核病防治知识宣传，提高群众对结核病的认识，改变过去谈“痨”色变态度。对乡村医生、防痨医生加强培训，健全结核病防治三级网络建设。结核病防治

机构加强对医疗卫生机构结核病防治工作的督导，做好病人的转诊、隔离治疗和访视工作，加强查痰和X光等检查技术培训，规范技术操作，提高诊治水平，至2010年，全县共诊断结核病5705例，治愈4968人，治愈率87.1%。

2010年，以“3·24”结核病防治日为契机开展结核病防治宣传活动，电视宣传12天次，广播电台宣传15天45次，悬挂宣传横幅25条，发放宣传单9800张，折页1150份，张贴宣传画56张。5月，在新盈镇南堂村委会和洋所村委会开展结核病人流调工作，共开展调查1257人次，其中6个肺结核病人，7个为疑似病人并对这7个疑似病人进行抗生素诊断性试验和经复查。全部排除阳性，对确诊的6个肺结核病人进行造册登记和治疗。对结核病人与密切接触者的追踪调查与督导管理。接诊可疑病人457人，登记初治涂阳病人数48人，复治涂阳病人数24人，初治涂阳病人数81人，重症涂阳病人数6人，密切接触者检查人数128人；追踪疑似病人数39人，接受抗生素诊断试验人数14人，下乡督导17个卫生院2个国有农场（防疫站）。

三、麻风病防治

1986年，麻风病有现症病人37例。通过加强对麻风病人的管理和疫情监测报告工作，加强麻风病防治知识的宣传培训，提高卫生技术人员发现麻风病的能力，提高发现麻风病十条线索的知晓率，经规范治疗，现症麻风病人逐渐减少。1990年，现症病人降至14例。2000年，现症病人2例。2010年，有现症病人6例。麻风病人的年平均发病情况：1986—1995年平均1.3例，1996—2005年平均1.5例，2006—2010年平均1.4例。1986—2010年，共发现麻风病人68例，治愈62例，治愈率为91.2%。

第五节　卫生监督管理

一、食品卫生

1986年以来，加强食品生产经营单位卫生管理，每年约有400家食品生产经营单位申办食品卫生许可证，领证率为84.5%。1991年，重点加强食品生产经营单位经营过程的卫生管理和街头食品卫生管理。在临城西门市场经营的餐饮单位的餐具，实行集中煮沸消毒供应制度；餐饮具卫生监测2008份标本，卫生合格1465份，合格率72.96%；监测食品1349份食品，合格1015份，合格率75.2%。7月，发生邮政酒家食物中毒事件，当时外地旅游团51人就餐，50人中毒，无死亡，经检测为细菌性食物中毒，处罚9000多元。1995年《中华人民共和国食品卫生法》正式实施，执法主体为卫生行政部门。

1996年，重点整顿食品行业违法经营活动，打击生产经营伪劣假冒产品，没收销毁过期变质食品 7.9 吨，封存无证产品 2.5 吨，取缔无证经营单位 6 家。2003 年，食品生产经营单位开始实行量化分级管理，提高食品卫生安全意识，严格执行生产经营卫生标准，符合卫生标准获得卫生许可的单位减少，无证经营单位增加，卫生许可证申请办证率 54.2%。

2006 年，百虹酒家发生婚宴不明原因食物中毒事件，61 人中毒，被处罚 1.50 万元。全年受理申报卫生许可证 202 家，办理许可证 103 家，办证率 51%。从业人员健康体检 1968 人，办理健康证 1889 个。2009 年 6 月，《中华人民共和国食品安全法》正式颁布实施，《中华人民共和国食品卫生法》废止。同年 10 月，食品卫生监督工作移交给县食品药品监督管理局。

2010 年，从业人员健康体检 1226 人，办理健康证 1182 个；开展农村居民营养调查 70 户 280 人，学生营养调查 240 人。

二、学校卫生

1988 年，全县共有中小学在校生 65695 人，健康体检 12626 人，视力低下率为 5.25%，沙眼患病率为 4.0%，龋齿率为 28.0%。1990 年《学校卫生工作条例》颁布后，继续加强学校卫生工作，建立学校卫生管理档案。1991—1995 年，共健康体检学生 77061 人，学生常见病“六病”的患病率：龋齿 52.3%，视力低下 13.5%，沙眼 4.15%，肠道寄生虫感染 41.8 %，贫血 44.1%，营养不良 33.4%。1996—2000 年，学生健康体检 44073 人次。1997 年，在临城一小和三小开展肠道寄生虫集体驱虫工作，共有 3500 多名学生服用驱虫药。2002 年，开展学生乙肝监测，采用酶标法检查 1957 名学生，乙肝表面抗原阳性 188 人，阳性率 9.7%。2003 年，学生体检 8950 人，统计表明学生的常见病发病率没有明显下降。2004 年，重点开展学生常见病防治知识的健康宣传教育、学校传染病防治工作的检查指导、学校食堂卫生监督监测管理、学生口腔疾病综合干预试点项目等工作。

2006 年，对全县 18 所学校食堂进行专项整治，新建的学校食堂有 14 所，限期整改的有 3 所，取缔 1 所，申报卫生许可证的有 4 所，经现场量化评分达到办证条件并已发放卫生许可证的有 3 所，持证率为 75%。持证的 3 所食堂中从业人员共 41 人，均经培训体检合格持有健康合格证上岗，持证率 100%。

2008 年，加强学校幼儿园集体食堂卫生管理，开展专项检查，共检查学校集体食堂 17 家（仅 1 家有食品卫生许可证），从业人员 101 人（80 人有健康证）。

2010 年 9 月，县食药监局与县教育局共抽调 5 名工作人员组成检查组，对全县中小学及幼儿园的 20 个学校食堂进行卫生监督检查，对检查中发现的问题，分别对 18 家学校食的卫生问题下发整改意见书，提出的具体的整改意见。

三、公共卫生许可

1987年，《公共卫生管理条例》颁布，深入宣传贯彻条例工作，向群众宣传公共场所卫生知识，对自来水公司、电影院、旅店和理发店进行建档，对从业人员进行健康体检。1990年，县城公共场所89间建档45间，办理卫生许可证2个。1993年，加强公共场所卫生监督监测工作，县城公共场所92家，办理卫生许可证90家；乡镇131家，办证8家。1994—1999年，重点打击无证经营活动，共计取缔发廊16家，处罚款7家；规范全县公共场所卫生管理，全县有公共场所367家，办理许可证84.7%，从业人员784人，体格检查575人。2000年以后，严格卫生许可条件，卫生监督员深入现场进行卫生监督评价，符合条件方可办理卫生许可证。2008—2010年，加强农村生活饮用水的卫生监测工作，全县省级农村生活饮用水监测点11个，共检测132份水样，卫生合格率为45.77%；国家安全供水工程监测点16个，共检测水样126份，卫生合格率为15.4%。

第六节 爱国卫生运动

一、机构

1986年，县爱卫办为县卫生局的一个下设（股级）单位，由县卫生局1名副局长兼任爱卫办主任，属临高县爱国卫生运动委员会直接领导，人员配置3人，由卫生局调剂安排。

1998年，成立临高县农村供水与环境卫生项目（即世界银行贷款第四期中国农村供水与环境卫生项目）办公室，设在县爱卫办内，与县爱卫办合署办公，即两块牌子一套班子。

2001年，县爱卫办升为县二级单位（副科级），隶属县卫生局直接领导。2008年，县爱卫办迁出县卫生局办公，单位职能独立。

2010年，县爱卫办定为参照公务员管理事业单位，在编在岗5人，其中主任1人，副主任2人，科员2人。

二、农村改水

1986年以来，全县多方争取农村改水资金，进行多种形式的农村饮用水工程建设。1992年8月，临高县被省爱国卫生运动委员会授予“农村改水达标县”称号。

1998年，由县政府担保，向世界银行贷款建设第四期农村供水与环境卫生项目，简称“改Ⅳ项目”，临高县成为海南省6个项目实施县之一。1999—2006年，建成22个改Ⅳ项目水厂，其中8个改Ⅳ项目水厂由受益村自行管理，14个改Ⅳ项目水厂归县项目办管理。项目的建成，解决全县农村13.19万人饮水难和饮用水卫生安全问题。

2007年，农村改水项目的组织实施开始步入正常化。2009年，完成博厚镇洋梧村扩网、多文镇头神村饮水工程续建、博厚镇和客村扩网、文乾村饮水工程续建等项目建设，投入省级项目资金共67万元。同时，加强对全县农村大口井的消毒和农村饮用水供水工程项目的水质监测工作。

2010年，县爱卫办组织督导县疾控中心对全县21处农村供水工程进行调查，其中对14处供水工程水质进行采样监测，确保17702人农村居民的饮水安全。落实省项目资金，完成改水项目2个，总投资39万元。对农村525个大口井、手压井进行消毒。在枯、丰水期，严格按照《生活饮用水标准检验方法》（GB/T 5750—2006），对全县10个镇、157个监测点的农村供水工程采样592份进行水质监测，累计投入监测资金32.94万元，确保农村饮用水卫生安全。

三、农村改厕

1986—1995年，全县农村少数以公厕如厕，大多都是随意如厕，个别改厕的农户都是自筹资金、自己设计自行建设。1996—2007年，全县农村改厕项目建设正式进入政府初期管理阶段，由县政府出资300元/户采购便器、水泥、河沙等建厕材料，动员农民建设厕所，每年建造厕所任务为3000户，部分村庄改厕率达到70%以上。随着农村改厕项目的逐步实施并开始走上正常轨道，2008—2010年，中央、省级政府采取“农民自建、政府补贴”的办法鼓励农民改厕，全县共完成中央、省级政府补助地方农村改厕项目建设4146户（不含农业口沼气池），发放中央、省级改厕补助资金197.61万元。全县农村卫生厕所的普及率从2000年的21.5%提升至2010年的50.71%，提高29.21个百分点。2010年，加大农村改厕的宣传发动和培训，增强农民对改厕工作的重要性和必要性的认识，完成2700户农村卫生厕所的建设、验收、评估和补助资金发放工作。

四、除“四害”防病工作

老鼠、蟑螂、蚊子、苍蝇，简称“四害”，是传染病发生和流行的主要传播途径。开展除“四害”活动，是防病防疫的重要办法和降低“四害”密度重要手段。1988—2010年，开展季节性、运动性除“四害”防病防疫活动，共组织开展22个“爱卫月”活动。

1990年，积极开展季节性、运动性除“四害”防病防疫活动，在开展爱国卫生活动中，围绕“城乡联运、消灭四害、保护环境、造福人民”主题，以农贸市场、城乡接合部、社区和单位为重点整治对象进行整治。

1996年，开展爱国卫生活动，围绕“远离病媒侵害，你我同享健康”主题，以农贸市场、城乡接合部、社区和单位为重点整治对象。通过各种有效宣传载体，开展形式多样、内容丰富的宣传活动，广大人民群众的卫生意识得到进一步提高，健康、文明的理念进一步树立。

2001 年，在全县范围内开展以“为了人民健康”为主题的爱国卫生活动。

2009 年，根据省爱卫会的工作部署，县爱卫会组织爱卫办及县疾控中心共 10 名专业技术人员，开展以鼠密度为重点的“四害”密度调查工作，经调查结果显示，鼠密度为 86.9%，“四害”密度超标。县政府投入专项资金 2 万元，县爱卫办购买除“四害”药品，按照“属地管理，职责分工”的原则，除“四害”工作实行“统一时间，统一药量，统一行动”的投药办法，对城区垃圾场（点）、下水道及重点部位进行重点消杀，有效降低“四害”密度。2010 年，县爱卫办在开展城乡环境卫生整治的同时，加强对病媒生物的防治，采取“环境整治为主，化学消杀为辅”的工作方法和“属地管理，职责分工，统一行动”的原则，开展病媒生物防治工作。特别是在国庆节期间，临高县遭受到长时间、大面积的洪涝灾害，县爱卫办共投入政府专政资金 8 万元，开展除“四害”防病防疫工作。

五、农村初级卫生保健

1986 年以来，临高县全面动员实施“人人享有卫生保健”的目标，各级政府充分认识到做好农村卫生工作，普及初级卫生保健是关系到全县人民身体健康的大事。结合农村卫生实际，首先抓好、健全、巩固乡村两级卫生机构，进行卫生院医改，确定人员编制，业务用房向标准化发展，医疗器械配置按需配置，建立防保组、公共卫生组等机构，每个行政村都设有卫生室，建立镇村两级医疗网，为初级卫生健康提供机构保障。利用广播、卫生墙报、标语、临高木偶剧等多种形式，多方面进行开展“初保”健康教育活动，广泛宣传，形成参与卫生保健的氛围。通过网络建设，积极宣传，参与活动，各项初保指标都完成较好。至 2010 年，儿童“八苗”全程接种率达 96.7%；全县传染病疫情网络直报率达 100%；全县消除碘缺乏病目标考评成绩为 90 分，儿童甲状腺肿大率为 0；全县孕产妇死亡率为 0；新生儿破伤风率为 0。

六、医疗卫生下乡

1986—2000 年，临高县医疗卫生系统同全国各地一样，性质定位不明确，公益性事业淡化，走自收自支、自负盈亏、自主经营的道路，各医疗卫生单位以经济利益为中心，很少组织卫生下乡工作。自 2005 年起，全国卫生管理体制改革，明确医疗卫生单位性质，即是公益性单位。政府逐年增加投入，推行文化、科技、卫生“三下乡”活动。全县医疗卫生各单位，积极响应国家号召，认真组织送医送药下乡，派专业医生到边远落后的东江卫生院和南宝卫生院蹲点支援，组织“流动医院”下乡村，免费开展咨询、体检，到农村去送医送药。至 2010 年，下派蹲点医生共计 60 人次，长则一年，短则半年，计免费开展诊疗服务共 1.30 万人次。

七、全民健康教育

1987年以来，临高县开展各种灾后防病防疫、控烟履约等宣传活动，利用发放各类防病知识、宣传资料（手册）、制作宣传牌等形式来加强健康教育宣传。全县共组织开展23个“世界无烟日”宣传活动，发放《环境卫生与健康常识》《病媒生物防制手册》《农村改厕指南》等健康教育宣传资料1.98万册（份），以此提高全民卫生行为能力、健康水平和生活质量。

1990年，利用农村爱国卫生宣传工作为契机，印制1000份宣传资料，发放各类防病知识宣传资料3000份（册），深入开展健康教育宣传活动。

1994年，利用春季爱国卫生活动，采取悬挂宣传横幅、出动流动流动宣传车、发放宣传资料等形式多样的宣传活动，把卫生宣传和健康教育宣传推向纵深。累计开展健康教育培训2场次，参培人数2000人次。加强健康宣传力度，发放《环境卫生与健康常识》《防制病媒生物手册》等宣传资料共5000本（册）。

2001年，加强健康教育和农村环境整治宣传力度。采取悬挂宣传横幅、出动流动宣传车、发放宣传资料等形式多样的宣传活动，把卫生创建宣传和健康教育宣传推向纵深。发放《环境卫生与健康常识》《防制病媒生物手册》等宣传资料共4000本（册）；发放《公共卫生知识手册》《防治病媒生物享受健康生活》等宣传资料2套，共692册。在县城区、单位、宾馆和酒店；在县城辖区村庄制作11个健康教育宣传栏， 进一步建立农村健康教育阵地和逐步加强农村卫生基础设施建设。要求各学校把健康教育纳入教学内容，使健教进课堂。协同相关部门食品安全与肠道传染病防控等知识培训。

2005年，加强健康教育和农村环境整治宣传力度。采取悬挂宣传横幅、出动流动宣传车、发放宣传资料等形式多样的宣传活动，编印发放《中小学生健康知识手册》《防治病媒生物享受健康生活》等宣传资料3万册。在县城辖区村庄制作9个健康教育宣传栏，建立农村健康教育阵地，加强农村卫生基础设施建设；制作并发放创卫宣传海报牌100个。编印《中小学生健康知识手册》2万册，发放到县城11所学校。

2009年，县爱卫办以博鳌亚洲论坛年会的召开、第22个世界无烟日和全国第21个爱卫月暨迎接中华人民共和国成立60周年爱国卫生活动为契机，采取电视、广播和宣传车、横幅等多渠道进行健康教育宣传活动，让广大群众提高健康意识，改变卫生陋习，构建和谐的生活和社会环境。县爱卫办组织人员深入临城中学和文澜江中心学校，开展“世界无烟日”宣传活动，面对面与学生交流，接受学生的健康咨询，讲解香烟对青少年的身心健康带来的各种危害，提高学生的自我防范意识，养成良好的卫生习惯和保持健康向上的精神风貌，整个活动共散发宣传资料3500份，签名拒烟学生近3000人。

2010年，为营造无烟校园环境，县爱卫办于5月26日走进美台中心学校，开展主题为“性别与烟草——抵制针对女性的烟草营销”的第23个世界无烟日宣传活动，倡导学生远离烟草，珍爱健康、争当不吸烟的新一代，出动流动宣传车6辆次，悬挂宣传横幅10条，参与签字拒烟的学生达1000人，其中女生300人。县爱卫办协同县疾控中心开展灾后卫生防病防疫健康教育宣传活动，共发放宣传书50本，宣传单75000张，宣传画2500张，举办培训21期，重点宣传灾后肠造传染病和登革热的防治知识。县卫生局积极发挥县、镇、村三级健康教育网络，充分利用健康教育专栏，公众健康教育咨询、健康教育讲座等形式，开展教育活动。

八、创建卫生城市与乡镇

1986年以来，临高县通过卫生先进单位、卫生村的创建工作，构建和谐的人居环境和社会发展环境。通过开展城乡环境卫生综合整治和卫生创建活动，形成卫生创建工作热情高的局面，使全县的生产、生活和工作环境得到很大改善，取得可喜成绩，涌现出一批卫生设施较完善、卫生管理工作到位、群众文明卫生意识较强的先进典型。1998—2007年，成功创建18个县级卫生先进单位。

2008年，根据《海南省卫生村标准》及其申报考核管理办法、《海南省卫生先进单位（大院、小区、居委会）评分标准》及其考核管理办法，经省爱卫会考核评估，成功创建13个省级卫生先进单位、海南省卫生村。

2009年，县爱卫办在全县范围内开展以“清洁城乡、保护健康”为主题的爱卫月活动，重点整治卫生环境脏乱差现象，形成良好的公共秩序，改变生活环境。在爱卫月活动中，共清理卫生死角340处，畅通水沟24500米，悬挂宣传横幅20条，以创建健康、清洁、文明的生活环境和社会环境。

2010年，为迎接“两个论坛”年会召开，县爱卫办根据省爱卫会的工作要求和县委、县政府的工作部署，组织开展环境卫生综合整治，出动2辆宣传车和8辆垃圾清运车，在县城区边收集垃圾边广播宣传，把卫生环境综合整治工作做到家喻户晓。采取日常管理和专项整治相结合的办法，加强县城区城内的公路沿线、加油站、旅游景区（点）、酒店和公厕的统计和管理，在临高电视台开设“红榜”和“黑榜”，对环境卫生整治工作进行表扬和批评，营造浓厚的环境卫生综合整治氛围，为“两个论坛”提供优美、整洁的卫生环境。整个卫生整治活动，共悬挂宣传横幅50条，发放宣传资料3800张，印发倡议书5000份，共出动清运车588辆次，清运垃圾2329吨。县爱卫办为做好县省级卫生单位的创建工作，对和舍中学、和舍中心小学2所学校开展创建省级卫生单位动员和指导，通过积极督导和整改，和舍中心小学顺利通过省级验收，荣获“海南省级卫生先进单位”称号。

第二章 医 疗

第一节 机 构

一、行政机构

1986年，临高县卫生局内设行政股、业务股和人事股。县卫生局直属医疗卫生单位有8个，即县医院、县中医院、县防疫站、县皮肤性病防治所、县结核病防治所、县药品检验所、县卫校、医疗器械维修站；挂靠单位有1个，即县爱卫办。

1995年10月，县卫生局与县计生委合并成立临高县卫生和计划生育局，内设行政股、业务股、人事股、监察股。1996年7月，从县卫生和计划生育局分出，成立县卫生局，内设机构及人员编制未变。

2005年，县政府批准成立县卫生监督所。

2010年，县卫生局内设业务股、法规股、办公室、人事股。

二、医疗机构

1986年，全县有乡镇卫生院17个，村卫生室98个，个体诊所68个。1988年，全县有医疗卫生单位25个，有乡镇卫生院17个，医务人员590人，其中副主任医师6人，主治医师、主管护师86人。

2005年，全县共有医院、卫生院25个，病床位698张，各类卫生技术人员996人，其中医生309人。卫生防疫人员98人。全县有卫生防疫站1个，专科防治机构3个。

2007年，全县共有医疗卫生机构185家。其中县级7家、事业单位卫生所（院、站）8家、镇（农场）卫生院19家、村（连队）卫生室83家、个体中西医诊所68家。医疗卫生服务覆盖全县10个镇、2个国有农场、175个行政村、713个自然村。全县共有医务人员958人，其中在岗人员871人（镇卫生院480人）、离岗人员87人（镇卫生院73人）。另外，单位自聘人员95人（镇卫生院34人），退休人员260人（镇卫生院146人）。在医务人员中，防保人员58人（镇卫生院52人），妇幼保健人员86人（镇卫生院42人）。

2010年，全县有医疗卫生机构133个，其中县级机构7个（县疾控中心、县妇幼保健院、县卫生监督所、县农合办、县爱卫办、县人民医院、县中医院）；镇级卫生院17个（其中中心卫生院4个）；国有农场医疗卫生机构3个（农场医院2个，疾控机构1个）；

村卫生室106个。县卫生局为行政主管部门，主要职责是领导、组织和协调医疗卫生单位，以公共卫生服务为主，综合提供基本医疗和医疗救治等社会公益性服务工作。全县有卫生人员1036人，其中卫生专业技术人员716人，管理人员120人，工勤人员163人，其他技术人员37人。全县卫生专业技术人员中，具有高级职称的有26人，中级职称的有135人，初级职称的有555人。

第二节　医疗卫生体制改革

1986—2002年，全县医疗卫生推向市场，实行自负盈亏承包制。随着全国农村经济体制改革的推进，临高县农村卫生室（站）和人员队伍渐渐解散，由组织统一管理变为自主经营。村医（赤脚医生）或弃医务农，或弃医经商，或在自家开诊，处于无管理状态。

自2003年起，全县着力推进基层卫生院人事制度改革，优化卫生人才队伍，提高公共卫生服务和基本医疗服务能力，加强乡村卫生服务一体化管理。会同县人事劳动社会保障和编制部门做好基层卫生院、县级医院和县妇幼保健院的定编和定岗工作。其中核定乡镇卫生院财政全额预算管理事业编制584人、县医院353人、县中医院113人；县妇幼保健院38人。通过公开选拔，采取差额选聘、全员推荐、综合考试、民主测评和组织考察方式，完成17名基层卫生院院长聘任工作。利用政策，主动做好64名分流人员的安置工作。促成基层卫生院全员竞岗工作，469名基层卫生院医务人员已完成竞聘上岗。

2004年以前，全县卫生执法是由县卫生防疫站的卫生科兼管，只管一些食品卫生、环境卫生、劳动卫生、学校卫生、化妆品卫生。2005年以后，由县卫生监督所管理。2008年底，全县只剩下46名老赤脚医生。

2009年，全体城乡居民被纳入基本医疗保障制度。建立国家基本药物制度，完善基层医疗卫生服务体系，方便群众就医，充分发挥中医药作用，降低医疗服务和药品价格。促进基本公共卫生服务逐步均等化，使全体城乡居民都能享受基本公共卫生服务，最大限度地预防疾病。推进公立医院改革试点，提高公立医疗机构服务水平，努力解决群众“看好病”问题。落实医疗卫生事业的公益性质。把基本医疗卫生制度作为公共产品向全民提供，实现人人享有基本医疗卫生服务。医药卫生体制改革逐步解决城镇职工基本医疗保险、城镇居民基本医疗保险、新型农村合作医疗制度之间的衔接问题。鼓励社会资本投入，发展多层次、多样化的医疗卫生服务，统筹利用全社会的医疗卫生资源，提高服务效率和质量，满足人民群众多样化的医疗卫生需求。改革涉及医疗保障制度建设、药品供应保障、医药价格形成机制、基层医疗卫生机构建设、公立医疗机构改革、医疗卫生投入机制、医务人员队伍建设、医药卫生管理体制等关键环节和重要领域。进行医疗卫生制度改革，从根本上改变部分城乡居民没有医疗保障和公共医疗卫生服务长期薄弱的状况，扭转公立医疗机构趋利行为，使其真正回归公益性，有效解决当前医药卫生领域的突出问题，为全面实现医药卫生体制改革的长远目标奠定坚实基础。

2010年，县委、县政府成立“临高县农村卫生管理一体化改革”领导小组，组长由县政府主要领导亲自担任，副组长由分管组织和卫生的县领导担任，成员由县卫生、监察、发改、人劳、财政等部门主要负责人组成，为农村卫生管理体制改革的顺利开展提供坚强的组织保证。县卫生局组织相关人员，完善《临高县农村卫生管理县、乡、村一体化改革实施方案》和《临高县卫生系统2009年招聘医技人员实施方案》，制定《临高县医疗机构设置规划》和《临高县招考农村卫生员工作实施方案》。根据省政府《关于加强农村卫生队伍建设意见》的通知要求，制定《关于落实农村卫生人员待遇政策的实施方案》，为农村卫生管理县、乡、村一体化改革打下良好基础。同年7月，县政府作出发展全县农村卫生事业的重大决策，采取考试方式，招聘196名村医，安排到146个行政村卫生室工作，开启全县农村卫生事业的新局面

第三节　医疗基础设施建设

1986年，全县有病床使用率达到80.25%，医疗业务总收入300万元。

1988年，县医院与广州军区某医院协作，创办骨质增生治疗专科门诊，并从某部队科研所引进骨质增生电疗机，大大提高疗效。

1991年12月，临高县中医院在临城解放路建成一栋五层业务综合楼，占地面积453平方米，使用面积1860平方米。

2004年后，在省卫生厅支持下，临高县先后利用省专项资金614.85万元，对10个镇15个卫生院的部分业务用房进行改造或新建，面积为6737平方米。全县共有医疗业务用房面积35200平方米，其中县人民医院12104平方米、县中医院2430平方米、镇卫生院20666平方米（其中危房面积4780平方米）。镇卫生院医务人员住房面积13809平方米。配置X光设备的卫生院有新盈、调楼、博厚、多文、和舍5家；配置B超设备的卫生院有新盈、调楼、博厚、波莲、南宝、和舍、皇桐、多文、东英、马袅10家；有化验室的卫生院有新盈、调楼、博厚、美良、临城5家。

2005年，临高县财政一般预算医疗卫生支出862万元。

“十一五”期间，农村卫生基础设施建设稳步推进，先后利用三级财政投入和企业捐助6217.05万元，完成业务用房新建和改造面积34184平方米，其中县级医院投入资金4080万元，改扩建业务用房14400平方米；镇级卫生院投入1243.45万元，新建和改造业务用房13784平方米；村卫生室投入893.6万元，共建村卫生室100个，面积6000平方米。县级财政对农村医疗卫生的投入不断加大，基本落实《海南省人民政府印发关于加强农村卫生人才队伍建设意见的通知》文件精神，对基层卫生院医务人员差额补贴达53%（省政府要求达60%以上）；传染病防控经费累计336万元。基本公共卫生配套资金纳入预算。医疗设备投入105种1153件，价值约500万元，提升基层卫生院的辅助诊断水平。同时配备46台电脑，7辆救护车和1辆卫生监督执法车，突发公共卫生体系建设基本形式。

2006年，全县病床使用率达92%，医疗业务总收入4000万元。门诊急诊病人总数18.10万人次，住院病人1.36万人次。利用上级资金支持新建和改造建筑面积34184平方米，全县基层卫生院医务人员住房面积13809平方米。

2009年，落实县疾控中心、县妇幼保健院、县中医院新址选址和建设用地工作。利用企业捐助资金和国债、扩大内需资金，完成新盈、波莲卫生院业务用房的建设项目，调楼中心卫生院病房建设项目完成90%。加强农村卫生“网底”基础设施建设，县财政下拨100万元建设资金与省专项资金捆绑使用，优先用于行政村急需建设的20个村卫生室。

2010年，县人民医院新院建设项目已动工，建设用地152亩，计划建设资金1亿元。推进卫生院基础设施建设，投入360万元，完成新盈、波莲、和舍、调楼卫生院业务用房建设任务，新建面积2811平方米；发动基层卫生院自筹资金，完成调楼、多文、东江、美台、博厚、马袅、波莲、龙波、和舍和东英10家卫生院职工周转房10栋，建设面积3931平方米，缓解部分基层卫生院医务人员的住宿难问题。建立卫生院LED电子屏幕平台17个，面积54平方米，保持全天候的卫生信息滚动公开宣传，深受广大人民群众的好评。加快农村卫生“网底”基础设施建设，县加大投入力度，共完成标准化村卫生室建设106间，面积6360平方米。临高县建制村卫生室在全省排名中并列第一人，其中，标准化村卫生室建设占全县应建任务的73%，增幅列全省第一名。全县病床使用率达到115%，医疗业务总收入增长到1.50亿元。门急诊病人超过28万人次，住院病人1.70万人次。加强农村卫生“网底”基础设施建设，村卫生室建设预算资金352万元，计划建设80个村卫生室。

第四节　医疗技术

一、西医技术

随着医疗改革不断发展，医疗市场竞争日益激烈，社会对医疗技术的需求不断提高，医院医疗技术不断提升发展。

1986年，临高县人民医院能收治支气管肺炎、急性阑尾炎、胆囊炎、病毒性肝炎、风湿性关节炎、肺结核、高血压、肝硬化（脓肿）、甲亢、糖尿病、子宫肌瘤、胃肠穿孔、输卵管妊娠流产等常见病多发病。开展阑尾切除术、输卵管绝育术、剖宫产术、甲状腺切除术、骨折复位术、胃修补术、石膏夹板固定术等手术。

1990年，随着医疗改革深入，医院医疗设备设施有了改善提升，能收治胃恶性肿瘤、肝恶性肿瘤、脑血栓、风湿性二尖瓣狭窄伴闭锁不全、病毒性心肌炎、糖尿病酮症酸中毒、胎盘前置、卵巢扭转、腰椎骨折等病种；可开展卵巢病损切除术、子宫下从而模切口、白内障囊内摘除术、单侧肾切除术、膀胱切开取石术、肝叶切除术、肠套叠复位术、胆总管切开引流术、胆囊造口术等手术。

1996年，收治胸膜腔积液，冠心病、肠梗阻、蛛网膜下腔出血（SAH）、肺源性心脏病、胎盘早期剥离、创伤性指截断、面部烧伤、腰椎骨折、系统性红斑狼疮、创伤性脾破裂、颅骨骨折、腹股沟结缔组织恶性肿瘤等病种。可开展胆囊切除术、开腹探查术、胸膜病损切除术、肝破裂修补术、胆囊切开取石术、切开复位 Kirschner 氏针内固定术等具有一定技术含量手术。

2010年，在巩固原有的医疗技术基础上，能收治技术含量较高的病种：新生儿高胆红素血症、新生儿肺炎、脑出血、颈椎关节强硬、新生儿窒息、重度先兆子痫、骨髓增生异常综合征、新生儿吸入性肺炎、急性心力衰竭、创伤性脾破裂、脑恶性肿瘤、子宫颈 CIN Ⅱ-Ⅲ、膝开放性创伤累及韧带等。可开展颅和周围神经的缝合术、乳腺肿瘤切除术、下肢植皮术、胃部分切除术伴胃空肠吻合术、肾切开取石术、尺骨植骨术、经额脑膜病损切除术、部分肝切除术、肝破裂修补术、血管切开术、气管切开术、腰椎穿刺术等手术。

二、中医技术

1986年，临高县中医医院设有骨伤科、外科、内儿科、妇产科、中医康复理疗科、五官科、门急诊科、手术室等10几个临床及医技科室。其中设有重点科室有“大外科”（骨伤科和普外科）。大外科由广州中医药大学附属骨伤科医院联办的骨伤科，是省级重点专科。1995年，县中医医院主要开展手术治疗项目有：阑尾炎手术、前列腺手术、腮腺瘤手术、胃肠肿瘤手术、胆石症手术、髋关节、四肢骨折的内固定术及手法复位等疾病的治疗。

2006年，可开展甲状腺及乳腺手术等。2007年，开展肩关节、膝关节置换术、脊椎骨折内固定术，治疗效果及服务质量都得到百姓认可。

2010年，县中医院康复理疗科通过开展针灸、推拿、拔火罐等传统中医适宜技术对各种常规疾病进行治疗及亚健康人群进行综合调理，疗养对颈肩痛、腰腿痛、多囊卵巢等疾病的治疗效果显著。妇产科已经发展成为中西医结合的现代化科室，运用各种中医适宜技术如针灸、推拿、雷火灸、中药贴敷、耳穴埋豆治疗各种妇科疾病，能独立开展剖宫产、无痛人流、子宫肌瘤、卵巢肿瘤、宫外孕、前庭大腺囊肿、全子宫切除、子宫脱垂等各种手术等。内科对肝胆病、肾病、胃病和老年病等常见病的中医、中西医结合治疗效果良好。开展各种中医适宜技术，中药熏洗等，其疗效深得患者的青睐与认可。

第五节　医疗市场与药政管理

一、医疗市场管理

1986年，全县共出动执法检查人员780人次，出动监督车辆560辆次，检查各级各类医疗机构和涉医机构626家次，取缔无证行医 84家，吊销“医疗机构执业许可证”2家，查处医疗机构聘用非卫生技术人员行医1户次，责令医疗机构整改162家次，实行行政处罚26起，罚款8.79万元，没收违法所得2.50万元。

1988年，临高县落实国务院办公厅《关于开展打击商业欺诈行为的通知》及《海南省深入开展非法行医专项整治工作方案》，开展全县医疗服务市场整治专项行动。

2009年，开展专项整治行动，由县政府牵头，卫生、计生、药监、工商、公安等部门组成联合执法检查组，先后组织4次规模较大的执法检查活动和突击检查活动，共检查医疗机构154个、各种药品530种，依法取缔非法“黑诊所”46家，没收违法医疗器械和违禁药品64箱，立案查处虚假药品广告2宗，罚款4000元。

2010年，开展院内感染自查整改活动，查出并整改7项漏洞；开展医疗安全百日专项自查整改活动，发现并整改16项薄弱环节；建立健全医疗纠纷防范体系和处置机制，妥善处理14起纠纷；开展“出生医学证明”自查自纠活动，出台《临高县人民医院关于〈 出生医学证明〉的管理规定》，规范“出生医学证明”的发放和管理，严格执行《关于禁止非医学需要的胎儿性别鉴定和选择性别的人工终止妊娠的规定》，制定相应的规章制度，在B超室安装摄像头，杜绝胎儿性别鉴定；积极开展民主评议医院活动，在开展满意度测评中，患者对医院总体满意率90%，收集82条意见与建议。

二、药政管理

1986—2001 年，全县审批药品批发企业 5 家，药品零售企业 87 家，查处福建晋江假药案，假虎骨、假四环素等一批药品，货价 6 万元，罚款 8 万元，从而净化全县医药市场，保障人民群众用药安全有效。2002 年起，药品监督管理职能划归县食品药品监管局管理。临高县推进药品监督网和药品供应网（两网）建设，提高农村药品协管员、信息员的业务素质和药品监督网络的运转效率，举办农村药品监督协管员、信息员培训班，参加人数 225 人。全县各乡镇和行政村药品监督网和药品供应网实现全覆盖。

2009 年，根据《药品经营质量管理规范》的规定，药品经营主要按处方药、非处方药、非药品进行摆放销售。全年对 11 家开办药店和 6 家 GSP 认证药店严格按《药品经营质量管理规范》的规定要求药店进行药品分类，如未按规定进行药品分类的一律不发证。在日常监督及 GSP 认证跟踪检查中，针对药品分类问题对 12 家企业下达限期整改通知书 12 份；对 2 家企业进行当场行政处罚。同年，组织执法检查人员对一批经营和使用医疗器械的单位进行重点抽查，共检查 10 个品种 18 个批次的天然胶乳橡胶避孕套、2 个品种 5 个批次的医用脱脂棉、6 个品种 11 个批次的医用脱脂纱布（块）和一次性使用无菌导尿管，没有发现不符合规定标准的医疗器械。2010 年，县食药监局加强对药品生产的动态监管，规范药品生产秩序，对海南东联长富制药有限公司大容量注射剂生产车间派驻厂监督员 5 次，日常监督检查 5 次，对在监督检查中发现的问题责成被告检查单位进行整改，并及时进行跟踪。对使用特殊药品的 8 家医疗机构进行 2 次专项监督检查，出动检查人员 15 人次，出动检查车 4 辆次，检查 3 个品种 4 个批次的盐酸吗啡注射液、2 个品种 3 个批次的盐酸氯胺酮注射液、2 个品种 4 个批次的哌替啶麻黄素、1 个品种 2 个批次的枸橼酸芬太尼注射液。

2006—2010 年，全县共查处和取缔各类非法行医活动的“黑诊所”325 家次，共罚款人民币 38 万元（部分尚未缴款），没收医药器械 451 箱，椅凳 100 张，病床 73 张，诊桌 34 张，吊针架 21 件，药柜（架）16 件，其他 4 件，价值约 10.3 万元。

第六节　医疗服务

一、西医

1986 年以来，临高县全面科学编制医疗人才规划，合理调配，努力使医院人才资源结构趋于合理。充分发挥人才的最佳状态，通过招聘引进、培养、进修等多种形式，造就多名在本地区有影响的科学带头人，开展技术岗位竞争上岗制度。

2005年，各医院以“医院管理年”为契机，先后出台《医院质量管理与控制工作手册》《医院抗生素使用规范》《病例书写质量标准》等各项规章制度，同时开展三级查房、疑难病例讨论、重大手术讨论、查对制度等形式，改善和规范医疗服务流程，狠抓医务人员“三基三严”（基础理论、基本知识、基本技能，严格要求、严密组织、严谨态度）培训，强化医疗护理环节质量的检查和管理，建立起医疗质量与安全管理的长效工作机制。2008年，县人民医院实施人才战略，从辽宁、江西等省引进医学专家长期在院工作，邀请省内知名专家来院查房指导，让患者不出临高就能享受到优质、低价的省级医疗服务。开设健康体检中心，为广大人民提供健康体检服务。全院实行电脑收费，价格严格执行省医疗服务收费标准规定，实行人性化管理。开通多媒体触摸查询系统，可以查询医院的诊治专家、医疗服务价格收费、药品价格收费、卫生材料收费，住院费用“一日清单”查询，方便病人和各阶层人物查询、监督，不断了解医院、指导医院工作，医院加大投入完善医院信息系统，打造“以病人为中心”的一体化信息化管理平台。

2010年，不断更新服务理念与服务模式，优化服务流程，简化服务手续，全面开展一站式服务，诚信服务，整体护理服务，费用一日清单服务等多项便民惠民服务，同时开展医风好、医德好、服务好、群众满意的“三好一满意”活动，规范服务与医德医风教育相结合，并以开展“民主评议医院”活动，成立咨询室，开设24小时咨询电话，将服务延伸到院前就医咨询和院后的康复指导，在人民群众心目中树立起“放心、诚信、优质、安全”的良好形象。全县有西医人才852人，其中：大学以上学历317人；正高3人，副高29人，中级156人。

二、中医

1986年，临高县未设有中医院，只在县人民医院内设一个中医院科。

1990年，从县人民医院原中医院科和各乡镇卫生院抽调一批中医药人才，组建成立临高县中医院，共有员工38人，其中专业技术人员30人（含副主任中医师1人、中西医主治医师2人、中西医医师5人、中药士3人），并于1993年7月正式开诊。当年只有2个科室：临床科室与辅助科室；只能治疗一些常见病、多发病，住院病人304例，业务收入129万元。

1995年，为满足当地老百姓就医需求，增加业务收入解决职工福利等问题，县中医院领导走中西医结合的路子，积极引进技术设备，开设手术室，与广州中医药大学附属骨伤科医院联办骨伤治疗中心。至1998年，救治病人达1000例，取得良好的效果。在此基础上，积极大胆探索，开设哮喘专科、高血压病专科、理疗按摩专科、特色专科，同时开设妇产科、五官科，从原来的单中医、单病科，逐步走出一条中西医结合的路子，住院病人从1993年的300例增加至2010年的3000例，业务收入从1993年的100万元增加至2010年的1971.43万元。

随着就医环境的不断改善，县中医院更加注意服务质量的提高，坚持高标准服务，降低收费标准，提高社会效益。为方便群众就医，采取免挂号就诊，全程导诊服务，对孤寡老人、特困家庭住院费用减免10%，个别因大病医疗费用多，经济确实有困难的，适当减免住院费。2006—2010年，县中医院共为困难群众减免各种医疗费160万元，以实际行动解决群众看病难看病贵问题。

三、护理

1986年，全县有护理技术人员187人，其中县医院护士82人，主管护师7人，护师27人，护士71人。为提高护理工作人员的理论水平及技术技能，举办临高县继续护理学教育专题讲座（临高县讲习班），请省专家授课，授课内容不仅专业化、代表护理前沿技术，且赋有艺术性及实用性，让学员们受益匪浅。全县共举办各类培训班32期，1860人次参加学习。

2005年起，每年利用“5·12”国际护士节开展护理技能大比武，由县卫生局及县总工会联合举办全县卫生系统护士岗位创新技能大赛。大赛设一等奖2人，二等奖3人，三等奖5人，奖励资金为6900元。护理技能竞赛促进护理工作的有序开展，提高基层医院护士的业务水平。

2010年，全县有护理技术人员489人，其中县医院护士296人；副主任护师1人，主管护士42人，护师70人，护士183人；大专以上学历74人。通过开展优质护理、“服务之星”等活动和技术竞技、培训等方式来提高护士的业务水平，维护病人的身心健康。县人民医院10个临床科室，开展8个，开展率达80%。在开展“服务之星”评选活动，全年全县共评选出360名星级人物。各医院护士的服务意识不断增强，护理质量不断提升，病人对护理工作平均满意度达97%，累计收到表扬信件2188封。

第七节　医院管理

一、管理制度

1986年以来，临高县坚持走科技兴医、科技兴院之路；重视人才培养，提高医务人员的整体素质，以进修的形式全县培养临床、医技等一批高级人才队伍。

2002年，为完善乡镇急救服务网络，县人民医院开通“120”急救电话。为方便病人就医、县人民医院、县中医院采取简化医疗流程，设立导诊台，由专人负责就诊咨询，指导有序就诊。同时，各医疗卫生单位实行挂牌上岗，病人选择医生。且将本单位医务人员的照片、姓名、技术职称、学识水平、专业特长等公示医院的醒目处，为病人选择医生提供方便。

2003年，为加强医院内部管理，提高医院管理水平，在全县医疗卫生单位深入开展职业责任、职业道德、职业纪律、职业技能的“四职”教育，重点抓好纠正行业不正之风，继续发挥关心群众疾苦，廉洁行医的优良传统和作风，树立全心全意为病人服务的医德医风教育。

2005年起，全县推行“首诊负责制”，病人的一切疑问由首诊医生负责解释与联系，以加强医务人员的责任感。县人民医院、县中医院及保健院相继推行住院病人每日费用清单制，并推行药品集中招标采购，降低药品零售价，让利给病人，并且抓好专业技术人员的培训、教育和考试考核；严格执行技术规范和标准，加强质量监管。从而提高医疗质量，保证医疗安全。各医疗单位普遍实行明码标价，医疗收费项目公开，主要收费标准公开，接受病人监督。各医院都成立医院质量控制办公室，强调医疗质量的规范化要求。

2010年，开展以“以质量加微笑，创建平安医院”为主题的医院管理年活动。按照《医院管理评价指南》（2008年版）、CHA《2008患者安全目标》、《海南省二、三级综合医院全面质量管理与人性化服务流程评价标准与细则》、《综合医院全面质量管理与人性化服务流程评价标准与细则》和全省二级综合医院“质量与服务300分”检查细则等要求，全面开展医院管理工作。年内，共出台关于医疗质量的医疗安全有关规定4项，开展11次医疗质量检查，整治8项薄弱环节，规范技术准人、急危重症抢救和医患沟通等诊疗程序，考查“三基三严”4期。

二、主要医院

（一）临高县人民医院

1986年，临高县人民医院内设外科、内一科、内二科、中医科、儿科、妇产科、急诊科、放射科、一门诊、麻醉、手术室、化验室、中药房、西药房、总务科、人事科、医务办、护理部等，共有干部职工269人（含临时工）。

1994年，医院内设外一科、外二科、内一科、内二科、儿科、妇产科、中医科、急诊科、一门诊、二门诊、麻醉、手术室、放射科、胃镜室、化验室、B超室、理疗室、心电图、病案室、供应室、口腔科、药剂科、总务科、人事科、医务科、护理部等，共有干部职工313人。

2010年，全院总人数563人，其中在编人员341人，临时工和自聘卫生技术人员92人，退休人员130人。全院卫生技术人员347人，高级职称32人，中级职称108人。技术力量雄厚，科室设置齐全，现有急诊科、内一科、内二科、内三科、内四科、外一科、外二科、妇产科、儿科、五官科、手术麻醉科、保健科、门诊部和8个医技科室，开放病床231张。年门诊量达20万人次及住院病人1万人次。临高人民医院荣获“全国巾帼文明岗”“海南省巾帼文明岗”“海南省医疗信用单位”“海南省女职工建功立业标兵岗”“海南省院务公开先进单位”等荣誉称号。

1. 基础设施建设

1986年，县人民医院占地5.6公顷，建筑面积9600平方米。1991—1995年，医院获得海南公共建设大彩券捐款50万元和爱岛建设大彩券捐款25万元，兴建1幢内科病房楼，建筑面积1200平方米和一套污水处理设施建筑面积40平方米。1996年，投资180万元，新建1幢门诊楼，建筑面积2340平方米，1幢职工宿舍楼建筑面积1766平方米；改善科室办公条件，完善急诊科、手术室、妇产科和药厂的改建装修工程；整治院容院貌，美化绿化环境，平整地皮、修整路面，种花种草2600平方米。2003—2004年，新建1幢面积为2200平方米的外科大楼，2幢面积为1600平方米的职工宿舍集资楼及1幢面积960平方米的专家楼。加强院容院貌建设规划，修建平整路面300米，种花种草面积达2000平方米，建设3座凉亭，美化绿色环境，为广大患者创造一个安静整洁、舒适优美的医疗休闲环境。2010年，加强院容院貌建设，修建平整路面500米，种花种草面积达3000平方米，建设5座凉亭，美化绿色环境，为广大患者创造一个安静优美的医疗环境。

1986年，全院有病床190张，全院有各种医疗设备8台。1987年，病床增加到250张；医院添置300毫安X光机，心脑电图机、脑血流图机、国产纤维胃镜、火陷光度计、721分光光度计、A型超声波、日本产B型超声波等医疗设备。1989年1月，心脑检查治疗仪和胆结石治疗仪在县人民医院投入使用。1994年，医院添置二床二管500毫安X光机1部、脑电流图1部、美国进口血生化分析仪1部、胎儿监护仪1台、电脑打字机1部和电脑复印机1部等先进医疗设备。2004年，随着医疗业务的发展，医院又购置一批先进的医疗设备：德国产西门子欢星CT和配套工作站，美国产菲利浦DRX光机及工作站，美国产菲利浦彩超DHI668，美国产GE黑白B超，意大利产百胜魅力60，日本产电子纤维胃镜CV70，日本产奥林巴斯电子胃镜CV50，日本产奥林巴斯电子结肠镜CF-V，日立全自动生化析仪7080型、全自动血液分析仪，日本东亚KX-21、全自动化学发光析仪，深圳迈瑞全自动五分类血球计数仪、尿沉查分析仪，美国伟康无创呼吸机，美国泰科有创呼吸机、肺功能仪、除颤仪、多参数监护仪、心电监护仪，日本产输液泵；日本产腹腔镜、宫颈无创ATP治疗仪、电子阴道镜等。2010年，医院加大医疗设备投入，为新技术、新项目的开展提供硬件性保障。病床增加到280张，有德国西门子螺旋CT机、菲利浦数字化 X 光直接拍片系统（DR）、美产彩色 B 超机（2 台）、日产心电图机、日产奥林巴斯电子胃镜、日产纤维结肠镜、美产自动生化分析仪、日立全自动生化分析仪、日产腹腔镜、纤维耳鼻咽喉镜、美产 CE 麻醉机、美产呼吸机、阴道镜及监护仪等 250 台（件），其中万元以上 174 台、10 万元以上 38 台、50 万元以上 8 台、100 万元以上 6 台。

2. 医疗队伍与科研

1986 年，临高县人民医院共有医疗技术人员 167 人，无高级职称，其中有中级职称 10 人，初级职称 106 人。1994 年，全院共有医疗技术人员 210 人，其中高级职称 6 人，中级职称 30 人，初级职称 119 人。2003 年，全院共有医疗技术人员 202 人，其中高级职称 14 人，中级职称 83 人，初级职称 105 人。2010 年，全院共有医疗技术人员 341 人，其中高级职称 32 人，中级职称 108 人，初级职称 201 人。

1992—1998 年，全院共撰写论文 174 篇，其中国家级论文 24 篇，如钟鸾尧撰写的《保留胆囊胆总管十二指肠吻合术治疗复杂性胆石症》，李岳坚撰写的《强力宁盐体酮治疗肝硬化腹水 25 例分析》，李强、陈宜洪撰写的《急性诱药中毒 23 例报告》，安美霞撰写的《治疗分娩期子宫破裂比例体会》等，分别在《中华医学会杂志》上发表。省级论文 102 篇，如安美霞撰写的《人工流产手术致子宫穿孔并严重肠损伤二例》《子痫的急症处理 53 例》分别在《海南医学杂志》上发表，在海南省预防医学会妇幼保健专业委员会第二届学术交流会上宣读并进行学术交流。全院共有 7 篇学术论文获奖，其中获县科技进步二等奖 1 篇，三等奖 6 篇。

2001 年，县医院开展医疗新项目新技术。内一科开展脑梗死、心肌梗死的泵激酶溶栓疗法，美托洛尔对心肌梗死治疗观察；外一科开展直肠癌根治术，肝外叶切除治疗肝内胆石症；妇产科开展新式全宫切除术、新式剖宫产术等。2003 年，县人民医院实施人才强院战略，发挥专家优势，打造专科品牌，从省外引进屈连贺、姚立鹏、殷锋、游鱼 4 位学科专家，开展特色专科品牌建设。如屈连贺施行的喉垂直颌面部分切除十颈肌皮辨转移室重建术和在病人清醒下施行双侧扁桃体摘除术，只需 2～3 分钟即可完成；姚立鹏在院内首创开展的微创腹腔镜手术，先后为患者施行胆囊炎、胆石症摘除术，妇科腹腔镜手术 200 多例。

2001—2010年临高县人民医院护理人员结构表

表18-2-1　　单位：人

年份	总人数	职称结构			
		副高	主管护师	护师	护士
2001年	110	0	18	32	60
2002年	118	0	22	35	61
2003年	120	1	22	38	59
2004年	139	1	32	52	54
2005年	158	1	44	58	55
2006年	161	1	48	59	53
2007年	158	1	48	58	51
2008年	158	1	44	58	55
2009年	162	1	43	54	64
2010年	156	1	45	60	50

说明：1986—1991年数据未见统计

2010年，县人民医院先后启动《临高县人民医院甲型H1N1流感防控预案》和《临高县人民医院重点肠道传染病应急预案》两个预案，投入近50万元资金用于甲型H1N1流感防控工作，收治腹泻病人612例，发热病人1951例，全部痊愈。

3. 医疗服务

1986年，全院病床使用率达到120.25%，医疗业务总收入155万元。1987年，全院病床使用率达到110%，医疗业务总收入达到179万元。1988年，全院病床使用率达到112%，医疗业务总收入221.90万元。门急诊病人92502人次，住院病人7448人次，手术476例。1994年，全院病床使用率54.7%，医疗业务总收入611万元。住院病人6094人次，门急诊病人102778人次，手术559例。2002—2003年，全院病床使用率57.6%，医疗业务总收入1350万元。门急诊病人116730人次，住院病人5367人次。2005年，全院病床使用率75%，医疗业务总收入2772万元。门急诊病人161591人次，住院病人8802人次。2006年，全院病床使用率达120%，医疗业务收入3382万元。门急诊病人总数180981人次，住院病人9682人次。2010年，全院病床使用率达到115%，医疗业务总收入增长到7203万元。门急诊病人超过20万人次，住院病人12859人次。

为更好地服务护理每位病人，护理部不断创新护理模式。1994 年开展计划护理（即责任制护理），1995 年开展整体护理，1998 年开展实行一人一针一管执行率，2002 年开展“星级护士”评定和无痛性护理及为分娩的产妇免费提供鸡蛋水姜片汤服务，2003 年实施护士长竞聘上岗，2010 年开展优质护理示范病房服务，有效地推进医院的医疗业务发展。

（二）临高县中医院

1990 年，临高县委、县政府决定用公共福利和爱岛彩票 50 万元筹建临高县中医院（简称县中医院），具体工作由临高县卫生局负责。1991 年 12 月，在临城解放路建成一栋五层业务综合楼，占地面积 453 平方米，使用面积 1860 平方米。

1993 年 7 月 13 日，县中医院正式成立并开张接诊病人。内设两大科室：临床科室有内儿科病房和门诊，辅助科室有放射科、检验科和心电图室。医疗项目有中医、中西医结合治疗内儿科常见病、多发病。共有员工 38 人，其中专业技术人员 30 人（副主任中医师 1 人，中西医主治医师 2 人，中西医师 5 人，其他专业技术人员 22 人）。

2010 年，县中医院占地 1300 平方米，建筑面积 3923 平方米。开设科室有门诊部（含急诊）、骨伤科（含外科）、内儿科（含儿科）、妇产科、检验科、X 光科、耳鼻喉科、口腔科、心电图 B 超科、针灸理疗按摩科、手术室、院感科、药剂科、供应室等。全院有医疗卫生工作人员 155 人，其中卫生专业技术人员 128 人（执业医师 32 人，执业中医师 11 人，护士 66 人，其他专业技术人员 19 人）；副高职称 3 人、中级职称 21 人、初级职称 102 人。

1. 医院建设

县中医院不断完善基础设施和设备建设。1995 年，开设手术室。1998 年，多方筹资 100 万元扩建病房 570 平方米，购买日本进口 B 超机、脑电地形图等大件医疗设备 10 件，增加医疗服务项目，缓解业务用房紧张状况，促进医疗业务进一步发展。2005 年 9 月，又集资 100 多万元购买救护车、彩超和麻醉机等设备，进一步增加医院服务功能。2007 年，投资 15 万元建设污水处理系统；利用临高县发改局专项资金 100 万元扩建病房 1191 平方米；争取到海南省卫生厅 45 万元新建手术室 302 平方米，进一步缓解业务用房紧缺状况。

2008 年 8 月，获得省发改厅专项资金 160 万元改造装修门诊综合楼，并安装电梯，病房增设卫生间和安装空调，就医环境进一步改善。同年，省卫生厅下拨 500 毫安 X 光机和 C 臂 X 光机等设备一批；医院发动职工集资 200 万元购买加拿大产 DR 机、全自动生化分析仪、血球计数仪等设备一批；购买 120 张无锈钢病床。医院的检查手段和综合服务功能进一步提高。

2009 年，争取到省卫生厅专项资金 46.46 万元，购买全无锈钢药柜、药架和司药台、粉碎机、烘干机、全自动煎药机等设备一批，大大提高中药房的服务功能与工作效率。同年，申请立项针灸现疗康复特色专科项目，获得中央专项资金22万元支持，购置腰椎牵引床、多功能治疗仪、电脑中频治疗仪、偏瘫综合治疗仪、颈椎自动牵引机等设备一批，业务范围进一步扩大。

2010年，县中医院成功申报针灸理疗康复特色专科建设项目，获国家中医药管理局批准。投入20万元，购买或更新临床必备医疗设备一批；投资22万元的专科设备均已到位并安装测试合格投入使用。全院主要设备有加拿大进口DR机、500毫安X光机、C臂X光机、阿洛卡彩色B超、全自动生化分析仪、血球计数仪、尿液分析仪、麻醉机、多参数心电监护仪、胎心多普勒、蓝光黄疸治疗仪、肛肠治疗仪、洗胃机、全自动中药煎煮机、烘干机、疼痛治疗仪、偏瘫综合治疗仪、腰椎牵引机、电脑中频治疗仪等设备，基本上能满足临床需要。

2. 人才队伍培养

县中医院采取“走出去，请进来”的人才培养途径，加强院内业务培训和鼓励自学成才。1993—2009年，先后聘请6名退休老专家教授到县中医院工作，手把手带教全院青年医护人员成长；接受上级三甲医院下来支教9人次；送到省外三甲医院进修半年以上10人次，省内三甲医院进修半年以上21人次；参加省内外短期培训539人次；院内每人每年参加培训50个课时；吸收大中专毕业生67人，为医院的持续发展储备后备人才；职称考试中级升副高6人、初级师升中级18人、初级士升师46人；自学考试中专升大专15人，大专升本科8人。

2010年，县中医院选送1名骨干医生到海医进修1年；2名主治中医师参加省卫生厅举办的中医适宜技术推广培训3个月，学成后担负对全县17个乡镇卫生院中医适宜技术推广培训；参加省级中医药知识短期培训26人次。县中医院加强院内中医药知识培训，专业技术人员中，有80%人员接受过中医药知识培训100个课时。

3. 重点专科建设

县中医院注重发展中医特色优势，重点建设骨伤科，把原有的骨伤科做大做强，带动其他科室协调发展。骨伤科是县中医院重点建设专科。医院制定骨伤科腰椎间盘突出症、颈椎病、肩周炎3个重点病种的中医临床诊疗方案，并定期对其实施情况进行分析、总结评估，不断优化方案。为了突出中医特色，县中医院研究制定神经根型颈椎病、单纯性胸腰椎骨折、股骨头坏死、桡骨远端骨折等4个病种的中医临床路径，规范治疗流程，确保临床治疗安全有效。2005年，中医院普外科和骨伤科合并在一起，为了更好地提高普外科诊治水平，聘请原海医附院普外科主任付孝仁教授长期坐诊和指导工作，聘请麻醉科主治医师王新长期工作。2008 年 9 月，县中医院高薪聘请省农垦总局医院原骨科主任蒙美运教授到医院坐诊和指导工作，中医院骨伤科医生业务水平有明显提升，收治病人已由原单纯四肢骨折发展到能收治各种复杂骨折、关节置换和腰椎疾病等病人，成为临高县的名科和中医院的龙头科室。

2006 年，全年县中医院仅收治病人 460 人次，2010 年共收治病人 1053 人次，比专科建设前病人量增长 128.91%，业务收入由 2006 年 109.43 万元增长至 2010 年的 628.07 万元，4 年增长 473.95%，平均年增长 118.48%，收治病人已由单纯四肢骨折发展到能收治各种复杂骨折、关节置换和腰椎疾病等病人，成为临高县名科和县中医院的品牌科室。

4. 医疗科研和中医文化

1993—2010 年，县中医院全体医务人员通过临床实践，总结经验，先后撰写医学论文 38 篇，分别在国家级或省级医学刊物上发表。其中李海峰医师《加巴喷丁（Gabapentin）治疗药物抵抗性不全癫痫》等 2 篇医学论文被中国中医学会评定为优秀论文。

县中医院充分发挥技术力量资源优势，积极营造良好的中医药文化氛围，塑造中医药形象，开展多种形式宣传中医药文化，如宣传栏、墙报、宣传资料、电视台广播等。在医院大厅及各科室闲置墙臂上，介绍中医起源，中医药名人如：张仲景、李时珍等 10 位名人画，医德医风，药物功效，方药运用中医药保健等，不断更新内容，营造中医药文化氛围，让广大群众了解中医药，积极接受中医药治疗。

5. 医疗服务与管理

1993 年，县中医院刚刚起步，设备简陋、人手不足、业务开展项目少、检查手段单一，加上老百姓对中医院的了解不够，住院病人 304 例，业务收入 129 万元。1994 年起，突出中医特色，开展中医、中西医结合工作，积极引进技术与设备，取得较好的进展。1995 年 8 月与广州中医药大学附属骨伤科医院联办骨伤治疗中心，开设手术室，开创临高县中医院中西医结合治疗骨伤病的先河，至 1998 年 12 月收治各类骨伤科与普外科住院病人 1000 余例，治疗效果良好。

1997 年，抢救危重病人的技术进一步得到提高，成功抢救 1 例从临城卫生院送来的因青霉素过敏性休克致心脏停搏 5 分钟的患者。1998 年 3 月，引进河南省濮阳市气管炎研究所的国家级科技成果重点推广项目“气管炎”、哮喘病防治技术和河南省中医研究的高血压病辨证分型治疗仪及降压宝系列中成药，开设气管炎、哮喘病专科和高血压病专科，治疗气管炎、哮喘病和高血压病取得较满意效果；内儿科采用中西医结合方法治疗肾功能不全以及阻塞性肺病等疗效良好。1999 年，同省人民医院、省中医院、省农垦总局医院等挂钩联合办医，医疗工作在原有基础上得到巩固和发展，骨伤科、哮喘病专科、高血压病专科、理疗按摩科独具特色，越办越好。还开设妇产科、五官科、皮肤科和第二门诊部。服务项目逐个增加，范围不断扩大，医疗水平不断提高。全年门诊病人 16753 人次，住院病人 569 人次，业务收入达到 230 万元。

2000 年以来，由于医疗市场发生变化，县中医院缺乏技术创新，每年业务收入不足 150 万元，入不敷出。2005 年起，县中医院加强管理，出台劳动管理方案，完善各项奖罚制度，制定医院三年和五年发展规划。一切以病人为中心，临床科室围着病人转，领导干部和后勤服务围着临床科室转，开始从根本上扭转亏损局面。2006 年，住院病人 1337 人次，门诊病人 4.11 万人次，业务收入 461.16 万元，比 2005 年翻一番，职工工资福利同步增加，提前一年半来实现医院三年规划。2007 年住院病人 1843 人次，门诊病人 5.16 万人次，业务总收入 647.07 万元，比 2006 年同比增长 40.3%。

2010 年，全院业务收入 1950 万元，比 2009 年同期增加 460.41 万元，同比增长 30.9%；门诊病人数 9.68 万人次，同比增加 1.27 万人次，同比增长 15.1%，住院病人数 0.34 万人次，同比增加 376 人次，同比增长 12.29%；病床使用率 86%。门诊中医药治疗参与率 48.6%，比 2009 年提高 8 个百分点，尤其是内儿科住院病人中医药治疗参与率达到 89%，对脑梗死、风湿性关节炎、肩周炎、腰椎疾病病人开展针灸推拿治疗，疗效明显。骨伤科中医药治疗率逐步提高，骨伤科全年收治病人 1053 人次，业务收入 628.07 万元。

第三章　妇幼保健

第一节　机　构

1986 年，设有临高县妇幼保健站。1989 年，临高县妇幼保健站改为临高县妇幼保健所，升格为副科级单位，有在职员工 17 人。全县有 19 家医疗保健单位，设有助产机构 18 家，其中乡镇级 17 家，县级 1 家。全县妇幼医务人员 116 人，其中县级 57 人，乡镇级 59 人。

1997 年，县妇幼保健所设妇产科，有在职员工 19 人。2002 年，撤所改院，仍属副科级单位，内设妇产科、儿科、保健科、检验科、B 超室，有在职员工 22 人。2010 年，县妇幼保健所内设妇产科、儿科、保健科、检验科、B 超室，有在职员工 23 人。

第二节 妇女保健

1986年以来，全县妇幼卫生工作者认真实施相关妇幼卫生项目工作，妇女保健工作取得较好成效，并得到上级部门的表彰。波莲镇王少花被省卫生厅评为“2006—2008年度全省妇幼卫生工作先进个人”，县妇幼保健院陈雪莲被省卫生厅评为“海南省实施妇女儿童发展规划（2001—2010年）先进个人”，县卫生局被省妇儿工委评为“海南省实施妇女儿童发展规划（2001—2010年）先进集体”。

1995年以来，县妇女保健深入基层，指导妇女保健工作，县妇幼保健院安排专业人员深入基层卫生院督导妇女保健工作，每年深入基层督导至少有1/3时间。

1998年，加强孕产妇健康管理工作。通过实施世行IX卫生项目、“降消”项目、国家基本公共卫生孕产妇免费保健服务项目，国家重大公共卫生孕产妇住院分娩补助项目，对孕产妇实行免费产检，住院分娩予以一定补助，从而达到不断提高孕产妇保健管理率、住院分娩率、降低孕产妇死亡率目的。

2001年，开展孕产妇死亡监测工作。为掌握临高县孕产妇死亡情况，临高县在全县范围内开展孕产妇死亡监测工作，对发现孕产妇死亡病例进行死因调查分析，并上报省妇幼保健院。

2004年，加强对基层妇女保健工作的培训。为提高基层妇女保健工作人员的业务水平，县妇幼保健院每年举办2–3期妇女保健培训班，对基层妇女保健工作人员进行妇女保健知识与妇女保健管理工作培训。

2006年，加强妇幼卫生知识宣传。为提高民众对妇幼卫生保健重要性的认识，全县医疗保健机构在“三八”国际妇女节、世界卫生日、“六一”国际儿童节、世界母乳喂养周等节日通过设立宣传咨询点、制作宣传栏、悬挂宣传条幅与发放宣传单等形式进行妇幼保健知识宣传。

2010年，开展3次宣传咨询活动，参加活动人数172人次，咨询人数约2800人次，发放宣传资料约1.45万份。举办2期基层妇幼人员业务培训班，受训人数95人次，从而提高基层医务人员业务水平。加强对妇幼保健工作的监督指导，提高产科服务质量，提高住院分娩率，提高“两管率”（高危孕产妇专案管理率、体弱儿童管理率），降低孕产妇死亡率与新生儿死亡率，完成“两纲要”（《中国妇女发展纲要（2001—2010年）》《中国儿童发展纲要（2001—2010年）》）、“两规划”（《海南省妇女发展规划（2001—2010年）》《海南省儿童发展规划（2001—2010年）》）目标。全县全年孕妇住院分娩率为99.73%，孕产保健管理率71.09%，孕产妇死亡率为0；实行免费婚前医学检查工作，婚前医学检查率 50.05%。深入基层督导妇幼保健工作，全年共深入基层督导 128 日、327 人日。开展国家公共卫生服务项目：免费增补叶酸，增补目标人群 6164 人，增补人数 4539 人，增补率 73.64%；农村孕产妇住院分娩补助，年度计划补助对象 5500 人，实际补助对象 4526 人，补助率 82.29%；孕产妇孕产期免费保健服务，全县孕产妇约 5500 人，参与免费保健人数约 3800 人，免费保健率 69.09%。2010 年，全县孕产妇人数 3916 人，保健造册 1654 人，完成保健造册率为 42.24%。

1986—2010 年临高县孕产妇保健落实指标选年情况表

表 18-3-1

主要指标	单位	年份					
		1986 年	1990 年	1995 年	2000 年	2005 年	2010 年
孕产妇死亡率	1/10 万	46.79	31.30	31.22	33.60	110.00	0.00
婚前医学检查率	%	—	—	—	1.83	0.53	50.05
孕产妇产前检查建册管理率	%	38.01	38.91	40.10	42.10	42.78	75.53
住院分娩率	%	92.90	93.00	93.04	93.50	99.08	99.82
孕产妇系统管理率	%	2.70	3.12	3.76	3.79	5.37	14.94

第三节　儿童保健

1986 年以来，全县妇幼卫生工作人员实施相关妇幼卫生项目工作，儿童保健工作得到上级部门的表彰。县妇幼保健院王捷被省卫生厅评为“2006—2008 年度全省妇幼卫生工作先进个人”，被省妇儿工委评为“海南省实施妇女儿童发展规划（2001—2010 年）先进个人”。

1988 年，深入基层指导做好儿童保健工作，县妇幼保健院安排专业人员深入基层卫生院督导儿童保健工作，每年深入基层督导至少有 1/3 时间。

1992 年，加强 0～6 岁儿童健康管理工作。通过实施世行 IX 卫生项目、“降消”项目、国家重大公共卫生孕产妇住院分娩补助项目，对孕产妇住院分娩予以一定补助，以提高住院分娩率，达到降低新生儿死亡率与新生儿破伤风发生率。对 0～6 岁儿童免费健康检查，从而达到不断提高 0～6 岁儿童保健管理率、降低 0～6 岁死亡率目的。

1996 年，开展 0～4 岁儿童死亡监测与新生儿初筛缺陷监测工作。为掌握临高县 0～4 岁儿童死亡与新生儿出生缺陷的情况，临高县先在原文澜江、多文、调楼地区，后换为波莲、调楼、美良地区开展 0～4 岁儿童死亡监测工作，对死亡的儿童进行死因调查分析，并上报省妇幼保健院。临高县在县人民医院、县妇幼保健院开展新生儿缺陷的监测工作，确保新生儿缺陷资料，并上报省妇幼保健院。

2001 年，加强对基层儿童保健工作的培训。为提高基层儿童保健工作人员的业务水平，县妇幼保健院每年举办 2～3 期儿童保健培训班，对基层儿童保健工作人员进行儿童保健知识与儿童保健管理工作培训。

2004 年，加强妇幼卫生知识宣传。为提高民众对妇幼卫生保健重要性的认识，全县医疗保健机构在“三八”国际妇女节、世界卫生日、“六一”国际儿童节、世界母乳喂养周等节日都通过设立宣传咨询点、制作宣传栏、悬挂宣传条幅与发放宣传单等形式进行妇幼保健知识宣传。

2006 年，加强托幼机构管理工作。县妇幼保健院对托幼机构儿童进行每年一次的健康检查工作，并把托幼机构儿童进行每年一次的健康检查工作，并对托幼机构进行卫生指导与安全隐患排查，确保入园儿童身心健康。

1986—2010 年临高县 0~6 岁儿童保健落实指标选年情况表

表 18–3–2

主要指标	单位	年份					
		1986 年	1990 年	1995 年	2000 年	2005 年	2010 年
婴儿死亡率	‰	24.49	24.10	23.72	22.7	13.97	8.87
5 岁以下儿童死亡率	‰	32.28	31.46	31.06	30.7	18.11	11.77
6 个月内婴儿母乳喂养率	%	—	—	—	—	99.16	96.18
新生儿破伤风发病率	‰	0.78	0.63	0.31	0.0	0.00	0.00
7 岁以下儿童保健管理率	%	—	5.52	25.02	59.1	37.65	72.69

2010 年，开展对幼儿园的环境卫生、食堂卫生的管理及夏季传染病的宣传，做好夏季传染病及手足口病的预防工作；加强对幼儿园儿童的健检工作，完成 98 家幼儿园 6826 名入园儿童的健检，入园儿童健检率为 98.49%，营养不良患病率为 10.98%。儿童免费保健服务，全县 0～36 个月儿童约 2 万人，参与免费保健人数约 1.3 万人，免费保健率 65%。

7岁以下儿童保健率71.30%，5岁以下儿童保健率71.24%，3岁以下儿童保健率81.87%，5岁以下儿童死亡率为11.44‰，婴儿死亡率为9.38%，没有发生新生儿破伤风病例。

第四节　创建爱婴医院与保健培训

一、创建爱婴医院

2001年，县人民医院、县妇幼保健所创建爱婴医院，新盈中心卫生院、博厚中心卫生院、文澜江卫生院、马袅卫生院创建爱婴卫生医院。2006年6月，在县人民医院建立孕产妇抢救中心。

2010年，全县有20家医疗保健单位，设有助产机构20家，其中乡镇级设17家，县级3家。全县妇幼医务人员161人，其中县级95人，乡镇级66人；高级职称3人，中级职称18人，初级职称126人，无职称14人（为乡镇级）。

二、保健培训

1986—2000年，对乡村级接生员与保健员培训共371人次，逐步提高乡村级接生员与保健员的业务水平。开展妇科病普查普治工作，受检妇女19611人次，其中患妇产科病3729人次，患病率为19.01%，对患病妇女给予相应的治疗。开展托幼机构健康检查工作，受检儿童10754人次，其中患病儿童278人次，儿童患病率2.59%；缺点儿童3652人次，儿童缺点率33.96%，对患病儿童及缺点儿童均给予治疗与矫治。

2000年1月至2008年6月，临高县实施世界银行贷款卫生IX项目妇幼子项目，其中世界银行贷款332.78万元，省配套资金115.50万元，县配套资金39万元，共487.28万元。采购设备77个品种共1074台（件）发放到全县医疗保健机构，改善医疗保健机构的诊疗条件。对县妇幼保健所扩建250平方米，对美良、调楼、多文、波莲、马袅、美台、新盈等七个基层卫生院产房进行装修改造1668.48平方米；参加省级以上机构培训班40期共183人次；县级对乡（镇）、村级人员培训班27期共3283人次；乡镇级对村级培训2203人次；县级人员到省级医疗保健机构临床进修15人次，乡镇级人员到县级医疗保健机构临床进修43人次；对孕产妇保健医疗救助816人，5岁以下儿童医疗救助1509人；在临城镇的美当、大波村委会和博厚镇的德老、美所、五尧村委会开展育龄妇女、儿童铁缺乏症流行病学调查研究，调查样本量585人，总贫血率14.7%，其中7月至6岁儿童贫血率为19.37%，20～29岁妇女贫血率为6.28%，20～29岁孕妇贫血率为17.27%；在临城镇、波莲镇、东英镇、博厚镇、新盈镇等5个镇共7所小学开展3～12岁儿童生殖常见外科疾病普查及干预应用性研究，共调查6623人，常见外科疾病患病率为9.78%。

2006 年 4 月，实施降低孕产妇死亡和消除新生儿破伤风项目，采购产科与新生儿科抢救护理设备 7 种 43 台发放到全县医疗保健机构使用。至 2009 年 10 月，贫困家庭孕产妇住院分娩救助 3396 人次，每人次救助 100 元，其中高危孕产妇救助 120 人次，每人次 500 元。

2010 年，全县实施农村孕产妇住院分娩补助 6959 人次，救助资金 208.77 万元。4 月份，实施农村妇女免费增补叶酸预防胎儿神经管缺陷项目，全年服用人数 4539 人。10 月，开始实施孕产妇免费保健项目与 0～6 岁儿童免费保健项目，对孕产妇实行免费产前检查与产后访视，对 0～6 岁儿童实行免费定期健康检查。至年底，受益孕产妇 7563 人，受益 0～6 岁儿童 49175 人。

第十九编　人　物

第一章　人物传

符锡封（1909—1989），中共党员，临高县东英镇伴康村人。早年接受私塾教育，高等小学毕业。民国 17 年（1928 年），从临高县高等小学毕业回家，在家乡小学当教师，利用教师身份，积极向师生们传播马列主义的新思想、新文化，提高当地师生的政治思想觉悟。符锡封早年已秘密加入中共党组织。1941 年，受中共党组织派遣任临高县办事处（县民主政府前身）征收员兼国民党美夏乡乡长，积极为共产党做好粮款征收工作，冒着生命危险冲过日寇和国民党的重重关卡把征收到的粮、款送到共产党组织的手中。1942 年 8 月，奉中共临高党组织之命辞去国民党美夏乡乡长一职，回到临高办事处当民政科员。1943 年，调任第一区副区长。1944 年初，任临高县民主政府民政科科长。1946 年 6 月，任县民主政府一三联区办事处主任。1948 年 2 月，调任县民主政府秘书。同年 11 月，任副县长兼秘书。1950 年春，中共临高县委、县民主政府为了迎接解放军渡海作战登陆解放海南岛，安排符锡封副县长抓情报工作。他不辞劳苦，冒着生命危险带领战友们化装成上山打柴，下海抓鱼的村民到临高沿海敌占区去测量海水水深、流速、风向等和刺探国民党的兵力部署情况，并将收集到的准确情报及时向上级指挥机关报告。为解放军顺利渡海登陆解放海南岛，减少伤亡做出贡献。

临高解放后，符锡封继任临高县人民政府副县长。1953 年 10 月，调任海南区党委统战部任办公室副主任兼秘书科科长。1958 年 6 月，海南开发建设松涛水库，他积极报名参加，任松涛水库工程管理局党委委员、办公室副主任兼秘书科科长。1963 年，任管理处主任，为海南岛的水利建设事业做过积极的贡献。在职期间，曾受到周恩来总理等党和国家领导人的接见。符锡封一直患有心脏病，常年任劳任怨的工作使病情严重恶化，不能继续工作。

1967 年，经组织批准办理离休，享受地专级干部待遇。是广东省第一、第二届人大代表。符锡封离休安置回临高后，被老干部们推选为临高县委离退休党支部书记，率领老干部们为党的事业和临高人民的福祉建言献策发挥余热作用。

王 纲（1909—1992），原名正路，号耐辛，临高县美良龙田村人。八岁入私塾，民国 13 年（1924 年），在临高县城中山小学读书。1926 年，当选为临高县学生联谊会成员，经常跟随共产党人冯平、林日华等深入农村宣传破除迷信、反对土豪劣绅等活动，受到时任国民党临高县党部负责人王超(共产党员)的赏识,被调入县农民协会当干事。1927 年，自学考上广州教忠中学。第二年，考取广东省立第一师范学校（原江村师范学校）。1931 年，师范毕业后被分派到广东省清远县当小学教师。1932 年，自学考上广州南越大学，因经济困难，仅学习一年被迫停学。1933 年，转回到家乡，受临高县乡村师范学校校长王良弼的邀请，在附属小学教国文。他大力提倡现代白话文体，推行国语拼音教学，开创临高县用拼音字母结合汉字教学的先例。 1937—1938 年，转任加来第三高级小学和县立第二高级小学教员。

1950 年 4 月，王纲到府城参加海南军政委员会文教处举办的海南暑期学习团，随后被中共临高县委、县政府任命为临高简易师范学校校长，由时任海南行政公署主任肖焕辉颁发任命书。

1952 年，临高简易师范学校更名为临高县初级师范学校。1954 年，临高县初级师范学校与临高县第三初级中学合办，实行两块牌子、一套人员，由王纲任校长。1956 年 9 月，经广东省教育厅批准，临高初级师范学校升格为广东临高师范学校（中师），仍与临高县第三初级中学合办。王纲继续担任校长至 1957 年。1958 年，广东省教育厅批准临高县第三初级中学升格为完全中学，改名为临高中学，由王纲担任校长，临高中学的各项工作逐步跃居海南各县前列。

1946—1965 年，为改善学校环境，扩大生源，他带领全校师生，在政府部门仅拨款 1 万元的情况下，通过勤工俭学、自己动手的方法，建成临高中学第一座 2 层 8 间教室的教学楼，受到广大师生的赞扬。1963 年，被评为“广东省教育先进工作者”，出席广东省先进工作者代表大会。

1966 年“文化大革命”开始，受到不公正迫害，被遣送回老家劳动。1969 年 8 月，返校任教师。1981 年，恢复校长职务。同年，当选为临高县政协副主席。1982 年，任临高中学名誉校长。

王纲晚年加入中国共产党。多次被评为省、地、县先进教育工作者，连续三届当选为县人民代表大会代表。

1992 年，因病去世，享年 83 岁。

符英华（1906—1994），曾用名符殿兰，临高县东英镇高定村人，民国 15 年（1926 年）年参加革命工作，1927 年 4 月加入中国共产党。

1926 年 6 月，中共临高县支部成立。符英华积极投身于革命运动中，作为农民运动骨干，他被推选为东英农会主席，领导农民开展减租减息运动，减免各种强加在农民头上的苛捐杂税，同土豪劣绅做斗争，农民运动形成前所未有的高潮。1927 年 2 月初，为培训农运干部和农民自卫军骨干，琼崖农民协会主任冯平到临高筹办农民运动训练所，符英华与 60 多名骨干参加第一期训练班。同年 4 月，符英华与一批优秀学员被秘密吸收为中共党员。4 月 22 日，琼崖国民党当局发动“四二二”事变，中共临高县支部全体党员和农训所全部学员共 70 多名骨干及时转移到新盈。5 月 8 日，符英华参加冯平主持召开的“文昌阁”紧急会议，会议决定党员干部立即分赴各区农会，继续宣传、发动、组织群众，发展武装力量，坚持斗争。符英华回到东英继续开展农运工作，组织发动群众，巩固发展农会，扩大农民自卫军，做农民大暴动的准备工作，在巩固和扩大农民武装的同时，在东英地区建立党支部和区委。1927 年 7 月 10 日夜晚，冯平和符英华率领东英自卫军 200 多人正面攻打临高县城，临城农民自卫军做内应，美台、皇桐等乡农民军做外援，不到一个小时便结束战斗，除伪县长因到广州未回得以漏网外，县府秘书等官员和来不及逃走的敌军都成了俘虏，缴获一批枪支弹药。翌日，各地农民军入城会合，占据县城。这次战斗，是临高农民自卫军举行的第一次武装暴动。第三天，敌人疯狂反扑，临高农民自卫军撤出县城，符英华和农会骨干王政平率领东英、新盈自卫军转移到东英一带隐蔽，进行休整。为了团结一切力量，扩大革命武装，符英华带领东英农民自卫军到美台、波莲以及儋县、南宝交界的地方积极进行农运活动，教育、争取当地以林国栋、吴冠山等为首的近 70 名土匪改邪归正、参加革命队伍。1927 年 10 月，由符英华等率领的临高农民军配合儋州农民军联合攻打儋县府新州镇，经过一天的激战，攻下新州镇，击毙击伤敌人几十名，缴获一批武器弹药，并建立儋县新政府，符英华任新英港警察署长。在占领县城 15 天后，由于大批敌人疯狂反扑，农民军寡不敌众，农民军主动向澄迈、儋县的农村撤退，临高支队转移回东英，最后到达皇桐、龙波地区，与李春茂领导的农民自卫军结合，开辟、扩大革命根据地，为澄临边区苏维埃政权的建立打下基础。由于琼崖国民党反动派实行血腥镇压，革命失败，临高农民武装运动陷入低潮，符英华潜回家乡继续进行革命活动，其间一度与组织失去联系。1935 年，中共琼崖特委派冯安全到临高活动，重新恢复临高党组织，符英华参与临高党组织的恢复和发展工作，帮助组织建立分散、小型的武装基干队伍。

1936 年，组织起琼崖红军游击队澄临支队。1937 年，中共临高县委重新恢复建立，冯安全任书记，符英华任县委委员、宣传部长兼中共临北临西区委书记。全县党支部发展到46个，党员达100多人，先后成立临东、临西、临南、临北4个区委。1938年12月5日，琼崖红军游击队在云龙改编为广东民众抗日自卫团第十四区独立队（史称“云龙改编”），临高县共产党组织领导的人民武装力量编入独立总队第三大队第八中队，马白山任大队长，符英华任副大队长兼第八中队长。1939年11月，符英华率10多名精干战士，化装成农民，潜入“美良日本维持会”，击毙日伪维持会长钟锦章。1940年10月，符英华率第二大队配合覃威的第一大队攻打在澄临交界地的国民党县府，活捉国民党临高县政府经济大队长陈金镜。1941年7月，儋临联合办事处（临高县抗日民主政府的前身）在木排抗日根据地山潭成立，符英华被任命为主任（县长）。1942年4月，儋临办事处分开，成立临高县抗日民主政府，符英华仍担任县长。抗日战争胜利后，符英华继续担任临高县民主政府县长，留在木排根据地领导军民进行战斗。1948年10月，符英华调离临高，担任琼崖临时民主政府财政科长。

1950年初，琼崖特委指派符英华回临高县，接应和配合野战军渡海作战，解放海南。1950年5月，符英华任海南军事接管委员会军事代表。海南解放后，符英华曾任海南农林局人事科长、海南水产局局长等职。由于个性耿直，敢于直言，在历次运动中，屡受迫害。1958年，广东省开展反地方主义运动，符英华被定为“临高反党集团”头头，被撤销党内外职务、降级处分，入狱5年。在“文化大革命”中遭到迫害，被捕入狱2年。中共十一届三中全会后，拨乱反正，为符英华平反昭雪，恢复名誉。

1985年12月，符英华正式离休，享受地专级待遇（正局级）。

林兴生（1945—2007），临高县和舍镇茶胡村委会人，中共党员，1995年海南省劳动模范。从1978年起，他发动农民发展以种植橡胶为主的热带作物生产，利用荒墟荒地种植橡胶、杧果、胡椒。种植橡胶166.67公顷，杧果55.67公顷，年创产值达80万元。不少农户依托这些经营生产，家庭收入逐年增加。他积极拓宽经营生产门路，兴办乡镇企业，壮大集经济。1982年，创办胶厂1个。1993年，跨县承包胶厂1个和新办砖厂1个。1994年，创办种植杧果场1个，上缴利税18万元。同年，该区的几个乡镇企业固定资产总值110万元，年总产值550万元；管区农民人均年收入1600元，全区有92户农民年收入超万元，占全区农户总数的27.3%。

在发展经济的同时，他注重精神文明建设。从1988年起，他从管区积累基金中拿出50多万元，兴建一幢教学楼，架设几万米的输电线路，实现村村通电。他热心支持公益事业，几年来累计投入扶贫资金100多万元，用于帮助贫困户解决生产资金的难题，对8户孤寡老人和残疾人给予生活救济。1995年，被评选为海南省劳动模范。

第二章　人物表

第一节　1986—2010年临高籍省级以上劳动模范、先进工作者名录

一、全国先进工作者

1986—2010年临高籍全国先进工作者一览表

表19-2-1

姓名	性别	出生年月	民族	籍贯	荣誉名称	获奖年度	授奖单位
刘春花	女	1954年2月	汉族	海南临高	全国先进工作者	2000年	国务院
王永茂	男	1956年10月	汉族	临高调楼	全国土地系统优秀局长	1996年	国家土地管理局
王　勇	男	1964年12月	汉族	临高南宝	全国1%人口抽样调查先进个人	1996年	国家统计局
符成辉	男	1970年3月	汉族	临高加来	全国特级优秀人民警察	2005年	公安部
					全国“五一劳动奖章”	2007年	国务院

说明：以评选时间先后为序

二、全国劳动模范

1986—2010年临高籍全国劳动模范一览表

表19-2-2

姓　名	性别	出生年月	民族	政治面貌	籍贯	荣誉名称	获誉年度	授奖单位
陈振长	男	1933年11月	汉族	中共党员	海南临高	全国劳模	1989年	国务院
刘汉勇	男	1935年11月	汉族	中共党员	海南临高	全国劳模	1995年	国务院

续表 19-2-2

姓　名	性别	出生年月	民族	政治面貌	籍贯	荣誉名称	获誉年度	授奖单位
庞明雄	男	1957 年 3 月	汉族	中共党员	海南临高	全国劳模	2005 年	国务院
陈让丰	男	1962 年 1 月	汉族	中共党员	海南临高	全国劳模	2010 年	国务院

三、省劳动模范

1986—2010 年临高籍省劳动模范一览表

表 19-2-3

姓　名	性别	出生年月	民族	政治面貌	籍贯	荣誉名称	获誉年度	授奖单位
林忠财	男	1946 年 10 月	汉族	中共党员	临高	海南省劳模	1990 年	海南省人民政府
林忠仁	男	1953 年 9 月	汉族	中共党员	临高	海南省劳模	1995 年	海南省人民政府
林海深	男	1962 年 5 月	汉族	中共党员	临高	海南省劳模	1995 年	海南省人民政府
林兴生	男	1945 年 3 月	汉族	中共党员	临高	海南省劳模	1995 年	海南省人民政府
杨兰英	女	1962 年	汉族	中共党员	临高	海南省劳模	2000 年	海南省人民政府
黄达灵	男	1954 年 9 月	汉族	中共党员	临高	海南省劳模	2005 年	海南省人民政府
邓方灵	男	1972 年 9 月	汉族	中共党员	临高	海南省劳模	2009 年	海南省人民政府

四、省先进工作者（先进个人）

1986—2010 年临高籍省先进工作者（先进个人）一览表

表 19-2-4

姓名	性别	出生年月	民族	政治面貌	籍贯	荣誉名称	获誉年度
陈才安	男	1955 年 7 月	汉族	中共党员	临高	海南省先进工作者	1990 年
王捍红	男	1957 年 8 月	汉族	中共党员	临高调楼	“青年建设者”奖章 海南特区优秀共产党员	1991 年 1997 年
黄彤强	男	1951 年 10 月	汉族	中共党员	临高调楼	海南省乡镇企业先进工作者	1994 年

续表 19-2-4

姓名	性别	出生年月	民族	政治面貌	籍贯	荣誉名称	获誉年度
王　健	男	1964 年 10 月	汉族	中共党员	临高波莲	共青团海南省“十大岗位杰出能手”	1999 年
王成刚	男	1960 年 6 月	汉族	—	临高	海南省地方税务局授予“青年卫士”	1999 年
王　峰	男	1963 年 3 月	汉族	中共党员	临高调楼	海南省国家税务局税收宣传先进个人	2000 年
王　勇	男	1964 年 12 月	汉族	中共党员	临高南宝	海南省第五次人口普查先进个人	2001 年
王青术	男	1977 年 8 月	汉族	中共党员	临高美良	海南省第五次人口普查先进个人	2001 年
王健强	男	1954 年 9 月	汉族	中共党员	临高加来	海南省人民政府“十佳校长”	2002 年
廖福华	男	1965 年 9 月	汉族	中共党员	临高	海南省先进工作者	2009 年
陈朝荣	男	1960 年 6 月	汉族	中共党员	临高加来	海南省先进工作者	2009 年
林明剑	男	1972 年 9 月	汉族	中共党员	临高南宝	海南省抗洪救灾先进个人	2010 年
王　宋	男	1974 年 12 月	汉族	民建	临高波莲	海南省抗洪救灾先进个人	2010 年

五、全国妇联系统劳动模范

1986—2010 年临高籍全国妇联系统劳动模范一览表

表 19-2-5

姓名	性别	籍贯	工作单位	颁奖单位	获奖时间
杨兰英	女	临高县博厚镇	博厚镇西田村妇代会主任	全国妇联	1999 年

六、全国三八红旗手

1986—2010年临高籍全国三八红旗手一览表

表19-2-6

姓名	性别	籍贯	工作单位	颁奖单位	获奖时间
杨兰英	女	临高县博厚镇	博厚镇西田村妇代会主任	全国妇联	1999年
王三姐	女	临高县东英镇	东英镇头洋下村村民	全国妇联	2003年

第二节 临高县百岁老人

1986—2010年临高县百岁老人一览表

表19-2-7

单位	姓名	性别	出生年月	年龄	家庭住址	备注
皇桐镇	张俊文	男	1910年9月	100岁	美本村委会美本村	—
	陈桂芬	女	1910年2月	100岁	文贤村委会文贤村	—
	王家模	男	1905年6月	105岁	和正村委会和正村	—
	王爱花	女	1909年1月	101岁	和正村委会礼义村	—
	吴玉英	女	1910年7月	100岁	美香村委会密仓村	—
	陈宝三	男	1910年9月	100岁	美香村委会密仓村	—
	劳敦才	男	1909年6月	101岁	洋黄村委会洋黄村	—
	符桂英	女	1910年3月	100岁	龙波村委会美堂村	—
	王照英	男	1909年5月	101岁	富雄村委会富雄村	—
	许春花	女	1909年8月	101岁	富雄村委会阶南村	—
	陈玉美	女	1908年2月	102岁	头文村委会头文村	—
	陈玉梅	女	1907年9月	103岁	头文村委会头文村	—
	王桂连	女	1908年10月	102岁	头文村委会美梅村	—
	王玉咬	女	1908年10月	102岁	头文村委会博德村	—
和舍镇	符美英	女	1910年8月	101岁	新风村委会群朝村	—
	符美降	女	1909年3月	102岁	新风村委会和兴村	—
南宝镇	李成气	男	1909年3月	101岁	好贤村委会好贤村	—
	庞永华	男	1900年8月	102岁	松梅村委会甘郎村	—

续表 19-2-7

单位	姓名	性别	出生年月	年龄	家庭住址	备注
新盈镇	林正积	男	1907 年 3 月	103 岁	新盈村委会隆安村	—
	黄才弯	女	1908 年 11 月	102 岁	新盈村委会隆安村	—
	钟不尾	女	1908 年 3 月	102 岁	新兴居委会东风街	—
	郑不七	女	1909 年 2 月	101 岁	仓米村委会仓米村	—
	林琼英	女	1901 年 6 月	108 岁	龙兰村委会龙兰村	2009 年病故

附 录

一、文件辑录

临高县人民政府
关于在全县开展农村综合改革的通知

各镇人民政府，县政府直属各单位：

为推行临高县农村综合改革，巩固农村税费改革成果，促进农村经济社会全面进步，推进社会主义新农村建设。根据海南省人民政府《关于在全省开展农村综合改革的通知》（琼府〔2008〕79号）精神，结合临高县实际，县政府决定在全县推行农村综合改革。现将有关事项通知如下：

一、农村综合改革的重大意义

通过推进农村综合改革，切实解决农村税费改革的一些遗留问题。调整国民收入分配结构，扩大公共财政覆盖农村范围。转变基层政府职能，为新农村建设提供动力源泉和体制保障。

二、农村综合改革的目标

至2009年底，基本完成乡镇机构、农村义务教育、县乡财政管理体制改革任务，建立精干高效的农村行政管理体制和服务广泛的社会公益服务体系、覆盖城乡的公共财政制度、政府保障的农村义务教育体制，促进农民减负增收和农村社会事业发展，全面推进社会主义新农村建设。同时建立制止新债化解旧债的乡村债务管理机制，到2010年，基本完成全县农村义务教育债务的化解工作。

三、农村综合改革的主要内容

（一）乡镇机构改革

建立行为规范、运转协调、公正透明、廉洁高效的基层行政管理体制和运行机制；健全农业社会服务体系，加快农村社会事业发展，为农民提供更多的公共服务；调整乡镇政府机构，严格控制领导职数，改革和整合乡镇事业站所。全面推行乡镇人员编制实名制管理，建立编制、人事、财政等部门协调机制，确保5 年内乡镇机构编制和财政供养人数只减不增。按照国家规定做好乡镇事业单位人员社会保障工作，妥善安置分流人员。

（二）农村义务教育管理体制改革

建立和完善政府投入办学、各级责任明确、财政分级负担、经费稳定增长的农村义务教育经费保障机制；配合财政部门清理化解义务教育债务，建立健全农村义务教育债务监控体系和新债责任追究制度，坚决制止发生新的债务；完善农村义务教育“以县为主”的管理体制，进一步完善镇中心学校管理机制；建立健全农村中小学预算编制制度，对农村中小学经费实行“校财局管”； 进一步规范农村中小学收费管理；深化教育人事和分配制度改革，完善中小学教师和校长聘任管理体制，教师岗位聘任制度，严格执行教师资格准入制度，建立教育教学质量监测考评制度；建立农村中小学现代远程教育体系；深化和推进基础教育新课程改革。

（三）县乡财政管理体制改革

建立健全与事权相匹配的县乡财政管理体制，按照公共财政管理要求，建立以国库单一账户体系为基础，以国库集中收付为主要形式，实行“镇财县管镇用”；进一步规范镇级财政收支行为，强化财政监督，提高资金使用效益，防范和化解债务风险，切实提高乡镇政府和村组织经费保障能力；进一步加大支农资金整合力度。建立和完善农村“一事一议”公益事业财政奖补政策，逐步形成以政府投入为引导、农民积极筹资投劳、社会力量广泛参与的多元化投入体系。积极探索农村公益事业产权制度改革，确保农村基础设施和公益事业健康发展。

（四）化解乡村债务及义务教育债务

建立乡村债务及义务教育债务化解有效机制，县财政局要出台清理债务方案，对历史上形成的乡村债务，按债务的来源和用途，分类登记造册，制定偿债计划，建立债务台账和债权债务数据库，实行动态管理，全面铺开债务化解工作。今年6月前完成2002年前义务教育所有债务化解。至2010年，基本完成农村义务教育债务化解工作。

各镇政府要采取有效措施，坚决制止发生新的乡村债务。要把制止新债、化解旧债作为考核乡镇干部和村干部任期目标和工作实绩的重要内容，建立健全乡村新债责任追究和领导干部离任债务审计制度。

（五）建立健全农民负担监督管理机制

严格规范涉及农民负担的行政事业性收费、罚款等管理，加强对涉及农民负担文件出台、项目公示的审核。深入开展对农村义务教育和农民建房、殡葬、计划生育等方面乱收费、乱罚款、乱集资的专项治理，重点加强对农业灌溉水费电费、排涝排渍收费等经营性收费和农业生产资料价格等生产性收费的监管。加强对村级组织收费的监管，进一步规范村级组织开支范围和标准。严禁有关部门或单位委托村级组织向农民收取税费，严禁将部门或单位经费缺口转嫁给村级组织，严禁村级组织擅自设立项目向农民收费，或采用押金、违约金、罚款等不合法方式约束村民管理村务。加强村级财务管理，规范村级会计代理制等管理办法，促进村级财务监管工作经常化、规范化和制度化。

（六）建立村民“一事一议”筹资筹劳管理制度

按照“农村自愿、直接受益、量力而行、民主决策、合理限额”的原则，建立村民“一事一议”筹资筹劳管理制度，用于农田水利、道路、桥梁、村容村貌等建设，推进社会主义新农村建设。防止和纠正违背农民意愿超范围超标准向农民筹资筹劳的行为。加强对农民专业合作经济组织收费的监管，保护农民专业合作经济组织及其成员的合法权益。做好财政对农民补贴补偿和对村级补助资金的监管。

四、实施时间、步骤

（一）宣传发动与制定方案阶段（2009 年 1 月 1 日至 2009 年 5 月 31 日）

这一阶段的主要任务：（1）成立县农村综合改革领导小组，负责农村综合改革的全面工作。人员由县委办、政府办、纪检、监察、组织部以及财政局、编办、教育局、农业局等有关负责人组成。领导小组下设农村综合改革领导小组办公室（简称综改办），地点设在财政局。主要负责协调农村综合改革各项日常事务。（2）制定和印发改革方案及有关配套政策，各有关改革方案主要由县财政局、编办、教育局、农业局制定并报县委县政府批准。（3）召开全县会议动员，布置农村综合改革具体任务，全面铺开改革工作，开展必要的培训工作。

（二）落实改革方案阶段（2009 年 6 月 1 日至 2009 年 10 月 30 日）

在县农村综合改革领导小组的统一领导下，县编办、教育局、财政局、农业局负责落实各自改革方案。具体步骤安排如下：

（1）县编办：2009 年 10 月份前完成乡镇机构设置、核定编制和领导职数、调整配备人员；认真组织好竞争上岗工作，妥善做好人员分流安置工作；2009 年 10 月份前完成乡镇机构改革的有关事项。

（2）县教育局：与财政部门共同做好义务教育债务的清理和化解，争取今年 6 月份前完成 2002 年前债务的化解；2009 年 10 月份前完成农村义务教育管理体制改革的有关事项。

（3）县财政局：2009 年 10 月份前建立完善国库集中支付体系，实行“镇财县管镇用”（该项改革 2008 年已率先开展）；2009 年 6 月份前完成 2002 年前的义务教育化解；2009 年 10 月份前完成乡镇财政管理体制改革的有关事项。

（4）县农业局：2009 年 5 月份前完成“一事一议”筹资筹劳的范围及对象的调查摸

底，健全农民负担监督管理机制 “五项制度”有关工作的调查摸底和归类清理，2009年6月份至2009年10月份在乡镇全面铺开；2009年10月份前完成乡镇村级“一事一议”筹资筹劳和健全农民负担监督管理机制的有关事项。

（三）检查验收、整改及总结阶段（2009年11月1日至2010年3月30日）

（1）检查验收：2009年11月至12月底前（具体时间另行通知），在县农村综合改革领导小组的监督指导下，由县委、县政府、纪检、编办、人劳、财政、教育、农业等单位抽调人员组成检查组，对各项改革开展的情况进行检查及指导，并对存在的问题提出整改意见。

（2）整改：2010年1月至2010年2月10日，县编办、教育、财政、农业等各牵头单位对检查中存在的问题进行整改，达到改革预期目标。

（3）总验收及总结：2010年2月11日至2010年2月底（具体时间另行通知），由县委、县政府、人大、纪检、监察、组织等部门组成检查组，对各项改革工作进行检查评估。经评估验收后，形成工作总结，报省主管单位备案。

五、职责分工和要求

1. 具体分工：临高县的农村综合改革工作在县委、县政府的领导下，由县农村综合改革领导小组组织实施，县综改办负责协调、联络和综合指导工作。各部门具体分工负责，并相互配合。县人事劳动保障局、县编办负责乡镇机构改革工作（附件1）；县教育局负责农村义务教育管理体制改革工作（附件2）；县财政局负责财政管理体制改革（附件3）；县农业局负责建立健全农民负担监督机制工作和村级一事一议筹资筹劳管理工作（附件4、5）。

2. 工作要求：县编办、财政、教育、农业等各牵头单位要按照职责分工要求，制定本单位的改革工作事项完成时间表。定期开展工作小结，及时研究新情况、新问题，提出解决问题的对策和措施方案。建立工作办结制度，每月把工作情况上报到县综改办。要坚持主要领导亲自抓、负总责，层层落实责任。充实人员，健全工作制度，明确目标和任务。同时，必须充分认识这项工作的艰巨性、复杂性和长期性，做好打攻坚战、持久战的心理准备，本着对广大农民负责、对国家负责、对历史负责的态度，组织落实好这一重大改革。各镇政府要认识到此次改革工作的重要性和紧迫性，认真传达农村综合改革的工作精神，主动配合县编办、财政局、教育局、农业局等部门开展各项改革工作。

3. 责任：落实工作责任，县委将根据检查验收情况，对完成较好的单位给予通报表彰，对工作进展缓慢、相互推诿扯皮、没有按时完成的单位进行通报批评，并对主要领导及相关负责人进行通报批评，情节严重者将按照领导干部党纪党风有关规定由组织、监察部门对其进行诫勉谈话及处分。

2009年6月18日

附件 1：

临高县乡镇机构改革工作方案

为认真贯彻落实海南省人民政府《关于在全省开展农村综合改革的通知》(琼府〔2008〕79 号)精神，努力构建更具活力的体制机制，巩固农村税费改革成果，促进农村经济社会事业全面发展，推进社会主义新农村建设，结合临高县的实际情况制定本方案。

一、指导思想与基本原则

(一)指导思想：以“三个代表”重要思想和党的十七大精神为指导，以促进社会主义新农村建设、构建社会主义和谐社会为目标，认真贯彻落实科学发展观要求，通过体制和机制创新，加快建立行为规范、运转协调、廉洁高效的行政管理体制和运行机制，建立公益目标明确、投入机制合理、监管制度完善、治理结构规范、微观运行高效的事业单位管理体制和运行机制，全面推进临高县乡镇机构改革，为促进农村经济社会事业全面发展、加快社会主义新农村建设提供体制保障。

(二)基本原则：一是坚持精简、统一、效能的原则。二是坚持责权一致的原则。三是坚持因地制宜的原则。四是坚持政事分开、事企分开，实行统一综合管理和分类改革的原则。

二、主要内容

改革的主要目标是明确乡镇政府促进经济发展、加强社会管理、搞好公共服务、维护农村稳定等主要职能，建立服务型和法治型政府。改革的主要内容是转变政府职能、理顺关系，整合事业站所，精减人员编制。

(一)转变职能

1. 调整乡镇政府的经济管理职能，切实把工作重点从直接抓生产经营、催种催收等具体事务，转到为农户和各类经济实体进行示范引导、提供政策服务以及营造发展环境上来。引领农村富余劳动力转移，促进农民增收；引导和促进农民专业合作经济组织发展，提高农民进入市场的组织化程度。乡镇政府不得包办企业投资决策，不得代替企业招商引资，不得直接干预企业、农民的生产经营活动，不得为企业提供担保。乡镇党政机关工作人员不得在企业中兼职。同时将事业站所中生产经营、市场化程度高的职能实行市场化运作。

2. 加强乡镇政府的社会管理职能，宣传落实好党和国家的法律法规和方针政策。按依法行政的原则，事业站所要把原承担的行政管理、执法职能划归县职能部门或乡镇政府。加强社会治安综合治理，及时化解农村社会矛盾，切实维护公民合法权益，确保社会稳定。扩大和健全农村基层民主，引导农民运用“一事一议”等办法有序参与村级事务管理，推进社会主义新农村建设。

3. 提高乡镇政府的公共服务水平。围绕发展农村经济，着力抓好农田水利基本建设和改善农民公共生活设施；将科研、技术推广指导、文化传媒和服务等职能由新组建和保留的事业单位承担，健全农业社会服务体系；积极开展社会保障服务，通过建立农村新型合作医疗制度、开展农村低保等扶贫解困工作，加快农村社会保障体系建设；大力发展农村文化教育和群众体育活动。同时，乡镇党委要进一步支持乡镇人大的工作，明确乡镇人大行使权力的具体范围和程序，强化乡镇人大及其主席团对乡镇政府的监督。加强和改善对共青团、妇联等群众团体的领导，充分发挥其桥梁纽带作用。

（二）理顺关系

1. 理顺县政府与乡镇政府的关系。由县级政府部门承担的责任，不能转给乡镇政府承担。乡镇政府应配合上级有关部门做好安全生产、土地管理、环境保护和市场监管等工作，上级有关部门需要乡镇党委、政府配合工作的，要提供必要的财力保障，并赋予相应的办事权限。县级机关要转变领导方式和工作方式，严格控制对乡镇党政领导的“一票否决”事项，清理、取消形式主义的达标评比活动。对乡镇的考核工作由县委、县政府组织实施。不能把不属于乡镇职能范围的事项列入工作考核内容。

2. 理顺乡镇党委、政府及内设机构之间的关系。乡镇党委、政府内设机构不搞党政分开，提倡乡镇党政干部交叉任职。在乡镇行政机构设置上实行综合设置，人员实行动态管理。

3. 理顺县级部门派驻机构与乡镇的关系。县级部门派驻乡镇机构的党组织关系按照规定实行属地化管理，其主要领导的调动、任免要事先征求乡镇党委的意见。乡镇党委、政府要切实加强对县级部门派驻机构的协调和监督。

（1）涉农和直接为农村服务的机构（改革前指水利站、林业站、畜牧站、农业服务中心“2002 年乡镇机构改革时由农经站、农机站、农技站合并而成”、文化广播中心、劳动保障服务中心。改革后指农业服务中心和社会事务服务中心），以乡镇政府管理为主，县直有关部门负责业务指导。

（2）教育卫生医疗机构，行政、业务上接受县主管部门领导，乡镇政府要协助做好农村义务教育工作和公共卫生管理工作。

（3）具有监督检查和执法（执行）职能的机构，实行县级主管部门的垂直管理。单位领导人的任免事先征求乡镇党委、政府的意见。

4. 理顺乡镇与村（居）民委员会、农村经济组织的关系。加强和改进对村级党组织的领导，健全村党组织领导下的充满活力的村民自治机制，指导、帮助村（居）民委员会依法开展村民自治活动。协调好各服务中心、农村经济合作与社会中介组织的关系，加强农户与市场的联系；协调村（居）民委员会、农户与信用社等农村金融组织的关系，为农业生产提供资金保障；协调村（居）民委员会与各种经济组织的关系，严格制止损害农民利益的行为，防止农民负担反弹。

（三）机构设置和职能配备

乡镇机构设置，按照精简、统一、效能、适用的原则，不搞上下对口、不搞一事一职。

1. 行政机构设置和职能配备。乡镇机关设党政综合办公室（加挂“社会治安综合治理办公室”牌子）、经济发展办公室、社会事务办公室（加挂“计划生育办公室”牌子）3个内设机构。

（1）党政综合办公室（加挂“社会治安综合治理办公室”牌子）主要承担乡镇党委、政府的日常事务；负责社会治安综合治理、社会稳定、工青妇及各部门各方面的综合协调工作；负责村镇规划建设和城市环境卫生、路政设施等镇容镇貌管理工作。督促检查有关工作的落实和做好各种统计报表工作。

（2）经济发展办公室主要负责本镇经济建设、农业发展规划与技术推广、农田水利建设与基本农田保护、第三产业发展规划、环境与自然资源保护，公有资产管理、农村集体土地管理、投资发展环境的营造等指导工作；负责协调财税、工商、金融等部门关系及其他与经济发展相关的工作。

（3）社会事务办公室（加挂“计划生育办公室”牌子）主要承担科教文卫事务，农村新型合作医疗、民政优抚、民族宗教、农村低保、劳动和社会保障等事务的管理和监督工作，协调与社会事务相关的其他工作；主管全镇人口与计划生育工作；负责计划生育法律法规政策和人口理论的宣传、贯彻和执行；做好人口计划的编制和统计上报工作。

（4）人大、纪委、人武部、工会、团委、妇联等机构按有关法律、章程规定设置。

2. 事业单位机构设置和职能配备。要有利于服务职能发挥、有利于创新服务方式进行优化综合设置。对涉农服务单位要积极发挥为农业服务功能，根据实际情况，稳定农业技术服务单位，将涉农技术服务单位综合设置为农业服务中心，将涉及社会公共事务服务单位综合设置为社会事务服务中心；在卫生院加挂“乡镇计划生育技术服务中心”牌子。原事业站所（中心）全部予以撤销。

（1）农业服务中心负责对农业技术服务管理。主要承担本镇农业、林业、水利、畜牧业生产技术的推广、指导和服务，动植物防疫、检疫，水土保持监测等涉农服务职能。

（2）社会事务服务中心承担本镇文化、体育、广播、劳动保障、就业指导、人才开发、社区建设和机关后勤等公共服务职能。

（3）卫生院主要承担本镇公共医疗、公共卫生防疫和计划生育技术指导和服务等公益服务职能。

（四）编制调整

1. 全县镇级行政编制由477名减为429名，减少48名，精简10%。

2. 合理配备财政预算管理事业编制。为确保基本工作力量，同时考虑财政承受能力，乡镇非教育卫生事业单位的财政预算管理事业编制总量平均核定30名（其中农业服务中心平均为16名）。根据土地面积、人口、经济规模和财政收入等因素具体核定各镇的事业编制。乡镇事业站所（中心）整合后，现有人员只出不进，实行自然减员逐步消化。其他条件成熟的服务性机构可改制为经济实体或中介服务组织，由乡镇政府通过项目招标、签订合同、政府采购等方式向其购买服务，将财政拨款逐步由“养人”为主向“养事”为主转变。

3. 严格控制乡镇财政供养人员。乡镇行政编制和事业编制一律由省一级实行总量控制管理，县级在总量内调剂使用，确保5年内乡镇财政供养人员只减不增。逐步推行“实名制管理”和“进人控编通知单”等管理办法。乡镇一律不得超编进人，坚持凡进必考的原则招录新进人员。上级业务部门不得以任何形式干预乡镇的机构设置、编制和领导职数的核定，不得对乡镇的机构编制做出规定。部门下发文件和召开会议擅自涉及乡镇机构编制事项的，一律不得作为依据。

（五）党政领导职数配置

1. 乡镇党委领导职数。每个镇党委设党委委员5～7名，其中：党委书记1名（兼人大主席），副书记1～2名（1名副书记兼镇长）。兼任副镇长的党委委员1～2名；兼任其他职务的党委委员2～3名。

2. 乡镇政府领导职数。镇长1名，副镇长2名（规模较大的镇可多配备1名副镇长）。人大、纪委、人民武装部、工会、团委、妇联等领导的配备按有关规定执行（各镇人大主席团设专职副主席1人，党委委员兼纪委书记，党委委员兼人民武装部部长，专职副书记兼工会主席，团委书记、妇联主席由党政办人员兼任）。

三、妥善做好人员分流安置工作

根据国家和我省有关规定，妥善做好人员分流安置工作。对乡镇现有人员进行身份认定，清退没有正式组织人事录用手续和劳动用工手续的人员。在此基础上，根据新的机构、编制和领导职数，实行全员竞争上岗。对没有上岗的人员，要妥善做好人员的分流安置工作，不得混编混岗。人员分流安置具体实施方案由县委组织部、县人劳保局、县编办制定。

四、组织领导与实施步骤

乡镇机构改革工作力争在2010年3月底前完成。共分三个阶段实施。

（一）调查摸底阶段（2009年1月至2009年5月）

各镇负责提供本镇的机构和人员编制情况报县编办汇总后上报省编办备案。县编办在省编办的具体指导下制订乡镇机构改革工作方案，报县委、县政府审定后组织实施，并报省编办备案。

（二）组织实施阶段（2009年6月至2009年10月）

各镇要按照临高县乡镇机构改革工作方案的要求，认真组织本镇党政机构改革，按时上报党政机构“三定”方案和事业单位“六定”方案。按照方案的规定设置机构、核定编制和领导职数、调整配备人员；认真组织好竞争上岗工作，妥善做好人员分流安置工作。

（三）检查验收阶段（2009年11月至2010年3月）

县编办会同县财政局等有关部门，对各镇党政机构改革工作进行检查验收，并将情况上报县委、县政府。

五、工作要求

（一）高度重视，严密组织。

各级党委和政府要提高对乡镇机构改革重要性和必要性的认识，统一思想，加强领导，严密组织。

（二）严格措施，严肃纪律。

纪检、财政、人事劳动保障、档案等有关部门要制定相应的配套措施，保持改革过程正常的工作秩序，要严肃纪律，防止违规违纪等现象的发生。

（三）思想工作到位，确保社会稳定。

要加强思想政治工作，保证改革工作按要求、有计划、分步骤有序进行；全体人员要顾全大局，服从组织安排；要认真听取群众意见，及时做好解释工作，把工作做深做细，保持社会稳定；对不服从组织安排、经批评教育仍不改正的，应按有关规定予以处理。

附件2：

临高县农村义务教育管理体制改革实施方案

为贯彻落实全省农村综合改革动员大会精神，进一步完善临高县农村义务教育管理体制，促进农村义务教育持续健康发展，根据临高县农村义务教育管理工作的实际，制定本实施方案。

一、指导思想

以邓小平理论、“三个代表”重要思想和科学发展观为指导，贯彻落实《中共海南省委、海南省人民政府关于优先发展教育的决定》（琼发〔2004〕11号）、《海南省农村义务教育十年发展规划》（琼府〔2004〕37号）、《海南省农村义务教育经费保障机制改革实施方案》（琼府办〔2007〕8号）、《海南省人民政府政府在全省开展农村综合改革的通知》和《中共临高县委、临高县人民政府关于加强教育工作的决定》（临发字〔2008〕13号）精神。坚持“巩固成果、深化改革、提高质量、持续发展”的方针，建立和完善各级政府责任明确、财政分级投入、经费稳定增长、管理以县为主的农村义务教育管理体制，加快临高县农村教育的改革与发展。

二、主要内容

（一）进一步完善农村义务教育“以县为主”的管理体制

1. 认真落实“以县为主”的管理体制。明确县政府管理职责，组织实施农村义务教育，切实解决好农村义务教育管理的权责结合、人财事相对统一管理问题。研究制定本地农村教育改革与发展规划；县教育主管部门要积极推动农村教育教学改革，加强教师队伍建设，提高教育质量；县发改部门要把教育发展纳入经济社会发展总体规划，优先予以支持；县财政部门要充分发挥公共财政的职能，为教育改革与发展提供资金保障；县人劳、编办等部门要加强对教师编制管理；县公安、工商、文化等部门要加强校园周环境整治，确保师生安全。政府其他部门也要根据本部门的职能，解决农村教育改革发展中需要解决的实际问题和困难；各镇政府和村委会要切实承担其发展义务教育的相关责任，积极筹措教育经费，努力提高教师待遇，改善办学条件，划拨新建、扩建校舍和学生综合劳动教育实践基地所必需的土地，组织适龄少年儿童按时入学，严格控制义务教育阶段学生辍学，维护学校师生安全和维持正常的教学秩序。

2. 进一步完善镇中心学校管理机制。镇有关教育工作由镇长直接负责，在核定的行政编制内确定1~2名助理和干事管理具体教育事务，并接受县级教育行政部门指导。镇教育教学业务工作由镇中心学校校长负责，镇中心学校直接管理完全小学和教学点。

3. 完善督导检查机制。加强对镇政府教育工作督导评估，每两年对镇一把手进行教育目标考核，把督导评估结果作为考核领导干部政绩的主要内容；加强对学校的督导评估工作，建立健全对农村学校教师、学生的科学评价机制，促进学校办学水平的提高。

（二）进一步完善并落实以政府投入为主的农村义务教育经费保障机制

4. 完善公用经费保障机制。按照中央和省确定的资金分担比例，将公用经费补助资金等纳入年度财政预算，并及时足额拨付到学校。

5. 建立健全中小学校舍维修改造长效机制。每年安排一定资金用于学校教学辅助用房建设和校舍维修改造。建立定期对危房勘查、鉴定制度，对学校危房实施监管。

6. 完善资助家庭经济困难学生就学制度。成立贫困学生资助管理中心。落实国家免费提供教科书政策，做好免费教科书的发放与管理。

7. 巩固并完善现行教师工资保障机制。严格执行工资专户管理和财政直发制度，确保农村中小学教师工资按照国家和省规定的标准及时足额发放。

根据《海南省提高义务教育中小学教师岗位绩效津贴暂行办法》（琼府〔2007〕64号）的规定将岗位津贴绩效津贴纳入县财政统一发放。制定中小学教师岗位绩效津贴校内指导性分配方案，建立并不断完善绩效考核制度，充分发挥岗位绩效津贴对中小学教师的激励作用，加强对各学校实行提高岗位绩效津贴分配工作的监督、检查。

8. 保证农村税费改革后财政转移支付资金按省规定标准拨付给教育，城市教育费附加全额划拨给教育。

（三）加强对农村义务教育经费与资产使用的监督和管理

9. 依法做好教育经费预算与管理。每年向县人民代表大会报告教育部门预算和决算执行情况，接受监督；确保农村义务教育保障机制改革资金在各级预算中单列，专款专用，不得挪作发放教师工资、津补贴和偿还债务等。

10. 农村中小学经费全面实行"校财局管"。建立健全农村中小学校预算编制制度，全县范围内中小学的各项收支统一编入县级财政预算，县教育局要会同县财政局研究制定农村中小学预算管理办法，以中小学校为基本预算单位，建立县财政局→县教育局→各中小学校三级预算编制与管理体系；严格按照统一性、完整性、公平性的原则和规范的程序，按部门预算的要求细编预算，并由县财政局按照财政国库制度的规定办理资金拨付。

11. 坚决制止乱收费。从2009年春季学期起免除农村义，务教育阶段公办学校的住宿费、取消义务教育借读费。加强收费的监督检查，严肃查处违规行为。

12. 各中小学校要严格按规定范围和标准合理使用公用经费，定期公布收支情况，严禁挪作他用。县财政、教育、审计、物价等部门要加大教育经费使用的监督和审计力度，严禁任何部门和单位以任何理由截留、挤占、挪用教育经费。

13. 清理化解义务教育债务。按规定时间完成所有债务化解工作。建立健全农村义务教育债务监控体系和新债责任追究制度，坚决制止发生新的债务。

（四）调整中小学布局结构，科学配置教育资源，推进义务教育均衡发展

14. 将新盈中心学校办成寄宿制中心学校，撤销新盈镇良爱小学、洋所小学并入新盈镇中心学校。撤销多文镇美山小学并入东江学校，撤销临城镇大坡小学并入海南临高思源

实验学校，将临城二小改设为教学点，只保留1至3年级，4至5年级学生并入海南临高思源实验学校。

（五）加强校长和教师队伍建设，大力推进人事和分配制度改革

15. 加强农村学校校长管理体制改革。依法完善中小学教师和校长的聘任管理体制，高级中学和完全中学校长由教育行政部门推荐、参与考察，按干部管理权限聘任；其他中小学校长由县教育行政部门选拔聘用并归口管理。实行中小校长公开选聘，强化校长任期目标责任制。

16. 加强教师队伍管理。严格执行教师资格准入制度，对新任教师实行公开招聘、凡进必考；加强教师流动管理,教职工调动原则上在寒、暑假进行；严格编制管理，任何单位和部门不得违反规定占用或变相占用中小学教职工编制；加强教师培养培训工作，加大师资培训力度，建立教师培训经费保障机制；完善教师岗位聘任制度；进一步健全和完善教职工考核制度，调整优化教职工队伍结构。

（六）加大农村中小学基础设施投入力度，实施中小学校标准化建设工程

17. 加大投入，贯彻落实教育部发布的《农村普通中小学校建设标准》和《“中小学理科实验室装备规范”等四个教育行业标准》的精神，继续实施农村薄弱学校改造、新农村卫生新校园建设、农村初中改造等工程，不断提升农村中小学基础设施水平，实现中小学办学条件基本达标。

（七）充分发挥农村中小学现代远程教育工程的教育教学作用

18. 建立农村中小学现代远程教育工程运行保障长效机制,切实做好工程设备的维护、维修、补充更新工作，保证设备的正常运行和使用效率。

（八）推进基础教育新课程改革

19. 建立健全县课改领导机制。健全政府主导课改、保障课改机制，发挥专家指导课改、引领课改的作用。

20. 成立临高县教育培训中心，整合培训力量和资源。

三、实施步骤

全县农村义务教育管理体制工作力争在2009年12月底前完成，共分三个阶段实施。

（一）调查摸底阶段（2009年5月底前）

各级政府和有关部门要对农村义务教育情况进行调查摸底，在调查摸底的基础上，制定全县农村义务教育体制改革实施方案和相关配套文件。

（二）组织实施阶段（2009年6月至2009年10月）

各单位要按照全县农村义务教育体制改革实施方案要求，认真组织实施。对以前已经

进行的改革，进一步加以完善。本次改革主要抓好如下几项工作：1. 校财局管改革。改革的主要内容是，县财政局每年要组织农村中小学经费的预算编制工作，按规定程序和时间下达预算和用款计划，及时拨付资金。学校要做好编制完整的部门预算，按国家和省的政策规定，将学校的收入统一纳入部门预算，预算外资金一律纳入财政专户，实行收支两条线管理，按批准的年度预算向县教育局申报用款计划，定期汇报预算执行情况。2. 人事分配制度改革。全县教职工病、事假须履行严格的请假手续并按照有关规定严格办理，对于教职工擅自离岗、离职的，按有关规定严肃处理。对于教职工有违纪、违反职业道德行为的，县教育主管部门给予行政处分。实行教师绩效考核，按教师工作业绩发放绩效津贴，打破平均主义。3. 统筹规划好各中小学校标准化建设，按照国家规定的中小学校标准化建设制定方案并组织实施，力争 3~5 年内全县的中小学校建设达到标准化。

（三）检查验收阶段（2009 年 11 月至 2010 年 3 月）

县农村义务教育体制改革领导小组将组织对各单位实施农村义务教育体制改革情况进行检查验收。

四、组织领导

为加强对农村义务教育管理体制改革工作，成立临高县农村义务教育管理体制改革工作领导小组。

组　　长：王国建（县政府副县长）

副 组 长：张　华（县教育局局长）

林祖列（县财政局局长）

成　　员：苏俊仕（县教育局副局长）

王锦盛（县教育局副局长）

黄　宁（县财政局副局长）

陈　荣（县财政局副局长）

具体负责农村义务教育管理体制改革工作。

五、工作要求

（一）提高认识，统一思想

各级党委、政府和各有关部门要提高对农村义务教育体制改革重要性和必要性的认识，统一思想，加强领导，严密组织。

（二）周密部署，精心实施

各级党委、政府和各有关部门要制定相应的实施细则，周密部署、精心实施，确保改革过程顺利进行。

（三）严肃纪律，明确责任

各级党委、政府和各有关部门要改革实施过程中要严肃纪律、明确责任，认真解决改革中存在的突出问题，维护社会稳定和正常的教育教学秩序。

附件3：

临高县镇级财政管理体制改革工作方案

为了加快财政体制改革步伐，逐步建立和完善覆盖农村的公共财政管理体制，缓解镇级财政困难，遏制镇级债务，解决县镇之间财政收入分配存在的矛盾和问题，在保证乡镇资金所有权、使用权和财务审批权不变的前提下，结合国务院和省关于农村综合改革的有关要求，结合临高县实际，决定对现行的镇级财政管理体制进行改革，特制定本方案。

一、指导思想

按照公共财政管理要求，以国库单一账户体系为基础，以国库集中收付为主要形式，通过改革镇级财政管理方式，实行“镇财县管镇用”，进一步规范各镇级财政收支行为，强化财政监督，提高资金使用效益，防范和化解债务风险，促进全县经济和社会事业持续、健康发展。

二、基本原则

（一）预算管理权不变。按照预算法规定，继续实行一级政府一级预算。镇财政所负责编制本级预算、决算草案和本级预算的调整方案，组织执行本级预算。

（二）镇级资金的所有权和使用权不变原则。镇的资金所有权和使用权归各镇所有，县财政不集中、不平调。

（三）财务审批权不变原则。镇的财务审批程序按各镇目前实行的审批制度执行。

（四）独立核算主体不变原则。以镇为单位进行财务核算，结余归各镇所有。

（五）债权债务关系不变原则。镇的债权、债务仍由镇政府享有和承担。根据中央及省有关文件规定，各镇今后不准举借新债。旧债化解的资金来源由税收超收奖励、节约预算经费和镇级国有资产经营收益等三部分解决。

三、主要内容

（一）镇级财政收支包干改革

目前，临高县所有镇级地方财政收入不能自给，70%以上的财政支出由县级转移支付补助。现行的包干方式已不适应财政管理要求，要对包干方式进行改革，即镇地方财政收入不实行包干，经费拨款安排的支出实行包干管理。具体做法如下：

1. 收入管理。各镇税收收入全部上解县级库，非税收入由镇级自行支配。

2. 支出管理。镇级财政支出可分为：工资福利支出、对个人和家庭的补助、商品和服务支出（定额公用经费）、项目支出四部分。商品和服务支出、项目支出实行按年度固定包干管理；工资福利支出、对个人和家庭的补助实行动态管理。即参照县本级部门预算的做法，年初按人员支出实际需要的资金确定包干基数，包干数随着人员工资变动而增或减，县政府临时增加安排的项目支出，列入镇级专项资金收支管理。

（二）镇财县管镇用改革

"镇财县管镇用"是在镇级资金所有权和使用权不变的原则前提下，对镇级财政实行"预算共编、账户统设、集中收付、采购统办、票据统管"的预算管理方式，做到所有权、使用权与管理权、核算权相分离，由县财政部门直接管理并监督镇级财政收支。

1. 信息化管理。统一使用政府财政管理信息系（GFMIS），通过"网上申请、网上审核"，实行县级财政对镇级财政收支监控的信息化管理。

2. 账户统管。各镇财政所按县财政局的批复在镇金融机构开设"国库基本结算户""工资专户""非税收支专户"等三个财政银行专用账户，办理镇级财政资金的收支业务。

3. 集中收付。镇级税收收入全部上解县级库，非税收入先缴入镇级财政专用账户，预算内非税收入部分全部划转入镇级国库。镇级单位所有预算内支出由镇各单位根据年初预算提出用款计划，送镇财政所录入并审核、财政局复核审核、由镇财政所直接拨付到镇级预算单位银行账户，实施国库集中支付改革后，按国库集中支付程序办理。

4. 采购统办。镇级采购支出凡属集中采购范围的，由镇提出计划和申请，报县财政局审核后，交县政府采购办按有关规定统一办理，采购资金从"财政专户"直接拨付给县政府采购办或供应商。

5. 票据统管。镇级使用的行政事业性收费等票据由镇会计核算所到县财政局领取，发给各预算单位使用。票据使用严格实行"限量领用、定期核销、票款同步、以票管收"的办法。未经财税部门监制的票据均为非法票据，乡镇不得使用。

四、配套措施

（一）完善县镇财政体制

进一步完善县镇财政激励体制，尽可能增加县镇两级可用财力，以确保行政事业单位人员工资按时足额发放，保证基层政权的正常运转。同时，采取切实措施，调动和保护乡镇发展经济和组织收入的积极性，对各镇辖区的税收收入给予一定比例的奖励（具体奖励办法另行文通知）。

（二）规范镇级财务支出管理

根据镇级财政收支规模等实际情况，坚持支出执行按预算，追加支出按程序。明确镇级财政支出范围，制定各项开支标准；规范和完善财务审批程序，按照“保工资、保运转、保重点”的原则明确镇级财政支出的基本顺序，优先保证人员工资正常发放，严格控制会议、招待、小车、电话等费用开支。严禁搞劳民伤财的“形象工程”和“政绩工程”。

（三）做好清理工作

一是清理人员。从严管理镇级财政供养人员，凡属于政策规定清理清退范围的各类人员、无编制人员和自聘人员，不得纳入人员支出预算，能否给予经费补助由县政府另行确定。今后镇级行政事业单位进人一律要按规定程序办理，严格控制财政供养人员的不合理增长。

二是清理账户。对镇的账户进行全面清理，取消不经县财政局批准而在金融机构开设的所有账户。

三是清理债权债务。认真核实清理镇级债权债务，并逐一登记造册报县政府。要采取积极有效措施，努力消赤减债，在确保人员工资和必要运转经费的前提下，各镇要有计划地安排一定资金用于偿还债务。

（四）转变镇财政所管理职能

根据镇财政体制改革的需要，调整镇财政所的职能和岗位设置。将财政所由原来的征收为主要职能调整为计划、支付、监督、服务等职能，在财政所设置所长、财政总预算会计、综合业务等岗位。人事管理权不变。

（五）加快财政系统信息化建设进程

建立县镇财政局域网，充分运用计算机和网络技术，开展会计电算化工作，实行网上处理财政业务工作，做到镇级用款网上申请，县财政局通过网络审核业务，简化办事程序，提高工作效率。

（六）严明改革纪律

各镇应进一步提高对“镇财县管镇用”改革的认识，加强组织领导，规范操作程序，自觉接受监察、财政、审计等部门的监督检查。不准在实行“镇财县管镇用”改革之前私分国家资产、滥发钱物，一经发现，除全部予以没收外，严厉追究镇主要负责人和直接责任人的责任。在改革实施过程中，如发现使用非正规票据、私设“小金库”、擅自开设银行账户、收入坐支等现象，县财政将在体制结算中直接划扣违纪资金，并由有关部门追究镇主要负责人和有关责任人的责任。

五、实施时间及步骤

（一）宣传发动与制定方案阶段（2009 年 5 月 31 日前）

积极落实省的决策部署，召开镇级财政管理体制改革工作会议，统一思想，形成共识。制定与完善各种方案措施。

（二）组织实施阶段（2009 年 6 月 1 日至 2009 年 10 月 30 日）

1. 开展网络建设，设置政府财政管理信息系统（GFMIS）镇级数据库。2. 设置应用流程，并对镇财政所业务人员进行业务培训。3. 实施新的镇级财政管理体制，适时实行镇级预算单位人员工资由县统发。

（三）检查验收阶段（2009 年 11 月 1 日至 2010 年 3 月 30 日）

会同有关部门，对财政体制改革工作进行检查验收，对存在的问题进行整改，总结工作开展情况，并将情况上报县委县政府。

附件 4：

临高县农民负担监督管理工作机制

根据海南省人民政府《关于在全省开展农村综合改革的通知》（琼府字〔2008〕79 号）的精神，为切实维护农民物质利益和民主权利，保持农村社会稳定，促进农村经济增长，结合临高县实际，现将健全临高县农民负担监督管理机制工作方案如下：

一、严格落实农民负担工作责任制

为切实加强农民负担监督管理工作的领导，县成立农民负担监督管理工作领导小组，由县政府主要领导任组长，成员由农业局、监察局、组织部、宣传部、财政局、发改局、教育局、文体局、人事劳动保障局、法制办等相关部门组成，并在农业局设立农民负担监督管理办公室。负责农民负担监督管理的具体工作，各镇相应成立农民负担监督管理工作领导小组，由镇政府主要领导担任组长，成员由相关部门组成，并设立负责日常工作的办公室。县、镇本级人民政府要保证农民负担监督工作经费。农民负担监督管理工作领导小组及成员单位在党委、政府领导下，对贯彻落实中央省、县各项减轻农民负担政策，确保税费改革后农民负担不反弹负有监督管理的执法责任。有关部门的具体职责是：农业部门要切实发挥牵头和监督管理作用；纪检、监察纠风部门要严肃查处涉及农民负担的案（事）件；组织人事部门要依据减轻农民负担工作考核和任用领导干部；财政、发展和改革部门要严格管理涉及农民负担的收费项目；物价部门要强化农村价格管理；宣传部门要整顿和规范面向农村的报刊发行活动；教育部门要做好农村中小学收费管理工作；其他有关部门在各自的职能范围内做好减轻农民负担工作。

二、实行农民负担重点监督管理制度

当前农民负担监督管理要重点做好五个方面的监督管理工作：一是规范涉及农民负担的行政事业性收费的管理，加强对涉及农民负担文件出台，项目公示的审核。二是加强对农业生产性收费和村集体收费的监管。对农民反映强烈的农业用水用电、农业生产资料价格等实行重点监管。三是强化对村民“一事一议”筹资筹劳的监管。防止“一事一议”筹资筹劳变成加重农民负担的新口子。四是加强对筹资筹劳的资金、劳务和专项补助资金管理，提高使用效率。五是做好对农民补贴补助资金落实情况及涉及农民权益问题纳入监管范围。

三、认真落实和完善减轻农民负担“五项制度”

（一）实行涉及农民负担收费文件“审核制”。加强涉农收费项目的管理，梳理和规范向农民的收费项目、范围、标准等。所有涉农收费项目，必须由省政府审批批准设立，其他任何机关和单位不得擅自立项。

（二）进一步落实涉农税收、收费、价格“公示制”。继续完善提高涉农收费公示牌和公示栏的质量和水平，公示内容要全面、准确、合法，公示形式要大众化、经常化、规范化，有效地维护农民利益，制止农村乱收费的发生。

（三）实行农村订阅报刊费用“限额制”。农村的报刊征订要严格执行《关于严肃党纪，禁止利用职权摊派发生报刊，落实订阅报刊最高限额制度，减轻基层和农民负担的规定》（琼宣联〔2003〕14号）。订阅报刊费用限额标准：行政村一级，每年在1200元之内；乡镇一级，每年最高为6000元；农村中小学、乡镇中学和中心小学每年最高为3000元，村级小学为1000元。

（四）推行农民负担“监督卡制”。农民负担监督卡是农民的“明白卡”，也是农民负担监督管理制度化、规范化的具体形式。监督卡应包括农户家庭基本情况，农户承担的税费和劳务（目前主要是村级“一事一议”筹资筹劳的数额），农户应享受的各种政策补贴，重点涉农税收、价格、收费公示内容，农民的权利与义务，减轻农民负担政策的主要规定等内容，严禁卡外增项加码。监督卡的内容和格式由县农民负担监督管理部门确定，并统一组织印制。所需经费要纳入财政预算，不得向农民收取工本费。县、镇农民负担监督管理办公室要抓好监督卡的发放和检查监督工作。

（五）严格执行涉及农民负担案（事）件“责任追究制”。对违反减轻农民负担政策，引发恶性案件、严重群体性事件或造成重大影响的其他案（事）件的，按照中共中央办公厅、国务院办公厅《关于印发〈关于对涉及农民负担案（事）件实行责任追究的暂行办法〉

的通知》（中办发〔2002〕19 号）的要求，追究直接责任人和有关党政领导人员的责任，给予相应的党纪、政纪处分；触犯刑律的，司法机关要依法追究其刑事责任。凡发生涉及农民负担恶性案件、严重群体性事件和造成重大影响的其他案（事）件的地方，主要领导必须到第一线做好群众疏导工作，化解矛盾，防止事态扩大。当地党委、政府和有关部门要按规定的程序和时限上报，不得隐瞒不报、谎报或者拖延报告；要积极配合、协助上级机关进行调查，不得以任何方式阻碍和干扰调查工作。对违反规定的，要对直接责任人和有关领导人员从重处理。

四、认真落实农民负担专项治理部门责任制

（一）县纪委、监察局、县农民负担监督管理办公室组织协调，各有关部门按职能分工对农民负担突出问题实施专项治理。治理农业用水、用电等生产性费用问题由发改局牵头，水务局、电力公司配合；治理农村中小学乱收费问题由教育局牵头，监察局、发改局、财政局配合；治理征占农民集体土地补偿不到位问题由国土与环资局牵头，监察、农业、审计等部门配合；治理农民进城务工乱收费和拖欠农民工工资问题由人事劳动社会保障局牵头，物价、建设部门配合；治理农村订阅报刊乱摊派、费用超限额问题由宣传部、文体局牵头，农业、教育部门配合；治理假劣农资伤农、坑农问题由农业局牵头，公安、工商、供销、质量技术监督等部门配合；治理转移支付资金、各种惠农补贴补助资金落实不到位问题由财政局牵头，农业、审计部门配合。

（二）实行农民负担专项治理定期报送制度。专项治理牵头部门每年要分别在 6 月份和 12 月份向县政府纠风办及农民负担监督管理办公室分别报告专项治理进展情况和综合情况。县政府纠风办和农民负担监督管理办公室根据各地反映和部门汇报情况，对专项治理工作进行检查考核。

五、全面实行义务教育阶段农村中小学收费“一费制”

义务教育阶段农村中小学要严格执行“一费制”收费办法。“一费制”收费标准、收费资金的使用情况和投诉电话等要向社会公示，接受学生、家长和社会的监督。严肃查处违反“一费制”收费的行为。

六、建立健全农民负担信访举报制度

县农民负担监督管理办公室和有关政府职能部门，要认真受理有关农民负担问题的来信、来访，设立并公布举报电话。按照“属地管理、分级负责”的原则，农民负担监督管理办公室有权向有关责任单位转送、交办、督办各类农民负担信访事项。涉及农民负担的信访，实行首问负责制，认真办理农民群众反映的问题，做到事事有结果，件件都落实，并将查处结果通报给举报人，形成举报—处理—反馈的良好机制。县农民负担监督管理办公室举报电话 28284350。

七、建立健全农民负担监测制度

为及时、准确掌握全县农民负担动态情况。县农民负担监督管理办公室建立农民负担监测网络体系和相应的工作制度，及时掌握农民负担动态。县农民负担监督管理办公室拟在波莲、皇桐、临城等镇设立三个监测点。每个监测点选择若干有代表性的农户作为农民负担监测户，常年监测，准确、及时反馈相关信息。各监测点对农民负担监测的过程中，要充分发挥监测户作用，广泛收集农民对党的农村政策的意见和建议。县农民负担监督管理办公室要制定严谨的监测方案，经县农民负担监督管理工作领导小组审定后认真组织落实，每季度向县委、县政府报告一次监测情况，并提出政策建议及预警方案，防止违规行为发生。

八、实行农民负担监督检查制度和案件查处制度

健全农民负担案件查处制度。涉及农民负担案件的查处工作由纪检、监察、农民负担监督管理等部门负责，重点查处下面五种行为：一是采取到农民家中牵牲口、扒粮食、抬家具、收回家庭承包土地等手段强行向农民收费的行为；二是挪用、克扣各种惠农补贴补助资金，侵吞、挪用征地补偿安置费用的行为；三是截留、挪用农村税费改革转移支付补助资金的行为；四是超过“一事一议”的范围非法要求农民出资、出劳以及强行以资代劳的行为；五是没有合法依据收取涉农收费和政府性基金、超限额向农村集体、中小学和乡镇摊派报刊等乱收费、乱集资、乱罚款和各种摊派行为。对发生问题的单位要按照省纪委、省监察厅《关于违反农村税费改革政策加重农民负担行为的党纪政纪处分暂行规定》（琼纪发〔2002〕1号）对责任人和责任领导给予严肃处理。

九、建立农民负担专项考核制度

按照中央关于“各地区要制定切实可行的减轻农民负担工作考核办法，把减轻农民负担工作作为考核和任用各级党政干部尤其是县、乡镇党政领导干部的一项重要依据”的要求，对各镇及负有专项治理职责的县直属部门的专项考核工作由县纠风办和县农民负担办公室负责组织实施。考核工作每年年终进行，考核结果报县委、县政府，作为评定各单位综合工作实绩的重要依据。

附件 5:

临高县村民一事一议筹资筹劳管理办法

第一章 总则

第一条 为规范村民一事一议筹资筹劳管理，切实减轻农民负担，保护农民的合法权益，推进社会主义新农村建设，根据有关法规和《海南省一事一议筹资筹劳管理办法》精神，结合临高县实际制定本办法。

第二条 本实施办法所称筹资筹劳，是指村内因兴办农民直接受益的集体生产生活及公益事业，按照本办法因民主程序确定的农民自愿出资、出劳的行为。

第三条 筹资筹劳应遵循村民自愿，直接受益、量力而行、民主决策、合理限额的原则。

第四条 县农民负担监督管理部门负责本行政区域内村民筹资筹劳的审核、监督工作。镇人民政府负责本行政区域内村民筹资筹劳的审核、监督工作。

第二章 筹资筹劳的范围与对象

第五条 筹资筹劳适用于村内农田水利基本建设、道路、桥梁修建、植树造林、村容村貌整治、农业综合开发有关土地治理项目。以及需要兴办的集体生产生活等其他公益事业项目。

第六条 下列项目不得纳入筹资筹劳范围：

（一）不涉及本村、组的集体生产公益事业建设项目。

（二）大中型水利基础设施建设，村、组干部报酬、学校建设和维护、五保户供养、民兵训练费用等应由财政支出项目。

（三）偿还非公益性债务、企业亏损、集体管理费等。

第七条 筹资筹劳的议事范围为建制村、组。

第八条 筹资对象为本村、组户籍在册人口或所议事项受益人口。

第九条 筹劳的对象为本村、组户籍在册人口或者所议事项受益人口中男性 18 周岁至 55 周岁，女性 18 周岁至 50 周岁的劳动力。

第十条 五保户、现役军人、军烈属不承担筹资筹劳任务，退出现役的伤残军人。在校就读学生、孕妇或分娩不满一年的妇女，完全丧失劳动能力的村民不承担筹劳任务。

第十一条 属于下属情况之一的，由当事人提出申请，经村民大会或村民代表大会讨论通过，给予减免：

一、家庭确有困难，不能承担或者不能完全承担筹资任务的农户可以申请减免筹资。

二、因病、伤残或者其他原因不能承担或者不能完全承担劳务的村民可以申请减免筹劳。

第三章　筹劳筹资的程序

第十二条 筹资筹劳事项可由村、组提出，也可由 1/10 以上的村民或者 1/5 以上的村民代表联名提出。

第十三条 需村民出资出劳的项目及减免事项，必须经本村、组 18 周岁以上过半数的村民或 2/3 以上户主到会参加表决，经到会人员半数签字同意方可通过。

第十四条 村民会议或村民代表会议通过的筹资筹劳方案，由村委员会或村小组按规定填写一事一议筹资筹劳申请表，经镇人民政府初审后，报县减轻农民负担领导小组办公室复审通过后方可实施。

第四章　筹资筹劳使用和管理

第十五条 村、组范围内的筹资，用于第五条规定的村、组建设项目所需购买设备、材料、维护及管理费用等。村、组范围内的筹劳，用于实施第五条规定的村、组建设项目所需的劳务。

第十六条 筹资筹劳实行上限控制，以村为单位，每年人均筹资不得超过上年人均收入的 1%，每年每个劳动力投劳的数量不得超过 10 个标准工日。根据实际需要，经村民议事通过，可以分年筹资。

第十七条 对经审核的筹资事项，村、组在收取资金时要在《农民负担监督手册》上进行登记，同时，向出资人开具《农村筹资筹劳收款专用收据》，并加盖村、组公章。

第十八条 筹资的资金应单独设立账户、单独核算专款专用。项目完工后，村、组要把资金使用情况详细向村民张榜公布，接受村民监督。县农民负担监督管理部门要对村、组所筹资金使用情况进行专项审计。

第十九条 任何单位或者个人不得平调、挪用一事一议所筹资金和劳务。任何单位或者个人不得擅自立项或提高标准向村民筹资筹劳。不得以一事一议为名设立固定的筹资筹劳项目。

第二十条 筹劳原则上应安排在农闲期间，属于筹劳的项目，不得强求村民以资代劳。村民因外出务工等原因无法出劳的，可以请人代为出劳或者以资代劳。村民自愿以资代劳的，由本人或者其家属向村、组提出书面申请，可同意以资代劳。以资代劳的工作标准为

15元/标准工日。

第二十一条 对村民积极开展筹资筹劳建设村内集体生产生活等公益事项的，县政府将根据具体情况，采取项目补助，以奖代补等办法给予支持。

第二十二条 遇防洪、抢险、抗旱救灾等紧急任务，经县人民政府批准可临时动用农村劳动力，除此之外，任何单位个人均不得要求农民出资和无偿出劳。

第五章 违规责任

第二十三条 违反本管理办法规定，强行要求村民出资出劳的县农民负担监督管理部门应当令其提出限期改正意见，情节严重的，依据涉及农民负担案（事）件负责追究的有关追究，对直接负责主管人员和其他直接责任人员给予处分，对村、组干部，由处理机关提请村民会议依法罢免。

第二十四条 违反本管理规定，强行要求村民出资的县农民负担监督管理部门应当责令其限期将收取的资金如数退还村民，并依照本管理办法第二十三条规定对相关责任人进行处理。

第二十五条 违反本管理办法规定，强制村民出劳的，县农民负担监督管理部门应当令其限期改正，并要求村、组按照以资代劳工作标准，付给村民相应报酬，以资代劳的，如数退还村民，同时依照本管理办法第二十三条规定对相关责任人进行处理。

第六章 附则

第二十六条 本管理办法由县农业局负责解释。

第二十七条 本管理办法自发布之日起施行。

主题词：农村 综合改革△ 通知

抄送：县委各部门，县人大办，县政协办，县人武部，县法院，县检察院，各人民团体，省驻县有关单位。

临高县人民政府办公室

2009年6月18日印发

2010年临高县政府信息公开工作年度报告

（临高县人民政府）

引　言

本年度报告是根据《中华人民共和国政府信息公开条例》（以下简称“条例”）要求，由临高县人民政府办公室编制。全文包括概述，主动公开政府信息情况，依申请公开政府信息情况，政府信息公开咨询处理情况，政府信息公开复议、诉讼情况，政府信息公开支出和收费情况，存在问题和改进措施。本报告中所列数据的统计期限自2010年1月1日起至2010年12月31日止。本报告的电子版本可在临高县人民政府网（www.lingao.gov.cn/）下载。如对本报告有任何疑问，请与临高县政府办公室联系。地址：临城镇文明东路县委大院；邮编：571800；电话：0898-28289198；传真：0898-28281000；电子邮箱：lg_gov@163.com。

一、概述

2010年，在县委的正确领导下，县政府坚持以科学发展观为指导，认真贯彻落实《中华人民共和国政府信息公开条例》，紧紧围绕全县中心工作，以健全机构、完善制度为有力抓手，积极稳妥地推进全县政府信息公开工作，充分发挥了政府信息对人民群众生产、生活和经济社会活动的积极作用。

（一）完善工作机构，加强组织领导。县政府高度重视政府信息公开工作，将其列入重要工作日程。今年及时调整了县政务公开工作协调领导小组机构成员，由分管副县长为组长，县政府办、县监察局主要负责人为副组长，县财政局、审计局等24个部门主要负责人为成员，领导小组下设办公室负责日常工作，进一步明确了各成员单位的工作职责和任务分工。各镇、各部门也相应建立工作机构，完善工作机制，扩大政府信息公开渠道，进一步推进政府信息公开工作。同时为了加强网站安全管理，县政府门户网站由县政府办移交给县委宣传部和县新闻办负责日常管理，明确分工，确定专人负责，扎实做好政府信息公开指南、公开目录编制、信息公开网建设等各项工作，有效确保县政府信息管理系统的正常运行。

（二）加强梳理分析，丰富公开内容。按照“条例”规定的范围，各镇政府、县政府直属各部门对本单位的政府信息进行了梳理，经各单位主要领导审核公开，极大地丰富了公开内容，进一步满足了社会需求。结合实际，不断完善政府信息网上公开内容，对目录进行分类和细化，包括单位性质、领导介绍、工作动态等基础信息，特别是通过对业务信息资源的目录梳理，为信息资源的再整合和构架网上服务体系奠定了基础。

（三）健全工作制度，规范工作流程。进一步完善各项工作制度，以制度建设保障政府信息公开工作的顺利展开，印发了《临高县政府信息公开保密制度》《临高县政府信息公开澄清制度》《临高县政府信息主动公开制度》《临高县政府信息依申请公开工作制度》《临高县政府信息发布协调机制》《临高县政府信息公开工作考核制度》《临高县政府信息公开工作办法》等一系列工作制度，从建立健全政府信息发布协调、保密审查机制、规范依申请公开流程上对临高县的政务公开工作提出了严格要求。继续推行政府信息公开联席会议制度，开辟“政风行风热线”，及时报道群众和社会各界反映各级政府及职能部门有关政府信息公开的情况，落实监督保障和责任追究制度，较好地发挥了全社会对政府信息公开工作的监督作用，确保政府信息公开工作顺利进行。

（四）加强网站建设，搭建公开平台。今年，临高县对政府门户网站进行全新改版，对信息公开的相关栏目进行了重新规划调整，使其内容更全面，条目更清晰。制定了《临高县政府网站管理制度》《临高县政府信息系统突发事件应急预案》等一整套政务信息发布登记制度，确保政府网站政务公开工作落到实处，保障政务信息更新的及时性和准确性。加强网站保密工作，政府信息网络系统的信息管理人员负责保密管理、密码管理，对政府信息系统享有独立使用权，计算机的用户名和开机密码为其专有，严禁外泄。规范稿件发布审核程序。各镇、各部门需要网上公开的政府信息经本单位领导同意后，再由网站负责人严格把关，方可上传发布。网上发布的信息涉及各镇各部门的，需经该部门主管领导审核；涉及全县性工作的上传信息由主管领导审核。网站管理员按照相应的栏目收集、整理、汇编信息，及时将信息在网上发布。

二、主动公开政府信息情况

（一）主动公开政府信息的数量。2010 年，县政府主动公开政府信息 2286 条，累计 5090 条。公开的政府信息中未涉及国家秘密、商业秘密和个人隐私，也没有经权利人同意公开或者行政机关认为不公开可能对公共利益造成重大影响的涉及商业秘密、个人隐私的政府信息。

（二）主动公开政府信息的主要类别。概况信息包括机构主要职能、机构领导及分工、内设机构及职能；法规文件类信息包括法律、法规、规章、规范性文件、政策性文件；发展规划类信息包括中、长期规划，阶段性规划、计划、年度工作计划；工作动态类信息包括本单位政务动态、公告公示、重大项目、突发公共事件、重点领域、监督检查、政府采购、统计数据；人事类信息包括人事任免、考录招聘；行政执法类信息包括行政许可事项及依据、本单位行政许可办理规定；其他包括有线广播电视网络业务办理流程等内容。

（三）信息公开的形式。一是互联网公开。加强政府网站建设，与南海网合作，对政府网站进行改版，增加栏目，拓宽政府网站首页，完善网页内容，及时发布有关情况及相关政策法规和管理服务事项。开办了县委书记信箱、县长信箱、部门信箱和百姓心声之窗，接受网民参与监督管理和网上信访。全县政府网站累计公开政府信息数量4691条。二是信息查阅点公开。县政府在县档案馆、县政务服务中心设立公共查阅点，供公民、法人或其他组织查阅政府信息。年内县档案馆共接待公众查阅政府公开信息567人次，提供文件目录64320条档案信息数据库给公众自由查阅。县政务中心完成对进驻中心窗口28个单位的所有事项进行了全面清理，最终确定301项行政审批许事项，极大地提高审批速度和办事效率。三是新闻媒体公开。通过《今日临高》报、广播电视台及政风行风热线等新闻媒体形式不定时地发布临高县有关政府信息，为社会公众了解政府信息提供了良好的平台。

三、依申请公开政府信息情况

全县2010年度共受理政府信息公开申请793件，答复率100%。从申请的内容来看，82%是涉及民生保障类信息，10%是涉及政策法规类信息，其余是涉及务工就业、行政许可等的信息。

四、政府信息公开咨询处理情况

全县2010年度共接受群众咨询20000次，受理办件14851条，承诺办结率为98%以上，并对未办件情况进行电话回访，发送短信告知近5000条，群众满意率达98%以上。

五、政府信息公开复议、诉讼情况

本年度未发生针对临高县有关政府信息公开事务的行政复议申请、行政诉讼案件、申诉以及电话投诉。

六、政府信息公开支出与收费情况

本年度临高县政府信息公开工作的财政支出均为日常办公经费,未发生政府信息公开工作的专项支出。全县各镇、各部门未对政府信息公开申请收取费用。

七、存在主要问题及改进措施

目前政府信息公开工作中存在的主要问题是：一是公开意识及内容需要进一步深化。二是政府信息公开服务水平有待加强。三是公开形式需要进一步提高。四是信息公开工作机构有待健全完善。对于上述问题，主要采取以下改进措施：

（一）充实政府信息公开内容。按照“以公开为原则，不公开为例外”的总体要求，进一步做好公开和免于公开两类政府信息的界定，加强对公众关注度高的政府信息的梳理，进一步充实完善政府信息公开内容。

（二）拓展政府信息公开形式。发挥政府门户网站信息公开第一平台和主要载体作用，加强政府信息公开平台及查阅场所建设。重点对政府信息公开栏目设置进行优化，对网上政府信息公开申请及时受理、办理和答复。加大县档案馆、县图书馆及县政务中心公共场所信息查阅设施建设，逐步形成全方位的政府信息公开服务体系。

（三）强化政府信息服务水平。落实各镇各部门政府信息查阅、依申请公开受理点，规范信息公开流程，提高申请处理效率，方便公众获取政府信息。加强对领导干部和政府信息公开业务人员的培训，提升公开意识，提高业务水平；同时，通过新闻宣传，正确引导社会公众正确行使知情权。

（四）健全政府信息公开机制。重点对涉及民生问题的部门及企事业单位的信息公开。积极探索建立保密审查与协调会商、专家咨询、涉诉案件应对等长效工作机制，保障政府信息公开工作健康开展。

二、旧志序言

（一）东岳行祠会修志序

明·王　佐

琼州府，海外一郡耳。我太祖高皇帝玉音，用劳海南卫武臣，则以比之侯邦甸服，而曰：“南溟浩瀚中，有奇甸数千里。”洪武开国，敕旨谕海南疆域臣民，则以比之邹鲁教化。而曰：“海南习礼义之教，有华夏之风。”历观岭南州郡，自入职方以来，皇极敷言，未有如琼州得蒙天语恩宠如是之优渥也。太守武昌王公，来守琼郡之三年，德泽洪敷阖郡，下逮闾阎，廉声广布四方，上达藩省。忧勤之心，昼夜不息。获睹祖宗建国旧章、故典，与前圣制之优渥，叹曰：“辱承朝命，授此一方重寄，虽欲致身竭节，将何报国，上答天地之洪恩乎？”及见前后郡志中，所载先代及我祖宗致治太平事迹，皤然喜曰：“诚能尽职，了此志中事目，报国其庶几乎？”于是，访延郡中士夫若干人，相与稽考典籍，自汉、唐、宋以来，归宿于皇朝，要重修郡志，以新海外一代耳目。缘唐、宋古志无征，而国朝旧志，亦多庭落。乃广搜博采国初谪宦、诸老儒之家，存有残篇遗集，而滥及不禄。自昧寡陋，著为《琼台外记》一书，亦得侧于诸家遗集，以补郡志之缺路。自郡县建置沿革，至于山川、形胜、军卫、城池、学校、人物、户口、贡赋等事，与凡事有关涉风化、利益军民者，一一修举。俱要事无遗漏，人无遗憾，为一代全书，以副郡守朝夕忧勤报国之心。经始于正德六年某月日，告成于某月日。一一皆资公定其可否，而江右贰守李公赞成其事，佥议以佐年岁优多，首辱延访，俾为之序其首。谨按：志中事目虽多，而古今人物风俗，最为切要。汉唐姑置之，宋以科目取士。而吾琼郡人才，若姜唐佐以白袍倡文运，肇破天荒，后世仰之；郑真辅以黄榜推少年为探花使者，时人荣之。自大观极科目之盛，至德祐厄阳九之悔，符确、何一鹏诸人八榜联蝉，科名不绝。诗书之效，化成美俗。殆及宋社将屋，祥兴泛海，岭南诸郡，望风改图。而吾琼人受命勤王崖山者，死犯先锋之孤危，殆及崖山运移，而吾郡复守后凋之寒岁。致感圣祖之深，如曼天悯下，褒赏海南地方，则比于甸服之美；海南民俗，则谓有华夏之风。圣制两出，掀揭乾坤，未及百年，而人才俗化之盛，媲美隆古。有面三槐居三公如周官之坐而论道者；有左九棘位九卿如周之大司徒掌邦教，汉之贰丞相者；其他由科贡任内外官，或任方面有古蕃宣之美；或任郡县有古循良之风，有侍御以清白传家名；有推官以博学宏词显，有官南雍学职，车驾幸学，说书著名者；有少登进士选侍东官，后遇仁庙特恩颁赏称旧人者；有发解乡闱者；有夺魁南省者，有进士选官翰林；有举子同官内翰；有以隐逸读书辞大臣之聘；有以隐居教导多门生之显，有以老儒避胡元乱华，小就学职待明时者；有老儒能文公署学校记序，多所著述者。诗书之化，百年以来，风俗淳美，超越前代。忠臣、孝子、顺孙、义夫、节妇，项背相望，又有逾于前代者。是皆圣祖制诏掀揭乾坤余波之垂裕也。今郡志兴修，故敢捧出圣制，冠之序首，为皇极敷言宝训，永与吾琼人万万年祝颂。王公一念报国忠诚，遗泽下及至此，岂可小观也哉。虽然，郡志之书，岂唯今日为然？观之周官，外史掌四方之志，则四方郡国，皆有志书，而外史所稽，合以为史者，古今通义也。是志行与天下郡国，集合外史，褒善贬恶。王公善名，殆将与此志相为悠久，而我辈从事诸人，亦与有荣焉。于是乎书。时正德六年辛未季春。

（二）临高县志序

清·樊　庶

临之有志，自甲戌始。书仅二册。其名目新版者，谓前无此版，至是乃新之也。夫甲戌至今，仅十余年，补新辑废，尚可俟之后人，余奚为而岌岌然？其初亦欲因循耳。迨当事秉宪之始，考风土为治。征檄日下，检所谓新版者阅之，较余闻见所及，其间纲领悬殊，条目互异。求诸杞宋以征夏殷，无异责盲者以指迷径，昧昧如也。间有二三完璧，然亦鲁鱼亥豕。即是以应，不几失采风者意乎！且志非他书比也，事必该而实，词必简而丰，乃可以登载，借信后世。昔江文通论修史之难，无出于志。余寸袜线耳，若之何其能求备。于是，索于邑之老生，求可以资采录，无一应者。因念临人士埋头制科举子业，而外期如稗官野史，自成一家言，迥不可得。且自兵燹后，家鲜遗帙，即所置产之有券，亦俱付之祝融氏，安有所谓文献，以备操觚者综核哉。然唯今日然也。临自秦入职方，历今千有余岁。有明以前，则有二戴、王桐乡、刘心琼。此数君子者，皆以文章节义名世，不难出才力为之，何前数百年事，亦无一纪之者。岂纪而失之乎？抑有待于今乎？然新版已矣。郡志所载，亦有足录。遂杂以《资治鉴》及甘石《丘海集》，与夫王忠铭《天池草》诸书。于簿书之余，丙夜纂辑，并访之乡老，求节义所应载者。于今得列女一，于明得隐逸二，为表墓作传，复条析标目，弁以例言，阅三月而告竣。于是勉捐积俸，付之枣梨。因思古周官，太史掌建邦之六典，以稽王治，凡办法者考焉。内史掌八枋之书，外史外令掌四方之志，以诏王治，凡治者受法令焉。余之从事于此，亦求治之一端，而即得一列女，两隐逸，则义风起矣！倘因余之示劝，而复念予重农建学，及诸经营之苦心，从此，士励廉隅，女娴姆训，农工商贾，各循循然，以安其业。昔人所谓海外邹鲁者，其文章节义，家给人足，将于临复观焉？然则是编也，发隐阐幽，综名核实，予固不敢多让，而词之不能丰于昔，亦唯求达于事理焉耳！后之贤者，作草创观可也。

康熙四十六年岁次丁亥春三月

（三）　修志示

清·樊　庶

为志书关一邑史乘，记载实万世典章，博采见闻以资纂辑事。照得临自隶邑以来，历今千有余岁，他不具论矣。如二戴之文章，王桐乡之经济，丘深泉、刘孟良之笃孝高稳，皆表表当时，为海外闻。邑其可志以传者，不独建置、借口诸大目，为一邑必刊之书也。何县治之有版，始于今上之甲戌，且亥豖鲁鱼，不堪征信。甚至纪千百年事，而书仅二帙，岂邑乏史学，略见闻于弗载乎？抑操觚者，案牒劳形不暇及耶？本县甫及任，即心然伤之。而事有关于民生休戚，及士子学校，与夫祀典桥梁诸大目要者，在所先务，故未暇及。今幸毕举矣。则志又所宜辑。然自汉元鼎讫于我朝，又自甲戌迄今，其间沿革多端，兴衰不一。如户口有登耗，赋役有增减，天道有灾祥，人事有从违，名宦乡贤每或湮没不著，忠孝节义或沉沦不传。皆当采访确实，搜罗罅漏，勒诸编集，以垂不朽。由是言之，则二帙之书，诚不足以载千余年事矣！为此，合急通晓阖邑绅士暨乡耆硕彦留心史学者，无论平时笔录及耳目见闻，凡有关于邑乘所应纪者，事无巨细，或驰简同志，或咨询老成，即片纸半牍，俱望不时汇投署斋，以凭虚心检校，用资纂辑。本县虽固陋，其于斯志，不敢谢不敏；然务求确实，俾文献足征，乃不虚所望耳！本县视斯文如骨肉，独以县治寥廓，不能遍为致书揭示，聊以代简。倘有工于史笔，不吝赐教者，不妨通名纸枉顾本县，另当礼请以勷盛事也。

（四）续修临高县志序

清·聂缉庆

缅昔琼管郡城，肇修《地志》。万安州治，创作《图经》。纪撰述于溟南，溯权舆于宋后。若夫临高县治，则名沿唐代，地徙莫村，自隶琼台。旧传邑乘，而元代冼雷之作记，久佚全书；有明曾唯之续编，原无侵本。大清开创，文治覃敷。国初琼守牛、贾二公，咸成《府志》。康熙乙酉，前令樊君庶，悬文告以采访，继曩编而纂修，雌黄所加，或未遑于考核，汗青速竟，借以广其流传。惜简断而篇残，久臭朽而虫蠹。缉庆于光绪丁亥之秋，奉檄权任，绾符履新入境，而亟念疮痍，见士而多询疾苦。先是土客之民互斗，兵燹之祸频仍。猿鹤虫沙，劫灰化后。茅烟箐雨，战垒森然。勉筹善后之方，遂鲜公余之暇。莽伏戎而可虑，莠非种而宜锄。迨靖边氛，未忘文事。因念夫百里地之故实，百余年之轶闻，非借搜罗，曷资考镜？会邑绅多有以修志请者，敢希宋代名流高似孙录成剡县[①]；窃慕胜朝傅作康对山志辑武功[②]前事，可师询谋，佥协焉。江文通[③]不云乎，作史之难，无出于志。矧今秉笔，犹未易言。盖前书本非完帙，亦止传钞，迥殊影写之工，殆甚丛残之病。别风淮雨，存奇字而滋疑；亥豕鲁鱼，踵讹文而谁辨。校拟然藜之照，视同埽叶之纷，此考订之宜详也。年湮世远，人往风微，家孰承乎赐书？亭岂存乎野史？难咨耆而访耋，空杯前哲绪言。将收籍而索图，并乏私家著述。未容因陋就简，所期远绍旁搜。此访求之宜博也。于是或披往牒，或检丛书，或延访于荐绅，或诹咨于黎老，虽栽花政拙，而属草心殷。别类分门，发凡起例，及逢瓜代，需次穗城。复与绍兴汪芙生瑔司马、南海桂昌山文炽明经商榷编次。临高邑绅郑君宾卿、黄君积堂、薛君策卿、林君熙斋、郑君缉侯、谢君德卿等与同校订辑为二十四卷。且证以省郡志书，及乎古今文籍，弥勤思误，庶罕沿讹。光阴往来，屡易寒暑。卷帙征引，讵殚见闻。在会垣而遂付手民，倡捐鹤俸。藏讲院而永贻多士，珍重鸿篇。便司牧之汛览流观；备輶轩之兼收博采，洵巨典也。抑更有期于时彦焉。往者苏玉局之铭砚，芳躅曾留。胡邦衡之授经，流风未沫。签幕蜚声于南宋，桐乡驰誉于前明。邑人士群奉师资，乡先生多垂教泽。人文蔚起，侻如邹鲁之儒风；科第鼎兴，并继海邱之勋业。不其伟欤！若后之官斯土者，化起循良，才兼著作，思精体大，既擅美于三长，纠谬绳愆，更折衷于一是，夫惟大雅企予望之已。

①录成剡县，书名为《剡录》，宋嘉定七年（1214年）撰，共十二卷，因浙江嵊县在汉代为剡县，故名。

②康对山，名海，字德涵，修志名家。明正德中修撰《武功县志》而见称于世。

③江文通，即江淹（444—505），南朝济阳考城（今河南兰考东）人，历任宋、齐、梁朝三。官至吏部尚书，金紫光禄大夫，著有《齐史十志》。

（五）临高县续修志序

清·郑国光（邑人）

尝考周官，小史掌邦国之志，外史掌四方之志。志固史之支派也。昔者朱子守南康，甫下车，即征郡志。又尝谓修志为从政要务，则志乘之书，不綦重欤！此邑侯聂公所以有续修临高县志之举也。

吾邑肇建于隋，其易今名自唐开元始，徙县治自宋绍兴始。嗣后，师承有自，风气日开。二戴、王桐乡、刘心琼乡先生，后先辉映，卓然可传。且溯自有明以来，登科第而通仕籍者，亦日以浸盛也。洪惟国家文德诞敷，声教暨讫海隅，苍生沐浴圣泽。有官师之责者，循良报最尤不一其人焉。

光绪十三年秋九月，聂公权治县事。公先宰文昌、澄迈等县，著政声，以治二邑者治吾邑，为政以安民为要。邑之民故淳朴也，杂以黎岐，号为难治。同治六年后，又有徙居之客氓，十余年尚称安谧。自倡乱于光绪戊寅，而居人大受其害矣！九、十年间，啸聚陆梁，乱萌又起。十一年，海防戒严之时，由是豕突狼奔，恣行焚杀劫掠，以致人民涂炭，村市丘圩，屡烦大兵剿抚而后已。公之始莅任，筹办土客善后事宜也。意在联和，未尝歧视。于除莠安良，兴利革弊，诸实政次第举行。尝以为用兵戡乱，尤医病者治其标而病源故在也。亟思设教申义，以培治本，化顽梗而薰善良。适奉雷琼道朱公采转奉制府张公之洞颁发义学章程，即择城乡墟市，设立义塾，月朔望，集子弟之良莠者，诱掖奖劝之，其有造于斯民甚厚。尝捐俸葺胡李二公祠，以寄仰高之思，其志趣可知矣！簿书之暇，访求邑志弗获，后从王茂才正枢假得康熙间前令樊侯庶旧志抄本四册。非独亥豕为舛，抑且根银多误，几不可卒读。且雍乾后百数十年之事，阒然弗传。谋踵修之，邑缙绅佥曰善，分任采访，为时匆猝，未能详备，而公以瓜期去任矣。需次羊城，始创草稿。继权知揭阳县篆，仕优而学，与同人重加搜讨，肘书目营十阅月而告竣、今卸任旋省，适当大比之年，多士云集，爰以志稿见示。受而读之，凡省府志以及古今图籍，征引宏富，于邑绅之采访者，亦审定编入。为门一十有三，分二十四卷。简端恭录训典，垂教万世。若舆图、星象、土地、人民、政事、文学与夫古今事变，分类编目，纲举目张，裒然成集。存一方之掌故，贻后世之信征，甚盛事也。后之守土者，庶得以考镜得失，详求化理，上以仰副圣天子同文之治，而下为士民观法之资。其为功于吾邑也，岂浅鲜哉！是编之刻，公竭力倡修，肩任剞劂之费。辱承问序，予无以赞一词，惟羡公斯举，补前人之缺略，为士林所称美，而又多诸君之克勷厥成也，于是乎书。

（光绪十七年岁次辛卯）

（六）《临高县志》序

符志行

县志是记载一县的自然、社会的历史与现状的“百科全书”。第一部《临高县志》编纂于清康熙四十六年（1707年），全书计12卷；第二部《临高县志》修于清光绪十七年（1891年），全书24卷，内容比第一部丰富、具体。以后，由于种种原因没有续修，迄1985年已中断九十四年，乃一憾事。在全国“盛世修志”的推动下，1981年8月，着手编修社会主义新县志。经过几年的努力，新编的《临高县志》出版了。这是临高人民的一件大喜事，我感到十分高兴。

自隋建毗善县以来，经过几次更改县名，到唐玄宗开元元年（713年），始称临高县。它位于海南岛的西北部，濒临琼州海峡，与雷州半岛隔海相望。临高气候温和，四季常青，地势平坦，土地肥沃，资源丰富，海岸线长，是个得天独厚的好地方。但是，解放前的临高，农作单一，产量很低，工业落后，商业萧条，其他事业寥寥无几。加上当政者只顾中饱私囊，对劳动人民倍加敲诈，以及地主、渔霸的压迫和剥削，致使临高人民过着贫困的生活。

穷则思变。20年代中期，临高有了中国共产党组织。从此，临高人民在党的领导下，投入如火如荼的革命斗争洪流。在土地革命战争时期，临高的英雄儿女，以武装斗争反抗国民党的白色恐怖，前仆后继，攻县城，打土豪，抗租抗息，取得节节胜利。在抗日战争和解放战争中，党组织深入发动群众，组织人民武装，建立根据地，抗击日本侵略者和国民党反动派，成立人民民主政府，革命解放后，临高的社会主义建设事业和全国各地一样，起了翻天覆地的变化。特别是党的十一届三中全会后，以经济建设为中心，进行改革开放，临高的农业、工业、商业、外贸、交通、邮电、文教、卫生、科技等等，发展更快，出现了前所未有的好势头，人民生活也随之逐步改善。

新编的《临高县志》，贯彻了“略古详今、古为今用”的原则，内容丰富，资料翔实，突出临高特点，文字也力求简明扼要，通俗易懂，它对社会主义物质文明和精神文明建设，将起积极的作用。在《临高县志》编纂过程中，得到县委、县政府领导的重视，有关部门的积极支持，许多专家、学者、老干部的热情帮助和编写人员的辛勤努力，我表示衷心的感谢!

一九八六年八月三日于北京

三、前志勘误

附 4-1

《临高县志》位置（页）	误	正
9	正文 12 行：晋太元年	晋太康元年
10	第 20 行：宋至元间	元至元年间
14	倒 10 行：高拱寰	高拱宸
19	倒 12 行：民解	敏解
22	倒 10 行：黄长先	黄长轩
28	倒 18 行：黄长先	黄长轩
33	第 15 行：苻法运	符法运
64	表第 2 行：PH 值 0.8	pH 酸碱度 7.8
73	倒 3 行：宜林地面积 300864 亩，已利用 124208 亩，占 41.28%	宜林地面积 469229 亩，已利用 25 万亩，占 53.3%

续附 4-1

《临高县志》位置（页）	误	正
75	第 10 行：灌溉面积达 3.73 万亩，引水工程 1 宗	灌溉面积达 13.73 万亩，引水工程 18 宗
75	第 11 行：共 42 宗，灌溉面积 6860 亩	共 64 宗，灌溉面积 9330 亩
97	第 7 行：单产 253 斤	单产 177 公斤
106	第 6 行：山塘水库 53 宗	山塘水库 59 宗
116	倒 2 行：18 个小型烟胶厂	18 个小型橡胶厂
180	倒表 14 行：40/M 钱线	40/M 铝线
193	倒 1 行：平均每人年营业额 46960 元	平均每人年营业额 4696 元
210	倒 8 行：粮食入库增加 2.4 倍	粮食入库增加 6.9 倍
227	第 10 行：田地池塘三千六百一十八顷方十亩	田地池塘三千六百一十八顷六十亩
246	表第 3 行：固定资金 1130.9 元	固定资金 113.9 元
246	表第 1 行：流动资金 61505.2 元	流动资金 1504.8 元
286	第 8、23、29 行：苻光国	符光国
304	第 15 行：党务委员	常务委员
320	第 15 行：海南下达计划 40000 吨，实际完成 86346 吨	海南下达计划 4000 吨，实际完成 7831 吨
321	倒 12 行：和祥卿	和祥乡
361	第 6 行：古辑义	古益义
368	第 7 行：国民党 7 兵名	国民党兵 7 名
370	第 4 行：黄长先	黄长轩
380	倒 3、4、5、6 行：黄长先	黄长轩
381	第 3 行：肖焕跃	肖焕耀
432	第 3 行：治疗 1889 人	治疗 1386 人
448	表倒 2 行；人口数 255240	人口数 26718
457	表第 4 行：秦启运	秦运启
466	表第 2 行：调值 61	调值 62

续附 4-1

《临高县志》位置（页）	误	正
489	倒 1、3、5、7、9、18、19 行：黄长先	黄长轩
506	倒 2 行：安定	定安
511	表左 2 行：李亚定	王亚定
511	表右 6 行：李那土	李那士
512	表左 15 行：符三义	符之义
512	表倒 8 行：参加革命时间 1938 年 8 月	参加革命时间 1944 年 4 月
512	表右 3 行：王那兔	王那免
512	表右 7 行：王之千	王之干
513	表左 16 行：符其美	符之美
514	表右 11 行：王庆亦	王天亦
515	表右 7 行：符赞臣	符贤臣
517	表左 10 行：林桂芳	林桂芬
517	表右 4 行：王开缘	黄开缘
517	表右 5 行：兵秀成	丘秀成
518	表左 16 行：陈正新	陆正新
518	表右 13 行：林家业	李家业
518	表右 19 行：林育达	李育达
519	表左 15 行：王才跃	王才跌
519	表右倒 1 行：符阴光	符明光
520	表右倒 1 行：钟玉美	钟玉荣
521	表右 12 行：王庆缘	王庆禄
522	表左倒 10 行：苏运生	劳运生
550	倒 10 行：符尧国	符光国

编纂始末

《临高县志（1986—2010）》是中华人民共和国成立后临高县编纂的第二部志书。2010年，临高县委和县政府印发《第二轮〈临高县志（1986—2010）〉编纂方案》，全面启动第二轮地方志编修工作，至2019年底经中共海南省委党史研究室（海南省地方志办公室）（简称“省史志办”）批准出版，前后历经9个春秋，经历动员宣传、队伍培训、史料征集、撰写修改、评议审定5个阶段。

2010年，成立临高县志编纂委员会，由县委书记任顾问，县长任主任，县委分管领导任副主任，部分单位与部门主要负责人任委员。临高县志编修工作由中共临高县委党史研究室（临高县地方志编纂办公室）[2019年3月机构改革改为中共临高县委党史研究中心（临高县地方志编纂中心），简称“县史志办”]负责实施，主编王琳，副主编谢坚志，工作人员王朝坚、黄海珍。县史志办5名工作人员分为3个组，即资料收集和核实组、资料整理组、行文规范和文字校对组。尽管人员少，任务重，但是每个环节都精心策划，重点和难点的问题大家协同研究解决，做到分工不分家。按照临高县志编纂方案要求，县史志办组织编纂人员研究制定临高县志篇目，把篇目编纂内容和要求落实到全县143个承编单位。

2011年5月，县史志办编印《第二轮〈临高县志（1986—2010）〉编纂工作手册》500册，发放到各个承编单位，指导《临高县志（1986—2010）》资料收集、整理和志稿编写。8月，临高县召开第一次《临高县志（1986—2010）》编修工作动员与培训学习会，省史志办主任梁振球和副主任陈波，全县各单位主要领导、各乡镇长和承编单位撰稿人共260人参加会议。县委常委陈芬主持会议并作动员讲话，省史志办市县志指导处处长陈家传对如何进行志书资料的收集、整理和编写作业务培训。10月，在临城主要街道、路口悬挂宣传横幅宣传临高县志编修工作，县史志办工作人员到各个承编单位进行业务指导。

2012年7月，在县委党校举办第二次修志业务培训班，各承编单位撰稿人145人参加。培训班上，县委常委洪锋对《临高县志（1986—2010）》编修工作提出要求，省史志办副主任陈波对《临高县志（1986—2010）》编纂工作提出意见，市县指导处副处长梁德珍、副调研员黄尚平作业务培训。当月，部分承编单位交来《临高县志（1986—2010）》稿件38份，编修工作进度缓慢。县史志办通过电话和派出工作人员到各单位督促，加快资料收集。

2013年5月，县史志办为解决人手少、缺乏专业人员的问题，邀请王法庭、吴扬才、谭本尧、蔡国红、黄心兴、叶金龙等修志专业人员参与编修工作。编纂人员对各单位上交的样稿进行编辑、修改、查缺和补充，形成连稿。9月，省人大常委会委对临高县落实《海南省地方志工作规定》情况进行督查。12月，省史志办市县指导处处长陈家传到临高检查指导编修工作，对《临高县志（1986—2010）》编目提出修改意见。

2014年1月，在县人大、政协“两会”上，把《临高县志（1986—2010）》编纂工作列入县政府工作报告中，编修工作经费列入年度县财政预算，加大力度推动县志编修工作。2月，形成约130万字的《临高县志（1986—2010）》资料汇编（连稿）。3月，省史志办主任毛志华一行到临高调研工作，指出“加大力度，抓紧时间，把好质量关进行修志”。5月，省史志办副主任陈波一行到临高检查《临高县志（1986—2010）》编修情况，肯定临高编修工作的成绩。县史志办根据审稿过程中发现存在的问题，组织人员继续收集材料，补充内容，做到横不缺项、纵不断线，丰富内容，争取达到志书出版质量要求。

2015年4月，针对部分单位没有上交材料和部分单位上交材料中缺少二十世纪八九十年代的资料，志稿断线严重问题，县史志办指定专人，上门到有关单位进行指导，继续收集材料，补充相关内容。

2016年，制定《临高县2016—2020年史志工作规划》，把县志编修工作任务详细分解，明确责任，推进临高县志编修工作。5月，完成《临高县志（1986—2010）》120万字的初稿。7月，在临城召开初稿评审会。参加会议人员有县委常委、组织部部长符明辉，省史志办市县指导处处长陈家传、原处长邢维雄，海南广播电视大学副校长谢越华，临高县退休干部陈庆洲、周民兴、黄彤强，县委办、人大办、政府办、政协办及各承编单位负责人，县史志办全体工作人员，共45人。初稿评议会由县政府办主任桂若松主持，县史志办主任王琳作编修工作总结。会上，省史志办领导，各位省地方志专家、退休老干部、承编单位负责人对《临高县志（1986—2010）》初稿从篇目设计、体例结构、语言表达、行文规范、资料收集等方面进行全面评议。大家在肯定临高县志编修工作成绩同时，提出325条修改意见和建议。9月，县史志办印发《临高县志（1986—2010）》初稿评审会意见分类整理表，把任务分解到各承编单位，加紧推动临高县志资料的修改、补充工作。

2017年6月，王琳卸任县史志办主任，谢慧亮接任县史志办主任。10月，谢慧亮因工作需要卸任县史志办主任，临高县志编修工作进展缓慢。

2018年2月，张壮省担任县史志办主任，任《临高县志（1986—2010）》主编。4月，县史志办加大力度，精心组织，加强领导，制定工作方案，详细分解阶段性工作任务，规范编纂工作程序，全力推进临高县志的修改、补充、编辑等工作。5月，县史志办聘请符和积、李养国、邢维雄、谢越华、周文奇5位省地方志专家参与临高县志审稿工作，从篇目、凡例、谋篇布局、资料编排、语言文字等方面进行全面审阅，提出意见，修改补充材料，形成评议稿。

2018年9月，临高县召开《临高县志（1986—2010）》专家评议会。参加会议的人员有县委常委、组织部部长符明辉，省地方志专家符和积、李养国、邢维雄、周文奇，省史志办市县志指导处副处长符思权，临高县各承编单位领导和县史志办、编纂小组成员共65人。会上，副处长符思权、各位省地方志专家提出112条评议意见。10月，各相关承编单位组织编纂人员对专家提出的修改意见进行补充、修改、完善，并报送县史志办。11月底，县史志办组织专人进行汇总、编审、修改、补充相关的材料，形成专家评议稿，分送5位省地方志专家进行再次审阅，形成复审稿。

2019年3月，临高县召开临高县志复审会，省史志办副主任秦武军，县委副书记、政法委书记欧阳颂东，省史志办市县志指导处处长陈家传、副处长符思权，省地方志专家符和积、李养国、邢维雄、谢越华、周文奇及临高县地方志编纂委员会成员单位代表40多人参会，对复审稿进行评审，提出86条修改意见。会后，县史志办综合各位领导和专家的评议意见，再次组织各承编单位对复审稿进行修改、补充、完善，于8月底形成送审稿，报送省史志办终审。10月，《临高县志（1986—2010）》通过省史志办终审验收，同意出版。

2020年2月，县政府批准临高县志出版。

《临高县志（1986—2010）》在历经9年的编修工作中，得到历届县委、县政府的高度重视和省史志办的大力支持。县委、县政府主要领导多次对《临高县志（1986—2010）》的编修工作提出要求，县委分管领导欧阳颂东、陈芬、洪锋、符明辉等对编修工作提出具体的任务和要求。省史志办主任梁振球、毛志华，副主任陈波、赖永生、秦武军，市县指导处处长陈家传，副处长梁德珍、黄尚平、符思权等领导多次到临高指导督促编修工作，给予大力支持。各承编单位认真承担组稿工作。此外，社会各界关心临高县志编修工作的人士也给予大力的支持和帮助。在此恕不一一列举，一并表示衷心的感谢。

在《临高县志（1986—2010）》编修过程中，县史志办和全县各承编单位编纂人员倾注了大量的心血和智慧，以强烈的事业心、责任感全力投入修志，想方设法，多次打磨，确保志书质量。但由于志书编修的上下限时间跨度较大，材料缺失严重，收集困难，加上工作量大，经验不足，水平有限，书中错漏在所难免。殷切期望各单位、专家、学者及社会各界人士、广大读者对《临高县志（1986—2010）》错漏和不妥之处提出批评指正。

中共临高县委党史研究中心

（临高县地方志编纂中心）

2020年3月